U0686738

民國期刊資料分類彙編

儒家、儒學與儒教

上

初小榮 選編

國家圖書館出版社

圖書在版編目(CIP)數據

儒家、儒學與儒教 / 初小榮選編. —北京:國家圖書館出版社, 2011.5

(民國期刊資料分類彙編)

ISBN 978 -7 -5013 -4427 -7

Ⅰ.①儒… Ⅱ.①初 Ⅲ.①儒家—研究 Ⅳ.①B222.05

中國版本圖書館 CIP 數據核字(2011)第 032092 號

責任編輯: 初小榮

書名 儒家、儒學與儒教(全二册)

著者 初小榮 選編

出版 國家圖書館出版社(原北京圖書館出版社)

(100034 北京市西城區文津街 7 號)

發行 010 -66139745 66151313 66175620 66126153

66174391 (傳真) 66126156 (門市部)

E-mail btsfxb@ nlc. gov. cn (郵購)

Website www. nlcpress. com→投稿中心

經銷 新華書店

印刷 河北三河弘翰印務有限公司

開本 787 × 1092 毫米 1/16

印張 70

版次 2011 年 5 月第 1 版 2011 年 5 月第 1 次印刷

書號 ISBN 978 -7 -5013 -4427 -7

定價 1200.00 圓

序　言

初小榮同志有一次對我說，任繼愈先生讓她做點關於民國時期的資料收集和整理工作，她徵求我的意見，問先做哪一方面的好一些。我建議她收集這一時期研究儒學和儒教的文章，她同意了。時經兩年，現在大體完備，可以付梓流行，奉獻給讀者了。這是令人高興的事。

我之所以建議她收集民國時期有關儒學和儒教的研究資料，原因是當時我正和任繼愈先生籌備《儒教資料類編叢書》，收集的範圍，主要在中國古代。從清末到民初這一段，也有人在做。民國期間情況如何？用時髦的話說，幾乎是一片空白。

時光一晃兩年。初小榮同志做了《儒教資料類編叢書》的責任編輯。該叢書已出九輯，其中有《儒教、孔教、聖教、三教稱名説》，收集漢代到清初有關儒教、孔教等稱名的資料。目的是要告訴世人，在古代，無論是儒者還是僧人，都是在與佛教、道教相提並論的意義上使用『儒教』這個名稱的。也就是説，他們從未否認過儒教是和佛教、道教一樣的宗教。另一書《清代中後期儒者的儒教意識》，收集乾隆後期到清代末年儒者們論儒教的文章。這些文章表明，在清代，儒者們仍然是在和其他宗教，不僅有佛教、道教，還有基督教、伊斯蘭教等同類的意義上來談論儒教的。就是說，他們認爲儒教是和基督教、伊斯蘭教一樣的宗教。

第一個否認儒教是宗教的學者是梁啓超，他在一九〇二年發表《保教非所以尊孔論》，否定儒教是宗教。現在否認儒教是宗教的理由，許多都是從這篇文章來的。這一段歷史，我和曲阜師範大學的苗潤田教授曾有過一次筆墨交往。但是對於這一段的詳細情況，也不甚了了。忽然有一天山東大學范玉秋博士來訪，纔知道他在做這一段的博士論文。該論文已用《清末民初孔教運動》之名，由青島海洋大學出版社出版。我邀請他把有關資料也放在一起，作爲《儒教資料類編叢書》的一種，填補這一段在資料收集整理上的空白。

這份資料接續在范玉秋博士之後。收集的範圍，是民國期間。由於這一段否定儒教是宗教已經成爲學術界的共識，仍然堅持儒教是宗教的，除了康有爲的弟子們創辦的孔教會諸人，恐怕是爲數了了。所以我建議編者同時收集關於儒學、儒家研究的資料，以見這一時期對於中國歷史上曾經獨尊近二千年的儒術認識的狀況。

從收集的情況看，十九世紀二十年代及其以前的研究文章，只有寥寥數篇，絕大多數都是三十年代及其以後的作品。而其意義，也遠遠超出了爭論儒教是否宗教的範圍。這是在那個時代中國，還有一些日本學者們有關中國最重要的歷史文化反思的印跡，也是中國，還有一些日本學者們在那個多事的年代裏對於中國最主要的傳統文化所持態度的歷史見證。在目前國內學術界廣泛而深入地反思所謂國學、主要是儒學的時候，這份資料，無疑將是一個極其重要的參考。

收集和整理資料是個艱苦而瑣碎的工作，其中的甘苦，當事人知道得最清楚，無須我多説。然而這是研究工作的前奏，是研究所不可缺少的環節。如果有人在這份資料的基礎上，能够做出新的研究成果，那麽，他應當感謝這些資料的收集者。

依照原有的設想，這份資料將以影印形式出版。倘能重新排印，我願它能够成爲《儒教資料類編叢書》之一種。

是爲序

李申

二〇一一年二月十五日

出版説明

儒家思想，指的是儒家學派的思想，也稱爲儒教或儒學，由孔子創立，後來逐步發展為以尊卑等級的『仁』為核心的思想體系。儒家的學説簡稱儒學，是中國影響最大的流派，也是中國古代的主流意識。儒學與民國政治結有不解之緣。孫中山在辛亥革命時期，為揭露統治者利用儒學維持其反動政權，對儒學較多地予以批判，後因形勢變化而轉爲有區別、有分析地繼承。北洋政府時期，袁世凱、張勛先後演出了尊孔復辟的鬧劇，湯化龍、康有爲等人則在教育界和輿論界緊相呼應，鼓吹讀經，宣揚儒教。這股潮流雖鼓噪一時，熱鬧一陣，但在政治上驚覺了人們。蔣介石上臺以後，為推行封建買辦專制主義，反對共産主義，便在三民主義的掩蓋下掀起了兩次尊孔高潮。綜觀儒學在民國時期的政治命運，是和當時的階級鬥爭形勢密切相聯的。本書主要收錄了一九一二—一九四八年間發表在各種人文社科類期刊上的有關儒家、儒學與儒教的文章一百五十多篇。其中不乏國學、哲學研究領域大家的文章，像郭沫若的《儒家八派的檢討》、林語堂的《辜鴻銘——最後一個儒家》、任繼愈的《禪學與儒學》、錢穆的《總論南北朝隋唐的儒學》《孟子和其他儒家》等幾篇以及馮友蘭的《儒家哲學之精神》《先秦儒家哲學述評》等等。這些文章的作者從不同時期、不同視角闡述了各自在這一學術領域的觀點與立場，對於後世學者了解與深入研究儒家思想提供了可資借鑑的理論依據。同時，對於學界一直爭論的『儒教究竟是不是宗教』的問題，本書也收入了幾篇論及儒教的文章。因這些文章散佈在辛亥革命後到一九四九年前的近百種期刊上，找尋起來十分困難，雖幾經周折找了多家圖書館，也僅搜集到現在讀者看到的這樣上下兩冊。儘管還有一些有關儒家、儒學與儒教論述的文章沒有找到，但本書可以給讀者提供一種方法和渠道，希望能夠對您的學習與研究起到抛磚引玉的作用。

在編輯本書的過程中，我們採取的原則是：

一、所收文章以發表時間先後為序排列；

二、個別文章存在内容不完整的現象，雖經極力搜討仍未補齊。為向讀者提供綫索，亦予收入；

三、由於文章來自不同的期刊，故版心大小不一，為使版面齊整，我們將其作了統一；

四、本書採取影印的方式出版，以存文章原貌。

編　者

二〇一一年三月

目錄

上冊

儒家

下册

儒　學

儒　教

上冊目錄

儒家

儒家

寡過未能齋雜著

面誨

儒家出於史與宗教家出於祝不同說

太古文化大都皆出於史祝二官史之所掌者重經驗以人事爲主位故多依於實際而爲倫理家政治家文藝家之導師祝之所掌者重禱祈以鬼神爲主位故多依於空際而爲祀祭家巫覡家占卜家之初祖此史祝二官不同之點也當神話時代其開闢之傳聞以祝官之勢力爲大蓋因初民歷史之思想尚甚薄弱記載之器具亦復不備口耳相嬗恒有一種荒唐之說糅合人神而成之世界民族殆無不然洎文字既興而史官出焉於紀言紀動間深有得夫興亡治忽之道當揆以人事之得失而覺初民之傳聞異辭悉舉而屬諸神道者乃參以經驗而若有不概於其心於是史官之所世守漸與祝官不相合雖未能無所採取而亦不能不有所別擇觀司馬遷作五帝本紀贊曰學者多稱五帝尚矣然尚書獨載堯以來而百家言黃帝其文不雅馴薦紳先生難言之孔子所傳宰予問五帝德及帝繫姓儒者或不傳由司馬氏斯言推之可見史家之律令不得以不雅馴之文羼入記載之中尚書之斷自唐堯不復遠及黃炎卽其家法而五帝且不欲詳則邈遠之開闢譚更無待言矣此則又史與祝分離之要端也

埃及猶太西亞文明權輿之日有祝而無史當日之祭師長除祀祭禱祈專職之外實兼握其民族所有掌故法律之全故西亞之宗教家早成於東方希臘羅馬之哲學鉅子似屬史氏之支流餘裔而陳義過高不合於一般平民之心理終不能與宗教之潮流相敵加以其時哲學之態度取共和的消極的宗教之態度取專制的積極的王綱未墜適宜生存則宗教家之盛於歐洲與儒家之盛於中國同一理由也

於時我國史官之傳結穴於儒祝官之傳結穴於墨當春秋之際儒之非宗教家與墨之宗教家有雙方對峙之觀而儒者之掊擊宗教家激戰最劇蓋史官以後起而求破壞不得不爾也攷諸左氏春秋莫著於莊公三十二年史嚚之說嚚之言曰吾聞之國將興聽于民將亡聽于神神聰正直而壹者也依人而行是其意以神道悉歸諸人事不翅奪祝家之全壘拔趙幟以立漢幟矣後來儒家言神最精之理不能出此數語之外然左氏書中如此類者亦不一而足莊公六年載隨季梁之言曰夫民神之主也是以聖王先成民而後致力於神昭公十八年載鄭子產之言曰天道遠人道邇此皆所謂先正明清之言絕非可斥為不雅馴者舊疑左氏祖述儒家故能為此說由今攷之其實皆史官之舊義耳

九流之學以老子為最先班固漢書藝文志謂道家者流蓋出於古之史官歷記成敗存亡

禍福古今之道然後知秉要執本清虛以自守卑弱以自持此人君南面之術也可見老子固史官之嫡嗣而積其經驗以權陷從來神權之干涉政治俾返諸無爲自治清淨自正者蓋上古以國聽神以祀禱爲國政之重要甚至神名鬼名泯棼宄雜其不清淨實甚老子出根本於史官之舊義獨運其清虛靈妙之思想擺脫一切洗滌一切曰道可道非常道名可名非常名曰谷神不死是謂玄牝玄牝之門是謂天地根曰有物混成先天地生寂兮寥兮獨立不改周行而不殆可以爲天下母吾不知其名字之曰道此無異將太古開闢譚之龐駮蕪穢而一律取消之亦不啻將祝家對於如臨如格之神靈肸蠁而一律取消之矣其謂無爲清淨蓋如是故道德經之在當日固無異於天演學進化論之出於今日爲宗教界之迎頭大擊打也

以老子爲猶龍而極意承認其改革主義者莫若儒家孔子者固老子之弟子也原孔子生平之視神道雖不若老子之廓落無所有而頌言以攻宗教者則甚多徵諸論語反對祭祀則曰非其鬼而祭之諂也曰吾不與祭如不祭反對祈禱則曰獲罪於天無所禱也曰丘之禱久矣反對神怪則曰子不語怪力亂神反對事鬼神則曰未能事人焉能事鬼反對知生死則曰未知生焉知死其所持最大之宗旨不外乎務民之義敬鬼神而遠之二語與左氏

史醫之言相符合而所謂知我惟天之天遂懸空高曠漸入於不可思議之域而非初民迷信之物矣故儒家言祖宗而不喜言鬼言天而不喜言神皆祝氏之反動而史家之一脈謂爲老氏薪傳亦無不可也

若夫墨子則固宗教家之由於祝官者漢書藝文志云墨家者流蓋出於清廟之守茅屋采椽是以尙儉養三老五更是以兼愛選士大射是以上賢宗祀嚴父是以右鬼順四時而行是以非命以孝視天下是以上同推本墨家之說以爲皆守清廟者所有事甚得墨氏之眞可見其淵源在祝而不在史而淮南子要略訓謂墨子學儒者之業受孔子之術以爲其禮煩擾而不悅厚葬靡財而貧民服傷生而害事故背周道而用夏政似墨從儒家而變殊失其本矣夫儒墨之辨其說各趨於兩極端明鬼篇云古聖王治天下也必先鬼神而後人與隨季梁先成民說正相反又云古者聖王爲政必以鬼神爲其務與論語務民義說正相反而墨氏重言祝嘗曰虞夏商周三代之聖王必擇國之父兄慈孝貞良者以爲祝宗故儒墨之相違實一出於史一出於祝之故亦卽一爲宗教家一爲非宗教家之故也

嗚呼世有不願以倫理家政治家文藝家之號奉孔子而必强以宗教家之號奉孔子者庸知宗教固孔子所反對而儒家卽爲宗教革命之所建立者乎讀余此篇可以恍然悟矣

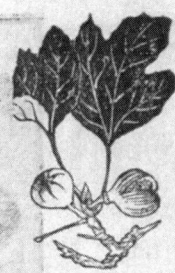

古懽室夜讀書記

古懽

倫理學與儒家

吾國儒家以今日眼光觀之其界限定於倫理學範圍之內於倫理學上透一層則思攷方面為哲學信仰方面為宗教由倫理學下落一層則功利方面為經濟（此謂經世濟物之學如宋永嘉一派今東譯書以經濟為財政殊為費解）文學方面為攷據詞章宋儒大半從禪入手既而返求諸六經卽是從哲學宗教之虛靈神秘而返諸人倫日用之平實其斬斬以禪為戒又深斥功利論與文學家皆範圍不過之意也朱晦庵大學章句序云俗儒記誦詞章之習其功倍於小學而無用異端虛無寂滅之教其高過於大學而無實其他權謀術數一切以就功名之路與夫百家衆技之流又紛然雜出於其間據此可證前說之不謬而儒之為儒始有家法可指矣

近世倫理學大概分對自己對家庭對社會對國家對世界五項與大學之分八條目無甚異同而八條目之獨詳於修身以上各工夫亦與西方倫理書之首及是非學相近格物致知為理論之是非學誠意正心為練習之是非學至修身以下則卽是非學而致用之於倫理也以是非學言則晦庵之解格物致知為窮至事物之理嫌於太泛濫而無歸陽明之解格物致知為致吾心本有之良知又嫌太簡單而易誤是非學之界說曰是非學者究攷人類關係善惡之思念言行而推明其所以為善為惡之理也是其

義適執朱王兩家之中如晦庵之說則是非學與物理學無辨如陽明之說則須知是非本無一定或因風俗之不同或因敎化之各異而人之天良所認亦隨之而多乖繆不能便謂之眞理此卽是非學之所第一當攷辨者也

陽明之言致良知以四語分釋之曰無善無惡心之體有善有惡意之動知善知惡是良知爲善去惡是格物此尙未溢出倫理學之界限也至龍溪乃曰心體旣無善無惡則意知物亦無善無惡於是四有變爲四無所謂向上一層入於哲學之唯心論而不免於禪矣然天泉證道陽明獨許其可爲上根人說法而囑其用四有爲中根人立敎其實四無之說斷非儒家所有以倫理學繩之尤爲易見羅念庵鄒東廓竭力捄正之蓋不欲抉儒家之藩籬而已

陳龍川

宋史稱光宗策進士陳亮以師道君道對且曰臣竊歎陛下之於壽皇涖政二十有八年之間寧有一政一事之不在聖懷而問安視寢之餘所以察辭而觀色因此而得彼者其端甚衆亦旣得其機要而見諸施行矣豈徒一月四朝而以爲京邑之美觀也哉時光宗不朝重華宮羣臣更進迭諫皆不聽得亮策乃大喜以爲善處父子之間奏名第三御筆擢第一以上皆宋史之言按宋孝宗內禪光宗稱壽皇聖帝居重華宮紹熙四年間光宗有嫌忌壽皇意故久不朝中書舍人陳傅良至引裾力諫不聽陳傅良卽止齋先生與龍川爲同學友而龍川是時已近暮年猶赴進士試因急於得科名之故不惜逢君之惡而爲之辭其生平志氣一旦墮地盡矣至得第後謝丞相留正啟云數十年窮居畎畝未諧豹變之懷五千言上徹冕旒誤中龍頭之選又云靜言叨冒之多知自吹噓之力讀此不能不爲龍川大呼太不値得也

龍川少有國士之目中年以豪傑自命屢上書言恢

儒家主張階級制度之害

吳虞

滿清時京師大學堂監督劉廷琛者素主三綱之說楊度在諮政院演說忠義之衰由於孝悌劉大非之詆楊爲少正卯宜加兩觀之誅大有息邪說正人心覬覦兩廡特豚之意然吾於其奏疏中歐美主耶教重平等中國主孔孟重綱常數言謂足證東西教義之優劣蓋耶教所主乃平等自由博愛之義傳布浸久風俗人心皆受其影響故能一演而爲君民共主再進而爲民主平等自由之眞理竟著之於憲法而罔敢或渝矣孔氏主尊卑貴賤之階級制度由天尊地卑演而爲君尊臣卑父尊子卑夫尊婦卑官尊民卑尊卑旣嚴貴賤遂別幾無一事不含有階級之精神意味故二千年來不能剷除階級制度至於有良賤爲婚之律斯可謂至酷已守孔教之義故專制之威愈衍愈烈苟非五洲大通耶教之義輸入恐再二千餘年吾人尙不克享憲法上平等自由之幸福可斷言也或曰孔孟之書未常無公平之理不知尊卑貴賤之階級旣嚴雖有公平之理亦斷不能行此考於歷史易知荀子宥坐篇記孔氏誅少正卯之言曰心達而險行辟而堅言僞而辯記醜而博順非而澤此五者有一於人則不得免於君子之誅而少正卯兼有之不可不誅也是以湯誅尹諧文王誅潘止周公誅管叔太公誅華仕管仲誅付里乙子產誅鄧析史付此七子者皆異世同心不可不誅也尹諧潘止付里乙史付楊倞注事迹皆未聞而就管叔華仕鄧析之事迹推之則據近世文明法律固無可誅之道然七子者皆不獲免此則以尊貴治卑賤竟無學說異同與政治犯之可言何公理之得伸耶又据范家相家語証僞云少正卯一事卽以論語證之可見其

非。夫子對季康子患盜曰、子爲政焉用殺。豈身甫執政、先殺少正卯以立威哉。據稱少正卯聞人之僞、不過礙其聲帶甚、則投之遠方、已足蔽辜、初無死法。乃以是爲爰書讞殺之兩觀之下、尸於朝三日、魯君與季氏其何以堪、卽臣庶亦不服也。若其人別有亂政之實、何以不爲子貢明言之。然此非但家語之失也。北齊劉晝曰、少正卯在魯與孔子同時、孔子門人三盈三虛、唯顏淵不去。夫門人非不知孔子之聖也、亦不知少正卯之佞。子貢曰、少正卯魯之聞人也、夫子爲政、何以先之。夫子曰、賜也、非爾所及云云。其言未知何本。如所言似子之誅少正卯、以其欺世盜名故耳。然總非聖人作用。是少正卯之誅、儒教徒亦不敢竟以爲是。蓋孔氏之七日而誅少正卯、實以門人三盈三虛之私憾。所以一朝權在手、便把令來行。梁任公亦謂此實孔氏之極大汚點矣。自孔氏演此醜劇、於是後世雖無孔氏、而所誅之少正卯遍天下。至明思宗亦以少正卯斥黃道周、幾不免於死、作俑之禍、吁可悲也。今滿淸已亡、君綱早絕、而劉廷琛不聞遠希王蠋、長揖齊夷、斯亦可謂色厲內荏、深愧當日道學家主持綱常名教之門面語矣。蓋孔氏之徒、溓心利祿、故不得不主張尊王、使君主神聖威嚴、不可侵犯、以求親媚。而當時之人格高潔、如沮溺之流、皆深鄙夷不屑。觀微生畝丘何爲是栖栖者歟、毋乃爲佞之言、及孔氏事君盡禮、人以爲諂之語。則孔氏之諂佞、當時固暴著於社會矣。夫孔氏對於尊卑貴賤之態度、於鄉黨篇記之特詳。其種種面目、變幻不測。雖今日著名之丑角、亦殆難形容維肖、誠可爲專制時代官僚派之萬世師表者也。然孔氏尊卑貴賤之見、深中於心、則尤不止此。家語子路初見篇曰、孔子侍坐於哀公、賜之桃與黍焉。孔子先食黍而後食桃、左右皆掩口而笑。公曰、黍者所以雪桃、非爲食也。孔子對曰、丘知之矣。然夫黍者、五穀之長、郊禮宗廟以爲上盛。果屬有六、而桃爲下、祭祀不用、不登郊廟。丘聞之君子以賤雪貴、不聞以貴雪賤。今以五穀之長雪果之下、者是從上雪下。臣以爲妨於教害於義、故不敢。公曰善哉。(韓非子外儲說同)余謂此如世說新語載王敦初尚主如廁、見漆箱盛乾棗、本以塞鼻。王謂廁上亦下果、食遂盡。既還、婢擎金澡盤盛水、瑠璃盌盛澡豆、因倒著水中而飲之、謂是乾飯、羣婢莫不掩口笑之。其紕漏與孔氏正同。夫鄉里小人、初入餐館、不辨刀叉之用、本無足異。而孔氏於桃黍之微、亦必強藉貴賤上下之義、以自飾其陋、而公然面諛哀公、亦勉強稱善、不欲窮人。王闓運謂以名尊孔氏而師之者、猶哀公之諛丘、哀公殆已知儒可以爲戲、而不可用矣。且孔氏生平動以禮自文、故當其問禮於老聃、而老子卽以其人與骨皆已朽諭之。又於道德經深斥禮爲忠信之薄亂之首。今禮記多引吾聞諸老聃之言、大抵皆孔氏所問而得之語。然其失老子之本意、則遠矣。嗚呼、孔孟之道在六經、六經之精華在滿清律例、而滿清例律則歐美人所稱爲代表中國尊卑貴賤階級制度之野蠻者也。好學深思之士、試研究之。自孔氏誅少正卯、著侮聖言非聖無法之厲禁、孟軻繼之闢楊墨攻異端、自附於聖人之徒。董仲舒對策、以爲諸不在六藝之科孔子之術者、皆絕其道勿使並進。韓愈原道人其人火其書廬其居之說、昌於是、儒教專制、統一。中國學術、掃地。觀顧炎武謂韓文公起八代衰、若但作原道諫佛骨表平淮西碑張中丞傳後諸篇、而一切諛墓之文不作、豈不誠山斗乎。張爾岐記六祖衣鉢傳自達摩、藏廣東傳法寺、衣本西方諸佛傳法信器、鉢則魏主所賜。嘉靖中莊渠魏校督學廣東、取衣焚之、鉢碎之。曠代法物、一朝淪毀。明李卓吾以卑侮孔孟、專崇釋氏、爲張問達所劾、逮死獄中。所著焚書、兩次禁燬、言論出版、皆失自由。則儒教徒之心理與獷悍、可以想見。繆種流傳至今日某氏收取章太炎諸子學略說燼於一炬而野蠻荒謬之能事極矣。嗚呼太西有馬丁路德創新教而數百年來宗教界遂闢一新國土。有培根狄卡兒創新學說而數百年學術界遂開一新天地。儒教不革命儒學不轉輪吾國遂無新思想新學說何以造新國民。悠悠萬事惟此爲大已吁。

儒家大同之義本於老子說

吳虞

或問子謂儒教義主專制不合共和然禮運不有大同之說乎應之曰孔氏問禮於老聃禮運大同之說乃竊道家之緒餘不足翹以自異何以言之按禮運云大道之行天下爲公選賢與能講信修睦故人不獨親其親不獨子其子是故謀閉而不興盜竊亂賊而不作故外戶而不閉是謂大同孔穎達疏云自大道之行至是謂大同論五帝之善又禮記原目疏云先師準緯候之文以爲三皇行道五帝行德三王行仁五霸行義而老子言失道而後德失德而後仁失仁而後義失義而後禮卽皇降而帝帝降而王王降而霸也又言太上不知有之其次親之譽之其次畏之其次侮之信不足有不信猶兮其貴言功成事遂百姓皆謂我自然老子所謂太上卽指三皇五帝以大道爲公無爲無跡故民不知有之所謂帝力於我何有也道德既衰下及三王以仁爲治則民親之譽之迨五伯以後仁義不足以治其心則以刑罰爲政（漢書刑罰志曰聖人因天秩而制五禮因天討而作五刑藝文志曰法家者流出於理官信賞必罰以輔禮制儒家禮制首重等差以禮定分以分爲理凡犯分卽爲犯律故出乎禮則入於刑蓋儒家所謂法典者不外禮制之文而已）故下畏之刑罰不足以制其意則以權譎虛矯爲事故衆庶侮之而不信其言聖人則不然功成而不執事遂而無爲使百姓咸遂其性所謂大同之治也老子又言大道廢有仁義智慧出有大僞六親不和有孝慈國家昏亂有忠臣則譏小康之世故王安石解云道隱於無形名生於不足道隱於無形則無大小之分名生於不足則有仁義智慧差等之別仁者有所愛也義者有所別也

以其有愛有別、此大道所以廢也。智者、知也。慧者、察也。以其有知有察、此大偽所以生也。孝者、各親其親。慈者、各子其子。此六親所以不和也。忠者、忠於己之君謂之忠。忠於他人謂之叛。蓋道家重道德、以公天下為貴、傳賢不傳子。故曰、不獨親其親、不獨子其子。即三皇五帝之世、所謂大同之治也。儒家重仁義、以家天下為主、傳子不傳賢。故曰、各親其親、各子其子。即三王五霸之世、所謂小康之治也。孔氏蓋聞老聃大同小康之緒論、故雖亦揭大同之旨、而仍注重於小康。禮運所舉禹湯文武成王周公六君子、皆家天下之君。其所標舉為仁義禮樂、而謂禮為君之大柄。蓋孔氏雖慕古之志切、終不敵其用世之情深。故略舉大同、而詳述小康、以迎合時君、期於得位乘時。故三月無君、則栖栖皇皇、如喪家之狗。遂為吾國二千年來儒者治國事君之大法。至謂治國不以禮、猶無耜而耕。為禮不本於義、猶耕而弗種。為義而不講之以學、猶種而弗耨。講之以學而不合之以仁、猶耨而弗穫。合之以仁而不安之以樂、猶穫而弗食。安之以樂而不達於順、猶食而弗肥。其所謂順、即指前陳禮耕以至樂安是也。蓋儒家之教、極之禮樂仁義而止、不上溯於道德矣。嗚呼、此老子所以痛斥禮為忠信之薄、亂之首。主張絕聖棄智、民利百倍。絕仁棄義、民復孝慈。絕巧棄利、盜賊無有。絕學無憂。以深非之。蓋學不本於道德、而規規於仁義禮樂、以粉飾家天下之政、不如絕之。斯誠有慨於大同之義、汩沒於儒家、不可再見於吾國、故不覺心長而語重也。藝文志稱道家為人君南面之術、而於儒家則僅稱為助人君順陰陽明教化而已。其意固儼然有所軒輊、而道家與儒家之優劣、益可見矣。若夫後世小智小慧之徒、竊仁義而行之、仁者煦煦、義者孑孑、則偽日滋而亂日甚。方且標老子所絕棄之仁義孝慈為道德、以號於眾、若擊鼓以求其亡子、是則豈惟不足以企大同、並不足以言小康。與袁了凡之功過格近、而與孔仲尼之仁義說遠。又烏得冒道德之名、而妄附於儒家者流乎。且禮記輯自漢儒、某增某減、具有主名、亦無庸聚訟。漢儒工於阿世、左氏言劉累之後、公羊稱母以子貴、附會層出、當日帝后多好黃老之學。其竊道家之言以翼貴寵、親媚初無背其皇皇干祿之旨也。抑學說貴有系統秩序、不得摭拾相合數語、卽認爲鴻寶、須知德意志之伏甫氏、亦有大宇宙國之說。東西洋學者此類思想頗多、勿以遼東之豕見哂於人也。康長素禮運序曰、吾中國二千年來、凡漢唐宋明不別其治亂興衰、總總皆小康之世也。凡中國二千年儒先所言、自荀卿劉歆朱子之說、所言不別眞僞精粗美惡、總總皆小康之道也。其故則以羣經諸傳所發明、皆三代之道、亦不離乎小康故也。或又曰、儒教專制、而孟氏獨明民貴君輕之義、亦正有可取。應之曰、孟氏攻楊朱無君、則其學說亦不合於今日。惟孟子性剛、竟以草芥寇仇之語、被朱元璋逐出文廟。而孔氏仍安享太牢、無恙、章太炎目爲國愿、於此可以思其故矣。

儒家之兩大法學派

劉少少

孔子時。儒家尚未獨成派別。故有君子儒。亦有小人儒。按儒家自成一家。與九家對立。實立名於孔子弟子時代。蓋孔子當時言儒行。其儒字尚不屬於自身之標榜(或云儒行篇乃僞書)至七十二子共戴孔子。君子儒學之教義。分道傳宣。而後戰國時儒家。遂特立組織一大學派。莊子所謂天下大駴。儒墨并起。卽其時也。然儒家雖著爲一總名。而其中組織之團體。亦至不一。支分流別。各有小異之點。據韓非顯學篇云。自孔子之死也。有子張之儒。有子思之儒。有顏氏之儒。有孟氏之儒。有漆雕氏之儒。有仲良氏之儒。有孫氏之儒。有樂正氏之儒。儒分爲八。荀子非十二子篇亦云。是子張氏之賤儒也。是子夏氏之賤儒也。是子游氏之賤儒也。據是以推。

戰國時儒家學派中。更復各分派別。愚依此例搜求比論。覺儒家當日亦別有一種法學派。此法學又不同於管商申韓諸法家之言。惟就儒家大都但說仁義重束修敦倫理之中。而此派則特自研有治國之方法。各種政法制度。亦復具體可以立案畫策。且古今之制度。皆經考證。言之可稽。其明舉王制所宜。孔子論語二十篇中。尚無此種文字。蓋孔子之實體法制說。皆分見於六經中。而論語所記。則但言王而未言制。此所以孔子之論語。乃純正儒學之宗。而非可加以儒家法學說之徽號。余攷「儒家法學派」惟得見諸二人焉。一則孟子。一則荀子也。諸儒家所主張。類專重理論。而孟荀所主張。則確有方法。諸儒家所主張。多取簡渾。而荀孟所主張。

則獨取詳明。此愚所不嫌杜撰。其於孟荀二子之書名之爲「儒家法學派」。以別於純粹儒家學派。非無故也。觀太史公爲孟荀列傳。雖未曾發見二子法學上之共同點。然皆不附之仲尼弟子之列。（按史記仲尼弟子列傳中、亦有附再傳三四傳之儒門弟子者、如馯臂子弘等是也）而特爲合傳。殆亦知二子之與純粹儒家者有以異歟。

二子之爲儒家法學派。既如上述。今試引二子之學說。以比較論證焉。分別段落爲三。

（甲）論荀孟之同爲儒家法學派

荀孟之同爲儒家而非法家。不待言矣。但儒家於正心修身之外。必言治國平天下。夫治國平天下。非徒哆口談論。峨冠端坐所能了。儒者治國平天下。其必有爲治爲平之實際辦法。荀與孟則皆有此種辦法稿本存於胸中者。故觀二子之書。抽象之理論固多。而其具體之辦法亦不少。證之荀子書中王制彊國諸篇。孟子書中滕文公上下諸篇。皆大半明言辦法。坐言者皆可起行。試偶摘二子書中所以注重法制之言如左。

荀子王霸篇曰。今亦以天下之顯諸侯。誠義乎志意。加義乎法則度量。箸之以政事案申重之以貴賤殺生。使襲然終始猶一也。如是則夫名聲之部發於天地之間也。豈不如日月雷霆然矣哉。

孟子離婁上篇曰。上無道揆也。下無法守也。朝不信道。工不信度。君子犯義。小人犯刑。國之所存者幸也。

以上皆治國平天下必需法制之旨。若夫自己居然以通於儒家法學自命。則亦荀孟皆同。

荀子儒效篇有曰。張法而度之。則晻然若合符節。是大儒者也。

孟子滕文公篇有曰。有王者起。必來取法。是爲王者師也。

荀子書中所言治國平天下之法。則所在皆是。多有至其首尾完善之策案可見者。尤以王制篇中序官一節爲最顯著。今錄其文如左。

序官。宰爵知賓客祭祀饗食犧牲之牢數。司徒知百宗城郭立器之數。司馬知師旅甲兵乘白之數。修憲命審詩商禁淫聲。以時順脩。使夷俗邪音不敢亂雅。大師之事也。脩隄梁通溝澮行水潦安水臧。以時決塞。歲雖凶敗水旱使民有所耘艾。司空之事也。相高下視肥墝序五種。省農功謹蓄藏。以時順脩使農夫樸力而寡能。治田之事也。修火憲養山林藪澤草木魚鼈百索。以時禁發。使國家足用而財物不屈。虞師之事也。順州里定廛宅。養六畜閒樹藝。勸教化趨孝弟。以時順脩。使百姓順命安處樂鄉。鄉師之事也。論百工審時事辨工苦尚完利便備用。使雕琢文采不敢專造於家。工師之事也。相陰陽占祲兆鑽龜陳卦。主攘擇五卜知其吉凶妖祥。傴巫跛擊之事也。脩採清易道路謹盜賊平室律。以時順脩使賓旅安而貨財通。治市之事也。抃急禁悍防淫除邪。戮之以五刑。使暴悍以變。姦邪不作。司寇之事也。本政教。正法則。兼聽而時稽之。度其功勞論其慶賞。以時順脩。使百吏免盡而衆庶不偸。冢宰之事也。論禮樂。正身行。廣教化。美風俗。兼覆而調一之。辟公之事也。全道德。致隆高。綦文理。一天下。振毫末。使天下莫不順比從服。天王之事也。故政事亂。則冢宰之罪也。國家失俗。則辟公之過也。天下不一。諸侯俗反。則天王非其人也。

觀上錄一節。其由王者經營一國。或經營一天下之政法。綱舉條敍。次第秩然。且細大無遺。實可作周官一書之縮影。是荀子之言治平決非空言理論者可比。此節之外。若富國彊國王霸王制等篇。其關於法的主張議論。尚不遑悉舉。然則荀子之爲儒家法學派。殆無疑義。孟子亦然。其對於畢戰之問井地而作具體的「經界賦稅說」其對於北宮錡之問周室爵祿而作具體的「官位爵祿說」（文繁且世多能誦者。茲不復引）其各懷有致君王道之理想。辨法荀與孟一也。

按漢志所列儒家。其諸子所傳學說之書。及今可見者。(其若周政、周法等顯然爲法典書者不論、)若晏子之春秋。若子思之中庸。若曾子之大學。皆不曾有荀子孟子中之具體的法學論。其他若宓子漆雕子世子公孫尼子等書。則今更不傳。故余擬造「儒家法學派」之一特別名詞。而惟荀孟兩大家以塡充之者。自問確有所見。決非漫稽之言。武斷之論。徜由今世研究系統的學術之眼光觀之。卽謂爲九流中儒家者流諸子學系上一種之新發明。亦未始不可也。

(乙)荀孟法學觀之相同處

吾輩今欲比較荀子與孟子全體學說之優劣。殆非累日研之。累册論之。不能盡。茲但就二子法學上所主張之異同。分別比論之。按荀子之法學觀。有與孟子法學觀同者。亦有與孟子異者。請先論其同者。

荀子與孟子在法制上根本觀念相同之一巨識者。則均視天子爲國家中一種官職。而不如後世之視君主爲神聖皇帝之特別種級。此其不失爲至今猶有價値之偉大學說也。荀子書中君道篇有曰。

君者何也。曰能羣也。能羣也者何也。曰善生養人者也。善班治人者也。善顯設人者也。善藩飾人者也。(中略)不能生養人者。人不親也。不能班治人者。人不安也。不能顯設人者。人不樂也。不能藩飾人者。人不榮也。四統者亡。而天下去之。夫是之謂匹夫。

荀子以爲君主者。亦不過爲此國家社會所設之一官吏。并無所謂天生天予之何等良貴。天子亦自有天子對於國家社會應盡之職務。且不獨天子有職務也。天子亦自有天子之位次。若天子不克守其位次。不能盡其職務。則更有天子應受之制裁。卽如上文所引序官之文。明明言天子有「天子之事」一如辟公冢宰司寇治市等官之事。且末文更云「天下不一。諸侯俗反。則天王非其人也。」可知在荀子法制眼中之天子。亦不過一種最上官廳之資格。孟子亦然。孟子論周室班爵祿之言有曰。「天子一位。公一位。侯一位。伯一位。子男同一位。凡五等也。君一位。卿一位。大夫一位。上士一位。中士一位。下士一位。凡六等。」是孟子亦視天子君主爲等於官職爵祿矣。至孟子所云「誅一夫」所云「則易位」其所立君主失職之制裁。未嘗不同於荀子。或更較荀子爲激烈也。

荀子之論法學。其與孟子更有一根本觀念相同之處。卽凡國家之有法。不能專重在法。尤必重在立法行法守法之人。此其二子所以皆當爲儒家法學。而不同於申韓等專門法家之論者。若借用哲學中名詞解釋之。則可謂荀孟之法學論。爲法學上之二元論。卽以法與人爲幷重之意也。申韓諸子專門法家之法學論。爲法學上之一元論。以其專重法而不重人也。茲幷引荀孟兩家之言如後。以便比證其爲說之同。

荀子君道篇有曰。有亂君無亂國。有治人無治法。羿之法非亡也。而羿不世中。禹之法猶存。而夏不世王。故法不能獨立。類不能自行。得其人則存。失其人則亡。法者治之端也。君子者法之原也。

孟子離婁篇有曰徒善不足以爲政。徒法不能以自行。

又按荀孟二家之論政治。皆似傾於奢侈主義。而不取儉嗇主義。以爲爲君相者。但能明法治國。則一切豐樂。皆當享受。孟子之告齊王。謂王如好貨好色。苟與百姓同之。於王何有。至不惜舉公劉好貨太王好色爲證。又其告梁王。謂鴻雁麋鹿臺池鳥獸。賢者而後樂此。其於齊宣四十里之囿。則猶以爲小。是皆極端奬勵奢侈者。而觀於荀子之主張奢侈政治亦然。其王霸篇曰。「百樂者生於治國者也。（中略）故明君者。必將先治其國。然後百樂得其中。」至其所云百樂者。果應何等程度乎。其本篇下文則更數之曰。「重色而衣之。重味而食之。重財物而制之。合天下而君之。飮食甚厚。聲樂甚大。臺榭甚高。園囿甚廣。」是荀子之奢侈政治主義。實不亞於孟子也。余又嘗細按之。荀孟二子之敢於如此放膽主張奢侈政治主義者。實由於荀孟二子之「經濟政策觀」一轉而來。按荀孟二子之經濟政策觀。更有一大相合之特色。蓋二子皆信社會之經濟原理。其供求上決無貧乏之患。其所患者。惟國家政府財政制度不合法。因有貧窮耳。簡言之。卽經濟上無所謂貧。惟財政上則有所謂貧。故一國當局苟財政制度得法。卽決無需憂乎貧。茲試略引荀孟二書之說證之。

荀子富國篇曰。夫天地之生萬物也。固有餘足以食人矣。麻葛繭絲鳥獸之羽毛齒革也。固有餘足以衣人矣。夫有餘不足。非天下之公患也。特墨子之私憂過計也。○又曰。儒術誠行。則天下大而富。使有功。墨術誠行。則天下尙儉而彌貧。

孟子梁惠王篇曰。穀與魚鼈不可勝食。材木不可勝用。使民養生送死無憾。王道之始也。○又曰。王無罪歲。斯天下之民至焉。○又曰。白圭二十取一爲貉道。

此外若荀子之在儒門。王霸。幷取其言曰。粹而王。駁而霸。孟子在儒門亦王霸幷取其言曰。大則以王。小則以霸。此其相同一也。孟子當時有好辯之名。而荀子亦曰。「故君子之於言也。志好之。行安之。樂言之。故君子必辯。」此其相同又一也。其餘更有倫理上荀孟二子相同之一信條。而頗有趣味者。卽皆主張「排女」是也。荀子君道篇有曰。「請問爲人妻。曰夫有禮則柔從聽侍。夫無禮則恐懼而自竦也。」按妻對於夫之無禮。尙不敢抗。而惟應竦懼。則婦女在法律上之人格人權。幾盡消滅。直不得爲權利之主張。此其排女不亦甚乎。孟子所主張者亦然。觀滕文公篇有曰。「往之女家。必敬必戒。無違夫子。以順爲正者。妾婦之道也。」是在荀孟眼中觀之。婦女尙得謂有人格乎。吾國古來政俗教義。原不厭於重男輕女。然究推人類眞理。男女在國家法紀上。自當認爲平等。（若由個人感情性質。偏於排女主義、又當別論。且余歷攷古今中外之排女者、亦大有其八）然以荀孟二子之儒家法學。博大精深。而亦主持如此。則殊可特紀也。

(丙）荀孟法學觀之相異處

荀子之爲儒家法學者說。與孟子之爲儒家法學者說。誠足旗鼓相當。同爲孔門之龍象。余亦於上節證明二子學說相同如彼矣。然而二子之儒家法學說之所自出。其淵源乃絕不相同。此實大值考證古代學說者之研究也。

據余所見荀子之言法學。實本於儒家之禮義主義。而孟子之言法學。則實本於儒家之仁義主義。此實荀孟二子法學本原上大不相同之路逕。故荀子書中屢言禮。而孟子書中每言仁。荀子每言禮法。孟子則每言仁政。荀子以禮爲法政之本。孟子以仁爲法政之本。今觀荀子之論曰。

上莫不致愛其下而制之以禮。上之於下。如保赤子。政令制度。所以接下之人百姓有不理者如毫末。則雖孤獨鰥寡。必不加焉。故下之親上。歡如父母。可殺而不可使不順。君臣上下。貴賤長幼。至於庶人。莫不以是爲隆正。然後皆內自省以謹於分。是百王之所以同也。而禮法之樞要也。然後農分田而耕。賈分貨而販。百工分事而勸。士大夫分職而聽。建國諸侯之君分土而守。三公摠方而議。則天子共己而止矣。出若入若。天下莫不平均。莫不治辨。是百王之所同。而禮法之大分也。(見王霸篇)

觀於此文可知荀子所主張法制之原料。純然以禮字組成。而於禮論篇則表明「禮」爲人類萬法之原。尤爲明白。其言曰。

禮起於何也。曰人生而有欲。欲而不得。則不能無求。求而無度量分界。則不能不爭。爭則亂。亂則窮。先王惡其亂也。故制禮義以分之。以養人之欲。給人之求。使欲必不窮乎物。物必不屈於欲。兩者相持而長。是禮之所由起也。故禮者養也。

荀子既認禮爲人間一切法之原即倫理政治諸端亦皆可包其中而悉賴有此但觀荀子君道篇所云「君者能羣者也善生養人者也」是治國之法其大本尤唯在乎禮自不待言此種原理爲荀子所確然認定者也而孟子則不然凡孟子所言王政之本悉以「仁」推廣而然如曰三代之得天下也以仁其失天下也以不仁國之所以廢興存亡者亦然」又曰「國君好仁天下無敵」又曰「不以仁政不能平治天下」（此證甚多不遑枚舉）皆孟子以仁字爲組成國家法制之原料之證也至孟子所信仁字爲法字根源之理由則亦嘗明言之

孟子公孫丑篇曰人皆有不忍人之心先王有不忍人之心斯有不忍人之政矣以不忍人之心行不忍人之政治天下可運之掌上

此足見孟子之對於法學實確信當以「仁」字爲其源泉與荀子之認「禮」字爲源泉者實各由一路不過二子之於法學原理所持雖各不同而二子之於治國平天下之方法即法學之應用究無不各有可奏治平之效殆所謂爲善不同同歸於治者歟

若更進而推求之孟子何以信「仁」爲法學之原乎則實由孟子固持「性善」之學說者也（滕文公篇孟子道性善）荀子何以信「禮」爲法學之原乎則實由荀子固持「性惡」之學說者也孟子惟信人之性善故信爲政者可本其自然惻隱之仁心而推擴之斯可爲法荀子惟信人之性惡故信爲政者必本人爲之禮法以限制人羣之惡性斯可爲法兩說皆涉於政治哲學範圍愚昧如余誠未敢深論但觀二子之在「儒家法學派」其爲學說之各有本原如此且各現光彩如此余論至此亦不覺其手舞足蹈而爲吾國古學說界喜悅不已也

至若荀子與孟子關於法制上之意見亦間有彼此不同者茲試爲條舉且附引證如後

荀子取法先王。更重取法後王。孟子則但重取法先王。不及後王。

荀子儒效篇曰。略法先王而足亂世術。繆學雜舉。不知法後王而一制度。不知隆禮義而殺詩書。(中畧)是俗儒者也。〇又曰言道德之求不二後王。道過三代謂之蕩。法二後王謂之不雅。〇又曰百家之說不及後王則不聽也。

孟子離婁篇曰今有仁心仁聞。而民不被其澤。不可法於後世者。不行先王之道也。〇又曰遵先王之法而過者。未之有也。〇又曰爲政不因先王之道。可謂智乎。

荀子之於官制。不主張世祿制度。而孟子則主張世祿制度。

荀子王制篇曰。王者之論。無德不貴。無能不官。無功不賞。〇又曰雖王公士大夫之子孫。不能屬於禮義。則歸之庶人。雖庶人之子孫也。積文學。正身行。能屬於禮義。則歸之卿相士大夫。

孟子公孫丑篇曰耕者九一。仕者世祿。〇又滕文公篇曰夫世祿滕固行之矣。

荀子之於稅法。主張什取一。而孟子則主張九取一。

荀子王制篇曰。王者之等賦田野什一。關市譏而不征。

孟子滕文公篇曰。請野九一而助。國中什一使自賦。

荀子於法學之外。最能講求名學。而孟子則殊未究研名學之理。

荀子之名學。余所著「荀子學說論」中已專論之。

孟子若與告子辯論性善之論理。如曰人無有不善。猶水無有不下。又曰戕賊杞柳以爲桮棬。不可戕賊人以爲仁義。諸語實大失名學之理。

荀子兼言兵(荀子有議兵篇)孟子不言兵。

荀子於聖門禮義說之外。兼攻詩學。孟子於聖門仁義說之外。兼攻春秋。

荀子書中凡引詩爲證之處最多。其樂論以及成相篇賦篇。皆由詩學系統來也。

孟子書中如云予之好辯。能言距楊墨。比於孔子作春秋。又云晉之乘。楚之檮杌。魯之春秋。其義一也。予未得爲孔子徒也。予私淑諸人也。（此兩章原是一章）皆孟子攻春秋學之證。

荀孟二子之比論略具如此矣。然二子之關係。別有一疑問者。卽荀子何以顯闢孟子乎。而孟子固未嘗闢荀子也。今按荀子非十二子篇之文曰

略法先王而不知其統。猶然而材劇志大。聞見雜博。案往舊造說。謂之五行。甚僻違而無類。幽隱而無說。閉約而無解。案飾其詞而祗敬之曰。此眞先君子之言也。子思倡之。孟軻和之。世俗之溝猶瞀儒。嚾嚾然不知其所非也。遂受而傳之。以爲仲尼子游爲茲厚於斯世。是則子思孟軻之罪也。

此等攻擊文字。或有謂爲後人僞造增入者。然終屬疑問。以余度之。當戰國時。諸子各持各說。以求當世君主之採用。而貫徹一己之主張。其排斥他說。以求伸己之說。原爲當時學者間共同所取之手段。無所謂不德義也。今日西洋各學說。號稱文明。尙猶有然。又焉怪吾戰國時代乎。卽如孟子書中。其排楊墨。排宋鈃。排許行。陳相。諸子學說。亦不遺餘力。（如曰楊無君。墨無父。是爲禽獸。直是村口謾罵矣。）至孟子未排斥荀子者。蓋孟先於荀。時代使然耳。非讓之也。

要知荀孟二子之書。其性質有不同於大學中庸論語。學庸論語。多係專爲記述孔子之言而作。若荀孟二子。則實爲主張自己學說而作。故余謂二子。別爲「儒家法學派」者。則以其自有辦法之主張。彼應以策士得度者。則現策士身而爲說法也。此其意。太史公其知之矣。其傳孟子也。謂其所如者不合。退而與萬章之徒。述仲尼之意。作孟子七篇。而傳中類比以騶子。淳于髡。愼到。環淵。接子。田駢之徒。各著書言治亂之事。以干世主。而其傳荀子也。亦謂其嫉濁世之政。亡國亂君相屬。不遂大道。於是推儒墨道德之行事興壞。序列著數萬言而傳中亦類比之於公孫龍。劇子。李悝。尸子。長盧子。吁子。墨子諸人。由是觀之。荀孟二子之言。雖曰儒者之言。其猶含有戰國諸子游說之意味於其中乎。嗟乎。此其所以成爲二子之學說也乎。

論說一

儒家道術於四時屬夏故其教重學而明禮說

孫德謙

儒道之大備於孔子。自漢武帝表章六經。擯黜百家。奉孔子爲一尊。吾中國之以儒教家天下。蓋二千餘年矣。昔司馬遷作史記。入孔子於世家。此其崇儒之意。固可考見。亦以孔子者教化之主。萬世師表。則其立爲世家也。豈不宜哉。然而古之論儒家者。吾聞之矣。論儒家之緣起者。則爲淮南子。其要略篇曰。孔子修成康之道。述周公之訓。以教七十子。使服其衣冠。修其篇籍。故儒者之學生焉。論儒家之功效者。則爲孫卿子。其儒效篇曰。其窮也俗儒笑之。其通也英傑化之。嵬瑣逃之。邪說畏之。衆人媿之。通則一天下。窮則獨立貴名。天不能死。地不能埋。桀跖之世不能汙。非大儒莫之能立。仲尼子弓是也。至於儒家之源流得失。以班固論之爲最詳。其漢書藝文志曰。儒家者流。蓋出於司徒之官。助人君順陰陽明教化者也。游文於六經之中。留意於仁義之際。祖述堯舜。憲章文武。宗師仲尼。以重其言。於道最爲高。孔子曰。如有所譽。其有所試。唐虞之隆。殷周之盛。仲尼之業。已試之效者也。然惑者既失精微。而辟者又隨時抑揚。違離道本。苟以譁衆取寵。後進循之。是以五經乖析。儒學寖衰。此辟儒之患。由斯三說觀之。儒家之緣起功效。與夫源流得失。學者循是以求。自可知之。顧吾治諸子書矣。名法諸家。固各有其旨要之所在。獨至重學而明禮唯儒家則然儒家以外概無聞也又其所以重學明禮立教若此者豈知儒家道術按之四時乃屬於夏有由然也後世訓詁一家性理一家辭章一家非不並命爲儒竊恐推求其故未有能言之者吾何以知其然哉吾蓋讀呂氏春秋而得其說焉春秋之中於春紀也如所謂古之人有不肯富貴者矣由重生故也今吾生之爲我有而利我亦大矣凡若此者皆道家攝生之義也於秋紀也如所謂家無怒笞則豎子嬰兒之有過也立見國無刑伐則百姓之悟相侵也立見天下無誅伐則諸侯之相暴也立見故怒笞不可偃於家刑罰不可偃於國誅罰不可偃於天下有巧有拙而已矣故古之聖王有義兵而無偃兵凡若此者乃兵家除暴之義也於冬紀也如所謂今有人於此爲石銘置之壟上曰此其中之物具珠玉玩好財物寶器甚多不可不抇抇之必大富世世乘車食肉人必相與笑之以爲大惑世之厚葬也有似於此凡若此者是墨家節喪之義也夫春喜氣也故生秋怒氣也故殺夏樂氣也故養冬哀氣也故藏春秋繁露陰陽義言之矣然則呂氏於春取道家於秋取兵家於冬取墨家豈非以春主生秋主殺冬主藏三家道術有如此哉及其於夏紀也則論音樂爲至備適音篇曰凡古聖王之所爲貴樂者爲其樂也又曰樂之所樂者心也心必和平然後樂心必樂然後耳目鼻口有以欲之故樂之務在於和心和心在於行適其意蓋謂樂之爲言樂也斯真得夏樂故養之義矣夫樂者先聖所定儒家奉之爲經道與兵墨旣各得一時儒家之道術於時爲屬夏不亦可恍然悟乎且惟儒家道術以時考之分屬乎夏宜其爲教也則在重學而明禮或請其說答之曰荀子二十篇首爲勸學宋王應麟困學紀聞嘗謂其始於勸學終

於堯問以爲上法論語矣不知其未盡然也何則荀子大儒也此正可見儒家宗旨特所重在學耳非然者揚子法言則爲學行王符潛夫論則爲讚學徐幹中論則爲治學何以儒家著述其開宗明義必以勵學爲先哉卽如呂氏之書旣於孟夏紀後亦載勸學爲首篇矣尊師則曰天生人也使其耳可以聞不學其聞不若聾使其目可以見不學其見不若盲使其口可以言不學其言不若爽使其心可以知不學其知不若狂故凡學非能益也達天性也能全天之所生而勿敗之是謂善學夫呂氏雜家也雜家之術孟堅稱其兼儒墨則今之標名勸學并欲人善學以達其性史不韋本傳云使其客人人著所聞此殆儒家之所爲哉雖然儒家重學斯固然矣乃復斤斤於明禮者則又何也孟夏紀中有曰其性禮其事視蓋夏於五常爲禮五事爲視實儒家遺說之幸存者或據今月令無此文本書前後亦無其例目之爲衍夫豈其然漢魏相曰南方之神炎帝秉離執衡司夏解者曰火爲禮禮者齊齊者平故爲衡若是夏之性爲禮有確證矣吾觀古之儒家其深於禮者莫如荀卿不特禮論著爲專篇凡其於治國用兵之道一本於禮故曰人無禮則不生事無禮則不成國家無禮則不寧卽性惡之說後儒多詆訾之然篇中謂今之人化師法積文學道禮義者爲君子縱性情安恣睢而違禮義者爲小人足徵彼之以性爲惡將期人習於禮義耳如荀卿者不誠儒家也哉儒家之教貴乎明禮荀卿則要歸在是也晏子者班志部次儒家取以爲冠孔叢子所云察晏子之所行未有以異於儒所言當矣吾嘗謂晏子之對齊莊公以禮義鬬其勇力亦猶孟子初見梁王制其好利之心而救之以仁義儒家立言之意往往一開卷而可知者於晏與孟見之

矣。以荀晏兩家之長於禮。則知爲儒家者以禮爲教。有斷然也。昔顏淵稱夫子博我以文。約我以禮。而魯論之記雅言。詩書而外。則維執禮。後之儒家。教人以明禮。其亦守聖門家法乎。今夫夏者火德也。儒家之教。所爲重學而明禮。殆取象於火哉。讚學有言曰。道之於心也。猶火之於人目也。中穽深室。幽黑無光。及設盛燭。則百物彰矣。此則火之燿也。非目之光也。而目假之。則爲明矣。蓋其致譬於人之爲學。如目之假光於火耳。五行在夏爲火。儒家之行教也。學爲其所注重。詩不云乎。學有緝熙於光明。亦以光明者其惟火乎。抑聞之荀爽曰。在地爲火。在天爲日。在天者用其精。在地者用其形。夏則火王。其精在天。温煖之氣。養成百木。是其孝也。故漢制使天下誦孝經。夫漢代定制。以夏王於火。令人誦習孝經。而儒家則導之以禮。記曰。禮者養也。夏有長養之義。董仲舒則謂火以調和養長。知禮與孝經。雖爲用不同。要其於夏之盛德在火。一以垂制。一以垂教。上律天時。則無或異也。夫人生天地間。能爲萬物之貴者。以其有學耳。以其知禮耳。學記曰。玉不琢。不成器。人不學。不知道。而相鼠之詩。則嘆人而無禮。胡不遄死。人之不可無學。不可無禮也。昭然易明矣。劉子新論者。雜家言也。其崇學篇曰。遠而光華者飾也。近而愈明者學也。故吳簳質勁。非筈羽而不美。越劍性利。非淬礪而不銛。人性譞惠。非積學而不成。甚矣學之有益於人也。禮者事爲之制。曲爲之防。人之異於禽獸者。不在斯乎。是以曲禮記曰。鸚鵡能言。不離飛鳥。猩猩能言。不離禽獸。今人而無禮。雖能言。不亦禽獸之心乎。夫惟禽獸無禮。故父子聚麀。是故聖人作。爲禮以教人。使人以有禮。知自別於禽獸。由是言之。禮者人禽之所以判。人其可不達乎禮哉。嗚呼。今天下未嘗廢學也。庠序之內。莘莘學子。所講肄者。左行之文字。侏儒之語言。其甚者辭氣鄙倍。曾子所戒。今且師弟之間。公然傳習。街談巷議。不過小道之可觀。而其推崇也。等諸金科玉律。一切經史之學。前賢所用以經世者。無不弁髦棄之。學術之衰。於斯爲極。其間嗜古之士。研金石則羅列左右。購典籍則鑒別宋元。徒供爲玩物之資。又或流連光景。發爲詩歌。以自矜乎風雅。若而人者。尙得謂之學哉。若夫禮也者。所以決嫌疑。明是非。定猶豫。納人於軌物者也。今則父子可以平等。男女可以自由。寡廉鮮恥。無所不爲。故晉人淸談。謂禮教豈爲我設者。是猶曠達一流。自放於形骸之外。未敢見之於文辭也。觀於近世。抑又過之。非孝無親。凡蕩閑踰範之事。作爲言論。肄然而不之顧。孟子所痛恨於上無禮下無學。乃於吾生親睹之。能無懼乎。間嘗原其所自來。慨自辛亥以降。詆毀我孔子者。僉以爲國體變更。聖教不適於世用。於是羣經可廢。誦讀相率趨新而尙怪。吾不識此既倒之狂瀾。至何日而足以挽救也。夫吾中國以儒教家天下。孔子爲生民未有。歷代所敬仰者。一旦思有以抵排之。多見其不知量耳。孔子不曰有教無類乎。儒家守先待後。固以昌教爲志者也。吾人身爲儒者。而不一考其立教之故。可乎。蓋儒家之術。合乎夏令。重學而明禮者。則其教之大體也。其諸潛孳儒業之君子。亦樂聞乎是與。

我們要知道此次戰爭所自表示的原因，起點於反對梁內閣，實現於奉軍入關，乃是為個人或直系受政治上的壓迫而戰，未嘗有絲毫表示為民主政治而戰，吳佩孚正在一面用兵對南，一方主張靠圖北洋正統，以取得和袁世凱段祺瑞相等的地位：用兵對南是鎮壓民主主義的行動，靠圖北洋正統即是擁護封建式的武人專政；他或者也有力量暫時解決時局，但恐怕更要因此釀成和袁世凱成功後段祺瑞成功後同樣更難解決的時局。

要解決糾紛的時局，必須由歷年許多糾紛的事件裏面分析出糾紛的共通病根所在，然後才能夠找出到真能解決糾紛的道路。依這個方法我們可以列舉民國政治史上重大糾紛的事件如左

元年　民主派舉兵革命；　北洋軍閥力助清室討伐革命；

二年　民主派因宋案及地方分權問題討袁　北洋軍閥擁袁南征；

五年　北洋軍閥擁戴袁世凱稱帝；民主派起兵討袁；

六年　民主派在國會力爭地方權，攻擊段祺瑞；　督軍團舉兵解散國會維持北洋系；

七年　民主派起兵護法討段；　北洋軍閥擁段南征；

九年　直皖戰爭；

十一年　奉直戰爭。

據上列的事實，民國十一年七次戰爭：前五次是民主派和北洋軍閥之理想及勢力衝突，後二次是軍閥內訌，這兩種糾紛的共通病根就是軍閥存在。解決糾紛的唯一道路只有打倒軍閥建設民主政治。

軍閥一日存在，不但他們對於民主派的戰爭不能停止，他們自身內鬨的戰爭也不能停止；奉直還正在戰爭，直皖戰爭恐怕也就在目前：奉若勝了，張作霖和孫烈臣便又有戰爭，孫烈臣勝了，和吳俊陞又有戰爭；直若勝了，吳佩孚和曹錕或馮玉祥又有戰爭，皖若勝了，皖與奉便又有戰爭，皖之中徐樹錚與盧永祥便又有戰爭，其他若甘肅，陝西，四川，湖南，安徽內部爭督軍總司令之戰爭，都不消滅，不但好政府主義者所謂好政府無從實現，軍閥自身之壞政府，亦必日在不統一的動搖之中，而全國人民之產業生命，亦必隨而動搖而喪失。

好政府主義者諸君呵！你們剛才發出『努力』，『奮鬥』『向惡勢力作戰』的呼聲，北京城裏僅僅去了一個徐世昌，你們馬上就電阻北伐軍，據中外古今革命史上的教訓，你們這種妥協的和平主義，小資產階級的和平主義，正都是『努力』『奮鬥』『向惡勢力作戰』的障礙物。軍閥勢力之下能實現你們好政府的議義嗎？你們觀察現時京津保的空氣，能實現你們政治改革的三個基本原則和六個具體主張嗎？清室倒了，統一黨章秉麟等便急急主張和袁世凱妥協，反對繼續戰爭，袁世凱死了，進步黨梁啟超等便急急主張和段祺瑞妥協，反對繼續戰爭，結果都造成了反動的變亂。你們(小資產階級的和平主義)又那能不蹈此覆轍！

國民黨諸君呀！你們本是革命的民主主義者，應始終為民主主義而戰，甯可戰而失敗，不可與北洋軍閥妥協而失敗。民國元年因袁世凱宣誓擁護共和，你們和袁世凱妥協上了一次當；五年又以恢復約法國會等條件而與段祺瑞妥協又上了一次當；現在不可又以恢復國會法統廢督裁兵等條件而與北洋軍閥妥協了。在北洋軍閥卵翼之下的約法國會與將五六年狀況何異，希望軍閥自己出來廢督裁兵，豈不是與虎謀皮？廢督改稱總司令，雲南四川湖南的現狀與前何異？軍閥間內訌甚烈，正在相互對壘，互相防制，無論那一方面都正在增兵，那一個肯裁兵自滅？從前徐樹錚說，『我也贊成裁兵，但必緩我的兵裁對了再裁別人的兵』。現在張紹曾說，『方今贛州一帶戰事方殷，豫亂雖平，伏莽未靖，當逐負固，竊發堪虞，軍務既待肅清，各省宜有統馭，就直魯豫等省論，即或曹吳諸帥如自解職，試思四郊多壘，指揮究屬何人？』他們在實際上不能裁兵廢督的苦心，算是由這兩位北洋派代表人物老實說出來了。你們唯有一心完成你們民主革命的使命，勿為這些歇人的好聽的空話所誤！

農民工人學生兵警商人諸君呵！軍閥不打倒，廢督裁兵是不可能的；軍閥不打倒，想他們不濫索軍費不擾亂中央及地方財政秩序是不可能的；軍閥不打倒，想他們不濫借外債做軍費政費以增加列強在華勢力是不可能的；軍閥不打倒，想他們不橫征暴歛想他們綏靖地方制止兵不可能的匪擾；是軍閥不打倒，工商業怎能發展，教育怎能維持和振興？軍閥不打倒，想他們不互爭地盤是不可能的；因為他們互爭地盤戰爭一次，農人工人商人的身家性命便跟着犧牲一次，無辜的兵士警察便跟着身罹砲彈一次，他們戰爭無止期，我們要停止這種無止期的犧牲，只有加入民主戰爭打倒軍閥，沒有別種姑息的妥協的偽和平方法可以得到根本的真和平幸福的。一切小資產階級的學者政客，根據他們姑息的妥協偽和平論，來反對民主戰爭，我們萬萬不可聽從。和平自然是我們所不排斥的，但是虛偽的妥協和平，愈求和平而愈不和平的偽和平，乃是我們所應該排斥的；戰爭雖然是我們所不謳歌的，但是民主主義來戰爭，減少軍閥戰爭效率的戰爭把人民從苦痛中解放出來的戰爭，在現在乃是我們不得不謳歌的。

中國共產黨是無產階級的先鋒軍，為無產階級奮鬥，和為無產階級的革命黨。但是無產階級未能獲得政權以前，依中國政治經濟的現狀，依歷史進化的過程，無產階級在目前最切要的工作，還應該聯絡民主派共同對封建式的軍閥革命，以達到軍閥覆滅能夠建設民主政治為止。我們目前奮鬥的標目，并非單指財政公開，澄清選舉等行政問題，乃以左列各項為準則；

(一)改正協定關稅制，取消列強在華各種治外特權，清償鐵路借款，完全收回管理權。

(二)肅清軍閥，沒收軍閥官僚的財產，將他們的田地分給貧苦農民。

(三)採用無限制的普通選舉制。

(四)保障人民結社集會言論出版自由權，廢止治安警察條例及壓迫罷工的刑律。

(五)定保護童工女工的法律及一般工廠衛生工人保險法。

(六)定限制租課率的法律。

(七)實行強迫義務教育。

(八)廢止釐金及其他額外的徵稅。

(九)改良司法制度，廢止死刑，實行廢止肉刑。

(十)徵收累進率的所得稅。

(十一)承認婦女在法律上與男子有同等的權利。

上列各項原則，決不是在封建式的軍閥勢力之下可以用妥協的方法請求得來的；中國共產黨的方法，是要邀請國民黨等革命民主派及革命的社會主義各團體開一個聯席會議，在上列原則的基礎上共同建立一個民主主義的聯合戰線，向封建式的軍閥繼續戰爭；因為這種聯合戰爭，是解放我們中國人受列強和軍閥兩重壓迫的戰爭，是中國目前必要的不可免的戰爭。

中國共產黨中央執行委員會一九二二年六月十五日。註：地址未詳。

選錄

儒家主張階級制度之害

滿清時，京師大學堂監督劉廷琛者，素主『三綱』之說；楊度在諮政院演說忠義之衰，由於孝悌，劉大非之，詆楊為少正卯宜加兩觀之誅，大有息邪說，正人心，覬覦兩廡特豚之意。然吾於其奏疏中『歐美主耶教，重平等；中國主孔孟，重綱常』數言，謂是證東西教義之優劣。蓋耶教所主，乃平等自由博愛之義，傳布既久，風俗人心皆受其影響，故能一演而為君民共主，再進而為民主，平等自由之真理，竟著之於憲法而罔敢或渝矣。孔氏主尊卑貴賤之階級制度，由天尊地卑，父尊子卑，夫尊婦卑，官尊民卑，尊卑既嚴，貴賤遂別；所謂『禮不下庶人，刑不上大夫』；所謂『王臣公，公臣大夫，大夫臣士，士臣皁，皁臣輿，輿臣隸，隸臣僚，僚臣僕，僕臣臺；』幾無一事不含有階級之精神意味。故二千年，不能剷除階級制度，至於有良賤為婚之律，斯可謂至酷已！守孔教之義，故專制之威愈衍愈烈。苟非五洲大通，耶教之義輸入，恐再二千餘年，吾人尚不克享憲法上平等自由之幸福，可斷言也。

或曰：孔孟之書，未嘗無公平之理。不知尊卑貴賤之階級既嚴，雖有公平之理，亦斷不能行。此考之於歷史易知也。荀子宥坐篇記孔氏誅少正卯之言曰：『心達而險，行辟而堅，言偽而辯，記醜而博，順非而澤；此五者有一於人，則不免於君子之誅，而少正卯兼有之，不可不誅也。是以湯誅尹諧，文王誅潘止，周公誅管叔，太公誅華仕，管仲誅付里乙，子產誅鄧析，史付；此七子者，皆異世同心，不可不誅也。』尹諧，潘止，付里乙，楊保注

：「事迹皆未著。」而殺管叔，蔡叔，鄧析，之事迹推之，則以近世文明法律，固無可誅之道；然七子者皆不獲免。此則以尊貴治卑賤，竟無學說異同，政術尹之可言，何以理之得伸耶？又據范家相家語證僞云：『少正卯一事，卽以論語證之，可見其非：夫子對季康子患盜曰：「子爲政，焉用殺？」豈身而執政，先殺少正卯以立威哉？據稱少正卯聞人之僞，不過褫其冠帶，甚則投之遠方，已足蔽辜，初無死法。乃以是爲爰書，遽殺之兩觀之下，尸於朝三日。魯君與季氏，其何以堪？卽顏淵亦不服也。若其人別有亂政之實，何以不爲子貢明言之？」然此非但家語之失也。北齊劉晝曰：『少正卯在魯，與孔子同時，孔子門人三盈三虛，唯顏淵不去。夫門人非不知孔子之聖也，亦不知少正卯之佞。子貢曰：「少正卯魯之聞人也，夫子爲政，何以先之？」夫子曰：「賜也！非爾所及。」云云。其言未知何本，如所言似子誅少正卯，以其亂世盜名故耳，然總非誅人作用。』是少正卯之誅，儒教徒亦不敢竟以爲是。蓋孔氏之七日而誅少正卯實以門人三盈三虛之私憤，所以一朝權在手，便把令來行；梁任公亦謂此實孔氏之極大污點矣。自孔氏演此醜劇，於是後世雖無孔氏，而所誅之『少正卯』遍天下。至明世宗亦以『少正卯』斥黃道周，幾不免於死。作俑之禍，吁可悲也！今滿清已亡，君綱早絕，而劉廷琛不聞遠希王蠋，長揖裔夷，斯亦可謂『色厲內荏』，深愧當日道學家主持綱常名教之門面語矣！

蓋孔氏之徒，汲心利祿，故不得不主張尊王，使君主神聖威嚴，不可侵犯，以求親幸。而當時之人格高潔如沮溺之流，皆鄙夷不屑，觀微生畝『丘，何爲是栖栖者歟，毋乃爲佞』之言，及孔氏『事君盡禮，人以爲諂』之語，則孔氏之諂佞，當時固暴著於社會矣。

夫孔氏對於尊卑貴賤之態度，於鄉黨篇記之特詳。其種種面目，變幻不測，雖今日著名之丑角，亦殆難形容盡肖，誠可爲專制時代官僚派之萬世師表者也！韓子外儲說：『仲尼曰：「與其使民諂下也，寧使民諂上，」』孔氏之主張，固如此矣。然孔氏尊卑貴賤之見，深中於心，則尤不止此。家語子路初見篇曰：『孔子侍坐於哀公，賜之桃與黍焉。孔子先食黍而後食桃。左右皆掩口而笑。公曰，「黍者所以雪桃，非爲食也。」孔子對曰，「丘知之矣。然夫黍者，五穀之長，郊禮宗廟以爲上盛；果屬有六，而桃爲下，祭祀不用，不登郊廟。丘聞之君子以賤雪貴，不聞以貴雪賤。今以五穀之長雪果之下者，是從上雪下，臣以爲妨於教，害於義，故不敢。」公曰，「善哉！」』（韓非子外儲說同。）余謂此如世說新語載『王敦初尚主，如廁，見漆箱盛乾棗，本以塞鼻，王謂廁上亦下果，食遂盡。既還婢擎金澡盤盛水，琉璃盌盛澡豆，因倒著水中而飲之，謂是乾飯。羣婢莫不掩口笑之。』其態度與孔氏正同。夫鄉里小人初入豪館，不辨刀叉之用，本無足異。而孔氏以桃黍之微，亦必强辯貴賤上下之義以自飾其陋，而公然面諛；哀公之誅丘，哀公殆已知儒可以爲戲而不可用矣！

且孔氏生平，動以禮自文，故當其問禮於老聃，而老子卽以『其人與骨皆已朽』諭之，又於道德經深斥『禮爲忠信之薄，亂之首。』今禮記多引『吾聞諸老聃』之言，大抵皆孔氏所問而得之語，然其失老子之本意則遠矣。

嗚呼！孔孟之道在六經，六經之精華在滿清律例；而滿清律例，則歐美人所稱爲代表中國尊卑貴賤階級制度之野蠻者也。好學深思之士，試研究之！

自孔氏誅少正卯，著『侮聖言』『非聖無法』之厲禁；孟軻繼之，闢楊墨，攻異端，自附於聖人之徒；董仲舒對策，以爲諸不在六藝之科，孔氏之術者，皆絕其道，勿使並進；韓愈原道，『人其人，火其書，廬其居』之說昌；於是儒教專制統一，中國學術錮絕！觀顧炎武謂『韓文公起八代衰，若但作原道，諫佛骨表，平淮西碑，張中丞傳後敘諸篇，而一切諛墓之文不作，豈不誠山斗乎！』張爾岐記六祖衣鉢傳自達磨，藏廣東傳法寺；衣本西方諸佛傳法信器，鉢則魏主所賜；嘉靖中，莊渠魏校，督學廣東，取衣焚之，鉢碎之，噫代法物，一朝論毀。明李卓吾以卑侮孔孟，專崇釋氏，爲張問達所劾，逮死獄中；所著焚書，兩次禁燬，言論出版皆失自由。則儒教徒之心理與悍悍可以想見。經釋流傳至今日，某氏收取章太炎諸子學略說，燬於一炬，而野蠻荒謬之能事極矣！

嗚呼！太西有馬丁路德創新教，而數百年宗教界遂闢一新國土；有培根狄卡兒創新學說，而數百年學界遂開一新天地。儒教不革命，儒學不轉輪，吾國遂無新思想，新學說，何以造新國民？悠悠萬事，惟此爲大已！吁！

十一，七，九夜，錄吳虞文錄。

文藝

隔墻

『唉！疼啊！……』

『治兒！你覺着怎麼樣？』

這種淒慘的聲音，從隔墻傳入於屈留的耳膜內，把他的睡魔都趕到烏有鄉去，驀地爬起，坐在坑上，傾耳向下靜聽——因爲他們住的小房子，都沒有頂棚，所以除過院中騾馬吃草料的聲聲，稍可以擾亂屈留的聽覺，然而究覺這種呻聲是來自緊鄰的，字字仍都可以分析清楚。

『姑夫呵！大腿上又燒又疼——還比背後和膀上的疼的利害——疼呵！媽呵！……』

『你慢慢的轉身爲爬勢，我把胡大夫給的軟膏與你敷上。—或許可以少減疼痛！』

『二哥！治兒的這傷究竟是怎樣這麼重的？爲什麼我在街西頭碰見你們驚問時，你只搖頭不答我？這究竟是怎樣弄成的？』

『兄弟！你是離鄉多少年的了，乍回來怎麼知道這件事情的內幕！……』門板譁的一聲，彷彿是開了又闔的樣子。『……這又做什麼呢？』『我看看外頭有人沒有！兩個月以前，北洋陸軍和本地的糧子一齊向潼關外開差，馬二營便來紮在我們縣裏。兄弟！你還不知道馬二營的利害呢！自從他們來了以後，天天向各村鎮要糧，要草；稍微遲送一點，立刻就要押到監裏去。這且不要說起，他們那些土匪，白天出入民宅，見飯便吃，見衣便穿，碰見年輕婦女，便强迫陪他們睡覺；晚上結羣，聯隊，向各村鎮搶劫。治兒他爸去年被舉爲里正，上月的初三日因爲縣裏給赤化里派的糧草沒收足，進縣去向知事求情，緩幾天。不料知事新近和營長拜了八字，想求營長的歡心，硬說治兒他爸違抗軍令，有誤軍情，打了三千大杖，送到營裏去槍斃了。當日晚他村裏便去了十幾匹馬隊，先放了兩排子槍，喊道：『好人都要寫睡覺，不必管閒事情。』一脚踢開治兒的門，說他家藏有煙土和槍械；捉住治兒，用火香烤問。他媽出來求情，竟被土匪當場輪姦！不六十歲的老婆子，活活被人害死。治兒的妹子和媳婦，被幾個土匪强姦不遂，用剪子刺傷了兩個强盜，吃了槍子了！一個老總又用煮着的鹽菜向治兒前後胸亂掉，治兒受了火毒暈過去，便不知道土匪什麼時候去了！第二天他五爸把我叫去，看見他家裏箱籠大開，家具毀壞無數，死屍的慘狀，如今我想起來還有些心悸。治兒依然昏迷不醒；我們便報了搶案，縣知事親來驗屍，倒向我們討了許多陋規，草草了事的把案子空懸了！我們見治兒的傷勢太重，把他抬往省城紅十字會醫院治了十幾天，現在已經好的多了。治兒！你覺着怎麼樣？……』

『查店的老總來了！客人都起來吧！』

屈留下了坑，開開房門，看見五七個肩槍的大兵，擁了一位掛刀，帶金邊軍帽的軍官，藉那寫有□□軍第二路高三營的大燈籠的亮光，照出他的肩章是排長級的。他們進了隔壁的房間，便問道：『你們是從那裏來的？帶有煙土，槍械沒有？』

『我們是被土匪搶傷，上省醫好回家的。』

『熱娘！我們在這裏駐紮，那裏來的土匪？』

那位軍官旋說着，就向屈留的房間走來。他看見屈留的打扮很不俗，便笑嘻嘻的問道：『你老有公事沒有？』

屈留從皮夾內掏出一張名片——上寫有陸軍部偵探的官銜——和註明赴陝西公幹的護照。那位軍官把護照倒持，假扮在行，向燈下觀看，屈留不禁的一笑，告訴他這是陸軍部公幹的護照。他彷彿亦知道陸軍部是他們的上司衙門，趕快舉起左手，行了一個特式軍禮，退出門外，嚷道：『對不起！』

不多一會功夫，查店的兵士一齊走出店門；店小二關上大門，立在當院，大聲喊道：『諸位客人，明日天大明後，纔可上道，此地路緊的很！』

屈留重復關門上坑，細細回想方纔所聞所見的。斷斷續續的猶聽隔墻的喊疼聲，噯氣聲。月亮漸漸升高了，從沒有窗簾子的空穴中透入房內，清風徐吹，其所夾送來的騾馬吃料聲，似乎亦雜些悲慘殺伐的音響。屈留躺在坑上，左思右想，想到他來陝的目的，任務，想了又想，忽然用拳頭把坑擊了一下，自語道：『這就是屈留的成績了！』

著　論

原始的儒，儒家，與儒教。

許地山

在原始社會中，凡長於一技，精於一藝底人，他必定為那羣衆中所敬重。因為他能辦羣衆所不能底事，所以他在那社會中底地位最高，且具有治人底能力。在草昧時代，人民最怕底是自然界一切的勢力，疾風，迅雷，景星，慶雲，乃至山崩，河決，無一不是他們所畏怖底。他們必要藉着「前知」或「祈禳」底方法來豫防，或解救那一切的災害。然而「前知」「祈禳」底事不是人人能辦底，在一個團體中至多不過是三五個人而已。這樣具超常人能力底人，必能制度，創物。這等人在中國古代，高明者為「聖人，」次者也不失為「君子。」但無論是聖人也罷，君子也罷，他們底地位即是巫祝，是宰官，或者也是君王。女媧煉石，神農嘗藥，蚩尤作霧，史皇（蒼頡）制書等等，都是聖人能作物底；同時，他們是君主。（史書多說蚩尤好亂喜兵，少說到他底好處，可是他也不定是很暴虐的人。他也是個儒者，管子五行：「昔者黃帝得蚩尤而明於天道；得大常而察於地利；得奢龍而辯於東方；得祝融而辯於南方；得大封而辯於西方；得后土而辯於北方。黃帝得六相而天地治，神明至。」看來蚩尤還是一位助人君知天時底人哪。）時代越下，依聖人曾經創作底事物而創作底人越多，「聖人」「君子」底尊號，當然不能像雨點一般，盡落在這些不發明而制物底人底頭上，於是古人另給他們一個名字叫做「儒」。

「儒」這個字，說文解作「術士。」依這兩個字底解釋，是辦事有方法底人底意思。（（術，）說文解作（邑中道。）（，）廣雅解作（道。）（術）（道）相通，可見（術士）即是（道士）。）從制字底本誼說，「儒」從人需。「需」易象說是「雲上於天。」序卦說是「飲食之道。」由前說是天地之道，而後說是人道，那就是說儒是明三才之道底人。這個意思，漢朝底楊雄給他立個定義說『通天，地，人，曰儒。』（法言君子篇）最初的儒——術士——都是知天文，識旱潦底。他底職分近於巫祝，能以樂舞降神。他是巫官，是樂官，又是教官，虞書載舜命夔典樂教冑子，以諧神人即是此意。其後衍為司樂之官，『掌成均之法，以治建國之學政，使有道有德者敎國之子弟，死則爲樂祖，祭於瞽宗。』（周禮大司樂文）儒者皆以誨人爲職志，其淵源未必不在於此。怎麼說最先他也不過是巫覡瞽矇一流人物呢？古人以衣冠爲章身序官之具，因其形式辨別那人底職分。儒者所載底帽子，名「術氏冠，」又名『圜冠。』圜冠是以鷸「翠鳥」羽裝飾底帽子，本是用來舞旱暵求雨底。莊子田子方有一段話說，『儒者冠圜冠者知天時；履句屨者知地形；緩佩玦者，事至而斷。』可見周代底儒，雖不必盡爲舞師之事，而他底衣冠仍然存着先代底制度，使人一見就可以理會他是「通天地人底人。」（參看章太炎國故論衡原儒）又詩傳所謂『建邦能命龜；田能施命；作器能銘；使能造命；登高能賦；師旅能誓；山川能說；喪紀能誄；祭祀能語；君子能此九者，可謂有德音，可以爲大夫。』這九能中，巫祝之事佔了一大半，然而不失其爲大夫君子。

儒者既爲術士底統稱，所以凡有一技一藝之長，對於所事能够明了，熟練。和有法術能敎人底，都可以稱爲儒，稱爲術士。故『敎之以事，而諭諸德者』爲師，（文王世子文）『有六藝以敎民者』爲保，保就是儒。「藝，」「術，」「道」三字，在典籍中幾成爲儒者底專賣品。天官大宰職說『儒以道得民；』地官保氏職說『養國子以道，乃敎之六藝。』這裏底「道，」是技術材藝底道。晏子春秋內篇第五說，『燕之游士，有泯子午者，南見晏子於齊，言有文章，術有條理，巨可以補國，細可以益晏子者三百篇。』又呂氏春秋，博志『孔，墨，甯越，皆布衣之士也。慮于天下，以爲无若先王之術者。』我們可以看出泯子午，所有底是補國益身底法術；孔，墨，甯越所學底是先王底經術。「法術」「經術」都是儒者底職志，是聖人所務底。禮記鄉飮酒義說『古之學術道者，將以得身也，是故聖人務焉。』「術道」就是藝術。到這裏，我們不能不略講一點「藝」底意思。

保氏所敎底是藝。漢書儒林傳『古之儒者，博學虖六藝之文。六學者，王敎之典籍，先聖所以明天道，正人倫，致至治之成法也。』明六藝是先聖致治底道術，是世儒所習所教底。六藝是政教學藝底基礎，自來就有今文古文兩派說法。主這說底以爲「純乎明理」爲今文六藝，「兼詳紀事」爲古文六藝。此外還有保氏所教底六藝——禮，樂，射，馭，書，數。大戴禮有「小藝」「大藝」底分別，故此，我以爲六藝可以分爲小學六藝和大學六藝。小學六藝是小藝，就是童子八歲出就外舍所學底，五禮，六樂，五射，五馭，六書，九數。大學六藝是大藝，即所謂六經，是束髮時在大學所學底，易，書，詩，禮，樂，春秋。不過大學所習底大藝，古時只有四樣，王制

> 樂正崇四術，立四教，順先王，詩，書，禮，樂，以造士。

莊子天下篇也說：

> 古之人其備乎！配神明，醇天地，育萬物，和天下，澤及百姓，明於本數，係於末度。六通，四辟，小大精粗，其運無乎不在。其明而在數度者，舊法世傳之，史尚多有之。其在於詩，書，禮，樂者，鄒魯之士，縉紳先生多能明之。詩以道志；書以道事；禮以道行；樂以道和；易以道陰陽；春秋以道名分。其數散於天下而設於中國者，百家之學，時或稱而道之。

這裏明明有大小藝底分別，其「明在數度」即是先聖遺留下來，揖讓，升降；舞勺，誦詩；白矢，連參；諧聲，轉注；鳴，鸞，逐禽；均輪，方程，等等技藝底成法。所謂「六通，」是通於此；世人所傳，也是傳此。至於載於竹帛底詩，書，禮，樂，是古聖政事，典章，學術，名理之所從出，要辟這四藝非入大學不成，故只爲鄒魯一部分底士，和縉紳先生所能明。道陰陽底易，和道名分底春秋，本不在大學六藝之列，也許因爲這兩樣是卜史所專掌，需要在官然後學習底緣故。韓宣子觀書於魯大史氏，見易象與魯春秋（見左昭公二年傳。這時孔子十一歲。）；孔子晚年才學易，刪定春秋，足見這兩書不藏於黌宮，孔子在大成之年也未必獵涉過底。

凡是一種理想，都是由許多成法擠出來底。六藝既是先王經世底成跡，那鑽研經術底儒生在習誦之餘，必要揣摩其中的道理。於是在六藝中抽出一個經緯天下底「道，」

」而「道」「藝」底判別，就越來越遠了。這個道是從六經產出，是九流百家所同宗底。所以不習六藝所產底「道術」觀念，就不能觀九家之言，便不能明白儒家底淵源。百家所持，原來只有從六藝產出底一個「道」字，這個「道」本不專爲一家，乃是一個玄名。自劉向以後，始以老莊之說爲道家，漢志說「道家者流盖出於史官，」其實古代神政，能誦習典册底，也只有祝史之流，正不必到衰周王官失守，然後流爲一家之言。且在官者皆習六藝，各家底思惟也是趨於大同，也是「違道不遠」底。

「道」是什麼意思呢？說起來又是一篇大文章，我只能將他底大意提些出來和儒家所主底比較一下而已。道只是宇宙間惟一不易的根源，是無量事物之所從出底。韓非解老篇說，「道者萬物之所然也；萬理之所稽也」。莊子天下篇說，「古之所謂道術者，果惡乎在？曰無乎不在。』又在宥篇說，『一而不可不易者，』道也。中庸『天命之謂性，率性之謂道。修道之謂敎。』易說『一陰一陽之謂道。』又說『立天之道，曰陰與陽。立地之道，曰柔與剛。』立人之道，曰仁與義。』這陰陽，柔剛，仁義之道，是一般術士所傳習底。所以道家主柔弱說『致虛極守靜篤，』而「儒」訓爲「柔。」道主「無爲，」而孔子說『無爲而治天下其舜也歟？夫何爲哉？恭已正南面而已。』道推原於天，如天道篇說：『古之明大道，先明天，而道德次之。道德已明，而仁義次之。……以此事上，以此畜下，以此治物，以此修身。知謀不用，必歸於天，此之謂太平，治之至也。』而儒以順陰陽爲職志，故祭義說，『昔者聖人建陰陽天地之情，立以爲易。易抱龜南面，天子卷冕北面，雖有明知之心，必斷其志焉，示不敢專，以尊天也。』易是中國最古的書，是六藝之祖，百家，（尤其以道家）底思想都從這裏出發底。孔子所修底道，多在實用方面，故說『修道以俟天下。』而他底行敎目的也是要和這經緯六合之「道」同流底。看他所說『吾道以一貫』和『志於道，據於德，依於仁，游於藝，』四個大敎義，也可以理會得道儒之分別。

我們既然知道「藝，」「術，」「道，」是一般儒士所常道底，儒不過是學道人底名稱，而後人多以儒爲宗師仲尼底人。這是因爲孔子和他底門人自己認定他們是儒底正支，是以道藝敎鄉里底。孔子對子夏說『女爲「君子儒；」無爲「小人儒。」』因爲子夏當時設敎，夫子告以爲儒之道，敎他要做識大體而可大受底「君子儒。」此後社會上就把儒這個字來做學「孔子道」底人底專名（見淮南俶眞訓（儒墨）注）。原來在孔子以後不久，這字底意義就狹窄了。孟子自己說他底道理是儒，而墨者夷子亦稱孟子所傳爲儒者之道（參見滕文公上盡心下）儒既成爲學「孔子道」底專名，所以漢志說『儒家者流，蓋出於司徒之官，助人君順陰陽，明敎化者也。游文於六經之中；留意於仁義之際。祖述堯舜，憲章文武，宗師仲尼，以重其言。於道爲最高。』又應劭風俗通說『儒區也，言其區別古今，居則翫聖哲之詞，動則行典籍之道。稽先王之制，立當時之事，此通儒也。若能納而不能出，能言而不能行，講誦而已，無能往來，此俗儒也』。訓儒爲「區，」『明其對於道與諸家有不同的地方。這和猶太敎中一部分持律底人自以爲「法利賽」底意思相彷。至於「通儒，」「俗儒，」仍是孔子「君子儒」「小人儒」底意思。

儒這個名字，怎樣到孔子以後就變爲一種特殊的敎義呢？這有三個緣故。

一：當時社會底光景，使他成爲一家之說，要知道孔子正生於「天下無道」底時代，他對於當時的人民要積極地在思想和行爲方面去救度他們。他對於邪說，橫議，要用「正名」底方法去矯正要爲他們立一個是非底標準，故用魯史而寄他「正名分」，「寓褒貶」底大意思。孟子發明孔子作春秋底意思說『孔子成春秋，而亂臣賊子懼。』又說『王者之迹熄而詩亡。詩亡，然後春秋作。晉之乘，楚之檮杌，魯之春秋一也。其事則齊桓，晉文；其文則史。孔子曰，「其義，則丘竊取之矣。」』孔子用這個方法，本來是很好的，因爲人都願意留個好名聲在史册上，若個人的善惡行爲在史册上都有一定的書法，實在可以使「亂臣賊子懼。」我見這個比輿論更有勢力。

二：他要實行他師儒之職，以道德敎人。道德不是空洞的，是要舉出些人來做榜樣底。所以他所立底標準人物是古代的「聖人」「君子。」他要「祖述堯舜，憲章文武，」可見還是行着師保之職，只以先聖底道藝教人。漢志說儒家『蓋出於司徒之官，』這「蓋」字用得很好，因爲儒者都以敎學爲職志如司徒屬官一般。儒者既是游文於六經之中，留意於仁義之際』，故凡事必師古：從典籍上傳來底成法，都要學底。『子所雅言；詩，書，執禮。』爲重先王之典訓，故「正言其音，」也是爲學底方法。

三：他對於政敎底理想是偏重「書的。」胡適說孔子對於改良社會國家底下手方法全在一部易經。但「易的思想，」是士君子意識中所共有；在百家中沒有一家不歸根於易底。我以爲儒所以能成爲一家，是出於孔子底「書的思想。」就是他所解說底易經也是本着這個去解釋底。尙書即所謂古昔聖賢底典型，孔子一說到政事或他底理想底時候，少有不引他來做佐證，或撮取其中的意思說出來。

(甲)孔子第一個政治理想是「孝友，」看爲政載：

或謂孔子曰，『子奚不爲政？』子曰：『書云，「孝乎惟孝！友於兄弟，施於有政。（逸書。東晉僞古文釆入君陳）是亦法政。奚其爲爲政？』

孔子引這段逸書，意思說政治的根本是在「孝於父母，友於兄弟。」因爲孝友是齊家底要政，「孝弟既不好犯上，」那也「就不好作亂」了。所以孝弟之道明，則天下後世底「亂臣賊子」無所養成。

孔子底孝說，也是託於尙書底。孝是儒敎底重要敎義，也是要入儒敎團體（做聖人之徒）底人所當履行底。儒者看父母像天神一般地不可侵犯在生時固然要盡孝盡敬，死後也不許你一下就把他們撇在腦後，要終身追慕他們，——形式上要行三年底喪服。這三年喪服底觀念也是出於尙書底。說命載『王宅憂，亮陰三祀，既免喪其惟弗言，』引起子張底問。（文在憲問）以後孟子更伸引堯典『二十八載，放勳乃徂落，百姓如喪考妣。三年，四海遏密八音』（見萬章，原文今入舜典。伏生尙書原只堯典一篇，無（粵若稽古帝舜二十字至齊建武年始誤分爲二篇）底話，歷說舜禹行三年之喪底事實。

三年之喪是否「儒家託古改制」底一例，自來就是一個疑問。毛奇齡賸言有一段很可以幫助我們。

滕文公問孟子，始定爲三年之喪，豈戰國諸侯皆不行三年之喪乎？若然，則齊宣欲短喪，何歟？然且曰吾宗國魯先君不行，吾先君亦不行，則是魯周公伯禽，滕叔繡並無一行三年之喪者。往讀論語子張問高宗三年不言，夫子曰（何必高宗，古之人皆然，）遂疑子張此問，夫子此答，其周制當無此事可知，何則？子張以高宗爲創見，而夫子又言（古之人，）其非今制昭然也，及讀周書康王之誥，成王崩方九日，康王遽即位，冕服出命令告諸侯，與（三年不言）絕不相同。然猶曰此天子事耳。後讀春秋傳晉平公初即位，改服命官，而通列國盟成之事，始悟孟子所定三年之喪引（三年不言）爲訓，而滕文奉行。即又曰（五月居廬，未有命戒，）是皆商以前之制，並非周制。周公所制禮，並未有此，故侃侃然曰，周公不行，叔繡不行，悖先祖，違授受，歷歷有辭，而世讀其書而通不察也。蓋其云（定三年之喪），謂定三年之喪制也。然則孟子何以使行商制？曰使滕行助法亦商制也。）

看來「三年之喪」是儒家「好古敏求」底事實，大概古來只行於王候輩，不過儒家把他推行到士庶身上，爲底要「民德歸厚」便了。

（乙）孔子第二個理想是法天。泰伯載：夫子讚美堯底話說：『大哉，堯之爲君也，巍巍乎，唯天爲大，唯堯則之。』這是發明堯典『乃命羲和，欽若昊天，歷象日月星辰，敬授民時』底意思。以後他在易繫詞上說，昔者包犧氏之王天下也，仰則觀象於天；俯則觀法於地。』又說黃帝，堯舜垂衣裳而天下治，蓋取諸乾坤。又堯曰全章，（（堯曰）至（公則說）是一篇論語後序。論語自微子說夫子之言已訖。故子張問皆記在弟子之言。至此更集夫子遺語遺意綴於册末，以爲後序。可惜文字脫佚不少，後人遂把子張問並在裏頭。（子張問）以下，古原分別爲篇，因書成後才得着，故附於後序之後。）是總結孔子政教思想底全部底，我們看在這零篇斷簡中，出於典，謨，誥，範，底也不爲少。

（丙）第三是孔子底「富教主義」 洪範所陳第九疇底五福——壽，富，康甯，——攸好德，考終命—是一個具足生活順序底理想。說人先要多壽（健全的生命）然後能享諸福。既有了生命，不可不有資生底財祿。既有財祿，當使之身心沒有疾病，憂患。衣食既足，身心既健，然後敎之，使好好德。這個理想變成孔子底話，看顏淵，子貢問政。子曰：『足食，足兵，民信之矣。』

又子路有一段，也可以說明這個意思。

子適衞，冉有僕。子曰：『庶矣哉！』

冉有曰：旣庶矣，又何加焉？』

子曰：『富之。』

曰：『旣富矣又何加焉？』

曰：『敎之』

（丁）第四孔子底「禮樂主義」也是出於尚書底。禮樂是陶冶品性，養成道德習慣底利器。我們藉着禮樂可以調節身心，更能發展我們道德意識底習慣。所以要調節底原由，是因人從天地底氣質受生，性格底剛柔厚薄，各各不同，務要使大家達到一個中和的地步。禮是要實踐底，一個人有沒有禮，只要先看他底容貌行爲如何。孔子服膺典謨裏所言九德——寬而栗，柔而立，愿而恭，亂而敬，擾而毅，直而溫，簡而廉，剛而塞，彊而義。—所以他自己是一個『溫而厲，威而不猛，恭而安』（述而）底人。他底學生子夏也說『君子有三變：望之儼然；即之也溫；聽其言也厲。』（子張）要這個樣子才能達到中和底地步。不然，孔子就說『恭而無禮則勞，愼而無禮則葸，勇而無禮則亂，直而無禮則絞』。（泰伯）又說，『敬而不中禮謂之野。恭而不中禮謂之給。勇而不中禮謂之逆。（仲尼燕居）

禮樂本是相爲表裏底，所以虞舜命夔典樂，對他說『夔，命汝典樂，敎胄子，直而溫，寬而栗，剛而無虐，簡而無傲。詩言志，歌永言，聲依永，律和聲，八音克諧，無相奪倫，神人以和。』（舜典）孔子以爲「達於禮而不達於樂」底是「素；」達於樂而不達禮」底是『偏。』夔只達於樂沒有辦到舜所囑咐底話，只說『於！予擊石拊石，百獸率舞。』所以說他是「偏。」（參照益稷和仲尼燕居）

禮樂本是儒者舊業（巫史之事），不過孔子特別提了出來，且變本加厲，把他們納入他底中心敎義「仁」字裡頭。他說禮節是「仁之貌，」歌樂是「仁之和。」（儒行。）又說，『人而不仁，如禮何？人而不仁，如樂何？』（八佾）因爲禮樂所以飭仁，故只有仁者能行禮樂。

孔子以孝弟和禮樂底敎義，傳授弟子們。但在他生時，弟子也未必都服從他一切敎訓，如漆雕開，顓孫師是其最著者。自他死後派別漸多，二百年間已有八派。韓非顯學篇『自孔子之死也，有子張之儒，有子思之儒，有顏氏之儒，有孟氏之儒，有漆雕氏之儒，有仲良氏之儒，有孫氏（荀卿）之儒，有樂正氏之儒。』諸儒底派別，據羣輔錄說，『夫子沒後，散於天下，設於中國成百氏之源，爲綱紀之儒。「居環堵之室，蓽門圭竇，甕牖繩樞，併日而食，」以道自居者，有道之儒子思氏之所行也。「衣冠中，動作順，大讓如慢，小讓如僞」者（說明子思子張學派底話，都出於小戴儒行），子張氏之所行也。顏氏傳詩爲道，爲諷諫之儒。孟氏傳書爲道，爲疏通政遠之儒。仲良氏傳樂爲道，以和陰陽，爲移風易俗之儒。樂正氏傳春秋爲道，爲屬詞比事之儒。公孫氏傳易爲道，爲潔淨精微之儒。』錄中所列八儒，與顯學互有出入，所說「綱紀之儒」是孔子底正傳，親自隨從夫子學過度底。說孟氏傳書，很有道理，因爲書的思想，到孟子以後更成正統派儒家底專用品了。諸家宗旨，許多已經失傳了，我們念顯學篇，儒行，荀子儒效，非十二子諸篇，大概還可以窺探一點。

無論什麼道理，若經多人公訂，或實現於行爲之後，必要發生「勞相，」不是趨於極端，便是因循故事。荀卿譏子張派，只會裝聖人底威儀，子夏氏務於沈嘿，子游氏只圖哺啜，說：『弟佗其冠，神禫其辭，禹行而舜趨是子張氏之賤儒也。正其衣冠，齊其顏色，嗛然而終日不言，是子夏氏之賤儒也。偷儒憚事，無廉恥而耆飲食，必曰，「君子固不用力」是子游氏之賤儒也。』漆雕氏一派很有儒俠之風。他所傳底，是儒行所謂『儒有委之以貨財，淹之以樂好，見利不虧其義。刼之以衆，沮之以兵，見死不更其守』一流底人。故韓非給他們底評語說，『不色撓，不目逃；行曲則違於臧獲，行直則怨於諸侯。』以後這派流爲任俠，荀卿底輔弼信陵，也帶着幾分俠氣。（參看太炎檢論儒俠）又孔子底正傳，孝弟思想底毒焰，到現在還沒有完全熄滅。這因當時，曾子一流底人物把「孝」字看得太重了，結果使人只存着「身爲父母之遺體」底觀念。走到極端，反動便來了。這反動形成了大學中庸底教義，大學中庸是明「修己」與「治人」底方法底。為什麼要修身？為底是事親，知人，知天。以身為一切行為思想底基礎，早已把正教的「孝」改換過來了。孝是「家人的」身是「個人的。」這注重個人底教義，開了孟子荀子以後的派別。

大學中庸底思想，簡明而有系統，我們可以不費工夫來講他們，只要列個表出來就夠了。

- 至善
  - 修己
    - 學問（知）
      - 格物（外）
        - 博學
        - 審問
      - 致知（內）
        - 明辯
        - 慎思
    - 德行（行）
      - 誠意
      - 正心
      - 修身
      - （誠意、正心、修身）——篤行
    - （博學、審問、明辯、慎思、篤行）——明明德
  - 治人——功業
    - 齊家
    - 治國
    - 平天下
    - （齊家、治國、平天下）——親民

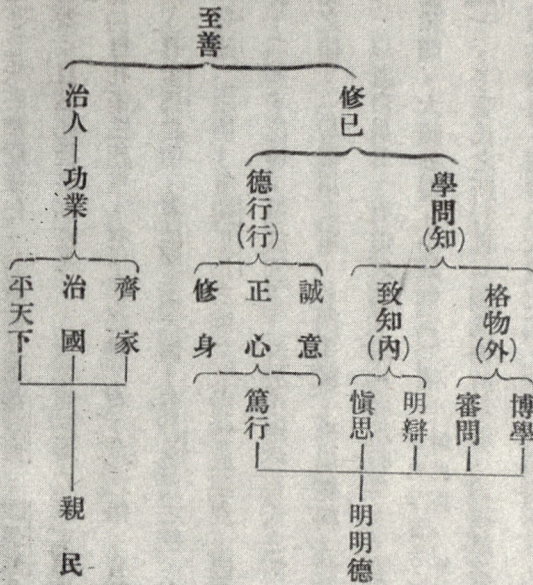

大學中庸底主義在使人止於至善，而其方法只用一個「誠」字。「誠」是個人天性盡量的表現，這成為後來儒家重「心術」底源泉。孟荀二家就是從這潮流中泛出來底。孟子荀子生於戰國之世，天下儒術，幾於廢絀，他們兩個幸而生於齊魯附近的國，故能沾一點「聖澤。」孟子之學是出於子思底。荀子底師承不明，但他底書中常以仲尼與子弓（有人說是仲弓）並稱，也許是出於冉雍之門。孟子底思想，還是尙書的，所以對於修己治人之道主用仁義，而稱先王。冉子曾學禮於孔子，假使荀子之學是從他出來底，那末，他底禮論就有出處了。因為他是主禮底，禮於三代猶有所損益，故先王之典型不盡是可法，當法後王。（後王不是未來的王底解法，只是指近代的王。荀子底意思大概是指文武。）

自孟荀以後，我們又要顧一顧戰國末年和秦代底一般思想和社會，知道儒教在那時期底境地如何。對於這個我們應當從幾方面看。

一：在西紀元前四世紀至三世紀，中國正是要從分割

歸一統底時候，人民因厭亂而起出世思想，神仙底迷信大為盛行，尤其以山東諸國為最。神仙之說，本出於江漢底巫祝或靈保，以後漸向北方蔓延底。照當時光景，登萊半島是最適於神仙觀念發展底地方。因為那時齊國是收海利底，許多人入海，入海底，人難免不會到了一個他們所不曾到過底境界。加之，海邊底蜃樓懸在天上，要使不明白物理底人不猜到那是神山，也是不可能底。於是有一派人造出求仙之說，說仙人有靈藥，人服了可以長生不老。有些自說到過神山，見過仙人，仙人授給製藥之方，回來就大講起鍊丹底道理。這一等人，卽所謂方「士者。」

二：從易經產出來底陰陽思想，充滿了當時人底腦筋。易有連山，歸藏，周易三種，雖是一部極古的字書，其中寄託許多神話，和哲學思想，然而許久就給人當做卜筮之書了。周易是成周王朝所用底卜筮書，當時的侯國也少有知道這書底底細底。當惠王五年（西紀元前六七二年，魯莊公二十二年）周史始以周易見陳侯；靈王二十四年（西紀前五四八年魯襄公二十五年）流行於齊，景王五年（昭二年）韓宣子始在魯國見着易象？可見周易這書流通得很晚。而在列國中，得着孔子所解釋過底，恐怕很少。易仍然以卜筮書底資格流行，是意中底事。周易此後，漸漸流入民間，因時代關係，一變而為陰陽五行之說。所謂陰陽家，卽起於此。

三：儒教雖然不語神怪，而其教義底實行，却立在古代遺下來底祖靈崇拜和自然崇拜底基石上頭。他們對於喪禮，祭禮，都變本加厲地奉行。加以當時淹中，稷下，儒墨底接觸頻繁，於是在思想行為上，二家互為影響。天，帝，鬼，神，報應等等觀念都為二家所樂談，不過儒家少說天帝，多說天命而已。

儒家對於天底觀念，多是從詩書來底。孔子因召誥『天其命誓；命吉凶，命歷年』底話，說『天生德於予。』他以為天既生得他那麼明哲，吉凶自有天命在，不能為人事所轉移底。又『居易以俟命』（中庸），『殀壽不貳，修身以俟之，所以立命』（盡心），等等，都是從詩書底『天敍有典，』『天秩有禮，』『天生蒸民，有物有則，』一派的遺訓生出來底。

四：讖緯說底成立，影響了秦漢底儒教不少。讖底意思，是「執後事以驗前文，」與老子所謂「前識，」中庸所謂「前知」相似。戰國末年，大有復現，少昊時代『民神雜糅，家爲巫史，民瀆齋盟』底光景。所以太史公述荀子著書底意思說荀卿嫉濁世之政，亡國亂君相屬，不遂大道，而營於巫祝，信禨祥。鄙儒小物，如莊周等，又滑稽亂俗。於是推儒墨道德之行事興壞，序列著數萬言而卒。』（史記荀卿列傳）是當時上下篤信禨祥，侈言豫察，於是大多數的儒生多用這樣的話語來做經藉底「索隱。」以後今文家用讖說經底時候尤其多。

經學分古文今文始於秦。但起先不過是傳寫文字底不同，後來今文經生以圖讖之說殺亂經義，致二家分途而行。圖讖本不是儒家所有底，看中庸『索隱行怪，吾不爲之，』和夫子言「天道不可得聞」底話可以知道。秦人信神仙，采納方士之說，故秦底諸生皆通其學術。史記始皇本紀所載，博士爲僊眞人詩；博士言「水神不可見，以大魚，蛟龍爲候，」是知當時所謂諸生，博士，於經學外實兼明推步占候之術。圖讖之起，根於緯書。隋書經藉志說孔子既序六經以明天人之道，知後世不能稽同其意故別立緯及讖以遺來世。』緯書託於孔子底緣故，是因「孔子道」在戰國末年已形成了一種特殊的教門。六藝雖是孔門底經典，然而爲諸儒所共有，單說經文，不足以號召異學。加之，孔子自己說過『聖則吾不能，』『述而不作，』他又不是帝王，習孔子道者以爲這空前的教主既不是王，又不作聖，乍能擅革典章，來實行他作君作師底職務，故不得加之以「素王」之號，强派他有寫緯書底事實。這意思，我們可以從鄭玄底話探出來。禮記孔疏引鄭玄釋『三時田』說，「孔子雖有聖德，不敢顯然改先王之法以教授於世。若其所欲改，陰書於緯藏之，以傳後王。』其實孔子何嘗不敢改作舊貫，只因當時，一方面看他過於神聖，一方面又要用『非天子不制度，不考文』底律令來科他，所以有這個結果。緯書既流行，又加上方士的迷信，於是圖讖大有決河東下之勢，浸潤了一般明王賢師底頭腦了。

秦朝底期間很短，可是做了一件驚動天地底事，始皇

怪底。這派道士的儒學實爲儒教正式成立後底神學。明帝永平二年（西紀元五九年），始命辟雍及郡縣學校，行鄉飲酒禮，皆祀周公，孔子，牲用犬。國學郡縣祀孔子自此始。十五年帝東巡，過魯，始以七十二弟子從祀。此後所有的衣冠制度，都就了孔子道底範式，再沒有何等迫害了。

講了半天，儒底道理底精華處到底是那一點呢？我可以說是在君師底理想上頭。我們所學所問，不是專爲學問而學問，是要致用底。致用是在齊家，治國，平天下上頭。學底是古典謨，而功業在當世，所以說「修已以安百姓，」「修已正南面。」這儒底君師理想，彌滿了我民族幾千年底頭腦裏頭。我們常以爲單是學問不能算爲學問，非得把他現於實用才算，歷來在政府有勢力底，所謂負有經時濟世底才幹底都是大儒者。章太炎，康有爲，梁啟超乃至胡適們都是不以他們學問爲滿足，都懷着不同的治人理想底。太炎自己承認他是政治家，若說他底政見不能比他底學問强，他就不高興了。儒教裏頭，積聚了許多可貴的道理，可惜現在只有少數人從事尋繹，而多數人正在做西方文化底轉運手，把他鄙棄了。

儒教在今日若能成爲一種宗教，那他就是一個具社會靈魂底宗教。他所求底只在社會底安寧，和『立身行道，揚名於後世，』這樣底名譽恭敬。他底運動方向只以社會安寧爲至善底鵠。至於人和宇宙間更深遠玄渺的連絡，個人對於「我」底去處，是儒者所不樂道底。倫教運動，計起來似乎要比神教運動更合理性，但人生本是很滑稽的，我們常不滿足於這樣不玄的動作。科學家說花是某某等原質湊成底，要怎樣培養他才能使他好看。但這只是講堂內和園丁底事，一般人都是賞花底。一般人對於花，各個心中只有各別的奇妙理解和欣賞讚歎罷了。我不是要儒教做出些神怪，或印行些感應篇，只是要他在人羣上找一個更高的連絡，因爲社會在宇宙間本算不得什麽，本不是生活底根源。要萬事治理，需從根源起治末稍，是不中用底。儒教能用宋儒底精神，用新宗教底方法去整理他底舊教義，他便能成爲一個很高尚的宗教。

十二年六月十日脫稿於燕京大學

儒家所言堯舜禹事，僞耶？眞耶？

劉掞藜

緒論

上古之事，荒遠難稽：史册所垂，殘闕失次；古物之發見而足資推證者復極寡，欲明三代眞蹟，顧已難矣，况三代以上乎？然堯舜禹之事，我國學者多稱道之，孔子删存尙書所載堯舜禹言行，自太史公以來，無不信也。及汲冢書出而人——如劉知幾——始疑之：以謂虞書之美放勳也，曰『克明俊德，……黎民於變時雍』。而左氏春秋傳載八元八凱世濟其美，不隕其名，以至於堯，堯不能舉；渾沌，窮奇，檮杌，饕餮世濟其凶，增其惡名，以至於堯，堯不能去。論語則云舜舉咎繇，不仁者遠。是則堯時君子沉淪，羣小在位，安得謂之克明俊德，黎民於變時雍也乎。虞書之言堯舜禪讓也，云『帝曰；格汝舜，……汝陟帝位。舜讓於德弗嗣。正月上日，受終於文祖。……二十有八載，帝乃殂落。……月正元日，舜格於文祖』。論語則有『堯曰，咨，爾舜！天之歷數在爾躬，允執其中！四海困窮，天祿永終。舜亦以命禹』。萬章亦嘗聞堯以天下與舜。孟子至謂堯崩，舜避堯之子於南河之南。及天下歸之，然後踐天子位。而汲冢瑣語則云舜放堯於平陽。山海經亦列堯子丹朱於帝，又言丹朱葬於蒼梧之陰。是則舜之爲帝，蓋由篡奪放逐以成，安得有所謂禪讓者乎？虞書又言舜五十陟方乃死，禮記謂舜葬蒼梧，二妃不從；史記載舜南巡狩，崩於蒼梧之野，葬於江南九疑。夫當時蒼梧險遠，百金之子，猶憚經履其途，乃萬乘之君，而堪巡狩其國，竟以野死。斯則陟方之事，其殆文命之意乎？且舜禹萬里暌離，又安得有所謂『舜……命禹』之禪讓耶？（以上略依史通疑古）於今梁任公深信汲冢書之眞（見其所著歷史研究法——汲冢書之可恃與否詳後）胡適之深疑尙書爲儒家所造以『託古改制』，而周秦諸子爭稱道堯舜周公，亦莫非『託古改制』之言。（見其所著中國哲學史大綱卷上十八及二十四頁——其說之當否見後）則堯舜禹之事迹爲眞爲僞，可信或不可信，治史者所亟宜硏究而裁決之者也。

雖然，有困難焉：蓋證史必資印據。唐虞時代記載之器物發見乎今者既無，古史之傳於今者又惟尙書而已。大戴記五帝德帝繫姓爲儒家之書，記堯舜禹之事尤略，復有所訛誤。（觀孔廣森註卽知）孔孟所言，左氏所載，太史公已多採入本紀。世本既亡，已無他史可資互證，（左氏傳春秋，章太炎讀左敍錄論之甚精詳。其書本可恃。世本爲戰國時好事者爲之——詳史通——所錄之可恃與否，不過與孟荀所言等耳）是以不能不旁求諸諸子百家之書。然百家之文多不雅馴，漢初薦紳先生已難言之，太史公著書，已嘗反覆申之矣。故其時雖載籍極博，而史記所錄，惟「考信於六藝」。（今周秦百家書多亡，其存者亦多殘錯失本來面目）蓋如莊子之書，荒唐詼詭，空無事實，（莊子本書天下篇已自言之並見史記）既大率寓言，復多後人附益，（章實齋謂盜跖讓王諸篇爲莊學者所附益）則證史有不可恃者矣。山海經戰國人士僞託，且係小說之倫，（本紀晧說）等於西遊諸記。所言怪物情事，出乎幻想虛描。馬遷已謂其不經，史記所不敢採錄，（見史記大宛列傳贊）則證史有不可恃者矣。淮南鴻烈解爲淮南王賓客所合成，史載其『所招致率多浮辯』，（漢書景十三王傳）『妄作妖言諂諛王』。（史記淮南衡山列傳）今觀所言堯舜禹事，確多妖言。其勦襲周秦諸子者，尙足爲諸子之輔證，外此實難可憑，則證史有不甚可恃者矣。列子原書已亡，今本純爲後人僞造，大率雜取山海經莊子淮南子管晏尸呂之屬，雜綴晚成，（此書之僞前人已衆口一辭姚際恆汪繼培馬敍倫已論之詳矣）則證史尤不可恃者矣。然如管子墨子韓非子諸書，固屬後人雜湊綴輯，多爲治其學者所附加，非盡本身所論述，（如管子言西施；墨子言堅白；韓非子載其李斯駁議，卽後人附益之證。——略本葉水心章實齋說）要之太史公嘗讀之，至謂『詳哉其言之』，『十餘萬言，……甚具』，是則諸書部帙故豐，其所附益，不出周秦漢初所爲；其所述聞，猶可等於新書說苑論衡新論，故有可資印證者焉。尸子公孫尼子之流，零篇斷簡，引言逸句，尙存人間，故有可資印證者焉。晏子春秋乃墨學者所爲，因所述爲晏子事，卽以晏子名其篇，猶之孟子有告子萬章之篇。並非僞造，亦非寄託。（本柳宗元章實齋說）司馬遷旣謂『詳哉其言之』又曰『其書世多有之』，是則雖非晏子之書，要爲周秦之作，故有可資印證者焉。呂氏春秋爲三千食客各著所聞，復懸千金延諸侯遊士賓客增損一字。愼重之意，千百淮南；古昔傳言，粗具於是，故有可資印證者焉。新書說苑及其他漢人之說，去古未遠，其有所云，必有所據，故有可資印證者焉。汲冢竹書紀年發乎晉世，出自冢中，事實昭然，斷非僞造。雖其成於戰國，未必可視爲確鑿之信史，然尙可等諸百家之著述，亦有可資推證者焉。皇甫謐作僞之魁，其有所造，常託古人或古書，獨帝王世紀以其自身之名義行之，決焉無所恐，當時無所非，殆採取史遷唾棄之餘，收拾古來傳異之說，故亦有可資推證者焉。惟百家之引堯舜爲重也，或附會之，或張大之，各以其道爲堯舜之道，故孟子有『堯舜不勝其美』，與『傳言失指』之歎，（見風俗通義正始篇）復有『盡信書則不如無書』之疑；尸子亦曰『堯爲善而衆美至焉』。韓非子有言：『孔子墨子俱道堯舜而取舍不同。皆自謂眞堯舜。堯舜不復生，將誰定儒墨之誠乎？』（王充論衡亦多疑古說之不經）雖然，天下之善皆歸，必有所以歸之之道；百家俱稱道堯舜，縱其取舍不同，必有所以見稱所以取重者也；所稱雖或異，其所本之原必有相同者也。例之於人，大小長短老幼美醜智愚賢不肖雖至不齊，必有所謂人者在也。烏得概以『託古改制』一武斷語抹之邪？故今據可資印證與推考之書，取其稱謂之同，度之以情，忖之以理，以次論定儒家所言堯舜禹事之眞僞如左：

〔斷一〕　堯之初政中政之時，羣小在位。

欲明斯斷，須先知帝堯以前及其卽位以後之情形。案：

竹書紀年　帝子摯立九年而廢。

史記五帝本紀　帝摯立，不善，崩，而弟放勛立，是爲帝堯。

史記索隱引衞宏說　摯立九年而唐侯德盛，因禪位焉。

帝王世紀　摯在位九年，政微弱。而唐侯德盛，諸侯歸之，摯服其義，乃率羣臣造唐而致禪唐侯。

由上觀之，帝摯或廢，或崩，或禪，諸說雖各不同，但有可知者三事焉：(一)帝摯在位不久也；(二)帝摯時政治不良也；(三)帝堯嗣帝摯而爲帝也。 然帝堯卽位之際，其年齡何如乎？按：

繹史引外紀 帝堯年十六，卽天子位。

史記集解引皇甫謐說 堯以甲申歲生，甲辰卽帝位，甲午徵舜，甲寅舜代行天子事，辛巳崩，年百十八，在位九十八年。

帝王世紀 堯年十五而佐帝摯，……二十而登帝位。

由上觀之，堯卽位時之年齡雖不可確知，其在少小則斷可言也。明乎此，乃可以讀左氏所載（左氏春秋傳文公十八年）：

『高陽氏有才子八人：蒼舒，隤敱，檮戭，大臨，尨降，庭堅，(杜註卽皋陶字)仲容，叔達，齊聖廣淵，明允篤誠，天下之民謂之八愷。高辛氏有才子八人：伯奮，仲堪，叔獻，季仲，伯虎，仲熊，叔豹，季狸，忠肅共懿，宣慈惠和，天下之民謂之八元：此十六族也，世濟其美，不隕其名，以至於堯，(「以至」二字重讀)堯不能舉』。(「不能」二字重讀)

『帝鴻氏有不才子，掩義隱賊，好行凶德，醜類惡物，頑嚚不友，是與比周，天下之民，謂之渾敦。(杜註謂驩兜)少皞氏有不才子，毀信廢忠，崇飾惡言，靖譖庸回，服讒蒐慝，以誣盛德，天下之民謂之窮奇。(杜註謂共工)顓頊氏有不才子，不可教訓，不知話言，告之則頑，舍之則嚚，傲狠明德，以亂天常，天下之民謂之檮杌：(杜註謂鯀)此三族也，世濟其凶，增其惡名，以至於堯，(「以至」二字重讀)堯不能去』。(「不能」二字重讀)

由上「以至於堯堯不能舉」，及「以至於堯堯不能去」觀之，則知不能舉賢，不能去惡，確爲初年事也。不僅爲堯初年事已矣，且其中年亦未嘗能去惡舉賢。何以明之？按：

尙書虞書 『帝曰，咨，四岳，朕在位七十載，汝能庸命。巽朕位』。其後四岳旣薦舜，堯已試舜以功，『乃命以位。……二十有八載，帝殂落』。

孟子萬章　舜相堯二十有八載。

竹書紀年　七十年春正月，帝使四岳錫虞舜命。七十一年，帝命二女嬪於虞。一百年，帝陟於陶。（墨子尙賢曰『堯舉舜於服澤之陽』）。

史記五帝本紀　堯立七十年得舜，二十年而老，……避位凡二十八年而崩。

史記集解引徐廣說　堯在位凡九十八年。

史記集解皇甫謐說　在位凡九十八年。

由上觀之，知堯在位凡九十八年或一百年，其第七十年始得舜也。又按：舜未舉以前，尙書堯典載堯求若采，而驩兜且薦共工；求乂洪水，而僉且薦鯀。竹書紀年載「十九年命共工治河；六十一年命崇伯鯀治河；六十九年黜崇伯鯀」。是則堯初年中年未能去惡，卽其黜崇伯鯀，亦不過因其治水無成而黜其官，固未殛之也。

於是可由推理而作帝堯初政中政之斷曰：帝摯在位不久而堯嗣立。帝摯之世，帝堯之初，賢者未舉，惡者未除。是蓋堯以少小嗣位，德性智慧才能，未必達成立；而四凶皆貴族，少主之威信未必孚臣民，欲有黜陟，勢實難行。及其成長，凶族仍朋比挾持，權無從使。故堯典載堯求若采，而驩兜卽以共工進，又求治洪水而僉以鯀進。夫堯旣已知共工之「靜言庸違，象恭滔天」與鯀之「方命圮族」，嗟嘆之間，意欲不用，而岳且驚曰，『異哉！試可乃已』，卒至鯀九載績用弗成而始黜之，（堯六十九年）況無大罪而遽去之乎？是故謂堯「欽明」者非虛語也，謂堯初年中年羣小在位者，亦非虛語也。當少主孤立之初，權臣弄柄，長成之際，爲所挾持，及其得助而後吏治整飭者，四千年以來，歷歷可數也。故堯初政之善者，惟命羲和曆象，（堯典敍命羲和最先竹書紀年亦於堯卽位後卽紀命羲和曆象）逮乎晚年得舜，然後百治具張。而劉子玄遽以羣小在位概斷唐堯一代，謬矣。

〔斷二〕　堯實克明俊德以使時雍。

堯晚年得舜，已證明如上矣。自是以後，政治果何如乎？據：

左氏春秋傳　舜臣堯，舉八愷，使主后土，以揆百事，莫不時序，地平天成，舉八元，使布五教於四方，父義母慈兄友弟共子孝，內平外成。……賓於四門，流四凶族，渾敦，窮奇，檮杌，饕餮，投諸四裔，以禦魑魅。

竹書紀年　七十五年司空禹治河。

淮南鴻烈解　堯之治天下，舜爲司徒，契爲司馬，禹爲司空，后稷爲大田師，奚仲爲工。其導萬民也，水處者漁，山處者木，谷處者牧，陸處者農。

說苑君道　當堯之時，舜爲司徒，契爲司馬，禹爲司空，稷爲田疇，夔爲樂正，倕爲工師，伯夷爲秩宗，皋陶爲大理，益掌毆禽。堯體力便巧，不能爲一焉，堯爲君而九子爲臣，其故何也？堯知九職之事，使九子者各受其事，皆勝其任，以成九功，堯遂成厥功以王天下。

由上觀之，則知尙書所載四岳薦舜，堯命以位之後，內外整飭，吏治大新。夫此固舜之賢能，亦不可謂非堯之知人之明與善任而專。且堯之德見稱於諸子者有如左：

墨子節用中　堯治天下：南撫交趾，北際幽都，東西至日所出入，莫不賓服。逮至其厚愛，黍稷不二，羹胾不重，飯於土增，啜於土形，斗以酌。

汪繼培輯尸子　人之言君天下者，瑤臺九累，而堯白屋；黼衣九種而堯大布；宮中三市而堯鶉居；珍羞百種而堯糲飯菜粥；麒麟青龍而堯素車玄駒。

韓非子五蠹　堯之王天下也，茅茨不翦，采椽不斲，糲粢之食，藜藿之羹，冬日麑裘，夏日葛衣。

韓非子十過　堯有天下，飯於土簋，飲於土鉶；其地南至交趾，北至幽都，東西至日月之所出入者，莫不賓服。

〔附〕淮南子精神訓　堯，樸桷不斲，素題不枅，……糲粢之飯，藜藿之羹，……布衣揜形，鹿裘御寒，養性之具不加，而增之任重之憂。

又淮南子　堯之有天下也，……身服節儉之行，……是故茅茨不翦，采椽不斲，大路不畫，越席不緣，大羹不和，粢食不毇。

由上觀之，則堯之以儉德服民概可見矣。

管子桓公問篇　堯有衢室之問者，下聽於人也；舜有告善之旌，而主不蔽也。

汪繼培輯尸子　堯有建善之旌。堯立誹謗之木。

呂氏春秋自知篇　堯有欲諫之鼓。

〔附〕淮南子主術訓　堯置敢諫之鼓；舜立誹謗之木。

由上觀之，則堯求過之德概可見矣。

新書修政語上　帝堯曰，吾存意於先古，加意於窮民，痛萬姓之罹罪，憂衆生之不遂也，故一民或饑，曰，此我饑之也；一民或寒，曰，此我寒之也；一民有罪，曰，此我陷之也。仁行而義立，德博而化富，故不賞而民勸，不罰而民治。先恕而後行，是以德音遠也。

說苑君道引河間獻王說　堯存心於天下，加志於窮民，痛萬姓之罹罪，憂衆生之不遂也，有一民饑，則曰此我饑之也；有一民寒，則曰此我寒之也；一民有罪，則曰此我陷之也。仁昭而義立，德博而化富，故不賞而民勸，不罰而民治。

〔附〕淮南子　堯之有天下也，……以爲百姓力征，強陵弱，衆暴寡，於是……明相愛之仁以和輯之，……巡狩行教勤勞天下。（又修務訓「堯立，孝慈仁愛」）。

由上觀之，則堯仁慈之德概可見矣。

墨子節用中　堯治天下，……俛仰周旋威儀之禮。

管子任法篇　昔者堯之治天下也，猶埴之在埏也，唯陶之所以爲；猶金之在鑪，恣冶之所以鑄。其民引之而來，推之而往，使之而成，禁之而止。故堯之治也，善明法禁之令而已矣。

〔附〕淮南子人間訓　堯戒曰『戰戰慄慄，日愼一日。人莫躓於山而躓於垤』。

由上觀之，則堯欽愼之德略可知，明刑法而不怙以「賊刑」亦可見矣。

總之堯有求過之切，知人之明，任人之一；居己敬，用刑嚴；勤勞天下而自養嗇焉，惠愛人民而克己至焉。故舉舜而元凱登，臯陶用而不仁遠，卒之德化光被四表，黎民於變時雍。劉向有言，王道知人，臣道知事；韓詩外傳以爲辟土殖穀者后稷，決江疏河者禹，聽獄執中者臯陶，然而有聖名者堯。蓋『股肱不備，則主恩不流，化澤不行』，故知人善任，識遠量宏，乃元首惟一之德。苟能是，尙非克明俊德乎哉?

〔斷三〕 堯舜禪讓之事實眞。

堯之得舜與其德，已證明如上矣。然則論孟所言堯舜禪讓之事，與夫荀子成相所謂『堯授能，舜遇時；……堯不德，舜不辭』。者果附會尙書而成其「託古改制」歟，抑非耶？據:

墨子尙賢中下 舜耕歷山，陶河濱，漁雷澤，堯得之服澤之陽，舉以爲天子，與接天下之政，治天下之民。

汪繼培輯尸子 舜一徙成邑，再徙成都，三徙成國，堯聞其賢，徵之草茅之中，與之語禮樂而不逆；與之語政，至簡而行；與之語道，廣大而不窮；於是妻之以媓，媵之以娥，九子事之，而託天下焉。

公孫尼子 舜牧牛於潰陽，堯舉之以爲天子。

韓非子十過篇 堯禪天下，虞舜受之。

呂氏春秋孟春紀 堯有子十人。不與其子而授舜。又恃君覽——堯授舜。又貴因篇——舜一徙成邑，再徙成都，三徙成國，而堯授之禪位，因人之心也。又孝行覽——夫舜遇堯，天也。……其未遇時也，以其徒掘地財，取水利，編蒲葦，結罘網，手足胼胝不居，然後免於凍餒之憂。其遇時也，登爲天子，賢士歸之，萬民譽之，丈夫女子，振振殷殷，無不戴悅。

竹書紀年 洪水既平，歸功於舜，將以天下禪之。

〔附〕淮南子精神訓 堯養性之具不加厚而增之以任重之憂，故舉天下而傳之於舜，若釋重負然。(此殆襲取莊子文)　又繆稱訓　堯舜傳大焉，先形乎小也：刑於寡妻，至於兄弟，禪於家國，而天下從風。……堯王天下而憂不解，授舜而憂釋。

韓非子外儲說　堯欲傳天下於舜，鯀諫曰：「不詳哉！孰以天下而傳之於匹夫乎」？舉兵而誅殺鯀於羽山之郊。共工又諫曰：「孰以天下而傳之於匹夫乎」？堯不聽，又舉兵而誅共工於幽州之都。於是天下莫敢言「無傳天下於舜」。

呂氏春秋恃君覽　堯以天下讓舜，鯀爲諸侯，怒於堯曰：「得天之道者爲帝，得地之道者爲三公，今我得地之道而不以我爲三公」。以堯爲失論，欲得三公；怒甚；猛獸欲以爲亂；……召之不來，仿佯於野以患帝。舜於是殛之於羽山，副之以吳刀。

由上觀之，堯舜禪讓之事，不僅儒者有是言也，諸家殆皆有之。雖以韓非子之疑古(見顯學篇及難一篇)亦嘗言堯傳天下於舜，則禪位之事實眞。且尙書載堯曾巽位於四岳，韓非子莊子荀子呂氏春秋嘗言堯嘗讓位於許由，則其禪舜，益爲所有事。惟禪位爲鯀與共工等所反對，儒家正史，皆置而不言。夫以鯀等原爲不才之子，而復身居貴族，列爲諸侯，朋比挾持帝堯者有年，舜之爲相也，當已深銜之矣。今覩堂堂天子之位，拱手欲授於匹夫，其理不能無忌，其勢不能不叛。居恆怪儒家言『四罪而天下咸服』，不知其所謂罪者云何。讀屈原離騷所云『鯀婞直以亡身兮，終然夭乎羽之野』，知鯀乃以婞直死，而不明其所爲婞直者何事。及讀韓呂書，始釋然於所謂『方命圮族，傲狠明德』，……與夫共工之所以流，鯀之所以殛，三苗之所以殺。(博物志曰『昔堯以天下讓於虞，三苗之民非之，帝殺有苗之民』。是三苗之叛，亦因禪讓事也)。蓋四凶旣去，而堯乃實行禪位於舜矣。

〔斷四〕　堯之殂落，非以放死。

知堯舜之禪讓，明帝舜之賢能，於情於理，已可推知舜決不至放堯。且據：

墨子節葬下　堯北教乎八狄，道死，葬蛩山之陰。衣衾三領，穀木之棺，葛以緘之，……滿增無封。

竹書紀年 九十年，帝游居於陶。一百年，帝陟於陶。帝子丹朱避舜於房陵，舜讓不克，朱遂封於房，爲虞賓。三年，舜卽天子之位。

呂氏春秋安葬 堯葬於穀林，通樹之。（高誘曰堯葬成陽此云穀林成陽山下有穀林）

史記集解劉向說 堯葬濟陰丘隴山。 又引皇覽 堯冢在濟陰城陽。

帝王世紀 堯葬於濟陰之城陽西北，是爲穀林。

由玆諸說，大率堯旣命舜攝行天子之政以後，——卽禪位——已則遊行各地。雖不能決其死於何所，但可斷其非放死，因墨子言其教乎北狄而道卒，竹書紀年載其遊（此字重讀）居於陶而殂落也。惟其非放死，故舜放堯於平陽之說，魏史不載諸紀年而祗存異於瑣語也。

〔斷五〕 舜禹禪讓之事亦眞，但舜之崩葬可疑。

舜禹禪讓之事，亦不僅論語孟子言之，卽荀子成相篇亦嘗言『舜授禹，以天下；尙得推賢不失序；（註得當爲德）外不避仇，內不阿親。賢者予』。（註謂殛鯀興禹，又不私其子）不僅荀子言之，卽諸子亦嘗言之：

韓非子十過 舜禪天下而傳之於禹。

竹書紀年 十四年，命禹代虞事。三十二年，帝命夏后總師，遂涉方岳。（僞古文大禹謨曰：『帝曰，格，汝禹，朕宅帝位三十有三載，耄期倦於勤，汝惟不怠，總朕師』。與竹書紀年略合）三十三年，春正月，夏后受命於神宗。

呂氏春秋孟春紀 舜有子九人，不與其子而授禹，至公也。

呂氏春秋恃君覽 舜授禹，伯成子高辭諸侯而耕。禹往見之，則耕在野。禹趨下風而問曰：『堯理天下，吾子立爲諸侯；今至於我而辭，子故何也？』伯成子高曰：『當堯之時，未賞而民勸，未罰而民畏，……今賞罰甚數而民爭利，且不服，德自此衰，利自此作，後世之亂自此始！夫子盍行乎？無慮吾農事！』

〔附〕莊子天地篇　舜授禹，伯成子高辭爲諸侯而耕。禹往見之，則耕在野。禹趨就下風，立而問焉，曰:『昔堯治天下，吾子立爲諸侯。堯授舜。舜授予，而吾子辭爲諸侯而耕，敢問其故何也?』子高曰『昔堯治天下，不賞而民勸，不罰而民畏。今子賞罰而民且不仁。德自此衰，刑自此立，後世之亂自此始矣！夫子闔行耶？無落吾事！』

呂氏春秋孝行覽　夫禹遇舜，天也。禹周於天下以求賢者，事利黔首，水潦川澤之湛滯壅塞可通者，禹盡行之，人也。

由上觀之，則舜禹之禪讓非儒家之『託古改制』斷可知矣。且晏子春秋稱舜之德也，以爲『舜……處民之中，則自齊乎士；處君子之中，則齊乎君子；上與聖人，則固聖人之林』。夫以其德之盛如彼，其任禹之專如此，而禹之功又隆，則其禪位也，舉所受於堯而授之禹，又豈非所有事耶？若使禹而篡位，則伯成子高之非之也。豈僅舉其賞罰甚數之失而已耶?

知舜禹之禪讓爲眞，則知舜之殂落非以放死，即以大禹平生順命盡職忠於天下之事推之，必不至於放舜。然而舜崩之事，頗有可疑，蓋諸書之言有三說焉:

墨子節葬下　舜西教乎七戎，道死，葬南己之市。

呂氏春秋安死　舜葬於紀，市不變其肆。

此謂死葬於南己，而南己似在西戎，其說(一)也。

孟子離婁下　舜生於諸馮，遷於負夏，卒於鳴條，東夷之人也。

竹書紀年　四十九年，帝居於鳴條。五十年，帝陟。　又曰，『鳴條，有蒼梧之山，帝崩，遂葬焉，今海州』。

此謂死葬於鳴條，而鳴條當在東夷，其說(二)也。

史記五帝本紀　南巡狩，崩於蒼梧之野，葬於江南九嶷，是爲零陵。

禮記　舜葬蒼梧，二妃不從。

〔附〕淮南子修務訓　舜……南征三苗，道死蒼梧。又齊俗訓——昔舜葬蒼梧，市不變其肆。

此謂死葬於蒼梧，而蒼梧又在江南，其說(三)也。

憑斯異說，舜之死葬，實爲可疑。後人高誘(呂氏春秋註)王應麟(困學紀聞)羅泌(路史)畢沅(墨子註)之徒，均欲強勉牽傅，合爲一地，而不知其不可通也！故於此事，當存疑焉。

結論

要之春秋以上，史事難稽。蓋孔子僅及史之闕文，馬遷亦云書缺有間。韓非子生當戰國之際，猶謂『欲審堯舜之道於三千歲之前，意者其不可必』，後人生數千載之外，而於所傳堯舜禹事一一篤守而固信之，愚矣。無參證而遽以儒墨道法等一家之言爲眞，誣矣。今日而言上古之事，非愚卽誣，甚哉古史之難治也！故藜於堯舜禹事爲人所疑者，略進一解焉。其爲世所公認爲眞者，——如舜之政績禹之治水等——斯不復贅及

民國十一年十一月南高

儒家之精神的社會政策

——贅言——釋題——例證——批判——

周予同

一　贅言

在未論及本題之前，擬先說明幾句話，以免誤會。所說的話的內容，約略分為兩層：一，對於國故之應取的態度；二，國故文字中之引用新名詞問題。

我平素總覺得國人對於學術太偏於功利的色彩，且每每因此失卻某種學術之獨立的價值。這種弊病，固然自古已是如此——如周秦諸子用託古改制的手段，使古代文化沒有翔實的記載，致歷史學不能離開主觀的褒貶而為客觀的敘述——但最近似乎依舊存在。幾年來國人對於國故態度的變異就是一個顯明的例證。三四年前，誰要說「保存國粹」這句話，幾乎大家怒目斥為老頑固；近年來因為一二人自己興趣所近而加以提倡，於是「整理國故」等等的話又變成非常時髦；但最近大家因為國故和現社會太沒有關係，又大聲疾呼自稱志士做的想把一切中華舊有的書籍全丢在毛廁裏。我有時偶然在這種憤怒詬謾的聲色文字中間，冷靜的觀察一下，思索一下，不覺啞然失笑。我覺得「保存國粹」的呼聲不過是一部分人對於西洋學術之盲目的反抗；「整理國故」的高唱，除極少數人外，不過是想博得「學貫中西」的虛譽；而最近反對國學的論調也不過是用拯救現社會一觀念爲出發點。這三種態度雖然不同，或者簡直絕對的相反，但根本上不明瞭學術之獨立的價值而以功利的眼光做評判的標準，則完全犯了同一的毛病。劉復在四聲實驗錄的序贅上說：「……四聲雖然送進博物院，我還不免跟進博物院去研究。……可是我並不以爲青年有用的功夫太多，別種可以研究的東西太少，大家應當儘在這四聲上鬧得永遠不了；我以爲像我一樣的寶貝，有了一二個也就很够了。」我對於這段話的態度很表同情。國故自身，無論牠是國粹抑或是國糟，總之，我們不能不給牠一個文化史上的地位，而研究牠也自有其獨立的價值之存在。一個國故研究者，但同時也可以是社會主義者或無治主義者。我總認定研究學術是一件事，對於現世的態度或方略又是一件事；決不能因他研究國故，就想連他個人也丢在毛廁裏。如果國人真能了解且給與國故之獨立研究的價值，我想把古董裝進中小學生腦經裏的笑話如澄衷學堂會試的策題和東南大學入學試的測驗題等，自然也會減少。這種意思，我很久就想發表，現在不過乘機隨便說說，並不是爲本題作先容或掩護的地步。

其次就是國故文字中引用新名詞一問題，也應稍加解釋。國人對於這問題，可分兩派：一派是專門喜歡附會，以爲近代或西洋所有的學術思想以及其他一切，我們中國古代全已經有過或說過。如王闓運說墨家的巨子和耶穌的十字架一樣，就是一個極端的例。一派又是矯枉過正，竭力反對上述的一派，他們偶然看見人家於國故文字中引用一二新名詞，就斥爲附會或荒謬。我覺得這兩種態度全不十分合理。專門附會固然不對，但是爲行文明瞭起見，以今語釋古語，也不見得不是一種便利。譬如梁啓超在先秦政治思想史中以同情心一詞來解釋儒家的仁與忠恕的，確能使讀者容易明瞭。所以我主張在相當的限度或範圍內，國故文字引用新名詞以助解說，是可以允許的。這些話是我恐怕讀者一看見我的標題，立刻縐着眉頭說是又在那邊胡說八道，而加以解釋的。

以上全是題外的話，無關緊要，故題爲贅言；以下才入本題。但我這篇文章在短時間中忽忽草就，雖然自己以爲由歸納的方法而得到結論，不是先立目標，然後採摭材料，以意支配，不過或不免有戴有色眼鏡而觀察的弊病。如讀者能提出反證，則我對於取消自己的結論決不加以惋惜；如能提出旁證或加以修正，那更是我所感激的了。

二 釋題

於此，我先把本文的標題說明一下。我所指的儒家是周秦間的儒家；在儒家中，我又僅只取孔丘孟軻荀況三人作代表；所以第三章例證中的取材也僅只根據論語、孟子、荀子三部書。——孔子的話見於小戴記的很多，但我覺得不大靠得住，所以不取。

社會政策與社會主義完全不同。固然，社會主義也有多種的解釋，但輓近所說的社會主義，大抵是指狹義的社會主義，或稱科學的社會主義。牠的主要點，極簡略的說，就是改組現行的私產制度而謀社會之根本的改革。至於社會政策則導源於社會改良說，牠對於現社會組織之不完全，是承認社會主義者的話；但解決這個問題，不採取革命的手段，而承認國家干涉的必要，以設立勞動者保護法或資本稅等。所謂社會政策就是指這種用和平的手段，以謀社會組織之改進的政策。總之，社會主義是革命的，急進的；而社會政策是穩健的，漸進的；更有一種特點，就是社會政策對於現社會秩序的維持是很注意的。

社會政策之上爲什麽加上「精神的」三個字呢？這是我自已杜撰的。無論社會主義或社會政策，牠的着眼點，全在經濟方面；換句話說，就是全在物質方面。我覺得儒家中有一種思想，他想在維持現社會秩序之下，使不幸的人們得着安寧；但他使他們安寧的方法，不是在物質方面謀他們生活的改進，乃在精神方面謀他們內心的慰藉。他這種灰色的思想固然絕對不是社會主義，但也和西洋專着眼物質方面之社會政策不同，所以我稱爲精神的社會政策。

說了許久，究竟所謂儒家之精神的社會政策是什麼呢？我以爲這就是儒家竭力提倡所以自慰而又以慰人之樂道說與安命說。在儒家那時代，正是階級極盛時代，正是大部分是貧者奴隸者不幸者而小部分是富者主人及以暴力掠取幸福者的時代。儒家一方面既然沒有老聃返於小農社會及許行提倡無治主義的勇氣，而想竭力維持現社會的秩序，一方面又明知操握政權改革社會之緩不濟急，但這種不幸的慘痛的現象實在不願又不忍承受，於是利用一種精神麻醉的方法，提出樂道說，以解脫一切現實的物質的壓迫，而求得內心之淡泊的安寧。但是樂道安貧的方法只能勸導智識階級中之有修養者；那些因「無恆產則無恆心」的一般民衆，決不能使他們也領悟「飯疏食飲水曲肱而枕之」的快樂，況且就是智識階級中之有修養者，所謂君子，如果忽然遭遇一種橫逆或其他無可奈何的精神的苦痛，也不能不發生絕望與灰心，於是儒家又提出安命說以濟樂道說之窮。

儒家所倡的命，是「有命論」而非「定命論」。他不過拿命作個人生命程途上撞釘子時候之滑稽的解嘲的話，並不關於一切個人道德學問的修養。露骨的說，儒家的命，和阿爾被人家在牆角上撞響頭以後說幾句安慰內心的話是具有同樣的價值的。總之，我覺得儒家提出樂道說和安命說，完全是想在現社會的不平的制度底下，去求個己的和一般的內心之暫時的或永久的安寧之政策，所以我武斷的——或者是附會的——稱爲精神的社會政策。

本文的標題本也可稱爲「儒家之樂道說與安命說」，因爲覺得稍微累贅，不十分醒目，或者可以說不十分新鮮，所以改爲今稱。

三 例證

當然，我不是先有結論而後去找例證，現在所以將例證列在此章，不過是爲行文便利起見。這章條舉成文，似乎嫌太枯燥，其實本文的能否成立，完全在此。如果這章所引的都是誤解，或得一強有力的反證，則上段的說明就完全是廢話了。現在按樂道說與安命說分錄於下：

A 樂道說

子曰:「飯疏食飲水,曲肱而枕之,樂亦在其中矣。不義而富且貴,於我如浮雲。」論語述而

子曰:「賢哉回也!一簞食,一瓢飲,在陋巷人不堪其憂回也不改其樂。賢哉回也。」論語雍也

孔子的「樂在其中」,顏回的「不改其樂」,他們決不是故意說謊,他們的確從內心領受到高尚的快感。因爲他們自樂其道,所以能解脫經濟壓迫的苦痛。但我們看了人不堪其憂一語,就知道樂道說有時而窮,而不能不有安命說以輔濟了。

子曰:「君子謀道不謀食……憂道不憂貧。」論語衛靈公

子曰:「士志於道而恥惡衣惡食者,未足與議也。」論語里仁

子曰:「君子食無求飽,居無求安,敏於事而愼於言,就有道而正焉,可謂好學也已。」論語學而

無恆產而有恆心者,惟士爲能。孟子梁惠王上

士君子不爲貧窮怠乎道。荀子修身篇

君子窮則約而詳。(楊倞注:隱約而詳明其道也。)荀子不苟篇

儒者……不用則退編百姓而慤,必爲順下矣。雖窮困凍餧,必不以邪道爲貪。……雖隱於窮閻漏屋,人莫不貴之,道誠存也。荀子儒效篇

以上數條中所謂君子,所謂士,所謂士君子,所謂儒者,都是指智識階級中之有修養者而言。於此更可見樂道說勢力之薄弱,而有提出知命說以輔濟的必要。

子曰：「富與貴，是人之所欲也；不以其道得之，不處也。貧與賤，是人之所惡也；不以其道得之，不去也。」——論語里仁

子曰：「富而可求也，雖執鞭之士，吾亦爲之；如不可求，從吾所好。」——論語述而

子貢曰：「貧而無諂，富而無驕，何如？」子曰：「可也，未若貧而樂，富而好禮者也。」——論語里仁

子曰：「貧而無怨難，富而無驕易。」——論語憲問

孔子的話，過於簡約，每成爲格言式。他只教訓人叫他勉强去樂道安貧，而沒有告訴人爲什麽可以達到樂道安貧的地步。到了荀子，他就給與我們一個法門了；他從心理方面去解釋物質的享受與內心的快樂不是一定成正比例，使我們知道貧未必就是苦，而道的確有可樂的所在。他宣傳的方法的確比孔子聰明得多了。他在正名篇說：

心憂恐則口銜芻豢而不知其味，耳聽鐘鼓而不知其聲，目視黼黻而不知其狀，輕煖平簟而體不知其安，故嚮（享）萬物之美而不能嗛也。假而得問（閒）而嗛之，則不能離也。故嚮萬物之美而盛憂，兼萬物之利而盛害。如此者，其求物也？養生也？粥壽也？……心平愉，則色不及傭而可以養目，聲不及傭而可以養耳，蔬食菜羹而可以養口，麤布之衣，麤紃之履而可以養體，屋（局）室廬（蘆）庾（廉）閫葭藁蓐尙機筵而可以養形，故無萬物之美而可以養樂，無埶列之位而可以養名。

又荀子在修身篇所說的：「志意修則驕富貴，道義重則輕王公，內省則外物輕矣。傳曰：『君子

役物，小人役於物。』此之謂矣。」也可以和上文相發明。

我上文說樂道說只及於智識階級中之有修養者，似乎看輕他的效力；其實不然。智識階級對於社會大抵居於先覺或指導者的地位，所以他們的思想言行影響於社會秩序的安寧，非常之大，更其是社會組織現發病態的時候。產業革命之後，假使沒有少數智識階級中人大聲疾呼攻擊資本制度而提倡社會主義，恐怕俄國第四階級專政和英國第一屆工黨內閣決不能在此時出現。於此，我們就可以看見智識階級的潛勢力而不宜妄加菲薄了。儒家的色彩是灰色的，他不主張革命，所以非常看重社會秩序的安寧——儒家所主張的禮樂也是就人類的意志與感情兩方面去維持社會秩序的方法，其詳須另文討論。——他明明白白曉得社會之病的狀態，但他不願意用激烈的手腕，他用樂道安貧四字竭力緩和智識階級對於病的社會之憤怒的感情。他好像說：「社會固然不合理，但你若反抗，要求物質生活之平等的待遇，你就是不安分，你就是沒有得道，你就不配當君子！」他願意他操握政權——他們所謂行道——之後慢慢的施行他的治國平天下的方策，而不願領導盲目的羣衆以從事一時狂熱而含有危險性的革命。所以樂道安貧直接的固然是個人道德的修養，其實間接的就是暫時維持社會秩序之一種絕妙的策略。自然，我這樣的說法，一定和過孔家生活的人的胃口不配合，他們一定說我淺薄侮辱了儒家的涵養工夫；但我自信我這種觀察或者也可以得到儒家提倡樂道說之一部分的心理。

B 安命說

我覺得儒家提出安命說，有兩種原因。第一，是爲一般民衆說法的。他知道樂道說只能够勸勉智識階級，對於一般民衆便失了效用。智識階級的思想言行對於社會秩序的安寧固然很有力量，如上文所述；但一般民衆也不可輕侮。如果一般民衆因物質待遇不平的憤慨而起反抗，則社會秩序又將立時破壞；於是儒家又提出命之一字，以爲社會上所以有貧富貴賤的階級，完全是冥冥之中有命這樣東西在那邊主宰，你就是反抗也是枉然。這樣，外面經濟壓迫的苦痛固然絲毫沒有減輕，但由經濟壓迫而引起之內心的憤慨的確得了相當的慰藉，而結果社會之不平的秩序得以勉强維持。第二是爲智識階級說法的。所謂士君子，所謂儒者，固然已經曉得樂道安貧以免除經濟壓迫之內心的苦痛，但有時偶然遇着橫逆的事變，而這種事變又屬於精神方面的打擊，不能利用安貧二字以求解脫。到了這地步，無論你是士君子或是儒者，總不免有些失望，或竟至於灰心；於是儒家又提出命之一字，說這是無可奈何之命的作用，使他得着相當的安慰而助與相當的勇氣，以減除對於修養有絕大關係之失望灰心等等的惡念。現在先將關於第二項的例舉於下。

子曰：「天生德於予，桓魋其如予何！」論語述而

子畏於匡，曰：「文王既沒，文不在茲乎？天之將喪斯文也？後死者不得與於斯文也。天之未喪斯文也？匡人其如予何？」論語子罕

子曰:「道之將行也與? 命也。道之將廢也與? 命也。公伯寮其如命何!」論語憲問

吾之不遇魯侯,天也。臧氏之子焉能使予不遇哉? 孟子梁惠王

子曰:「莫我知也夫!」子貢曰:「何爲其莫知子也?」子曰:「不怨天,不尤人,下學而上達,知我者其天乎!」論語憲問

子曰:「鳳鳥不至,河不出圖,吾已矣夫!」論語子罕

以上數條,都是「行道」時遇了打擊,於是提出命或天——天就是命,而所指的範圍有時較命爲廣。——以安慰自己的證據。第一條「天生德於予,桓魋其如予何!」氣魄何等偉大! 心地何等安易! 但其所以達到這樣的程度,的確有一部分是安命說的魔力。末一條,似乎帶點悲哀的色彩,但這種悲哀完全是「嘅乎其言之」的態度,而毫沒有雜以憤怒的情緒,於此又可見安命說對於個人修養之消極的效力了。

伯牛有疾,子問之,自牖執其手,曰:「亡之,命矣夫! 斯人也而有斯疾也! 斯人也而有斯疾也!」論語雍也

顏淵死,子曰:「噫! 天喪予! 天喪予!」論語先進

以上二條是個人在生命程途上遇着無可奈何的現象——病或死——因而提出天或命以求免內心之深切的悲哀。

孔子曰:「不知命,無以爲君子也。」 論語堯曰

孔子曰「君子有三畏:畏天命,畏大人,畏聖人之言,」 論語季氏

所謂處士者,……知命者也。 荀子非十二子篇

以上三條都是以知命爲君子必備的德操。

現在再將關於第一項的卽爲一般民衆說法的,條舉於下:

子夏曰:「商聞之矣:死生有命,富貴在天。」 論語顏淵

人之命在天。 荀子天論篇

節遇謂之命。 (王先謙曰節猶適也。) 荀子正名篇

夫賢不肖者,材也;爲不爲者,人也;遇不遇者,時也;死生者,命也。 荀子宥生篇

楚王後車千乘,非知也;君子啜菽飲水,非愚也;是節然也。 (劉台拱引正名篇節遇謂之命) 荀子天論篇

自知者不怨人,知命者不怨天。 怨人者窮,怨天者無志。 荀子榮辱篇

孟子曰:「莫非命也,順受其正;是故知命者不立乎巖牆之下。 盡其道而死者,正命也;桎梏死者,非正命也。」 孟子盡心

孟子曰:「口之於味也,目之於色也,耳之於聲也,鼻之於臭也,四肢之於安佚也,性也,有命焉,君子

不謂性也。仁之於父子也，義之於君臣也，禮之於賓主也，知之於賢者也，聖人之於天道也，命也，有性焉，君子不謂命也。」孟子盡心

末了一條，朱熹四書集註引程子的話說得很清楚。他說：「五者（指口目耳鼻四肢）之欲，性也；然有分，不能皆如其願，則是命也。不可謂我性之所有，而求必得之也。仁、義、禮、智、天道，在人則賦於命者，所稟有厚薄清濁，然而性善可學而盡，故不謂之命也。」

關於安命說，我於論語中得了兩條近似反證的文字，好像儒家所言的命是精深微妙，不是爲一般民衆說法似的：第一，子罕章說：「子罕言利與命與仁。」第二，爲政章有孔子「五十而知天命」的話。我對於這兩條的意見如下：我覺得「子罕言利與命與仁」這句話，根本上就有點靠不住，不免有些失實。一部論語，言利的固然不多，——易經上言利卻多極了——但言仁與命實在不少，就只上文所引言命的例證，已可概見。或者孔子明白提倡安命的流弊，所以平素非不得已時不言天命，以阻人們精進的勇氣，而弟子因以爲罕言命。至於五十而知天命的天命，範圍似較普通所說的命字廣得多，似指宇宙間之一切自然法則，——所謂人類的富貴壽夭的命自然也包括在內——孔子在五十歲以前，修養的工夫尚未純粹，遇着橫逆的事項，尚不免有所動心，到了這時，了解自然界的大本大則，對於一切都能淡泊自持，而距「耳順」與「從心所欲不踰矩」的程度不遠，所以說「五十而知天命」。

四 批判

人世間所提出的學說，決沒有絕對的有利而無弊，更其是富於時代性的解決社會問題的策略。所以我們對於儒家所提出的樂道說與安命說的價值，固然不能斥爲不足道，但也不能說他盡美盡善；我們應當平心靜氣地用客觀的眼光給他一個功過相當的批判。

儒家的樂道說與安命說，在當時實不失爲一種有效力的社會政策。雖然他完全注意精神方面而遺棄物質方面，不免有偏頗的片面的毛病但他減輕人類之內心的苦痛，使人生於不幸的境況當中得着生存的情趣，的確有相當的功勞。現代人生的苦悶，固然是社會組織的破綻較古代更其顯露的緣故，但大部分的人們不受樂道說與安命說的洗禮爲物質的慾望所驅使日夜宛轉呻吟於貪求攫奪等等的惡念之中，使內心沒有一時的安寧實在也是一最大原因。我們中國數千年來，表面上似乎憔悴於暴政之下，但社會的組織沒有根本破壞過，人民總有自得其樂的氣象，的確是受這種教訓的緣故。我說這話，自問並不是像老頑固崇拜國糟的見解。你只要一到農村僻壤去，他們物質上的享受，我們過慣中國都市生活的人，簡直處處感受苦痛；你若是過慣西洋物質生活，你當時簡直要斥爲地獄；但你一看見他們當夕陽半山牛羊下來的時候，荷鋤田畔而行吟，或濯足溪流而徒歌，只要你稍微帶有詩人的感情，真要使你落淚。他們當然不曉得什麼叫做樂道，但他們能够在最低限度物質生活之下，仍舊享受人生的快感，而不發生盜取或自殺的念頭；他們對於他人幸福的生活，不是不羨妬但他們一轉念，仍舊自安於貧苦；這都不能不說是命之一字的魔力。又中國的智識階級，歷來以安貧爲美德，而毫無現世拜金主義的惡化；我們只要翻開古代的詩文集一看，每有以貧自誇其淡泊的傾向，雖然也有許多是不出於誠懇的衷心；這又不能不說是道之一字的魔力。你想，智識階級因樂道以自安於不幸，一般民衆又因知命以自安於不幸，那麽社會秩序當然沒有搖動破裂之危了。總之，儒家的時代正是階級制度鞏固而鼎盛的時代，而儒家又反對革命舉動，所以提倡這種精神的社會政策，以維持當時社會的秩序實在是當然的結果；至於影響中國社會如此之久遠，那真是他自已初意所不及的。

依上文的話，似乎樂道說與安命說有許多的優點，對於維持中國數千年的社會不無功勞，其實他方面也有很大的流弊，而尤以安命說的流弊爲更大。樂道說表面上似乎是偏於個人的修養，無關於社會，不能加以非難；其實不然。你既然主張樂道安貧，你當然會蔑視社會物質文明的進步，你當然會蔑視民衆物質生活的苦痛，結果，你并且自會默許掠奪階級（如天子諸侯）之不合理的物質享樂，而不思加以矯正，因爲你以爲這種享樂是不值得注意的，這不是所謂「藉寇兵而齎盜糧」嗎？這樣試問人類的社會組織，如政治經濟等等，還有進步可言嗎？自然也有許多哲學者是主張歸真返樸而反對物質文明的，如中國的道家，但這種開倒車的辦法是絕對不可能的。據我現在個人的私意，我們現在應該一方面努力於物質文明的產生，以增進人生的幸福；一方面注意物質文明的分配，以謀公平的享受。舉例言之，我們不應該反對機械的發明，而應該反對資本家利用機械以掠奪勞工的血汗。 但樂道安貧說的流弊，每每一方面因爲安於低等的物質生活，而阻礙文明的進步；他方面又因爲重視內心生活，而對於不公平的分配不知設法救正；那結果自然會發現「好人攏着手壞人馱着走」的病象，而社會便無可救藥了。 至於安命說，流弊更大，我敢武斷的說一句話，中國所以在進步路上踱方步，所以弄到現在朝不保夕的危境，完全是命字在那裏作怪。 當儒家提出有命論，墨子就獨見流弊，提出强有力的駁論。 墨子非命上中下三篇，用「三表」的方法，幾乎駁得儒家不能開口。 他在非命下說得最明瞭，他說：「今也王公大人之所以早朝晏退，聽獄治政，終朝均分，而不敢怠倦者，何也？ 曰：彼以爲强必治，不强必亂；强必寧，不强必危；故不敢怠倦。 今也卿大夫之所以竭股肱之力，殫其思慮之知，內治官府，外斂關市山林澤梁之利，以實官府，而不敢怠者，何也？ 曰：彼以爲强必貴，不强必賤；强必榮，不强必辱；故不敢怠倦。 今也農夫之所蚤出暮入，强乎耕稼樹藝，多聚升粟，而不敢怠倦，何也？ 曰：彼以爲强必富，不强必貧；强必飽，不强必饑；故不敢怠倦。 今也婦人之所以夙興夜寐，强乎紡績織紝，多治麻絲葛緒，捆布縿，而不敢怠倦者，何也？ 曰：彼以爲强必富，不强必貧；强必煖，不强必寒；故不敢怠倦。 今雖（唯）毋在乎王公大人，若信有命而致行之，則必怠乎聽獄治政矣；卿大夫必怠乎治官府矣；農夫必怠乎耕稼樹藝矣；婦人必怠乎紡績織紝矣。 王公大人怠乎聽獄治政，卿大夫怠乎治官府，則我以爲天下必亂矣。 農夫怠乎耕稼樹藝，婦人怠乎紡績織紝，則我以爲天下衣食之財將必不足矣。」 我引了墨子這一大段話，不用再加言辭，而自命字的流弊既昭然若揭了。

試冥目一想假使社會所有的人們都相信定命論，以爲貧富貴賤福禍夭壽，冥冥中都已經預定好，大家都只「兩肩擔一口」的在那裏等着，試問成何景象！　而什麼意志自由道德標準更無從說起了。自然，中國一般民衆迷信運命大部分是陰陽家的流毒，但儒家也不能免去從犯的罪。　儒家講命，固然只限於富貴夭壽而不及道德學問，如荀子天論篇所說「君子敬（苟）其在己者而不慕其在天者」；但一方面勸人奮勉，一方面又說有命，總免不了矛盾；而况他的流弊有不可設想的呢。

總之，儒家所提出的精神的社會政策，——樂道說與安命說，——對於維持社會秩序的安寧，不能不說他有相當的功效；但究竟是治標的方法，而結果致於阻礙社會的進步；所以我以爲樂道說有保存而加以修正的價值，而安命說非加以猛力的攻擊與排斥不可。

儒家學說裏的經濟思潮

徐繩祖

一、引言

儒家學說，佔中國思想中心的地位，可以說從漢代到晚清，在這個攸久的時朔裏，我們從各代典章文物，制度，歷史的敍述，和以往的中國學者的著作上觀察，都可以得到儒家思想幾乎包辦了中國的思想的結論。就在這似乎是中國的文藝復興(The Renaissance)的「五四」以後，許多思想，許多風俗，還是這古銅般的儒家學說之遺跡！

儒家的學說便是「天經地義」，「金科玉律，」這固然是盲目的認識和離開時代而下的外行判斷，但說孔家店裏儲藏的全是廢物，這也未必見得與前者的判斷不是五十步與百步之分。我們深信：儒家的學說，即使全都變作廢物，但牠在中國思潮史上，是有不可推翻的位置，而況實際上幷不全是廢物，就在二十世紀的中國的新思想界。

孔家店裏的貨物，既不全是廢物，那我們現代研究的眼光，來估定孔家店裏的各色貨物的價值，這似乎不是無意義的工作吧？

二、儒家學說的時代背景

思想是時代的產兒，所以高一涵先生在他所著的歐洲政治思想史的序言裏說道：

「大概每種政治思想總是時勢的出產品，斷沒有一種思想是「無病呻吟」，或是沒頭沒尾從天空掉下來的政治思想多半是時勢的寫眞或反動，由時勢產出思想，復由思想造成新時勢；再由新時勢產出新思想，更由新思想再成新時勢。我們如果承認這層道理，便可找出歷史上政治思想變遷的珠絲馬跡。」

我以爲高先生「這層道理」之應用於思想之產生與蛻變，似乎有「放乎四海而皆準，行之百世而不悖」的效力。經濟是社會現象之一，經濟思想之不能脫時代背景而獨立產生變化，固無待贅言，我們就以求人生究竟智識來源和宇宙本體的哲學，和贊美或詛咒人生自然的文學的變遷看來，也逃不出這個公例——似乎是個公例；——因爲哲學上從理想主義到唯實主義，由唯實主義到新理想主義，又由新理想主義到新唯實主義；文學上由浪漫主義到寫實主義，又由寫實主義到新浪漫主義，處處都表示時代潛在的變動。所以我在未說明儒家經濟學說之先，略敍當時的社會的狀況，其效力雖不能使儒家學說的發生，積極方面得極明瞭的概念，但消極方面，總可以不至眞象莫明。

但在我還沒有敍述儒學說的時代背景之先，我應聲明的是：我所謂的儒家學說的時代背景，乃是專指春秋戰國的社會狀況，雖然儒家分子的內涵，孔子孟子荀子而外，還有許多的先哲。理由是：

1. 儒家學說，以孔子爲淵源，孟子荀子繼之，頗能發揮光大其學說。
2. 後孔孟荀的其他學者，他們的學說似乎皆源於孔孟，沒有特獨見解。我們研究儒家學說，舉孔孟似乎就可以概括其餘，所以說明春秋戰國的社會狀況，對於孔孟而後的儒家學說，似乎可以明瞭，雖然有時代的差異；這大部份因爲孔孟以後的儒家學者因襲的原故。

從周景王十四年到敬王三十八年，八十年間政治上的變動和戰爭有楚滅陳蔡鄭滅許宋滅曹吳越吳楚交兵；并且還有魯三家專政齊田氏專政晉六卿專政幾個重大事實。又從安王二十一年到顯王三十七年，五十年間有魏秦相攻，楚滅越，七國相王，韓趙魏相攻。又從赧王三十四年到秦始皇十五年，五十年間，韓魏雖被秦征服，但秦和趙燕和齊仍然大打其戰！在這種戰爭綿延的生活裏，人民精神物兩方面當然感到極端的不安。而在智識階級在政治上也感到無强固的中央政府的弊病，這正如歐洲十六十七世紀以後，各國分裂而形成『朝不保夕』的紛亂一樣。在這樣紛亂的政治狀況之下，歐洲所以有馬基亞維利 (machiavelli) 的君道論 (the prince) 而在中國則有春秋時——

「禮樂征伐，自諸侯出。」

「祿去公室，政逮於大夫。」

「陪臣執國命。」的悲聲。

至於戰爭的綿延與擴大，再看史記說：

「春秋之中，弑君者三十六，亡國者五十二，諸侯奔走，不得保其社稷者，不可勝數。」

又孟子：

「春秋無義戰。」

「爭地以戰，殺人盈野；爭城以戰，殺人盈城。」

這是何等的殘酷，何等的紛亂！至於道德墮落，各種制度風俗的紊亂與澆薄，我們只要在左傳或詩經裏，很可以找出不少的實例。

三、儒家的經濟觀念

春秋戰國的紛亂，倫理方面固然是源於道德的破壞，就是政治的紊亂，各國所以養成所謂「兼弱攻昧」之風，在儒家看來，似乎是源于這反道德的「利」字，所以補救的方法，除以仁義代替外，並且肯定利是萬惡之源。大學有：

「是故君子，先愼乎有德；有德此有人，有人此有土，有土此有財，有財此有用。德者本也；財者末也；外本內末，爭民施奪。」

孟子有：

「王何必曰利，亦有仁義而已矣。王曰：何以利吾國，大夫曰：何以利吾家，士庶人曰：何以利吾身？上下交征利，而國危矣。」

史記孟子荀卿列傳：

「嗟呼！利誠亂之始也！夫子罕言利，常防其源也。」

儒家既認定利是萬惡之源，所以謀利的便看他不起，斥之爲賊，至少都是小人。孟子說：

「雞鳴而起，孳孳爲利者，蹠之徒也！」

荀子說：

「保利棄義，謂之至賊！」

大學有：

「長國家而務財用者，必自小人矣。」

論語有：

君子喻於義，小人喻於利。」

儒家既認定謀利是小人所做的，不是君子所應做；所以孔子在他自身不唯已經做到『子罕言利』的地步，就是他那對經濟有興味的學生樊遲在誠懇的詢問後，也被判決是小人！論語上記這段事很詳，我把他順手抄下：

「樊遲請學稼，子曰：吾不如老農；請學

爲圃，子曰：吾不如老圃。樊遲出，子曰：小人哉！樊須也。上好禮，則民莫敢不敬；上好義，則民莫敢不服；上好信，則民莫敢不用情。夫如是，則四方之民，襁負其子而至矣。焉用稼？！」

儒家看不起經濟，也正如希臘人的看不起經濟一樣。亞里士多德（Aristotle 384—322 B.C.）把經濟事業放在家庭管理之下而不認爲國家事業，猶之乎儒家認謀利是小人的作爲而非君子的勾當。但亞里士多德不否認經濟的重要，就儒家在高唱仁義之下又何嘗不認物質的基礎生活之重要和構成經濟現象的根源的慾望。荀子說：

「夫好利而欲得者，此人之性情者也：目好色，耳好聲，口好味，心好利，身體膚理好愉快；是皆生於人之性情者也。」

孟子則更進而肯定物質的生活基礎的重要和物質生活基礎對於禮義之關係；所以說：

『民之爲道也，有恒產者有恒心，無恒產者無恒心。苟無恒心，放辟邪侈，無不爲已』又：

「今也治民之產，仰不足以事父母，俯不足以畜妻子；樂歲終身苦，凶年不免於死亡。此惟救死而恐不贍，奚暇治禮義哉？』

這個直承認精神生活的安定，完全建築在物質生活的基礎之安定之上。並且承認離開基本的物質生活去講禮義，是空中樓閣，枉費心機的事。所以由上許多的引言裡，我們以爲儒家的經濟觀念，可以歸納如下：

儒家對於人類基本的物質生活，不唯不否，

認，並且肯定其重要，不過經濟的行爲與動機，要基於道德觀念而不容超越質言之，就是建築在道德上的道德的經濟觀。我們記住這點，然後再進而研究儒家對於生產，交易，分配和消費的意見是怎樣。

四　儒家的生產論

a. 土地

春秋戰國時候，工業方面只是家庭手工工業。在經濟裡最佔重要位置的，要算農業。農業經濟的生產要素，人工，資本外，當然要算土地，而儒家也注意於土地；這是以農業爲經濟中心的必然傾向。我們翻開歐洲的經濟思想史，重農派（Agricultural System）認土地爲財富之源，雖然是重商派（Commercial System）的反動，但土地爲生產重要原素之一，則到工商經濟的現代也不失其位置。所以大學上有幾句這樣說道：

「有人此有土，有土此有財，有財此有用。」

孟子上有同樣重要的話：

「諸侯之寶三：土地，人民，政事。」

儒家既認土地爲諸侯之寶，所以關於制民產的方法很推重井田制，孟子說：

「夫仁政必自經界始。經界不正，井田不均，穀祿不平；……經界既正，分田制祿，可坐而定也。」

井田是怎樣的一種制度，孟子說：

「……方里而井，井九百畝，其中爲公田，八家皆私百畝，同養公田。」

行井田制以後，經濟的狀況怎樣，社會的狀況怎樣，且看孟子說：

「……請野九一而助，國中什一使自

賦，卿以下必有圭田，圭田五十畝，餘夫二十五畝；死徙無出鄉，鄉田同井出，入相友守望相助，疾病相扶持，則百姓親睦。」

b人工

儒家看人工，也和土地一樣。大學上有：

「有人此有土，有土此有財。」

孟子：

「諸侯之寶三：土地，人民，政事。」

儒家不唯看重了人工，就由他們所主張的政治的懷柔政策上也可以推斷勞動量的增加。現時我們在儒家的學說裏雖然找不出儒家的懷柔政策是企圖人口的增加，但我們由經濟學上知道人口的增減，與生產 消費是 有絕大的關係的。所以看一看儒家的懷柔政策的結果，對於吸收外國人口的方法，似乎不爲無益。且看論語：

「近者悅遠者來。」

中庸

「來百工，則財用足；柔遠人，則四方歸之。」

孟子

「使天下仕者皆欲立於王之朝，耕者皆欲耕於王之野，商賈皆欲藏於王之市，行旅皆欲出於在之途；天下之欲疾其君者，皆欲赴愬於王……」

這樣的光明世界人口增加產業因需要供給的關係，當然愈臻發達。

儒家不唯重視人工，并且還主張由人工而來的分業：荀子說：

「農分田而耕，賈分貨而販，百工分事而勸，士大夫分職而聽，建國之君分土而守。」

生產歷程裡，如果沒有分業；則經濟將呈死的現象；此點孟子說得最明白：

「…以粟易器械者，不爲厲陶冶，陶冶亦以其器械易粟者，豈爲厲農夫哉？……且以一人之身，而百工之所爲備；如必自爲而後用之，是率天下而路也」

此外儒家對工作時間和農業的發展，也有很關重要的議論如論語：

「使民以時。」孟子：

「不違農時，穀不可勝食也，數罟不入洿池，魚鼈不可勝食也，斧斤以時入山林，材木不可勝用也。……」又：

「五畝之宅，樹之以桑，五十者可衣帛矣。雞豚狗彘之畜，無失其時，七十者，可以食肉矣。百畝之田，勿奪其時，數口之家，可以無飢矣。」

以上是敍述儒家對於土地人工的觀念。至于資本，一源于當時經濟不發達，一源於道德的經濟觀念，所以儒家對於資本的意見，很少顯明的主張，茲姑從略。

五 儒家的交易論

儒家既很反對「利」之營求，那對於增加貨物的時地效用，且以謀利爲目的的商人，當然又歸入小人之列。所以孔子對於子貢不受命而去貨殖表示不滿，孟子則詆商人爲賤丈夫；荀子則說到「工商衆則國貧。」這種不懂交易的見解，在稍懂經濟學的人都知其謬；但我們從儒家的經濟觀念看來，這種交易的結論是必然得到的。我們之不奇異儒家對於交易的態度，猶之乎不奇異歐洲重農派的輕視商人。因爲他們的出發點和我們不同的原故。

但在儒家反對商人的濃厚空氣裏，孟子又不經意的承認不交易的害處。他說：

「子不通功易事，以羨補不足，則農有餘粟，女有餘布。」

由此，我們可以推定儒家對於交易事實上并無從否認；不過因爲「利」是萬惡之源，所以對於社會的安寧秩序起見，應從仁義方面發展，而不當孳孳求利。並且因爲當時的經濟并不十分發達，所以沒有感到交易的絕對重要，

六 儒家的分配論

儒家在經濟學上的最大貢獻，便是分配論。近世勞動資本之成爲社會問題，我以爲儒家的分配論在一方面可以說明勞資兩階級之釀成，而他方面可以免除勞資兩階級之形成。如果這種學說見諸實際也許沒有社會主義的發生。我們且看一看儒家是怎樣的分配？

儒家關於分配的根本方策，就在個「平均」的概念。孔子最先提出這樣的呼聲。論語上說得有：

「…丘也聞有國有家者，不患寡而患不均，不患貧而患不安。蓋均無貧，和無寡，安無傾。」

荀子接着說道：

「出若入若，天下莫不平均，莫不辯治。」

孟子盛稱井田，也是想把人民個個都放在堅固的經濟基礎之上，而沒有分配不均形成貧富階級的危險。

儒家的分配既在於「均」，所以在人民方面反對經濟的特殊勢力與獨占，而在國家的經濟政策方面，反對政府聚斂以自肥；並且時時留意國民的財富之增加。反對龍斷最力的要算孟子

他說：

「……有賤丈夫焉，必求龍斷而登之，以左右望而罔市利。」

至於反對國家聚斂以自肥的孔孟都有很激烈的主張；大學有：

「長國家而務財用者，必自小人矣。………」

孟子有：

「……今也滕有倉廩府庫，則是厲民而自養也。……」

就是有若也持相同的見解，論語有這樣的一段：

「哀公問於有若曰：年饑，用不足，如之何？對曰：蓋徹乎？曰：二吾猶不足，如之何其徹也?!對曰：百姓足，君孰與不足，百姓不足，君孰與足。」

孔孟既不贊成國家聚斂以自肥，所以冉求爲季氏聚斂，孔子就叫他的學生鳴鼓而攻之，幷且不認冉求是他的學生。梁惠王向孟子請教，孟子說使民飢而馬肥的執政者，是率獸食人的行政官。所以儒家對於分配的觀念，除平均外，還要使人民五十可以衣帛，七十可以食肉，頒白者不負戴於道路，黎民不飢不寒，這樣的經濟生活，社會那裏還發生混亂？所以儒家的分配主張，不唯在當時是萬應靈方，就在這機械工業時代，尤有重大意義！

七、儒家的消費論

儒家對於生產在道德範圍以內，既只承認維持物質的基礎生活爲已足，所以消費上，就不主張最低限度的物質生活以外的消費。此種觀念，便是我們常聽到的「節用主義」，且看論語

「節用而愛人，使民以時。」

「……禮與其奢也，寧儉。」

「……奢則不孫，儉則固，與其不孫也，寧固。」

又荀子

「……足國之道，節用裕民」

儒家對於消費既持節用的主張；所以「縱慾」是他們極其反對的。且看論語：

「士志於道，而耻惡衣惡食者；未足與議也。」他們所贊揚稱道的是：

「賢哉！回也！一簞食，一瓢飲，人不堪其憂，回也不改其樂。」論語

「禹吾無閒矣！菲飲食而致孝乎鬼神；惡衣服而致力乎服冕；卑宮室而盡力乎溝洫；禹無無間矣！」同上

儒家對於消費奢侈和生活奢侈既極端反對，那末使人類生活豐富的方策究竟是怎樣？一言蔽之曰「飽乎仁義」的努力。這就是說物質的享樂是屬於肉的方面，是卑賤的，不足齒的。人類要求眞正的享樂，儘可以從精神方面看手。孟子上曾經有這樣的記述：

『詩云既醉以酒，既飽以德』，言飽乎仁義也，所以不願人之膏粱之味也，令聞廣譽施於身，所以不願人之文繡也。」

但是儒家並不否認維持生活最低限度的物質消費，雖然他們積極提倡仁義的精神生活，而對物質的享樂抱消極態度。他們還是反對摩頂放踵，他們還是反對使民仰不足以事父母，俯不足以畜妻子的暴政，這樣的觀念，只要儒者談政治或經濟的時候都表現出來。

儒家不唯對於維持生活的消費，與以承認，并且還制出一個消費的法則來，這個法則便是孔子常道的「禮」字。荀子說：

「節用以禮」

「禮」的意義，照朱熹的註釋看來是：「禮者，節文之謂；」「節文」就是「適宜」之謂。所以荀子說：

「權物而稱用，使衣服有制，宮室有度，人徒有數，喪祭器具用皆有等宜。」

禮記王制有：

「五十異粻，六十宿肉，七十貳膳，八十常珍，九十不離寢。」

由以上的幾段看來，我們可以綜合儒家消費的觀念而成以下的結論：

凡在生活必需的物質條件之下，物質的享樂是不否認的；但是消費的法則要歸結到適宜。這樣消費的觀念，當然是由仁義的道德觀演繹出的消費結論。

八　結論

我們翻開歷史去看一看中國經濟發達的程序，從周末到清末這個悠久而長大的時期裏，我們可以看出的經濟情形，只是農業的，就是工業也不過是家庭手工工業。這樣停滯無變化的經濟狀況，生產工具不發明，交通不便利，固然是主要的原因；就儒家的學說也不能說沒有影響。因為儒家學說自漢以後就支配全中國，作獨立一尊的思想，於人生的行為與思想上，是有極大的潛移點化之力。這種觀察，我們可以描寫春秋而後的中國思想界。

我以為儒家經濟思想的大缺點，就在不把經濟的事業看得重要，所以在生產裏他們不唯不積極的去謀生產發達，并且把生產看作是小人的事，是卑賤的事；因而以轉移貨財而增加貨財的時地效用的商人，也看作小人。這種見解，一直流傳到現在還沒有完全消滅。我們從這種學說發生的背景看來，固然不能把中國經濟不發達的原因都推到牠頭上，但說牠影響於中國經濟似乎是不能否認的事實。并且我們深信，離開經濟生活去談倫理，是一種錯誤的態度。

儒家的消費觀，就生活奢侈與消費奢侈看來，我們可以相對的贊同；唯就消費與生產的關係觀之，我們似乎不能同意。因爲由仁義出發的消費觀，似乎脫不了禁欲主義的色彩。我們知道：消費是充慾的行爲，生產是所以充慾的行爲，分配交易目的也不過在充慾。搆成經濟現象的四種行爲，既都源於慾望，那慾望的放任與禁止，確然關係經濟事業的榮枯。我們不敢贊同不能滿足的慾望或侵害他人的慾望之放縱，我們也反對在正當範圍以內慾望之禁止。因爲前者足以擾亂經濟，而後者也足以使經濟陷於枯萎的現象。

儒家最大的貢獻，並且是極有價值的貢獻是分配之平均。馬克斯（Karl marx）說「從來人類的歷史，是階級爭鬥的歷史」；我們固然不能說階級爭鬥全都是直接的爲利益之不平均，但可以武斷的說間接都是爲利益不平均。近世社會之義之起和分配的成爲重要問題，其原因不外勞資兩階級的分配不平均，而去找出分配平均的方法。分配的平均，在農業經濟的時代，不見得重要，但在機械工業時代我們可以看出分配不均對於社會所引起的擾亂。所以我們研究儒家的經濟學說，對於他們的生產交易消費雖然不能同意，但是分配觀念，則不能不確認其價值，因爲這種主張，不唯能決了經濟問題，并且解決了社會問題；我們還可以說解決了已往和未來因利益不平均所引起的兩階級的衝突或鬥爭！

十三，六，廿三脫稿。

儒家之論神

黃仁厚

儒家的學說，是中國民族的宗教思想的結晶，有些人以孔子不語怪不語神，否認儒家爲宗教，其實孔子何嘗不語神呢？不過他對于神的觀念有高深的學理，不像古時以烈火，旋風，高山巨石，便指爲有神在焉那種淺陋的宗教。因爲孔子從古時多神的宗教推到一神。並且由物質的神推到心靈的神，正是基督所謂心靈的上帝（參約翰四章廿四節）這是何等高尙的宗教呢！

要研究儒家之論神，先要溯其來源。試看中國古代的宗教思想最大的精神：第一就是敬拜天，第二是敬拜祖宗。因爲「萬物本乎天，人本乎祖」的觀念，是古代遺傳的宗教教育。所以敬天拜祖的思想已經印入人們的腦袋，牢不可破。至於他的天道觀念，是以天爲有意志，有威權，能動喜怒，能作威福的主宰。故詩經上說：「皇兮上帝，臨下有赫，監視四方，求民之莫。」他也以人與天有密切關係，且曾講到天人合一的道理。詩經上又說：「天生蒸民，有物有則，民之秉彝，好是懿德。」這種宗教思想原是不錯的。不過有許多失當的敬拜，那是難免的事。孔子以他對於世道人心有很大的貢獻，所以也極端成全，他曾說：「獲罪於天，無所禱也。」並且他又以敬拜祖宗也可以養成純厚的民俗。故曾讚美大禹之德說：「禹吾無間然矣，菲飲食而致孝乎鬼神，惡衣服而致美乎黻冕，……禹吾無間然矣。」論語上也曾說：「愼終追遠，民德歸厚。」然而孔子也曾因人們敬拜祖宗有許多謬誤的地方，故提醒他說：「敬鬼神而遠之！」

孔子既有以上所說古代宗教思想，做他的導線，因而引起他高深的神學。他從古代有意志有威能高高在上，照臨下土，能動喜怒，能作威福的主宰的觀念，漸漸底進化到幽玄潛隱無聲無臭的神充滿宇宙的大靈 他承認神是運行在大宇宙之中也是潛伏在我們個體之內。 故說「神无方而易无體」又說「始作八卦以通神明之德以類萬物之情」 但他說的「萬物之情」的「情」字與「神」是合一的，「萬物之情，」就是神明之德的運行陶化。 故他也以神爲永久的主宰爲宇宙的本體宇宙在他的掌管中。 如易經上說「知變化之道者其知神之所爲乎。」 繫辭上也有形容神的運行說「惟神也不疾而速不行而至。」 又說「易无思也无爲也寂然不動感而遂通天下之故非天下之至神其孰能與於此。」

但「神明之德，」充塞宇宙之中，判爲陰陽二氣。 故說：「立天之道曰陰與陽，」又說：「一陰一陽之謂道。」 然而他未曾以陰陽爲神乃在陰陽之中有一不可思議者謂之神，故說「陰陽不測之謂神」 至下一陰一陽，只是兼對待流行二義。故人們以孔子所說的陰陽，指謂儒家爲二元論，未免欠當。 試看他「易有太極是生兩儀」一句，可知太極是渾然無始的，及生兩儀，才劃然有始。 由此看來，儒家的太極，恰似我們基督教的「太初之道」佛教的「眞法界」周濂溪的太極圖說 加上無極二字，乃是受了佛家的無量無邊的影響。 也是與老子以「無」爲宇宙根源的意思相同。 究竟所說的無極就是太極並非在太極之外另有一無極，所以朱子說，「太極本無極非太極之外復有無極」 這個解說很精妙。

我們旣然知道神是超乎天地之外貫乎萬物之中 那末，宇宙萬物，自發生以來都在神的自我中了。 因此，我們又不得不進一步研究神與宇宙的關係，和神與個體的關係。

(一)神與宇宙的關係

宇宙間的萬象一一輝映在我們眼簾的，無非是神的表示。所以我們由自然界裏察看起來便知道玄妙之神，挺露在我們面前，直接底告訴我們說：「客觀的現象，都是神的反照；」故繫辭有說：「天地之道貞觀者也 日月之道貞明者也」 朱子註解說「天地之道則常示。」 由此可知「神」藉着宇宙萬物，將他表示出來。 但他的本體原是虛無的 如易經上說「神則微妙無形是其无也。」 正像老子「無名天地之始」的意思。 然而他所說的虛無，並非無神。 他絕對的承認神是自然而有的。 不過他虛玄莫測，非感覺所能得到，故易經上只說「

神無方」他却未嘗說「無神。」

這抽象的神旣然藉着宇宙萬有，將他的「眞情」表示出來，那末可知宇宙萬有都是神活潑潑地自動的流露。他是充塞於宇宙之間，彌漫於六合之內，運行陶化生生不已。故易經上說：

『大哉乾元，萬物資始，乃統天，雲行雨施，品物流形，大明終始，六位時成。』

繫辭上也說：

『生生之謂易。』

又說：

『天地之大德曰生。』

中庸上也很透澈底說：

『天地之道，可一言而盡也，其爲物不貳，則其生物不測。天地之道，博也，厚也，高也，明也，久也。今夫天斯昭昭之多，及其無窮也，日月星辰繫焉，萬物覆焉。今夫地一撮土之多，及其廣厚，載華嶽而不重，振河海而不洩，萬物載焉。今夫山一卷石之多，及其廣大，草木生焉，禽獸居焉，寶藏興焉。今夫水一勺之多，及其不測，黿鼉蛟龍魚鼈生焉，貨財殖焉。』

這幾段說話，是表明神是永遠的流行不斷的變化。孔子有一次看見流水引起他的宇宙觀念來在他的感覺裏，以爲宇宙的活潑流通不斷的在那兒變化，有如流水一般。所以說：「逝者如斯夫，不舍晝夜」宇宙本體雖是變化無窮，緜延不斷，但是變化之道，乃起於微細而簡單的。繫辭上說「剛柔相推，而生變化。」又說「山澤通氣，然後能變化，旣成萬物也。」然而變化的起點雖是微細而簡單，迨其成功了形象，那末便是大造的粗迹。故繫辭又說：「在天成象，在地成形。變化見矣。」雖然說宇宙是變化無窮，根本還是出於一。不過所在不同，故分形象爲二。但幽玄莫測的神，必須要成象於天，成形於地，然後藉其形象之表示，方知其奇妙之作用。

（二）神與個體的關係

神旣是充塞流行，包乎天地之外，貫乎萬物之中。宇宙萬有，都包含在神裏面。王陽明說：「一草一木皆含至理」這是給我們一個明顯的指示。萬物如此，人也如此，所以偉大之神，也是與我們內部的自我溶合。基督說「我與父原爲一，」便是謂人們與神合一的意思。孔子對於神與人的關係，也看得很重要。繫辭上說：「始作八卦以通神明之德，以類萬物之情，」他要說「萬物之情，」先說「神明之德。」明明底以「萬物之情」在「神明之德」的管轄裏。

人們既有與神溶合的本能，那末自然有「神的智慧」充滿了內部。可是大都被物欲蒙蔽，向着黑暗的罪惡裏，勇猛前趨，失却了本性的光明。這是佛家所說的「無明之雲，掩實現之光」的意思。因此便與神隔絕了，我們若能悔悟前非，由一切的自私的慾望裏解放出來，便得到「最高的智慧。」在神的聯合裏，並且與神合爲一體，走入宇宙的生命中。故繫辭上說：「知幾其神乎。」因爲人得到「神的知慧，」他內部的自我，與宇宙與大靈，完全和諧了。因此，他的舉止動作，都是神的表示。換句說，他就是神，神就是他。繫辭上說：「精義入神，以致用也。」基督也有同樣的教訓說：「我對你說的話，不是憑着自己說的，乃是住在我裏面的父，作他自己的事，」由此，我們可以知道儒家最大的教訓，就是心便是神，神便是心。好像佛家「萬法唯心，心外無法，」的思想。孔子曾說：「人者天地之心。」又說：「心之精神是謂聖。」這種心能悟神的觀念，是東方文明的特徵。在佛家有更進一層的說素。他以宇宙千變萬化，都是由我們個人的精神作用，這精神作用，內而發生種種「煩惱，」外而造成種種「業。」這「煩惱」和「業，」大則構造宇宙，叫做「共業所感；」小則構造個體，叫做「別業所感。」他絕對底承認宇宙萬象，皆由心造。故說：「心空一切空，心有一切有。」這是佛家唯心主義的說法。

我們知道心神既有密切的關係，所以要努力地向前，以求最高的知慧，與神合爲一體。使我們內部的自我，完全在神的聯合裏。然而怎能得到最高的知慧呢？儒家也是叫我們憑着虔誠的信仰，向前努力。將內部的自我，傾倒在宇宙的大神裏。時時與神交通，那末他的人格，就是神的化身。繫辭上說：「窮神知化，德之盛也。」中庸上也說：「至誠如神。」但做這步工夫，單純是主觀的直覺，憑着自己默識心通，不是外力所能援助的。故繫辭上又說：「神而明之，在乎其人。」

結論

儒家論神的根本觀念就是「心神合一」的道理。因心爲是神的妙用神是心的主宰所以我們要竭力求「心」「神」的和諧。詩大雅說：

『神之格思不可度思矧可射思。』

易繫辭說：

『易无思也无爲也寂然不動感而遂通天下之故非天下之至神其孰能與於此。』

這些說話都是指示我們以眞正的知慧便是神的運行。却不是佛家所謂「心外無法」的純粹的唯心主義。汪石潭（參明儒學案）說有其誠則有其神無其誠則無其神洋洋如在，神何嘗無？」這明明地指示我們心神合作的道理。由此我們可以由個體推到宇宙由宇宙推到個體無一不是神的運行陶化。所以我敢說儒家是泛神的宗教！

一九二二，四，二六。於金陵神學

譯塵

動物的合作

John Isabell in "Leisure Hours"

敏求

動物單知『給』和『受』惟獨人類懂得『買』和『賣』。假定動物也懂得做買賣牠們的商店一定是合作制因爲合作的通則牠們向來就知道的并且牠們運行合作的通則無往而不利。牠們不單會聯合起來追逐一個共同目的物，（雖然嚴格地說來這并不算得是合作）并且會鍥而不捨地共同奔赴一個目的。青蠅成羣附死馬就是自助的例子蜜蜂結隊造蜂衙就是合作的榜樣。

動物最先需要的是食物；結隊狩獵原是自然的趨勢。野狗與狼不單能結成合作隊藉大隊的力量去獵取食物牠們有時還會組織小團體去執行特別命令。例如鹿比狼跑得快狼們便不去呆追却別遣一狼預伏在一個所在然後再遣狼三四頭把鹿攆到那個所在去於是伏狼一躍而出把鹿擒住。這豈不是眞正的合作式的狩獵嗎？（續見六六面）

先秦儒家之學派

李雲鶴

戰國時諸子各家之分別，言人人殊，迄無定論。莊子天下篇於儒家之外，所引凡六家：一墨翟；二宋鈃，尹文；三彭蒙，田駢，愼到；四關尹，老聃；五莊周；六惠施。荀子非十二子篇所引凡六家：一它囂，魏牟；二陳仲，史鰌；三墨翟，宋牼；四田駢，愼到；五惠施，鄧析；六子思，孟軻。今案其學說，則天下篇所言：第一即後來所謂墨家；第二亦爲後來所謂墨家；第三道家近於後來所謂法家；第四所謂道家；第五亦道家；第六所謂名家。非十二子篇所言：第一後來所謂道家；第二墨家之一派；第三墨家；第四道家；弟五名家；第六儒家。總之不過道儒墨三家(名法出於道家儒家之間)而已。(見夏曾佑周秦之際之學派)司馬談分陰陽，儒，墨，法，名，道六家。於莊荀所舉之外，增入一陰陽家。惟不舉其人，無從證其同異。漢書藝文志於諸之中，分儒，道，陰陽，法，名，墨，縱橫，雜，農，小說十家。儒，道，法，名，墨，固已言之矣。若陰陽家者，或來自民間之迷信。縱橫出於時勢之不得不然，初無待於師說。然鬼谷子？蘇秦張儀並周人；而鬼谷子書義兼道德。雜家號爲調停，實則不得以家名。農家傳書最少；然據許行之遺說以推之，亦近道或墨家也。小說家即史之別體。是十家之分，亦不過由於儒道墨三家所遞變而出者。胡適曰：『先秦顯學，本只有儒道墨三家。』然究何者爲儒？何者爲道？何者爲墨？當時本無定論。莊荀所言，亦只列舉人名而不及家派。著錄百家之書，始於漢書藝文志，後人皆遵其說。然藝文志所言，實與古人不合。案六藝旣爲儒家所傳之經，周官「儒以道得民」，鄭玄注謂儒即以六藝敎民之保氏。故孔門傳六藝之學，即加以儒之號，後世更謂能說一經者謂之儒生。(見論衡超奇篇)然則傳六藝者，皆可謂之儒矣。是儒家當與諸子並稱，而不應包入諸子之內而言也。又莊子天下篇曰『……其於詩書禮樂者，鄒魯之士搢紳先生，多能明之。詩以道志，書以道事，禮以道行，樂以道和，易以道陰陽，春秋以道名分，其數散於天下而設於中國者，百家之學，時或稱而道之。』又大司徒，『四曰聯師儒。』是儒爲術士之稱，(見說文)有道德有道術者之通名。(見周禮太宰疏及漢書司馬相如傳注)史記儒林傳曰:『秦之季世，阬術士，而世謂之阬儒。』司馬相如言「列仙之儒，居山澤間，形容甚臞。(見漢書司馬相如傳)趙太子悝亦語莊子曰：『夫子必儒服而見王，事必大逆。』(見莊子說劍篇) 桓譚鹽鐵論曰：『齊宣王褒儒尊學，孟軻淳于髡之徒，受上大夫之祿，不任職而論國事，蓋齊稷下先生千有餘人。湣王矜功不休，諸儒諫，不從，各分散：慎到捷子亡去，田駢如薛，而孫卿適楚。』是儒家不得獨稱爲儒，凡諸子百家無一而非儒也。孔門雖傳六藝之學，然未嘗標儒之目，舉以自號。即六藝果何所指，後世亦無定言。班氏六藝略序爲易詩書禮樂春秋論語孝經小學九種。(案舉九經而名曰六藝，已不可靠) 顏師古注曰：『六藝即六經也。』諸子略序曰：『儒家者流……游文於六經之中。』然六經實上古三代之史料，爲當時學者所共有。易以道陰陽，是陰陽家須知經矣。春秋以道名分，是名家須知經矣。詩以道志，書以道事，是詩書尤爲各家共之矣。孔門又豈得而私之哉？若以六藝爲指禮樂射御書數而言，則其意更廣。王充增儒道虛談天說日是應舉儒書所稱者：有魯般刻鳶；由基中楊，李廣射寢石，矢沒羽；荆軻以匕首擿秦王，中銅柱，入尺；女媧銷石；共工觸柱；觟䚦治獄；屈軼指佞；黃帝騎龍；淮南王犬吠天上，雞鳴雲中，日中有三足烏，月中有兎蟾蜍，是諸名籍道，墨，刑，法，陰陽，神仙之倫，旁有𥜥家所記，列傳所錄，一謂之儒。(見國故論衡原儒)養由基射白蝯，應矢而下；尹儒學御三年，受秋駕，呂氏春秋曰：『皆六藝之人也。』(見博志篇)是百家無一不可以稱儒也。論語雖有君子儒與小人儒之分，亦不足爲孔門自稱儒者之證。且論語注曰：『儒，學者之稱。程子曰：「君子儒爲己，小人儒爲人。」謝氏曰：「君子與小人之分，利與義之間而已。」』可知君子小人之儒，實係泛指當時學者而言也。章太炎曰：『古來學問都在官。民間除了六藝，就沒有別的學問。到周朝衰了，在官的學問，漸漸散入民間，或者把學問傳子孫，或者聚徒講授，』六藝旣爲民間所通學，則儒者豈可得而私之？而各家之所以分立者，亦政以或傳子孫，或聚徒講授之故耳！論語所載：如長沮桀溺接輿荷蕢石門之倫，迹其言雖似道家者流；然亦只是諷孔子身當濁世，應絕人逃世以自潔，並非詆毀孔子以形儒道之分。其與孔子自言「天下有道則見，無道則隱。邦有道，貧且賤焉，耻也；邦無道，富且貴焉，耻也。」之旨，亦無以異也。謂儒爲孔子之道，始自墨子非儒篇，其言曰：齊景公問晏子曰：『孔子爲人何如？

……嬰聞所謂賢人者，入人之國，必務合其君臣之親，而弭其上下之怨。孔某之荊，知白公之謀，而奉之以石乞；君身幾滅，而白公僇。……今孔某深慮同謀以奉賊，勞思近知以行邪，勸下亂上，教臣殺君，非賢人之行也；入人之國，而與人之賊非義之類也；知人不忠，趣之爲亂，非仁義之口也。逃人而後謀，避人而后言，行義不可明於民，謀慮不可通於君，臣嬰不知孔某之有異於白公也。』又『孔某之齊，見景公，景公說，欲封之以尼谿，以告晏子，晏子曰：「不可。夫儒，浩居而自順者也，不可以教下；好樂而淫人，不可使親治；立命而怠事，不可使守職；宗喪循哀，不可使慈民；機服勉容，不可使導衆。孔某盛容修飾以蠱世，弦歌鼓舞以聚徒，繁登降之禮以示儀，務趨翔之節以勸衆，儒學不可使議世，勞思不可以補民，絫壽不能近其學，當年不能行其禮，積財不能贍其樂，繁飾邪術以營世君，盛爲聲樂以淫愚民，其道不可以期世，其學不可以導衆。今君封之以利齊俗，非所以導國先衆。」……』史記孔子世家亦曰：『……景公說，將欲以尼谿田封孔子。晏嬰進曰：「夫儒者，滑稽而不可軌法；倨傲自順，不可以爲下；崇喪遂哀，破產厚葬，不可以爲俗；游說乞貸，不可以爲國。自大賢之息，周室旣衰，禮樂缺有閒；今孔子盛容飾，繁登降之禮，趨詳之節，累世不能殫其學，當年不能究其禮，君欲用之以移齊俗，非所以先細民也。」』然漢書藝文志列晏子入儒家，論語有「晏平仲善與人交，久而敬之。」之讚美，則晏子似不應詈孔子若斯之甚者。是可知當時實無家派之言也。

自墨子非儒之說起後，孔門弟子，自不得不與之相辯爭，各持其理，各極其言，分途揚鑣，遂演而爲諸家之學矣。是以莊周齊物論有「有儒墨之是非，以是其所非，而非其所是」之言，韓非顯學有「世之顯學儒墨也：儒之所至，孔丘也；墨之所至，墨翟也。……故孔墨之後，儒分爲八，墨分爲三，取舍相反不同，而皆自謂眞孔墨。」之言，又有「儒墨必堯舜之道，於三千歲之前，非愚即誣。」之言，可知儒之稱，實爲與墨之相對名詞也。蓋有周公之遺風，而後儒者之學興；有儒學之敝，禮文之煩擾，而後墨子之教起。（見淮南要略）墨子或以儒實有懦懦儒緩之義，而惡孔門弟子「非禮勿言，非禮勿動，非禮勿視，非禮勿聽」之煩擾，故目之爲儒者，以譏之也。（荀子修身篇「偸儒轉脫」亦爲儒弱畏事之意。）聽者不察，習非成是，儒遂爲孔門之專稱矣。試觀禮記曲禮檀弓两篇，（禮記均爲紀儒家禮節之文字，惟此两篇較早，餘大都爲戰國秦漢間之作品。）及論語鄉黨篇所言，其酸腐拘迂，瑣碎繁雜，直令今人駭怪，掩耳而逃！且就『孔子於鄉黨，恂恂如也，似不能言者；其在宗廟朝廷，便便言，唯謹爾！朝與下大夫言，侃侃如也；與上大夫言，誾誾如也；……』一段文字而言，是孔子直一勢利小人耳！又何怪墨子起而非之耶？即使墨子「孔某窮於蔡陳之間，藜羹不糂。十日，子路爲享豚，孔某不問肉之所由來而食；褫人衣以酤酒，孔某不問酒之所由來而飲。哀公迎孔某，席不端弗坐，割不正弗食。子路進請曰：「何其與陳蔡反也？」孔某曰：來！吾語汝。曩與汝爲苟生，今與汝爲苟義。夫飢約則不辭妄取以活身，贏飽僞行以自飾，汙邪詐僞，孰大於此？」之言，其訐孔子雖或太甚，然當時所謂儒者，沽名釣譽，純僞虛聲，實亦不少此種行爲。墨家舉而悉加之孔子之身，政亦如後世尊儒者之凡有佳言懿行，悉加諸孔子之身，同一理也。

孔門弟子，得道者雖多，而堪爲後繼最知名者，則不得不推曾子與子夏。曾子資性剛毅，專心治道，即所謂君子之儒。子夏資性敏慧，動輒向外矜名，有所謂小人儒之傾向。曾子傳其學於子思。子思之門人(？)傳其學於孟子。子夏傳其學於馯臂子弓等，由子弓數傳而傳於荀子。(見日本高瀨博士支那哲學史)是孟子之於曾子，荀子之於子夏，皆有學統關係，爲孔門之二大派。故戰國時儒家，應以荀孟二子爲主。

孟子之時，諸子之說正熾，墨翟明兼愛；楊朱明爲我；莊周明謬悠；惠施明詭辯；公孫龍明堅白異同；商鞅明嚴刑峻法；孫武吳起尉繚明戰勝攻取；蘇秦張儀公孫衍明合縱連橫，異幟揚膘，各建其言，鼓簧爭鳴，天下大亂，而尤以儒墨之爭爲烈。孟子欲承儒家之正統，自擬爲孔子之後繼人。故極推崇孔子，以倡儒學而黜百家。故曰：『聖王不作，諸侯放恣，處士橫議，楊朱墨翟之言盈天下，天下之言，不歸楊則歸墨。楊氏爲我，是無君也；墨氏兼愛，是無父也；無父無君，是禽獸也。……楊墨之道不息，孔子之道不著，是邪說誣民，充塞仁義也。』其於許行則詆之曰：『相率而爲僞者也，惡能治國家？』其於公孫衍張儀則詆之曰：『行妾婦之道。』其於陳仲子則詆之曰；『惡能廉？充仲子之操。則蚓而後可者也。』雖管仲晏子之功，伯夷柳子惠之節，猶不以之爲盡善，而於孔子一則曰：『可以仕則仕，可以久則久，可以速則速，孔子也。……吾未能有行焉。乃所願，則學孔子也。』再則曰：『自有生民以來，未有孔子也。』三則曰：『……孔子成春秋而亂臣賊子懼。……我亦欲正人心，息邪說，距詖行，放淫辭，以承三聖者。』四則曰：『予未得爲孔子徒也。予私淑諸人也。』（案此語似有以不得爲孔子徒爲憾之意。）其言必稱孔子，行必尊孔子者，蓋當時墨者及其他各家之勢，瀰漫天下，儒者之言，迂遠而濶於事情，幾爲世人所不取。是以孟子所如輒不合，退而與萬章之徒，序詩書述仲尼之意，作孟子七篇。雖然，孟子固欲依孔子以傳己志者；然孔子皆集前古献典而制經，孟子則發表其一己所欲言；故彼議論從不讓人，常有擊破對談者之決心，而其究也，往往流於詭辯。故自孟子之說橫流，而文化偏趨於簡單。此實戰國時儒家之一大變化也。

荀卿生當戰國之最末時期，人心猾惡已極。嫉濁世之政，而倡性惡之言；鄙俗儒之拘，而立制天之旨。故曰：『大天而思之，孰與物畜而制之？從天而頌之，孰與制天命而用之？望時而待之，孰與應時而使之？因物而多之，孰與騁能而化之？思物而物之，孰與理物而勿失之也？願於物之所以生，孰與有物之所以成？故錯人而思天，則失萬物之情。』（天論篇）又曰：『……故古者，聖人以人之性惡，以爲偏險而不正，悖亂而不治；故爲之立君上之勢以臨之，明禮義以化之，起法正以治之，重刑罰以禁之，使天下皆出於治，合於善也；是聖王之治而禮義之化也。今嘗試去君上之勢，無禮義之化，去法正之治，無刑罰之禁，倚而觀天下民人之相與也；若是則夫强者害弱而奪之，衆者暴寡而譁之，天下之悖亂而相亡，不待頃矣。』（性惡篇）蓋荀卿論儒，實雜三晋官術之說，故反對法先王而主張法後王，其言曰：『聖王有百，吾孰法焉？曰，文久而息，節族久而絕，守法數之有司，極禮而褫。故曰，欲觀聖王之跡，則於其粲然者矣，後王是也。……舍後王而道上古，譬之是猶舍己之君而事人之君也。』（非相篇）又不主張歷史進化論之說，曰：『欲觀千歲，則數今日。欲知億萬，則審一二。欲知上世，則審周道。』蓋以上古制度文物多不可考，不如後王之制度文物粲然可尋。此亦其推崇人爲過於天然之結果也。惟其如是，故至必不得已之時，則用强硬手段，借高壓之勢力而行之。將亦所不辭，而嚴刑重罰尙矣。雖其主張禮義師法，亦只是因人之性惡而生，故曰：『聖人化性而起僞，僞起於性，而生禮義，禮義生而制法度，然則禮義法度者，是聖人之所生也。』（性惡篇）又曰：『今人之性惡，必將待師法然後正，得禮義然後治。……故性善則去聖王息禮義矣。 性惡則與聖王貴禮義矣。……立君上，明禮義，爲性惡也。』（性惡篇）是人性本惡，必須禮義法度，「以矯飾人之情性而正之，以擾化人之情性而導之」，方足以爲善。其與孔氏「道之以政，齊之以刑，民免而無恥；道之以禮，齊之以德，有耻且格。」之言，則微有異矣。至是，儒家之精神面目，又爲之一變。故韓非李斯之出其門，無足恠者也。試更列擧荀子中所見者以明之：

由士以上，則必以禮樂節之；衆庶百姓，則必以法數制之。（富國篇）

故不敎而誅，則刑繁而邪不勝；敎而不誅，則姦民不懲；誅而不賞，則勤厲之民不勸；誅賞而不類，則下疑俗儉而百姓不一。故先王明禮義以一之，致忠信以愛之，尙賢使能以次之，爵服慶賞以申重之，時其事輕其任以調劑之。（同上）

公孫子曰：子發將西伐蔡。克蔡。獲蔡侯。……旣楚發其賞，子發辭曰：發誡布令而退敵，是主威也；徙擧相攻而退敵，是將威也；合戰用力而退敵，是衆威也。臣舍不宜以衆威受賞。譏之曰：……今子發獨不然，反先王之道，亂楚國之法，墮興功之臣，耻受賞之屬，無僇乎族黨，而抑卑其後世，按獨以爲私廉，豈不過甚矣哉！……（彊國篇）

……以爲治邪？則人固莫觸罪，非獨不用肉刑，亦不用象刑矣。以爲人或觸罪矣，而直輕其刑；然則是殺人者不死，傷人者不刑也。罪至重而刑至輕，庸人不知惡也，亂莫大焉！凡刑人之本，禁暴惡惡，且徵其未也。殺人者不死，而傷人者不刑，是謂惠暴而寬賊也，非惡惡也。……夫征暴誅悍，治之盛也。殺人者死，傷人者刑，是百王之所同，未有知其所由來者也。刑稱罪則治，不稱罪則亂；故治則刑重，亂則刑輕，犯治之罪固重， 犯亂之罪固輕，……（正論篇）

綜上所言，可知韓非「是以賞莫如厚而信，信民利之；罰莫如重而必，使民畏之；法莫如一而故，使民知之。故主施賞不遷，行誅無赦，譽輔其賞，毀隨其罰」

之旨有由來矣。

孔門之學，因子夏而西傳，繼其後而最著者，固爲荀卿；然當時傳學之迹，其得助於魏文侯者實多也。史記仲尼弟子列傳曰：『孔子既歿。子夏居西河，教授爲魏文侯師。』又史記魏世家曰：『文侯受子夏經藝。』又曰：『……是以東得卜子夏，田子方，段干木，此三人者，君皆師之。』又史記儒林傳曰：『子夏居西河，……如田子方段干木吳起禽滑釐之屬，皆受業於子夏之倫，爲王者師。是時獨魏文侯好學。後陵遲以至于始皇，天下並起爭於戰國，儒術既絀焉。然齊魯之門，學者獨不廢也。』蓋當時各國諸侯，皆以攻伐爲賢，奪取爲上，故良馬素絲，禮聘富國彊兵之策士，黃金白璧，通好同利共害之隣封；其於修仁義而習詩書之儒者，則擯棄之若恐不速矣。獨魏文侯能好學，尙儒術，尊儒士；於是孔門之學，得以存焉。是知荀子之所以羽翼六經，增光孔子，膠固王道，至深至備者，實與之有學統關係者也。

孔門之學，有自魯而南傳者，陳良其人焉。孟子曰：『陳良，楚產也。悅周公仲尼之道，北學於中國；北方之學者，未能或之先也。』（案陳良北學於中國，事僅見於孟子。是陳良亦未及事孔子，僅學於孔子之門人或門人之門人耳。）陳良旣卒得孔門之學，歸而傳諸楚國之人。是以其徒陳相盡棄其學而學於許行，孟子詈之爲變於夷者。則當時儒學已在楚植得勢力矣。楚爲南國，南方文學，因土地氣候之不同，而迥異於北方。蓋其富感情，長於想像，流動多變化而不能堅强固定；故老莊之學，一主於淸淨無爲，想到死生富貴之迅速無常，直是人間一場幻夢而已！許行者，迹其遺說亦道家之流也。陳相盡棄其學而學之，亦將流入異端。孟子詈之，正恐其影響於儒家之勢力耳。儒學在南方，至屈原而其勢大盛。試讀離騷，其憂愁幽思，忠君愛國之情，溢於言表，純儒家之思想也。淮南王安曰：『國風好色而不淫，小雅怨誹而不亂，若離騷者可謂兼之矣。上稱帝嚳，下道齊桓，中述湯武，以刺世事。明道德之廣崇，治亂之條貫，靡不畢見。其文約，其辭微，其志絜，其行廉；其稱文小，而其指極大，舉類邇而見義遠；其志絜，故其稱物芳，其行廉，故死而不容自疏。濯淖汙泥之中，蟬蛻於濁穢，以浮游塵埃之外，不獲世之滋垢，皭然泥而不滓者也。推此志也，雖與日月爭光可也。』其與莊周之去煩惱，脫羈絆，一是非，無差別，彷惶於無何有之鄉，逍遙於廣莫之野者，大不相同也。其後宋玉唐勒景差之徒，皆祖屈原而以辭賦見稱。儒學之基，益奠定矣。

總之，儒墨之爭以前，實無家派可言，而儒亦爲學士之通稱。儒墨之競爭以後，百家朋興，而諸子之學，雖支分派別，源遠流歧，而儒遂爲孔門之專號。然競爭愈烈，闡發愈明，所謂青出於藍，而勝於藍，冰成於水，而寒於水，中國文學之粲然大觀，亦以此時爲盛也。至其後，各家俱衰亡，儒家學派得以綿亙數千年而不替者；興亡之際，雖因緣繁複；然至大之因，則梁任公所言，庶幾得之。茲錄其言以作吾文之結論。

中國古代思潮儒學統一章曰：『儒學統一云者，他學銷沈之義也。董仲舒對策賢良，請表章六藝，罷黜百家，凡非在六藝之科者絕勿進。自茲以往，儒學之尊嚴，迥絕百流。二千年來，國敎之局乃始定矣！』

又曰：『秦漢之交，爲中國專制政體發達完備時代；不喜其並立，而喜其一尊。惟孔學則嚴等差，貴秩序；而措之施之者，歸結於君權；於帝王馭民，最爲適合。故霸者竊取而利用之以宰制天下。』

儒家的欲望論

嘏華

欲望（Wants）這個東西，在歐西方面除去僧侶和窒欲派（Stoicism）是極端主張消滅外，其餘的學者則非但不加以抑止，且一致的放任其增長；而中國學者則大抵以爲與其從事於增加生產，毋寧設法以限制其無饜的欲望，消極的使人在精神上得着滿足的安慰之爲愈；所以研究生產手段，還不如研究克制欲望的方法來得重要。 不過這也不能一概而論，道家佛家是完全主張窒欲，而法家農家刑兵等家，對於欲望却以爲當使之成長；只有儒家是一個中和派，他不是主張窒欲，也不是主張多欲，他是認定欲望有善惡邪正，當分別取舍的，是和最近歐西所提倡的「凡關於經濟的欲望，有正當不正當的分別，正當的當滿足，不正當的當限制」的學說是一致的，換句話說，是主張寡欲的。 我們且把他的學說來細細比較。

儒家的理想社會，全打算從精神上建設的，但物質上的生活如衣食住等，却不可缺少，所以一方面在鼓吹道德，使社會成爲道德化；一方面却提倡農業，使人民不致凍餒；換句話，不致凍餒，不是他們的理想社會，這是一種手段，或是政策，道德的社會，纔是他們的目的呢。

『帝曰「契！百姓不親，五品不遜，汝作司徒，敬敷五教在寬！」』（今文尚書堯典古文尚書舜典）

孟子曾給這段話下了個轉語道：

「后稷教民稼穡樹藝五穀五穀熟而人民育人之有道也，飽食煖衣逸居而無教則近於禽獸聖人有憂之使契爲司徒教以人倫父子有親君臣有義夫婦有別長幼有序朋友有信。」（孟子滕文公章）

在這裏可以知道僅能滿足經濟上的生活，還不脫禽獸的生活，儒家以爲非走上道德生活之路是不可的。道德的性質怎樣？尙書臯陶謨說

『天敍有典，勅我五典五惇哉。』

五典就是天所敍的道德，換言之，就是自然的法則。詩曰：

『天生烝民，有物有則，民之秉彝，好是懿德。』（詩大雅烝民）

這是明認道德是根據於天的，孔子與之也抱同一的見解，故曰：『爲此詩者，其知道乎！』（孟子告子章）中庸上有「天命之謂性，率性之謂道」的說話，到孟子時便公然主張性善以爲善是本諸人性，換句話說，道德是出自天意，出自自然的法則，所以要使人入於道德的生活，纔是人生的眞義。我們再看論語子路篇冉有問孔子的一段話：

『庶矣哉！』冉有曰，「旣庶矣，又何加焉？」曰「富之！」曰，「旣富矣，又何加焉？」曰，「教之。」』

再看顏淵篇回答子貢的一段話：

『……必不得已而去，於斯三者何先？』曰，「去兵。」子貢曰，「必不得已而去，於斯二者何先？」曰，「去食！自古皆有死，民無信不立。」』

從這裏歸納起來說，孔子亦知經濟上的欲望，很爲重要，但係爲道德而謀及欲望，不是爲欲望而想出道德，滿足必需的欲望是一種手段，不是終極點，這是和西方學者的思想逈乎不同的。

進一步說，儒家對於經濟頗不重視，但猶欲保存必需的欲望，則是已承認道德生活與經濟生活，確有不可分離之處。孟子比較是一個功利主義者，所以他說

『無恆產，因無恆心。』（孟子梁惠王章）

又說：

『穀與魚鼈不可勝食，材木不可勝用，是使民養生喪死無憾也；養生喪死無憾，王道之始也。』（孟子梁惠王章）

我們在讀孟子時，看到這類的話很多，處處都表現着「要國家安靖須先顧到民生」的態度，還固然爲了當時民生疾苦，和受了刑法等家學說的影響，但孟子自己也識透滿足經濟上的欲望，實是社會的中心，不能不一再致意。然同時又想到「人欲橫流」的害處，所以又仿照孔子「飯疏食飲水，」「士志於道而恥惡衣惡食未足與議」的口胞說：

『飲食之人，則人賤之矣，爲其養小以失大也。飲食之人無有失也，則口腹豈適爲尺寸之膚哉？』（孟子告子章）

又說：

『養心莫善於寡欲；其爲人也寡欲，雖有不存焉者寡矣，其爲人也多欲，雖有存焉者寡矣。』（孟子盡心章）

又說：

『人之于身也，兼所愛；兼所愛，則兼所養也……體有貴賤，有小大，無以小害大，無以賤害貴；養其小者爲小人，養其大者爲大人。』（孟子告子章）

小體就是肉體，大體就是精神。一個人當限制嗜欲，勿以經濟生活而妨害道德生活，那才是大人。從這些話看起來，孟子已確實承認不妨害道德生活的經濟生活，非但不必排斥，並且是助長道德生活的東西。儒家的寡欲論，經他這樣一說，可說是已立了確當的方鍼，但到了有宋一代，儒教的信徒受了印度佛教的影響，于詮釋古儒學說之時，攙入主張，把儒家的寡欲論，便變作無欲論或窒欲論了。請看周濂溪在通書上說……

『聖可學乎？』曰，「可」曰，「有要乎？」曰「有。」「請問焉。」曰，「一爲要。——一者，無欲也。」』

又在養心章說上說：

『孟子曰「養心莫善於寡欲。」予謂養心不止于寡而存耳。蓋寡焉以至于無；無則誠立明通。——誠立，賢也；明通，聖也。』

他的意思，欲不可僅說限制；因限止，不免還有多少存在，所以「寡欲」要把「欲」「寡」到「無」纔好。孟子是不是這樣的意思，讀者自能明辨，此地不再引論。朱晦庵更進一步，照他的說法，簡直是要斷滅人欲清淨無爲了。他解釋大學明德的一節說：

『明德者，人之所得乎天，微虛靈不昧，以具衆理而應萬事者也但爲氣稟所拘，人欲所蔽，則有時而昏，然本體之明，則有未嘗息者。故學者因當其所發而遂明之以復其初也。……蓋必其有以盡夫天理之極而無一毫人欲之私也。』（大學章句註）

聖人之道，中立而不倚，又何必說得這樣玄妙？請問，儒家的思想，那不是和佛家一般無二了嗎？

實事求是的說，儒家的學說，完全是時代的產物，「入世的」非「出世的。」他們看透社會的爭奪，完全是違反道德，違反自然，要救濟這種紊亂景象，非鼓吹道德，使社會成爲道德化，合乎自然不可。——并非返妄歸眞。不過他們又知道爭奪的原因，一方面是爲了經濟欲望的驅使，一方面是欲望的擴大，後者非生活所必需，當求限止，而前者則爲生活的要素，斷乎不可少，因爲衣食足而後始知榮辱，縱然就是「簞食瓢飲，疏食飲水，樂在其中，」然而這種「食」「飲」「水，」決不可抹殺，而去餓着肚皮尋快樂講道德——馬克思唯物史觀的出發點，與之有相同處。因此便發出「民以食爲天」的格言，而去「勸農」「不違農時，」重農主義——以農爲本的主義，即由此發生。

又，他們所以「賤商，」也就是爲了「商」非生活所必需，他雖可以「通有無，」但他目的在「侔利，」所以有看輕的必要。

由此而論，則儒家的欲望觀念，則決非如宋儒所說可知。易之損卦上說：

『損有孚元吉，无咎可貞利有攸往。曷之用？二簋可用享。』（易損卦彖辭）

象傳說：

『山下有澤損，君子以懲忿窒慾。』（易損卦象傳）

損卦本是損下而益上，蓋即爲省儉物質，減少欲望，而就中正的意思。禮記曲禮上說：

『傲不可長，欲不可從，志不可滿，樂不可極。』

春秋左氏傳說：

『儉德之共也，侈，惡之大也。』（左傳莊公二十四年）

又說：

『專欲無成。』（襄公十年）

尙書說：

『嗚呼！惟天生民有欲，無主乃亂，惟天生聰明時乂。』

（仲虺之誥）

這都可以看出對于欲望主張限制，「惟天生民有欲，」也是自然的產物可以滅之使少不可去之使盡也。

『先王之制禮樂也，非以極口腹耳目之欲也，將以教民平好惡而反人道之正也。人生而靜，天之性也；感於物而動，性之欲也。物至知知，然後好惡形焉。好惡無節于內，知誘于外，不能反躬，天理滅矣。夫物之感人無窮，而人之好惡無節，則是物至而人化物也；人化物也者，滅天理而窮人欲者也。』（禮記樂記）

這是明明承認欲望是自然法則，全在好自限之耳。不過欲望既係出自自然，何以又須限止？不得不一爲研究。易云：

『天道虧盈而益謙，地道變盈而流謙，鬼神害盈而福謙，人道惡盈而好謙。』（易謙卦象傳）

又云：

『天地節而四時成，節以制度，不傷財，不害民。』（易節卦象傳）

蓋天地自然的現象，其活動決不是自由放任。其間有一

定的節度，互不相犯，始有此有秩序的自然現象；人也是如此。人的欲望假使聽他無邊際的擴大，則放佚侈肆，必至暴殄財物，傷害民生。所以限制欲望也是合乎自然法則的，並且還是一種道德呢。孔子說；

『克己復禮爲仁。』（論語顏淵篇）

克己便是戰勝自身抑制欲望的意思。程明道說得頂清爽；『飢食渴飲，冬裘夏葛，若致些私吝心，便是廢天職。』（遺書）

其意以爲飲食衣服，各有當然的節度，若人能不超出應有的限度，那便是能盡天賦之職了。

荀卿自來都說他爲儒家，但其思想出發點，却有與儒家根本不同處。儒家言性善，而他却說性惡，所以他對于限制欲望雖不能和儒家立異，但却有些特別。他說：

『人之性惡，其善者僞也。』（荀子性惡篇）

僞者，人爲的意思。他證明善是人爲，性是惡的理論說：

『人之情，食欲有芻豢，衣欲有文繡，行欲有輿馬，又欲夫餘財蓄積之富也；然而窮年累世不知足，是人之情也。』

（荀子榮辱篇）

他說欲望是本自天性，是沒有限度的，假使自由放任，那末，爭奪殺害，社會的生活就不堪設想了。他以爲道德說就是緣此而生。

他說：

『禮起于何也？曰，人生而有欲，欲而不得則不能無求，求而無度量分界則不能不爭，爭則亂，亂則窮；先王惡其亂也，故制禮義以分之，以養人之欲，給人之求，使欲必不窮乎物，物必不屈于欲，兩者相持而長，是禮之所起也。』（荀子禮論篇）

荀子的所謂禮，廣義說，就是道德。他對于欲望，以爲當設以分界，加以檢束，這是聖人制禮的本意。荀子雖說性惡，然并不主張消滅欲望。他說：

『禮者養也，君子既得其養，又好其別。』（荀子禮論篇）

他以爲欲望當設定一範圍，不可跑出範圍之外，至于範圍內的欲望，可以自由滿足，這種論調，很是可佩。

總起來說，儒家對于欲望，無論是物質上的精神上的，無論主張性善性惡，都以爲當分別欲望的善惡，而分別取舍，寡欲決不同于無欲窒欲，他是能觀察到人生生活的必要，和人生生活的眞義，要達到他們的理想國，非如此不可。如今西方怎樣？物質的欲望，發達到了極端，其精神上的欲望，也與之俱進，然若不加以道德的制裁，徒見其流毒于人類社會耳。近來具深銳眼光而肯公平判斷的，頗有見于此，而倡所謂「正當不正當」的學說，這和儒家的寡欲論，實有相同的傾向。

儒家和五行的關係

徐文珊

在現存的所謂五經裏，我們時常看見五行的字樣和五行的思想，再看歷代經學大師的註解，更很少不用五行來解經的；到底儒家和五行是一家，是兩家，或是有一種相當的關係呢？為探求兩家眞面起見，亟應當把這問題討論一下，免得寃枉了兩家的學理，而欺騙了兩家的信徒。

但是這個問題很大，那裡是不學的文珊用一兩個月的功夫所能得其究竟！不過很願意將一得之愚寫出來作個引子，以引起學者的注意。所以一方面希望讀者原諒，一方面希望讀者指教！

在討論本題之先，有個先決問題，就是儒家的宗師和領土。

儒家所信守奉行的經典是五經，這是誰都承認的。這幾部經雖然殘缺不完，並且迭有變更，但是大體我們還能看的見。五經之外，還有解經的傳和註；不過這些傳和註則大有問題，不能不審愼採用了。

至於儒家宗師則第一個開山老祖自然是孔子。孔子以後，宗派甚多，師法亦異；若嚴格論起來則眞正儒家實在不多。現在只好寬泛一點，以宗師孔子而和經學有關係的學者作個範圍。

最大的缺點憾就是五行家書籍散亡，不能見其原始面目；師傅也沒有系統的承受，這實在是沒辦法的事！

為便利起見，要略將兩家的關係分成下列四個時期：

一、五行與儒家思想共同孕育時期。　孔子以前

二、五行與儒家分途發展時期。　孔子——戰國

三、五行與儒家糅雜時期。　戰國末期——西漢中葉

四、儒家五行化，而五行更另在思想史上繼續佔有重

要位置時期。　西漢以後

現在先要聲明以下三點：第一，因爲苦於書籍散亡證據不够，所以只好疑者存疑；上列的標題不過是不得已而退一步假設的最低限度。（五行思想源出於儒家的問題）第二，時代的劃分原沒有清楚的界限；上列分期不過是從大體上要略的區分，不能拘泥。第三，五行和道家有比較更深的關係，爲縮小範圍起見，暫置不談。

現在先說第一期——五行與儒家思想共同孕育時期：

第一期第一步的工作就是找他們兩家共同的思想。

史記孟子荀卿列傳：

騶衍睹有國者益淫侈，不能尙德，若大雅整之於身施及黎庶矣，乃深觀陰陽消息，而作怪迂之變，終始大聖之篇十餘萬言。

讀此，我們知道騶衍是深觀陰陽消息而作的所謂終始五德之論；同時我們知道儒家最神秘的經典是易經，而易經則全部專講的是陰陽消息，那麼這所謂『陰陽』當然是兩家共同發源的思想了。

說到這裏，一定有人要質問：陰陽和五行，與所謂五德，都不是一個東西，不能混爲一談。這個質問，我不但接受，並且也同樣的主張。不過若說他們三個名詞各有各的含義則可，名詞成立的早晚不同亦可；若說彼此全無關係則不可！

這個問題很複雜，容下面詳細討論。但是至少根據上抄一段史記，証明五行與陰陽有關係，我想這是不成問題的。以上是關於『陰陽』的，可以算第一點。

易者，變也，陰陽相錯而變化無窮，這是易道的奧妙。五行相生或相勝也是變，變化不已而天道成，萬物生。以上是關于『變化』的，可以算是第二點。

『終始循環』也是兩家最初思想共同之點。我們先讀易經：

履霜堅水至。　坤卦初六爻辭

含章可貞，或從王事，无成有終。　坤卦六三爻辭

不永所事，小有言，終吉。　訟卦初六爻辭

復自道，何其咎？吉。　小畜卦初九爻辭

无平不陂，无往不復。艱貞无咎，勿恤其孚，于食有福。　泰卦九三爻辭

謙亨，君子有終。　謙卦卦辭

復亨出入无疾，朋來无咎，反復其道，七日來復，利有攸往。　復卦卦辭

不遠復，休復吉，頻復厲无咎，中行獨復，

敦復无悔，迷復。　復卦爻辭

解利西南，无所往，其來復吉。有攸往夙吉。

解卦卦辭

讀了這些，可以知道易經中已經有『終而復始』的道理。易經如此，若看易傳和禮記，這種思想更多。不過他們的著作時代比較太後了。

禮記是西漢儒者集合戰國時代之單篇文字所成。

二者皆非原始時代的產物，所以不引他。

以上是關于『終而復始』的，算是第三點。

此外兩家思想相同之點甚多，不過這些思想起自何時，大有問題；不敢斷爲第一期的思想，並且究竟是某家抄襲某家的，或是不謀而同的，全很難判斷；所以寧可寃枉它們一點列入第二期了。

在易經著作以前，兩家的思想都早就在胚胎醞釀，不過均未成形。據上面的討論，在初期兩家思想實有出自一源的共同思想，所以名之爲兩家思想共同孕育時期。因爲儒家成形始於孔子，所以時代斷自孔子以前。

至于五行原始思想之起原尙早，不過文獻上既不可考，只據數千年後理想的推測，這只能作爲假設的假設，所以不另分期。

現在再說第二期——五行與儒家分途發展時期

范文瀾先生說：

無論什麼學術思想或文學種種，一定有個來源，起始是很簡單的，很平常的；到後來因有適宜的條件，它才發達起來，自A變B，自B變C……每變一次，對於舊者要保留一部分，新的方面則增加一部分。跟着變下去，離本來面目愈遠，甚而至於完全不像，然其起原却不能一筆抹殺。（與顧頡剛論五行說的起原）

這個道理我很同意。同是一個孔子，七十子所傳受的不一樣，（據韓非子說：儒分爲八，墨離爲三。）再傳到子思，又是一個面目；再到孟子，又是一個面目；由子夏而荀子又是一個面目；由荀子而李斯韓非，則竟成了「無書簡之文，以法爲敎」「焚詩書，坑儒生」的法家，其去孔子又有幾何遠！這不是同出一源而結果完全不像了嗎？所以我很贊成范先生這個理論。五行與儒家雖不像儒法相差之甚，但是也頗可以沿用這個道理。

在孔子以前，以及當孔子時，『五行』的觀念早已胚胎；不過尙無具體的理論，也未成一家之言。孔子或者就未曾慮到五行會成一個學派；會和他的學說發生偌大關係！如果五行說當時已經成爲一個學派，他再慮到此點，我想他一定有以是正之！

一部論語沒有五行的蹤影（案，論語有魯論齊論，今見之本爲魯論；齊論中也許有一點，也未可定，可惜齊論不傳了！）並且說『不語怪力亂神』只是開口呼「天」，合口呼「天」；（論語中言天的隨處皆是，人人知道，不必抄了。）並且說，『未能事人，焉能事鬼？……未知生，焉知死？』這一方面是他的滑頭，一方面是含有神秘的宗教性。五行的名辭當時也許有了，——據我的推想，無證據可舉——但是因爲屬於怪力亂神的範圍，故意不說，也是有的。（案左傳昭二十九年，有五行之官。並且說明是木正，火正，金正，水正，土正。不過左傳之成書據近代學者考定，爲在西漢末而不在先秦。所謂五行之官是否可靠，不得而知，所以本文不引）

在第二期的時代，兩家從上面幾個共同思想分途發展，到了孔子，儒家成形；五行的思想也在民間思想史上漸漸演進，漸漸成熟，到了戰國正式成形，較儒家稍遲一二百年。

兩家成形是成形了，究竟他們是一個，是兩個，還是有一種相當的關係，實在是一筆算不清的賬。

據荀子說：

> 略法先王而不知其統，猶然而材劇志大，聞見雜博案往舊造說，謂之『五行』。甚僻違而無類，幽隱而無說，閉約而無解；案飾其辭而祇敬之曰，『此眞先君子之言也！』子思唱之，孟軻和之，世俗之溝猶瞀儒嚾嚾然不知其所非也，遂受而傳之，以爲仲尼子游爲茲厚於世：是則子思孟軻之罪也！

荀子一口咬定是子思孟軻之造說，現在再看史記：

> 騶衍睹有國者益淫侈，不尙德，……乃深觀陰陽消息而作怪迂之變，終始大聖之篇十餘萬言。

司馬遷又說是騶衍作終始大聖之篇，和甚麼五德轉移說；可是又把孟荀騶同列一傳，可見他的意思是：

1. 五德終始說是騶衍造的。
2. 騶衍是個儒家。

顧頡剛先生疑騶衍是儒家，（見清華學報第六卷一期五德終始說下的政治和歷史）有四個理由。此論甚是！不過騶衍是儒家的別一派就是了。（儒家本來有許多派）

照此說來，五行和儒家的關係算擺不開了，說是儒家造說成儒家的另一派也可，說五行根本就是儒家的思想也無不可，不過它成形以後則自成其一家言，且另有它獨特的勢力就是了。

至于荀子所說『子思唱之，孟軻和之』一節，容下面詳細討論。

可是我們若再一讀漢書藝文志，則又有問題了：

陰陽家者流，蓋出於羲和之官，敬順昊天，歷象日月星辰，敬授民時，此其所長也；及拘者爲之，則牽於禁忌，泥於小數，舍人事而任鬼神。

五行者五常之星氣也。書云：初一曰五行，次二曰羞用五事，言進用五事以順五行也。貌言視聽思心失，而五行之序亂，五星之變作：皆出於律厯之數而分爲一者也。其法亦起五德終始，推其極則無不至；而小數家因此以爲吉凶，而行於此，寖以相亂。

再反回來看儒家者流的界說：

儒家者流，蓋出於司徒之官，助人君順陰陽，明教化者也。

把上面三段文字的意思歸納起來：

1. 陰陽家和儒家名雖異而宗旨實同。所謂『敬順昊天，歷象日月星辰，敬授民時。』是堯典的話，同時也就是儒家的話。儒家順陰陽，明教化，正是與陰陽家互相發明，相依爲用。

2. 五行是從五德終始生出來的。

3. 五德終始與陰陽家是一件事。鄒子四十九篇，鄒子終始五十九篇……皆列入陰陽家。

按他的意思是，陰陽與五德是一件事；與儒家若嚴格一點說，是分不開家的兩家，若寬泛一點說呢，則也未嘗不可說是一而二，二而一者也。這樣若用數學公式証起來則：

甲=乙　乙=丙　∴甲=丙

總而言之，儒家和陰陽，五德，五行，都有血統的關係，和誰也分不開。

現在所賸的問題，就是五德和五行了。

顧頡剛先生在上引一文中將五行和五德混爲一談，並未分開，意思當然是承認五德就是五行，五行就是五德。

現在把我個人對於陰陽，五德，五行的解釋提出來討論一下：

陰陽是人類最初對於宇宙的一種認識。說文，陽作「昜」從日在一上從勿；陰作「霒」从雲今聲，古文作「侌」从「雲」省，雲覆日也。意思是日在地上爲陽，有雲則日不見而爲陰。日出則暖，屬於陽；有雲則天陰而寒，屬於陰。寒暖交錯而萬物生天道成，這是人類對於自然界認識的第一步。

陰陽交錯而生萬物的作用是發明了，所生的事物又是些甚麼呢？

最顯著的事物是宇宙間的金，木，水，火，土，五種。

這五種東西還能彼此相生。

五者之中，根本的一種是土，土就是地。平平的地，會長出大的山來；山裏面好好的又會流出水來；小的種籽得了水又會長成大的木；把木來燒着，又會變成灰土；這是何等玄妙！何等神秘！除了萬能的天，誰有這種本領！

把他的次序排起來：

土→金→水→木→火→土→……這是最初相生的五行次序。此外的相生次序，都起的很晚；相勝說更晚！

郭沫若中國古代社會研究說：

> 五行和印度四大說（水火風土）相似，這可以說科學方法的起原。（頁一五〇）

我的意見和郭先生正相反，我以爲這正是宗教的起源。——至少中國如此——因爲不是本題範圍，不多說了。

這種觀念有發源甚早的可能，並且不會是一兩個人的發明，而是羣衆心理自然的發見。郭沫若先生在同書曾說：

> 五行在甘誓中也有所謂『有扈氏威侮五行』甘誓在上面已經討論過，那當是殷代的文字，或者也就是周人假造的。甘誓的五行雖不會說明就是『金，木，水，火，土』但從那有非常神聖的性質看來，大約也就是這『金木水火土』的五行罷？這種觀念的起源應該是起于殷代五方或五示的崇拜，這當然是一種自然發生的理論，不能歸之於任何的發明；就是後來相生相尅的學說，也不知創始於何人？那大概也是一種自然發生的理論。（原書頁一五〇）

郭先生說五行說應該是起於殷代五方或五示的崇拜，這一點雖然沒有心得，不敢盲從；但是足可以爲上面五行說起源甚早的佐證。

原始五行說郭先生歸之羣衆心理之自然的發明，此論實所欽佩；至於說相生相尅的五行說也不是一個人的發明，則又不敢苟同了。相生相勝的原理或者也發源較早，（當然在原始五行說以後）但是成功一個學說也歸之於自然發生，則似乎覺得太牽强了！大約一種學說之成立，是由一個大思想家把當時已成熟及未成熟的斷片思想綜合而研究之，再加上自己的主觀見解，才能成一種有系統的學說。這五行相生相尅的學說不能歸之於自然！

五行是這樣，那麼五德呢？

燕大同學齊思和先生說：『五德是五行的德，不是五行。（談話時偶談到此）這個假設也很有道理。史記封禪書說：

黃帝得土德，黃龍地螾見；夏得木德，青龍止於郊，草木暢茂；殷得金德，銀自山溢；周得火德，有赤烏之符；今秦變周，水德之時。

所轉移的是「德」，德各有色，各有其實物的象徵：這是五德轉移的作用，是有了五行以後的發明。

班固說五行之法亦起于五德終始，推其極則無不至。是又別五行於五德之外，那麼五德到底是不是五行的德呢？騶衍所講又是不是五行呢？這又全成問題了。

我們再回來看史記封禪書，騶衍所講的五德明明是土德，木德，金德，火德，水德：正是五行之德。再看封禪書史記集解引如淳的話：

今其書有主運，五行相次轉用事，隨方面爲服。

漢書藝文志，陰陽家，黃帝泰素二十篇下曾引劉向別錄云：

或言韓諸公孫之所作也，言陰陽五行，以爲黃帝之道也，故曰泰素。

劉向如淳都是見過騶衍原書的，這兩段話當然千眞萬確再也沒有問題了！若再拿史記歷書校一下呢：

太史公曰，『神農以前尚矣！蓋黃帝考定星歷建立五行，起消息，正閏餘。』

看這一段，則五行的來源又早到杳不可考的黃帝去了；到底我們遵從那一說呢？

太史公說，『神農以前尚矣！』（荒遠不可考而敬重之，所以說「尚矣」）如今說起來，應當再降下一格來說，『黃帝以前尚矣！』的確不可考了；我們還是遵從郭沫若先生的五行起源說罷，不要再上被五行家託古運動騙了的太史公的當了！

那麼班固的說呢？原來班固所說起于五德終始的五行家是九流十家以外後起的別一派，專講五行災變，不雜儒術；和那些房中，蓍龜，雜占等等的數術相提並論的。即使這個推論錯誤，也不足爲五行發源後于騶衍之証；因爲無論如何，據劉向和如淳的話說騶衍的時候還沒有五行是說不過去的！

再按他本條原文讀，他說『五行者，五常之星氣也。』五常是儒家的名辭；書云『初一曰五行』尚書洪範又是儒家的經典，『貌言視聽思心失，而五行之序亂；五星之變作皆出於律歷之數而分爲一者也。』這又是西漢儒者的奧妙；『因此以爲吉凶而行於世。』又是西漢儒者的本色：這樣說來，即使他所說是陰陽家以外的另一派，而此派反與儒家有更顯明的關係。總之，無論怎樣，五行與儒家的關係是脫不開的了。

現在所賸的問題就是班固何以從五德終始說中又另闢五行一家？我想這一點應作下列的解釋：

騶衍站在儒家的立場，把往舊五行說發揚光大，造成所謂陰陽五行說；此後這一派思想在民間的勢力比儒家大，於是有一般非儒家的投機分子，遂來偷襲了儒家的五行義而造成獨立的單純五行家。專講災變，自成一家言。關于此點，有兩個證據：

1.秦以前寫字用竹簡，所以書稱若干「篇」；西漢中葉以後才發明用帛，所以此後的書稱若干「卷」：這是很明顯的一個證明。（辨別古書的眞僞，這是一個例證。同時我們看漢志著錄的國語，是二十一篇，或五十四篇；而左傳則稱「三十卷」，這不很清楚的告訴了我們麼？如果左傳是先秦原著，有稱「卷」的道理麼？）看藝文志十家九流中陰陽家著錄的書籍，皆稱若干「篇」；後面數術欄裏五行家著錄的書皆稱若干「卷」：不已經證明這些作品全是西漢的產物嗎？這些作者不也全是西漢專言災變的五行家嗎？

2.古人著書立說最喜歡託古，和歷史的觀念一樣；託的時代越古，越顯高明。（顧頡剛先生說騶衍的歷史觀是寶塔式的。）我們再看上述兩項的書名，前者到黃帝爲止；後者則展到神農猶以爲不足，又展到泰一和些荒杳無稽，莫明其妙是人名還是神名的奇奇怪怪的名辭，顯得他的學說發源更古，更高明。

第三期——兩家思想糅雜時期

這一期又可分爲兩段：

1.儒家與原始陰陽五行說思想上之接近。

2.儒家與後起之五行家之有意識的糅雜。

一種學說成立之後，流傳演進，漸漸就要改變面目，范先生已經說過。儒家自孔子大成以後，變化更多，到現在不知已經變了多少次的面目！即自春秋而戰國，已經大大的不同；其他無關本題的不去管牠，現在只檢與五行接近的思想妙一點出來，看看他們的交誼是久而彌篤呢，還是日久而疏呢？

現在該抄易傳了，

大明終始，六位時成，時乘六龍以御天。　乾卦彖辭

坤道其順乎！承天而時行。　坤卦文言

謙亨，天道下濟而光明；地道卑而上行。　謙卦彖辭

蠱元亨，而天下治也。利涉大川，以往有事也。先甲

三日，後甲三日，終則有終，天行也。 蠱卦彖辭

不利有攸往，小人長也；順止之，觀前也，君子尚消息盈虛，天行也。

水流而不盈，行險而不失其信。 坎卦彖辭

恒，久也。剛上而柔下，雷風相與；巽而動，剛柔皆應，恒。 恒卦彖辭

恒亨无咎利貞，久于其道也；天地之道，恒久而不已也。 恒卦彖辭

利有攸往，終則有始也。 恒卦彖辭

日月得天而能久照；四時變化而能久成；聖人久於其道而天下化成：觀其所恒，而天地萬物之情可見矣。 恒卦彖辭

艮，止也。時止則止，時行則行；動靜不失其時，其道光明。 艮卦彖辭

歸妹，天地之大義也；天地不交而萬物不興。歸妹，人之終始也。 歸妹彖辭

日中則昃，月盈則食；天地盈虛，與時消息，而況于人乎？況于鬼神乎？ 豐卦彖辭

好了！現在的材料多起來了。把上面所抄的歸納起來，他們共同之點有：『終而復始』『消息盈虛』『及時而信』『變化無窮』『陰陽交泰而萬物生』。

這幾點究竟是自然的接近呢？還是有意識的某家抄襲某家呢？或是于不知不覺中受了某家影響而然呢？現在全很難說；無論無何，以之證明兩家思想之接近是可以的。

以上抄的是彖傳文言，若再看繫辭，說卦，序卦，雜卦，則更覺顯明，隨處流露，不勝其抄；並且它們的著作時代也比較更後了，所以不再抄它。

最有趣的一點是「五」的觀念。

繫辭上傳說：

天一，地二；天三，地四；天五，地六；天七，地八；天九，地十：天數五，地數五；五位相得，而各有合。天數二十五，地數三十；凡天地之數五十有五：此所以成變化而行鬼神也。大衍之數五十，其用四十有九，分而爲二以象兩。掛一以象三；揲之以四，以象四時；歸奇於扐，以象閏；五歲再閏，故再扐而後掛。（第九章）

參伍以變，錯綜其數；通其變，遂成天地之文；極其數，遂定天下之變：非天下之至變，其孰能與乎此！（第十章）

「天數奇，地數偶」是由卦爻一 --來的；『天數五，地

數五，五位相得。『天數二十五，地數三十，（全是五的倍數）凡天地之數五十有五。』『五歲再閏。』『參伍以變。』何以全是『五』呢？竟自這等巧，豈不奇怪！

不要忙，這還不奇，請容我把儒家典籍中習見的「五」來統計一下：

五瑞	尚書堯典	五采	尚書皋陶謨
五禮	同	五色	同
五玉	同	五聲	同
五載一巡狩	同	五言	同
五刑	同	五長	同
五品	同	五行	尚書甘誓
五教	同	五邦	尚書盤庚
五服	同	五事	尚書洪範
五流	同	五紀	同
五宅	同	五福	同
五辰	尚書皋陶謨	五辭	尚書呂刑
五典	同	五罰	同
五惇	同	五過	同
五章	同	五極	同
五用	同	五達道	中庸哀公問
五美	論語下	五泰	荀子賦篇
五穀	同	五儀	荀子哀公篇
五音	孟子離婁	五鑿	同
五霸	孟子告子	五嶽	禮記王制
五禁	同	五方	同
五技	荀子勸學	五廟	禮記曾子問
五味	同	五更（三老五更）	文王世子
五帝	荀子非相	五獸	禮記文王世子
五種	荀子儒效	五貝	禮記喪大記
五兵	同	五庫	禮記月令
五疾	荀子王制	五戎	同
五卜	同	五經	禮記祭統
五綦	荀子王霸	五端	春秋繁露
五權	荀子議兵	五科	同
五無	同	五藏	同
五官	荀子天論	五等	
五祀	荀子正論	五倫	
五聽	荀子成相		

附記　重出的不舉，與他數並舉的不舉，不成一個術語的不舉，非儒家典籍不舉：茲僅就近日讀書

所見的集成上列數目；挂漏甚多，不能備舉，請讀者原諒！

够了！不必再抄了！可用的數目多的很，單單要用這不多不少的「五」，竟用到這樣多！其中一定有個道理。

記得有一段前清的故事，大可以在此述說一遍，或者於這個問題有點關聯。

乾隆皇帝多材多藝，到處施展，這是人人知道的。有一次鄉試這位乾隆皇帝變姓名，改裝束，去替一個舉子下了考塲；考畢揭曉，取錄第三名。乾隆此時又恢復到皇帝位，便召主考官來問，說：我看第三名的卷子實在比第一二兩名好，何以取在後面？主考官說：此文好是很好，不過太富貴氣，所以降了兩名。後來此謎揭穿，就有神經過敏的人來解釋道：帝王必須有輔弼，這第三名正在前五名的中間，以前後四個人作左輔右弼不正是帝王的象徵嗎！

故事的可靠不可靠，與曲為此說的無聊，先不必問，可是他已告訴了我們下列一件事：

「五」的數目，原來是前兩個，後兩個，中間夾着一個「中」。這個「中」很尊貴，很神秘，並且是五個中的主宰。

讀者或者要笑我的穿鑿附會，區區一段故事，造說者不過借此拍拍皇帝的馬屁，那裏有這些奧妙？

不錯，這話的確很對；可是我們要把他無心的話有心聽了，那他未嘗不是受過儒家洗禮而被儒家氣浸透了的自然流露。不信請看下面的證據：

是故先王本之情形，稽之度數，制之禮義，合生氣之和，道五常之行，使之陽而不散，陰而不密，剛氣不怒，柔氣不懾，四暢交於中而發作於外，皆安其位而不相奪也；然後立之學等，廣其節奏，省其文采，以繩德厚，律小大之稱，比終始之序，以象事行，使親疏貴賤長幼男女皆形於樂，故曰樂觀其深矣！（禮記樂記）

太平御覽引樂記曰：（案御覽所引此段不見于今本小戴記）

春生夏長，秋收冬藏；土所以不名時者，地，土之別名也；比於五行最尊，故不自居部職也。（卷十七時序部，五行條）

這不是很明顯的證據嗎？若論「中庸」則是儒家的中心理論，這是不成問題的。中庸上關於這種話多的很，像『致中和天地位焉，萬物育焉。』『執其兩端，而用其中於民』『人皆曰予知，擇乎中庸而不能期月守也。』『天下國家可

均也，爵祿可辭也，白刃可蹈也，中庸不可能也！』若論他的歸結，則所謂『與天地並立而爲參』，這是儒家的敎義，何等尊嚴！何等神祕！「五」字用的這樣多，未嘗不是根于儒家這個「中」的道理。事事有個中道，都要合乎中庸。君有左輔右弼，和「執其兩端而用其中於民」不是很相像嗎？

自然界的事物合于五數的固然很好，不然的話，儘可以湊一湊呀，倒如四方是四，恰好缺一個，於是乎加上一個「中」而曰東西南北中，改名曰「五方」。（見禮記王制）那麼天然固定而不容增減的呢？也偏要强湊，如四時。

天氣變化一年只有四次，名曰四時，這明明白白的四時實在遮不住人的眼目，怎好添改！怎麼辦呢？於是神通廣大的儒者想出辦法來了，請看禮記禮運：

故人者，其天地之德，陰陽之交，鬼神之會，五行之秀氣也。故天秉陽垂日星；地秉陰竅於山川；播五行於四時，和而後月生也。是以三五而盈，三五而缺也。

這可難煞人了！五行是五，四時是四，這五和四時怎能合併呢？照數學的最小公倍法。也必須二十才能周轉的過來；這不可更易的四時和合合適適的五行怎能併爲一談？這播五行於四時可是怎樣的播法？不是自己找病嗎！

不要緊，他們有辦法。上面所抄太平御覽引的樂記不是說嗎？『春生夏長，秋收冬藏。土所以不名時者，地，土之別名也，比於五行最尊，故不自居部職也。』原來是五行的前四行已經把四時佔滿，這中間的土是超出儕輩，不屑與羣僚爲伍，所以不自居部職。

但是時間上不比空間的四方可以居中而御衆，究竟這土是佔在甚麼時候以御這四時呢？還是懸空着無地盤可佔哪！禮記月令說：

某日立春，盛德在木。……某日立夏，盛德在火。……中央土，其日戊已；其帝黃帝；其神后土；其蟲倮；其音宮；律中黃鍾之宮；其數五；其味甘；其臭香；其祀中霤，祭先心；天子居太廟太室；乘大路，駕黃騮，載黃旂，衣黃衣，服黃玉，食稷與牛，其器圜以閎。……某日立秋，盛德在金。……某日立冬，盛德在水。……仲冬之月，命有司曰「土事毋作！愼毋發蓋！毋發室屋，及起大衆，以固而閉！』

月令把四季中間夾了一個中央土，事事皆得中正，天子亦坐了太廟太室的正座，冠冕堂皇，猗歟盛哉！但是贊揚了半天，到底土德佔的是哪幾月，哪幾日呢？原文裏有一句「其日戊已」戊已是天干中間兩個，再看四季下所分配的，也正是

順着次序排的很整齊：春是甲乙；夏是丙丁；中央戊己；秋是庚辛；冬是壬癸。好了！正好一頂帽子一個人，（其實是一人兩頂帽子）分均了。若再追問一句，一年中的戊巳多的很，到底是哪個戊？哪個巳呢？我們還不能明白，陳皓集說解釋道：

> 土寄旺於四時，各十八日，共七十二日；除此則木，火，金，水，亦各七十二日矣。土於四時無乎不在，故無定位，無專氣，而寄旺於辰戌丑未之末。未日在火金之間，又居一歲之中，故特揭中央土一令於此，以成五行之序也。

這就明白了，原來土是沒有准地方，寄旺於四時，他佔的日子全是戊巳日。那麼戊巳日每十天裏有兩天，一季九十天，應當有他二九十八天；一年四季，共是七十二天；其餘四德也各佔七十二天。因為他的德特別高尚，（分明是沒處放，沒辦法了）所以分旺於四時中的戊巳日。

這樣說來，則土既散在四時，何以月令把他整整齊齊的放在四季的正中間呢？孔穎達的疏說的好：

> 正義曰：夫四時五行，同是天地所生，而四時是氣，五行是物；氣是輕靈，所以麗天；物體質礙，所以屬地。四時係天，年有三百六十日；則春夏秋冬各分居九十日。五行分配四時，布於三百六十日間：以木配春，以火配夏，以金配秋，以水配冬，以土則每時輙寄十八日也。雖每分寄，至位本未宜處於季夏之末，金火之間，故此陳之也。

這已經實實地自己招認了，說土德寄於四時本不當放在此地，不過實在沒處放，所以姑且放在金火之間——他的本位上。

安置是安置好了，名稱怎樣稱呼呢？這也是問題。

上面引的一段月令後面有「土事毋作」的話。再看史記天官書：

> 太白黃閣，和解有土事有年。

漢書楊雄傳：

> 土事不節，木土不離。

三禮義宗：

> 天子諸侯宮寢之制，若春氣三日之中居正寢，退息之時，常居東北之寢；三月之末，土王之日，則居中寢；夏之三月，則居東南之寢；秋之三月，則居西南之寢；冬之三月，則居西北之寢；此三時後土王之日，亦各居中寢以從時氣。（太平御覽十八卷引）

祠令：

季夏土王日，祀黃帝於南郊；帝軒轅，配后土從之。（太平御覽十八卷引）

再看淮南子，也有下列一段記載：

甲子受制，木用事，火烟靑七十二日；丙子受制，火用事，火煙赤七十二日；戊子受制，土用事，火烟黃七十二日；庚子受制，金用事，火烟白七十二日；壬子受制，水用事，火烟黑七十二日而歲終。……甲乙寅卯，木也；丙丁巳午，火也；戊己，四季土也；庚辛申酉，金也；壬癸亥子，水也。

上面這些話告訴我們幾件事：

土可以稱王。

戊己日土用事。

土事（所謂土木工程）不能擅動。

由這幾件事和幾個名辭一歸納，便成了如今黃曆上的「土王用事」這是播五行於四時的大成功！

復案以上各條，隨處流露出「中」的觀念，和作用，給前面討論「五」的一段添了很多有力的證據。

現在要說尙書甘誓和洪範了：

甘誓只有「五行」之名而未講到內容，且與三正對舉；據顧頡剛先生考証是與墨子同時代的作品——不在戰國末即在兩漢初。（見五德終始說下攻治和歷史）

洪範，據書序說是周初的作品，是箕子答覆武王的天道論與所謂洪範九疇。據劉節先生的洪範疏證說：洪範是戰國末的作品；據汪震先生的尙書洪範考說：是漢初的作品（見廿年一月廿日北平晨報）梁任公又承認他是眞的箕子的話：這三說中，一個稍早，一個太晚，以劉先生說爲最可信，因爲五行在周初還未成形，造不出那樣有系統的學說來。汪先生說又太晚了。關於汪先生說擬另作文討論。

顧先生又說：甘誓和洪範二篇雖都講到五行，但均不足爲五行起原甚早之証。此論甚是，但是我以爲還須加上一句：『二篇雖不足爲五行起原甚早之証，但也不足爲五行起原不早之反証。』

甘誓只有五行之名而無詳細的申論，並且時代也有問題，實無從研究其內容，姑暫置不問。

洪範既在戰國末期出現，自是時代的產兒；對于五行有條理系統的說明。收入儒家經典——尙書——以後，即爲後世經師大儒昌言五行的光明正大的根據。

現在再抄禮記：

月令一篇，抄自呂氏春秋，全篇講的是播五行於四時的播法，與意義；是五行的實際化。原文太長，不去抄他。

禮運：

故人者，其天地之德，陰陽之交鬼神之會，五行之秀氣也。……五行之動，迭相竭也；五行四時十二月，還相爲本也；五聲六律十二管，還相爲宮也；五味六和十二食，還相爲質也；五色六章十二衣，還相爲質也：故人者，天地之心，五行之端也，食味，別聲，被色而生者也。故聖人作則，必以天地爲本，以陰陽爲端，以四時爲柄，以日星爲紀；月以爲量，鬼神以爲徒，五行以爲質，禮義以爲器，人情以爲田，四靈以爲畜。以天地爲本，故物可舉也；以陰陽爲端，故情可睹也；以四時爲柄，故事可勸也；……五行以爲質，故事可復也。

讀了這一大段，我們能說五行與儒家沒有關係嗎？能說這不是五行化了的儒家嗎？此外，禮記裡找相類的証據，實在多的很！不過以禮運，月令，和上舉的樂記爲最顯明深切，所以就用它們作個代表，不再抄了。

此外，戰國以來的儒家典籍還有孟子，荀子，中庸：等等。

在孟子七篇中，找不到五行的踪跡，只是孟子的政治哲學反來覆去總說，『不違農時，五穀不可勝用也；斧斤以時入山林，材木不可勝用也。』『百畝之田，勿奪其時，八口之家可以無飢矣。……』這可見『不違其時』是他的政治哲學的中心理論。此外，也有一點終始循環的觀念，如：

萬章章下：

孔子之謂集大成者，金聲而玉振之也。金聲也者，始條理也；玉振也者，終條理也；始條理者，智之事也；終條理者，聖人之事也。

錢賓四先生在本校講課，曾說：孟子『及時』的觀念即爲與五行通氣的証據。但是我以爲要祗就這一點便定孟子爲五行家——或退一步說他有五行思想——未免証據薄弱一點，即便把上引關於終始循環的一條加上，也嫌不夠，所以現在只好暫時判他一個嫌疑犯。

范文瀾先生在上引一文中根據『五百年必王者興』一點就把孟子判定爲五行家，我以爲不能這樣輕易判斷。

中庸裏『中』的觀念與五行的『中』也有關聯，上面已經說過；但是由此也斷定他有五行思想，更嫌證據薄弱，也只好暫時列入嫌疑犯。

再看荀子，他本身固然有較爲明顯與五行相合的理論，如：

以類行雜，以一行萬。始則終，終則始，若環之無端也；夫是而天下以衰矣！天地者，生之始也；禮義者，治之始也；君子者禮義之始也；爲之，貫之，積重之，致好之，君子之始也。故天地生君子君子理天地。君子者，天地之參也，萬物之總也，民之父母也；無君子則天地不理，禮義無統，上無君師，下無父子：夫是之謂至亂。君臣，父子，兄弟，夫婦，始則終，終則始；與天地同理，與萬世同久：夫是之謂大本。故喪祭朝聘，師旅，一也；貴賤，殺生，與奪，一也。……（王制篇）

這種天人合作終始循環的理論，不是更近於五行嗎？但是他不但不自認五行家；並且痛罵五行，而把五行創始的大罪一口咬定在子思，孟軻身上！看他非十二子篇論五行的一段，

略法先生而不知其統，猶然而材劇志大，聞見雜博，案往舊造說，謂之五行，甚僻違而無類，幽隱而無說，閉約而無解；案飾其辭而祗敬之曰『此眞先君子之言也！』子思唱之，孟軻和之，世俗之溝猶瞀儒嚾嚾然不知其非也，遂受而傳之，以爲仲尼，子游爲玆厚於後世：是則子思，孟軻之罪也。

這段文章大有反覆玩味的價値。法先王是孔孟的主張；聞見雜博是通儒；案往舊造說是把以前散在民間的五行斷片思想造成有系統，有組織的學說；僻違，幽隱，閉約，總而言之是『荒謬』；先君子是指的孔子，是他的子孫的稱謂；（旁人恐怕不肯如此稱呼）他們假託的是孔子；世俗鄙儒不察是非，盲從之，傳受之：（五行勢力之大，可想而知）歸結起來，造說的是子思，贊成的是孟子。

顧頡剛先生說荀子是錯怪了人，他罵的原是鄒衍，因爲他那些批評若給史記孟荀傳裏的鄒衍加上，很合適；而荀子却並未提出這大五行家鄒衍來批評，可知他所批評的就是鄒衍不是子思，孟子。給子思孟子洗白了。

這個問題我看好像還有討論的餘地。

第一，荀子是當時大儒，曾在齊國的稷下去講學；如果不是書籍的傳寫錯誤，或者有人改竄，荀子決不致於這樣糊塗，這樣荒謬，連大名鼎鼎的子思，孟子，鄒衍，三個人弄不清楚！

第二，『先君子』的稱呼，是子孫稱自己父祖之稱，要是鄒衍，他決不肯稱『先君子』

第三，有創始者唱之於前，有贊成者繼之於後，是始作俑者已經被他痛罵；至於鄙儒的附和盲從，以至於傳而受之，已經不成問題，攏統起來，罵一句『世俗之溝猶瞀儒嚾嚾然不知其所非也，遂受而傳之。』也就够了。況且又焉知道

這鄒儒之中沒有鄒衍的數呢？或者就是鄒衍獨當其衝呢？再看『受而傳之』四字，尤其是像指的騶衍；因爲前此子思孟軻雖然一唱一和，或是口頭的宣傳，或是在他們的專書裏附帶一點五行理論，全沒有專書講五行，使之流傳後世；一到騶衍，則專爲五行而著作，以傳受之了。

第四，中庸的作者固然有問題，姑按舊說假設爲子思所作，我們抄一段看看：

至誠之道可以前知。國家將興，必有禎祥；國家將亡，必有妖孽；見乎蓍龜，動乎四體。禍福將至，善，必前知之；不善，必前知之，故至誠如神。

要給這一段文字加上甚麼『僻違』『幽隱』『閉約』的批評，能說冤枉他嗎？兩漢儒者昌言天人相應，符瑞災異未嘗不是導源於此！

此外還有很多五行思想和五行理論；不過沒有明顯的具體論證就是了！

第五，據漢書藝文志錄子思二十三篇，在儒家，今皆不傳；孟子十一篇，亦在儒家，然今之傳本則僅七篇，非佚其四篇，則是另有十一篇的孟子。至我們看不見的這此書裏能斷定他沒有五行的踪影嗎？並且同時漢志又著錄孟子一篇，在陰陽家，不著人名，這個孟子是不是孟軻？也是疑問。

所以我以爲現在如不能証荀子之眞僞，再無其他証據可以証明子思孟子確無五行氣息，則寧可存疑，不必爲他們洗白，因爲儒家原來葫蘆裏賣的就是這個藥！

就是孔子能洗得乾淨麼？我們打開孔子最神秘的經典——春秋——來看，五行的字樣是沒有，但是能說他沒有陰陽嗎？沒有災變嗎？這種陰陽災變不是和五行有一脈相通的血統關係嗎？

孔子自已雖不言五行，（或者說了我們看不見）可是後世的經學大師儘管在替他發揮表彰。

董仲舒不是西漢專精春秋而最得孔子之旨的大儒嗎？他的春秋繁露是專門闡發春秋的微言大義的著作。原書太多，不勝其抄（可以說全書一律）且把他的目錄選抄幾個看看吧：

符瑞第十六

五行對第三十八

五行之義第四十二

陰陽位第四十七

陰陽終始第四十八

陰陽義第四十九

陰陽出入第五十五行相生第五十八

五行相勝第五十九

五行逆順第六十

治水五行第六十一

治亂五行第六十二

五行變救第六十三

五行五事第六十四

求雨第七十四　　循天之道第七十七

止雨第七十五　　天地陰陽第八十一

啊！原來孔子之旨就是這些東西呀！不禁令我讚美一句：孔子之微言大義董氏得之矣！

再看東漢馬融鄭玄的五經注，不也是五行長，五行短的嗎？經註之多要使人槩之生畏，不要抄他佔篇幅了。朱子有一段話，倒可以代表宋代的經學：

氣之精英者爲神；金木水火土非神，所以爲金木水火土者，是神。在人則爲禮，所以爲仁義禮智信是也。

王臨川也也有很神妙的五行論：

五行一曰……五行之生數也，以奇生者成而偶；偶以偶生者成而奇。其成之者皆五；五者，天數之中也。著中者，所以成物也。道立於兩，成于三，變於五，而天數具其爲十也。

孔子家語也有這麼一段：

季康子問於孔子曰……昔丘也，聞諸老聃曰：天有五行，水火木金土，分時化育，以成萬物。其神謂之「五帝」，古之帝王易代而改號，取法五行。五行更王，終始相生，亦象其義；故其生爲明王者，死而配五行：是以太皥配木……

今本孔子家語是王肅的作品，已無問題。他替孔子發揮，倒也難怪；連老子也牽連上，未免太寃枉了他！

以上是第三期上半期，現在再說下半期：

儒家與五行在先秦既有上述的關係，然而五行却單獨在民間另外有它極深刻的勢力，遠勝於滿口仁義道德的儒家！

第一個證據就是呂氏春秋，此書是儒家領域以外雜湊的總集，很可以代表時代思潮；他的年代很清楚，也沒人證明他受過任何摧殘，自然是比較最可信的戰國末期的書籍。此書以十二紀爲全書綱領，然而十二紀的內容不全是講的五行嗎？

月令是全篇抄襲十二紀，上面已經說過，儒家就拿他作明堂制的底本，這是五行的實用化。以冠冕堂皇的儒家，偷偷地盜取一點所謂雜家（雜家名稱欠斟酌）言，作爲自己的經典，這是可以証明當時五行勢力之大！

第二個證據是史記封禪書：

秦始皇既並天下而帝，或曰，黃帝得土德，黃龍地螾見；夏得木德，靑龍止於郊，草木暢茂；殷得金德，銀自山溢；周得火德，有赤烏之符；今秦變周，水德之時……於是秦更命河曰德水，以冬十月爲年首，色上黑，度以六爲名，音上大呂，事統上法。

這是應用五行而實行改制的第一次。

第三個証據，淮南子也是很可靠的書，年代也很清楚；可是讀他的時候，更到處是五行。——特別是天文訓時則訓幾篇——在此書中勢力最大的道家，其次就是五行，孔墨更在其次。這是漢初；再看漢武帝時呢，則史記日者列傳有下列一段很有趣的故事：

褚先生曰：孝武帝時，聚會占家，問之某日可取婦乎？五行家曰可；堪輿家曰：不可；建除家曰：不吉；叢辰家曰：大凶；厤家曰：小凶；天人家曰：小吉；太乙家曰：大吉；辯訟不決，以狀聞。制曰：避諸死忌，以五行爲主；人取於五行者也。

這是多麼有趣的事呀！一件事情七家聚訟，結果一家一樣，全不相同；到底信從那一家呢？大臣們已經沒了辦法，不得不以狀聞了！虧了武帝的眼明，認准了五行，鄭重地說道：『以五行爲主，人取於五行者也。』這時候的五行家那番揚眉吐氣，得意洋洋的光景，不是大文學家，恐怕描寫不出來！由此一看五行在當時的勢力還了得嗎？眞是壓倒一切了！

究竟五行何以這樣佔勢力呢？我想他是霑儒家的光了。武帝粉飾太平，又是起造明堂，又是表彰六經，五行要和儒家沒有關係，那裏得這樣的聖主降恩呢！

五行思想在秦漢間民間思想史上已佔有極强固的勢力，所以有些個非儒家的投機分子混入壁壘，盜取了儒家的五行義而別成一派，也著書立說；並且假託甚麼『太一』『神農』『黃帝』和杳不可考的神名；這就是上面所說漢志著錄專言災變的五行家；武帝決事所特別推崇的也就是這一派。

這一派既有偌大勢力，儒家反被所掩，于是有洩氣的儒家爲干求祿位起見，或爲保持儒家壁壘起見，又與這些五行家合作，與他們妥協。夏曾佑中國歷史說：

禮家封禪，申公，公玉帶之倫，莫能定其爲儒生，爲方士，更無論焉。（史記禪書，漢書郊祀志）蓋漢儒之與方士不可分矣。（錄自梁任公，章太炎合編中國學術論著輯要）

復案夏君在本文末自注曰『五行災異之語，是孔子本有，不得謂變相。』

馬幼漁先生在本校講課時也曾說：西漢博士無不雜陰陽家言，尤以言易，言春秋的爲最，現在我可以替馬先生舉兩個足以作代表的證據：

言春秋的大師是董仲舒，上面我們已經抄過他一部分書目，讓他代表春秋家是很合格的。

言易的呢？漢書儒林傳有這麼一段．

> 孟喜字長卿……迺使喜從田王孫受易，喜好自稱譽，得易家候陰陽災變書，詐言師田生且死時，枕喜厀，獨傳喜；諸儒以此耀之。

田王孫和孟喜，是西漢易學大師，這件事可靠不可靠我們且不必問，可是孟喜所講所傳的易我們已經認清楚了。這次兩家携手，說是彼此利用也可，說是儒家發揮教義，重整旗鼓也可，因爲儒家本有此義。（據上文和夏曾佑的自注）

最可憐的是董仲舒，他的面目我們已經知道。據漢書本傳，他不是會求雨止雨嗎？他不是深明陰陽災變，天人相應的奧妙嗎？他不是主張尊崇儒術，罷黜百家的始作俑者嗎？他不是還因爲要講遼東高廟的災異，幾乎被他的弟子呂步舒送了性命嗎？他不是遭了這次大險之後，就閉口不復言災異了嗎？這樣神通廣大的儒者何以自己的災異也未曾推一推，躲避躲避？眞是疏忽的厲害！

若論董仲舒之爲人，與他的爲學，既謹飭又勤懇，三年不窺園的功夫是眞可欽佩；可惜就是上了當時五行家的當了！

到了西漢末年，由兩家糅合成的學派，再加上其他的數術的雜亂思想，融會貫通，遂產生一組大著作——與經書縱横爲用，互相發明的緯書。

好了！五行與儒家的關係我們認清楚了，他們是始而合，繼而分，（並不是完全分開，乃是分別成了學派）終則復合。最後合併之後，交情永遠繼續維持着，一直到現在也未曾絕交。

附註：子思始造五行說一點，因爲證據還嫌不够，所以姑且存疑。

第四期　儒家五行化，而五行更易在思想史上繼續佔有重要位置時期

漢文帝時，有張蒼，公孫臣等，爲漢得土德，水德的問題爭辯甚烈，鬧了兩次改制。（見史記封禪書）到了西漢末，世經出現，五行又有一次大活動；翻來覆去，把些古帝王火德土德的顚倒個不休，這是利用五行來騙人的大手段。

自從東漢和唐宋的經師用五行解經之後（經書本身到處是五行，自然難怪這些註家）五行與儒家更分不開家了，一直到現在。

不過五行在附入儒家之外，在思想史上永遠有他深強的獨特勢力佔據在民間，而實際化，普遍化了；甚至無事無物不與五行發生關係。我們且看下列一段：

主幼臣攝政何法？法土用事於季孟之間也；子復讎何法？土勝水，水勝火也；子順父，臣順君，妻順夫，何法？法地順天也；男不離父母何法？火不離木也；女離父母何法？水流去金也；娶妻親迎何法？法日入陽下陰也；君讓臣何法？法月三十名其功也；善稱君，過稱己何法？法陰陽共敘分生：陽名生，陰名煞；臣有功歸於君何法？法歸明於日也；……（古今圖書集成，五行類）

此段甚長，不便全錄，以下則事更細，更不離陰陽五行，如『子諫父』『君子遠子近孫』『父為子隱，子為父隱』『長幼』『朋友』『君一娶九女』『子喪父母』『人有五藏六府』『人日』等等無不法於五行。

這還不够，我們翻開歷代史書裏面的五行志，天文志，律歷志，封禪書等等來看，恐怕比這還要燦爛可觀！並且時代愈後愈玄妙！愈詳盡！愈普遍！愈神奇！一直到了現在，隨便到鄉下找一位『葛天氏之民』，和他作個長夜之談，至少有下列幾件事在五行的圈子裏圈着：天文，地理，歲時，國家政典，社稷興亡，性命，休咎，醫，卜，星，相，堪輿，房屋，墳墓，相貌……像這樣事數不勝數。若再翻開黃歷一看，則上至天文之大，下至人事日常生活之微末小節，無不在五行的範圍中！顧頡剛先生說：五行，是中國人的思想律。這眞是至理名言！

其中之屬於儒家範圍的，固然仍自相依為用；但是五行決不是儒家所能賅括。他的勢力之所以大，固然始而未嘗不是由依傍儒家而發揚起來的；可是到後來，則青出於藍而青於藍了。

民二十，三月杪，在燕大

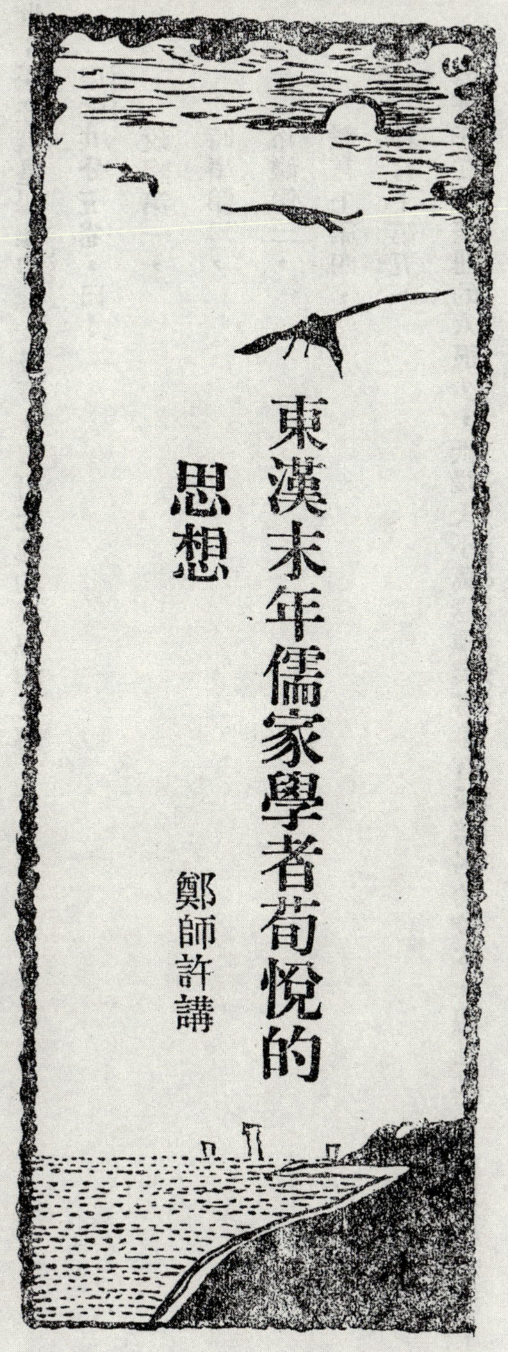

東漢末年儒家學者荀悅的思想
鄭師許講

自從東漢初年思想界生出了一個王充，對於古來的傳統思想，作了很猛烈的攻擊以後，學術界思想界遂起了一個很強大的變化。就中尤以儒增，藝增，問孔，剌孟諸篇，對於儒家爲很不客氣的批評，於是學者對於前世所謂儒家的學說，便發生了很大的懷疑，自是以後，儒教便有點站不住脚的樣子，而印度的佛教便乘機侵入了。在那時的儒家學者，自然只有兩條路徑可走，其一，是認爲西漢的學者誤解儒書，得不着上古聖人思想的眞面目，欲從文字詁訓入手，以求得儒書的眞義，結果遂成爲詁訓派的學者；其一，是仍然欲繼承孔，孟，荀，董的系統，努力爲最後的掙扎，以求支持這個殘局。代表前一派的，有馬融，許愼，鄭玄諸人；代表後一派的似乎不多，即偶有一

二，其所成就，也並不偉大，就我的觀察，似乎只有一個，就是本題所要講的荀悅。荀悅爲荀叔的孫，荀儉的兒子。仕於獻帝之朝，初辟鎮東將軍曹操府，旋遷黃門侍郎，與孔融及他的從弟荀彧同侍講於禁中。雖則志在獻替，而謀無所用，因此遂作申鑒五卷。他本來志在經世，但是因爲當時的政權，全然出於曹氏的手中，所以一句也沒有說到；後來孔融與荀彧先後以忤曹氏意旨，不得其死，而他却獨得優游以終其壽，大抵是所謂：處於濁世苟全性命的君子而已。他的行事略詳於後漢書本傳，這裏可不必多講。建安十四年死，享年六十有二。

他的一生，似乎無甚可以稱述，但是他所著述的申鑒一書，其中不少獨見之語，所以足傳於後世；現在就是根據申鑒一書裏，以研究他的思想和見解。

申鑒共分五卷，曰：

政體第一，

時事第二，

俗嫌第三，

雜言上第四，

雜言下第五。

這書在從前整理的人很少，祇錢氏小萬卷樓叢書裏有錢培名的校本，但是也不見得怎樣精到；

似反不如現在四部叢刊裏，景印的明朝人黃省曾的注本。

怎樣叫做申鑒？在原書政體第一裏，曾經解釋它的意義，道：

夫道之本，仁義而已矣！五典以經之，羣籍以緯之，詠之，歌之，弦之，舞之，前鑑既明，世復申之。故古之聖王，其於仁義也，申重而已。篤序無彊，謂之申鑒。

從而在政體第一裏所敍，他的議論的要旨，也可以窺見一二。他說：

立天之道，曰陰與陽；立地之道，曰剛與柔；立人之道，曰仁與義。陰陽以統其精氣，剛柔以品其羣形，仁義以經其事業，是為道也。故凡政之大經，法教而已矣。教者陽之化也，法者陰之符也，仁也者慈此者也，義也者宜此者也，禮也者履此者也，信也者守此者也，智也者知此者也，是故好惡以章之，喜怒以涖之，哀樂以恤之。若乃二端不愆，（黃注云：二端者教與法也。）五德不離，（黃注云：五德者，仁義禮智信也。）六節不悖，（黃注云：六節者，好惡喜怒哀樂也。）則三才允序，五事交備，百工惟釐，庶績咸熙。

他以為道之本，祇是仁義，政之大經，祇是法教；我們從這裏便可以測知他的哲學的根據，卽是在於易的陰陽二元論。

其次他論政體說：

天作道，皇作極，臣作輔，民作基；惟先哲王之政，一曰承天，二曰正身，三曰任賢，四曰恤民，五曰明制，六曰立業。承天惟允，正身惟常，任賢惟固，恤民惟勤，明制惟典，立業惟敦，是謂政體也。

他所講的話，醇乎儒家之言，雖謂儒教的德治主義的眞髓，盡於以上數語，也非溢美。或者也可以說，這是萬世不易之教。他的所謂『政體』一語，當然是與吾人今日所說的意義不同，這是我們所應當知道的。

他又再進而論及政治的術，說：

政治之術，（案黃注本作致治，今依後漢書校改。）先屏四患，乃崇五政。一曰僞，二曰私，三曰放，四曰奢。僞亂俗，私壞法，放越軌，奢敗制，四者不除，則政末由行矣。俗亂則道荒，雖天地不得保其性矣；法壞則世傾，雖人主不得守其度矣；越軌則禮亡，雖聖人不得全其道矣；制敗則欲肆，雖四表不能充其求矣；是謂四患。興農桑以養其生，審好惡以正其俗，宣文教以章其化，立武備以秉其威，明賞罰以統其法，是謂五政。……四患既蠲，五政既立，行之以誠，守之以固，……而海內平矣，是謂爲政之方也。

他的說法，雖不見有何等的嶄新；然而他頗能整理出一種具體的治術，以補救上世儒家空言仁義的錯誤。這或者就是時代思潮也未可知。在他的本傳裏，即引用這一節。他又謂信任賢能有十困難，其言頗可動聽，說：

> 一曰不和，二曰不進，三曰不任，四曰不終，五曰以小怨棄大德，六曰以小過黜大功，七曰以小失掩大美，八曰以奸訐傷忠正，九曰以邪說亂正度，十曰以讒嫉廢賢能，是謂十難。

我以爲他所說的不獨是爲君主者所宜鑒戒，凡爲在人之上指揮人材者，所必不可不知的。時事第二以下，可以窺見他的識見的地方也不少，今節錄一二，以見一斑。 在十五曰備博士節裏說道：

> 仲尼作經，本一而已！ 古今文不同，而皆自謂眞本經。 古今先師，義一而已！ 異家別說不同，而皆自謂古今，（案黃注云：此處有誤，是也。） 仲尼邈而靡質，昔先師歿而無間，將誰使折之者？ 秦之滅學也，書藏於屋壁，義絕於朝野。 逮至漢興，收摭散滯，固已無全學矣。 文有磨滅，言有楚夏，出有先後，或學者先意有所借定，後進相放，瀰以滋蔓，故一源十流，天水違行，而訟者紛如也。 執不俱是，比而論之，必有可參者焉。

這一番議論，可爲對於所謂專門一經的學者，我道獨尊的偏見，當頭棒喝。 又如在十六至德要道節裏說道：

或曰：至德要道約爾。典籍甚富，如而博之，以求約也。語有之曰：有鳥將來，張羅以待之。得鳥者一目也，今爲一目之羅，無時得鳥矣。道雖要也，非博無以通矣。博其方，約其說。

博文約禮，爲孔子所教，尊德性道問學，爲子思所教，兩者相待而後得。若專論尊德性，則爲以一目之羅，以捕鳥之類；若多言道問學，則博而寡要。所以說：博其方，約其說。

在俗嫌第三裏關於卜筮，方忌，形相，神仙，養性等的迷信，一一辯駁。今不悉舉，祇錄一條看看。

世稱緯書仲尼之作也，臣悅叔父故司空爽辨之，蓋發其僞也。有起於中興之前，終，張之徒之作乎。（黃注云：起於哀平。……非仲尼之作矣。）

試問：以相信緯書爲自家學說唯一的根本之流，有何話可以反駁他呢？

至若他的學說，成爲儒家的共通問題的，卽是性情之論。其說詳於雜事第五那卷中。性是甚麼呢？說：

生之謂性也，形神是也。

元來生之謂性，是告子所主張的。在漢代殆成爲學者間的定論。形就是肉體，神就是精神。觀於有氣斯有形，有神斯有好惡喜怒之情矣；

一語，便可以明白了。他關於善惡的標準，卒之一句沒有論及，大概以爲從常識上一見自明之事吧！但是既然已有孟子的動機論，荀子的結果論，以及董子的完具爲善之論，關於這些不可不一言及之；所以他關於性的問題，歷評諸家的學說，並述自己的意見，說：

或問：天命人事？曰：有三品焉。上下不移，其中則人事存焉爾。命相近也，事相遠也，則吉凶殊矣。故曰：窮理盡性，以至於命。孟子稱性善，荀子稱性惡，公孫子曰性無善惡，揚雄曰人之性善惡渾，劉向曰：性情相應，性不獨善，情不獨惡。曰：問其理？曰：性善則無四凶，性惡則無三仁，人無善惡，文王之教一也，則無周公，管、蔡，性善情惡，是桀，紂無性，而堯，舜無情也；性善惡渾，是上智懷惠，而下愚挾善也；理也未究矣。惟向爲然。

三品之說，雖然是答覆或人天命人事之問的答語，而下文所云：上下不移與其中云云，正指孔子的上智下愚與中人，命相近事相遠一語，也是孔子的性相近，習相遠，是不用思擬的。叫這個做性三品說，誰也不可以不承認的。而歷評孟子的性善論，荀子的性惡論，揚雄的善惡混論的地方，殆可說是唐韓退之的性三品說的先驅。而且他所取的性情相應說，亦可說是韓退之的性情相應說的先驅。因爲採取性情相應說之故，所以他對於當時某人的性善情惡之說，務爲排斥的議論，說：

或曰：仁義性也，好惡情也，仁義常善，而好惡或有惡。故有情惡也。曰：不然，好惡者性之取舍也，實見於外，故謂之情爾；必本乎性矣；仁義者善之誠也，何嫌其常善；好惡者善惡未有所分也，何怪其有惡。凡言神者，莫近於氣，有氣斯有形，有神斯有好惡喜怒之情矣。故人（案黃注云：人當作神。）有情，由氣之有形也。氣有白黑，神有善惡，形與白黑偕，情與善惡偕。

以體用言之，性爲體，情爲用。以好惡是情，而名之爲性之取舍，以實見於外的原故，名之曰情，必本乎性等話，說明他的意見。而且這樣說，以好惡爲善惡所未分，說明他的情不必善，亦不必惡的意見，眞可謂沒有遺憾了。

或曰：人之於利，見而好之，能以仁義爲節者，是性割其情也。性少情多，性不能割其情，則情獨行爲惡矣。曰：不然，是善惡有多少也，非情也。其人於此，嗜酒嗜肉，肉勝則食焉，酒勝則飲焉，此二者相與爭，勝者行矣，非情欲得酒，性欲得肉也。有人於此，好利好義，義勝則義取焉，利勝則利取焉，此二者相與爭，勝者行矣，非情欲得利，性欲得義也。

論破以情爲惡，以性制之爲善之說，可以說極其明瞭痛快。因引經以證明其說，說道：

易稱：乾道變化，各正性命，是言萬物各有性也。觀其所感，而天地萬物之情可見矣，是言情者應感而動也。昆蟲草木皆有性焉，不盡善也；天地聖人皆稱情焉，不主惡也。他遂謂：『凡情意心志者，皆性動之別名也』；『情何惡之有』？即是他對於像後世唐之李翺的復性滅情之說，也是在所排斥的。

性既然有三品，則性的善惡與教育的關係如何？這個問題，他也有論及。說：

或曰：善惡皆性也，則法教何施？曰：性雖善，待教而成；性雖惡，待法而消。唯上智下愚不移，其次善惡交爭，於是教扶其善，法抑其惡。

大概性三品說，胚胎於孔子，至子思而漸明，至荀悅而完成。韓愈更爲祖述其說，這句話是不錯的。申鑒一書，雖屬寥寥短篇，而頗足以窺見他的思想與見解，今日所講，不過是一個大要而已。

在那時候，爲儒家支持殘局的學者，殊不多見；過此以後，則更無足道。直至北齊顏之推出，其所爲家訓一書，雖然間有獨到的見解，可是已含有不少佛教的道理，並且承認三教合一了。至若文中子一書，則久經學術界認爲贋品，無甚價值可言。所以在中古時代，可以說是我國哲學黑暗時代；苟非六朝，隋，唐人努力翻譯佛典，則思想界的危險，眞不堪設想了。

有其學也，而其八姦僉汙邪，私慾塡膺，則亦不足爲文。縱爲之，亦必不傳也。（本方望溪答申謙居書，小泉八雲文藝研究之基礎條項。）蓋文之至者，非其學之足以眩人，乃其人格之崇高，精誠之顯赫，使讀者不得不感而敬之也。（本王充論衡超奇篇，章錫琛譯本間久雄之新文概論第七章文學與個性。）有聖賢忠孝之心，而後有輝光潔白之文，不其信歟？（本劉大櫆楊黃在文集序，郭昆甫時文序。）周以前之人，莫不務學修德，故其文盛；漢以後之人，但知效古好文，故其文衰。（本方望溪贈淯安方文輈序，楊千木文藻序。）然則後世之士，欲其文以繼古者，必本之羣經以求道之原，參之百氏以暢其流。學既富而材既具也，又不敢輕心掉之，怠心易之，昏氣出之，矜氣作之，（本柳宗元答韋中立書）必也敬愼詳審，明其是非，辨其眞偽，忠良者褒之，奸邪者不宥，（本華林一譯小說法程）斯可以昭勸戒而逃禍世之罪也。（本魏禧與毛馳黃論與太傅書）嗚呼！文以行立，行以文傳，（文心雕龍宗經篇語）行之美惡，其發不掩！（本韓愈答尉遲生書）可不懼哉！可不愼哉！

（未完）

荀卿不入於儒家說

一足陳汝燮

荀子在哲學上之地位，在荀卿固自認爲儒者，太史公班固皆列之於儒家今世之學者謝无量胡適之輩亦皆就儒家論列之。然實際攷諸荀氏之學說，是否與孔門一貫，尚有加以討論之必要，茲取諸荀氏之學說而分析之，更取孔門儒家之學說而映正之，蓋荀氏之學說係一部分如主正名崇禮樂等之主張與儒家相合而外，其天論性論法後王尙法治之主張，又皆與儒家截然相反，且其正名之主張，亦非獨取之於儒者，而正名之主張亦非儒者之獨有，攷諸當世之學派，法家如申不害韓非等，亦主正名，墨家之墨子亦主正名，名家如公孫龍惠施等尤以正名爲急務，是則荀卿之主正名，固非獨取之於儒者矣，若此則荀卿之學說，於儒家之取材，不過爲僅僅禮樂之一部分耳，而又雖其取之者同，特又用之有異，蓋儒者先仁孝而後禮樂，是由內而及於外者，而荀卿則以禮爲一切最高之原點，樂不過僅爲禮之一輔助品，是又爲先外而後內者，舍此以外，茲請試其與儒家所異之點而爲條說之，

一荀子天道論之與儒家不同——攷荀子學說，於天道之觀察，全與孔門之儒家不同，蓋孔門之儒者，如子思孟子之倫，皆以天爲一有知識効能而爲萬物作主宰之天，或爲運命之天，或爲義理之天，故孔孟皆不敢欺天而畏天，故論語有「死生有命，富貴在天」「獲罪於天，無所禱也，」「畏天命，畏大人，畏聖人之言」等語，孟子有「詩云天生蒸民，有物有則，民之秉彝，好是懿德，孔子曰爲此詩者，其知道乎，」亦以蒸民爲天之所生等語，而荀子則大不然，荀子以爲天本無知無識，既無効能，亦不能主宰萬物，或有義理與運命，而全爲大氣之自然流動，根本與人無關係，蓋亦由於道家老莊之影響也，莊子天運篇謂天地日月之運行，其有機緘而不可得已，其轉運而不能自止，即持自然主義之宇宙觀，荀子亦然，荀子曰「天行有常，不爲堯存，不爲桀亡，應之以治則吉，應之以亂則凶，」又曰「列星隨旋，日月遞炤，四時代御，陰陽大化，風雨博施，萬物各得其和以生，各得其養以成，不見其事而見其功，夫是之謂神，神皆知其所以成，莫知其無形，夫是之謂天，唯聖人不求知天，」又曰「天不爲人之惡寒也輟冬，地不爲人之惡遙遠也輟廣，」是則荀卿之以天本無知無識，只有其自然之運行，而與人物皆無所主宰與施降，故不爲堯而存，不爲桀而亡，不爲人之惡寒而輟冬，不爲人之惡遠而輟廣，在人之自求其多福，何有於天地也，匪特如是並可以人之力而反操制之，反取天時地利而用之，故荀子又曰，「大天而思之，孰與物畜而治之，從天而頌之，孰與制天命而用之，」由是歡之，孔孟儒者之神知莫測之天，

逐爲荀氏所根本反對，雖謂之儒者之敵人也可，夫何入於儒家邪，

二荀子政治主張與儒家之不同——儒家政治上之主張，除正名與法家墨家名家相同而外，其他之主張亦不外法先王，崇仁孝，貴禮義，後古制，而尤以仁孝爲治心之本，故孔子有所謂聽訟荀得其情則哀矜而勿喜之主張，而荀卿則不然，頗有法家任法之意，故主約束情義生活而以禮治爲基本，故曰，「人之命在天，國之命在禮，人君者隆禮尊賢而王，重法愛民而霸，」又曰，「禮起於何也，曰人生而有欲，欲而不得則不能無求，求而無度量分界，則不能不爭，爭則亂，亂則窮，先王惡其亂也，故制禮義以分之，」是則荀子以外爲之禮義爲治國最高之原則，與孔門仁孝之由內而後及於禮樂之意不同，而外形束約之政策，固已近於法家尚法之主張矣，且荀子亦頗言法，荀子曰，「故姦言姦說，姦事姦能，遁逃反側之民，職而教之，須而待之，免之以慶賞，懲之以刑罰，安職則畜，不安職則棄，五疾上收而養之，材而得之，官施而衣食之，兼覆無遺，才行反時者，死無赦，夫是之謂天德，王者之政也」，又曰，「善至者待之以禮，不善至者待之以刑，」觀此則是荀卿之法治精神，何等顯露，且王霸篇，荀卿更王霸並重，故其弟子李斯之徒，成而爲法家者，不可謂非此之影響也，其次儒家言政，必稱先王，遠在三代之上，而荀子則法後王，遠不過本朝．故荀子曰，「聖王有百，吾孰法焉，曰文久而息節族久而絕，守法數之有司，極禮而褫，故曰欲觀聖王之跡，則於其燦然者也，後王是也，舍後王而道上古，譬之猶舍已之君而事人之君也，」又曰，「王者之治道不過三代，法不貳後王，道過三代謂之蕩，法貳後者，謂之不雅，」是則荀卿於政治之主張，又根本有與孔門衝突者，其不爲儒家也明矣，

三荀子人性論與儒家之不同——儒家於人性之觀察，雖至思孟始明倡性善之說，孔子弟子又謂孔子之性與天道不可得而聞，然由各方面之觀察，孔子亦爲一主張性善論者，孟子云「詩曰天生蒸民，有物有則，民之秉彝，是好懿德，孔子曰，爲此詩者其知道乎，民之秉彝，好是懿德，」則孔子固謂人性爲善者，而孟子遂從而倡之也，子思亦曰「率性之謂道，」而人之性在誠，故曰「誠者天之道也，誠之者，人之道也，」故儒家自孔子至孟子，皆以人性爲善，而荀子則力反其說，謂爲不然，故荀子曰「人之性惡，其善者僞也，今人之性，生而有好利焉，順是故爭奪生而辭讓亡焉，生而有疾惡焉，順是故殘賊生而忠信亡焉，……然則從人之性，順人之情，必出於爭奪合於犯分亂理，而歸於暴，故必將有師法之化，禮義之道，然後出於辭讓，合於文理，而歸於治，用此觀之，然則人之性惡明矣，」又曰，「不可學，不可事，而在人者謂之性，可學而能，可事而成之，在人者謂之僞，是性僞之分也，」又曰「性者本始材朴也，僞者文禮隆盛也，無性則僞之無所加，無僞則性不能自美，」又曰「孟子曰人之學者其性善也，曰是是不然，是不及知人之性而不察乎人之性僞之分者也，凡性者天之就也，不可學不可事，禮義者聖人之所生也，人之所學而能，所事而成者也，」由是觀之則荀卿人性論又根本與孔門儒者大相衝突，則是荀卿之不爲儒者明矣，

由上之觀察，荀子之基本學說，可謂全出於性惡之一點，故其天道政治人生之觀察主張，遂大與儒家衝突，勢之所必然也，主張觀察於學說之基本上，既已不同，而又大相衝突，自不可以謂之爲一家矣，若僅以正名禮義尚賢等之外部應用者與儒家相合，遂謂之爲儒，則凡荀有可以相合，而不察其學說之基本觀念如何，遂謂之爲一家，則法家正名，亦講禮義，墨家正名，亦尚賢材，而其他小枝小節，又頗有與儒家相同者，奈何又不皆謂之爲儒家邪，若以荀子之自許爲儒而遂亦以儒稱之，不知儒者之名，於三代固爲學者之公稱，周秦時雖各家之學說不同，除墨子自別爲墨學而外，原亦無所謂道法名等家之名，至司馬談論六家要旨，始別流分派，然後始有儒道法墨名陰陽等家之別而班固藝文志更列農家縱橫家，雜家，小說家爲

十家，又以小說家無學說價值之可言，故曰「諸子十家，其可觀者九家而已」，則是某某為某家者，又後世之所置也，於荀卿乎何有，是故荀卿雖自比於孔子而雜取乎儒術，其主張之基本觀念，固已非儒而自成一家矣，故別而論之，

公牘

牌告理教兩院除名各生

案據理教兩院教務組，先後函開上學年停學本學期開課三週後，不假不到之預科學生，計有理學院預科學生，秦玉光，陳明堯，林科甲，李疏九，王增穀，傅貽椿，張英，負纖昌，劉慧芬，張熙福，鄭天禎，童與經，張席豐、廖福等十四名，教育學院文預科學生陳德昂，米靜修，董友廸，杜少瑜，蒲耀遠，許華榮，唐尙游等八名，依照第二十七次臨時行政會議决議案，應即一律除名，除函覆理教兩院外，合行牌告週知，此告。

中小學生畢業會考規程

逕啓者，頃准四川省教育廳公函第六二七號開，案奉教育部訓令第三七〇四號內開，查近年各省市為整齊中小學學生畢業程度幷增進中小學教學效率，有舉行中小學畢業會考者。惟其辦法，頗不一致。茲為統一辦法起見，特制定中小學學生畢業會考暫行規則。除於五月二十六日公布外，合行檢發一份，令仰該廳為舉行會考之準則，各省市區，如有特殊情形，不能舉行中學會考者，應先呈請本部核准備案。各省之縣市小學，不能舉行會考者，應由當地教育行政機關敍述地方情況，呈由管教育廳審核備案。除分令外，仰即遵照，此令。附發中小學學生畢業會考暫行規程一份。旋又奉第三八四九號訓令開，查中小學學生畢業會考暫行規程，業經本部訂定公布，幷通令各省市區教育廳局遵照辦理各在案。該項規程第四條各項會考之學科，內容應包括各該階段間所修習之全部教材，不得以最後一學期教材為限。庶一階段間所修習者，在全部結束時，藉以貫串連絡了解，嗣後進修應用，均益便利。為此令仰知照，併轉飭所屬一體遵照，此令。各等因奉此。除會考委員會組織規程及辦事細則各項，係由本廳擬定呈部備案，再行函達暨分別函令外，相應函請貴大學煩為轉飭附屬學校，一體遵照，至紉公誼。此致等由，併函送中小學畢業會考暫行規程一份准此；特用抄錄規程一份函達，即轉查照此致 主任。

附中小學學生畢業會考暫行規程

第一條 各省縣市教育行政機關，為整齊小學，初級中學普通科學生畢業程度及增進教學效率起見，對於所屬各中小學應屆畢業經原校考查及格之學生，舉行會考。

第二條 省縣市公立及已立案之私立中學，其畢業會考，由各省教育廳組織委員會辦理之，縣市內公立及已立案之私立小學，其畢業會考由縣市教育行政機關組織委員會辦理之，並得由省教育廳派員指導，市（行政院直轄市）區特別政區內公立及已立案之私立中小學，其畢業會考由各該市區教育行政機關，分別組織委員會辦理之。

第三條 中小學畢業會考委員會組織規程及辦事細則，應由各該省市區教育行政機關訂定，呈請教育部備案施行。

第四條 會考學科暫定如左：

一，小學以國語，算術，社會，自然，體育為主：

二，初級中學，以黨義，國文，算學，歷史，地理，自然，體育，外國語『三年級不選修者免考』為主：

三，高級中學普通科，為黨義，國文，算學歷史，地理、物理，化學，生物學，外國語，體育。

，不親耕耨而名，又非所以教於國也。夫利己之心，生與俱來，人無例外，自個人而家庭，而國家，而天下，莫不以此爲中心，故國與國相爭，家與家相亂，人與人相奪，古今無異也。孟子曰：王曰：何以利吾國，大夫曰，何以利吾家。士庶人曰：何以利吾身，此人之情也。又曰：萬乘之國，弑其君者，必千乘之家，千乘之國，弑其君者，必百乘之家，萬取千焉，千取百焉，不爲不多矣，而不奪不饜，此無法之效也，亦韓非尚法之根據。

（未完）

荀子不入於儒家辨

陳忠蓋

自來言儒者，荀孟並稱，其同爲傳孔門之學，二千年如一日，無有異議。頃閱川大週刊，第七期學術欄內有『荀卿不入於儒家說』一文，獨標異議，頗喜其說之新穎，唯惜其誤解與武斷耳！今欲爲商搉之言，作眞理之探討，敢以管見，質之同人。

原文所持之理由，不外乎，一，荀子天道論之與儒家不同也，二，荀子政治主張之與儒家不同也，三，荀子人性論之與儒家不同也。今請一一論之。

一，原文曰；『考荀子學說，於天道之觀察，全與孔門之儒家不同。蓋孔門之儒者，如子思孟子之倫，皆以天爲一有知識效能而爲萬物作主宰之天，或爲運命之天，或爲義理之天。……而荀子則大不然，荀子以爲天本無知無識，既無效能，亦不能主宰萬物，或有義理與運命，而全爲天氣之自然流動。……』且引天論篇：『天行有常，不爲堯存，不爲桀亡，應之以治則吉，應之以亂則凶。』『列星隨旋，日月遞迢，四時代御，陰陽大化，風雨博施，萬物各得其初以生，各得其養以成，不見其事而見其功，夫是之謂神。皆知其所以成，莫知其無形，夫是之謂天，唯聖人不求知天。』『天不爲人之惡寒也輟多，天不爲人之惡遼遠也輟廣。』等語，證成其說，不知此自誤解荀子之意。荀子所謂天行有常者，非有意識存在乎，非有一神祕不可思議之物主宰之乎。譬之人也，有眞宰則行動有常，失其眞宰，則行動失常矣。彼天無意識，則四時代御，未見其春秋錯亂也。春榮冬枯，未見其顚倒也，是荀子謂天行有常，以天爲有意識作用，有效能，能主宰萬物也。至其謂『不求知天』『不爲堯存，不爲桀亡，』『天不爲人之惡寒也輟多，抑不爲人之惡遼遠也輟廣，』乃所以警世勉人，成其不重天而重人，不重性而重僞一貫之旨。故曰：『楚王後車千乘，非知也，君子啜菽飲水，非愚也，是節然也。若夫志意修德行厚，知慮明，生於今而志乎古，則是其在我者也。故君子敬其在己者，而不慕其在天者，』此荀子之意，並未嘗言天無知識效能也。且天論篇明曰；『人之命在天，』與仲尼『死生有命，富貴在天，』孟子『天生蒸民，有物有則，』之語，前後輝映，其不同者安在？其不入於儒家，何耶？

二，原文曰；『儒家政治上之主張，除正名與法家墨家相同而外，其他之主張：亦不外法先王，崇仁孝，貴禮義，服古制，而尤以仁孝爲治心之本。故孔子有所謂聽訟，荀得其情，則哀矜而無喜之主張，而荀卿則不然，頗有法家任法之意，故主約束情義生活而以禮制爲基本。……是則荀子以外爲之禮義，爲治國最高之原則，與孔門仁孝之由內而後及於禮樂之意不同，而外形束約之政策，固已近於法家尚法之主張矣，且荀子亦頗言法。……』又曰：『其次儒家言政，必稱先王，遠在三代之上，而荀子則法後王，遠不過本朝。……是則荀卿於政治之主張，又根本與孔門衝突者。其不爲儒家也明矣。』不知荀卿於政治之主張，與儒家絲毫不相衝突。修身篇曰：「治氣養心之術，莫徑由禮，」是荀子以禮爲治心之本，亦與儒家由內及外之旨同，且荀子所稱之禮，並非約束外形者，禮論篇曰「故禮者，養也，」養其身心，而非束約外形，故荀子重禮，與儒家重仁孝，曾無稍異，焉得物豁。縱令荀子論禮，近於法家之尙法，然亦不得以相近而謂之非儒。若云：荀子亦頗言法，則孟子亦頗言法矣，莊生亦頗稱仲尼矣，得勿謂孟子非儒而莊生非道乎。至謂荀子法後王，與儒家法先王相衝突，則荀子亦何嘗不法先王乎，勸學篇曰：「將原先王，本仁義，則禮正其經緯蹊徑也。」非相篇曰：「言不合先王，不順禮義，謂之姦言。」儒效篇曰：「儒者法先王。」「先王之道仁之隆也。」君道篇曰；「古者先王審禮，以方皇周挾於天下。」非十二子篇曰：「略法先王，而不知其統，」是荀子亦常稱先王也，況先王後王，實指一物，荀子之言後王，與孟子之言先王，曾無以異。自戰國言之，則謂之先王，自上古言之，則謂之後王，其實皆指周，故王制篇曰；「王者之制，道不過三代，法不貳後王，道過三代謂之蕩，法貳後王謂之不雅。衣服有制，宮室有度，人徒有數，喪祭械用皆有等宜，聲則凡非雅聲者舉廢，色則凡非舊文者舉息，械用則凡非舊器者舉毀，夫是之謂復古。」夫謂之復古，則何以異於稱先王也。次則與儒家衝突者安在？與儒家不同者何耶？

三，原文謂孔孟主性善，獨荀主性惡，與儒相反，自其外表觀之，誠然，顧天下事有相反而實相成者，荀子言性之謂。荀子鑒於當時學者之縱情性，安恣睢，而慢於禮義，欲以矯飾擾化爲教，故不以爲性而以爲僞，其貶性也，正所以反性也。是故於孟子而得性善，則君子有不敢以自諉者矣，於荀子而得性惡，則君子有不敢以自恃者矣。是荀子之主性惡，實所以成孟子之性善，自其內而觀之，則荀子與儒家之衝突，又安在耶？不同者何哉？

上述三端，蓋就原文駁之，實無成立之可言，即退萬步言。令如原文所說，荀子與儒家之主張有不同，亦不過所用之方法有殊，而其目的則一也。爲此論者，謂荀子與儒家之主張有異，可也，謂其不入於儒家則過矣。孔子言仁，孟子道義，主張不同，不害其爲儒也。孔子而後，儒分爲八，其不同甚矣。後世猶命之曰儒，荀卿偶有不同，即受非儒之譏，於荀卿何獨督過之甚！此予之所以不得已於言者也。

文藝

初度日

梁芸生

壯歲嗟佗至。長年感慨并。妙香花介壽。幽曲鳥關情。靜習參三昧。行慚轉九成。藏修俱不定。何地着浮生。

次韻奉和漪盦兄感事

梁芸生

春蠶到死尙抽絲。巧作憐香惜玉詞。居處無郎宜自愛。使君有婦料應知。人非太上忘情者。恨在相逢已嫁時。若遣冰姿清澈骨。風流須不笑梅癡。

漫將式好賦纏綿。一曲難終斷續弦。滄海月明珠色晦。橫塘風起藕絲連。鴛盟已是成磨劫。蝶夢空尋未了緣。心有靈犀慚不達。枉教抱恨歷年年。

秋柳

梁芸生

雨灑風梳不復條。寒鴉啼苦怨蕭蕭。從今得伴先生去。嬾向行人舞折腰。

秋望

梁芸生

落木蕭蕭白日寒。晚風撲面覺衣單。排空塵屑如雲起。寄興中原放眼寬。衰草無邊連碣石。長河一夜凍桑乾。天涯多少棲遲感。逐隊征鴻不忍看。

者爲也，矯也，矯其本性也，其所謂堯舜之克仁克義，係矯情而然者，因嫉濁世之政，亡國亂君相屬，意者欲以證明性惡之說，使隆禮明分之學可風行也，性惡篇有之，『今誠以人之性固正理平治耶？則有惡用聖王惡用禮義矣哉！雖有聖王禮義，將何加於正理平治也哉』？「性惡則與聖王貴禮義矣，故檃栝之生，爲拘木也，繩墨之起，爲不直也，立君上，明禮義，爲性惡也，其善者僞也」，此荀子欲以性惡之說，作隆禮明分之先鋒，又以僞也之說，證性之必惡，其使人而遵禮守分之心，與孟子之欲人貴仁義而剷除攻伐爲賢之心未嘗異直，其用心豈不深而明切而苦哉？後世不察，遂曰孟子主張性善者也！荀子主張性惡者也！噫！不亦誣乎？

以余論之，性有急緩平之殊，而無善惡之別，如曰性善，則堯舜何以有丹朱商均也？文王之於管蔡，非生育之不同於周公，而何其性之不類於周公者彼？況楊食我之生也，叔向之母聞其號，知必滅其宗者乎？如曰性惡，則瞽叟之性，何以生舜？鯀之性，何以生禹？況文王之在母也，母不憂，既生也，傅不勤，既學也，師不煩一者乎？是性無可言善惡之明證也，若夫人之善惡，乃心使之然也，心者天君也，『天君泰然百體從令』，此[illegible]之所以有善心惡心而無善性惡性也，不然！則韓侍郎之言性品有三，孟子言其上，楊子言其中，荀子言其下者，孟荀復起，不能辯之，是孟荀論理不周，而令人難信其學矣。雖然！孟子曰；『予豈好辯？不得已也』！是孟子之言其性之者，荀子之言其僞也者，又非欲立性善性惡之異論也，亦不得已也。

孟荀皆生於諸侯好戰，百家爭鳴之時也，假使生三代以上，或孔子之際，縱談性吾恐不及善惡也！何以故？子止曰；『性相近也，習相遠也』，子貢曰；『夫子之言性與天道，不可得而聞也』，孔子祖述堯舜，猶不言堯舜性之或僞也，而孟荀又祖述夫子，則言僞也性之者，是非所以實證性善性惡也又明矣，嗟嗟！聖賢立言欲救世之心，誰能知其如是之苦者？

☆ ☆ ☆ ☆

再論荀卿非儒答辨者

陳汝燮

本刊第一卷第七期，拙著『荀卿不入於儒家說』一文登載後，忽閱本刊一卷九期載有『荀卿不入於儒家辨』一文，於拙著大加否認，謂荀卿不特確爲儒家，且爲孔門之正統派，更列舉而爲之辨，視之似乎是也，然其爲武斷與誤解，尤特甚焉，因思學術之眞理，每經辨難而愈眞，故不憚煩勞，特爲之駁辨而證實之於後，

一，拙著謂荀卿之天道論與孔儒完全相反，故荀卿不入於儒家，文詳七期拙著不錄，而辨者則謂荀卿之天道論，其認天之爲物，仍爲一有意識作用，有效能，能主宰萬物之天，與儒家孔孟之天道論完全一致，幷謂；『荀卿所謂天行有常者，卽爲天有意識存在，而爲一神祕不可思議之主宰，』且其說曰；『有眞宰則行動有常，失其眞宰，則行動失常，設天無意識，則是四時代御，未見其春秋錯亂也，春榮冬枯，未見其顚倒也，是荀子謂天行有常者，以天爲有意識作用，有效能主宰萬物者是也』是其說頗似矣，而不知其誤解之特甚焉，夫荀氏之所謂天者，非儒家所謂『上帝』之天，而爲一天空之大氣自然流動、故荀氏一書，無稱天爲上帝者，其曰『天行有常者，』——楊倞注天自有常行之道也——蓋謂此大氣之流動而爲春夏秋冬四季氣候之不同者，自有其自然變遷之常道，其爲旱災霪雨等，亦自有其自然流動之常理，而非大氣之有意識主宰等作用也，故其下曰；『不爲堯存，不爲桀亡』也，若吾人能防災害於未然，三年耕而有九年之食，則雖有旱災霪雨之患而亦可無虞，故荀卿又曰；『應之以治則吉，應之以亂則凶』也，若以荀

氏認天爲有知識效能之主宰，則荀氏又何必曰：『不爲堯存，不爲桀亡』『應之以治則吉，應之以亂則凶』耶，辨者何其斷章而取義之甚矣，是眞所謂武斷與誤解者也，且荀氏又曰；『列星隨旋，日月遞炤，四時代御，陰陽大化，風雨博施，萬物各得其和以生，各得其養以成，不見其事而見其功，夫是之謂神，……夫是之謂天，故聖人不求知天，』蓋荀氏明明謂列星自有其隨旋之理，日月自有其遞炤之道，四時之代御，陰陽之大化風雨之博施，皆各有其至然而然之理，而非天有主宰之意識作用，萬物之生，不過自得其和，萬物之成，亦不過自得其養，非天生之養之也，故謂：『得其和，得其養，』——其字是代表萬物之自身，非代表天字——故不見其事而見其功，夫是之謂神也，故其所謂得者，物自得者也非天與之也，又其所謂神者，亦非有意識作用之神通廣大之神，而爲變化莫測之神，此種莫測之自然變化之大氣，則謂之天，故曰；『聖人不求知天，』今辨者奈何其不察之乎，斯亦謬矣，

且辨者又曰；『至其謂不求知天，不爲堯存，不爲桀亡，天不爲人之惡寒也輟冬地不爲人之惡遙遠也輟廣，乃所以警世勉人，成其不重天而重人，不重性而重僞一貫之旨……』云云，攷荀氏之意誠如辨者之所云，然吾人討論某種問題，必先將觀察點確定而後可，故主張還主張，用意還用意，二者不能混爲一談，方無不合論理範圍之弊，今辨者合荀氏之主張與用意混爲一談，舍其學理之主張認識而究其用意之異同，已出論理範圍之外，更不成其爲辨難之理矣，

辨者又曰；『且天論篇明曰；人之命在天，與仲尼死生有命，富貴在天，孟子天生蒸民，有物有則之語前後輝映……』遂證爲荀氏與儒家孔孟相同，而不知荀之所謂『人之命在天者，』乃謂人之命在於制天，而非天操人之命者，亦猶『國之命在禮』乃國之命在於用禮而非禮操國之命者，故制禮而用之則國治，制自然而爲之則人立，故荀卿又曰；『大天而思之孰與物畜而制之，從天而頌之孰與制天命而用之……故錯人而思天，則失萬物之情』也，其曰大天而思之者蓋謂一般人之誤以天爲大而思天之有能有爲故謂孰與畜物而制之云云，此荀之明明以天爲無意識作用效能之一塊然大氣，洽與孔孟之論相反明矣，若辨者舉此以爲荀氏認天爲有知識效能主宰之證，然則『國之命在禮』豈非禮亦爲一有知識效能之主宰耶，是不通之論也，由是觀之，則荀卿之同於儒者何耶，且觀日人渡邊秀方，與胡適，馮友蘭李石岑諸人，雖皆列荀於儒，然獨荀之天道論諸人皆異口而同聲謂出於儒家思想之外，故其主張既出於儒，則不入於儒也宜也，奈何其不思哉，

二，拙著謂荀氏政治主張與儒家不同，故荀不入於儒，而辨者謂荀卿之政治主張絲毫不與儒家相衝突，且其言曰；『荀子修身篇曰；治氣養心之術莫徑由禮，是荀子以禮爲治心之本，亦與儒家由內及外之旨同』，而不知此正是荀子由外及內之主張也，夫荀之所謂禮者，非人心先天之所生也，故荀氏曰；『禮起於何也、曰；人生而有欲，欲而不得則不能無求，求而無度量分界，則不能不爭，爭則亂，先王惡其亂也，故制禮義以分之，』是明以禮爲外形之束約明也，既已先束其外形，而不治其心，則亦非是，故仍又以禮而治其心，故曰；『治氣養心之術，莫徑由禮』，蓋謂養氣治心之術，莫捷夫禮，故曰：『節之以動止』者是也，其曰『禮者養也』是承上文『制禮以分之，以養人之欲，給人之求』之意而云，蓋謂人之行動既合乎禮，則一切皆可不妄爲而可得其養生之正道，仍是貫澈其由外而內之主張，而辨者此之不察，妄以非人，不亦大誤特誤乎，

辨者又曰『若云；荀子亦頗言法，則孟子亦頗言法矣，莊生亦頗稱仲尼矣，得勿謂孟子非儒而莊生非道乎，」是其言也，其推論已毫無論理上之根據，不成理由，不考其全部學說基本主張之異同，而舉其小枝小節之偶耳相同，而即謂之爲一家，以強飾其說，是謂之詭辨遁辭，爲論理學家之所不取，今若以辨者之論而還以賓之辨者，舍其學說

基本主張之異同而究其小枝小節，則莊生稱仲尼，得無謂莊生亦儒者？孔子曾學於老聃，則孔子亦道家？墨翟崇天而敬鬼，則墨者亦儒乎？若以此說往，則凡舉天下之學術，荀其可以一二相同者，皆可謂之爲儒矣，天下寧有是理乎？嗚呼，謬哉！

其次辨者謂荀氏法後王不與儒家衝突，并謂荀氏亦法先王，而先王後王實指一物、其言曰；『勸學篇曰：『將原先王、本仁義，則禮正其經緯蹊徑也，』非相篇曰；『言不合先王，不順禮義，謂之姦言，』儒效篇曰；『儒者法先王，』『先王之道仁之隆也，』君道篇曰：『古者先王審禮，以方皇周挾於天下』，非十二子篇曰：『略法先王而不知其統』，是荀子常稱先王也，況先王後王，實指一物，荀子之言後王，與孟子之言先王曾無以異，自戰國言之則謂之先王，自上古言之則謂之後王，其實皆指周，故王制篇曰；『王者之制，道不過三代，法不二後王，道過三代謂之蕩，法二後王謂之不雅，衣服有制……夫是之謂復古，』則何以異於稱先王也，而不知荀氏之所稱先王者，皆爲禮字之張本，舉古以證今，而非爲政之法令等等皆法先王也，故曰『則禮正其經緯蹊徑也，』且非相篇明明謂『聖王有百，吾孰法焉，故曰文久而息節，族久而絕，守法數之有司，極禮而褫，故曰欲觀聖王之跡，則於其粲然者矣，後王是也，彼後王者天下之君也，舍後王而道上古，譬之猶舍已之君而事人之君也，故曰欲觀千歲則數今日，』不苟篇亦曰：『天地始者，今日是也，百王之道，後王是也，君子審後王之道而論於百王之前，若端拜而議，』儒效篇更後王與先王對稱，豈言不法後王而法先王之誤，其言曰；『略法先王而足亂世術，繆學雜舉，不知法後王而一度，不知隆禮義而殺詩書，其衣冠行僞，已同於世俗矣，』又曰『呼先王以欺愚衆，而求衣食等：：是俗儒也，法後王一制度隆禮義而殺詩書，其言行已有大法矣，』是鮮明其法後王之旨也，而辨者謂荀氏之先王後王實指一物，既是一物則荀氏何以先王後王同時并稱哉，荀氏縱糊塗，或不至於如此之甚，其曰先曰後者，皆明示其有區別之意，且當荀氏之時亦不能從上古而反稱後世，天下著書亦無此種著法，讀荀氏之書，而不知荀氏之旨，妄作以非人，不亦哀哉，況荀言法後王，非僅一二見於書，除上舉諸篇而外、王制篇一見，正名篇三見，成相篇一見，皆與三代之上或先王對舉，楊倞注亦皆謂係指當世之王，而辨者謂荀氏之先王後王實指一物，不亦可笑乎，

三，辨者謂孔孟主性善，荀卿主性惡，自其外表觀之，與儒相反，而自其內而言之，洽是相同，其言曰；『願天下事有相反而實相成者，荀子言性之惡，荀子鑒於當時學者之縱情性，安恣睢，而漫於禮義，欲以矯飾擾化爲教，故不以性而以爲僞，其貶性也，正所以反性也，是故於孟子而得性善，則君予不取以自諉者矣，於荀子而得性惡，則君子有不取以自恃者矣，是荀子之性惡，實以成孟子之性善，』故謂荀孟之性論實同，而不知其言之全出於論理範圍之外也，予於前章已云，大凡討論問題，必將觀察點確定始無不就論理範圍之弊，主張與方法是一物目的與用意，又是一物，凡知論理學者，皆不能以二者而混爲一談，今辨者去其主張方法之不同，而究其用意目的之一致，則等於以水火之物雖不同而所以致用則一，便以水火爲一物也、若以此說往，則馬克斯亦與孔子爲一矣，吾人雖愚，當亦知其不可也，而辨者遂不察而一之，其不爲天下笑者鮮矣，

總上數端而觀之，則辨者之說，既誤解荀子而武斷其言，又犯論理學上觀察點不清之弊病，故全無道理之可言，更由辨者之意而觀之，謂予不列荀卿於儒家，爲督過荀卿之舉，辨者遂爲荀氏辨護，必欲立荀於儒家而後已者，不知天下之學，非孔獨尊，非儒獨貴，若研究儒家之學而觀之，既無體系與組織，又無論理之辨證，較之荀卿，誠不及荀氏遠甚，予之不列荀卿於儒，一面因荀氏之基本主張皆不同於儒，故不能列之於儒，

一面因荀氏之學說，組織周詳，體系明確又有論理學上之辯證與討論，皆在孔孟諸儒之上，故另別之爲一家，實所以尊荀而非過督荀氏也，辯者於是之不知，亦何識淺而見小之甚耶故不憚勞辭，重明是說，以示天下之君子，而知吾言之非謬也。

文藝

答人　陸香初

豹文炳蔚被禽縛。不如霧隱南山曲。季子觀樂知國風，何必親見堯舜容。邑犬羣吠吠所怪。洽斯百禮安庸態。太素純朴重修能，奇采茂花思美人。伯樂既歿驥焉往。孤寫幽憂漢之廣。六經矞靈廓無求。結蘭延佇眄橫流。修衍衙曳娛西國。孔靜幽墨紛華澤。朦心吁眙黃農初。低徊猶夷斧沛徂。達道之塞考雷鼓。竽瑟繁會發激楚。放陳組纓斑郁彬。吹管吹劍嗃吷分。修飾寶藏致工祝。招具該備望華屋。參驗考實康洞房。有美一人目騰光。蛾眉修度並世絕。循古不靡適相迫。美人既醉朱顏酡。振拔嘉績製新歌。雲和浮磬戛斯拊。結撰抽思同心賦。修誇扈竊天德明。昭質皐剡大侯張。縵言刊芟同惋愕。物窣孝廉爲理窟。

送人北上　前人

二月衡陽雁未翔。雲生北上去堂堂。一舸春水平如掌。目送征人萬里長。

秋夜　二首　順仲熙

促織吟階砌。雞窗客思深。落英新酒佐。纖月靜停琴。竹密巡簷冷。桐高帀地陰。夜闌人不寐。霜重漏聲沉。

無聊且學仙。乘與醉離遂。碧落懸飛鏡。深林沒暮烟。露華疑點雨。夜永似經年。家闊羈人思。參橫斗轉天。

公牘

函教育廳請撥經費

逕啓者案查貴廳應撥本大學二十一年十月分經費一萬一千元，尚欠三千元，而十一月分至本年三月分應撥經費五萬五千元，更屬分文未撥，致本大學經費異常困窘，相應函達即希查照一併照撥，以濟急需，至紉公誼此致，四川省教育廳，

牌告專門部補行畢業考試

案准文學院函開，案查本院專門部中文本科第二班學生，自十八年春季入校，至二十一年下期肄業期滿，畢業嗣因巷戰發生，提前放假，致未舉行畢業試驗，本期開學時、曾通知該班學生，於四月十六日以前到校聽候訂期考試各在案，現在該生等業已紛紛來校，茲擬訂於四月十七日起，開始舉行畢業考試，相應將該班應考科目暨担任各該科教員列表隨函送上，即請查照牌告，并希賜覆，以憑辦理等由准此，查該班學生既經限期來校、應即於四月十七日起補行畢業考試，除函復文學院將應考科目時間製表公布外，合行牌告知照，此告，

劉盛榮啓事

鄙人遺失第一〇三六號講義券除向學校請求補發外原券作廢此啓

紀事

出席校務會議代表已選出

本大學教授副教授選舉出席校務會議代表，於三月二十八日將選舉票檢送各教授後，茲由祕書處，將所收選舉票核算完竣，計

荀卿非儒家考

李鳳鼎

「荀卿非儒家」，這樣的話，無論在何時，是沒人肯承認的。因爲在班固根據着劉歆的七畧，而編纂漢書藝文志，把荀卿列入諸子畧中的儒家以後，從東漢到現在，有了如此深遠的時間，歷代的學者，只是因襲的承認着，沒發過疑義。如唐的韓愈說：

『荀氏書，考其辭，時若不粹，要其歸，與孔子異者鮮矣』。

『荀與楊也，大醇而小疵』。

因韓愈也是受了藝文志傳統的影響，認爲荀卿是地道的儒家，所以批評他是：『要其歸，與孔子異者鮮矣』。

我們再來看一看宋儒蘇軾，他也無疑的承認荀卿是儒家的眞實的繼承者，所以他會把李斯的事秦焚書，來歸罪於斯的老師荀卿。我們看他咎責荀卿的話：

『荀卿明王道，述禮樂，而李斯以其學亂天下，其高談異論，有以激之也』。

蘇軾的意思，他以爲李斯的行爲，是受了荀卿『高談異論』所致。他說的『高談異論』，是指的什麼呢？當然是他認爲出了儒家者流的範圍的話。因爲他認爲荀子是儒家，既說了儒家以外的話，當然是得向他問罪的。

在從前大多數的人，說着與韓，蘇一樣的話，不再多舉了，就拿他們兩人暫作代表吧。

直到有清一代的學者，也是一致的承認他是儒家，現在擇人所習知的，畧舉一二以爲證。

『卿之學源出孔門，在諸子之中，最爲近正，是其所長。主持太甚，詞義或至於過當，是其所短。』四庫全書總目（子部儒家類）

『愚竊嘗謂其全書，而知荀子之學之醇正，文之博達，自四子而下，洎足冠冕羣儒，非一切名法諸家，所可同類共觀也』。謝墉荀子箋釋序。

『於是推本儒術，闡道德，崇禮勸學，著數萬言。』胡元儀荀卿別傳。

在過去的各朝代的學者，是如此的迷信於漢書藝文志，所以一系相承似的，承認着荀卿是儒家。就是近代的學者，也是沒擺脫了這種窠臼。如梁任公說：

『禮記最大價值，在於能供給吾儕以研究戰國，秦漢間儒家者流——尤其是荀子派——學術思想史之極豐富的資料。』要籍解題及其讀法。

『孔門本以禮爲人格敎育之一工具，至荀子則更以此爲唯一之工具。』要籍解題及其讀法。

『荀子與孟子，爲儒家兩大師。』要籍解題及其讀法

梁啓超在他的先秦政治思想史的書中，雖然對荀子是儒家的觀念，似乎有些動搖，然而仍是沒把他送到儒家那座寶龕的以外去。如他說：

『荀子生戰國末，時法家已成立，思想之互爲影響者不少。故荀子所謂禮，與當時所謂法者，其性質實相逼近。』

『雖然凡荀子之言禮，仍壹歸於化民成俗，與孔子提高人格之旨不戾，此其所以爲儒也。』

我們看他先把荀子的禮，與法家的法，看成了是相類的東西，這很容易就可以輕輕的把荀子推入法家的邊緣去，但是他老先生，仍不肯做「離經叛道的事」，所以又用『與孔子提高人格之旨不戾，此其所以爲儒也』的話，牢牢的把荀子仍關在儒家的大門內。

胡適在他的哲學史大綱內說：

『這可見荀子學問很博……………所以他的學說，能在儒家中別開生面，獨創一種激烈的學派。』

『荀卿的名學，完全是演繹法，他承著儒家「春秋派」的正名主義，受了時勢影響，知道單靠着史官的一字褒貶，決不能做到「正名」的目的，所以他的名，介於儒家與法家之間，是儒法過渡時代的學說。』

胡適他已有些跳出因襲的窠臼，但還沒澈底的跳出，仍是把荀卿留在儒家的邊界上。

由以上諸例來証明，荀卿是儒家，在古往今來，是爲一般學者相沿襲的，公認無疑的，這似乎是一椿已判定的公案，永沒有任何人來反訴過。但何以知道荀卿是儒家？斷定荀卿是儒家的根據又在那裏？這不能不算是我的一點小小的懷疑。若說根據於漢書藝文志，那麼班固又根

據的是什麽呢？若說班固根據的七略，那麽劉歆又根據的是什麽呢？若說劉歆根據於史記，我們試翻開太史公的孟子荀卿列傳來看，何處是告訴我們荀卿是儒家？並且他還說：

『田駢之屬皆已死，齊襄王時，而荀卿最爲老師，齊尙修列大夫之缺，而荀卿三爲祭酒焉。』

假若荀卿爲正統的儒家，何以繼承着道家的田駢「最爲老師」，以致列大夫之缺？就是祭酒的官職，也不專是儒家所能備的，還在他的本傳內，可以說是找不出他是儒家的証據。

或因他與孟子同列於一個標題——孟子荀卿列傳——敘述於一章的緣故，就可以說他是儒家，如錢大昕的跋，他說：

『蓋自仲尼既歿，儒家以孟荀爲最醇，太史公敘列諸子，獨以孟荀標目。』

若說荀子是儒家，根據於同孟子敘述於一章內，那麽同孟子敘述於一章內的，尙有陰陽家的騶衍，騶奭，墨家的墨翟………也可以說他們是儒家嗎？

若是根據於史記儒林列傳的序內的這幾句話：

『於威宣之際，孟子，荀卿之列，咸尊夫子之業而潤色之，以學顯於當世。』儒林列傳。

這幾句話皇皇然的擺在史記儒林列傳的敘內，當然是確實的証據，但是，可惜這幾句話，不是太史公眞正的筆跡，我把那篇序節錄於下，然後加以分析，就可以明白了

『…………自孔子卒後，七十子之徒，散游諸侯，大者爲師傅卿相，小者友教士大夫，或隱而不見，故子路居衛，子張居陳，澹台子羽居楚，子夏居西河，子貢終於齊，如田子方，段干木，吳起，禽滑釐之屬，皆受業於子夏之倫，爲王者師，是時獨魏文侯好學，後陵遲以至于始皇，天下並爭於戰國，儒術既絀焉，然齊魯之間，學者獨不廢也，於威宣之際，孟子荀卿之列，咸尊夫子之業而潤色之，以學顯於當世，及至秦之季世，焚詩書，阬術士，六藝從此缺焉，陳涉之王也，而魯諸儒持孔氏之禮器往歸陳王，於是孔甲爲陳涉博士，卒與涉俱死，陳涉起匹夫，驅瓦合適戍，旬月以王楚，不滿半歲，竟滅亡，其事至微淺，然而縉紳先生之徒，負孔子禮器往委質爲臣者，何也？以秦焚其業，積怨而發憤于陳王也，及高皇帝誅項籍，舉兵圍魯，魯中諸儒，尙講誦習禮樂，弦歌之音不絕，豈非聖人之遺化，好禮樂

之國哉？……………………』

我們在這一段內，細看牠們上下的語義，顯然的是『於威宣之際……………………積怨而發憤于陳王也。』這一段是勉强加入於『…………然齊魯之門，學者獨不廢也』與『及高皇帝誅項籍，擧兵圍魯………………』之間的。我們看者是去了那一段，就『然齊魯之門，學者猶不廢也』，緊接『及高皇帝誅項籍，擧兵圍魯，魯中諸儒尙講誦習禮樂，弦歌之音不絕，豈非聖人之遺化，好禮樂之國哉？』這樣文筆是一氣呵成的，現在那一段夾在裏邊，總覺文氣不順，非出太史公一人之手。並且康有爲的僞經考，已將此段删去，更可証明那是後人——劉歆——竄入的了，當然沒有做証據的價值。因此，我看史記是不能做根據了。

我想劉歆若不是根據於史記，或根據於韓非子顯學篇內有『孫氏之儒』的話，定因爲韓非子是荀卿的學生，他說他業師是儒家是不會錯的，其實不然，這更不是可靠的証據，如果劉歆是這樣的拿他做了根據，可以說是上了他的當了。理由：韓非的個性，是剛愎好強的，事事要獨創一格，不願意顯出受教於誰，或有師相承的，所以他就把他老師給放到了儒家，然而在五蠹，六反諸篇，却極力的反對儒，並於韓非子內沒有一句是他傳述他老師荀子的話，雖然荀子有着很多法家思想的話，還有似乎和他不謀而合的「法後王」的思想，他只是一氣的把牠們都抹殺，把他老師推入儒家的門內，還加以非議。由此可以使人知道他是儒家學生，因之，他的講「法」，是他個人唯一獨創的，不是受任何人的傳受，教導，是無師可承的。我們看他不只對他的老師是如此的排擠，就是「法家」中在他以前的諸人，他都要非議，如定法篇批評申不害，商鞅等法術之不盡善。由此我們可以看出他的極端思想，處處設法顯出他的學說，不是受任何的影響，或因襲了誰而產生的。並且也不要有專美於前的人，要把他自己的學說，成爲一家言，因此我認爲他把荀子放入儒家的意思，是爲成全他那自認爲獨創的學說，所以他這樣表明他的法家思想，不是受教於荀子。猶如班固著漢書，不說是繼承他父親班彪而著作的心理是一樣。所以說認荀子爲儒家，以韓非子做根據，是不可靠的了。那麼他眞正弟子的話都不能做根據，當然連帶着七畧，藝文志也就沒做根據的根據了。

若說根據於代表他思想的荀子，試觀全書，只有勸學篇，仲尼篇與儒效篇，是多一點近於儒家的話，但是在儒效篇却又有了這樣的話發現：

『略法先王，足亂世術，繆學雜擧，不知法後王，而一制度………』儒效篇。

『言道德之求，不二後王，道過三代謂之蕩，法二後王，謂之不雅。』儒效篇。

我們都知道，儒家是「法先王」的，但是他却「法後王」，他自己若認爲是儒家，何以在儒效篇內會說出這樣矛盾的話，無論他是怎樣的昏瞶，也不會自己矛盾到這樣的地步。並且在荀子書中，像這樣的話，不只這一點，類如：

『百王之道，後王是也，君子審後王之道，而論於百王之前。』不苟篇。

『王者之治，道不過三代，法不貳後王，道過三代謂之蕩，法貳後王謂之不雅。』王制。

現在不多擧了，有這幾條，也足可以証明他與儒家宗旨相反的「法後王」了。

勸學篇可以說是他的教育學，不能做他是儒家的証據，因爲無論什麽家，都有他們的教育學，不一定儒家始講教育。因之，仲尼篇只可以說是孔敎的介紹，不能做他是儒家的根據。

在荀子中却有一個做他非儒家的鐵証，他若是儒家正統，何以他在非十二子篇中，也非孟子與子思呢？他說：

『略法先王而不知其統，猶然而材劇志大，聞見雜博，案往舊造說，謂之五行，甚僻違而無類，幽然而無說，閉約而無解，案飾其辭，而祇敬之曰：此先王之法也，子思唱之，孟軻和之，世俗之溝猶瞀儒，嚾嚾然不知所非也。遂受而傳之，以爲仲尼子游爲茲厚於後世，此則子思孟軻之罪也。』非十二子。

他旣非子思與孟子，當然也可以算做「非儒家」的証據，雖然有人說：

『荀卿非十二子，韓詩外傳引之，止云十子，而無子思孟子。愚謂荀卿非子思孟子，蓋其門人如韓非李斯之流，託其師說，以毁聖賢，當以韓詩爲証。』王應麟困學記聞。

說這樣話的，定是藝文志的忠實迷信者，旣然無疑義的承認了荀卿是儒家，也覺着在荀子中有着非子思孟子的話，是不合適的事，所以不得不替他辯護說是：『荀子非子思孟子，蓋其門人如韓非李斯之流，託其師說以毁聖賢。』試問果若是他門人所說的話，那麽他們又是受了誰的影響，何以非「託其師說」呢？卽或認爲是他門人的話，我想師生間的思想，不會沒有互相影響的關係吧？那麽以此條爲根據的話？我看又不能成立了。

以上所認爲荀子是儒家的話，既是無根據可尋，自然是沒有成立的價值了。但還有一個淸代人汪中，他不只是認爲荀卿是儒家眞正的衣鉢的承繼者，並還把儒家的法寶——經書等——的傳授，多歸到荀卿的名下，我們乍一看，或迷信荀卿是儒家的人，一定覺得他的話，是的確的眞話。但若細加考究，追本探源去找牠的根據，恐怕也就要不攻自破了。我們先來看一看他的意見：

『荀卿之學，出於孔氏，而尤有功於諸經經典，叙錄毛詩，徐整云：子夏授高行子，高行子授薛倉子，薛倉子授帛妙子，帛妙子授河間人大毛公，毛公爲詩，故訓傳傳於家，以授趙人小毛公，一云：子夏傳曾申，申傳魏人李克，克傳魯人孟仲子，孟仲子傳根牟子，根牟子傳趙人孫卿子，孫卿子傳魯人大毛公。由是言之，毛詩荀卿子之傳也。』汪中荀卿子通論。

我們看這一小段中，把荀卿說得如何的闊氣，他不但是眞正的儒家，並還「有功於諸經經典，叙錄毛詩」，可笑汪中老先生，既要証明「毛詩荀卿傳之也」，爲什麼不單用「一云」的話來証明，怎麼還把「徐整云」的話也引用出來，這與「毛詩傳於荀卿有什麼關係呢？這豈不是明明的告訴人說毛詩傳於荀卿不是很眞確的証據嗎？並且若是一個有來歷的學說，決不能有兩樣的說法，如徐整說「帛妙子授河間人大毛公」，又一說「孫卿子傳魯人大毛公」，那麼到底何說爲是？再說一個是傳河間人大毛公，一個是傳魯人大毛公，究竟那個大毛公是毛詩的毛公？請問這無標準的說法，是有來歷的嗎？是可以做毛詩傳於荀子的証據嗎？

『漢書楚元王交傳：「少時嘗與魯穆生白生申公，同受詩於浮邱伯，伯者孫卿門人也」。鹽鐵論云：「包邱子與李斯均事荀卿邱包子即浮邱伯」。劉向叙云：「浮邱伯受業爲名儒」。漢書儒林傳：「申公魯人也，少與楚元王交，俱事齊人浮邱伯受詩」。又云：「申公卒，以詩春秋授而瑕邱江公盡能傳之」。由是言之，魯詩荀卿子之傳也。』

浮邱伯是荀卿的學生的話，在史記是沒有提到，究竟是否，尙無法考查，反正漢書不能做確切的根據，就假設是他的學生，別人從浮邱伯受詩，與荀卿有什麼關係？這與人們認爲李斯，韓非成爲法家，與荀卿沒有關係是一樣的事實。荀卿的弟子很多，若每人都有所傳，那麼都算荀卿所傳，我恐怕他有些担負不起吧？再說汪中引漢書，劉向敘，漢書儒林傳等作証據，可是他們也並沒說「魯詩荀子之傳也」。由是觀之，魯詩傳於荀卿的話，無論如何，是不能成立了。

『經典敘錄云：「左邱明作傳，以授曾申，申傳衛人吳起，起傳其子期，期傳楚人鐸椒，椒傳趙人虞卿，卿傳同郡荀卿名況，況傳武威張蒼，蒼傳洛陽賈誼」。由是言之，左氏春秋，荀卿之傳也。』

『儒林傳云：「瑕邱江生受穀梁春秋及詩于魯申公，傳子至孫爲博士」．由是言之，穀梁春秋，荀卿之傳也。』

『荀卿所學本長於禮．儒林傳云：「東海蘭陵孟卿，善爲禮春秋，授后倉疏廣」，劉向敘云：「蘭陵多善爲學，蓋以荀卿也」。長老至今稱之曰蘭陵人喜字爲卿，蓋以法荀卿。』

『又二戴禮並傳自孟卿，大戴禮曾子立事篇修載身，大畧二篇文，小戴樂記三年問鄉飲酒義篇，載禮論，樂論篇文。由是言之，曲臺之禮，荀卿之支與餘裔也。』

『蓋自七十子之徒既歿，漢諸儒未興，中更戰國暴秦之亂，六藝賴以不絕者，荀卿也。』以上均汪中荀卿子通論。

以上幾段，雖說左氏春秋，穀梁春秋，大小戴禮俱傳於荀卿，我們試來找一找牠的根據：

第一先看一看「左氏春秋荀卿子之傳也」，這一段更是無稽之談，我們只用康有爲的幾句話，就可以戳破了這只紙老虎。

『按向治公羊，後奉詔治穀梁，其書本公羊者十之九，本穀梁者十之一，未嘗言左氏也…………………………曾申即曾西，曾子之子，羞稱管仲，必非爲左氏之學者，吳起曾事子夏，或左氏多采其文，姚姬傳以左氏言魏氏事，造飾尤甚，蓋吳起爲之以媚魏君者尤多，要非左氏再傳弟子也，張蒼非荀卿弟子，賈生亦非張蒼弟子…………………………』僞經考。

康氏僞經考已如此確實的考証出來左氏春秋是僞書，在劉向的時候，就「未嘗言左氏也」，由此我們知道劉向既沒言過左氏，太史公更沒言過左氏，荀卿更沒傳過左氏春秋。並且康氏又爲我們考出：吳起非左氏再傳弟子，張蒼也不是荀卿的弟子，賈生也不是張蒼的弟子，像劉向別錄，經典敘錄，有着如此錯謬的系統，還能引牠做根據嗎？若必須固執荀卿是儒家，引証的時候，千萬別再使荀卿傳左氏春秋，須時時記着康有爲說過的一句話：

『…………左氏春秋皆僞書也。』僞經考。

第二再看一看「穀梁春秋荀卿之傳也」，這段更是沒有根據，我們看他自己要說穀梁春秋傳於荀卿，但連一個確切的証據也沒有，就是像以前那樣牽强附會的，引經據典的，一攻自破的証據都沒有。

史記的儒林傳只說『瑕丘江生爲穀梁春秋。』漢書的儒林傳也只說『瑕丘江生授穀梁春秋及詩於魯申公，傳子至孫爲博士。』看這兩個儒林傳，何處告訴瑕丘江生爲穀梁春秋，是直接或間接受教於荀卿？連這一點關係都沒有，怎麽可以說「穀梁春秋荀卿之傳也」？

第三段說荀卿長於禮的証明，更是令人發噱，蘭陵孟卿善爲禮，與蘭陵的荀卿又有什麽關係呢？若是根據於劉向所說：「蘭陵多善爲學，蓋以荀卿也」，這更是自已留出使人攻破的地方，我們試想，若只因孟卿，荀卿同是蘭陵人的原故，孟卿的善爲禮，就是受荀卿的影響或傳授，那麽與孔子同鄉的人，可以都說是孔門的正宗，儒家的柱石了。像這樣穿鑿牽强的証明法，是沒有價值的，更沒有成立的可能。

大小戴禮更跟他風馬牛不相及，不能說因爲在大小戴禮裏邊載有荀子中幾篇的文字，就把他附會到裏邊去，淸代姚鼐的古文辭類纂，選載有古時各家的文章，但是姚鼐他是桐城派的正宗，我們能說『桐城派韓愈之所傳也』，或『桐城派蘇軾之支與餘裔也』，或…………』嗎？像這樣牽强的說法，眞是荒乎其唐，可笑之至。

汪中所引用的証據，旣然不能成立，當然那句「六藝賴以不絕者，荀卿也』的話，也就連帶着無效了。

汪中主張荀卿是儒家用着這樣自以爲是的鐵案來証明他，結果也一攻就破，以下所有的瑣碎的証例，更是沒有成立的可能了。因此，像跟他無獨有偶的胡傢的荀卿別傳，跟他說着同樣的條件 ，也就可以用同樣的話把他反攻了。

總之，無論如何，荀卿不是儒家，雖然古往今來的學者，都替他証明着是儒家，但是，可惜沒有給他們作根據的東西，並且他的思想根本與儒家「法先王」的思想不同，他是不受因襲的影響，沒有傳統的觀念，他却是獨創的「法後王」，他雖然講「禮」，但他的「禮」，不跟孔門的「禮」相同。可以說牠是什麽，我們暫用梁任公的話來解釋：『故荀子所謂禮，與當時法家所謂法者，實相逼近。』

若問荀卿不是儒家，究竟是何家？現在先不討論了，因爲不是本篇範圍以內的事。

臨朝窈窕呈傾國之芳容

院被難學生代表數人，請求緩繳本期各費，當經第四十次臨時行政會議決議，准該被難學生等緩至本月三十一日截止註册，并牌告知照各在案，此項辦法，已屬特別通融，該被難學生等，宜如何體諒艱難，依限籌措，如數繳納，乃又呈懇再緩，殊非愛護學校之道，查本大學學生等，除本學年入校之極少數新生外，本期應繳各費，少者二元，多者亦不過十四元耳，在該被難學生等，各自分籌，縱屬困窘，亦有可能，而在學校本期需款尤鉅，且自去冬停戰以後，本大學函電交馳，祕書長吳君毅先生，物理系主任魏時珍先生，奔走數月，而撥到經費不及一月，則該生等應繳各費，關係如何重大，不言可知，況在熱河失守，平津動搖，京滬武漢，異常恐慌之際，國家百政廢弛，教育停頓，本大學勉強開課，使該生等不致損失，理應及早完清手續，努力用功，以全自身學業，而培國家根本，至該被難學生等所受損失，本大學早經呈報教育部，并函知四川省政府在案，惟以停戰之後，該生等散之四方，迄於今日，猶未全體返校，應俟本月三十一日以前登記完畢之後彙案辦理而來呈竟認爲敷衍，殊屬非是，且救濟與繳費各爲一事，既不得因繳費而要求救濟，亦不得待救濟而後繳費，其理自明，該被難學生等，身爲本大學學生，理應愛護學校，愛護自身，而來呈既不署名，負責又多措辭失當，不特自失身分，對於本大學名譽亦殊有礙，嗣後尤宜切戒，此批。

批學生劉欽暘呈請復學

呈悉，查該生呈請復學，核與暫行學則第十四條規定不符，前經批駁有案所請仍難照准，仰遵照暫行學則第四條規定，於下學年開始行課前兩週內，呈請編入物理系一年級肄業，并念該生原係本大學學生，屆時姑從寬免受編級試驗可也，此批，

學術

清代經學（續前）

陸香初

品目纍岸。毀家抒難。手提藥籠。石門遊偏。刻印作畫。聊以自給。神悟心通。象緯軌革力晚節講易闢陳摶。埋諸丙舍。錮以石函此餘姚黃宗炎晦木之學也。晦木漢宋兼採通易。有周易象辭。尋門餘論。圖書辨惑玄妙之談。墮於老莊。先天諸圖。雜以爐火。皆非易之本旨。自宋以後。毅然破陳摶之說者。自元陳應潤始。晦木乃謂周易未經秦火。不應獨禁其圖。轉爲道家藏匿。二千年至陳摶而始出。陳摶之圖書。乃道家養生之術。與應潤說正合。至謂周子太極圖說。圖雜以仙眞。說冒以道家。亦與朱彝尊毛奇齡所考略同。晦木之學。力闢陳摶晦故其解釋駁象。一以義理爲主。頗有根據。不爲牽合。取象精確處。能得文外之意。爲前人之所未發。可備易家之一解。至引篆說易。不免好奇。有王氏新義之弊。排釋之論。則又蹈衍於易外矣。著詆斥宋儒。詞氣亦傷太激。不免有意深文。

秦漢以後無儒家論（未完）

陳汝夔

一 緒論

中國學說，盛於周秦，處世橫議，百氏爭名，方術之多，皆以其有，爲不可加，持之有故，言之成理，足以叫囂天下，取法於後，尤以六經之學，自孔子而後，集其大成開儒家學派之宗，思孟繼之，更發皇其術故匪特周魯之士，縉紳先生多明其學而百家之學者亦時或稱道之故自孔氏而後，儒學漸昌，逮至漢武因董仲舒之策，表章六經，尊崇孔氏，定儒學爲國教，凡百家之學、其有不入於儒者，悉罷而黜之，自是而後，以至於今數千年來，中國之言學術者，遂不敢出孔氏門牆一步，儒家之學亦可謂獨占千古矣，然自我觀之，儒家學說，早已絕於孟子，秦漢而後，遂無儒者，予之倡此，似爲臆斷之說，然孜之思孟以後之學者，其名雖儒，或

又自號爲儒，或貌似於儒，或竊採儒家學說之一部而又雜而不純者，要者不復如子思孟子之純理正，即如荀卿之學，自古皆認爲儒，而實非儒——見本刊第七期所著荀卿不入於儒家說——以後之學者，或近黃老，或主法治，或重陰陽，或竊佛氏，故雖皆尊孔而道孟，實則去儒已遠，如賈誼之入於法家，董仲舒之流爲陰陽，揚雄之儒道雜取，王充之竊自老子，經生章句異同之不足爲儒，魏晉六朝之闢，名教而尚清靜無爲，唐代佛學之盛興，李翱及宋明諸子之佛道雜糅，清代訓詁之皮毛不附，事實昭昭，皆可得而證也，蓋自老孔而後，百氏爭鳴，共有天下後之學者，不無旁取，即孟子所謂處世橫議，邪說異端之言盈天下，天下之人不歸於楊則入於墨者是也，況又劉邦定鼎，蕭曹陳平爲政，已尚黃老，故雖漢武帝因董氏之策，獨尊孔丘，乃狂瀾之下，流爲訓詁末節，反之而法道兩家勢力，得已根深蒂固，且以漢武求仙，方士雲起，儒雖獨尊，實已亡矣，洎乎東漢之際——漢明帝時——佛教西來，與時相投，漸次隆昌，越至六朝隋唐，雖帝王傑士、亦歸依之，保護之，儒家之不亡，惡可得歟，請爲之陳其概略及原因於後，

二　周末諸子學說盛興之影響

中國古代典籍，自東周老孔而後，漸次由官掌而及於私家，故孔墨之徒、皆得以授徒成羣，又因當時社會環境之關係，才智豪俊之士，遂各以其所見，著書昌言，以呼召於天下，如孔墨之論，聚徒成黨，互相攻伐，所主不同，遂成派別，及至戰國其風特盛，莊子天下篇曰，天下之治方術者多矣，皆以其有爲不可加矣，不侈於後世，不靡於法度以繩墨自矯，而備世之急，古之道術有在於是者，墨翟禽滑釐聞其風而說之，不累於俗，不飾於物，不苟於人，不忮於衆，願天之下之安寧以活民命人我之養，畢足而止，以此白心，古之道術有在於是者，宋銒尹文聞其風而說之，公而不當，易而無私，決然無主，趣物而不兩，不顧於慮、不謀於知，於物無擇，與之俱往，古之道術有在於是者，彭蒙田駢愼到聞其風而說之，以本爲精，以物爲粗，以有積爲不足，澹然獨與神明居，古之道術於在於是者，關尹老聃聞其風面說之，易漠無形，變化無常，死歟生歟，天地并與，神明往與，芒乎何之，忽乎何適，萬物畢羅，莫足以歸，古之道術，有在於是者，莊周聞其風而說之，惠施多方，其書五車，其道舛駁，其言也不中，』『荀子非十二子篇亦曰，『假今之世，飾邪說，文姦言，以梟亂天下，矞宇嵬鎖，使天下混然不知是非治亂之所存者有人矣，縱情性，安恣睢，禽獸行，不足以合文通治，然而其持之有故，其言之成理，足以欺惑愚衆，是它囂魏牟也，忍情性，綦谿利歧，苟以分異人爲高，不足以合大衆，明大分，然而其持之有故，其言之成理，足以欺惑愚衆，是陳仲史䲡也，不知壹天下建國家之權稱，尚功用，大儉約，而漫差等，曾不足以容辨異，縣君臣，然而其持之有故，其言之成理，足以欺惑愚衆，是墨翟宋銒也，尚法而無法，下修而好作，上則取聽於上，下則取從於俗，終日言成文典，及紃察之，則倜然無所歸宿，不足以經國定分，然而其持之有故，其言之成理，足以欺惑愚衆，是愼到田駢也，不法先王，不是禮義，而好深怪說，甚察而不惠，多事而寡功，不可以爲治綱紀，然而其持之有故，其言之成理，足以欺惑愚衆，是惠施鄧析也，略法先王而不知其統，猶然而才劇志大，聞見雜博，案往舊說，謂之五行，其僻違而無類，幽隱而無說，閉約而無解，案飾其說而祇敬之曰，此眞先君子之言也，子思唱之，孟軻和之世俗之溝瞀儒，嚾嚾然不知其所非，遂受而傳之，以爲仲尼子游爲

茲厚於世，是則子思孟軻之罪也，』司馬談亦論儒墨法道等六家要旨，由是觀之，則當時學派之盛，可想見矣，且各皆持之有故，言之成理，後之學者，惡得不受其影響而雜取其長也哉，故當漢武帝時，雖董仲舒以賢良對策，尊孔氏而抑百家，丞相衞綰奏所舉賢良，或治申商韓非蘇秦張儀之言，亂國政，請皆罷，此史所稱武帝表章六經，罷黜百家者也，然觀前後漢書，楊王孫學黃老之術，耿況常學老子於安丘先生，則是武帝而後黃老之學猶興也，路溫舒學律令，于定國少學法於父，郭躬父弘習小杜律，躬少傳父業講授徒常數百人，陽球好申韓之學，則武帝而後申韓之學猶盛也，不獨此也，主父偃學長短縱橫之術，著書二十篇，與鄒陽徐樂嚴安聊倉所著之書，皆見於藝文志，是漢有蘇張之學矣，田蚡學槃盂書爲雜家，而淮南外篇與東方朔所著書亦見於志，是漢有雜家之學矣，董仲舒以春秋災異推陰陽所以錯行，高相專說陰陽災異，京房長於災變，翼奉好律曆陰陽之占，是漢有陰陽之學矣，劉向說老子四篇，是漢有道家矣，諸葛亮以申韓教太子，是漢有法家矣，用此觀之，是儒統之不能傳者一也，

三　道家勢力之發展

道家學說，唱自老聃，自莊周而其學之體系與組織，遂已精密無遺，史記老莊列傳曰，「老子修道德，其學以自隱爲務，」又讚曰，「老子所貴道虛無，因變化於無爲，故著書稱微妙難識，」，宋濂諸子辨曰，「聃書所言，大抵斂守退藏，不爲物先，而壹返於自然，由其所該甚廣，故後世多尊行之，」史記孔子世家亦稱孔子曾學於老聃，則是老子之學，其勢力在當時已在諸家之上矣，其後又以莊列之倫，依其體系而廣大之，故其學派，遂已日張一日，逮至先秦之時，秦政焚書坑儒，百家之學雖同遭厄運，而獨以儒者爲甚，嗣逢楚漢之爭，社會已成黑暗時代，漢興之後，雖解挾書之令，努力於文化之復興，但先秦時代之面影，終已不可復見，雖係由於秦火，古書散失，然最大之原因，時代變易，廢封建而爲郡縣，帝王之權力增加，而思想界立於一君專制之下，遂不能不仰其鼻息，前朝諸侯競立，各致異能之士，學說相磨，才能相角之風氣，於是不可復見矣，一切思想，成爲單調，學者亦無氣息，皆專以迎合帝王爲能事，惟其若此，故如秦皇漢武之喜方士長生之術，遂大影響於時代之風氣，於是陰陽讖緯神仙黃老及其他神祕不可知之迷信，遂爲時代思潮之根抵而牢不可破矣，況當秦之世，自孝公而還，世以申商法術之學爲傳統，法尚刑名，政尚專制，嚴威之下萬民怨苦，漢興除秦之弊，約法三章，以舒民困，而張良蕭何皆以黃老之道與定天下，陳平曹參亦修黃老之術而以清靜無爲治天下，汲黯田叔亦依黃老，司馬談論六家要旨，亦謂其「無爲無不爲，其實易行無成勢，無常行，故能究萬物之情，」蓋甚讚其旨簡而多功，流風之末，及於六朝，張道陵以之而倡道教，黃巾作亂，亦稱老莊，逮至唐代而後，世封天師，位埒王侯，及於清末，故儒家雖有漢武之旌表，百家之罷黜，而道家之勢力，固已深入於思想界而不可收拾矣，況孟子而後，儒者之無一人能建術立說，以挽狂瀾，類皆謹守訓詁章句之異同，作皮毛之工作，奈之何其不亡也哉，由是觀之是儒統之不傳者二也。

四　佛教之西來

考印度佛教，自漢明帝永平年間遂已輸入中國，雖其時佛教之勢力尙微，然至三國時，康居國沙門康僧會至吳，說吳侯孫權立建初寺，爲江南佛教之濫觴，同時尙書令闞澤，亦自於私宅立寺，魏陳思王曹植亦好佛學，孔子曰，上有所好，下必有甚焉」，故

有孫權曹植而後，佛學遂漸隆盛，又自西晉以來，五胡亂華，國分十六，天下擾亂，而佛經之輸入中國，毫無障礙，當時西域要衝之長安，佛教反極隆盛，而符秦姚秦二代，譯書倍出，至南北朝時，後魏文帝又建立塔堂，遍於中國，梁武帝時，僧旻，法雲，智藏等名僧，及菩提達磨亦於是時人中國，而眞諦又譯大乘俱舍大乘起信等論，於是佛家思想遂漸浸漫於全國，至唐而遂大盛，故自魏太武帝而來，佛教流行，一日千里，上至帝王，下及庶民，莫不信奉教義，喜招僧侶，建佛寺佛塔，而僧徒譯經，樹宗立派，以相呼叫，況又適當中國學說，已趨貧困之時，思想界又焉得不雜取乎佛學以充實其學說之根據哉，是故自唐而下，李翶之倫，朱程之輩，莫不有竊取夫佛氏之學說焉，由是觀之，儒統之不傳者三也，

五　時代環境變遷之響影

時代一易，社會環境亦必隨之而變動，蓋天演之必然趨勢，不可以人力挽回者也，古人謂「天不變，道亦不變，」實已極端錯誤，萬物皆動，故無動而不變，孔子觀江流而嘆曰，「逝者如斯乎不舍晝夜，」蓋亦深感萬物之變化無時而或息也，莊子秋水篇亦云，「物之生也，若驟若馳，無動而不變，無時而不移，何爲乎，何不爲乎，夫固將自化，」至樂篇亦云，「種有幾，得水則爲㡭，得水土之際則爲鼃蠙之衣，生於陵屯，則爲陵舄，陵舄得鬱棲，則爲烏足，烏足之根爲蠐螬，其葉爲胡蝶，胡蝶胥也化而爲虫，生於竈下，其狀若脫，其名爲鴝掇，鴝掇千日爲鳥，其名爲乾餘骨，乾餘骨之沫爲斯彌，斯彌爲食醯，頤輅生乎食醯，黃軦生乎九猷，瞀芮生乎腐蠸，羊奚生乎不箰，久竹生青甯，青甯生程，程生馬，馬生人，人又入於機，萬物皆出於機入於機，」此種生物起源及進化論固有觀察錯誤然宇宙萬物之無動而不變無變而不進化之理，確已觀到，夫其所謂幾者，卽佛家之所謂種子，後世科學之所謂原子電子也，故曰萬物皆出於幾入於機也，而社會之變遷進化之當然，亦可於歷史之事實考證之，太古之世，全無文化之可言，民以野獸爲食，穴處而土棲，卽歷史所謂生食時代或石器時代，蓋用石爲武器而獵取野獸以爲食也，嗣因人類漸次發展增加，獵獸所獲有限，而生活之需要反增，且時有不能獵獲野獸者，遂於生活起絕大之阻礙，因此種種關係，人類智識遂漸知獵取生獸而豢養之，當此之時社會遂漸由獵食時代而變爲游牧時代，從此而後游牧而土著，土著而農業，農業而工商業，是社會進化之程序，皆有紀載可考者也，蓋每一時代之轉變，皆受天演進化之必然驅策，因社會情形與環境之不同，故其時代之經濟，制度，文化等等，亦必因之而轉變，故三代而後，農業已興，舟車可通，工商業漸盛，欲求復上古之小國寡民老死而不相往來之部落時代，，惡可得乎，西周之末，因數百年太平之故，人口倍增，土地之分配，漸己不敷，耕者幾半無其田，故管子惠工通商，商君之廢井田而開阡陌，已成不可張抑之勢，而法家富國張兵之策，盛行一世，故夫儒者之道先王，稱虞夏，而主張遠復堯舜之政，雖其持之有故，言之成理、皆見迂濶而遠於事情，是以孔孟周游天下，終不見用，固勢之所必然者也，且時代既易，環境亦變，一般學者，受社會需要之支配，不得不注入當時適應環境之思想，雖其不敢公然反對儒家，而其不能爲儒，亦勢之所必而理之所當然者也，是故雖經漢武帝王之勢力，尊儒家爲國教，爲儒學固壁壘，亦不能使儒術昌行也，且帝王之尊儒，亦非眞儒，不過以儒者主君臣父子五倫之分，於專制之君主時代，頗可以掣天下無叛臣？儒者主中庸之道，頗可以使萬民無逆志，故利用之而變本加厲，以箝掣天下，故曰「君臣之義無所逃於天地之間」，故曰「君父之命不致不從；」此種專制絕對服從之格言，而孟子所謂之民爲貴君爲輕社稷次之之義，早已不可復見矣，明太祖之有天下也，且將以其言而出之於文廟之外，是可知也，由是觀之，儒道之不行而儒統之亡者四也，

六 儒學自身之不健全

儒統之亡已有上述數種關係，其次於其學說自身之不健全，亦不無有關係存焉，大凡古今之學說，其一學說之成立。必其毛張思想，有一嚴格之系統，而述說透明豐富之著作，方能得作者之明確了解與信仰，故觀周秦諸子之書，如道家之老子莊列，法家之申愼韓非，墨家之墨經墨辨，名家之惠施公孫龍，兵家之孫子吳起，其書莫不主旨肯確首尾一致，序述豐富，辯論精明，皆足以引起讀者明確之觀念，深厚之信仰，茲考儒家之典章，六經爲古代之官書，帝王之政跡，偏於歷史方面之性質，不足爲儒家之經典，儒者之祖師孔子，亦無著述之可言，論語一書，又僅爲孔子之言行錄，零篇短句，旣無明確之主旨，又無豐富之序述，亦無精明之辯論，雖可由多方面得其要領，而其篇章之零碎，述說之渾含，固已非學說之專書矣，逮至子思孟子之倫，始有比較豐富之論辨，然子思一書，不過以孔氏之意而稍加述說，於事理之辯論絕少，孟子一書，亦非談學之專書，而仍爲言行之紀錄，不過較諸論語又稍有辯論而豐富詳明耳，是則儒家自孔子至孟子，全無一部有系統之學說理論專書，雖有荀子，又非儒家——注見前章故其學說本身之不健全，若以嚴格之眼光論之，其學說本不成家，而儒之名又爲三代以上學者之公稱，卽今之以稱孔孟者，亦不過原孔孟之自許而仍以稱之耳，是則其學之不能與諸家爭勝而絕於思孟也必也，由是觀之，儒統之不傳者五也，

七 結論

總上所論，儒統斷亡，遠在秦漢，非特勢之所必，亦一理之所然，而今之學者，不察其故，動以孔氏爲言，謂古今之學惟儒獨尊，先王之道推之萬世而皆準，而不知夫儒者之徒有其名而不可以爲事者也，夫儒者之道，重仁孝之義，貴禮義之節，修忠信之道，尚謙讓之行，取法於堯舜，憲章乎文武，道先王而後往古者也，孔子唱之，七十子傳之，子思孟軻又從而和之，以爲天下之亂，四海鼎沸，皆仁孝之不修，禮義之不飾，忠信之不存，謙讓之不講，上不取法於堯舜，政不憲章於文武，故滔滔者天下皆是，而終不可治也，粲飾其說，猶然而材劇志大，聞見雜博，悉法往古而不知其變而自以爲多曰，此眞治天下之術也，考夫太初之世，人民少而禽獸衆，有聖智者出，構木爲巢，以避其害，而民悅之，上古之世，民食瓜果蜯蛤，而多疾病，有聖治者作，鑽燧取火，以化腥臊，而民悅之，堯舜之世，天下大水，而大禹決瀆，使安其土，而民悅之桀紂之世，暴亂頻作，湯武征伐，使安其生，而民悅之，是故構鑽燧於夏后氏之朝者，必爲鯀禹所非，行征伐於堯之世者，必爲天下所怨，然則決瀆治水於當今之世者必爲天下所笑，是以爲政不期修古，制度不法唐虞，論世之事，因爲之備，不揆其時不察其勢，而欲以上古之政，治當今之民，是刻舟之類也，是故分財與人，謂之仁，刼人以財，謂之暴，今民之貧，衣食未之暇也，而勉以仁，不可能也，動合乎禮謂之義，甘旨嘗親謂之孝，今民之患，其生之不養也，而勉之以孝義，不可能也，舍本而齊末，人知其非也，是以古之爲治於天下者，其學務察而切，其政務要而本，管子治齊，先倉廩而後禮義，商君佐秦，務農富而輕仁孝，故齊秦之民安而齊秦之國治，天下莫敢與之爭，蓋務本而逐末也，今之中國，農喪於田，工弊於市，商失於城，士昧於學，政亂於爭，而世之君子，不務是之言，而祇謂之曰，中國之不治，孔道之不行也，嗚呼！知孔道之不行，而不知孔道之不能行也，哀哉！故爲之論而質之君子，其或有興乎來者歟！

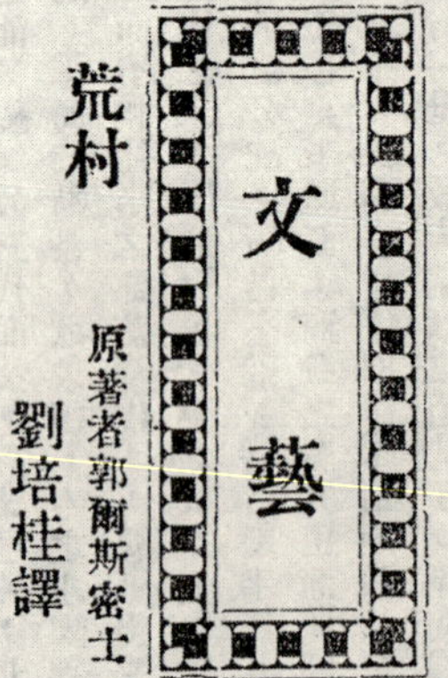

荒村

原著者郭爾斯密士

劉培桂譯

最後，從學術方面着想，亦可分兩點：一•資源方面的研究。煤固然是我們動力的主要資源，但有許多事業，必須用特種燃料，例如航空事業，汽車交通事業等，都需用油類燃料。我們旣無油產，就得研究代替品。液化固體燃料，他國已有相當的成績。氣體燃料，據最近的研究，大有代替汽油可能，我國所研究的木炭汽車，英人所進行的煤汽車，德人所倡製的輕氣馬達，都是很有發達的途徑。我國油田，尚未證實，但亦不是完全無望，亦甚值得尋求。這些，是關於動力資源方面的。二•應用方面的研究。煤旣是我們主要的動力資源，就應該研究效率最大的燃燒方法，及製造最合實用而便於設備的燃煤動力機，不但城市中大廠可以受其益，卽窮鄉僻壤的小工業，亦可蒙其利。這些是關於應用方面的。以上兩方面的問題，都是我們的基本需要上，急待解決的，我國學術界，負起研究的責任，尙有什麼疑義？

五•尾語

本文所供獻的幾個意見，非常淺陋，而且不能總括一切，這是我個人深抱歉的。中山先生主張建設新中國，須要迎頭趕上。民國十九年德國實業考察團戴梯華敎授，曾上書中國政府，亦以中國建設事業，應充分的利用世界五十年來所經之歷程。在這結尾的時候，我亦深願全體國人注意：在這類事業的建設和研究，我們都要保持「迎頭趕上」的精神，才能收到實在的效益。

○　○　○

總理遺敎與儒家學說

這是一個値得研究的問題。

艾毓英

有好些老同志說：總理的全部思想，是繼承堯舜禹湯文武周公孔子孟子的道統。也有一些同志們說：總理的偉大思想，是前無古人，後無來者，以道統論來視　總理思想，無異是輕視　總理。但是　總理對其思想體系之搆成，曾經明明白白的說過：有因襲中國固有之思想者，有規換歐洲之學說者，有獨見而創獲者。則是繼承道統之說，固有未當，而絕未因襲之說，亦不正確。現在以時間關係，不能將　總理全部遺敎，按照上述三個部門，詳加分析，玆僅就　總理遺敎與儒家思想在大體上相同的地方提出來研究。

一•思想基礎

無疑的，總理的思想基礎，是建築在民生史觀上面，因爲總理迭次說過：「古今人類的努力，都是求解決自己生存問題。人類求解決自己生存問題，才是社會進化的定的定律。才是歷史的重心。」「古今一切人類之所以要努力，就是因爲要求生存。、人類因爲要有不間斷的生存，所以社會才有不停止的進化。所以社會進化的定律，是人類求生存，人類求生存，才是社會進化的原因。」「……社會的文明發達，經濟組織的改良，和道德進步，都是以甚麼爲中心呢？就是以民生爲重心。民生就是社會一切活動中的原動力。從 總理這些遺敎看來，可知總理哲學，政治哲學，經濟思想，都是以此爲出發點了。

至於儒家的思想基礎，在舊日載籍裡頭，本不易找出佐證。然而也未始絕對找不出，例於易經上說：「生生之謂易。」又說：「天地變化，草木蕃，」「天地感而萬物化生，」「乾道變化，各正性命，」「至哉坤元，萬物資生……含宏光大，品物咸亨。」中庸也說過：天地之道，可一言而盡也。其爲物不貳，則其生物不測，可見儒家對於宇宙的認識，就是生的宇宙觀，這與總理的民生史觀，是沒有甚麼差別的。

二．倫理哲學

儒家的倫理哲學，植本於『仁』之一字。這是誰都知道的，但是如何始能盡仁之效用？孔子答顏淵之問曰：克己復禮，天下歸仁焉。

關於克己的功夫，就是：「君子修己以敬。……修己以安人。……修己以安百姓」。（論語）「君子篤恭而天下平。」「君子之守修其身而天下平。」「子欲善，而民善矣」。「君子之德風，小人之德草。草上之風必偃。」「上好禮，則民莫敢不敬；上好義，則民莫敢不服；上好信，則民莫敢不用情。」「上老老，而民興孝，上長長，而民興悌，上恤孤，而民不悖」「君仁莫不仁，君義莫不義，君正莫不正，一正君而國定矣，」「自天子以至於庶人，一是皆以修身爲本。從這許多語句中間，可見儒家對於修巳之重視了。

至於禮義，尤其是儒家的倫理哲學的特質。克己工夫，是重在個人人格之修養，禮之爲用，是在維繫人羣社會之秩序，把牠演繹出來，就是：「爲人君，止於仁；爲人臣，止於敬；爲人子，止於孝；爲人父，止於慈；與國人交，止於信。」所求乎子，以事父；所求乎臣，以事君；所求乎弟，以事兄；所求乎朋友，矢施之」。

這就是儒家個人自處及個人與社會相互間所持之倫理哲學。

持此以與總理的倫理哲學相比擬，又是若合符節。總理的倫理哲學，從軍人精神敎育與民族主義演講中，可以明白看出。總理在軍人精神敎育一書中，第一章講精神敎育，第二章講智，第三章講仁，第四章講勇，第五章講決心，決心又分爲兩項：一項是成功，一項是成仁，軍人不但要有成功的決心，而且要有成仁的勇氣，來實行三民主義，不爲富貴所淫，不爲貧賤所移，不爲威武所屈，才算是眞正的仁愛，這是與儒家克己修身工夫相同的地方。

再　總理在民族主義講演中，曾反覆說過：中國固有的道德，中國至今不能忘記的，首是忠孝，次是仁愛，其次是信義，其次是和平。……這種特別的道德，便是我們民族精神，我們以後對於這種精神，不但是要保存，并且要發揚光大，這種忠孝仁愛信義和平的道德，也就是儒家的所謂禮義，所藉以維繫人羣社會的藩籬。

三政治哲學

1.關於政治程序者

儒家：書曰克明峻德，以親九族，九族既睦，平章百姓，黎民於變時雍。詩曰：刑於寡妻，至於兄弟，以御於家邦，孟子曰：老吾老，以及人之老，幼吾幼，以及人之幼，天下可運諸掌，（以上居于積極方面。）孟子曰：於所厚者薄，無所謂薄也，中庸：親親之殺，爲賢之等，（這是在消極方面，說明仁愛不能不有差等。）

總理：開頭就說：三民主義，就是救國主義。而且在實行救國主義之前，也有一定程序，我們失了的民族主義，要想恢復起來，便要有團體，要有很大的團體。我們要結成大團體，便先要有小基礎。……我們中國可以利用的小基礎，就是宗族團體，此外還有家鄉基礎，中國人的家鄉觀念也是很深的。……依我看起來，若是拿這兩種好觀念做基礎，很可以把全國的人都聯絡起來。（民族主義第五講）這可見兩者的政治程序，幾乎完全是一樣。

2.關於政治理想者

儒家：繼絕世，舉廢國，治亂持危，厚往而薄來。（論語）惟仁者，惟能以小事大。（孟子）

儒家的政治思想，語其目的，常是超國家的。春秋的，所謂微言大義，可分「三世」：第一「據亂世，」「內其國而外諸夏，」第二，「昇平世，」「內諸夏而外夷狄，」第三，「太平世，」「天下遠近大小若一，夷狄進至于爵。」國家觀念，僅在據亂世時，始特別濃厚。一至太平之世，不惟國家觀念消滅，夷狄之見，也泯然無存了，因此，論語有云：四海之內皆兄弟也，中庸亦說：是以聲名洋溢乎中國，施及蠻貊，天之所覆，地之所載，日月所照，霜露所墮，凡有血氣者，莫不尊親。孟子也曾說過：仲尼之徒，無道桓文之事者。……無已則王乎，所謂王者，就是王道，桓文之事，就是霸道。無道桓文之事，就是鄙棄霸道，這與總理在民族主義中間所講更相吻合。

總理主張中國如果強盛起來我們不但是要恢復民族的地位，還要對於世界，負一個大責任。……中國對於世界，究竟要負甚麼責任呢？現在世界列強所走的路，是滅人國家的，如果中國……也要去滅人國家，也去學列強的帝國主義，便是蹈他們的覆轍，所以我們要先決定一種政策，要濟弱扶傾……我們對於弱小民族，要扶持他；對於世界的列強，要抵抗他。

四．經濟思想

說到經濟方面的比較，在春秋戰國時代，當然無所謂資本制度，成問題的，僅僅土地而已，故此處所欲比較者，僅是經濟原則與土地主張兩者。

1．關於經濟原則者

(一)生產方面

儒家：儒家的經濟原則，是顯而易見的：在積極方面，主張富民；在消極方面，反對虐民，孔子對於問政者，嘗以「其庶乎，」「足食足兵，」等等對之，這是積極方面的富民主張，再，理財能乎，在聖門中間，確是很多，可是孔子都很厭惡，尤其是「聚斂」「附益」之冉求，在孔子看起來，特別鄙視，不僅是孔子如此，門下亦多是如此，有若對魯哀公曰：百姓足，君孰與不足？百姓不足，君孰與足？大學亦說過：與其有聚斂之臣寧有盜臣。此謂國不以利爲利，以義爲利也。長國家而務財用者，必自小人矣，彼爲善之，小人之使爲國家，菑害幷至，雖有善者，亦無爲如之何矣，此謂國不以利爲利，以義爲利也，孟子的經濟思想，亦大率如此。他在積極方面，主張：五畝之宅樹之以桑，五十者可以衣帛矣，雞豚狗彘之畜，無失其時，七十者可以食肉矣，百畝之田，無奪其時，八口家之家，可以無飢矣，更在消極方面，主張：不違農時；……數罟不入洿池；……斧斤以時入山林。而開頭對梁惠王之問，就說：王，何必曰利？亦有仁義而已矣，苟爲後義而先利，則萬乘之國，弒其君者，必千乘之家；千乘之國，弒其君者，必百乘之家？……上下交爭利，而國危矣，這說得是何等痛切！

(二)分配方面

儒家在分配方面，所特別注意者，就是一個「均」字，孔子曰：丘也聞：有國有家者，不患寡而患不均；不患貧而患不安，故均無貧，和無寡，安無傾。董仲舒解釋以上諸語曰：……：有所積重，則有所空虛矣，大富則驕，大貧則憂，憂則爲盜，驕則爲暴，此衆人之情也，聖人則於衆人之情，見亂之所從生，故其制人道而差上下也。使富者足以示貴而不至於驕；貧者足以養生而不至於憂，以此爲度而調均之，是以財不匱而上下相安，至於連生產消費，一起提到的，在大學上也曾說過：生之者衆，食之者寡，爲之者疾，用之者舒，則財恒足矣，這是對於生產消費，攏統說的。

2．關於土地問題者

儒家對於土地問題的主張，當以王制與孟子兩書來作代表，所謂土地問題的主張，乾脆些講，就是井田制度。本來，井田制度之有無，與夫是否爲王制與孟子兩書所記載，那是另一問題，那是考古家的責任，梁任公和胡適之二氏，對於井田制之有無問題，都曾懷疑過，當廖仲愷先生們主辦建設雜誌的時候，與一般所謂學者，打過好久的筆墨官司，都還沒有結果，這我們可以不必理他，因爲他們所論爭者，是事實問題，至於井田制度之爲儒家思想，這是共同承認了的，井田制的內容，在孟子一書裡頭，曾有如下之紀載：「失仁政，必自經界始。經界不正，井田不均，穀祿不平，是故暴君汚吏，必慢其經界。經界既正，分田制祿可坐而定也，」又說：請野九一而助，國中什一使自賦，卿以下必有圭田，圭田五十畝，餘夫二十五畝，死徙無出鄉，鄉里同井，出入相友，守望相助，疾病相扶持，則百姓親睦。方里而井，井九百畝其中爲公田，八家皆私百畝，同養公田，公事畢，然後敢治私事，所以別野人也。穀梁傳上也說過：「古者什一，藉而不稅：……古者三百畝爲里，名曰井田，井田者九百畝，公田居一，私田稼不善，則非吏；公田稼不善，則非民，——這是儒家對於土地問題的主張。

以上專是就儒家的經濟思想而言，若以儒家的經濟思想，來與總理的經濟思想相比較，自然是今昔異勢詳略有別了。往者的中國，原是重農社會，故其經濟主張，着重於土地問題着重於家給人足，除此以外，沒有詳明的規劃，自然更談不到資本問題，至於現在，資本主義的怒潮，已經衝破了中國農業社會的堤垸，使中國轉入資本社會的旋渦，則應有的對付方策，除平均地權以外，自然還須解決資本問題了。總理的平均地權和節制資本的主張，固然不是在這短的時間以內所能闡述，而就其原則來講，與儒家所持的「均」字理想，是大體相同的，不過總理對於達到經濟理想之辦法與步驟，是熟審世界潮流，適應國家需要，含有準確之科學性，與偉大之時代性，那就非儒家者流之空洞原則，所能比附了。

五・最後理想

兩者的最後理想，實無二致，儒家的最後理想，是大同社會，總理的最後理想，也是以進大同，禮記禮運篇所說：「大道之行也，天下爲公，選賢與能，講信修睦，故人不獨親其親，不獨子其子；使老有所終，壯有所用，幼有所長，鰥寡孤獨廢疾者，皆有所養，男有分，女有歸，貨惡其棄於地也，不必藏諸己，力惡其不出於身也，不必爲己，是故謀閉而不興，盜竊亂賊而不作，故外戶而不閉，是謂大同。」這固然是儒家思想的結晶，同時，也就是總理所蘄求實現的社會。

最近國際間兩大事變之終極觀

孫　寅

國際社會成立，各國交相往來，關係既臻複雜，利害自殊其致，馴至彼此衝突，常成爲不可避之事；復以彼此衝突之不可避免，國際道德（實施國際法的基本條件？有國際法而無國際道德，猶之一國有憲法而無此賦與憲法程度的人民，結果，憲法自憲法，國際法亦自國際法也！）之尚未成熟，國際關係在時間上空間上之變動，亦層出而

修養談

劉信芳

抱佛家出世之心——木墨家刻苦的精神——
做儒家入世之事——立志—好學—篤行—省克，
忠恕，中庸，自強，寡慾悅樂，擇友，勤儉，謙讓
——養氣

作者於讀者未閱本文之前，有二個意見，要向讀者說明：

（1）人格修養，就是講究做人的道理。其重要誰都不能否認。我不必在此下一個人格的定義，只要大家想一想，一個人立身處世，心地行為乖戾無狀，違反人性，良心血性，為物慾所蔽，不仁不義，不忠不信，寡廉鮮恥，卑汚苟賤，逸居無教，妄作妄為，人慾橫流，試問與禽獸奚別？這種人獸相食的社會，成何世界？我們提倡人格修養的目的，在個人方面，在正心修身，以希賢希聖，作志士豪傑，作天地間一個完人；在社會方面，在希望造成優良的風氣，革除壞的風氣，去人欲而存天理，劉念臺說：「人心善惡之幾，與國家治亂之幾相通」，移風易俗，豈是等閒的事？現在一般人談論及社會人心，總是搖頭嘆息地說：「人心不古，世風日下」，一若狂瀾已倒，末世風氣，敗壞到無可挽救似的，其實不然。試問古之人心皆正嗎？日下的世風毫不能挽救嗎？其實不然，翻開歷史來看，淫邪放逸，大奸大惡，不忠不義，不孝不弟的人物和事蹟，何代蔑有？時代改變了，社會的上層建築，隨時代而推移，故生活之道，古今不同，這是時代進化必然的結果，何足訝異？我們何可食古不化，是古非今？須知後之視今，亦猶今之視昔，人羣社會是進化的，事事物物，未必今不如古的。我們只要認識時代，把適合現代生活的倫理標準，昌明過來—「國粹」可以保存下來，却要把不適合現代社會生活的「國渣」，很客觀地廢棄掉牠，纔是合理的態度，我們講求人格修養，不是提倡復古，尤其不是想開倒車，食古不化的路是走不通的，譬如從前講五倫，現在時代改變了，君臣一倫自然廢棄，我們却應以「盡心之謂忠」來解釋「忠」，而不是「忠君」和「天王聖明，臣罪當誅」了，又譬如「父欲子死，不敢不死」的家庭專制淫威；「父母之命，媒妁之言」的包辦婚姻，現在還講得嗎？又譬如自從生產手段變革後，家庭手工業逐漸破產，農村逐漸崩潰，在悲慘的資本制度社會中，隨着發生了二種運動，一種是城市集中Urbinism，金融人口，逐漸集中於大都市，形成大都市支配小都市，小都市支配鄉村的社會經濟狀態。一種是男女同權主義 Feminism，婦女們因爲社會環境的壓迫，起來要求解放。但經濟的能否有把握，是解放的先決條件，所以婦女們不能不在知識上求滿足，在經濟上謀獨立，因此要到學校去求知識；要到工廠去到商店去，和其他機關去，求職業求工作；而且還要要求參政。這是環境所使然，和經濟生活上的需要，你還能仍然把她們關閉在閨房裏，仍然拿什麼「男女授受不親」「女子無才便是德」「女子主內」「婦言不出閫」「婦人者伏於人者也」……等等陳舊的話來約束禁錮他們嗎？時代不同了，老先生們豎起鬍子來打罵她是不中用的，話該說回來了，那麼，我們能隨波逐流，一任時代的狂潮捲着，沉淪於黑暗的深淵嗎？那又不然，須知時代潮流，一面是社會自然進化造成的，而一面是人們提倡鼓吹起來的，趙武靈王胡服騎射，商鞅徙木立信，馬上轉移社會風氣，不是很好的例證嗎？又如春秋戰國奔走遊說之風盛行，所以造成縱橫捭闔的局勢；漢代崇尚氣節，是一般君子士大夫鼓吹提倡相扇成風的；魏晉六朝的人好談玄，固然有牠的時代背景，但未始不是一般崇尚黃老的人士提倡起來的；曹操下詔徵求無節操不忠不孝而有才的人，所以當時的人，習爲奸惡；有宋朝的元佑黨人，和明朝的東林黨人，所以尙能存正氣於天地之間；文學的革命，革命的文學，何嘗不是少數的新文學作家，或左翼作家普羅作家提倡鼓吹起來的？只要我們認識時代，提倡適合現代生活的道德（道德無所謂新舊），來作人格修養的準則，大家堅定意志，身體力行，久而久之，必能建立風氣，達成「己立立人。己達達人」的目的，曾國藩原才說：「風俗之厚薄奚自乎？自乎一二人之心之所向而已……此一二人者之心向義，則衆人與之赴義；一二人者之心向利，則衆人與之赴利……故日撓萬物者，莫疾乎風，風俗之於人心始乎微而終乎不可禦也」。人人皆有良知良能，人人皆可以爲堯舜，有心世道的人士，盍興起乎。

（2）很多人一看到這個題目，心裏一定會說：這是空口唱高調；這是老生常談，書生腐論。咳！世風所以日下，人心所以不古，就是因爲聰明人太多，書呆子太少，一般人奸詐梟險，貪婪無恥，行爲卑劣，品格墮落，相習成風，恬不爲怪！弄到天下滔滔，人慾橫流；人心敗壞，天下安得不亂?!水是最平淡無奇的東西，但人生不能一刻或缺；人格修養也是一樣，無時無地不可以修養人格，要做人無時無地可以不修養人格，操則持，舍則亡，大家萬不可以爲老生常談書生腐論而忽視不理會得，你理會得，可以得到正心修身，養氣立志的好處。如果能够修養有素，那你立身處世，光明磊落，必能仰不愧于天，俯不怍于人，至於知而不能行的，那是知之未眞，或操守不固所使然，更應痛下修養的工夫。

好了，開場白道過了，言歸正傳吧，下述是我的淺陋的修養談：

在沒有逐條提出修養事項之前，我要提出一條最高原則出來。牠是：抱佛家出世之心，本墨家刻苦的精神，做儒家入世之事。什麽是佛家出世之心呢？佛者覺也，所謂佛的涅槃境界，即是大澈大悟萬緣皆空的心境，一種大慈大悲的心腸。抱佛家出世之心在消極方面，恰如王陽明說的：「靜時念念去人欲，存天理；動時念念去人欲，存天理」；又如曾國藩說的「平淡」二字的功夫，凡人我之際看得平，功名之際看得淡，則胸懷日闊，誠意愼獨，自慊不欺，眞誠惻怛，天君泰然，便心常快足寬平。積極方面，佛家出世之心，即是不忍人之心，亦即是墨子「摩頂放踵，利天下而爲之」的精神，本其不忍人之心，博愛慈悲之心，去行入世的不忍人之事，佛說：「我不入地獄，誰入地獄」，亦卽儒家的「仁」。古今聖賢豪傑，撥亂反治，興廢繼滅，都是從大慈大悲，不忍之心的推動，幹出驚天動地的事業來。什麽是儒家入世之事呢？那是修身齊家治國平天下。何以要做入世之事呢？那是因爲人類社會是進化的，要照道家老莊的說法，絕聖棄智，絕仁棄義，剖斗折衡，淸淨無爲，返於渾渾噩噩是事實上不可能的，只好講修齊治平，使衆生共同來創造文明，享受文明，如何修齊，留待下述分解。什麽是墨家刻苦的精神呢？那是做事要以墨翟救宋舍繭百重奔馳七晝夜去說服公輸般的精神，和他的門徒「赴火蹈刃，死不旋踵」的精神，去忠于所事，在個人方面，師其自苦貴儉節用之意，以防制自己流於淫逸邪奢。這又近似道家的見素抱樸，少私寡欲；宋朝理學先生程朱一派的主敬工夫，要整齊收斂這身心不敢放縱。修養的原則如此，那麽，怎樣着手修養呢？我以爲第一當立志，第二當好學，第三當篤行，第四當養氣。分段說明如左：

甲、立志　「志」之與人生，好像靈魂之與肉體，是互相表裏的。無靈魂的軀體，只是行尸走肉，衣架飯桶酒囊，和排糞撒尿的機器而已，人不立志，就不會有健全的人生觀，無健全的人生觀的人，便如無舵之舟，飄蕩於狂濤駭浪之中，好不危險！故此必須立志，以確定其人生觀，有了確定的健全的人生觀，精神纔能充實，有自信力，意志堅定，做事能勇往直前，百折不迴。反之，蠅蠅苟苟，沓沓泄泄，生無益於時，死無聞於後，大辜負天地生人之德了，我所謂立志，是立志做「抱佛家出世之心，本墨家刻苦的精神，做儒家入世之事」的聖哲偉人，最低限度要做一個良民；並不是說可以立志做「寧我負天下人，毋天下人負我」的奸惡，「不能流芳百世，則要遺臭萬年」的奸邪之心，是背天理蔽良知的最惡的物慾要不得，要不得呀！那麽，立什麽志呢？曰：我們應當立志躋於「三不朽」之林，須知人之短生，好像電光石火，炯然而過，生命的歷程行盡了，便歸宿於死，任誰都不能逃出這個天演公例，悲觀頹廢，徒徒毀蝕了自己的精神，，不是辦法，所以我們應當積極樂觀，各奮「小我」之智力，努力奮鬥，創造出莊嚴璀燦自由平等的「大我」來，使「小我」的我，在「大我」之中，克享文明的樂利，所謂三不朽是立德，立功，立言，立德就是希聖希賢；立功就是孫中山先生提倡的「要立志做大事」；立言就是修辭立誠，感人心於千載之下。古來聖哲名士之所以彪炳宇宙者，無非由文學事功。故此我們應當立志做大事（事功），大官未始不可做，但必須抱有「恥匹夫匹婦，不被其澤」的怛惻心胸，和「先天下之憂而憂，後天下之樂而樂」的懷抱，必須實至而後名位歸，若以權謀術數得官，便是奸惡之人。讀書之志（文學），則須以困勉之功，志大人之學。固然，人之才質不齊，故有智愚賢不肖之分，不是人人都能做大事，成就好學問，但我總希望大家都要抱着「人人皆可以爲堯舜」的向上向善的自奮心，勿忘自菲薄，立志去做天地間一個完人。能成就多少，是另外一個問題，志却不可不立。王子墊問孟子：「士何事？」孟子說：「尚志」，曰「何謂尚志」？曰「仁義而已矣，殺一無罪，非仁也；然其有而取之，非義也，居惡在，仁是也；路惡在，義是也，居仁由義，大人之事備矣，」曾國藩日記說：「譬諸草木，志之不立，本則撥矣！是知千言萬語，莫先於立志也，」曾國藩又嘗寫對聯自箴云：「不爲聖賢，便爲禽獸；莫問收穫，但問耕耘」是很好的註脚，他又說：「志不能立，時易放倒，故心無定向」；所以必定要志向立定了，纔能確立下人生觀來。我們舉目看看，立志做大事的人，究有多少？可憐人人心裏邊，只有人慾，而無大志！所以弄到現在滔滔者天下皆是，漢奸奸商，利令智昏，甘心爲虎作倀，不知羞恥大義；政客官僚，只知獵官發財，卑污無恥不管天下治亂安危；還有許多的人，只知解决吃飯問題，夫吃飯問題固然要緊，但不能忘却人們還有更高貴的對人類社會的責任在，安可昧而不立志做大事？不要說別的，只就軍人來說，軍人之有大志，立志爲國爲民建功立業的固然有，但是還是無志有慾（野心）的多，在這內憂外患極端嚴重的時期，鈎心鬥角，割據內爭如故，如川魔的混戰，馮玉祥的異動…………言之曷勝慨嘆！還有，一般軍人因爲不立志，所以缺乏健全的人生觀，以爲軍人征戰，生命危淺，薄如朝露，所以今朝有酒，今朝須醉，得行樂時，暫且行樂。他們只看到軍人生活的一片面，而忘却了軍人崇高的責任和使命。他們的意志是頹唐的，趨向享樂主義的，大唱其所謂「三W主義」Woman, wine, and war（婦人醇酒與戰爭），整日沉迷荒誕，醉生夢死，不知敦品勵學爲何物！因爲要狂嫖濫賭，酒食徵逐，滿足物慾，被迫得不能不貪利好貨，以應所需，同時便漸漸地把自己的人品性格墮落下去！這種軍人，絕不是我們理想中的革命軍人。所以立志一事，我以爲是人格修養的前提。

乙、好學 西諺說：知識就是力 Hnowledge is power，人之所以爲萬物之靈，以其有智識，能進化，能征服自然以適生，知識的重要，不言而喻了。知識從何而來？曰從學問經驗得來，但大抵從經驗得來的知識粗；從學問上得來的知識細。所以凡人立志做大事，非有學問不可，不學無術，不能擔當經國濟世的大任，孔子說：「好仁不爲學，其蔽也愚，」然則如何去做學問呢？曰要重問思辯，日知月無忘；窮研典籍書冊，縱觀博覽以致知。孔子說：「我非生而知之者，好古敏以求之者也」(述而章)；又說：「君子病無能焉，不病人之不已知也」，(衛靈公章)；又說：「知者不惑」。他老人家十五而志學，默而識之，學而不厭，勤奮到發憤忘食，一直到晚年，仍然孜孜不倦，這種勤求學問的精神，是我們所當師法的，古人勤奮讀書，像蘇秦刺股，董仲舒下帷三年目不窺園圃，司馬溫公枕警枕，什麼焚膏繼晷，什麼「三更燈火五更雞」，我以爲可以不必，我們讀書，只要有恆，有條理，有系統就行。讀書方法有三：

(a)精讀深研 哲理史籍以及現代社會科學自然科學屬之，究研時有所得，最好作筆記。

(b)誦讀 詩賦詞曲文章屬之，要得其神味。

(c)瀏覽 說部雜誌日報屬之，不必費心思索，隨便瀏覽。

能夠造成習慣，規定時間做功課最好。如果環境不可能的時候，則利用空閒時間行之就得，只要不鬆懈逸怠，別讓寶貴的光陰，白白消逝。須知開卷有益，成功的人——不論事業家學問家——沒有不是努力求知，手不釋卷的，一個人立身處世的道理，胥從古今聖哲偉人的傳記嘉言懿行中得來；孔子曰：「博學以文」，陽明語錄說：「博學於文，爲隨事學存此天理……詩書文藝，皆是天理之發見，文字都包在其中，考之詩書六藝，皆所以學存此天理也，」古今中外的典章制度，和興衰治亂之跡，胥從經傳史籍中探求出來；子書說部文集，益人神智；詩賦詞曲是薈萃宇宙的美底文字，讀之可以感通性情。你和書籍相親，總不會有壞處的。一個人學殖淺薄，知識缺乏，思想落後，不明瞭世界大勢，是最可恥最缺憾的事情。尤其是一般軍人，不會移注他們的剩餘精力去讀書求知，又沒有作高尚娛樂的習慣和興趣，而只知嫖賭洩慾，勞民傷財，戕賤身心，墮落品格，真是不長進，無聊至極！何如移注其剩餘精力去讀書求知呢？曾國藩日記說：「近來每苦心緒鬱悶，毫無生機，因思尋樂，約有三端：勤勞而後憩息，一樂也；至淡以消忮心，二樂也；讀書聲出金石，三樂也」。所謂「讀書最樂」，何必嫖賭？曾國藩說：「書味深者，面目粹潤；保養完者，神自充足。」（日記）然此可為好學深思者道，難為流俗人言矣。

丙、篤行　孔子說：「君子欲訥于言，而敏于行」；又說：「君子食無求飽，居無求安，敏于事而慎于言，就有道而正焉，可謂好學也已」。本來困知勉行，是分不開的，時時審思以為行之準則，以之見於行事，由行事而參證內在的功夫，庶幾乎學知利行，而言行俱深切而著明矣。一個人的行為，必須依于良心，內省不疚，纔有是處，所以

（一）省克功夫，不容懈怠，常常自己省克，纔能盡心知性，纔能事事反求諸已，及身而誠，孔子說：「克己復禮為仁」。曾子說：「吾一日三省吾身，為人謀而不忠乎？與朋友交而不信乎？傳不習乎？」自是省的例子，王陽明說：「人若真實切已，用功不已，則于此心天理之精微，日見一日，私欲之細微，亦日見一日。若不用克己工夫，終日只是說話而已，天理終不自見，私欲亦終不自見。……今人于已知之天理不肯存，已知之人欲不肯去，且只管愁不能盡知，只管閒講，何益之有？且待克得自已，無私可克，方愁不能盡知，亦未遲耳」。這是克已。省克是「內在」的功夫，下邊說說「外在」的功夫：

（二）忠恕　孔子之道，忠恕而已。所謂「忠」就是盡心——盡心忠實於所事之事，矢勤矢慎，不敷衍，不苟且，不因循，不沓泄，不懷忮心，不行詐偽，所謂「恕」就是推已，克已重厚，事事從良知良能發出，待人以誠，不着一點傲慢虛偽；已所不欲，不施于人，同情心盎然流溢，真心慈愛以接人，化泯私人的愛憎恩怨以處世，躬行孝弟信義。那樣忠以盡己，恕以待人，則人已之交盡矣。換句話說，忠恕之道，也就是「仁」，忠恕的人，居處恭，執事敬，與人忠。子張問仁于孔子。孔子說仁就是「恭」「寬」「信」「敏」「惠」——恭則不侮，寬則得衆，信則人任焉，敏則有功，惠則足以使人，能行五

者于天下，斯爲仁矣。就拿軍人來說，治戎之道，端在能修德惜民。曾國藩說：「帶勇之法，用恩莫如用仁，用威莫如用禮。仁者，所謂欲立立人，欲達達人也，待弁勇如待子弟之心，嘗望其成立，望其發達，則人知恩矣！禮者，即所謂無衆寡，無大小，無敢慢，泰而不驕也，正其衣冠，尊其瞻視，儼然人望而畏之，威而不猛也，持之以敬，臨之以莊，無形無聲之際，常有凛然難犯之象，則人知威矣。守斯二者，雖蠻貊之邦行矣！何兵勇之不可治哉。」孔子說：「言忠信，行篤敬，雖蠻貊之邦行矣」，又說：「仁者必有勇」，「仁者不憂」，「仁者壽」，能篤行忠恕之道，修齊治平之道，庶乎近矣。

(三)中庸　中庸是什麼意思呢？就是不偏不倚，廓然大公，一切的行爲，勿使太過或不及也。子思作中庸，引孔子的話說：「道之不行也，我知之矣，知者過之，愚者不及也；道之不明也，我知之矣，賢者過之，不肖者不及也」。總之，太過與不及，都無是處，譬如剛毅近於仁，但剛愎自用不可也，剛而無禮不可也；食色性也，飲食男女，人之大欲，不可矜持太過，矯情窒性，但荒淫邪亂，縱情聲色，酣歌恆舞，紙醉金迷不可也；窮奢極侈，享用太豐，一衣百金，一餐幾萬錢，朱門酒肉臭，野有凍死骨，不可也；節用儉約，是美德，但太過則流于吝嗇，不及則變爲奢侈；强暴和怯懦是太過與不及，都要不得，勇壯纔是我們所需要的；溫良是中庸，傲慢和卑汙是太過與不及；敏達是中庸，輕脫和魯鈍是過與不及；機智是中庸，嚴厲和諧謔是過與不及。又譬如治軍爲政都要明，但太過却流于太察而成苛酷；不及呢，則變爲昏庸，易受欺矇。凡事總以執兩用中，平易近情爲尙，索隱行怪或自囿卑下，應當用功夫革掉才是。

(三)自强　記曰：「君子莊敬，日强」，易曰「天行健，君子以自强不息」。我們進德修業，好像撑舟上灘，進寸退則尺，必須以「敬」的功夫，時時自策，困勉知行，見善則遷，有過則改，懲忿窒慾，存朝氣，勿使失墜，不要少壯不努力，到年老常多悔懼。曾國藩說：「細思古人工夫，其效之尤著者約有四端：曰，愼獨則心泰；曰主敬則自强；曰求仁則人悅；曰思誠則神欽。愼獨者，遏欲不忽隱微，循理不間須臾，內省不疚故心泰；主敬者，外而整齊嚴肅，內而專靜純一，齊莊不懈，故身强；求仁者，體則存亡養性，用則民胞物與，大公無我，故人悅；思誠者，心則忠貞不貳，言則篤實不欺，至誠相感，故神欽」要做這個功夫，非自强不息，不敢一日安肆不可。古詩：「努力崇明德，皓首以爲期」，端賴自强，方能貫澈。

(四)寡慾悅樂　人的情欲，是與生俱來的，不可矜持大過，使之窒塞不遂。但放縱不得，一放縱，便像野馬一樣，會忘作非爲，縱情容易墮入魔障，縱慾結果戕賊身心。曾國藩說：「治心之道，先去其毒，陽惡曰忿，陰惡曰慾」，他主張寡慾以養精，我以爲老子的清虛無爲，主任自然，最是寡慾的良箴，他主張見素抱樸，少私寡欲，說道：「禍莫大於不知足，咎莫大於欲得，故知足之足常足矣」，「甚愛必大費，多藏必厚亡，知足不辱，知止不殆，可以長久」，他告訴孔子說：「去子之驕氣與多欲，態色與淫志，是皆無益于子之身」。然則怎麼去寡欲呢？那就得「靜」以養心，恬淡以明志了。能靜則心覺安定；反之，不靜則省身不密，見理不明，所謂靜，並不是深閉固，心若死灰，窒息生理之謂，而是要仁心不息，滿腔生意，中虛不著物欲，眞實無妄，無患得患失，貪貨好淫之心，便泰然自樂，物來順應，未來不迎，當時不雜，已過不戀，心中充滿誠明，自然寡慾了。但寡慾之次，還應時時悅樂以養天和，樂以忘憂忘累，舉凡陶情淑性的使神情恬適舒和的音樂戲劇以及娛心意悅耳目的種種高尙正當的娛樂，以及美術，可以盡情欣賞，不必矜持大過，屏不入耳目。

(五)擇友　友以輔仁，擇交不可不愼，與善人交，如入芝蘭之室，久而不聞其香，則與之俱化矣；與惡人交，如入鮑魚之肆，久而不聞其臭，則與之俱化矣，曾國藩說：「凡做好人，做好官，做名將，俱要好師，好友，好榜樣。」那麼，如何擇友呢？自然是要交益友，而遠損友。直友，諒友，多聞之友，和他結交過從有益；便辟，善柔，便佞的朋友是損友，當疏而遠之。

(六)勤儉　古老言語說：「民生在勤，勤則不匱」。讀書勤，做事勤，成就必有可觀，而且勤勞而後憩息，心安理得，樂趣極大，事事不勤治家不勤，鮮有能修身齊家者，曾國藩說：「人而不勤，則萬事俱廢，一家俱有衰象。」譬如治軍，亦以勤爲本。他說：「帶兵之道，勤恕廉明四字，缺一不可」。「治軍之道，以「勤」字爲先，身勤則强，佚則病；家勤則興，懈則衰；國勤則治；怠則亂；軍勤則勝，惰則敗。惰者，暮氣也，常常提其朝氣爲要。」能勤的人，大祗能儉。儉是養廉的美德。不儉鮮有能廉者，不廉就要貪利好貨，循至作奸犯科，不僅身敗名裂而已，最是上下交征利，使四海困窮，危害民生，至爲罪大惡極。現在所以貪汚成風者，一面是政府無養廉之道，空空的提倡砥勵廉隅，是不行的；但根本還是在一般人，不能儉約節用，驕奢淫逸，不能不貪汚以應所需使然；所以我們應當持儉以養廉，來保全人格。曾國藩說得好：「修己治人之道，止于勤於邦，儉于家，言忠信，行篤敬四語，終身用之有不能盡，不在多，亦不在深。」

（七）謙讓　傲是凶德，謙讓所以戒傲。易曰「謙受益，滿招損。」王陽明說：『人生大病，只是一「傲」字，爲子而傲，必不孝；爲臣而傲，必不忠；爲父而傲，必不慈；爲友而傲，必不信；故象與丹朱俱不肖，亦只一「傲」字，便結果了此生。諸君常要體此人心本是天然之理精精明明，無纖介染着，只是一無我而已；胸中切不可有我，有卽傲也，古先聖人許多好處，也只是無我而已；無我自能謙，謙者衆善之基，傲者衆惡之魁」。十室之邑，必有忠信，三人同行，有我師焉；泰山不擇土壤，故能成其大，江河不擇細流，故能成其深。謙之義盡於此矣。今以治軍而論，不能謙讓的，必帶驕傲氣，驕氣是敗氣，驕兵鮮有不敗者，歷史上殷鑑無數。所以治戎必謙，而後能臨事戒愼恐懼，絕驕之源。

以上七端，如能身體力行，修齊治平之道畢矣。卽聖人亦可必也。陳義過高，自知不免，但取法乎上，而得其中；取法乎中，而得其下。道理我不能不這樣講呀！

丁、養氣　能立志力學篤行了，還要有養氣的功夫，纔畢修養之事。孟子說：「我善養吾浩然之氣」，這個氣是天地間的正氣，磅薄鬱塞於宇宙之間。人欠養氣工夫，遇事就不能不動心。能養浩然之氣，纔能直道而行，至大至剛；氣不餒，然後能行於苦其心志，勞其筋骨，餓其肌膚，困乏其身心，行拂亂其所爲，動心忍性，增益其所不能的歷程，而達成「富貴不能淫，貧賤不能移，威武不能屈」的大丈夫的人格。養氣之法，又不外「自反而縮，行慊於心」兩語而已。曾國藩說：「當今之世，富貴無所圖，功名亦斷難就，惟有自正其心，以維風俗，或可補救于萬一。」設使人人都能同此心，心同此理，漸推漸廣，以至于四達不悖，修齊治平，有何難事？王陽明說：「靜時念念去人欲，存天理，動時念念去人欲，存天理。」吾愿以此自勗勗人。

七月中澣寫于棠蔭。

儒家理想中之鄉村生活

沈咫天

馬克斯有言：「不是人類的良心支配他的生活，乃是人類社會的生活支配他的良心」其意謂人類心理之變化悉聽命於其所處之環境；僅有被動的適應而無自動的適應，故欲使人類得到圓滿的精神生活必先解決個人物質上的生活問題而欲解決個人物質上的生活問題，不可不從社會的生產問題着手。吾國古代儒家之主張，其最高之目標固承認人類之良心足以支配其生活；而其實施之步驟則與馬氏之言若合符節。孔子之議論見於論語者：

子適衛，冉有僕。子曰：「庶矣哉！」冉有曰：「既庶矣，又何加焉？」曰：「富之。」曰：「既富矣，又何加焉？」曰：「教之。」（子路）

其見於劉向說苑者：

子貢問為政，孔子曰：「富之；既富，乃教之也。」（建本篇）

論語又載冉有之言：「求爾何如」？對曰「方六七十，如五六十，求也爲之，比及三年，可使足民；（即孔子所謂「富之」。）如其禮樂，（即孔子所謂「教之」。）以俟君子。」（先進）

孟子亦曰：

「明君制民之產，必使仰足以事父母，俯足以畜妻子，樂歲終身飽，凶年免於死亡，然後驅而之善，故民之從之也輕。」（梁惠王上）

荀子亦曰：

「不富無以養民情，不教無以理民性。」（大略）

所謂「富」與「教」，皆有先後之次序。蓋深知人格之提高，不能離卻物質的條件；必使社會之生產增加，個人之生活（指物質的）安定，而後能施以適當之教育也。

於此吾儕有應注意者：即孟子之所謂「制產」，其產維何？當時生產品之主要部分者，厥惟農產物，故一般人民所處之環境，實爲農業社會——鄉村。（至今仍是如此）當孔子之時，鄉村方面還算安寧，所以僅僅提出「富之」的原則，講明生計之原理而已。

[illegible]家思想中之鄉村生活

古詩十九首的探討

史奇班

古詩十九首[illegible]是成熟的五言詩，我們要研究古詩十九首，對於五言詩的歷史與演進也不得不略知一二：

（一）五言詩的胚胎期——周[illegible]從四言詩演[illegible]一步發展五言[illegible]見五言多用[illegible]

[illegible]何等[illegible]師可言。夏商五子之歌可算是最古的五言詩，他的第五章中的：

古詩十九首的探討 [illegible] 三卷一期 四五

生之者衆，食之者寡，爲之者疾，用之者舒，則財恆足矣。(大學)(荀子亦言：「明主必謹養其和，節其流，開其源。」)其意爲「生之」「爲之」就是開源，乃就生產方面而論。「食寡」「用舒」就是節流，乃就消費方面而論。)

到孟荀時代，因爲各國彼此用武力侵略之結果，農村經濟幾乎破產，

今也制民之產，仰不足以事父母，俯不足以畜妻子，樂歲終身苦，凶年不免於死亡。(梁惠王上)

彼（當時的列強）奪其民時，使不得耕耨以養其父母；父母凍餓，兄弟妻子離散。(同上)

凶年饑歲，君之民，老弱轉乎溝壑，壯者散而之四方者，幾千人矣！(梁惠王下)

此皆當時農村不免破產之證。

孟荀二家對於農民之生活問題，根據先儒之原則與原理，竭力提倡農業。其實施之辦法，屬於消極方面者：孟子之言曰：

「不違農時，穀不可勝食也；數罟不入洿池，魚鱉不可勝食也；斧

「[illegible]予心，[illegible]厚有[illegible]悔。」

到了周朝就可從詩經中找出不少的五言詩，如：

逐首二句的五言詩：

「投我以木瓜，報之以瓊琚。」(衛風木瓜)

「莫敢不來享，莫敢不來王。」(商頌殷武)

連續三句及四句的五言詩：

「揚且之皙也，胡然而天也，胡然而帝也！」(鄘風君子偕老)

「誰謂雀無角？何以穿我屋？誰謂女無家？何以速我獄？」(召南行露)

全章的五言詩：

「知子之來之，雜佩以贈之；知子之順之，雜佩以問之；知子之好之，雜佩以報之。」(齊風女曰雞鳴)

(二)五言詩的醞釀時期

[illegible]以時入山林，林木不可勝用也。穀與魚鱉不可勝食，材木不可勝用，是使民養生送死無憾也。」（梁惠王上）

荀子之言曰：

「草木榮華滋碩之時，則斧斤不入山林，不夭其生，不絕其長也。黿鼉魚鱉鰍鱣孕別之時，罔罟毒藥不入澤，不夭其生，不絕其長也。春耕、夏耘、秋收、冬藏，四者不失時，故五穀不絕，而百姓有餘食也。汙池淵沼川澤，謹其時禁，故魚鱉優多，而百姓有餘用也。斬伐養長不失其時，故山林不童，而百姓有餘材也。」（王制篇）

關於積極方面者，孟子則提出井田制度。

方里而井，井九百畝，其中爲公田，八家皆私百畝，同養公田。（滕文公上）

井田之義：一曰「無泄地氣」，二曰「無費一家」，三曰「同風俗」，四曰「合巧拙」，五曰「通財貨」。因井以爲市，故曰市井。……別田之高下善惡，分爲三品。……肥饒不得獨樂，墝埆不得獨苦，故三年一換土易居。……是謂「均民力。」

（公羊傳宣公十五年何休注）

[illegible]五言詩[illegible]有進步。

「嚶嚶之音，吾不如鳥鳥，人皆集于苑，已獨集于枯。」（國語）約在魯閔公時。

滄浪之水清兮，可以濯我纓；滄浪之水濁兮，可以濯我足。（孟子離婁引孺子歌）約在魯哀公時。

（三）五言詩的成立時期——西漢中葉——

在這成立的演進期中，還有不少的幼稚作品如：

「子爲王，母爲虜，終日舂薄莫，相與死爲伍。相離三千里，當誰使告女？」

「北方有佳人，絕世而獨立，一顧傾人城，再顧傾人國，寧不知傾城與傾國，佳人難再得。」

荀子則提出鄉村建設之計畫：

一、興水利：修堤梁，通溝澮，行水潦，安水臧，以時決塞，歲雖凶敗水旱，使民有所耘艾。

二、明農教：相高下，視肥墝，序五種，省農功，謹蓄藏，以時順修，使農夫樸力而寡能。（楊倞注：「使農夫敦朴於力穡，不求他能也。」）

三、治山海：修火憲，養山林藪澤草木魚鱉百索，（楊倞注：「上所求百物也。」）以時禁發，使國家足用而材物不屈。

四、安鄉里：順州里，定廛宅，養六畜，閒樹藝，勸教化，趨孝悌，以順時修使百姓順命安樂處鄉。（王制篇）

此皆根據其先儒之原則與原理，增加生產量以解決社會經濟之辦法也。

惟是社會生產量增加矣，果足以使人人盡得享受物質上之圓滿生活乎？吾敢言絕對的不可能！試觀歐洲自十八世紀末葉工業革命以迄於今，藉機器之製造，生產量大增，甚至有過剩之現象。然其結果，僅造成少數資本家，一般勞動者，仍不能維持其生活，以致勞資兩

劉歆伶時就有很大的進步。五行志載有成帝時之童謠歌謠：

「邪徑敗良田，讒口害善人，桂樹華不實，黃雀巢其顛。故為人所羨，今為人所憐。」

文格與歌謠是分不開的，既有此具有五言形式與含有文學趣味的歌謠，當然那時的五言詩有成立的可能，故我們可說五言詩的發生時期大約總在西漢中葉的時候，由此推之，那麼古詩十九首總不能超過西漢以前多少年代了。

我們既明白了五言詩的演進，第二步就要斷定古詩十九首是何時的產物。關于這個問題在梁代已不能確定。所以昭明編文選時統稱之曰古詩，六朝人承認古詩十九首中有西漢人的作品。徐陵玉台新詠曾把

西北有高樓

東城高且長

階級之對抗，日趨尖銳化，而[illegible]
之增加，而無以處置之，斷不能解決各個人之生活，適足以啟職「不
奪不饜」之禍亂耳！儒家洞察乎此，則注重均產。孔子曰：

「丘也，聞有國有家者，不患寡而患不均，不患貧而患不安。故均

無貧，和無寡，安無傾。」季氏

不均之故安在？董仲舒曰：

「有所積重，則有所空虛矣。」春秋繁露調均篇

荀子曰：

「筐篋已富，府庫已實，而百姓貧，夫是之謂上溢而下漏。」王制

「積重」云云，「上溢」云云，以今言釋之，經濟集中之謂也。歐美各
國經濟集中於少數資本家，故多數之勞動者不免於「空虛」，不免
於「下漏」，勞資兩方既成懸殊之階級，彼此相處，何能相「安」？而
猶欲求其「無傾」，得乎？是以儒家專重一「均」字。何以能使之「
均」乎？荀子曰：

「兼足天下之道，在明分。」富國篇

[illegible]

涉江采芙蓉

青青河畔草

蘭若生春陽（文選不載）

庭前有奇樹

迢迢牽牛星

明月何皎皎

等九首屬爲枚乘所作。劉勰說：「孤竹一篇
則傅毅之詞。」鍾嶸說：「去者日已疏[illegible]
疑是建安中曹王所製。」[illegible]其中
雖有[illegible]之作，故後人又有謂爲古詩
十九首中有許多是東漢時的作品。時至今
日，我們雖[illegible]知他們作者的姓名，但其
各篇產生的時代還可約略推考得之：

行行重行行

[illegible]

[illegible]

「節其流，開其源，而時斟酌焉。」仝上

荀子深恐「節流」「開源」所得之利，或有所「積重」而甚至於「溢」，或有所「空虛」而不免於「漏」，特提出「明分」與「斟酌」兩大問題，其目的在裁抑其所「積重」，酌劑其所「空虛」，不使其「溢」，亦不使其「漏」，而「明分」之。故曰：「斷長續短，損有餘，益不足」禮論（荀子以禮為「度量分界」而施行適當之分配。）此為「均」字之注脚，亦即所以「均」之之道，至若孟子以主張之井田制度，則欲實行其均產主義也。

於此吾儕復當注意者，即物質之平均分配，乃極困難之事，若僅僅規定相當之制度以均分之，則一時之苟安而已，他日人亡政熄，仍難免豪强之兼并。必使人人出於自勵，彼此相愛，彼此相讓，互助合作，成為風俗，而後得以長治久安，此非普及教育不為功，故儒家既解決民生問題，即注重鄉村教育。彼宗深知人類之所以能結合，因個人與個人間有同情心焉，此同情心者，實為「溝通全人類之秘鑰」。用梁任公之言是以其教育之目標，為人格教育，詳言以申明之，即啓發人類

青青河畔草
為建安以前的作品。因此詩中昔為倡家女二句，為曹植七哀詩所引用。

西北有高樓
亦為東漢時作品。

涉江采芙蓉
西晉陸機以前之作品，因晉人樂府詠芙蓉者極多，陸機始有擬作。

冉冉孤生竹
建安以前作品。因曹丕稍瓜來井節擬此篇。

迢迢牽牛星
魏晉間作品，陸機對此雖有擬詩，

迴車駕言邁
魏晉之間的作品，其中奄忽隨物化之句為阮籍所引用。

去者日已疏

之同情心而利導之，使之互助合作，以維持社會之治安也。

所謂同情心者，儒家謂之仁，（仁是儒家最[illegible]的內聖工夫，[illegible]孔門[illegible]子惟顏子能「三月不違仁」其餘日月至焉而已。」蓋使梁任公說，僅述其淺顯之義。）

樊遲問仁，子曰：「愛人。」論語顏淵

仁者以其所愛，及其所不愛。孟子盡心下

荀子亦言：「有知之屬，莫不知愛其類。」此愛類觀念，即人類之同情心也。惟儒家既言仁，復言恕，仁與恕何所區別？曰：仁屬於心理的，恕屬於行為的。試以「體」「用」兩個術語解釋之：仁者，恕之體；恕者，仁之用；兩者同實異名，相為表裏。說文訓恕為仁，即此義也。故儒家之恕道，皆就行為方面言之。

子貢問曰：「有一言而可以終身行之者乎？」子曰：「其恕乎！己所不欲，勿施於人。」論語衛靈公

子貢曰：「我不欲人之加諸我也，吾亦欲無加諸人。」論語公冶長

（此子貢既聞孔子之說，而亦欲躬行恕道）

恕者，推己度人之謂。荀子曰：「聖人者，以己度者也。故以人度人，以情

[illegible]

門[illegible]下六句[illegible]）[illegible]

方有此等情況也。

夜夜[illegible]云暮

東漢時產物，詩中[illegible]遣[illegible]句是東漢時景物，

孟冬寒氣至

劉宋以前魏晉之間的作品，三五明月滿，一句[illegible]照中與歌所擬用。

客從遠方來

魏晉之間的產物，以此詩為[illegible]

今[illegible]所擬用。

今日良宴會

大約是漢末魏初的作品。

生年不滿百

不是東漢末年的產物，就是到漢魏時代作品。

度情，以類度類。」（非相責）彼此相推度，非即人類同情心之表現乎？故曰：仁與恕同實而異名。大學推衍恕道，則謂之「絜矩」。

所惡於上，毋以使下；所惡於下，毋以事上；所惡於前，毋以先後；所惡於後，毋以從前；所惡於右，毋以交於左；所惡於左，毋以交於右；此之謂絜矩之道，

中庸推衍其理曰：

君子之道四，丘未能一焉。所求乎子，以事父，未能也；所求乎臣，以事君，未能也。所求乎弟，以事兄，未能也。所求乎朋友，先施之，未能也。

孟子推衍其理曰：

「老吾老，以及人之老；幼吾幼，以及人之幼；……古之人所以大過人者，無他焉，善推其所為而已矣。」（梁惠王上）

凡此諸說，皆就行為方面闡明恕道，乃「求仁」之方也。是以孟子曰：

「強恕而行，求仁莫近焉。」（盡心上）

從類觀念，發之於內心者，則謂之仁；見之於行為者，則謂之恕；發於內

庭中有奇樹

迢迢牽牛星

明月何皎皎

這三首的時代比較難考定了。至於

明月皎夜光（這首有作附入游江採芙蓉者）

驅車上東門

這二首大概都公認他是東漢時的產物。但都沒有公正確的根據，故還不能算是確當。以我自己的目光來評論，還相信游國恩說的是西漢時的作品為有理由。

明月皎夜光中「玉衡指孟冬」一句，據李善注引春秋緯運斗樞曰：「北斗七星，第五曰玉衡。」淮南子時則訓曰：「上云促織，下云秋蟬，明是漢之孟冬，而非夏之孟冬矣。」詩經豳風云：「立秋促織鳴，女工急促之候也。」因知促織鳴時是在秋天，故此

仁發於內心而復見於行爲，則明「體」「達」「用」，內外並重，乃能「求仁而得仁」。論語述而 故曰：

「夫仁者，己欲立而立人，己欲達而達人；能近取譬，可謂仁之方也已。」論語雍也

「人皆有所不忍，達之於其所忍，仁也。」孟子盡心下

嘗試論之，個人與社會有聯鎖之關係，「宇宙間會無不受社會性之影響束縛而能超然存在的個人，亦會無不藉個性之緜演推移而能塊然具存的社會」。梁任公語 人類之生活有共同之需求，必使全社會之人類共「立」共「達」，共得其需求，乃能解決個人之生活；亦必使個人與個人間之同情心盡量擴充，相激相盪，作「自強不息」的活動，乃能實現較爲完善之社會。所謂「欲立立人」「欲達達人」者，即由各個人盡出其同情心，以建設其所欲「立」欲「達」之社會，然後生活於其所建設的社會之下。馬克斯僅知社會支配人類的真心，而不知人類的真心亦足以支配社會。儒家之學說較爲圓滿多矣。孔子曰：

[illegible]在[illegible]上的孟冬實際相[illegible]夏正的[illegible]。故詩中說促織鳴，玉衡指孟冬；是據秦曆而言。自漢武帝太初元年方改秦曆，[illegible]，故可知此詩定在太初以前作的。既他是西漢時代的產物，是很可靠的。

關於上東門究竟在什麼地方？關於此點有兩種不同的意見：

（一）認爲長安者，認此詩爲西漢作品。因西漢都長安，[illegible]詩解非雒陽矣。[illegible]民曰「上東門長安東門名。郭北，西都之郭北，非東都之北郭也。」

（二）認爲洛陽者，認此詩爲東漢產物。因東漢都洛陽，余冠英曰「上東門乃洛陽之門，……長安東面三門，見水經注，無上

「仁者，人也。」中庸

孟子曰：

「仁也者，人也；合而言之，道也。」盡心下

明言同情心—仁—者，乃人類結合，社會演進之道也。

明乎此義，故儒家之人格教育，一言以蔽之曰：根據人類之同情心—仁—而培養之，擴充之，以建設其理想中之社會，達到其理想中之鄉村生活而已。何以培養之？：一曰修身。

欲修其身者，先正其心，大學

所謂修身在正其心者，身有所忿懥，則不得其正；有所恐懼，則不得其正；有所好惡，則不得其正；有所憂患，則不得其正。心不在焉，視而不見，聽而不聞，食而不知其味。此謂修身在正其心。大學

「正心」之「心」即人類之同情心也。有所忿懥、恐懼、好惡、憂患，乃心理之變態，足以「梏亡」其同情心。既修其身，則其心不容不正，而長得保持其心理之常態，使同情心充分滋長，以盡其「用」。故曰：

「君子……修己以敬，……修己以安人，……修己以安百姓。」論語憲問

東門之名。」

今按阮籍詠懷詩有九句蓋彷此詩云：

「步出上東門，北望首陽岑，上有采薇士，下有嘉樹林。」又云：「朝出上東門，遙望首陽基。」因此我們知道上東門附近原有夷齊兄弟隱居采薇的首陽山。而且距離不甚遠，方可說得上「望」字。故我們要斷定上東門之究在何處，不得不要知道首陽山在什麼地方，現在根據各方的考證知道首陽山可分三處：

A首陽山—在今山西

B首陽山—在今河南

C首陽山—在今甘肅

因采薇歌恐後人偽託，不能作證，故不可斷在甘肅的隴西。在河南也不可考。考詩經唐風采苓云「采苓采苓，首陽之巔。」按鄭時之唐本晉國，在今山西。故首陽山之在山西

「君子之守修其身而天下平。」

△日習禮樂。孔子曰：

「禮云禮云，玉帛云乎哉！樂云樂云，鐘鼓云乎哉！」陽貨

儒家之習禮樂，不重形式，貴其能涵養性情，完成人格也，

禮云禮云，貴絕惡於未萌，而起敬於微眇，使民日徙善遠罪而不自知也。大戴禮記禮察篇　小戴禮記經解篇

樂也者，……可以善民心，其感人深。小戴禮記樂記

夫樂者，……使其曲直繁省廉肉節奏足以感動人之善心，使夫邪汚之氣無由得接焉。荀子樂論　樂記與此略同

何以擴充之？曰明人倫。

設爲庠序學校以教之，……皆所以明人倫也。人倫明於上，小民親於下。孟子滕文公上

立大學，設庠序，修六禮，明十教，所以道之也。荀子大略篇

人倫者，「父子有親，君臣有義，夫婦有別，長幼有序，朋友有信。」孟子滕文公上

凡此五倫，皆成立於對待關係之上，合之爲五，分之爲十，荀子之明十

指長安的上東門。他說出上東門而北望，陽，自然是極通了。所以「古詩」中的上東門決不是洛陽的上東門。又有人以爲服食求仙的風氣是東漢時盛行的，拿本詩中「服食求神仙，多爲藥所誤。」兩句來作證，斷定他是東漢時的産物。其實這是個大膽的武斷；並沒有牢不可破的鐵證。故我還是以他爲西漢時的作品較切當

了解它的背景及出處後，我們當然也要討論到它本身的文學價值。雖都知道古詩十九首是文辭驚美的五言詩，昭昧詹言三句評話，道得極當，我且把他引來：

天衣無縫！

一字千金！

驚心動魄！

教，即孟子之所謂人倫也。重愛類觀念，以吾身為中心，推及其四周相與交接之人。譬之水波，從一中心點向外波動，其波紋之深淺與其距之遠近成正比例。故人類同情心之擴充，先及於與吾身發生直接關係者，次及於間接關係者。孟子曰：

「老吾老，以及人之老；幼吾幼，以及人之幼。」（梁惠王上）

又曰：

「君子親親而仁民，仁民而愛物。」（盡心上）

此則人類之同情心已擴充到極量矣。

人格教育之最終目的在「致化流行，德澤大洽，使天下人人有士君子之行。」（春秋繁露俞序篇）夫天下人人皆成為士君子，則儒家理想中之社會與理想中之生活得以實現。其理想如何，近人飽聞「大同」，而不知「大同」非儒家之言（見梁漱溟東西文化及其哲學引吳虞與陳仲甫書），茲故略而不論，但舉孟子之言曰：

「五畝之宅，樹之以桑，五十者可以衣帛矣；雞豚狗彘之畜，無失其時，七十者可以食肉矣；百畝之田，勿奪其時，數口之家，可以無

從古詩十九首的本身上來作觀察，大約可歸之於五類：

1. 描寫社會的：
迴車駕言邁
東城高且長
驅車上東門
去者日以疏
西北有高樓

2. 描寫離別的：
行行重行行
孟冬寒氣至
客從遠方來
明月何皎皎

3. 描寫戀愛的：
青青河畔草
涉江采芙蓉
冉冉孤生竹

飢矣。謹庠序之教，申之以孝悌之義，頒白者不負戴於道路矣。七十者衣帛食肉，黎民不飢不寒，然而不王者，未之有也。」（梁惠王上）

「死徒無出鄉，鄉田同井，出入相友，守望相助，疾病相扶持，則百姓親睦。」（滕文公上）

此種制度，實爲儒家理想中最完善之社會組織，最圓滿之鄉村生活。梁任公謂：「在物質生活上合作互助的原則，在精神生活上以深厚真摯之同情心爲之貫注，儒家所理想之「美善相樂」（荀子樂論）的社會，此其縮影矣。」

吾鄉村師範同學，皆有志於改革鄉村者，改革之道，不可不知今之社會主義者流，侈言新村生活，吾儕固當酌量採取其說，至若先儒之言，雖以時代之遷變，未必盡能適用於今日，而其周密之理論，固有顛撲不破者在，不宜視爲陳言而吐棄之。爰闡發其精義，以供我同學之參考焉。

儒家理想中之鄉村生活

[illegible]

迢迢牽牛星

凛凛歲云暮

2. 描寫享樂的：

今日良宴會

青青陵上柏

生年不滿百

3. 描寫人情的：

明月皎夜光

對於古詩十九首的好處也不用我來多說，各位讀者可自去欣賞，我們知道古詩十九首之所以能被人稱譽不絕而傳於今者，乃是因爲牠從真正的情感中發揮出來的產物。原來文學的原素只是情感，亦就愈大情感愈熱烈，愈熱烈的感情中流露出來的[illegible]

古詩十九首的[illegible]

漢以後儒家的派別

胡懷琛

(一) 緒論

在整個的中國的學術中，以儒道兩家最爲重要。如欲研究中國學術，須先把儒道兩家的派別弄清楚。

關於儒家的派別，已有姚寶賢先生的儒教思想之體系一篇在青年與戰爭發表，關於道家的派別，我已有一篇老子的學說及後世道家的派別在青年與戰爭發表。

現在我再簡單的說一說漢以後的儒家的派別，可以和姚先生的文參看。漢以前我不再說，因爲姚先生已說過了。

(二) 漢儒

儒家在漢代，約有三派。一派是儒家和陰陽混合而成的。以董仲舒爲代表。又一派是儒家和法家混合而成的，而兼採縱橫家的方式。以賈誼爲代表。再一派，專以註解「經」文爲事，就是馬融鄭玄等人。這三派雖都是漢代的儒家，但後人所謂「漢儒」，與「宋儒」對峙的「漢儒」是專指馬融鄭玄等人而言。

(三) 宋儒

到了宋代，乃由儒釋道混合爲加以變化，另產生一種新的學術。通稱爲「理學」。這一派的儒者，通稱爲「宋儒。」

「宋儒」又分爲四派：叫濂，洛，關，閩。濂是周敦頤，洛是程顥程頤，關是張載，閩是朱熹，各以其所居地而爲其學派之名。此外再有一派是和朱熹立在對峙的地位的，現是陸九淵。

在宋代除了以上所說的諸派之外，再有一派，後人通稱爲「功利」，又稱爲「經濟」，又稱爲「事功」，以陳傅良葉適爲代表。

(四) 漢宋異同

「漢儒」「宋儒」的大分別是如下：他們都是以「經」爲本，但「漢儒」只是註解經文，而「宋儒」是重在實行經中的話，並發揮經中所說的精深的道理。所以「漢儒」的學問稱爲「考據」之學，「宋儒」的學問稱爲「義理」之學。(此處宋儒二字。專指程朱)

大概說一句：「漢儒」的「考據」是書本上的學問，「宋儒」的「義理」是個人品性上的學問，「功利」或「經濟」或「事功」就是相當於今日政治社會等學，而且要實在去行的，不是空談的，是當世的，不是古代的。「功利」一派，在宋代雖已發端，但是不大盛，所以普通所稱的「宋儒」還只是指程朱等人。

(五) 明儒

由「宋儒」陸九淵的一派，演進而成爲「明儒」。以王守仁(卽王陽明)爲領袖。但王陽明兼有「事功」，其他各人就沒有「事功」可言。末流更變爲講學，可不必讀書。本來陸九淵就說：「我雖不識一個字，也可堂堂地做個人」。人家勸他著書，他說：「六經皆我註脚」。又說：「六經註我，我註六經」。這些話是在「宋儒」之中極端的反對「漢儒」的。自陸九淵起，經過明代的王陽明，這一派更流傳得普徧，到了明末，就不免流弊叢生了。

(六) 清儒

「明儒」的流弊，是不重在「讀書」，也不注意於「致用」。於「考據」「經濟」兩方面都不講。清初儒者要矯正這種弊病，就另造成一種風氣。

清初的著名的儒者，普通以下列三人爲代表，一是顧炎武，(亭林)二是黃宗羲，(梨洲)三是王夫之。(船山)顧炎武是以「漢學」爲根據，而並重「經濟」。王宗羲是從王陽明一派出來的，而亦側重「經濟」。王夫之比較的近於「明儒」，然與「明儒」的末流不同。

三人之外，再有顏元，(習齋)又自成一派。我以「禮」爲本，而重在「讀書」能彀「致用」，亦近於「經濟」。

再後一些，清代的儒者就很明白的分爲漢宋兩派。「漢儒」以閻若璩，胡渭等爲代表。「宋儒」以陸隴其，李光第等爲代表。初則兩派各行其是，繼則兩派互相衝突。因此又產生調和一派。如乾隆時姚鼐欲合「考據」「義理」「辭章」而爲一家。這就是調和派的一個代表。所謂「考據」「義理」，前已說明，不用再說：所謂「詞章」，是指詩文而言，就是文學。因爲講「漢學」或講「宋學」的，都不講「詞章」，於是「詞章」又自成一派。現在姚鼐欲調和三派，合爲一家。再後陳澧，又是一個調和派的代表者。他是調和漢宋的，却未注意於「詞章」。姚鼐，陳澧雖都講調和，但都把「經濟」丟掉。一個是調和「考據」與「義理」，一個是調和「考據」「義理」與「詞章」。我們把「經濟」丟掉，大約是因爲時代的關係，因爲時代太平，政治法律等都循着一定的軌道走，用不著講「經濟」。到了道光以後，中外交通，時局一變，一定的軌道已不適用，因此講「經濟」的儒者又應此需要而產生了。這一派以魏源爲代表。到後就漸變爲「洋務」，爲「時務」，爲「新學」。

總之儒家從漢到清分爲四派，並各有種種別稱。今列表如下：

名稱	別稱	別稱	別稱	別稱	別稱	相當於現代的名稱
考據	漢學	學問				考古學
義理	宋學	品行				倫理學
詞章		文章				文學
經濟	功利	事功	洋務	時務	新學	政治社會

以上四派，歷代的儒者，有只講一派的，有兼講兩派的，有運動調和兩派的，有運動調和三派的。上文均已說過。若四派兼備，似乎還沒有這一類的人物。惟清末的曾國藩則彷彿相似。

反者也；然亦實相應相成者；孟氏曰：以力服人，非心服也，力不贍也，故徵於詩曰：自西自東，自南自北，無思不服者，是『心服』也；又曰東征西怨，南征北怨，若大旱望雨之切；有奚爲後我之悵：凡斯者何也，皆『心之爲用』也；人心之偉大。人心之神聖，集其作用，可以『回天』；統其功能，可以『移世』；華夏神州五千祺二十五朝之興亡隆替：何時何世？其歷史不支配於此危乎微乎的人心之一物？由是言之：『人心之正與不正』，實國家興亡之轉捩；世運隆替之關鍵；孟氏之論，世衰道微，邪說暴行有作，乃至庖有肥肉，野有餓莩，『作於其心，害於其事；作於其事，害於其政』；而歸之於『我亦欲正人心』之唯一義諦，蓋亦握其本扼其要矣！詎垂空文哉？

道家出於儒家顏回說

孫道昇

「任何一種學說，都是漸漸的發展出來的，而不是忽然從天上掉下的，所以任一種學說，都有他的根源。」我也引這幾句話來說明道家的祖宗。莊子天下篇云，

「以本爲精，以物爲粗，以有積爲不足，澹然獨神明居，古之道術有在於是者，關尹老聃聞其風而悅之，……」

「芴漠無形，變化無常，死與生與，天地幷與，芒乎何之，忽乎何適，萬物畢羅，莫足以歸

，古之道術有在於是者，莊周聞其風而悅之，……」

這兩個「古之道術有在於是者」，向來沒有人說清他是指的誰。「王官說往矣，應時說與此相背也」。所以打算把這個「古之道術有在於此者」找出，還得我們自己努力。我最近研究的結果，居然把他找出來了，他是誰呢？就是孔子的第一個大弟子顏回。茲特考証如下，

在未正式考証以前，必須要首先明白三點，這三點是什麼呢？就是，

（一）道家以莊周爲開創的始祖，在「老，在孔前」的學說沒有打倒以前，道家的始祖當然是老子。最近這幾年來，一般考據家都把「老在孔前」的說法打倒了，並證明老子是理想人物，老子書作於戰國末年。這樣一來道家的始祖就變成莊子了。這是我們應當首先知道的第一點。

（二）現存的莊子只有內七篇是莊子所作，最近有好些人都考定外雜篇的作成年代很晚，還在老子成書以後。他們的假定，大概是對的，我們應當採取。

（三）所謂「出於」者，是說新派受舊派的暗示，而取其幾個觀念，特別加以發揮，並不是說新派全部接受舊派的學說。這一點非常重要，應當特別注意。我們須知道，往往一個人的一句話，或一個觀念，就可引出別人的一個很偉大的哲學的體系來，如天台大師的學說系統，是由大智度論三句話引出來的，就是一個最明鮮的例。道家之出於儒家的顏回，也是如此。

這三點既明，然後我們進而作正式的考定工作。進行的步驟有二。第一先說顏回思想的體系

。第二，再舉莊子引顏子的話作證。茲先就第一點語起，我以為天下篇所說的「古之道術……」就都是顏回的思想，其証據有下列各條

（一）空，顏回是最能空的一個人。論語云，「回也其庶乎！屢空。」皇侃論語義疏引何晏論語集解云「屢猶每也，空猶虛中也。」一般人都說這個解釋不對，空應訓貧困，其實不然。何解，最合本旨。易繫詞傳云，「顏氏之子其庶乎？有不善，未嘗不知，知而未嘗復行也」。試問不虛中能如此嗎？可見空不是貧困了。以此證彼，故何解為是。

（二）虛，顏子是最能虛中的一個人。論語曾子曰，「實若虛……昔者吾友嘗從事於斯矣」「友」，朱注云「馬氏以為顏淵是也。」據此可證屢空之空的是指「虛」而言，而顏子是一最能虛中的人不待辯而自明了。

（三）無，「有若無。」這也是曾子在論語中稱讚顏子的話。

（四）謙，顏回自己說，「願無伐善，無施勞。」

（五）犯而不校，論語曾子讚顏子又云，「以能問於不能，以多問於寡，……犯而不校，昔者吾友嘗從事於斯矣。」

（六）大知若愚，論語云，「回也聞一以知十」又云，「吾與回言終日，不違，如愚，退而省其私，亦足以發。」前者是太智，後者是若愚。總兩者而觀之，不就是太智若愚嗎？

（七）無爲，論語孔子云「無爲而治者，其舜也與！孟子引顏子曰「，舜何人也，予何人也，有爲者亦若是！」孟子又屢屢稱道顏子說，「禹稷顏回同道，……易地則皆然。」這不很足以証明顏子能無爲嗎？

（八）靜，孔子在論語中說，「仁者靜。」又說「回也其心三月不違仁。」這不是顏子也是很能清靜的嗎？

（九）樂，孔子在論語中云，『仁者不憂。」又說，「賢哉回也，一簞食，一瓢飲，在陋巷，人不堪其憂，回也不改其樂。」可見顏子是很能「坦蕩蕩」而「妙樂天眞」的。

（十）變化無常，論語顏回，「仰之彌高，鑽之彌堅，瞻之在前，忽焉在後，夫子循循然善誘人，博我以文，約我以禮，欲罷不能！既竭吾才，如有所立，卓爾。……」這是顏回自己說他所得夫子之道是變化無常。

（十一）正心修身。論語顏淵問仁。孔子曰，「克己復禮」又曰，「非禮勿觀，非禮勿聽，非禮勿言，非禮勿動。」這不是表示出顏子的心正身修嗎？

總合以上十一條來說，你們看顏子不簡直是一個「妙樂天眞，清靜無爲」的「博大眞人」嗎。前引莊子天下篇所說的「古之道術有在於是者」之「是」，不就都是顏子這一套東西嗎？老子所本的古之道術，顏子那一點沒有？莊子所本古之道術，顏回那一點沒有？這不是我自己的任意胡說，我們只要能拿老子莊子中的幾個根本觀念與顏子的這種思想一比，就知不謬了。我現在還要再引兩條直接證據，證明道家出於顏回。其證何在？卽在莊子。因爲莊子中引有顏子的話。

其次再就第二點來說，莊子旣引顏子的話，就證明莊子出於顏回，他引顏子的話，共有兩點

（a）莊子人間世引孔顏問答云

顏回曰，「端而虛，勉而一，則可乎？」曰，「惡！惡可！」……曰，「然則我內直而外曲，成而上比。內直者與天爲徒，……外曲者與人爲徒也，……上比者與古爲徒，……若是則可乎？」仲尼曰，「惡！惡可！……齋！吾將說汝。」……顏回曰，敢問心齋？」……仲尼曰，「若一志，……氣也者，虛而待物也。唯道集虛，虛者，心齋也，」顏回曰，「回之未始得使，實自回也，得使之也，未始有回也，可謂虛乎？」夫子曰，盡之矣！」

（b）大宗師引孔顏問答云

『曰，「回坐忘矣。」仲尼蹴然曰，「何謂坐忘？」顏回曰，「墮肢體，黜聰明，離形去知，同於大通，此謂坐忘。」

莊子中這兩段話，不是明明白白招承他自己虛無主義是由顏子得來嗎？假如論語中沒有表明顏回是講虛空的，我們可以說莊子這兩段話是寓言，但論語中明明載了好些關於顏子虛空的言行，我們能說莊子這兩段話是毫無根據的寓言嗎？我們拿莊子所引的這兩段話，與上邊所述論語中所載顏子的各點相比，不是完全相合嗎？莊子的所引不是沒有出乎論語所記之外嗎？我們固然可以懷疑莊子，說他所引全是寓言，但我們能夠懷疑論語，說論語所記，也都是假的嗎？我們不能懷疑論語，我們也就無法懷疑莊子了，既然對於莊子所引不能懷疑，則莊子引顏子的話作爲他的出發點，不就可證明了莊子是出於顏回嗎？莊子是道家的開創者，莊子既出於顏回，則由他領導

的道家，不是也可說出於顏回嗎？由此說來，天下篇所說的「古之道術有在於是者」，不就是指的顏回嗎？

我們要知道，論語中所記顏回的事跡和思想千百分之一，並不完全。例如孟子中所引與中庸所引關於顏子的言行，論語中就沒有記出。由此看來，莊子所引也須是當時實有那麼兩段談話也未可知。論語爲子夏子游的弟子所記，他們都是一些知小節而不顧大體的人，所以他們對於這兩段話不能了解，因而沒有記出。莊子受了儒者的影響，他覺得只有顏子的思想最是偉大，於是他就把別的儒家所不注意顏子的話引來，作爲自己的出發點，這也是可能的啊！難道能因論語沒有記載這兩段話，就否認他的確實性嗎？所以我們由莊子引顏問答的話就可證明道家出於儒家的顏回爲確實無疑了。

以上兩段考證，可說正文已完，尚有一點餘意，也願在此一說。就是我說的道家出於顏回，不是說道家於顏回的思想外沒有貢獻，而是說他們是以顏子的幾個根本觀念爲出發點，而又特別加以發揮。這一點莊子天下篇表白的最爲淸楚。他說的「古之道術有在於是者」以上的話，都是指明莊周老聃之取於別人的思想，以下的話，都是表白他們倆自己的新貢獻。例如本文開端所引的兩段，那正是說明他們所取於別人的思想的，並且那兩段中所含的思想，沒有不可在上引顏子的思想中找出，最明鮮的就是「大智若愚，」「勿施勞」，「有若無，實若虛，犯而不校」等等。在這一點老莊不但暗取其意，而且明套其辭了。這不很明鮮是老莊出於孔門的顏回嗎？

總括以上的攷定，我們可以得到下列的緒論，就是，

「道家出於儒家，出於儒家的顏回。莊子老子也可說都是把顏回的思想發揚光大的人。」

本在華的特殊地位」和「排斥歐美對華的積極援助」兩點，是三十年來日本外交的最大目標。雖然有時因爲國際形勢的變更，日本政策或隱或顯，然而蛛絲馬跡，在歷史的過程上却是充分流露的。所以無論目下國際間對於日本如何制裁，決不會使得他改換態度。

不過世界政治的潮流，好比海洋裏的旋渦，總是一圈乘緊似一圈。這個宣言在日本雖然認爲重申固定政策，在國際間或者竟會引起意想不到的糾紛。而況現在全世界的情形，似乎已經達到了第二次世界大戰的前夕。這個宣言容許就是未來戰爭的一個導火線，亦未可知。

至於中國現在的地位，實在很難應付。「以夷制夷」，因屬不能，「認賊作父」又是不可。我很希望日本這次的對華宣言，給予中國一個絕大的刺激，從今以後「覺悟」起來，「努力」走向收復失地誓雪國恥的途徑上去。

一九三四年五三紀念日。

秦漢儒家概說

姚璋

（一）從孔子說到秦漢時代的儒學

秦漢時代的儒學，是緊接秦統一以前的儒學。爲說明便利起見，當追溯秦統一以前的儒學。秦統一以前的儒學，應從創立儒學的至聖先師孔子說起。孔子創立儒學的原因及其經過，曾由司馬遷簡括的敍述道：

夫周室衰而關雎作，幽厲微而禮樂壞，諸侯恣行，政由彊國；故孔子閔王路廢而邪道興，於是論次詩書，修起禮樂，適齊聞韶，三月不知肉味自衛返魯，然後樂正，雅頌各得其所。世以混濁莫能用，是以仲尼于七十餘君無所遇，曰：「苟有用我者，期月而已矣」；西狩獲麟，曰：「吾道窮矣！」故因史記作春秋以寓王法，其辭微而指博，後世學者多錄焉。（史記儒林傳）

自孔子卒，其學乃由其弟子散播各方。散播的情形，司馬遷繼續敍述道：

自孔子卒後，七十子之徒，散游諸侯，大者爲師傅卿相，小者友教士大夫，或隱而不見。故子路居衞，子張居陳，澹臺子羽居楚，子夏居西河，子貢終於齊、如田子方段干木吳起禽滑釐之屬，皆受業於子夏之倫，爲王者師。是時獨魏文侯好學，後陵遲以至於始皇。天下並爭於戰國，儒術既絀焉。然齊魯之門，學者獨不廢也。於威宣之際，孟子荀卿之列，咸遵夫子之業而潤色之，以學顯於當世。（仝上）

於上所述，可知當孔子生時，其學未見重於時君；直至魏文侯初置博士官，方才開始運用政治力量以推行儒學。至於儒學本身原無所謂派別，當孔子的弟子散佈各方，而儒學的派別始見。韓非顯學篇謂：孔子卒後，儒分爲八。合就孔子卒後的流派光大者，列表以明之如下：

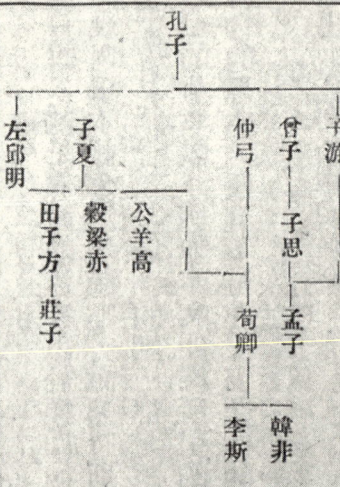

孔子
- 子游
- 曾子—子思—孟子
- 仲弓—荀卿—韓非、李斯
- 子夏—公羊高、穀梁赤、田子方—莊子
- 左邱明

儒學的派別在戰國時，則已僅餘孟子荀卿兩家最爲光大。此兩家所傳儒學各不相同。孟子所傳者爲儒學的大同派。『大同』是孔子理想上『太平之極』的政治，所以也稱爲『太平世』。這是儒學的正宗派。荀卿所傳者爲儒學的小康派。『小康』是孔子理想政治上的『升平世』。這一派以經世爲目的，用法和禮以求秩序上的安寧，不及大同派的以德化人。孟子既沒，公孫丑萬章之徒，不克負荷，其道無傳。荀卿身雖不見用，而其弟子韓非李斯等，却大顯於秦，因之其道傳於後。儒學在秦統一以前，散播的情形及流傳的派別，今可考見者，大略如是。

秦始皇併吞六國，一統天下後，東行郡縣，上泰山，登之罘，議刻石頌秦德，議封禪望祭山川，都與魯諸儒生俱；嘗自言曰：『吾召文學方術士甚衆，欲以興太平』。（史記始皇本紀）其所行之政：尊天子，抑臣下，制禮樂，齊律度，同文字，攘夷狄，尊貞女，置博士，又無不同於儒學。秦之置博士乃承魏制。魏文侯所置之博士，都是深究儒學的人。秦代的博士也多是儒生，何以見之呢？因爲自始皇置博士七十人，至漢初所存秦博士伏生叔孫通等都是儒生，未聞有別家學者曾做秦博士。史記又謂：『陳勝起山東，使者以聞，二世召博士諸儒生問曰：「楚戍卒攻蘄入陳，於公如何？」』（史記叔孫通傳）此亦可見秦之博士是儒生。始皇所言聽計從的李斯，又是儒家荀卿的及門弟子，『知六藝之歸。』（史記李斯傳）以上種種都是秦代崇尚儒學的明證。然始皇之『焚書阬儒，』則又作何解呢？始皇所焚之詩書，僅爲民間所藏者；『博士官所職』者，依舊保存。其所以焚詩書者並非是要滅絕儒學，而意專在統一思想；所以被焚者不獨民間的詩書，百家語也在內。設始皇誠欲滅絕儒學，則當取『博士官所職』者一併焚去。但始皇不特不如此，且下令曰：『若欲有學，以吏爲師』。（史記始皇本紀）所謂『吏』者即秦博士，都是儒生所任。『以吏爲師』者，乃無異言以皇家所雇用的博士諸儒生爲師。如是，則始皇之『焚書』是要使皇家的儒學推行於天下也。至於始皇所阬殺的儒生，並非都是儒家中人，內中的盧生侯生就是方士。他們哄騙始皇相信他們去找尋神仙和長生藥，結果找尋不到，打算逃走，以致觸動皇上的大怒，牽連大學諸生，一同阬殺。所以始皇的『阬儒』意亦在一網打盡『爲妖言以亂黔首』的變相儒生，而使皇家的博士諸儒生獨傳皇家的儒學。如此說來，始皇的『焚書阬儒』不特不與儒學爲敵，而却是使儒學一尊的開路先鋒。但促成始皇如此者，則又不得不歸功於儒家荀卿的及門弟子李斯。

秦亡漢興。漢代的創業之主高祖，早年最惡儒學。其例證如：

騎士曰：「沛公不喜儒。諸客冠儒冠來者，沛公輙解其冠，溺其中；與人言，常大罵，未可以儒生說也」。食其曰：「第言之」。騎士從容言食其所戒者。沛公至高陽傳舍，使人召食其。食其至，入謁。沛公方踞牀，令兩女子洗，而見食其。食其入，即長揖不拜曰：「足下欲助秦攻諸侯乎？欲率諸侯破秦乎」？沛公罵曰：「豎儒。夫天下同苦秦久矣，故諸侯相率攻秦。何謂助秦」？（前漢書酈食其傳）

叔孫通儒服，漢王憎之；迺變其服，服短衣，楚製，漢王喜。（史記叔孫通傳）

陸生時時前說稱詩書。高帝罵之曰：「迺公居馬上而得之，安事詩書」。（史記陸賈傳）

於此數例，已足確證高祖在早年吐棄儒學了。儒生酈食其叔孫通陸賈等，最初都是深自貶抑，包羞忍辱地跟着高祖的。高祖得了天下以後，深以諸將爭奪喧嘩爲憂。等到叔孫通定朝儀，高祖方感覺做皇帝之貴，而後信儒學的真有利於人主。至陸賈獻新語，高祖始悟到馬上之不可以治天下，於是過魯以太牢祀孔子，喟然歎興於學。但高祖終究未曾能用全力來提倡儒學。到惠帝四年，始除挾書之禁；接以呂氏之亂，未皇庠序。文景二帝，曾徵老儒生做博士，備極優待；然終以好黃老，諸儒屏息，所謂博士諸儒生只不過備員罷了。武帝初即位，聽了趙綰王臧等的話提倡儒學；但以有竇太后黃老之好，而遭失敗。史記其事曰：

綰臧請天子（武帝）欲立明堂以朝諸侯，不能就其事，乃言師申公。於是天子使使束帛如璧、安車駟馬迎申公，弟子二人乘軺傳從。至見天子。天子問治亂之事。申公時已八十餘，老，對曰：「爲治不在多言，顧力行何如耳。是時天子方好文詞，見申公對，默然；然已招致，則以爲太中大夫，舍魯邸，議明堂事。太皇竇太后好老子言，不說儒術，得趙綰王臧之過以讓上。上因廢明堂事，盡下趙綰王臧吏，後皆自殺。申公亦疾免以歸。（儒林傳）

直到竇太后死了以後，儒學始得乘機勃然而興。史記又記其事曰：

及竇太后崩，武安侯田蚡爲丞相，絀黃老刑名百家之言，延文學儒者數百人。而公孫弘以春秋，白衣爲天子三公，封以平津侯，天下之學士，靡然鄉風矣。（仝上）

當儒學正代黃老而勃興時，董仲舒又對策曰：

今師異道，人異論，百家殊方，指意不同；是以上亡以持一統，法制數變，下不知所守。臣愚以爲諸不在六藝之科，孔子之術者，皆絕其道，勿使並進。邪辟之說滅息，然後統紀可一，而法度可明，民知所從矣。（前漢書董仲舒傳）

武帝聽了董仲舒的話，眞的罷黜百家，置五經博士，設明經射策之科。自此以後，儒學一尊，成爲二千年來國教之局。董仲舒之奏請罷黜百家，直同李斯之奏請焚書。漢武帝之聽從董子言，又同於秦始皇之准李斯議。始皇開儒學一尊之路於前，而武帝實奠定其基於後。始皇一尊儒學之時，其他學派固甚多。而武帝一尊儒學之時，其他學派存在者依舊不少。除黃老之外，尙有『刑名百家之言』。（史記儒林傳）武帝爲何與始皇同樣的於諸學派之中獨尊儒學呢？蓋儒學嚴等差，貴秩序，與民言服從，說忠孝，於帝王馭民，最爲適宜。所以要極度擴張君權的始皇武帝，對於儒學獨表示歡迎。再儒者通以前的典籍，知以前的制度，有自孔子以來所與各種原有制度的理論，而又理想化之，理論化之，使之秩然有序，粲然可觀。若別家則祇有政治，社會哲學，而沒有對於政治，社會的具體辦法，或雖有亦不如儒家之完全。因此想竭力圖謀建設的始皇武帝，以儒學獨迎合其需要而一尊之。儒學於專制君主既有如是之妙用，則何以未能大見用於高祖孝惠呂后文景之世呢？高祖承大戰之後，瘡痍滿目，經濟困難，不能與新建設；又以諸侯叛亂，用兵未已，難言擴張君權。因此，高祖自無須大用儒學。孝惠呂后時『公卿皆武力有功之臣』，（史記儒林傳）內亂尙未已，新建設既談不到，擴張君權亦不必言，故儒學依舊不得大用。文景之世，內亂雖已告終，但社會貧窮，民不聊生，急宜休養生息，故黃老勃興，儒學旁落。至武帝卽位，距漢興已六十餘歲，天下既安定，財力又富足，擴張君權，圖謀建設，正其時矣。因此可知武帝之『鄉儒術』，乃出於自然趨勢也。自武帝『鄉儒術』後：

公卿大夫士吏彬彬多文學之士矣。昭帝時，舉賢良文學，增博士弟子員滿百人；宣帝末，增倍之。元帝好儒，能通一經者皆復；數年，以用度不足，更爲設員千人，郡國置五經百石卒史。成帝末，或言孔子布衣養徒三千人，今天子太學弟子少，於是增弟子員三千人，歲餘復如故。平帝時，王莽秉政，增元士之子，得受業如弟子，勿以爲員，歲課甲科四十人，爲郎中，乙科二十人，爲太子舍人，丙科四十人，補文學掌故云。（前漢書儒林傳）

班固又作儒林傳贊言武帝以後儒學之盛曰：

自武帝立五經博士，開弟子員，設科射策，勸以官祿，訖於元始，百有餘年，傳業者寖盛，支葉蕃滋，一經說至百餘萬言，大師衆至千餘人。

王莽篡位後，儒生有遁跡山野者，但至漢室中興，遁跡山野的儒生又多出仕。後漢儒學之盛，首由光武帝的提倡。所以後漢書儒林傳曰：

自光武中年以後，干戈稍戢，專事經學，自是其風世篤焉；其服儒衣，稱先王，遊庠序，聚橫塾者，蓋布之於邦域矣。若乃經生所處，不遠萬里之路，精廬暫建，贏糧動有千百，其耆名高義，開門受徒者，編牒不下萬人，皆專相傳祖，莫或訛雜。

光武以後，次至章帝，會諸儒論經書異同，作白虎通；又及明帝順帝，增建大學校舍；桓帝時，大學學生至三萬餘人，儒學可謂隆盛已極了。但儒學極其隆盛之中，已孕育儒學衰落的胚胎。因爲後漢末年的儒學已成爲釣取功名的工具，而解決不了當時的政治社會問題；於是社會的思潮遂轉向老學佛學去了。

（二）儒學與六藝

自漢武帝用董仲舒之策，『諸不在六藝之

科，孔子之術者，皆絕其道，勿使並進』儒學一尊之局於是奠定；且指定『六藝』爲儒學之基本。所謂六藝者就是詩，書，禮，樂，易，春秋。六藝一名『六學』；又稱『六經』而六經之稱尤爲通行。凡關於六經之學術爲經術，或經學。從董仲舒以後，大多數著書立說之人，其學說無論如何新奇，都須於經學中求有根據，方可爲一般人所信受。凡欲獵取功名，進身仕途者，也須以研究經學爲入手。

但六藝因何被指定爲儒學之基本呢？對於這個題有兩種解答。一種以六藝爲古代早已存在的篇籍，曾經孔子整理一番者。前漢書儒林傳言孔子整理六藝之緣起及宗旨曰：

孔子興，以聖德遭季世，知言之不用，而道不行，迺嘆曰：「鳳鳥不至，河不出圖，吾已矣夫！文王既沒，文不在茲乎？」於是應聘諸侯，以答禮行誼。西入周，南至楚，畏匡厄陳，奸七十餘君。適齊，聞韶，三月不知肉味。自衛反魯，然後樂正，雅頌各得其所；究觀古今之篇籍，迺稱曰：「大哉！堯之爲君也，唯天爲大，唯堯則之。巍巍乎！其有成功也。煥乎！其有文章」。又曰：「周監於二代，郁郁乎文哉！吾從周。」於是敘書，則斷堯典；稱樂，則法韶舞；論詩，則首周南；綴周之禮；因魯春秋舉十二公行事，繩之以文武之道，成一王法，至獲麟而止；蓋晚而好易，讀之韋編三絕而爲之傳：皆因近聖之事，以立先王之教。故曰：「述而不作，信而好古，下學而上達，知我者其天乎！」

於此可見孔子於整理六藝之中，兼寓以自己的見解。又一種以六藝爲孔子所創作者，具有微言大義。總之，此二種解答，對於六藝之成雖有不同的說法；却同以六藝爲孔子思想之所在者。且六藝又爲孔子教授其弟子所用之唯一教本。因此之故，武帝所以特指定六藝爲儒學之基本。六藝之中，樂書早亡，所以武帝時所立者祇有五經博士。

五經博士所研究的經書，最初都是口耳相傳，不載竹帛，至前漢始用當時流行的簡便文字隸書寫之。這種隸書在當時認爲今文；而秦以前所用的籀書則視爲古文。漢武帝時河間獻王首於民間得用籀書所寫成的經書；繼又有魯恭王壞孔子舊宅時於壁中得用古文所寫成的經傳。因此經書在文字上有今古文之別。但立於官學者，猶祇有今文經。及王莽纂漢，劉歆爲國師，始於官學中增置古文尚書，毛詩，周官，左氏春秋；且另創新解說。後漢衞宏賈逵馬融又遞爲增補其解說，以行於世。嗣是，經書不僅有今古文字的差異，且更有不同的解說。經書既有今古文之不同；而研究經書之學者亦隨之有今古文家之派別。今文家以孔子爲政治家，以六經爲孔子致治之說，所以偏重於微言大義。而古文家以孔子爲史學家，以六經爲孔子整理古代史料之書，所以偏重於名物訓詁。今古文家之見解既各異趨而不能調和，因此今古文經之爭遂成經學史上一重公案。主張古文的，說今文非眞面目，不足以盡孔學。主張今文的，說古文經都爲僞造，故竄附托，非孔子之眞。不過漢代治經學者，起初大多崇尚今文，到了後漢，始多趨向古文。因此今古文之爭，亦以後漢爲最甚。今古文之家法區分甚嚴。治今文經學者多爲齊人。治古文經學者多爲魯人。至後漢末，鄭玄王肅出，始混淆今古文之家法；但究竟左袒古文經學，所以魏晉時今文經學滅亡，而古文經學反日趨於發揚開展，直至清嘉慶以後，始有今文經學家復起而與古文經學家相對抗。

由上所述，經學早在漢代已屢變了。就其變之大者：自劉歆立古文經新解說，已使經學起一變；鄭玄王肅綜合今古文而注經，又使經學起一變。而各經本體之變化，則大致如四庫提要五經總義類後敘曰：

漢儒五經之學，惟易先變，且盡變；惟書與禮，不變；詩與春秋，則屢變而不能盡變。蓋易包萬彙，隨舉一義，皆有說可通，數惟人所推，象惟人所取，理惟人所說，故一變再變而不已。書紀政事，禮其器數，具有實徵，非空談所能貽亂，故雖欲變之而不能。詩則其美其刺，可以意解；

其名物訓詁，則不可以意解也。春秋則其褒其貶，可以詞奪；其事迹始末，則不可以詞奪也。故二經雖屢變，而不盡變。

總之，儒學一尊之基礎固奠定於漢武帝；而儒學之基本的六藝隨時代而常變者，亦自此特盛。

（二）秦漢的儒家

秦代的大政治家李斯出自大儒荀卿之門下（『知六藝之歸』，實爲當時的經世之大儒家；但以其言多近於法家，後世乃以法家視之，故仍列入法家一編。李斯之外，秦代的博士都爲儒家。漢初的儒家如伏生叔孫通等，原爲秦博士。漢初的儒家除伏生叔孫通外，尚有陸賈魯兩生等。漢文帝時的賈誼，也是漢初的儒家；惟有關於法家之言，且與法家鼂錯語多聯絡處，故亦列入法家一編。漢自武帝一尊儒學後，儒家更多。武帝表章經學；因之儒家多專研經學，而成經師。漢代之經師都是當時的名儒家。不過經學之確固始於武帝，而經學之專師卻在武帝以前就有了。漢以前的易學大師有商瞿橋庇馯臂周醜孫虞等。漢代的第一個易學大師爲田何。漢代的其餘易學大師，都傳自田和。自田和以後的前漢易學大師如下表：

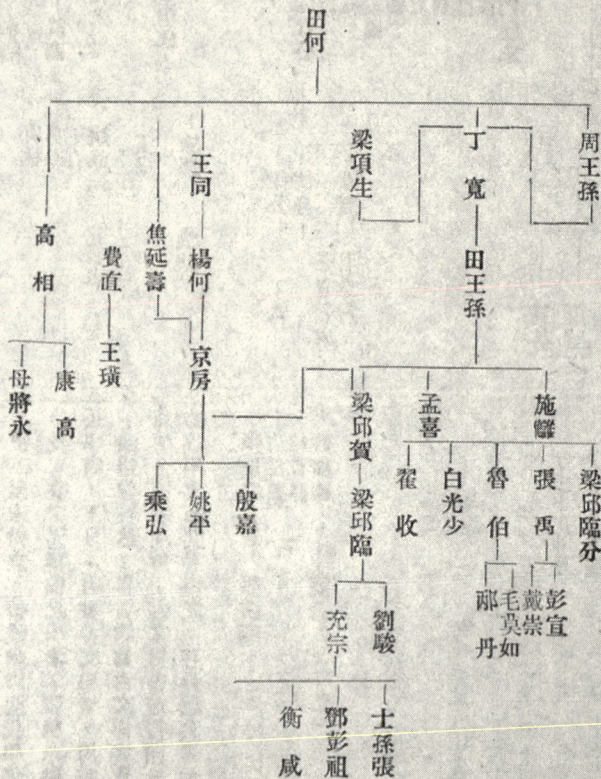

- 田何
  - 周王孫
  - 丁寬
    - 田王孫
      - 施讎
        - 梁邱臨分
        - 張禹
          - 彭宣
          - 戴崇
        - 魯伯
          - 毛莫如
          - 邴丹
      - 孟喜
        - 白光少
        - 翟收
      - 梁邱賀
        - 梁邱臨
          - 劉駿
          - 充宗
            - 士孫張
            - 鄧彭祖
            - 衡咸
  - 梁項生
  - 王同
    - 楊何
      - 京房
  - 焦延壽
    - 京房
      - 殷嘉
      - 姚平
      - 乘弘
  - 費直
    - 王璜
  - 高相
    - 康
    - 高
    - 毋將永

上表的易學大師傳於後者有施（讎），孟（喜），梁邱（賀），京（房），費（直），高（相）六大派易學。施孟梁邱京四派易學在前漢時卽立於學官；費高二派易學未得立。後漢傳施氏易的大師爲劉昆；孟氏易的大師，洼丹任安；梁邱氏易的大師，楊政張興；京氏易的大師，戴憑孫期。後漢陳元鄭衆都傳費氏易。其後馬融亦爲其傳。融授鄭玄。玄作易注。荀爽又作易傳。自是費氏易興。前漢的尚書學大師則如下表：

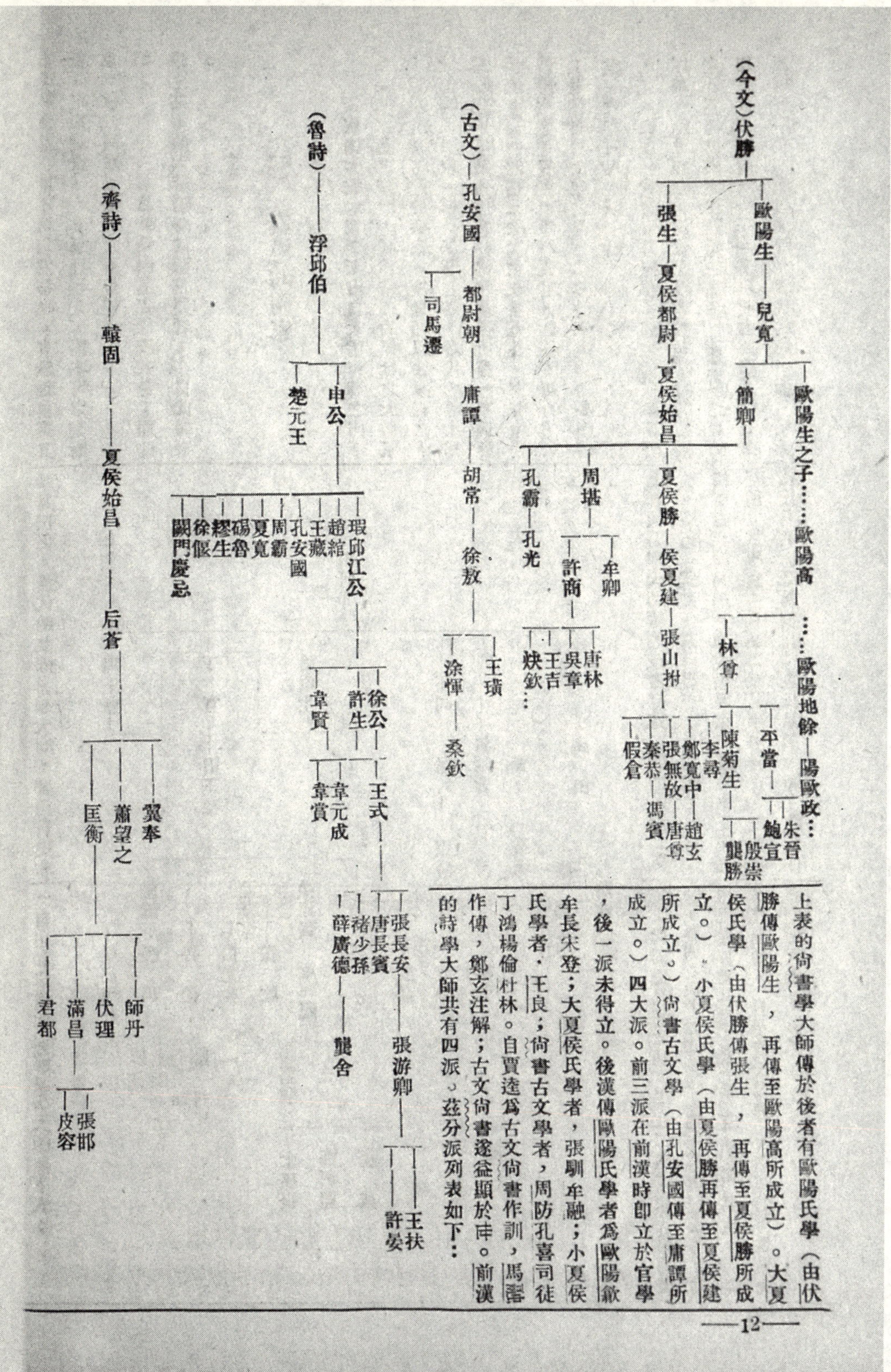

上表的尚書學大師傳於後者有歐陽氏學（由伏勝傳歐陽生，再傳至歐陽高所成立）。大夏侯氏學（由伏勝傳張生，再傳至夏侯勝所成立。）小夏侯氏學（由夏侯勝再傳至夏侯建所成立。）尚書古文學（由孔安國傳至庸譚所成立。）四大派。前三派在前漢時即立於官學，後一派未得立。後漢傳歐陽氏學者爲歐陽歙牟長宋登；大夏侯氏學者，張馴牟融；小夏侯氏學者，王良；尚書古文學者，周防孔喜司徒丁鴻楊倫杜林。自賈逵爲古文尚書作訓，馬融作傳，鄭玄注解；古文尚書遂益顯於世。前漢的詩學大師共有四派。茲分派列表如下：

—12—

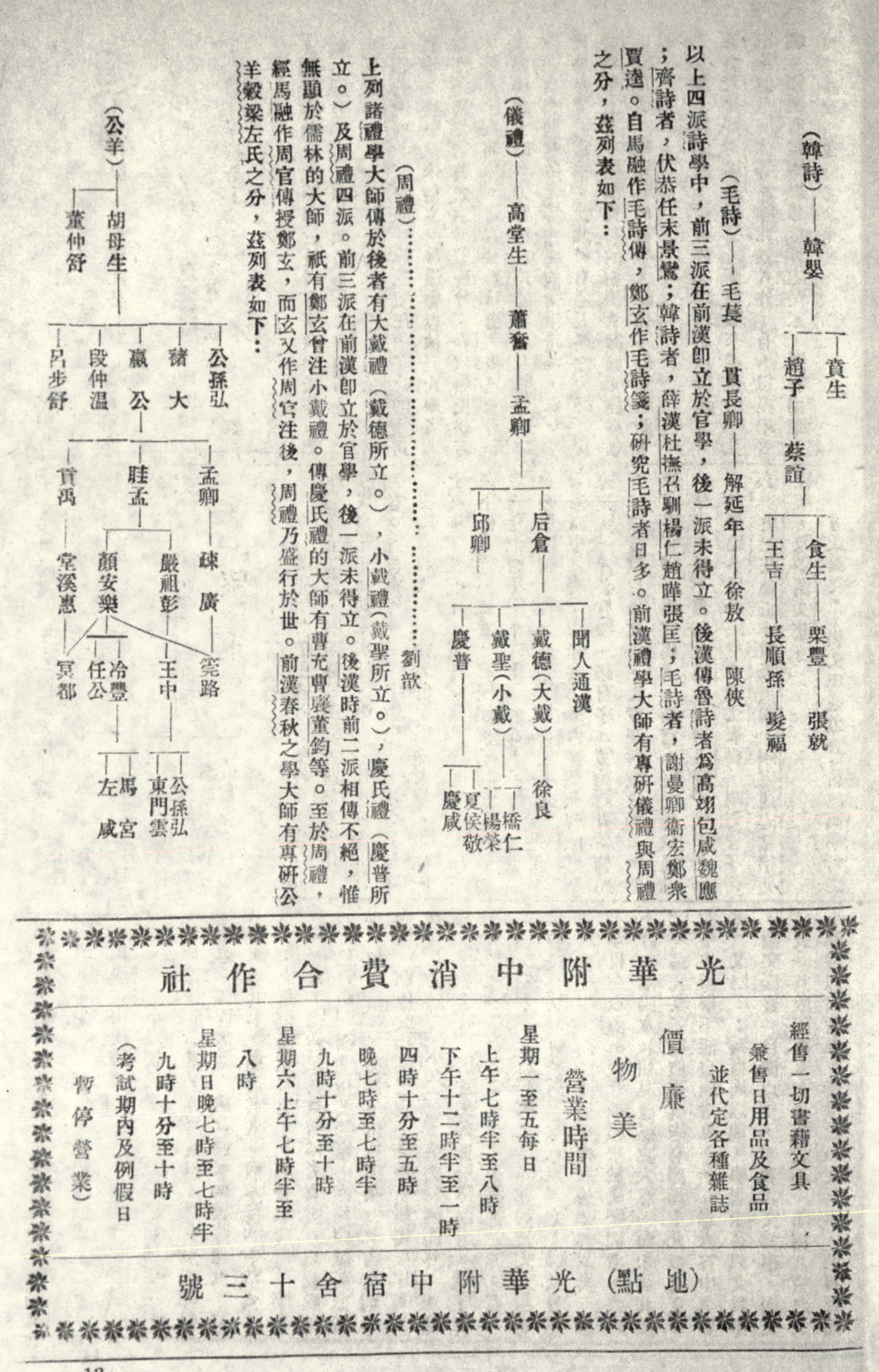

（韓詩）——韓嬰——賁生
　　　　　　　——趙子——蔡誼——食生——栗豐——張就
　　　　　　　　　　　　　　——王吉——長順孫——髮福

（毛詩）——毛萇——貫長卿——解延年——徐敖——陳俠

以上四派詩學中，前三派在前漢卽立於官學，後一派未得立。後漢傳魯詩者爲高翊包咸魏應；齊詩者，伏恭任末景鸞；韓詩者，薛漢杜撫召馴楊仁趙曄張匡；毛詩者，謝曼卿衞宏鄭衆賈逵。自馬融作毛詩傳，鄭玄作毛詩箋；研究毛詩者日多。前漢禮學大師有專研儀禮與周禮之分，茲列表如下：

（儀禮）——高堂生——蕭奮——孟卿——后倉——聞人通漢
　　　　　　　　　　　　　　　　　——戴德（大戴）——徐良
　　　　　　　　　　　　　　　　　——戴聖（小戴）——橋仁
　　　　　　　　　　　　　　　　　　　　　　　　　——楊榮
　　　　　　　　　　　　　　　　　——慶普——夏侯敬
　　　　　　　　　　　　　　　　　　　　　——慶咸
　　　　　　　　　　　　　——邱卿

（周禮）……………………劉歆

上列諸禮學大師傳於後者有大戴禮（戴德所立。），小戴禮（戴聖所立。），慶氏禮（慶普所立。）及周禮四派。前三派在前漢卽立於官學，後一派未得立。後漢時前二派相傳不絕，惟無顯於儒林的大師，衹有鄭玄曾注小戴禮。傳慶氏禮的大師有曹充曹褒董鈞等。至於周禮，經馬融作周官傳授鄭玄，而玄又作周官注後，周禮乃盛行於世。前漢春秋之學大師有專研公羊穀梁左氏之分，茲列表如下：

（公羊）——胡毋生
　　　　——董仲舒——公孫弘
　　　　　　　　　——褚大
　　　　　　　　　——嬴公——孟卿——疎廣——筦路
　　　　　　　　　　　　　——眭孟——嚴祖彭——王中——公孫弘
　　　　　　　　　　　　　　　　　　　　　　　　　——東門雲
　　　　　　　　　　　　　　　　——顏安樂——冷豐——馬宮
　　　　　　　　　　　　　　　　　　　　　　　　——左咸
　　　　　　　　　　　　　　　　　　　　——任公
　　　　　　　　　　　　　——貢禹——堂溪惠——冥都
　　　　　　　　　——段仲溫
　　　　　　　　　——呂步舒

（穀梁）——申公——瑕邱江公——
- 江公子—江公孫—
  - 胡常——蕭秉
  - 劉向
- 榮廣—
  - 丁姓——申章昌
  - 周慶
  - 蔡千秋——尹更始—
    - 尹咸
    - 翟方進
    - 房鳳
- 皓星公

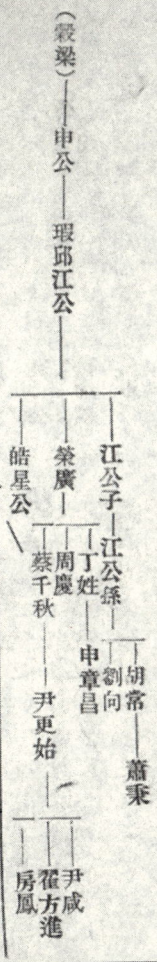

（左傳）——張蒼……——
- 尹咸
- 翟方進——劉歆

上列諸春秋學大師傳於後者有春秋嚴氏學（嚴祖彭所立。），春秋顏氏學（顏安樂所立。），春秋左氏傳（張蒼所傳。），穀梁春秋（瑕丘江公所傳。）四派。前三派在前漢時卽立爲官學，後一派未得立。後漢傳春秋嚴氏學者，爲丁恭周澤鍾興甄承樓望程曾；春秋顏氏學者，張玄李育何休。傳穀梁春秋者，後漢未有顯於儒林之大師。傳春秋左氏傳者，有服虔穎容謝該鄭興陳興陳元等。經數次爭議後，春秋左氏傳始立於官學。除此尚有通五經之大師，爲許愼蔡玄等。經學盛行的兩漢大師雖未能盡羅列於上表，但顯著的經學大師也不外乎如此了。

觀上列儒家，較有哲學思想足以稱述者，祇有董仲舒司馬遷韓嬰匡衡翼奉李尋京房眭弘劉向劉歆何休等。除此數人外，有不以經學著名，而確有哲學思想可言之儒家，還有楊雄王符仲長統崔實荀悅徐幹等。

讀望溪集記

馬厚文

方望溪先生文集十八卷，集外文十卷，集外文補遺二卷，桐城戴鈞衡編，四部叢刊本，據咸豐元年初刻本影印，附有蘇惇元所編年譜一卷。方苞字鳳九，一字靈皐，老年自號望溪，安徽桐城人。生於清聖祖康熙七年。康熙四十五年，成進士。五十年，坐戴名世南山集案連下獄，蒙恩寬宥。官至禮部右侍郎。卒於高宗乾隆十四年，年八十二。爲人敦厚方正，言動必準禮法。性剛直，好面折人過。論學以宋儒爲宗，推崇程朱甚力。古文繼軌韓歐，嚴於義法，言必有物，必有序。嘗論行身祈嚮曰：『學行繼程朱之後，文章在韓歐之間。』所著有周官辨，周官集譜，周官析疑，春秋通論，春秋直解，禮記析疑，喪禮或問，儀禮析疑，春秋比事目錄，左傳義法舉要，刪定管子荀子，史記注補正，離騷正義，刪定通志堂宗元經解，及望溪文集。

方氏論文，主張文與通道合。嘗述萬季野之言曰：『予於古文，信有得矣。然願子勿溺也！唐宋號爲文家八人，其於道粗有明者，韓愈氏而止耳。其餘則資學者以愛玩而已，於世非果有益也！』（卷十二萬季野墓表）又曰：『藝術莫難於古文。自周以來，各自名家者，僅十數人。則其難可知矣！苟無其材，雖務學不可強而能也！苟無其學　雖有材不可驟而達也！有其材，有其學，而非其人，猶不能以有立焉！蓋古文之傳與詩賦異道。魏晉以後，姦僉污邪之人，而詩賦爲衆所稱者有矣。以彼瞑瞞於聲色之中，而曲得其情形，亦所謂誠而形者也。故言之工，而爲流俗所不棄。若古文則本經術，而依於事物之理，非中有所得，不可以爲僞。故自劉歆承父之學，議禮稽經而外，未聞姦僉污邪之人，而古文爲世所傳述者。韓子有言：行之乎仁義之途，游之乎詩書之源。茲乃所以能約六經之旨以成文，而非前後文士所可比並也。姑以世所稱唐宋八家言之：韓及曾王並篤於經學，而淺深廣狹醇駁等差各異矣。柳子厚自謂取原於經，而綴拾於文字間者，尚或不詳。歐陽永叔粗見諸經之大意，而未通其奧賾。蘇氏父子則概乎其未有聞焉！此核其文，而平生所學不能自掩者也！』（卷六答中謙居書）又曰：『自周以前，學者未嘗以文爲事，而文極盛。自漢以後，學者以文爲事，而文益衰。其故何也？文者生於心，而稱其實之大小厚薄以出者也。戔戔焉以文爲事，則實衰而，在意大利無寧稱為組合主義之為愈。固然，在意大利勞動者間之信念上，不免浸潤有法國工團主義的殘骸，但自經法西斯蒂之醇化過程，已成為構成「法西斯蒂之工團主義」的基本要素了。

（七）墨索里尼論組合主義

據一九三三年十一月十四日羅馬消息：是日墨索里尼在全國協同組合評議會演說，說明意大利職業組合之組織，略謂意大利縱有實行資本主義之可能，亦不願為之，意大利應為混合經濟的國家，而測重於農業。其民以為職業組合是一種的工具，在統一的紀律之下，從事生產之努力，以發展意大利人民之財富。政治力量與福利；至於組織主要生產團體之多寡，應按照國家經濟之真正需要，政府團體職員，應包括政府勞資代表及技術專家；該團體之特種工作，為調解與顧問，關於重大問題，此項勸告將為強制的，並能制定法律，由全國的協同組合評議會管理國家之經濟活動，並賦予法西斯蒂大會以權力，能決定關於該團體之組織及實行所發生之問題。

關於「下院無用論」之意見，墨索里尼謂下院（即衆議院）乃數黨主政之機關，與法西斯主義根本相反；將來將其取消後，將以全國的協同組合評議會代替之。墨氏說道：『吾人今日廢除經濟自由主義，而採行職業組合政策，易言之，即統制經濟是也。社會主義與經濟自由主義同時成長，同就衰微，組合主義將起而代之。世界經濟恐慌已至於此，職業組合主義勢力必為舉世所採行』。

墨索里尼反對下院，謂與法西斯主義根本相反。查意大利之上屆下院係於一九二九年三月選出，五年期滿，原定期滿後，即行解散的，不知因何於一九三四年三月二十五日又舉行改選。本屆下院議員共四百人，其候選名單，如前所述，係由法西斯蒂黨大評議會擬定，由國民加以核准，故選舉具有公民表決之性質。選舉時用不記名投票法，選民在選舉票上僅書「是」或「否」。此種總選關於選民之限制，可分三方面來說：

第一，由年齡言：為㈠至少二十一歲，㈡十八歲之已婚或分居者；

第二，由財產言，為㈠繳納職業組合捐稅者，㈡每年納稅至少一百利拉者，㈢在意大利置有產業者；

第三，由社會地位言，為㈠政府僱員㈡受國家贍養金者，㈢教會人員。

選舉票上載有四百候選者之姓名；係從全國工業文化社會各團體所推舉之一千人中所選出，墨索里尼名居第一。據一般意見，全國或有均書「是」字之可能。新下院將來是否廢除，而由全國協同組合評議會代替之？據說將由新下院自行決定。但墨索里尼既揚言『下院乃數黨主政之機關，與法西斯主義根本相反』，其不滿意可知；故此新下院恐怕將為意大利民主制之最後的下院，為實激組合主義的「組合國家」計，這趨勢是必然的。

（後記）參閱日本「國勢圖會」第三年第二號「意大利之組合國家」一文而成。

中國文化與儒家哲學

張蕙琴

說社會的基礎是觀念，固然太落空，說它的基礎是物質，亦嫌呆相，不如歸之於文化，較為圓滿無弊。故欲改造社會，完成革命，復興民族，必以文化為起點，亦以文化為歸宿。中國文化，如撇開因種種外鑠所發生的病態而研究，而批判，才能發現其本來的面目與價值，否則徒言文化革命，文化復興，而始終未嘗認識中國文化本身之真相，及其優劣得失，豈非自欺欺人之談？以我所知，中國文化的最精部分，就是哲學部分，其中包括了政治哲學，人生哲學，教育哲學，這個哲學系統浸潤了大多數人民的意識，支配了數千年的政教兵刑，雖間或有用法，用黃老，用佛的波瀾互相起伏，但大體上，不能離開儒家而存在。行至近代，外來之文化潮，（即資本主義與社會主義兩方面）衝擊猛烈，名存實亡的儒家的精神面目，完全屈服，完全破產，遂以形成今日龐雜，紛亂，空虛，脆弱之文化現象。

言中國文化既離不開儒家哲學，故由儒家哲學薰染而成的文化，遂有下列諸特點：

甲、中國文化之特質

（一）中國文化是中庸的文化

……據儒家的學說，以中庸爲哲學的最高標準，也就是文化的最高標準，而所下的定義，是『不偏之謂中，不易之謂庸。』依我的解釋，新謂『中』就是辯證法中正反合之合。甲端是正，乙端是反，自然會產生丙之合，不偏於甲，不偏於乙而求得正當適合之丙，這求是『中』我們看尚書所說的：『惟精惟一，允執厥中。』兩句。便可想見中道是惟精惟一的最合事物實際的道理，猶如兩點之間，距離最近的，只能有一根直線，中道就是這根惟精惟一的直線；它既是惟精惟一，自然不能更易，不可變易，自然最合實用。所謂庸，就是用。古字庸用不分，經傳上有不少的例證，這裏不須多舉。所以中庸二字，譯以今語，就是中用，也就是合用，今華北俗語謂某事不成爲不中，某人不行爲不中。華中俗語罵人無用爲不中用，便是中庸的最好解釋，亦可見古義尚存在於俗語之中。如果住世俗的意見，以『中』爲模棱兩可，以『庸』爲平庸無奇，那便謬以千里。須知模棱兩可，是一種滑頭手段，平庸無奇是一種顢頇狀態。滑頭與與顢頇，那能合用成事呢？考中庸二字之被誤解，原來起自漢代。史稱胡廣爲三公，久歷時日，無所建白，時諺有曰『天下中庸有胡公可知如果像胡廣這樣的中庸，便是孔子所識的鄉愿，鄉愿爲孔子所最惡，斷沒有教人做鄉愿的道理。一般謂儒家辦法迂闊難行，不切實際，或謂民族之事事落伍，馬馬虎虎，萎靡不振，不求進取爲儒家哲學之流毒者，可以休矣。

盲動的結果

（二）中國文化是王道的文化

……中國文化，向來偏於王道的，放任的，微溫的，漸進的一面，姑無論道家的純任自然，反對人爲，即儒家亦是如此。故主張道德勝於仁義，仁義勝於禮樂，禮樂勝於兵刑；主張以德化民，以禮坊民，而不主張以刑齊民，以兵制民。對於外族，從中國文化史上，亦可以看出一視同仁的態度，强凌弱，衆暴寡，爲樂記所痛斥，興滅國，總絕世，爲春秋所贊美，大學之平天下，與禮運之天下與公的思想，差不多是相同的。他們都主張以王道來化天下，平天下，而極力反對霸道的，霸道是什麼？它就是帝國主義，帝國主義的罪惡，儒家在二千餘年，已經指出（參看樂記），不能不說是偉大高明。春秋固然主張尊夏攘夷，內諸夏而外夷狄，但這是與狄義的帝國主義有別的，這是一種『己欲立而立人，己欲達而達人』的道理與步驟，總理在民族主義中，也曾講到這一點，他說在中國民族地位沒有平等以前，我們不能講，而且不配講世界主義的。何況春秋還有『中國而夷狄則夷狄之，夷狄而中國則中國之，』的義例，它對外族毫無偏祖，毫不歧視，完全以文化的程度，來定民族地位的高下，這種王道蕩蕩的文化特質，更是歐美人所未嘗夢見的。日本人剝竊中國文化，引爲己有，居然也在東北，高唱王道精神與王道主義，以强頗自解，粉飾其霸道的痕跡，這種看似聽明而實極呆笨的勾當，實在是騙不了人的，我們不要爲日本人「魚目混珠」的把戲所誤，而看不起自己的文化。

（三）中國文化是與自然合一的文化：西方文化主張征制自然

中國文化主張適應自然，進而與自然合一，這是中西文化根本差異之點，最值得研究。所謂與自然合一，即爲與天合一，惟創造中國文化之古聖，若神農，伏義，黃帝，堯舜，文，武，周公，孔子能法天，能知天道故能進而天合一。若西方文化之人與天爭，永無止境，究竟天之能征服與否？征服天然對於人類，究竟爲利爲害？尚是極大疑問。或者有人以爲天道這個名詞，很唯心，很玄妙，不足爲訓，那末，我可以告訴他，天道的根本觀念，就是秩序，仁愛，精進三者。何謂秩序是本於天道，蓋日月之往來，『時之推移，晝夜之交替，皆有不變之法，存於變動之問』古聖觀之，以定歲時日月，若擴充之，則爲國家之政事。社會之組織，制器尚象，化民成俗，沒有一樣不是取法於自然的。中國言天道的書，莫早於易經，亦莫善於易經，繫詞曰：『天尊地卑，乾坤定矣，卑高以陳，貴賤位矣，動靜有常，剛柔斷矣，方以類聚，物以羣分，吉兇生矣，在天成象，在地成形，變化見矣。』言動靜變化，何等深切，蓋易以不變者爲體，以變者爲用，，驗之於人事，則變者爲行動，而不變者爲秩序，故言靜則爲秩序，言動則爲精進，合動靜則爲仁愛。又易處處言天道，却處處通乎人道，此其所以可貴。何謂仁愛是本於天道？易繫詞曰：『天地之德曰生，聖人之大寶曰位，何以守位曰仁。』又曰『生生之謂易』故雨露是助生物之長，霜雪亦是助生之成，然生者，仁之德也，故人類法天，以仁愛爲第二義，法天之生萬物，法天之養萬物，惟仁爲近。總理的民生史觀，亦即肇源於此。何謂精進是本於天道？易之乾象曰：『天行健，君子以自强不息，』蓋天行之事，若日月晝夜，皆是始終如一，秩序井然，人能法之，則自强不息，足以參天地而贊化育，中庸曰『誠者天之道，』亦是精進的意。故詩云：『故至誠無息，不息則久，久則徵，徵則悠遠，悠遠則博厚，博厚則高明，博厚配地，高明配天，悠久無疆，如此者，不見而章，不勉而變，無為而成。』蓋天心雖本於仁愛，而又以精進之德，鞭策萬物，鼓勵萬物，乃能一張一弛，生生不已，寒，暑，風，雨，雷霆，冰雪，一切的災難與痛苦，皆是助長生成的另一方式，惟能精進者存，不能精進者亡，是在人之善為適應耳。有人以為中國恆言，『樂天知命』與『聽天由命』，是充分表現了中國民族安受宰割，不思進取的心理，殆是指中國文化變態與儒家哲學變質時的某一事實而言，中國古來的文化特性與哲學精義，殊不如此。中國文化，是既不主張屈天以徇人，同時亦不主張薄人以順天，因為前者是西方文化之蔽，後者是道家思想之蔽，都是儒家所反對的。

此外，中國文化，尚有許多特殊的優點，與其應改正的所在，本文以限於篇幅，當另論之。

乙、儒家哲學往何處去

根據上面所述，我們知道儒家哲學與中國文化關係如此之深，錯綜如此之密，植根於民族深雪中，如此之固，應該明瞭儒家哲學與這個民族殆有同其終始之勢；更應該明瞭，欲矯正升建設今後純正健全的中國文化，亦惟有從儒家哲學入手，使其本身健全純正，才能發展，浸潤，冲激到文化的全部上面去。

儒家哲學，以孔子為代表，這是誰也不能否認的。不幸的很，孔子的本來面目，經過後代尊孔者的塗飾，附會，與近代非孔者的深文，羅織，漸漸失真，至可惋惜。我們欲整理儒家哲學，還他的本來面目，亦惟有從這方面做起，這實在比重修孔廟，恢復春秋丁祭，不知重要多少倍。

笛音雖然好聽，奈她心中不懷好意何！

我們明瞭兩漢的訓詁，不是儒家哲學，兩宋的理學；不是儒家哲學，明清的八股，更不是儒家哲學，這還不夠，我們還要嚴格地細密地下一番考核，估計，分析的工夫，從儒家的諸重要著述中，整理出一個完全的哲學系統來，凡是虛偽的，誕妄的成分，不合於儒家的根本思想的，或是可以懷疑的，我們都逐一清除，不令存在。因為時代的變遷，歷史的行進，儒家哲學自然有他的缺點，（當另論之）我們還要作更進一步的工作，比如人生哲學方面的諸種德行，孔子的解釋與命意，容有不詳盡與太狹義之處，我們就應該當仁不讓地補充修正，成為毫無遺憾的信條。

在這個搖籃中長成的民族，

自然需要這樣的兒歌與食物，嚴格地說來，這個龐大民族的全生命，正在生長蛻化的階級，我們為使他健全地長成，正當地發展起見，儒家哲學，實為今後在文化方面，最富營養的食物與最有魔力的兒歌。因此，整理及創造儒家哲學的新體系，乃為目前最有意義的任務。

幹與新生活運動的推進

楊巍宇

自從蔣委員長，在行營裏講了「新生活運動之意義」後，接着便有促進會底成立。不幾天，報紙上將全文披露了。拜讀後，覺得這種新生活的運動，確有提倡的價值，確是「復興中華民族的基礎」。

何以呢？自不用我來多聽饒舌；說的人，多得緊。因為新生活運動是剷除時下的惡習，而提倡中國古代的美德——禮義廉恥，簡，樸等——和目下西洋的整齊，清潔，的良好習慣底緣故。

目下中國國民什麼現狀呢？

簡單說：今日國民生活的病態是驕奢，是淫佚，是浪漫，是頹廢，是貪污，是齷齪，是…………

要免取以上可惡可憐的習慣，惟有實行我們唯一領袖蔣委員長所號召的「新生活運動」！所主張的「民族復興運動」！

★ ★ ★

新生活運動的重要，已簡略地，「亂雜無章」的說了一下。

雖然，「新生活運動」很重要，但是要如何去實行才能達到目的而完成革命呢？依我的淺見就只有三個方式去促成達到。

那三個呢？也就便是蔣委員長所提倡的「硬幹」，「實幹」，「快幹」，三種方法。

於是，我們乃作更進一步的探討，把「硬幹」，「快幹」，「實幹」與「新生活」之推進，分別的談一談：

(一)硬幹與新生活運動的推進：

我們中國雖然是「衣冠文物之邦」，雖然是「禮義政治之國(?)」，但是野蠻的時候，却常真是出人意料之外。

記得前天派出去講演「關於新生活」的時候，講到「衣服我們要弄干淨了才穿！污了要洗！指甲要常剪！要常洗澡…………」

於是，某中年的生客，打斷了我們的話，發他的大議論了：

「少爺們，這話不要你們嚕；諸位沒出世，小子就曉得了。但是，因為窮的關係，不能充分清潔！又有什麼辦法呢」？

「朋友，我們不是少爺，認清潔」！周同學，昂然的說着。

「朋友，這清潔，不是窮不窮的問題，乃是幹不幹的問題！若以為越富越清潔，越窮越骯髒的話。那麼，怎麼許多富豪，身上不清潔呢？難道窮的都不清潔嗎？哈！因為不幹的緣故，所以便說出這麼的話，勸你們以後要幹…………」這是我底話。

「…………」

他們，是省悟了。並且說：

「以後我願依着諸位說的話幹去，做去」！

——這，我以為是利用硬幹的結果。因為說不通，再說；幹不通，再幹。只要是：「硬而不蠻」就可。

(二)實幹與新生活運動的推進

硬幹，幹不通始用。至實幹，則須埋頭實幹，始終的狠幹下去，不計利鈍，任勞怨，的幹下去。這不過更要「硬幹，快幹」來幫助，因為三者是互相為用的原故。不過，也要「實而不板」！庶不致有碰壁的麻煩。

(三)快幹與「新生活運動」的推進：

「新生活運動」之推進，務求其早達目的，而快些完成革命。這惟有用「快幹」的

老莊哲學與儒家哲學（續）

明震

四、仁與道

儒道兩家，各有其理想境界。道家要使天地萬物同歸於道化，故其千言萬語，只在說明一個道字，儒家的最高理想，則在使天地萬物同歸於仁。研究儒家哲學，不從這仁字着手，終不免枝枝節節摸不着頭腦，而不懂「仁」的內容和「仁」的範圍，亦不足以盡儒家之全體大用。蓋儒家之仁，實際就等於道家之道，不過其途徑有不同耳。

仁是什麼？淺言之，卽桃仁杏仁之仁，推之其他草木，莫不有種子，種子之內，皆莫不有仁，核內之仁，就是草木生生之理，我們或者叫牠做「生機」。儘可百圍大樹，而溯其初生，則由於一粒之仁。惟人亦然，固然是男精女血構而成人，既成人，莫不具有先天靈氣，而人之所以爲人，能贊天地之化育者，全恃有此先天靈氣，此先天靈氣者，就是人類之仁。故「仁」乃萬物共同的生生之理，而醫生稱人手足痺痲曰四肢不仁。朱子曰：「仁者心之德愛之理」，仁與心并非兩事。欲認識人之體性，須先認淸人之所以爲人之仁，樹無根核，不足以成樹，人無此仁，亦不足以爲人。孟子曰：「無惻隱之心非人也」，又曰：「惻隱之心，仁之端也」程子曰：「學者須先識仁，仁者渾然與物同體，義理智信皆仁也，識得此理，以誠敬存之而已，不須防檢，不須窮索，若心懈而有防，心苟不懈，何防之有？理有未得，故須窮索，存久自明，安待窮索，此道與物無對、大不足以明之、天地之用、皆我之用、孟子言萬物皆備於我，須反身而誠乃得大樂；若反身未誠，則猶是二物有對，以己合彼終未有之又安得樂。」（識仁篇）又曰「仁者以天地萬物爲一體，莫非己也、認得爲己、何所不至？若不有諸己自與己不相干、如手足不仁、氣已不貫、皆不屬己、故博施濟衆，乃聖人之功用。仁至難言故曰己欲立而立人、己欲達而達人、能近取譬可謂仁之方也已。欲令如是觀仁可得仁之體」（語錄）由這兩段看來，仁乃萬物之共象，最顯着的表現，就是同情心、由此同情心推衍出去發揚光大，則所謂天地位，萬物育、而仁覆天下矣、故仁字乃是生人的根榦，故曰仁者人也、認定這個根榦，則舉凡孝弟忠信，禮義廉恥，和其他一切美德都是從這個根榦上發出來的枝芽，聖人就是要拿他自己這個根榦去引導天下人，使皆豁然憬悟其各個人之根榦有發揚光大之根性；至一世之人皆覺醒了，便是大學所謂明明德，蓋人生莫不有其明德、（按即前所謂先天的智靈氣亦即是仁）惟往往爲物所蔽而不自覺，經他人的至誠感化，亦能復其原有之明，用一個譬喻：則先知先覺的人有如電燈廠之總機關，此機一開，天下之燈都爀然光輝，仁者以其心之所向覆育天下，則非但一夫不獲時予之辜即舉天地間禽獸草木山川石土，都能各得其所，才是仁者的心願。這種理想表現於世，則如禮運所云：

大道之行也、天下爲公、選賢與能、講信修睦、故人不獨親其親不獨子其子、使老有所終、壯有所用、幼有所長鰥寡孤獨廢疾者、皆有所養、男有分女有歸、貨惡其棄於地也不必藏諸己，力惡其不出於身也、不必爲己、是故謀閉而不興盜竊亂賊而不作、故外戶而不閉、是謂大同。

儒家最高理想，卽在於此；而又原知此種理想，不可驟及，然其目標大道，則務向此理想以進行，故孔子自言曰「丘未之逮也，而有志焉。」（禮運）其自述己志亦云「老者安之，朋友信之，少者懷之。」（論語）都是一路的理想，這種最高的理想，旣不可驟及，故平常敎人乃另立出一個「恕」字和一個「力行」的敎義，這兩件事都是向仁字方面的路道，而對仁的全體大用，則罕言之（論語子罕言利與命與仁），卽諸生問仁，亦只各就其所需之德行，而對症以針砭，勸其在力行的道路上努力，并不以此廣大精微之理，輕於見告，蓋恐諸子未能有得，而流於好體騖遠之途。且孔子一生，亦從未輕許某人是個仁者，觀其與諸弟子品第人物，總是感覺「焉得仁」，就可見足當仁字者，實不容易。

堯舜是儒家理想人物，尤其是孔子祖述堯舜，憲章文武；然而論到仁的範圍，孔子亦不輕許堯舜，在論語書中稱讚堯舜的地方固然很多，但是稱「堯舜其猶病諸」者，乃竟兩見：

子貢曰：「如有博施於民而能濟衆，何如？可謂仁乎？」子曰：「何事於仁，必也聖乎？堯舜其猶病諸？夫仁者，己欲立而立人，己欲達而達人，能近取譬，可謂仁之方也已。」（雍也）

子路問君子。子曰：「修己以敬。」曰：「如斯而已乎？」曰：「修己以安人。」曰：「如斯而已乎？」曰：「修己以安百姓。修己以安百姓，堯舜其猶病諸？」（憲問）

這兩段的「堯舜其猶病諸？」我以爲都是對仁的表現說話。第一個堯舜其猶病諸？是因子貢問「如有博施於民能而濟衆，何如可謂仁乎？」孔子覺得他把仁字看得太小了，僅乎能博施濟衆，那裏就能算是仁之事？（朱註事曾也未嘗）要說仁，則非理想中的聖人不可，卽堯舜亦或未能完全無憾呢！他還恐子貢未能完全了解，故又就當下情形告訴他仁者己欲立而立人，己欲達而達人，這便是推己及人之意。凡完全是就仁的啓發上立言。孟子曰：「敎人以善謂之忠。」又曰：「勞之來之匡之直之輔之翼之使自得之。」「敎人以善」與「使自得之」都是己立立人己達達人之事。然以此化導少數人或尚容易，若能使天下百姓個個如此，則篤恭而天下平、天地位、萬物育、氣無不和、理無不正，便是仁者之事畢矣。然而談何容易，而可以至此？故曰：「堯舜其猶病諸。」所以仁這一字，乃是儒家最高理想，眞是語大天下莫能載焉。然而儒家畢竟以人事爲主，雅不欲託諸空言，故雖然一面把仁的涵義說得如許廣大，但在此廣大之中，却有「仁之方」。「何謂仁之方？」孔子叫我們要近取譬，其實還是「恕」的意思。因爲人既生而莫不有是仁，則人同此心，心同此理，皆用此心此理以待人，自無過不及之差。平常人口頭上所謂良心，便是指的此中心之仁。是以一人之心，與天下人之心，都是息息相通，感無不應。孔門諸子，能體會及此者，大概甚鮮；故對諸子之問，多以片面答之。惟顏淵爲「其心三月不違仁」，故孔子敎之云：「一日克己復禮，天下歸仁焉。」何故一日克己復禮，就有這麼大的效力？——天下歸仁焉。蓋克己就是克私，復禮就是復天理之本然，就是復仁的本體。私欲克去，則仁的障礙沒有了。仁的本體，豁然大通，宛然萬物一體，上下與天地同流，處處以仁心待人，天下安得不樂而歸之？故學者對於仁的認識，可算是基本心力的第一步。認定了這個大道，向前進行，至少是不至於爲惡，故曰：「苟志於仁矣，無惡也。」（論語里仁）假如這個大前題沒有認定，則根基未正，其他一切都未免於支離破碎，禮不足以敎，樂不足以化，失其所以爲人之理，這人就算完了。這是從仁的最細處說起，可謂語小天下莫能破焉。」

仁的本體，旣如此的廣大精微，與莊子論道所謂「無乎不在，」正同一意；所以我感覺儒家之仁，與道家之道，簡直是異名同實的理想境界。不過儒家是以現有社會爲標準，故對一般人只告訴他日用尋常易知易行之大道，必賢如顏子，才告訴他：「一日克己復禮天下歸仁。」孔子曰：「中人以上，可以語上也；中人以下，不可以語上也。」論語雍也就是這個道理吧？因此我們知道儒家立了一個仁的大目標之後，還要立出許多下學上達的方法，敎人「近取譬」敎人「强恕而行，」敎人「善推其所爲，」都是存有維持現社會的苦心。至於道家則完全由超現社會着想，他們是要離開現社會去另組織小國寡民的烏託邦，所以不須要下學上達的工夫，亦不須由近及遠的徑途，他們是完全從理想立言，故能獨成其偉大。是故仁與道是兩家異名同實的理想境界，只以兩家對社會之觀點不同，故方法途徑亦因之而異。

五、兩家最後之玄同境界

如上所述兩家議論行爲，頗多相異，然而最後境界，我則以爲幷無二致，而一歸於玄同，道家最後目標，在無爲而無不爲。而所謂無爲而無不爲者，又屬於視之不見，聽之不聞，搏之不得的玄境；故不可以有形之論，爲之表現，而其妙道之行，乃卽在此無從表現之中，能使萬化流行，各適其適。儒家思想不壽落空，行事立敎，皆以人事爲歸。以孔子論，凡平時弟子之間，稍涉玄虛，去人事略遠者，輒不爲解答。是故以子貢之才，猶歎「夫子之言性與天道，不可得而聞也。」於此見孔子平時之不重空言，然亦於此見孔子并不是不談天道；不過不與諸弟子共言之耳。余意孔子見老子後，思想頗爲轉變，言論行爲，多與道家冥契，而理想治道，亦在無爲，且不唯孔子，卽孟子荀子；雖大體上是重在力行，而說及最高境界，仍歸於無爲妙境。今摘其言論如左：

子曰：「賜也汝以予爲多學而識之者歟？」曰：「然非歟？」曰：「非也！予一以貫之！」論語衞靈

吾有知乎哉？無知也。有鄙夫問於我，空空如也。子罕

子絕四：毋意、毋必、毋固、毋我。子罕

大哉堯之爲君也！巍巍乎唯天爲大、唯堯則之、蕩蕩乎民無能名焉、巍巍乎其有成功也、煥乎其有文章。泰伯

無爲而治者，其舜也歟？夫何爲哉？恭己正南面而已矣！衞靈

不見而章、不動而變、無爲而成。禮記中庸

萬物并育而不相害，道并行而不相背，小德川流，大德敦化、此天地之所以爲大也。同上

至禮不讓、至賞不費、至樂無聲。大戴記主言篇

尺蠖之屈，以求伸也；龍蛇之蟄，以存身也。易繫辭

旡思旡爲，寂然不動。

神無方而易无體。同上

君子所過者化，所存者神，上下與天地同流，豈曰小補之哉。孟子盡心

萬物皆備於我矣。同上

所惡於智者爲其鑿也；如智者若禹之行水也，則無惡於智矣。禹之行水也，行其所無事也；如智者亦行其所無事，則智亦大矣。孟子離婁

唯天爲大，惟堯則之，蕩蕩乎民無能名焉。君哉舜也，巍巍乎有天下而不與焉。孟子滕文公

聰明聖智守之以愚，功被天下守之以讓，勇力撫世守之以怯，富有四海守之以謙：此所謂挹而損之之道也。荀子宥坐篇

以上僅就記憶所及引此數語以見儒家最後見解，與道家原是一致。孔子嘗曰：「予少也賤，故多能鄙事」顏淵曰：「博我以文，」達巷黨人曰：「大哉孔子，博學而無所成名。」都可以見得孔子是一位博學多能的學者，大概中年以後益注力「本損」的工夫，對於前此那些「本益」的學問、都能一一貫串起來，歸於一本。顏子所謂「約我以禮」正是這一路事，孔門弟子以顏子爲最好學，子貢爲最聰明，曾子爲最勤謹，故孔子曾把這個消息指示他們，深恐他們終以博學多能爲能事，而或流於和解一方面去。是以顏淵問仁，孔子告以克己復禮爲仁，克己就等於「日損」，復禮就等於「無爲」，至於「一以貫之」這一句話。在論語中則凡兩見：一次是告訴曾子的。曰「參乎！吾道一以貫之。曾子曰唯！」這是見得曾子深能

了解孔子的造境，故毫無游移的答個「唯」字。子貢是聰敏人，然唯其是聰敏人，乃歡喜在枝節上追逐；所以孔子問他：「汝以予爲多學而識之者歟？」他的答案不但未能如曾子那樣毫無游移，并且疑孔子眞是「多學而識之者」，畢竟他是聰敏，故又問曰「非歟？」孔子乃告訴他：「非也，予一以貫之！」在此段問答中我們見得多學是可以的，然無一物以爲貫串，全靠記憶力去識之，則終不免枝枝節節，一無是處。所謂貫串之一物，是什麽呢？予謂儒家之「仁」、道家之「道」，都是這一囘事。去此則只可叫做和解，不可叫做學問。有了此種本源之學，自然是浩然與天地同流，那裏還會拘執己見而有意必固我之私？此時孔子已是盛德若愚，儼然不識不知，順帝之則；故雖鄙夫之問，亦覺空空如也。空空如也，正是描繪出沒有意必固我的氣象。朱子說：這一段是孔子謙辭，其實孔子何用謙爲？蓋孔子此時如皓月當空，了無挂礙，事理之來，則就其本身情形而盡告之，自己胸中初無絲毫成見，故曰「吾叩其兩端而竭焉。」此時孔子造境，殆與老子無差異矣。所謂從（縱讀）心所欲不踰矩的時期。孟子贊他可以仕則仕，可以止則止，可以久則久，可以速則速，眞是深知孔子者。

以上說孔子學養的本體與老子殆同其境界，而其政治目標，亦正與道家同。道家尚無爲，孔子宗堯舜，似乎是有些不同，然觀其贊詞，一則曰「民無能名焉」，再則曰「無爲而治」，竟是與道家完全脗合，這便是儒家理想政治的最後目標。孟子贊堯舜亦曰「民無能名焉。」「有天下而不與」，而荀子宥坐篇之所謂「挹而損之之道」，亦祗是「有而不與」之意耳。故儒家思想途徑誠然與道家兩途，但是最後目標則未嘗或異。所謂「一致百慮，同歸殊途。」這也是一個實例吧！

平常人的眼光見解專局於一隅者，忽聞道家之言，誠不免如莊子所云：「大而無當，往而不返，驚怖其言，猶河漢而無極也，大有逕庭，不盡人情焉」——其實道家的偉大思想和物化的境界，儒家何嘗不有？不過孔子是自認爲方內之人，要維持現有的社會；要就現有社會之中加以改造；對方外之道，雖深察之，而不輕與人言。前所引中庸、大戴記、易繫辭諸語，不都是純粹道家思想嗎？所謂不見而章……無謂而成，與所謂至禮不讓，……至樂無聲，卽是大仁不仁、大音希聲的意思。旡思旡爲、寂然不動，神無方而易旡體，卽是視之不見、搏之不得，不可道、不可名之玄境。尺蠖之屈，以求伸也，卽是後其身而身先，外其身而身存的意思。而孟子所謂萬物皆備於我，正是物化之境。蓋凡此都是儒家過化存神、行所無事之表徵，亦卽其所以合於道家之事實。是故儒道兩家之思想行徑，雖頗多相異，然其指歸則均以合於自然法則爲準。不過儒家所要求的自然法則，是由人力奮鬬得來的、（殺身成仁舍生取義）道家所要求的自然法則，是任自然力之支配順應成功的。這是兩家異同的大較。

法律威權與儒家生死觀

均戩

『民不畏死，奈何以死懼之？』由老子這句話，可以測知東周末葉衰亂的程度。畏死是普遍底心理，法律威權，就完全建築於這種心理上。民既不畏死，可知已不畏法，在那王綱解紐的時代，王室政教既無法推行，法律又如此失其權威，其衰亂的程度可想！

在政治修明社會秩序安定的時代，敎化和法律是相輔為用的，前者從內部改變其思想，後者則從外面裁制其行為；若到了一個社會和政治大變動的時代，在一個革命的過程中，因為政治力量的鬆懈，社會秩序的紊亂，敎化一途，暫時已失作用；『治亂國，用重典！』唯一可恃為治理武器的，只有法律。因為那時人民的身心，已不願接受禮義廉恥的薰陶，他們各憑着一顆熱烈底求生心，混亂掙扎，如果那時法律尚能保持其威權，他們是只敢向可生之地求生的，卽使為生存掙扎得甚苦，也只敢在法律所允許的範圍之內行動。如果法律失掉其威權地位，他們就易於向可死之地求生，小則作奸犯科，大則聚衆作亂。這就是老子所說的不能以死懼之的時代，是社會混亂的最高點。所以一個革命政治家統治社會的不二原則，一方面從極端棘手底情形中力謀政治的改善以收拾人心；一方面為防止人民愍不畏死的心理，極力設法保持法律的威權。

如何以政治收拾人心？不在本文範圍之內：至於如何保持羣衆畏死的心理以維護法律的威權？則當研究那持撑在羣衆畏死心理背後的文化遺傳觀念是什麼；於是我們必須明瞭儒家的生死觀。這種生死觀，有悠久底統治社會歷史，有滲透於中國人文化素養中的力量。

羣衆所最畏的死，不待言，是不名譽的死，儒家以一種調和底生死觀裝飾死的外貌，以一種正義底捨生觀，指示死的至上精神；使那不名譽底死更為不不名譽，使羣衆畏懼的心理更為增加。這種方法，是反映的，襯托底，並非正面擴張羣衆畏死心理。因為如果使畏死心理無限制擴張，法律威權固可十分穩定，他們必致不惟對不名譽底並且對一切底死皆生畏懼之念，其流弊有二：一、易於發生出世的消極思想，二、當為民族生存而戰的時候，易於畏葸退縮。儒家為調和底生死觀和正義底捨生觀不惟可以適當地維護法律的威權基礎，並且可以防止這兩種流弊。

現在先說明調和底生死觀。

儒家哲學是最重實際的，所取的基礎，完全是實事實物，毫不架空，所以卽使對於那最不可究詰的死，也從生底現實中去研究。所謂「未知生，焉知死？」如果丟掉了生底現實狀況而妄想直接問到死的絕對意義，孔老夫子是絕對不答應的。他絕不對死的本身加以解釋，而只以禮教的潤色方法，將顯有分別的生死兩界打通，使之成為一件整個底事物，以防止由一個「死」字所發生的弊害。

照生死兩字的涵義看來，本來是對待底。生別於死，死卽非生，兩者成為對峙的壁壘。樂生惡死既是人類的本性，他們站在生的壁壘上，便視死為可怖底黑暗底深淵。這種觀念，在一個欣欣地活着的人抱着，是極易抹殺生的積極意義並且阻礙他向人生邁進的勇氣的。儒家生死觀所取的原則，是拆毀生死對峙的壁壘，是將生的圈子特別加大而將死之一事也圈在裏面。死既被圈在生的圈子裏，自然也顯得生氣勃勃了。儒家的方法，是以隆重異常的祭葬之禮對這一個死字的外貌裝璜得花枝招展，使人看得他似乎並非滅亡而是在生之領域裏面另有高遠意義的嚴肅事件。一部禮記，包括人生一切行為節奏，而對於祭葬之禮的論列，至少佔了一半以上；一部論語，是孔門語錄的結晶，對於「愼終追遠」的哲理，是隨處可以找到的。儒門的述聖曾夫子在垂危的病榻，還念及所墊的蓆子不符他臨終的禮制，力疾起身，令門人更換。照普通底道理說起來，一死則萬事都休，更何有於一張蓆子的不合規定呢？可見當時的曾子，是不對死的絕對意義作正面思考的，所疑視不轉的倒是死的禮儀。西諺有言：『愛強於死』，所以人類能捨生殉情；哲人的至上精神高於死，所以蘇格拉底可以泰然將毒酒一飲而盡，一面蒙頭而臥，一面安慰他的夫人和門人叫他們不要悲傷；儒家重視禮制的精神高於死，所以曾子在垂危的時候能記起易簀的瑣事。舉凡我們中國富於道德修養的人，沒有不死得如此嚴肅而且安詳的。數千年的文化力量將這種精神洗鍊而出，使一般社會對於死感受一種莊嚴景象，其隆重之情不下於結婚典禮。於是那種易於使人發生消極出世思想的原始恐怖心情，自然也隨之而減替。像這種不用世界上任何宗教的玄虛手法，而只從生的現實中確立出的生死觀，是世界文化中最實際最調和底的生死觀。不利用宗教哲學而全以人生哲學來彌縫這一個死字，是儒家哲學的奇績。本來，宗教的發生，是以人生的不可究詰方面爲基點的，以一向無正式宗教的中國民族，竟能積極地活了五千年，而還能活下去，儒家生死觀的力量不小。

其次，是光榮底正義底捨身觀，這不是儒家的私有物而是古今中外所一致提倡的，其原理係以爲人間有一種最高底正義標準爲人生所應絕對遵守。倘這種正義和你的生命不能兩立的時候，你就須以一死去保存牠。這種正義，常依社會道德標準爲轉移，舉一個簡明底例，往昔是「忠君」，現在却是「愛國」了；往昔以婦女守節殉節爲絕對底義務，現在却承認婦女有自我生存的理由了。但是，其賦形雖依社會傳統爲轉移，而其所由出發之眞理則一。其出生的原因，是孟子所謂「非由外鑠我」而是「我固有之」的一種必然底行爲準則。不遵照這種標準做去，不惟應受社會上道德的監視，法律的制裁，於心也有所不安的。孔子曰成仁，孟子曰取義。我們試讀文信國的正氣歌，看看那種『是氣所磅礴，凜冽萬古存。當其貫日月，生死安足論』的氣概，可以想見一個正義底死者偉大精神。在西曆紀元前四百八十年，有希臘斯巴達王李奧尼大（Leonidas）率著三百個斯巴達壯士抵禦波斯王薛西斯數萬大軍，固守着德摩比利山峽（Thermopylaepass）而全部殉難的故事，他們的墓碑是：『異邦人，爲傳語斯巴達人，我們在這裡遵守他們的規矩。』那種壯烈的精神，在這寥寥數語中，躍然如見。像這種爲正義而捨身的故事，在世界歷史上，不遑枚舉。這種的死，不惟不致損傷社會的元氣，並且增加人類無量的活力。以少數的死，打開了多數的生路。人間

法律威權與儒家生死觀　四

正義與眞理，其所以能長存不墜者，是這些死者的功烈。

以調和底生死觀所指示的死的莊嚴景象和正義底捨生觀所顯示的死的最高意義，和那斬頭斷脰委身野草的死比較比較，將何以取捨呢？人類本著他們的良知以及虛榮之念，當然對於苟且輕生之死，不惟極端畏懼，並且生極端厭惡之念。不惟斧鉞的嚴刑，即使精神上的痛苦也難當；所以他們如果不至極端顚連流離，毫無生路，是絕對不願以身試法的。

以調和底生死觀爲背景，確立了中國人的重視廬墓觀念，所謂『愼終追遠民德歸厚矣。』重視鄉土，因爲是祖宗坟墓之邦。檢骨收屍，被認爲人生第一美德。掘冢盜藏，是可死之罪。卽使一個頭腦簡單的老太婆，如果當有一具退光漆的花板，也可使她生則歡愉，死則如歸。這種道德習慣，在現代的理論上，固然頗爲退化，近於迷信，但既有其歷史原因，亦必有維繫社會人心的基本義。我們如果承認現代中國已達到甚爲混亂而須以法律爲唯一治理武器的時代，則須防止人民慼不畏死的心理。若要防止這種心理，則須保持調和的生死觀以及以牠爲背景而產生的傳統道德習慣。如果認爲這種傳統習慣太不進步而加以忽視或摧毀，又不能樹立一種新底道德標準，深入人心，則社會對於死必生一種玩視之念，於他們的心靈更其浮動思亂，更易於挺而走險，雖有法律制裁的最後武器，其效也甚微了。相當保持着原有道德習慣，比較起激烈破壞他們，所收取的收拾人心之效，是大得多的。我們不妨暫時利用着，以鞏固法律威權的基礎而以全力推進正面底基本底革命任務。只要犖犖大端的政治設施上了軌道，新的國民敎育普及之後，一切舊物的革新，極易實行。試看新興底土耳其，自一九二三年第二次洛桑和約簽字，共和政權確立，一切不平等條約廢除之後，有了凱末爾的政績，那種含有極嚴重底宗敎意義的赤帽(Fez)和含有禮敎意義的婦女面幕的廢除，實在易於反掌。

正義的捨生觀之必須養成，其義理至爲明顯。現代的中國，亦頗着力於此；調和底生死觀之必須保持，則較爲不易認識。我們且不想到其他的效益，只爲保持亂世的法律威權起見，是必須注意及之的。

儒家的哲學

任賡榮

(一)序言　所謂的先秦思想，在我國思想史上，要算是黃金時代了——諸子共鳴，沿傳四千餘年，其間雖有隆替，但至今還佔着優越的勢力，其最著者，就要數儒家了，蓋其思想大概切近人生，重於用世，切合穩當，和道家的恍佯出世之風迴異，所以在諸子中最具勢力，甚實習慣上並不和諸子並列），尤其到了現在，我國人士，正積極提倡新生活運動，所有在中國歷史上維繫心行的儒家思想，更不可忽視牠了，其中雖有失却時代的意義者，但大部分仍可作爲吾人現在實際生活之指導，因此草來這篇東西，一方面集聚敝人年來對於儒家的認識，一方面公諸大雅，以企得到很好的指正及對儒家的哲學之眞確的闡明，現在就把所要說的依次來述了。

(二)儒家的宇宙觀　儒家的宇宙觀，可以說是一『個動』字，他認宇宙是時常不息的在動着，例如，人類和一切的動植物，都有生老病死，天地中自然的現象，都經春夏秋冬四季的反復變化，以及雷雨電風水火的變化，日月星辰的照耀。這都是一種動的表現。他們並且拿人的身體，比一個小天地，因爲人的內部生理，也和自然的不息地在『動』着一樣，如易經上說：『天地之道恆久而不息也；』又說：『天行健，君子以自强不息；』君子的『自强不息』，是象『天行健』的，就如人是『小天地』，是認宇宙是『動』的一樣；易經上又說：『吉凶悔吝，生乎動者也』；又說：『聖人有以見天地之動，而觀其會通，以行其典禮……極天下之賾者，存乎卦，鼓天下之動者，存乎辭；』儒家的『動』的宇宙觀，這樣地深確，是和顏師古動的哲學，有些同道，和近代的唯物史觀也未嘗沒有大略的相似，如繫辭上說：『古者庖犧之天下也，仰則觀象於天，俯則觀法於地，觀鳥獸之文與地之宜，近取諸身，遠取諸物，於是始作八卦，以通神明之德，以類萬物之情；』這完全是代表唯物史觀的排斥個人意志論的，即是說能看見客觀的事實，不是如實驗主義者謂『實在是我們改造過的實在，』拿個人意志去埋沒客觀的一切，這還不算儒家唯一的中心精神，再看他怎樣去觀察天地之『動』的象現、即是用甚麼法則去觀察客觀的對象呢？

繫辭上說：『刳木爲舟，剡木爲楫……蓋取諸渙；』這是叙述人類的船的發明，是取天然的一種法則，而倣效的『渙』，在八卦中記號是䷺，這是代表一種意象，是『風行水上』或『木在水上』的，這種意象是基於自然的現象，因爲『風』是一種自然『水』也是一種自然，『風行水上』的活動是兩種自然現象的互相抵抗，而發生的一種力量，凡一種動，至少有一種互相抵抗，（抵抗即是矛盾），儒家便承認宇宙存在的方法，也是由於『矛盾』，我們再舉些例，可以爲証：『斷木爲杵，掘木爲臼……蓋取諸小過；』小過䷽是上動下動的意象，動靜是矛盾，是抵抗，其他在繫辭上的例子，不可勝舉。烏里耶諾夫在他的唯物論與經驗批評論 Materialismus and Empiriokritisismus 中曾有下面的叙述

『在數學中的微分與積分，正數與負數，在機械學中爲作用與反作用，在物理學中爲陽電氣與陰電氣，在化學中爲原子的化合與分解，在社會科學中爲階級鬥爭。』儒家的宇宙矛盾論，和唯物史觀所主張的，只是量的不同，而不是質的不同，即是儒家只看到事物的外面，而唯物史觀則連事物的內部看到了。總而言之儒家的宇宙觀，不能說是不正確的吧？

儒家的宇宙觀是『動』，然要再深刻地說，『動』就是『變』，就是『易』，說文云『變，更也』，案爾雅：『易也』，廣韻：『化也，通也，』易乾卦：『乾道變化』，易解謂：『自有而無，謂之變，自無而有，謂之化』。易繫辭疏：『生生之謂易』，『變』是渾渾然的動，而『易』則能包含動的方法，所以上面說互相矛

盾，互相抵抗，不過是比較表面的認識，而現在『易』的說明，是內部方法的分析，和『抵抗』，『矛盾』是互相發明的。所以胡適說：『孔子學術的一切根本，依我看來，都在一部易經』，因爲『易』是『變化之總名，改換之殊稱』，『易』的最小度數的意義，是天地萬物，天天在變易，處處在變易的。孟子上記孔子站在一條河上說道：『逝者如是夫！不舍晝夜』。『逝者』便是歷史的痕跡，即胡適所說的『過去種種』，程子也說：『此道體也，天運而不已，日往則月來，寒往則暑來，水流而不息，物生而無窮，皆與道爲體運乎？晝夜未嘗已也』；朱子也說：『天地之化，往者過，來者續，無一息之停』。可見儒家的眞面目，即對於宇宙的看法，是以爲人類的歷史，都是像水一樣流過去，才是現在，又成過去了。唯物論者所謂『一個人不能第二次侵入其第一次侵飛的河水中』，也正是說宇宙在一刻一秒中，是進行變化的。然用甚麽方式來變化呢？一部易經就是盡講這種道理的，像『剛柔相推，而生變化』；『一陰一陽之爲道』；可見『易』的原動力，是剛性的『陽』，與柔性的『陰』，這兩種力量，互相衝突，互相推擠，於是生出種種運動，種種變化。易繫辭傳說：『是故易有太極，是生兩儀，兩儀生四象，四象生八卦』，這是說萬物由極簡單的，變爲極繁雜的，類乎一種公式，絕不只是一種單純的東西，而是由無數的客觀事實中生出來的，因爲凡二種物質互相矛盾，必定有第三者的新物質出現，但第三者爲什麽又要來再變呢？因爲一種物質雖然由矛盾而產生，然其自身仍含一種矛盾性——就是陰陽性，好比化學中所講通常的氫元素的存在，多有是和其他不同的原素在一起，比如下雨是水蒸氣和寒相矛盾的結果，然水裏又有氫和氧的成分，將來仍容易起矛盾而再變化，儒家的『太極生兩儀…』眞是這個道理。反正這仍是前邊所說的『天行健』，『動的宇宙觀』不過只多一些方法的說明吧了，我們對於這方法的敘述，現在不妨行唯物論者佛利德利系的比方說明『易』的方法。

『請以大麥爲例：一粒大麥，如果在經常的條件之下，落於適宜的土地上，因受溫度與濕氣的影響……牠長了芽，大麥經過這種變化，達到反的局面……最後又產出麥粒，當這種麥粒，一經成熟，麥粒卽形枯槁，而入於反，這種『反之反』的結果，又是初時的麥粒，但不復是一粒，而是十粒二十粒以至三十粒……又試以一種供人玩賞的植物——如天竺牡丹或芝蘭——爲例，如果依照園藝去培植種子，和植物，則這反之反的結果，不僅使我們獲得更多的種子，並且獲得更好的種子，開出更美麗的花朵，這種進程，每重演一次，卽每一次新的反之反，又會提高牠們的完善狀態。』由以上的一段說明，我們可以見得易經上的太極之說，並不關甚麼河圖，洛書，纖緯，術數，先天……種種謬說，只是把自然的生生妙理，以簡單的符號，表明出來罷了，說文：『極棟也』，卽屋頂之橫梁之謂，在易經上便是『一』，『儀，匹也』，兩儀便是『一』『--』，四象便是『⚌，⚍，⚎』，由八卦變爲六十四卦，便可代表種種之『天下之至賾』，『天下之至動』，這不是『變化由簡而繁』是甚麼？所以說：『乾坤其易之門耶』？『易簡，而天下之理得矣』，日知錄裏孔子論易條上說：『孔子論易，見於論語者二章而已，曰：『加我數年，五十以學易，可以無大過矣』，

曰：『南人有言曰：人而無恒，不可以作巫醫，善夫不恒其德，或承之羞，子曰不占而已矣』，是則聖人所以學易者，不過庸言庸行之間，而不在乎圖書象數也，今之穿鑿圖象，以自爲者畔也』。孔子對於易是特別有研究的，然而他對於易的論說，平庸如此，這更足以表明『易』並不難，其理無非是『由簡而繁』的一種宇宙觀——一種易的觀念——卽是能在事物中的矛盾關係中尋出宇宙進步的法則來。

儒家的『動的宇宙觀』上面已解說，是『變』的，『易』的，但這只說了它的現象和方法，以外有沒有個範疇呢？有的，金聖嘆序離騷經道：『周，其體也，易其用也，約法而論，周以常住爲義，易以變易爲義，雙約人事，則周乃聖人之事，易乃大千之變化』，可見『易是一種『用』，卽是用矛盾的方法使宇宙不息的變動之謂，然而其『體』則不離乎『周』——甚麼是『周』呢？易繫辭：『知周乎萬物』，『周』是普遍的意思，然而所以能普遍者，不在乎威脅人類，主宰人類，却在乎『誠』，中庸謂：『誠者自誠也』，宇宙之誠是一種無所爲

而爲的態度，如宇宙間一切的自然，其自身之好壞，都是沒有一種規定，有生就有死，有大就有小，有强就有弱，有明就有暗，宇宙的一切都是自然的，似乎是拿一種誠心發現出來的，所以孔子說：『四時行焉，百物生焉，天何言哉』；荀子也說：『天地爲大矣，不誠則不能化萬物』；天地的一種『誠』，照這樣講起來，豈不是和尋常所說的『天地好生之德』相同嗎？中庸上說：『天地之道可一言而盡也，其爲物不二，則其生物不測』這『不測』就含點『天地好生』之意義，所以接着說：『天地之道，博也，厚也，高也，明也，悠也，久也，今夫天，斯昭昭之多，及其無窮也，日月星辰繫焉，萬物覆焉；今天地，一撮土之多，及其廣厚，載華嶽而不重，振河海而不息，萬物載焉，今夫山，一泉石之多，及其廣大，草木生之，禽獸居之，寶藏興焉；今夫水，一勺之多，及其不測，黿鼉鮫龍魚鼈生焉，貨財殖焉；詩曰：惟天之命，於穆不已，蓋於天之所以爲天也…………大哉！聖人之道洋洋乎，發育萬物，峻極於天』。稱聖人必稱『發育萬物，峻極於天』，可見自然確是一片好生之德了。楊子法言：『天地之爲萬物郭』，郭是保障之意，『好生』故能保障，這和『周』很相近，『君子周而不比，小人比而不周』，案注：『忠信爲周，阿黨爲比』，可見宇宙的生生不已，除矛盾的方式外，固然在方法的背後沒有具體的甚麼義意，然所行一切，無非合法合理，無形中造成一種『周』的內蘊範疇了。中庸上說：『誠者，天之道也』，因爲能『誠』，故能達到『致中和』的地步，所以又說：『致中和，天地位焉，萬物育焉』，又說：『誠者，物之終始，不誠，無物』，宇宙之中，這麽繁賾，而所以『並育而不相害，並行而不相悖』，能適中的原故，都是『誠』的作用，能『誠』就能『周』，老子所謂：『天地不仁，以萬物爲芻狗』，這本來不能駁倒儒家『天地至誠』的中心思想，固然有些時候，萬物確乎有似乎芻狗的現象。但要知道宇宙是動的，雖有一定的動的方法，但不能保生動的方向，確是一直的進步，換一句說，宇宙是演進的，變化的，然不能必定是進化的，不過這一時的紛亂狀態，在宇宙很長的歷史之中，是難免的，但終究抹煞不了人類在長久之中的進化，所以儒家的宇宙觀是進步論的不是循環論的。至於儒家所主之『誠』，也不是汎神論，並不主張宇宙有某種威權，論語裏說：『子罕言利，與命，與仁』，『盡鬼神，而遠之』，這都足證明的。

以上大略把儒家的宇宙觀，雜亂地敘述了一下，我們可以得個整齊的概念，就是儒家的宇宙觀是『自強不息』的，就是說宇宙是『動』的『變』的；動的方法是『矛盾』就是『易』，動的範疇，是『周』，就是『誠』，簡言之，能『誠』是萬物生生不已之出發點，故儒家的人生觀多本於此。

（三）儒家的人生觀　易經上說；『天行健，君子以自強不息』，中庸上又說：『誠者，天也，誠之者人也』；又說：『至誠無息』；可見儒家的人生觀，也是象宇宙的一個『誠』，即是一個『不息』的道理，我們知道儒家的宇宙觀，是怎樣的崇拜『誠』和『不息』，如宋儒把一部中庸講一個誠字，實在也是着重儒家人生哲學的中心處所，中庸上說：『莫見乎隱，莫顯乎微，故君子愼其獨也』；『誠』最妙的一點，就是『愼獨』，例如說『十目所視，十手所指，其嚴乎』，他要人的心時常如被人監察似的，所以又說：『出門如見大賓，使民如承大祭』，『祭如在，祭神如神在』，禮記祭義：『齊之日，思其居處，思其笑語，思其志意，思其所樂，思其所嗜』，又說：『祭之日入室，僾然必有見乎其位，周還出戶，肅然必有聞乎其容聲，出戶而聽，愾然必有聞乎其嘆息之聲』，這不是儒家的好迷信，實在是一種『誠』的表現，其實不止事神祭鬼如此，從一件小事推而至於一切，都是應該如此，所以大學上說：『古之欲明明德於天下者，先治其國，欲治其國者，先齊其家……欲正其心，先誠其意』，朱熹注云：『……曰所謂致知在格物者，言欲致吾之知，在卽物而窮其理也』，致知雖是儒家許可的，但『卽物而窮其理』，是學問上的一種方法，所謂『誠』則是行爲上的修養，亦卽王陽明所謂之『良知』，傳習錄：『爾那一點良知，是爾自家的準則，爾意念着處，他是便知是，他非便知非，更瞞他一些不得，爾只不要欺他，實實落落依着他做去，善便存，惡便去，這何等穩當快樂，這便是格物的眞訣，致知的實功，其不靠着這些眞機，如何去格物』？孔子所謂之「知之爲知之，不知爲不知」，和中庸上『愼獨』一樣的講『誠』，所以『誠』的意義沒有別的，只是教人自己能主宰自己而已，所以儒家的政治學說，也是取『誠』的態度，鬻子說：『君子之謀，能必用道，不能必見受，能必忠，不能必入，能必信不能必見信，君子非人者不出之於辭而施之於行，故非非者行是，惡惡者行善，而道諭矣』，文王的老師是這樣說，憲章文武的孔子更不用說了，所以說『上律天時，下襲水土』，孟子也說：『萬物皆備於我矣，反身而誠，樂不大焉』，其實孟子所說的『盡心』亦正此道，他說：『盡其心者，知其性也，知其性，則知天矣』，可見盡心可以和宇宙同樣地生生變化，這和中庸：『惟天下至誠，唯能盡其性，盡其性，則盡物之性………則可與天地參矣』，實在相同，孟子要人『盡心』，就是要人不自欺的意思，孔子要人能『誠』，就是要能自己主宰自己，不能主宰自己，是同樣不能算盡心的，不盡心一定不能說誠，所以孔孟的說法，都是相同，也可以說儒家的人生觀，沒有不同的，都是一個『誠』，都是一個『自強不息』，論語上說『子曰，學而時習之，不亦悅乎』!!這就是儒家的眞精神，我們爲『學』要不息的再去『習』，而自己又是喜悅的，這却是『自誠』的功夫，「自誠無息」正是此意。再具體一點說，怎麽會見得儒家的『自強不息』呢？朱熹道：『聖賢直是眞個去做，說正心眞要正心，說誠意眞要誠意，修身，齊家；皆非空言』，也就是說要有『說做就做』的一種精神，中庸上說：『有弗學，學之弗能，弗措也，有弗問，問之弗知，弗措也………』儒家的人生觀，是怎麽的有『自強』有『做』的精神呢？朱子語錄：『爲學如攻敵，只是再三鏖戰，一步不肯放鬆』，這又是何等的偉大呢？孔子弟子宰予白日睡覺，孔子罵他：『朽木不可雕也』！所以他自己說：『日知其所無，月無忘其所能，可謂好學矣』，這就是拿自強不息的人生觀，表現於教育上的方法。總而言之，儒家的自強不息，是發於『至誠』，只顧『做』，不顧成功不成功，失敗不失敗，如王陽明說：『發憤忘食，是聖人之志，此眞無有已時，樂以忘憂，是聖人之道，此眞無有成時，恐不必得不得也』，不止王陽明能這樣的去實行自強不息，所有儒家都有這種精神——不求功利的精神，太史公雖說：『儒者博而寡要，勞而少功，是以其事難盡從』，但他適足表示自己本來不知道儒家的人生觀，那末難道老子墨子的無爲兼愛的學術容易實行嗎？要知道人生本來不是像老莊所謂的那樣容易任你，因爲一放力就要被淘汰了，還敢說其事難盡從？可見太史公先自己消極了，所以說儒家的做人精神，實在不是如他所說的沒有意義，總括一句話；儒家的人生觀，是自强不息，是誠；不是如老子的無爲，虛靜，也不是墨子的兼愛，自苦，而是適乎其中的。

孔子說：『仁者，人也』，這豈不是和上面說的人生觀不一樣嗎？其實是一樣的，中庸：「好學近乎知，力行近乎仁，知恥近乎勇」，這是說『仁』就是力行，論語；「顏淵問仁，子曰；克己復禮爲仁……顏淵曰，請問其目？子曰，非禮勿視，非禮勿聽，非禮勿言，非禮勿動，」這種自己約束自己的精神，不是具着自强不息的精神嗎？荀子也說：「今乎仁人也，將又務哉，上則法堯舜之制，下則法仲尼，子弓之義，以務息十二子之說，」你看這種『仁』是怎樣的做法呢！其實『仁』的範圍大的很，不只顧到這些地步，論語；『若臧武仲之智，公綽之不欲，卞莊子之勇，冉求之藝，文之以禮樂，亦可謂成人矣，』孟子說；『仁也者，人也』像這樣地做個人『仁』，確是有一種自强不息的意義了。至於『仁』有『誠』的意義，更是普通習知的，如『仲弓問仁，子曰：出門如見大賓，使民如承大祭，己所不欲，勿施於人，在邦無怨，在家無怨，』這種對人的態度，何嘗不是誠呢？所以說：『仁者，其言也訒，』案註：訒『忍也，難也，仁者，心存而不放，故其言若有所忍』因爲不放心，就是一種『誠』，所以說：『學問之道，無他，求其放心而已矣，』又如『司馬牛問仁，子曰：居處恭，執事敬，與人忠，』恭，敬，忠同樣是一種『誠』。又武王踐祚記記武王的『誠』道：『且臣聞之，以仁得之，以仁守之，其量百世；以不仁得之，以仁守之，其量十世；以不仁得之，以不仁守之，以及其世；』怎樣的個

『仁』呢？『王聞書之言揚若恐懼，退而為戒，書席前左端之銘曰：安樂必敬；前右端之銘曰：無行可悔；後左端之銘曰：一反一側，亦不可以忘；』武王的『仁』即是『敬』『悔』『不忘』，敬即恭，悔即自求，不誠當然不能『悔』，不忘即不忘道之意，可見一種『仁』在政治上也是有它的意義。又荀卿子：『趙孝成王曰：請問其要？荀卿子曰：仁人，上下百將一心，三軍同力，』這裏所謂『仁』，就和孟子所說的『人和』一樣，為戰苟能以誠，便是取勝的方法。日知錄眡，其人條說：『…其送往也汲汲然，如有追而弗及也，其反哭也皇皇然，如有求而弗得也，故其往送也如慕，其反也如疑，求而無所得也…此於喪，而觀其仁也，喪三日而殯，凡付於身者，必誠必信，勿之有悔焉耳矣，此於葬而觀其仁也，……自此而推之，郊社之禮，所以仁鬼神也，射鄉之禮，所以仁鄉黨也，食饗之禮，所以仁賓客也，』這裡所說的仁，更顯明地是誠了，我們以上把仁的意義說過後，可以知道儒家的人生觀『誠』，『自强不息』，『仁』都是一樣的。蔡子民中國倫理學史說：『孔子所說的仁是統攝諸德，完成人格之名』，即是說『仁』是儒家做理想人的一種『道』，胡適也說：『做一個人，須要能盡人道，能盡人道，即是仁』，然而這種做人的道，並沒有一種標準，即『仁』的標準是在整個的人生，和個人的中間，即是說凡是人生的各部分，『仁』都得顧到，都有實現的責任；也可以說是人類的人格，不為任何標準做主腦，而是以『你將要如此』，『你必得如此』的理性作嚮導，所以『仁』的意義，在『自强不息』和『誠』之中，絕不是任意的，而是帶理性的』，所以說：『民之於仁也，甚於水火……未見蹈仁，而死者也』，可見『仁』是含有『合乎理』的必然性的。論語：『子張問仁於孔子，孔子曰：能行五者於天下。為仁矣，請問之？曰：恭，寬，信，敏，惠』，案注：『行是五者，則心存而理得矣』，孔子所說的五者，就是說仁者理應當如此，能如此便是仁，可見『仁』即是『理』如：『宰我問曰，仁者雖告之，曰，井有人焉其從之也，子曰：何為其然也，君子可逝也，不可陷也，可欺也，不可罔也』，這是說仁者不止是愛人，也要在理上着想，所以孔子說：

『惟仁者，能愛人，能惡人』，春秋繁露上說：『夫仁人者，正其誼，不謀其利，明其道，不計其功，』荀子說：『貴賢仁也，賤不肖亦仁也，』孟子也說：『不仁者可與言哉，安其名而利其菑，樂其所以亡者，不仁而可與言，則何亡國敗家之有，』可見不仁者，就是不按公理做人的人，我們綜觀上邊的各條，知道『仁』確包含『理』的意義，胡適駁朱子『仁者無私心，而合天理之謂』的話，說是宋儒的臆說，不是孔子的本意，這未免是實驗主義者過疑的差誤吧？孔子說：『禮者，理也，』明明理並不有害於禮，禮和仁也不是衝突的，難道說不害於禮，就害於仁嗎？固然禮不能包括了仁，但明明孔子作春秋，完全用正名的方法，去褒貶別善惡，以維持亂臣賊子，這不是一種『理』的做法嗎？他一面愛人，一面掉不開這『理』——正名，仁和理的確是相同的了。

綜觀以上的敘述，略知儒家的哲學，抽象的鋪露出來，我們爲更明瞭起見現在將牠具體的表現於生活上的態度，再來敘述一下，暫分爲兩種如下：

（甲）繼續不斷的生活。

（未完）

儒家的哲學（續）

任慶棠

（一）創造　儒家由自強不息的人生觀，表現於生活中，最顯著的就是繼續不斷的努力，孔子說：『朝聞道，夕死可矣』，日知錄有云：『不知年數之不足也，俛焉日有孳孳而已』，就是『鞠躬盡瘁死而後已』的意思，也就是發憤忘食的精神，孔子又說：『吾見其進也，未見其止也』，這樣的只知前進，不知停止，可見儒家的繼續不斷的努力生活了，但怎樣繼續呢？第一個，就是創造，創造的意義，不止說某件事的成功，是多着重在創造的精神方面，就是說只要精神是創造的，那可以不管事實上的成功與失敗，我們爲明了這個關於儒家的創造，再分三部分來述：

（A）在政治上的活動　在政治上的活動，也要有一種創造精神，因爲儒家自來，以治國平天下爲個人應有的責任，大學中有『大學之道，在明明德，在親民』的字句，中庸中有『物格，而後致知……國治，而後天下平』的字句，可知儒家認爲在政治上的活動，是合理的，以孔子來說，他做過魯國的司空和司寇，又奔走七十二國，和諸侯談論政治，困於陳蔡，辱於匡人，他都沒有一點灰心，他不止精神上是創造的，就是事實上在政治舞台的事功，也是創造的，像他初做了魯國的司寇，便殺了亂政的大夫，少正卯，又謀墮三都，減執政之權，以強公室，其後作了定公的儐相，和齊侯，會於夾谷，因齊侯的故意侮辱，很替魯國爭得些榮譽，像這些事實，眞是儒家創造精神的表現。至於孟子，他和孔子一樣的，到處辯論，講說關於政治的事，甚至以治天下自任，如公孫丑有一天問他道：『夫子何爲不豫』？曰：『當今之世，舍我其誰而予何爲不豫哉！』這並不是孟子的妄想，而是他的一種創造精神，看他離齊國時三宿而後出晝，有人說他太遲，他說：『王庶幾召我，則豈徒齊民安，天下之民舉安』，孔子也曾作過『有能[illegible]日而用我者，其月而已可也，三年有成』，這正是儒家的創造精神，不像老子的『各安其居樂其業』的恬淡生活，出世主義，而是創造的入世主義。

(B)批評態度　批評的意義，消極方面是破壞不合理的東西，積極方面是建設合理的理論，孔子作春秋來褒貶是非，無異也是對不合理的要破壞，合理的要建設，或者有人懷疑道『孔子不是述而不作，信而好古』嗎？其實這是不對的，要知道孔子為什麽删詩呢？為什麽所留的不過是些『可施於禮義者』呢？其餘的詩不是古人所作的嗎？怎麽孔子不好它呢？所以我們知道孔子固然好古，然而也不是毫無條件的來作古人的奴隸的，至於孟子更是顯著的，看他所講的『養浩然之氣』，都是作批評態度的註足的，所以他和別人時常辯論，評擊墨翟，楊朱，許行，他說：『予豈好辯哉，不得已也』，可見這並不是『惡訐以為直者』的『訐』，而是正當的批評，如孟子說：『君之視臣如土芥，則臣視君如寇仇』，他批評一切完全站在說理的戰線上，而這種氣魄又是為了創造。

(C)日常生活的實在化　在日常生活上的實在化，就是要生活中任何事件，都要人生化，人都該足踏實地的去練習，不致空過一場，所以說『溫故，而知新』『學，而時習之』，總之日常生活總要『實在』，一點不放空，相對的那『秉燭夜遊』却不是儒家的本意。

(二)抵抗　儒家的抵抗，就是自強的意思，毫不受外物的支配，孔子說：『…不曰堅乎，磨而不磷，不曰白乎，涅而不緇…』意思是說至堅之物，不怕磨，至白之物，不怕穢的，這是自具一種抵抗精神的又如孟子說：『惡聲至，必反之』，『自反而縮，雖千萬人吾往矣』，這是何等偉大的抵抗精神呢？

(三)負責　負責是不願『泄泄沓沓』的意思，那倒無論是給自己做人家做的，所以孔子說：『為人謀而不忠乎』：又說：『士不可以不弘毅，任重而道遠』，『仁以為己任，不亦重乎？死而後已，不亦遠乎？』皆可見其負責了。

(四)自求　孔子說：『十室之邑，必有忠信如丘者焉不如丘之好學也』，『吾嘗終日不食，終夜不寢，以思，無益，不如學也』，又說：『仁遠乎哉，我欲仁，斯仁至矣』，孟子也說過：『萬物皆備於我矣』。孔子雖是天生聰明，但也要力學，學樂於郯子，問禮於老子，長弘，即是自動自求的精神。

以上很粗略的將儒家繼續不斷的具體生活寫了出來，主要的意思，不是說像新生活運動具體規律地來效法去，而是証明儒家繼續不斷的生活，不是空說的能了。

（乙）汎愛的生活　儒家的人生觀，不是說『誠』嗎？因爲誠，對於人便發生了一種汎愛的情意了，論語，『汎愛衆而親仁』，孔子又說，『己欲立，而立人，己欲達，而達人，』在『仁者愛人』，我們再看大學：『大學之道，在明明德，在親民』，『親人』即博愛——日知錄『先之以博愛，而民莫遺其親，左右就養無方謂之博愛』，韓愈原道，『博愛之謂仁』，擴大的說『此汎愛』即儒家之大同主義。禮運：『大道之行也，天下爲公，選賢與能，故人不獨親其親，不獨子其子，使老有所用，幼有所長，貨惡其棄於地也，不必利己，力惡其不出於己也，不必爲己』又程子說：『仁者以天地萬物爲一體，莫非己也』，這和『民吾同胞，物吾與也』同樣的是大同的思想，又如論語：『四海之內，皆兄弟也，』諸如此類，足見儒家的大同思想了。這種思想是基於人我的結合，他們認爲這才是使宇宙不息的進化的動力，因此所注意的是人我共同的努力。儒家因人類有自然的一種情義的結合，像父子，夫婦……要使這一種情義，擴大到無限，就發生君臣朋友，昆弟自然倫理說了，——倫字，說文云：『輩也，一曰，道也』，曲禮注：『倫猶類也，』論語：『言中倫』，包注：『道也，理也，』孟子上注，『倫序也』，那末，倫理是由正名出發的了，易經家人卦：『家人有嚴君焉，父母之謂也，父父，子子，兄兄，弟弟，夫夫，婦婦，而家道正，正家而天下定矣』，大學上說：『爲人君止於仁，爲人臣止於敬……』無非是使人類相互間有一種理想的秩序的行爲。胡適云：『儒的人生哲學，認定個人不能單獨存在，一切行爲都是人與人交互關係，行爲都是倫禮的行爲，』這算最能認識儒家的『大同』的出發點了。但還有一點，儒家爲什麼倫理中，最重要的起點要從父子這種關係上說呢？說者謂這是儒家的生殖崇拜主義，這我不敢相信的，太把事實看得簡單了，因爲儒家的生殖崇拜，不能說是儒家的倫理學（按即其人生哲學），的內部基礎，我以爲他的基礎，仍是『誠』，怎麽說呢？因爲天下最親自己的人是父母，而自己最親的人也無過於父母，這是人生良知的特具有的，是客觀的不變的事實，我們自己來體驗，假如自己不幸背了父母，遭了患難，想起父母不由的要留淚，又如自己做了不好的事情，第一、自己覺着對不住的人，除了那些不知是非的人，自己有愧，同時必然覺着對不住父母，這是什麽原因呢？此乃天性中自然的表現，因爲人性是善的，對於愛自己的父母，必然反應一種同樣的心理，因此倫理中的把父子的關係，放在前面的意思，並不是像胡適所說『到了他的門弟子，以爲人倫之中獨有父子一倫，最爲親切，所以便把這一倫，提出來格外注意，格外用功，』實在是因爲儒家顧於自己，和理中的各倫，都達到一種標準的情誼行爲，如爲人君止於敬，爲人父止於慈等。但又恐怕違行倫理的信條，有對不住自己，對不住父母的地方，所以不如時常拿『做錯了對不住父母』的心理想，對於倫理中任何一倫，也要做到，不要給對不住父母，對不住自己，故孝經：『曾子曰：身也者，父母之遺體也，行父母之遺體，敢不敬乎？居處不莊，非孝也；事君不忠，非孝也；涖官不敬。非孝也；朋友不信，非孝也；戰陣無勇，非孝也：』這完全是出於『誠』，完全是說愛人的開始。孟子說：『老吾老，以及人之老，幼吾幼，以及人之幼』，曾子說：『一舉足，而不敢忘父母，一出言，而不敢忘父母』，正是這番道理；胡適乃說：『細看祭義，和孝經的學說，簡直可算得不承認個人的存在，我並不是我，我不過是我父母的兒子，』這實在有點認識錯誤，儒家的眞諦，孔子何嘗不說『孝弟爲人之本，』禮記云：子曰：立愛自親始，敎民睦也』，書經云：『克明峻德，以親九族，九族既睦，平章百姓，百姓昭明，協和萬邦，黎民於變時雍』這不是由近及遠，愛的說明嗎？胡適沒有知道儒家除過以上的尊重父母論外，還有他的獨立人生觀，論『故君子思修身，不可以不事親；思事親不可以不知人；思知人。不可以不知天；』『順乎親有道，反諸身不誠，不順乎親矣，誠身有道，不明乎善，不誠乎身矣』，這些『知人』，『知天』，『誠』，『明善』不是前『事親』而應尊重的嗎，我們就知道儒家所謂的孝，仍是出於誠，仍未抹煞個人的獨立性，胡適說的那樣如果對的話，那麼墨家有『尙同』『天志』簡直承認我不止是非我，而是天的兒子了，但墨子却自苦爲極，能盡個人之責任，毫不因此失却個人獨立的人生意義；同樣地，儒家因爲孝，而便放棄他獨立的人生觀嗎？日本人江馬修所寫小小的一個人上有言：『我又時常想人類中有那個孩子在內，因這一件事，就敎我不能不愛人類，』周啟明的雪潮，『我爲了自己的兒女，才愛小孩子，爲了自己的妻，才愛女人』，實在周先生的意思，也和江氏一樣，話雖那樣說，難道自己沒有兒女，就不愛小孩子，沒有妻，就不愛女人嗎？不過是有了自己的兒女，愛小孩更覺親切，有了妻，愛女人更覺有意義吧了，儒家的『親親之道』，也正是如此，自己能盡孝道於父母，愛別人更親切些，不是說沒有父母，我就不愛人，日知錄有云：『親親而仁民，仁民而愛物，而天下之大經畢舉，而無遺矣』，也就是這個道理。

(四)儒家的一貫之道　論語說：『子曰：參乎！吾道一以貫之，曾子曰：咱子出門：人問曰：何謂也？曾子曰：夫子之道，忠恕而已矣』。後人解一貫之道，多本此意，謂忠恕即一貫之道，胡適駁道：『一以貫之四個字，當以何晏所說爲是，孔子認定宇宙間天地萬物，雖然頭緒紛繁，却有系統條理可尋，所以天下之至賾，天下之至動，都有一個會通的條理，可與『象』與『辭』表示出來，『固歸而殊途，一致而有慮』，也只是說這個條理系統，尋得出，便可用來綜貫那紛煩複雜的事物，正名主義的目的，在於正名以正百物，也只是這個道理……這是孔子的哲學方法』，的確的孔子的一貫道理，就是這樣一點內蘊，忠恕所以稱爲一貫，並不本忠恕本身的含義，而在忠恕所用的方法，就是說忠恕在身是儒家的人生哲學，而一貫之道是方法論，日知錄：『延平先生答問曰，夫子之道，不離乎日用之間，自其盡己而言，則謂之忠，自其及物而言，則謂之恕，莫非大道之全體，雖變化萬殊於事爲之末，而所以貫之者，未嘗不一也……而集注乃謂借學者，盡己推己之目，以著明之，是疑忠恕爲下學之事，不足以言聖人之道也，』又『忠也者，天下之大本也，恕也者，天下之達道也，子貢問曰：有言可以終身行之者乎？子曰：其恕乎？夫聖人何以異於人哉，知終身可行，則知以一貫之之義矣』，我們由此可以知道，忠恕本身是推己及人之意，但要知道推己及人，也是綜合人生各方面，而將複雜的事物一貫其條理，根本尋出對付之方法之意義，曾子所以答門人以忠恕者，用意不在前者，而在後者，日知錄中對於此，更有以下的發明說：『好古敏求，多見而識，夫子之所自道也，然有近乎是者，六爻之至頤也，而曰『智者，觀其象辭，其思過半矣』；三百之詩，至汎也，而曰』一言以蔽之，日思無邪』；三千三百之儀，至多也，而曰『禮與其奢也，寧儉』：十世之事至遠也，而曰『殷因於憂禮，周因於殷禮，雖百世可知也』；百王之治，至殊也，而曰『道二，仁與不仁而已矣』；此所謂予以一貫之者也，其教門人也，卽其兩端，而使之以三隅反，故顏子則聞一知十，而子貢切磋之言，子夏禮後之問，則皆善其可與言詩，豈非天之禮，殊途而同歸，大人之學，舉本以該末乎』，至於章太炎先生，則直然將忠恕講爲一種方法，他說：『心能推度曰恕，故夫聞一以知十，舉一隅而以三隅反者，恕之事也，……周以察物，舉其徵符，而辨其骨理者，忠之事也；自觀焉，忠也。方不障，恕也』，這也根本離不掉儒家的眞面目的。儒家既主張用這種方法去做人，所以他不只尊德行而已，亦且道問學，道問學的目的，在推論，就是說以一反三的去求學問，如子貢因『貧而樂富而好禮』，想到『如切如磋』，孔子便稱他『告諸往，而知來者』，又子夏因『繪事後素』，想到『永後』，孔子便稱他『可與言詩』，爲學如此，爲人亦當如此，傳習錄上說：『有一屬官因聽講，先生之學曰：此學甚好，只是簿書訟獄，難不得爲學，先生聞之曰：我何嘗教爾離了簿書訟獄，懸空去講學，爾既有官司之事，便從官司的事上爲學。才是眞格物』，王陽明的格物致知，和儒家的求一貫之道是一樣，因爲一貫是方法，格物也是方法，他叫人在萬事萬物上去格物，也和儒家教人在繁賾的事物，求一貫之道是一樣的。因周敦頤說：『故君子之學，莫若廓然大公，物來順應』，正是說此，不然『苟規之於外誘之除，所見滅於東，而生於西也』，『非惟日之不足，顧其端無窮不可得而除也』，若萬事萬物，都各各的拿相當的方法應付去，那就太麻煩了，一貫之道就是經濟的方法，使萬事萬物以一貫的一個方法，去應付，豈不省事的多？總而言之『一貫之道』，是一種方法論，不是人生哲學。

（五）儒家的性善論　儒家謂宇宙間的一切事物行爲，都是出於人性中的至誠，而這『誠』是任何人都有的，這便是性善論的出發點了，孔子說：『性相近也，習相遠也』，所謂相近，是說好的一方面，這種善，如嬰孩那樣天眞純潔，所以說『大人者，不失其赤子之心也』。孟子論性，發揮無遺，告子篇他對『今日性善，然則皆非歟』的問題說：「乃若其情，則可以爲善異，乃所謂善也，若乎爲不善，非才之罪也，測隱之心，人皆有之……仁禮體智，非由外鑠我也，我固有之也，弗思耳矣，故曰，求則得之，舍則失之，或相倍蓰，而無算者，不能盡其才者也，』總之，儒家性善論不外以下數點：（A）人的本性是善的（B）人都有一種良知（C（惡不是性的作用事物慾之蔽

儒家因了人性同善的理論，就產生一種平等的思想，如孔子的『有教無類』，他認定人性都是善的，所以他的弟子，也不甚選擇。尸子勸學篇『顏涿，梁盜也，顓孫，師鉏也，孔子教之』可見孔子的平等思想了。又如孟子說：『聖人，與我同類者，』『何以異於人哉，堯舜與人同耳』，『彼丈夫也，我丈夫也，吾何畏彼哉』『舜，何人也，予，何人耶，有爲者，亦若是，』像這種所具平等思想，都是從性善論出發的。

（六）結言　我們以上敘述了大略的儒家的宇宙觀和人生觀等項，其中所引的原句和敝人的意見，自多錯誤的地方，這是誠懇的希望讀者，予以眞確的批評的，至於敘述節目的分類，也因爲學識的關係，不能沒有缺點，更企大雅的郢政，現在就算了草結束了吧。（完）

儒家的政治哲學

楊玉清

一 序論

現在的中國，是在新舊交迭，青黃不接的時候。對於舊有的東西，一部份人是摧毀之不遺餘力，詆之爲「封建的殘渣」；一部份人却又保存之不遺餘力，頌之爲「傳家的至寶」。於是表現在社會方面的，就是：新舊的角鬥；表現在個人方面的，就是：靈魂的動搖。

其實這正是中國社會進步的表徵。新的中國，就要在這種角門動搖中孕育產生出來。

「打倒孔家店」，這是二十年前人們所喊過了的口號。但孔家店到底所賣的是一些什麼貨？孔家店是否應該打倒？這都是我們應該加以考慮的問題。可惜一直到現在，這些問題，還沒有得着定論，還是擺在我們面前的一個大的懸案。

我總覺得過去的人們，不免有些意氣用事，庸人自擾。就是：他們無論是站在信仰方面的也好，站在反對方面的也好，對於問題的本身，都欠缺深刻的研究，與正確的認識。然而這也是沒有辦法的事。二十年前的人們，對於科學的修養，都不算深，加以中國已有的東西，又是東鱗西爪，零零碎碎，不易把握其整個的內容，所以甲抓着某一句話，可以作信仰的護符；乙抓着某一句話，又可以作反對的口實。這種事實的困難，我們是應該加以善意的原諒的。

時代已經輪到了二十年以後的我們，我覺得把已有的東西，作一個科學的整理，這是我們應有的責任。過去所謂「仁者見仁，智者見智」，這就是以主觀的成見滲入客觀的事實。我們現在分析某一個問題，總要還牠一個本來面目。好比二加三等於五，這是客觀的眞理，卽令自己主觀上，不願意牠是五，然而也得說出五的答案。我這篇文字，就是在這種信念下，所產生的一種嘗試。自然這只是一種嘗試。我對於這種問題，只願意作一個搬磚石的小工。砌成宏壯的樓台，還待大匠們的努力！

什麽是政治哲學？我替他下一個定義：政治思想之系統的敍述，就是政治哲學。

政治哲學，是相對於政治科學而言。政治現象，是政治科學所研究的對象；政治思想，就是政治哲學所研究的對象。

人是不安於現狀的，是不爲環境所屈服的，她時時刻刻在打算怎樣去改造現狀，去支配環境。這種打算的結晶，就形成所謂政治思想。

政治思想，是理想，不是幻想，不是空想，尤其不是胡思亂想。理想，是以實踐爲目的，縱是超過了現實的要求，但是總有幾分與事實接近。幻想空想胡思亂想，則無空間，無時間，無人我，甚至於無社會；這種東西我們只有把牠當作小說看待，自然在政治哲學研究範圍以外。

政治思想，一定是環境的產物。有一種某樣的時代，卽產生一種某樣的思想。這種思想，雖倡導於少數的先知先覺，但每爲成千成萬羣衆所努力的標的。牠可在决定個人的行動，牠可以促進時代的歸趨。

中國，是政治哲學最發達的一個國家。所以有人說：英國人與日本人富於實踐，要講政治實踐，要到英國和日本去找；法國人與中國人富於理想，要講政治哲學，要到法國和中國去找。中國已有的經典，無一不是富於政治哲學的意味。我們把已有零碎的片斷的東西，整理起來，加以系統的敍述，就是很好的一部政治哲學。

什麽是儒家？無疑的，是指宗師孔子學說的人而言。孔子以前有儒，孔子以後也有儒，孔子不過是一個承先啓後的樞紐。爲了說明的方便起見，後人每以孔子爲儒家之宗。

儒之一語，在孔子以前，凡學者均稱儒。到孔子以後，尤其是從孟子闢楊墨以後，有所謂：

「逃墨必歸於楊，逃楊必歸於儒。」

遂一變將儒作爲宗孔子之道者之專稱。考儒之義，爲優，爲和，言能安人，能服人。所謂「夫子溫良恭儉讓」，這幾種美德，就是儒者的典型。

世人稱儒，有所謂儒教，有所謂儒學，有所謂儒家。考儒教二字，始於史記，有云：

「魯朱家者，與高祖同時，魯人皆以儒教，而朱家用俠聞。」

這裏所謂儒教的教字，是作動詞解，爲教訓之教，而非宗教之教。後之所謂儒教，是稱儒爲教，與釋道並稱爲三教。這大約是起源於佛教輸入中國，道教發生於中國以後。佛者，道者，欲挾儒以自重，故以儒與釋道並稱，其實儒者所宗全爲哲學的而非宗教的，哲學與宗教的分野，一個在訴之於個人的理性，一個在訴之於個人的想像。所以：

「子不語怪力亂神」（論語）

「未知生，焉知死」（仝上）

儒者全以合理爲出發點，超乎現實以上的事都在闕疑之別。佛之所謂「大千世界」「三世姻緣」，道之所謂「天兵天將」「呼風喚雨」這種玄而又玄的道理，是儒者所不敢談的。所以謂儒爲教，殊覺不安。

至儒學二字，即指儒者之學而言，意明詞確，新舊唐書、元史等，皆有儒學傳，即相當於他史之儒林傳，即指好儒學者而言。不過儒學二字範圍甚廣，政治哲學不足以盡括儒學，所以不能不題爲儒家的政治哲學。這個意思就是說也許還可以成立其他的部門，而成爲儒家的某某學等。

儒家係相對於其他各家而言，爲九流之一。漢書上面有幾句話，最可以解釋這個名詞，有云：

「儒家者流，游文於六經之中，留意於仁義之際，祖述堯舜，憲章文武，宗師仲尼，以重其言，於道最爲高。」

其實以儒與各家並稱，未免是降低了儒的地位。儒的地位，實在是在各家之上。尤其是從漢武帝表章六經以後，儒實爲國學正宗，儒以外皆指爲異端邪說，對儒無以名之，故只有仍稱儒家，但我們切不可忘掉牠在中國文化史上的重要性。所以本題雖定名爲「儒家的政治哲學」，亦可以名爲「中國之正統思想」。因爲除儒以外各種思想的勢力在中國總是很微弱的。

二　儒家的國家觀

國家這一個名詞，不待言，是借用西洋的術語。國家，這一個東西，是隨近代資本主義的發達而加强其重要性的。不但在中國過去沒有國家的意識，即在西洋產業革命以前，對於國家的認識也很糢糊。因了資本主義發達，國與國之間交際頻繁，爲了利害的衝突，每使各自的政府，要以全力保護其國民的利益，而其國民亦須以全力維護國家的尊嚴。於是在現代政治學上國家佔了極重要的位置。

現在我們要談儒家的國家觀，初看起來，未免覺得很滑稽，在儒家的經典上壓根兒就沒有國家這兩個字。自然沒有這兩個字，不能即指爲他們頭腦當中沒有這個東西的概念。過去對於國家這個東西的概念是有的，不過不大明晰，更沒痛痛快快，叫出一個國家的名詞，而其概念所包括的內容，較之現代國家，亦殊有異。茲

分言如左，

第一，昔之所謂社稷，卽今之所謂國家。

中國以農業立國，一直到現在還十足的擺出農業社會的面孔。在幾千年前的過去，其受農業之籠罩，自更不待言。大家對於農事，非常關心。政府與民衆所希望的，都莫過於是：五穀豐熟，穰穰滿家。他們平時對於祭祀，也特別認眞，尤其是對於土穀之神，更是另眼相看。所謂社稷也者，卽土穀之神之稱謂。「國以民爲本，民以食爲天」，土穀之神，司年歲之豐歉，卽無異掌國民之命脈，由此卽產生一種崇拜社稷的心理。後卽竟以此作爲土地幅員的代表了。

尤其是每逢外侮之來，卽所謂「毀其宗廟，遷其重器」，對於社稷的祭祀，卽以不能不另換主人。古之祭天，一定是天子的職權。祭社稷，則爲諸侯以下的職權。主祭的所在，卽可以代表政權的所在。所以社稷竟爲執政者所必具的要素，甚至於是與主權者不可分離的要素。

我們看：

孝經云：「高而不危，所以長守貴也；滿而不溢，所以長守富也。富貴不離其身，然後能保其社稷而和其人民。」

這繙成現在話，就是……然後能保其國家而和其人民。

論語云：「有民人焉，有社稷焉。……」

孟子云：「民爲貴，社稷次之，君爲輕。」

這在在都可以證明過去是把社稷當作國家。在現在，人民與國家，是相連貫的名詞；在過去，人民與社稷，是相連貫的名詞。其他如：

「執干戈以衞社稷」

「社稷之臣」

「生民社稷」

……

種種的話，社稷二字，都顯然包括得有國家的涵義。

第二，古之所謂國家，其範圍極小。

中國在過去，天子以下，有不少的封建諸侯。諸侯所領，無論土地之大小，人民之多寡，總稱之爲國。天子支配全局，則謂之天下。所以諸侯相互間的兼併，亦可以謂之：不保社稷，卽今之所謂：亡國之君。史載：

「禹會諸侯於塗山者萬國。」

這所謂萬國，自然是言其多，絕非指恰有一萬之數而言。不過我們就可以藉此看出那時割據的複雜情形。

至武王伐紂，則載：

「大會八百諸侯於孟津。」

可見互相兼併，較昔加速，昔之稱萬國者，今已變爲八百。到後來春

秋戰國，則有所謂

「五霸強七雄出」

已經由八百諸侯而變爲七雄了。從這個當中可以看出促成統一國家的痕迹。我們看，西洋國家統一的過程，誰不是由小的結合而組成大的集團。至今還有所謂聯邦組織即複合的國家，每個聯邦，還保有國家的雛形。中國自從秦始皇以後，就已完成大一統的國家了。

第三，以國家爲君主之私有財產。

國家是什麼？在西洋也有很多的爭論。有的把國家看成政府與人民間的關係，這就是所謂國家關係說。有的把國家看成人民的集團，這就是所謂國家團體說。有的把國家當作與君主毫無二致，君主就是國家，國家就是君主，這就是所謂國家君主同一說。此外還有一說，就是國家目的物說，這一說，把國家當作君主的私有財產。國家不是公法上的論題，而是私法上的論題。中國過去恰是把國家當作君主之私有財產，無形之中與西洋的國家目的物說相脗合。

從禹王傳子以後，中國的君主都是世襲，於是「家天下」的名詞，由是以生。國家不是衆人相依爲命的東西，而是君主個人的財產。國家的興亡也無與於人民，僅是表現一家一姓的起伏榮枯。

「普天之下莫非王土；率土之濱，莫非王臣。」

這就是說，天下的土地，都是君主的領土；天下的人們，都是君主的臣僕。這些領土與臣僕，都是君主的私產。因爲有了這一筆私產，所以必得有人管領。所以說：

「國不可一日無君。」

又因爲管領這一筆私產的人，必得是一個自然人，所以可說：

「天無二日，民無二王。」

祖宗有了這一筆私產，子孫必得好好保守，所以說：

「創業難，守成亦不易。」

所謂創業，所謂守成，完全是爲私人產業而言，今而用之於國家，其視國家爲私產，實已無可諱言。到了國家將亡的時候，於是中興之責，全由其子孫任之，於他人無與。劉備是漢家之後，到漢室式微，於是劉備毫不客氣，以興復漢室自命。其餘的人，所謂無官守，無言責，則只立於旁觀的態度。賢如諸葛武侯，亦無「天下興亡，匹夫有責」之志。彼之出山，全係爲劉備個人之道義。後之不成，則謂：

「天不祚漢。」

彼之所謂：

「鞠躬盡瘁，死而後已。」

亦不過僅爲報答劉備個人而已。所以過去對君，有君父之稱；對臣，有臣子之稱。國之君，即家之父。人民，則其「兒女百姓」也。

第四，以人民爲國家之唯一重心。

現在談國家的要素都指出土地，人民，主權三者。尤其把土地這一項認得非常的嚴。國家的興衰取決於領土的增減。强國以擴張領土爲務，弱國以保全領土爲福。而中國過去則不然，把領土看得非常的不重要，看得最重要的是民心。所謂：

「得其民者，得其心也。」(孟子)

「天時不如地利，地利不如人和。」(仝上)

並且只要得民心，土地的大小都沒有關係。所以說：

「王不在大，湯以七十里，文王以百里。」(仝上)

如果遇外患侵擾，不得已時，土地也可以放棄。如：

「太王居邠，狄人侵之。事之以皮幣，不得免焉；事之以犬馬，不得免焉；事之以珠玉，不得免焉。乃屬其耆老而告之曰：狄人之所欲者，吾土地也。吾聞之：君子不以所以養人者害人。二三子何患乎無君？我將去之。去邠，踰梁山，邑於岐山之下居焉。邠人曰：『仁人也，不可失也。』從之者如歸市。」(孟子)

處處以人民爲本位，事事爲人民着想。創業的人以此取得人民的擁護；守成的人也以此取得人民的信仰。民心的向背都取決於君主的賢否。所以說：

「有德此有人，有人此有土，有土此有財，有財此有用。德爲本，財爲末。」(中庸)

又說：

「皇天無親，惟德是輔；民心無常，惟惠是懷。」(書經)

「天聰明自我民聰明，天明畏自我民明威。」(仝上)

「民之所欲，天必從之。」(仝上)

這些都是說明人民才是國家的重心。

第五，以平天下爲國家之最終目的。

西洋的國家，都把國家本身當一個目的。爲了維持國家的存在，對內對外，不知加多了多少的罪惡。對內要人民愛國，在「擁護祖國」的口號下去犧牲生命。對外要發揚國威，以强凌弱，以衆暴寡，寡人之妻，孤人之子，把本國以外的人類，都當作手段，都當作犧牲品。所謂：

「爭城以戰，殺人盈城；爭地以戰，殺人盈野。」(孟子)

在中國則不然。無論是在秦未統一以前也好，在秦既統一以後也好，治國的人都是以平天下爲目的。正所謂：

「大道之行也，天下爲公。」(禮記)

「老吾老以及人之老，幼吾幼以及人之幼。」(孟子)

「行一不義，殺一不辜，而得天下，所不爲也。」(仝上)

甚至於孔子主張治國，必不得已時，可以去兵，去食，而不能無信。而謂：

「自古皆有死，民無信不立。」(論語)

孟子亦謂：

「善戰者服上刑。」

「仁者無敵。」

「…定於一 不嗜殺人者能一之。」

以事實來看在三代以前所謂：

「修文德以來之」

對於本國以外的人，並沒有思以武力征服，僅思以文化的力量去薰陶他們；以仁德的力量去感動他們。到秦始皇統一中國以後，卽收天下兵器鑄爲金人，以示與民休息，修萬里長城，以防胡人。史稱漢武窮兵黷武，其實他們絕沒有侵略他人的意思，只不過以一時的好奇心所驅使，欲發揚國威於異域而已。到元淸以異族入主中原，則態度廻異。尤其是元之進兵日本，惜無結果而終。但朝鮮、安南、緬甸，以及其他小國，入貢中國者甚久，而中國對彼，仍無損於毫末。這也是自然的趨勢。中國向來是大國，左右無敵人，物產足以自給，也用不着向外發展找殖民地。中國自己視自己，就是天下，不是國家，所以歷來換朝換帝，在中國的歷史上，只有朝名，而無國號。如唐，如宋，在當時以爲國號，實則就中國的整個歷史看，仍係朝名而已。至今外人稱中國爲「支那」而我自已亦無法反對，自己也沒有一個固定的名詞。所謂「中國」所謂「華夏」都不過是一種普通的稱呼，不是一個法定的國號。比如日本、法蘭西、義大利、英吉利以及其他等等國名，自己如此稱呼，外人亦如此稱呼。現在如此稱呼，過去亦如此稱呼。中國至今，自己稱爲中華民國，而外人則另有稱呼。希望國人對中華民國，樹立信仰。無論怎樣改革，對國名總不可稍存不敬之意。

三 儒家的君主觀

儒家政治哲學的基點，是注重賢人政治，所以對於君主，特別的責望最殷。把社稷的安危，人民的幸福，都寄託在君主的身上。如果說儒家的政治哲學有很多長處，這一點就是牠的長處；如果說儒家的政治哲學，有很多短處，這一點也就是牠的短處。

西洋柏拉圖、亞里斯多德輩對於君主一席，也極力推重哲人担任。他們是把國家當作一座好的學校，把君主當作一個好的先生。儒家對於君主的學說，眞是太多；其責望之大，眞是無以復加。較之西洋，更不啻千百倍過之。我現在把牠分作下列幾點：

第一，天子。

儒家把君主，是當作天之子。儒家一切以合理爲主，所以沒有宗敎信念。只有敬天一項，是儒家的信念，但只是哲學的，而不是宗敎的。所謂：

「上有皇天，下有后土。」

這兩件東西，是人類最容易直覺的，不待思索，而可以看着的。絕不是其他宗敎家所假設的上帝、神所可比擬的。又說：

「天理，國法，人情。」

天理是在國法之先。所謂天理者，就是天地間自然的道理，人類的良知良能，與西洋自然法學者所主張之自然法頗相彷彿。世界上的一切，好像是天在那兒安排。個人的命運，是寄託在天的身上，同時國家的命運也寄託在天的身上。

「惟天為大。」

天是最大，而君主是

「正直代天行化，慈善為國救民，」

於是除了天以外，最大的，就是君主，所以君主，是天之子。

「天佑下民，作之君，作之師。」（書經）

談中國的政治，不能離開天權，談儒家的政治哲學，更不能離開天道。他們是說，君主是天安排他作老百姓的主人的。老百姓要服從天意，也得服從君主。所以過去的君主，都是說：

「受命於天。」

而且君主是人民所必需的。沒有君主，人民會無法無天，互相擾亂起來，所以又說：

「惟天生民有欲，無主乃亂。」（書經）

堯舜時代傳賢，孟子的解釋是天意；夏禹以後傳子，孟子的解釋，仍是天意，所以說：

「天與賢，則與賢；天與子，則與子。」

甚至於湯武征誅，而自謂：

「順天應人。」

桀紂殘暴，而亦自謂：

「我生自有命在天。」

第二，人君。

第一點是說君主是天子，這是對老百姓而言，要老百姓服從君主。於是再更進一步，要對君主本身加以規範，這就是說，你是人君，你不可不有人君之度。

「修己以治人，修己以安百姓。」（論語）

作人君的人，一切要以身作則，作人民的表率，作國家的模楷。所以要治人，先要從修己起，如果修己的工夫做到了，則垂拱而天下治，不必多事旁求。所以又說：

「君仁莫不仁，君義莫不義。」（孟子）

如果人君好為不義，則

「上有好者，下必有甚焉。」（論語）

從此天下即開大亂之端了。他如：

「君子之德風，小人之德草，草上之風必偃。」（仝上）

「苟子之不欲，雖賞之不竊。」（仝上）

「罔違道以干百姓之譽，罔咈百姓以從己之欲。」（書經）

這種實踐的精神，自責的精神，是君主的第一急務。

第三，能者。

「天子聖明，臣罪當誅」這兩句話，現在大家都用來作笑話講。其實在過去是要天子聖明，惟其聖明才有作天子的資格。天子聖明，本是一句老實話，到後來君主世襲，庸人也可以作天子，所以這句話成了恭維話，應酬話。我們看從黃帝以來，所謂堯、舜、禹、湯、文、武，他們都是天子，（文王除外）他們同時都是聖明。儒家對政治的要求，就是希望復興唐虞三代之治。對君主的要求，也就是希望復興堯、舜、禹、湯、文、武的精神。

因爲儒家覺得制度是死的，人是活的。有了人，制度終能有用，纔有實施的機會。否則人已不肖，縱有好的制度，亦無從實施。所以說：

「優優大哉，禮儀三百，威儀三千，待其人而後行。」

「文武之道，布在方策，其人存，則其政舉，其人亡，則其政息。」（大學）

這是一件事實。儒家的理想，當然是在政舉，但因無人而政息，這又有什麼辦法呢？所以他們仍不能不要求聖明的天子出而主持。我們最要注意，儒家所尊重的君主，是天子聖明，他們理論的立場，就注重在這個地方。否則他們不但不尊重，並且還提倡老百姓起來打倒他。所以說：

「撫我則后，虐我則仇。」（書經）

「聞誅一夫紂矣，未聞弑君也。」（孟子）

第四，公僕。

在西洋啓蒙專制時代，曾有過這樣的標語，就是：君主，是人民的第一奴僕。這一句話，就是受東方政治思想的影響的結果。儒家把君主的地位，看得很高，把君主的職務，看得很重；同時把君主個人的種種，也限制的很嚴。黃宗羲著君說，謂君係以一人奉天下，非係以天下奉一人。深得儒家之旨。儒家對君主的觀念，不是一個權利，而是一個義務。所以周公輔成王，叮嚀要成王

「先知稼穡之艱難。」

至周公自己，所謂：

「一飯三吐哺，一沐三握髮。」

雖然不至於這樣忙，但其勤慎情形，可以想見。

堯舜見民之飢寒，曰：我飢之也，我寒之也。禹王下車泣罪，爲治洪水，曾三過其門不入，其犧牲精神，誠爲難能可貴，而卑宮室，節飲食，其自奉之薄，尤爲罕見。桀紂暴虐，不但亡其國，亦且殺其身。暴秦無道，天下人揭竿而起，楚人一炬，盡成焦土。劉邦入關，約法三章，與民更始，國賴以立。元末天下大亂，朱元璋仁愛爲懷，故終得成功。陳友諒輩，則荒淫自恣，卒取滅亡。明史載，陳友諒敗，部下獲其金鏤床，獻之明太祖，太祖太息，即命毀之。可見中國歷來對君主的待遇，是很公平的。所謂：

「得道者多助,失道者寡助,寡助之至,親戚畔之;多助之至,天下順之。」(孟子)

四　儒家的社會觀

這一節,是儒家學說最精到之處,也可以說是東方文化的精華。

本節題爲儒家的社會觀,亦可以名爲儒家的倫理觀。因爲儒家對社會的認識,偏重倫理。儒家的政治哲學也可以說是一部倫理學。

社會這一個名詞,也是西洋的術語。詳細研究起來,也很複雜。大體說來人與人之間的意思結合就是社會。在西洋人的眼光裏,社會是離開個人而存在的。個人以外,還有社會,個人的一切都要受社會的束縛。在中國,尤其是儒家,只知道人與人間的關係,只規定了怎樣去處理人與人間的關係,而絕沒有注意到人與人的結合,而即轉變成離個人而存在的社會。所以儒家只承認個人的力量,而沒有承認社會的力量。雖然也有:

「性相近也,習相遠也。」(論語)

「近朱者赤,近墨者黑。」(孟子)

「富歲子弟多賴,凶歲子弟多暴。」(仝上)

這一類的話,很承認環境力量的偉大,但他們總覺得個人的力量,可以征服環境。所以結果下來,仍是主張個人萬能,倫理萬能。茲爲分述如左:

第一,由內向外。

西洋人注重人的行爲,中國的儒家,最注重人的動機。不但求其行爲要好,更注意動機要好。縱是行爲好,而動機不好,亦不加賞;反之,縱是行爲不好,而動機好,亦可曲諒。正所謂:

「有心爲善,雖善不賞;無心爲惡,雖惡不罰。」

儒家對於修己的工夫,看得最重,而修己工夫最重的,又莫過於愼獨,所以儒家對個人的一切,是教導他由內向外的求得動機純正,則無往而不自得。

「十目所視,十手所指,其嚴乎?」(大學)

那怕一個人閉戶的時候,也不絲毫苟且。所謂要做到:

「公不愧於大廷,私不愧於屋漏。」

「內省不疚,夫何憂何懼!」(論語)

只要自己心安理得,則一切都有勇氣了。而且大的工夫,都始於誠意正心修身。正是:

「意誠而後心正,心正而後身修,身修而後家齊,家齊而後國治,國治而後天下平。」(大學)

第二,由己及人。

「夫子之道,忠恕而已矣。」(論語)

朱子註解:盡己之謂忠,推己及人之謂恕,這的是得其竅要。由己及人,這又是儒家對社會紛爭處理極好的辦法。

由己及人，可謂責己主義。無論什麼，都是反躬自問。所謂：

「以責人之心責己，以恕己之心恕人。」

自己希望旁人的，則自己先施，自己不願意的，則勿施。

「己所不欲，勿施於人。」（論語）

這正是恕道之極軌。甚至有了紛爭，也可忍讓。己有德於人，可忘不必望報；人有德於我，則必報。

「以德報德，以直報怨。」（論語）

到必不得已時，已經盡了自己的本分，而仍不能得着他人的諒解，也就不必深計。總而言之，總要

「躬自厚而薄責於人。」（論語）

至於：

「老吾老，以及人之老；幼吾幼，以及人之幼。」（孟子）

擴充是心，可以做到「民胞物與」之懷了。

第三，由親及疏。

墨子談兼愛，孟子闢之為無父。儒家和墨家不同的地方，就是愛有差等。儒家的本意，並不反對兼愛，他們覺得兼愛是不近人情。因為人情莫不愛其身家父母，而後及於其他。如果棄近求遠，棄親及疏，自詡為兼愛，實等於無愛。所以儒家儘管談汎愛衆而親仁，儘管說四海之內，皆兄弟也，但是他們的核心，仍是保持一個由親及疏主義。所謂：

「親親而仁民，仁民而愛物。」

先做到親親，然後才談到仁民。先愛了同類，然後才談到愛萬物。

「不順乎親，不信乎友。」（中庸）

假定對父母不孝順的人，那就更談不上對朋友盡忠了。

「求忠臣於孝子之門。」

能孝順父母的人，則擴充是心，亦可以忠於國家。忠於國家的人，一定是孝子。

「其所厚者薄，而其所薄者厚，未之有也。」（大學）

因為人情莫不近親而遠疏，假定對親者尚且無愛，則對疏者，縱是談愛，亦必不誠。

第四，由上而下。

儒家對社會全體的責備，又是由上而下的。所謂：

「上樑不正下樑歪，中樑不正倒下來。」

儒家對在上的人，責備最嚴。一個家庭，他們所責備的，是父母。一個社會，他們所責備的，是巨室。一個國家，他們所責備的，是君主。所謂：

「夫子教我以正，夫子未出於正也。」（孟子）

在這種場合，是不會有好子弟的。

「上有好者，下必有甚焉。」

假定在上的人，不自檢束，則在下的人，隨波逐流，更無所顧忌。

「君事臣以禮，臣事君以忠。」（論語）

權利義務都是雙方的。父慈則子孝，兄友則弟恭。

「君之視臣如手足，則臣視君如腹心；君之視臣如草芥，則臣視君如寇讎。」（孟子）

這種說法是千眞萬確的。

第五，由單個到全體。

現在的社會改革家，都是覺得改革社會，要從整個方面下手。而儒家的主張，則注重個人的改造，使其平時各盡各的本分，則亂源自少，社會自安。所謂

「君君，臣臣，父父，子子。」（論語）

社會上的人，倘能各盡各人的道理，父盡父道，子盡子道，君盡君道，臣盡臣道，則社會不治自治了。所以又說：

「思不出其位。」（論語）

每個人都在自己範圍以內打算，不要作非分之想。對於社會的種種，也加以限制。所謂：

「朝廷莫如爵，鄉黨莫如齒，輔世長民莫如德。」（孟子）

在朝廷則以爵限，在鄉黨則以齒限，在一般方面，則尊重賢者。每個人都能這樣宅心處事，則社會上不會發生什麼麻煩的問題。

這一點也很相當於西洋的自治主義。每個人要享人的權利，先要盡人的義務。

上面是比較具體的說法，現在再從抽象方面分析，則又有下列數點：

第一，尊賢。

儒家把社會的人們，分做兩個部份：一部份是勞心的人；一部份是勞力的人。他們對這兩種人，沒有畸輕畸重的看法，他們認為在社會分工的意義上，都是必要的，勞心的，就是治人的人；勞力的人，就是被治的人，沒有勞心的人，則社會沒有條理；沒有勞力的人，則社會沒有生產。

不過在某種意義上，他們又是尊重勞心的人。所謂：

「士，農，工，商。」

把士放在四民之首，這就是表示尊重士的意思。許多人把這四種人，認為是階級的劃分，其實這是一種錯誤。士農工商，完全是一種職業的劃分。並且在過去士農是不分開的。一方面是士人，一方面又是農人。所以「耕讀」是一套的，耕而且在讀之先。諸葛武侯所謂：「臣本布衣，躬耕南陽」，這就是一個最好的證據。而且過去許多人所謂退而歸田，這是一個事實，絕不是像現在的一般人拿來作門面話。所以過去固然尊重士，但也沒有賤視其他的人。

但是有一點，我們要特別明瞭的，就是儒家為什麼特別尊重勞心的人。無疑的，他們完全是基於「尊賢」的這一點。

士人是知書明理的。他們能吃勞人所不能吃的苦，他們能做

旁人所不能做的事。比如說：無恆產則無恆心，這是一件科學的事實。但有的人確能抱定餓死事小失節事大的信念來宅心處理。於是

「無恆產而有恆心惟士爲能。」（孟子）

這一條定律，又不是常例可以拘束的。孔子對此也有同樣的解釋，所謂：

「君子固窮，小人窮斯濫矣。」（論語）

儒家之尊重勞心的人，其意義完全在此。比如堯舜其言，盜跖其行，則可謂名教之罪人，這種人當然不在被尊重之列。

儒家最尊重賢者，所以：

「尊賢容衆，」（論語）

「賢賢易色。」（仝上）

這一類的話特別的多。一個社會，人既多，則秩序易亂。而以賢不肖，分其優劣，要不肖的人去服從賢者，這是很合理，而且很必要的。

第二，輕利。

儒家的思想，所謂王道思想，處處只注重以德不以力，以仁義而不以功利。梁惠王見孟子，第一句話就問，何以利吾國？孟子也不客氣，搬出他的一套理論，把梁惠王大教訓一頓，說：

「王何必曰利，亦有仁義而已矣。」

管仲相齊桓公，一匡天下，九合諸侯，其功烈震於一時，而孔子老是一再爲管仲惜而感歎：

「管仲之器小哉！」

這就是說管仲不知道王道之大，所謂：王道蕩蕩，王道平平，僅急於一時之功利，以霸道威天下，殊爲可惜。但孔子也相當承認管仲的功勞，管仲在時代進程中所努力的意義。所以說：

「微管仲，吾其被髮左衽矣。」

到了孟子，則較孔子更進一步，態度更爲强硬，也許是當時異端邪說橫行，天下不歸於楊，則歸於墨，使其不得不然而說：

「仲尼之徒，羞道桓文之事。」

後人稱孔子如景星慶雲，孟子如泰山巖巖，從這些地方可以看出這種批評是很對的。

後來董仲舒所謂：

「正其誼不謀其利，明其道不計其功。」

這種非功利主義的態度，更進一步，到宋明理學者輩出，大家都是抱一個無所謂的態度而謂：

「一笑功名卑管晏，六經仁義沛江河。」（明儒學案）

於是功利主義的哲學不但不發達於中國，而且大家根本就不談和恥於談了。

第三，不爭。

「讓」字在中國是一個最高的道德。堯舜以天下讓，所以為儒家所祖述，尤其是孟子，言必稱堯舜。書經上面說：

「汝惟不矜，天下莫與汝爭能；汝惟不伐，天下莫與汝爭功。」

做到不矜不伐，纔是深得儒家的奧旨。歷來尊重儒學的人，都是要做到：

「與人無忤，與世無爭。」

如果要爭，就好像有些傷大雅了。中國的大家庭制度，中國人的忍耐性，莫不淵源於不爭。甚至於真理的不明，是非的不清，賞罰的不平，也就是因不爭而產生的流弊。過去有一首詩，很可以看出中國人不爭的心理。就是某接着家書，謂鄰人爭牆界，彼即復詩云：

「千里修書只為牆，讓他幾尺又何妨；長城萬里今猶在，不見當年秦始皇。」

以這種心理處事，正所謂「隨寓而安」了。

第四，尚禮。

「法施於既然之後，禮禁於未然之前。」

儒家很知道人類不免於罪惡。與其犯罪後施以懲罰，不如在未犯前存以防範。

「食色性也。」

這是人間的兩件大事，最容易啓爭端，最容易犯罪過。於是儒家對這兩種，特別加以防範。對於性的方面，嚴男女之防；對於食的方面，持知足之論。

「孽海茫茫，首惡無如色欲；塵寰擾擾，易犯惟有邪淫。」

於是以淫為萬惡之首，使得天下的男子，「坐懷不亂，」「閉戶潛修。」所謂對於女色，

「未見不可思，當見不可亂，既見不可憶。」

使得天下的女子，「謹守閨門」「不出庭戶。」更要她們：

「在家從父，出嫁從夫，夫死從子。」

永生永世作男子的奴隸。

此外，物質欲望，是每個人都有的，而物質的生產有限，人類之欲望無窮，以無窮取有限，勢不至竭蹶不止。於是儒家的辦法，教人知足，所謂

「知足不辱，知止不殆。」

又說：

「君子不恥惡衣惡食。」

如果恥惡衣惡食，那就不成東西，那就不足以語於道。所以孔子：

「飯蔬食飲水，曲肱而枕之，樂亦在其中矣。」

顏子：

「在陋巷，一簞食，一瓢飲，人不堪其憂，而回也不改其樂。」

子路：

「衣敝緼袍，與衣狐貉者立，不恥。」（以上皆論語）

五　儒家的政治觀

大家都知道，儒家對於政治的主張，是比較偏於無爲的。但是深邃的觀察，也不是絕對無爲，只不過不是汲汲於事功的建樹罷了。

儒家的政治觀，可以以教養兩個字包括。本來，在古代，政治與倫理，是不可分開的東西。東洋是如此，西洋也是如此。就好比現代，政治與經濟，不能分開是一樣。古之君主，一方面是君，一方面又是師。所以孔子大聲疾呼

「政者正也。子帥以正，孰敢不正。」

除教以外，還要養，這就是說，要百姓能自給。

「百姓不足，君孰與足。」（論語）

儒家對政治除了正己以外，最關心的事就是要家給人足。茲分述如下：

第一，教。

過去不少的人，拿

「民可使由之，不可使知之」

這一句話來攻擊孔子，說孔子是提倡愚民政策，他只願意百姓糊糊塗塗的幹，而不願意百姓知道。其實這是何等的錯誤，恰恰相反，孔子是一個最開明的人，孔子是最熱心教人的人，他惟恐旁人不知，他那裏肯不使旁人知。

上面一句話，是一個事實的說明，而不是一個意見的發揮。是科學的，不是哲學的。可字，非應該不應該的可字，是可能的可字。並不是說：

「老百姓只可以（應該）讓他們幹着，不可以讓他們懂得。」

而是說：

「老百姓只能行，而不能知。」

孔子正以民之不能知而太息！

關於這一點，梁任公先生也曾反覆的說明過。

還有一個最大的證據，孔子不但不是主張愚民政策的人，並且是反對愚民政策的人。一直到現在，我們每個讀書人，都受得有孔子的恩惠。孔子在中國文化史上的確是一個不可磨滅的功臣。

我們要知道，在孔子以前，普通人都無書可讀。老百姓能讀書，是自孔子始。在孔子以前，君權與師權，是一個東西，把師權離君權而獨立，把師權從政府的手裏奪到民間來，也是自孔子始。

這該是如何偉大的工作！

也許是「披蒲編削竹簡」的困難，在孔子以前，書的流傳很少。不是做官的人，不是接近做官的人，誰也沒有窺書的資格。過去所謂經典，都保藏於史官之手。王公大人縉紳先生，始得一見。孔子刪詩書，贊周易，修春秋，眞是經天緯地的事業。孔子的用意，正是要把這些知識普及到民間。

關於這一點，蘇子瞻李氏山房藏書記一文，亦言之甚詳。

所以教是儒家認爲在政治上最偉大的工作。

但是儒家之所謂教絕不是指在學校拿着書本子讀。儒之所謂教，有這樣的幾種：

甲，以身教。

過去所謂「十室之邑，必有忠信」，這就是說一個地方總有一個正人作地方人的模楷。又有所謂「一鄉之善士，」「一國之善士，」「天下之善士」種種這都是指其行爲足以爲當時模範而言。儒家最重的敎就是以身教，卽以身作則，卽修己治人。此種功夫最難，而潛移默化，可收效於無形。過去的人，都是「尊師重道。」其所以尊師爲的是重道，因爲過去當先生的人，絕不僅是知識的販賣者，而是人格的保險箱。學生學了先生的知識，還要法效先生的人格，而且所學的東西都是爲了自己躬行實踐的。所以又說：

「古之學者爲己，今之學者爲人。」（論語）

乙，以言教。

以言敎，就是書本子上的敎授。在中國過去認爲著書立說，是一件不得已的事。

「太上忘情，其次立德，其次立功，其次立言。」

立言在立德立功之後。古之所謂家有塾，黨有庠，術有序，國有學，這是一種學校的規模。在孔子以前，這些地方都是容納貴族子弟的。到孔子周遊列國，有教無類，門弟子遍天下，於是講學之風，爲之一變。所謂以言教，就是一種最常態的教授了。

丙，以禮教。

禮教名教都是異名而同質的東西。定下許多社會的規範，使每個人不得不入其圈套。不遵守的，就是蕩檢踰閑，亂臣賊子；能遵守的，就是蹈常習故，君子正人。所謂孝弟忠信，所謂禮義廉恥，都是禮教的範圍。

丁，以刑教。

儒家雖主張王道，但沒有主張廢止刑罰。

「道之以政，齊之以刑，民免而無恥；道之以德，齊之以禮，有恥且格。」

孔子的這幾句話，只說明用刑是較不用刑霸道些，但沒有絕對反對用刑。孟子也說：

「省刑罰，薄稅斂。」

孟子的意思，只主張把刑弄簡單些，不要太繁苛，所以刑教，也是濟不足教者之窮。

「子爲政，焉用殺？」

孔子也曾這樣講過，不過這個意思，也是說你何必用刑，但沒有說何必不廢刑。

第二，養。

有不少的人，說孟子的政論，是媬姆政策。的確的，整個的儒家，都是把在上者當做家長，老百姓是子弟，家長有愛護子弟的責任。又把在上的人，當做牧者，老百姓是一羣牛羊，牧者有愛護牛羊的責任。尤其是孟子對這些理論，發揮盡致。他攻擊當時的君主，是說：

「庖有肥肉，廄有肥馬，民有飢色，野有餓莩。」

這眞是一副很好的寫照。一方面是天堂，一方面是地獄。所以孟子一再的說，要君主與民同樂。所謂：

「樂民之樂者，民亦樂其樂；憂民之憂者，民亦憂其憂。」

齊宣王見了孟子，老是自慚形穢，覺得自己不足以當大事，一則曰，寡人好色；再則曰，寡人好貨。而孟子則因勢利導，覺得好色，好貨，都不算壞。最好要想到自己好色，天下人也好色；自己好貨，天下人也好貨；一方面自己好色好貨，同時另一方面，要幫助天下人，使之食色毫無缺陷。這就是王道，這就是仁政。

孟子所提出最低限度的政綱，就是要！

「黎民不飢不寒。」

因爲「衣食足而後禮義興，」一切都是吃飽了飯以後的事，孟子對這一點特別有認識。而孔子也曾提出：

「足食，足兵，民信之矣，」

這樣三項的原則。

「庶之，富之，敎之，」

這樣三項的步驟。

不過那時所提倡的辦法，總偏於消極的，要政府不擾民就夠。所謂：「薄稅歛，」這就是財政政策。所謂：「必自經界始，」這就是土地政策。所謂「不違農時」「斧斤以時入山林」「數罟不入汚地，」這就是農業保護政策。「五畝之宅，樹之以桑，」這就是蠶桑政策。「雞豚狗彘之畜，無失其時，」這就是畜牧政策。提倡如文王之囿，「芻蕘者往焉，雉兔者往焉，與民同之，」這就是建設一座公園。

凡此種種，雖沒有詳密的計劃，但亦具體而微，能夠有這種意識，總算難能可貴。後人謂：

「爲學須先治生，」

這一點倒是值得珍重的。腐儒不明此理，以「不辨菽麥」爲榮，其實這正是極可恥的事呀！

儒家的敎養兩大政務，果眞執政的人，都能辦到，則造福於民，亦不爲小。日本早稻田大學敎授五來欣造博士，著儒敎所及於德國政治思想之影響，東洋政治哲學兩書，論此頗詳。且歷舉證明，說西洋的義務敎育與社會政策，是淵源於儒家的思想。可見儒家政治思想的魔力了。

六　結語

前面已經說過：某種思想的產生，必有其時代的背境，絕不是從半空中降下來的。孟子本是宗師孔子，但孟子所處的時代已經與孔子不同，所以有些地方孟子有孟子的特點。

過去有不少的人，以爲儒家的學說，完全是迎合封建時代上層人的心理的，所以中國封建勢力的延長，孔孟是最大的罪人。

這個問題討論起來很長，也不是本題的任務，所以只得暫不具論。不過我的觀察，恰與此相反。我總覺得孔孟不但不迎合上層人的心理，並且具有反抗精神。所以他們老是失意到底，而不能見用於當時。

自從就某一方面說，他們是主張復古的。不過他們所提倡的復古，對當時說，就是革命。因爲當時的君主，都蔑視人民的疾苦，所以他們提倡以人民爲重心的國家觀。因爲當時的君主，都是庸碌無能，所以他們提倡賢人政治的君主觀。因爲當時的人們，臣弒其君，子弒其父，不知倫理爲何物，所以他們提倡倫理的社會觀。因爲當時執政的人，不明白自己要作些什麽事，所以他們提倡教養的政治觀。孔孟的學說，至少在當時是一副被偏救弊的良藥。至於這一副藥，被後來的人，取來誤用，這責任在後來的人，絕不能寫在孔孟的賬上。

現在時代畢竟轉變了，儒家的政治哲學，是不是能適用於現代，這就很成問題。

孟子屢屢提到：孔子是時中之聖。孔子最偉大的地方，就是無可無不可。這就是說，孔子對一切沒有成見，只要是於國利民福，孔子是無不樂從的。

我覺得假使孔子生在現代，孔子的學說，一定會有一個轉變。因爲孔子絕不是固執不化的人。孔子的熱情，無異於現代革命的戰士，所以他栖栖皇皇，席不暇暖，終其身自强不息。而且他對於學問，是一天一天求進步的，所以他發憤忘食，絕不以年老自畫。

我是一個服膺孔子的人，但我所服膺的，是孔子的精神，孔子的人格，孔子的學識，而絕不是孔子的某種學說，孔子的某幾句話。我覺得論人，不可太求全責備，尤不可不設身處地的爲他着想。我覺得以孔子這樣一個人，處在他的時代，總算盡了他的責任。但如果我們死守着他的幾句話，入主出奴，標榜一種門戶之見，這不但不是孔子的信徒，而且是孔子的罪人。

假定現在依然是孔子那樣的時代，無疑的，孔子的學說，我是全部贊成。無如中國到了現代，到了受人家的欺凌，而生命朝不保夕的時候，所以有的地方，我們自己不能不自作打算。孔子的學說好比是給我們的法寶，但是這個法寶不夠用，我們絕不能就望以待斃，天天抱着這個法寶哭，就藉以了事。我們要繼承孔子的精神，替現代的中國，想出一副救藥。

也許這一副救藥，是不適宜於我們的個性的，是違反我們的民族性的，是背逆我們的孔子的學說的，但是爲了起死回生計，我們也不得不勉强一下。所以我屢次這樣說要中國有辦法，我們每個人要具吞毒藥的精神。

德國馬克斯主義的修正者曾說過：修改馬克斯主義，只有馬克斯主義的信徒纔可以。他們所修正的，是否正確，自係另一問題。不過我們藉此可以看出一個眞理：就是反對某一件東西，一定是要知道某一件東西最深刻的人。不然的話，就是隔靴搔癢。

盲目的反對，固然不對，盲目的信仰，一樣的危險。所以我在敍述儒家的政治哲學以後，寫出我自己的一點意見。

第一，我覺得中國現在太可憐了。我們中國人應該走向精誠團結的一條路。如果要團結的話，除了以中國爲單位以外，實無他法。中國的問題，是世界問題的一部份，尤其是世界問題中的絕大問題。中國問題，只有中國人自己負起解決的責任。那怕中國亡了國，中國人的責任，不能爲之減輕。解決中國問題，即無異解決世界問題。近年來國人以國家主義，流毒太大，所以諱言愛國。其實以侵略他人爲目的，而鼓吹民衆愛國，這是罪過。如果以自衞爲目的，而喚起民衆團結，這是人類應有的本能，這是中國人必然有的反應。

我覺得要中國有辦法，我們一定要拋棄儒家的國家觀，我們要尊重我們的國民，同時更要尊重我們的國土。我們要愛護中國，比愛護自己的生命是一樣。我們的長處，是「天下爲公」，我們的短處，是「不知有國。」我們今後正應該糾正我們的錯誤，補充我們的缺點，首先求得中國一個自由平等，然後我們「平天下」的理想，纔有逐漸實現的可能。不然的話，中國人當永世永生作帝國主義者的苦力，不得翻身。不少的人，看慣了中國過去的亡國，以爲不算一回事，以爲我們不久仍然可以奪回來。其實這是一個絕大的錯誤。過去亡國，沒有經濟侵略這一項武器。現在亡國，即無異教我們不吃飯。我們其所以要維護中國的，爲的就是要維護中國人的生存。此點在拙著經濟帝國主義與中華民族的生存一文，言之甚詳，尙請讀者參攷。（載中國經濟帝國主義在華勢力分析專號）

所以我對儒家的國家觀，覺得不是好不好的問題，而是合不合用的問題。我的結論，是覺得至少在現階段中，我們應該放棄這種國家觀。我們努力把中國建樹起來以後，再談其他的問題。

第二，我覺得中國之大，絕不是幾個好人，就可以濟事的。儒家的君主觀，所謂賢人政治，拿到現在來，還有些不夠用。自然我這樣說法，不是不要賢人，而是希望能增多賢人的數量，加强賢人的效能。

有人說，民主政治，就是賢民政治，這是有幾分理由的。「中華民國」每個中國人都負得有責任。過去主可以把責任推到「眞命天子」的身上，現在就不是這麽樣容易。我們每個人都要有過去君主的抱負,都要存過去君主的心腸。中國這多年來,政治動亂,使得一般人不安喘息。不得已的時候,老是故態後萌,以爲有了某一個領袖,專制起來,獨裁起來,中國就會好起來。其實這和過去希望「眞明天子」是五十步百步之差。所希望的名義不同而其所以把責任還之他人則人。我覺得要中國好起來,我們首先要糾正這種觀念。把我們的眼光不要看到旁人的身上,我們每個人都要回頭來希望自己。不少的人,看着中國動亂,垂頭喪氣,甚至於謂中國沒有辦法。其實這個責任,在我們自己。我們自己有辦法,中國就在辦法,中國是摸不着看不見的東西。所摸得着,看得見的,就是這一片國土,這一羣國人。國家是寒暑表,國民是氣候。我們要希望寒暑表上昇,我們就不如去求加熱週圍的空氣。中國人應該有這種覺醒,應該有這種毅力。

所以我就儒家的君主觀,認爲是很對的。不過過去是希望他人,現在要希望我們自己。我的結論,就是要擴充儒家的賢君主義,而進到賢民主義。

第三,我覺得倫理是社會關係的結晶體。社會關係一變,倫理卽不得不爲之一變。不過儘管社會關係變更,總不能變的人不是人。儒家的社會觀的確是太精到,的確把人與人間的關係,規定的太好。大部份的東西,眞是可以「置之四海而皆準,行之萬世而不悖。」不過有幾點,我們是不能不加以改變的。比如不爭一項,流弊太大。大而言之,可以使我們國破家亡而仍處之泰然。孔子也曾說過當仁不讓。換言之,卽是當仁必爭。我們一方面要保持讓的美德,一方面尤要具備爭的精神。自然,這個爭字,當然不是爭權奪利的爭,而是生存競爭的爭。一個人,不知道爭他的生存,一個的族,不知道爭牠的生存,這不但是一件恥辱,尤其是一件罪過。協力與競爭,是社會進化的兩大原素,同時也是人類向上的兩大本能。我們對自己人,應該協力;我們對殘害我們的人,應該競爭。甚至於人家打了我們的左臉,我們一定要打他的右臉。像這樣下去,正義庶乎有伸張的一日,不然的話,我們就是助長敵人的橫暴。「以眼還眼,以牙還牙」,這是中國人不懂的哲學。我們正應該鍛鍊這種精神。「以一眼還十眼,以一牙還十牙」,中國人尤要樹這種目標。因爲我們太軟弱了,整個的中國人,都是一羣馴羊。像這樣下去,不但玷辱了我們祖先的光榮,而且也給後來的人,不少的遺孽。所以我們應該保持我們的人格,保持我們的國格。養成這種風氣,使每個中國人,都從睡夢中鼓舞起來。中國的舊家庭,比如小孩子在外邊受了人家的欺侮,回家來報告父母,父母必定勸他忍讓,不必與人家爭。其實這是錯誤。做父母的人,正應該教會小孩子自衞,人家打你,你儘管還打。縱是打他不過,也得出口悶氣。中國復興的機運,都是從這些細微的地方,培養起來。

所以我對儒家的社會觀大部份承認是好的。不過爲了我們民族的生存有些地方不能太客氣。我的結論就是要我們更培養當仁必爭的精神。

第四,我覺得中國人是一個「家庭人」「鄉黨人」「封建人」而不是一個「社會人」而更不是一個「政治人」。我們要脫離家庭的藩籬,我們要打破鄉黨的包圍,我們要拋却封建的關係,我們要共同跑到社會鍛鍊我們的社會生活,增加我們的政治修養。政府幫助人民,人民幫助政府,雙方互助,大家合作,去實現政治的任務。儒家的教養兩大任務,不待言是政府必要的工作。不過以中國的現狀言,還有兩大任務尤爲緊要,一個是保,一個是安。所謂保者,就是保障領土的完整。所謂安者,就是安定社會的秩序。這兩件事,在目前的中國,比任何東西還重要。不能保,則受外力的壓迫;不能安,則受內亂的紛擾。這兩件事,尤其非藉政府的力量是不能辦到的。如果我們仍持儒家的政治觀,以爲無爲政治卽夠,以爲教養得所卽夠,那就無異於說槍礮打在你的頭上,你把眼睛閉一閉就得。我們看這不是自欺嗎?

所以我對儒家的政治觀,也認爲是好的。不過仍嫌不夠。我的結論:中國的政治,於努力教養之外,還要努力做到內無盜寇,外無强鄰。

這個題目太大了,淺薄如我的人,當然不能得出什麽究竟。不過我注意這個問題很久,總想對這個問題整理出一個頭緒,一方面幫助自己理解,同時也可以公諸國人,也可以算作一個小小的意見。我們指摘中國的短處,只能取一種「如得其情,則哀矜而勿喜」的態度,絕不顧一切,嬉笑怒駡,自鳴得意。一個民族的上進,總得有人提攜引掖。人到失意的時候,每容易迴溯過去的光榮作精神上的安慰。如果這一點安慰也得不着,卽容易使他走上失望,自殺的道路。我們對一切要平心靜氣,眞是要「如扶醉人」「如保赤子」「循循善誘」「孜孜不息」,是這樣纔能使中國人在狂風暴雨,驚濤駭浪中,誕登彼岸。無論那一個民族的改革,絕不能丟掉已有的世界已有的歷史,同時無論那一個民族,不能絕對的好,也不能絕對的壞,好壞的成分,總各占幾分之幾。這就是我個人所以寫這篇文章的動機,幸邦人兄弟有以教之!

著者附識:右稿結構係於本年五月在南京時擬就。旋以有歐洲之行,未及着手起草。至今始勉完成。但遠居海外,參考文籍,均付缺如,故文中頗多語焉不詳,引用原文,自知必不免舛謬之處。如蒙讀者是正,實所欣感!

二十三年十月一日燈下完稿於巴黎

儒家之宇宙觀及其教育之概述

丘鎭侯

(一)次目：

一、序言

數千年來，支配吾國社會之思想，其主要者，爲儒家思想，實不能否認者；然同儒家思想，亦每因時代，個人，而異其內容，故不能作同一觀；譬奉孔子爲儒家鼻祖之一派，亦是自孔子以後，經幾多變遷，在互異見解之下，而主張孔子之說；如荀孟朱陸等其著者也。

竊自歷史考之，儒家之說，實至孔子而大成；今爲便利起見，茲將此種思想，表現于教育上者，分爲孔子以前；孔子自身；及孔子以後，三階段而述之。惟此三大階段，不是絕對者；又單就思想言，此三大區分中，亦尙有無數小區分，並且若斯無數小區分中，間有枘鑿不相容之矛盾存在；如此之事實，不限于儒家思想，就是基督教佛教，及一切倫理道德等之思想，亦是同樣者。所以吾人雖單說「儒家之說」，實在亦已被限于某時代某個人爲中心。今茲就儒家之「宇宙觀」「人生觀」而論，亦是由于視其是以「何時代」或「何人」爲中心，頗異其趣。就教育而言，亦是同樣。；欲發見儒家全體，即無論何時代，何人，亦絕對共通一律之主張，可謂困難。雖然，已是同一體系之思想，無論其內容如何不同；趣旨如何相異；主張如何不一律；總有彼此一貫之精神存在；故其彼此之說，無論異同，必或相辯而益明，或相得而益彰，俱足以充實其一貫之精神者也。又同一思想，在同一時代、雖有種種之異論，亦必有比較普遍，被認作中心之說。更就教育本身之「實際施行」，與「理想」考之，亦或其實際施行，果以其理想爲唯一之目標而進行矣；或其理想，爲無實現可能性，至其實際教育施行之目的，而非其理想也矣；亦有種種之差別。此處所欲述者，爲歷史上比較普遍足代表儒家一貫精神之儒家之宇宙觀，及其教育意義與各時代之教育概況也：故此外之問題，概不備述。且茲篇之作，非若滔滔者之盲目讚美過去，提倡復古也；乃不過欲本歐洲文興復興之精神，敘述吾國古代優越之思想；換言之，思述古而衡今藉之斟酌損益者也。希望讀者先行理解以上所述，以讀茲篇，再加批評，是所翹企！

二・儒家對于宇宙與人生之見解

對于宇宙之生成，人物之發生，易經上立「乾」「坤」二元，更歸之「大極」一元；此其歸納一切之根源于「天」之見地是吾民族古來之宇宙觀，又是儒家之宇宙觀也。

對于天之觀念，則其意義廣汎，今篇幅所限，難于詳述。然概括言之，是視天爲創造宇宙萬物，並各與之發達進展而得遂其生存之能力，即以「天」是有意的創成此宇宙萬物，主宰人類社會者也。換言之，天不是單爲發生根源，且對于其生長發達負保護指導之任。結局此渾然尨雜之宇宙間之森羅萬象，是由「天」成爲一個組織體系。所謂

「天命」一語，即明示之者也。

然「天命」至少亦有二種之別：其一、則人物是皆被賦與有限之生命，又皆各賦有特殊之性格，而盡此宇宙體系組織所分配之義務；惟生命現象，是生物共通之事實，無論「人」「物」，亦皆對之具有保存發展之之本能者也。但是，至于所謂壽命一事，則無論後天如可努力，亦不可爲者；其次就人與物所固有之本質而論，亦其自難任意變移。無論本「天」之意志，則雖種種變化而無何等矛盾，但物自體，則不許其有此種之自由也；此兩者，即不外「天命」是也。換言之，即此宇宙所有之萬物，悉由「天」而生，同時皆是受「天」之統率，受「天」之指導者也。而「天」之統率指導宇宙萬物，決不是任意無規律行之者，必有一定之規律原則，而且存有相應各物之規程，如「天」自體以一定之規律而規定動作，亦與萬物各適其物之規律，此即所謂「天道」「地道」及「人道」是也。

如上所述，是視宇宙事物現象悉歸之于「天」，而表現其生生化化者，所以看作宇宙全體成爲由「天」所統率之「渾一體」，一切之物在同一方向同一規程下活動之見解，是儒家之「宇宙觀」也。易之乾卦，其象爲「天」，故爲乾卦四德之「元」「亨」「利」「貞」，即天之四德。此四德是天本身所備有，同時其所生之萬物，亦可以說爲體此四德而被創生者。爲天之四德之「元」「亨」「利」「貞」之意義，程伊川解譯之如下：

「元者萬物之始，亨者萬物之長，利者萬物之遂。貞者萬物之成」。（易傳）此可謂率直道破「天」與「物」之關係；蓋自萬物方面言之，則萬物所以各爲一物而存在者，即「元」也；其以漸次而發展向上者，即「亨」也；更其爲其物之對于全體所有益者，即「利」也；又其完成爲其物之存在之所以者，即「貞」也；即如何之物，亦有個性，而其本所定之原則生生化育無已；又由于發揮其特有之個性，對于宇宙之全體系，是必有何等之功用；若是而得遂其爲物之完成者也。此種解釋，未必可稱完全，但由是可以簡單明瞭得知天之四德是被賦與于一切物者，一切物皆以四德爲終始者也。

在如斯之宇宙間，人類本身占有如何之地位耶？人類畢竟亦不過由天所創造之物，唯人類在萬物中是得遂其優秀發達者也。程明道解釋人與物之相異，在氣之正偏，曰：

「人與物但氣有偏正耳。獨陰不成。獨陽不生。得陰陽之偏者。爲鳥獸草木夷狄。受正氣者。爲人也」。（遺書）

氣之正偏者，畢竟可以看做是其組成要素之配合與分量，即程度之差異，非本質上之差別者也。

此種見解，由以視「天」爲一元之觀點言，則是當然；佛教所云：「草木國土悉皆成佛」之說，亦是同樣之見地；此又可謂與今日之自然科學，認萬物是由進化而來之學說，有幾分共通之點。由于天生萬物，各依其類而異其性能，乃分爲有生無生動物植物，自若斯類別中，更拔萃而成立所謂人類之一團。但自類似之點觀之，則萬物有共通之性能，是不能單獨唯視人類是優秀特殊之物；所謂萬物一體之觀念，是在差別之裏面，潛在之實際也。但是人類，在其本質上，在其成立上，雖是與萬物共通，唯其具有優秀之特性，則難否認，所以古來被稱爲萬物靈長。然則其所以優秀者，何在？此則決難以簡單說明。

就生命保存與發展言，則不獨人類爲然，是爲所有一切生物共有之本能，此因在所謂「天地之大德曰生」之根本原理上，所以無論何物不能無此者。但在於人類，則能自覺的意識的思念及之，多少隨意選擇比較良善之方法而保存之發展之耳！就生命現象言，人類與其他生物差異之點即在此也。又就生活樣式言，營集團的有秩序之社會生活亦與他生物異者。由此種事實，生出相愛相助之精神來。簡明言之，可以說人類由於「自覺」與「他愛」二者，乃截然與他生物異者也。此「自覺」與「他愛」或以「智」與「仁」二者當之亦無不可。在今日自然科學上之解釋人類之特質，則以爲能直立步行，有言語，腦皮質之雛紋較多，等等，但如右所述之以「自覺」與「他愛」，或「智」與「仁」而視爲人類之特質者，是儒家之本旨也。

然則，人類有此二特質，是何所本而生？只此是基「天之意志」，在於此點，可謂人類比其他生物更接近於天

○換言之，卽可謂在宇宙萬物之中，人類最繼承「天之意志」○易經上有，

「一陰一陽之謂道，繼之者善也○成之者性也」○

之說者，卽是表示此意者也○在此所謂「一陰一陽」，是邵子所謂天地之道，指生生化育之作用者也○「繼之」者，是人類體天地之道而繼承之之謂也○所以名之曰「善」者，是所謂全天命故也○此主示天地之生物；「體之」此件事，卽是生命之「自覺」；又知繼承之而是善者，非「智」不行也○易經右述文句之下，有

「仁者見之謂仁，知者見之謂知」○

之句，觀此亦可以明矣○

人類是如上所述，其本性被認爲有超越萬物之優秀性質、可是自覺具有此種性質，則未必一概人皆有○此是因爲每被他方面與一般生物共通之本能所蒙蔽不能發揮爲人之特性故也○又此種人實占人類之多數，社會生活，因之容易破壞，是故天之主宰統率之任務變成必要○天不是自己爲此任務，專委之於人類中之最優秀者，而使當其主宰統率之任，此所謂「王者」之所以興者也○而選擇何人而委托之，是擇盛德最適天意慈愛廣及黎庶，所謂最得民意者而委任之○此與現代民主政治選舉制度之眞諦，暗合者也，在此方面今有一所謂「天命」之事存在，卽「天」對「王者」，不外下此主宰統率之命○孟子引書經之泰誓：

「天降下民○作之君○作之師○惟曰：其助上帝○寵綏四方○」

而言，是能深知此中之奥旨者也○卽爲君者，當主宰統率之任，同時以開導引誘人民而使其發揮爲人之特性爲職務，「君」與「師」實爲一，不是各別之存在○王者之人格當然應爲人民之模範，稱王者曰「皇極」，曰「民極」，可謂卽表示此意者也○此王者之主宰統率與開導引誘之任務，是成爲「政治」與「教育」二端○而王者之任務決非王者一人所得完成，必選賢任能而分其任務，始能完成之○書經上與「安民」兼說「知人」之要，是指此二端俱爲王者之重要事項也

○於是，人類社會，無形中生出所謂「治者」與「被治者」，或「君子」與「小人」之差別來○然此種階級當時不過是因天賦不平等所產生者，不是若後來因人爲的政治地位不平等所產生之階級也○

以上，是就儒家對于宇宙與人生之見解畧述；及就王者之興，從而生出政治與教育，君子與小人之區分之所以畧加一瞥○但此等一切見解，以「天」之觀念爲起點，皆是「天之意志」，乃切不可忘記之者○此是儒家思想與老莊思想相異之點○同爲吾民族間發生之思想，但老子所謂「生而不有○畜而不宰○」之風，則以任自然爲行爲基調者也○

三．儒家教育之意義

人類在萬物中有特殊之性質，將此性發展之，卽表示人類之爲人類之眞面目，前已述之○但是人類，他方面有與一般生物共通對于生命之本能○故多被蒙蔽而至不能認識其自己爲人類之特質○「王者」代「天」統率人類，乃不單使其得遂其生命慾，及保集團之安寧，並且開導各人而使自覺其有人類之特質爲任務者，此種任務，卽不外「教育」是也○

教育一語，就語源考之，德文之 Erziehug 英文之 Education，皆是「引之向上」或「指導」意義，又吾國「教」字，元來是使模倣之義，卽使在下模倣在上之所爲也；偏旁之「攴」字，是手執鞭之貌，是以之而策勵之意○又「育」字，元來是「子」字被顚倒之形，而加上「肉」字者；其顚倒「子」字，示不順子之意，或取子出生之形，或子將枯死之形，有種種之說，加之以肉，是以肉養之之義也；此雖有種種之說，然無論其屬于何種，亦可視爲養之而使不順者爲順，使羸弱者頑健起來之意○今將「教育」二字連作成語用之，則是益爲適切○

儒家之教育主義，素被稱爲「啓發主義」；此孔子：

「不憤不啓；不悱不發；擧一隅，不以三隅反，則不復也○」(說語述而篇)

之主張，乃是其出典。孔子之實際教導弟子亦本此旨。

此啓發主義，恰與德文及英文之教育一字之意義暗合。又「教」字爲「倣」之義，是爲人師之人格，直接爲弟子之模範，爲弟子者，皆努力模倣之而思接近之。其模倣，則不單技術及態度之模倣，應模倣全人格，全精神者也。爲人之君之統率者，所以同時爲人之師者，卽一面有主宰之任，同時他面，應自垂範而指導民人爲職能故也。政教一致之本旨實存于此。關乎此，孔子之遺教頗多，如：

「苟正其身矣，於政乎何有。不能正其身，如正人何。」

「其身正，不令而行；其身不正，雖令不從。」(俱論語子路篇)

又如：

「子欲善有而民善矣。君子之德風，小人之德草；草上之風必偃。」(論語顏淵篇)

皆是說由于王者，爲政者之人格如何，而決其政治之能行與否者。大學所云：

「君子不出家，而成教於國。」

之意，全不外此。若斯在上者與一般人民之間，由其本來之地位，成立教育者與被教育之關係，可謂正是表政教合一之趣旨。上下之關係不單如此，人人互相之間，見他人之長所則倣之，思齊之，(所謂見賢思齊焉。)亦本此模倣之意義而可視爲教育之一端。書經上，有「百僚師師。」一句，此與孔子之語：

「三人行，必有我師焉：擇其善者而從之；不善者而改之。」(論語述而篇)兩相對照，則益明瞭教育之事實，是隨時隨地亦是存在。

上所縷述，是自儒家各方面俯觀察其所取教育之意義。至其教育究極目的則決不是分途者，是在于完成爲人之本質也。教育意義之所以多端，要是爲其法方與手段耳！

四。儒家之大學與小學（孔子以前之教育狀況）

教育所以爲人類不可缺者，已如上述矣。由是苟有統率指導國家社會之任者，則對一般民衆應施行教育，同時養成可以分担自已任務之人物，亦屬急務，所以乃不可廣設施行教育之機關矣。古來有大學、小學之設，證諸文獻，或自現在之狀態推之，亦爲極明確之事實也。

然而當時之大學小學，是如何取義耶？無他，大學者，卽大人之學；小學者，卽小人之學之意也。其取義純與現代民主國家學制上之大學小學同，僅爲學業上程度等級之名稱。此所謂大人、小人，或可稱之爲君子、小人；大人、君子，則是已修養人格，有裨輔王者之任之資格者。又此大人小人，當時非以分階級者，如舉于市舉于頃畝，是屬極尋常之事，不過後來傳賢統治方式變爲家天下後，社會之中，生出特殊之治者階級來，以所君子、小人之觀念，遂變成治者被治者之觀念矣。若此視人類會社爲劃然二階級，以現代之眼光論之，當然不無異議，可是，自古來之制度觀之，確然是成爲對立之階級者。旣成階級以後，其教養之途亦自不得不異，於是，大學小學之別，亦變成若此階級教育區分之大學小學之別來。欲明瞭此兩種教育之區別，朱子之大學章句序最得其要領，玆錄之如次：

「三代之隆，其法寖備。然後王宮國都以及閭巷，莫不有學。人生八歲，則自王公以下，至於庶人之子弟，皆入小學：而教以洒掃、應對、進退、之節，禮、樂、射、御、書、數、之文；及其十有五年，則自天子之元子衆子，以至公、卿、大夫、元士之適子，與凡民之俊秀，皆入大學：而教之窮理、正心、修己、治人之道；此又學校之教，大小之節，所以分也。」

由是可知，大學與小學之教育，異其方針：卽小學，是一般民衆，無論何人，亦得授之教育，亦得進之教育機關，所授乃日常生活必要之諸智識，教養之使養成爲人之資格者；至大學，其入學資格，亦有限制，其教養之目的，亦含修己與治人兩方面，自始是使養成爲指導者之資格者。卒業大學後，即成爲所謂「士」，始得參與實際之政事，士以上，則是本修養之加何，隨進德之程度，而位置亦次第而高，任務亦次第而重，益接近王者而輔佐其事。從古以天子爲中心，立有所謂公卿大夫士之階級，或分有所謂公侯伯子男之爵位，元來亦是由其教養進德之等第以名之者。

蓋古代乃視天子爲有足應天之命之大德，及準此以分德行之等第，各稱其德行之等第而成立如上述之階級名稱者也。及後世，則此階級全變成世襲，毫不計及以人格爲本位之義，上述之區別，亦變成無意義矣。可見儒家所稱之「王者」，「公卿」「大夫」「士」及「公」「侯」「伯」「子」「男」之本義，是極有價值極有意義者，與後世君主專制家天下時代之此等稱呼亘異其內容者也。然後世其內容雖異，而其表面上與其地位相應之修養，是屬必要，乃爲當然，前所引學大學章句序亦足窺其一斑。即生於治者階級之家者，變成必然的應受大學教養，一般民衆之中，則唯優秀者方得被選而進習大學課程，所以自此點觀之，至此時候之大學教育，可謂已不是機會均等矣。

大學教育之眞髓，可在古來稱爲曾子述作之大學一書盡之；在大學上，是舉，

（1）明明德，（2）新民，（3）止於至善。

爲三綱領：然此第一綱領，不用說，其是完成自己之人格；第二綱領，是所謂治人之事，而以修得之人格，廣求感化他人，使其同樣完成其人格；第三綱領，被視爲所謂此等第一第二綱領，完全被實現之理想境者。以之實現此三綱領之方法，有八條目，所謂八條目者：

（1）格物，（2）致知，（3）誠意，（4）正心，（5）修身，（6）齊家，（7）治國，（8）平天下。

是也。此八條目中，前四條目，是總括於第五之修身，即是實現前述明德綱領之方法過程；第六以下，是屬於前述

新民之綱領；所謂家國天下，其所及之範圍，由近而遠，是示其感化所及之順次也。今關於此等之詳說從畧。但其主要之點，是常以自身之人格爲中心，而及之於人者也。

大學一書所記，即是所謂大學教育之基本精神。就實際之教科言之，則因時代而異其制，虞舜之時，設典樂之官，使掌子弟之教育。主由音樂而使涵養德性之點，後代皆倣效之，在於殷亦重樂，至於周則樂益備。舜典上，有

「直而溫，寬而栗，剛而無虐。簡而無傲。」

之句，此各句中之以「而」字連結之上下兩性能，動輒易偏面發展，而生流弊者，欲救此弊，使上下相濟，而成中和圓滿之德性，本音樂之力，是爲最良之方法也。殷代之事難明，周代之事，見于周禮，即大宗伯之下置大司樂使當教養之任，故有

「大司樂掌成均之法，以治建國之學政，而合國子弟焉。」

之規定；而且其當教育之任者，皆是才藝德行優秀者，又俱對于音樂有所深修得，所以當此教養之任者，死後作爲樂祖祭之；在于此點，則可謂學同時亦是樂也。其所教之科目，有樂德樂語樂舞，以是而期人格之大成也。樂德者，是中，和，祗，庸，孝，友之六德；樂語者，是興，道，諷，誦，言，語之六類；樂舞者，是雲門，大卷，大咸，大磬，大夏，大武之六舞。樂德是足淘冶精神而養中，和，仁，孝之性格；樂語，是其精神之發而成辭章，中心所積自然被形於外；樂舞是其精神之更被形於儀容之上者。本此三者，而可以觀人格之修養如何。若是置音樂於修養之最要階段及最後階段，是本孔子所謂：

「興於詩，立於禮，成於樂。」（論語泰伯篇）

之語，亦知其旨矣。而此等樂德，樂語，樂舞，不能單本音樂之修練而完成之，必與詩，書，禮，相俟，方得

養修完成之者。觀上述周禮之文，亦可畧各明瞭其梗概也。但以樂爲最主要，則難否定。大學之教科若是以音樂爲主要課目，雖自今日觀之，則不免發生異感，但其時之大學之課程，實不外全以修養渾然之人格爲主眼置重心於德性涵養之上者也。

次就與大學相對之小學觀之，則元來恐對于大學一書，亦有小學一書者。可是此已不傳。於是，後世朱子，方編纂小學，已能畧使髣髴。然就周禮禮記大戴禮等而觀，亦得知其概要。

爲一般國民教育者，周禮在大司徒之職之下，有

「以鄉三物教萬民。」

之規定，此是爲一般人民之教科者。至所謂鄉三物者：

「一曰：六德，知·仁·聖·義·忠·和；二曰：六行，孝·友·睦·婣·任·恤；三曰：六藝，禮·樂·射·御·書·數。」

是也。此三物者，始于爲民國必要之書·數·禮·樂，極於六德，以養爲人不可缺之人格之教養者也。

而此三物與今日之小學課程比較，則似覺頗爲高深困難，但元來小學或國民教育者，是年少入村塾，漸長進州之序，鄉之序等稍高等之學校，在此等學校之間，漸修得右述之三物者；又在富有之家，幼就讀家庭教師，稍長使更就外傳而學者。禮記之內則，有

「六年教之數與方名；八年出入門戶及卽席飲食，必後長者，始教之讓；九年教之數日；十年出就外傳，居宿於外，學書計；十有三年學樂，誦詩，舞勺；成童舞象，學射，御。」

之記載，示本年齡而所學之教科異者也。可見古代教育制度，亦能本兒童身心發育之過程，而異其教材；後代蒙童卽課五經之教學方張，絕非古制也。而王公卿大夫等之子弟則別有師氏，保氏，掌其教育者。卽周禮地官之下，有

「師氏，以三德教國子○一曰：至德，以爲道本；二曰：敏德，以爲行本；三曰：孝德，以知逆惡○教三行，一曰：孝行，以親父母；二曰：友行，以尊賢良；三曰：順行，以事師長○」

「保氏，養國子以道○乃教之六藝○一曰：五禮；二曰：六樂；三曰：五射；四曰：五馭；五曰：六書；六曰：九數○乃教之六儀○一曰：祭祀之容；二曰：賓客之容；三曰：朝廷之容；四曰：喪祀之容；五曰：軍旅之容；六曰：車馬之容」○

觀此，師氏與保氏所教之科目，則師氏以德教之；保氏以道教之；前者，是頗深進之精神的科目；後者，可觀爲儀容，態度技術之科目○故前者可謂是「大學」之教；後者可謂是「小學」之教也○然就師氏所掌之職觀之，則主重自身之修德，未及治人安民之事，故似不足直視之爲「大學」之教育○然保氏所掌，則類似前述之「鄉三物」者，在小學課程上，可謂平民貴族其趣畧爲一致○

要之，小學則教爲人之本質之修養方法，同時，並課之日常生活上必要之學科及社會生活上不可缺之課目者也○

以上所叙儒家之大學與小學之概要，俱爲周代之制度，可謂是孔子以前之教育○但此果已被實行至如何程度耶？又至何時止尙被繼續實行耶？雖未判明○然周之中央勢力漸衰，此等諸制度，恐亦已隨之而頹廢，乃可不言而喩者也○若是學校之制衰，賢能之士，因道之不行，多自設私塾垂帷課士，教育之命脈，乃藉得維持○故其時社會之中，亦變成有志之士，爭訪良師而進其門牆，自行問道力學之狀態○如孔門三千，最著之例也○此時爲人師者，廮一身而兼大學小學教師之職矣○

惟周代教育之各種制度，形式三雖已早亡，但繼承其精神，負人物教養之任者，決屬不少○而就中若孔子者，是其最偉大之一人也○

五•孔子與其教育（孔子自身之教育主張一斑）

孔子在人類歷史當中，占如何地位？自有古今中外公正確當之批評，今不暇更爲備述。然其祖述堯舜；憲章文武；集古來儒家思想之大成；且後之儒者，論道講學，皆是模範孔子，折衷孔子，發揚孔子之說；此乃不能否認。若曾子之大學；子思之中庸；孟軻之孟子；漢儒之訓詁；宋儒之理性等，俱不外發揮孔子之說者也。

孔子大成儒家之思想，本由來儒家之宇宙觀，以「仁」爲學問之極致；以之一貫其道；以「博文約禮」爲成「仁」之大綱。其仁之內容：（1）有由慈愛之德演繹出來「盡己推己」之「忠」「恕」；（2）有恩澤加乎四海之「恩澤」；（3）有「克己復禮」「仁者必勇」之「勇氣」；（4）有「仁者不憂」已達安心立命之域之「悅樂情懷」者也。仁之內容雖如是廣汎，然至「仁」方法，「忠恕」而已：盡己之謂「忠」；推己之謂「恕」；盡己者，發揮自己之天賦，卽「自我實現」也，自我實現，是最完全之「修己」之道。推己者，「己欲立而立人，己欲達而達人」，或「己所不欲，勿施于人」等；凡我身之經驗好惡，推及他人，撤廢自他之別，視萬物爲一體之同情心；卽「治人」之道之極則。可知修己治人，爲孔子教義之中樞。然修己治人，決非對立互異之二事；可以看作同一體系思想之本末始終者也。又孔子教義之原則，非修己則不能治人；又修己之終極，非達到治人之地步，則不能視之修己之完成。「修己」之道，是「我對我」之道，比較容解決；只要看自己立心如何？如「我欲仁，而仁至矣」。但「治人」之道，是「我對社會」之道，故非研究彼爲對象之社會，是由何而變遷，由何而發達之原理，則不能解決者也。然則，社會由何而變遷發達耶？儒家以爲：一由于「理」而變遷發達；一由于「勢」而變遷發達也。「理」是萬古恆常，古今東西無別者；但「勢」是刻刻變遷之一時之趨向也。社會一面本恆常之「理」而變遷發達；他方面又是受刻刻變遷之「勢」所支配者；社會已然是受此「理」與「勢」之支配，則以社會作對象之「治人」之道，非對此二方面設法與用意不可矣。在儒家思想上，應「理」者，曰「正名」；處「勢」者，曰

「經綸」。此所以儒家目的之本質，在別方面觀察，是存於「修養」與「正名」及「經綸」三者。

孔子以「仁」爲學問之極致；故其教育目的爲「仁」。卽以人之爲人之道爲目的。換言之，以完成圓滿發達之君子人格爲目的。此是人格教育之主張。求達此目的，先行求知，求知之法，若中庸所謂博學，審問，愼思，明辨；大學所謂格物，致知；皆是求知功夫。終結則在篤行；誠意，正心，修身，屬篤行之事。知行俱到，爲學之事畢矣；卽修己之事已完；換言之，卽教育之目的已達。教授方法，取「啓發主義」。訓練方法，則以身作則；溫，良，恭，儉，讓，之圓滿性格，以至誠態度，循循善誘，誨人不倦，以德化後進，其熱心教養子弟不知厭倦一則，特有令人敬歎之價值；卽此一則，與其好學之事，孔子自己亦屢以近似自負之言辭表白出來；例如：

「默而識之，學而不厭，誨人不倦，何有於我哉！」（論語述而篇）

「若聖與仁，則吾豈敢！抑爲之不厭；誨人不倦；則可謂云爾而已矣。」（論語述而篇）

是也。

當孔子之時，國家社會之諸制度，既經破壞，人格與地位，全不一致；卽雖如何有德之人，亦不與之統率人群之地位；故君子之名稱，亦是僅名其人格，與此相當之政治地位，無有也。雖是若斯之狀態，孔子亦所不顧，乃夢想國家之平治，教人則常以欲爲指導者之事而教之，故「不患無位。患所以立。」二語，乃常爲其諭子弟誡訓之一。如其曰：

「不患無位，患所以立；不患莫己知，求爲可知也。」（論語里仁篇）

「君子謀道不謀食：耕也餒在其中矣；學也祿在其中矣；君子憂道不憂貧。」（論語衛靈公篇）

等語，乃所以示，只以所謂君子之人爲目標，積其修養，是其教育之主眼。如祿位之獲得與否，全不成問題。故見弟子之中，動則汲汲于祿位者，常非難之不稍假借；徵之論語先進篇：

「季氏富于周公，而求也爲之聚歛附益之。子曰：『非吾徒也；小子鳴鼓而攻之可也。』」

「子路使子羔爲費宰。子曰：『賊夫人之子。』」

等語，乃可明矣。反之，乃其以自己修養不足，辭官者，乃由衷心喜不自禁。如論語公冶長篇：

「子使漆雕開仕。對曰：『吾斯之未能信。』子說。」是也。

要之，大學之綱領之「修己」「治人」二者之中，其是置重其目的于修己方面。此亦因其所處之環境時代使之然者。

次孔子所教之教科爲何耶？約言之，是「博文」「約禮」。是「文」，「行」，「忠」，「信」。論語中所舉優秀弟子十人，配之于四科，後世稱爲十哲，但其四科寖且亦被視爲教科之別，即「德行」「政治」「言語」「文學」是也。既是以完成人格爲目的，無論是註重實行。後世以博覽多識爲求學之目的，洵屬自行杜撰，古代無此種之教育。更具體言之，其教科，則是六藝之中特重視詩，書，禮，樂。如論語陽貨篇：

「小子何莫學夫詩？詩可以興；可以觀；可以群；可以怨；近之事父；遠之事君；多識於鳥獸草木之名。」

又論語子罕篇：

「麻冕，禮也；今也，純儉；吾從衆，拜下，禮也；今拜乎上，泰也；雖違衆，吾從下。」

又論語八佾篇：

「子謂韶，盡美矣，又盡善也；謂武，盡美矣，未盡善也。」

之數語，亦可知其乃取教材于詩、書、禮、樂者也。

至于孔子施行教育之方法，已如前所述，可知是取「啓發式」之教授法，只管促進自己發動者。

又其尊重個性，而用所謂應病與藥之方法，此事由散見于論語中之問答可知。例如：對于同一問「仁」問「孝」，而其答語，是常因問者而異，此全尊重各之個性而救其弊，準其能力而卽其可得實行之事實，而答之者也。蓋同一事項，用一律之解說解說之，則或有因人而不能行之嫌，強人所難，不是教育之本旨。若今之劃一之教授法，是不得說是眞實之教育也。如論語爲政篇：

「孟武伯問孝，子曰：『父母唯其疾之憂』。」

「子游問孝，子曰：『今之孝者，是謂能養；至於犬馬，皆能有養；不敬，何以別乎』？」

「子夏問孝，子曰：『色難。有事，弟子服其勞；有酒食，先生饌；曾是以爲孝乎』？」

又如論語顏淵篇：

「顏淵問仁，子曰：『克己復禮爲仁』。」「司馬牛問仁，子曰：『仁者其言訒』。」「樊遲問仁，子曰『愛人』。」

如斯之例，論語中，發見無數。單問仁一則，亦有五十八回，畢竟在于此點，亦足知其教育，是卽乎各個人之人格而施者。此是個性教育也。

次就孔子施教育方面觀之，乃不擇人而教，無論對于何人，每有機會，卽不惜教誨。如論語述而篇，有

「自行束修以上，吾未嘗無誨焉。」

之語，亦可概見。又謂苟來請教，則不問其人屬如何階級，亦樂教之。此可視爲普及主義之主張。如論語述而篇：

「互鄉與言，童子見。門人惑。子曰：『與其進也，不與其退也；唯何甚。人潔己而進，與其潔也，不保其往也』。」又論語憲問篇：

「闕黨童子將命。或問之曰：『益者與？』子曰：『吾見其居於位也；見其與先生並行也：非求益者也；欲速成者也』。」

皆可視爲其此種主張之適例也。若斯無論何人，所以皆與之教養機會，而不厭開導之者，是不認人之本質，有何等

根本的之差別故也。實行所謂「有教無類」（論語衞靈篇公）者。對於人之本質，論語雍也篇，有如：

「中人以上，可以語上也；中人以下，不可以語上也。」

又陽貨篇有如：

「上智與下愚，不移。」

之語，則亦被視爲人性上有所區別，但此不過是由教養之結果，發見人性中生來有若斯之區別，決不是肯定有難施教育之人存在。論語陽貨篇：

「性相近也；習相遠也。」

等語，乃明示之。

要之，孔子是自信教育爲其之天職，且同時確信教育對於人類，爲必須不可缺者。如其，

「朝聞道夕死可矣。」（論語里仁篇）

「民無信不立。」（論語顏淵篇）

「冉有曰：『既富矣，又何加焉』？曰：『教之』。」（論語子路篇）

等語觀之，自可明矣。此畢竟是因其信道之篤，而嘆其道不行之餘，熱心教育事業，至寢食俱廢，有所感觸之所發乎言者。故孔子可稱爲天性教育家，加諸濟遇如此，所以至對於教育益其熱心也。

以上所述，爲孔子自身對於教育主張之梗概。更其概括言之，孔子之教育主張：有人格教育，個性教育，有感化主義，普及主義，啓發主義，自動主義，德育主義，求知主義等者也。

六・漢代以後之教育（孔子以後之教育概況）

自春秋戰國而迄於秦，教育制度等，幾全陷於委地狀態，不過由草野賢士於私塾之教育行之耳！及漢武帝推崇儒術，重用學者，教育之設施乃復漸備。由是設置大學，制定博士官等，文運蔚然而興。但當時之學風，因承經書湮沒之後，結果唯以至力訓詁釋義之事爲主，砥勵行誼，修養人格之事，則未必是當時教育之主要目的也。無論登庸取錄時之科目，亦立有「明經」「明法」「孝廉」「進士」之別，而若頗重視學問實行者焉。實際上不能照文字規定上行：本來「明經」，以解說經義爲主，可是，可以專由暗記而應試，經典之眞義殆無相關。「明法」以考試法律爲旨；「進士」則專考試詞賦；「孝廉」則是表彰篤行之士者。此等之中，進士科及第後，亦既能任官，又榮陞者，此科出身者亦多，所以馴至學生多集乎此科，皆汲汲埋頭于詞賦之學，不顧其他。若斯之流弊，下逮隋唐益甚，雖學制由隋至唐漸爲完備，但教育本來之意義，則決不能存此時代見出。

及宋學興，有志之士，厭棄科擧帖括之學，崇尙實學，砥勵行誼，專心精進自已修養，直欲踐孔顏曾孟之迹。教育之趨勢，變成比前代大異其旨。有周程朱陸等大學者輩出，儒家思想內容，益其充實；可惜當時有宋一代，內憂外患，洊臻而至，施政方針，亦頻行改變，方萌芽勃興之實學機運，亦或不見容于世，未至成爲風尙。經元代而至明迄淸，俱以八股取士，距重德尙道之精神益遠，教育之眞義，遂至淪亡。雖若明一代，有如王陽明主知行合一之大儒者出，亦不能挽此頹風也。

自漢以來，本政教一致之精神欲由考試制度而求人材，乃是當然者。但因其考試之法不得其宜，學生求學之方針亦從之而變，所謂修己治人，亦只成爲僅口頭之禪，文字之句，教育之眞義由是喪失，良可慨也。

七、結論

儒家之宇宙觀當否，玆姑置不加批評。然其政教合一之政教觀；「自覺」與「他愛」之人生觀，皆切實由此演繹出來者。又其以「仁」爲學問之極致，以「忠」「恕」爲至仁之方法，以「修己」「治人」，爲其教義之中樞，以「明明德」「新民」「止于至善」，爲其教育之眞髓；及以完成圓滿發達之君子人格，爲其教育目的等；亦皆本其宇宙觀上之「天地之大德曰生」之根本原理上，及其自覺與他愛之生人觀上，出發之思想也。此等種種思想主張，是具有生命者，其內容，當然各隨世運進步，人智發展，而變遷發達；且其遷變發達之方式程度，亦各不同者；故雖缺乏科學的嚴密之理論與系體之組織，然其俱爲人類社會之一片眞理則一也。

尤其儒家目的之本質，是存于「修己」「治人」二者之中，此自別方面觀察，則可謂乃存于「修養」與「正名」及「經綸」三方面者也。此「修養」上含蓄之內容，及「正名」「經綸」上含蓄之內容，當然必隨時代而異其趣，乃不用說。例如：「正名」，可謂乃社會上是非眞僞之辨耳！故春秋戰國時之正綱常名分之曰正名；與現代社會之辨眞假革命，眞僞政府，是否眞正民意，是否眞正民主等，內容雖不同，其正名，則一也。「修養」「經綸」之變遷發達，亦何莫不然。若此以修養，正名，經綸三者爲目的之思想，恐在如何時代，如何國家，亦可以之爲教育原理者也。欲實踐所謂通乎古今而不謬，施之中外而不悖之天下爲公之教育，則豈非應其先以有此中正不偏之目的之儒家思想，爲其基礎原理不可者耶？

然歐洲文藝復興運動，能將中世之黑暗，化作光明，開近代文明未有之盛局者：蓋因其所謂復興，非將希臘時代羅馬時代之文化，古香古色，和盤托出，奉之爲謹，而曰復興也；乃在其能取古代之優越文化之精神，以創設適應時代改善之文化所致者也。故吾人今日欲取法乎古，言恢復民族精神，提倡固有道德，亦應本此旨，庶乎其方克奏膚功，否則，必無濟于事，無補時艱，徒增社會民族退化進程之速率耳！欲以儒家思想爲教育原理，亦應猶是：蓋眞正之教育不能超時間空間之需求而施行者也。

夫教育，是人類社會中最神聖之事業，由之而啓迪蒙昧，導之光明，所以使人認識其本性，完成其天職者；儒家以之爲所稱王者之大任者，良有故也。孔子無其位，其聰明道德，具有爲王者之資格，終生從事教育，指導門人，更垂教後世，與之覺悟之機。孟子則從而私淑之，視教育爲三樂之一，見出此種事業勝于王天下，可謂眞能會得教育之眞義者矣。若斯誘發開導人之天資，使之成爲有用之材之事業，自儒家言，簡直可稱是繼承天志之聖業；此教育之所以不可附諸苟且者也。眞正教育之目的，在使人格之圓滿發達完成：蓋亦只有由是方能竟此天之大業故也。近代以鬥爭爲進步，視機械卽文明，包藏國家民族種種偏見，嫉妬，仇視心理之人類社會，其教育方針，皆不免或僅助長個人人格之一部；或竟摧殘個性，使成不健全人格；此就眞正之人類教育言，良堪慨嘆者也。

儒家之以教育是天之事業，是完成天意之思想，雖若涉宗教氣味，然可使從事之者，體此意旨，對其事業熱誠起來；此與其以教育之目的，爲完成圓滿發達人格之點，皆是甚有價値者也。後世，如吾國過去，之以教育爲榮達登龍之工具；如歐美近代，之以學校爲製造機械動物之場所；皆可謂冒瀆教育亦甚矣。

吾國社會過去，因受種種不良政治，思想，習俗支配之結果，物質發達，特其落後；加諸今日，復遭帝國主義者之壓迫剝削，軍閥之殘暴誅求，經濟凋落，產業萎靡，民生疾苦，已達極點；倘不於教育上，加以「唯物之救濟方法」使得就物質上建設；則中國縱不受外國侵畧而亡，亦必受貧困破產之威脅而亡也。在此方面言，「實業教育」「生產教育」「職業教育」「生計教育」之提倡，應其尙矣。然由於過去思想環境之影响，及現代種種改革之失敗，至今日社會人心，可謂經已頽敗極矣；只慕權勢，無所謂仁義；只慕利祿，無所謂廉恥；馴至，外患之來，不知抵抗；一任軍閥官僚，以地盤利祿爲中心思想，殘人民於水深火熱之中，陷國家于萬刼不回之境，亦依然昏憒渙散，安之若素；此若不于教育上，加以「唯心之救濟方法」，就心理上改造，縱提倡物質改善，恐亦建設不來，卽能建設一二，終亦必拱手讓人；如現在之東北四省是也。所以今日之言教育改革，對于「人格教育」「精神教育」「文化教育」，應特加注意者也。然人類社會之教育，是整個者，「精神」「物質」，不過渾一體之兩面觀耳！爲民族國家而謀教育，應統籌兼顧，切不可作頭疾醫頭，手疾醫手，偏廢式之教育提倡，教育計劃者也。此吾人欲在教育上求達民族獨立，民權普遍，民生發達，而進世界大同之目的，是應于教育民衆化原則上，回復民族意識，振起民族精神爲基礎：同時，一方面，向自然科學上去求新生命，在教育實業化原則上，施行生產教育，勤勞教育，而培養確能充實人民生活，發展國民生計之國民生產力；他方面，轉換國民生活最高目標，在教育國家化原則上，培植國民人格，發揚民族文化，而養成適以延續民族生命，扶植社會生存之國民性者也。然則欲回復民族意識，振起民族精神，及在教育國家化原則上，培植國民人格，發揚民族文化，則其對于爲民族意識結晶，民族精神泉源，民族文化重心，及以圓滿人格爲其教育目的，以修己治人爲其目的本質之儒家思想，豈可不速以科學方法作，體系研究，且將其精神時代化，而具體發揚之耶？爰拉雜而作茲篇，爲之介紹。至詳盡體系之探討，乃願與國內高明其共勉之也。

儒家社會思想的本質

程藹文

儒家沒有一種社會哲學：社會政策啦，社會法則啦，生產關係啦，社會組織啦，或是一種社會進化史觀，在儒家的哲學中，沒有這種理論的。有之，則不過是一種治亂因果的法理而已。儒家對於社會治亂的因果關係，說得十分透闢，在這裏亦規範了人類相互間的一種法則。所以要說儒家的社會思想，倒不如說儒家的倫理思想來得妥當。儒家的倫理觀在於怎樣處理人與人的關係，而沒有注意到人與人的結合。中國歷史的演進，沒有一種強力的社會組織，或社會政策出現。中國人「個人」的氣息克制了「團體」的觀念，原因就是如此。儒家一貫的主張，沒有承認一個強力的社會組織，可以解決社會上的紛亂，或推動社會的進化的；而他們倒過來，却主張要一個社會的協調，而得以日趨向上，必須賴許多健全的個人，來共同維護。由此儒家的社會思想，有牠一個特徵。這個特徵卽是代表中國民族文化的一種特質，亦卽東方文化的根本精神。

雖然在儒家的論述中，沒有「社會」這一概念。不過他有述及人與人的關係，及集團生活的合理化等事件，在儒家的思想中，是不會被冷寞了的。就這一個事實，儒家當然也有他們的社會思想。因此作者不嫌「標奇立異」來一述儒家的社會思想，儒家的社會思想，有幾個原則：

第一、以「人心」爲出發點

誠意正心修身齊家治國平天下的名論，是唯心哲學的結晶。唯心哲學我們說牠都是壞的，唯物哲學我們不能說他都是對的。然而儒家社會思想的本質，乃是唯心主義的，這是毫無否認之可能。從「心」發出來的七情六欲，都是眞的，都是好的。「盡心」「存心」，一切人與人的禮法，都在其中了。孟子說：「盡其心者知其性也，知其性則知天矣。存其心，養其性，所以事天也。」從本心發出來的，都是善的。然而人心是否可靠呢？孟子認爲人性是善的他說：「人性之善也，猶水之就下也。人無有不善，水無有不下。』這種本然之心，充溢於社會的思想中，『求則得之，舍則失之，』其所以有不仁不孝者，舍之而已。王陽明創「良知良能」說，更為顯著，他以為人之所不慮而知者，其良知也；其不學而能者，其良能也，』這種「良知良能」，卽是一顆赤裸裸的心。所謂『如惡惡臭，如好好色，』事親是這顆心，事君亦是這顆心，交友亦是這顆心，從這良知之心出發，一切便都是合理的了。良知與良能，並不是十分拘謹地要注意為善，而是順着自然之趨勢，他們是不問行為之善惡來判斷的，而是以動機之善惡來批判。覺得這種見地的十分深刻。所謂『有心為善雖善不賞；無心為惡，雖惡不罰。』故凡事祇要存下這顆赤裸裸的心而已。要一個社會安甯，先要使每個人的心，都返於自然。風俗之美惡，係於人心；社會之協調與變亂，亦係於人心。人心都同善，就是兵甲不多，田野不辟，貨財不聚，亦不要緊，孟子說：

『城郭不完，兵甲不多，非國之災也；田野不辟，貨財不聚，非國之害也；上無禮，下無學，賊民興，喪無日矣！』

第二、以個人為立足點

儒家的社會思想，很注意個人而不注意團體。若然用團體的力量強制人為善，那末適得其反，社會還是不能安定的。所謂『人存則政舉，人亡則政息。』又謂『有人斯有土，有土斯有財，有財斯有用。』從個人的觀點，以求得社會的安謐，有兩個方式：

1.繫於各個人民自己——儒家把個人看得很重，治平世界，是要賴『好的』人民來維護的，來建設的，來組織的。大學：『一家仁一國興仁，一家讓一國興讓，一人貪戾，一國作亂，其機如此，此謂一言僨事，一人定國。』現代社會思想家改革家，以為從整個社會着手，可以使社會漸趨治安。可是儒家的思想，是絕不如此的。他們的主張是從「個人」的立場出發的，每個人都盡自己的本分，父盡父道，子盡子道，君盡君道，臣盡臣道，那末國家社會便不治而治了。所謂『君君臣臣父父子子』。在一個龐雜的社會組織之中，分出士農工商各種身份不同的人來，他們的要求，是士農工商各幹各的事，所謂：『思不出其位。』所以孔子很老實地說：『吾不如老農，吾不如老圃」，他是不願意一個人離開了他的本分，擾亂社會的秩序的。

2.繫於領袖個人——尤其是儒家的社會哲學，特別要求能夠爲大衆表率的領袖人物的。「是否足以爲民衆的表率」這一問題，儒家所屬望於領袖，比屬望於任何事物都要來得嚴重，比之於西洋人屬望於社會國家的組織法令，是沒有兩樣的。因此在儒家社會思想這個部門中，似乎沒有提出一個社會的機構，可以解决社會生活的問題的。君主應當十萬分的謹慎，不可把自己在教化上的一個意義看輕了。天子聖明，國家社會是不會沒有辦法的。大學所以說：『所謂平天下在治其國者，上老老而民興孝，上長長而民興弟，上恤孤而民不倍，是以君主有絜矩之道也』。

儒家對於全體社會的責備，是着重於在上的一個人：一國的治亂，責在君主；一家的安甯，責在家長；一個社會的安謐，責在巨室。孟子說：『夫子教我以正，夫子未出於正也。』又說：『君之視臣如手足，則臣視君如腹心；君之視臣如草芥，則臣視君如寇讎。』假定在上的人，不自檢束，那末在下人怎能規束自己呢？這樣不是祗隨波逐流，愈益腐化下去罷了。他們說：『上有好者，下必有甚焉，』大學更明白說：『未有上好仁而下不好義者也。』上梁不正中梁歪，中梁不正倒下來。領袖是要十分謹慎地來做一個人民之表率呢。

第三、以教育非法律

由於儒家以人心爲出發點，以個人爲立足點的社會思想，他們對於社會的認識，已經變成獨立特行另創一格的方式。他們並不承認法律有促進社會治安的力量；不但如此，他們對用法律手腕來維持社會治安的人，時常加以譏誚或菲薄。明儒學案有言：『一笑功名卑管晏，六經仁義沛江河』，董仲舒更顯明地標榜儒家的正當立場，咱們只求正誼明道，不計功名利祿；咱們幹的是教化大衆，而不是規束大衆。他說：『正其誼不謀其利，明其道不計其功』。儒家偏重教育的社會觀，有幾個綱目：

1.尊賢——賢者是大衆的表率，人格的模楷，是社會的領袖。所以儒家對社會治亂的把握，極注意於尊賢一事，所謂：『尊賢容衆。』

2.輕利——梁惠王問孟子，『何以利吾國？』孟子卻不客氣地答他，而且把他教訓一番，他說『王！何必曰利？亦有仁義而已矣！王曰何以利我國；大夫曰何以利吾家，士庶人曰何以利我身，上下交征利，而國危矣！』

3.不爭——儒家的社會觀人生觀最曠達，他們根本反與人爭權奪利。他們認爲要謀社會安謐，人民福利，必須消滅一切爭奪。他們說：『與人無忤，與世無爭。』蘇東坡有一首詩說：『千里修書只爲墻。讓他幾尺又何妨！長城萬里今猶在，不見當年秦始皇。』便是一個好例子。

4.尚禮——社會的秩序，既是需要憑個體的人民來維護，當然在這前提之下，是要求人人爲『好人』的。儒家的社會思想，認爲每個人都循禮有度，社會治安就解決了。循禮有度，不是草野愚夫所能辦到的，所以儒家對教化是極注重。今日蔣委員長的新生活運動，實是淵源於儒家社會思想，而擴大之的一種教化運動。「禮」在一種場合之中尤須特別注意，即當人們欲解決吃飯問題與性欲問題時，這兩種情欲，最容易破壞禮法。因此儒家尚禮，對此二事，尤反覆叮嚀，責望十分殷切。

儒家政治思想的本質

程藹文

最近我政府崇敬孔子，已爲國人所共見，誰都在說：「孔子的哲學，足以挽救狂瀾，安危定國，要底定全國社會人心，非提倡儒教不可」。

但是一種發狂的崇敬與盲目的崇敬，是同樣的陷入於錯誤的道途。尊崇孔子，我們以爲在於闡發孔子的政治哲學，實現孔子的政治理想。

謹以管見所及，把儒家政治思想做一個簡單的分析，用意所在，不過供尊崇儒教以及勵志圖治的每個個人，知所努力和怎樣自己奮勉罷了。

儒家的政治思想，並不是「孔家店」自造的，牠是淵源於中國上古時代的思想。孔子不過是承先啓後的一個人：

『儒家者流，遊文於六經之中，留意於仁義之際，祖述堯舜，憲章文武，宗師仲尼，以重其言，於道爲最高』。

所謂堯舜禹湯文武他們都是「天子」，他們人格的偉大，足爲人民的表率，他們都是聖明天子。所以那時的人民，對於君主是「不識不知順帝之則」。又所謂：「天王聖明臣罪當誅」。儒家的政治要求，也是希望復興唐虞三代的情狀。那末在未說儒家的政治哲學以前，先把堯舜禹湯文武的政治政策介紹一下：

第一，修己——人君爲萬民表率，應該對本身的一舉一動加以規範。堯帝的私生活，十分刻苦。『帝之爲君也，其仁如天，其智如神。就之如日，望之如雲，富而不驕，貴而不舒；黃收純衣，彤車白馬，茅茨不剪，樸角不斲，素題不枅，大路不畫，越蓆不緣，太羹不和，粢食不稻；藜藿之羹，飯於土簋，飲於土鉶；金銀珠玉不飾，錦繡文綺不展；奇怪異物不視，玩好之器不寶；淫泆之樂不聽，宮垣室屋不堊色，布衣掩形，鹿裘禦寒，衣履不敝盡，不更爲也。』夏禹出見罪人，下車問而泣之。左右曰：「罪人不順道，君王何爲痛之？禹曰：「堯舜之人皆以堯舜之心爲心；寡人爲君，百姓各自以其心爲心，是以痛之。」這種修己的政治觀，後來成爲孔孟的政治觀，所謂『修己以治人，治己以安百姓。』又謂「君仁莫不仁，君義莫不義。」孔子更大聲呼喊：『政者正也，子帥以正，孰敢不正』！

第二，恤民——周公輔成王，叮嚀他說道：『先知稼穡之艱難』，堯舜見饑寒之民曰：『我飢之也！我寒之也！』聖賢君主，恤民爲第一要務，文王的愛民尤爲後世稱道：『文王行於野，見枯骨，命瘞之。史曰「此無主矣」！文王曰：「有天下者天下之主；有一國者一國之主，我卽其主。」遂葬之。』

第三，禮讓——書經：『汝惟不矜，天下莫與汝爭能；汝惟不伐，天下莫與汝爭功。』古代，政治力量沒有形成，同時也沒強大的武力而能夠四海昇平。都是提倡禮讓的結果。『虞芮兩國之君，相與爭田，久而不平，乃相與朝周。入其境，見耕者讓畔，行者讓路；入其邑，男女異路，班白者不提挈；入其朝，士讓爲大夫，大夫讓爲卿，一國之君，感而相謂曰：「我等小人，不可以履君主之庭。」乃相讓以其所爭之田爲閑田而退。』

這種以教育爲中心的政治思想，是儒家政治哲學的骨幹。儒學者似乎都有這種明白的偏見，「重教化而輕政治。」因此在中國民族文化史上表現出來的是倫理與政治不分家，亦卽教育與政治不分家。孔子曾執魯政，他的政治手腕是：「立綱陳紀，教民禮義廉恥」。儒學者都看不起用政治手腕治國的人。管仲相齊桓，一匡天下，九合諸侯，其功烈震於一時，可是孔子却瞧不起他說：『管仲之器小哉！』孟子更明白揭示出：『仲尼之徒，羞道桓文之事』。重教輕政，可謂達於極點。聖明天子不是以威力服人，而是以仁德感人，不是武力的統領者，而是人格的保險箱。

我們可知儒教的政治哲學亦卽儒家的教育哲學。他們把政治的行歷分做以下幾個節目。

第一，修身——儒家的政治哲學是以個人爲出發點。一部大學卽在說明修身而天下治的道理，他們以爲君主的人格偉大，所謂「大仁大德」，那末政治便有辦法，商鞅治秦，秦國富強，可是儒家沒有說他一句好話，反而駡他罪該萬死，就是因爲他本身不講仁義而用詐術之故。爲君主的，尤其須注意自己的人格，從修身上做起，便可致天下於太平。孔子說：『自天子以至於庶人，一是皆以修身爲本，本亂而末治者否矣。』又說：『爲政以德，譬如北辰，居其所而衆星拱之』。

第二，化育——君主臨萬民之首，實則是民衆的教師，所謂『君子之德風，小人之德草，草上之風必偃』。用德義禮讓敎化人民，則民日遷善，而天下可治。所謂：『道之以德，齊之以禮，有恥且格。』又說：『舉善而敎，不能則勸。』敎化一事，在爲政的地位上說實是十分重要。

第三，裕生——民生不裕，政治便無辦法推進。這並不是馬克思的唯物史觀到了中國以後，才爲我們所曉得的。儒家的政治思想對人民的生計，也看得很重要。孟子曾攻擊當時的君主說：『庖有肥肉，廐有肥馬，民有飢色，野有餓莩！』他們也很知道老百姓連飯也吃不飽的時候，一切的問題都談不上了。他們的結論是：『黎民不飢不寒，然而不王者，未之有也』。孟子的富敎思想，非常濃厚，我們讀他的梁惠王章，知道他對於民生問題，是十分注意的。

第四，立信——「信，」在儒家的政治觀上，佔了一個極重要的地位。「立國要着，足食足兵，民信之矣。」可是他們把「信」看得比「食」與「兵」還重要。「不得已而去之，去兵。」再不得已而去之，「去食，民無信不立！」

綜上觀察，我們的論斷，可說儒家政治思想的本質是敎化，是育養，說來是有一貫的統系的，而且是實踐的。這種哲學，就是現代最前進的國家，恐怕都不能超過它。並且還有人說明西洋的政治思潮，社會政策，很有些是淵源於儒家的政治觀呢？我們在聞了儒家的政治哲學以後，將使我們感覺到儒家的政治哲學，是十分可寶貴的。

西漢儒家政治哲學之發達與第一次民族文化中心思想的建立(238)

成本俊著。前途雜誌（上海前途雜誌社）三卷一期（廿四，一，十六日）一——一二頁。原文約五千餘字。

西漢初年，黃老學說的勢力，非常澎漲，然終以其所主張的「寧靜策」和「安集策」……等，僅與「封君」們有利，故難與賈誼鼂錯董仲舒輩的「改制論」相敵。因爲秦漢之際，農工業衰落，它所造成的生產關係，至文帝初年遂逐漸的開始動搖；繼之社會政治組織隨起變動，而漢高所艱難締造的漢家天下，亦受其影響而殆有覆亡的危險。文帝景帝爲要維護先祖遺業於不絕，先後起用賈誼鼂錯等；賈鼂等遂乘機建立中央集權的理論與政策。及武帝即位，表章六經，接受董仲舒的對策「諸不在六藝之術者，皆絕其道，勿使並進」，儒家政治哲學便從此更爲發達，取得獨尊的地位，而「尊王」與「大一統」的思想，也就應時代的要求而披靡一世了。〔箕〕

唐玄宗以前的戶口逃亡(239)

傅安華著。食貨半月刊（上海新生命書局）一卷四期（廿四，一，十六日）一四——二六頁。原文約一萬字。

(一)戶口逃亡的原因，主要的是由於(1)豪族的土地兼併和，(2)國家收入的分化兩種經濟力量所造成的。而當時天災的流行和官吏的搾取，亦爲加緊戶口逃亡之一因。(二)戶口逃亡發動於唐初高祖時代，而漸盛於武后中宗以降，至玄宗時則幾成爲社會的極嚴重的問題。(三)戶口逃亡的淵藪是豪族的莊園，而寓身於寺觀，入山爲盜，或去邊荒之地自行墾荒土地者，亦所在多有。中宗以來，戶口逃亡的現象幾遍於各省，其尤者爲關中，蜀地次之，河北，河東又次之。(四)逃亡最重要的影響是破壞了均田制度，而形成了土地和勞動力集中的現象，隨之而崩潰的是租庸調及府兵制。(五)阻止經濟發展的制止逃亡方策的失敗，是必然不可免的。〔熾〕

漢末至唐戶口變遷的考察(240)

楊效曾著。禹貢半月刊（北平禹貢學會）二卷十期（廿四，一，十六日）二十一——二十八頁。原文約五千餘字。

漢末至唐，戶口變遷甚鉅，而戶口之多，以漢爲最。西漢戶口最盛之數，據漢書地理志，爲「民戶千二百二十三萬三千六十二，口五千九百五十九萬四千九百七十八」。唐代戶口最盛之數爲天寶十三載，據唐會要卷八十八戶口「天寶十三年，戶九〇六九一五四」。比之漢代，猶差三百餘萬。從史籍記載看來，好像漢末以來戶口減少的主要原因在於戰爭。其實，戰爭的死亡只是最少的一部份，其主因則在於(A)依附。一般無告小民，依附於豪族便爲私家奴客，只屬主人的家籍，不登於國家的戶冊而隱藏起來。(B)流徙。流徙之民，雖有入戶籍者，但多數不是依附豪強，就是「不樂州縣編」而爲浮浪人。(C)投爲僧尼。僧尼不負課役，亦無戶貫，國家氏復分後者爲四類，(一)殖民，(二)傳敎，(三)戰爭，(四)征服與教育。作者以爲除這四種組織的傳播以外，尙有(一)利用廣告，(二)利用廣播無線電，(三)利用活動電影三種，爲衞氏所未論及。〔熾〕

儒教與中國民族 (639)

潘光旦著。華年（上海華年週刊社）。四卷二十期（廿四，五，廿五日）三八八——三九九頁。原文約二千字。

儒家太看重「人」在宇宙間的地位，而忽略了宇宙間其他可以注意的事物。此項思想與信仰一受限制，一切皆要受到其影響。而影響最大的却是民族的品質。儒家思想的狹窄，還不礙事。不幸形成政治信仰的一部份，最後結晶而成爲有組織的選舉制度。選舉出來的人物，都是平庸無足道。文化與民族品質皆受其很大的影響。即民族文化成爲保守化，民族品質亦成爲平庸化。〔德〕

新舊社會制度之傾軋 (640)

高力著。馬潤庠譯。時事類編（南京中山文化教育館）三卷九期（廿四，五，十日）。三九——四七頁，原文約八千字。

新舊社會制度之衝突，係由生產的物質力量與其資本的社會關係的基本敵視而來的。那些週期危機及經濟衰落就是此種現象之一，而週期資本主義之崩潰，又爲一種生產的物質力量與社會關係相衝突的一種相對表現。單就相對二字而言，因爲危機與衰落因獲得最高度的繁榮而完全消滅，資本主義在此時也因之而興起，但是在此時的生產物質力量與其社會關係衝突的形式，是一種絕對的，而危機與衰落並沒有完全消滅，人們所獲到的也不過是一種很低的繁榮。資本主義因之遂有退後之現象。另方面生產暫時不能依資本的基礎發展，於是新舊社會制度之衝突傾軋因此特別顯明，社會主義的客觀經濟形式比較有了相當的發展，而資本主義更走上日暮窮途的境地了。〔和〕

儒家的社會學說 (641)

晏揚叔著。社會月刊（上海光華大學社會學會）一卷三期（廿四，六，一日）。一五——一六頁。原文約二千字。

儒家社會學說中所認爲之正常社會，乃大同生活狀況下之社會，即古代小農業共產社會。社會變遷之由來，乃由於異族之侵入，發生治者與被治者二階級。但因農業共產社會之遺制尙保存，社會仍相當和平。「禮」之於此時產生，爲一種社會約制之規律。因人與人之間已有「自私」意識。自「自私」觀念形成後，私有財產產生，社會由是轉入混亂狀態。在此社會情形之下，孔子認爲改造此社會之唯一辦法，即先求回復至小康時代之社會然後再求改造爲正常社會。同時回復小康有二辦法，第一明分責，第二富人民。〔儀〕

最近中國勞工失業問題 (642)

駱耕漢著。申報月刊（上海申報館）四卷五期（廿四，五，十五日）九——十四頁。原文約三千字。

中國勞工的失業問題，是因爲民族工業的普遍衰落而

三民主義之階級調和說與儒家哲學

鄭元瑞

從十五年到十九年之間，革命評論，新生命雜誌，中央半月刊……許多報章雜誌對於階級問題發表了不少的文章，共產黨主張所謂澈底的革命自然是以爲非引起階級鬬爭不可。因此他們要以工、農、兵作爲主力以爲在這革命的過程中應當把所謂封建階級和資本階級，順便壓制下去，省得將來再起階級鬬爭。國民黨中也有一派人說階級鬬爭，實在不可避免。那麽，共產黨主張的一面國民革命一面卽設法防止第二步的階級鬬爭這種說法是對的，只是中國的主要階級，不是工、農、兵，而是小資產階級。於是主張國民革命應以小資產階級爲主力。而另一派論者(可以說是大多數的論者)則以爲中國社會的階級劃分，並不緊嚴。而且中國人的階級意識，本來就不顯著。國民革命成功後，不一定就有階級鬬爭。我可以斷說，後一種見解的確是對的。但是，却有一個疑問，究竟三民主義的社會，是不是社會主義的社會？卽是問階級之爲物，在三民主義實現後的社會上，是否永久的存在？一般人對此，卻不曾有明確的認識。因此一般人對於中山先生之階級調和說，也就沒有明確的解答。雖然誰都知道國民革命是聯合各階級以倒軍閥而不容有階級鬬爭。可是究竟階級調和說，是國民革命過程中的指導原理嗎？抑或是社會組織的根本原理呢？雖然階級問題之討論，十九年以後就冷靜了。但這馬虎的觀念却長此的存留在人們的心中。

中山先生說：「說到社會上的地位平等，是始初起點的地位平等。後來各人根據天賦的聰明才力自己去造就。因爲各人的聰明才力有天賦的不同，所以造就的結果，當然不同。造就既是不同，自然不能有平等……如果不管各人天賦的聰明才力，就是以後有這造就高的地位，也要把他們壓下去，一律要平等。世界便沒有進步，人類便要退化。」故中山先生的眞正平等圖是：

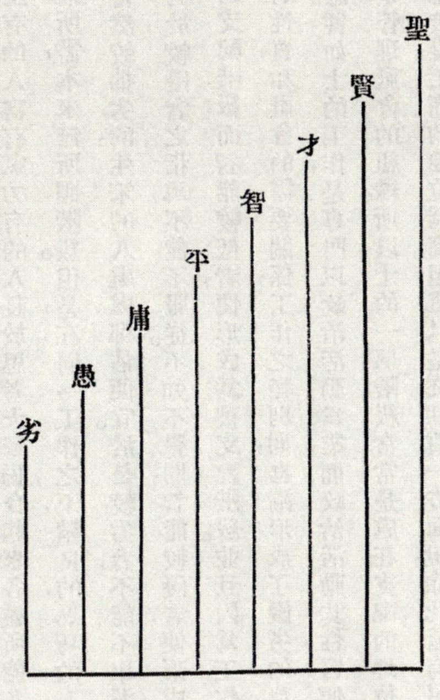

據此看來，則中山先生之所謂平等只是法律平等。而並不根本反對智能上的高下之比較。智能高下之別便是形成階級之唯一原因而且是階級長成的最大原因。然則中山先生之調和說，必不是單爲國民革命說法，必不以爲是暫時的事情而以爲是永久的社會制度從而可知了。

不過何以智能高下之別，便是形成階級之唯一原因呢？是階級長存的最大原因呢？這兩點須先加以闡發，然後再論階級調和說之價值，及其與儒家哲學之一致的關係。

先說社會階級之定義吧？馬克斯之所謂階級，是專指經濟階級而言。以爲階級之劃分，由於資本家剝削勞動力之剩餘價值。其實社會之有階級，並不限於經濟一項。在政治上、在宗教上、在生理上、在一切社會組織上，都莫不有階級的形式。什麼是階級，從定位方面言，就是社會地位之高下的區別；從活動方面言，就是支配與被支配的關係。馬克斯以爲經濟階級就是社會階級，便是根本錯誤。至於他說階級（經濟階級）起源於剝削勞動力的話，也是同樣的誤於不周密。因爲剝削勞動力只是形成階級之一種關係，除了這種關係而外，由政治上得來的經濟階級關係，宗教上得來的經濟階級關係，或其他關係得來之經濟階級關係，也非常之多。譬如滿洲人入主中國，把京畿附近，圈爲皇族所有，使皇族一時暴發爲大富翁。而被圈失地的人民，立刻淪爲赤貧。這種經濟的壓迫關係之成立，當然不是由於勞動力之剝削，而是由於政治的關係。又譬如西洋中古時代，君主與人民，很多人把他們自己的土地獻與寺院，使寺院之僧侶成爲資本家，而自己淪爲無產階級。又譬如基督教徒貸款不取利息，讓猶太人高利借貸，使很多猶太人變成富翁，這類事，也是很顯明的。不是剝削的關係，而是受宗教的影響。至於其他關係，還非常之多，譬如因天災人禍而使富者變貧，因拾得金玉珠寶而使貧者變富；因賭博而富者變貧，或貧者變富，諸如此類，不可勝舉。然則經濟階級，起於剝削勞動之說，當然是一種不周密的說法了。

所以社會上之所謂階級，應當是存在於各種社會組織之中。譬如家庭是一種社會組織，在家庭中即可以看出家長、房長、眷屬等，支配與被支配的階級關係。譬如教會是一種社會組織，在教會中卽可以看出主教、牧師、修道等支配與被支配的階級關係。他如政治團體、軍隊、工廠一切社會組織，決不會沒有支配與被支配的關係存在。換句話說，就是決不會沒有階級存在。那麼，階級的定義應當是：

「階級者，社會之縱面組織也。」

我們知道了階級是這麼一個東西，讓我們再來討論牠的起源吧。

人類不能個人獨立生存，於是便不得不組織社會。而組織社會之第一要事，便是所謂分工。分工的原則，就是一面在於增加工作的效力，一面在於各盡其才能。有的人長於細工，有的人長於粗工；有的人富有氣力，有的人長於思考。大家聯合起來，各盡所能，各取所需本來無所謂階級。但是，在同一工作之下，精良的，熟巧的人，自然較拙劣的，生笨的人處處都佔便宜。於是較劣者，不能不學習。對於較優者之指導，不能不服從。不知不覺間，智能較優者，便形成為支配階級；而智能較低者，便形成為被支配階級。並且因為工作的性質，和社會的需要關係，工作之類別間，也漸形成了優劣的形態。譬如士的工作，是專門以政治活動為業，而政治活動，其性質便是管理社會的組織。所以士的一個階級，常常是處在支配的地位。總較農、工、商的地位為高。但這只是從性質一方面說，除此還有另一個關係，另有一個時代性，譬如士、農、工、商的階級次序，並不是絕對不變的，中國的社會，在秦以前為士、商、農、工；在漢以後才變為士、農、工、商。而現在則無形之間，已變為商、士、工、農。在歐洲的社會組織，從歷史上看來，則更是變更得厲害。譬如在中古佔最高階級的教士，現在已變成社會的附庸階級了。這樣說來，則同一工作下階級之產生，由於智能的高下；工作類別間階級之產生，則由於其賦性與時代的關係，而尤其是時代的關係，更為重要。故分工為人類社會組織之基本形態，而在分工形態之下，同一工作之下，與工作類別之間，便因智能與時代需要，而自然產生了階級形態。

這樣看來，則階級之產生，純是自然長成，而且是順着社會組織原理必需的，合理的長成。至於階級間的過度的壓迫狀況，則是社會發展過程中的一種病態。

沙諸肯（Sorokin）氏以為階級的變動法則，是一種波狀式的過程，階級的構造，譬如一個金字塔。頂層不能過高，過高則必然崩潰。但扁平化也有一種限度，過於扁平，則根本不能建立。所以在君主時代，雖然說君主有無限的權威，貴族有無限的尊榮，實際上則所謂無限者，仍屬有限，所以暴君在位，濫用其權威，結果必然引起革命。教主濫用其神權，結果引起宗教革命。資本階級剝削勞力過甚，結果引起無產階級革命。這是說金字塔不能累積太高，過度則必然下降。但是由君主而變為寡頭政治，而變為貴族政治，而變至於民主政治雖然覺得是逐漸的扁平化了，但是或爲君主或爲執政或爲主席，終不能破壞其首領的形式。並且我以爲由君主而至於民主，似已達扁平化之界限度。俄國革命後，全民的政權，又落在工人的一個階級手裏，所謂勞工者，又不啻是一種新貴族了。這卽是說金字塔不能過於扁平化，太扁平化，則社會上將無動力，而將成爲百業俱廢的狀況，勢必繼之以階級復興。

那麽，擁護階級說，與打倒階級說，都不免是一偏之見，例如柏拉圖之認人類爲天生之區別，僧侶武士爲金銀質，而奴隸則爲銅鐵質，限制銅鐵質的人與金銀質的人通婚，而令金銀質的人，努力於哲學王之創造，以及西洋中古時代，如喜爾得布藍（Hildebrand）盡力摧毁封建勢力，說政權係惡人受魔鬼之主使而發明，而自以爲「上帝授余以權力」以神權爲絕端的壓迫工具。凡此等擁護階級的說法，自不難證其爲荒謬之說。卽耶蘇之反階級運動的博愛平等說，與乎馬克斯之以階級鬥爭消滅階級說，也是過猶不及的未當之論。因爲人類在各階級之間，應當有一種合理的流動。所以階級的構造，譬如寶塔一樣。各層之間，應有很好的階梯，智能較優者則援梯而上，智能較低者，則自不能立足而下降。須得這樣才分配合宜。若柏氏之以血統定高下，喜氏之以神意定高下，這樣無理的擁護階級說，正譬於是把階級間之升降梯撤去，使應下降者不下降，而應上升者不得上升。血脈不和，百病叢生，結果，這寶塔式的社會構造，勢非倒塌不可，我們看一個家庭的盛衰，一個國家興亡，一個民族之榮枯，不都是由於上下之人，能否稱職爲轉移麽？至於說用階級鬭爭以打倒階級的話，那更是一個夢想。這道理已經反覆說明了。階級是社會的必然構造，要根本打倒階級的話，除非根本的消滅社會。不但馬克斯的消滅階級說是夢想，就是美國的獨立宣言，說平等自由是天賦的東西，也都是一個錯誤的觀念。因爲還是忘記了社會的組織原理。所以中山先生，不但在民生主義裏面指出馬氏的階級鬥爭說之非，是卽對於極端的民權說也是不贊同。你看他明白的承認哈美爾頓的限制民權說，他以爲：

「……就是把平等自由走到極端，成爲無政府，像這樣實行民權，不但不是能令國家進步，反要搗亂國家，令國家退步，所以哈氏主張國家政權不能完全給予人民，要給予政府。國家大權都集合於中央，普通人只能夠得到有限制的民權。如果給予普通人以無限制的民權，人人都拿去作惡，那種作惡的影響，對於國家比較皇帝的作惡還要厲害得多。因爲皇帝作惡，還有許多人民去監視防止。一般人若得了無限制的民權，大家都去作惡，便再沒有人可以監視防止。故哈美爾頓說，從前的君權要限制，現在的民權也應該要限制。」

中山先生的意思，於此是很明白的了。他以爲所謂平等，只是法律的平等，決不是社會地位的平等。社會地位之高下，是由智能生出來的。同時所謂民權，雖然是大多數人的民權，但不是個個人都得同一的參加，而必須有個限制。然則中山先生之階級調和說，完全是根據智能說而來，已經即此可以證實。而智能何以是形成階級之唯一原因？何以是階級長存的最大原因？我已在前面引用涉諾肯的說法，而加以闡發了。現在我們且討論中山先生階級調和說之根源的和其具體的辦法。

很多人都以為中山先生的階級調和說，是從威廉的社會史觀得來的。因為他們以為「階級鬥爭是社會病態」的說法，顯然是威廉的術語。不錯的，中山先生讀過威氏的著作而引用其文是真的。但是威氏對於階級調和說，並沒有具體的辦法。而中山先生之階級調和說，則不徒為一個空洞的口號，而有三個具體的辦法。第一個即是中和的倫理道德之建立，第二個即是中正之社會地位的假定。第三個是中庸的經濟波動之調節。這三個辦法的原理都是出於儒家的思想。且分別論列如下：

民族主義第六講雖然是為振興民族而說法，但與其階級調和說，都是相關連的。忠、孝、仁、愛、信、義、和、平，都是階級爭鬥說者所排斥的。唯物論派的階級鬥爭說者，以為忠是奴隸道德。孝是家法道德，仁和愛是基督教欺騙人的咒語。信和義是不能實現的空話。和平是資產階級維繫其統治的告示。是的，中山先生所提示這八個字，確是與階級鬥爭說不能相容，而是純粹調節階級作用的東西。並且很顯然的，這八個字，就是儒家所主持的中和的倫理道德。

現在我把這八個字，先照中山先生的分組看法，然後再闡發其縱橫對立的關係，其調和階級的意義，便可以顯示出來。

中山先生說：「講到中國的固有道德，中國人至今不能忘記的，首是忠孝；次是仁愛；其次是信義；其次是和平。」第一組忠與孝，是一種服務的道德。是人類在社會上對於支配者應有的態度。決不是甚麼奴隸的道德。所以中山先生說：「……由此便可見現在一般人民的思想，以為到了民國，便可以不講忠字。以為從前講忠孝，是對於君的。所謂忠君。現在民國沒有君主，忠字便可以不用。……這種理論，實在是誤解。因為在國家之內，君主可以不要，忠字是不能不要的。如果說忠字可以不要，試問我們有沒有國呢？我們的忠字可不可以用之於國呢？我們到現在說忠於君，固然是不可以，說忠於民是可不可呢？忠於事又是可不可呢？……」從這段話看來，則中山先生之所謂忠，是一個人自守的服務道德。雖然對方可以變更，而個人之自守，却是絕對的。

人類生存於兩個永久的社會團體之中，一個是家庭，一個是國家。如果沒有家庭，則童年以前的一個時代，簡直不能生存。到了老年時代，從社會上退休下來，沒有家庭，生活還是異常艱難。家庭對於人類的生活既然有很大的影響，則當然非長久維持不可。人類是一種生物，家庭是生物的天然集團。社會主義，以為只要社會而不必要家庭，便是忘記了人類是一種生物。中山先生知道這種道理，所以不但主張維護家庭，而且認為要復興民族，還非得推廣這種自然的生物集團不可。那麼服務家庭的孝之倫理道德，當然是個個人都應當絕對自守。至於人類的大社會組織，如國家，那更是人種生命之所寄託的所在。個個人都應當對她盡忠實的義務，那個道理，是很明白的，用不着再加闡發。

第二組仁與愛，則是一種支配的道德。因爲社會的組織，必然的有支配與被支配的關係，這道理在前面已經詳細的解說過了。社會組織有階級的關係，所以一面有服務的道德，一面便有支配的道德。仁是什麼？仁卽是大社會中之上層階級，對於下層階級之支配的態度。愛是什麼？愛卽是基本社會組織的家庭之上層階級，對於下層階級之支配的態度。這卽是禮運篇上之五倫十義：「父慈（卽愛）子孝……君仁臣忠。」

第三組信與義，是社會橫面組織之動與被動的關係，所謂信，小之則是朋友間的誠實道德，大之則是國際間的誠實道德。凡是交易、團體，一切人與人間之平衡的社會關係，都不能不守信實。所以中山先生說：「講到信義，中國古時對於鄰國和對於朋友，都是講信的……中國人交易沒有甚麼契約，只要彼此口頭說一句話，便有很大的信用……所以外國在中國內地做生意很久的人，常常贊美中國人說中國人講一句話比外國人立了合同的還要守信用得多……在東亞住過很久的外國人和中國人與日本人都做過生意的，都贊美中國人，不贊美日本人。……」可見信是人與人間，家與家間，團體與團體間，國家與國家間，一切和好關係的主動的道德，何以說是主動的呢？因爲在這種社會之橫的組織關係上，若不先以此種道德自持，則決不能博得對方的和好關係。

復次，說到義字吧，便是主動的，自發的平衡的道德。不但是自己對人用平等的道德，卽站在第三者地位，而爲了維持社會之橫面平衡的關係，也須得實行這種道德行爲。所以有見義勇爲的說法。中山先生說：「至於講到義字，中國在很強盛的時代，也沒有完全去滅人國家。比方從前的高麗，名義上是中國的藩屬，實在是一個獨立國家。就是在二十年以前，高麗還是獨立。到了近來一二十年，高麗才失去自由……中國強了幾千年而高麗猶在，日本強了不過二十年，便把高麗滅了。由此可見日本的信義不如中國，中國所講的信義，比外國要進步得多。」這樣說來，則所謂義者，小之便是人與人間的平等力量，大之便是國與國間的平等力量。並且不但是相對的力量，而且是第三者的平等態度。譬如甲壓迫了乙，乙的反抗能力不夠，丙可以從旁幫助乙務去甲之壓迫，使乙得平等的地位。然則所謂信者，卽是社會橫面組織相連結的平等關係，而所謂義者，卽是社會分子，相對的平等關係。若沒有這兩種道德，則社會的橫面便會產生階級，卽是說會出現強凌弱的現象，社會之縱面構造，應有階級的存在，而社會的橫面構造，則決不容有階級的現象。如果橫面生了階級，則是現出了傾斜的態度。若果傾斜起來，則社會的金字塔，當然有倒塌之虞。

第四組和與平，則是一種被動的適應道德。因爲一面有信與義的主動道德，而受信與義者，若不有相當的適應道德，則信與義的主動道德，將不能存在，而社會的橫面階級現象，終難免除。譬如甲很守信，而對方的乙乃不負和的責任，以致失了和氣，則乙感覺壓迫而鬭爭必隨之而起。中山先生曾經舉例說：「…………但是外國人在日本做生意的，和日本人定貨，雖然立了合同，日本人也常不履行。譬如定貨的時候，那批貨訂明一萬元，在交貨的時候，價格跌到五千元。這就原來有合同，日本人也不要那批貨，去履行合同。所以外國人常常和日本人打官司。」

復次再說平吧。平是適應義的一種相對道德。如果不接受人之義行，則必然不平，不平則形成斜面的階級壓迫，而必然隨之以鬭爭。這道理已在義字之下解釋過了，此處不必多贅。

總之，第一組的忠與孝，及第四組的和與平，是第二組的仁與愛，及第三組的信與義的適應。同時，第一組與第二組，第三組與第四組，都是互相依存的關係。就是說，沒有仁便不會有忠，沒有愛，便不會有孝；沒有信便不會有和；沒有義，便不會有平。同時，單有仁，而沒有適應的忠；則仁亦不能存在。單有愛，而沒有適應的孝；則愛亦不能存在。單有信，而沒有適應的和；則信亦不能存在。單有義，而沒有適應的平，則義亦不能存在。

從這八個字分組的對立關係看來，則是很明白的承認社會有縱橫兩面的構造。而牠們的上下左右，一面保持着對立關係，一面又是互相傾向，而趨於一個折衷的中點。這與西洋的階級壓迫和階級鬭爭的兩極端的道德說，便迥然不同。我前面曾說西洋社會之發現階級壓迫與階級鬭爭，完全由於兩大派的極端思想所形成。代表階級壓迫說者不但是柏拉圖的三種人的說法，就是在中古時代的教皇們，也自以爲是天之代表，而認教士優於俗人的。乃至於尼采的超人學說，都算是絕端擁護階級，主張階級壓迫爲合理的東西。而反對階級壓迫，主張階級鬭爭者，最初起於耶蘇的博愛平等說。乃愈趨而愈烈，盧梭的民約論，已經很可以了，而馬克斯，恩格斯乃竟主張根本消滅階級。一方面消滅社會縱面的階級，而且同時還要把國際種際根本剷除，這兩派極端學說，是昧於社會的構造原理，前面已經講過了。我們以西洋對於階級之兩極的說話之錯誤作反證，則調和階級說之價值自見。而儒家的道德哲學，則正是一個求中的折衷原理。爲了明瞭這種觀念，且作圖式如後：

中山先生調和階級的第一個辦法爲儒家的中和道德，已經說明，我們再進而討論調和階級的第二辦法，即本儒家中正的道理，爲社會地位之假定。

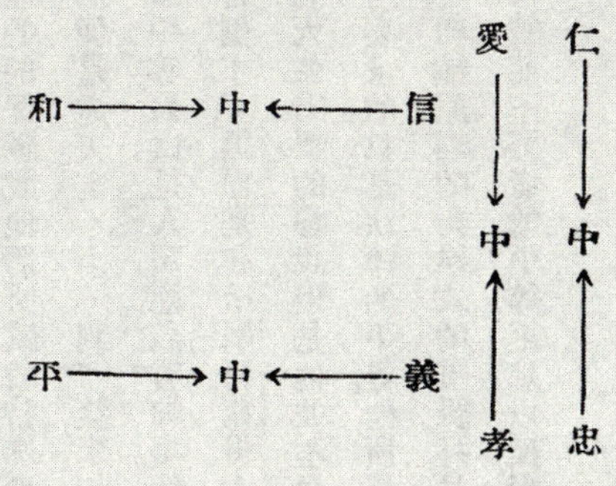

仁 → 中 ← 忠

愛 → 中 ← 孝

和 ← 中 ← 信

平 ← 中 ← 義

中和的道德是講階級間調和的道理，中正則是講階級間應有的分際。所謂「政者正也。」就是說，要把社會上的人，都安插在相當的社會地位。若是「賢者而在下位。」或「不賢者而在上位。」那麽就是社會階級間的分子，分配得不正。社會就非擾亂不可。所以說「其身正，不令而行；其身不正，雖令不從。」因為其身若正，即是其智能恰符其社會地位，所有的一切行動，必然都稱職。其事便易舉，故可以說是不令而行。若其身不正，即是其智能不符其社會地位。所有一切的行動，必然都不稱職。那麽不合理的事情，也決非强制的命令可以推行得來。這是正面的明示階級間的分際的主張。並且又從反方面規定越分際的主張。那卽是所謂「不在其位，不謀其政」了。何以不在其位，便不應謀其政呢？因為各階級的職守不同，一越分際，則非其所正矣。「樊遲問稼，子曰，吾不如老圃。」就是這個道理。孟子宣稱「有大人之事有小人之事。」「治人者，食於人，治於人者食人。」而反對「一人之身而百工之所為用。」也是同樣的一個道理。我在前面已經說過，階級的劃分，並不是起於壓迫，而是起於智能的分工。儒家的中正的主張，不是階級之間須壓迫得宜的主張，而是社會上之職分得宜的主張。有人或將以為孔子不如老圃之說，與孟子大人小人之分，有點看不起農工的樣子，而類似柏氏之極端的階級壓迫說。其實決不如此。孔、孟之專談治國之道，正是謹守其士者的身份。但是他們並沒有鄙視其他各階級的言論。我們翻閱儒家書籍，關於階級劃分的意義，都不像僧侶管武士，武士管奴隸那種論調，而只是一種分工的意義。我且試舉幾種記載吧：

公羊成公元年解詁：「古者有四民：一曰德能居信曰士，二曰辟土殖穀曰農，三曰巧心勞手以成器物曰工，四曰通財鬻貨曰商。」

周官太宰：「以九職任萬民：一曰三農生九穀，二曰園圃毓草木，三曰虞衡作山澤之材，四曰藪牧養蕃鳥獸，五曰百工飭化八材，六曰商賈阜通貨賄，七曰嬪婦化治絲枲，八曰臣妾聚斂疏材，九曰間民無常職轉移執事。」

史記貨殖列傳：「故待農而食之，虞而出之，工而成之，商而通之。周書曰『農不出則乏其食；工不出則乏其事；商不出則三寶絕；虞不出則匱財少。』」漢書食貨志「學以居位曰士，闢土殖穀曰農，作巧成器曰工，通財鬻貨曰商。」

從上面這些記載看來則中國向來之所謂階級，實在純是分工的意義。不過在同一工作之內因智能優劣的關係，而有高下的階級之分，則是不可免的事情。我們明白了儒家的中正之社會地位分際說，然後才能了解中山先生之所謂眞平等的民權學說。中山先生認爲社會上眞正不平等的，是封建式的社會階級。如帝、王、公、侯、伯、子、男、民。因爲這正是一種不合社會組織原理，而只是壓迫的階級作用。中山先生說：「……………但是佔了帝王地位的人，每每假造天意，做他們的保障；說他們所處的特殊地位，是天所授予的。人民反對他們，便是逆天。…………到了後來，相信天生人類都是平等自由的，爭平等自由，是人類應該有的事，然後歐洲帝王，便一個一個，不推自倒了。」這卽是在斥駁喜爾得布藍等的「上帝授予以權力」的天生階級的謬說。但是他並不曾反對士、農、工、商的劃分。因爲他所要求的，只是法律的平等。他所反對的階級，只是不合分工的社會組織原理的封建式的階級，幷且從他的假平等圖看，他反對强使智能不齊者的平等，更足以反證他的智能階級說了。

不過以上所說者，只是社會縱的組織（卽階級）之分際。而儒家之中正的道理，是統括社會之縱橫兩面而言。就是一般的不相逮屬的人與人之間，職業與職業之間，國與國之間，民族與民族之間，也須得有一個中正的分際，卽如前面所說法律的平等，與乎民族主義之求國際種際的平等，便是這種道理。

總之要免除社會縱橫兩面之不合理的階級壓迫，便不能不嚴其際分，責其規守。中山先生之眞平等的說法，則是一方面承認智能原有差別（際分），一方面則認爲法律應當平等（規守），這與儒家之所謂「不在其位，不謀其政。」（際分）與「其身正，不令而行；其身不正，雖令不從。」豈不是一個道理麼？

復次，我們再論調和階級的第三項辦法平均地權，節制資本與儒家的中庸思想吧。

從前面階級之劃分，階級之成立，階級之變動看來；知道階級不只是經濟一種，而階級成立之根本原因在智能之差異，至於變動則是波狀式的進行。但是階級中最值得注意者，却是經濟階級。而成立得最不合理者，也是經濟階級。而階級波動之波幅最大者也就是經濟階級。

階級之劃分，照莎諾肯氏的意見，可以分爲經濟的、政治的、職業的三種。照我的意思，應分爲經濟的、政治的、宗教的、生物的、職業的五種。就這五種論，政治的階級，其級雖然是有固定不變的形式，但是分配於其級的分子，却是流動得非常之快。智能優越的人，總不會久居人下，以機會竊居高位者也不能久於其位。所以政治階級構造常常比較合理。宗教階級，其在上層者，不是由智能之優越得來，便是由年齡得來，並且宗教的階級，有如學生的班級一樣，差不多每人都可由下而上，上級譬如是進程，下級譬如是過程。既是每人必由之道，所以不會產生很不合理的壓迫，萬一有的話，也不過是短期的事情，終不算是一生的大害。生物階級，即指家庭及宗族而言。族長是德與齒的關係得來，家長、房長，差不多是人人可以當的。由家庭之一員，升而爲較高的地位，如管賬，買辦等事，再升而爲房長，再升而爲家長，這正與宗教階級一樣，上層階級，只是一種進程，下層階級，只是一種過程。并且家庭或宗族間的階層雖甚顯明，但壓迫的痛苦却比較少些。至於職業階級的話，所有的分子，其上下層階級之分配，差不多完全是以智能爲準則，是一種很合理的構成。唯有經濟階級一項，階級間的壓迫性最强。牠的起因雖然很多，而重要原因差不多有如馬克斯之所說，大半是由於剝削勞動而來。否則是由於土地的獨佔，或投機的經營。并且經濟階級的尖銳化之趨勢極强，即是大資本家之資本愈益集中，而其壓迫力愈益增大。一方面中小資產階級之貧乏愈益增加，而其感受壓迫之痛苦愈益增大。所以剷除經濟階級的法子，雖然很多，譬如借宗教宣傳，主張人們不應有大量的 財產，結果只有少 數的聖芳濟(St. Francis)派與多明力(St. Dominic)派的所謂托鉢僧(friars)及佛道等少數的苦行僧，自甘貧苦而已。社會上的經濟階級之壓迫，一點也不會動搖。譬如借法律的遺產稅或累進稅的限制方法，據現在實行這種稅率的經驗，對於經濟階級之壓迫，還沒可以緩和的現象。使經濟階級扁平化的力量最大的有兩種。一種是自然暴力，一種是人爲革命。例如英國的黑死病流行，因而莊園制度，隨之而破壞。即舊經濟生產形式，爲此自然暴力所推翻。又譬如黃河決口，數十州縣的人民，盡淪爲無業階級。這也是自然暴力剷除經濟階級的例子。人爲的革命方法，例如歐洲中古時代的農民暴動，二十世紀的工人革命。但是這兩種力量，第一種是根本爲人類的共害，當然不能應用。第二種，又陷於違背社會組織的錯誤。即是階級之扁平化，也有一個限度，過此限度，則將百業俱廢，而不能成其爲社會。譬如俄國的共產革命，最初便欲把經濟一摇打平，那曉得國內的經濟，遂因此而大起恐慌，不得已乃實行所謂新經濟政策，把輕工業讓與私人經理。更本此而再定五年計劃。這樣一來，一方面把俄國的經濟果然復興起來了。但是他們的經濟階級形式，也就復興得不少了。與其這樣革了又復興，徒使人民多受一番痛苦，何如當初就不必這樣革呢？可見貧富懸殊的經濟階級，根本不是一種道德教育所能成功。所以儒家一面極力講「執兩用中」的中庸道德，一面却努力推行古代所傳的井田制度，這井田制度，就是合乎中庸思想的求均求安的調和的經濟制度。

中山先生之平均地權節制資本雖然與井田制度的辦法不同，但是與井田制度之求均求安却是同出於一種中庸的思想。所以他說：「……我們要解決中國的社會問題和外國是有相同的目標，這個目標，就是全國人民都可以得『安樂』，都不致受財產分配不『均』的痛苦。」

爲什麽平均地權節制資本，便可以達到儒家的中庸的「均」「安」主義呢？這是很顯明的。所謂平均地權，當然是承認地權始終存在，不過只能保持平常的恆定的地權。若是變動的增高地價之地權，便是階級長成的東西，便是社會不「均」不「安」的根源，那就非把牠平而均之不可。同樣，所謂節制資本，當然是承認資本始終存在，卽是說承認個人私產永遠存在。不過只能保持平常的恆定的維持生活狀態的界限，若是超過了這種限度，也就是階級長成的東西，也就是社會不「均」不「安」的根源。那就非把牠節而制之不可。這樣說來，則平均地權與節制資本的意義，就是爲經濟階級的變動，劃一個限度。這個限度，就是調節經濟階級。所以用共產革命的方法來剷除經濟階級，結果，可以說徒爲增加階級波動之波幅而已。

階級之有波動，卽是社會的不安定現象，實在是一件不幸的事情。而階級之必然波動，又不可免。尤其是經濟階級之波動更大，爲害更深。西洋的哲學家，如前面所說，大都是偏激的思想，不是推波助瀾，便是强迫壓制，從來沒有想到中庸的辦法。中庸是什麽？是一種不偏不倚，無過不及的調節作用的原理。「子曰：『天下國家可均也……中庸不可能也。』」又說：「不患寡而患不均；不患貧而患不安。」「安」卽是「中庸」，這意思扣合起來講，經濟制度，應當以「均」爲原則，因爲要「均」，才能「安」。但是孔子也知道「均」這件事是可以辦到的，不過只能暫時的「均」，若是要保持長久的「均」（卽中庸），那却是難能的事情。

儒家對於社會構造之一般階級，都是用的相對性與相向性的中和道德。如禮運篇之十義：「父慈、子孝、兄良、弟悌、夫義、婦聽、長惠、幼順、君仁、臣忠。」都只是相對相向而已。獨於經濟階級，認爲單是相對相向，還不夠。所以當子貢問孔子說：「貧而無諂，富而無驕，何如？」孔子答道：「可也。未若貧而樂『道』（按朝鮮本論語有一道字，文理較稱）富而好禮者也。」老實說，在孔子的意思，很知道要調和階級的樞紐。有了這樣調節的樞紐，則善於波動的經濟階級，雖然不能絕對的停止其波動，但牠的低級標準，總是在生存線之上，總會使耕者有其田，居者有其室，勞者得其值，投資得其賞。而高低標準，總在個人的豐富生活標準之下。總不使私人資本過剩，引起生產過剩的經濟騷動現象。那麽這制度豈不正符持兩用中而能保持其比較「均」與「安」的中庸思想麽？

總括起來說，中山先生之調和階級說，不是暫時的革命政策，而是一種永久的主義。已經由這三種具體辦法而證明了。其三種辦法之第一種，恢復民族固有道德，其所示之忠、孝、仁、愛、信、義、和、平，實在是相對相向的倫理道理。這明明是儒家的中和思想。第二種辦法，即民權主義之眞平等的指示。眞平等指出階級的合理構造，以智能爲階級的際分。一方面禁止階級間之無理逾越，一方面責成各階級分子之正當職守。這明明是與儒家「不在其位，不謀其政。」與「賢者宜在高位。」的中正思想，恰相契合。第三種辦法，即是以平均地權，節制資本縮住波動最大之經濟階級的中心，減小其波幅，使社會的構造得比較「均」「安」的狀態。這明明是儒家的不偏不倚，無過不及的，可以使之保存悠久的中庸思想。

三民主義與儒家哲學的關係，在民族主義中，如提倡化家爲國，提倡恢復固有民族道德。其與儒家思想相關連，自是衆人所共知的事情，而民生主義，也是繼承儒家的倫理哲學。戴季陶先生對此曾大加闡發，他說：「……而民生主義，是以中國固有之倫理哲學的和政治哲學的思想爲基礎，」他更明白的進一步認定「……孔子雖沒有做改制的工夫，然而他却組織了一個民生的哲學。他這一個民生哲學的理論，就是二千數百年後，創造中華民國的孫中山先生所繼承的理論。孔子的理論是甚麼呢？我們可以從兩部書看見他的系統。一部是中庸，是他的原理論。一部是大學，是他的方法論……」我對於戴先生這種認識，向來表示讚同。因此，我聯想到中山先生的階級調和的主張，從他的三個具體辦法看來，實在是出於儒家的求中的思想。

儒家的厄運和幸運

——正統地位之取得——

龍世雄

一、

由春秋起，封建的經濟基礎已經開始動搖，自然貨幣的交換形態慢慢減少了它的重要性。貨幣的本質也已由價值變成了價格的意義，商業資本破壞了土地的生產制度，集權國家代封建的組織而起，當時的集權國家——五霸，它們開始武力的征服而略視了倫理的政治統治。一轉進戰國以後，各國公然用武力吞併，爲了爭奪商場的緣故，倫理和政治便離隔成兩樣獨立的東西。當時的集權國家有所謂七雄：顧亭林先生有一段很扼要的話，說在這兩個時期之內：

『春秋時猶尊禮重信，而七國則絕不言禮與信矣；春秋時猶宗周王，而七國則絕不言王矣；春秋時猶嚴祭祀，重聘享，而七國則無其事矣；春秋時猶論忠信氏族，而七國則無一言及之矣；春秋時猶宴會賦詩，而七國則不聞矣；春秋時猶有赴告策書而七國則無有矣；——邦無定交，士無定主。』（日知錄卷十三周末風俗）

那時各國領土內成立了許多大的都市，自給自足的經濟生產時代已經流產。

在這種封建的崩潰紛亂中，代表恢復封建派的儒家，主張重新建立倫理的政治，孔子用仁，曾子用孝，子思用誠，孟子用義，荀子用禮，都揭櫫德治的旗幟來挽救當時封建的頹勢，他們的主權論的根據，都是封建盛世及以前的氏族部落組織。——堯，舜，禹湯文武。（將另寫春秋戰國時主權學說的論戰一文）

時代向前奔跑，倫理的政治的失脫是因爲商業資本的發達，並不是倫理的政治的衰落而引起一般人的好利心；

儒家誤把原因看錯了，所以他們的偉大的思想，偉大的學說，究竟是遭遇了時代的擯斥。

他們都以爲最高的政治領袖，只能有一個：

「一人貪戾，一國作亂，……一言僨事，一人定國。」（禮記：大學）

「天無二日，民無二王。」（孟子：萬章）

「聖人無兩心，天下無二道。」（意林卷一引荀子）

但是這個君主却不能用「力治」，須用「德治」，這就是儒家和法家的政策論的根本差異點。

儒家把封建時代的國家稱爲王道國，把春秋以後的集權國家稱做覇道國：

「以力假仁者霸，霸必有大國；以德行仁者王，王不待大，……」（孟子公孫丑上）

「故湯之于伊尹，學然而後臣之，故不勞而王；桓公之于管仲，學焉而後臣之，故不勞而覇。」（孟子公孫丑下）

「王者富民，覇者富士，……臣諸侯者王，友諸侯者覇。」（荀子王覇篇）

可是儒家的理論和當時的統治者抵觸得太利害，所以受的排斥也凶；像孔子一部份的勞動群衆，更以爲社會的動亂，便是這些「聖人智者」一手造成，故對于儒家，也是非常奚落的。像正統派的偉人孔子，便處處碰釘，幾乎連命也不保。——到齊的時候，險些爲齊大夫所害；到匡，一般人見他的樣子像陽虎，致被大衆包圍；到宋，幾致遭司馬桓魋的毒手；過蒲，全虧他的弟子公頁儒給他死門，方免於難；到陳蔡，致困于野而至絕粮；至楚，又受接輿的譏諷，丈人的白眼，長沮桀溺的暗笑。孟子走遍了各國，也沒有一個國家用他。到了荀子的時候，連儒家的言論也不自由了。讀荀子的自述卽可知：

「周幽厲，所以敗：不聽規諫忠是害。嗟我何人，獨不遇時當亂世！欲衷對，言不從，恐爲子胥身離凶！」

進諫不聽，到以獨鹿棄之江。觀往事，以自戒！治亂是非亦可識……」（成相篇）

他的學生李斯，却走向了和他對立的一面（蘇軾罵荀卿的原固亦因此）

和儒家作對的有代表君主集權的法家，代表勞動群衆的急進派的道家和緩進派的楊朱墨翟。急進派的勢力不及緩進派之得人同情，讀孟子的『楊朱墨翟之言盈天下；天下之言不歸楊則歸墨』，即可知。

法家以爲仁義足以亡國，在當時大有要消滅儒家之氣蓋。法家以大權在君則治：

『……權制獨斷於君則威，……』（商君書：修權）

『去仁愛，專任刑法……』（漢書藝文志）

『削仁去義，專任刑法，……』（劉子：九流）

晚期的法家更打倒了儒家的主權論的根據：

『天下皆以孝悌忠順之道爲是也，而莫之察孝悌忠順之道而審行之，是以天下亂；皆以堯舜之道爲是而法之，是以有殺君，有曲于父。堯舜湯武，或反君臣之義，亂後世之教者也。堯爲人君而君其臣；舜爲人臣而臣其君；湯武人臣而殺其主，刑其尸；而天下譽之，此天下所以至今不治也』。（韓非子：忠孝第五十一）

據商鞅當時的意見，想教秦孝公將儒家書燒光。（見韓非子和氏篇）

社會主義派的，不用甚麼堯舜禹湯文武做他們的理想，無政府主義者——老莊，捧出了一個「太古」之世——甚麼軒轅氏赫胥氏等，主張不要政府，不要法律，不要道德，不要一切的社會制裁。儒家說仁義，說道德，莊子便以爲盜賊也是有仁義道德的，仁義是社會紛亂的禍源。儒家捧聖賢，以爲聖賢有道德，老莊以聖賢是亂種，是禍根，聖賢也會偷東西，不過社會以爲聖賢底到是聖賢，對他們不加以制裁罷了。

緩進派的楊朱，以爲在社會上能夠個人快樂一下便算了，大家自私自利，國家自然可治；人死了，那裡還能夠分辨甚麼堯舜紂桀？這實在是在暗罵儒家的。

墨子的見解又不同了，他只利用一個大禹，因爲大禹博愛不自私，爲着治水的工作屢過自已家的門口也不進去，這足以作爲「兼愛」的學說的根據，並且社會中人人平等，父親等于朋友，消滅倫理的關係；爲此孟子自不能不駡這般「無父」「無君」的小雜種！

總之，儒家誤以爲商業資本之發達所育成的好利心（卽倫理的墮落）是因爲倫理和政治的離隔，不知倫理和政治的離隔正是商業資本發達的結果，不是商業資本發達的原因，儒家便反轉過來，把一切亂源歸于覇者，把法家駡一通，以爲使倫理與政治離隔的是法家的罪惡，故一方面反對發展商業資本，一方面要恢復倫理的政治。以爲倫理的政治一恢復，商業資本便可以消滅。

同時法家也誤會了從前封建時代國家之破裂是由於儒家，於是開始強烈的反攻；道家也同樣的誤會。這種誤會或者他們本身也知道，但爲了他們所代表的集群的利益，這恰巧是反攻的機會，凡此種種，都是主權論方面的問題。（參見拙著：委任關係主權論史——政治學論叢第一期——中大政治研究會出版）

二.

秦滅六國成立了中國史篇上第一個強大的中央集權國家之後，所謂法家的政治理論，遂獲取了最後的勝利。道家的理論，在當時放射不出多大的光芒，秦代的統治者，也已爲這是不足輕重；目前最要解決的，是怎樣對付這般封建理論的主持者——儒家。

李斯當時遂提出兩個主要的辦法：

（一）把儒家理論的書燒光；

(二)再談封建的理論者處死刑。

爲貫澈秦始皇的廢封建的政策起見，所以李斯便有下邊一翻話了：

『五帝不相復，三代不相襲，各以治，非其相反，時變異也。今陛下創大業，建萬世之功，固非愚儒所知。且越言乃三代之事，何足法也？異時諸侯並爭，厚招遊學。今天下已定，法令出一；百姓當家則力農，士則學習法令，辟禁。今諸生不師今而學古，以非當世，惑黔首。丞相斯昧死言：古者天下散亂，莫能相一，是以諸侯並作，語皆道古以害今，飾虛言以亂實，人皆善其所私學，以非上所建立。今陛下並有天下，辯黑白而定一尊，而私學相以非法教。人聞令下，則各以其學議之，入則心非，出則巷議；夸主以爲名，異取以爲高，率群下以造謗。如此弗禁，則主勢降於上，黨與成乎下，禁之便。臣請史官非秦紀，皆燒之；非博士所職，天下敢有藏詩書百家語者，悉詣太守尉雜燒之；有敢偶語詩書，棄市；以古非今者，族；吏見不舉者同罪；令下三十日不燒，黥爲城旦。所不去者，醫藥卜筮種樹之書。』（史記秦始皇本紀及李斯列傳）

李斯也可以說是一個特出的思想家，在當時他的思想，眞的有如他自已所說，非一般愚儒可能知的。蘇軾嘗謂：

『昔者常怪李斯事荀卿，既而焚滅其書，大變古先聖王之法，於其師之道，不啻若寇讎；』……（荀卿論）

因恨李斯，便連荀子也駡起來；其實這是不足「怪」的，東坡老先生未免太小器了。

秦焚書坑儒，是集權國的一種政策， 也和現在各國燒禁書同一性質。 集權國家所最顧忌的是擁封建的理論，「焚書」和「以吏爲師」，就是它們的文化統制；（當時的各種統制，層出不窮菜刀也受統制） 坑儒是爲了主權論的逕庭，當時遇害的儒生便有四百六十餘人之多。

顢頇的學者，以爲焚書是愚民政策，這種理論離脫事實還遠得很。疑問遂在這裡：焚書是愚民政策，何以只焚儒家的書？焚書是愚民政策，爲甚麼讀書的要以官爲師？就是陶希聖先生，也看不到這一點，只以爲：

『這段奏書，表現些甚麽？李斯焚書及改制的論據完全是韓非的學說，首段是韓非的變古論，末段是韓非以權力統一思想的主張，中段對於游士以文亂法，深加詆毀，則以韓非顯學篇爲說相同。』（中國政治思想史第二册頁二三）

這種錯誤由于不明白當時的主權論者的對立的陣營，凡是所謂法家—代表集權國家利益的主權論者，都是一致的「變古」，「以權力統一」「以文亂法深加詆毀」的；這如何僅是韓非一個人的主張？

三．

秦代的滅亡，漢之建立，經過儒家道家，和法家的一場混戰。—社會主義派，封建派和集權派。

秦代的商業已經很發達，農村受了極度的侵壓，被剝奪的農民和過去了的貴族，便揭櫫興起。

代表農民的——陳勝，劉邦。

代表貴族的—楚貴族項梁項羽，齊貴族田民，和其他韓趙魏的貴族。

當時的農民，並不是有組織的暴動團體，僅僅是爲了生活的出路而受野心者的利用。

當時的封建派的也滿懷着無窮的希望去鬥爭，冀求打跑封建的破壞者而再來一個封建。

結果，代表農民的（劉邦）和代表貴族的（項羽）最後又打了一仗，劉邦得了最後的勝利，可是他所建立的政治組織既不是爲農民，又不是爲貴族，却是依然集權國家，這令到兩方面的人都非常的失望。高祖當時得意之餘，大朗其大風歌：

『大風起兮，雲飛揚，威加海內兮，歸故鄉，安得猛士兮，守四方。』

高祖的約法三章尚不足以「禦姦」（見漢書刑法志）爽性將李悝的法經六篇，改成九章，（見唐律疏議）叔孫通更草傍章(見晉書刑法志)十八篇，這些，都是秦律的再建。

當時的儒家還很和高祖力爭復儒學，高祖說，我是馬上得天下，用不着儒家的詩書；本來，劉邦只是一個小吏出身，不懂得許多，卑鄙的叔孫通，教人臣在高祖面前要學狗爬，(卽跪)高祖得意忘形的說，我現在才知道做帝王是這末快活的。可憐維擁他起義時的農民，又在他的苛嚴的法律底下，喘氣不得！

在集權國家底下，儒家的封建理論自然不能夠再實現了；就是在春秋戰國的時候，已經不會有勢力，不過僅僅表示封建和集權兩派的最後一掙而已。當時代儒家的理論而起的，是法家化的道家學說。何以在法治的底下會產生道家的理論？原因是秦漢，楚漢之役後，許多農民都爲了戰爭犧牲，人口減少，荒地增加，造成了漢初的經濟恐慌。雖然劉邦忘記了當時擁護他的農民，可是農業生產的銳減，使他的稅收減少，使他對于農民之人口的增加，耕地的擴大不能不想一個辦法，爲探求這個辦法，便出現了法家化的道家理論，卽是集權化的黃老術。所以那時的史家司馬遷將老莊申韓合傳，並且以申韓出于老莊。(一時黃老之書大出，見知用叢刊第二集何融先生：漢初黃老學)

到了漢武帝的時候，儒家又得了復活的生機就是所謂訓詁學。這時儒家的理論已經完全失去了原來的意義，不是代表封建的而是代表君主的，只是君主的利用工具。投機的馬融，便在此時起草了他的忠經—忠以固位，孝以平天下，以孝治天下的漢代的濃厚農業社會的統治政策，因此就出現了。可是，這並不表示倫理的政治又在成功，在商業資本主義下，倫理和政治排擠的結果一定不會得到發展的，只使社會向後退轉而已。(在本刊下期擬寫「何以中國踏不上工業資本的路」一文)

秦火和楚漢戰爭，儒家的經典都被燒光，帝王只會見到秦亡的太快，太快的原因，或許是破壞了儒家的文化，於是到了武帝便改變了政策，並且有儒臣陸賈和董仲舒的死吹，於是儒家乃壓倒了諸子之學，一時五經博士之設置，白虎觀中之經風大盛，佚亡經籍之紛紛徵求，校勘訓詁之繁昌，儒生之議政，(漢代末年的淸議)熱鬧異常，當

時他們的工作，只在

『逑，匹也。』（詩傳）——言某而訓某

『瀲之言澡也』（詩傳）『均，猶調度也。』（周禮註）——以言猶訓

『道，謂仁義也。』（禮記註）『回風為飄。』（詩註）『臨終之命曰顧命。』（書傳）——以謂為曰訓

當時一般學者，都是一心一意的幹這種工作，秦延君注堯典十萬言，光是解釋「粵若稽古」四個字便來了三萬言；朱普解尚書也是三十萬言，當時的訓詁學家多得怕人：

易——十五家

書——二十五家

詩——四十五家

春秋——四十一家

禮——二十三家

其餘在注釋方面做工夫的，更舉不勝舉。

儒家的理論是嶄新的政治理論，以後便成為君主利用的工具，士人消遣的工具，古董的玩意。（參見下期拙作：「中國何以踏不上工業資本的路」一文）

四、

到了魏晉六朝，那又是儒家的厄運到了。在漢，雖然也是集權國家利用儒家的學說，但是「學優」還能夠「登仕」；到了魏晉，這種迷夢已經打破，就是統治者怎樣搬出儒家的招牌來，一般學者也沒有辦法攏絡得住一般學者。（參見我的舊稿「魏晉之一般的苦悶」和「魏晉學者的生活與思想」社會科學論叢月刊第四卷第八期，季刊第一

卷第二期）

篡位的曹操來搬堯舜禹湯文武：

『對酒歌，太平時，吏不呼門，王者賢且明，宰相股肱皆忠良，咸禮讓，民無所爭訟』。（對酒）

『黃帝，湯武，咸用干戈以濟世也』。（孫子兵法序）

『周公吐哺，天下歸心。』（短歌行）

『夫受九錫，廣開土宇，周公其人也。……吾何可比之？』（讓九錫令）

可只是掛儒頭賣法肉：

『若必廉士而後可用，則齊桓其何以霸世？』（求賢令）

『天下尙未安定，未得遵古也。』（遺令）

『別部司馬請立齊桓公神堂，使記室阮瑀議之。』（褒賞令）

無論他怎樣巴結一般士大夫，

『堯舉臯陶，不仁者遠，臧否得中，望於賢屬矣。』

『吾起義兵誅暴亂，於今十九年，所征必克，豈吾功哉？乃賢士，大夫之力也。』（封功臣令）

但這種掛起儒家招牌做的把戲，當時的人都看慣了，跟着來的是他的兒子曹丕，其次又是篡位的司馬懿。當時，許多著名的學者，如孔融，楊修，夏侯玄，禰衡，嵇康，何晏等，都是死在他們手下的，雖然士大夫想做官的很多，但是怕做了官運命也保不住；又因爲學優也不能登仕，於是連學也不學；（指儒家的學）並且還正面攻擊儒家：

（A）孔融反對孝——父母無親。

（B）阮籍反對禮——面別親嫂，並謂：「禮豈爲我輩用哉！」

（C）何晏亂倫——娶妹爲妻。

（D）王戎母死喫肉喝酒。

（E）阮咸母死縱樂如常。

（G）晉文王謂：有疾而飲酒食肉，固喪禮也。

當時壓倒儒家的是老莊的理論，老莊的理論到了魏晉也一樣的失去了原的意義，也不是代表農業羣衆，僅僅是一種安慰品。

在東漢末，儒家的經典又逢了空前的厄運：

『王莽之末，長安兵起，宮室圖書，並從焚燬，……孝獻移都，吏民擾亂，圖書縑帛，皆收爲帷囊，所收而西，載七十餘乘，屬西京大亂，一時燔蕩』。（隋書牛弘傳）

當時的學者大都是草苞：

『太和靑龍中，（魏明帝年號）太學諸生有千數，而諸博士率皆粗疏，無以教弟子；弟子亦避役，竟無能習學』。（魚豢魏畧）

『正始中，（齊王芳年號）有詔議圜丘，普延學士，是時郎官及司徒領吏二萬餘人；而應書與議者，畧無幾人。又是時朝堂公卿以下，四百餘人；其能操筆者，未有十人，多相從飽食而退。』（同上）

『一時名士風流，盛於雒下，乃其棄經典而尚老莊，蔑禮法，而崇放達。』（日知錄世風）

老莊思想漫流的結果，是

（一）淸談

(二)種種怪行爲(見拙作魏晉學者的生活與思想)

(三)亡國。

一時，老莊之書大出，(見李孟楚：魏晉南北朝老學志)壓扁了儒家的勢力。

五．

隋唐時代，見老莊清談的流弊亡了晋，原因似乎是儒學不振，於是五經正義便出現了。

魏晉六朝儒學中斷以後，漢的訓詁學到了唐代也漸漸不能了解。隋代治世很短，僅有一個儒家——王通，除了「中說」之外還有一套「王氏六經」。(已佚)所以一到唐代，統治者(高祖，太宗)以爲強國非儒不可，於是大加獎勵，韓愈大罵佛教，這是歷史給他的啓示；李翺兼談佛，開宋代性理學之端。這時所謂儒，又轉了另一個方向，只是文體上的復古的意義；不過是一種注釋工作。其實當時的儒學也並不發達，原因是讀書的人爲了要考試，都鑽進書本裡(五經正義)他們的思想，都打不出五經正義的圈外，讀經風氣之盛，原因全在登科野心的慫恿。

五代是大混亂的時代，儒家的理論也自然沒有勢力，當時出名的學者就是一個陳摶，却將佛老和儒家的理論打攏一塊。

宋代只在太祖時算是安定，那時的異民族——遼金，西夏等都向中國侵迫，在死亡的畏懼的恐慌中，道教和佛教的勢力却膨脹起來，儒家的思想蒙過了濃厚的道佛意味，成爲動亂社會中的養心養性的安慰品，也可以說是佛教化道教化的儒家思想。他們當時的工作是甚麼？

『無極之眞，二五之精，妙合而凝，乾道成男，坤道成女。』(周敦頤：通書)

『五性感而善惡分。』(同上：太極圖說)

『所謂格物致知者，格此物，致此知也，故能明明德于天下；易之窮理，窮此理也，故能盡性致命；孟子之盡心，盡此心也，故能知性，知天；學者，誠知所先後，則如木有根，水有源。』（陸九淵：武陵縣學記）——據舊稿「由漢學到宋學」

後來，更因門派之見，朱陸兩派，大起論爭，直至明代，還沒有停竭。（見舊稿：「朱陸學說異同」——載民國十九年「知用週刊。」）

在內外窘迫的情勢內，一般讀書人都在弄這種東西，再談上一點哲學意味的德治問題，於是宋朝便亡定了。

明代繼承了宋的遺業，儒學變成談心性的東西，試畧舉當時他們所做的工作：

(1)葉靜齋——以五行中最先發生的是水。

(2)吳康齋——性情剛忿的人，因修養的結果，會變成温厚。

(3)薛敬軒——以理氣無先後，無「無氣」之理，亦無「無理」之氣。

(4)胡敬齋——理氣不分離，理不變，氣有消長。

其中最出名的是王陽明，而建立的學說究竟是甚麼呢？也不外是所謂三綱領：

(1)心卽理；

(2)致良知；

(3)知行合一。

我並非反對他們研究哲學，只怪在當時凡讀書人，都一致的專在這種虛浮而摸不着時代需要的空談中旋轉，不顧到一點實際的問題；就是明末的外國自然科學的輸入，也受了許多空談家的妄自尊大的鄙視，這是只空談而不顧到實際的結果。顧炎武很痛恨的說：

「古之淸談老莊，今之淸談談孔孟。」

明代和魏晉一樣的亡在清談；這雖是顧氏過火之言，但最少表示這種影響，絕不是好的影响。

儒家到了清代成爲考古的風氣，但有它的時代性，因爲在滿清高壓政策之下，漢族學者要保留中國漢族的文化而又沒有生命的危險只有治經，以爲經不亡，中國也不亡，儒家給歷代學者的印象的確太深了。到了乾嘉以後，西洋的槍砲在中國取得了左券，當時的一部份的學者才覺悟，專是讀經不能救國的，非注意實際問題不可。

中國過去的一種見解，都以爲漢族文化高，在歷史只有漢族同化別族沒有別族同化漢族的事，又想以同樣的方法對付西洋，（最後一次爲義和團之役——東西文化決賽）可是西洋文化比中國高，不僅是武力強，所以便克服了中國。所謂高度的文化，不過只是由晚周儒家政治論蛻化出來的倫理哲學和考據而已；可是這種倫理哲學，倫理觀念，在商業資本階段中只阻窒商業資本主義的發展，因爲倫理的政治只能適合于封建社會的緣故。爲了這這種觀念的存在，於是重農，抑商便成爲中國歷代的一貫的經濟政策，所謂水蒸汽機缺乏和海外貿易沒有出路者，都是這種觀念與政策的厚貺。

六．

從上所述，可知原始的儒家的理論，在中國始終沒有實現過，因爲這種理論所代表的時代只是封建；自春秋後，中國便永沒有以自然貨幣爲主要的貿易交換形態，即是永沒有重現過封建，所以儒家的理論不能實現，同時只能將向前奔跑的商業資本退縮回來，總也走不上工業資本的大道。

儒家的原始的理論雖然沒有實現過，可是由漢武帝始，便啓了容納儒家之風；以後，儒家思想斷斷續續的繼持在中國史頁上旋轉，成爲波流紋的發展，取得了正統的地位。

廿四，三，三十日。

儒家的起源

劉興唐

一 前言

在歷史上所有中國之儒家起源論，大多數都是把他歸之孔子，以孔子爲儒者之鼻祖。這種論調，在戰國時代就已竟開始了。不特孔氏之門徒持此論調「就是孔氏的反對派，也有持此論調的。韓非子顯學篇云：

世之顯學儒墨也，儒之所至孔丘也，墨之所至墨翟也。自孔子之死也，有子張之儒，有子思之儒，有顏氏之儒，有孟氏之儒，有漆雕氏之儒，有仲良氏之儒，有孫氏之儒，有樂正氏之儒。

這一段話，指示得很明白，在當時所謂各種不同的儒，都是孔門弟子。就是荀子在非十二子篇中所罵的「賤儒」，亦是指的孔氏之門徒子張，子夏，子游等人。不過他在儒效篇中，却把「大儒」歸之於周公，第二個方才舉出仲尼，他說：

大儒之效，武王崩，成王幼，周公屏成王而及武王，以屬天下。

是荀氏把周公作爲儒者之第一代始祖。

荀氏的話，是不是想借掛周公的招牌，而一光耀儒者的門庭呢？孔子自已也曾說道：「吾不復夢見周公。」足証孔子對於周公的推崇，可是這裏也沒有說出他和周公的關係。只有論語中的：

子爲君子儒，勿爲小人儒。

可以証明在孔子的時代，儒已竟存在，原不始於孔子，禮記儒行篇有：

今衆人之命儒也妄，常以儒相詬病。

這句話至少証明在儒行篇作者的時代，有人對儒家加以侮蔑，儒不純粹是身兼六藝的孔氏門徒。墨子在公孟篇中亦把他歸之於周公。公孟篇云：

且子法周而未法夏也，子之古非古也。

惟韓非子在顯學篇中則謂其祖述堯舜。他說：

孔子墨子俱道堯舜，而取舍不同。皆自謂眞堯舜，堯舜不復生，將誰使定儒墨之誠乎？

這話似乎是韓非子隨便說的。墨子之法夏是自已說的，應該沒有錯誤。大體上，儒者是在法周。他的原因，我們留在以後再說。

關於近年來儒家起源的討論，馮友蘭先生的主張，我們是最贊同的。馮先生在淸華學報之原儒墨一文（民國二十四年四月）中說：「照我們的看法，儒之起，是起於貴族政治崩壞以後，所謂官失其守之時。」「貴族政治時代，所有知識禮樂皆貴族所專有，庶民不能有知識禮樂，所謂禮不下庶人。……及貴族政治崩壞以後，貴族多有失勢貧窮而養不起自用之專家者，於是在官之專家，乃失散之四方，如論語所載：「大師摯過齊，亞飯干適楚，三飯缺適蔡。……」

我們現在要作更進一層的推求，——因爲我們並不是研究哲學史，我們是把他當作社會上的一個階層看待。他怎樣從原始的社會中進而爲封建社會中貴族們的私有品？這一個階層是怎樣的產生？他們的職務是什麼？在古代時所謂這一個階層是不是只有儒者的祖先？總之，主要的我們要看一看這種社會制度之演化，怎樣的由此一形態轉化爲彼一形態。

在方法上，因爲我不是一個實証主義者，所以在攷據方面，一定比較差。另一方面，因爲我們所注意的是這一個社會階層之演化過程，所以我們更沒有從他們的思想中着手。——這也是因爲思想，只是社會的上層建築，雖然他不是隨着社會經濟之基礎的轉化而馬上有所轉變，可是終究是要轉變的，所以想於此而尋求儒家的起源，那是靠不着的事。顯然的，儒家在孔子時代，主要的是要正名，重視禮樂。到了孟子，雖然掛着孔子的招牌，他却對禮樂很少言及了，他只宣傳仁義與性善。西漢的僧侶式的董仲舒以及作緯書的人們，我們也不能否認其爲儒。宋代諸儒，更丢開其他，而注意格物致知了。

在這裏我們更要打破民族的界線。儒之出於殷出於周，對我們並不發生什麼重要作用。孔子說得好：「殷因於夏禮所損益可知也，周因於殷禮所損益可知也。」周禮殷禮，是很不容易分辨的。我們如果把儒當作原始社會之知識份子看待，則在全世界各民族之發展都是同一的，是合法則的。

殷周是否出於兩個民族，直到現在尚未得到正確的解釋。據我所見，殷周即非同一民族，他們的文化，却是很接近的。殷周之青銅器上的文字，與甲骨文字並沒多大差異，决不像越人和中國言語不通，衣飾不同的樣子。又從甲骨文和史記所載來看，他們早已組織了軍事同盟，所謂「命周侯」，「使西伯専征伐」者是也。又其是周之滅殷，接收了殷之土地人民，更不能不接收殷之文化。所以，在本文的叙述中，是要打破民族的界限。第一因爲把儒作爲知識分子看待，那末他是全人類社會之合法的發展。第二從文物制度上說，則在文化相接近的兩個民族，是不容易尋求出區別的。

二　儒者的服飾

我們既然把儒者作爲原始的知識分子看待，自然他和原始的宗教中的僧侶分不開家。因爲在原始社會中，只有僧侶才是知識分子，這件事在儒者的服飾中可以見到一點。中國的儒者，自孔子以後，直到清末，都有一套特別的服飾。不過在清時已成爲一種禮服，不能時常穿戴。在古代，則爲他們日常的服飾。洛陽縉紳舊聞記云：有一儒生，五十餘，魁岸落魂，箕踞於某之門側。吾子自外入……詬責儒生，但坐而不動，徐而言曰：……「幸吾被儒服，履儒行，若二十年前，爾齏粉矣。」這人雖然窮得要命，而一套儒服，總要穿着，好像和尚和道士不能不穿大領子衣服一樣。史記上也有這種例子：

騎士曰：「沛公不好儒，諸客冠儒冠來者，沛公輙溺其冠。」酈生陸賈列傳叔孫通儒服，漢王憎之，迺變其服，服短衣，楚裝。劉敬叔孫通列傳這種情形，當然是愈古而愈甚。這種服飾，在春秋戰國時代，是打破國際界限的。各國的人，在服飾上，多少都有不同，惟儒者之服，則不分國際。只要是儒者，他的服飾都是一樣。

這種服飾，是怎樣產生的呢？始自何時呢？歷史上並沒有明確的記載。禮記，儒行篇云：

魯哀公問於孔子曰：「夫子之服，其儒服與？」孔子對曰：「丘少居魯，衣逢掖之衣。長居宋，冠章甫之冠。丘聞之，君子之學也博，其服也鄉，丘不知儒服。……今衆人之命儒也妄，常以儒相詬病。」孔子至舍，哀公館之，聞此言也，言加信，行加義，終沒吾世不敢以儒爲戲。

這一席話，是把儒服作爲孔子所愛穿的衣服，因而成爲他門徒的制服來解釋。這樣說來則儒服之始是始自孔子。也只有孔氏之徒方肯服儒服了。而事實上却不然，儒服在當日並不單單是儒家之服，儒家之外也有人去穿着，充分的証明了儒服之不始自孔子。當然附帶的也證明了儒者之不始自孔子了。這一節，我們暫且擱起，留在後面再講。現在我們且看看儒服是什麼東西。

關於儒服的記載，荀子哀公篇云：

孔子對曰：「生今之世，志古之道，居今之俗，服古之服，舍此而爲非者，不亦鮮乎！」哀公曰：「然則夫章甫，絇屨，紳而搢笏者，此賢乎？」

是以儒服爲古服，章甫，絇屨，紳而搢笏。註云：「章甫，殷冠。王肅云：「絇謂屨頭絇飾也。」鄭康成云：「絇之言拘也，以爲行戒，狀如刀衣，鼻在屨頭」。紳儒大帶也，搢笏於紳者也。」漢書酈食其傳注顏師古曰：

搢紳儒者之服。

在這裏，我們作一個小小的聲明，我們所引用的材料，是眞僞雜錯的。不過在對於反映儒家之服飾上，並沒妨礙。莊子田子方篇：

莊子見魯哀公，公曰：「魯多儒士，少爲先生方者。」莊子曰：「魯儒少」。哀公曰：「舉魯國而儒服，可謂少乎？」莊子曰：「周聞之，儒者冠圜冠者，知天時。屨鉤履者，知地形；緩珮玦者；事至而斷君子有其道者，未必爲其服也。爲其服者，未必知其道也。公固以然，何不號於國中曰，無此道而爲此服者其罪死於楚。」哀公號之五日，而魯國無敢儒服者，獨有一丈夫儒服而立乎公門，公即召入而問以國事，千轉萬變而不窮。莊子曰：「以魯國而儒士一人耳！可謂多乎！」

這裏所說句屨，當即絇屨，古句絇通。圜冠或即是章甫。關於章甫的解釋，謂多是殷冠。禮士冠禮云：「委貌，周道也。章甫殷道也。毋追夏后氏之道也。」其他的，我們也不必徵引，有論語之「端章甫可爲小相焉」的一句，已可成爲此冠爲周冠之鐵證，是在祭祀中，或會同時相禮者之制服，其非殷服者甚明。

儒服之爲周服非殷服，爲古服，非孔子之所創的記載也並不缺乏。淮南子要略云：

孔子修成康之道，述周公之訓，以教七十子，使服其衣冠，修其篇籍。

鹽鐵論云：

文學衷衣博帶，竊周公之服。

墨子公孟子篇云：

公孟子戴章甫搢忽儒服而以見子墨子曰：「君子服然後行乎？其行然後服乎？」子墨子曰：「行不在服。」……公孟子曰：「君子必古言服然後仁。」子墨子曰：「昔者商王紂卿士費仲爲天下之暴人，箕子微子爲天下之聖人，此同言，而或仁不仁也。周公旦爲天下之聖人，關叔爲天下之暴人，此同服，或仁或不仁。然則不在古服與古言矣。且子法周而非法夏也，子之古非古也。」

這都是儒服爲周制的証據。馮友蘭先生以爲「如章甫是殷周並用之冠，則我們不能因爲某人或某種人戴章甫，即斷定其與殷有關。」這也是很正確的。章甫也或許是借用殷冠。

以上所引莊子田子方篇，對於儒服的解釋，是含有神秘的意義，好像今日舊劇中，要諸葛亮穿上一套八卦衣一樣。冠圜冠，是要他們上知天文。屨絢屨，是要他們下通地理。緩珮玦，是要他們知道人事。雖說他們不是國王兼教皇，因爲他們是僧侶？所以一樣的也要貫通天地人三者之事。這是周代僧侶的制服，而不是一般人所通用的衣服。這件事我們仍可以由「宗廟之事如會同，端章甫願爲小相焉。」這句話來証明。這樣，我們對於儒服之沒有國際界限者，亦可以得到說明。——那是因爲這種高級的僧侶，只有周室和魯國是存在的。春秋左氏傳，韓宣子聘魯「見易象與魯春秋曰：「周禮盡在魯矣。於今乃知周公之德與周之所以王也。季札亦觀樂於魯。蓋以古代的禮樂，即是祭典，是僧侶的職務因爲這種僧侶，只存在於周魯。所以這種僧侶的衣服是統一的。

在儒服中的笏，似亦和宗教有關，亦爲一般貴族之服飾。上自天子，下至於儒，都有這個玩意兒。禮記玉藻：「天子以球玉，諸侯以象，大夫以魚須文竹，士竹本象可也。」這種笏的用途，據玉藻見於天子與躬無說笏，入太廟無說笏。入太廟說笏，非古也。」見天子時要用他，宗廟祭祀要用他。天子亦有笏，是天子所有，完全爲着祭祀是明顯的。大半這件東西，最初是宗敎的產物，其後隨爲貴族們所借用了。

三　儒者的生活

儒者的生活，和其他貴族都不很相同。他們的衣食來源，並不是取之於他所分有土地之上農民所納的地租，復不是自已耕種他自已所領有的土地取得農產物。而是貴族們的寄生蟲，游食於諸侯，和普通所說的士是不相同的。普通所說的士，係俗界貴族之一，他們分有土地，仍須自已耕種，呂氏春秋：「后稷曰：『所以務耕織者，以爲本敎也，是故天子親帥諸侯耕帝籍田，大夫士皆有功業。』是故當時之務，農不見於國。」又道：「人臣孝則事君忠，處官廉，臨難死。士民孝，則耕芸疾，守戰固，不罷北。」而儒者却不然。我們先看看儒家的始祖孔子論語云：

樊遲問稼。子曰：「吾不如老農。」問圃子曰：「吾不如老圃」。樊遲退，子曰：「小人哉，樊須也。」

樊遲要想學點實業，孔夫子便大發牢騷，而駡他一個小人，太不爭氣，不識體面。可是在別人眼中，對他們這種習慣也很瞧不起。史記孔子世家：

他日子路行，遇荷篠丈人曰：「子見夫子乎？」丈人曰：「四體不勤，五穀不分，孰爲夫子。」

只有他們的不肖門徒荀子，方才多少修正了作寄生的教義，而大罵他人。荀子非十二子篇：偸儒憚事，無廉恥而嗜飲食，必曰君子固不用力，是子游氏之賤儒也。彼君子則不然，佚而不惰，勞而不慢。……

荀子之所以反對這種寄生生活的，是爲當日的社會環境所支配，並不是原始儒者的教義。到秦以後，儒者的寄生生活不攻自破了。西漢董仲舒那樣大儒，也出身於農家了。

儒者在秦以前，是一種貴族的寄生蟲的例子很多。韓非子顯學篇：

夫吏之所稅耕者也，而上之所養學士也。耕者則重稅，學士則多賞，而索民之疾作而少言談不可得也。……國平則養儒俠，難至則用介士，所養非所用，所用非所養，此所以亂也。

他們住在某國，某國的國君須供給他們衣食之資。行動的時候，還要供給他們路途上的川資；而且他們的行動還不是很簡單的，時常跟着門徒，一行數百。孟子：

彭更問曰：「後車數十乘，從者數百人，以傳食於諸侯，不以泰乎？」孟子曰：「非其道，則一簞食不可受於人，如其道，則舜受堯之天下不以爲泰，子以爲泰乎？」什麼道理呢？據他看來這是「通功易事」是社會分工，是體力勞動和精神勞動的分工。孟子的理論，是正確的。精神勞動者轉爲貴族，體力勞動者轉爲平民。

儒家之反對派，也正針對着儒家這一個弱點攻擊。我們也不問這些記載，是事實或造僞，都可以反映出儒者之寄生生活。莊子盜跖篇：

此夫魯國之巧僞人孔丘非也？爲我告之，爾作言造謠，妄稱文武，冠木枝之冠，帶死牛之居，多辭謬說，不耕而食，不織而衣，搖唇鼓舌，擅主是非，以還天下之主。

雖然縱橫家也是游食於諸侯，而縱橫家所食，是在他居官之後的俸祿，而且也並沒有帶着徒弟。只有墨家也是率領着門徒四方奔走，可是墨子對於他們這種行爲，也很鄙視。非儒下云：

倍本棄事而安怠傲，貪於飲食，惰於作務，陷於飢寒，危於凍餒，無以違之，是若人乞（依孫注改）……夫夏乞麥禾，五穀既收，大喪是隨，子姓皆從，得厭飲食，畢治數喪足以至矣。因人之家以爲翠，（依孫注改）恃人之野以爲尊，富人有喪，乃大說喜曰，此衣食之端也。

墨子的話，並不是憑空造謠，這裏所說，似指存在於農村公社中之一般儒者而言，也或許就是孔子所說的「小人儒」，禮記「以儒相詬病」之所由出。這一種儒者，他既不依附於貴族而存在，更身無常業，無一技之長，只會替人家做做禮，即禮記中之所謂祝者是也。這種人的生活來源，據墨子所說看來，是依附於農村公社。每當秋收麥收之際在公社中取得一點生活費和印度農村共社中的僧侶一樣。「僧侶管理宗教上之一切禮拜的職務，學校教師，教授公社中之小孩讀書，與在砂上寫字。……這十數個人，是完全依靠着全公社的供養而生存」。有時遇着有錢人有了婚喪大事，或可以得到一點額外的賞賜。至少，一家人都可以到那裏吃個飽喝個醉。而無奈在中國這一個特殊的社會中，——政教統一，隨着政權的擴大，宗教的勢力日形衰滅，他們的收入既不穩固，最後有一部分爲生活的壓迫，便不得不做些寡廉鮮恥的勾當。莊子外物篇：

儒以詩書發冢，大儒臚傳曰：「東方作矣，事之若何」。小儒曰：「未解裙襦，口中有珠。詩固有之曰：「青青之麥，生於陵陂，生不布施，死何含珠爲」。援其鬢，壓其顪，儒以金椎控其頤，須別其頰，無傷口中珠。

王先謙註謂：「求詩禮發古冢」。顯然的是有意替儒家揜飾。他又說：「成云田恒資仁以竊齊，儒生誦詩禮以發冢，由此觀之聖迹不足以賴」，是對於儒家的侮蔑，這話固然也有道理，可是我們從儒者生活不穩固那個樣子看來，這種事是有發見的可能。

由是來看，則我們可以肯定的說，儒者最初並不是一種普通的貴族，而且也不能以孔子爲其鼻祖。因爲孔子只能使一般知識分子信仰他，而不能使農村中的人民都信仰他，養活他們。由墨子之以治喪而得食這一段話來看，我們敢肯定的說，他是一個禮生，是祝。在最初，他們是一種宗教，是一種社會職務。

四 儒者的流別

上面我們已約略述及孔子所說：「女爲君子儒，毋爲小人儒」以及禮記上的「今衆人命儒也妄，常以儒相詬病」。而謂爲儒者不始於孔子。我們只把他當作社會上的一個階層看待。可是我們在孔子以前，很難能找出儒者的影子。就是儒這一個字，也不容易看見。可是我們却不能以此而便否認儒者在古代之存在，這不過是由於史料缺乏之緣故。

從儒者之服飾與生活，以及六經和宗教之關係，我們是把僧侶作爲儒家的前身現在更從孔子之後所保有的史料中，以爲該說之佐証，與儒者之不始自孔子，而且也不只演化爲後來來的孔系的儒，——儒家。

儒字許氏說解字云：

柔也，術士之稱也，從人需省。

胡適之先生便以此柔字而謂爲儒是一種弱者，是亡國之民，似乎有些近於牽强。而儒者之爲術士，這却是顯然的。這句話，在史記中，又得到了証明。史記儒林傳：

後陵遲以至於秦始皇，天下並爭於戰國，儒術既絀焉。

漢書儒林傳亦有是語。他們，並沒有把儒者與術士分開。這個術字，應該怎樣解釋呢？據他的意見，似指誦習六藝者：爲術。然從秦本紀來看，則又似指方士而言。這一個，我們可以在荀子中取到解决。荀子正名篇：

今聖王沒，名守慢，奇辭起，名實亂，是非之形不明，則雖守法之吏，誦數之儒亦皆亂也。

誦數與守法對言，則此數字自然是六藝之術了。不過我看這話多是戴上了有色彩鏡子的釋，原來恐係指的方術之士。

儒家之流別，最容易看得出的，是侏儒。侏儒之爲儒者之一，是昭然的。儒爲名詞，侏爲形容詞，和白馬之馬爲名詞，白爲形容詞一樣。白馬爲馬之一種，則侏儒亦爲儒一種可知。不過儒者這一部份工作，最初是由短小的人來作，其後遂成爲這種人的專門職業。侏儒，因而也成爲一種專名詞了。淮南子繆稱訓：

侏儒瞽師，人之困慰者也，人主以備樂，是故聖人制其剟材無所不用矣。

主術訓云：

工之制木也，……短者以爲侏儒枅櫨。

註云：「侏儒梁上載蹲跪人也。」自然這也是取其短小的意思。在古籍上，關於侏儒的記載很多，我們也無須一一列舉。現在，我們要看看侏儒是個什末東西。史記孔子世家：

有傾，齊有司請奏宮中之樂。景公曰：「諾」優倡侏儒爲戲而前，孔子趨而進，歷階而登，不盡一等，曰：「匹夫而熒惑諸侯，罪當誅。」

由是看來，則侏儒是一種樂師，是帝王的玩物，故孔子鄙視之，而罵之爲鄙夫。禮記王制：

侏儒百工，各以其器食之。

註云：「侏儒，短人也。」周禮「官有六職，百工與居一焉。」是社會的分工，自食其職，和侏儒之依附於貴族而生活者不同，不能和百工等視。又國語正義：

侏儒不可使援。

解云：「侏儒短者，不可使抗援。」疏云：

淮南說山訓：「侏儒問徑天高於修人」。案修訓長，則侏儒爲短。襄四年，傳杜注：「臧孫紇短小「故曰：侏儒」是也。

於此亦可以稍見柔弱之義。國語正義又云：

侏儒扶盧。

註云：

扶，緣。盧，矛戟之柲。緣之以爲戲。

疏云：

說文引作籚，積竹矛戟矜也。矜，矛柄也。攷工記鄭注，盧讀爲纑，謂矛戟柄，竹攢柲，即柄也。攷工記，廬人。凡試廬事，置而搖之，以眡其蜎也。鄭注：「置猶樹也。」案樹廬，必扶持而後能樹立。而樹立必植地。其扶處甚下，故使侏儒司此職，以得食也。若謂使之緣廬爲戲，則非器使予祿之義。況廬人爲廬，並無使人緣之之文也。

拚命的替古人辯護，想古代的社會造成一個黃金時代，那有什末用處呢？很早以前，孔子已竟不齒他們了，他們實際上是後世伶界之先驅。可是，他也是儒之一種。

侏儒既然是伶人，是封建貴族的玩物，爲什末他也叫做儒，和知識分子並駕齊驅呢？據我們的見解，因爲他也是古代僧侶之一種，是宗敎的產物。他們的職務，是在於舞，是一種舞師。在古代應屬於大司樂，爲短小人之職務。隨着社會經濟之發展，一部份轉化爲貴族們的娛樂品，其後隨由於奴隸來執行，和女樂一樣變爲奴隸的職務。

儒之第二個流別，是方士，或術士。在今日所能見到的，爲韓非子廟攻篇所載之老儒。廟攻篇云：

魏有老儒，而不善濟陽君曰：「臣爲其不善君也，故殺之。」——曰：「濟陽君有少庶子，有不見知，欲入愛於君者，齊使老儒掘藥於馬黎之山，濟陽少庶子欲以爲功，入見於君曰：齊使老儒掘藥於馬黎之山。名掘藥也，實間君之國。君殺之，是將以濟陽君抵罪於濟矣。』

那末很明顯的，這個老儒，有些近於醫生。爲什末我們要說他是方士呢？第一，在今日雖然有儒醫之稱，儒者兼營醫業。可是，在古代恐未必然。孔子說：「人而無恒，不以作巫醫。」古代的醫，到反是和巫術相近，這裏勿須多說。第二，這個老儒所掘的藥，决不是爲的醫治疾病，而是一種長生不死之藥。因爲這個老儒的掘藥，並不是短期的。於由齊至魏掘藥，已可証其非爲治療疾病。而他們更說：「欲以間君之國。」似有長期留住之勢，更可証其非爲醫者所求的藥，乃是不死之藥，是方士的長生之術。這又可從老儒之爲齊人者可見。齊是方士的大本營，固不始於秦始皇之時代也。

方士之爲儒，想來大半和古代的醫藥有關。因爲原始的醫者，是施行一種巫術，是宗敎的產物。于衣服的裝飾上，或和僧侶一樣，所以也名之爲儒却是有可能的。在這裏，我們暫且作一個假定，因爲沒有更可靠的証據。

第三，中國的道家，（僅指老莊而言）我們也很難否認其爲儒者的一個流別。這話，可由我們第二節所引莊子田子方篇中的一段話來証明。那段話中，整個代表出道對於孔系儒家的誣蔑，駡他們沒有穿這套衣服的資格。言外的意義，自然是說把這套衣服留下給我們穿好了。在說劍篇中，就寫出道家穿着儒服的實例。

太子曰：……「今夫子（莊周）必儒服而見王，事必大逆。」莊子曰：「請治劍服。」治劍服，三日乃見太子。

他們既然肯服儒服那末我們即可以推定在原始一定和儒者有密切的關係雖然他們也辱駡儒者那只是反對孔系的儒家。

道家的源流，同樣的我們也要把他歸之於原始宗教中的僧侶。他們不特和儒家同出於僧侶，而更同出於高級僧侶。在這裏，我是承認漢書藝文志的說法，是出於守藏之吏。他們不僅執行宗教上所有之儀典，更能深刻明瞭古代的宗敎哲學。中國古代的宗敎，是農業民族的宗敎，是從春生，夏長，秋收，冬藏以及日月星辰之周期流變，寒往暑來中所反映出的變証的意識。所以，他們要守謙，持盈。造成他們一種類乎辯証的，以及回復到原始去等口號。

儒者的第四個流別，就是祝。這種祝，他和孔系的儒家走得很近，看來好像是一個東西，其實祝當係另外的一種職務，是專司行禮的，是孔系儒家的副業。存在於農村中的，或即是墨子所罵的儒。他們的服飾，也是儒服。禮記曾子問：

昔者吾從老子助喪於巷黨，及堩，日有食之，老聃曰：「丘止柩就道右，止器以聽變！」旣明，反而後行，曰：「禮也。」

這一節更證明道家之出於僧侶了。他們所學，就是俎豆之事。以魯之所藏不如周室之富，所以孔子便問禮於老聃。論語：

宗廟之事如會同，端章甫願爲小相焉。

章甫即是儒冠。孔系的儒家，不特能執行這種職務，而且能給予以理論上的說明。

以上僅就我們所見到的四種而言，再和孔系的儒者相合，共有五個不同的流別。此外，我們所不知道的，當然還有。這五個支系，據我的觀察，都和宗教有關。所謂有術，不一定都是六藝之術。我們在這裏暫且名爲儒敎。儒，在古代即是僧侶，不過到孔子時代名爲儒家之後，已完全脫離了宗教的領域。

五　秦漢時代一般人對於儒之模糊印象

戰國時代一般人雖已承認孔子爲儒者之正宗。可是，並不是馬上就廢除其他一切人關於儒字的使用。及至於秦，在政府一樣具有把他當作術士看待的意義。在知識分子中，並沒有取得獨尊的位置。朝廷上固然給他們設着博士的學位，而博士中有一部分爲方士所佔去了。當日朝廷上，仍然有把他們和方士等量齊觀的遺習。史記秦始皇本紀：

上問博士：曰「湘君何神」博士對曰：「聞之，堯女舜之妻而葬此。」

這一個博士，不消說是方士了。在史記中儒生和方士並不能作明顯的區分，有時名之爲儒生，有時亦名之爲方士。秦始皇本紀又云：

始皇置酒咸陽宮，博士七十人前爲壽。…博士齊人淳于越進曰：「臣聞殷周之王千餘歲。」…始皇下其議。丞相李斯曰：「五帝不相復，三代不相襲，各以治。非其相反，時變異也。今陛下創大業，建萬世之功，固非愚儒所知。且越言三代之事，何足法也。…今皇帝幷有天下，別黑白而定一尊，私學而相與非法敎人，聞令下則各以其學議之，入則心非，出則巷議，夸主以爲名，異取以爲高，率羣下以造謗，如此弗禁，則主勢降乎上，黨羽成乎下，禁之便。」臣請史官，非秦記皆燒之。非博士官所職，天下敢有藏詩書百家語者，悉詣守尉雜燒之。有敢偶語詩書者棄市，以古非今者族。

這裏所說的七十個博士，李斯又以儒生名之。由「臣請史官非秦記皆燒之」一句，更足以證明古代書籍爲官有，是以國的祭儀和法令。可是在下邊，却又爲博士有方士了。始皇本紀：侯生盧生相與謀曰：「始皇爲人天性剛戾自用，起諸侯，幷天下，意得欲從，以爲自古莫及已，專任獄吏，獄吏得親幸，博士雖七十人，特備員弗用。…秦法不得兼，方不驗輒死，然候星氣者至三百人皆良士，畏忌諱諛，不敢端言其過，…未可爲求仙藥；於是，乃亡去。始皇聞亡，乃大怒曰：「吾前收天下書不中用者盡去之，悉召文學方術士甚衆，欲以興太平，方士欲練以求奇藥；今聞衆去不報，徐市等費以巨萬計，終不得藥，徒姦利相告日聞。」…於是使御史悉案問諸生，諸生傳相告引，乃自除犯罪者四百六十餘人，皆阬之咸陽。

這便是後來人所說的秦始皇的阬儒，其實原因是起於方士，而且也阬的有方士。從始皇所說：「悉召文學方術士欲以興太平，方士欲練以求奇藥。」兩句話中，證明了儒者亦可名爲方術士，是儒者與方士並無明顯區分之明證。由是，亦可証明我們所說韓非子中的老儒爲方士之不誣。

秦時所有博士凡七十人，其中也有儒，也有方士，在總的名稱上叫做博士。而在漢人的眼目中，則又概以術士目之。史記儒林列傳云：

> 始皇並爭於戰國，儒術既絀焉，…至秦之季世，焚詩書，阬術士，六藝從此缺焉。

漢書儒林傳亦有「儒術既黜焉，…及至秦始皇，燔詩書，殺術士，六學從此缺矣。」的話，都是把那一次的儒殺戮名之爲殺術士。是術士之名，不特爲儒者之號，亦兼有方士之意。許氏訓儒爲術士之稱，是正確的。而術士又有方士之義，是儒字原不必只爲孔系儒者，…身誦六藝之人的明証。

到了西漢，儒家便有日趨於獨尊的趨勢，可是在這時，儒者仍有兩個系統。一個系統，是誦習六藝的儒家。一個，是做相禮的祝。史記封禪書：

> 羣儒既已不能辯明封禪事，又牽拘於詩書古文而不能騁，上爲封禪祠器示羣儒，羣儒或曰不與古同。徐偃又曰：「太常諸生行禮不如魯善。」周霸屬圖封禪事，於是上絀偃霸，而盡罷諸儒不用，三月遂東幸緱氏。

這些儒生，是儒家，是身誦六藝之文而泥古不通的，早已和宗敎儀式脫離了的儒家。自己已竟什末不懂了，可是還要非難人家。漢武帝也就不得不罷出他們，而決然毅然的個人去做了。史記封禪書又這樣的說道：

上念諸儒及方士言封禪人人殊不經難施行，天子至梁父，禮祠帝主。乙卯，令侍中儒者皮弁薦紳射牛行事，封泰山下東方，如郊祀太一之禮。

上旣云罷諸儒，而此復云侍中諸儒。是前面的諸儒，和侍中儒者不同。前面的諸儒，是反對這個儀式的是儒家。後面的儒者，却是這個儀式的執行者，是朝廷私人的相禮人，是由祝變化而來的。不是儒家。

六　儒家

上面我們已竟說過了，孔系的儒家，雖然是由古代僧侶之儒蛻化而來，但在本質上已竟有了變化，牠和原始的宗敎不同，已竟離開了宗敎的領域，是一個學術團體。我們的結論，是儒家出於孔子，但儒敎却不始自孔子。儒家的前身是儒敎，但儒敎却不即是儒家，而亦不單單只化爲儒家。

儒家之脫離宗教，而向着學術集團儒家之演化，並不是偶然的，是中國社會經濟發展的必然的結果，和當日社會之生產力是相適應的。舉例來說，如樂和詩是分不開的，是原始的一種舞蹈大會所用的，也就是原始人的祭祀所用的。在周禮大司樂中，我們可以看出那只是一種巫術的舞蹈，從漁獵一直到農業時代的巫術舞蹈。不消說這是爲着原始人對於自然征服的能力薄弱而發生的一種借超自然能力來克服自然的一種幻想。可是等到生產力有了更進一步發展的時候，這種巫術，自然就不適用了，這是儒家離開宗教的主要原因。

問題轉到另一方面來了。這就是爲什麼在中國這種宗教的勢力特別弱小，很早就離開宗教而成爲學術團體呢？他們就不可討論一個針尖上有多少天使嗎？這一個我們不得不歸結到這一個社會發展的特殊形式，—政教合一。中國的皇帝，是由於管理氏族社會公共職務的氏族酋長兼僧侶轉化而來，是由社會的奴僕變爲社會的主人，身兼二職，—僧界。俗界。—一方面是政治指導者，另一方面他還替民衆奏禱告，祈穀，祈雨，祈豐年等等。一旦由於生產力之發展，這種宗教的儀式日益淡薄，而成爲不必要的時候，那末這種依附於皇帝而不能獨立存在的僧侶—儒，自然也因之而失掉他宗教上的意義，不得不另外想出路了。

儒家之所以起於魯，是因爲魯和周室一樣分有這種高級僧侶，和宗教上的儀典的緣故。他們的教旨，不外是宣傳封建社會的道德，一方面提出了命定論，使一般農民痲醉，然後再做孝，弟，忠，信，禮，義，廉，恥等的說教，把社會的等級制度，—正名，深深的印在一般人的腦子中，使他們像小羊一般的馴服。

儒家產生的時代，也就是中國學術從僧侶傳布到民間的一個時期，這不消說也是由於社會經濟基礎之發展而使一部分人有得到讀書的可能。

以上我們所說的儒教。—僧侶—並不是單單指着周民族而言，是中國原始社會的共同產物。

儒家雖然已竟脫離了宗教領域，那只是就大體而言，實在的，仍含有不少的宗教殘餘。儒家之所以「竊周公之服」，最崇拜周公，不法更古之夏，是因爲他們是禮樂的執行者，是執行着周室法定的禮樂。而周室禮樂之制，却是出於周公之手，所以他們也只有以周公爲鼻祖了。

儒家法學與中國固有法系之關係

——關於中國法系回顧之一——

陳顧遠

一 緒言

無論學者如何爲世界法系之劃分，中國法系終居其一。蓋中國法制原有悠遠之歷史及光榮之地位，遂能在世界法系中，本其卓爾不羣之精神，獨樹一幟，而不爲其他法系所吸收。惜乎因種種關係，墨守舊規未能與時並進，尤其在法律形式與其運用方面如是。故自清末變法以來，首於立法技術方面，以他人之長改我之短，是誠屬應有之改革也。第舊日之傳統思想既失效用，新法學之中心觀念又未確成，有時竟不免純然以羅馬法系之精神是宗，如舊日民草物權編部分抄襲德法，爲土地債務之規定，即是一例。噫！亦過矣！夫國民精神法說在法的本質之研究上或有問題，但當今，世界法之完成去事實尚遠，則一國之法律倘不以其國爲本位，進而求其改革，欲與其國之目前需要相合，恐亦甚難。是故建立中國本位新法系，實爲今日國內法學家所應認爲之急務，俾數千年來之中國法系，賴有新的改進，發揚光大，而續其運命；彼回回法系印度法系之衰微覆轍，中國法系當不致再蹈之也。

如何建立中國本位新法系？其始自應確認三民主義爲法學最高原理，所以然者，三民主義爲救中國建中國治中國之主義，本其理論創造法制，既能順應時代而又適合國情。其次並應研究吾國固有法系之制度及思想，所以然者，中華民族受中國法系下之法律的支配，已數千年，縱其制度及思想在今日評價上，有所貶落，顧國民之精神曾與其息息相關，即不容絕對漠視之。觀於三民主義之民族主義，處處以中華民族之固有道德，固有智識，固有能力爲念，當知其事爲甚要也。且鑒往而知來，爲治學處事之定則，此又於建立中國本位新法系之運動中，在依據法學最高原理從而進行一切積極工作外，同時對於中國固有法系的制度及思想之研究，亦應加以注意者也。

雖然，關於中國法系之回顧，事類繁夥，工作艱巨，既非少數人之力所能搜羅無遺，更非短篇論文所能闡述其要，姑就中國固有法系之主要思想而略論之。此種主要思想云何？既非法家思想，亦非宗教或其他思想，乃儒家思想是也。儒家思想支配中國歷史數千餘年，其間固有盛衰，但上而君主爲治之道，下而人民處世之法，要皆未能絕對有逃於儒；中國過去之法制經其化成，自係當然。據此，中國固有法系之所以能獨樹一幟者，謂爲儒家思想在世界學術上別具丰采所致，實非過言。然則儒家思想與中國固有法系之關係，究竟若何乎？略如下述：

二 儒家法學之內容

儒家思想高遠宏深，或非片言可決，惟就其在法學方面者簡言之，則『禮刑合一』一語固可扼其要也。依此語之意義，分析如左：

（甲）先就禮言 禮之始也，以祭，或肇於殷，蓋即祭祖之儀耳。禮記祭統云：『禮有五經，莫重於祭』；昏義亦云：『夫禮…重於喪祭』，猶存其義。禮之興也以政，當創於周，蓋自封建制度興，禮遂一變而爲劃分封建的等級制之標準；即，所賴以爲貴族之規範者唯禮，而與壓迫農民及異族之兵刑對立。禮記曲禮謂『禮不下庶人，刑不上大夫』；荀子富國篇亦謂『由士以上則必以禮樂節之，衆庶百姓則必以法數制之』：猶存其義。殆至春秋，禮治動搖，孔子雖以克已復禮天下歸仁爲念，而有正名齊禮之論，但已益以己說，與周初之禮治又有其異。論語曰：『道之以政，齊之以刑，民免而無恥；道之以德，明之以禮，有恥且格』；其非以禮專爲貴族而設，可以知矣。此後，儒派學者繼起，或從而申明之，或推而張大之，於是經其煊染傳播之結果，禮又一變而爲國家及社會各方面之統一的規範。就其客觀的地位論，一部分固可認爲係當代社會意識之結晶，一部分殊與現代民事法等等之精神相當，惟刑法另有『律』以當之，不入禮之範圍也。

禮之所以能有此種統一的規範之資格者，因儒家視爲禮以義起，而義者事之宜也；事之所宜不限一端，除出乎禮而入於刑外，『凡治人之道莫急於禮』，實所當然。禮運有言：『禮義以爲民紀，……示民有常』；『禮也者義之實也，協諸義而協，則禮雖先王未之有，可以義起也』；『治國不以禮猶無耜而耕也，爲禮不本於義，猶耕而弗種也』；此與左僖二十八年『禮以行義』之言爲同揆也。取乎事之所宜，設而爲禮，以爲綱紀，名義上雖非法，實即法也。故中庸有『爲政以禮』『爲國以禮』之論，而以『禮者政之本歟』是結；荀子有『爲政不以禮，政不行矣，……治民不以禮，動斯滔矣』之解，而以『禮者政之輓也』爲旨。禮既在實質上爲法，遂與所謂『儀』有所區別，古人亦詳辯之矣。今日之所謂禮節，禮貌，乃屬於儀之範圍，而以『敬』表現之，此自不得泛稱其亦等於法也。左昭五年，魯昭公如晉，自郊勞至於贈賄，無失禮，晉侯謂大叔齊曰：『魯侯不亦善於禮乎？』對曰：『魯侯焉知禮？……是儀也，不可謂禮』！左昭二十五年，子大叔見趙簡子，簡子問揖讓周旋之禮；對曰：『是儀也，非禮也！』禮與儀實各有其界限，不可爲混；召武公所謂『禮，國之幹也，敬，禮之輿也』；孟獻子所謂『禮，身之幹也，敬，身之基也』是。吾人於此，欲研究禮之純質，亦惟有將禮之儀暫置不論，所應重視者乃禮之義而已！至於所謂『德』所謂『信』，爲道德方面之名辭，與禮亦有重要關係。德也者『行道而有得於心也』，實卽各依於禮之謂，故儒家重其禮治，自亦盛稱德治；論語云：『爲政以德』；大學云：『德者本也』；孟子云：『以德行仁者王……以德服人者中心服而誠服也』，皆可取以爲證。信也者不疑不欺，誠動於表也，實卽竭誠守禮之謂，故論語云：『民無信不立』；左僖二十五年云：『信，國之寶也』；二十八年云：『禮以行義，信以守禮』；又昭五年云：『守之以信，行之以禮』亦可取以爲證。凡此，皆爲依於禮守於禮之精神方面的表現，使此爲國家及社會各方面之統一的規範，得積極地發展其力量，又儒家之一貫主張也。

夫禮既具有此種統一的規範之精神，自可對一切而支配之，禮有所失，始入乎刑，故禮之在昔，乃一廣義之法，尤以民事準繩非禮莫求也。例如禮記冠義云：『已冠而字之，成人之道也』；蓋古者男子二十而冠，謂之成人，惟天子諸侯十二而冠，晉范寧上疏謂『宜修禮文，以二十爲全丁』，卽本於此。又，典禮云：『女子許嫁笄而字』；雜記云：『女雖未許嫁，年二十而笄，禮之，婦人執其禮』，亦所以表示其爲成人也。此係從冠禮笄禮方面而知成年之制也。禮記經解云：『婚姻之禮所以明男女之別也……故婚姻之禮廢，則夫婦之道苦，而淫僻之道多矣』；坊記云：『夫禮防民之淫，章民之別，使民無嫌，以爲民紀者也，故男女無媒不交，無幣不相見，恐男女之無別也』；婚義云，『婚禮者將合二姓之好，上以事宗廟而下以繼後世者也』；於是娉娶婚之形式由是而成；定婚結婚之實質的形式的條件，亦均由是演變而出矣。此係從婚禮嫁禮方面而知婚姻之制也。若夫吉服以別貴族，喪服以別親疏，宗親之服爲重，外親之服爲輕，此從喪禮方面得爲親屬關係之探索者。嘗禘之禮所以仁昭穆，宗子主祭所以重宗法，妾不得配於君而受饗，庶不得越於嫡而致祭，此從祭禮方面得爲家族組織之尋求者。他如禮尊於朝聘，又和於射鄉，則係涉及公法方面之事，觀於周禮之述制度，而以禮稱，各代之政物立儀，史皆歸於禮書或禮志，卽可知之。不過後世成文法典漸備，禮之明示者兼歸於所謂『令』，『典』之內耳。不特此也，春秋時代邦國鄰立，頗類於現代之國際情勢，其彼此所遵之國際規則，同亦屬之於禮，莫能有外。朝禮聘禮卽所以訂平時之邦交，會禮盟禮又所以達臨時之政略，而軍禮戎禮則戰時之法規也。故如左昭三年鄭游吉曰：『昔文襄之霸也，其務不煩諸侯，令諸侯三歲而聘，五歲而朝，有事而會，不協而盟；……足以昭禮命事補闕而已』！襄元年傳亦謂『凡諸侯卽位，小國朝之，大國聘焉；以繼好結信，謀事補闕，禮之大者也』。與夫傳文所謂『禮也』，『非禮也』之斷話云云，皆不啻謂其遵守或違反國際規則是也。倘再以戰時法規論之，有如軍禮不伐喪，故左僖三十三年『先軫曰：「秦不哀吾喪，而伐吾同姓，秦則無禮，何施之爲？」』襄十九年『晉士匄侵齊及穀，聞喪而還，禮也』：亦然。又如取國必應反其君，伐人國而不得取其邑，故左僖二十二年『春伐邾，取須句，反其君，禮也』！宣四年『公伐莒取向，非禮也！平國以禮不以亂，……以亂平亂，何治之有，無治何以行禮』？亦然。此外如左成九年云：『欒書伐鄭，鄭人使伯蠲行成，晉人殺之，非禮也！兵交，使在其間可也。』則又與現代國際法之精神相合，而仍以禮作爲是非判斷之權衡。據上以觀，可知儒家之所謂禮，實卽法之變稱，故認爲『安上治民，莫善於禮』，而『諸侯無歸，禮以爲歸，』盡國內公私法與國際法而適用之矣。惟出乎禮者入於刑，刑法與禮始有其別焉。

(乙)次就刑言　刑爲苗族所創，而非儒家所重。尙書呂刑云：『苗民弗用靈，制以刑，惟所五虐之刑曰法，殺戮無辜，管始淫爲劓，刵，椓，黥，』卽其一證。我族襲用此種五虐之刑，初則專爲對異族而設，報虐以威，乃其要點，故兵刑觀念原自未分也。舜典舜命皐陶之言曰：『蠻夷猾夏，寇賊姦宄，汝作士，五刑有服』；其以刑禦暴之意，正與易『師出以律』，左傳『德以柔中國，刑以威四夷』之說相同；此又史記律書漢書刑法志皆以兵事爲始之故耳。國語並記臧文仲之言曰：『因天討，而作五刑，大刑用甲兵，其次用斧鉞，中刑用刀鋸，其次用鑽鑿，薄刑用鞭朴』：直視甲兵爲刑罰之一。故如孟子所謂『天子討而不伐，諸侯伐而不討』，周禮所謂『大司馬以九伐之灋正邦國』，依古義言之，皆屬大刑，與所謂正邦國之『禮』，正自對立。周稱刑官爲司冦，秦漢稱理官爲廷尉，猶含古義也。刑始於兵固如上述，其繼也則禮不下庶人，刑不上大夫，演成周初之禮治。殆儒家與，禮既適用於貴賤，刑亦遍用於士庶，惟其目的則在明刑以弼教，不以崇刑尚罰爲貴也。所謂『法』，所謂『律』，與禮爲對稱時，均含刑罰之意：刑律之外不再有法，有之，就儒家之觀點而言，卽『禮』而已！何以云然？

爾雅釋詁謂『典，彝，法，則，刑，範，矩，庸，恒，律，戛，職，秩；常也。柯，憲，刑，範，辟，律，矩，則；法也』。其中既以『法』『刑』『律』互訓爲『常』，又以『刑』『律』互訓爲法，皆所以指其範天下之不一，而歸於一，有常意也。顧此之所謂常，並非視爲『禮以行義信以守禮』之常，乃重於『刑以正邪』之常耳。試就法之本字爲『灋』觀之，平之如水故從水，廌所以觸不直者去之，故從廌從去，其直以決訟治獄之事爲言可知。是故中國古之所謂法，實採狹義，與在實質上爲廣義的法之禮對稱，卽刑是也。史稱魏李悝撰次諸國法，著法經六篇，此之法經云云，實刑典之稱；其視法與今日之義相當者，法家有是主張，儒家不以爲然也。且在實際上，春秋以前，卽刑典亦無成文者，故鄭子產鑄刑書，晉叔向卽以先王議事以制，不爲刑僻是諫；晉趙鞅鑄刑鼎，孔子亦以『今棄其度也而爲刑鼎，民在鼎矣，何以尊貴』爲譏；其對於此狹義的法之刑，初並其成文的地位亦不與之。殆後，因李悝著法經，商鞅受之以相秦，蕭何益之爲九章，始有正式成文刑典，而儒家仍視其爲輔禮而設之工具也。依唐六典註『商鞅傳法經，改法爲律』；前漢書刑法志，『蕭何攈摭秦法，取其宜於時者，作律九章』；是自秦漢而後，又以『律』專稱刑典。蓋認爲『律以著法，所以裁制羣情，斷定諸罪，亦猶六律正度量衡也，故制刑之書，以律名焉。』此不特『法』之與『律』，相互通常或連用之，且律又指成文之刑典而言矣。故早期儒家之禮刑合一，在後世之所謂刑，卽係指律而言，明刑弼教云云無異明律弼禮之謂也。以上係就刑之意義，起源及變遷而略論之，吾人欲探知儒家法學之禮刑合一思想，不可不先知也。

（丙）再就禮刑合一言　儒家重視禮治，不主法治，顧對於法也刑也之存在，尚未如老子『剖斗折衡而民不爭』之嫉惡態度，乃與墨子『…此豈刑不善哉，用刑則不善也』，有同調也。易詞以言，儒家初旣主張禮治價値，高居刑罰之上，繼又主張禮治深入刑律之中，使刑有化於禮，宜乎人稱儒家所恃以爲禮者，固一無文字之信條，而視爲法律之源云。故其推崇禮治達於極端，有如曲禮所謂『夫禮者所以定親疏，決嫌疑，別同異，明是非也。道德仁義，非禮不成；教訓正俗，非禮不備；分爭辯訟，非禮不決；君臣上下，父子兄弟，非禮不定；宦學事師，非禮不親；班朝治軍，涖官行法，非禮威嚴不行』。禮有所失，則罪斯多。經解曰．婚姻之禮廢，則夫婦之道苦，而淫僻之罪多矣；鄉飮酒之禮廢，則長幼之序失，而爭鬥之獄繁矣；喪祭之禮廢，則臣子之恩薄，而倍生忘死者衆矣；聘覲之禮廢，則君臣之位失，諸侯之行惡，而倍畔侵凌之敗起矣』；此之謂也。蓋以『禮之教化也微其止邪也，使人日徙善遠罪，而不自知也；是以先王隆之』。必出乎禮者於不得已中，始入於刑，大戴禮盛德以『刑罰之源生於嗜欲好惡不節。…禮度，德法也，所以衡民之嗜欲好惡，…以成德法也。刑法者所以威，不行德法者也』；卽本此義。其在違反邦國之禮方面，如左莊二十三年曹劌曰：『夫禮所以整民也，故會以訓上下之則，制財用之節；朝以正班節之義，帥長幼之序；征伐以討其然』；在儒家視之，大刑用甲兵正爲此耳。是故禮者禁於將然之前，而法者禁於已然之後』；『已然』易見而多爭，『將然』難知而效宏，此儒家之所以崇禮而輕法也。

法既爲禮之輔，明刑弼教之義由是而起，呂刑所謂『士制百姓於刑之中，以教祇德』，或其所始。倘專務刑而不重禮，無異不教而使民戰，是謂棄之之類；論語『禮樂不興，則刑罰不中』：盛德『刑罰之所從生有源，不務塞其源而務刑殺之，是爲民設陷以賊之』是也。故『政之不行也，教之不成也；爵祿不足勸也，刑罰不足恥也』；徒善固不足以爲政，徒法亦不能以自行焉。不過儒家雖主張刑以治邪，而其最高理想終以罕用刑措爲貴，除易經之『訟則凶』，尚書之『刑期於無期』外，論語既有『聽訟吾猶人也，必也使無訟乎！』之至言，緇衣並載『好賢如緇衣，惡惡如巷伯，則爵不瀆而民作愿，刑不試而民咸服』之理想，可以知矣。因之，孔子家語載：冉有問於孔子曰：『古者三皇五帝不用五刑，信乎？』孔子曰：『聖人之設防，貴其不犯也，制五刑而不用，所以爲至治』。觀於此，則儒家視法不足爲治，僅於不得已時而用之，爲義益明，此儒家所以輕法而崇禮也。

秦漢以降，刑典漸備，稱之曰律，儒家更主張以禮入律，禮刑合一之迹更顯；而律以外之『令』，『格』，『式』等等，又多爲禮之成文的表示，其所有非違，及人之爲惡而入於罪戾者，一斷以律。於是凡律之所禁必爲禮之所不容，禮之所許亦必爲律之所不禁，雖訴訟之本質爲民事者，苟有不正，同亦認爲失禮而入於刑，受律之支配矣。斯皆禮刑合一之思想所致耳。

三、儒家法學之經過

儒家之禮刑合一思想，與其『王道』觀念有密切關係，而以相反之『霸道』云云爲攻擊法家之工具。王道謂係堯舜三代帝王所行之道，以誠爲體，以仁爲用，從修身齊家之過程中，而達於治國平天下。故不重視政刑，惟以禮德致之。太史公所謂『緣人情而制禮，依人性而作儀，惟其近情性，故能通王道也』；孟子所謂『以德行仁者王』；皆其證也。霸道謂係春秋五霸所行之道，儒家認爲不揣其本而齊其末，僅能以力服之，非能使其中心悅而誠服；凡有改法重刑者，遂一律歸之於霸與以攻擊。故當時王霸之爭，在另一意義上，實卽儒家『禮刑合一』與法家『治古宜於德，治今宜於法』；『萬事皆歸於一，百度皆準於法』；『法雖不善，猶愈於無法』之爭也。就其表面言之，先秦之世法家爭起，於法理之探討旣甚精細，殊多與今相合，於律文之整理又集大成，而爲後世所宗，固甚盛也！然儒家之勢力並未因此而完全絕跡：秦用商鞅首爲變法，而鞅在採用霸道以前，卻曾以帝道王道說秦孝公也。故其在畫策篇中云：『國之亂也，其法亂也，非法不用也，國皆有法，而無使法必行之法』；或因其受有儒家影響，亦自認法非制治淸濁之源，遂以『無使法必行之法』爲嘆歟！商鞅而後有李斯，斯之學原出儒家荀卿之門，夫人而知之也。他如法家大師韓非，仍為荀卿之弟子，其說受自儒家者當亦不少。且如法家之綜核名實，在實際上殊與孔子因齊禮而倡正名主義，荀子因主禮而倡定分主義，有同然也。夫商鞅言法，自身不免車裂，李斯言法，自身不免族誅，世論非之，垂為深戒；秦最重刑立威，亡亦最速，儒家思想更覺合用；而法統既立終未見絕，且儒家對於律之存在不特無若何攻擊，並思利用之，豈無故哉？

漢興以後，法家雖衰，而其支派之律家猶盛，蕭何曹參皆係律家，其後『治律有家,子孫並世其業,聚徒講授至數百人，故張于二氏絜譽文宣之世，郭陳兩族，流稱武明之朝』；『郭氏家世掌法，凡為廷尉者七人，河南吳氏三世廷尉為法名家，沛國陳氏亦三世明法，長杜鍾氏門生千有餘人，魏之鍾繇鍾會皆繼其父業』。（見南齊書崔祖思傳及華嶠後書）然儒家思想之見諸實用，亦正長育於此期中，而儒家從事於律之研究更甚夥也。蓋自叔孫通定朝儀，嚴君臣之分、漢一變其辱儒之態度，而漸容納其說；故周勃有罪，逮詣廷尉詔獄，賈誼得以『古者廉恥禮節，以治君子，故有賜死而無僇辱』云云上疏也。殆武帝時，表彰六藝更重儒說；雖宣帝以漢家自有制度，持刑甚重，然仍未否認以王雜霸也。當時最使禮與律相合而為一者莫若依經義折獄一事：呂步舒決淮南獄，以春秋之義正之，天子皆以為是；張湯為廷尉，以兒寬為奏讞椽，依古法義決獄，湯甚重之；他如董仲舒及以後應劭之春秋決獄更盛稱於儒林也。王莽改制，不過僅使經今文說失其勢力，而莽既以周禮是尚，又推崇古文經傳至備；其起居應對均以儒家所認為文武而後第一人之周公自擬，經古文家劉歆又為其國師，亦與儒家有其關係。雖曰莽為經今文家所不喜、且易漢為新後，恐民不附己，遂蹈秦轍，嚴刑竣法，失去儒家中心主張，以致無成；但後世刑律上三宥三赦及八議之制，託始於周禮而用之，實以莽為最先也。

至於漢律種類既多，且皆失存、雖有佚文，莫能詳考，固不足證明其禮刑合一之點是在。然依晉書刑法志云，叔孫宣郭令卿馬融鄭玄等之解律，各為章句，十有餘家，共七百七十三萬二千二百餘言，則儒家之解律工作，自必以禮為歸，蓋可知矣。此外，若鄭昌之反對置廷平而認為删定律令，或可免獄吏之苛酷為務；桓譚之請令通習義禮明習法律者，校定科比，一其法度；均不能謂與儒家思想無關。要之，在此期間，儒家似已非泛泛言禮，且進行以禮正律之實際工作矣。

魏受漢禪，下詔律解但用鄭氏章句，不得雜用餘家；並置律博士轉相教授，而丁儀等亦為先禮後刑之主張；儒家法學在當時律家尚盛時,仍占優勢。晉自文帝秉政，以魏室獨取鄭氏章句，失之於偏，乃命賈充等定律；武帝時，律成，杜預為之註釋；其後明法掾張裴又注律而表上之，使晉代律學成為兩派，其實仍為儒法兩種思想之表現而已！張裴劉頌等吾人知其推崇法治矣；然杜預以經學家而註律，則又儒家之躬從其事者也。此外若楊乂謂『禮生於讓，刑生於爭；讓者割己以與人，是刑加於己而禮施於人也；爭者奪人以崇己，是刑施於人而禮施於己也；由此觀之，讓非純禮，爭非純刑也。……大道廢焉，則刑禮俱錯，大道行焉，則刑禮俱興，不合而成，未之有也』。若傅玄謂『專任刑名，民不聊生，通儒達道，政乃昇平；……春風暢物，秋霜肅殺，同則相濟，異若胡越』。亦不獨泛言禮，而以相輔相濟為旨；此亦或律統雖傳而法家獨衰之一故也歟!?不過自東晉以後，迄於陳朝，南朝，人士受佛說之影響甚深，而又處於亂世，遂以清談相尚，不重名法，論經禮者謂之俗生，說法理者謂之俗吏；觀於梁武修律，物色久之，始得一無足道之蔡法度，卽知律家之衰由是而起，儒家自不必再於解律方面爭其勝負焉。

惟在北朝，尙知明律。南支律至陳而亡，北支律由魏而興；北魏律以崔浩高允所定者為主，皆本漢律為之。崔浩不必論矣，高允史稱其好春秋公羊，蓋治董仲舒應邵公羊決獄之學者；高允傳云：『久以經義斷諸疑事，三十餘載，內外稱平』是，則亦儒家之流也。他如太平眞君六年，以有司斷法不平，詔諸疑獄，皆付中書依古經義論斷之，是公然以儒家所稱之禮教，為法律之最大標準，雖律無正條猶可以斷獄治罪也。北魏以後，北齊律列重罪十條，為後世各律十惡條之所本，儒家以禮止邪之思想更具體化；北周律則雜取周禮為制，並以大誥之文為其形式，又使儒家法學為另一表現也。隋開皇律一宗北齊，大業律一宗北周，至唐始斥北周律而承北齊律之續，長孫無忌並奉敕而撰疏義，人更莫能置議一辭，沿其所定而遵守之，卽為已足，故律家不再興也。蓋唐律集前代各律之大成，且其內容最合於禮，法家久歸衰微，儒家更無庸再為主張；自此以後，雖儒家法學亦不振矣。

唐時既使律義歸於一統，且惟帝王之『敕』，化為『格』『式』，得以亂『律』；至宋之世君權更張，並置帝王命令之敕，於律之上，且有官家之指揮，以補其不足，卽律義以外之其他註釋工作，同無必要，且儒家亦不屑為之也。惟神宗時，王安石之變法，尙存一異彩於歷史中。安石雖被後世儒家列彼為法家而攻擊之，然其方案，則在實行周禮遺制，道必尊先王，言必稱孔孟，至少亦必以儒家自附。於萬言書中既以『饒之以財，約之以禮，裁之以法』三事並舉；答神宗問又以『刑名法制非治之本，是為吏事非王道也』之說為進；皆莫出乎儒說之範圍。惟因其施政急於見功，致傾向於法家，而理財富國又非儒家固有精神，於是通儒若韓琦司馬光程頤蘇軾之輩，皆不予之助，致呂惠卿等乘機而進，功遂無成。安石豈為奸佞，而以『周禮亂宋』也哉？實當時一般儒者甘於墨守舊制，不思革新，逼其使為亂也。自安石之失敗，後世更皆引為深戒，無人敢再爲之矣。南渡以後，國勢日蹙，儒家益以性理之探討爲志，以語錄之著作是務，不惟律學歸於衰落，卽唐志所錄古律數十種，至宋皆佚，並此治律之工具亦不存焉。

明起金元之衰，其律直遵唐律之舊以損益之，而仍以儒說爲歸。太祖每御西樓，召諸臣賜坐，從容講論律義；且嘗命儒臣四人，同刑官講唐律，日進二十條：卽其證也。然自太祖一手訂律之後，雖子孫莫敢爲議，士庶可知，則儒家之論法立學才難望其承漢魏之舊。方孝儒黃宗羲雖以儒言法，各有卓見，亦不過爝火之明，前後相耀，未能使儒家法學爲一時代之燦爛也。清以外族入主中國，律既一遵明舊，民愈莫能爲議；且文字獄網重重密布，儒之賢者惟以樸學相尚，求其歸宿而已！又何敢奢言其他哉？故紀昀編纂四庫全書，法令之屬被收入者祇有二部，存目亦僅五部。且曰：『刑爲盛世所不能廢，而亦盛世所不尙，所錄略存梗概，不求備也』。蓋惟君主得以『例』亂『律』，人民皆無置喙餘地，法令之屬自非視爲要端，其微可知矣。於是法學之盛久難再見，律學之興益成過去，所存者僅律例之比附，由舞文弄法之刑名惡幕主持已耳。其結果，束身自愛者益視要求司法上之救濟爲畏途，而談法論刑更被認爲小道焉。此種情形直至清末，屢受外患之逼，始見轉機。然談『洋務』者，對於法律並無若何建樹；談『時務』者雖宗公羊學派欲達其『小康世』，第與異族謀太平，宜其不成。庚子以後，二次變法，舊派對法仍囿於儒家傳統見解，以明刑弼教爲說；而未作進一步之研究，以應時代之潮流，致與新派之爭辯甚著一時，事之經過不遠，固不必詳及之也。要之，自唐以來，刑律已備，且皆以禮爲依，無待儒家再有所爭，遂掩旗息兵不作論戰之預備；兼以君權日張，士庶箝口，其時勢亦不許其多言也。然遇有一二重要改革之機會，如王安石之變法，如清末之二次變法，則儒家之守舊者，又復羣起而爲傳統精神之擁護，其價值如何，姑置不論，而儒家思想與中國固有法系之精神，曾相依附，未嘗稍離，亦事實之所不容否認者也。

四　儒家法學之批評

儒家視禮爲致王道之本，而以恃法爲霸道之表現。因王道不外乎人情，禮又所以行義，於是禮治而外並重人治，與其所謂德治相表裏者也。中庸云『其人存則其政舉，其人亡則其政息』；荀子云『法不得獨立，得其人則存，失其人則亡』『有治人無治法』是也。由於特別重視禮治之結果，遂以養化爲本，以明刑爲助，民事貴在道德之誘勸，使其入於禮之範圍，必誘勸而無效者，始以刑罰逼之使服，此刑律之外，民律不發達之故也。雖曰，『令』爲禮之具體表現，其中亦有涉及民事者，顧六朝隋唐令固有其專典，自宋以後，令卽成爲末節，清更對令之名而不存矣。由於特別重視人治之結果，帝王卽相之為治也，一切祇須合於禮，據於德，依於仁，皆可依意為之，固不必有法可循；卽有律矣，亦不必斤斤遵守，用法而不泥於法，反足以博社會之同情也。在昔，如汲黯之矯制發粟，如馬援之送囚而縱，皆係著例。有時雖禁止人臣之故縱故不直，或設以違法審判之咎，但無論如何，帝王終得以意而曲法。如子搗登聞鼓請代父罪，婦伏闕上書請代夫命，往往以孝義可嘉而赦其罪，如贓罪在律頗輕，而歷代開國之君以整飭官紀培養廉恥為急，多重治之，往往棄市，均然。此法家之罪刑法定主義不能早在中國實現，而人君以其為法之創造者，並且法而不守矣。今人有言曰，中國法系之進步遲緩，實因受儒家學說之影響，弊在重人輕法，政治素偏消極，遂使法學無系統研究，墨守舊制所致耳。儒家對此種指責，如上所述，固不能辭其責，然如專就歷史上之價值而言，亦有可述之端甚夥也。

儒家以刑罰視為道德義務之實踐手段，歸結於禮，法固失其獨立地位；顧人非草木鐵石，卽不能專賴所謂『規矩權衡』之法以正之。儒家從正心誠意克己修禮方面着眼，此卽法家所求而不得之『使法必行之法』耳。其立意雖在現代仍有相當之價值也。況在往昔，一般人民毫無守法之習慣，卽欲純然以法為治，若徙木立信之類，終非探本清源之道；故儒家以廣義之法歸之於禮，使其怛然遵守而不覺其勉強，則亦顯其功效，吾人又何必依現代之眼光，否認儒家首倡其說之非策哉?!試就歐洲法學之歷史而言，亦經曾過自然法說正義法說之階段，有如康德黑格爾之輩，卽以道德理想為法理學之出發點，與儒家思想頗多暗合，則儒家法學在歷史上之地位，自不難估計之也。

禮之行也，不僅以民化於禮為貴，尤須在上者躬行以勸，然後民乃化矣。故左哀二十一年武仲之言曰：『上之所為，民之歸也；上所不為而民或為之，是以加刑罰焉，而莫敢不懲；若上之所為而民亦為之，乃可禁乎』？課在上者以行仁政之責，賢暴由是而分也，因之，『國將亡必多制』，徒以禁民之為而不禁已之為，賢君所不取焉。此種保育政策，完全基於禮治人治，誠非現代所尚，然往昔人民休養於此政策下，就一般情形而論，其所享之自由較諸歐洲古代殊為遠過。再進而言之：民為邦本，本固邦寧，民之所好好之，民之所惡惡之，亦為儒家所稱道，則居上守禮，不拂民之好惡又為其消極界限。歷代賢君之裁抑豪強兼併，明清各律之對於重利盤剝坐贓論罪皆出於此。於是人民雖享有相當之自由，究不能超越正當之範圍，形成資本主義之結果，此又中國固有法系之內容，未為資本主義化之一因也。不過因『政以為民』之關係，自可賴仁政而取得相當自由，安居樂業，維持其生計，遂致『民自為政』之觀念薄弱；在昔中國人民對於在上者無憲法或權利保障法一類之要求，亦間接與儒家思想有其關係也。

五　結論

中國固有法系之成立與徵衰，其功罪應歸於儒家之一身，此固不待言也。然如使往日法家思想之勢力戰勝儒家，其對於中國法制之精神，其影響又若何乎？就表面上言之，或可使中國另成一與羅馬法系相類之法系，且中國亦或早爲法治國家矣·但若往日法家思想不再進步，其結果亦未必處處優於儒家法系。商鞅曰：『民不可與慮始而可與樂成，論至德者不私於俗，成大業者不謀於衆』；『法而不議』實法家之最要信條，即此可知。是依然以法治與君治相混，與儒家之禮以嚴上下之分，重天澤之辯，應尊卑之別爲目的，在實質上又何異乎？然儒家之崇禮尚以上行下效爲旨，以民之好惡爲從；法家並此精神亦無也。雖管子法法篇有言曰：『不爲愛民虧其法，法愛於民、；不爲君欲變其令，令尊於君』，惜爲一紙空言，徒形成君主之專制，此商鞅所以感於『無使法必行之法』也。秦最用法家之說，而君主亦最暴虐。其統一也，正如韓非子六反篇所謂「明主之治國也，使民以法禁而不以廉止』，故其亡也亦最速。要之，法家所重者乃法律之形式方面，而忽者法律之目的方面；儒家所重者乃法律之目的方面，而忽者法律之形式方面；形式不備固影響法之作用，目的不備尤影響法之存在基礎也。

儒家以法爲工具，不以視其本身爲目的，除缺乏善爲工具之點外，殊與現代之觀念相合。不過此種目的，儒家歸於致王道之禮，已因時代進展而難拘守，則惟有在法學上另求所宗矣。今日，吾人以三民主義爲法學最高原理，正係爲此；且儒家思想之合於時代者，亦包括於三民主義中，自非完全摒除於外。依此，進而建立中國本位新法系，既可應乎現代中國社會之需要，並可使中國固有法系之精神發揚而光大之，實當今之急務也。

儒家與「誠」

田慕寒

本篇所談的「誠」，只及於儒家，其他諸家容有機會再爲詳論。

「誠」，這一個字，界說至難區別。即如以一事而論，在某一人說來他是眞誠，而亦有謂爲非誠者。或某一人的動機是誠，而其行爲爲非誠者。或某一人始終是誠，而卒被誤會爲非誠者。又或某一人確非眞誠，而反被認爲眞誠者。這兒所舉的例證，諸現世確是常有的事。但這類極其唯心的問題，至難判斷。世道澆薄，人心陵替，早把「誠」的觀念置之罔顧，譎張爲幻，期於小成，而人類的報復心理極強，狡詐相尙，禍亂隨之。所以蔣委員長有鑑於此，倡導新生活運動，謀挽回一般人民狡詐的風尙。本文之作，固非無由。

許愼說文曰：「誠，信也。從言從成，成亦聲。」中庸曰：「誠者自成也。」欲明誠字本義，須再從成字悟解。說文又云：「成，就也。」是成字亦有助之成就之義。可見誠字所從之言成，含義至善。誠字本身卽有誠道，亦卽中庸之意。故儒家於誠道痛下工夫。孔子算是儒家的代表，他答門人子張問政，首先卽說行之以忠。忠亦誠也，不誠無政，復何言王道哉。孟子亦謂萬物皆備於我矣，反身而誠，樂莫大焉。人果能自致其誠，萬物卽我，我卽萬物，如能達到這個最高極限，行政當然順利。故中庸謂：

『誠則形，形則著，著則明，明則動，動則變，變則化，惟天下至誠爲能化。』

又曰：

『唯天下至誠，爲能盡其性；能盡其性，則能盡人之性；能盡人之性，則能盡物之性；能盡物之性，則可以贊天地之化育；可以贊天地之化育，則可以與天地參矣。』

又曰：

『唯天下至誠，爲能經綸天下之大經，立天下之大本，知天地之化育。』

至誠之道，可以贊天地之化育，知天地之化育，又可以與天地參，其力量所及，確有動天地感鬼神之力存於其間。古人所謂孫公說法，頑石可以點頭，實在就是孟氏所云萬物皆備於我之意。

誠道的工夫在內——即在我——的修養極難，若非眞誠，即不能與天地萬物爲一體。大戴禮文王官人篇曰，始終相悖，外內不合，非誠質者也，就是這個意義。現在且引學庸荀子等書來說明：

大學：「心不在焉，視而不見，聽而不聞，食而不知其味。」

朱熹在語類解釋這段的意思，謂不誠則心不在焉，視不見，聽不聞，是雖謂之無耳目可也。

論語：「祭如在，如神在，子曰：吾不與祭，如不祭。」

朱注引范祖禹釋之，謂有其誠，則有其神，無其誠，則無其神，誠爲實，禮爲虛也。

中庸：「至誠之道，可以前知，國家將興，必有禎祥，國家將亡，必有妖孽，動於蓍龜，著於四體，禍福將至，善必先知之，不善必先知之，故至誠如神。」

又曰：「至誠無息，不息則久，久則徵，徵則悠遠，悠遠則博厚，博厚則高明，博厚所以載物也，高明所以覆物也，悠久可以成物也。」

詩經：「神之格思，不可度思。」

易繫詞傳：「近取諸身，遠取諸物。」

荀子：「善之爲道者，不誠則不獨，不獨則不形，不形則雖作於心，見於色，出於言，猶若未從也，雖從必疑。」

兪曲園諸子平議釋之，所謂獨者，即無他事之謂，言不能誠，實則不能專一於內，不能專一，則不能形色於外也。上列諸例，均重至誠之義，能至誠則近於神，即佛家所謂涅槃之境地。誠而能至此，動機至誠，其感於天地萬物亦至深，所得結果必如學記所謂「化民易俗，近者悅服，遠者懷之」的現象。

「誠者天之道也，誠之者人之道也」，人類必應有誠的修養，但是以何修養而至於至誠，大學荀子均重愼獨之工夫。按爾雅釋愼誠也；又王念孫經義述聞亦曰：中庸之愼獨，亦當訓爲誠。徂徠釋獨爲不對人之辭。即是愼獨是對己而說，合於誠者自誠之義。現在引大學及荀子之說，以說明誠的實際工夫。

大學：「所謂誠其意者，毋自欺也，如惡惡臭，如好好色，此之謂自慊，故君子必愼其獨也。」

又曰：「小人閒居爲不善，無所不至，見君子而後厭然，揜其不善，而著其善，人之視己（案己即獨，自我也）如見其肺肝然，則何益矣，此謂誠於中，形於外，故君子必愼其獨也。」

荀子曰：「君子至德，嘿然而喻，未施而親，不怒而威，夫此順命，以愼其獨者也。」

又曰：「善之爲道者，不誠則不獨。」

尙書皐陶謨亦云：「愼厥身，思修永。」

誠的內的工夫，既是如此，再來略述外的工夫。

儒家對於誠道的修養，相率而倡於天下，以之用成一種治世的手段，修身以至治國平天下，端以誠道來維繫。認為治世非誠不可，孟子從誠道發生出來的外的工夫，在孟子一書中，隨處也可以看得到。

如謂：『無惻忍之心非人也，無羞惡之心非人也，無辭讓之心非人也，無是非之心非人也，惻忍之心仁之端也，羞惡之心，義之端也，辭讓之心，禮之端也，是非之心，智之端也。』

又曰：『人皆有不忍人之心。先王有不忍人之心，斯有不忍人之政矣。以不忍人之心，行不忍人之政，治天下，猶運之掌上。』

又曰：『老吾老，以及人之老，幼吾幼，以及人之幼，天下可運於掌。』

儒家的治天下，都是探誠的外的工夫，又如中庸曰：『好學近乎知；力行近乎仁，知恥近乎勇，知斯三者，則知所以治人，知所以治人，則知所以治天下國家矣』。

細審中庸一篇，可以一誠字貫澈其始終，而誠道的推行，必要擇善固執勇猛精進的意志的活動。又為實際行道的中樞，故大學以誠意為正心修身之中心基調，而推至齊家治國平天下之偉業，

我再把大學關於這段原文錄在這裏：

『欲修其身者，先正其心，欲正其心者，先誠其意，欲誠其意，先致其知，致知在格物，物格而後知至，知至而後意誠，意誠而后心正，心正而後身修，身修而後家齊，家齊而後國治，國治而後天下平。』

要之，誠的內外工夫，或為從內及外之道，抑從外及內之道，均以誠為中心，且繪一個簡單的圖來表明：

物格——→知至——→意誠

意誠——→心正——→身修——→家齊——→國治——

→天下平

格物，致知，可以達到誠境，內可以成平身，外可以明乎善，而終乎國治天下平，所以誠道從內部來說，能正心修身，從外部來說，能明善治政，荀子謂：「天地為大矣，不誠則不能化萬物，聖人為知矣，不誠則不能化萬民，父子為親矣，不誠則疏，君上為尊矣，不誠為卑，夫誠者君子之所守也，而政事之本也。」

這個說法，與學庸足相印證，若果不誠，不但不能治民化物，即父子之親，骨肉之誼，亦會疏遠。日人北郁吉澤更謂宇宙萬物皆由一誠字來維繫，其說極好：

『宇宙森羅萬象，皆由一誠字發動，而呈露萬千種種特殊形相，粲然成天地之文，故誠者天地萬物生成之原動力也，一切

事物成立之至高權威也。」

至誠的工夫，只要會用，的確是一切的原動力，對人不消說應持至誠的態度，治世施政亦應具此態度，世人多屏至誠於罔顧，惟尚狡詐，而其所獲，必然失敗，倘我待人以至誠，人必以至誠報之，彼誠也，我亦誠也，因誠而得誠，是誠於人，不啻誠於我，結果還是我自家獲得勝算，斷無以至誠而無動於人者，即孟子所謂：「至誠而不動者，未之有也。」

由上面看來人們確有至誠的必要，若期於大成，尤非至誠不可。故中庸曰：「大道之行至誠爲先。」又曰：「唯天下至誠爲能經綸天下之大經立天下之大本」茲因偶感而成斯文，或許是自己一種愚直的表現。

二，五，一〇，於安慶。

「齊高偃帥師納北燕伯于陽」，杜注「陽卽唐」，皆其例證。

楚世家稱高陽生稱，稱生卷章，卷章生重黎吳回，吳回生陸終，陸終生子六人，三曰彭祖。然則高陽與陶唐之爲一人，此亦有力之證。

顓頊與堯之傳說，前後如出一轍，求之音義，又相通轉，具本一人之分化，鐵案如山，可無疑也。（英）

儒家推行喪服制度之史的考察(1756)

曾謇著。史學周刊（北平新史學建設學會）（九十七期（廿五，八，六日）原文約三千五百字。

喪服本來是原始民族裏面一種很常見的慣習。但依於宗法家族的具體組織而成爲一套完整的東西，却是儒家的產物。並且是經過相當時候才成立的。大抵倡之者爲孔子或孔子以前的人，曾子子夏和之，荀孟等成之，降至漢儒，則理論益臻緊密。不過在先秦時代，這種制度，不獨在理論方面受着儒墨家所攻擊，致儒墨有兩種喪服制度。卽在實際上，儒家的喪服制社會上也並未成爲通行的禮制。到了漢代儒家喪服制度雖是逐漸澎漲起來，可是中間也經過幾個樞紐，在漢初政令所規定的喪服制是一種近乎墨家的短期喪服制，如文帝的遺詔所規定，後來便成爲常制。武帝時代，儒家學說獨尊，儒家喪服制推行也漸廣，這時候儒家除一方面自己實行三年之喪，另一方面則以不衰與不行三年之喪來構成別人的罪名。所以到哀帝時，便有明詔褒獎喪服三年之事，從哀帝到新莽可以說是用政令來推行儒家喪服時代，並且王莽反藉推行喪服制來做攫取政權的工具。東漢由光武至安帝元初以前，三年喪制又不行，到鄧太后攝政，復以政令來推行喪制，並且強制的普遍推行。延光中推行的政令似乎又取消，不過後來仍然爲一班尊奉儒學的士大夫階級所支持，而且給後世禮俗上以很大的影響。（熾）

春秋時代的財政狀況(1757)

高耘暉著。食貨半月刊（食貨學會）四卷六期（廿五，八，十六日）

原文約二萬三千字。

古時公私經費是不劃分的，國家經費與君王個人經費全無分別。當時支出可分爲維持統治者的支出與統治者自身的消費兩項。在維持統治的目的中，有神務費、軍事費、工事費、貢獻費、交際費及賜予費，在統治者自身消費方面，更是奢侈得了不得，有建築、衣食、賞賜、娛樂等費，及贖取費。

收入狀況：縱的方面，春秋時代王領地收入沒落，特權收入鼎盛而租稅制度正在完成的時代。到春秋末季，賦稅均已完畢了。橫的方面，則當時粟米之征、布縷之征、力役之征、都齊全了，實卽後此「租」「庸」「調」的先聲。春秋時代的賦稅制度，已給幾千年後奠下了基石。

當時的財務行政：賦稅的徵斂，歸司徒職掌，軍賦歸的研究，需要包括世間的一切活動。人類學則爲研究人類與自然界之接觸關係，歷史學家絕對不可忽視。關於人類學的意義，作者考證該字的來源，認爲在古代卽有研究人類之義，初爲研究人類道德，後則研究人類體質，近世則重肉體與精神的研究。作者並歷舉人類學專家Broca, Benyste, Wallace, Haeckel, Paul, Toinand, R. R. Marett等所述的定義，以比較闡明。至於人類學之範圍，作者以爲近世以來，它的範圍日益擴大，並舉Franz Boas, R. R. Merett, Alfred. C. Haddon 等所述，更依倫敦人類學研究室所分科門及日人西村眞次的改正，認爲人類學係包括體質人類學及文化人類學，體質人類學又包括動物學的，化石學的，生理學的，心理學的，人種學的研究；文化人類學又包括考古學的，工藝學的，社會學的，言語學的，土俗的研究。〔熾〕

進化論與人類的進化(2325)

冰　傑著。清華週刊（北平清華大學）四五卷十二期（廿六，一，廿五日）四四——四五頁。原文約二千餘字。

（一）進化論之倡始及其學理：進化論之有倡始爲查理斯達爾文氏(Charles Darwin)，其第一部驚人著作「物種由來」發行於一八五九年，其基本學理乃「物競天擇，適者生存」其用人工生殖方法所獲得有機體之變化，在自然界本身立否亦能求得同樣變異之主因，在生存競爭優勝劣敗天然淘汰中，祇有利於生存特性之個體，方有蕃殖及成長之可能，此種特性又具有遺傳傾向，保存其種族之特性，反而言之，未具此種特性之個體不免歸於滅亡，宇宙間一切生物，均能設法而適應其所處之環境，俾得保全其生命而繁殖其種族於萬世，並推廣其生活地域如所謂有體構適應(Structural Adaptation)及功能適應(Physiological Adaptation)之別。然則人類對於環境之適應並非如其他生物是消極的，生理的，而是積極的技術的，如有社會組織之形成及人造工具之發展。

（二）人類進化之歷程：在漁獵時代，人類僅有打獵及捕魚之簡單原始工具，然工具雖屬簡單，却形成人類進展上之一重要階段，經漁獵時期後，人類之食料，由菜食轉到肉食，於是火之使用始，進而能馴養動物及對於自然之主宰獲得相當成功，於是有家畜之飼養，牧場漸發達，爲牧場之使用，又發現野草有適於充作人類食料，於是農業開始，所謂農業經濟紡織及耕種等事業，亦相繼續發生，與工商業同時發展有藝術與科學接部落之形成者，有民族與國家之組織於是法權宗教成立，形成今日複雜社會。〔堯〕

儒家的倫理觀念(2326)

牛磊若著。進德月刊（山東省進德會）二卷五期（廿六，一，一日）二三——三八頁。原文約一萬字。

（一）汎論倫理之源：倫理的產生，是由於古人不明自然界之神祕，因畏懼而求幸免，故有鬼神之祀，也就確定他對於鬼神的信仰。祖宗既爲鬼神之一，當然要求其安，藉以自安，是爲倫理之基礎。爲求鬼神之安，同時卽求自安，這就是掩親之原始，後來物質生活發達，又爲親備置棺槨，以盡人子之心，古代社會生活簡單，他們所接近的只有父母兄弟，求安的對象也是父母兄弟。後來社會漸漸發達求安的對象也逐漸增加，所謂五倫常五都是由求安的同情而來的，這種求安之心便爲一切倫理的基礎。

(二)倫理與社會環境的關係　倫理概念的產生，與時間及空間都有關係，受到不同的影響就產生不同的倫理概念。例如男女授受不親是中國的倫理，握手接吻是西洋的倫理。同是一種倫理，在此處認爲合理而在彼處却認爲不合理，是以社會能決定倫理，非倫理能決定社會。

(三)孔孟荀倫理思想的遞變　孔子之時，封建社會之基礎已搖動，正行崩潰的時代，所以孔子用仁爲他的中心思想，仁可以賅一切倫理概念。孟子之時是舊社會崩潰而新社會尚未建立的混亂時代，所以他感覺只用仁來維持社會，還感不夠，因而又加一個義字，以仁義爲倫理思想。荀子之時，商業發達土地集中，而有貧富懸殊的現象，人的舊觀念已被新經濟制度所決定的社會突破了，只用仁義恐不能維持當時的社會，所以他又把禮字加進去，以禮爲行爲的模範。

(四)孔荀言禮的比較觀　因時代的不同，孔荀對於禮的見解也不同，孔子生於封建末期，滿意封建制度下之禮。實在那時的禮樂，完全作貴族動容周旋之用與小民無關。而荀子是生於封建滅絕，社會紛亂，貧富階級懸殊之際，所以他主張表明分和別，是一般人行爲的規範，他想在這不均情形之下，使人安於這種不平等，故須有個裁制性之禮，是帶有法家的意味。總之孔子之禮是貴族階級之典禮，荀之禮是一班人行爲規範之禮。

(五)孟荀之異點　孟荀之異，是性善與性惡，法先王法後王，及用仁義與夫用禮之說也。　〔方〕

家族制度與選擇作用 (2227)

潘光旦著。社會學界（北平燕京大學）第九卷（廿五，八月）八九——一〇四頁。原文約一萬二千字。

種族的差異有兩種，一是比較原始的，一是比較後起的。人口少文化淺時的種族品性比較原始；後來文化勢力，社會勢力，自然勢力引起選擇作用，前兩者所演成的品性比較後者更永久。

家族制度爲自然淘汰之間接產物。種族要生存，可是人類的品性有對種族生存有利，有時有害，於是受了自然選擇照拂而更確定，這品性叫做家族的品性。中國的家族制度與家族品性是畸形發展的，以下先研究中國家制之發展與沿革。

中國最早之家制爲母系，再演變爲父系，大約就是商代前那段神話之一部份。商代的家制爲無宗子權的父系氏族；有宗子權的父系宗族，是周民族文化的一大特點。宗族制度是與封建制並存的。

從封建時代到今日中國的家制，是兼具氏族與聯合家族兩種性質的。如用宗法社會的術語，管理祠堂與譜牒的氏族是建築在大宗法上的，而大家族則以小宗法做基礎。即是說宗法：雖沒落而宗法的精神至今仍存在。

宗法精神與組織至今仍存在的原因有二制第一是文化

文化思想論文輯要

古代宗法社會與儒家思想的發展

作者曾謇，食貨半月刊第五卷第七期，廿六年四月一日，北平食貨學會出版，原文長約一萬二千字。

在殷商時代，因爲有『兄終弟及』『子不繼父』與財產爲氏族公有的事實，所以無所謂宗法的組織。

宗法的組織，必須要氏族財產公有轉化到家族財產私有制度的階段，父權的抬頭與嫡長子承繼制度的確立才能形成。故這時家族的具體形態有三個特點：一、家族財產共有，而其管理和分配之權則全操之於家長，父在家族中有絕對的權威；二、嫡長子一支的承繼制的確立；三、一夫多妻制的實行。

這樣具體的組織，就是典型的宗法關係。所以在一個家族財產共有的物質條件之下，凡是一個共同始祖所生的數代子孫，便有宗與被宗的關係發生。繼祖身分的一系嫡長子孫便是被宗的大宗，其餘的都是宗大宗的小宗。因此，一個家族裏面，如果有三代的子孫，則這個族裏面便有三宗，卽一大宗與兩小宗；如果有四代的子孫，便有四宗，卽一大宗與三小宗，如果有五代的子孫，便成了所謂『五宗』，卽一大宗與四小宗。

自西周以降，很淸楚的周民族已經成立了這樣的父系家長制的宗法社會。而儒家便是這個典型父家長制的宗法組織的產物。他們的初期學說，是以孔子爲首而以士人階級爲基礎的。不論在倫理方面和禮制方面，他們都是擁護父家長制的宗法社會而從周制的，這我們就儒家根據『父母有三年之愛於其子與其子須報以三年之服始可安心』的『愛』的倫理，遂倡導三年喪制的具體內容來看，就可明白很顯然的，三年喪制的具體內容，是包括着一個父家長制度：

第一是父權與男權的一尊——『子爲父斬衰三年，』是充分的表現着父權。而『子爲母却並非三年之喪，』『父在爲母期，』父沒雖爲母三年，然猶齊衰而不伸斬。妻爲夫斬衰三年，而夫僅爲之齊衰，這是充分的表現男權的尊隆。是絕對男權的父家長制的形態。

第二是長子承繼制的確定——『父爲長子三年』，『毋爲長子三年』以及妾爲君之長子三年等，均表現一個確定的長子承繼制，故爲衆子庶子概無此傳重之制。沒有一個長子承繼制的存在，則這一類的三年之喪，均無所附麗。

由此，我們可以看出儒家初期的學說在周民族的宗法社會裏是怎樣的依存而生了。

至於儒家初期的思想，無論在倫理方面或政治和社會方面，要都歸結於所謂『人道』。卽就祖先的祭祀言，也是以『親親』或『孝』的所謂人道的倫理出發，而事死如事生，事亡如事存的。這種思想，在當時無疑的是以一種高級的形態而出現的。

還有，他們對於古代宗教意識中那些最重要的如『天』或『上帝』的存在與鬼神靈魂的存在都加以否定，所以在殉葬的器物方面，他們極力主張採用明器，改革以『人』殉葬的風俗。這種主張，在當時也是以一種高級的形態而出現的。

總之，初期的儒家思想，完全是以『人道』爲基。但初期儒家的所謂『人道』和他們自身一樣，只是父家長制的宗法社會的產物。（雲）

周秦社會的鳥瞰

作者劉𤎟，現代讀物第二卷第二十七期，廿六年二月廿八日，重慶現代讀物社出版。原文長約一萬四千字。

儒家政治思想之要義

陸曼

在中國，儒家思想支配了好幾千年，不論在政治上學術上都有很大的勢力。儒家的鼻祖，不用說自然是孔子，他不但是中國的偉大人物，而且是世界上數一數二的思想家。雖然孔子以前也有儒——儒是讀書人的通稱——孔子之後又有儒爲什麼單單推重孔子呢？原來孔子是一個思想繼承前啓後的卓絕人物，儒家的學說到他手裏才站定地位，集了大成。所以後人都以孔子爲儒家之宗，而宗師孔子學說的人便是所謂儒家。

考儒之爲義，有溫和善良之意，日人高瀨武次郎支那哲學史云：「周代鄉里中掌教民道藝之職者，謂之儒。其後作廣義用，堯舜禹湯文武周孔相傳之教，謂之儒教。故班固謂儒家出於司徒。修其教者，謂之儒者，又單作儒。論語有君子儒，小人儒之稱。儒之字義，廣雅作『柔也；』韓詩外傳作『儒也：』說文作『弱也；』皆寓施教於人，使之溫和善良之意。」凡是具有溫良恭儉讓幾種美德的人，能安人，能服人的，就是典型的儒者。由儒的名詞，以後又衍成儒教儒學儒家等等，都是以儒爲出發點的。儒家的意義以別於九流百家而言。漢書云：「儒家者流，游文於六經之中，留意於仁義之際，祖述堯舜，憲章文武，宗師仲尼，以重其言，於道最爲高。」儒家是中國正統的思想，自從經過漢武帝以帝與之後，罷黜百家，表章六經以後，儒家巍然爲國家正宗，居百家之上。

儒家既是我國思想界一支傳統的主流，那麼對於我國數千年來文化史思想史政治史社會史上的貢獻和影響，一定不小。現在我們且收縮論點，試從儒家的政治思想方面加以分析和研究。西洋人每謂中國沒有政治哲學，所有的政治思想，都是不成片斷的議論，又有人說中國僅長於倫理道德，政治哲學是西土專有之物。但事實上究竟怎樣呢？決不如西方學者所說的那樣，中國有豐富的政治思想，也有相當完備的政治制度，所差的，政治思想尙未闡發成體系，沈埋故紙堆中，不能叫人一見便明。若因此而竟否定中國沒有政治哲學，那是不對的。英人湯姆斯之言較爲公允，他說：「政治學之在中國，卽使不成爲科學，而中國數千年來之政治，實可稱之爲一種藝術。開考試制度之先聲，享士人治國之福祚，皆於此發其端也。」又說：「苟如杜威所言，政治實爲有智慧的管理社會事業之謂，則中國人對於政治之思想貢獻實多。」由此看來，我國的政治思想，雖

的兩點，就是唯生論及民生史觀，究竟唯生論及民生史觀與唯心論及唯心史觀，唯物論及唯物史觀有何區別呢？本來這個答案，在上面所舉之證據中，已經加以反面的[illegible]，現在且列一對照表於下，以作正面的比較。

（甲）唯心論及唯心史觀的主張

一、宇宙萬物爲精神所構成，

二、以精神卽人的意志爲社會進化的原動力。

三、認智識之來源爲理性。

四、重視精神的用。

五、認爲物質附屬於精神。

六、精神爲歷史的重心。

七、偏重精神文明。

（乙）唯物論及唯物史觀的主張。

一、宇宙萬物爲物質所構成。

二、以物質或生產工具爲社會進化的原動力。

三、認智識之來源爲經驗。

四、重視物質的體。

五、認爲精神附屬於物質。

六、物質爲歷史的重心。

七、偏重物質文明。

（丙）唯生論及民生史觀之主張。

一、宇宙萬物爲生元所構成。

二、以爭生存爲社會進化的原動力。

三、認智識之來源有三：一，天生，二，學問，三，經驗。

四、體用並重論。

五、心物一元論。

六、民生爲歷史的重心。

七、精神文明與物質文明並重。

然系統未備，學說簡略 但特長獨具，精義自在；雖沒有西方政治哲學中精深博大的主權論，國家論民治論等學說，但大體上我國的政治思想中也有一點具體而微的平等自由民治社會的觀念。細細詮釋，條理燦然，也有不能磨滅的價值。就以儒家來說能，他們對社會，對政治，對國家，自有一種完整的看法，特殊的見解。梁任公嘗謂：「……儒家……其施政手段，則干涉也；其君臣名分，則強制也；其社會秩序，則等差也，惟其政治之目的，則以壓制縱威為大戒。」儒家推行的是一種倫理政治，主張仁義道德，法常禮治。不以威力壓迫於人，而以和平王道教人，這樣的高尚理想是儒家獨有的特色。

儒家的代表人物是孔子孟子荀子，三人的政治見解雖略有出入，但大抵注重用世，切實可行。我們首先要提出的便是儒家的國家觀念。本來國家兩字，是現代術語，在古代的所謂社稷，就是現在的國家。我國古時，神權觀念很深，對於天的信仰特別發達，認為天是宇宙的支配者，是人民的治理者，所以在儒家思想上也染了濃厚的神權色彩。書經上所說的：「惟天生民有欲，無生乃亂，」又說：「天佑下民，作之君，作之師。」這樣，國家的起源，基於神之出發點，可以無疑。但我國儒家之所謂神，並非完全是神道的意義，乃是人的內在的神明，即訴之於理性而可得者，是合理的人類意識的反映，所以書經說：「天視自我民視，天聽自我民聽，」「天聰明自我民聰明，天明畏自我民明威，」「民之所欲，天必從之。」這就是說天之意志，即是民之意志，而神的觀念便是一種理性代表的人格。由此，儒家的國家觀念，並非單純的神的觀念，不辯自明。

中國以農立國，數千年來一直停滯在農業社會裏，人民也是百分之八十以上業農，在這樣的情況下，人民關心的是農事，政府關心的也是農事，而五穀豐登，花果蕃熟，尤為大衆所盼望，所以祭天祀神，典禮特別隆重，上自天子，下及諸侯庶民，都得虔誠這樣的祭祀。因此崇拜社稷的心理，油然而生。凡社稷所在，祭祀隨之，而亦為執政者所在，宗主權所屬，其意義實與現代的國家相符。論語云：「有民人焉，有社稷焉……」孟子云：「民為貴，社稷次之，君為輕，」又云：「執干戈以衛社稷，」社稷二字，顯然涵有國家的意義在裏面。

西儒指出國家成立的要素，以土地人民主權三者並重，尤其把領土看得最重要，認為這是立國的主要條件，領土增減，有關國家興衰，所以不輕易隨便變更。但儒家的見解不同，他們以為主要的是民心，人民是國家的唯一重心，所謂「民為邦本，邦固本寧，」就是這道理。但民心的獲得，必須治理的人有德行，舉事能以身作則，凡事為人民着想，才能取得人民的信仰，得到人民的贊助，所以中庸上說：「有德此有人，有人此有土，有土此有財，有財此有用。德者本，財為末；」書經上也說。「皇天無親，惟德是輔；民心無常，惟惠是懷；」這些都是說明民心的重要，而以宣德表現作信服的意思。

西方的國家觀，以國家為終極目的，儒家的國家觀，以平天下行王道政治為目的。所以說「大道之行也、天下為公；」（禮運）「老吾老以及人之老，幼吾幼，以及人之幼；」（孟子）對於用武力用霸道來侵犯他人欺凌弱小的行為，是儒家所絕對不贊成的。

其次，儒家注重的是賢人政治，與柏拉圖、亞里斯多德的主張的哲人政治學說，頗有相近之處。儒家認為君主是替天行道的，必須賢明有德，所以把堯舜禹湯文武周公，竭力表彰，作為賢君的典型。凡是做君主的必須「為政以德」，「修己以治人，修己以安百姓，」克制自己，努力替老百姓做有利的事，切不可違道以干百姓之譽，拂逆民意以從一己之欲。大學曰：「為人君，止於仁；」又曰：「上老老而民興孝，上長長而民興悌，上恤孤而民不倍；」孟子曰：「君仁莫不仁，君義莫不義；」孔子曰：「君子之德風，小人之德艸，艸上之風必偃。」都是就治者在自身人格上應該注意的修養，才能以仁義道德，躬行實踐，忠恕爲懷，爲民表率，才是理想的人君，才是理想的賢人。因爲儒家看到政治是活動的，隨時需要人去推動，去改進，效率才能擴大，功能才能增加；所以禮儀三百，威儀三千，待其人而後行，施政者的賢不肖，影響於國民很大了，必須慎選其人，行得其政才好。

上面說過，儒家的思想，以倫理爲基點，因此，對社會的觀察，政治的認識，也都偏於一方面的。由人與人的聯系而結成社會，社會有社會的力量，因物質環境的轉移，會隨時發生變化。個體是社會的一分子，須受社會的束縛，個體不能離社會而生存。但儒家是不理會這些的，他們純粹以個人本位爲出發點，主張由個人到全體，由一己到社會，要使全體，也就是社會政治好。須從個人做起；而個人最重要的，就是修己的工夫，正心誠意，爲無上要訣。大學不是說麼？——「意誠而後心正，心正而後身修，身修而家齊，家齊而後國治，國治而後天下平。」修身克己，忠恕而行，這樣的功夫做到門了，然後才能說民物胞與，汎愛衆而親仁。儒家對社會首重名分，論語所云：「君君，臣臣，父父，子子，」無非要各人認清本分，各盡責做人的道理。但對賢者絕端尊重，須加敬禮，論語「賢賢易色」「尊賢容衆」之論，孟子「朝廷莫如爵，鄉黨莫如齒，輔世長民莫如德」之旨，都是願賢敬儒之意。

其次，儒家注重仁德，極端鄙視功利。爲仁而求仁，爲義而求義，才是儒家思想的本質。孟子見梁惠王，首曰，王何必曰利，亦有仁義而已矣。義利之辨，不可稍紊有失。孟子是秉承仁義傳統的儒治主義，同時，他又主張性善說的，所以特別主張仁心仁政，言必稱堯舜，闢[illegible]，一套仁義的說法。對於功利之徒，不但鄙視，而且努力排斥。所謂「仲尼之徒，無道桓文之事，」便是極好的例子。由這段話就看得下來，後世儒者，大都侈談仁義，羞言功利了。

明辨義利之外，儒家的處世，重在儉讓。與人無爭，與世無爭，不矜不伐，是讓的美德；而「知足不辱，知止不殆，」「君子不恥惡衣惡食，」是儉的美德。能讓則社會不爭，變端減少；能儉則物慾降低，人類因食色而引起的亂源也就沒有了。

儒家對羣體，對社會的觀念如此，對政治的見解，也是偏於倫理的，道德的，穩健的，無爲的。孔子曰：「政者正也。子帥以正，孰敢不正？」又曰：「爲政以德，譬如北辰，居其所而衆星拱之。」其所用方法，不外教養兼施，使人民知禮義，同時，家給人足，生活也能過得去。孔子的教育學說，本是「有教無類」，對於衆人，都能循循善誘，施以適當的教育。要他們「博學於文，約之以禮，」「[illegible]，止於至善。」其於導民衆以啓發其智，道之以德，齊之以政，責之以刑。提倡孝悌忠信，崇尚廉恥，尊師重道，使民衆以賢士善人做榜樣，力爭於善；其次，著書立說，宣揚仁義，廣設庠序，以碩學名師主講各種學術，使民衆智識開通；其次，以名教禮儀，定爲社會規範，使人人信守，不可蕩檢踰閑。如果說這樣做還沒有效，民衆不守故常，甚至[illegible]，那麼就要用刑來教了。孔子所謂「齊之以政，齊之以刑，民免而無恥。道之以德，齊之以禮，民恥且格。」儒家講求的是王道，主張和平中正，不以霸道脅人，不以威力迫人，但對於刑罰並未有絕對廢止的表示。只是「省刑罰，薄賦斂，」少用威刑，多行仁政，是他們所希望的。

向民衆普施教育，針對環境，舉辦政治設施，自可順利推行。但最重要的民衆生活問題，也必須給他們解決。這就得講求發展民生之道了。儒家的養民辦法，起碼的目標，那使「黎民不飢不寒」，「足食足衣」，人人有恆產，人人能生活。孟子滕文公篇云：「有恆產者有恆心，無恆產者無恆心。苟無恆心，放辟邪侈，無不爲已。」可見生計的重要，有關民性的發展，亟待解決，不可稍緩。要使民生富足，首須行仁政，[illegible]正經界始，就是改良土地制度。他們認爲孟子對滕文公說的：「經界既正，分田制祿，可坐而定也。……請野九一而助，國中什一

對敵經濟戰的迫切需要與發展條件(續)

倫寶三

「華中振興會社」係根據日本第七十三屆國會通過設立的，其主要的事業，計有八項：

一、鐵道　恢復京滬、滬杭甬，蘇嘉及江南國六鐵道之運輸。

二、水運　修理與浚及航江河疏濬，統與鐵道聯運，並以上海為中心經營七大內河航線，控制黃浦江上流及江南一帶之水運事業。

三、通信　廿七年七月末成立華中電報股份公司，企圖獨佔中日間，及上海，蘇州，南京，杭州等華中各都市間一切有線無線電報電話，統一經營，並計劃恢復或擴張歐美及孫浦，南洋各方面之無線電報及華北之海底電線等事業。

四、無線電播音事業　組織公司，統制公私播音事業。

五、電氣與自來水事業　廿七年六月成立華中水電股份公司，作為「華中振興會社」中的附屬機關，以經營上海，蘇州，杭州，無錫，南京的電氣與自來水事業為目的。

六、礦業　廿七年四月成立華中礦業股份公司經營長江流域一帶鐵礦之開發。

七、上海公有事業　專經營上海市之公共汽車事業與上海，南京，杭州，蘇州，無錫，常州，鎮江等市內公共汽車事業及相互間長途汽車事業。

八、水產事業　經營水產物之批發，販賣，漁港漁網之建造，冷藏之運輸等。

為了這些事業的內容，由「華中振興公司」產生了華中礦業，華中水電，上海內河輪船，華中電氣通信，華中蠶絲，上海恆產，華中都市公共汽車，華中水產，大上海瓦斯，華中鐵道，淮南煤礦，華中鹽業，中華輪船十三個子公司。「華中振興公司」的事業費，計一九三八年為三千萬，一九三九年為二千萬，一九四〇年為二千萬，一九四一年為二千五百萬，一九四二年為二千萬，合計為一萬萬一千五百萬日元。華中事業費沒有華北事業費那麼的鉅大，很可窺見敵寇對于華北經濟的侵略，是具有更大的野心的。

走私的猖獗：敵寇利用鐵道，公路，水道，海運以及鄉村小道，派遣大批漢奸浪人，勾結不肖份子，實行廣泛的走私，推銷它的貨物，以便掠奪我們的法幣。走私的地方，以上海，河口，廣州，天津，徐州為中心。走私的貨物以棉製品，化妝品，奢侈品為大宗，凡汽油，五金，電料，藥品以及與軍需有關的貨物，均在禁運之列。這種走私之風，如讓它猖獗下去，確是我們的致命打擊。

自賦。……」「方里而井，井九百畝，其中為公田；八家皆私百畝，同養公田。」土地政策實施，人民的衣食無虞生活自可不用憂慮。所以說「百畝之田，勿奪其時，八口之家，可以無飢矣！」儒家的養民政策，就是發達政策，土地政策，也就是民有民享的辦法。

大凡一種思想的產生，都是隨物質環境而來，決不是憑空發生的。儒家——尤其孔孟那時代，他們看到春秋戰國的爭權劇烈，兼併征伐，天下洶洶，惟利是爭，所以提倡仁義道德的倫理政治，以期挽回世道人心。因為當時的君主蔑視人民的疾苦，不把人民當寶：而一般執政的君王，又都是腐敗的人物，雖賢八輩，無力辦事，同時社會上也盡道德墮落，綱紀蕩然，臣弒其君，子弒其父，屢見不一見；更因施政者只知自肥己，對於人民的教養廢弛，萬事凋敝，民不聊生。還許許多多現實的社會現象，孔孟二哲，身經目擊，在痛心疾首之餘，自然不能恝然置之，因而起來大聲疾呼，倡導民貴君輕的學說，賢人政治的理論，仁義道德的主張，以資改造國家，改善君主，改造社會，改善政治。總之，儒家的政治思想的形成，全為受的當時社會環境時代背景的影響，到了現在，雖然已經隔了幾千年，但有許多見解，依然是不磨的真理，自然也有不合現代的思想潮流的流弊，但無疑的，仍無損於儒家思想的真價值啊！　一九四〇、一、一〇。

好朋友

第十六期

編輯者 北京市教育局 烏蘇勉
發行所 北京市教育局
出版期 每月一日十五日
印刷所 新民印書館股份有限公司

儒家的仁恕精神與青年修養

翊敎女中校長 吳敏潔

最近幾年來，人們似乎更關切地注意到青年修養問題，無論報章雜誌都爲青年留下相當篇幅，讓那些關心青年問題的人們發表讜論名言，特別是爲了掃蕩奇說異論的今日。然而，怎樣才能建造一個中心的青年修養準則，那眞是一個困難的課題！

在很多的準則中，我比較的贊成儒家的「仁」「恕」精神。這樣的主張也許有要認爲過於陳腐，不過，在極端的「自私觀念」對立下，要想減少，消滅「爭」，這也許是唯一有效的方法吧！

儒家給「仁」下的界說是「克己復禮爲仁」，所謂禮就是人類社會的準則，意思就是說，我們人處在社會中，是不能孤立的，在與他人多邊的接觸下，人持己必須節制，才不致與他人的利益發生衝突。要想不違反這「禮」，換言之，要想成爲一個「仁人」，那末只有去「愛人」，和「己欲立而立人，己欲達而達人」。這種從人類的關聯上來指示青年立身處世的方法，那不但不陳腐而且還是對症的良藥。至少也總比那些長於「責人」一動不動就歸罪於「客觀環境」的詭辯家要切於實際吧！

至於「恕」，那是儒家認爲一生受用不盡的處世祕訣所以子貢問孔子「終身行之者」，孔夫子告訴他「其恕乎！」又說：「忠恕違道不遠」，誠然的，人與人相交接，難免要發生利害的衝突，由於這種衝突，人與人的關係也自然容易發生裂痕，要想消滅人我的隔閡只有用寬宏的度量去恕人，同時還要克制私意，打消人我的差別，以「施諸己而不願亦勿施於人」的精神去待人，這樣，人類的社會才不致消滅，人和人才能歡洽的併存着。

持己能仁，待人能恕，這種從「自我」的出發點去說明個人與社會的依存關係，是儒家的處世觀，也是我認爲可以作爲青年修養的一個繩準。

消息

新青運會主辦 春季遊園會

目的地爲頤和園 本月中旬中實現

新民會新民青年運動實施委員會，以時屆春令，正爲大好青年遊覽觀光之絕好季節，特於舉行常會時提出，經商討結果，決定兩項要案，計第一項發起組織春季遊園會，第二項赴日參觀團。此二項議案，除赴日參觀團因種種手續關係，尚須稍待時日，關於春季遊園會辦法，已大致決定，以新婦女社社員，及青年俱樂部會員爲基本單位，再以社員之家屬副之，目的地爲京西頤和園，出發日期，將在春光明媚，桃李爭艷之三月中旬云。

× × ×

本年春丁祀孔 決隆重舉行

各機關團體派代表參加

三月十五日，爲春丁祀孔之期，臨時政府爲尊崇先師而勵風化計，決按每年祭祀之成例，隆重舉行，關於一切事宜，業經由內政部會同教育部籌備完竣，并通知本市各部會，機關，團體，學校，准於今晨派代表齊集北城國子監聖廟參加祀禮云。

守規矩　敦品　勵學

中央防疫委員會 決實施普遍種痘

三月一日起一個月間

時屆春令，天花症即將開始流行，臨時政府中央防疫委員會爲防止其蔓延起見，特舉行茶話會討論擴大防疫工作，當時決定，實施普遍種痘，日期自三月一日至三月底止，在此期間，一般市民及各校學生，皆須一律引種云。

編輯瑣談

四月四日爲中國兒童節，本刊爲表示慶祝起見，擬於第十七期刊行「兒童節專頁」歡迎各校教職員及學生惠稿凡關於兒童節之論文，笑話故事，遊戲及小品文等類稿件，皆在應徵之列，望於本月二十日以前惠下爲盼！

本刊現極需要下列各種稿件：(一)科學常識。(二)世界介紹。(三)歷史故事。(四)學生生活。(五)世界名人傳記及軼事。甚望各校教職員及學生於課餘之暇寫些寄來！

夢山先生：函悉，所詢各點，茲簡答於後，本刊甚歡迎民間故事及民間傳說，惟因篇幅過小，不能將大作三十餘篇一次發表，亦不能發行特刊，僅能擇較好者每期發表一篇，或隔一二期發表一篇，至稿費則僅有點將童話有一定之數目，其餘則視其稿件之良窳而規定，間亦有不致酬金者。以上所答如仍有不明白之處，或另有其他問題，甚望暇時惠臨本刊編輯部一談爲幸！

中傑先生：「每期談話」因本刊地盤甚小，實難從命，如能寫關於本文第二則所列各種稿件寄來，一定盡量刊登。

特載

參釋門行起解絕之義以定儒家論世權衡（管志道從先維俗議）續

倘論古人。當論其世。孟子之言當矣。然論世不通三世。論猶未精。欲論三世聖賢出沒。當參釋典中行起解絕之案。案謂菩薩入修道位中。行起解絕。唯如如正智獨存。不明此義。而輕論世。此五宗家所以擡祖師禪於三聖十賢之上。有宋鉅儒。所以私道統於窮居講道之匹夫也。智者以爲詖辭。蓋世出世間。不越五法。一曰名。二曰相。三曰妄想。四曰正智。五曰如如。名相妄想屬世間法。正智如如。屬出世間法。辨世法之孰正孰邪。及出世之孰小孰大。孰漸孰頓。孰圓孰偏。固解也。厭世法。欣出世法。於其大者頓者圓者眞參實悟。至於離四句絕百非。不歷僧祇而成正覺。亦解也。是以初地菩薩。尙在見道位中。解猶未絕。至二地入修道位。則行門起而解門絕矣。解門既絕。誰爲之宰。則唯如如正智獨存耳。曷謂正智。即八識所轉之四智。曷謂如如。即三身中之法身也。菩薩自初地達於十地。四智猶難頓轉。而根本智俱已獲矣。故正智之種子常在。三身猶未圓成。而眞如俱已得分證矣。故如如之種子常在。帶此如智種子。出沒於三祇劫中。隨分隨力。行菩薩道。作君作師以此。爲將爲相以此。建大功享大名以此。蒙大難冒大嫌以此。更有不辭異類中行者。而亦間入空門。修本等六度之法。大概從世法中現身者什之九。從出世法中現身者什之一。從出世法中現。猶樹解行相應之標。從世法中現。則唯隱解顯行而已。此義含在華嚴十地品中。淺中者莫察。試觀徐陵爲陳僕射時。不過偏安之名相耳。至唐貞觀間。以五願再來爲智威禪師。從章安咨受心要。遂證法華三昧。郭子儀爲唐汾陽王時。亦不過勘亂之名將耳。至金元間以夙根再來爲道悟禪師。一聞馬嘶。頓悟無始。遂獲他心宿命二通。當其爲徐僕射郭汾陽時。名位非不尊高。而聖解何在。禪士豈不以爲未發意之凡夫。儒流豈不以爲未聞道之貴客。乃其再來之獲三昧神通。此豈一生修持之力所致也。其因地遠矣。郭汾陽之屬行起解絕。何疑哉。而徐僕射甫三歲。寶誌公即摩其頂。曰此天上石麒麟也。亦胡可以輕視。況進乎此而稱名世之英。若五臣若十亂者乎。愚每病洪覺大慧諸禪不能辨當朝名士之因地。而下掌下錐。終有我慢之根在。亦病伊洛關閩諸鉅儒。不能照先代仁賢之苦心。而加斧加鉞。終有刻薄之根在。如以孔子差等百王之道眼。合如來豎窮三際之佛眼而參照之。則一切訶佛罵祖之徒。顚倒豪傑。稱單傳之龍象者。未必不是行未起解未絕新發意之衆生。而宰官居士中。或有忠孝性生寬仁天植。德慧術智迥出凡流者。即不參禪。不修玄。不講聖學。未必不是行起解絕之大士也。論世者不開此眼。而以一生建立。判百代天挺人豪。可乎哉。即宰我之賢孔子於堯舜。孟子之劣夷尹惠於孔子。周元公之科伊尹顏淵於大賢。吾猶以爲皆一世之論耳。未必中的。蓋至於孔子之首大帝堯。兼巍舜禹。至德泰伯文王。並仁微箕比干夷齊管仲。而後可信其爲論世之的則。以徹於如如正智之源。而隱然照見行起解絕之境界也。然則如如正智之端何在。曰此不出於孟子四端之說。惻隱之心。如如之端也。羞惡辭讓是非之心。正智之端也。孟子第以爲性善之發現。不知乃是宿因之發現耳。凡有四端於我者。知皆擴而充之。便是開迷起解之因。亦是絕解起行之因。又究如如正智之所自來。則如如之因。即乾元正智之因。即乾元中之天則也。

聖學印合頓漸圓宗兼稽重解輕行之弊（同上）

頓漸二宗恆相觝。以未透華嚴故。華嚴雖初發心便成正覺。及序十地修證。行布亦復森然。吾嘗謂千聖千賢。並無一人不於剎那見佛性者。並無一人不於三祇證佛果者。佛字亦屬假名。其實只是天然覺性耳。在儒藉中孔顏自有成案焉。魯論記孔子之言曰。我欲仁斯仁至矣。欲仁仁至。正從朝聞夕可中來。其告顏淵之問仁曰。一日克己復禮天下歸仁焉。一日歸仁。正是不歷三祇而成正覺。此非剎那見性之旨而何。易傳述孔子之論聖學。至於利用安身以上。曰過此以往。未之或知也。言非一生之所能取辦也。顏子之自道。亦曰如有所立卓爾雖欲從之末由也已。知道果之不結於一生也。此非三祇修證之旨而何。蓋悟證二境俱現於剎那間。惟修程爲最遠。非三大阿僧祇劫。則塵沙之惑必不盡。世間出世間之功行必不圓。孔顏正以悟後圓修修中企證之榜見於世者也。悟境與證境何別。曰悟但透自性體。亦照衆生本來是佛。如神光之安心於了不可得是也。孔顏已從

儒家政治思想之發展

蒙文通

秦漢間學者言三代事多美備，不爲信據，不信則摘疑之誠是也。然學人必爲說若是者，何耶。斯殆陳古刺今，以召來世，其須遠三古之隆，正其想望後來之盛，必曰古固如此，則誣；若曰後當如是，則其思深，其意遠也。嫌其誣，乃並其高致孤懷不復措意，是可謂達古人立言之情耶。有素樸之三代，史蹟也；有彪煥之三代，理想也。以理想爲行實，則輕信；等史蹟於設論，則妄疑。輕信妄疑，而學兩傷，是誰之責歟。世之爭今古文學者，何紛紛也。蓋古以史質勝，今以理想高渾，不之辨，未解今文之所謂也，而漫然曰王魯，曰新周，說益詭而益晦，莊劉宋魏之儔，殆亦有罪焉。不慧偏涉齊詩、京易、伏生之書、戴氏之禮，而後知一王大法者，自有其經緯萬端，在制而不在義，在行事而不在空言。制備也，則繼周損益，素王受命，非復徒言，苟不省禮家之新度，已大異周人之舊規，獨張皇於三科九旨，而昧忽於五際三期，抗董何之浮文，以概六藝之宏義，孤樹公羊，欲張赤幟，以召非常可怪之譏，是欲以尊之，適以窒之，斯皆不解儒家革命之旨，不求歷史蛻變之迹，正厚儒而不以其道者之罪，而豈侮經毀孔者之過哉。爰搜討史證，旁稽諸子勘比經義，以伸絕學。

齊詩言「五際」，言「四始」，以改政革命為依歸，而原本於荀孟。舍是則王魯素王之說無所謂。孟子書問「湯放桀，武王伐紂，臣弒其君可乎」，曰「賊仁者謂之賊，賊義者謂之殘，殘賊之人，謂之一夫。聞誅一夫紂也，未聞弒君也」。荀子書「世俗之為說者曰：桀紂有天下，湯武篡而奪之。是不然。以桀紂為嘗有天下之籍則然，天下謂在桀紂則不然。有天下之後也，勢籍之所在也，然而不材不中，內則百姓疾之，外則諸侯叛之，甚者諸侯侵削之，攻伐之，若是則雖未亡，吾謂之無天下矣。聖王沒，天下無君，諸侯有能德明威積，海內之民莫不願得以為君師，然而暴國獨侈，不傷害無罪之民，誅暴國之君，若誅獨夫。若是則可謂能用天下矣。能用天下之謂王。湯武非取天下也，修其道，行其義，興天下之同利，除天下之同害，而天下歸之也。桀紂非去天下也，亂禮義之分，積其凶，全其惡，而天下去之也。天下歸之之謂王，天下去之之謂亡。故桀紂無天下，而湯武不弒君」。孟荀以桀紂為一夫，而湯武不弒，其言凜凜其嚴，而昭昭其晰也。然在漢代，世俗之說猶未熄。黃生以「湯武非受命，乃弒也。冠雖敝，必加於首；履雖新，必貫於足，上下之分也。桀紂雖失道，然君上也；湯武雖聖，臣下也。主有失行，臣不正言，反因過而誅之，代主南面，非弒而何。」轅固曰：「不然。夫桀紂荒亂，天下之心皆歸湯武，湯武因天下之心而誅桀紂，桀紂之民弗為使而歸湯武，湯武不得已而立，非受命而何？」蓋黃生不免世俗之言，而轅生為能守孟荀之統。轅生傳齊詩，其說即本詩義也。齊詩之義有五際，卯酉之際為改政，午亥之際為革命。卯天保也，酉祈父也，午采芑也，亥大明也。大明者牧野之事也，則轅固生之義本於是也。許芝言「周公反政，尸子以為孔子非之，以為周公其不聖乎，以天下讓，不兆民也」（從長短經引校）。京房作易傳曰「凡為王者，惡者去之，弱者奪之，易姓改代，天命不常，人謀鬼謀，百姓與能」，知尸子、京易亦主受命之說。尸子貴言云「臣天下，一天下也。一天下者，令於天下則行，禁焉則止。桀紂令天下而不行，禁天下而不止，故不得臣也」。此尸子之意合於孟荀。穀梁傳引尸子釋春秋之義者再，穀梁俶作傳之事，亦見於尸子之書，則尸子固穀梁之學者也。干寶傳京氏易，而與「三基」「六情」之說相應，是齊詩京易同法。五際以「午亥之際為革命」，四始以「大明在亥為水始」。易曰「龍戰於野，其血玄黃」，干注曰「爻終於酉，而卦成於乾。戌亥乾之都也，故稱龍焉。郭外曰郊，郊外曰野。坤位未申之維，而氣溢酉戌之間，故曰於野。文王之忠於殷，抑三二之強，以事獨夫之紂，祈殷命以濟生民也。紂遂長惡不悛，天命殛之，是故至於武王，遂有牧野之事，是其義」。張惠言曰、「令升之注、僅存三十卦、而又不完、然其言文武革紂、周公攝成王者、十有八焉、是則以易為周家紀事之書、文武所以自旌其伐也、張氏其言雖有失哉、然適足以明京易之義、斯正詩大明在亥之事也、孫盛述易、本之干寶、其曰、「古之立君、所以司牧羣黎、若乃淫虐是縱、酷彼羣生、則天人殛之、加其獨夫之戮、是故湯武抗鉞、不犯不順之譏、漢高奮劍、而無失節之義、何者、誠四海之酷讎、而神人之所擯故也」、是京易之傳、猶孟荀齊詩之說也、晚清之學、急於變法、故侈談春秋、張改制之說、而公羊之學、顯於一世、然改制之義、才比於五際之革政、而五際革命之說、未有能恢宏之者、友人錢賓四著論、頗致惜於龔定菴不知談革命、夫一世方致力於公羊、自未足以至是、惜哉、齊詩京易之祕、當時未之能發也、干氏晉記武帝革命論曰、「帝王之興、必俟天命、文質異時、興建不同、故古人之有天下者、柏皇栗陸以前、為而不有、應而不求、執大象也、鴻黃世及、以一民也、堯舜內禪、體文德也、漢魏外禪、順大名也、湯武革命、應天人也、高光征伐、定功業也、各因其運、而天下隨時、隨時之義大矣哉」、干氏之革命論、即本之京氏易學、而其在易、陳義特詳、其易註曰、「凡易既分為六十四卦、以為上下經、天人之事、各有始終、夫子又為序卦、以明其相承受之義、然則文王周公所遺之運、武王成王所先後之政、蒼精受命長短之期，備於此矣。故曰：易窮則變，通則久。總而觀之，伏羲黃帝皆繫世象賢，欲使天下世有常君也。而堯舜禪代，非黃農之化；朱均頑也，湯武逆取，非唐虞之迹；桀紂之不君也，伊尹廢立，非從順之節；使太甲思愆也，周公攝政，非湯武之典；成王年幼也。凡此皆聖賢所遭遇異時者也。夏政尚忠，忠之弊野，故殷自野以教敬，敬之弊鬼，故周自鬼以教文，文之弊薄，故春秋閱諸三代而損益之。顏回問為邦，子曰：行夏之時，乘殷之輅，服周之冕。弟子問政者數矣，而夫子不與言三代損益，以非其任也。回則備言王者之佐，伊尹之人也，故夫子及之焉。是以聖之於天下也，同不是，異不非，百世以俟聖人而不惑，一以貫之矣」。此晉武革命論之根本義也。其蒼精受命，而同為王者之佐，比伊尹，則孔子素王，而春秋損益三代。此近代論政制者由所取證，而于寶之「革命論」於是取證焉。以禪讓征誅明三統之義，五際三基說亦猶是。革命之說不著，於是三世之說，張皇一世，而五際之說，獨湮沒而無聞。京易齊詩，長為世之詬病，推翼奉之義，通之於干寶，以明孟荀之說。至漢晉而猶有傳焉。嚴松問於梭山曰：「孟子說諸侯以王道，行王道以崇周乎，行王道以得天位乎」，梭山曰：「得天位」。「豈教之篡奪乎」，曰：「民為貴，社稷次之，君為輕」。象山曰：「曠古以來，無此議論」。然自轅生以迄孫盛之徒，其說固未之或絕也。此齊詩

京易足以明公羊所未備、而翼奉干寶識超於董生遠矣、素王之說、本於革命、「周道不亡、春秋不作、春秋作、而後君子知周道之亡」、則春秋作而王魯新周可也、素王可也、革命之說不張、孤言素王、則不免於非常可怪之譏、然素王之說、又自有義焉、墨子書公孟子篇公孟子謂子墨子曰「昔者聖王之列也、上聖立為天子、其次立為卿大夫、今孔子博於詩書、察於禮樂、詳於萬物、若使孔子當聖王、則豈不以孔子為天子哉」蓋墨子之說、主於選天下之賢可者、立以為天子、又選擇天下之賢可者、立以為三公、墨家「以巨子為聖人、皆願為之尸」、巨子固墨家之聖、而宜為天子者、墨家既立巨子、故公孟子因之有孔子為天子之說、章枚叔以公明高、公孟子高、公羊高為一人、則墨書之公孟子即公羊子、素王之說、出於公羊、固即以墨家之有巨子、世儒聞巨子則樂道之、聞素王則疑之、可謂知類乎、公羊齊詩之說、本自同源、離之則兩晦、陳留風俗傳云圉度字宣明、公羊春秋、為秦博士、圉又作圈、作轅、圉宣明公羊、而轅固明齊詩、猶伏勝明尚書而其後伏理以下、為齊詩伏氏學、叔孫通傳言「二世召博士諸儒生問楚戍卒攻陳、博士諸生三十餘人、前曰「人臣無將、將即反、罪死無赦」、臣瓚曰「公羊傳曰君親無將、將而必誅」、知此以公羊義對者、正於時圉度以公羊為博士也、革命素王之義、如車二輪、齊

詩公羊，合而後備。本出一源，豈二致哉。仲舒立說，亦能明此。董書言「儒者以湯武為至聖大賢也。今足下以湯武為不義，何也。天之生民，非為王也，而立王以為民也。其德足以安樂民者，天予之；其惡足以賊害民者，天奪之。封泰山，禪梁父，易姓而王，德如堯舜者七十二人。天子者天之所予也，其所伐者天之所奪也。今唯以湯武之伐桀紂為不義，七十二王亦有伐。推足下之說，將以七十二王為皆不義也。今桀紂令天下而不行，禁天下而不止，安在其能臣天下也。果不能臣天下，何謂湯武弒」。董氏之義，亦同尸子轅生。所謂「湯武革命，順天應人」者也。而睢孟稱先師董仲舒有言「雖有繼體守文之君，不害聖人之受命」，自董生變易姓之事，為繼體之君。於湯武革命，漫曰「三代改制」，則僅當於五際改政之義耳。於是改制之說起，而革命之論淆，至晚近談變法而旨益隘。董生變其所學，以委曲於漢，固無以愈於公孫宏之阿世。然儒術遂行，儒顯而道以晦，獨非董生之咎哉。春秋代周之義不著，而素王遂來可怪之譏。所謂「天子之事」，「經世之志」，闇而不宣，淼茫不可究。故曰不以齊詩京易明春秋，則公羊失其義據，不以禮家之說輔春秋，則「一王大法」，「為漢制作」，為徒言。「殷因於夏禮，所損益可知也。周因於殷禮，所損益可知也。其或繼周，百世可知」。繼周，捨數度云為之實，將何以哉。必也曉於禮家之新制，决非周人之舊規。一王大法之義明，而素王受命之旨顯。蓋損益四代，儼同新王，修齊治平，不為虛語，知乎周之為周，自有以見儒之為儒。輯比異同，然後明儒家政治思想之深遠，託為制度之恢宏，而素王之說，革命之義，殆為事之不能已者，非常異義可怪之論，如砥如矢，庸足怪耶。爰稽禮文，以當質驗。

先言井田。孟子謂「夏后氏五十而貢，殷人七十而助，周人百畝而徹」，又曰「由此觀之，雖周亦助也」，是孟子之說，先後難諧。孟子曰「治地莫善於助」，又曰「請野九一而助，國中什一使自賦」，則孟子之意，又難諧也。夫滕壤地褊小，絕長補短，將五十里，而孟子既謂治地莫善於助，乃欲五十里之國，徹助并行，國野異制，是果何說哉。及考之周官，乃知其意符孟子。周官之言造都鄙也，小司徒經之，其職云「乃經土地而井牧其田野」，鄭氏注禮，則主以國中當鄉遂用貢，而野當都鄙用助，則孟子之意，固與周官之舊，無所於別也。大司徒之職，「令五家為比……五州為鄉」，凡萬二千五百家，凡六鄉，六鄉軍法，在小司徒之職，「五人為伍……五師為軍，軍萬二千五百人」，出於鄉，家一人也。六鄉而六軍，大司馬之職所謂「王六軍」者也。周官建學，亦止於六鄉，六鄉者，徹之所行，即軍之所出，又為建學以登庸焉。野則助之所行，不出兵，不建學，此無他，周既克殷，周人居國中。而放逐殷人於野耳。周世用徹法。自公劉而「徹田為糧」，於夏殷之世已然也。殷則世用助法，既喪其國家，退居於野，尚仍其助法焉。入周而不改，此所以雖周亦助耶。又曰「將為君子焉，將為野人焉。無君子莫治野人，無野人莫養君子。」君子為統治階級，野人則被統治者也。又曰「方里而井，井九百畝，其中為公田，公事畢，然後敢治私事，所以別野人也。」是井田所在者為野人，則徹法所行者為君子。夫越有「君子六千人」者兵士也，楚有「都君子王馬之屬」亦兵士也。此何異禿髮高歡所謂鮮卑任戰伐，而「漢人為汝作奴，夫為汝耕，妻為汝織」者乎。葉適言「六鄉於王畿為近，而皆為君子，故使之什一自賦，其粟則藏於倉人。六遂於王畿為遠，而皆野人，故使之九一而助，其粟則聚於旅師。遂人以『興耡利甿』，『里宰』『合耦於耡』，『旅師』『掌聚野之耡粟』，耡即助字，助字惟見於六遂之官」，是六遂用助法之明證。本師左庵以王莽用周官，其制有六鄉六隊，六鄉在長安，六隊在洛陽，六隊即周官之六遂，知周官舊說六遂在成周，正所以居殷頑者也，為助法之所行。是助之所行為殷人，又審矣。鄭氏注載師云「周稅輕近而重遠」，此即輕周而重殷耳。管子治齊，見諸國語者，曰「參國五鄙」，參國則士鄉十五，以立三軍者也；伍鄙不出軍，而曰「井田疇均」，是亦五鄙用助，而鄉用徹，鄉之進賢有三選之法，而鄙無之，則所以別君子野人者，事亦猶然，皆以見周之舊度，莫之或異也。自秦開阡陌，急於富强，荀卿言其「五甲首而隸五家」，蓋韓非之所謂「富貴皆出於兵」也。於是有「父子低首，奴事富人，躬率妻孥，為之服役」者也。夫周則貴賤之懸殊，秦則貧富之迴絶，而公羊家之言井田也，則又異。何休謂「一夫一婦受田百畝，公田十畝，八十家而九頃，共為一井，十井共出兵車一乘，一里八十户，中里為校室」，包氏解論語云「千乘之國者，百里之國也」。夫然則今文家所論井田，通國皆助，通國出兵，出車，亦通國立學，而君子野人之隔泯矣。則今文家之論井田，既以夷周人貴賤之殊，亦以絶秦人貧富之辨，則所謂一王大法者，豈非鑒於二代之弊，而特立一盡善之治哉？則今文為哲學，固不足疑，不可與周制同日而語也。

周之井田，與今文説之井田，又有其異者。地官比長「徙于國中及郊，則從而授之，若徙他邑，則為之旌節而行之，若無授無節，過所則呵問，繫之圜土」。圜土者，獄城也，此為周之農民，不得自由離開土地。地官鄰長亦云「徙於他邑，則從而授之」，此六鄉六遂之人，不得任意遷徙，而官為管理之，否則收入獄中。故周語曰「猶散遷懈慢，而著在刑辟，流在裔土，於是乎有蠻夷之國，有斧鉞刀墨之民」，是散遷有罰，懈慢亦有禁也。周語又言「土不備墾，辟在司寇。」又言「王則大徇，耨穫亦如之。民用莫不震動，恪恭於農，修其疆畔，日服其鎛，不解於時。」其監農之急也。孟子曰「死徙無出鄉，鄉田同井，」惟農民不得離其土，故為農奴，以土地與人民同為領主之財產也。「王者始起，封諸父昆弟，示與已共財之義，故可以共土也，」故封建者，分財之說也。左氏定四年傳「成王分魯公以殷民六族，分康叔以殷民七族，聃季授土，陶叔授民，」授土授民，以土與民皆所分之財也。故人民不得離其地，不得怠其時。禮王度記曰「有分土，無分民也，」是非周初之意而為後來儒者之說。「民咸歸鄉里，戶益息，」此今文家之井田，民可與土相離，得離其土則非農奴。谷永之說曰「方制海內，非為天子，列土分疆，非為諸侯，皆以為民也，」則非復共財共土之意也。而先後井田封建之意別也。

次言辟雍　今古學考言「射義天子射以選諸侯卿大夫士，古者天子之制，諸侯貢士於天子，試之於射宮，射中多者得與於義，」云云，及慶賞益地削地之說，全與穀梁大傳繁露等書同，此今學也。古學則不貢士，皆世官，亦不以射為選舉，」廖師以今學為孔作，為新制，古學為從周，為舊規，此以射義所陳為改制，周禮世官為史迹，如犀分水，涇渭判然，乃漢師以降，於斯二者，必牽合言之，紛不可理。若選舉學校，三代大同，儒之為儒真所謂其言皆糞土也。今專就周官經文考之，不取注說，則周代學惟貴游，不及民庶，烏有選士之制，然後見廖師之說為不可易，而二千餘載之經說真長夜夢夢也。地官師氏「掌以媺詔王，以三德教國子，居虎門之左，司王朝，掌國得失之事，以教國子弟，凡國之貴遊子弟學焉」，保氏「掌諫王惡，而養國子以道，乃教之六藝，教之六儀」，鄭注「國子公卿大夫之子弟，師氏教之，而世子亦齒焉」，春官大司樂「掌成均之法，以治國之學政，而合國之子弟焉，凡有道者有德者使教焉，以樂德樂語樂舞教國子」，鄭注「國之子弟，公卿大夫之子弟當學者，謂之國子」，此周官師保成均之教，入學者以貴遊子弟為限也。大司徒之職「令五家為比，五比為閭，四閭為族，五族為黨，五黨為州，五州為鄉，……以鄉三物教萬民而賓興之，一曰六德，二曰六行，三曰六藝」，鄉大夫之職「正月之吉，受教法於司徒，退而頒之於其鄉吏，使各以教其所治，以考其德行，察其道藝，而興賢者能者，鄉老及鄉大夫羣吏獻賢能之書於王，退而以鄉射之禮五物詢眾庶，此謂使民興賢，出使長之，使民興能，入使治之」，「正月之吉，各屬其州之名而讀法，以考其德行道藝而勸之，春秋以禮會民而射於州序」，黨正「以禮屬民而飲酒於序，正歲屬民讀法，而書其德行道藝」，族師「月吉則屬民而讀邦法，書其孝弟睦婣有學者」，此六鄉州長之制，族凡百家，族師書其有學者，黨五百家，黨有庠，黨正書其德行道藝，鄉萬二千五百家，鄉大夫三年大比，考其德行道藝而興賢者能者。此德行道藝之士，黨正書之，州長考之，鄉大夫興之。秦蕙田言「古者取士於鄉有二法，一則由鄉而升司徒，而升大學，學成然後用之，王制所謂造士是也。一則三年大比，興其賢能，直達於王，不復令入國學，周禮所謂賓興是也」。是周官州黨之序，六鄉之士不復入成均，而師氏保氏所教，止於貴遊國子，秦氏已明見及此也。至秦氏謂「六遂之學與鄉同」，則大不然。地官曰「遂人掌邦之野，五家為鄰，五鄰為里，四里為酇，五酇為鄙，五鄙為縣，五縣為遂」，由遂師遂大夫縣正鄙師酇長，無庠序之文，無考校賓興之說，皆言各掌其政令，由鄉師鄉大夫州長黨正皆言各……掌其教治政令，族師言掌其戒令政事，則六遂與六鄉之族師以下，皆不言教，則其無學可知也。六鄉大比，賓興賢能，六遂大比，則行誅賞，鄉遂二者，治絕不同，言六遂以下有學者，經師之過也。劉敞言「古者鄉學教庶人，國學教國子，鄉學所升，不過用為鄉遂之吏，國學所升，則命為朝廷之官，此鄉學國學教選之異，所以為世家編戶之別」，是其區辨世庶，釐然不惑，而鄉遂之異，則猶未及論，甚哉，論禮之不晰亦久矣。

王制言「命鄉論秀士升之司徒，曰選士。司徒論選士之秀者而升入之學，曰俊士。升於司徒者不征於鄉，升於學者不征於司徒，曰造士。樂正崇四術，立四教，順先王詩書禮樂以造士，春秋教以禮樂，冬夏教以詩書。王太子、王子、羣后之太子、卿大夫元士之適子，國之俊選，皆造焉。大樂正論造士之秀者以告於王，而升諸司馬，曰進士。司馬辨論官材，論進士之賢者以告於王，而定其論。論定然後官之，任官然後爵之，位定然後祿。」此鄉之秀選，得升於國學，預於貴遊之列，同升諸朝，則非周官之舊也。尚書大傳言「大夫七十而致仕，而退老歸其鄉里，大夫為父師，士為少師，新穀既入，餘子皆入學。」又曰小師取小學之賢者登之大學，大師取大學之賢者，登之天子，天子以為左右。白虎通義言「古之教者，里皆有師，里中之老有道德者為里右師，其次為左師。」則此之建學，偏於鄉里，不如周之限六鄉也。何休公羊傳宣十五年解詁曰「聖人制井田之法，一夫一婦受田八畝，八家而九頃，共為一井。一里八十户，八家共一巷，中里為校室，選其耆老有高德者，又名父師，十月事訖，父老教於校室，八歲者學小學，十五者學大學。其有秀者移於鄉學，鄉學之秀者移於庠，庠之秀者移於國學，學於小學。諸侯歲貢小學之秀者於天子，學於大學。其有秀者，命曰進士，行同而能偶，別之射，然後爵之。士以才能進取、君以考功受官」、此非特王畿鄉里之學而侯國鄉里之學也、此射義所謂「古者天子之制、諸侯歲獻貢士於天子、天子試之於射宮」者也、則周官所言、為貴族封建之治、射義王制以下所言、為平等之民治、而實儒者之理想、非前代之史迹也、

次言封禪　眭孟言「漢家堯後、有傳國之運、漢帝宜誰差天下、求索賢人、禪以帝位、而自退封百里、如殷周二王後、以承順天命」、廷尉奏孟妄設妖言、衆逆大道、伏誅、蓋寬饒上書、引韓氏易傳言「五帝官天下、三王家天下、家以傳子、官以傳賢、若四時之運、成功者去、不得其人、則不居其位」、書上、朝議以寬饒意欲求禪、大逆不道、遂下吏、寬饒自剄、此二事若至異、以漢主之威、而責以禪代者前仆後起、此豈末世所能有者哉、然其故有由來也、禮運言大同則曰「選賢與能」、而訾小康之「大人世及」、夫世及者、天子之事也、墨其人則曰「禹湯文武成王周公、此六君子者」、儒者言必曰堯舜禹湯文武、此獨不及堯舜者、正以禹湯為家天下、為小康、則大同之所謂選與能者、豈非謂堯舜為能官天下者乎、選天子之說、墨子書言之著矣、一則曰「選天下之賢可者立以為天子、又選擇天下之賢可者立以為三公、天子三公既立、以為天下博大、故畫分為萬國、立諸侯國君、諸侯國君既立、又選擇國之賢可者立以為正長」、再則曰「選擇天下賢良聖知辯

慧之人，立以為天子。天子既立，是故選擇天下贊閱賢良聖知辯慧之人，置以為三公。天子三公既立，是故靡分天下，設以為萬諸侯國君。國君既以立，故擇其國之賢，置以為左右將軍大夫，以逮鄉里之長。」夫選賢以為天子，其義著明已早。友人任非百說「禮運」一篇，全符墨子之義。「大同選賢」云者，其義之極乎選天子無惑矣。韓易禮運有其說，公羊氏殆亦有之。傳於春王正月曰：「王者孰謂？謂文王也。」王則周之天王可也，奚必曰文王，言文王者，說小康者體以文王為主也。西狩獲麟，而曰「堯舜之道」，由小康而進於大同，由文王而進於堯舜，此禮春秋之所同，而三世義之所由起也。眭孟固公羊大師，其謂「漢帝宜求索賢人，禮以帝位」，其持說豈無自來耶。卒之王莽代漢，一世士大夫翕然歸美，固自有故。殆數百年來，師師所口授而面命者，皆以抑於漢家不得伸，亦所以積怨而發憤者也。說苑言鮑白令之稱「五帝官天下，三王家天下」，而毀始皇為桀紂，遂釀坑儒之禍。淳于越、周青臣論封建事，遂釀焚書之禍。儒者之必以大同（禪讓）小康（封建）之論，以貴秦漢之王室，卒之亡身喪元而不悔，則其志亦烈矣。近世每稱王莽所為，為社會政策，豈知王莽所用，一一皆數百年間之經說哉。鮑白令之以官天下責始皇，不可謂非豪傑之士。說苑述其事，言令之者，異知鮑白為複姓，蓋鮑丘之字誤也。新語貲賢言「鮑丘子之德行，非不高於李斯趙高也，然伏隱於蒿廬，」此鮑丘子，即說苑之鮑丘令之，鹽鐵論毀學言「李斯與包丘子俱事荀卿，李斯入秦，遂取三公，包丘子不免於甕牖蒿廬，」則鮑丘令之，即傳魯詩之浮丘伯也。夫封禪者，爲易姓受命之事，所以報功告成者也，董仲舒言「天下無常予，無常奪，故封於泰山之上，禪於梁父之下，易姓而王，德如堯舜者七十二人，王者天之所予也，其所伐者天之所奪也，以明德如堯舜言封禪之義也，白虎通言「王者易姓而起，必升封泰山何，報告之義也，始受命之時，改制應天，天下太平，功成封禪，」禮器疏引白虎通曰「繹繹無窮之意，禪於有德者而居之，無窮已，」又云白虎通云「禪以讓有德，」非也，所引與今本略不同，蓋封以言始，故曰始受命之時，禪以言終，故曰禪者明已成功相傳也，又曰「三皇禪於繹繹之山，明已成功而去，有德者居之，繹繹者無窮之意也，」傳本文多損缺，於始終之意不具，又脫禪以讓有德之人，若風俗通義云「三皇禪於繹繹，明已成功而去，有德者居之，繹繹者無所指斥也，五帝禪於亭亭，亭亭名山，其身予聖人，三王禪於梁父者，信父者子，言父子相信與也，」則讓禪之說若揭，此仲舒所謂德如堯舜者也，則封言受命，禪言去讓，始終之義著也，司馬遷作史記，本紀始五帝，世家始吳太伯，列傳始伯夷叔齊，豈無聞於儒者之微意哉。然則書始唐虞，春秋始於魯隱，亦是義耳。先師劉士志先生蓋嘗推論之也。

次言巡狩　墨子兩言選天子三公大夫正長，而獨不及諸侯，蓋以衰周之世，諸侯力政，不可得而言耶。從弟季甫曰：射義言「古者天子射以選諸侯卿大夫士。天子之制，諸侯歲貢士於天子，天子試之於射宮，中多者得與於祭，中少者不得與於祭。數與於祭而君有慶，數不與於祭而君有讓。數有慶而益地，數有讓而削地。故曰射者射為諸侯也。」又言「故天子之大射，謂之射侯。射侯者，射為諸侯也。射中則得為諸侯，射不中則不得為諸侯。」墨家所不能道者，至是而儒者備言之，則視墨又進也。荀子君道篇曰「上賢使之為三公，次賢使之為諸侯，下賢使之為士大夫。」選諸侯之說，始見於荀子。射義蓋荀氏以下之說也。黜陟諸侯之義，莫備於巡狩。王制「歲二月東巡狩，至岱宗，柴而望祀山川，覲諸侯，問百年者就見之。命大師陳詩以觀民風，命市納賈以觀民之所好惡，志淫好辟。命典禮考時月定日，同律禮樂制度衣服正之。山川神祇有不舉者為不敬，不敬者君削以地。宗廟有不順者為不孝，不孝者君絀以爵。變禮易樂者為不從，不從者君流。革制度衣服者為畔，畔者君討。有功德於民者，加地進爵。」尚書大傳曰「天子執冒以朝諸侯，見則覆之。故冒圭者，天子所與諸侯為瑞也。無過行者得復其圭以歸其國。有過行者，留其圭，能改過者，復其圭，三年圭不復，少黜以爵，六年圭不復，少黜以地，九年圭不復而地畢。又言「古者諸侯之於天子也，三年一貢士，天子命與諸侯輔助為政，所以通賢共治，示不獨專，重民之至，大國舉三人，次國舉二人，小國舉一人，一適謂之攸好德，再適謂之賢賢，三適謂之有功。有功者，天子賜以衣服弓矢，再賜以秬鬯，三賜以虎賁百人，號曰命諸侯，得專征，有不貢士謂之不率正者，天子黜之，一不適謂之過，再不適謂之敖，三不適謂之誣。誣者天子黜之，一黜少絀以爵，再黜少絀以地，三黜而爵地畢」。則言所以絀陟諸侯者，若是其易易，此固未必西周之制然也。白虎通言「小國考之有功，增土進爵，五十里，不過五次而進爵土，七十里，不過七次而進爵土」。又曰「盛德之士，亦封之，所以尊有德也，以德封者，必試之為附庸，三年有功，因而封五十里，元士有功者，亦為附庸，大夫功成封五十里，卿功成封七十里，公功成封百里，士有功德，遷為大夫，大夫有功德，遷為卿，卿有功德，遷為公，故爵主有德，封主有功也」。則士之賢有德者，亦得至乎諸侯，斯固三代之隆，末之見者，其為儒家所理想之制度無惑矣。夫士禮十七篇，為事十五，鄉射禮外，重以大射，特謂之儀，可知此一篇者，固所以寓進退諸侯之微旨者歟。春秋繁露爵國篇曰「傳曰：臣不若人，人不若名，名不若字，附庸字者方三十里，名者方二十里，人氏者方十五里」此其為說前無聞焉，備士以盛德受封之說起，而附庸三等之說，因緣而生，意以待士而賢者之封，誠不可為前世之制也。

廖師言「周末積弊多，繼周當改，故寓其事於王制，如崔尹世卿，乃立選舉之政，閽弒吳子乃不使刑者守門，國大易為亂，乃限以百里，從弟季甫證成之，以為「孟子主張小封建，欲以削弱諸侯，其曰「天子之地方千里，諸侯之地方百里，周公封魯為方百里，太公封齊亦為方百里，今魯方百里者五，有王者作，則魯在所損乎，在所益乎，其意是欲以削強大諸侯，夫齊魯之封，固非止百里，史記言「封伯禽康叔於魯衛，地各四百里，太公封於齊，兼五侯之地」晏子春秋曰「昔吾先君太公受之營丘，為地五百里」明堂位「封周公於曲阜，地方七百里」四百里其本封，而七百里者，即詩所謂「錫之山川，土田附庸」者也，孔孟屢言千乘之國，蓋周之舊也，何休包咸皆云「十井出兵車一乘，千乘之國，則百里之地」然孟子以齊為萬乘之國，地方千里，以包何之率推之，相差倍蓰，小司徒注引司馬法曰「六尺為步，步百為畝，畝百為夫，夫三為屋，屋三為井，井十為通，通為匹馬，三十家，士一人，徒二人，通十為成，成百井三百家，革車一乘，士十人，徒二十人，十成為終，終千井，三千家，革車十乘，士百人，徒二百人，十終為同，同「方百里，萬井三萬家，革車百乘，士千人，徒二千人」。管子乘馬「方六里而一乘」，與司馬法，成百井出一乘，相吻合，則千乘之國，地方實當三百餘里，故馬融云「千乘之賦，其地千成，居地方三百一十六里有畸」，又管子輕重篇言「天子中立，地方千里，兼霸之壤，三百有餘里」，孔子孟子皆言千乘之國，則有方三百餘里之侯明矣。詩魯頌「公車千乘，公徒三萬」，魯實千乘之國，地當方三百有餘里，而孟子必以為百里之諸侯者，其意可思也。夫戰國之世，貴族之制廢而郡縣之治立，乃儒者必言封建，雖非周舊，為說已卑，及觀賈誼過秦曰「鄉使二世有庸主之行，而任忠賢，裂地分民，以封功臣之後，建國立君，以禮天下……天下集矣」，知漢儒以秦亡之速，為不封建之過，於是封建之論以復活，則顯非公羊譏世卿之義，吾意戰國間必有張為群縣之說者，徒以封建論之復活，而儒者剗滅之無餘也，豈非事之至可惜者耶。而巡狩黜陟之論以紛紛，若孟子所陳巡狩述職，曰「無非事者，春省耕而補不足，秋省斂而助不給，夏諺言曰吾王不遊，吾何以休，吾王不豫，吾何以助，一遊一豫，為諸侯度」，此言巡狩諸侯之又一義也。

次言明堂　明堂太學一也，穎容賈服並同此說，東漢以來紛紛爭議者，惟五室九室事，何其陋耶，觀乎趙綰王臧請立明堂，竇太后以讓上（武帝）曰「此欲復為新垣平也」。上因廢明堂事，下綰、臧吏，皆自殺。杜業言「河間獻王經術通明，天下雄俊衆儒皆歸之。孝『武帝時獻王來朝，問以五策，輒對無窮。武帝艴然難之，帝曰湯以七十里，文王以百里，王其勉之。王知其意，歸即縱酒聽樂以終』。而稽之班書，獻王所對則三雍宮也。綰、臧以明堂誅，獻王以明堂廢，則明堂固別有説乎。夫明堂者，天子布政之宮也。尸子曰「黃帝曰合宮，有虞氏曰總章，殷人曰陽館，周人曰明堂」。又曰「堯有建善之旌，立誹謗之木」。管子曰「黃帝立明臺之議者，上觀於賢也。堯有衢室之問者，下聽於人也。湯有總街之庭者，以觀人誹也」。夫明堂、大學同處，鄭人遊校以論執政，明堂而觀於賢，聽於人，以觀人誹，則以聽於大學之士，而士恣於議政也。地官「師氏掌國中失之事，以教國子弟。保氏掌諫王惡，而養國子以道」，則鄉校論執政，正所謂中失，而明堂之聽人觀誹，正所謂諫惡。管子書論明堂，蓋推本師保、鄉校而然也。王制言「大學在郊」，學禮言東學、南學、西學、北學，此四郊大學也。尚書大傳言「東堂距邦八里，南堂距邦七里，西堂距邦九里，北堂距邦六里」，所謂四郊大學，即此距邦堂處也。兆五帝於四郊，亦明堂處也。規模壯闊，豈區區九室五堂而已乎。孟子曰「民爲貴」，無明堂則民貴徒虛説也。儒者舍尚書四郊明堂不敢議，而徒爭考工記以來周人五室之制，故論益多而義益晦，是不解有周之明堂大學，有儒家所設想之明堂大學，二者固區以別也。王制公羊言「諸侯歲貢小學之秀者於天子學大學」，然則明堂即大學，正諸侯貢士之所萃，布政於是，獻囚於是，師出而獻俘亦於是，養三老五更於是，而天子袒而割牲，父事三老以為孝，兄事五更以為弟，上觀下聽，皆於是，則民為貴之實備矣。教中失，諫王惡，天子恆規規焉不能有所踰，而聽政於眾庶，則縉紳以議明堂誅，獻王以對雍宮廢，豈虛也哉。

詩曰「詢於芻蕘」，書言「謀及庶人」，夫建國和眾，未有不協眾志合羣謀而能克大難舉大功者，盤庚從鄴，大王去邠，或命眾悉至於庭，或屬其耆老而告，著在經文，昭若示掌，其可誣耶。然此徒有其事，未詳其制，猶曰偶有之耳，究尋其制，則備於周官外朝之法。小司寇之職「掌外朝之政，以制萬民而詢焉，一曰詢國危，二曰詢國遷，三曰詢立君」，是國有大故，未有不詢於萬民者也。大司徒之職「若國有大故，則致萬民於王門」，鄉大夫之職「大詢於眾庶，則各帥其鄉之眾寡而致於朝」，此所詢之眾，即六鄉之人也。朝即外朝，在雉門之外，人君固不常御，其位「王南嚮，三公及州長百姓北面，羣臣西面，羣吏東面」，則鄉大夫致眾庶於朝，而州長與百姓同在焉。朝士之職「掌建邦外朝之法，左九棘，孤卿大夫位焉，羣士在其後，右九棘，公侯伯子男位焉，羣吏在其後，面三槐，三公位馬州長衆庶在其後、左嘉石、平罷民焉、右肺石、達窮民焉」、此外朝之位也、「帥其屬而以鞭呼趨且辟、禁慢朝錯立族談者」、丘濬曰「外朝在庫門之外、最居外者也、人君不常御、國家大禮典、則於此朝會、而朝士掌其法、有大疑難則於此詢問、而小司寇掌其政、朝著之間、有上下之位、有前後之次、入者必循叙漸進、而不可參差、立者必肅容守次、而不可錯亂、非奏對不言、無故不可聚而喧嘩、故當人臣朝見之時、小司寇則擯而相之、使之次第而進、朝士則帥其屬而用鞭呼號以肅之、使之各趨其位而知所避焉」、丘氏之說、甚為明白、於此本為朝萬民之法、鄉大夫各帥其鄉之衆寡而致於朝、以待大詢、丘氏論獨不及此、則已昧其本、豈於詢萬民之事、不免疑忽之情乎、則串貫六官以究一事之始末、昔之儒者、於此已難也、小司寇「以三刺斷庶民獄訟之中、一曰訊羣臣、二曰訊羣吏、三曰訊萬民、聽民之所刺宥、以施上服下服之刑」、鄭注「民言殺、殺之、言寬、寬之」、此三詢之外、用法亦訊之於萬民也、此周之舊而謀及庶人之制也、既明周代外朝大詢之制、請再以史之事實言之、韓原之戰、晉敗於秦、惠公止焉、左氏僖十五年傳言「晉侯使郤乞告呂飴甥且召之、子金教之言、曰朝國人而以君命賞、且告之曰孤雖歸、辱社稷矣、其卜貳圉也、衆皆哭、晉於是乎作爰田、呂甥曰君亡之不卹而羣臣是憂、惠之至也。將若君何。衆曰何為而可。對曰征繕以輔孺子。諸侯聞之。喪君有君。羣臣輯睦。甲兵益多。好我者勸。惡我者懼。庶有益乎。衆說。晉於是乎作州兵。此於國家喪亡之際。朝國人以定大難者也。然此猶諸大夫稱君命以朝國人也。左氏定八年傳「衛侯欲叛晉……大夫問故。公以晉詬語之。且曰寡人辱社稷。其改卜嗣。寡人從焉。……公曰又有患焉。謂寡人必以而子與諸大夫之子為質。……將行。王孫賈曰苟衛國有難。工商未嘗不為患。使皆行而後可。公以告大夫。乃皆將行之。行有日。公朝國人。使賈問焉。曰若衛叛晉。晉五伐我。病何如矣。皆曰五伐我。猶可能戰。賈曰。然則如叛之。病而後質焉。何遲之有。乃叛晉」。此衛之以國危朝國人也。晉衛之事。正小司寇致萬民而詢焉。詢國危。詢立君者也。鄭注「國危謂有兵寇之難」。賈公彥以為「鄰國來侵我。與國為難者也」。此正以弱敵強。國家危急存亡之際。全面抗戰。動員民衆之事也。周官之制。春秋之事。若合符節。其可誣乎。若陳懷公之事殆又甚焉。左氏哀元年傳「吳人之入楚也。使召陳懷公。懷公朝國人而問焉。曰欲與楚者右。欲與吳者左。陳人從田。無田從黨」。此則國之外交。亦決於衆庶也。從違以定國策。杜注「都邑之人。無田者隨黨而立。不知所與。故直從所居。田在西者居右。在東者居左」。此云從田。正所謂鄉大夫帥其鄉之衆寡而致於朝。殆皆田者也。都邑之無田者亦與焉。則勞工階級靡不在。曰謀及庶人。曰詢於芻蕘。於禮實有其制。於春秋實有其事。而治經者忽焉。於眾議之治。遂莫之察耳。於周之舊。知有眾議之制。然外朝遂足以盡王畿千里之人乎。曰鄉大夫各帥其鄉之眾寡而致於朝。則所謂萬民眾庶百姓云者。實即六鄉之人。左氏云國人者。知亦不過國什一自賦之人耳。天子六鄉六遂。自六遂以下。皆不得與於外朝之事也。則諸侯三郊三遂。亦惟三郊之人。得與於三詢之列也。六鄉三郊之人。為立學焉。出兵焉。與外朝焉。而其餘不得與。則是眾議者。不過周之兵士階級耳。無田役黨都邑之人。則工商之人也。猶九一而助之人不得與。則眾議云者。實軍人而已。今文家鑒周人之舊典。而別為一王之新法。於此致萬民而詢國危之制。不容置之不取。不取則其治下於周。且霄壤間也。今文家既不許助徹之異制。以平等之治。代貴賤懸殊之治。而勢又不可致四海之民於外朝而詢焉。變通之道。繫於明堂外朝舊制。其與議者曰工商兵農。而地限於六鄉。明堂新規。其與議者。為鄉學之秀。為智識分子。所選極於四海。外朝之詢者三焉。明堂之聽。則凡國之百度。此亦今家新王大法之進於周舊者。明堂之說詞。其為自外朝之法。蛻變而來。昭然若揭。此度不立。將奚貴於今學。奚取於儒家。若周之外朝不為虛誣。則雖伏生老惊其說必趨於明堂無疑也、以外朝之事較明堂、而明堂之實愈彰、抑尤有進者、伏生大傳言「東堂距邦八里、南堂距邦七里、西堂距邦九里、北堂距邦六里」、白虎通義引尚書逸篇曰「大社唯松、東社唯柏、南社唯梓、西社唯栗、北社唯槐」、周官馬氏注云「社稷在左、宗廟在右、或曰王者五社、大社在中門外、惟松、東社八里惟柏、西社九里惟栗、南社七里惟梓、北社六里惟槐」、以距邦言之、則明堂所在、即社之所在、則其義又特重也、禮三正記曰「王者二社、為天下立社曰太社、自為立社曰王社、諸侯為百姓立社曰國社、自為立社曰侯社、太社尊於王社」、爾雅曰「起大事、動大衆、必先有事乎社而後出」、郊特牲曰「唯為社事單出里」、斯社之所以繫民也、辟雍明堂為一、「大學在郊」、唯大傳言明堂與之合、任啟運曰「青陽即東學、（東序）明堂即南學、（成均）總章即西學、（瞽宗）玄堂即北學、（上庠）其正即天子蒞學養老之堂」、（辟雍）以學議政之說、於此不已顯乎、

劉歆言「往者綴學之士、因陋就寡、分文析字、煩言碎辭、至於國家將有大事、若立辟雍封禪巡狩之儀、則幽明而莫知其原」、斯數者、固王政之大端、儒者不容或昧者也、而忽焉幽絕、若存若亡、豈無故哉、殆以不容於時君世主而致然耶、班固言「春秋所貶損大人、當世君臣、有威權勢力、是以隱其書而不宣、所以免時難也」、又曰所褒諱貶損不

可以書見，口授子弟……及末世說口說流行，故有公羊穀梁鄒夾四家之傳，則凡經旨微言之不可書見者，其必有與當世威權相防之實，倘即所謂經世之志，而別爲一王大法者歟。然則井田學校封禪巡狩明堂諸端，正所謂一王大法者也，是皆所以救時政之弊，而冀以躋一世於隆平之域，此固以春秋當新王，而王魯新周說之所由起，蓋通經致用，誠非虛言，儒亦不得爲無用之學，其不容於時，不可書見，再經摧挫，說遂幽冥，固其宜也。今以其論旨致之，殆非周澤既斬，秦勢已張之時，未易發此宏議，雖推揖孔氏，以當素王，特以倡是議者之未敢自名，而故託之先聖云耳。豈秦世以上，易逮此哉。六藝紛錯，於斯而啟，有周之舊典焉，所謂史學者也；有秦以來儒者之理想焉，所謂經學者，實哲學也，此今古學所由判也。惟論革制者，空陳其法，不宣其意，託之三代，儼若成規，後世不察，乃持兹新論，比諸舊史，其於微言大義，僅資口授者，皆然莫省，故有訾以「是口說而背傳記」者，劉歆是也；有詈其「怪舊埶而善野言」者，許慎是也。孰知口說野言之間，固爲隱而不宣者之所繫，惜哉，自辟雍巡狩封禪新王大法之旨廢，而分文析字，破壞形體者，獨以馳逐也。微言永晦，六經之不絕如一綫耳。文通容解梁時，比輯秦制，凡數萬言，始恍然於秦之秦，然後知法家之說爲空言，而秦制其行實也。儒家之說為空言、而周制其行實也、周秦之政殊、而儒法之論異、不以行實考空言、則無以見深切著明之效、既見秦制之所以異於周、遂亦瞭然於今學之所以異於古、蓋周也、秦也、春秋一王大法也、截然而為三、春秋師說者、一王之空言、禮家師說者、春秋之實行也、所謂春秋經世、為漢制作者、正以鑒於周秦之敗、而別起素王之制、為一代盡善之法、不以禮家之說考春秋、誠不免於非常可怪之論、不以周秦之史校論一王大法、則此非常異義者、又安見其精深宏美之所存、誠以周之治為貴族、為封建、而貴賤之級嚴、秦之治為君權、為專制、而貧富之辨急、素王革命之說、為民治、為平等、其於前世貴賤貧富兩階級、殆一舉而並絕之、是秦漢之際、儒之為儒、視周孔之論、誠倜乎其有辨也、晚近學人、以晚周為舊社會之漸即於動搖、而儒教廢、以儒者為護持舊制度者也、然入漢初為新社會之長成、而儒又興、斯豈非新理論之能乘新時代而復起乎、是先後之世殊、而儒者新故之說異也、蓋自戰國以來、布衣之士、已崛起而居卿相、夫布衣之不容世族、而又據貴勢與豪人之獨擅富厚、自必並力以擯之、固勢理之必然、此思想之一變、而公羊所以託春秋而譏世卿也、及乎秦人毒痡海內、專制之焰熾、而兼併之禍深、此思想之再變、而禮家所以藉明堂而張議政也、法殷法夏、說議蜂集、竊嘗論之、法家者流、蓋自託於從殷、（別有專論）儒家言法殷者、即取法家以為義也、法家擯貴族、而公羊因之譏世卿、譏世卿、豈儒家之意耶、李君浚卿有譏世卿為公羊義非春秋義之論、海東學人亦有春秋取法家之說、可以驗也、墨家者流每自託於從夏、儒家言法夏者、即取墨家以為義也、墨之道、「以自苦為極」、故穆賀謂之曰「賤人之所為」、錢賓四氏因之極論「儒家為模擬上層之貴族、墨家為代表下層之庶民」、凡儒家之平等思想皆出於墨、自取墨以為儒、而儒之說宏卓不可及也、儒家之義、莫重於明堂、班固言、墨家者流、蓋出於清廟之守、養三老五更、是以兼愛、選士大射、是以上賢、以孝視天下、是以上同、見儉之利、因以非禮、此其為說、多不見於墨子之書、而為後之儒者所取重、當本墨家之師說、而劉班述之、清廟者、即明堂也、知明堂之說、創於墨家、而儒者因之而論明堂最能推明本義者、則為尸子、尸子固為誦法墨子者也、尸子有止楚師一篇、即公輸般攻宋事、其曰「禹之治水、死陵葬陵、死澤葬澤、桐棺三寸、制喪三日、舜死南巳、衣衾三領」、皆本墨子以為說也、尸子書雖不完、然本諸儒墨者十八九、並儒墨為一家者、未有先於尸子者也、其明堂一篇、以天下之士為主、論士之不可妄致、其言曰「古者明王之求賢也、不避遠近、不論貴賤、卑爵以下賢、輕身以先士、故堯從舜於畎畝之宮，北面而見之，不爭禮貌，此先王之所以能正天地，利萬物之故也。今諸侯之君，廣其土地之富，而奮其兵革之強，以驕士；士亦務其德行，美其道術，以輕上，此仁者之所非也。曾子曰：『取人者必畏，與人者必驕。』今說者懷畏，而聽者懷驕，以此行義，不亦難乎！非求賢務士，而能致大名於天下者，未之嘗聞也。夫士不可妄致也……是故曰：待士不敬，舉士不信，則善士不往焉；聽言耳目不瞿，視聽不深，則善言不往焉。孔子曰：『大哉河海乎！下之也。』夫河下天下之川故廣，人下天下之士故大。故曰：下士者得賢，下敵者得友，下眾者得譽。故度於往古，觀於先王，非求賢務士，而能立功於天下，成名於後世者，未之嘗有也。夫求士不遵其道，而能致士者，未之嘗見也。然則先王之道可知已。」明堂之義，倘鑒於戰國養士游說之風而起乎？士之諂與不恭兩不可，而上下交有失。此尸子所申明堂，若五室九室者，非尸子所屑論，此所以為獨探本義者也。其君治篇曰：「黃帝曰合宮，有虞氏曰總章，殷人曰陽館，周人曰明堂。」此申明堂議政之義也。曰：「堯立誹謗之木，禹有進善之鼓。」此亦申明堂議政之義也。管子書亦言：「黃帝立明臺之議，上觀於賢也；堯有衢室之問，下聽於民也；舜有告善之旌，而主不蔽也；禹立諫鼓於朝，而備評謠也；湯有總街之庭，觀人誹也；武王有靈臺之復，賢者進也。」呂氏春秋亦言：「堯有欲諫之鼓，舜有誹謗之木，湯有司過之士，武王有戒慎之鞀」，是皆一時明堂之論，蜂起猬集。而呂氏論明堂尤明備，斯正戰國君權擴張之極，而庶人議政之說以興。管子、尸子書皆最晚，其曰尸佼曰管仲云者，固不足論也。孟子曰「民為貴」，荀子子言「天之生民，非為君也，天之生君，以為民也」，而呂氏春秋乃言「天下者，天下之天下也」，此其為說，度越孟荀者益遠。舍明堂，將何以舉天下之天下之實。吾以為戰國晚期之學，視前尤進，先則諸子自為書，各伸其大義，至晚期書多偽託，殆所謂微言。前則孟荀之流，為明道之碩儒，後則浮邱、高堂之徒，為傳業之經生，晚期之學，膚視之若稍衰，深究之則其非昔賢之所可跂及者多矣。說苑侯生之對始皇曰「臣聞禹立誹謗之木，欲以知過也」，是豈非有聞於明堂之說者乎。自儒取墨而儒之恢宏極矣，禮運一篇，其為儒家之取於墨而又大進於墨。墨子見儉之利，因以非禮，而禮運之書，則自古始未有禮以言禮，曰「禮本於太一」，曰「可以義起」，以極於「天下一家，中國一人」，於墨家非禮之後，獨探禮樂之原，以重植禮樂之基，此非取於墨而又進於墨者乎。井研廖師言「古文家日月之饗祀，故今文改為殷祭」，此可為今古家異禮之一大凡。省繁文從簡質，是又儒之取於墨以修改舊規。況於明堂之說，本於墨而儒者侈言之，凡言禪讓、言封建、言議政、言選舉學校，莫不歸本於明堂。其為本墨家以為說，不可誣也。墨家非樂，而六藝佚樂經，墨以孝視天下，而儒者於漢獨尊孝經，是皆秦漢之儒取於墨家之迹。斯今文說者實兼墨家之義，廖師惟以今文兼鄒衍之術者，是則今茲所論，畧異於師門者也。惟儒家理想之政治，以明堂為最備，而理想之社會，則井田為尤精。公羊傳宣十五年解詁曰「夫飢寒並至，雖堯舜躬化，不能使野無寇盜；貧富兼併，雖皋陶制法，不能使強不凌弱。故聖人制井田之法而口分之，一夫一婦受田百畝，以養父母妻子，五口為一家，公田十畝，即所謂十一而稅也。廬舍二畝半。廬舍在內，公田次之，私田在外，井田之義，無費一家，同風俗，合巧拙，通財貨。種穀不得種一穀，以備災害。田中不得有樹，以妨五穀。環廬舍種桑荻雜菜，畜兩母雞，兩母豕，瓜果種疆畔。女工蠶織，老者得衣帛焉，得食肉焉，死者得葬焉。多於五口，名曰餘夫，以率受田二十五畝。十井共出兵車一乘。司空謹別田之高下善惡，分為三品，上田一歲一墾，中田二歲一墾，下田三歲一墾。肥饒不得獨樂，墝埆不得獨苦，故三年一換主易居，財均力平，兵車素定，是謂均民，力，強國家。在田曰廬，在邑曰里。一里八十戶，八家共一巷。中里為校室，選其耆老高德者曰父老，其有辯護伉健者為里正，皆受倍田，得乘馬。父老比三老孝弟官屬，里正比庶人在官吏。民春夏出田，秋冬入保城郭田作之時春父老及里正旦開門坐塾上晏出後時者不得出莫不持樵者不得入五穀畢入民皆居宅里正趨緝績男女同巷相從夜績至於夜中故女工一月得四十五日作從十月盡正月止男女有所怨恨相從而歌飢者歌其食勞者歌其事男年六十女年五十無子者官衣食之使之民間求詩鄉移於邑邑移於國國以聞於天子故王者不出牖戶盡知天下所苦十月事訖父老教於校室八歲者學小學十五者學大學其有秀者移於鄉學鄉學之秀者移於庠庠之秀者移於國學學於小學諸侯歲貢小學之秀者於天子學於大學其有秀者命曰進士行同而能偶別之以射然後爵之士以才能進取君以考功授官三年耕餘一年之畜九年耕餘三年之積三十年耕有十年之儲雖遇唐堯之水殷湯之旱民無近憂四海之內莫不樂其業故曰頌聲作矣何休於公羊解故著其略如此班固於漢書食貨志說亦猶然其義蓋本之孟子「五畝之宅樹牆下以桑雞豚狗彘之畜無失其時」而持論益備是儒家理想之社會豈可求之於在昔惟嘘唏以跂望於將來斯已也詩書春秋之宏議既畧陳之也樂家之說亦有可徵漢食貨志莽詔曰「夫周禮有賒貸樂語有五均傳記各有斡焉今開賒貸張五均設諸斡者所以齊衆庶抑兼并也鄧展曰樂語樂元語河間獻王所傳道五均事臣瓚

曰其文云「天子取諸侯之士，以立五均，則市無二賈，四民常均，彊者不得困弱，富者不得要貧，則公家有餘，恩及小民」也。班志言「河間獻王好儒，與毛生等共作樂記」，此所謂樂元語，豈非即傳詩之毛公相與為之乎。蓋六經禮樂之家，莫不各具孤懷精識，而均富一切之論，尤六藝所同歸，雖百家莫能異若。曰「富足以示貴而不至於驕，貧足以養生而不至於憂」，曰「貨惡其棄於地也，不必藏於己，力惡其不出於身也，不必為己」，政治學說既極恢宏，而經濟思想亦最瓌傑，莽莽浩浩，足為壯觀，而禮運云者，其為本於墨家之「餘力相勞，餘財相分」，不可易也。至是而周秦間之儒學，幾非孔氏孟荀之所能想見，是則儒之所以絀於戰國而獨尊於漢代者也。然則新周之說，素王之論，其亦迫於勢之不得避而理之不可已者乎。自儒者之說，一亂於仲舒立學校之官，再亂於佚經古文之說，章句訓故，秕塵極目，而大義晦，微言絕，於是李尋甘忠可夏賀良之徒，傳包元太平之經，以帝王之不可與言，博士之未許共論，因託其事於宗教，播其說於民間，憂患之心，可哀可惜。今太平經猶在，其所推極，與秦漢師說，異涂同歸，斯固足以徵經師所傳，意之所在，斯則疑春秋新王之義，為非常可怪之論者，其亦所謂「不得其門而入，不見宗廟之美，百官之富」者也。雖然在漢師徒曰「王魯」，曰「新周」，曰「孔為素王」，曰「為漢制作語焉不詳，罕陳其度，為幻覩張，恢奇不可訓。近世二莊劉宋龔魏之徒，習而稱之，鮮所闡發，益滋人疑，是謂知空言而不知行實。蔽在言春秋而不能言禮。左海父子、卓人、鹿門，為能知禮制之畧，而未能明制作之原，質僿無義趣，是謂知行實而不知空言。蔽在能言禮而忽於春秋。言禮言春秋者不相謀，而為易詩書之家，益瑣擮無統紀，無惑乎微言永晦，而大義之不顯也。惟井研廖師，積勑於春秋，乃會心於禮制，以今古之分流，決於周官王制之異同，一為從周，一為改制，百年談之而不得其宗者，至是適海適岱，各有涂歸。其所以震撼一世，截斷衆流者，固有由也。其言曰：「春秋因時救獘，春秋有志之士，皆欲改周之文，如今之言治者，莫不欲改絃更張。王制所言，皆素王新制，改周從質。周末積獘多，繼周當改，故寓其事於王制」。既從禮制以判析今古，平分江河，復由春秋以推明改制之所謂，滙二派以成巨流，噫，其精思偉度，真百世之一人耶！雖六變之說，先後紛紜，要其不變者固別有在，以王制周官嚴鴻溝之劃，誠未始有異也。其曰「古文為史學，今文為哲學」，終為定論。而後生不達，疑阻橫生，駭其恢奇，遂遠津逮。及乎末流浮麗，益乘之而滔滔，肆為不根之說，其甚者至以周官左氏凡諸古文經傳皆作於新室，狂論一倡，舉世為靡，豈思周人之舊規，翻足以開王莽之新治耶？夫王莽之為社會政策。而周官為封建制度，宜在近世。夫人而知之，即平不平等之間，亦隔已遠。周興莽政，冰炭難諧，苟並為一談，則豈徒昧經，亦闇於史，甚非今日所應為之說也。乃揚波競逐之流，曾不知此，又猥自標置曰超今文學，以虛詭之說相誇煽，誣古人而欺後生，斯又下耶。惜哉自古文之學盛，而經術晦，哲學絕，亂飾儒之微言，於姬周之史迹，凡經訓所陳革政之義，其為建國宏規，政治理想，體大而思精者，說且不明，安望見之於行事。於是儒之為儒，高者談性命，卑者壞形體，所謂經世之志，天子之事者，暗而不彰，以後生之無知，疑先民之未達，是亦學與政俱廢之所由也。今浮夘高堂之學，雖久蕪若，起其沈痾，振其絕緒，尤足以為致治之術，立國之規，侈談民族文化者，其亦在此而不在彼耶。是則鈎索墜文，表此孤義，所為削楮而慨然者也

儒家民本思想底批判

宋無

踏上民國三十年，面迎着更艱巨的歷史任務。

民國三十年，我們希望它是中國社會的飛躍年。這不能單通過軍事的反攻而完成，主要的還當靠民主憲政運動底更廣泛更深入的展開；因爲軍事本只是政治的某種特殊底方式，抗戰也原是民主革命運動的繼續。

回首一顧，近百年的中國民主革命運動在抗戰全面展開之後，三年半來確有了長足的進展和輝煌的成就，這是不能抹煞的事實。然而我們也不應以此自滿；相反，我們覺得中國的民主憲政運動雖在全民抗戰階段，仍由於頑固份子反動份子們的作梗而未能作全速度的展開——促速着最後勝利的早日到達，中國民主運動的早日完成。

民主不是抽象的東西而具體地配合着特定時空的。今日中國社會所須要的民主當非歐美各國的資產階級民主，也不是蘇聯的社會主義底民主，而是以全國各階層聯盟爲其中心內容的民主。只有這樣一種的民主才能促速抗戰的勝利；也只有這樣一種的民主才能使中國脫離半封建半殖民地的社會而登於自由、獨立的袵席。

然而有些頑固份子在人民大衆要求民主的聲浪中，用以搪塞和欺騙的『民主』，却不是這一種的民主。他們的嘴裏響着的『民主』，是中國古昔的儒家思想中底民本底思想。而這也正是他們所標榜爲和歐美的民主蘇聯的民主不同的一種中國式的民主，但這一種『民主』和歐美式的民主，同樣有反動性的。

其實，民本思想並非中國的獨有底產物，而是一般封建社會所共同底意識形態。歐美資本主義國家雖曾否定了封建社會，可是他們革命的結果，『通常是由一個剝削者集團代替另一個剝削者集團來掌理國政。剝削者更換了，剝削制則依然存在』（約瑟夫）所謂『以暴易暴兮，不知其非兮，』因之對於大多數的民衆仍然視爲『本』而沒有成爲國家的主人。正因爲這樣，儒家的民本思想和歐美資本主義底民主思想沒有大衝突；也正爲這樣，頑固份子和反動份子們的『民主』直接和今日中國民衆所需要的民主——全國各階層聯盟爲其內容的民主對立了。

現在我們要看儒家的民本思想是怎樣的?

（一）儒家認爲民衆是孳弱愚昧的。

儒家這一種思想我們可從兩方面證實着。首先，儒家論政時，往往把聖人和人民並舉，聖人常是指剛毅智慧的先知先覺者，而人民總是暗指着爲愚弱的一羣。所以『天降下民，作之君，作之師』（孟子）而『聖人』就有『化民成俗』（荀子）的任務。至於民衆，則除了奉公守法外，不容許直接參予政治的。『民可使由之不可使知之』（孔子）根據梁啓超的解釋，當爲『可以有法子令他們依着這樣做；却沒有法子令他們知道爲什麼這樣做』（見梁著先秦政治思想史第三百十頁）這不正是反證着孔子認爲老百姓是孳弱愚昧的麽?在另一面，我們可從漢儒對於『民』字的解釋上獲得佐證。漢儒釋『民』爲『苗』爲『瞑』。『苗』是植物初生底狀態，說文曰『凡草初生亦曰苗』，總之是象徵着柔弱的東西；『瞑』是閉上眼睛不見之意，或是見而不明，說文『翕目也』，集韻釋作『目不明也』，總之是象徵着蒙昧的東西。正因爲老百姓是柔弱蒙昧的，所以『聖人』要『作之君，作之師』了。在這一點上，法家和儒家的看法是相同的，韓非說：『民智不可用，猶嬰兒之心』（韓非子顯學篇；）商鞅說：『民可與樂成，難與慮治』（商君書定法篇，）細玩其意，這和『民可使由之，不可使知之』有什麼本質上的不同呢?

歐美資本主義底民主思想家雖沒有像儒家那樣的公然侮辱民衆，但他們在選舉上或予以財產上的限制，或予以職業上的限制等等，而終不肯實行澈底底普選制，予大多數民衆以眞正底參政權利，難道我們會相信他們對於民衆底觀感會比儒家好多嗎?

事實上，政治的基本課題理應是爲民衆謀幸福，而在此，只有民衆本身才了解得最深切，把握得最正確，因之也只有民衆才是最堅强的最智慧的。並且所謂政府底領袖並非會眞的『受命於天』，他本是民衆的一員，假如民衆正是『苗』和『瞑』的，那末領袖那能是『能』和『智』呢。所以輕視民衆的必然在哲學上遁入觀念論，甚至宗教的領域。

中國此次抗戰武器之銳利本不如日本，兵員之訓練本不如日本，可是三年半來中國越戰越强，日本越戰越弱，國際環境亦漸自不利於我至有利於我，這中間我們固不能忽略了中國領袖們的智能，但主要還當歸功於民衆的奮鬥。中國以前幾次勝利的戰役，我們不能不說是軍民合作官民一致的收穫。正因爲民衆對於抗戰底需要認得最清，愈戰愈堅決，因而中國領袖們得能在抗戰上發揮更强大的智能，因此我們可推論到假如民主憲政運動愈廣泛愈深入底展開，則中國底最後勝利必然愈能早日完成。同樣我們也可推論出想在和已在民主憲政運動中作梗阻撓，打擊的人，必然是與民衆爲敵的人；必然對於抗戰勝利懷疑的人；必然別有用心地在對其私益專門打算的人，在政治理論上必然是頑固的反動的民本主義者；在哲學上必然是觀念論的詭辯論的反動家。

（二）儒家認爲民衆的意志只能作爲統治者的參考意見，而非決定的最後的意見。　儒家固視人民爲柔弱的愚昧的，但同時也看到『聖人』（或君王）的作爲是要以人民的存在和擁護作爲其先決條件，『聖人』（或君主）的地位是要靠人民來維護的，正如漢賈誼所謂『聞之于政也，民無不爲本也，』『故其民之爲其上也，接敵而喜進而不能止，敵人必駭，戰由此勝也，夫民之於其上也，接而懼必走去，戰由此敗也；』『故君子之貴也，士民貴之，故謂之貴也，故君子之富也，士民富之，故謂之富也』（見賈誼新書大政上）所以儒家對於民意也不能一概不顧到，但顧到的限度也只在作爲參考意見耳。何以見得？請看孔孟自己的話吧：『衆好之必察焉，衆惡之必察焉，』（孔子）『國人皆曰賢，然後察之……國人皆曰不可，然後察之。』（孟子）兩位老先生都提出『察』一字，顯然羣衆的意見並不是最後的決定的意見，而只是作爲『察』的參攷材料。其原因，就因爲民衆是柔弱的愚昧的，換句現代語說，就是『蓋羣衆之理性，本視個人爲低下』（梁啓超語，見先秦政治思想史第三〇七頁）因之，以民衆的意志爲意志的政治，儒家說來就是『媚於庶人』（詩經）的政治，非先王之道也。

在這一點（尊重民意）上，帶有着儒家思想的法家如尹文中管子也表現着這種觀點，在某些地方說得比儒家更動聽。

尹文子說：

『……所貴聖人之治，不貴其獨治，貴其能與衆共治，……獨行之賢，不足以成化，獨能之事，不足以周務，……是以聖人……立法以理其差，使賢愚不相棄，能鄙不相遺。能鄙不相遺則能鄙齊功，賢愚不相棄則賢愚等慮……』（尹文子）

管子說：

『夫民別而聽之則愚，合而聽之則聖，雖有湯武之德，復合於市人之言，是以明民順人心，安性情，而發於衆心之所聚。……先王善與民爲一體，與民爲一體，則是以國守國，以民守民也。然則民不便爲非矣。』（君臣上篇）

然而動聽的論調並不能掩飾了法家政治思想底反動底本質，所謂『與衆共治』事實上也只是人君治世『術』之一，而『術者人君之所密用，羣下不可妄窺』（尹文子）因之所謂『與衆共治』實際上並未超越了民本的思想，管子主張的聽取『市人之言』同樣也只是聽取參攷意見耳，故曰『令出自上而論可與不可

者在下……』（重令篇）

至於正統的法家，那末連尊重民意的一點也不願意强調了。

在這裏，我們須重複地陳述一遍，民衆的幸福只有民衆自己了解得最深切，把握得最正確。國家和政府理應只是爲民衆謀幸福的組織，那末民衆的意志理當是決定政府行動的最後意志，這難道還不明顯嗎？然而民本主義者並不作如此想，今日的歐美資本主義國家的『民主』政府也不照這樣做——工農大衆要求改善生活底呼籲，却充耳不聞，而大有害於工農大衆生活福利的帝國主義底刼掠戰，則毅然從事，爲的是使少數人底資產階級（統治階級）得能多分一些利潤，爲的是使自己的殖民地得能『有而勿失。』因之，說歐美資本主義國家底民主主義沒有超過民本的範疇，將不是過份的話。

民本主義者，也可說是歐美資本主義底民主主義者，在這裏犯了不可宥恕的罪惡（輕視民意）實際的病根還是上述一點，即輕視民衆和神化了政治領袖，把政治領袖看作了高高在上的不可幾及的俱有天賦底優越性的一羣，但這個罪惡將在歷史發展法則之前受到公正的審判，並獲得其應受的譴罰。

民本思想的錯誤，被三年半來的中國抗戰底成績證實了。

三年半來的中國抗戰使中國無論在內政上，財政上，軍政上都獲得了飛速的進步。這些進步我們除了感謝各個工作人員底努力外，不能不歸功於參政會諸代表底精細的籌劃和政府領袖底公然決然的採納。雖然參政會的組織，我們不够認爲是最佳底全國各階層各民族聯盟的機關，而希望在憲政實施後代以更完善的表示民意底機關，可是在某種範圍內講，無疑地它已盡着一部份底表示民意底作用，因而三年半的抗戰始終得能在全國各階層各民族的統一戰線基礎上愈戰愈强。

相反地設想——雖然這是不敢想像的，中國政府假如在三年半抗戰中不能相當地做到以民衆底意志爲最後底決定底意見，則少數頑固的大資產者早停止了抗戰，出賣了整個民族的生存，少數封建餘孽早跟着投降了。但我們同樣也要看到的便是目前政府之與參政會，尚不能完全做到民主主義國家應做到的關係；第一由於參政會本身組織之限制，第二由於政府與參政會在組織法的限制，第三由於政府本身組織之限制。

正因爲這樣，我們要求政府迅速實施憲政，使全國各階層得進一步的聯合起來，而民衆的意見得能直接反映於議會，並使政府切實地迅速地執行，而政府底行動也得能直接地受民意的指揮；這樣，國內的種種設施與建設，無疑將更飛速地發展。

也正因爲這樣，我們可推知藐視民意而妄想作個人行動的人，必然是反對進步，企圖少數人壟斷一切，出賣大多數人的利益的官僚軍閥；在哲學上必然是反動底新康德主義者，在政治理論上必然是頑固的民本主義者，甚至比民本主義者還不如而成爲殘酷的社會法西斯蒂。

（三）儒家認爲尊重民衆，意在鞏固人君統治權的存在和延續。

民本思想在中國的由來可說始於尚書五子之歌。它有一句傳誦人口的名句——『民惟邦本，』這可說是民本思想最早的出典。可是根據考證，五子之歌是後代人所輯成的，那末『民本』兩個字最早見的當在淮南子上，雖然淮南子前已有民本的思想。淮南子說：『民者國之本也』（主術訓）；『國主之有民也，猶城之有基，木之有根，根深則木固，基美則上寧』（泰族訓。）很明白地指明了人君所以要尊重民衆，目的是在『木固』『上寧，』換句話說在使其統治權『固』而『寧』。這層意思五子之歌更明白地說出來了，它接着『民惟邦本』之後說道：『予臨兆民，懍乎若朽索之馭六馬。』國如馬車，人君高高地坐在上面，人民便如六馬，六馬之於車，猶民之於國本也。這層意思論語上也說過的，論語上道『四海困窮天祿永終』（堯曰，）根據朱熹的解釋，意正同於五子之歌，雖主意在警戒人君不要馬虎，不要看輕老百姓，但在另一方面却暴露了儒家的民本論底眞義所在。

尊重民衆既足以鞏固其統治權底存在和延續，但反過來說，輕忽民衆，能否直接消滅其統治權呢？在儒家看來，必須通過天的選擇和決定。天呢，雖聽取着人民的意見，如所謂『天聰明，自我民聰明；天明畏，自我民明畏』（尚書皐陶謨）但最後的決定還是天。所以孟子雖謂『得平丘民而爲天子，』但正式還須膺天之命；論語堯曰雖有『命舜』之說，但仍接着道『天之曆數在爾躬。』

誅獨夫之說，不創於孟子，荀子也說過的，這可說是戰國時代的思想，不過給孟子發揮得更堂皇了。在孟子誅獨夫的一節中上述的思想，也曾清清楚楚地表顯着的。細繹該節含義，我們不惟無從發現人民有廢立人君之權，並且覺得孟子主張着，假如人君無道，不是誰都可誅伐的，必須是天吏才有這個資格。最足以表現孟子的民本思想的要算孟子中齊桓晉文底一章了，在這一章中，我們看到孟子所謂的『仁政，』所謂『保民而王』底『保民，』只是推愛中之心愛百姓而已，而老百姓們便在這種『仁政』之下像被綑着不牽去殺了釁鐘的牛羊一樣，度着偷生的生活（在這裏補充了上述第一特點底論證。）

同樣，我們也能從帶有儒家思想底法家——管子書裏找到類似的話，『齊桓公問管子曰吾念（猶欲也）有而勿失……爲之有道乎？對曰……毋以私好惡害公正，察民所惡以自爲戒，黃帝立明臺之議者，上亂於賢也；堯有衢室之問者，下聽於人也……桓公曰：吾欲效而爲之，其名云何？對曰名曰嘖室之議（房注云謂議論者言語權嘖）』（桓公問篇）雖然『嘖室之議』很像反映大衆意志底議會，但目的也只在使人君達到『有而勿失』的目的，用意沒有超過周禮的三詢法和後世『明君』下詔求直底一類的手法。

因此很明顯了，爲着維持一階級底統治權而尊重民衆必然是虛假的，至多只是想藉此掩飾或麻痺民衆，以緩和其反抗而已。看歐美資本主義國家底議會制度便可瞭然了。所以我們並不以爲『嘖室之議』後世不行而感覺可惜。孫中山先生說，歐美的民權只是一個選舉權，這種選舉權也『往往爲資產階級所專有，適成爲壓迫平民之工具，』正是一針見血。

但這並不是說民衆不應該尊重，或議會不足以反映大衆的意志，而是說我們『要人民眞正有管理政府之權，要政府的動作隨時受人民的指揮。』（孫中山）底民主，和眞正能反映民衆意志底議會。目前中國所需要的就是這樣一種的民主。這是因爲要抗戰勝利，中國社會飛躍出半封建半殖民地底狀態而登於獨立自由的袵席，決不是任何一黨一派一階層一民族所能單獨勝任的，必須是各民族各階層的聯盟，各黨各派的統一戰線才可當此巨艱，三年半來的抗戰得有今天的成績已證實了這觀點的正確。但我們是並不以此成績而自滿，我們爲了愈迫切要求這個歷史任務之早日完成，我們因此愈要求政府早日實施這樣一種爲人民所需求的民主底憲政，使各階層各民族能愈密切地聯合起來，使統一戰線能更進一步的鞏固和發展。

爲要做到這一點，我們必須把國內民主憲政運動中的頑固份子和反動份子們澈底肅清，同時把他們思想中的毒素——民本主義澈底淸算了。

記住我們不須誰來『作之君，作之師，』我們『要用四萬萬人來做皇帝。』（孫中山）

詠騏文學獎金徵文

大陸月刊社爲紀念本埠保險業鉅子胡詠騏先生生前對文化界及該刊之熱忱贊助起見特舉辦文學獎金一種應徵不限題目不拘資格尤歡迎工商界從業員以實生活爲題材之作品獎額十名第一名現金一百元辦法詳載最近出版之大陸第五期社址交通路三十六號

辜鴻銘——最後一個儒家

林語堂著
夏　楚譯

我所知道的頂有趣的人物。

原題 *The Last of the Confucianists*
原載一九四一年三月號 *Esquire*

你在北平城住上十年，你還是說不定明天會發現些甚麼。它是如此的大而且老，如此的淡漠而又涵容一切，它儲藏了幾百年的風俗習慣，混和了漢滿蒙回各民族的生活方式。它同一切大城一樣，有着神秘的氣氛，和關於未知及尚未發現事物的無窮的誘惑。只有後生小子，才敢說他是懂得北平的。因爲北平有的是長而曲折的弄堂，弄中私人住宅朱紅大門的後面，混雜的住着一羣頂奇妙的人物：聖賢，學者，拳師，太監，小妾，和尚情婦，政客，下野督撫，美術家，著作家，收藏家，劇評人——他們自由自在不受紛擾的生活着，各人有各人的方式。北平城有一種自由寬容的空氣，才容許這輩人生活下去。我稱此爲『北平幽默』；除此以外，沒有更好的字眼了。

在這種弄堂中的一條——椿樹胡同之中，便有一位我所知道的頂有趣的人物，生活在北平幽默的空氣下。對於有些人，他是一個謎，或者是個怪物；對於另一些人，他是個老江湖，最好不過是個老才子；但是對於許多知道他的人，他是個哲學家，是個獨立不羣的人物，他光榮的獨立着，而且他歡喜獨立。他是最後一個儒家。偏偏他精通聖經與莎士比亞，又喜證引倭諾特(Matthew Arnold)，卡萊爾(Carlyle)，紐門主教(Cardinal Newman)，和勃朗寧(Browning)的文章。然而他是徹頭徹尾的一個中國學究，他恬不爲恥的擁護女子纏脚，而且在民國時代，別人都把辮子剪掉了，他却還留着一條。

在一九二〇——三〇年間，我住在北平，那時他已是年逾六十，全身瘦削，皺紋很多，雙目特別深陷，仍舊留着辮子，穿了一件襤褸的老式大褂，褲脚管在足脛地方裹了起來。不論在戶內戶外，他顫抖的手總握着一根足有尺半長的旱烟筒，握的角度好像是提琴家拿他的提琴。他在街上走路，同普通完全不知英文的中國老學者，外貌上並無分別。有些人認爲他的辮子不合時代，不過以爲這是老怪物身上應有之物，嘻哈的笑過一陣就算了。可是辮子對於他，却是他忠於故國的表記，卽使滿淸皇帝已是不在了。辜鴻銘實在是個沒有王的保王黨，沒有門徒的哲學教師。這是多麽悲慘，多麽驕傲，多麽神聖的一幅景像啊！

關於辜鴻銘的故事很多。他這副外表，很容易令人上當，住在北平的西洋人，如果看見他的模樣，一不留神在他面前批評起中國人來，立刻會突然大吃一驚，因爲他會滔滔不絕的講出流暢的英文以及平順的德文來，話中還夾雜着幾句法語和拉丁話。所以常常有人勸告幾位北平外籍旅客，把意見留在自己肚內，否則火車裏坐在他對面穿長袍的那個老頭子，也許就是辜鴻銘，他突然的會問他有沒有讀過衣裳哲學（*Sartor Resartus*），很可能的他確是不曾讀過。用法文德文講也不見得怎樣安全，因爲他也能照樣奉答。

辜鴻銘在上世紀留學愛丁堡，他雖是一個前輩留學生，然而就他的思想和人生觀說來，他實在是孔子的同時人。他先研究了並懂得了西方文明，然後大加鄙夷的把它一脚踢開，再回到自己東方來——他就代表這一種的中國學者。他愛引證維多利亞朝各大家的文章去麻煩英國人，英國

[illegible]他的[illegible]有些精神錯亂。

我自已曾聽說過一個故事，可以說明這一種態度。有一天，辜鴻銘坐在電影院中，長旱烟筒也帶在身邊。隔了一會，他想起抽烟來了，可是找不到火柴。在他前面，坐着一位禿頭的蘇格蘭老人，辜就用他的烟筒輕輕的敲這位老洋人的禿頭。老洋人轉過頭來，詫異的看看，可是辜只是伸出手來，安詳的說道：“Light, please!”（『請借個火。』）那位蘇格蘭人十分驚異，和順的答應他了。辜把火柴奉還，道謝過後，逕自一語不發的抽烟了。

他雖喜侮辱別人，別人却願意容忍，而且甚至還敬愛他，其中道理就在他的機智。他對於一切中國事物，連纏足納妾在內，無不公開擁護。有一次他在演說中，爲納妾制度辯護，他問道：『一隻茶壺和四隻茶杯，你們是見過的，可是你們看見過一隻茶杯和四隻茶壺的嗎？』聽衆當然鬨堂大笑。好說雋語的人從來不爭辯，他只是把事實說出來而已。

據我所記得，中國事物中只有一樣東西，辜鴻銘是不贊成的——那就是官吏的貪污，他恨民國，而民國以來，貪污之風愈來愈盛。他說，北平城中有一個動詞，最常運用變化，這個字就是『括』字：『我括，你括，他括；我們括，你們括，他們括』。他略帶一些海涅（Heinrich Heine）之風，他也許稍加抄襲，以適己用，也未可知。然而他儘管老實痛罵政府當局，却從來沒受過甚麼苦，也沒有被捕過，因爲他爲人剛正不阿，是受民衆尊敬的。

如此的俏皮話，使他成爲不朽的人物。他寫得很少，可是他所寫的，立刻博人讚賞，雖然他因此常常會掉差使，或是失掉了幾個朋友。有一次，英商華北明星報（*North China Star*）出錢請他寫幾篇社評，他的第一篇就大罵英國人。當然，這一篇社評也就是他的末一篇了。另外有一次，陳友仁——後來做武漢政府的外交部長，那時是北京公報（*Peking Gazetteer*）的編輯——請他每月寫四篇文章，不久辜陳二人便大起筆戰，陳友仁寫得猶如摩萊（John Morley），辜的好像倭諾特。這樣好看是很好看，可是金錢方面的合同自然很快就打銷了。這件事說明了爲甚麼辜鴻銘獨撐傲骨，潦倒了一生，因爲無論誰借了一二百塊錢給他，他同辜的交情便不絕如縷了。辜認爲借錢給他的人，都是討厭不堪的，他去侮辱他的恩人，在他正是貫澈他的傲氣的神聖義務。

辜鴻銘家境清寒，沒有甚麼朋友，又常常沒有弟子受他的教誨，所以他的生活比較上是無聲無臭的。他從來沒享受到公衆的崇拜，然而他自得其樂，不放在心上。有一次他做思想開明的總督張之洞的秘書，但是他的恩主一死，他就沒有一次差使做到兩月以上的，他永遠是過着清苦的生活。他的威望極高，决非高官厚祿所能收買。他也許是爲了掛冠而去的樂趣，才偶然高興接受一個短差使做做的。數椽陋屋，足以容身，身邊有書有報，面對老妻，兒女繞膝，這樣他就滿足了。

世間難得有天才，而天才莫不有怪癖，辜假如能發奮用功，也該是一個天才吧。然而他有一個怪癖，他作文之時，必須把襪脫掉，手摸脚丫。我們知道，作家們爲了促進文思起見，常受某種特別刺激的支配。歌德的刺激是女人，裴多芬的是酒，席勒爾（Schiller）的乃是爛蘋果的臭味。而刺激大抵總與嗅覺有關，所以辜鴻銘非摸脚丫不可。他摸慣了脚丫，後來便發展成爲崇拜小脚了。

辜擁護一切舊式生活，其中也包括他對於舊式妓女制度的擁護。他堅持的說他是一個君子，因爲即使在老年，他還是不時去光顧秦樓楚館。有一次有人設宴請他，時間已到，酒席排好，他老人家却還不見踪影。他的朋友確知他在甚麼地方，有人就同他們打賭。席上的人都出發到他『老窠』裏去找他，他果然在那裏。但是同他爭辯起來可就太煞風景了；在那種空氣之下，一切都是和諧而正當的。他公開的發表文章，說道你假如還想找到些中國殘餘的『貞靜淑女』——具有謙遜，謹愼，有禮，貞節，知恥諸美德的，你須到妓院裏去。他非但是在損害中國的摩登女子而已，他在妓院裏，確是高談闊論，講述『天道人倫』和『事物界之神聖秩序』的，我們可以知道他確是有如此的信仰。

然而辜鴻銘教起書來，也自有其嚴肅的一面。一個眞正的教師，是因內心的需要而教書的。在他的屋子裏，我們只看見少數中國老學者派的朋友，他們都完全不懂英文。對於只知皮毛，而喜講英文的中國摩登人物，他是看不起的；北平智識界盛談杜司妥也夫斯基（Dostoevski）的時候，他老把此公的名字詼諧的拚作『杜司妥也威士忌（酒）』。但偶而他也違背了自已的內心意思，挑出某一個青年來教他英文。因爲在理論上，辜是不贊成讀英文的。他給人的印象好像是從北極回來的人，老是叫別人不要學他的榜樣。『別學英文，這是不值得的。你以爲你已懂得四書了嗎？』——他好像是老在這樣說。下一次，你也許會聽見他在指示這個青年英文修辭學上幾個微妙的地方了。他在風格上是不肯馬虎的。他所堅持的幾點之中有一點是：一句用 if 開頭的句子，後面不要用 then 字；句子假如用 although 開頭，多餘的 but 一定要省掉。

[illegible]教書不取束修，他肯教很普通的陌生的人做他的學生，他所求的是只是要有同他們談天的樂趣。這是最舊式的師徒關係，先生在隨便談天之中，把他所積聚的智慧傳授給值得一教的學生。這種學趣是眞樂趣，因爲眞正有話要講的先生，必須要把話說給肯聽的人聽；這是精神上的發洩，同自然界任何的生產順序是一樣的無可避免的。辜把隨便甚麼青年人都招到他屋子裏來教授，只要他歡喜這個青年，或者這個青年是反動的，是以做中國人而自傲的，或者他相信孔子的要義是正確的，或者他肯因他罵摩登人物的笑話而發笑的。講了幾個月，他把自己的智慧都已出淸底貨，那位青年跑開了，他也不管，他可以再去找一位新聽客。

他實際上的教授，就是叫學生寫英文作文，特別是中譯英的工作——他很得意自已的中譯英工作，其實他確有資格可以驕傲。在這地方，他是獨出心裁的；他經多年的思索討論，又憑自已的深刻的洞察，字句自然而然的來了。他的用功完全在孔子經書上面，他一向所想的問題，就是如何把這些儒家觀念，用英文重新解釋出來。他對於這些哲學觀念的翻譯，很有古典純潔之美。他就會教他的學生只要長時間的多讀兩本書：莎士比亞與聖經。我最近披閱他所譯四書中的一本（*The Conduct of Life* 即中庸），我發現『仁』『義』兩字通常都笨拙的譯成"benevolence"與"righteousness"，而他却譯成"the moral sense"與"the sense of justice"。我還讀到這樣一段，無論在聲調上或意義上，都有聖經之風：

"For God in giving life to all created things is surely bountiful to them according to their qualities. Hence the tree that is full life He fosters and sustains, while that which is ready to fall He cuts off and destroys."

可驚奇的是這翻譯同原文字句非常貼切。原文是：

『故天之生物，必因其材而篤焉。故栽者培之，傾者覆之。』

他沒有把四書全部譯完，眞是可惜。如果譯完了，那該是甚麼樣的奇蹟呀！

但是辜很貪懶，他太自得其樂了，他不願照了一個計劃，切實做去。他常因一時高興，方才執筆書寫的。人家對於中國文明說出甚麼輕蔑的話，就可使他把心中最好的或最壞的東西表現出來。一九二三年臨城發生大刧案，津浦路藍色快車上二百個旅客，各國籍都有，給一羣强盜綁刧而去，等待贖欵；這件事惹得洋人對於中國的混亂，說了許多非難的話，然而辜來了，他說了他所認爲最好的答覆。他告訴西洋人說：北平城內最近警察舉行罷崗，可是並沒有報告說發生了甚麼盜案——這種事別處是不會有的，這足可證明各個中國人實質上都是君子。

辜所寫的以報紙文章爲主，也有幾篇較長的論文，但他不管誰拿它們去發表，也從來不收集自己的著作。然而他是個風格家。他是身受維多利亞朝散文大家的傳統的教養的，他對於自己文章，一筆不苟。他的英文，音調鏗鏘，現世中國人中，無人能及。

世界大戰時，他因受世界大悲劇的激動，用德文寫了一篇長文，叫做*Verteidigung Chinas gegen Europa*（衛夏反歐論），文中他痛斥歐洲的『武力文明』（polizei-civilization），他力主中國是唯一的國家相信道德秩序，也相信君子之道是世界秩序的基礎的。在德國智識界中，辜鴻銘三字因此很是出名。丹麥批評家勃蘭克斯（George Brandes）在他的 *Miniaturen* 中，也有一文評辜鴻銘。一九三四年，我在一份雜誌上編了一個紀念辜鴻銘的特輯，發現辜與托爾斯泰也通過幾次信。

在受西方教育的中國人中，辜是唯一有才子的靈魂而也有哲人的深淵的。他的著作，散在四處，但從我記憶中，我還記得他最好的按語中的一句：『德人深刻廣大而不圓通；法人圓通深刻而不廣大；英人廣大圓通而不深刻。』當然，他意謂中國人是兼有三者的。

當他自知快死的時候，他一生中從沒有如此快樂過。『我七十二歲了，』他說，『你們知道這也是孔夫子的年壽。』

中國儒家之經濟思想

補　菴

當統制經濟最高潮時代，我們來說儒家經濟，未免有些「呆氣」。可是反轉來看，又未嘗不可作一個對照的鏡子看。語云「時間能改變一切」，宇宙的總年齡，是不可推斷的。然而在短短兩千多年的人類過程中，以視宇宙的年齡，總不算怎末太長。偶然作一回羲皇之夢，亦可以把時間縮得再短些，又安知不即在眼前耶？

在歐洲學術思想未輸入中國以前，中國的文化思想，完全是由孔子支配的。不但文化一方面而已，可以說中國人的全面思想，都範圍於孔子思想之內。經濟自然亦不能例外。所以我們要研究中國人的經濟思想，便須先明瞭孔子的經濟思想，這是無法繞越的。

既研究孔子的經濟思想，自然不出論語和大學這兩部書。因爲後世假託孔子的語言和書籍，大概都靠不住。（孝經便是冒牌其他各家引用孔子的話，十九都不可信）可信的，只有論語和大學，尙可以窺見孔門眞諦。易經雖然和孔子有關係，但是能够作經濟思想上研究用的，可以說簡直設有。而且易經亦不盡可靠，要看他把孔子的話，安置在那個地方。這是經學家辨僞案內的事，不是本文應管的。這樣一來，可以作研究資料的，未免過於貧乏了。

爲什麽標題不用孔子之經濟思想，而又用儒家？其間有大分别。上面所舉的兩部書，雖然是人人熟習的。可是都着眼在孔子的大道理上，而當作經濟研究資料的還很少。因爲他只能找到幾條原理原則，若要進一步加以具體的討論，自非涉及後世不可。可是後世的一般所謂儒家者流，又未能盡以孔子目之。因爲儒在孔門，只是一個支流，最多亦只能說是一個大支流，而不能概括孔子全體。即如荀子（況）董江都（仲舒）諸人，其學說思想之演變，已竟不是孔子的本來面目，然而不能不稱之爲儒家。而且儒家的招牌，還是這兩位支撑開創的，當然稱爲儒家是比較確當些。所以標題不用孔子，而用儒家，便是這點意思。

不但荀董，中國幾位有建樹的大經濟家，雖在政治上偶或失敗，而其思想，是以爲經濟思想史上之重要資料的，除了管子(仲)在孔子以前，不受孔子影響外。餘如王荊公(安石)張江陵(居正)顏習齋(元)，乃至劉晏楊炎之流，都是以儒自命的。而且世人還稱爲大儒，所以標作儒家思想，範圍比較寬一些。

要研究中國儒家之經濟思想，還得先從孔子說起。

孔子整個的政治哲學，是「稱天而治」的。所以帝王曰天子。其政治手段，則又是「以民統天」。所以說民爲天口，天視自我民視。孔子的政治，可以稱爲王道政治。政治的系統是這樣，自然經濟思想，亦不出乎王道主義之外。王道主義是極端的放任主義，民事民辦，用不着國家來管，所以亦不許人君言利。其主義，是大同的。換句話說，是整個人類的。因爲大學上所說的治平次序，是以「天下」爲極則，並不單單注意於一個「國」。在孔子學說中，「國」這一個階段，不過是由「家」到「天下」之間的一個過程，而其最終目的，乃在於「平天下」，所以孔子教義，十九都是爲全人類着想。假如眞有世界大同那一天，我想孔子之教，一定要光被世界的。古今來抱有這樣宏願的，不止一個人，而現世界的趨勢，許多有心人，都看到人類這樣同類火併，越來越凶。惟有孔子之教，才是全人類大家相安，大家過和平日子的最好方法。而且這不是空洞的幻想，而是勢所必至理有固然的必由之路。不但中國人，連歐美學者中之眼光遠大的，亦都看到這一點。這是有多種的事實和文字可證的。并不是我一個人造謠言，只是時間尚未成熟罷了。話說遠了，還是回到題上(在國際競爭時代，孔子學說，未免吃虧，這一層容俟專論)。

撇開孔子的政治思想全部，且先從其經濟思想着眼。孔子既稱天而治，所以對於天之所覆載，都認爲是應該爲王者所有。因此便有「普天之下莫非王土」的大前提，(這八個字，雖然出在孔子之前(詩經)不是孔子創造的，可是孔子是根據這個大前提而創立了王道思想）以爲君民兩階級間的鐵則。一切權利義務觀念，皆由此而生。我們可以把牠從法律的和倫理的兩方面分別討論。

從賦稅原理上言，孔子以爲君民之間是契約的。民衆所耕之田，都是王者的。王者不能自耕，分給民衆，民衆們出些許的賦稅，便是義務。可是所出的賦稅，等於佃戶納租。至於這賦稅到了田主手裏，愛怎末用，民衆是無權過問的。這樣說民衆難道就沒有權利嗎？曰！有權利。是什末？就是除了應納的賦稅以外，是不許王者們（或諸侯大夫們）再額外需索的。這是中國儒家對於賦稅原理的根本思想。所以歷史上之所謂「大臣」者，唯一信念，便是嚴防君主濫加賦稅。而對於人君一方面，則以「節用愛民」爲原則。所以定出一個「量入爲出」的法規來。這一類的證據很多，無論孔子，無論孔門弟子，凡是對於國君問政的「國用」一節，都是一貫的主張。所以視計臣爲「聚斂之臣」，是孔門所最痛惡的。這一點可以說是孔子的「民約論」。直到二千年以後，還是一脈相承。這是就法律觀點而言。

說到倫理方面，因爲「以民統天」的原理，君與民又不是對立的，而是一體的。一國好比一家，所有財產，雖然由家長支配，可是家長不必私有。最好是敎一家之中，人口富足，這一家自然充裕，用不着家長自己積聚，所以產生出「藏富於民」的理論來。魯哀公因爲國用不足，想着加賦，去問有子（若），有子勸他行什一之賦，（就是減稅）哀公說什而取二，我還不够用，怎末倒敎我什而取一？有子答的好，他說：

「百姓足君孰與不足！百姓不足，君與孰足！」

這樣的議論，凡是孔子之徒，都一樣主張。乃是根據「藏富於民」的原則而來的。所以把有子的話特舉出來，因爲這是直接孔子的，而且是最早最顯明的說法。以爲一國的財富，都是君民共有的，與其藏之官家，不如藏之民衆。民衆都富足，君主自然不會愁窮。因爲孔子的國家觀，便是世界觀，所以有「王者大無外」的說法，就是說百姓們所有的，便是王者的所有。後世主張這種道理最透澈的，莫如宋朝的司馬溫公（光），他說過：

「天地生財，只有此數，不在民則在官。官家多一分聚斂，則民間少一分元氣。」

司馬公的話，暗中是針對當時的「新法」而發，別有用意。我們拿它作藏富於民的註脚，乃是最確當不過的。這是就倫理觀點而言。

為什麼對於國家的賦稅，這樣的限制？這亦是根據放任政策的觀念而生的。在春秋之世，雖然亦是各國鼎立，而在孔子，則認為是一時國內的變態。在孔子的理想中，依然是「定於一尊」的。那時人的見解，以為中國便是世界，縱有什麼夷狄之邦偶然侵凌，不過是癬疥之疾，其力不足以動搖中國。從沒想到還有什麼外患，更想不到還有比中國富强的國家。而在當時的情形，亦實在是如此。所以只要定於一尊，不失民心，便是長治久安之道。這「不失民心」四字，是中國各家言治的共同目標，而孔子學說的千頭萬緒，只是在「民心」上着想。（孟子便是專一發揮這個道理的，而且比孔子還加精密）但使民心不失，自然沒有內變，沒有內變，自然用不着什麼「兵」。所以孔子學說，是反對戰爭的。（孔子尤甚，所以說善戰者服上刑）孔子對於時君問陣，他答曰：「未之學也」。這是孔子不重軍事的明證。因為反對戰爭，所以用不着怎樣的重兵。既然不要重兵，民事又不用國家來辦，而且人民亦怕國家來代辦，自然亦用不着廣事聚歛。那末人君所收的賦稅，當然用不着太多了。

當時學者們認為一個國君之用度，便是「國用」。國與君是不分的。而國君的最大用度，所恃為徵賦理由的，只是祭祀和朝聘兩件大事。此外便是官祿和人君的私費了。如後世的皇室宮內費。把「國用」看得如此簡單，自然可以做到量入為出。只要人君知道「節用」，便無需乎多取於民。只要不多取，民心自然愛戴。還有什麼用兵的可慮？這是中國古今儒家的一貫思想。直到了遜清洪楊之變，那時所謂正統派的儒家者流，還抱定了這個死主義，牢牢不放。對於那時的釐金制，不管軍情怎樣危急，還是一股勁兒你一密奏，我一摺子，死力的反對。要不是國庫裏連「鐵錢」都鑄不出來了，大家連俸祿都領不到手，才相忍無言，把死主義放鬆一步。不然的話，恐怕曾胡的事業，就要斷送在這一般儒家正統之手。這是不遠的事實，可以推知明代的熊廷弼，宋代的王安石，是如何不能獨行其志了。

中國的儒家，以爲兵强了便要好戰，國富了便要喜功，不但不主張富國强兵，而且還厭惡那般好說富國强兵的。漢武帝便是儒家一個最有力的誡鑑。漢武帝因爲經過文景兩代的躬行節儉，（文帝欲作露台，估費需百金，帝曰：「百金，中人之產也，」罷之。）以致府庫充盈，那時太倉裏的米，都腐爛到不可以食。庫裏的錢串子都朽了。可以說是國富了。可是引起了武帝的野心，好大喜功，輕啓邊釁，直弄得兵連禍結，不能罷手。於是乎財政上沒了辦法，一般正統派的財政家，都束手無策，乃不得不用上桑弘羊公孫弘和卜式一流的人，胡摟一氣。直到晚年，才知後悔，可是已竟「舉國騷然民鮮蓋藏」了。（這都是儒家者流後來的話，究竟武帝悔也未悔，那是沒法子考證的）這便是儒家所引爲富國强兵最大的殷鑒。所以儒家認爲國富兵强，不是國家之福，亦自有一貫的道理在。

可是到了宋代，這一點漏洞，可就發生大問題了。最矛盾的，是中國每到敵國外患的時候，第一沒辦法的，便是財政。莫不由於「承平日久，民不知兵，兵器腐朽，國庫空虛」的同一原因。由漢唐宋明以至最近代，都如出一轍。往往以極小的外患，舉全中國之力以赴之，結果還是屈辱。如果想細考其原因，不是兵不勇，將不良，而大多數的最大致命傷，都束手於軍餉之沒辦法。以致戰士短氣：良將扼腕。可是不到那萬分危急之時，是仍然不肯加重擔於人民的。這種事實，我們可以舉兩端來證明。

唐代宗時候，正是郭子儀用兵士番兵威大振之時，那時的「兩稅法」正在計議，還未決定。而餉項孔亟，急須籌措。於是打算從榷估上來個救急之策，適有

「河東道庸租鹽鐵使裴諝入奏事，上問榷酤歲利幾何。諝不對。又問之。對曰：臣自河東來，所過見菽粟未種，農民愁怨。臣以爲陛下見臣，必先問人民疾苦，乃責臣以營利，臣是以未敢對也。上謝之，拜左司郎中」。（唐時的河東即今之山西因唐都太原也）

裴諝是庸租鹽鐵使，正是理財之官，當國庫緊急之時，正是他出力盡職的關頭，他不管皇帝的所問，而專以人民疾

苦爲言，已經可怪了。尤奇的是，皇帝不責他不盡職，反而升了他的官，這是尋常人所不能了解的。

宋代之元祐黨案，正人君子一派，我們從三朝北盟會編，和元祐諸賢私人函札內，看出諸賢心理。大家反對新法，不是說新法不能成功，而是說便是成功了反而有害，可以舉那時呂公著與呂惠卿的書作證。

「犬羊之性，志在腥膻。飽則颺去耳。繒幣雖費，而歲有常額，如數與之，即可相安。若新法之不便民，十百倍於繒幣，今日大勢，惟恃人心。人心一去，何以爲國？而況兵連禍結……」

我們平心而論，元祐諸賢之死力反對新法，正是當時一般正人君子「自信所學守死不變」的精神所在。他們不是忌妬新法之成功，更不是與王荆公故持異議。他們亦佩服荆公的人才，亦相信他的忠藎。（司馬温公蘇東坡(軾)隨處都表現這樣意見）只是不贊同他的新法。不贊同的最大原因，是「不便民」，還有一種不能明言的所謂「大臣心事」，就是怕國家一下子富了，皇帝便難免好大喜功。這可以從韓魏公(琦)和富鄭公(弼)的書札裏看到的。所以元祐諸賢，大半和荆公私交甚好，而終於弄到兩敗俱傷。若專從成敗得失上看，固然是一件人間憾事，但若從諸賢的守死衛道不負所學的精神上看，乃是值得崇敬的。像呂公著那樣，專在利害多少上打算，猶是淺之乎也了。

因此在中國歷史上，不論那一代，每到危急存亡時候，倒是幾個不爲儒家所重視的天才經濟家，出來支持危局。雖成敗不同，可沒有儒家正統的人，肯這樣做的。有時迫於時勢，不得不降心相從，往往終於藉此渡過難關。這時間因財政的變動，難免影響到經濟組織，然而只認爲是一時權宜之計，絕對影響不到根深蒂固的儒家的經濟思想。所以一旦事過境遷，依然還是儒家思想，佔據重心。在中國從西漢起，一直支配了兩千多年。至遠亦在百年以前乃至五十年以前，迭經瘡痍而不悔。這種精神的偉大，眞是不可思議。即如遜清末年，歐洲學說，已深入中國，而這種思想，還是牢不可破。所以寧可忍受全國認爲「臨時草創弊端百出」的釐金制，甚而不惜開了賣官捐的「海防新例」，弄到官箴大壞，猶不肯亦不敢打破那「永不加賦」的諭旨，以至於遜國。這是何等深入人心的思想。若專就一時或一節的利害，批評這種思想，那是不着痛癢的。

話說回來：孔子當日，爲什麽給後世留下這樣的一個大漏洞？這是一點也不能怪孔子的。孔子是聖人，不是什麽神人超人，更不是圖讖家，是不負「前知」責任的。孔子有孔子的時代，不曾替我們幾千年以後的人類打算。在孔子整個的政治理論裏，前面已經大概說過。是爲全人類的長治久安說法，幷不專爲一個國家說法。在孔子看一個國家的誰强誰弱，是不大關心的。所以在不曾達到大同世界以前，而欲應用孔子學說，最要的是要分別時代性，我們還不曾脫離開這個國際競爭的世界，是不能執泥不變的。儒家的經濟思想，所以能支配國人這樣的長久，固然是孔子之教，統於一尊，亦是從百年前追溯到孔子之世，在中國的全部生活上，並沒有多大的變動，便是一個大同世界的縮影，所以這樣已竟够了。由此更可以看出孔子教義的偉大來。豈但經濟，一切政教禮俗，都應該這樣討論。知道孔子並不如一般尊孔者之那樣神秘，以爲只要是孔子的話，就不會有錯。弄成宗教一般的絕對服從。可也不能把時代的責任，一切都歸罪於孔子。這樣設想，便是一般「打倒孔家店」的勇士，亦無所用其努目相視了。

還不曾說到儒家經濟思想的具體事實，話已說得不少了。這里有一點必須補充的，便是在一般後世儒家以前，而地位高於一般儒家的孟子。孟子是自命私淑孔子的，但是孟子的王政思想，已不是孔子的王政思想。而況後儒？因爲孔子之所謂王，是對周天子而言。到了孟子時代，已入了戰國，所以王政的對象，亦不得不放開一步，而成爲廣義的。對齊對梁乃至對滕君，只要有心行王道，便都以王政許之，這個王，已不專屬於周天子了。因爲聖賢立說施敎，都是爲保民而言，那一國肯行王政，都可以王。（去聲）這是與孔子大大不同的地方。所以孟子的經濟思想，雖然直承孔子，可是比孔子的話又具體許多，又顯明許多了。孟子的經濟思想，更進一步的非戰去兵，更直率痛快地不許人君言利。所以喜戰者服上刑，而下跟着便是連諸侯，闢草萊的。以爲凡是不顧民衆而專爲人君謀福利的便是「富桀」。孟子理論的大關鍵，便在這個地方。後人尊崇孔孟，而孔孟的學說，又這樣的沆瀣一氣，所以後世儒家，沒有一個敢於違犯這個思想的。我們把中國歷史的田賦權酤諸政，和現代的各國制度比較一下，更拿中國人的全負擔，和現代各國人民的全負擔比較一下，便不爲大同世界着想，單說中國人民幾千年所享受輕徭薄稅的幸福，實是那一國亦比不上的。至於國家富强的大原因，和中國所以積弱的大原因，似乎亦不能專歸罪於經濟思想的這一點。而另有其他的原因，這不是本文所能論及的了。

以上所述，只能作爲一篇緒論，雖然義猶未盡，引證太少，（凡所引證都不外習見的幾種書所以爲省篇幅計不必一一注出）到此可以結束了。我們所要研究的，是這種思想，畢竟於整個人類有什麼影響？只要不以一國自私，如禹之治水，不以鄰國爲壑，而爲全人類大多數人設想，使世間人類，在經濟上不至生出過度懸隔的階級來，能令人人各得生所，和近代一切極端取盈的思想，至少亦有個比較的價値。大凡一種學說，能在一個龐大有歷史的民族中，經過幾千年，而其中心思想，迭經艱巨而不稍動搖者，那麼，它就絕不是膚寸之見，以一時代一地方之小利害，便隨意抹煞其價値的。說幾句題外的話吧！當歐洲在文藝復興以前，他們一切文明，亦未必比我們高多少，或者還遠不如我們。直至十八世紀以後，才突然露了頭角，一切都似乎開過了我們，我們偏偏不聞不見，鄙爲物質文明，不値一顧。這樣錯過了步法，一誤再誤，不會走上這條新路。因此到了最近百年間，才顯出事事不如人，縱然急起直追，可是人家三百多年的經過，絕不是我們可以一步趕上的。於是相形見絀，弄到人人自忘其本來，其甚者，乃至認爲中國本來不如人，更認爲中國的文化禮敎，都沒有一點是處。就眼前事實言，自然亦是大勢使然，我們不是狹義的國粹論者，用不着什麼慨歎。可是中國這樣古國，文化如此悠久，果眞沒有一點可顧的價値嗎？即以經濟思想一點而言，試放眼看看歐美各先進富强國的眞實狀況，他們的國是眞富了，(?)可是大多數下層民衆的生活情形怎樣？（一個紐約的生活階層，就相差十個世紀，更不用說窮鄉僻壤了）那是沒人看到的。他們的經濟理論和施行的政策，是美滿周密，(?)無孔不入，可謂地無餘利了。可是在十八九世紀百年始一大戰，到近來進而爲五十年一大戰，更進而爲二十年一大戰了。現代戰爭的殘酷，是我們天天耳聞而且目見的，難道歐美各野心者，及各大領袖，他們天生來沒有絲毫惻隱之心？不是的！他們有一種不可抗的力量驅使着，不這樣，自國就不能存活。爲爭自國的存活，自然顧不得什麼叫殘酷，不但對敵國，連自己的人民，亦說不起，不能不鼓起大犧牲的精神來，爭這最後五分鐘的短長。這樣畢竟是什麼力量驅使的哩？這不是天意如此，亦不是魔鬼作祟，而是現實生活逼迫的。既是富强之國，爲什麼又這樣逼迫，或者是他們的經濟學者，單看到大資本大實業家的豪富，享那人生未有之福，一國中心都市的摩天高樓在百層以上，馬路修得比鏡子還光滑，國家的一切所謂建設事業，莫不高出古人百倍，以爲只要能從百姓身上弄來錢，國家便是萬能的，可沒想想這些百姓怎末活着。這樣的作法，不戰爭有什麼法子？可是戰爭就能够解決這個問題？題外的話說得更多了，筆者的意思，只想把中國古聖賢所遺留的大家過活，大家過太平日子，而不計一時一地利害的學說，介紹給人們，所以拈出這個題目來。意思是在求歐美學者們用作一個和現代思想比較之資，並不敢一定說東方文化高於一切，教世界非此不可，這是最須聲明的。但是孔孟的學說，只有幾條可考的原則，不能胡羼作料。還是把歷史上所有的關於本文的事實和人物，具體地分別討論，才可以看到這個思想的眞相。今在緒論結束之前，且抄幾部重要書籍中的幾段理論，作爲本文的論據。

殷周之盛，詩書所述，要在安民，富而教之。故易稱天地之大德曰生，聖人之大寶曰位。何以守位？曰仁。何以聚人？曰財。財者帝王所以聚人守位，養成羣生，奉順天德，治國安民之本也。故曰，不患寡而患不均，不患貧而患不安。蓋均亡貧，和亡寡，安亡傾。是以聖王域民，築城郭以居之，制廬井以均之，開市廛以通之，設庠序以敎之。……周室既衰，暴君汚吏，慢其經界，繇役橫作，政令不信，上下相詐，公田不治。故魯宣公初稅畮，春秋譏焉。……元帝即位，天下大水，關東郡十一尤甚。二年，齊地饑，穀石三百餘，民多餓死，琅琊郡，人相食。在位諸儒，多言鹽鐵官，及比假田官，常平倉可罷，毋與民爭利。上從其議，皆罷之。……其後用度不足，獨復鹽鐵官」。——漢書食貨志。

「先王之制度：地以居人，均其沃瘠，差其貢賦，蓋歛之必以道也。量入而爲出，節用而愛人，度財省費，蓋用之必有度也。是故既庶且富，而教化行焉。周有井田之制，秦有阡陌之法。二世發閭左而海內崩離，漢武稅舟車而國用以竭。自古有國有家，興亡盛衰，未嘗不由此也。隋文帝因周氏平齊之後，府庫充實，庶事節儉，未嘗虛費。開皇之初，議者以比漢代文景，有粟陳貫朽之積。煬帝即位，大縱奢靡，加以東西行幸，輿駕不息，征討四夷，兵車屢動。西失律於沙徼，東喪師於遼碣。數年之間，公私罄竭。財力既殫，國遂亡矣。高祖發迹太原，因晉陽宮留守庫物，以供軍用。既平京城，先封府庫，賞賜給用，皆有節制，徵斂賦役，務在寬簡。未及逾年，遂成帝業。其後掌財賦者，世有人焉。開元以前，事歸尚書省，開元以後，權移它官。由是有轉運使，租庸使，鹽鐵使，度支鹽鐵轉運使，常平鑄錢鹽鐵使，租庸青苗使，水陸運鹽鐵租庸使，兩稅使：隨事立名，沿革不一。設官分職，選賢任能。得其人則有益於國家，非其才則貽患於黎庶，此又不可不知也」。——舊唐書食貨志。

「古之善治其國而愛養斯民者，必立經常簡易之法，使上愛物以養其下，下勉力以事其上，上足而下不困。故量人之力而授之田，量地之產而取以給公上，量其入而出之，以爲用度之數：是三者，常相須以濟而不可失，失其一則不能守其二。及暴君庸主，縱其佚欲，而苟且之吏，從之變制合時，以取寵於其上。故用於上者無節，而取於下者無限，民竭其力而不能供。由是上愈不足而下愈困，則財利之說興，而聚斂之臣用。記曰：寧畜盜臣。盜臣誠可惡，然一人之害爾，聚斂之臣用，則經常之法壞，而下不勝其弊焉。」——新唐書食貨志。

「古之帝王，未嘗以天下自私也。故天子之地千里，公侯皆方百里，伯七十里，子男五十里。而王畿之內，復有公卿大夫采地祿邑，各私其土，子其人，而子孫世守之。其土壤之肥磽，生齒之登耗，視之如其家，不煩考覈而姦僞無所容。故其時天下之田悉屬於官。民，仰給於官者也，故受田於官，食其力而輸其賦。仰事俯育，一視同仁，而無甚貧甚富之民，此三代之制也。秦始以宇內自私，一人獨運於其上，而守宰之任，驟更數易，視其地如傳舍，而閭里之情僞，雖賢且智者，不能周知也。守宰之遷除，其歲月有限，而田土之還受，其姦弊無窮。故秦漢以來，官不復可授，田遂爲庶人之私有，亦其勢然也。雖其間如元魏之泰和，李唐之貞觀，稍欲復三代之規，然不久而其制遂隳者，蓋以不封建而井田不可復行故也。三代而上，天下非天子所得私也；秦廢封建，而始以天下奉一人矣。三代以上，田產非庶人所得私也；秦廢井田，而始捐田產以予百姓矣，秦於其當與者取之，所當取者與之。然所襲既久，反古實難。欲復封建，是自割裂其土宇以啓紛爭，欲復井田，是强奪民之田畝以召怨讟；書生之論，所以不可行也。隨田之在民者稅之，而不復問其多寡，始於商鞅。隨民之有田者稅之，而不復視其丁中，始於楊炎。三代井田之良法壞於鞅，唐租庸調之良法壞於炎。二人之事，君子所羞稱，而後之爲國者，莫不遵其法。一或變之，則反至於煩擾無稽，而國與民俱受其病，則以古今異宜故也。」——文獻通考自序

由漢魏到唐宋(新唐書是宋人修的)，一般儒家們的經濟思想，大概盡之矣。所要注意的，是人人懷古而不能復古。雖以馬端臨之深惡計臣，乃亦不得不因「古今異宜」之故，而承認商鞅楊炎之徒，雖爲「君子之所羞稱」，而後世爲國者，又莫不「一遵其法」。而且「一或變之，則反至於煩擾無稽，國與民俱受其病」。所以我們研究古人思想是一件事，而泥古不化又是一件事。是最要分清的。

從唐宋到最近百年間，史冊所載，無大異同。惟有兩位大儒的學說，開了近三百年的新思想，是爲承先啓後之資是必須一提的。兩先生雖都老死草野，不曾見諸事功。可是他們的影響，實開清代幾位經濟家新思想的先河。(此處經濟二字係舊稱，即經國濟世之意，和現代用作專名，絕然不同)那就是顧亭林(炎武)和顏習齋。

兩先生對於經濟的理論，沒有專條可以直抄。都是隨處見義，我們只能節取大意，所可言的，是兩先生身經國難，感到切膚的痛癢，所以打破了歷來的傳統觀念，而直接了當明目張膽地主張要富國强兵。這是和前儒最不同的一點。不過顏先生的主張，是民兵，即「農即兵」，並不要國家多大的俸餉。他說國人的大病，第一是懶，其次便是專會說空話。他以爲「六府三事」以外無學問，亦即沒有事功。凡事都要親手動作，人人都可致富，人人都要圖强。一旦有事，都得夠

個軍人的資格。顧先生的主張，是不怕國家依法徵收賦稅，重賦亦不要緊，但是中國的賦稅機關太雜，用人太濫，最着眼於經濟機關的組織。以爲有了好組織是不用說涓滴歸公，但能够十九歸公，則人民的負擔，不用增加，國用自然充足。顧先生足跡遍中國，又親見明末一切「遼餉」「薊餉」的積弊，所以言之親切，不同紙上空談。兩先生是淸代思想界的開山大師。所以後來幾位不甘以「經生」自安，而抱有經世志願的，如全謝山「祖望」莊方耕（存與）諸儒，不能單以經生目之。他們對於經濟的觀念，已不是唐宋以來的傳統觀念，都是受到了顧顏兩先生的影響。淸代乾嘉之末，有所謂「常州學派」者，（即江蘇武進）便以莊方耕爲開山。他們不像惠定宇（棟）段茂堂（玉裁）諸家那樣一味啃死書。而是要「通經致用」的。都有各人心得的經世學說，在經濟思想上，亦發生了很大的變動。所以一傳再傳而成爲中國的「公羊改制」「維新事業」。這一點淵源，所謂「其始作也簡，其將畢也鉅」，可不能不上溯到顧顏兩先生。我們不是說學術思想，只是一切政敎，都以思想爲發動之源。原動力所在，是不能不略爲顧及。這亦是研究儒家經濟思想所必須領會的。至於各家授受系統，過於複雜，僅能概括地說個大略，恕不詳細引證了。

以上所引各家理論，雖然未盡，而大體的經濟思想，不出於此。一史如此，一部二十五史，雖繁簡不同，分類稍異，其理論莫能或外。便是食貨錢幣各志的中心思想，千言萬語，制度屢變，要亦不外大學上兩句原則：

「財聚則民散，財散則民聚」。

這是中國儒家一貫的中心思想，違之者便不理於士君子之口。所謂「損上益下」主義，所以中國雖然是歷史悠久的大國，專從國家的事業上看，自來沒有什麼雄大的企圖，一道長城慘史，已給後世好大喜功的堵住嘴。就拿我們三朝建都的北京宮城一事說，要和人家什麼白金漢宮凡爾賽宮比起來，簡直等於土苴。就和梵諦岡的羅馬敎皇宮比一下，人家一尺見方的天花板，都講究値幾百萬金，一寸見方的墻壁，都講究有多少塊寶石，多少兩黃金，鑲嵌工人，都是世業專家，而且還立有專部，到現在還是照常繼續工作着，我們歷史上有這樣事實嗎？一事如此，百事皆然。所以我們人口雖多，從來沒有龐大的軍備，物產雖豐，從來沒有奢靡的工程。可是再進一步想，他們這些費用，都是那兒來的？不用問自然是取之於民了。我們省下這些費用，都到了那兒？亦不用問自然是儲諸民間了。這種作法，爲一國計，當然對外落伍，可是爲全民計，無形中民力自紓了。固然「盡量消耗盡量生產」，亦自成一說。各國所以生產進步，亦全賴這點精神，中國人之不長進，亦未嘗不是壞於這種自安樸陋的思想。可是物質終是有限度的，自國開發已盡，必取諸其他弱小，一旦弱小都完了，誰亦不讓榨取，則除了賭之一戰外，更有何法？有人這樣說，中國人都是閒的，外國人都是忙的，中國人故步自封，寧甘落伍，固然要不得。可是外國人生在這樣環境之下，一天不掙命，便不得存活，怎能不忙？若是拋開國家界限，看一看全世界人類生活現狀，要能夠把天地間富源以現代科學方法，經營生產，而又肯接受我們東方文化的精神，大家安生過活，不出五年，全世界可以都成爲黃金世界。人類只須一日數小時工作，便可以享用無窮。這只在人心一轉移間耳。所以不嫌詞費，把中國儒家的經濟思想介紹出來，就是根據這一點微意。

中國儒家之經濟思想

續第二卷第五期

補　菴

周秦諸子

引言　既然標題爲儒家思想，爲什麼又涉及諸子，這亦是不能省略的步驟。江河之所以成其大，在於能集合衆流。我們要追本尋源，當然要注重本流的根源，可是一切旁流，亦不能不顧及。因爲江河是衆流所匯，不限於本流的一支。再者研究經濟思想，和其他哲學思想，倫理思想等又不同。哲學倫理是內生活，可以從一家的學說中，便能看到他的全面。而經濟思想，是外生活，必須徵諸本實。乃是要從其人的表現方面去找。這樣便不能不述及事實，一切政綱，方策，組織，條理，及其施行的成績，都是研究的憑藉。而且經濟不是獨立的，所有社會動態，不論在地域上時間上，都是互相關連，互相依存的，所以於研究儒家具體事實之先，亦得顧及其他各家。分開看是旁支，合起來都是匯爲巨流的必要材料。所以必須從周秦諸子說起。

再者前期那篇文寫出來以後　有朋友說，所引故實甚多，應該加以註明。我亦這樣想過，可是要逐字逐句都註出來，那樣，註文還要比本文多好幾倍，論文裏沒有這個先例。因爲論文的體裁，和研究文不同。古人爲文，從沒有自註的，一來是尊重讀者，二來亦是體例使然。現代流行的每本必註，乃是研究文的必然條件，因爲不如此，便要失之「無徵不信」。就是眼前人人習見的書，亦必得一一註出，這亦是體例使然。若論文亦這樣做，那就太繁了。因論文是取材於多方面的，所用的差不多都是前人成語，又都不外大家習見的書，和一切專門學科不同。用不着那樣費事的，所以除較爲冷僻的故實外，仍不用註。固然是尊讀者而省篇幅，爲省事計，亦是論文的體例，可以這樣做的。

上篇的緒論，談到儒家思想的發源地，自然以孔孟爲宗主。但孔孟不曾得行其道，未能表現於事實，而其表現於事實的，卻屬於後世的一般儒家。因爲經濟學是要看事實的，和其他專事理論的不同。而儒家之在經濟上佔有重要地位的，都在秦漢以後。若周秦間，倒是非儒家的人物，在經濟思想上，握有大權威，或是與其當時社會思想，發生重大密切的關係，若管仲，若商鞅，這些人，雖不能確乎斷定其爲法家，可是他們絕不是儒家。還有當時諸子中勢力最大的，除荀子外，其餘亦都不屬於儒家。我們討論的，雖然是以儒家爲主，而這般非儒家的，在思想上都有互相呼應的淵源。可又不能逐家都一一提出，只能就與儒家思想最接近的，略舉數家，今先說老子。

在哲學的立場上，老子思想，和儒家思想，分道並馳，沒有調和的可能。而在經濟思想上，則儒家思想是中庸的，而老子是澈底的。可是老子的思想，先孔子而爲當時社會所接受，所以有許多儒家，亦不免受到老子的影響。若單從崇儉尚樸，戒奢黜華的大關目上看，則兩家頗爲接近。所不同的，還在他們的哲學思想上不同。所以表面雖相近，而結論可不一致，這一點，可從他們對於「欲望」的理論上分別的。儒家是承認「人生有期」的，爲滿足欲望起見，當然要在物質享受上，力爭上游。（楊朱：學即專重此點），這便是經濟思想的最初源泉，亦即是最大的出發點。但儒家是亦講享受的，試看鄉黨一章，很多地方，寫得是孔子對於物質的享受，並不以爲非，只是主張要節之以禮，不得濫行縱期而已。孔門重禮，大部分是從享受問題着眼的，以爲有禮以節之，則可以不爭。亦可以說儒家對於期望，是主張「節欲」的，老子可大大不然了。

老子對於欲望，是根本不承認的 所以他的五千言，重要思想，只是「無欲」。他以爲人類一切禍源，都是起於欲望，人間多事，亦是由於互爭期望之滿足而生。經過他的哲學計算結果，認定了欲望是怎樣亦不會滿足的，其間只是程度問題，永遠不會有眞正滿足的那一天。他的結論是，與其爲爭那不澈底的滿足，弄得天地都不得清靜，何如根本就不讓他發展，同一不滿足，惟有無欲，才是澈底的正本清源之法，所謂「無欲」主義，可以說是老子學說的一個大綱領。這種思想，便是後來所謂「黃老之治」的發源地。在西漢之初，亦小小收到了相當的成績，這個自然是時代和環境雙方促成的。因那時經過了長期的秦人多事以害民，劉項多事以苦民，在這天下初定的當兒，自然要以與民休息汔可小康爲唯一要件。所以黃老之治，亦能得到多數的擁護。這是時勢使然，不一定都由於一家學說。但老子思想，亦自有其確乎不拔的基礎。他看完了「天道損有餘以補不足」的盈虛消息，認爲多欲是一切禍患的根源。一人過分享受，便有許多人感到不足。所以說「罪莫大於可欲，禍莫大於不知足」。而實行無欲的條件，是「知足知止」，故曰「知足不辱知止不殆」。乃是一貫的主張。像這一類的說法，不須多引，若是都引出來，恐怕一部老子，亦就所餘無幾了。老子之知足知止，不單是對於期望說，期望中亦不單是對於物質說。他連「知識」的期望，亦要知止。因爲他的根本理由，是「人之憂患，由於汝之有知。」的。所以對於知識，亦要限制。這是老學所以不行的最大關頭。但在老子，乃是別有打算的，他理想到「太古之治」，總以爲太古之民，是無爲的。所以「熙熙」，所以「無爭」。只要喫飽了便于于而臥，徐徐而行。更沒有一切災害。不但老子，凡屬老子一派的理想，都是夢想那所謂「初民」的。而不知初民幷不那樣像他們理想的簡單。即如醫葯不備，病了怎麽辦？而且這飽飯是從那兒來的，他們不管，他們只想到初民是不會有病的，是天然物便够喫的，所以對於政治經濟，都是同一的幻想。反而認古代有爲的聖賢爲多事。我們所以引老子的原因，乃是單從他的經濟思想中之崇儉尙樸一點，頗接近於儒家而言。幷不是取他的整個學說。因爲周秦以後的儒家，多是吸收各家理論而成，不盡出於孔子。而老子思想，滲入儒家的尤多。蓋儒家雖由於漢武帝罷黜百家而獨尊，但政治的力量，只能及於表面，而各家精義，各有獨到，旣不可磨滅，當然要借尸還魂，散入別家。西漢的儒者，大半都是方士和黃老的融合體。便是鼎鼎大名請罷百家的董仲舒，他本身就是一位方士化的儒者，（方士又是古來的巫，祝、史、三者蛻變的，觀於司馬談之「六家要指」自明，至於班固所說的各家皆出於王官（漢書藝文志）雖不盡可信，要之史家原是司天象和記言記事的，其勢力早在孔子以前，他們不單管星曆，還有許多方術和學問。老子亦是出身於史，所以他的潛勢力在社會上很大。亦即後世道家之所假借。「道德經」

之名，便是後來道家們追加的，（可參看夏曾佑之中國歷史），在周時並無其名，甚且把上下二篇，分爲「道經」，「德經」，實則上篇亦談到德，下篇亦談到道，并不嚴格。至於道德二字，與孔子同名而異實，更不必論了。）更不用說其他了。

在一般理論的觀點上，和老子最相近的，便是莊列兩家。然而兩家的經濟思想，可看不出有什麼異點來，而且篇章亦互相出入，所以可以一併討論。兩家從表面上，似乎是老子之嫡派，所以常有人「莊老」并稱，實則老子是入世的，莊列是出世的。老子還承認大小，貧賤，富貴，尊卑，種種問題，所以他的經濟思想，與儒家還有對照的價值。莊子則根本就看不見這些差別，乃是「齊萬物一死生」的。這樣還有什麼經濟可言。所以亦用不着仔細討論了。

筆者討論儒家經濟思想，乃是因期研究儒家的整個學術思想的一部分。因多年致力的窺見，以爲儒家之類別太雜，有急須「辨清門戶」之必要。韓非子顯學篇說，「自孔子之沒儒分爲八。」這大半都是孔子及門之直傳弟子（除了伊良氏和孟子之外）已竟這樣分馳了，而況後世？而且韓非所謂之「分」，雖無明文，由他「墨離爲三」的例看來（亦見顯學篇），大概是由程度深淺分的，而不是門戶各別。墨家如此，儒家當然同之。所謂程度，或者便是後世「大同小康」「三統三世」之說所由起，今且不必多談。到了後世，凡屬讀書學道之士，幾乎都是儒家。而讀書學道者，亦莫不以儒自居，這樣周秦之間，那種百家爭鳴之盛，爲中國思想界最光明最發揚的一切思想，都能夠寂然銷滅嗎？不用問，自然是都被「面目同一」的儒家所吸收了。所以我們從後儒在經濟上的設施看來，常感到他們的立論，往往極端相反，可又同屬於儒家。尤其是法家之儒，有時直與孔子相背馳。（如劉晏，張居正）知道他們的所受，不是一個來源，可亦無所用其驚異了。司馬談又說「儒家博而寡要」，又說「累世不能竟其業」。因爲儒是吸收百家的，所以「博」。又因出於「百家之雜糅」，所以又「寡要」。由此可以知研究儒家，所以必須研究諸子的原因，又可知研究儒家思想，不是簡單的事，更不能用研究他家單一思想的方法了。

周秦之際，在思想界的權威上，自然要數老子。而在經濟上握有一時實權，且其表現於實施方面，足爲後人矜式的，乃屬於許多法家。當時幾位在經濟上有建樹的，差不多都是後世所認爲法家的。但如管仲商鞅諸人，已經多少人作爲專門著作的對象，把我們的學術思想，都著有專書。在我們論文裏，用不着那樣做，只把他們綜互的比較一下便好了。大概中國一切思想的源泉，在孔墨之前，是很少以個人爲主名的。因爲那時的一切知識和學術，都守在「王官」。即以經濟思想言，以個人主名的，春秋之世，是歸之「太公」，戰國之時，又好稱「計研」。（即計然）太公的思想，是以大資本營取大利益的，其流沿爲「國有主義」，後世管仲晏嬰之流祖述之。他們的「官山府海」政策，即根於太公。惟太公之書，多不可信，不過兵法家便謂太公有兵法之書，經濟家便謂太公有經濟之書（班固稱太公有書二百三十七篇）。當日管晏諸人，數稱太公，到底出於何書，則不可強考了。計研的思想，是主張自由發展的，其性質近於「保育政策」，不加限制。韓非范蠡等，都是這種思想。韓非更反對儒家的「均平」說，他以爲均平主義，是妨害自由發展的，他說，「今夫與人相若也，無豐年旁入之利，而獨以完給者，非力則儉也。與人相若也，無饑饉疾疢禍罪之殃，而獨以貧窮者，非侈則惰也。侈而惰者貧，力而儉者富，今上徵歛於富人，以布施於貧家，是奪力儉而與侈惰也。而期索民之疾作而節用，不可得矣」。這種思想，便是後世資本主義盡量發展的大本營。與儒家的中庸主義不相容。這兩大派，便是後世一切經濟家的開山。雖然各人所用的方策不同，而凡是力圖富強的，任他在面目上完全是個儒家，而施之實際，可都不出法家這兩大系。所以說學術思想，只能在理論上完成其一致。只要見諸事實，那就要看當時的環境怎樣了。由漢唐以迄明清，凡是經濟上有地位的，那一位不是儒家？可是幾位有思想的一旦得行其志，打算眞個地爲國爲民，本其所學、純用儒家思想，是沒個不失敗的。（專就經濟一點言）但是要有人採用功利主義，講到實際，任是天才，亦必爲一般正統儒家所齮齕，而不得行其志。像這樣思想和事實的不相容，在中國歷史上是習見的，這個問題，則又不限於經濟了。

漢書藝文志，約儒爲五十三家，書凡八百三十六篇。而法只十家，書凡二百一十七篇。我們姑且承認這種分類法，亦可以看到周秦之際，凡是有名的法家，多在經濟上有顯著地建樹，如李悝，愼到，申不害等。而韓非，商鞅，更是有理論，有方法，有事實可徵的實行家。而其總成績，則爲「富國强兵」，不獨李悝之相魏文侯商鞅强秦也。儒家雖多，除一桓寬外，其於經濟上有所建樹的很少。蓋以儒家根本便不注意於富强，而且以爲可鄙。孟子的言論，可以十足代表這種思想。西漢以後，雖然百家都罷，可是罷的是名，而人類的經濟生活，是一天亦不能罷的。尤其是力圖富强的君主，既要崇儒，又要得到儒家所不屑亦且所不能的富强，用非所學，等於敎木工治玉，當然會失敗。爲補救事實起見，於是乎不能不用雜牌的儒家來承乏了。這是我們研究儒家經濟思想，唯一要注意到的。

還有一位非儒非墨非法亦非道的楊朱，亦值得一討論的。楊朱之書不傳，(惟有列子中之楊朱篇)其詳不可考。除列子外，只有孟子把他的思想特異處提出一點來，而判定爲「爲我」。這種「爲我」主義，因爲孟子的批評過刻，所以後世絕沒人自承是楊朱之學。然而事實上，楊朱之徒，則滔滔皆是。而且永遠不會絕滅，這正是楊朱的膽大處。所以在孟子並世之時，「楊墨之言盈天下」，又說，「不歸楊則歸墨」，可見楊朱之學無有一時期，和墨子平分天下。因爲「利己」之一念，就是人類生活經驗中最有力的最初思想，亦就是一切經濟動態的原動力，人之所以有一切行爲，可以說是都爲得是「利已」，雖聖人亦不能諱言。太史公的貨殖列傳序，固然是「慨乎言之」，可又何嘗不是實在的人情正理。人生非衣食不活，衣食之資，不能長恃天然物，生活上的期望，又無窮無限，就是誠如老子的說法，把欲望制止到極低，然而起碼的衣食資料，那是不能再制止的。這固然是人類對於經濟思想的最初動力，亦是永遠不會停止的動力。楊朱之學，便覰定了這一點，鞭辟入裏，把「利已」思想，發揮盡致。其名雖不存，其實是有一天人類，他的思想，便一天不會絕滅的。

楊朱的根本思想，是「黜名務實」的。他看到，「三皇五常之事，若存若滅，太古至今日，三十餘萬歲，成敗是非，無不消滅。但遲速之間耳……矜一時之毁譽，要死後數百年之餘名，豈足潤枯骨，何生之樂哉」。這是他最徹底的論證。所以「去名者無憂」名是沒有一點用的。人生只有現實，現實之最切要的，莫過於「滿足期望」。儘自己所願享受，所能享受的，便盡情地享受。而且「只管生前不顧死後」因爲人死則無賢無愚，都成枯骨。所以「且趣當生，奚遑死後」他又假託爲管晏問答，而發揮他的「肆期」主義，所以說「肆之而已」，凡耳目口鼻之所嗜，皆盡量享受，勿令「閼抑」，一切閼抑，都是「廢虐之主」。這便是後世縱期主義，及個人主義之初祖。但楊朱不是只顧自私的利己主義者，而是要天下之人，都知道「利己」，即「人人不利天下而天下自利」。和墨家的精神，相反而相成，缺一不可。所以孟子謂之曰，「無君」。自然不論那一家的學說，充其極端，都有弊病。楊子之學，更屬極端之極端，當然要爲儒家的中庸思想所排斥。我們不是提倡他的學說，而是在研究經濟思想有關係的學說上，認爲有參照之價值而已。

各家學說，雖不盡於此。大概在思想界佔有地位的，這幾家已可以代表一切，因爲西漢以後，定於一尊，便都是儒家的天下了。而其間能與儒家對峙，其勢力又足與儒老鼎足的，當惟墨子。墨子在經濟思想上，亦有其特殊的地位。而且在中國人吃苦耐勞，滿足現狀的民族精神上，亦是一個最高的泉源。且其學說雖多與儒家立異，獨於經濟思想之一點上，乃與儒家非常相近。是老子以外的第一人。

墨子在諸子中，是一位傑出的人才。有俠氣，且具有宗教家風度，在那時確乎是一顆巨星。其生卒年月雖不可考，我們若把汪中，孫貽讓，馮友蘭，胡適，諸人的推算折衷一下，亦可以得個差不多。諸人都是用旁證法，間接推算出來的，亦都不能認爲定論，可以這樣說，墨子和孔子的時代，所差不多，而略後於孔子。墨子視孔子的行輩，和孔子視老子相似。在這兩位大思想家之間，而能翹然自樹一幟，其力量可知。後人常以「孔墨」并稱，如「孔席不暇暖，墨突不及黔。」以及「孔墨之徒，各守師說」等，便可知墨子和孔子，在當時是不分軒輊的。

墨子的主要思想，是「愛」，而用以推行其愛的標準，則是「利」。愛不愛以利不利爲斷，而利不利又以少數和大多數爲斷。所以凡是不利於一人而能利多人的，那就不管一人的不利，而認定是利。反之即爲不利。他的出發點如此，所以以「兼愛」謚之，亦可謂名稱其實了。既然着眼於大多數的利，當然便不容許個人過度的享受。其理論根原，正和楊朱相反。其「非樂」「薄葬」諸說，亦都緣此而成立。爲大多數利益起見，凡是無故而靡費時間，靡費物質，靡費精神等事，都是墨子所不許。其說與儒家的「節用」「惜時」和「苟完苟美」的精神相表裏，而比儒家更澈底。比老子的「無欲」，更多可能性。爲普通人說法，此較着易行。所以風靡一世。不過這種過於刻苦的行爲，非常人所能堪。雖然說這種精神出於大禹，「犧牲小我以利大我」，旗幟是非常漂亮的，可是世間能有幾個大禹，「其道太觳」，實在是一句最公道的批評，因此不數傳便息滅了。但這種精神，頗能因思想接近的原故，依附於孔老而存在。而中國人之刻苦自勵，不求物質享受，常常犧牲一己，而擔負起利益他人的重擔來。尤其是在家族倫理上，這種精神最顯著。都可以說是墨子之敎所貽留的。

墨子的宗敎思想，是別家所沒有的。中國的一切宗敎，都是由外輸入，而國人自樹敎義的，唯有一位墨子。(所以近人有疑墨子爲印度人的，理由即根據此點，胡懷琛主張最力。)他的宗敎意義，可以從他的「鉅子制度」看出，乃是別家絕對沒有的。可惜鉅子之制，亦是一傳而熄，不至繼續下來。一則是敎義太觳，二則亦是鉅子的人選過苛。不如各宗敎之專信一宗，易於繼續，是一件最可惜的事。假如墨子之敎，能够蔚成大宗，中國民族，絕不會弄到這樣多神而少信仰，致外來宗敎，易於侵入。而國人之「利他」行爲，或者亦可以由家族推廣到國家和一般社會的。墨子之徒，到了孟子之時，還有許多篤信奉行的，從孟子上所記的幾位人物看，便可推知。墨子是「非儒」的，他的非儒，一則是因爲儒家好粉飾禮樂，以浪費時間和物力。因爲禮樂都是不生利而且分利的，「男子躭於樂，則少一耕者，女子躭於樂，則少一織者」。若禮之繁文縟節，更屬勞民傷財曠事費時之大者。這是他非樂的原因。二則墨子是主張「自食其力」的。儒家的不事工作，高居百姓之上，吃現成飯，還要超過民衆的享受，實不合理，爲墨子之所最惡。所以與儒家積不相容。我們試看許行，夷子之流，那種堅苦卓絕的行爲，和儒家那種自以「勞心」爲代價，而一味「食於人」的比較，固然各有佔脚步的地方，然而墨子之說，至少有足使儒家反省的價值。孟子用全力闢楊墨，後人認爲「其功不在禹下」，那亦是勝敗論人的眼光罷了。

墨學分離以後，所謂「別墨」、其人雖多，其學說不傳於世。我們由他的「別士」「兼士」看來，乃是不相合的。所以分離，大概亦是「各守師說」，與儒家之傳孔子之學相等。見深見淺，各有所受。春秋之世，印刷術未興，各家授受，都是口耳相傳。因之「所聞異辭」，甚者乃門戶分歧，這是各家共同現象，不單是墨家。墨家又因本身的缺陷，加以外界的有力攻擊，所以到了西漢之初，便漸漸銷沉了。再加上當代帝王的喜怒，從此以後，儒家思想，便統一了整個的中國。可是像墨子這樣精神，是永遠不會消滅的。不過是分化在其他方面，而儒家便承受了他大部分的遺產。所以漢以後的思想，在表面上，都是淸一色的儒家，而分別討論，則周秦諸子的精神自在，經濟思想，不過其一端而已。

在周秦之末，還有一位其名不大理於人口，可是握有一時的實權，爲各家之總匯，而開漢人統一之先路者，則爲呂不韋。不韋的本身，幷無思想上之價值。從他的「呂覽」（卽呂氏春秋）看來，亦看不出有什麼特殊的色彩，這部書，乃是憑藉一時的地位，集合衆人雜湊而成（班固謂秦相不韋書集智略之士而成）所以沒有可以作爲研究對象的重要材料。其取材亦是整篇大套的抄錄，似乎是一部「叢書集成」。當時得書不易，不韋憑着政治上的勢力，集而成書，所以亦很流行於當時社會。（太史公謂「不韋遷蜀世傳呂覽」似乎不是事實，因那時他已無力著書了。）我們從他的體例和分章的意義上看，他這書，乃是以陰陽家的思想爲骨幹，而以老子學說附之，可以說是漢人尊尙「黃老」的先聲。因爲呂覽以前，還不曾有把老子和黃帝聯合在一塊的事。又嘗疑心漢人何以忽然便尊尙起黃老來，原來這部呂覽，便是一個由百家過渡到黃老的津梁。因爲黃帝的一切假託之書，都是後人影射，（太公亦然）醫生便說黃帝知醫，術士便說黃帝善術。同是一理。（顧頡剛諸人之「古史辨」，便是根據於「堆垛式」的公式而推演的。以爲古人事跡，是越到後世越多，這亦是中國人喜於「託古」的一套方法。）陰陽家，道家，都是託始於黃帝的，所以經過了相當歲月，於是乎「黃老」便成一家了。不韋在經濟上建樹，不遵演用商韓諸人的成法，而以「整齊劃一」出之，並沒有自出機樞的獨立思想。可是到了此時，秦之勢力，差不多已經統一，而當時百家爭鳴的煩囂，已惹起那「鞭笞六合」大野心皇帝的厭忠，這是時勢使然，並不是不韋有什麼過人的能力。而「時爲之勢爲之」恰好作了統一百家的總匯。所以不韋的本身雖不足一顧，而會逢其適，適趕上作黃老的先驅。

又常疑心漢人之所謂「黃老之治」，其面貌及精神，都不是純粹老子。而黃帝之學，何以潛伏了多少年，雖以周室之盛，不曾道及一字，一到漢初，突然就出現了。原來這一點因果，亦自各有其淵源。自此以後，中國的思想，便以儒家爲正宗，而在茲事未定以前，黃老之學，却似回光返照似的，閃出了一時的光芒。固然如前面所說的，（談老子一節）是天下初定，與民休息的環境關係，而不知這一點動機，早已伏於秦政未死之前了。

以上所引各家，都是中國一切學術思想的源泉，最後以政治勢力統一之。但政治勢力，不過是因其已成之勢，再整齊一下而已。其眞正原因、還得看那一家的思想·與大多數的民族性相適。大概人類的生活條件，不出內外二者。而內生活乃佔其大部分。外生活可以政治括之，內生活則又分爲靈魂和知識兩大幹。靈魂生活，即是宗敎，知識生活，即是學術。乃是與政治並重，不可缺一的。又不論政治，宗敎，學術，都是統一以後，越向後越尊崇的。即如政治在羣雄互角時，宗敎在異敎戰爭時，其勢力都不相上下。等到定於一尊以後，則勝利一方面，便特別尊崇起來而且愈向後說得愈神。而其失敗一方面，乃一律降爲附庸，甚者且認爲是「僭統」「異敎」學術思想，又何嘗不然。儒家在漢初人眼中，還不過是「六家」之一，司馬談時代尙如此，到了班固時代，仍然是和各家平列，並不無分出主從來。可是爲什麼各家都會被儒家所吸收了哩？這最大原因，自然是儒家之中庸思想，比較與大多數民族性相適的原故。而政治的力量，亦憑藉不小。漢高雖然宰制了宇內，而當時從龍諸彥，依然還是那樣酗酒讙呼，拔劍擊柱，等到叔孫通綿蕞成禮以後，才肅然有了秩序。於是乎漢高大樂，而曰「吾今日乃知皇帝之可貴也」。這是儒家擡頭的第一聲。蓋儒家之尊尊親親，則尊卑辨等儀的方法，很合乎時代帝王的脾胃。就是沒有董仲舒，而當天下既定以後，亦必須把人數思想，統於一型。黃老之治，便是乘這個青黃不接的當兒興起的。但「淸凈無爲」，只可敷衍大亂初定之一時，絕不會賴以長治而久安。因爲蕭何不能定出多少年的「規」來，敎後人永久的「隨」。而且方士之術，只能麻醉一般沒知識的婦人，（如竇太后之類）所以能够暫時相安。至於雄才大略的帝王，（如漢武帝）那是不能相信的。儒家此時，便乘時而起，想到了孔子，而且上溯而想到了堯舜。以爲墨家抬出大禹來，道家抬出黃帝來，儒家何不可抬出堯舜來？而祖述堯舜的，莫過於孔子。於是便認孔子爲宗主，張起儒家旗幟來。這一來，把儒家可抬高了，而把老子可縮小了。從此孔子便成爲儒家的首領，到了宋代，又產生「道統」之說，於是乎孔子似乎由道統而又兼了教宗。「堯以是傳之舜，舜以是傳之禹……傳之周公，孔子，孟軻，軻死不得其傳焉」。這一套術語，便成爲多少年儒家的傳統眞言，直到了最近代。我們打算得到儒家思想的各種發源地，這是不能不知道的。

由上面的推論，可以知道儒家思想，是承受了各家思想的集合體而又把牠都融化了，都中和了。其中最大的成分，除本身外，乃以老墨兩家爲最多。而專從經濟一點上看，則三家又大致相近。一般都是「崇儉尙樸」的，由這一個共同點，中和爲中國人思想上一個大權威。所以二千多年的歷史，在別的方面，雖然五花八門，各行其是。獨有整個民族的經濟思想，則都爲儒家思想所同化，違之者便不爲衆論所容。以致養成一種忍耐於最低生活線上，不求開發，不講生產，棄大好地利而不用，而以苟完苟美，爲人生物質生活之原則，以至於今日。這是我們要研究儒家經濟思想唯一的中心問題。

本來人類社會，就是一個經濟集合體。可以說經濟思想，與人生以俱來。除了所謂「太古之民」衣食於天然物外，一切行爲，都是造因於經濟行爲。然而天然物亦有多寡精粗之分，不均則爭。這個爭，便是最初的經濟行爲，可見有人生便有經濟思想了。中國民族，體格知識，都不後於他人。以這樣地大民衆，天產物富豐的民族，爲什麼經濟落後，永遠不會走上他人國一切開發生產之路？不能不說是受了儒家思想的限制。假如承認儒爲孔老墨三家的集合，不致大差的話，其中的理由，亦是可以找出線索來的。老子之崇儉思想，是根於「無期」。墨子的刻苦思想，是根於「犧牲小己」的精神。二者都是由他們的哲學推演的。其立論太高或太觳，都不是一般人所能接受的，自以儒家之中庸思想中和之，乃成爲一種最適於民族性之共同思想。儒家不講無期，更不講犧牲，而只是「節用」。而且這節用又是儒家一種政治手段，不含一點哲學或宗教的義意，所以易行。儒家的節用，大部分又是對人君說法，不涉及個人私生活。而對人君之節用主義，其根原仍是出於「藏富於民」。和老墨思想，完全不是一條路線。可是以三位大思想家的共同點。融化在一起，不論誰主誰從，牠的力量可就大莫與京了。後儒許多經濟家，在事實上有大建樹的，縱不盡出於孔子，要亦不出乎三家。如顏習齋之學，便近於墨，陳同甫之學便近於老，（專就經濟思想說）這樣可作證論的太多。而一般的大體，則莫不歸於「崇儉尚樸」的大原則。所以中國後儒多少經濟家，魄力之大如張居正，認識之卓如王安石，雖其設施已爲一般儒家所不滿，羣起而以死命反抗。然而其根本觀念，仍不過是彌縫一時之計。從未有大處落墨，如歐西一般經濟家思想之澈底，於經濟上有根本之舉措。思想之錮人，眞是一件奇蹟。在歐美人的所謂「中國通」中，他們看到中國人以這樣地大物博的國家，而一般民衆，偏忍受於起碼的生活線上，且怡然自樂，這種精神，他們當然是不了解的，所以認爲奇怪。（康有爲晚年，由美歸來，竭力發揚中國這種精神，以爲歐美人知識較高的，都十分羨慕。固然其中有他個人的主觀作用，可亦有幾分是事實。見不忍雜誌）可是再從另一方面觀察，則又大大地有問題了。到底，物質的開發，還有個限度沒有，是不是永遠無盡？人類的欲望，還有個止境沒有？是不是亦永遠無盡？以常識言，大概第一問是「否」的，第二問是「是」的。果如所言，則以有盡的物質，以滿足無盡的欲望，早晚終有「圖窮匕見」的那一天。現在一天的軍費，講究要幾千萬磅，折合爲國幣，亦不知是多少。單說這個「數字」觀念，在中國幾十年以前的人，便是沒有的。除了天文學外，誰亦不會想到這樣的數字更用不着這樣數字。而現代乃成爲家常便飯。這亦不是一朝一夕之故，而是一步一步走到這樣境界的。中國古來多少聖賢，什麽事都要「愼始」，即以欲望說，亦是以不許儘量發展爲第一要義。中國人能忍受低下的生活，不足奇，奇在以爲此之低下生活，而還「怡然自樂」。這亦不是一朝一夕養成的。人類用盡心力，爭奪物質的享受，其結果爲什麽？當然是以享受爲「樂」。然則所爭奪的是物質，而所以爭奪的原故，則仍然是爲「樂」。既然爲「樂」果然有方法，可以不需要多的物質，便能自得其樂，這樣粗糲果腹，和八珍果腹，有什麽分別！既然沒分別，則粗糲的用物少，而八珍的用物多。用少則易給，用多則難供，難供而人人都要必得，則必至於爭。這樣，便又不能不追本探源，而又回味到老墨的哲學上了。

是可以的，而加以「思想」，便無處不與學術思想觸及了。人生既然一時亦離不開經濟，而現代經濟學說，又如此其精密，我們生活於現代之下，只要打算活着，便不能不追求經濟狀況之適合於現代生活。而現代生活，是由過去的生活方式演成

學術思想是一貫的，不能割裂。所以我們研究經濟思想，沒法子單割裂出經濟的一部分來。那樣專門研究「經濟學」的。誰亦不能脫離了現實，而一味慕古，可亦沒法子割斷了過去的方式，而自創的獨新。所以思以如何的方法，處理現代經濟是一事。而認清了過去的經濟思想，知道是由怎樣方式度到現代的生活，又是一事。二者是互相關連，不可偏廢的我們所要知道的，乃屬於第二事。今日研究儒家思想，不是說儒家思想全對或全不對，而是因爲儒家思想多少年來，在經濟上代表了一切。我們的生活方式，便是由全面的儒家思想度到現在的。這種思想，我們還是繼續的生活下去，抑是須要另換方式？這都不是一相情願的。更要看時代和環境，是不是還能允許。我們便是打算繼續下去，而時代和環境，假如不許怎麼辦。我們打算只換一方式，而時代和環境，假如亦不許，怎麼辦？所以必須先把歷史上在經濟思想中，有力量，有建樹的人物，看他們如何打破環境，劃新時代，不論他成功和失敗，只要是有重要地位的，必都有他的中心思想。而他的思想 又必根於他當時的時代和環境而生。古代不必談，即從儒家統一以後說起，所有的志行道人物，他的政治生命，十九都繫於經濟上的成敗。大概在經濟上成功的，他的政治亦成功。若是經濟上失敗了，他的政治，大半亦隨着失敗。(此處所謂失敗，不關於他本人的生死，很有幾個政治雖然成功，而其個人失敗的)所惜的，就是在整個的中國經濟史上，能夠找出一個歷史劃元的建樹人物，還不曾有。自然這是由於前面所說在清一色儒家面目之下，不得不然的結果。可是在這比較之下，亦很夠我們取材的了。至於在經濟思想上，可有不少的特出人物。而其思想，亦不在歐美人以下。不過這一類的人物，十之九都不曾見之事實，惟有在著作言論上，留下一個痕跡，供後人研索。即今偶就得到相當地位，因爲中國政治全部的積重關係，亦得不到什麼成績，甚且身敗名裂。我們的目的，在思想，而不在成績。語云：「不習爲吏視己成事」本此意以作我們研究的信條，所以采取的範圍，就不限於一般成功的人物了。(待續)

中國儒家之經濟思想（再續）續第三卷第三期

補菴

我們提出這個問題來，不是展覽老古董。乃是應於全人類蘄禱和平的迫切心理。固然不敢說中國儒家的經濟思想，可以永久消滅戰爭。至少亦可以說足供全人類和平方案的參考。但使此種思想，通過了相當數人類的腦筋，則雖不能即時消滅戰爭，然已足以減少戰爭。這是我們的最大理念。

戰爭毀滅了物質，毀滅了文明。毀滅了無量數生命。乃并毀滅了人類希望和平的信念。懾伏於戰神威靈之下的。幾乎要疑心到和平是弱者心理中的一種幻想。我們信仰文化不滅的人。對於這樣大問題，不能不有一番澈底清算的工作，而尋出了正確的解答。第一步先感到戰爭是每一個人心理上深深畏懼的。可以說只要神經正常的人，沒有一人願意戰爭的。而戰爭終於出現的。從千頭萬緒中歸納爲一個頭緒。其結論便是由於經濟組織之不平。人類是經濟生活的動物。經濟得到一時或一部分的平衡，則就有一時一部分的和平。若能得到了永久及普徧的平衡，以同理推之。當然亦可以得到永久與普徧的和平。而經濟之不平衡，更莫過於十八世紀之所謂工業革命後直到今日之二百年。此二百年中，正歐美之「無限制自由經濟」得勢之時。同時亦就是中國一切文化被人漠視之時。歐美的氣燄日張，便一步步反映出中國的日就暗淡。至使國人直不敢自信其爲有文化之民族。於是乎對於歐美文化，竟發生所謂「全盤承受論」。這都是不久的事實。而不悟歐美的整個繁榮，乃是植根於殖民地政策之上的。幸運地他們早一步握住了新工業政策的工具。對於落後國家，不惜從事於多方面的榨取。以殖民地百人的血汗，養他們本土的一人而猶嫌不足。這樣繁榮，曾經過多半個十九世紀。到了二十世紀開始，牠本身所具的病態，已暴露了。直到第一次歐戰後，必然地發生了空前未有的「經濟恐慌時代」。這正是一個極好的敎訓。以爲應該覺悟了。乃歐美之政治家經濟家，猶於初醒的好夢還想着重温。不惟不謀合理的經濟正路，更加甚了進一步的倒行政策。又製造出第二步的更不平衡。其結果乃產生今日這樣的全人類同陷刼運的互相毀滅戰。這亦是必然的結果。事實即在眼前，假如大家不否認的話。有心人能不尋求一個大家相安的經濟方策嗎？

中國的文化，有些古老了。可亦比世界早幾個世紀。有時過去某一時的文化，正是後世某一時的縮影。即如中國人之思想奔放，莫盛於戰國迄周秦之際。此時國人乍由封建下解放出來，正如歐洲人由宗教解放出來以後，那樣思想奔放一樣。所以戰國時代，專就思想一方面言，誠屬中國人思想最發展的時代。上期曾就周秦諸子的經濟思想，怎樣融合而成為儒家的經濟思想。作一簡明的叙述。便因為在此時期中，才奠定了儒家的基礎。而儒家的基礎，便是集諸家的思想而成。當七國時，各私其國。各利其利。如白圭李悝之流，皆一時在經濟上有建樹人物。其他各國，亦莫不皆然。惟其各以自身之利為利的思想。則於別人必為不利。故只能引起不斷之戰爭。人類苦於戰禍之酷，於是明哲之士，乃求得其病源之所在。各著書立說，以提倡公利為最大目標。以利於大多數人為最大利益。諸家類然，墨子尤拳個於此義。嗣經儒家采擷修正。乃成為中國數千年言經濟的一貫理論。大足為現代一切思想參考之資。這是我們提出這個問題的唯一原因。

其次則是徵之於最近事實。近日盛倡之歐洲經濟集團新體制，與東亞共榮圈。都是此次戰爭的新產物。無東無西，有若桴鼓相應。這正和中國經過七國之自利政策，因而確立了儒家的經濟思想正同。因為歐美人不曾合理地接受第一次大戰的教訓。致造成不出二十年便繼續發生的大戰。世界上高瞻遠矚之士，乃看到這不是生於仇恨，亦不是生於種族。更不是什麼宗教主義之爭。而是生於經濟體制之不合理。打算避免將來再三再四的繼續大戰，則不能不求經濟之合理的解答。集團新體制，與東亞共榮圈。其範圍因各本於自身立場。而其理論之出發點，大體上初無二致。就是打破了現行的損多益少體制，而變為擴大的自給自足，以公平方法，求得所有集團內和共榮圈內的大家自給自足。固然事實不是這樣簡單的。我們不是討論這兩件事實的本身。只是借此證明時代的需要，已竟顯明地露出了將來的曙光。人類之為禍為禍，皆將視此爲轉移。這和中國的儒家思想，要一定說有什麽因果關係，那未免近於附會。而且亦不必。但是人類的智慧，無古今，亦無中外。每一學說和思想，當其時代及環境，已成熟到要產生這一種最新而最有力的學說思想時，則其步驟，往往相同。前面說過，戰國時是現時代的縮影，則亦可以反言之而爲現時代正如戰國時之放大。中國於此時，成立了儒家的一貫思想。正好以之期待於不遠之將來的全世界。這又是提出這個問題的動機。

在緒論裏，已竟把孔孟的學說思想，說了一個輪廓。還不曾具體地說到一般的儒家。因爲次序上的順序，接着便先說明周秦諸子的經濟思想，所以這樣寫，是爲把儒家思想所以確立的基礎，說明其本流及支流之所匯。接着便該說到儒家了。以時代之先後，當首論荀子。

在孔孟時，并不曾以儒字包括孔孟學派。儒家之確立，當首推荀子。荀子是儒家一位承先啓後人物。（這單指「儒家」二字說。并不是代表孔孟。那是學術上的事，不是此題所應及的。）他在儒家的地位，歷代的看法，隨時而異。不過在經濟思想上，却是一位於不甚違背孔孟之下，而又自有其獨特見地的。荀子最特色的經濟原理。頗與西儒斯密亞丹氏相近。爲其他儒者所不敢言。所指的這一點，便是他的「勘天」思想。在天論裏有這樣的話。

『天行有常，不爲堯存。不爲桀亡。强本而節用，則天不能貧。養備而動時，則天不能病。修道而不貳，則天不能禍。……大天而思之，孰與物畜而制裁之？從天而頌之，孰與制天命而用之？望時而待之，孰與應時而與之？因物而多之，孰與聘能而化之？思物而物之，孰與理物而勿失之？故錯人而思天，則失萬物之情。』

這是何等透澈？何等的大膽？不要看這個理論，并不怎樣驚人。那是忘記時代了。在孔孟之後的儒家，到如今還有疑心荀子這種思想，是正面和孔孟衝突的。而況當日？距荀子不遠的將來，大家目爲正統儒宗的董仲舒。便是一位屈伏於一個「天」字以下的人。中國人思想之萎縮，失去了周秦諸子的勇氣，雖不能完全歸罪於董子，而董子至少亦要負一半責任。這一節俟留在下面討論。荀子的勘天思想，後來惟有漢儒王充，可以彷彿。其餘皆莫之及。我們試把斯密氏的原富熟讀一次，(嚴又陵先生譯本定爲此名)便覺着字裏行間，隱隱有荀子的精神在。但斯密氏，成功爲歐洲正統經濟派的權威者。而荀子的學說，不過僅供後人把玩。還有多少責難者，和他的「性惡僞善」論等視。以爲應逐出孔孟門牆之外。這固然是時代的關係。亦由於經濟一科，和其他天然科學不同。亦和一切哲學不同。哲學可以一個人的理想成立，即以言論表現出來。經濟則非見諸事實，不足取信。而事實又和政治有不可分的連繫。任何經濟思想，不能得到政治之力，則無由表現。所以我們研究某一人的經濟思想，須把理論和事實分開。不能見諸政治的，只好於其言論中，求得其思想之所在。荀子在齊，雖三爲「祭酒」，可不曾得到政權。因此他的思想，就無從發展。到楚以後，爲蘭陵令。便老死了。那能和斯密氏幷論成敗哩？

荀子最表現儒家精神的地方，在於他「制欲」而「重禮」。這是儒家論政的共同骨幹。不限於經濟一方。人類之所以爭奪不休，多起於欲望之無窮盡。天下擾？正坐此病。因此有主張無欲的。有主張絕欲的。亦有主張縱欲的。亦有主張窒欲的。都是可言而不可行。荀子承認人之有欲，乃且認爲是正當。這種見解，已不是一相情願專說廢話的所謂「道學家」所能夢及。要在節之有道，禮之以度。則人情順而意亦平。在他的王霸篇內，有這樣的話。

『人之情，口好味而臭味莫美焉。耳好聲，而聲樂莫大焉。目好色而文章致繁。婦女莫衆焉。體好佚，而安重閒靜莫愉焉。心好利，而穀祿莫厚焉。合天之所同願，兼而有之。澤牢天下而制之。若制子孫。人苟不狂惑戇陋者，其誰能睹是而不樂哉？』

其王制篇內，更有與此相補充的話。

『分均則不偏。勢齊則不一。衆齊則不使。夫兩貴之不能相事，兩賤之不能相使。是天數也。勢位齊而欲惡同。物不能贍則必爭。爭則亂，亂則窮矣。先王惡其亂也，故制禮義以分之。使有貧富貴賤之等，足以相兼臨者。是養天下之本也。』

荀子看透了人類爭亂之源，在於欲望之無限度。勢均力敵而同一欲望，要各滿其欲，其勢必不贍。不贍而又都要非滿足不可。除爭奪外，還有什麽法子？這是一般人都看到的。至於如何找到答案，可就各有所見了。荀子的偉大處，在於他那誠懇的意念，坦白的態度。一部荀子，絕沒有一句蒙頭蓋面的言論，字字皆稱心而出。這因爲他是一位經驗派的自得之學的學者。本傳上說他，行年五十，始自趙至齊。這不是晚學，而是到了五十歲，才有用世之志。他不曾受過封建下貴族敎育的自尊思想。亦不曾中了傳統的書毒。所以他的思想學術，都是空無依傍，不受一切拘束的。他的經濟思想全面，頗近於法家。因此亦不爲當時的儒家思想所囿蔽。所以終於卓然成爲儒家大師，而不能以法家目之的。便在他的重禮論。禮是儒家特有的旗幟。和法家之法，正自相當。荀子重禮，所以他認爲平衡經濟的方法，最好是節之以禮。這和孔孟精神，是一致的。雖有些見解，與儒家立異。要之終不失爲一位大儒。在禮論篇，有云：

『人生而有欲，欲而不得，則不能無求。求而無度量分界，則不能不爭。……故制禮義以分之。以養人之欲，給人之求。使欲必不窮於物。物必不屈於欲。兩者相待而長，是禮之所由起也。』

又榮辱篇，亦有具體解答禮之實效的說明。

『夫貴爲天子，富有天下，是人之所同欲也。然則從人之欲，則勢有不能。物不能贍也。先王爲之制禮義以分之。使有貴賤貧富之等。長幼之差。知愚能不能之分。皆使人戴(或作載)其事而各得其宜。然後使慤祿多少厚薄之稱。或祿天下而不以爲多。或監門御旅，抱關擊柝，而不自以爲寡。』

此等處正是儒家的主流所在。儒家所以重禮，便是要解決人類間天然的不平。「使欲必不窮於物」，同時「物亦必不屈於欲」。一切「等差」「名分」「親疏」，「尊卑」凡屬於禮之節文的，都從此發源。荀子之時，墨家還擁有很大的勢力。墨家不承認天然的不平，必要强不平而爲平。所以對於人欲之無限，物力之不贍。和儒家亦具同樣的透澈見解。但其求平方法則太觳。使人不堪。孟子徐行章，便是儒墨兩家的大分界。我們專從思想的澈底而言。自然墨家之說，勝於儒家多多。果能做得到，則一切支支節節的什麼禮，什麼法，都可以一齊掃清。無奈墨家終含有濃厚的宗教意味。只管澈底，所最不能奈何的，就是「做不到」耳！儒家是「救時」的。不爲高論。所以孔子爲「聖之時」。這種禮治思想，乃是出於人事之不得不然。一切尊卑厚薄，在實際上還不能不分。旣爲事實所限，則何如坦白承認人類中天然有智愚賢不肖之別。而使之各安其分，其得其所。孟子闢墨，便一眼看定這一點。單刀直入，使對方無從躲閃。荀子則以「養人之欲給人之求」，不是每人都同樣的一份。而是以由禮生出來差等，以爲精粗多寡之準。禮是人制的。而智愚賢不肖，乃是天然的。以智愚賢不肖定差等，則雖屬人爲，亦是成於天然。後儒一切「春秋三世」之說，都是從此發生。不見得孔子當日，便眞有這樣教人之法。大同思想，不是玄想，行之以漸，積久了未嘗不可實現。而人類文化，都還不越四五千年。思想自是思想。而時中之聖，則專在救時。這是荀子對於儒家最大的建樹。

本文只是一種論文。還不配稱一個經濟思想「史」。更談不到「經濟學」，或「經濟學史」了。着眼處則只在「儒家」。當然經濟思想，便含有經濟學的主要因素。這樣凡關於經濟學的幾個大條件，都應該同樣重視。如財政，金融，生產，分配，消費，價值，貨幣，匯兌，資本，產業，財富，均輸，再生產，等犖犖大端。雖古今方法不同，理論萬殊。而在經濟思想上古人意識到的，往往并不弱於後人。專以荀子言，其言消費，言分配，言保護貿易，言財政政策，言租稅原理，言人口論　凡是經濟範圍內可作參考的。雖不如現代學說之專精，而理則無二。不過如此一想，卽此一位荀子，亦非數萬言，說不圓到。中國儒家，無慮千萬。卽專就有關經濟思想的而言，亦不下數百人。卓然大家，亦有數十人。這樣如何完卷？只好略照時代順序，儘幾位足爲代表而有特殊的理論或事功，專就其異點，作爲補充。至於儒家的共同思想，其表現於言論或事功的。差不多都屬大同小異。如逐人引證，勢必千人一通。於是就想到爽性就借重荀子這位大家。其學說中有關於經濟方面的。除其特具的理論外，只要是儒家所有的共同大綱領，便以之代表了全體的儒家。這樣作，在文字上亦經濟的多。好在不是寫每人的列傳，用不着那樣浪費筆墨。這是必須先聲明的。

儒家的經濟思想全面，可以一言總括之。就是「藏富於民，散財於地」。這在緒論裏，已竟提到了。至其推行此種理論之一切政策及方法。則萬變不離其宗。政策中最主要的，即是「重農主義」。由於重農，所以不得不輕商。因此在業務上，則以農爲「本業」，以商爲「末業」。在名義上，則以農爲「天民」。而以商爲「細民」「賤丈夫」。這是中國儒家，無古無今的一貫理論。即此一端，在現世界是不容易得到人承認的。可是若把這個根本理論撇開，那就整個等於把儒家思想推翻。其餘縱有任何良法善政，便都無所附麗。我們所研究的，只是思想。不是經濟學的什麼效能。儒家的經濟出發點，原不在如何富國强兵，更不是爲國庫謀增收益。而且凡是現代之所謂經濟之利益，都不在注意之下。而其所求眞正效能，乃在於如何而能使物欲平衡，不發生鬪爭。因此從我們的出發點上看。不管他何時能得到多數人的承認，正不妨繼續我們所研究的，以完成所要知道的結果。在荀子富國篇有云，

『足國之道，節用裕民，而善藏其餘。節用以禮，裕民以政。裕民故多餘。裕民則民富。民富則田肥以易。田肥以易，則出實百倍。上以法取焉，而下以禮節用之。餘若丘山，不時焚燒，無所藏之。……此無他故也，生於節用裕民也。』

同篇又云，

『上好攻取則國貧。上好利則國貧。士大夫衆則國貧。工商衆則國貧。無制數度量則國貧。下貧則上貧，下富則上富。故田野縣鄙者，財之本也。垣窮倉廩者，財之末也。百姓時和，事業得叙者，貨之源也。等賦府庫者，貨之流也。』

儒家對於財富的基本觀念。即植根於重農主義之上。以爲利的總和，左右不過是這個數目。不在官則在民。在官不會加多，在民亦不會加少。但是國家若把所有的財富聚在倉廩，民間自必空虛。不但此也，財聚於上，則容易啓戰伐攻取之心。士大夫都是分利的。工商都是罔利的。兩種人如其多了，國家必窮。我們試想現代各國的豫算，往往因一件事

，便要追加幾萬億金元或金磅。這個數目，假如照古來那種「先有了錢然後才能用錢」的方法去籌集。任是如何大手筆亦辦不來。這便是儒家不許把財富聚集起來的最要意義。惟有重農，才能收到了「藏富於民散財於地」的實效。別看這一點古拙方法，乃正是人類從「平面生活」，變而成「立體生活」的大鴻溝。自歐人之所稱「產業革命」以來，至今不過兩個世紀。此溝一破，大有橫決旁溢，不能再遏之勢。所謂「產業革命」，換句話說，就是工商業的無限制的自由競爭。工商業都要最大的資本。於是乎資本主義，便統制了世界。又因無限制的競爭，於是乎發生了市場的爭奪。落後國家，和無產羣衆，只有供人榨取，供人奴役。把生人看做機器，除出賣原料，出賣汗血以外，沒有第二條生存之路。都市之罪惡，於是形成。田畝不顧了，都投奔到都市來，冀於工廠中，得到一日之生活資料。這不是立體生活是什麼？農業生活，是散在無邊的大地上，各不相妨的。農民所以亦易治。又無甚富甚貧之分。都市生活，便不然了。把幾千萬幾百萬人，全集中在一個地方。而從事於聽命於機器的生活。大家都向着一個目標競跑，互相踐踏，互相魚肉。誰亦懂得吸別人的血以自肥，是聰明不過的事。可是在吸者比被吸者最初佔極少數的時候，自然是便宜。等到都要作吸者，而被吸者死亡絕滅，一天比一天少了，於是吸者必和吸者又互吸起來。這樣，引起的最後結果。必然是戰爭。戰爭而仍不能解決，惟有繼續着再戰爭。中國儒家在幾千年以前，便因時代的教訓，看透了這一步。所以寧忍受低下的生活，而不顧民逐「末業」。寧封閉了天然的富源，而不願爲竭澤之漁。從一時看來，似乎是迂腐。而向遠處看，則所見甚長。從一個國家說，似乎是喫虧，而向大處看，則所保甚多。固然眞正的「儒效」，（荀子有儒效專篇）到如今還在理想之中。要想着推行於全世界，自然不是短時間所能立竿見影，便可以奏效的。但思想爲行爲之母，在中國因爲有二千年儒家思想的陶鑄，則已收到了全民族酷愛和平的實效。據德國曼諾氏一九三六年之統計，中國的全富力，以之分配在每一個人口之上。只能比美國每一個人的七十分之一。這樣的貧乏，若敎美國人以他們的生活常識來判斷。必然認爲中國人都不够一個月活命的資料。而反映在事實上的，或者不如他們所想像的那樣。倒是在一九三〇年的「經濟恐慌時期」。美國人以富於中國人七十倍的富力，却有些不知「何以爲活」的情形了。更以戰爭證之。在春秋戰國之際，爲中國人思想最開展最奔放時代，亦即是中國歷史上的戰爭最劇烈最頻繁時代。一部左傳，幾乎無日不戰。戰國時更凶了。王翦東征，所要求於秦王的兵額是六百萬。長平一役，白起活埋的將卒，便是五百萬。這些數字，或者有些不可靠。然以彼時的人口比例，若以這樣兵力而推算到唐宋以後。則一次大戰，必要超過幾千萬人。可是自戰國以後，中國的戰爭，不但不如那時頻繁。而且兵額亦沒有超過此數的。除忽必烈爲異族外。即如唐太宗宋太祖，都是雄心勃勃的人物。假如不是中國全民族的酷好和平思想，深入人心。我想以那時國家的力量言，恐怕拿破侖一流的英雄，必然先產生於中土。而雙方兵額幾千萬之殊死戰，更不用待之今日了。在李唐中葉的幾次戰役，不過是北方幾個小部落，如「吐番」，「回紇」之類，所謂「月氐之戌」的邊防戰。而那時的文人詩人，形之於文章詩歌的，是何等的沉痛而慘酷。今日讀岑嘉州，韋蘇州諸大詩翁的從軍贈答，猶感到戰爭實在不是人類應有的事。這都不能不說是儒家思想的大收穫。

現代硝烟充滿了整個的大地。誰亦承認是歷史上空前的。這不是人類的心腸，和古人不同了。而是有一種不可抗的壓力，教人類不得不這樣做。誰亦不瘋，誰亦不傻，更不是幾個野心者所能操縱的。而終於釀成這樣互相毀滅的慘劇。便由於這種壓力驅使着，任你怎樣避免，而經濟的平衡一天得不到合理的解決，另從他方面找解決之法，那都是不相干的。不論是滿足的國家羣，不論是不滿足的國家羣。若專在礮火上求出路。縱然得到解决，亦別管勝者負者。仍然還是一方面有暫時的辦法。另一方面，更加深了不平。而未來的接演，時間更要縮短。如果人類是前進的話，我想能把中國民族的思想，擴大而成爲全世界各民族的思想。便是能够有一部分，得到世界的採納。則於人類的和平，必能發生一種新生的力量。至少亦可以作爲他日參考之資。所以不憚煩瑣，不避「炒冷飯」之譏。（即抄古書）這樣刺刺不休的。

儒家於重農主義之外，對於一切資源，是保護政策。不但動植物爲然，便是天然儲量豐富的礦物，在常識上認爲是取之不盡用之不竭的。儒家則以爲亦有盡，亦有竭。而不許無限度的開採。對於必須人力培植的，那更保護得無微不至了。孟子所說，「不違農時，數罟不入洿池，斧斤以時入山林」的語，便是儒家保護政策的原理。亦即是具體的方案。以爲如此則能物資充牣，不可勝用。由是而養生送死無憾。人人安居樂業，而樂有其生。充其極可以使民有菽粟如水火。民俗必歸於仁厚。這樣自然沒有犯上作亂的了。至於一般的財政理論，則以「量入爲出」爲最大原則。這可以從大學上就看得到的。因於量入爲出的原則，於是賦稅法則，亦隨而成立。儒家主張的賦稅，是「什一」之制。不許多，亦不許少。所謂多則爲大桀小桀，少則爲大貉小貉。後世縱甚不賢之君主，亦不敢公然違犯這個原則。這都是儒家學說產生的眞力量。諸如此類，都是儒家對於經濟理論的公共信條，亦即成爲中國人言經濟者的公共信條。正不必多取引證。惟荀子於儒家的一般公共信條外，更有其獨特之見地。不避辭費，再爲申說。以見荀子不但足當儒門代表，且可爲孔孟之諍臣也。

孔子既沒，儒分爲八。獨孟子與荀子有書傳於後世。我們所欲研求的在經濟一方面。以爲孟子僅及大略而已。惟荀子乃具備了經濟學上諸要點。有孟子所不曾道及的很多。如關於人口，貨幣，貿易，交通，生產，消費，諸大端，都有與近代經濟學原理相契合的地方。固然不能說荀子是怎樣一位大家。然在去孟子不遠的時代，以儒家的立場，對此道有這樣的思想。不能不認爲儒家中之第一人。即如議兵篇有云，

『凡兼人者有三術，有以德兼人者。有以力兼人者。有以富兼人者。彼貴我聲名，美我德行，欲爲我民。故辟門除塗以近吾人。因其門，襲其處，而百姓皆安。立法施令，莫不順比。是故得地而權彌重。兼人而兵愈强。是以德兼人者也。……非貴我聲名也。非美我德行也。彼畏我威，刼我勢，民雖有離心，不敢有畔意。若是則戎甲愈衆，奉食愈費。是故得地而權彌輕。兼人而兵愈弱。是以力兼人者也。……非貴我聲名也。非美我德行也。用貧求富，用飢求飽。虛腹張口，來歸我食。若是則必發夫掌窌之粟以食之。委之財貨以富之。立良有司以接之。已期三年，然後民可信也。是故得地而權彌輕。兼人而國愈貧。是以富兼人者也。故曰，以德兼人者王。以力兼人者弱。以富兼人者貧。古今一也。……兼并易能也，唯堅凝之難焉。齊能并宋而不能凝也。故魏奪之。燕能并齊而不能凝也，故

田單奪之。故能幷之而不能凝，則必奪。不能幷之又不能凝。其有則必亡。能凝之則必能幷之矣。

此篇多係對時君，（趙孝成王）及弟子，（李斯）問難之詞。名雖議兵，實則皆屬儒家經濟思想上顛撲不破之理。視孟子「以力服人」章，尤透澈。而「以富服人」之必歸於終貧。更爲前儒所未及道。「得地而權愈輕，兼人而國愈貧」。在戰國以前，似乎尙無此實例，而荀子已見及之。此例越到後世越顯著。到今日更成爲一般的鐵則。請看金元王國這些年來利用他雄厚的財力，以餌弱小之國家羣。到今日落個什麽？幾萬億的投資，等於拋在深洋大海中，還弄的感情惡劣，衆心離畔。這便是以富服人的結果。所以說「不難於幷而難於凝」。能幷而不能凝，徒使勞民傷財，終又被人奪去。宋齊之事，猶其小焉者。後世循環報復，爭奪無已。都不出這個鐵則。此章雖係議兵，却是儒家經濟思想的總匯。在荀子像這一類的正多，恕不一一引證了。

荀子的學說，已寫了不少。再寫便成爲專門的「荀子研究」了。就此結束。不過荀子言禮之出發點。其以重禮爲息爭定分的方法則同。而其所以重禮之故則不同。這一層是必須說明的。因爲這是儒家經濟思想的一個大關鍵。禮之最大作用，在於由禮而生出種種限制，以免人類之無限度的消耗。其方法，則爲尊卑，差等，由是而定爲威儀制度。使人不敢踰越。孔子之言禮，似乎是「稱天而治」的必然產物。這因爲孔子在魯，是一位小貴族的家世。所以認爲應該稱天的。孟子雖不這樣說，而其「天與」「天命」的說法。亦承認尊卑等差，是天然的。荀子則以爲一切尊卑等差，是不得已的。應該由人之「賢愚能不能」而分，而各視其所能任的輕重。（俱見前引之榮辱篇）這樣禮便可以不依存於封建，而自有其立脚點。這種理論，經過了李斯諸人的政治力量。便已發生明效。如西漢之初，商人不得乘車，不得衣帛之各種限制。由是而成爲中國歷代的一切制度之根據。任是如何豪富，亦不能隨便享受。所以中國人之所謂榮辱，乃別有所在。不是有錢都可做到的。這種力量，早已根深蒂固，成爲國民意識之最大信念。打破這種信念，不過才是最近幾十年的事。唱戲的只要發了財，什麽事都可以做。什麽人亦都來捧。荷萊塢的風氣，已竟充滿了中國的各個角落裏。荷萊塢的明星，其享受之豪華，爲中國歷代帝王所夢想不到。這不是說明星們便算賤業，不應如此。而是天地間的物力，沒有那樣多。如其沒有限制，只要有錢，就可以無所不爲。勢必人人都不顧一切的要去弄錢。弄來錢，任意揮霍。還成個什麽世界？固然禮之本義。幷不在此。然而只此一點，便足以把整個的世界，引到汚穢黑暗，沒有人性的地獄裏。大多數人，呻吟痛苦於日加高壓的非人的生活中，以掙扎一日的活命。其少數會弄錢的，再憑藉着錢的力量。吸來億萬人僅有的最後一滴血液。建築起他們的天國來。這樣的世界，除了最後的拚命一着以外，還有什麽辦法？

本文以儒家爲限，若以地位的順序，應該數到董子(仲舒)。而本文不是研究儒家全面，乃是以經濟思想爲限。這樣董子就似乎沒有多大的分量了。固然儒家的確立而「定於一尊」，不能不認董子有大力量。那是另一問題。單從經濟思想上看董子。他不過在賢良對策中，表現是站在儒家旗幟下一位人物而已。他的思想乃是十足道士化。試看一部春秋繁露，隨處充滿了「陰陽五行」的符咒式的套語。便有可取之處，那亦是學術思想上的事，或者哲學思想的事。不過董子的地位及時代，助成了儒家的統一。從董子起，所有各家經濟思想那樣的蓬勃氣象，到此而收束。而於政權一統之下的經濟政策，却具體建設起來。這是一個大轉變的樞紐。由於政權的統一，因而確立了經濟的統一。此後凡屬春秋戰國時，各爲自國利益而生的經濟思想，已不盡適用。而鹽鐵，貨幣諸問題，皆隨着時勢而發生。董子於此，亦有所表現。尤其是他的體治制度，能及時致用。且後世遵之以爲經國之常。亦是值得大書的。如春秋繁露所稱各種「先王之制」。自宮室燕饗以及輿馬衣服。莫不有度。不單漢代從之，且以爲歷代因革之本。這固然不是董子一人的力量。而董子究居於主要地位。即如調均篇云。

『孔子云，不患貧而患不均。故有所積重，則有所空虛矣。大富則驕。大貧則憂。憂則爲盜，驕則爲暴。此衆人之情形也。聖者則於衆人之情，見亂之所由生。故其制人道而差上下也，使富者足以示貴，而不至於驕。貧者足以養生而不至於憂。以此爲度而調均之。是以財不匱而上下相安，故易治也。今世棄其度制，而各從其欲。欲無所窮而俗得自恣。其勢無極。大人病不足於上。而小民羸瘠於下。則富者愈貪利而不肯爲義。貧者日犯禁而不可得止。是世之所以難治也。……天不重與。有角者不得有上齒。故已有大者，不得有小者，天數也。天已有大者，又兼小者。天不能足之，況人乎？故明聖者，象天之所爲。爲制度。使諸有大奉祿，亦皆不得兼小利。與民爭利業，乃天理也。凡百亂之源，皆出嫌疑纖微。至漸寖長以至於大。聖人章其微者。則其疑者。絕其纖者。謂之度制，謂之禮節。故貴賤有等，衣服有制。朝廷有位，鄉黨有序。則民有所讓而不敢爭。所以一之也。』

像這一類言禮制情義的言論。可以互相發明的，各篇很多。不具引。總之，儒家重禮，爲的是不使人欲無厭。富者愈富，而貧者愈貧。這樣，便是大亂的根源。縱有嚴刑重法，不足以禁絕的。到了「富者愈貪利而不肯爲義，貧者日犯禁而不可得止」，便沒有辦法了。所以嚴刑重法是不可靠的。莫如有禮以節之。這是儒家和法家立場不同的最大分界。今之世界法律何嘗不密？可是犯者自犯。即如最近屯積以圖暴利的。政府又何嘗不嚴加懲罰，然而屯積者並不害怕。正爲大利所在。至於什麼叫義，那更是一點亦不相干的事了。禮爲什麼就能使人向義哩？因爲禮治之下，一切都是有制度的。過了度便不許。有錢亦沒有用處。如今世界這樣無限度的求富，正因錢是越多了越好。不但盡量縱欲，不嫌其多。而且以富求富，比用氣力求富，方便萬倍。資本主義，便由此養成。自從資本主義覇佔了人類的富源。繁榮了幾個極少數國家。這幾個國家，又繁榮了極少數幾個人。天下紛紛，由此而起。多少智謀之士，想盡了種種方法。有的說着好聽，實際上乃絕對做不到。徒供野心者利用了。於是乎世界更加大了不安，更加深了恐怖。其他方案雖多，都還在議論時代。本來要爲全人類謀長治久安之道，絕不是一件單簡的事。可是人類之祈禱和平，已不啻倒懸之待解。大家應該對和運盡力。無異於就是爲自己盡力。只要有方法對和運有實際的效力。都不妨提供作參考之資。中國的儒家思想，誠然亦不免有近於迂闊之處，而中國是統一的國家。便用這個方案作基本，而能維持治安於多少年。至少亦必有其內在的價值。而況又經過長期的實施。雖然利弊相乘，不能說完全合於現世之用。至少亦必有大部分可采之處。足爲和平方案之一。

是可以自信的。

儒家的經濟措置大方針，自然是根於本身的哲學而來。我們研究經濟思想，而不能略去董子的。不在他的經濟上一切措施，而在他的根於哲學的建設。因爲董子以前，是經濟思想百緒幷發之時。董子以後，便成爲經濟思想已定於一尊。而只有各家的經濟政策，可以討論了。儒家哲學，是中庸的。因此施行於經濟方面的，亦本此一貫的中庸之義。以之待人，則爲不爲已甚。以之自待，則爲滿足現狀。別看這種思想，近於退化。假如世界人類，都能了解這樣「不爲已甚」「不求過滿」的思想。世界經濟的不平，絕不會懸絕到這樣畸形。當第一次歐戰之後，假如克里孟梭之流，只要稍具一點東方思想。略微懂得這「不爲已甚」的意義。知道自己要活，別人亦不能都死。自己要飽，別人亦不能都餓着。替別人稍留一線生路。亦不至於僅僅二十年的光陰，便來個第二次的天翻地覆。而首當其衝的，正是二十年前不給別人稍留餘地的。最先受到了如量以報的懲罰。至於眼前的實例。則更可以徵之最近之上海。上海近日之刼，可以說比任何地方都嚴重。有人說，這是上海過去的奢華生活，過於造孽了。所以才造成這樣慘刼。話雖不爲無理。然而總屬渺茫。不如一直從經濟原理上判斷爲可信。。上海一埠，五百萬人的畸形生活，本不是自身應有的力量。而只是依附於歐美資本主義之下的寄生生活。一旦所依附者不存在，自然要立刻崩潰。這是極淺近極平常的道理。可惜不曾有人早日覺悟而已。

在本文緒論的開端，我們便說到「在現代統制經濟高潮之下，要提出儒家的經濟思想。自己亦知道爲時尙早。但願提供一個參考之資」的話。統制經濟，是時的自然產物。可是儒家的經濟思想，又何嘗不可以統制的方法施之。中國有如此的先民遺物，而其效終未大著的。不在思想的根本問題，而是缺乏一切合理的組織。這一點到了西漢以後，便很少有人注意了。禮運上所說的大同思想，那是何等偉大而高遠。資本主義，正是背道而馳。而揭起反抗旗幟的一切新興主義，又不是人類所能忍受的。我們假定能以最近的統制方策，而運以儒家的經濟思想。則所謂「天下爲公」的大同世界，幷不是距人太遠的事。現在資本主義陷於絕境，已爲世界所唾棄。自由競爭的惡果，已暴露無遺。而統制經濟的新利器，又不幸而爲無產階級革命者之所利用。我們打算避免二者的偏枯狹隘，而另覓途徑。唯有樹立起以儒家思想爲中心的信念。而以嚴密的組織，完備的機構推行之。如其任何國家，任何民族，能本此以作政治的中心。同時即以此種政治的强力，爲統制一切經濟之中心。必可以由此打開一條人類共同的新生路。這樣，才有全世界大家長治久安之望。共享安居樂業的生活。以現代科學的力量，只要走上建設之途。則禮運之大同，可以在很短的時間內實現。這是必然可能的。

自西漢以後，不論儒家非儒家。在經濟的思想方面，已匯爲一流。不再如以前之奔騰汹湧。而關於經濟的具體方策，乃逐一建樹起來。這一點是不容忽視的。太史公的一篇貨殖列傳，正足以代表這個時代一切經濟思想的中心，從此開了承先啓後之局。以後就只能注意在歷代在經濟上有特殊建設的人物了。如桓寬，賈誼，劉向，仲長統，王充諸賢，皆號爲儒家。或言鹽鐵。或言鑄錢。或言人口。或言分配。皆屬於時勢之需要而生。而桑孔卜式之流，亦能把握一時之利益，以與儒家爭壙坫。總之則已爲政治統一後之經濟措施了。因爲儒家言治，以「平天下」爲最高理想。對於國家一階級，認爲只是平天下的一個過程。所以對於一個國家之利害，是不大注意的。雖然在孔門中之所謂「天下」，未必如現代世界之證實。至少亦是以中國全部，即代表所謂意識中之天下。是以儒家的經濟思想，是爲全人類設計，而不是爲一國一家設計的。此種思想，處於各國角立之世，當然不易推行。而施之一國，則已有幾千年的經驗，而成爲中國言經濟者不容懷疑之一貫重心。如其能擴大而成爲世界思想。則人類生活，必將煥然改觀。語曰，「雖不能至，心嚮往之」。今天提出這個問題，亦曰嚮往而已。（下期續完）

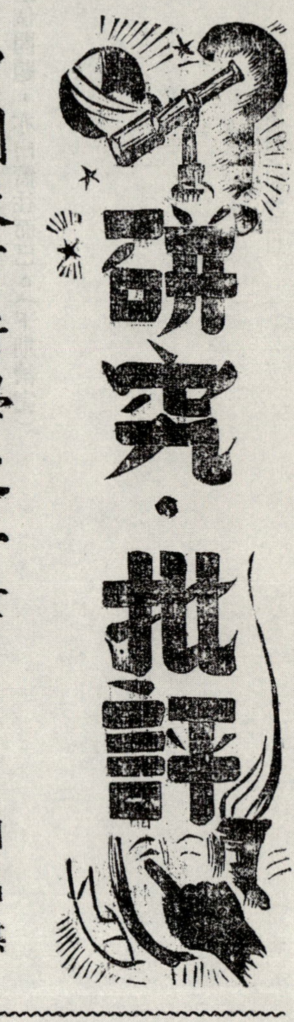

中國教育哲學之一章

——儒家與教育

胡昌騏

一　儒家的天性論

教育的對象是人，人的基本在他的天性。所謂天性，就是天賦的基本性質（Human Nature）現在心理學所研究的對象就在此，在過去是屬於哲學的一部門。

儒家論性，實始於孔子，而孔子對於性並沒有加以詳細的詮釋，所以子貢有「夫子之言性與天性，不可得而問也」的感想。但全部論語，論到性的，雖只「性相近也，習相遠也」十二語，然其要旨却甚明顯，就是人性的差別，大致相近，而以後的差異，是習俗的關係。所以他主張教育子弟，要選擇鄰里，「里仁為美」這種說法，很與近代的環境說相同。

惟孔子對於人類的智慧則主張，有上，中，下的區別，所以說「唯上智與下愚不移」，「中人以上可以語上也，中人以下不可以語上也」，然他認為智慧雖有高下，而學習足以致使他們一樣的成功，不過智慧低下的，須加倍努力吧了，所謂「生而知之者上也，學而知之者次也，困而學之又其次也，及其成功一也」這裏又和現代心理學以「成就為遺傳，環境的相乘積」相諧合。

孟子對於天性，闡發更精闢，他也不主張性有差別，不過他有一基本的主張，就是「性善註一」，「人性之善也，猶水之就下也，人無有不善，水無有不下」他的性善的根

詩二章

雯卿

護士

——病中小記——

把生命寄托給長夜，
她的青春，
像冰雪一樣的悽冷，
天使一般的純潔，
一身潔白的衣服，
掩飾了多少煩憂，
顯露了母親似的慈愛。
為了侍候陌生的病人，
抑制了聖潔的自尊；
她餵病人的飲食，
她為病人盥洗，
她忘記了自己的疲倦，
用自己的精神，
來哺養病人的新生。
她沒有愉快，
也沒有深愁，
她只是一個商品似的護士，
應僱而來，
解僱而去，
誰還顧得那麼許多，
病人的來歷，
是官是商？
是好人是壞人？
她為了職業而生活。

據，是「孩提之童無不知愛其親也，及其長也，無不知敬其長也。親親，仁也；敬長，義也；無他，達之天下也」。「所謂人皆有不忍人之心者，今人乍見孺子將入於井，皆有怵惕惻隱之心，非所以內交於孺子之父母也，非所以要譽于鄉黨朋友也，非惡其聲而然也」。這兩段話，證明孩提的天性都是善的，一般人心也都是善的。

然而世上何以又壞人多呢？他解釋說：「富歲子弟多賴，凶歲子弟多暴，非天之降才爾殊也，其所以陷溺其心者然也。今夫麰麥，播種而耰之，其地同，樹之時亦同，然而生，至于日至之時，皆熟矣。雖有不同，則地有肥磽，雨露之養，人事之不齊也」。

孟子對于天性的說法，完全和盧梭的自然主義一樣，所持的理論，比「愛彌兒」，書的立論，更爲堅實透闢。

荀子對于天性的基本理論，則恰相反。在他的性惡篇第一句就說「人之性惡，其善者僞也」。「性」和「僞」他的界說是這樣：「不可學不可事而在人者謂之性；可學而能可事而成之在人者謂之僞，是性僞之分也」。「生之所以然者謂之性。性之和所在，精合感應，不事而自然謂之性。……心慮而能爲之動，謂之僞。積慮焉，能習焉而後成，謂之僞」。

人性既然是惡的，能否使人人「出于治，合乎道」呢？荀子認爲是可能的：「凡禹之所以爲禹者，以爲仁義法正也，然則仁義法正有可知可能之理。然而途之人也，皆有可以知仁義法正之質，皆有可以能仁義法正之具，然則其可以爲禹，明矣。」又「堯，舜者非生而具者也，夫起於變，故成於修，修之爲待盡而後備者也。」

天性雖惡，可成於「修」，「修」即是學習的意思。由此可見後天的學習，可以改變先天的天性。一個人的成就，完全看他的教育怎樣。

從孔、孟、荀對於天性的理論看，有一共通點，就是都着重於教育的力量・他們都一致以環境重於本性。不過儒家所謂「性」，是指得品性，行爲方面，對於智慧是不甚注意。儒家的中心思想，是「人生問題」，其惟一着重點，就在個人的品性，性情，就是倫理學上的根本觀念，「善惡」問題。然從上看，他們的天性論，實在是教育的惟一不易的定論。

二　儒家的教育目的與課程

孔子的教育目的　在造就理想的人，可以成爲最良好的政治領袖者，這和柏拉圖的

盡着護士的責任。
她這樣地侍候着，
陌生的——
各種各樣的病人；
都付與那同樣的眞誠，
那管那些病人，
對她有無好心？
只是在她記憶裏，
深深的刻下一點傷痕！……

於天南病院

一顆心

我抱着一顆熱烈的心，
走遍了大地的邊沿，
尋找人類生存的道路；
在血海澎湃的彼岸，
已經見燈塔睜開了警覺的眼
睛！
一顆熱烈的心，
跳出了胸腔，
碰西山將落的太陽，
發出新生命的火光；
點燃了民族復仇的情緒，
延燒到農村和戰場的草原！
一顆熱烈的心，
飛上無際的天空，
展開有力的翅膀；
緊緊地挾着東西兩半球，
在眞理與强權的疆界盤旋，
唱出世界和平自由的歌聲！

認治人階級，爲最高的人類，是一樣的觀念。君子就是這理想人的人格，論語中說到「君子」共有八十六次，君子就是有「仁德」的人，仁德是總攝一切美德的總稱：是孔子所建立的最高的倫理標準。所謂「君子」，亦稱「仁人」，一方自己具有修養，一方能促進社會發展。「君子修己以安百姓」，「仁者己欲立而立人，己欲達而達人」，能修己方能安百姓，能立巳方能達人，能達己方能達人，個人與社會是一體的・君子是代表這種個人與社會調和發展的人格。教育的最後目的，就在這種理想的人格。

怎樣能型成君子的人格呢？論語說「子以四教，文行忠信」，孔子又自分其門人，爲德行，言語，文學，政事四科。」就論語君子條目加以分析，君子是具有文學，辯術，音樂，射箭，御車各種技能，和一己的與社會道德的實踐，並能處理政事，至詩，書，易，禮等的爲必修的學科。

孟子的教育目的，是由他的性善論來的，着重在發展本性，求放心，養心，盡心以盡己之性；親親，仁民，愛物以盡人物之性，由發展本性，以調和個人與社會。

因爲孟子注重於個性的修養於教材方面，很少談到 學問之道無他，求其放心而已 對於修養方面，則說得極詳盡：「養心莫善於寡欲」：「天下之言性也，則放而巳矣，放者以利爲本」，「持其志毋暴其氣」，皆指示修養功夫。修養之極致，便成所稱浩然之氣，「其爲氣也，至大至剛，以直養而無害，則塞於天地之間」，修養完成，在自身則「睟面盎背」，擴充於社會，則「足以保四海」，充實至宇宙，則足以配道義而與天地相參伍。

荀子主張性惡，人性既惡，教育的目的，就在陶冶性情。而且這種陶冶，是有次序的，「其義則始乎爲士，終乎爲聖人」，「不積蹞步，無以致千里」，「不積小流，無以成江海」，所以他說「聖人者人之所積而成也」。至其教材，則爲詩書禮樂，教學是有止境的，由詩書起，至禮樂止，「其教則始乎誦經，終乎讀禮」。

儒家中的教育目的，雖各有根據，然其根本的主張則一，即在造成一「完人」，這個「完人」，是具備有個己和社會的人格。從修己而及人，決不是造成一個自了漢，或書架子而己的。這是我們現代學校教育，所應當加以反省的。

三 教育方法

儒家的教育方法，有許多極透澈的見解，值得我們的注意。孔子的教學，第一注重學生的個性，如「參也魯，師也辟，由也喭。」又分其門人爲德行，言語，文學，政事四科。平時注意學生的性情，才能，志趣的差別，對於學生的問題，隨時予以個別的指示。第二注重自發的活動，「不憤，不啓，不悱不發，舉一隅不以三隅反，則不復也」，足見孔子教學，完全用的是啓發式。第三思想與經驗並重「學而不思則罔，思而不學則殆」由經驗以充實思想，由思想以整理經驗，就是近代教學上的演繹，歸納歷程。第四注重反復練習，「學而時習之，不亦悅乎」，「溫故而知新，可以爲師矣」。由反復練習，以保持已學習者，由已學習者與新事物相聯絡，而得新知。此亦爲近代教學上之一原則。第五注重興趣主義，「知之者不如好之者，好之者不如樂之者」，「發憤忘食，樂以忘憂」，「一簞食，一瓢飲，在陋巷，人不堪其憂，回也不改其樂」這足見他盡量的提倡自發興趣學習。

孟子的教育方法亦是由性善論來的，第一、讓學者自動去發展，不必強制其生長。「助之長者，揠苗者也，非徒無益，而又害之」，強制學習，如助苗生長，徒促他的枯稿。「君子引而不發，躍如也」，「君子深造之以道，欲其自得之也，自得之則居之安，居之安則資之深，資之深則取之左右逢其源，故君子欲其自得之也」。這完全是近代所謂「消極教育」的主張。第二、孟子的發展教育，也因材施教，「君子之所以教者五、有如時雨化之者，有成德者，有達材者，有答問者，有私淑艾者，此五者君子之所以教也。」因學者天性的高下，而指導的方法也不同。第三、孟子主張自然的訓練，「天將降大任於是人也，必先苦其心志，勞其筋骨，餓其體膚，困乏其身行，拂亂其所為，所以動心忍性，曾益其所不能」，由自然環境中去訓練學者的身心，這和杜威經驗的改造，是有同樣的意義的。

荀子對於對於教育方法，亦有具體的主張，第一，荀子主張學貴專一。「今使塗之人伏術為學，專心一致，思索敦察，加日縣之，積善而不息，則通於神明，參於天地矣」。「蚯蚓無爪牙之利，筋骨之強，上食埃土，下飲黃泉，用心一也。蟹六跪而二螯，非蛇蟺之穴無可害蛇者，用心躁也。」惟專一乃能貫澈「莫神一好」近代學術，愈進步而分門愈專，惟有「一好」，乃能神而明之。第二，得師，「莫要得師」，「非我而當者吾師也，是我而當者吾友也」，為什麼要「得師呢？「居楚而楚，居越而越，居夏而夏，是非天性也，積靡使然也」，「蓬生蔴中，不扶而植：蘭根之根是為芷，其漸之滫。故君子居必擇鄉，遊必就士，所以防邪僻而就中正也」。這是注重情景之教學方法。「禮樂法而不說，詩書故而不切，春秋約而不速。方其人之習君子之說則周以編矣，周於世矣，故因學莫近乎人」，「禮者所以正身也，師者所以正禮也，無禮何以正身，無師吾安知禮之為是也」。文字究是死物，非師之教導，不能透澈而周遍。第三，注重學習，人類究竟怎樣學習呢？荀子最初說到「君子之學也，入乎耳，著乎心，布乎四體，刑乎動靜，端而言，蠕而動，一可以為法則」，這很合乎近代心理學的學習作用的解釋，由感官傳達神經中樞以至起反應作用。

這裏我們從人類天性，教育目的，教育方法三方面可看出儒家的哲學，在教育上的貢獻，原理原則上，數千年來尚不能超出他們的見解，其理想的偉大，思慮的周遍，是值得我們的欽敬和研究的。

（上文接二三頁）

根寶，塔布衣夫人之類做的文章，又有多少機械的年月日？

國際論文和歷史著作不同，前者是述過去，下評論，後者是指出可能，推定將來，也很有多少人，只舉材料，不下推論的，而且讀者從其材料中自已去找結論幾乎都不可能的，也有之。我們固不應輕易下判斷，但是某種可能性，在一篇文章之後是非給讀者指出不可的，不然，何必要他們來讀這類文章？初初是推定多錯，過後就少錯了，這和醫生對病人診病一樣。

上面算是個人研習國際問題六年來的一點點經驗，自己還感覺是一個中途的學生，不敢自信，不過我得把這一段平凡的經過，報告給各位對此問題有興趣者，共同研討之。（完）

秦始皇與儒家思想

陳恭祿

我國自公元前二二一年，秦始皇破滅六國，混一疆土，始樹立帝國之規模。蓋一統思想之萌生，儒家實發揚光大之。如孟子答梁襄王『天下惡乎定』之問，則稱『定於一』；又曰：『不嗜殺人者能一之』。儒家重德化，主以德復服人。孟氏之言本附會湯伐桀、武王伐紂之故事及其子孫讚美祖宗之詩歌而成，固未足盡信，而後人則深受其影響。故始皇之統一實為實現儒家思想；第以窮兵黷武焚書坑儒為漢人所惡耳。秦亡不旋踵，天下之罪皆歸焉，遂使後人不復能識始皇之偉大；而不知始皇之治國思想原本於儒家也。本文擬就此點為之闡明。

始皇所受之教育為何，已無明文可考。所可知者，始皇本生於邯鄲；（公元前二五九年）時父為王子而質於趙，秦兵攻趙，始皇方二歲。嗣於前二五一年始歸秦。越二年，父莊襄王嗣位，凡三年而崩，始皇遂以十二歲之冲齡踐祚，一切政事皆決於母后及相邦（漢人以高祖諱，改稱相邦為相國）呂不韋。至二十一歲削平內難，乃親理政事。當其在趙時，以秦兵圍攻，亟深為趙人所惡，生命幾於不保。始皇時年尚稚，於斯環境中不易有良好之教育，殆可斷言。故其受教育當在返秦之後。李斯諫二世有「放棄詩書」之語，詩書為儒家傳授生徒之教本，儒生且常以授徒為業，受教者自易受儒家思想之薰陶。觀始皇衡石量書，精勤不懈，非深受儒家教育者曷克臻此。始皇親政之初，會下令逐客，李斯預焉。斯乃上書極陳逐客之非，始皇竟除前令，復李斯官。斯為荀卿弟子，其見解雖多與韓非同，而其議論之出發點則固本於師說。斯自復官後，且為始皇所信重，言聽計從，故始皇之政策多出於斯。是則始皇之行事，壹是皆以儒家思想為本也。秦時石刻文辭，足資證明，茲引三例：

……治道運行，諸產得宜，皆有法式。大義休明，垂於後世，順承勿革。皇帝躬聖，既平天下，不懈於治。夙興夜寐，建設長利，專隆教誨。訓經宣達，遠近畢理，咸承聖志。貴賤分明，

男女禮順，愼遵職事。昭隔內外，靡不淸淨，施於後嗣。化及無窮，遵奉遺詔，永承重戒。（泰山石刻）

皇帝之功，勤勞本事，上農除末，黔首是富。……憂恤黔首，朝夕不懈。除疑定法，咸知所辟。方伯分職，諸治經易。舉錯必當，莫不如畫。皇帝之明，臨察四方，尊卑貴賤，不踰次行。姦邪不容，皆務貞良。細大盡力，莫敢怠荒。遠邇辟隱，專務肅莊。端直敦忠，事業有常。（琅邪臺石刻）

……皇帝幷宇，兼聽萬事，遠近畢淸。運理羣物，考驗事實，各載其名。貴賤並通，善否陳前，靡有隱情。飾省宣義，有子而嫁，倍死不貞。防隔內外，禁止淫泆，男女絜誠。夫爲寄豭，殺之無罪，男秉義程。妻爲逃嫁，子不得母，咸化廉淸。大治濯俗，天下承風，蒙被休經。皆遵度軌，和安敦勉，莫不順令。黔首修潔，人樂同則，嘉保太平。……（會稽石刻）

上引三石刻文辭皆見於史記秦始皇帝本紀。司馬遷作秦本紀時，已言秦代史料缺乏，始皇本紀之寫成，蓋多本於秦紀。司馬遷游歷名山大川，所至網羅散失舊聞，石刻文辭殆其所親見而錄之於書者也。本紀所記之石刻凡五：一曰泰山石刻，二曰琅邪臺石刻，三曰之罘二石刻，四曰碣石石刻，五曰會稽石刻。其銘雖臣下頌揚之辭，然其言多爲事實，誠爲可寶貴之史料。吾人據以討論始皇治國之思想，自無不可。且銘爲有韻之文，便於記憶；其一部份作用且同於法令，蓋欲臣民深體治國原理而奉行遵守，以臻治平之世焉。茲所引者，不過藉以說明始皇治國之思想而已，故未盡錄全文。之罘碣石石刻亦無鈔引之必要。銘中所言倫常觀念多同於儒家，而儒家思想則本於古代之聖賢。茲分析其內容於下：

（一）皇帝責任　古代聖賢之君，無不勤於政事。周書無逸以君王之勤勞與否解釋商代之盛衰，並言文王不敢盤遊自逸。孔子仕魯，齊人歸女樂，魯執政受之，三日不朝，孔子遂行。此可證明勤於政事爲舊有之善德，儒家極重視之。始皇爲君，亦能知一己之責任所在，如泰山石刻銘文言皇帝「不懈於治，夙興夜寐」，琅邪臺石刻稱皇帝「憂恤黔首，朝夕不懈」，之罘石刻稱「皇帝明德，經理宇內，視聽不怠」，所言皆非諛辭，此可與方士盧生等所言互相印證。始皇篤於迷信，欲得神仙不死之藥，盧生等求之不得，懼罪及，則宣稱「天下之事無小大皆決於上，上至以衡石量書，日夜有呈，不中呈不得休息。貪於權勢至如此，未可爲求仙藥」，遂亡去。於此可見始皇之不肯自逸，其言出諸方士之口，足證銘文所言爲不虛。故臣下受其影響，畏其嚴明，亦相率勤於職守，忠其所事。如琅邪臺銘稱「細大盡力，莫敢怠荒」，自非無據。

（二）政治觀念　商周政治本自部落社會演進而成，

故人民有義務而無權利。其能服從命令盡力事上者，則目爲馴良之民；而貴族階級則享有特殊之權利，位益高者權益大。如天子諸侯大夫士庶之享受不同，衣冠有別，皆其例也。儒家之政治哲學，第就傳統之思想予以理智之解釋，使成爲有系統之學說而已，而其基本主張則爲德化。始皇既深受儒家之影響，其政治觀念自亦不能外是。銘文所記卽足證明。如泰山石刻銘言：『貴賤分明』，之罘石刻稱：『昭設備器，咸有章旗』，琅邪臺銘云：『尊卑貴賤，不踰次行』，皆是。至其分別之法，古爲服章禮樂等，之罘銘所言之『備器章旗』，卽本於古制。又琅邪臺石刻銘所稱『皆務貞良』，『專務肅莊，端直敦忠』諸語，亦皆本於儒家德化之思想，蓋欲移風易俗，使民悉爲忠厚之良民。而泰山銘所言『治道』『大義』『教訓』諸辭，義雖不可確知，要亦不出儒家思想之範圍也。

（三）男女之別　周人素嚴男女之防，儒家於發揚傳統禮教之餘，更進而主張男女不相授受。孟子荀子皆反對男女由戀愛而爲夫婦，禮記內則等篇尤文繁節縟，於是男女界限益嚴，終且成爲強有力之禮教。始皇因之，著爲明文，如泰山銘之『男女禮順，昭隔內外』等語與禮記所言男闢外事女問內事，同爲男女遵守之原則。會稽銘所述違者之罪罰且甚嚴峻。古人稱會稽淫風，係由越王勾踐欲增加人口獎勵生育所致，全爲臆說。蓋吳、越爲南蠻之地，春秋戰國時代尚保存一部份原始社會之風俗，婚姻之自由可以想見。男子之淫於他室，與婦女之棄夫改嫁或夫死再嫁者爲社會上常有之事。初不限於一時一地。蓋男女相悅爲人類之天性，而婚姻制度之不良，夫婦愛情之轉變及生活之難易，皆足使雙方之感情破裂。始皇既以維持舊禮教爲務，更欲以政治勢力強民遵守其思想之接近儒家益可徵信。

（四）富民　我國自昔爲農業社會，人民力田，然稅重而苦於徭役，誠所謂『樂歲終身苦，凶年不免於死亡』者也。故孔子在衞，論治民之政，首重富民，孟子所言之仁政井田亦全爲惠民而設。富民之法，一爲獎民耕種，一爲減輕人民負擔。重農之政由來已久，無逸所言是其一例。始皇亦以農爲本而以商爲末。此琅邪臺石刻銘所謂『上農除末，黔首是富』也。故其碣石銘又云：『黎庶無繇，天下咸撫。男樂其疇，女修其業。事各有序，惠被諸產，久並來田，莫不安所』。按始皇統一之初，國內承平，人民頗能安居樂業。迨後因北逐匈奴，修築長城，更發兵經營陸梁地，人民不堪其苦，而禍亂始起。故碣石銘言『初一泰平，墮壞城郭，決通川防，夷去險阻』。可見秦初曾墮城去險，以示不復用兵。決通川防，既可減少水災，亦利於灌溉與交通，實惠民之政也。惟其詳則不可知矣。

自銘文而論，始皇治國之合於儒家思想，無可置疑。至其焚書坑儒，固常爲後世儒生所詆毀，然苟加以研究，則焚書蓋爲儒家不容異說並立之必然結果。觀於孟子斥楊、墨爲無父無君；荀子以詭辯家之淆亂名實，因而主張正名，可爲明證。荀子儒效篇稱『無益於理者廢之』，故荀子更進而反對一切科學家之學說。其解蔽篇所言，尤爲明顯。其言曰：『若夫非分是非，非治曲直，非辨治亂，非治人道，雖能之無益於人，不能無損於人，案（作乃解）直將治怪說，玩奇辭，以相撓滑也……此亂世姦人之說也』。韓非受師說之影響，其五蠹篇所言亦至激烈，至稱微妙之言上知之論，商管之法，孫吳之書，皆無用，而爲明主所必禁。故始皇因李斯之請而有焚書之舉，亦不過實現儒家之主張而已。至其事之起，則由於博士淳于越請復封建。時始皇統一中國已八年，淳于越請封子弟功臣爲諸侯，且曰：『事不師古而能長久者，非所聞也』。始皇下其議，李斯奏稱五帝三代不相襲，愚儒不知大業萬世之功，三代之事何足爲法？今天下已定，法令出一，諸生不師今而學古，以非當世，惑亂黔首。復稱：『今皇帝幷有天下，別黑白而定一尊，而私學相與非法教人聞令下則各以學議之，入則心非，出則巷議，夸主以爲名，異取以爲高，率羣下以造謗；如此弗禁，則主勢降乎上，黨與成乎下。禁之便。臣請史官非秦紀皆燒之，非博士官所職，天下敢有藏詩書百家語者，悉詣守尉雜燒之』。李斯之見解以爲民間藏有書籍，爲非議法教之原因，故不易別黑白而定一尊。奏上，大臣無異議，始皇是之，遂下詔實行。蓋其君臣已久受儒、法二家學說之薰陶，故有此決定，殊不知其實行之結果，徒有害而無利也。夫人師古非今，原因至爲複雜，矯正之方無過於獎勵著書，以說明歷史進化之程序，庶使觀念改變，而產生正確之見解。焚書不惟不能改變其觀念，反而增加其憤懣。儒生誹秦，此其主因。其後如漢儒請罷斥百家，韓愈之作原道而主張『人其人，火其書，廬其居』，皆儒家一尊之見所使然也。至於李斯之欲使民奉吏爲師，西漢承襲其意，遂有生員學於太常之制焉。

至若後世所傳之坑儒，亦不可不辨。蓋始皇所坑者實爲求仙藥之方士，而非眞正之儒者。方士創爲神怪之說，始皇信之，遍求不死之藥，糜款甚鉅，迄無所得，乃設方不驗輒死之法。盧生等畏罪，出謗言而亡去。始皇聞而怒，謂：『盧生等吾尊賜之甚厚，今乃誹謗我，以重吾不德也。諸生在咸陽者，吾使人廉問，或爲訞言以亂黔首』。因使御史案問諸生，諸生轉相告引，坑其犯禁者四百六十餘人。長子扶蘇諫始皇，有『諸生皆誦法孔子』之言，始皇怒，使之北監蒙恬軍於上郡。此事見於史記，然司馬遷於何時何地訪得或聞諸何人，皆不可知。吾人殊難信爲當事人之語，尤以扶蘇諫辭爲甚。蓋坑諸生之故事盛傳於漢，司馬遷做盧生始皇之口吻尚不甚難。扶蘇之諫則在宮中，非他人之所能知。始皇命之監軍，實一重任，而司馬遷必以惡意解釋，遂有此附會之說。豈方士服飾同於儒生，而司馬遷乃爲此語耶？始皇坑殺四百餘人皆望星氣求仙藥之術士，且犯禁有據者，故始皇之失，不在於終殺之而在於始信之也。

總之統一思想爲儒家之主張，焚書乃實現其主張之一法，坑殺犯禁之方士更不足爲始皇病。始皇治國之思想實多本諸儒家，又勇於改過，從諫若流，除逐客令卽其一例。又如郡縣制行之已久，而淳于越面言始皇之非，始皇猶下其議，皆可見其虛心。然始皇旣以儒家思想治國，何故又採行郡縣制則以此制可免地方之割據而減少國中之禍亂，故李斯首倡主張之。蓋斯師荀子法後王，韓非至稱以先王之政治當世之民同於守株待兔。斯旣受荀韓之影響，更以歷史進化爲根據以議論當時之政事，所見實高於時人。始皇能排衆議而獨受其說，亦不失爲英明之主。是以就其功業而論，始皇實我國歷史上之偉大政治家。秦之覆亡，固由於始皇末年勞民太甚，而二世之愚蠢亦其一因，豈可遽以成敗論哉。

雪沙行草序

馬頤[illegible]

陳瑩蓀先生留心邊政，奮筆遠遊，經時六七年，歷程萬餘里。足所履者白雲黃沙，耳所接者馬嘶虎嘯，飽嚐荒寒，以爲詩料，旣已大擴詩人之境界矣；而又思親愛國，忠厚纏綿，小雅、離騷，集于一手，令讀之者爲之流連往復而不能自已，洵乎獨得玄珠者也。頃自西康歸，示我以行草一卷，囑余爲序。余惟昔之侈言遊覽者，動謂五嶽歸來不看山，而不知五嶽之外尚有偌大之天地，以先生之所得出與昔日之詩人較短長，是猶大鵬之與斥鷃，其心胸固不同也。況徼河山未入詩囊者多矣，後之人其亦效先生之志力，擺脫牢籠，以高歌造物之雄奇而自創一風格哉！

總理思想與儒家思想之比較研究

——總理思想體系探源第一篇——

樹鵬

（一）引言

甲、近人研究　總理思想體系時所犯之通病有三：

一曰襲取西洋社會思想之皮毛，以曲解　總理思想；

一曰摘取中國古代思想之鱗爪，以附會　總理思想；

一曰妄取個人主觀思想之輪廓，以綜合　總理思想。

乙、戴著三民主義之哲學的基礎之評價：

（1）闡明　總理思想為「能作」與「所作」兩部分：能作部分則繼往；所作部分則開來，得貫通之要領，而無牽强附會之弊。

（2）闡明「三民主義並不是三個部份，就本體上看，祇有一個民生主義；就方法上看，才有民族、民權、民生三個主義」。深得遺教之精義，是為「要民生主義之名，而反對民生主義之實者」與「要民生主義之實，而不願要民生主義之名者」兩種錯誤之針砭。

（3）明辨孔子與老子在中國文化發展史上之功罪，並闡明總理思想與儒家思想之淵源：不惟足以矯正倡導打倒孔家店者流之謬論，且足為中國本位文化建設之指導原理。

丙、總理所以繼承中國正統思想之原因——按戴著於　總理所以繼承堯舜以至孔孟而中絕的正統思想之原因，未加說明，余則以為其主要之原因有三：

（1）太平天國失敗的教訓——洪楊失敗之主因，即在於鄙棄正統思想而唯倡導基督教義。

（2）正統思想本身的價值——一曰，適合國情；二曰，深入人心；三曰，理想偉大，富有世界性。

（3）恢復民族自信力——自暴自棄者，不足與言革命；憧外媚外者，更不足以維新，欲恢復民族自信力，則必自發揚民族固有文化精神始。

（二）儒家思想之本來面目

近人研究儒家思想者，多存先入為主之成見：或則信口雌黃，謂禮教足以殺人，必深惡而痛絕之；或則抱殘守闕，謂半部論語足以治天下，必保存而墨守之，二者所見之偏，均由未識儒家思想體系之本來面目，茲就儒家關於倫理與政治之思想，分述於次：

甲、儒家的倫理思想：

一曰，以「仁」為體——人之所以異於禽獸者幾希，即因具有內在的同情觀念（仁）；故曰：「仁者，人也」。

二曰，以「恕」為用——同情觀念的發動方式有二：

（1）消極的方式：「己所不欲，勿施於人」。

（2）積極的方式：「己欲立而立人，己欲達而達人」。

三曰，以「中」為軌——「過猶不及」「允執厥中」「執其兩端，用其中於民。」「致中和，天地位焉，萬物育焉」。

四曰，以「禮」為範——「禮者，禁於將然之前」。「道之以德，齊之以禮，有恥且格」。

乙、儒家的政治思想：

一曰，以「天下」為對象——欲明明德於天下，

二曰，以「大同」為目標——參照禮運篇。

三曰，以「絜矩」為準繩——平天下以絜矩之道（大學）

四曰，以「教化」為入手方法——「天祐下民，作之君，作之師。」「勞之，來之，匡之，直之，輔之，翼之，使自得之」。

五曰，以「民意」為施政原則——「所欲與之聚之；所惡勿施爾也。」「與民同樂，於王何有」。

六曰，以「民生」為施政根據——「民事不可緩」，「使民養生送死而無憾，王道之始」。足食先於足兵，富之然後教之，「均無貧，和無寡，安無傾。」

七曰，崇尚「禮治」——「道之以德，齊之以禮，有恥且格。」；

八曰，崇尚「人治」——「修己以安百姓」，「待其人而後行」，「其人存則其政舉；其人亡則其政息」。

丙、儒家倫理思想與政治思想之一貫性：

（1）「絜矩之道」，即「恕」之靈活的運用。

（2）「大同之治」，即「仁」之具體的實現。

（3）以目的言，則政治即道德；道德即政治。

（4）以手段言，則政治即教育；教育即政治。

（三）總理思想與儒家思想之異同：

甲、總理思想，在目的上，與儒家思想完全相同。——始於救國，終於救世界（平天下）大同。

乙、總理思想，在原則上，與儒家思想完全相同。——三民主義係促進中國之國際地位平等，政治地位平等，經濟地位平等；而其所以求平等之基本原則，與儒家平天下以絜矩之道無二致。例如：民族主義主張：「對於弱小民族，要扶持他；對於世界列強，要抵抗他。」即「柔亦不茹，剛亦不吐，不侮矜寡，不畏强禦。」「己欲立而立人，己欲達而達人。」之恕的道德精神。

丙、總理思想與儒家思想，在哲學基礎上相同——二者均以「仁」（愛人）為出發點。

丁、總理思想與儒家思想，在實踐方法上不同：

（1）總理以革命為手段，儒家以教化為手段。

（2）總理以培植民力為手段；儒家以啓沃君心為手段。

（3）總理以權能分開為手段；既無「人存則政舉，人亡則政息」之流弊；更能打破「勞心者治人，勞力者治於人」之沉滯。較儒家人治方式，進步多矣！

（4）總理以平均地權節制資本為手段；足以解決「為富不仁，為仁不富」之矛盾現象；以逐漸實現「均無貧和無寡，安無傾」之理想社會。較儒家保民，不擾民等政策，又進步多矣！

（5）總理倡導「知難行易」學說，以「從行求知」為方法，與「民可使由之，不可使知之」之方法，迥然異趣。

（四）結論

儒家思想體系，實為中國文化史上之最大遺產；而總理之繼承儒家思想，卻不是儒家思想之重演，而實是儒家思想之更新。寓創造於繼承之中，發新芽於老根之上。一方面既使「正統思想革命化」；他方面即使「革命思想正統化」。奠定建國之基石；開展文化之新路。誠足以推倒歷代腐儒，開拓萬古心胸，若謂洪楊之革命思想為正，則曾胡之衛道思想為反。總理能綜合而融化之，即其思想體系之偉大處也。

儒家思想之正義

是文為 委員長侍從室第三處覆西康某同志函，就中根據學理，力辯五四以來一輩矜新立異之士對儒家思想肆意詆謗之非，反復析辨，悉歸淵奧，詢足以破一隅之謬說，而昌明往聖先哲之垂訓。爰謹將文錄刊於此，我同志幸加注意焉。　編者識

補報上年十二月份及本年一月份通訊，均闕忽。作事能脫去成敗利鈍之見，革命黨員固應有此。居處不便，乃至飯食不飽，樂道君子，所以悅心悅口者，度亦不在衣食之間，芻豢之末也。讀貴報告，前後兩次皆直據己見，頗具眼法，將材問題一文，旁稽博引，尤徵學古有獲：良由積於中者厚，故發於外者肆；文詞綱事，固不足復云。至於用人用人之才，尤貴用人之情；執事國士待之，國士報之之說；倘亦有慨乎中而云然歟！不遺之士，可為同聲一嘆矣。（豫讓之遇不優，則不可責以國士之報；郭隗之禮不先，則無以來彼仁賢之心，此言人事者，所當先知也。）惟是學問之道，不宜循聲逐影，亦不宜好奇立異，我國過去學者，對於諸子百家，誠不免輕視過甚；以為皆旁門左道，執事力矜維護，未為不是；顧何以獨詆及孔子，則隳致鄙夷，不惜百計吹求，舉口詆譭，務欲罵倒而後快；雖以 總理之教 總裁之言，亦若未暇深精者。歷觀各次報告，往往有然，此則真所謂敢為異說而不讓者矣！」如此次讀三民主義哲學的基礎，引及 總理對蘇聯代表所語「總理則明將孔子與堯舜禹湯文武周公並列，以為一貫相傳；民族主義講詞中，亦有同樣之敘述。執事顧必騰口強舌以為 總理所謂立國精神，正統思想，決非儒家；（試問忠孝仁愛信義和平非儒家道德而何！）不顧文義之安，亦不問遺教本意，一若 總理此言，尚有修正之餘地者！而一面又認學庸為儒家思想，孔子為學周公，諸如此類，矛盾百出，實深不解。其論孔子也，始則輕轉摘去聖號，稱之為「教育家」，為「學者」，繼且直目之為「術士」！凡有可以誠貶其身份者，惟恐言之或有不盡。且曰「堯舜禹湯文武周公立德立功，決不至僅為術士而止」。是何尊視堯禹諸聖而薄孔子之甚也！（自來釋「儒」者，禮記儒行自無論已；下此如荀子，則曰：「儒者，法先王隆禮義」。揚子法言則曰：「通天地人曰儒」。論衡則曰：「能說一經者，為儒生」。又有「鴻儒」之目，此諸子對儒之釋義也。周禮「儒以道得民，師以藝得民」，此師儒所自出也。上稽之經，旁考之子，外證之司馬談，要旨漢志流別，從未聞有薄儒，為不足比數者。至說文人部「儒，柔也，術士之偁」。此所謂術士，實即嫻道術之士，猶莊子天下「方術」，禮記鄉飲酒義「術道」之意。其與後世所謂術士，含義迥不相侔。故段注亦云：「術，邑中也。因以為道之稱。」此某說者之說文行部，術字及廣雅釋詁，皆確有依據；執事但知有後起之義，不知更有古義；疏矣。至若「孔子之與堯舜孟子，論之詳矣，亦未必盡阿好之言也。」又如將材問題一文中，所稱引信，可云賅洽矣。顧何以無端又將儒家挪出，一若有甚不平積于中，而一味尋仇摘疊者。上自孔子，下至七十之徒，窮形極相。甚而史家無傳，（史記無鬼谷子傳，惟蘇秦傳有學於鬼谷之文；）學者存疑（柳子厚辨之尤力）之鬼谷子，亦附會風影，以為所影響于社會者，實遠出儒家之上，上次讀學庸報告，極力推崇法家。既云：「治國平天下，」儒家不及

儒家矣！孫又以爲不及鬼谷子，儒者執事之意，直欲周秦之際，諸子百家，惟孔子爲最無價值，可也，顧不左歟！尤可異者：諸子爭鳴，各私其術，莊子所謂：「皆以其有爲不可以加」。荀子所謂：「物異則莫不相爲蔽」。其相非相難，固自其理。自荀孟已不能相悅，至于莊周，尤多寓言，又況所謂盜跖者，曾謂聖賢而必取衡于此乎？（且莊子盜跖篇爲贋作，先賢已有剛切考據。）假令惡什份子，自吾黨爲代表資產階級，爲腐化，謂可遂據以爲吾黨之定評否乎？執事因務欲罵倒孔子之故，竟不問事實，凡儒家所長，一切抹殺；不道其經、傳、子、史。有足資爲口實者，則多方搜列；亦漫不問其爲是，爲非，爲可據；至有辭及孔子，如相魯三月，魯國以大治之類，竟又譏口強，以爲此乃儒家之自頌自讚；徒逞偏見，橫加誣染，莫此爲甚！且執事亦坐務欲求儒家所不足耳。孔子治魯，其政績匪獨左傳載之，史記載之，並徵見于荀子，呂氏春秋，說苑諸書。文有異同，事無不載，此皆非一家之說，一人之傳，概謂蕪據，寧有是理。大凡討論學術，尤宜虛衷，廣泛以其會通，「滯固所稟毀所不見」，（後漢書儒林傳語）最爲一般學人通病。若稗沙齊史，務絲自是，先懸一成見于中，知有一醜，不知更有何理；孰有不淪爲武斷者也。試更就韓非書論之，非之書，所謂法家者流，本墨子功利主義大昌以後之產品。然竟孔墨同譏者，其說蓋視墨子爲尤激矣。其所謂：「博習辯智如孔墨，孔墨不耕耨，則國何得焉？修孝寡欲如曾史，曾子不攻戰，則國何利焉」云者；意蓋謂舍耕無得，舍戰無利，何者？彼以爲「富國以農，距敵恃卒」。「先王所期者利，所用者力」。是以雖孔墨之博習辯智，曾史之修孝寡欲，皆以爲無用而紬焉。夫列國並爭，務在富強固矣，然因富強之故，至欲蘊率天下而出于耕戰之一途，莫之或貳，此其所以爲蔽也。即近日歐洲所謂純粹國家，「牛油大砲」一膊爲口語，亦未聞舉一廢百，蔽烈彦于此極。執事顧反據以爲難，以爲此異儒家之一短事歟？且韓非內儲說下，謂答紀仲尼治魯，道不拾遺矣。執事顧何以又棄此取彼，寧信一非寓言，不信諸家聞見，抑何歟？甚矣！成見之爲患大也。

詳觀執事歷次報告，素日似尚能多近書冊，固非束書不觀，一味放言無忌者所可比擬。于孔子之書，所以勵成隔閡者，或亦因稍涉西人哲學，與我國墨子韓非之說，不免爲其所中；一切未暇求詳，但憑近人著作，如所謂哲學史之類，以爲是非，牢皆耳食。今執大誅，執事蔽錮，諒亦非言說所能爲功。仍願執事先自虛平此心，摒除成見，重取孔氏遺書 細理遺教，及 總裁闡述學庸諸書，講詞；口誦心維，一如向日讀韓，讀墨之孜孜不倦，積蘊歲月，加以閱歷，吾知執事必有豁然遷悟之一日。（荀子大略篇：君子之學，如蛻幡然遷之。）至于諸所摭拾，不免誤解之處，特亦一時心有所蔽，因而看朱成碧，必欲一一置答，殊嫌過于破碎。不得已，姑爲揭舉數事，爲討研孔子哲學所不可不加意理會者，以與好君子一相遠復焉。

過去我國一般學者，侈言尊孔，誠未免流于偶像。然孔子自有卓然不同于百氏者在。此不容一味以私意誣之也。蓋自本源言：六藝皆先王政典，而周公集其大成；孔子所異于周公者，周公以明其政，孔子以垂其教；周公以事，孔子以義。章實齋之論，可謂獨發千古之幽秘矣。故曰：「吾從周」。「文王既沒，文不在茲。」又曰：「久矣夫！吾不復夢見周公。」其與夫諸子百家所謂仁智之見，各爲其所欲焉，以自爲方」者。固有大不侔者矣。何者？彼固從之于思，而非得之于學。（文史通義：原道，原學諸篇，頗多闡述可參閱。） 總理篤研治理，所以獨稱孔子爲堯舜以來正統思想者，殆亦以此。國非苟襲宋明儒者陳說，務以尊孔爲尊也。對謂「述而不作」之一語，亦當謂所刪訂本，皆先生之舊文；而未嘗有所創作也。執事蓋引此數語孔子之但務而說，殆疑文全幾，解「作」為「創作」耳。（荀子非十二子「不循而好作」，正名「必將有作于新名，有循于舊名」。皆「作」與「循」相對為文，古人用「作」，類皆取「創作」之意；不作「動作」解也。）此其一。

自精神言：惟周公以明其政，孔子以發其教也。故其為教也，有一特徵焉，即「實事求是」四字是也。「實事求是」云者，非後世考據家片詞單義，言必有徵之謂。亦非執事「諸子皆認為主義智門」之謂也。蓋即「器」，即「道」，即「事」，即「理」，故其與羣弟旦暮講習，所孜孜託託者，乃無一而非禮、樂、刑、政之學，從已治人之方，務以空文為大戒；故曰：「我欲託之空文，不如見諸行事之深切著明」。諸子百家，則不免有近空文矣。故夫孔子之道，譬之于今，在周公則六藝，其建國方略也。在孔子則六藝，其黨綱領本也。惟然故于社會實際為切，諸子百家只各自為說者也。惟然，故于儒人理論務多；今亦不能不加推闡，即就七十子評之。七十之徒，仲尼獨稱顏回為好學。所謂學者，非他，只是「不遷」，「不貳」。（程伊川有顏子所好何學論）所謂修已之功。而孟子所云：「禹、稷、顏回同道。」則治人之學也。此其較彰著者也。若餘子由，子貢，或可使為宰，或可使治賦，可使與賓客言；高者可使南面，亦不各有專擅。執行顧何所見，而謂「孔門但知用腦，不知用手」？「且以一般人認識孔子，猶為嘆也。若云未見有何事實表現，（諸子亦非絕無事蹟，子貢存魯，其著也，可參閱仲尼弟子傳。）則吾黨主義方略，其有待于吾人之努力者，亦多矣。故其所謂「學」之一字，即為之之意也。孔子自稱：「學而不厭」。有時並繼成「我為之不厭」。執事不明此義，而據以論定孔子為學問家；非事業家，何其疏也！若夫後世儒者，競競以講誦為學，聞見為功，則秦漢以來，官師既分，學流日卑，積漸以然、終遂尋流忘本，貽發詬病，以為口實，儒家之真，則大謬矣！近人著書，或有惜孔子學問，仍係從舊本得來者，大為新會梁任公所摘。且曰：「不知有何真知灼見，而肯定如此」。（見梁氏中國哲學史大綱之批評一文中）。執事得非稍涉時論，而未及深察矣乎，此其二。（莊子天下，極稱古人之全備，以為配神醇，夫有萬物，和天下，小大精細，其運無乎不在其間固在數度者，舊法世傳之史，尚多有之，此史家舊聞也。其在于詩、書、禮、樂、者，鄒魯之士，縉紳先生，多能明之，此儒者所明也。其數散于天下，而設于中國者；百家之學，時或稱而道之，此舊之實者之旨，神明之言，學者之轉為道術之散見者也。至下文所謂天下大亂，賢聖不明，多得一察焉，以自好者，則墨翟，鄒衍之流也；細繹此文，亦謂儒家得古人之全，其餘猶百家衆技耳。此亦于諸子所自出，頗得其實，最宜細玩）。

又晚近學者，假已有公趨之一途徑。所謂：「實效主義」是也。此其說，唯物論者尤樂道之。我國自墨子以來，傾轉之徒，亦有極堅辨之論。凡人類道德，施為必一一問其有用無用；彼其所持，又實無見之為利說。（凡執持之，而多未必致者，嘗以為無用。墨子非樂，即不知樂之為用何在也）。所謂：「言形皆以功用為之的發」。而其弊，遂至於但務成功，不問手段。孔子則不然，其精神與孟子「殺一不辜，行一不義，而得天下皆不為也」云云。蓋已抉發經義，實亦儒家以來，所謂所共守者。梁漱溟氏中西文化及其哲學一書于此頗有極深透之見解。故必以功用世為期，則儒家之道之可謂至拙。（此非真以儒也）。或史公孟荀列傳所以深致慨于仲尼菜色陳蔡，孟軻困于齊梁，以為方枘圓鑿，抑終不能不以陽衍之術，阿世苟合哉綦也。夫關術，因忌如史公所釋其言雖不軌于正，大都不失爲有方之士；（所謂學人是）。其與夫秦儀務以口舌鼓天下，反覆傾軋，以取富貴；所謂　安其危而樂其所以亡者，則有間矣。（所謂政客是）。執事顧但見譏鼓之嬉傳，而遂以殷頑爲無用，新不亦怪乎！且所謂儒者之行，君子之釋，不豈在此精與斷斷爲必對力，而儒其領者，比哉。此問荀子儒效，禮記儒行，言之綦詳。孟子「食功」，（滕文公下）「案發」，（盡心下）之論，尤爲精闢，執事儒者於人之何部！要端與迷心功利之見者，皮相之之耳，此其三。

上三事，亦與時統事同疑，而揭其綱領，而此其備亦「存教類」，（論語）此語。自存其修以求各修前之意。此聖人之所以爲大也，且下文又有不憤，不啓，不悱，不發，舉一隅不以三隅反，則不復也。（論語）又安見其全無所擇乎）

。「格物致知」（後儒對此紛紛聚訟，曾當以　總裁所講爲正，至格竹成病，係王陽明故甚之詞，已爲羅整菴所辯正。見困知記。又晚近西方科學，我國或譏譯稱格致，當爾借稱不是爲據）。安史言皓以宦官，（安史當係唐安祿山及史思明，蓋隸胡非宦官也。）云云，固無是乎舛。惟乎此尚有一小問題，蓋　總理所云，我國良好政治，卽倫理政治，戴先生原本此意，所推演之，所謂倫理卽人倫道德。大學「爲人父止于慈，爲人子止于孝」云云。卽其最切當之說明。其種父慈子孝之精神，於視西人斷斷權利義務之辨者，果爲何如？執事乃謂西人實有人倫，殆又誤解倫爲泛泛之等例矣。（若解爲等倫，不幾謂西人無父子夫婦矣乎）。且結尾帶有此不學之濡等字。詞氣亦殊太率，古人云：「自甚之根不拔，則其西也以易位，孰自可以轉色」。尙斯戒之！此復。

中央訓練團巡禮（續）

章湘伯

三、入團洗禮

懷着滿懷東西南北四面八方聚集來受訓的，都懷着一顆奔放的心，興奮地踏進團的大門，讓那種樣想，爲着接受新的啓示，要刷新自己，創造自己，應是一生最幸無可尋的事，但想起那革命的鐵的紀律和嚴格的訓練，亦不無有些忐忑，有着吃勿消「的心情。記得開學典禮那一天，團長明白的告訴我們，「不管大家過去是什麼身分，什麼地位，來到本團，一律當

人事動態

青年幹部訓練班，總務組上校組長劉文緣，調充幹部隊隊員，遺缺以幹部隊上校隊員胡伯禧調充，均支上校薪，自三十一年一月一日施行。

×　×　×

本軍事委員會分委李元凱爲辦公廳中將主任。李家杰爲會審組上校組組長，張參謀爲教育委員會少將教官，張麗爲第五大隊少將大隊長，張鶴爲大隊第十七中隊上校中隊長，閻驥翰爲第一大隊第九中隊少將中隊長（現任第一大隊大隊附）。

×　×　×

派徐錫爲兵役幹部訓練班教官，支少將薪。

×　×　×

教育委員會主任委員辦公室同少將主任秘書倪文亞，因另他就，呈請辭職照准；遺缺派袁世斌充任，支同少將薪。

×　×　×

兼第二大隊大隊長歐震，不擔任該團服務，由原派之日解除兼職。

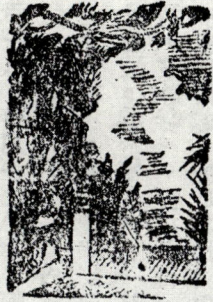

屈原與儒家精神

——「抄抄摘摘」之一

雲 彬

郭沫若先生在他所著的「屈原」（註）中說：「屈原在他的倫理思想上卻很是受儒家的影響。他的實踐上的行為卻很是一位現實的人物。他持身極端推重修潔，自己的化名是正則和靈均，又反反復復地屢以誠信自戒。而對于君國則以忠貞自許……還有他所景仰的古人，如堯、舜、禹、湯、文王、箕子、比干，也是儒家典籍中所習見的人物。最可注意的，他雖是南人，而于道家的虛無恬淡，寂寞無為的學說卻毫沒有沾染（遠遊那一篇本有這種臭味的濃厚的表現，但那並不是他的作品。）由年代推勘起來，我想屈原或者怕是陳良的弟子，他在年少的時候便有橘頌那樣的文章，我相信他至少也該得是受了陳良的影響……」郭先生這些話，在四十年前王靜安（國維）先生也大略地說過了。他說：

「我國春秋以前，道德政治上之思想，可分之為二派：一帝王派，一非帝王派。前者稱道堯、舜、禹、湯、文、武，後者則稱其學出於上古之隱君子（如莊周所稱廣成子之類），或託之於上古之帝王。前者近古學派，後者遠古學派也。前者貴族派，後者平民派也。前者入世派，後者遯世派也（非真遯世派，知其主義之終不能行於世，而遯焉者也）。前者熱情派，後者冷性派也。前者國家派，後者個人派也。前者大成於孔子墨子，而後者大成於老子（老子楚人，在孔子後，與孔子問禮之老聃係二人，說見汪容甫述學老子考異）：故前者北方派，後者南方派也……

「屈子南人而學北方之學者也。南方學派之思想，本與當時封建貴族之制度不能相容。故雖南方之貴族，亦常奉北方之思想焉。觀屈子之文，可以徵之。其所稱之聖王，則有若高辛、堯、舜、禹、湯、少康、武丁、文、武，賢人則有若皋陶、比干、伯夷、呂望、甯戚、百里、介推、子胥，暴君則有若夏后羿、浞、桀、紂，皆北方學者之所常稱道，而於南方學者所稱黃帝、廣成等不一及焉。雖遠遊一篇，似專述南方之思想，然此實屈子憤激之詞，如孔子之居夷浮海，非其志也。離騷之卒章，其旨亦與遠遊同。然卒曰，「陟升皇之赫戲兮，忽臨睨夫舊鄉。僕夫悲余馬懷兮，蜷局顧而不行」。九章中之懷沙，乃其絕筆，然猶稱重華、湯、禹。足知屈子固徹頭徹尾抱北方之思想，雖欲為南方之學者，而終有所不慊者也。

「屈子之自贊曰：廉貞。余謂屈子之性格，此二字盡之矣。其廉固南方學者之所優為，其貞則其所不屑為，亦不能為者也。女嬃之詈，巫咸之占，漁父之歌，皆代表南方學者之思想。然皆不足以動屈子。而知屈子者惟詹尹一人。蓋屈子之於楚，親則肺腑，尊則大夫，又嘗管內政外交上之大事矣，其於國家既同累世之休戚。其於懷王又有一日之知遇，被疏者一、被放者再，而終不能易其志。於是其性格與境遇

……遂成一種歐穆亞（按Humour之音譯）。離騷以下諸作，實此歐穆亞所發表者也。使南方之學者處此，則賈誼（弔屈原文）揚雄（反離騷）是，而屈子非矣。……」——靜安文集：「屈子文學之精神」

他們兩位的意見大略是相同的，就是說屈原頗受儒家的影響，他的修潔或廉貞，是儒家精神的表見。按：所謂「儒家精神」，章太炎先生論得最精闢。他說：

「藝文志說儒家云，『辟者隨時抑揚，違離道本，苟以譁眾取寵』。不知譁眾取寵，非始辟儒，即孔子固已如是。莊周述盜跖之言曰，『魯國巧偽人孔丘，不耕而食，不織而衣，搖脣鼓舌，擅生是非，以迷天下之主，使天下學士，不反其本，妄作孝弟，而僥幸於封侯富貴者也』。此猶曰，道家詆毀之言也。而微生畝與孔子同時，已譏其佞、則儒者之真可見矣。孔子干七十二君，已開游說之端，其後儒家率多兼縱橫者。其自為說曰，「無可無不可」。又曰，「可與立未可與權」。又曰，「君子之中庸也，君子而時中」。孟子曰，「孔子聖之時者也」。荀子曰「君子時詘則詘，時伸而伸也」。然則孔子之教，惟在趨時。其行義從時而變。故曰『言不必信，行不必果』……所謂中庸，實無異於鄉愿。彼以鄉愿為賊而譏之。夫一鄉皆稱愿人，此猶沒身里巷，不求仕宦者也。若夫逢衣淺帶，矯言偽行，以迷惑天下之主，則一國皆稱愿人。所謂中庸者，是國愿也。孔子譏鄉愿而不譏國愿，其湛心利祿，又可知也。君子時中，時伸時詘，故道德不必求其是，理想不必求其是，惟期便於行事則可矣。用儒家之道德，故堅苦卓厲絕無，而冒沒奔競者皆是……用儒家之理想，故宗旨

通訊員

——汾河下游的一章——

青苗

「……喂，聽着，老鄉，你們兩個把這兩支黑老虎（小手槍）帶着吧，但是不到最緊急的時候，不到最後關頭的時候，你們的是不能用的……就是要留下最後一粒子彈給自己……文件已經裝在一個小鐵盒裏了，免得你們泅水時被弄濕，……要和文件一同共存亡，千萬莫讓它落在敵人的手裏，假如有什麼不幸的話，你們首先毀掉它或吃掉它……」

「聽淸楚了沒有？」

「淸楚了。」

「那麼，好吧，祝你們的成功……！好勇敢的老鄉，你們是汾河上眞正的男子漢呀……」

★ ★ ★

午夜以前，上弦月的月牙兒就沉落了，原野裏是死沈沈的無邊際的黑暗。

秋天的夜裏，汾河兩岸的草叢裏是昆虫們的樂園，螞蚱，促織，蟈蟈兒……都在唧唧地瞿瞿瞿地歌唱着，螞蚱是尖銳而激昂的囉嗦鬼，蟈蟈兒的瞿瞿聲跟銀鈴一般的淸脆。草地上是潮濕的，散佈着苦澀的氣息，一陣風過，野草便沙沙作響，靑蛙從河畔的泥澤裏跳了過來，在草叢裏咯咯咯地叫着。

河邊裏滿是叢林，亂草，叢林在黑暗的夜幕下是黑黝黝的一片，蘆葦的蓊蒿在風中搖曳着，看來跟黑蜮蜮的人影似的，長着藤和野葡萄的蔓子

多在可否之間，論議止於兩胡之地。」——「諸子學略說」

所謂「儒家精神」，如此如此。試問孤芳自賞，牢騷滿腹，嫉惡如仇，終于投江自殺的屈大夫，他的言行和儒家所標榜的「中庸之道」，是相契合的呢，還是相違背的？屈原惟其不肯趨時，不肯把「行義從而變」，所以他的言行，在聖人之徒看來是近乎褊狹，有違中庸之道，不足取法的。司馬光輯「資治通鑑」，對于屈原不提一字，就是認為他的言行，違反儒家精神，不足為後人取法之故。

至于說屈原所景仰的古人，如堯舜、禹、湯等，為儒家典籍中所習見的人物，就可證明屈原很受儒家影響，那理由更為薄弱。從前人說過：「百家競稱堯舜，而指意不同」。可知稱述堯、舜、禹、湯等的，不獨儒家。周秦諸子大都稱述堯舜，難道證明了周秦諸子大都是受了儒家的影響嗎？

中國的封建社會延續得太長久了，合乎封建社會的儒家的道德和思想，深印在士大夫的頭腦裏，他們不願見屈原那樣一位蓋絕千古的大詩人，其言行有悖儒家精神，總要想方法證明屈原頗受儒家影響，不愧為聖人之徒，這種苦心，用意未始不好；但令

像綢幕一樣的纏繞在草莖和林木上，過了時的流螢閃着微弱的光亮在草叢間飛鋒着，宛如黑暗中飛迸出來的火花似的。

河水在黑暗的夜空下閃着微微的光亮，帶着原始的粗獷的怒鳴奔瀉着。河邊上農家的水磨在「咯咯咯地」地永無休止地響着，水磨的近邊有幾間茅舍，從那茅舍裏透出微弱的燈火來。每過河邊有什麼響動的時候或水鷹從蘆葦叢裏撲塔塔地飛過去的時候，茅舍前邊的狗仔們便猖猖地嗥吠起來。

秋夜的河邊是寒冷的，廣闊的，一陣風過，核桃樹上的衰葉便紛紛地落了下來。

這時河邊的草叢裏有輕微的脚步聲，兩個黑黢黢的人影在河邊草木密茂的地方走着。

「喔，老奎叔，那不是艾老爹的磨房嗎，我們歇歇脚吧，我渴了……」那黑影中個年青的後生指着河邊茅屋裏的燈光對那位年長的伴侶說。

[illegible]叫老奎，是一個貧苦的飽經憂患的農民，性情非常耿直，他這時好像正在想着什麼事情，突然被那年青的幾句話將思緒打斷了。

「唉，石頭，你這孩子眞是，你怎麼才走了十幾里路就想歇脚呀……唉，你這孩子，老是這樣糊糊厭厭的，簡直不懂什麼是大事情……趕快走吧，趕過了槐樹坡就過了緊要的關口，過了槐樹坡再歇脚吧……」

那名叫石頭的小伙子被這幾句話說得沉默了，但他却的確有些困倦了，因為他今天到城裏去看了賽馬，又參加了新民會的模範青年的檢閱，直到黃昏前才趕回村裏來的，他在家裏剛吃完飯，就聽見村裏亂慌慌地吵鬧着，原來是一支自己的軍隊駐進村裏來了。石頭和他媽可不同，他媽媽是怕軍隊，討厭軍隊的，但他却是很愛軍隊，為什麼愛呢？連他自己也說不出來。每次僞兵們從村裏經過的時候，村裏許多男人恐怕拾僞兵，就悄悄地透到山野裏去，他對這種情形非常

天我們對于儒家的道德和思想，應該有一種客觀的批評，不應像以前那樣無條件接受，所以也無須再把屈原裝塑成聖人之徒。

王先生說北方派集大成于孔子墨子，儒墨並稱；郭先生則專提儒家，而且進一步說「屈原怕是陳良的弟子」，其立論較王先生尤為偏頗。本來儒家精神也有他的卓絕千古處（例如知其不可為而為之等等），但儒家精神是儒家精神，和屈原精神渺不相涉。漢淮南王劉安曾作「離騷傳」，贊美屈原，說他「濯淖汙泥之中，蟬蛻於濁穢，以浮游塵埃之外，不獲世之滋垢，皭然泥而不滓者也」。這幾句話沒有一句可以移來讚美儒家的，就道德而論，墨家的堅苦卓厲，遠非儒家所可企及，但這些都已過去；就是像屈原那一類人物，也不是目下新社會裏的典範楷模。我們論古人，或者批評古代的學術思想，首先要認清時代背景；古代人的道德思想，並不是都合乎現代生活，都可以為現代人所取法的。這是題外的話，怕愈說愈遠，就此作個結束罷。

（註）這本「屈原」，是郭先生七年前替開明書店編的，不是他最近寫的那個劇本。

七七五週年于桂林

孔子與儒家

周維新

一　儒家思想之新抬頭

五四運動前後反儒家的風氣，盛極一時。今日看來，已成陳跡了！然這一個狂潮過去以後，儒家的學術思想，亦少見有人討論。民國二十四年時，東方雜志曾出過讀經問題專號，徵求文化界名人意見，應徵的七十餘人。大多數主張經書不可廢，不過各人主張的讀法不同。因而各篇中很多涉及儒家問題，可以約略窺見五四時代過去以後我國人士對於儒家的態度。二十四五年時，又有許多人討論中國本位文化問題，亦曾涉及儒家的學術思想。但這些討論，還沒有形成一個提倡儒家思想的潮流。近年學界政界，較有地位的人士，常常提起儒家或孔子。並常有人想把儒家思想與三民主義聯繫起來。還有人想以國父頂接孔子的道統。也有人想從儒家的學術思想上建立國父遺教的哲學基礎。今年四月間，重慶成立了孔學會。各方面尊孔的言論亦漸多。這都是儒家思想抬頭的一些象徵。茲選錄賀麟「儒家思想的新開展」一文中的幾句話做代表，（思想與時代月刊第一期）藉可看出現今儒家思想抬頭的一點新意義。賀君說：

「新儒家思想的發展，就是中國現代的主潮。我確切看到，無論政治社會學術文化各方面的努力，大家都在那裏爭取建設新儒家思想，爭取發揮新儒家思想。在生活方面，對人處世的態度，立身行己的準則　大家也莫不在那裏爭取完成一個新儒者的人格。大多數的人，具有儒者思想，而不自知不自覺的地發揮出來。有許多人表面上好像反對儒家思想，而骨子裏正代表了儒家思想，實際上反促進了儒家思想，自覺的正式的發揮新儒家思想，蔚成新儒學運動。」

「假如儒家思想經不起諸子百家的攻擊競爭比賽，那也不成其爲儒家思想了！——假如儒家思想能够把握吸收融會轉化西洋文化，以充實自身，發展自身，則儒家思想，便生存復活而有新的開展。否則就會消滅沉淪，永不能翻身。——所以儒家思想，是否能够有新開展的問題？就成儒家思想是否能够翻身能够復興的問題。也就是中國文化能否翻身能否復興的問題。」

上面所引第二段的話，我曾看見有好幾位名人同此意見。前一段的話，是賀君觀察儒家思想新抬頭的一個透切說明　這看法自然有相當根據。但是我以爲賀君全篇所說的儒家思想，實在是一個籠統的講話。關於此點，我想加以商討。

二　何謂儒家

何謂儒家？這問題不能不認識清楚。現代人對於儒家的概念，或以爲是有道術的聖賢；或以爲是讀書階級；或以爲是教書匠一流人；都不能指明儒家究竟是什麼？且我國向例，武將中有儒將之令名；醫師中有儒醫之雅號，乃至有耕讀傳家之儒農；書算兩能之儒商；可見儒家一詞，在現代人看來，實在有點模糊。我們須先從我國學術史上探討儒家的起原和演變。

我國古代自有文字以來，就有許多記載　其中一部份是聖賢傳下來的經典。周之初期　文化漸具規模。然貴族統治，政教合一，官師不分　經典的傳授，大都屬於在位的世官，民間很難有自由傳習的機會。到春秋時代，貴族的政權起了變化，政教合一的制度也難維持了。經典自然容易流傳到民間，才興起了自由講學的風氣，有道術的人，所講的學問，涉及人生社會國家天下多方面。不獨聚徒講學，而且遊說著書，力求實現其抱負。孔子就是其中的一個，而道術之大，德望之隆，尤爲當時第一。弟子有三千之衆，自會引起社會很大的注意。於是社會稱他們是儒，他們亦自承這新徽號。這儒的名位，就是從古代官師制度解放出來的智識階級。然儒是通稱，輩分有師徒之別；程度有深淺之分；品格有高低之異；聲望有大小之殊；故孔子教他的弟子說：「汝爲君子儒，毋爲小人儒。」足見那時的儒者，流品已雜。猶如現代所謂的學生，有好的，有壞的，又有大中小之別，不可一概而論了。孔子講學，相從較久的弟子，有七十餘人，分爲德行言語政事文學四科施教。實際上成就各有不同，也不止四科了。孔子死後，他的門下，分化更大。韓非子顯學篇曰：「自孔子之死也，有子張氏之儒；有子思氏之儒；有顏氏之儒；有孟氏之儒；有漆雕氏之儒；有仲良氏之儒；有孫氏之儒；有樂正氏之儒，儒分爲八。」韓非雖戰國時代很近，其說當可靠。當時孔門一傳再傳的弟子既多，流派自更複雜。甚至還有許多讀書人，本與孔門無師友淵源，也投靠孔子門徒混飯吃。荀子非十二子篇說：「偷儒憚事，無廉恥而嗜飲食，必曰君子固不用力。是子游氏之賤儒也。」這又是韓非所稱八派之外的另一派，荀子竟罵那班人爲賤儒。可見那時儒的徽號上已發現許多汚點，眞所謂良莠不齊了。自孔子死後，社會上對於孔門那一羣人，通稱之爲儒家，連所謂賤儒靠孔門混飯的也在內。又因同時的學派，還有老子墨子等，社會自然加以區別，而稱爲某家某家，或簡稱一字。例如韓非說：「今之顯學，儒墨也。」那儒字，就是孔門一羣的代名詞。墨字，就是墨派一羣的代名詞，社會對孔門一羣，或稱儒家，或稱儒者，例如晏嬰說：「夫儒者滑稽而不可軌法。倨傲自順，不可以爲下，崇喪遂哀，破產厚葬，不可以爲俗。游說乞貸，不可以爲國。」這裏所譏誚的儒者，自不專指孔子。又如墨子的非儒篇，所非的儒，亦是指孔門一羣，而不是專指孔子。後來寫歷史的人，也是依着社會相傳的通稱，而加以某家某家的區別。故後世所謂儒家 其界說極難定。無論秦漢以下的儒家，決不能與孔子齊觀並論。就是戰國時代所稱的某氏之儒等等，亦都與孔子差離很遠了。我們須再研討孔子死後儒家的變遷。

三 儒家之遞變

孔子在春秋時代，創造自由聚徒講學的風氣。他的人格，他的學說，都有其獨到之處，爲儒家開山大師。祖述堯舜，憲章文武，刪詩書，訂禮樂，贊周易，修春秋，使古代貴族世守祕傳的六藝經典，開放爲社會公同研究的學問，故孟子稱贊爲集大成。所謂大成的意義，非常重大。這是中國文化史上一個破天荒的人物。他死後，他的弟子分爲各派。對於他的人格學說，或具體而微；或僅得一二，沒有一人或一派能完全繼承。後來道家墨家等的攻擊辯論，與新時代的要求，儒家就不能不將其宗師的學說加以補充或修正。如孔子言仁，孟子兼言仁義。孔子罕言性與天道，孟子七篇中講性的問題很多。不但孟子已多修正孔子的學說，就是孔子死後最著名的孟荀二大家，也各有各的宗旨。即以講性而論，居然有性善性惡兩極端的歧異。孟荀同宗孔子，而荀子乃譏孟子「略法先王而不知其統。」又於感嘆孟子誤解孔子之餘而厲聲斥曰：「是則子思孟軻之罪也！」足見兩家已成水火之勢。自孔子至於孟荀，不過百餘年，而儒家學說的主旨，就有三變：孔子講仁；孟子講義；荀子講禮。自是時代不同使然。這是儒家第一期的變質。

秦漢以前，魯鄒齊等國，都是儒家的根據地。但孔子以後，鄒魯的儒家，除孟子外 無傑出的人物。荀子本趙人，遊學於齊，嘗三爲祭酒，故儒家在齊的影響亦不少。而齊之稷下諸先生，講學之風頗盛。史記所記的三騶子，都與他們很接近。三騶中的騶衍，尤著名。他對歷史的見解，有五德之說。對地理的見解，說九洲之外有九洲。故史記稱他：「迂大而閎辯。齊人頌曰談天衍。」大約他們的思想，是出入於儒道之間，而自有新意，司馬談名之爲陰陽家。嘗爲秦始皇求不死之藥的盧生韓生，都是陰陽家一派。其時秦相李斯，曾受學於荀卿。討厭那一班似儒非儒的方士陰陽家之流。始皇所坑的儒生，就是那班人。可見當時儒家很複雜，已不能自固其宗派了。秦始皇焚書坑儒，漢高帝鄙視儒士，不久就起了反響。武帝時採董仲舒的建議 獨尊孔子，黜抑百家，立學校之官，養天下之士，於是儒家大見興盛。仲舒表面雖崇儒 但大講其天人之際，頗與陰陽家的路數相通。他更完成了陰陽五行四時氣運的理論。他講倫理，創三綱五紀之說。講政治，創法天治人及災異感應之說。講歷史，創三統三正之說，講春秋，創十指五始三世之說。這些「非常可怪」的話，孔子及儒家諸大師、當時都未曾夢見。而仲舒乃以自己的臆說，硬派充爲孔子之學，硬冒認爲儒家。尤其可怪的，他說：「孔子西狩獲麟，受命之符。……春秋應天作新王之事，時正黑統。」他以殷湯爲正白統，周文王爲正赤統，孔子作新王應正黑統。他居然捧孔子升御座。且使孔子由人性而變爲神性了。我們試讀他的春秋繁露，符瑞玉杯諸篇，他大胆說夢話的程度，眞令人驚異。大約西漢學術界，被那人鬧得烏烟瘴氣。不久，讖緯之書，象數之學，都應時而出了。他講經學，主用今文，後來劉向劉歆父子，力主古文。何謂今文？乃秦漢時通行篆書的本子。何謂古文？乃古代科斗文字的本子。今古文之爭，爲兩漢經學界一大公案。劉歆雖以古文家與今文家對抗，但他亦講五行災異，仍不免受陰陽家之影響。及楊雄出贊同古文家，昌言宗孔崇孟。而且很自負的說：「竊自比於孟子。」以復興孔孟爲號召。其實他所著的太玄法言二書，骨子裏仍未能脫陰陽家的見解。他說：「知陰知陽，知止知行，知晦知明者，其爲玄乎?!」「夫玄也者，天道也，地道也，人道也」。可見他的思想，是道家與陰陽家的混合。他的太玄圖，也與董氏陰陽五行等說有關聯。他全部學說，與孔孟有何干係，無非聊借孔孟以自重耳。鄭玄雖號稱集兩漢經學之大成，有「囊括大典網羅衆家」之譽。然他自已說：「時睹祕書緯術之奧。」可見他也是爲時代所囿了。綜觀兩漢儒家，言其大者，只有董仲舒之學，劉氏父子之學，楊雄之學而已。故許愼的說文云：「儒，柔也。術士之稱。」這解釋自是針對漢代儒家而言。在春秋戰國時，沒有看見儒柔也的解釋。若以禮記中的儒行篇來釋儒，那就應說儒剛也。從這上面也可看出儒家與時代的轉變關係。這是儒家第二期的變質。

漢代經學，雖有今古文之爭。但兩派解經的工夫，都做得很細密。古文家尤重考據，家法頗謹嚴。到了魏晉時，儒生都不重視解經。大家競尚淸談，道家的學說，因而發達。比較著名的經師，如王弼何晏，都是引道入儒。此外如竹林七賢輩，更公然蔑視禮法，已無儒者氣象了。其時佛教亦漸輸入，儒家更受影響。至南北朝時，儒釋道三教同源之說甚盛。如沈約的均聖論，孫綽的喩道篇，張融的門論，顧歡的夷夏論，都是以調和三教爲主旨。同時雖有一二學者，力持異議，如裴頠反對虛無、范縝反對鬼神，但影響並不大，難以挽回這時代的狂瀾。南史儒林傳所稱何承天周弘心雷次宗沈麟士等講學時，緇素並聽若干人。可見這班儒林先生，常與和尙道士爲伍。無異近年同善社之情況。北朝學風稍不同。北史儒林傳所稱盧玄刁冲劉蘭張吾貴等，大體還保守漢儒家法。但過於重視家法，故有「甯說周孔非，不說馬鄭誤」之譏。不過北朝末年，如徐道明輩，也就有點釋道混合的色彩了。隋朝統一中國，文化亦帶調和性質。顏之推王通爲代表人物。唐代佛教特盛，儒家很少傑出之士。初唐如陸德明孔穎達賈公彥等，中唐如啖助趙匡等，都爲名經師。然他們的力量，還不足以昌明儒學。韓愈雖以崇儒衛道自任，但亦僅能以文章起八代之衰，而學力尙難振一時之敝。愈雖力排佛教，然仍與和尙們往來。其弟子李翺的復性書，與天台宗所講的止觀，很相近似。自魏晉至唐，六百年來，始而爲釋道平分天下，繼而佛教獨盛，而儒家乃日見衰微，幾於無立足之地，即有幾許以儒家自命者　大都別有懷抱，誠如孫綽所云：「周孔即佛，佛即周孔。」這是儒家第三期的變質。

宋承五代久亂之後，右文輕武，引用賢才，儒家頗有中興之象。然自隋唐以來，釋道二家，在思想界頗有根深蒂固之勢，處處與儒家接觸，儒家習染已深，不覺漸與融化。故宋初諸大儒，都不脫釋道關係。宋史儒林傳謂：「陳摶以先天圖授种放，放傳穆修，修傳李之才，之才傳邵雍。放以河圖洛書傳李漑，漑傳許堅，堅傳范諤昌，諤昌傳劉牧。穆修以太極圖傳周敦頤」。陳摶种放那班人，都是當時的著名道士，而他們却是北宋五子的淵源所在。周濂溪的太極圖說通書，邵康節的經世衍易圖先天圖皇極經世表，完成了象數之學。此外張橫渠程明道程伊川的學說，無不含有釋道二家的成份。他們的朋友及門人很多，建立了一個新學派。對於漢以前的儒學，修改很大。故後人稱他們的道學爲新儒學　集道學之大成者，爲朱晦翁。而異軍突起與朱子對峙者，爲陸象山。此外尙有張南軒呂東萊，亦各自成家。號爲南宋四子。自北宋五子至南宋四子，講述甚富，爭論亦烈，形成我國學術史上一個燦爛時期，爲周秦以後所僅見。朱陸二派，根本不同之點，朱子偏重道問學，陸子偏重尊德性。兩派相持，終不能合。後人調和，或引朱入陸，或引陸入朱，亦是多事。實則兩派各有其所見，各著其所長，本來用不看援引依附。不過朱子講理氣，未脫周邵諸家之範圍，實與象數之學，有所參合。陸子所講的心學，頗近於程明道的復性書，顯有釋家的線索。象山雖開心學之端，至王陽明，始更開展。北宋以來，儒家大講理學。其空疏之弊，把一般士大夫弄得暮氣沉沉。士子乃以讀性理大全等書爲獵取聲名利祿之計。陽明特標「致良知」與「知行合一」之新說，雖自有其創造之價值。然其學說，不免受禪宗影響。後來弟子漸多，派別紛歧。至王龍溪王心齋輩，直欲躋陽明而爲禪。末流之弊，竟以「酒色財氣不礙菩提路。」「滿街皆是聖人。」周汝登陶望齡李贄等，眞爲王門之罪人了。我們看宋明五百餘年來的儒家，大致的說，都是儒其皮而佛其骨。始而引佛以亂孔之精神，使孔成佛家之孔。終則排佛以維孔之軀殼，使佛成儒家之佛。旣爲誣孔，而亦誣佛。故戴東原嘗慨然曰：「宋以來儒家舍聖人立言之本旨，而以己說爲聖人所言，是誣聖。借其語以求取信。是欺學者也。」誠足揭發宋明儒家的通弊。這是儒家第四期的變質。

清承王學之敝，學術上乃起很大的反響。清初大儒輩出，皆對王學猛加攻擊。如顧炎武云：「今之學者，偶有所窺，則欲盡廢先儒之說而駕其上。不學，則借一貫之言以文其陋。無行，則逃之性命之鄉，以使人不可詰。」黃黎洲云：「不以六經爲根柢，束書而從事於遊談，大滋流弊。」王船山云：「侮聖人之言，小人之大惡也。徇跡而忘其眞，以臆測度，趨入荒杳。」顏習齋云：「諸儒之論，在身乎？在世乎？徒紙筆耳！其言之悖於孔孟者，贅也。言之不悖於孔孟者，亦贅也。」略舉例如此，可見他們的學問，反空疏而歸致用。不但對理學大加糾正，而且各自有其卓絕的成就，奠有清一代學術之丕基。同時專講經學的，亦多偉大人物。如閻若璩之尚書古文疏證，辨正千餘年來舉國沿習之僞書。胡渭之易圖明辨，以易還之羲文周孔，以圖還之陳摶邵雍，使宋學根本動搖，大受打擊。至乾嘉時，尤爲清學全盛時期。經史小學音韻地理文詞金石各門，或爲精深探討；或成專門創作；無不大放異彩。其能獨樹一幟而號召力較大者：如戴東原領導之皖南派；章實齋領導之浙東派；方望溪姚姬傳領導之桐城派；莊方耕劉申受領導之常州派。尤多碩學鴻儒，各極一時之盛。大約清之初中兩期，學者皆以求眞求實爲研究之目標。不受前人之束縛，而有獨立之精神。如講理學，則掃去宋明之翳障，而獨創新解。講經學，則脫去漢唐之桎梏，而別開途徑。且許多學者，勇於疑古，長於辨僞，善於專精，頗與現代所謂之科學方法相合。故稱這一時代的學問爲樸學，誠名副其實。晚清俞章康梁諸人，乃以時代革新，研究的範圍愈廣問題愈多，波瀾亦更壯闊了。綜觀清代儒家實有其特殊的貢獻，亦有其特殊的面貌。故在我國學術上，創造了劃時代的偉績，這是儒家第五期的變質。

以上是說明孔子死後二千五百年來儒家的歷次變質。儒家的內容，隨時代而大不相同。故不能統二千五百年來的儒家而認爲就是孔子之系統。亦不能統二千五百年來之儒學，而認爲就是孔學。今人提倡儒家思想，而不辨其內容，不但犯籠統之病，令人無所適從。且將啓紛爭之端，而演成此亦一是非彼亦一是非之怪象。以內涵籠統外啓紛爭之結果，則所謂提倡儒家思想一舉，必無若何成效。賀麟所謂中國文化能否翻身能否復興的問題，決非籠統的提倡儒家思想所能負其責任而得到解決。然我國關心文化的人士，現在旣有走往儒家方面的動向，這是海通以來從目迷五色徬徨歧路之中回轉頭來的一條新路。這條新路，自有遠大的前程，光明的希望。此次世界大戰以後，世人或亦將有所悔覺。若仍繼續十九世紀以來的物質文明，執迷不悟，決無天下太平之可言。我想西洋一定有進步人士，會憧憬到我們中國的文化。中西文化結婚後的新文化，才能產生「太平」的寧馨兒。這是另一問題，非本文所欲討論。但我以爲中國文化，乃以孔子爲唯一導師。周以前的民族學術，卽六藝寶典，孔子有集大成之功。繼往開來，做了中國文化的骨幹。二千五百年來的大中華民族，長久團結，繼續發展，非有堅强的文化骨幹，怎能支持這古老的國家？怎能抵抗幾多次的內亂外患？儒家的學術思想，雖經歷次變質。而孔子爲民族文化一貫的骨幹，百變而不離其宗。如地心吸力，無形吸引民族文化之精華而不顯不墜。老子釋迦基督諸教主，縱能炫耀一時，局部侵入，然終無以奄有全中華民族的文化領域，摧傷其骨幹而有以易之。我們今欲復興中國文化，其能担負大任的，決非籠統紛歧的儒家，而是一貫為民族導師文化骨幹的孔子。我們須進而研究對於二千五百年前的孔子應如何認識？

四　如何認識孔子

孔子這個人，自他的人格言，太崇高了，太偉大了。自他的為人講學言，却是非常平凡。我們想認識孔子，必先記着這兩點基本意義。二千五百年來的孔子，往往被人認識不清。有的稱他為師，有的尊他為聖，有的書本上捧之為王，有的實際上給他王的封號，還有不認他為人而認為神的，這都與他表好感而有這種種不同的恭維。大約尊他為師為聖的，自是出於衷心的敬服。尊他為王為神的，却別有用意。反對他的人，歷史上間亦有之。周秦時代，衆學爭鳴。孔子實為大師，名高招忌。異派之非議譏評，多有攻人顯己之私意，而帶宣傳性質。如莊子書中，託盜跖之口，詆毀孔子的話，乃是莊子門徒故意以毀孔而自作宣傳的。這種批評，無甚價值。而且時代久遠，我們現亦不必翻此陳案。現距孔子之死已二千五百年，我們要眞能認識二千五百年前的偉大人物，自非易事。我們想認識孔子，只有看看我們同時代的人如何批評他。因為同一時代、大家所據的研究資料，都差不多。批評是否正確？較易辨別。也可幫助大家多認識一點孔子的眞象。恭維的批評不必論，自以反對方面的批評，才値得檢討。我想舉三個反孔論的代表，來做檢討的題材，這三人、也是我們這時代的人所頗注意的。

章太炎是近代學術史上一個佔重要地位的學者。他的「諸子學略說」批評孔子曰：

「孔子當春秋之季，世卿秉政，賢路壅塞。故其作春秋也，以非世卿見志。其教弟子也，惟欲成就吏材，可使從政。而世卿既難猝去，故但欲假借事權，便其行事。是故終身志望，不敢妄希帝王，惟以王佐自擬。……孔子之譏丈人，謂之不仕無義。孟子荀卿，皆譏陳仲。是儒家的滛心榮利、較然可知。所以者何？苦心力學，約處窮身，心求得售，而後意歉。故曰沽之哉，沽之哉，不沽則吾道窮矣。藝文志說儒家云：辟者隨時抑揚，違離道本，苟以譁衆取寵。不知譁衆取寵，非辟儒然，卽孔子固已如是。……孔子干七十二君，已開游說之端。其後儒家，多兼縱橫者。其自為說曰：無可無不可。又曰：可與立，未可與權。又曰：君子之中庸也，君子而時中。孟子曰：孔子聖之時者也。荀子曰：君子時絀則絀，時伸而伸也。然則孔子之教，惟在趨時。其行義從時而變。故曰：言不必信，行不必果。所謂中庸，實無異於鄉愿。彼以鄉愿為賊而譏之。夫一鄉皆稱愿人，此猶沒身里巷、不求仕宦者也。若夫逢衣淺帶，矯言僞行，以迷惑天下之主，則一國皆稱愿人。所謂中庸者，是國愿也。有甚於鄉愿者也。孔子譏鄉愿而不譏國愿，其滛心利祿，又可知也。君子時中，時伸時絀，故道德不必求其是，理想亦不必求其非。惟其便於行事，則可矣。用儒家之道德，故艱苦卓厲者絕無，而冒沒奔競者皆是。俗諺有云：書中自有千鍾粟。此儒家必至之弊，貫於徵辟科舉學校之世而無乎不偏者也。用儒家之理想，故宗旨多在可否之間，議論止於函胡之地。彼耶穌教天主教崇奉一尊，其害在堵塞人之思想。而儒術之害，則在殺亂人之思想。……雖然，孔子之功則有矣。變禨祥神怪之說，而務人事。變疇人世官之學，而及平民。此其功亦夐絕千古。二千年來，此事已屬過去，獨其熱中競進在耳。」

太炎最瞧不起孔子的，卽熱中與趨時二點。先論熱中。孔子的出處事實，以論語及孟子二書的資料最可靠。孔子少年，嘗為委吏，嘗為乘田。孟子說他是「為貧而仕，不卑小官」。及壯年時，聚徒講學，好古敏求。學而不厭，誨人不倦。發憤忘食，樂以忘憂，不知老之將至。後來看見祖國的內憂外患，交迫而至，慨然去魯適齊。不久又由齊返魯，那時仍潛心教學，弟子日衆。陽貨曾譏他：「懷其寶而迷其邦，好從事而亟失時。」孔子曰：「諾！吾將仕矣。」可以看出他那時抱道待時的心情。五十後，魯亂漸平，始出為東都宰，為司空，為司寇，曾攝相事。齊人饋魯君以女樂，魯君受之，三日不朝。孔子有點生氣。從而祭，燔肉不至。更足證明魯君昏瞶無禮，乃不稅冕而行。從此周遊列國十餘年，然終不得行其道；且曾畏於匡，厄於陳蔡。有時絕粮，從者病，莫能興，孔子講誦絃歌不輟。子路慍見曰：「君子亦有窮乎？」子曰：「君子固窮，小人窮斯濫矣。」子貢亦跑去說：「夫子之道至大也，故天下莫能容。夫子盍少貶焉！」孔子教訓他「君子不能求爲容」的道理，而斥之曰：「爾志不遠矣！」子貢出，顏回入見曰：「夫子之道至大，故天下莫能容。雖然，夫子推而行之，不容何病！不容然後見君子。」孔子爲之欣然。出國既久，忽成六十有八的老翁。倦游返魯之後，主持正義，更加堅定，毫無求容之心。季康子問政？子曰：「政者正也。子帥以正，孰敢不正。」他常常用這種口吻教訓那班權貴，他後來雖不作官，但對於國家大事，仍常申張正氣，他的弟子冉求爲季氏聚斂，他很生氣說：「非吾徒也，小子鳴鼓而攻之可也！」季氏將伐顓臾，冉求去見他，受了一頓大教訓，他反對舞八佾；反對以雍徹，反對旅泰山，都發過正論。他聞陳恆弒其君，很鄭重的沐浴而朝，請討之。他痛心世道陵夷，民生疾苦，實在忍不住了！乃對子路發牢騷曰：「道不行，乘桴浮於海，從我者，其由乎？」於是刪詩書，訂禮樂，贊周易，修春秋，以爲傳道萬世之計。以上略述孔子一生的出處小史。他何嘗湛心榮利，譁衆取寵。孟子最深知他。嘗曰：「孔子之去齊，接淅而行。去魯曰：遲遲吾行也，去父母國之道也。可以速而速，可以久而久，可以處而處，可以仕而仕，孔子也。」孔子熱中是熱中，乃爲祖國而熱，爲生民而熱。他抱宏遠的道術，過淡泊的生活，負聖人的重望。官大莫如宰相，在他眼中算什麼，豈屑爲自身的榮利而熱中。他自己說過：「君子喻於義，小人喻於利。」他決不至以一利字梏梗心胸。他明知時勢不可爲，但他的人生觀，向來是積極的、樂觀的。晨門譏笑他：「是知其不可爲而爲之者與?!」正說中了他的心事。子路亦曰：「君子之仕也，行其義也。道之不行也，已知之矣！」可見孔子之周遊列國、干七十二君，明明是「道之不行，已知之矣。」而他猶栖栖皇皇席不暇暖，以求實現其抱負，正所謂「行其義也。」這眞是志士仁人的苦心孤詣。太炎乃以熱中競進目之，何其厚誣孔子也。再論趨時。太炎謂孔子之教，惟在趨時。引「言不必信行不必果」之語爲證。但是原文下面還有「惟義所在」一句，他偏略而不提，殊非學者忠實的態度。原來這三句話，易生誤解。馮友蘭的新世訓中，有很好的論辨。他舉出尾生爲一女子守約溺死的故事爲例。尾生信則信矣，然不合乎義。這是獨行傳中人的信與果，所謂「失於周全之道，取其偏至之端。」論語上記孔子講信之處很多。孔子以爲爲政之道，必不得已而可去兵去食，但是「自古皆有死民無信不立。」又曰：「人而無信，不知其可也。」他那裏是主張不必信的人。不過要「信近於義，言可復也。」如尾生那種約會情人的私事，適逢橋下漲水，儘可改期再約，何必因守信而自甘溺死呢！孔子所謂言不必信，乃教人要惟義所在，不要偏至。至於果敢之說，孔子平日少談及。他理想的人生全德，只是一仁字。他說：「剛毅木訥近仁。」「仁以爲己任，死而後已。」這剛毅的性格，死而後已的精神，還不够果敢嗎?!他又曰：「君子無終日之間違仁，造次必於是，顚沛必於是。」這是何等篤實貞固的志節，不過暴虎馮河一類的果敢，乃是他所不取的。至於「中庸」「時中」之義，旣不是妥協，亦不是調和，乃是無過無不及恰到好處的標準。均天下國家的偉大，辭爵祿的高尚，蹈白刃的勇敢，已爲常人所難能。而中庸比均天下國家辭爵祿蹈白刃更難。故中庸爲宇宙間至高至上的正道定理。太炎讀聖賢書，何嘗不明此義。乃獨武斷中庸爲鄉愿，以逞其詆孔之偏。至謂「用儒家之道德，艱苦卓厲者絕無。冒沒奔競者皆是。用儒家之理想，宗旨多在可否之間，議論止於函胡之地。」亦不能以此咎孔子。孔子以仁爲道德最高境界，極言之曰：「志士仁人，無求生以害仁，有殺身以成仁。」把仁字看得比生命還重。是爲艱苦卓厲的極則，那有可否函胡之餘地。雖曰後世儒家，大都未能實踐孔子之教義，然孔子在日，即教弟子毋爲小人儒。太炎所譏，皆是小人儒之流。若謂歷代儒者都是小人，則更誣盡古人矣。忠臣烈士，何代無之。驚天地動鬼神可歌可泣的故事，史册多有紀載。其中讀聖賢書之儒者，豈可一概抹煞。太炎本通人，何獨不懂荀卿「解蔽」尹文「別囿」之說乎？旣蔽與囿，故不覺其言之妄也。聞太炎晚年在蘇州講學時，又力勸學者讀儒行。所刊「制言」，亦無毀孔議論。想已深悔早年之妄矣。

五四時代新青年雜志，首先提倡反孔。無知學子，視為新奇，紛起附和。陳獨秀反孔之唯一理由，即謂孔子之道，不合於現代生活。他說：

「現代生活，以經濟為命脈，而個人獨立主義，乃為經濟學生產之大則，其影響遂及於倫理學。故現在倫理學上之個人人格獨立，與經濟學上之個人財產獨立，互相證明其說，遂至不可動搖。而社會風紀，物質文明，因此大進。中土儒者，以綱常立教，為人子為人妻者，既失個人獨立之人格，復無個人獨立之財產。……孔子生長封建時代，所提倡之道德，封建時代之道德也。所垂示之禮教，即生活狀態，封建時代之禮教，即封建時代之生活狀態也。所主張之政治，封建時代之政治也。封建時代之道德禮教生活政治，所心營目注，其範圍不越少數君主貴族之權利與名譽，於多數國民之幸福無與焉。……愚之非難孔子之動機，亦因孔子之道之不適於今世。乃以今之妄人，強欲以不適今世之儒道，支配今日之社會，將為文明進化之大阻力也。」

陳氏所說，表面觀之，似乎言之成理。生在二千五百年前的孔子，所講的道德，生活狀態，禮教等，都是以二千五百年前的社會為對象而立言，怎能適用於現代的社會。然一加研究，便知其說之似是而實非。封建時代與現代不同之特點，乃在政治組織之不同，政治組織，屬於人為。而人性則古今無異。我國歷史悠久，民族團結，典章制度，雖代有變革，而民族性則古今大致不殊。且中華民族之結合，乃以家族為本位，自古至今皆然。與西洋社會以個人為本位者，根本不同。故中西文化，亦有根本之歧異。陳氏謂經濟學上個人生產與財產之獨立，影響於倫理，固為西洋近代社會之實況。然西洋之倫理學，遠不及我國之完美。西洋所謂個人獨立的意義，不外自由發展與自由享受二點。言其好處，則理想豐富，競爭奮鬥，足以促進文明，言其壞處，則慾望無窮，奪取放肆，到處埋伏禍種。自產業革命以來，西洋人津津樂道的物質文明，不過百年，便食到兩次世界大戰的成果。今日浩劫未已，安富尊榮的善良人士，正同在感受死神威脅，而有樂盡悲來之苦惱。我國孔子，則早已痛心人類的慘劇。故他的學說，不像西洋所講的狹小的個人獨立。而是倡導人類的仁愛。「老吾老以及人之老，幼吾幼以及人之幼」。「親親而仁民，仁民而愛物。」這是何等情理調和，氣象宏遠。由此可以看出孔子講學，是以「人」為出發點。而「中華民族性」，乃其背景。（此點最重要）故他的人生哲學，政治哲學，教育哲學，皆以「人」與「中華民族性」互為經緯交織而成一套真善美的完整道理。其中自然有一小部份關於政制的問題，不免為時代所限。然大部份都是講的原理原則，即所謂修身齊家治國平天下的大道，豈不是放之四海而皆準，俟諸百世而不惑。獨秀必欲把孔子關在封建的鐵籠中，他明知是冤獄，但別有肺腑。只輕輕點出一句「現代生活以經濟為命脈」，其中自大有文章。那時他不說，現在大家都明白了。他不先反孔，如何能親馬呢？

還有四川的吳虞，乃是李卓吾的信徒。他的反孔，自是夙有師承。他叫得最響亮的口號，就是打倒吃人的禮教。他比章太炎、陳獨秀還酷辣，竟把吃人的罪狀，加到孔子頭上。他的「吃人與孔教」一文，所引吃人的故事如下：

（一）易牙為君主味，君之所未嘗食，唯人肉耳。易牙蒸其首子而進之。（韓非子）

（二）項王與漢俱臨廣武而軍，相守數月。當此時，彭越數反梁地。絕楚糧食，項王患之，為高俎置太公其上，告漢王曰，今不急下，吾烹太公。漢王曰，吾與項羽俱北面受命懷王，約為兄弟。吾翁即若翁，必欲烹而翁，幸分我一杯羹。（史記）

（三）紹興兵圍臧洪，城中糧盡，洪殺其愛妾，以食兵將。兵將咸流涕，無能仰視。（後漢書）

（四）張巡守睢陽城，尹子奇攻圍久，城中糧盡，易子而食，析骸而爨。巡乃出其妾，對三軍殺之，以饗軍士曰，請公為國家戮力守城，一心無二，巡不能自割肌膚，以啖將士，豈可惜此婦人。將士皆泣下，不忍食，巡強令食之。（新唐書）

吳虞搜盡古書，舉出以上四個吃人的證據以後，就一鎗搭上孔子，而做其結論曰：

「孔二先生的孔教講到極點，就非殺人不成功，眞是慘酷極了。一部歷史裏面，講道德說仁義的人，時機一到，他就直接間接的都會吃起人肉來了，就是現在的人，或者也有沒做過吃人的事。但他們想吃人，想咬你幾口出氣的心，總未必打掃得干干淨淨。」

「到了如今，我們應該覺悟，我們不是爲君主而生的，不是爲聖賢而生的，也不是爲綱常禮教而生的，甚麼文節公呀，忠烈公呀，都是那些吃人的人設的圈套來誑騙我們的。我們應該明白了！吃人的人就是講禮教的。講禮教的就是吃人的」。

還是什麼話！歸罪孔子處，何異酷吏的深文周內。自他的怪論出後，「吃人的禮教」一句話、居然成了一般狂妄青年的口頭禪。家庭革命社會革命之流，好像都要咬牙切齒的對孔子出一口氣才甘心。如依吳氏的說法，歷代的忠孝節義，都不值一錢了。全部二十四史，也可付之一炬了。吳氏放這一把火，影響可不小！無怪胡適恭維他爲「四川省隻手打孔家店的老英雄」。

孔子全部學說，無非是講人之自處及人與人相處的道理。仁是自處相處的理想的目標。禮是自處相處實用的信條。故仁只存之於心。而禮乃見之於事。仁是根於人的良知。禮是源於人的本能。人們的身體上，呼吸，運動，消化，循環，諸器官；無不各有其本能的現象與作用。此等現象與作用，都有一定的條件，一定的道理，不容絲毫差錯。否則便不能維持其正常狀態了。推而至於天體的運行，萬物的生長，莫不皆然。這就是所謂自然法則。人們參合自然法則，融洽情理而應用於自處相處的實際信條，就名之曰禮。參合自然法則，是規律化。融洽人情事理，是藝術化。可見禮的內容，兼有規律與藝術的意味。廣義的禮，乃是人類間固有的一套道理。有什麼事，便有什麼禮。孔子曰：「禮者，即事而治也。」即是此意。例如有男女的性生活，便有婚禮。亦可說是男女同居生活的規律化，藝術化，而維持其正常狀態。狹義的禮，乃是自處相處信條中的各個儀節，自然隨時隨地而有所增減，有所異同。我國社會上所有的忠孝節義等德目，乃是自古以來多數的先知先覺爲應民族的需要，有形無形，互相約定的。決非出諸誰某少數人之手。姑且退百步言之，我國縱有某種吃人的禮教，怎獨憑空加罪於孔子。況禮教決不能與吃人並論乎？總之，吳氏之反孔，及反家族制，反孝道，皆是出乎他故意的偏見，實無學理根據，自不須多討論了。

簡單的檢討章陳吳三氏反孔的意見，從反面去認識孔子，似乎還容易看出孔子在歷史上的地位，及其學說在現代的價值。孔子既非超人，又無幻想，（與釋迦基督俱不同）他的學說，完全就現實的「人」現實的「世界」立論。而他的立身處世，完全以認眞做人認眞教人做人爲第一要義。此其所以爲極平凡。此其所以爲極崇高偉大。（愚研究孔子，最重視其認眞做人認眞教人做人一點，屢經論及。近讀張其昀認眞的意義一文，亦不謀而合）。可惜歷代儒家，竟把孔子化裝爲各種模樣，全失其眞。憶馬丁路德曾大聲疾呼曰：「把基督的教義，還給基督自己。」我們今日對於孔子的學說，亦有同感。故我以爲中國今日與其籠統的提倡儒家思想。毋甯明白的說建立新孔學。亦即是把孔子的學說，還給孔子自己，愚近年從事新孔學之研究，即抱此志。容將就正於社會。茲附帶一提，以誌本文尚有未盡之意耳。

中等學校國文教學問題

周維新

近年中等學校學生（以下簡稱中學生包括中學師範職業各校）程度之低落，反映於各大學招考新生之試卷，至爲明顯。報章雜志，常揭發此種試卷之怪異內容，傳爲笑柄。而教育界人士，多已正視此問題之嚴重性，而常討論及之。惟迄今尚未見具體的補救方案，想正在醞釀中也。

本文今僅討論國文一科之教學問題，即今後將如何補救中學生國

儒家哲學之研討（之二）

馬明道

總裁近來特別注意民族哲學的闡揚，以為這是抗戰建國的基本問題，所以在國民精神總動員三週紀念日的訓示中說：

「今天戰事已達重要階段，中國要為世界作砥柱，我們要儘量發揮這種優秀無上的民族精神。然而要發揮這種精神，特別要從教化方面入手，來樹立愛國的道德和建國的信心，尤其是教育家更要以哲學來充實青年的人生。教育家必須注意我們中華民族是有他悠久一貫的傳統精神，更注重我們民族自有其獨立自強的人生哲學，使我們的青年發揚其獨立的人格與愛國精神。我曾經指示全國青年要努力担負源淵於民族哲學的三民主義之文化運動。以建立民族獨立的哲學，發揚建國積極的精神……。概括說一句，我們要發揚民族精神，導引國民奮勇邁進，必須以民族哲學來改造生活，以民族哲學充實人生。」

又在哲學與教育對於青年的關係的訓示中說：

「我們最大的危機，就是一般教育人士及知識份子對於哲學太不注重。一般研究哲學的，又只知馳騖於外國的學說，抄襲外國的東西，拿到中國來作洋八股，對於中國固有的高尚完美的哲學，却置之高閣，任其湮沒，而不知闡揚，這就無異於表示我們中國沒有獨立的哲學與文化，因而不能發揚我們民族固有的優點和特性。長此下去，我們民族將永遠淪於次殖民地的地位，要作他人的奴隸牛馬。我們四年來抗戰所得的教訓，確信我們抗戰不患其不勝，革命亦不患其不成，但如果我們經過這一次空前的大戰，犧牲了如許的將士同胞的生命，而立國立人還沒有基礎，以致國家不能真正的建設起來，三民主義不能真正實現，那我們這一般負責同志，都要作歷史上千古的罪人！……。我們青年運動一般幹部與教育界負責同志，必須認清我們從前教育實在沒有樹立確實的基礎，大家都是枝節倣效，隨風逐浪，拋却本國固有哲學，不加研究闡揚，而只知抄襲外國的東西，以炫耀於一時，這是我們教育界與學術界最大的恥辱，也是我們教育界失敗的一個總原因！」

「各位要知道，一個哲學之盛衰，簡直關係於其國家之興亡與民族之消長。我們現在要求國家獨立與民族復興，必須要使哲學先能複興和獨立起來。否則，無論你國家是怎樣強大，都要歸於失敗。試看歐洲，在中古時代，由於學術的沒落與教會的腐敗，就產生了歷史上空前無有的黑暗時代。但到了文藝復興時期，求知風氣，蓬勃發揚，錮蔽的心靈，得致解放，希臘羅馬時代的哲學，因普遍研究而益廣大，人類的理性重復覺醒，各科學術次第昌明，就奠定了現代歐洲文明的基礎。」

「所以我說，無論那一個國家，那一個民族，處在內外情勢壓迫之下，要想復興起來，必須先有哲學做基礎，必須他的哲學先要能夠獨立發揚起來。如此，卽令他們軍事與經濟力量稍微貧弱一點，亦必可以逐漸強盛復興。總之，立國不能沒有哲學，而革命要能成功，更不能離開哲學，哲學之重要與其力量之偉大，我們眞不能不視他爲一切學問之首要！」

在　總裁以上的訓示中，我們可以說，他把哲學的重要性，民族哲學與民族生存的關係，以及我們民族眞正的危機，完全指示出來。並將發揚民族精神，建立民族哲學的鉅大任務，要我們教育界，青年運動幹部及一般知識份子肩負起來。只要我們自認是一個知識份子，就要遵從訓示，努力從事於民族哲學的建立工作。不問他對於建立民族哲學這一任務，是否有所貢獻，但他必須認識這個問題是一切問題的根本。這是　總裁要求教育界，青年運動幹部及一般知識份子的一個最低限度的要求。

說到發揚民族精神，建立民族哲學這一問題，實在太困難了，確令人有望洋興嘆之感！但事實雖是如此，我們却不能因此而放棄了我們的任務。我們應該各供所見，不問其所見是否眞有「一見」我想若這樣去辦，對於發揚民族精神及建立民族哲學，是有裨益的。

總裁諄諄教我們切實研究大學中庸，因爲這是中國正統思想派儒家哲學之一，也是民族哲學之一，所以我現在就大學中庸，作爲研究民族哲學的一個開始。但我們從那裏說起呢？我以爲最好先從「人」說起，因爲儒家的根本思想是注重人倫的。

一　儒家對於人的認識

「人」是什麼呢？就儒家對於「人」的認識說，就形式說，「人」是各種關係的集合體；就本質說，「人」是各種義務的集合體。

我們說「人」是什麼這一問題，當然不能就生物觀點去說明「人」是什麼，也不能就動物的觀點去說明「人」是什麼，因爲就生物或動物的觀點去說明「人」是什麼，祇可以說明「人」的生物及動物的部份，而不是說明人之所以爲人的部份。所以我們現在說「人」是什麼這一問題，是就人之所以爲人的部份說的。

我們說「人」是各種關係的集合體，這各種關係，可以概括的分爲兩類：（一）爲人對於人的關係，（二）爲人對於人以外的各關係，如對於天地鬼神，國家鄉里等關係。在人對於人的關係中，又分爲在上的關係，平行的關係，在下的關係三種。所謂在上的關係，卽是爲人君，爲人父，爲人師，爲人長等等關係。所謂平行的關係，卽是爲人夫或妻，爲人友，爲人同事等關係。所謂在下的關係，卽是爲人臣，爲人子，爲人徒，爲人幼等關係。

自中國正統思想的國家看來，以爲人只有在以上所說的關係中纔把人顯露出來。倘若把以上所說的各種關係一概取消，卽是說，一個人既不爲人君，又不爲人臣，既不爲人父，又不爲人子，既不爲人夫或妻，又不爲人夫或妻，且不爲人友：當然更談不到對於天地鬼神，對於國，對於家，以及對於鄉黨鄰里等關係，那只有赤裸裸的動物，而沒有「人」，所以說「人」祇有在以上所說的各種關係中，纔能把「人」顯露出來。沒有以上所說的，各種關係，即沒有「人」。因此，「人」不是別的，祇是各種關係的集合體。

「人」既是各種關係的集合體，是不是，「人」之所以為「人」，也就是「人」的意義已經完滿無缺的表現出來呢？儒家以為這個是「人」的形式顯露，並不足以表示「人」之所以為「人」。「人」之所以為「人」的意義，要在「人」的本體上表現出來，各種關係構成「人」的形式。

「人」既是各種關係的集合體，而這種關係又僅是「人」的形式表現。那麼，人的本質究竟是什麼呢？關於這個問題，自儒家的眼光看來，人的本質只是各種義務的集合體，人與人之間，甚至人與物之間，都有關係。但這種關係，有正常與非正常之別。儒家的全部精神與思想，都注意在研究人與人之間及人與物之間，如何建立一種正常的關係。他們把人與人之間及人與物之間的正常關係，都明白的指示出來，所以君仁臣忠，就成為君臣間的正常關係：父慈子孝，就成為父子間的正常關係：夫倡婦隨，就成為夫婦間的正常關係、愛國愛家，敬老恤貧，就成為人們對於國，對於家，對於老，對於貧的正常關係。於是仁就成為君之義務，忠就成為臣之義務，慈就成了父之義務，孝就成了子之義務，愛，敬，恤就成了人們對於國，對於家，對於老貧的義務了。

一個人，同時可以為人君，可以為人臣，可以為人父，可以為人子，同時既有國，又有家，並有鄉黨鄰里等等關係。所以一個人，要盡君的義務，臣的義務，父的義務，子的義務，夫的義務，以及盡國人的義務，鄉黨鄰里等等義務。假使一個人，既有了以上所說的各種關係，而並不依照正常的關係，去盡他應盡的義務，自儒家眼光看來，這個人就不能算是「人」，因為他失了「人」的本質。所以說「人」不是別的，祇是義務的集合體。不盡義務，就沒有「人」，或者說不算是「人」。

二　儒家對於道的解說

道即是道路。猶之乎我們行路，無論東西南北，都有道路存在。且無論東西南北的道路，都有一定的方向，而不可紊亂。所以我們行路，首先應注意方向，然後循着這個方向而走我們應走之路。因此，仁為人君應走的道路，忠為人臣所應走的道路，慈為人父應走的道路，孝為人子應走的道路，愛國愛家，敬老恤貧，就是人們對於國家，對於老貧應走的道路。所以仁忠慈孝等等，都是道，合而言之，稱為「人道」，因為這些道路是人應走的道路，而禽獸是不會走這些道路的。

人對於人之間的關係是不同的，人對於人以外的關係也是不同的，所以人對於人的道是多種，人對於人以外的也是多種的。在這許多道路中，有五條大道，差不多是人人所必需要走的。這五條大道，即是君臣間的大道，父子間的大道，夫婦間的大道，昆弟間的大道，朋友間的大道。此即所謂：「天下之達道五」，亦即儒家倫理之基本。因為一個人斷不會無國無家，無男女無長幼與社會來往，人們應走的道路，雖然有許多，但出發點只有一個，也可以說總道只有一個。這個出發點，或者說這個總道就是仁道。仁的意義雖有多種，而愛却是仁的主要意義。無論爲人君，爲人臣，爲人父，爲人子，爲人師，爲人徒，爲人夫，以至對於天地鬼神，國家，鄉黨鄰里而至對於萬事萬物，關係雖有不同，道路雖有殊異，但都要以仁愛爲出發點，則是一樣的，以此仁愛之心，發之事父便是孝，發之事君便是忠，發之交友便是信，發之祭天地鬼神便是敬，所以仁就成爲母道，而爲其他諸道所從出，因此，仁可以統攝諸德，可以統攝諸道。因此，人道就是仁道，而仁道也就是人道了。

若把仁的意義，用在政治上，就是仁政，孔子說：「凡爲天下國家有九經，曰，脩身也，尊賢也，親親也，敬大臣也，體羣臣也，子庶民也，來百工也，柔遠人也，懷諸侯也。」我們試看所謂修，所謂尊，所謂親，所謂敬，所謂體，所謂子，所謂來，所謂柔與懷，無不以仁爲出發點，均含有仁的意義在內，此即所謂仁政，亦即所謂王道，我們也可以稱之爲「政道」

在大學中庸中，除了以上所說之人道外，還有天道存焉，或者說，還有天地之道。在未說大道以前，我們應對於天有個說明。

在大學中庸中，儒家對於天有兩種觀察與認識。一種觀察，以爲天是有人格有意識的，因此認天爲宇宙之主宰：所以我們要服從它，聽天命而行，另一種觀察，以爲天只是大自然之總稱，其特性是圓滿無缺，毫無所憾，因此，我們要效法天，使人類社會也臻於完備無缺之境。前者如「太甲曰，顧諟天之明命」「詩曰，周雖舊邦，其命維新」，「康誥曰，惟命不于常，道善則得之，不善則失之矣」「詩曰，嘉樂君子，憲憲令德，宜民宜人，受祿於天……」後者如：「天地之道，博也，厚也，高也，明也，悠也。久也，今夫天，斯昭昭之多，及其無窮也，日月星辰繫焉。萬物覆焉。今夫地，一撮土之多，及其廣厚，載華嶽而不重，振江河而不洩，萬物載焉。」又如：「仲尼祖述堯舜，憲章文武，上律天時，下襲水土。辟如天地之無不持載，無不覆振，辟如四時之錯行，如日月之代明，萬物並育而不相害，道並行而不相悖，小德川流，大德敦化，此天地之所以爲大也。……………我們就以上對於天的兩種觀察及認識說，後者在大學中庸中，尤其是在中庸中佔有主要地位。因此，我們就就後者而說天道。

天道是什麼呢？「誠者天之道也」誠既是天道，而誠又是什麼呢？誠只是個「不勉而中，不思而得」！這是儒家觀察大自然而得到的一個認識。

宇宙間最顯著的現象，莫過於天地日月及四時氣候之變化。天之高，地之厚，日月之明及四時之變，是我們對於天地，日月，四時之初步感覺，正因爲天之高，所以無物不覆，正因爲地之厚，所以無物不載，正因爲日月之明及四時之變，所以無物不照，無物不變。就無物不覆，無物不載，無物不照無物不變說，只是一個公而無私，或者說只有一個大公，就所以覆所以載，所以照，所以變說，只是一個無所謂而爲；就所覆，所載，所照，所變之萬物說，却是一個萬物並育而不相害，道並行而不相悖。就覆，載，照，變，不相害及不相悖之時間上說，過去如此，現在如此，將來亦如此而無絲毫間斷。所以所謂大公，所謂無所謂而為，所謂無間斷，以及不相悖不相害，不是別的，只是一個自然之理。因為是一個自然之理，所以纔是：不勉而中，不思而得。這是天道的根本性質。換言之，我們對於宇宙間的現象，粗視之以為萬象雜陳，細審之卻是萬象森然。各有其性，各有其序，各適其存，而永無間斷。

因此，誠只是一個天理之本然。

三、儒家對於人道與天道的關係之觀察

在上面已說過，在大學中庸，對於天的解說有兩種：一為主宰之天，一為自然之天，但無論為主宰之天，或是自然之天，都是至善的而為一切「善」所自出。所以，「天命之謂性，率性之謂道，修道之謂教」了。所以「故君不可以不修身，思修身不可以不事親，思事親不可以不知人，思知人不可以不知天」！所以「苟不固聰明聖知達天德者，其孰能知之」！因為認天是至善，而人的性又為天所賦予，所以人性也是善的。不過天有其全——至善，人得其分——善，所以天性與人性，不是種類上的差別，而是程度上的差別。

但我們怎樣知道天是至善，而且為一切善所自出呢？這是由於觀察自然，體會自然而得。我們觀察自然，體會自然而得到些什麼呢？那就是天無物不覆，地無物不載，日月無物不照，四時錯行有序，而萬物在這種情形下，卻並育而不相害，道並行而不相悖？

假使天已無物不覆，而地不是無物不載，或天無物不覆，地也無物不載，而日月不是無物不照，四時錯行不是有序，都成一種缺陷，不能謂為美滿，當然說不到至善。

假使天已無物不覆，地已無物不載，日月已無物不照，四時錯行有序，但萬物卻不是並育而不相害，道並行而不相序，仍是一種缺陷而不能謂為至善。

又假天已無物不覆矣，地已無物不載矣，日月已無物不照矣，四時錯行已有序矣，萬物已並育而不相害，道已並行而不相悖矣，但在時間上卻有間斷：即天有時覆，有時不覆，地有時載，有時不載，以至萬物有時並育，有時卻不能並育，道仍是一種缺陷，仍不能謂為至善。

但我們觀察大自然，天是無物不覆，地是無物不載，日月是無物不照，四時是不失其序，萬物是並育而不相害，道是並行而不相悖且毫無間斷！因此，整個宇宙是完滿無缺，善無復加，所以是至善。

就以上的情形說來，人道與天道的關係，只是部份與全體的關係，換言之，即天有其全，人得其分，但人既得其分，是不是永無得其全的可能呢？就儒家的眼光看來，人雖得其分，但也可以得其全，並在事實上已有得其全的人——聖人，除了聖人以外，我們都可以由「修」的工夫而得其全，所以儒家最高的目的，就是要得其全，而儒家畢生的精力，可以說都用在「修」的上面。

四、儒家修身修道的途徑與方法

天既是全善至善而為一切善所從出，而人又可以用修養

工夫，由所得之分而漸臻得其全，於是修成如何修，就成爲主要的問題了，就儒家的眼光看來，人既得天之分而成性，所以率性就是修的根本方針，率其所得之性以盡人之性，盡人之性以盡物之性，能盡物之性，即可以贊天地之化育，可以贊天地之化育，則可以與天地參矣，這就是修的全部過程，也就是人由得天之分而至得天之全的全部過程。

但怎樣率己性以盡人性呢？又怎樣盡人性以盡物之性呢？那就要「本諸身，徵諸庶民，攷諸三王而不繆，建諸天地而不悖，質諸鬼神而無疑，百世以俟聖人而不惑」了，但怎樣本諸身？怎樣徵諸庶民？怎樣考諸三王，建諸天地，質諸鬼神，百世以俟聖人，而使我們的思想與行動，纔能不繆，不悖，無疑與無惑呢？自大學中庸中所說看來，儒家却不從率性盡性上去說明，也不從率性盡性上去用修的工夫，而却從率情以節情上去說明，並由率情以節情上去用修的工夫。

本來性善性惡說，在儒家思想中，還是一個爭論而未決的問題。卽令人性是善的，以作者管見所及，也是一個可以想像，可以體會而不可以言語文字形容的。正因爲如此，所以中庸中說：「天命之謂性，率性之謂道，修道之謂教」以後，就說：「喜怒哀樂之未發謂之中，發而皆中節謂之和，中也者天下之大本也，和也者天下之達道也，致中和，天地位焉！萬物育焉！」所以率性盡性就一變而爲率情節情了。

有人說「人是最富於感情的動物」以此爲人的定義，以此爲人與其他萬物的區別，我以爲儒家對於人的認識就完全如此，所以說「君子之道，造端乎夫婦」，所以說「君子之道四，立未能一焉，所求乎子以事父未能也，所求乎臣以事君未能也，所求乎弟以事兄未能也，所求乎朋友先施之未能也，所以說「鬼神之爲德，其盛矣乎！視之而弗見，聽之而弗聞，體物而不遺，使天下之人齊明盛服以承祭祀，洋洋乎如在其上，如在其左右」所以說「踐其位，行其禮，奏其樂，敬其所尊，愛其所親，視死如事生，事亡如事存，孝之至也」所以說「明乎郊社之禮，禘嘗之義，治國其如示諸掌乎」！因此，儒家不僅以人與人之間的聯繫是感情，卽人與天地鬼神間的聯繫也是感情。所以富於感情，是我們人類所特有的象徵，而研究感情如何纔能其正而不流於偏，就成爲最主要的問題了。

儒家以爲宇宙間萬事萬物。都有個自然之理存在。若明白這個自然之理，就可以知人道與天道，並且可以與天地參。就因我們人常是「身有所忿懥，則不得其正，有所恐懼，則不得其正，有所好樂，則不得其正，有所憂患，則不得其正。因此，「人之其所親愛而辟焉，之其所賤惡而辟焉，之其所畏敬而辟焉，之其所哀矜而辟焉，之其所敖惰而辟焉」。宇宙間萬事萬物，本有個自然之理存在，但因我們情用得不正當，爲情所蔽，所以我們見不到萬事萬物之理，結果，天地失了位，萬物也不得育，而整個宇宙完全成了混亂的狀態了。

但這種混亂狀態，却不是自然之理所應有的現象，而是我們感情用得偏了，爲情所蔽，以致造成這種混亂。假使我們能節制我們情感，能用之得當，則一切問題便迎刃而解，所以儒家要節情。

所謂節情，有兩種意義：一爲好惡不能倒施，一爲好惡各有分寸。好人之所惡，惡人之所好，就謂之好惡倒施；人之其所親愛而辟焉，人之其所賤惡而辟焉，就謂之好惡顛倒分寸。怎樣纔能好惡不倒施呢？那就是好人之所好，惡人之所惡；怎樣纔能使好惡各有分寸呢？儒家在這一問題上，却有詳細的說明，如愛君，愛父，愛子，愛朋友以及愛物等等分別，而喜愛君，愛父，愛子，愛朋友以及愛物等愛的項目，又有許多詳細的節文為之限制，以表示愛的分別與分寸，以得節情與修身之目的。這就是要致知格物。

關於格物的解說，因為原文已不存在，已不知道本來的意義是如何，後世解說格物意義的人很多，大有「一國三公，莫知適從」之感。但在許多解說中，有兩個主要的解說：一種是朱子的解說，一為王陽明的解說。朱子以為要修身正心誠意，必須要致吾之知，把宇宙間所有事物原具有之理，都為弄明白了方能實現。其根據似乎是源於「唯天下至誠為能盡其性，能盡其性則能盡人之性，能盡人之性則能盡物之性，能盡物之性則可以贊天地之化育」一節而來，其主重點在於致知。王陽明以為格物的格，即是格鬥的格；所謂物即是物欲，以為只要我們把物欲去了，而吾心之知可以頓然光明。其根據似乎是源於「人之其所親愛而辟焉，之其所賤惡而辟焉，之其所畏敬而辟焉，之其所哀矜而辟焉，之其所敖惰而辟焉」一章而來，其注重點在於格物。所以朱子與王陽明不僅對於格物的解說不同，即對於致知之知的解說也不一樣，因朱子解釋致知之知，似乎是知識之知，而王陽明解說致知之知，似乎是良知之知。就大學中庸所表顯的思想說，王陽明對於致知的解說，似乎比朱子的解說更合乎儒家的精神，由此，我們可以知道「格物」的意義，就是一種節己之私慾不為物役，這是儒家修身或修道的一個重點。

除了平情節欲之外，又有度情絜情。什麼叫做絜情？那就是「所惡於上，毋以使下；所惡於下，毋以事上；所惡於前，毋以先後；所惡於後，毋以從前；所惡於右，毋以交於左；所惡於左，毋以交於右：」之絜矩之道。什麼叫做推情呢？那就是「老吾老以及人之老，幼吾幼以及人之幼」一類。

因此，平情節情是修身的事，度情推情是齊家治國平天下的事了。

平情節情，度情推情，都要用極明白而為行，正所謂「夫婦之愚，可以與知焉」，「夫婦之不肖，可以能行焉」，「伐柯伐柯，其則不遠」。但要做到至處，就是「聖人亦有所不知焉」「亦有所不能焉」，所以我們要修養，必須具備三個德性和一個動力，這三達德是智仁勇，一個動力，就是誠。有知，纔可以知道此道，有仁纔可以守此道，有勇纔可以行此道，有誠纔可以有行不息，貫徹始終。在知的方面，要有「博學之，審問之，慎思之，明辨之」的精神；在仁的方面，要有「擇善固執」，「遯世不見知而不悔」的精神；在勇的方面，要有「人一能之己百之，人十能之己千之」的精神。這些精神，即是誠的作用，亦惟有誠纔可以有這種作用。

我們在道德範疇內，能發現一個真理，並說出這個真理，但這只有知識上的價值，而沒有道德上的價值。道德上的價值之構成，不僅要說出一個真理，並且要為真理而說真理，而行真理，不能夾雜有絲毫私己和其他不純正的觀念。換言之，動機要純正，作為要自然，表裏如一，始終如一，擇漏不愧。因此，道德的意義必須以誠爲基點纔有價值可言。所以說「誠者物之終始，不誠無物。」

五　結語

由以上所說我們自大學中庸中可以得到以下的結論：

一，儒家對於宇宙的觀察，從縱的方面說，是生生不已，從橫的方面說，是萬物並育而不相害，道並行而不相悖，所以充滿宇宙間的只是一個仁愛多情。

二，儒家對於社會的觀察，以爲社會的真實聯繫，也只是一個仁愛之情，惟有在這個基礎上，纔能共生共存。否則，卽是「君不君臣不臣，父不父子不子」，不僅社會呈現一種混亂狀態，並會由混亂而至於滅絕。

三，宇宙間雖然是充滿了仁愛之情，但萬物却不能等量齊觀，所以產生了儒家愛有差等的仁愛觀。

四、因爲愛有差等，所以必須先愛人而後愛物，而愛人又必須自親近者開始，所以孝悌就成了爲仁之本，也成了爲人之本了。

五，對於人對於物既須以仁愛爲出發點，而愛人愛物就成了一切人的共同的義務。但要完全履行這種義務是很難的，所以儒家以履行這種義務的程度，而把人分爲聖人，賢人，君子，善人，小人，忠臣，孝子，愚夫愚婦等型式的人格差別觀。

六，仁愛之情爲人道之本，亦爲天道之本，所以儒家認爲人道與天道可以達到合一的地步。因此，就產生儒家「與天地同其德與日月同其明，與四時同其序」的偉大人格。

以上六點，是我們從大學中庸所見到的儒家思想。但我不能說這就是儒家的思想，我只能說這是我所見到的儒家思想的一斑。我現在就我所見到的這「一斑」，來說明它與三民主義的關係。

第一，我以爲三民主義的根本精神，是以仁愛爲出發點。因此，主張人類，應共生共存，各民族一律平等，不能有所差別。

第二，三民主義雖是注重民族主義，但却不反對世界主義，但却要以三民主義的民族主義達到世界主義。這就是表示有差等，成己而後成人。

第三，總理說：「人人爲我，我爲人人。」又說「人生應該以服務爲目的，不以奪取爲目的」。這就是說人類[illegible]實完全是一個義務。

第四，總裁說：「我們教導青年，必須力戒其浮躁，仇恨，陰險，偏執，邪僻，舍本逐末，自暴自棄，劣根性，要打破其自私自利的企圖，正所以養成其公忠體國光明正大的人格（見國民精神總動員三週年紀念告國人書）。」這就是以仁愛爲出發點的教育，以養成青年與天地同其德，與日月同其明，與四時同其序，至剛至大之人格。

以上四點，不過舉其犖犖大者。假使我們能把四書及五經統統研究一遍後，一定能更詳細更有系統的將所具精神，[illegible]出來，那我們一定可以發現我們的寶庫——四書五經，仍爲我們現代生活主要因素；並且可以明白它與三民主義的關係，將來完全是母與子的關係。

儒家之分配論

若虛譯

第一章 分配之普遍原則：地租，利息，與利潤

第一節 分配之普遍原則

在儒家經濟學理論中，視分配問題較生產問題爲尤重要，蓋孔派學者實較近乎社會主義者而非個人主義者耳。關於財富分配之原則，殊爲不少。但歸類之，可得平均，生產，及需要三項。

一　基於平均原則之分配論

第一原則即財富應平均分配。然所謂平均分配者，非謂任何人皆應得同樣數量之收入，乃謂每人皆應有同等之機會以獲同等數量之收入也。是故，少部份人將因其能力與勞務之關係，其所獲得之財富不得平均。然大部份人旣皆能有同等之生產機會，並能生存於社會生活水準之上，而不爲貧困所苦，是即平均分配也。事實上，亦不能有絕對之平均，而僅能近似也已。

荀子曰：『夫貴爲天子，富有天下，是人情之所同欲也。然則從人之欲，則勢不能容，物不能贍也。故先王案爲之制禮義以分之，使有貴賤之等，長幼之差，知賢愚能不能之分，皆使人載其事而各得其宜，然後使慤祿多少厚薄之稱，是夫羣居和一之道也。故仁人在上，則農以力盡田，賈以察盡財，百工以巧盡械器，士大夫以上至於公侯，莫不以仁勇知能盡官職，夫是之謂至平。故或祿天下而不自以爲多；或監門御旅抱關擊柝而不自以爲寡。故曰「斬而齊，枉而順，不同而一」。夫是之謂人倫。』[1]

根據孔子之社會原理，人類可別爲二等。一爲居高貴地位者，如帝王，諸侯，官宦，及士子是；一爲尋常地位之人，即常人也。貴人階級自屬豪富，常人階級則較爲貧賤。故富之與貴，貧之與賤，常相提並稱。然亦固無一種事實以範圍某人於貧或富之階級，蓋彼可藉其能力而有升降也。在上列五階級中——帝王，諸侯，官宦，士子，常人——財富自不能平等。但在常人之中，大多數人必得平均分配也。一方面，彼輩任何人皆不能獨享特殊利益，而增加其收入；他方面，上層階級之人亦不准作任何營利之職業以與普通民衆相競爭。此孔子平均分配之意也。

吾人必須認識者，按孔子之主張，貧富兩階級不應懸殊分離。彼等只應於相形之下有貧富之分，而不當過於殊異也。周代時，曾有一度階級之爭。詩曰：

『彼有旨酒，又有嘉殽。洽比其鄰，昏姻孔云。念我獨兮，憂心慇慇。』2

前四句寫富人之優裕生活，後二句述詩人感於現時亂況，而思及毀滅在臨之苦惱。繼又謂：

『仳仳彼有屋，蔌蔌方有穀。民今之無祿，天夭是椓。哿矣富人，哀此惸獨！』

此詩作於幽王在位(孔子紀元前二三〇至二二〇年，或西曆紀元前七八一至七七一年)之時，正西周覆亡之傾；顯示貧富之間已存有一大間隔。此種分配之不均，即覆亡之徵兆，孔子故以之爲後世之鑑。是以書經云：『昔君文武，丕平富。』3

孔子之所以主張平均分配者，係出於心理之觀念。按之人類本性，過富與過貧，同屬不美。孔子曰：『小人貧斯約；富斯驕；約斯盜；驕斯亂。禮者，因人之情而爲之節文，以爲民坊者也。故聖人之制富貴也，使民富不足以驕；貧不至於約；貴不慊於上。故亂益亡。』4因之，平均分配即保持貧富於良好境地，而維護社會和平也。總之，孔子之意，政府乃財富之分配者，及生產與消費之統制者。

董仲舒於春秋繁露卷第八制度篇中謂：『孔子曰：「不患貧而患不均」，故有所積重，則有所空虛矣。大富則驕，大貧則憂，憂則爲盜，驕則爲暴，此衆人之情也。聖者則於衆人之情，見亂之所從生，故其制人道而差上下也。使富者足以示貴而不至於驕；貧者足以養生而不至於憂。以此爲度，而調均之，是以財不匱，而上下相安，故易治也。今世棄其度制，而各從其欲，欲無所窮，而俗得自恣，其勢無極，大人病不足於上，而小民贏瘠於下，則富者愈貪利，而不肯爲義；貧者日犯禁而不可得止。是世之所以難治也。』此即孔子平均原則之註釋。

平均乃孔子之一大原則，且亦有其世界意義，故孔子以其國際見地而主張之。大學一書以末章最長，題爲平天下，是章以管理財富爲最要之主旨。孔子又於中庸中謂：『天下國家可均也』。故孔子曾思構一平均分配之計劃以求施應於全部世界。

當孔子之時各國諸侯及各貴族大夫互相攻伐，俾擴張領土，增加人民，蓋以爲土地益廣，人口益多，則更爲富裕也。然而人民於此等戰爭，不徒無利可言，猶且生命財產因而犧牲。故當孔子聞季氏將伐魯屬國顓臾，即聲言其平均原則。曰：『丘也，聞有國有家者，不患寡而患不均；不患貧而患不安。蓋均無貧，和無寡，安無傾。』[5]此均，和，安三特點即孔子經濟理論之目的。然和與安乃平均之結果，故平均財富乃基本條件。

註：1見荀子榮辱篇末段。

2見詩經小雅正月章。

3書經周書下顧命篇。

4見禮記坊記篇。

5見論語季氏篇。

二　基於生產原則之分配論

第二，分配應依據於生產原則。孔子曰：『禮之先幣帛也，欲民之先事而後祿也。……易曰：「不耕穫，不菑畬，凶」。』[1]故孔子以「先勞而後祿」[2]爲儒者行身之則。以是，就孔子之說，分配須以生產爲準也。雖然生產力之正確數量猶難尋出，而此條原則究屬正當也。至於更深之研究，將留至工資一章再行討論。

註：1見禮記坊記篇。

2見禮記孺行篇。

三　基於需要原則之分配論

第三，分配應以需要爲原則。此乃春秋中一頗重要之原則。魯隱公元年，記曰：『秋七月，天王使宰咺來歸惠公仲子之賵』。[1]而此種贈禮並非魯之故物，而實係天子所賜，爲何孔子謂之曰「歸」？蓋彼欲指明受禮之隱公將與天子共享有此等物也。何休解釋此原則曰：財富爲『天地所生，非一家之有。有無當相通。』[2]此殊與共產主義者之觀念相似。但吾人必須徹底瞭解：孔子實承認財產之私有，但只反對主有者之擁有絕對權限耳。故彼主張以社會爲一切物質之最高主有者，而臨時之主有人只不過受託人而已。因自然亦參與生產，故任何人不得根據佔有說或勞力說而要求絕對之主權也。於是財富之分配應依據社會上各個人之需要。總之，擁有財富過多之人應有出讓之義務，財富豪無之人則有承受之權利。

孔子於論語中謂：『吾聞君子周急不濟富。』此即其分配之一般原則。

關於分配應基於需要之理由，孟子釋之甚詳。彼謂齊宣王曰：『無恒產而有恒心者，惟士爲能。若民，則無恒產，因無恒心；苟無恒心，放辟邪侈，無不爲已。及陷於罪，然後從而刑之，是罔民也。焉有仁人在位，罔民而可爲也？

『是故明君制民之產，必使仰足以事父母，俯足以畜妻子；樂歲終身飽，凶年免於死亡；然後驅而之善，故民之從之也輕。今也制民之產，仰不足以事父母，俯不足以畜妻子；樂歲終身苦，凶年不免於死亡；此惟救死而恐不贍，奚暇治禮義哉？』[3]

孟子之所謂恒產者，與井田制度有關。故彼向宣王進上述建議後，立即大要提出該制度。夫欲使人民皆能作一良好公民，誠須以分配公正爲基礎。如人民之物質需要不得滿足，除少數情形外，無人能發展其智能與道德力也。

註：1見春秋隱公元年。譯者按陳君之原文，若加直譯，當爲「天子使副執政咺以二車八馬歸惠公及其妻仲子之喪。」

2見何休解詁之公羊傳疏。

3見孟子梁惠王篇。

第二節　地租

一　土地主有權之不存在

春秋不贊成諸侯隨意以封土壤與任何人，亦反對大夫之以獨占方式取得土地。此項原則即謂除天子之外任何人皆不得為地主也。詩云：『溥天之下，莫非王土。』古時，帝王即代表全國之主權；故凡屬國家之物，即為帝王所有。以是，據孔子之主張，只國家應享有土地。甚至諸侯及大夫均不能置土地於私有之下，人民安得私具土地？吾人既已確定土地不得私有，故地租亦不存在。

然吾人須注意者，如土地已久為某人之私產，則孔子亦將承認收取地租也。土地僅係資本貨物之一；並因孔子既不反對資本家之取利，彼必不反對地主之收地租也。

二 地稅即當於地租

當時因土地乃屬公有，故孔子及其門人均無關於土地租稅之學說。然而，其各種原則之精義，固亦可實應於地租問題也。因政府為土地所有者，而人民交付地稅，則地稅實即代表地租也。雖以現代之意義，地稅與地租不同，然在古時則彼此相當也。是故漢唐兩代，地租一詞，猶用作地稅之意；甚至今日，猶有因使用公地而向政府繳納之所謂政府地租也。是故儒家之地稅原則亦即地租之原則。

三 地租數量

按之孺家之說，地租應為土地總產量之十分之一。蓋此為土地之中庸稅率，故以得謂為中庸租率。當時既有無稅之地，是亦即無租之地。

覘之歷史事實中，最初付地租之習慣為兩分制度。耕種者留收穫之半，而付他一半與地主以為地租。孔門學者異常反對此種主張。但此制實自秦朝沿襲至今。

魏晉兩朝時，人民之由政府領土地及牛以為耕種，政府取收穫物十分之六以為地租，人民則得十分之四。如人民自有耕牛而單領政府之土地，則照兩分制度。

孔子紀元一〇七七年(西曆五二六年)時，北魏定每畝收米五升爲地稅。如耕種者乃種官地之佃戶，則每畝交米一斗。是故地租之數量與地稅之數量相埒，即五升也。1

金代因官地所得之地租，爲數頗大。孔子紀元一七五二年(西曆一二〇一年)，平均地租爲每畝米五斗，地稅亦包含其中。當時私地之稅爲每畝米五升三合，及草十五斤。2

孔子紀元二三〇四年(西曆一七五三年)，官地之支給公立學校者，每畝平均地租約爲銀〇.〇一六五兩，不收地稅。3

事實上，官地地租即等於地稅，較私地地租爲低。人民從未能以與繳於私有地主同樣高之地租繳與政府，蓋因向政府繳租時，尙有因運輸費用及官吏貪汚之負担也。故宋明兩朝，因定官租與私租相等，故人民大受損傷。

向私有地主繳納之租額，除兩分制度外，尙難尋其他之租率。但猶有記載可考者：孔子紀元一三四五年（西曆七九四年）大政治家陸贄曰：『今京畿之內，每田一畝，官稅五升；而私家收租，殆有畝至一石者。是二十倍於官稅也，降及中等租猶半之。夫土地，王者之所有；耕稼，農夫之所爲。而兼幷之徒，居然受利。』4按土地分配制度之破壞，先此時不遠，故陸贄尙未承認地租之私受權。彼之結論爲：『望凡所占田，約爲條限，裁減租價。』但彼於是年之末去職，故其主張未能實現。經宋元而至明朝，5實際上，普遍之地租數量歷代均屬相等，即良田每畝收米一斗。及淸朝，地租之一部份係以現金交付。

註：1文献通考卷二：「孝明孝昌二年冬，稅京師田租，畝五升，借賃公田者，畝一斗。」——譯者

2見續文献通考卷一田賦考。譯者按原書作「草一束」。

3見皇淸文献通考卷一。

4見文献通考卷二百三十四。

5見宋史卷一百七十三，明史卷七十八。

第三節　利息

中國文字中有息與利二字。但利字可獨作息字用，亦可兼含利與息二意，是故異常混雜。然息字却不能作利字用，亦不能兼含利字之意。故吾人玆先討論息之問題。

譯者按：以下即照經濟界通例，稱息曰利息，稱利曰利潤。

一　利息爲儒家所承認

中國昔時稱利息曰息，即子息之義也。史籍中又稱之曰子錢。書經中則名之曰「生」，即生產之意。關於利息之記述，當以書經爲最早。盤庚（孔子紀元前八五〇至八二三年，即西曆紀元前一四〇一至一三七四年）曾謂：『朕不肩好貨，敢恭生生』[1]。可見殷時，資本家以利息而生活者，已屬顯著之事實。盤庚之所以不任用此等以生息謀生之人者，蓋因官吏不應如私人之營利，而以利息謀生，殊不宜於官吏也。然彼固不禁止營取利息，故任何人仍有謀取利息之權，惟僅以不任之爲官吏以消極禁廢之也。此即孔子之主張。

孔子並不以取利息爲誤。蓋資本爲母，利息爲子。則資本運用於企業家指揮之下而生利息，乃直接之原因。至於企業家之取得資本，或因其本人爲資本家，或係借自資本家；否則，企業家固不能於空虛烏有之中而獲得利息也。故謂利息之歸屬於資本猶子之應歸屬於母也。中國文字，稱之爲子息，曾無一關於其辯護之問題發生，蓋其於字面上即已簡略辯明，而無須議論矣。西文中則因其用法不同，對利息之收取，每引起爭論。然孔子固未非議之也。

龍子謂農夫以高達百分之百之利率，借欵淸償稅務。當孟子引此語時，並不責難放款者之索取高利，而只攻擊其賦稅制度耳。[2]蓋彼固知利率之高低乃決於供求雙方，故不反對之。夫利率之高達百分之百者，彼猶不加責難，則是以合理之利率取息，自無問題也。故事實上孔門學者已承認取息也。

譯者按：1原文所引盤庚之言，直譯當爲「朕將不任酷好財貨而放利取息爲生之人」。然考之書經原本，「散恭生生」之語，並非「取息爲生」之意。且據本文原作者書脚小註，謂所引盤庚之言，係根據 James Legge 所翻譯之中國經籍，及按所示頁數，察檢該書，竟無此「滋息爲生」之語，而係與一般書經註疏之意相同。譯者不敢裁決，謹註此存疑。

2龍子之言，原文當爲「又稱貸而益之」，詳見孟子滕文公篇。

二　利率

雖然儒家已承認利息，然自然之利率當爲多少？孔子對此並未言及。若揣測一般儒家之學說，並根據「什一之利」一俗語，則吾人可冒昧斷言，謂就孔門學者之觀點，理想利率當爲百分之十。

周官注疏中，鄭玄曾提出其關於利率之主張，謂由泉府（政府銀行）借資本與人民，其年利遂依借款人居住地之遠近而異。如彼輩居於京都之內，則納息五釐；住於近郊，則年利一分；住於遠郊，則年利一分五；居於外州府縣，則年利二分[1]。故借款人住在地距王都愈遠，則其利亦愈高。吾人尚不能確定此制是否定於周公，然鄭玄之說，亦頗有趣也。鄭氏乃孔門大傳人之一，而彼之註釋又在史實中具極大勢力，故吾人可穩確斷定此即儒家之利率說。解釋此說時，吾人可假定以帝都爲商業中心，利率最低；距此中心愈遠之地，利率愈高。此蓋緣乎供給與需求相互作用而決定利率之原則也。然而，因規定最高之利率爲百分之二十，此足見政府銀行（泉府）之此種措置遂在爲人民謀便利耳。

上述利率亦可爲理論上或理想中之利率。吾人茲試觀歷史中利率之實例。按史記所載，漢初農工商間之利率爲每年二分（百分之二十），此蓋正常之標準也。孔子紀元三九八年（西曆紀元前一五四年），吳楚七國之亂，長安列侯封君因從軍貸款，因危險性過大，故一時利息十倍於貸金。[2]按之大清律例，利率規定爲百分之三十。但後來商業方面之利率實低於此限不少。清末利率之高下雖相距甚大，然普通只爲八釐。

註：1見周官注疏卷十五。

2見史記卷百二十九貨殖列傳。

第四節　利潤

「利」之一字在中國輕忽運用甚久，古時，係泛指利息，對危險之担保，及經營人之薪資而言。除用於生產之費用外，一切贏餘，均以利字總括之。就農夫之情勢言，彼除向政府納地稅外，不向任何人交地租，故地租亦包入利潤之內；又因農夫本身即爲勞工，故甚至工資亦包入之。是以吾人必須認識利潤一字之範圍。然以利潤一名詞專指企業家之純贏利者，僅自 F.A. Walker 爲始，故中國古代輕忽運用利潤一名詞，亦無足怪也。

一　儒家鮮有提及利潤

據論語所載，謂「子罕言利」，此言蓋實。其理由則司馬遷已言之矣。彼云：『嗟乎，利誠亂之始也。夫子罕言利者，常防其原也。』[1]是故孔子曰：『放於利而行，多怨。』[2]誠然，孔子實恐人之謀求私利過度也。然至孟子時，利之聲威尤爲顯赫，故孟子不僅罕言利字，抑且進而攻擊之。由此觀之，孔門學者之經濟學原理，實基於社會與道德觀點，而非純出自經濟觀點也。

註：1史記卷七十四孟子荀卿列傳。

2見論語里仁篇。

二　儒家承認利潤

孔子雖罕有言利，然對求利之人並無任何反對之辭。詩云：『如賈三倍，君子是識。』此謂獲利乃商人之正當事業，但非君子官宦所宜爲。係對官吏爲利者之責罪，而非對商人求利之非議也。至如一般民衆，或爲農，或作工，或習賈，其尋求利潤，當屬正當之事業，孔子蓋已首肯之矣。

甚者，孔子對其弟子之圖利者，亦不責罪。據吾人所知，子貢乃當時一大商人，而商業學校創辦者中之第一人也。一日，孔子曰：『回也，其庶乎！屢空。賜不受命而貨殖焉，億則屢中。』[2] 回即顏淵之名，賜卽子貢。論者多謂孔子獎勵顏淵而譏刺子貢，實則不然。孔子固然獎諭顏淵，但亦獎諭子貢。蓋顏淵能安貧樂道，子貢則能理財治貨，故孔子於上文中皆稱道之。自然，如以子貢與顏淵比，當以顏淵爲佳[3]；但若與孔門其他諸弟子相較，則子貢當立於僅次於顏淵之地位。故孔子最先稱贊顏淵，謂之庶幾近於完人；繼卽稱贊子貢，謂其億則屢中。吾人試想，既不受天命而能億則屢中，其困難何如？此見子貢之能，而孔子遂誇獎之也。就道德觀點言之，顏淵智力最佳而不顧及其經濟生活，自覺較優；就才能觀點言之，子貢堪稱能手，且于道德品格上無虧。此孔子是段言辭之眞意也。玆卽使承認孔子根本不稱贊子貢，然究竟無反對之之意。因兩者間之比較，非謂此是彼非也。是故吾人謂孔子於子貢之謀利曾加贊成。卽使不然，至少亦不責罪之也。

鹽鐵論[4]亦曾對子貢加以辯護。據謂子貢運用其資本，並非必需賺取人民之利。彼不過憑其腦力，按照市場情形以爲交易，而因價格與價格間之差異而獲得利潤。自此點觀之，利潤乃巧妙交易之結果，並非必括之於民也。

〔註〕：1 見詩經卷七瞻印章。

2 論語先進篇。

3 見論語公冶長篇。

4 是書爲桓寬於漢宣帝(73－49B.C)時所撰。

三　利潤之數量

利潤之數量不可知，則利潤率之高下亦莫由確定。據古書之記載，玆對利潤之數量可得一普遍概念。如詩經所載，利潤當有三倍之多。又易經說卦：「爲近利，市三倍」。故吾人可斷定古代當以三倍利爲厚利，然猶非特殊高利也。

戰國策中有一段關於利潤之談話，茲記載如下：『呂不韋謂其父曰：「耕田之利幾倍？」曰：「十倍」。「珠玉之贏幾倍？曰：「百倍」』1。由此觀之，戰國時利潤即非常高，然此種高利實起於春秋之時。管子謂商人之利百倍，國君若制之，則可取十倍之利。2蓋即謂國君可因處理社會財富而獲利潤，商賈營求過高之利，有害貧民而破壞財富之平均，故應加以阻止。總之，周時之利潤甚高，利潤一字實含有若干意義也。

〔註〕：1見戰國策卷七濮陽人呂不韋章。

2見管子卷七十三

（待續）

儒家之分配論（續上期）

（本文目錄已於本刊第三卷第一期本文上篇中全部列示）

若虛譯

第二章　工資

第一節　工資之起源

當人人各爲自己工作時，雖工資之元質仍將存在，但並無付工資之事實。工資之起，始於人之爲他人工作。然奴隸爲主人工作，亦仍無工資。必有自由勞工，然後乃有工資也。中國史實中，實無在經濟領域裏構成一普遍制度之奴隸制。人人皆得自由，人人皆自政府領官地百畝，故除非所得報酬等於在其本人之田地上所獲之收入外，無一人願爲任何私人工作，或受公家之雇傭。此即工資之起源。孟子與王制篇曾以「代耕」稱之。

因薪金一字僅爲高等工資，故兩者之間實無根本上之差異。吾國文字稱資金曰祿，王制註者謂祿者穀也。蓋古時薪資以穀付之，故亦穀表示之；猶如今日以貨幣付工資，故亦以貨幣表示之也。此處吾人當注意者，中國之工資制度，實來自獨立之農夫。彼等不耕自己之田地而代他人工作，因而收入穀物，以爲代耕之工資。

西方工資制度起自奴隸制，但中國則否。孔門著述中，一切官吏皆目爲勞工，一切薪資亦視同所謂「代耕」之報酬。以是，吾人可知因中國無奴隸制，古代中國人皆工作田間，故薪資以「代耕」表示之。故至今日英文中稱公家官吏爲公僕，而中國則稱之爲「百工」或「臣工」。僕字出自附屬之奴隸，工字起於獨立之工人。

第二節　雇主與雇工

中國之工資制度頗爲久遠，吾人不能知其端點也。據墨子之言，則傳說起於版築間之雇工，而仕至殷代宰相，故工資制度之始當遠超乎是時（孔子紀元前七七〇年或西曆紀元前一三二一年）。

周朝初年，農村生活間已有雇工制度之存在。詩云：『侯主侯伯，侯亞侯旅，侯彊侯以。』[1] 衆人耕作田間，所謂『彊』者自己之工作已畢，有餘力而來助之人也；「以」者則受雇之工，隨主人所左右者也。由是吾人知有主人與雇工兩重階級之分。

據周官所載，此兩階級之分立亦甚爲明顯。周官謂：『主以利得民。』[2] 蓋謂雇主以其得自利潤之財力，雇傭大批人工，彼爲聯合經濟勢力而自爲之主。至於此等雇工之中又分爲奴僕與勞工二種。奴僕多勤勞於主人之家，其工作較爲簡易，其與主人之關係亦較爲親近而長久；勞工則服務於外，其工作較爲苦重，其與主人之關係亦較爲疏遠而短暫。因人與人之能力不齊，故事實上雖在極優裕之社會環境中亦仍有雇工階級之存在。

關於處理雇主與雇工間之關係，禮記立有一普遍原則。當雇工欲爲雇主執役時，必先量其能力與責任，而后入職，如是則上無怨，而下遠罪也。[3] 根據此項原則，雇工於結雇之初即詳加考量，此後則雇主雇工兩方始不致互相鬥爭。如勞動者果能守此原則，則勞工紛爭必將減少多多也。

〔註〕：1見詩經周頌載芟章。

2見周官第二

3見禮記少儀篇

第三節　生產力說

孔子之工資學說即屬生產力說。即謂勞工之工資數量當視所生產之物品爲斷。孔子曰：『日省月試，旣稟稱事，所以勸百工也』。』此即關於工資律之公正原則。固然，勞工不應當報酬過低，同時，亦不得報酬過高。如勞工之報酬過高，即謂如汝等勞工亦按上級勞工之受報酬，則無資以鼓勵百工也。如是上等勞工必因而詛喪，反而爲不適者生存，故工作之標準亦形而降低也。然吾人如欲按生產而付工資，勢非採日省月試之法不可；否則無由測量勞工之生產數量也。

此說即工資之基本原理。

孔子所意指者即爲以政府爲雇主之工廠制度。如政府欲使國家富足，當予勞工以公允之工資，此所謂來百工之原理也。否則勞工不入吾境亦不留乎吾境也，則是國家之財富不足。管子固亦認識鼓勵百工入境之重要，但其資以實現此政策之方法則爲使國內之工資較他國增加三倍。此不能視爲一普遍之原則，蓋只不過一應付偶然間勞工需要之臨時方法而已。從孔子與管子之說，吾人得知周時已有自由之勞工移動及國際間勞工市場之競爭；是故工資之大小，即決定此勞工運行之因素也。

生產力說不僅適用於體力勞工，並亦適用於心力勞工。孔子曰：『事君，大言入則望大利；小言入則望小利。故君子不以小言受大祿，不以大言受小祿』[2]甚至向國君之進言，亦當視其價值之大小而受報酬，不得過高或過低。此公正之原則，而收受工資之規例也。

但按孔子之說，君子之接收報償，寧不足而不可太過。子曰：『君子辭貴不辭賤，辭富不辭貧，則亂益亡。故君子與其使食浮於人也，寧使人浮於食。』[3]此原則只根據於道德及社會之理由，而非基於經濟之定律。如以經濟原理觀之，則寧人受報酬太過，而不顧使之不足。

孔門學者認爲分工對社會之重要性極大，並以爲一切勞工皆屬生產者。類如農夫，工，商，以至官吏，道學夫子等，皆屬生產者。有謂官吏與道學夫子非生產者，孟子曾極力辯護之。茲分述如下：

首之，吾人先視官吏何以得稱爲生產者。陳相原爲儒家弟子，後轉事許行之學。當彼見孟子，引許行之言，謂人君應該與民並耕而食。孟子曰：『許子必種粟而後食乎？』曰：『然。』『許子必織布而後衣乎？』曰：『否，許子衣褐。』孟子曰：『許子冠乎？』曰：『冠。』曰：『奚冠？』曰：『冠素。』『自織之與？』曰：『否，以粟易之。』曰：『許子奚爲不自織？』曰：『害於耕。』曰：『許子以釜甑爨，以鐵耕乎？』曰：『然。』『自爲之與？』曰：『否。』

於是孟子曰：『以粟易械器者，不爲厲陶冶；陶冶亦以其械器易粟者，豈爲厲農夫哉？且許子何不爲陶冶，舍皆取諸其宮中而用之？何爲紛紛然與百工交易？何許子之不憚煩？』陳相對曰：『百工之事，固不可耕且爲也。』孟子遂結論之曰：『然則治天下獨可耕且爲與？有大人之事，有小人之事。且一人之身，而百工之所爲備。如必自爲而後用之，是率天下而路也。』[4]

許行固屬極端之民主主義者。彼以爲任人皆當自力勞作以糊其口，並謂一切帝王應兼爲農夫。然此殊不可能。孟子之主張則係以分工爲根據。治理者之由他人食養，因彼輩不能於治理政務之同時復兼耕田地，且彼等之治理工作非一般受治者所能勝任，固亦不爲防害人民。蓋此僅爲一勞務之交換，治人者與治於人者固互相依賴也。治者以其政務工作交換農民之食物，正與製瓦器與製鐵器之人（陶與冶）以其械器交換農民之食物無異。由是吾人不僅可以確定治理者與人民間之政治關係，亦可以確認經營人與普通勞工間之經濟關係。以生產力爲分配根據者誠至當之論也。

其次，吾人再視何以道學夫子亦得爲生產者。孟子游說諸侯時，往往後車數十乘，從者數百人。其門人彭更以爲無功而受諸侯之祿，未免太過。因謂孟子曰：『士無事而食，不可也。』孟子曰；『子不通功易事，以羨補不足，則農有餘粟，女有餘布。子如通之，則梓匠輪輿，皆得食於子。於此有人焉，入則孝，出則弟，守先王之道，以待後之學者，而不得食於子；子何尊梓匠輪輿，而輕爲仁義者哉？』

於是彭更謂該類工人之食養於社會者，因彼等之志，即將以求食也。若君子之爲道，其志不以求食，故不應爲社會供養。孟子曰：『子何以其志爲哉？其有功於子，可食而食之矣。且子食志乎？食功乎？』彰更無法，遂以「食志」爲對。孟子曰：『有人於此，毀瓦畫墁，其志將以求食也，則子食之乎？』曰：『否。』曰：『然則子非食志也，食功也。』[5]故就孟子之眼光，分配之公正原理當爲按生產力而分配，非按慾望而分配也。

公孫丑問曰：『詩曰：「不素餐兮」，君子之不耕而食，何也？』孟子曰：『君子居是國也，其君用之，則安富尊榮，其子弟從之，則孝弟忠信。「不素餐兮」，孰大於是？』5

自彭更公孫丑之問，及孟子之答，可見孟子主張報酬之多少應以生產力爲根據。即一道學夫子，較木匠，瓦匠，製輪者，製車輿者，以及農夫之生產力爲大。總之，所謂生產力者，非獨貨物之生產，效用之生產亦包入之也，道學夫子既能生產大量之社會效用，亦當自社會獲得報酬。

〔註〕：　1見中庸第二十章。

2見禮記表記篇。

3見禮記坊記篇。

4見孟子滕文公篇。

5仝上。

6見孟子盡心篇。

第四節　工資之標準

儒家以工資爲代替耕種之收入，已見上文。準此，農人之生產物即爲工資之標準。農人之間，生產量既各有差異，則工人之工資數量亦各自不同。然工人之工資與農夫生產量之間必需相等，否則工資不足以代替耕種之收入，人將不受其他雇傭，而親身耕種也。

據孟子與王制所載，工資之標準似同於每農夫耕百畝並餘加肥料若干所獲之收入。農夫各因生產量不一致，故可分爲五種：上農夫食九人，上次食八人，中食七人，中次食六人，下食五人」。此蓋由於生產效能不同而引起之結果也。而一般工人工資之大小乃以之爲標準，庶人之在官者，其祿亦以是爲差。1

按孟子之工資理論頗與亨利喬治(Henry George)之說類似。亨利喬治曾以農夫之生產邊際爲工資標準。工資之多少應基於農夫在其自由土地上耕種所得之生產量爲準，否則工之將不爲他人工作而將自耕也。彼曰：『最基本最廣泛職業中之勞工情勢，其決定一般勞工之情勢者，一與大洋水平面之決定一切灣，港，海等水平面者相同。』[2] 此正孟子之意也。當孟子之時，土地之私有制未成立；人人皆向政府領取自由土地；而以農業爲主要實業。此種情勢下，雖農夫之所得與土地價值相混，然工資之標準必須與農夫所得相等。

孟子與王制之記述中，只提及工資之實在數目，謂一般之生產物若干即可供養若干人，然此項工資准貨幣若干？或准任一特殊貨物若干？皆未述及。蓋此種實在工資論，何時何地皆可適用之，即使因生活標準之變異，而使工資增高或減少時，工資大小之本身固不受其影響也。如生活標準升高，工資自亦須提高；如生活標準降低，工資亦須減低。但無論何種情形下，最低級之工資，仍能供養五人，各級工資大小之關係仍保持不變也。因各級小大之差，本以實在工資爲基礎者，工資測量之原則既不因貨幣數量之變遷而變遷，亦不因物價起伏或生活標準之殊異而殊異也。

孟子王制之文亦曾規定工資之最小限度。堪蒂倫（Cantillon）曰：『普通勞工之最低收入，至少必須倍於本人之生活費，蓋必如此，則當彼有二子時，始能撫養之也。』[3] 亞當斯密謂當時英國勞工之工資，足使工人支持其一家之生活而有餘。[4] 但孟子與王制亦曾提出最低工資原則，謂下等工人工資之最低額應足以食五人。此乃下等農夫之生產，由是而定爲最低級勞工之最低工資。

〔註〕：　1見孟子萬章篇，及禮記王制篇。
2見社會問題一九〇頁。
3見原富卷一第八章第七十頁
4見同上書第七十五頁

第五節　全部社會之工資之理想等級

孟子既目一切官吏爲勞工，以及視彼等之薪金爲工資，則吾人可求一適用於全部社會之理想工資等級。從孔門學者之觀點言之，吾人永不能謂農業方面之勞工爲唯一之生產者，蓋農夫固爲實際之耕作者，但官吏乃農夫之代替者，則農夫與官吏間之異點，僅爲分工而已。由此，一般官吏不僅是生產者，且其生產力猶較一般農夫爲高。故社會給予彼等之報酬亦較一般工資爲高。孟子主張以上等農夫之生產作爲各級官吏俸錄之標準，謂下士之薪金與上等農夫之生產相等；中士則二倍之；上士四倍之；大夫則八倍之。此三級士人及大夫之俸錄，在全帝國各地，皆屬一致無二。於是小國（子男）之大臣，其薪十六倍之，其君則百六十倍之；次國（伯國）大臣之祿爲上等農夫生產之二十四倍，其君則二百四十倍之；大國（公侯國）之大臣三十二倍之，其君則三百二十倍之。至於天子之薪資，則孟子未提。然就上述之例觀之，則知國君之祿皆爲其大臣之十倍。今天子之大臣與大國諸侯之俸祿相等，則天子之祿，吾人可斷爲三千二百倍於上等農夫之生產也。總之，天子與百官乃代替農夫而工作於政府者，彼等之薪金即代耕之工資。雖其勞工性質不同，工資數目不相等，然工資之等次固與農夫之生產成比例也。

關於普通工人之工資，已見上文。上下共分五等，最低者足以供養五人，最高者足供九人之生活需要。

於是，吾人可知全社會之各級工資也。所謂職務人員，或薪金階級，當歸於官吏階級之內。其工資略別爲六級；詳析之可得十一等。體力勞工或雇工當屬於農民階級，其工資可分別爲五等。下士之薪金與上農夫之生產同站於官吏與農民兩階級區分線上。就兩極端點而言，則以下農夫之工資，只足以食五人者爲最低；而以天子之薪俸，足以食二百八十萬八人者爲最高。

第六節　利用教育以解決工資問題

吾人欲解決工資問題，並使財富之分配平均，當以教育是賴。亞當斯密謂：『兩種不同人格之間，譬如哲人與一普通街頭負擔者之間，其根自天性之異點實不如成自習慣，風俗，與教育之異點顯著。』此適孔子之意也。孔子曰：『生而知之者，上也。學而知之者，次也。困而學之，又其次也。困而不學，民斯爲下矣。』1 故人之造就，不决於先天，而判乎教育。人雖愚魯，若能求學問受教育，其結果仍將與生而知之及學而知之者同，實際上之下等人只由其不學而已。教育既可以决定人之地位，自亦可以决定其工資之多少。

子張欲學干祿。子曰：『多聞闕疑，愼言其餘，則寡尤。多見闕殆，愼行其餘，則寡悔。言寡尤，行寡悔，祿在其中矣！』2

一日，孔子曰：『耕也，餒在其中矣！學也，祿在其中矣！』按孔子之意，人之求學雖非爲祿，但求祿之道究在學之中。故謂薪俸乃求學之結果，用以鼓勵人求學。

孟子以爲人人皆可以爲堯舜；荀子則謂路人盡可爲禹。其意蓋云人人皆有成聖賢之望。荀子對此解釋頗詳，彼云：『今使塗之人伏術爲學，專心一志，思索熟察，加日縣久，積善而不息，則通於神明，參於天地矣。故聖人者，人之所積而致矣。』3 故荀子以教育爲使賤者貴，愚者賢，貧者富之唯一要件也。誠然，教育具有造就人之偉力，人而有學識，就其才德觀之，雖貧猶富也。

韓愈曾作有一詩，致其子韓符，示彼爲學之重要。茲錄其中一部如下：

『欲知學之力，賢愚同一初；由其不能學，所入遂異閭。兩家各生子，提孩巧相如。少長聚嬉戲，不殊同隊魚。年至十二三，頭角稍相疏。二十漸乖張；清溝映汙渠。三十骨骼成，乃一龍一豬。飛黃騰達去不能顧蟾蜍。一爲馬前卒，鞭背生虫蛆；一爲公與相，潭潭府中居。問之何因爾？學與不學歟!?金璧雖重寶，費用難貯儲。學問藏之身，身在則有餘。君子與小人，不繫父母且。不見公與相，起身自犁鉏？不見三公後，寒飢出無驢？』4

上述即言教育與官吏薪俸之關係。但教育與普通工資之關係如何？亦蓋與前者相同。如無技術之勞工欲與技術工人受相同薪資，則必先使自己具備技術工人同樣之學識；如欲取得與經理相同薪水，亦必先自具備經理同樣之才能。固然，間或亦有具備才識而不能獲適當薪金者，然不學無術則終無受良好薪金待遇之希望。故在政治上談民主主義，須以知能爲基礎，同樣在工業上談民主主義，亦必須以學識爲根據。總之，從儒家之觀點視之，教育即爲解決財富分配中主要部份之工資問題之方法也。

〔註〕：1見論語季氏篇。

2見仝上書爲政篇。

3荀子性惡篇。

4見康熙四十五年欽定全唐詩徐元正校刊本卷四十七符讀書城南篇。

（完）

五四時代之反儒家運動

雲彬

隨着中國封建社會之解體，二千年來定於一尊的儒家思想，遂受嚴厲之批評與抨擊。至「五四」前後，儒家的學術思想，幾成爲衆矢之的。陳獨秀氏在「本誌罪案答辯書」（「新青年」六卷一期，民國八年一月出版）中明白宣言：「要擁護那德先生（Damocracy），便不得不反對孔教、禮法、貞節、舊倫理、舊政治。」質言之，即反對儒家之學術思想而已。

在滿清末年，對舊倫理、舊政治作猛烈之攻擊者，已不乏其人，譚嗣同其最著者也。然譚氏雖反對舊倫理、舊政治，而對於孔子，尚多方爲之辯護。如言「孔之時，君主之法度既已甚密而孔繁，所謂倫常禮義，一切束縛箝制之名，既已浸漬於人人之心，而猝不可與革，既已爲據亂之世，孔無如之何也。其於微言大義，僅得託諸隱晦之辭，而宛曲虛渺，以著其旨，其見於雅言，仍不能不牽率於君主之舊制，亦止據亂之世之法已耳。據亂之世，君統也。後之學者，不善求其指歸，則辨上下、陳尊卑、懍天澤、定名位，誠見其爲獨夫民賊之資藉矣。」蓋譚氏尚拘牽「公羊三世」之說，欲假借孔子，予以改裝，以達其變法維新之目的，故不得不曲爲之辯，對孔子猶不敢作正面之攻擊也。其後章炳麟著「諸子學略說」，始公然指孔子爲「譁衆取寵」，爲「湛心利祿」，謂「孔子之教，惟在趨時，其行義從時而變」，故「道德不必求其是，理想不必求其是，惟其便於行事則可矣。用儒家之道德，故艱苦卓厲者絕無，而冒沒奔競者皆是；用儒家之理想，故宗旨多在可否之間，議論止於函胡之地」。又謂「彼耶穌教、天方教，崇奉一尊，其害在堵塞人之思想，而儒術之害，則在淆亂人之思想」。此種「離經畔道」的大膽批評，實爲「五四」時代反儒家運動之先聲。

在「五四」前夜，易白沙氏著「孔子平議」（載「青年雜誌」一卷六期，即「新青年」之前身，民國五年二月出版）首先揭破中國二千餘年尊孔之大秘密，謂「孔子當春秋季世，雖稱顯學，不過九家之一。其後弟子衆多，尊崇其師，賢於堯舜。漢高祖震於儒家之威，鑑秦始皇之轍，不敢再溺儒冠，祠孔子以太牢，博其歡心。漢武當國，擴充高祖之用心，改良始皇之法術，欲蔽塞天下之聰明才志，不如專崇一說，以滅他說，於是罷黜百家，獨尊儒術，利用孔子爲傀儡，壟斷天下之思想。」其後「公羊家接踵，讖說紛起，演成種種神秘奇談。未來之事，遺於讖書，春秋之筆，絕於獲麟，幾若天地受其指揮，鬼神爲之使令，使人疑孔子爲三頭六臂之神體。故歷代民賊，揹負之而趨。」易氏又指出孔子被野心家所利用之因緣，謂有四端：孔子尊君權，漫無限制，易演成獨夫專制之弊；孔子講學，不許問難，易演成思想專制之弊；孔子少絕對之主張，易爲人所藉口；孔子但重作官，不重謀食，易入民賊牢籠。然易氏又拾章炳麟之牙慧，謂孔子「非世卿，倡均富，掃清階級制度之弊，爲平民所喜悅。」又謂「儒家富於革命思想，其用心較湯武尤苦，而千載以後，無人敢道孔子革命之事，遂使微言大義，湮沒不彰。」初不知孔門立教，首重君權、父權、兄權、夫權之確立，即上下尊卑的名分之確立，而在上下尊卑的名分的確立之下，「君子」「小人」，截然分野，安有所謂「掃清階級之弊」？至湯武革命，其含義與近代之所謂革命者，截然不同，安得妄加附會！是易氏對於孔子之教與封建社會之關係，其認識猶有未足也。

自是以後，陳獨秀、吳虞等繼起抨擊儒家，不遺餘力。陳氏指出孔子之道不合於現代生活。以爲「現代生活以經濟爲之命脈，而個人獨立主義乃爲經濟學生產之大則，其影響遂及於倫理學。故現在倫理學上之個人人格獨立，與經濟學上之個人財產獨立，互相證明，其說遂至不可動搖，而社會風紀，物質文明，因此大進。中土儒者，以綱常立教，爲人子、爲人妻者，既失個人獨立之人格，復無個人獨立之財產。」又謂「孔子生長封建時代，所提倡之道德，封建時代之道德也；所垂示之禮教即生活狀態，封建時代之禮教，封建時代之生活狀態也；所主張之政治，封建時代之政治也。封建時代之道德、禮教、生活、政治，所心營目注，其範圍不越少數君主貴族之權利與名譽，於多數國民之幸福無與焉。」（「孔子之道與現代生活」，載「新青年」二卷四期，民國五年十二月出版）。又謂「愚之非難孔子之動機，非因孔子之道之不適於今世，乃以今之妄人，强欲以不適今世之孔道，支配今世之社會，將爲文明進化之大阻力也」（「復辟與尊孔」，載「新青年」三卷六期，民國六年八月出版），因是陳氏極力反對當時一部分人之主張建立孔教。以爲「人類將來眞實之信解，必以科學爲正軌，一切宗教，皆在廢棄之列。」「孔子以前之儒，孔子以後之儒，均以孔子爲中心。其爲教也，文行忠信，不論生死，不語鬼神；其稱儒行於魯君也，皆立身行已之事，無一言近乎今世之所謂宗教者。」（「再論孔教問題」，載「新青年」二卷五期，民國六年一月出版。）彼且進一步認爲「孔教與共和，乃絕對兩不相容之物，存其一必廢其一」（「復辟與尊孔」），乃以堅決之詞，主張「非獨不能以孔教爲國教，定入未來之憲法，且應毀全國已有之孔廟而罷其祀」（「再論孔教問題」）。吳氏則揭破家族制度爲專制主義之根據。以爲「今日歐洲脫離宗法社會已久，而吾國終顚頓於宗法社會之中而不能前進，推原其故，家族制度爲之梗也。」而孔子立教，以孝爲起點，「孝之範圍無所不包，家族制度之與專制政治，遂膠固而不可分析」（「家族制度爲專制主義之根據論」，載「新青年」二卷六期，民國六年二月出版）。家族制度旣與主君政體相依而不可離，而「儒教徒之推崇君主，直駕父母而上之，故儒教最爲君主所憑藉而利用」（「讀荀子書後」，載「新青年」三卷一期，民國六年三月出版）。吳氏又指出儒家主張階級制度之害，以爲「孔氏主尊卑貴賤之階級制度，由天尊地卑演而爲君尊臣卑，父尊子卑，夫尊婦卑，官尊民卑。尊卑旣嚴，貴賤遂別，幾無一事不含有階級之精神意味，故二千年來不能剷除階級制度」（「儒家主張階級制度之害」，載「新青年」三卷四期，民國六年六月出版）。吳氏不僅批評孔子，對於孔子以後儒家大師荀卿、孟軻，亦加呵斥，以爲「孔學之遺傳於後世，荀卿之力居多，孔教之遺禍於後世，亦荀卿之罪爲大」（「讀荀子書後」）。孟子雖獨明民貴君輕之義，而「攻楊朱無君，則其學說亦不合於今日」（「儒家大同之義本於老子說」，載「新青年」三卷五期，民國六年七月出版）。陳吳二氏旣竭力抨擊儒家，有識者皆起而作桴鼓之應，反儒家運動遂蓬勃一時。

吾人今日評論「五四」時代之反儒家運動，可指出者約有兩點：其一，當時之反儒家理論，不够深入；陳吳諸氏僅知孔子之道不合於現代生活，僅知家族制度爲專制主義之根據，僅知儒家主張階級制度之害，未能指出儒學之所以存在且蔓延至二千年之久之歷史的基礎，未能瞭解家族制度與專制主義結合之因緣，由於封建生產關係，而非由於以忠孝立教，更未能從揭發儒家學說之不合理進而揭發社會基本生活之不合理。其二則孔子之道雖有一部分不合現代生活，然其所倡之溫良恭儉讓信義廉恥諸美德，實爲世界實踐道德家所同遵，未可認爲不合時代而唾棄之也；乃當時之反儒家者，不辨玉石朱紫，一概擯斥，實有悖於接受優良文化傳統之原則。平心而論，「五四」時代之領導人物如陳吳諸氏，受時代限制，對於社會歷史之瞭解，未够深切，固毋庸諱言，然其「甘冒全國學究之敵」（陳氏語），「甘蒙離經畔道之譏」（吳氏語），高豎反孔之大纛，將數千年來中國思想界的迷信、獨斷、偏見、盲從之弊，一舉而廓清之，謂非時代之先驅不可也。至孔門立身行已之事有足垂範千古者，陳吳諸氏未嘗不瞭解，特當時重在摧廓舊思想，反對舊倫理，不得不擇孔子之道之不合於現代生活者，端力加以抨擊，初未暇就如何接受優良文化傳統上着想耳。

「五四」運動距今已二十三年。二十三年來吾人不斷爲反封、反帝而努力，然封建餘孽，猶待肅淸，日本帝國主義方且張其毒口，噬吞中國，吾人今日所負之責任，乃較「五四」時代尤爲艱鉅。「五四」時代所未完成之任務，將由吾人達成之。吾人當繼續「五四」傳統，反對一切獨斷、偏見、迷信、盲從，反對不合現代生活之舊倫理，使四萬萬人從獨斷、偏見、迷信、盲從之愚昧的精神生活中蘇醒過來，爲國家的生存、自己的幸福而奮鬪，創造合乎現代生活的新文化，使今後四萬萬人都過着理性的、獨立的精神生活。尤當以批判的態度，接受中國舊文化傳統，去其糟粕，取其精華，發揚而光大之。儒家學說之不合理部分，今日中材以上之人類能道之，已不煩吾人費辭。而儒家所倡之「捨生取義」「見危授命」「臨難毋苟免」以及溫良恭儉讓信義廉恥諸德目，在今日皆有其新意義，應特別予以闡揚。總之，反儒家運動在過去已有若干成就，吾人今日之責任，不僅在摧廓舊思想中之存滓殘渣，尤在建立新的民族的社會的道德，以代替舊的個人的奴隸的道德。我爲此言，非謂今日不當反儒家，更非謂孔子之道可垂諸千古亦不滅；我之立意至爲明顯，蓋謂吾人不應全部推翻中國舊文化的傳統，而應擇其優良部分，批判的接受之，並加以發揚光大耳。若夫排斥諸家，獨尊一說，以古人爲偶像，而盲目崇拜之，不特有背時代精神，且足以杜智慧之門，此則吾人所期期以爲不可者。

編後

這期出版，恰逢革命的五月，我們特刊載「五四時代之反儒家運動」一文，並重刊「五四時代重要文獻之一——胡適先生的「新思潮的意義」（原載新青年雜誌），藉以紀念近代中國文化運動史這一重大節日，並對當時的文化思潮，作一番約略的考察，此外又發表許慎之先生的「中國產業勞動之研究」，作爲對五一勞動節的紀念。宋雲彬先生之「五四時代之反儒家運動」，係就當時的思想革命，予以歷史的評價，關於儒教思想正面的研究，除前期已發表紀玄冰先生之「孔子學派的類比邏輯」外，擬再約李達先生特撰「孔子的哲學思想」一文，並盼國內學者對這一問題，引起切實的研究與討論。

除文化思想史的研究以外，本誌並擬着重於中國歷史本質的探討，本期中特發表鄧初民先生的「夏殷時代之中國奴隸社會」與日本早川氏的「論亞細亞生產方式」二文，均各有精闢見解，希讀者注意。

印度問題已引起全球人士的密切注意，本期中特刊載「論東方被壓迫民族解放運動」，「印度對英戰略上的重要性」及「覺醒中的印度」三篇，藉供讀者對這一問題的參考與研究。

本誌今後擬酌載一些關於國內外的文化運動的通訊，以及本省文化建設上的文獻，歡迎各界惠稿

我們向儒家學習些什麼

柏寒

法國大革命的初期，基督教雖然遭受無情的排斥，但不久又以新的姿態受人們的信奉，我國的儒家思想比歐洲的基督教歷史更長，支配我國社會達二千年之久，它决不會隨着封建王朝的沒落而根本失去它的地位，在一度消沉之後，仍然以新的姿態爭取精神文化的御座，是大有可能的事。

但儒教並不是宗教，它不談來世，天堂地獄等等。儒家雖注重祭祀，但對於鬼神並不迷信，也不着重祈禱，祭祀的主要意義只在是紀念，即所謂「慎終追遠，崇德報功」。儒教所用來拘束人們精神的就是所謂「禮教」「名教」。

儒家的禮教和名教，在初期並沒有絕對的權威，自西漢董仲舒起，經過歷代大儒的多次努力，權威逐漸地擴大了，畢竟拘束人們精神的力量也無異於宗教的教條。所以魯迅的狂人日記裏面，叫出「吃人的禮教」，譚嗣同的仁學裏面，也有對於名教壓迫的痛感，指出「名之所在，不惟關其口而使不敢倡言，乃並錮其心使不敢涉想」。

二千年來的儒家思想雖然和宗教似的取得絕對的權威，但它的本身還是隨着環境而變化。大致說來，有西漢今文派儒家的思想，有東漢古文派的儒家思想，有宋明儒家的思想。西漢儒家以孔子為天生的救世主，能够預言未來的事，孔子所主張定尊卑，正名分，是萬古不改的道理，並且提出「君為臣綱，父為子綱，夫為妻綱」的三綱說；這些儒生對於「名教」的建立是奠基者。東漢儒家着重於崇古主義的宣揚，以儒經所載的三代典章制度為人類社會的最高理想，這對於「禮教」的鞏固，功勞也不小。宋明儒家倡導理學，進一步使人們用反省的方法，加强遵守「名教」「禮教」的實踐，更是封建思想的精練者。名教和禮教，都被他們融和於「理」字下面了。

近百年來，舊社會制度動搖，儒家思想的權威逐漸失墜，於是數百年來取得官學地位的宋明儒學，逐漸失去他的權威。「漢學」在清朝的新發展，可說是中國思想解放的初步，因為它是反對「以理殺人」的宋學的（戴東原首先提出），但正統派——即繼承東漢古文學派的儒者還不敢公然創造新的理論，直到晚清康有為等，方才以繼承西漢今文學派的面貌，將孔子改造成擁護變法維新的教主，說孔子曾預言世界是進化的，是由據亂世經過昇平世以達到太平世，現在正由據亂進為昇平。

非改變制度不可。康氏雖然以尊孔爲號召，但因其解釋儒經與傳統的說法不同，竟被一般守舊的士大夫目爲洪水猛獸，但當時贊同變法維新的開明士大夫，則沒有不擁護他的。這樣，儒教的尊嚴，在客觀上是動搖了。而晚清的古文學派大師如章炳麟等，對於孔子更明白認爲周秦諸子之一，不以教主看待。這樣，儒教的權威掃地，因之，與儒教相結託的君主專制，更容易被推倒，所以辛亥革命取得了摧毀封建帝王的決定勝利。到五四運動，適儒家禮教對於日常生活的束縛，也給人們擺脫了。這可說是傳統思想之解放的最高峯。

由漢學的新發展而達到儒學的權威失墜，既如上述，那麼我們推測將來，也許由宋學的新發展而相當地恢復儒家的權威，是不無理由的，因爲在社會重新穩定，國家機構重新鞏固的時候，人們必定會將一種最適合於精神統治的工具利用起來。宋儒注重禮教的實踐，對於人們行爲的約束，極爲瑣碎繁密，而「理」之一字，壓制思想的自由，尤爲嚴厲，是不是適合於民主時代，確有問題。但是人們可以換掉宋學的若干內容而採用其形式，因爲理學形式是有秩序，有系統，有規律的，利用這種形式，大概可以使人們思想固定於現存秩序之下。

不過我們青年，對於儒家思想的研究，最好客觀一點，不墮入漢學宋學的門戶之見，對於各派的儒家思想，可以取其所長，去其所短，尤其要直接向孔孟荀三家學習，特別是向儒家老祖宗孔子去學習。

宋儒正統派，長於講道德修養之學，漢學正統派，長於歷史語文的考證之學，兩者都短於實際的事功。宋儒治心而不治物，漢儒博古而不通今，所以他們沒有建立事功的實學。非正統派的儒家如宋之浙東學派，清之顏李學派，雖主觀上注重事功，但都不能建立一個思想體系，更不能夠開闢科學的道路。康有爲之流，雖有注重實際政治的精神，而在學術上抹煞歷史的根據，仍舊是免不了空幻玄虛的毛病。總之，漢宋兩大派儒家，談學術都以解釋儒經爲範圍，沒有多大的創造。如果我們要向宋儒學習，就只能取法他們那種自由講學的書院作風，和程朱一派格物致知的方法論，以及宋明諸儒對道德修養實踐的嚴肅態度。至於他們强調道德修養爲學術根本，把格物致知局限於道德修養，想由道德修養來改革政治，轉移風俗，都是眼光狹隘的表現，不了解事物的變化之種種規律，不明白學術應以整個宇宙內現象爲對象的道理。他們的這些缺點，都是我們所不能贊同的，宋儒不能把格物致知與事功聯繫起來，而局限於道德修養並且認爲萬事萬物之理已爲吾心所具，格物僅僅爲幫助自己內省之用，其結果弄到格物完全成了多餘的事，一切事物之理都不須到事物本身上去考察，只須內省自己的心就行了，這樣就成了個思而不學的盲目修行者。宋明理學這種毛病，是由於受佛教影響而來。我們如果研究儒家思想，特別要預防這個毛病。一般的說，漢學正統派，在治學方法上是比較合理一些，他們注重歷史的證據，注重客觀的考察，所可惜的，他們的研究對象僅限於經學範圍，考訂三代制度，便使我們要看他們的治學方法而應用到當前現實問題的研究，應用到日常生活與社會各種現象的探討，那我們的收穫一定很多。再則漢學正統派的貢獻無關於國計民生，僅只在古書文字的聲音訓詁方面，未免太狹小。他們對於實際上的問題，不論是不是值得研究的，也要費九牛二虎之力去研究，尤其太瑣碎。他們所以發生這種偏向的原因，是由於缺乏理論的指導。他們的這個缺點，可以說亦和宋儒相反，是「學而不思」。孔子說：「學而不思則罔，思而不學則殆」。學與思的並重，是一個正確的原則。思而沒有體系，支離瑣碎，仍然只算不思。在這一點上，漢儒不及宋儒，宋儒的思想是有體系的（至於那個體系有沒有缺點，是另一個問題）。所以我們向漢儒學習，就只要學習那種實事求是的治學態度，同時卻要有一個有體系的思想去運用，而運用的範圍則須要注意現實生活。

（四）再談到孔孟荀。我們可從論語、孟子、荀子這三部書去研究。孔子是學與思並重的，孟子則偏於思的方面，荀子則偏於學的方面。孟子的態度近於宋儒，所以宋儒特別尊重孟子。漢儒接近荀子，但正統的漢學，治學態度近於荀子。孔子論正名，講禮樂、教化，荀子對於正名、禮教，更說得詳細。荀子的正名是很切實，跟其他的論理學，又是以唯物的認識論。荀子的「禮論」，明白地說出禮的作用是維持封建等級社會的秩序，將禮教看作發展種種欲望的維持，然而並不神秘。他指明禮義是人爲的，不屬於先天本能的範疇。孟子倡性善說，以爲人生而有仁義道德的本能，只須好好地保持這個本性，不需外物底幫助，行為就會合乎禮義。荀子則說人之性惡，因為人生而有欲，欲而不得，則不能無求，求而無度量分界，則不能不爭。要防止爭亂，就不得不用禮義來加以限制。禮義是人爲的，非經過教育，則人不知道禮義而行善。荀子注重教育，主張中央集權的專制政治，事實上他的學說已經移植到實際政治制度採用，但因為他的說得太露骨，人們反而不喜歡他。現在我們要向他學習的卻正是那種從客觀事實出發的精神，這比較孟子的神秘思想就合理多了。本來孔子的學說是不神秘的，他說「我非生而知之者，好古敏以求之者也」，又說：「性相近也，習相遠也，惟上智與下愚不移」，可見他不主張講先天的知識，不講性善，而對於後天的學習，非常注意。而荀子則是發展了他的這一方面。孔子又是無神論者，他不語怪、力、亂、神，對於鬼神，他是敬而遠之的，他說「祭神如神在」，用一「如」字就是並非真有神的意思。他說「未能事人，焉能事鬼？未知生，焉知死？」這顯然表示他不研究鬼神的問題。荀子的「天論」，更爲澈底地發展無神論的宇宙觀，指出「天行有常，不爲堯存，不爲桀亡」，自然法則不因人類的意志而改變，人間禍福由自取，並且主張「制天命而用之」，即順應自然法則以征服自然。這尤其是儒家學說的珍貴部分。

過去因荀子不列於儒家正統，人們不予以重視，我所以特別提出來先講，以表示於他的尊重而糾正傳統的偏見。再說孔富。孔子是學者而兼政治家，他的用世的心思很急切，他有一腦子的政治理想，只想找一個機會去實行，所以栖栖皇皇，周遊列國，甚至連守邑及叛亂的家臣叫他去幫忙，他都想去試一試，他曾自負地說：「如有用我者，期月而已可也，三年有成。」他對管仲的批評絕不以其不對個人盡忠為缺點，反而大大讚美他相桓公，霸諸侯，一匡天下的功業，可見他不是一個空談道德修養的迂腐儒生，而是具有積極救世精神的實行家。到他「道不行」的時候，他還要藉著春秋筆法來作有力的政治宣傳。他曾招集許多徒眾來講學，訓練許多的幹部，想藉此推行他的政治主張。現在有人說儒家有禮教，詩教及理學，相當於西洋的宗教藝術及哲學，如以孔子的教育來講，則所謂禮教只是一種政治教育，並非宗教，詩教乃訓練外交人員的教育（不學詩，無以言；使於四方，不能專對），並非藝術（孔子雖然有藝術，以觀樂立詩，其作用也在政治方面），至於理學，如名稱說，則不是孔門的術語（宋儒好用理學的名稱），就內容說，理學所欲究者宇宙論與人生哲學，但孔子只講人生哲學，不談宇宙本體（不過偶爾表現他是個無神論者，前已說及）。孔子的政治理想，和現代自不能相合，但其改造政治的熱誠與積極奮鬥的精神，則可以媲美我們的模範。孔子的教育內容也比較狹隘，在他那種農業國的時代，排斥女子及小人，雖然那些不合於現代思想，但他學而不厭，誨人不倦的精神是非常值得我們仿效的。（他對於教育心理也很好，前已說及）與性情修養（道德語）再則關於人對人方面，除個別德目如尊卑等級與現社會相應外，其所標舉的中心「仁」「忠恕」「智勇」，都採與舒暢的修養原則。而中心「仁」字所包含的內容更是偉大，因為仁是推人愛世，公而忘私，犧牲小我的精神。忠恕則是推己待人，接物的方式，即所謂「推己及人」的方法，智勇則對助仁發生力量的德性，不過在孔子的修養方法中，提到推己及人的方法以外，還得補充一種從消極出發的絜矩之方法——這種方法孔子雖也有「己所不欲，勿施於人」，但我們現在非把這個「絜」的方法提高到「恕」一樣的地位才可。

孟子講人生哲學，說修養的地方，比孔子更為細密，如他所說，雖具以社會的道德，但偏重內省的。據我們看來，孟子的修養方法，雖有可取，但並無可同方法去補充孔子的缺陷，因其道德是社會的產物，決不是先天的東西。孟子如孔子一樣，也是熱心於政治運動的，他的理想是施行仁義的王道政治。他對於君臣之義，也與後世忠臣不事二君之說不同，他對湯武之放桀誅紂，給以誅一夫的理論根據，又倡民貴君輕之說，以天與人歸的禪讓說解釋堯舜傳子傳賢的故事。他這種學說是包含了民主主義的成分的。他把民放在第一位，社稷（相當於國家）放在第二位，君（政府元首）放在第三位，是與帝制至上說恰相反對的。清初學者黃梨洲「原君」一文，可說是闡揚孟子的學說，梁任公也曾稱道孟子的這一點，的確孟子的民貴君輕說是他的學說最值得學習值得闡揚的一部分。

總之儒家傳統的精神是以施行王道的政治或教育天下的英才為自己的任務，但對於農工商之事業與學問，則不屑過問。這一點固然不錯，後一點則顯然不是現代人所宜仿效。儒家所謂禮治，德治的具體辦法，即「儀禮」「周禮」上面的那些制度，教育的具體科目，限於所謂六藝以及修齊治平，把生產教育除外：這都不是我們所應一一仿效，也是盡人皆知的。那種我們所最應學習的，便是那種積極救世的精神了。

儒家的「氣」

張亦菴

氣字在我國文化裏眞是一樣頗爲奇妙的東西。道家哲學有「精神氣」的氣；儒家哲學有孟子「吾善養吾浩然之氣」的氣。道家的氣，似乎是從生理上修養來的身體上的一種東西，就是我們所呼吸的空氣。儒家的氣則似乎定義更複雜，包含更廣泛。

有一次講書講到蘇轍上樞密韓太尉書，開頭不多兩句便遇到「以爲文者，氣之所形。然文不可學而解，氣可以養而致。」這個氣字眞不容易解釋。它斷不會是空氣之氣，又斷不會是呼吸的氣息之氣。說它可以養而致，到底是怎麼的一種養法呢？孟子雖然說他善養浩然之氣，然而他如何善養，恐怕只有他老先生自己明白，後來的儒者，多數只是意會而神明之罷了。

公孫丑對於這抽象的東西大約也是不明不白，所以他老實請敎孟子什麼是浩然之氣。誰知孟老夫子一時也說不上來，祇能把那種氣的氣象，抽象地描寫一下說：「難言也。其爲氣也，至大至剛，以直養而無害，則塞於天地之間。其爲氣也，配義與道。」俗子凡夫，恐怕仍然不易了解。即使有人說：「我明白了，」恐怕這個「明白，」還是不十分確切，不十分具體的罷？下文說「是集義所生者，」要算是最具體的一句話了。

不過孟子所說的僅是「浩然之氣，」也就是文天祥所說的：「天地有正氣，於人曰浩然」的正氣。孟子所說明的，也止限於這種浩然之氣。此外大約還有其他的氣。蘇轍說太史公「其文疎蕩，頗有奇氣。」這當然不同於孟子的浩然之氣的另一種氣了。他之所以有此奇氣是因爲他之「周覽四海名山大川，與燕趙間豪俊交遊」而得來的，與「集義所生者」有不同之處。

根據上述的古人意見推想起來，儒家所說的氣這樣東西，大概就是一個人的人格表現。一個人的人格，無非是智識，情感，意志的混和所形成。這三種東西，或多或少，或好或壞，其程度種類有萬千不同，因其配合情形的相差，便造成了千千萬萬種不同的人格，人們便有了千千萬萬種不同的氣質。

像孟子，知識是廣博的，智力是高强的，感情是豐富的，意志是正確的，所以便造成了他那樣的人格。

太史公周覽四海名山大川，獲得了擴大他的見識的機會；與燕趙間豪俊交遊，獲得了激發其情感意志的機會，所以便造成了他那樣的人格。蘇轍想「求天下奇聞壯觀，以知天地之廣大……慨然想見古之豪傑……」也無非要擴大自己的見識，激發自己的情感，以求建立自己的人格。因此，我覺得儒家之所謂養氣，就是在知識，情感，意志方面，求其最廣大，最正當的培養和發展。這顯然與道家的調息鍊丹的那種氣是不同的。

觀浮生六記後書感

章牧石

浮生如夢了無痕，底須人傳姓氏存？濁世從來淸不得！爲君無語黯消魂。

儒家的政治思想

文恭綦

緒言

春秋戰國時代，正是中國社會政治發生鉅大的變動的時期。在這一時期中，社會層和政治勢力的分化都異常劇烈，在社會方面，是舊的封建貴族的崩潰，新興的商人和官僚的抬頭，以及一部份農奴和奴隸的獲得解放；在政治方面，是諸侯的兼併日益尖銳化，世卿的專橫跋扈，貴族政體的衰落與官僚政治制度的日益勃興，這種情勢反映到當時一般人的觀念上，就發生種種不同的思想和學說。此種分化情形，特別是在政治學說方面表現得最明顯。

當時在思想方面鬥爭最劇烈的，爲儒道墨法四大派。而儒家實居於首要的地位。直到後來，儒家的思想簡直支配了國家的政治生活，佔着絕對的優勢，即使是現在，也還是放之四海而皆準的。因此我們對於儒家的政治學說實有重新考究的必要。我們要研究儒家思想的實質究竟是什麼，他們的思想的背景究竟是怎樣，同時應該比較儒家學說與其他學派的學說的不同之點。

漢書藝文志根據劉歆七略說：「儒家者流，蓋出於司徒之官，」此說之無稽已經近人胡適氏辨之甚明。其實春秋戰國間儒家都是屬於士的大社會層，他們有的是破產的舊貴族和武士，有的是新興的官僚，有的是破落的自由地主，有的是新興的商人；這一社會層當時正處在社會變革最劇烈的時期，舊的社會制度正在那裏發生動搖以致於崩潰，新的社會制度一時又不能鞏固地建立起來，這種動亂不定的社會狀態和政治狀態，使他們不能不發生一種改革社會政治的要求。然而在另一方面，他們對於舊的社會政治仍然有一種留戀；他們不願根本破壞舊的，創造新的社會政治制度，這種調和的態度就是儒家思想的根本出發點。

一　孔子的政治思想

孔子正處於新舊社會交替的過渡時期中。他目擊當時舊的封建制度的衰落，原來的社會秩序和政治組織破壞得不堪收拾，因此他毅然決然以恢復原初的狀態爲己任。他痛恨破壞舊社會秩序的異端邪說，而主張維持舊時的等級制度。

從他的正名主義的學說就可以看得出來。

子路曰：「衛君待子而爲政，子將奚先？」子曰：「必也正名乎！」子路曰：「有是哉，子之迂也！奚其正？」子曰：「野哉，由也。君子於其所不知，蓋闕如也。」

名不正，則言不順；言不順，則事不成；事不成，則禮樂不興；禮樂不興，則刑罰不中；刑罰不中，則民無所措手足。故君子名之必可言也，言之必可行也。君子於其言，無所苟而已矣。」——論語子路

孔子把正名看得如此重要，所以他對於當時破壞舊的等級制度的行爲是攻擊得不遺餘力的。

孔子謂季氏八佾舞於庭。是可忍也，孰不可忍也！——論語八佾

三家者，以雍徹。子曰：「相維辟公，天子穆穆，奚取於三家之堂？」——論語八佾。

自上而下的等級政治制度在孔子認爲是要絕對加以維護的。所以他在消極方面反對立異說亂名分的人：

「惡紫之奪朱也，惡鄭聲之亂雅樂也；惡利口之覆家，邦者。」——論語陽貨

在積極方面，他主張確定君臣父子的一定的地位和關係。齊景公問政於孔子，孔子對曰：「君君，臣臣，父父，子子」，公曰：「善哉！信如君不君，臣不臣，父不父，子不子，雖有粟，吾得而食諸？」——論語顏淵

天下有道，則禮樂征伐，自天子出；天下無道，則禮樂征伐，自諸侯出。自諸侯出，蓋十世希不失矣。自大夫出，蓋五世希不失矣。陪臣執國命，三世希不失矣。——論語季氏

他在這裏，極力主張天子集權。在他認爲：天子、諸侯、大夫、陪臣應該形成一種固定不移的隸屬關係。所以他對於管仲的僭君行爲，是深爲不滿的。

子曰：「管仲之器，小哉！」或曰：「管仲儉乎？」曰：「管仲有三歸，官事不攝，焉得儉！」「然則管仲知禮乎？」曰：「邦君樹塞門，管仲亦樹塞門，邦君爲兩君之好，有反坫，管仲亦有反坫。管氏而知禮，孰不知禮！」

管仲那時只不過是一個大夫，居然搭起諸侯一樣的架子來了，那還了得！

當陳成子弒簡公的時候，孔子沐浴而朝，告於哀公曰：「陳恒弒其君，請討之！」公曰：「告夫三子！」孔子曰：「以吾從大夫之後，不敢不告也。」君曰：「告夫三子者，之三子告，不可。」孔子曰：「以吾從大夫之後，不敢不告也。」——論語憲問

孔子生當世衰道衰，邪說暴行有作，臣弒其君者有之，子弒其父者有之的時期，他對於此等下弒其上的不幸事件，是深惡而痛絕的。所以當陳成子弒簡公的消息一傳來，孔子不覺義憤填膺，自請討伐了。

要怎樣才能維持眞正的自上而下的等級制度呢？孔子以爲只有提倡「禮」。居上位者，應該用禮來使臣使民。因此孔子對於禮是非常重視的。

顏淵問仁。子曰：「克己復禮爲仁。一日克己復禮，天下歸仁焉。」——論語顏淵

孔子以爲要維持君臣的隸屬關係，那非得要使君臣的關係建築在禮與忠的對待上不可。

定公問君使臣，臣事君，如之何？孔子對曰：「君使臣以禮，臣事君以忠。」

不但君使臣要以禮，而且君使民，也得以禮爲前提。

上好禮，則民不敢不敬。——論語子路

上好禮，則民易使也。——論語憲問

仲弓問仁。子曰：「出門如見大賓，使民如承大祭。」——論語顏淵

只有居上位的人能好禮，才能使人民服從。禮是一切政治的根本。能够歸於禮，就可以達到「仁」的境界。所謂「克己復禮爲仁」便是這種意思。

要居於上位的人以身作則，修己正身，才可以治民化民：

政者正也，子帥以正，孰敢不正。——論語顏淵

其身正，不令而行；其身不正，雖令不從。——論語子路

君子篤於親，則民興乎仁，故舊不遺，則民不偷。——論語泰伯

孔子看見當時諸侯徭役無度，人民苦於苛政，所以他主張：道千乘之國，敬事而信，節用而愛人，使民以時。——論語學而

又看見諸侯大夫貪婪不饜，榨取人民無度，所以他極力主張廉潔政治，反對專主利祿，不思公益的行爲：

憲問恥。子曰：「邦有道穀，邦無道穀，恥也。」——論語憲問

他又痛恨那班貪婪無度，好事聚斂的官僚。

季康子患盜，問於孔子。孔子對曰：「苟子之不欲，雖賞不竊」——論語顏淵

季氏富於周公，而求也爲之聚斂，而附益之。子曰：「非吾徒也，小子鳴鼓而攻之，可也。」——論語先進

孔子是主張「事君敬其事，而後其食」的人，他以爲只有實行廉潔政治，才可以使民。

居上位者不但要在消極方面不以苛政苦民，而且應在積極方面保護人民，教育人民。照爲官義務來說，諸侯大夫實在應做人民的保護者和教化者啊！

子路問政。子曰：「先之，勞之。」請益，曰：「無倦。」——論語子路

執政者不應當安逸，應當先天下之利而利，替人民服務。

子貢問政。子曰：「足食，足兵，民信之矣。」

要使得倉廩足才能解決民食問題。要使得軍備足，才能保衞人民。有了這兩個條件，才能取得人民的信任。自然，在食、兵、信三者之中，信應是第一重要的。「自古皆有死，民無信不立。」——其次是食，其次才是兵。

子適衞，冉有僕。子曰：「庶矣哉！」冉有曰：「既庶矣，又何加焉？」曰：「富之！」「既富矣，又何加焉？」曰：「敎之！」

人民繁多，更要使得他們都能够富裕，不但如此，而且要去敎化他們。

其次居上位者還應訓練人民作戰，使他們有一種自衞的能力。

子曰：「善人敎民七年，亦可以即戎矣。」——論語子路

子曰：「以不敎民戰，是謂棄之。」——同上

總之，孔子是主張責任政治、和禮治主義的。所以他很稱讚子產，說他「養民也惠，使民也義。」他對於那「居蔡，山節，藻稅」的臧文仲是加以譏嘲的。他頂恨那「居上不寬，爲禮不敬」的人。

孔子對於法律也是注意到的，但他認爲法，只是一種輔助工具。

道之以政。齊之以刑。民免而無恥；道之以德，齊之以禮。有恥且格。——論語爲政

這裏他認爲法律祇是治標的，只能消極的使民不作姦犯科，而道德才是治本的，它能在積極方面使得人民感受一種感化，而歸於正。

季康子問政於孔子曰：「如殺無道，以就有道，何如？」孔子對曰：「子爲政，焉用殺？子欲善而民善矣。君子之德風，小人之德草，草上之風，必偃。」——論語顏淵

孔子是反對用嚴刑爲治政主要手段的，他認爲用道德可以感化「無道」之民。居上位者能够好善，人民自然會跟着趨向於善，所以他又說：

「善人爲邦百年，亦可以勝殘去殺矣。誠哉是言也」——論語子路

只是有善人執政，殘暴不仁的惡人也可以感化爲善了，斬刑也可以廢除了。

即使人民犯了一點小錯，也不應動輒以法律從事，所以：仲弓爲李氏赦，問政。子曰：「先有司，赦小過，擧賢才。」

由此說來，孔子是極力主張用禮治來代替法治的。

孔子認爲執政者的好壞，根本可以決定政治的良窳與民心的向背。所以他又是主張善人政治的。

哀公問曰：「何爲則民服？」孔子對曰：「舉直錯諸枉，則民服；舉枉錯諸直，則民不服。」——論語爲政

二　孟子的政治思想

孟子生當初期的封建制度崩潰的時代，諸侯的兼併比春秋時代更劇烈，社會上貧富階級的分化也比以前更顯著，要恢復舊時代的封建制度，在孟子認爲是不可能的。因此孟子雖然繼承孔子的政治思想，但因爲時代的不同，也不像孔子那樣主張復古，雖然也亦好託古，然他完全是爲着要揭櫫自己的學說。他看見當時的政治簡直是變得太厲害了，各國戰亂不息，諸侯專橫，世卿跋扈，平民簡直痛苦不堪，他覺得要回復到從前的原始封建狀態，固然是不可能，但對於現實的政治是不能不加以改良的。他的思想比孔子更激進，他的政治思想在當時散佈了極大的影響，雖然和他並存的，還有許多敵派——楊墨等。

一部孟子，大部份是論政的，因此我們要考查孟子的政治思想，不能不以孟子一書爲根據，正如我們考查孔子的政治思想，不能不以論語爲根據一樣。

戰國時代，正是商人資本異常發達功利主義流行的時候，這種情形根本影響到當時各國的政治，所以一般諸侯都重視眼前的功利，以征服鄰國爲能事。孟子覺得這是天下大亂的根本原因。他對於當時流行的功利主義是反對不遺餘力的。他首先揭出了「仁義」一個口號，所謂「仁義」就是一種反功利主義的總綱領。

孟子見梁惠王。王曰：「叟，不遠千里而來，亦將有以利吾國乎？」孟子對曰：「王何必曰利，亦有仁義而已矣！王曰何以利吾國？大夫曰何以利吾家？士庶人曰何以利吾身？上下交征利，而國危矣。……苟爲後義而先利，不奪不饜」——孟子梁惠王上

先生以仁義說秦楚之王，秦楚之王，悅於仁義，而罷三軍之師，是三軍之士，樂罷而悅於仁義也。爲人臣者，懷仁義以事其君，爲人子者懷仁義以事其父，爲人弟者懷仁義以事其兄，是君臣父子兄弟去利懷仁義以相接也，然而，不王者未之有也。何必曰利！——孟子告子下

只有上下一致的消除了功利主義的觀念，不爲自己打算，而遵循「仁義」，才可以修家治國，以至於王天下。仁義是應該成爲政治的基礎，這不僅僅是一個道德問題，而實質含有深厚的政治意義啊。

自然，要施行仁義，應該自上而下的實行才容易發生效果，所以他說：

君仁莫不仁，君義莫不義，君正莫不正；一正君，而國定矣。——孟子離婁上

孟子看見當時諸侯對於人民的榨取和壓迫是太不成話了，他認爲這是非常危險的狀態。他提出了「仁政」的一個口號，他的政治學說一貫的是建築在這種仁政的思想上。

今王發政施仁，使天下仕者皆欲立於王之朝，耕者皆欲耕於王之野，商賈皆欲藏於王之市，行旅皆欲出於王之塗，天下之欲疾其君者，皆欲赴愬於王；其若是，孰能禦之！——孟子梁惠王上

只有能施仁政的諸侯，才可以得民，才可以使國勢增大起來。君行仁政，斯民親其上，死其長矣。——孟子梁惠王下

當今之時，萬乘之國，行仁政，民之悅之，猶解倒懸也。——孟子公孫丑上

堯舜之道，不以仁政，不能平治天下。——孟子離婁上

三代之得天下，以仁政，其失天下也，以不仁。——同上

仁政是如何的重要呵！當時的人民對於仁政的需要是如何的迫切啊！

孟子痛恨當時那班不行仁政殘賊人民的諸侯大夫。

鄒與魯鬨，穆公問曰：「吾有司死者三十三人，而民莫之死也。誅之則不勝誅，不誅則疾視其長上之死而不救，如之何其可也？」孟子對曰：「凶年饑歲，君之民，老弱轉乎溝壑，壯者散而之四方幾千人矣。而君之倉廩實，府庫充，有司莫以告，是上慢而殘下也。」——孟子梁惠王下

然則子之失伍也亦多矣，凶年饑歲，子之民老羸轉於溝壑，壯者散而之四方，幾千人矣。——孟子公孫丑下

流離失所，飢莩載道，而一班做諸侯大夫的絲毫不關懷，讓人民活活的受罪，這是多麼該死！

諸侯要想王天下，非與人民打成一片不可，人民不可小覷的啊。

古之人，與民偕樂，故能樂也。——孟子梁惠王上

湯誓曰：「時日害喪，予及女偕亡。」民欲與之偕亡，雖有台池鳥獸，豈能獨樂哉！——孟子梁惠王上

人民不是死的，他們也和治者階級一樣是有知覺的。你要是和他們疏隔太遠了，甚至去壓迫他們，他們就非起來造反不可。

老吾老，以及人之老，幼吾幼，以及人之幼，天下可運於掌。——孟子梁惠王上

諸侯能够推己以及人，體貼人民，不專為自己的利益打算，天下的人民怎麼會不服從他呢？

今王鼓樂於此，百姓聞王鐘鼓之聲，管籥之音，舉疾首蹙頞而相告曰：「吾王之好鼓樂，夫何使我至於此極也！父子不相見，兄弟妻子離散！」今王田獵於此，百姓聞王車馬之音，見羽旄之美，舉疾首蹙頞而相告曰：「吾王之好田獵，夫何使我至於此極也！父子不相見，兄弟妻子離散。」此無他，不與民同樂也。——孟子梁惠王下

不與民同樂，而只顧到自己的快樂，這只有使得人民怨恨，因為你在那裏享樂。百姓却在那裏受罪咧！

反過來，如果王能與民同樂，那情景就完全不相同了。

今王鼓樂於此，百姓聞王鐘鼓之聲，管籥之音，舉欣欣然有喜色而相告曰：「吾王庶幾無疾病與？何以能鼓樂也？」今王田獵於此，百姓聞王車馬之音，見羽旄之美，舉欣欣然有喜色而相告曰：「吾王庶幾無疾病與？何以能田獵也？」此無他，與民同樂也。今王與百姓同樂，則王矣。——孟子梁惠王下

孟子看見當時人民的生活痛苦異常，以為人民生計問題不能解決，要治國家平天下是不能的。所以他竭力主張發展生產事業，使得人民能够溫飽無虞。在另一方面，要設法減輕人民的負担，不能以苛稅重斂苦民。

不違農時，穀不可勝食也；數罟不入洿池，魚鼈不可勝食也；斧斤以時入山林，材木不可勝用也。穀與魚鼈不可勝食，材木不可勝用，是使民養生喪死無憾也。

五畝之宅，樹之以桑，五十者可以衣帛矣。雞豚狗彘之畜，無失其時，七十者可以食肉矣。百畝之田，勿奪其時，數口之家，可以無飢矣。……七十者衣帛食肉，黎民不飢不寒，然而不王者未之有也。——梁惠王上

要王天下實在不難，只要你肯處處為人民着想，不因無度的徭役而妨礙人民的耕作，使得他們豐衣足食，人民的生計一不成問題，國家的基礎自然會鞏固擴大起來。

孟子對於人民生計這個問題是異常重視的。你看他重複申說「五畝之宅，樹之以桑，……雞豚狗彘之畜無失其時。……」這種政策至三次之多

，就可以想見了。

孟子是反對當時的苛征暴斂的，當時商業資本之發達在孟子是認爲不應該加以阻礙，孟子雖不是一個重商主義者，然他却認爲工商和農業同樣是國家的重要經濟基礎。一個國家是否富庶，全看她的社會經濟是否發達。

市廛而不征，法而不廛，則天下之商，皆悅而願藏於其市矣。關譏而不征，則天下之旅，皆悅而願出於其路矣。耕者助而不稅，則天下之農皆悅而願耕於其野也。廛無夫里之布，則天下之民皆悅而願爲之氓矣。——公孫丑上

當時各國市廛有征，關市有征，農業有稅，甚至未娶妻的男子還要納人頭稅，人民的負担是何等繁重！假使諸侯能節用愛民，減輕人民的負担，人口一定要多起來，領土一定要擴大起來，這樣還不足以王天下嗎？

昔者文王之治岐也，耕者九一，仕者世祿，關市譏而不征，澤梁無禁，罪人不孥。——梁惠王下

文王時代雖然未必如此，然孟子所理想的王政却不外此。王如施仁政於民，省刑罰，薄稅斂，深耕易耨。壯者以暇日，修其孝悌忠信，入以事其父兄，出以事其長上。可使制梃以撻秦楚之堅甲利兵矣。彼奪其民時，使不得耕耨以養其父母，父母凍餓，兄弟妻子離散，彼陷溺其民，王往而征之，夫誰與王敵！——梁惠王上

所謂仁政的實質，就是這樣。孟子最恨的是苛征暴斂和無度的徭役。孟子曾想像一種井田制度。此種井田制度完全是孟子的一種烏托邦社會理想。井田制度的內容是這樣：

鄉田同井，出入相友，守望相助，疾病相扶持，則百姓親睦。方里而井，井九百畝，其中爲公田，八家皆私百畝，同養公田。公事畢，然後取治私事，所以別野人也。——滕文公上

孟子是主張人民治產的，他說人民有了固定的財產，就會一心一意的治理自己的生活，不會爲非作歹。所以他說：

民之爲道也，有恒產者有恒心，無恒產者無恒心。苟無恒心，放辟邪侈，無不爲已。及陷於罪，然後從而刑之，是罔民也。焉有仁人在位罔民而可爲也！——滕文公上

孟子的政治學說，對於「人民」的問題是看得異常重要的。他以爲「人民的意志」是不可違背的。而且國家的政事應該依照人民的公意來決定。

國君進賢，如不得已，將使卑踰尊，疏踰戚，可以愼與！左右皆曰賢，未可也；諸大夫皆曰賢，未可也；國人皆曰賢，然後察之，見賢焉，然後用之。左右皆曰不可，勿聽；諸大夫皆曰不可，勿聽；國人皆曰不可，然後察之，見不可焉，然後去之。左右皆曰可殺，勿聽；諸大夫皆曰可殺，勿聽；國人皆曰可殺，然後察之，見可殺焉，然後殺之。故曰國人殺之也。如此，然後可以爲民父母。——梁惠王下

用人、罷官、殺人，都得徵求國人的公意，這是何等的德謨克拉西精神！

齊人伐燕，勝之。宣王問曰：「或謂寡人勿取，或謂寡人取之；以萬乘之國伐萬乘之國，五旬而舉之，人力不至於此。不取必有天殃，取之何如？」孟子曰：「取之而燕民悅，則取之，古之人有行之者武王是也；取之而燕民不悅，則勿取，古之人有行之者文王是也」——梁惠王下

不但對於本國的人民要服從民意，便是對被征服國的人民也應該這樣。要順着民意行事，才足以服人，才足以王天下。

天時不如地利，地利不如人和……故曰：域民不以封疆之界，固國不以山谿之險，威天下不以兵革之利。得道者多助，失道者寡助。

寡助之至，親戚畔之；多助之至，天下順之。以天下之所順，攻親戚之所畔。故君子有不戰，戰必勝矣——公孫丑下

人和就是民意，民意乃是戰爭的唯一武器，假使天下的民心都歸順我，毫無疑問的是可以取得勝利的。

所謂民意是甚麽？民意即是表示天意的東西。天雖然不能說話，但天可以「以行與事示之」天下，借托人民的意志表現出來。所以孟子引泰柏的話：「天視自我民視，天聽自我民聽。」

昔者堯薦舜於天，而天受之；暴之於民，而民受之，故曰天不言，以行與事示之而已矣。——萬章上

孟子看見當時戰亂不息，殺伐不已，使他不能不反對當時的不義之戰。孟子雖不是一概反對戰爭——孟子是贊成弔民伐罪的義戰者——但他對他那種爭城奪地的戰爭是攻擊不遺餘力的：

由此觀之，君不行仁政，皆棄於孔子者也。況於爲之强戰！爭地以戰，殺人盈野；爭城以戰，殺人盈城；此所謂率土地而食人肉，罪不容於死。故善戰者服上刑，連諸侯者次之；辟艸萊任土地者次之。——離婁上

那種「率土地而食人肉」的戰爭，是多麽殘酷！那些「甘爲戎首」的人眞是罪不容於死！因爲他們把人民當做犧牲品，來爲他們自己謀利益。梁惠王就不是好榜樣嗎？「梁惠王以土地之故，糜爛其民而戰之。」（盡心下）他把人民看得比糞土還不如啊！

戰國時代正是一個殺人的時代，被殺者總是一般無辜的平民；他們不但是戰爭的犧牲者，而且時常給治者階級不由分說的殺戮了。這當然是使孟子憤慨萬分的。他看見當時的諸侯，沒有一個不好殺人的。他說：「如有不嗜殺人者，則天下之民皆引領而望之矣。」——梁惠王上

但是孟子對於諸侯殺人，只說出了一個消極的反抗辦法。他說：「無罪而殺士，則大夫可以去；無罪而戮民，則士可以徙。」（離婁下）

諸侯是愈弄愈横暴了，人民被殘踏在他們的鐵蹄之下，簡直喘不過氣來。這使孟子發生一種革命思想。但是孟子的理想當中，革命並不是由人民主動的，他只是希望有一位眞正能「弔民伐罪的王者」出來誅暴除虐。這種模範在歷史上自然有湯武，所以孟子時常提到湯武弔民伐罪的故事。

書曰：「湯一征，自葛始。天下信之。東面而征，西夷怨；南面而征；北狄怨；曰：「奚爲後我！」民望之，若大旱之望雲霓也。歸市者不止，耕者不變，誅其君而弔其民，若時雨降，民大悅。——梁惠王下

這種弔民伐罪的仁義之師，在當時是非常需要的，但不幸在當時並沒有這種仁義之師。不但戰國時代沒有，就連春秋時代也沒有。他說：「春秋無義戰，彼善於此則有之矣。」

孟子認爲湯武革命，都是以至仁伐至不仁的義舉。他不相信武王伐紂是殺了許多人的。他說：

「盡信書則不如無書，吾於武成取二三策而已矣。仁人無敵於天下，以至仁伐至不仁，而何其血之流杵也？」——盡心下

在他理想當中，以至仁伐至不仁的革命是不用流很多的血就可以成功的。所以他是反對那種「殺人盈野」的殘酷戰爭。

孟子最恨的是那種把天下當做私人財產的「一夫」。他很憤慨的說：「賊仁者爲之賊，賊義者爲之殘，殘賊之人謂之一夫！」又說：「吾聞誅一夫紂矣，未聞弑君也。」有一次桃應問他說：「舜做天子，皋陶做士官，假使瞽瞍殺人，皋陶應該怎麽辦？」孟子回答說：「皋陶把他捕起來就是了。」可見孟子對於法律是主張一絲不苟的。他認爲人民是國家的主體，侵犯人民的行爲是絕對不能容許的，因此他很大胆的喊出了「民爲貴，社稷次之，君輕之」的口號。

自然，在孟子的政治學說中，我們很明顯的可以看見他是贊成維持社會的階級制度的。他反對那種主張「絕對平等」的空想的社會主義。例如他對於那提倡「賢者與民並耕而食，饔飧而治」的許行是極力反對的，陳相在那裏宣傳許行主義說：

從許行之道，則市賈不貳，國中無僞。雖使五尺之童，適市莫之或欺。布帛長短同則賈相若；麻縷絲絮輕重則賈相若；五穀多寡同，則賈相若；屨大小同，則賈相若。——滕文公上

孟子回答說：

夫物之不齊，物之情也；或相倍蓰，或相什伯，或相千萬；子比而同之，是亂天下也。巨屨小屨同，賈人豈爲之哉？從許子之道相率而爲僞者也，惡能治國家？——同上

孟子認爲社會的分工是絕對必要的，這種分工就是階級制度存在的理由。要想取消階級的差別，非但不可能，而且足以亂天下的。你看他說：

「有大人之事，有小人之事，且一人之身而百人之所爲備，如必自爲而後用之，是率天下而路也。故曰或勞心，或勞力，勞心者治人，勞力者治於人。治於人者食人，治人者食於人，天下之通義也。」

勞心者居於治者的地位，勞力者居於被治者的地位，這乃是鐵一般的定則。

三　荀子的政治思想

荀子是闡發儒家哲學思想最有力量的一個學者，他將儒家的政治哲學有系統地表白出來，他在政治哲學上的地位是不下於孟子的。自然，荀子的學說自有其自已的特點，它和孟子的政治思想雖然都是由孔子一脈相傳的，然他在政治哲學上創立了一個獨立的支流。無疑的，荀子對於政治哲學是有其獨立的貢獻的。

我們要研究荀子的政治學說，首先使我們感覺困難的，就是現在所存留的荀子一書的可靠性遠不及論語與孟子，因爲今本的荀子有好些文字是後人攙雜進去的。不過我們要從這部書中窺測荀子的政治思想的大概內容還並不是不可能的。

荀子是一個澈底的人本主義者，他一面反對老莊一派的天定論，一面也不同意孔孟的天命說。他說：

天行有常，不爲堯存，不爲桀亡。應之以治則吉，應之以亂則凶。彊本而節用，則天不能貧，養備而動時，則天不能病，修道而不貳，則天不能禍，……本荒而用侈，則天不能使之富，養略而動罕，則天不能使之全，倍道而妄行，則天不能使之吉，故水旱未至而飢，寒暑未薄而疾，妖怪未至而凶，受時與治世同，而殃禍與治世異，不可以怨天，其道然也。故明於天人之分，則可謂至人矣。——天論

這是何等的看重人爲的力量！他更進一步的喊出「惟聖人爲不求知天」(天論)的口號，將他獨立的哲學見解明白的表露出來。他的政治學說就是從這種哲學思想出發的。

荀子是極端主張禮治的，他的禮治主義和孔子的禮治主義在原則上沒有什麼大差異，而他對於禮的解釋却是依照他一貫的人本主義出發的。

禮起於何也？曰：「人生如有欲，有欲而不得，則不能無求，求無度量分界，則不能不爭；爭則亂；亂則窮。先王惡其亂也，故制禮義以分之，以養人之欲，給人之求。使欲必不窮乎物，物必不屈於欲，兩者相持而長，是禮之所起也。故禮者養也。」——禮論篇

所謂禮是調劑人類生活的手段，其目的是要使人類的慾望和物質保存一種平衡。有了禮，就可以消弭爭亂，因爲它可以對於人類的慾望加以適當的調節，不致於使它無限的發展。

先王之道，仁人隆也，比中而行之。曷謂中？曰禮義是也；道者

非天之道，非地之道，人之所道也。——儒效篇

故禮義即是要求得中道，要使得智愚賢不肖都能遵循共同的社會秩序。這種禮義並不是天定的，乃是人爲的制度。

禮的作用是非常偉大的，禮是一切事物的根本，國家的政治生活自然不能須臾離開它。

人無禮則不生，事無禮則不成，國家無禮則不寧。——修身篇

禮者治辨之極也；强國之本也；威行之道也；功名之總也；莊公由之所以得天下也；不由所以隕社稷也——議兵篇

荀子和孟子一樣，竭力主張維持社會的等級制度，他的禮治即是建築在這種等級論中。

禮有三本，天地者，生之本也；先祖者，類之本也；君師者，治之本也。無天地，惡生？無先祖，惡出？無君師，惡治？……故禮上事天，下事地，尊先祖而隆君師，是禮之三本也。——禮論篇

他的崇拜祖先，崇拜天地，和服從君師的觀念完全是一種宗法制度的反映，而同時是基於一種等級制度的維護觀念上的。他在許多地方很明顯的表白此種一貫的思想：

夫貴爲天，富有四海，是人情之所同欲也；然則從人之所欲，則執不能容，物不能贍也。故先王案爲之制禮義以分之，使有貴賤之等，長幼之差，智賢愚能不能之分，皆使人載其事，而各得其宜。——榮辱篇

禮者貴賤有等，長幼有差，貧富輕重皆有稱者也。——富國篇

他以爲人類的慾望是無止境的，假使人人都無限制的發展其慾望，則社會的秩序必難維持，禮義就是救此之窮的。因爲有了禮義，社會的等級就很嚴格的劃開了，各人守着一定的範圍，都能「安分守己」，自然不會發生爭執。

君子既得其養，又好其別。曷謂別？曰貴賤有等，長幼有差，貧富輕重有稱者也。——禮論篇

此處所說的別，就是指社會等級的劃分而言。這正是孟子所說的「有大人之事，有小人之事」的意思。

社會上既然有等級的存在，被支配層級自然應該對支配層級盡一定的義務。所以他說：

少事長，賤事貴，不肖事賢，此天下之通義也。有人也，執不在人上，而羞爲人下，是姦人之心也。——仲尼篇

社會上如果沒有等級有什麼害處呢？一定要使得國家陷於無政府狀態：

分均則不偏，執齊則不一，衆齊則不使。……夫兩貴之不能相事，兩賤之不能相使，是天數也。執位齊而欲惡同，物不能澹(讀若贍)則必爭。——王制篇

兩個等級的不同之點在什麼地方呢？原來一個是憑藉「德行」以治民一個是憑藉「勞力」以事上。勞力者是應該受有德者的指揮的：

故曰：君子以德，小人以力，力者德之役也。——富國篇

假使沒有統治者，那被治者簡直一刻不能生存。因爲：

百姓之力待之而後功，百姓之羣待之而後和，百姓之財待之而後聚：百姓之埶待之而後安，百姓之壽待之而後長，……故曰：「生地生之，聖人成之，」此之謂也。——富國篇

荀子也是極端主張正名的，這一點是祖述孔子的正名主義而來的。

故王者之制名，名定而實辨，道行而志通，則愼率民而一焉。故折辭擅作名，以亂正名，使民疑惑，人多辨訟，則謂之大姦，其罪猶爲符節度量之罪也。故其名莫敢託爲奇辭以亂正名，故其名愨愨則易使，易使則公，其民莫敢託爲奇辭以亂正名。故壹於道法，而謹於循

令矣，如是則其迹長矣。迹長功成，治之極也。是謹於守名約之功也。——正名篇

名分的實質究竟是什麼呢？老實說，就是要明貴賤，別同異：

貴賤不明，同異不別，如是則志必有不喻之患，而事必有困廢之禍。故知者為之分別制名以指實，上以明貴賤，下以辨同異，貴賤明，異同別，如是則志無不喻之患，而事無困廢之禍，此所為有名也。——正名篇

這是荀子一貫的社會等級制度維護論。他以為一個社會的秩序事應固定不變的，社會組織應該是建築在森嚴的等級區劃上。名是代表各個社會等級的權利與地位的符號。故名分一定要符合各等級的實質。所以荀子最痛恨那班亂名分慢等差的人，他批評墨子，說：「墨子大有天下，小有一國。」不知一天下，建國家之權稱；上功用，大儉約，而僈差等；曾不足以容辨異，縣君臣，然而其持之有故，言之成理，足以欺惑愚衆，是墨翟宋鈃也。——非十二子篇

墨子宋鈃這班人企圖打破社會的等級，簡直是破壞名分，他們眞是絲毫沒有治理國家的常識，不懂輕重！

然荀子所要維護的等級倒不是那種舊時的封建世襲等級。在他的理想中，社會的等級是要以個人的能力品格做標準來區分的。所以他說：

雖王公士大夫之子孫，不能屬於禮義，則歸之庶人，雖庶人之子孫也，積文學，正身行，屬於禮義，則歸之卿相士大夫。——王制篇

這裏很明白的表示着荀子是不主張維持那種垂死的封建貴族制度，而是主張用官僚的組織系統來代替舊時的世襲制度的。當時貴族階級的衰落與官僚階級的勃起使荀子的政治思想不能不傾向於擁護官僚政治制度之一途。

戰國時代在國家組織方面是由地方分權移向國家集權的一個過渡時期，當時各國大都有採用官僚制度的趨勢。官僚組織特別是在秦趙諸國比較發達。這些國家都是荀子遊學過的（他是趙人。）荀卿受了這種官僚政治組織的影響，自然容易產生他官僚制度的理論。

荀子在儒效一篇中極明顯地表現着他的擁護官僚國家制度的思想，他理想當中的標範「官僚」就是周公。你看他開頭就說：

大儒之效，武王崩，成王幼，周公屏成王而及武王，以屬天下，惡天下之倍周也。履天下之籍，聽天下之斷，偃然如固有之，而天下之稱貪焉；殺管叔，虛殷國，而天下不稱戾焉；……周公無天下矣，鄉有天下，今無天下，非擅也；成王鄉無天下，今有天下，非奪也；變執次序節然也。故以枝代主而非越也，以弟誅兄而非暴也；君臣易位而非不順也。因天下之和，遂文武之業，明枝主之義，抑易變化，天下厭然猶一也。非聖人莫之能為，夫是之謂大儒之效。——儒效篇

我們要注意這裏所說的大儒，就是指他理想中的官僚而言。周公在歷史上雖然是屬於姬姓的一個封建的首領，然在荀子的心目當中，他却是一個輔助君主治理天下的模範官僚。

荀子把官僚分為三等，第一是「法先王統禮義」的上等官僚，即是所謂大儒；第二是「法後王，一制度，隆禮義而殺詩書」的中等官僚，即所謂雅儒；第三是「法先王而足亂世術，繆學雜舉，不知法後王而一制度，不知隆禮義而殺詩書」的下等官僚，即是所謂俗儒。還有一等人是「不學問，無正義，以富利為隆」的，根本不能治理政治，就是所謂俗人。他說：

故人主用俗人則萬乘之國亡；用俗儒則萬乘之國存；用雅儒則千乘之國安；用大儒則百里之地久。——儒效篇

所以一個國家的命運完全是由官僚的好壞來決定的。官僚的國家組織系統應該怎樣建立起來呢？這就在一種很細密的政治分工。荀子在天制一篇中關於序官——即官僚的組織系統敍述如下：

序官：宰爵和賓客，祭祀，饗食，犧牲牢之數；司徒知百宗，城郭，立器之數；司馬知師旅甲兵乘白之數；修憲命，審詩商，禁淫聲，使夷俗邪音不敢亂雅，大師之事也。修堤梁，通溝澮，行水潦，安水歲，以時決塞，歲雖凶，敗水旱，使民有所耕艾，司空之事也；相高下，視肥墝，序五種，省農功，謹蓄藏，以時順修，使農夫樸力而寡能，治田之事也；修火憲，養山林，藪澤草木魚鼈百素，以時禁發，使國家足用而財物不屈，虞師之事也；順州里，定廛宅，養少畜，閭樹藝，勸教化，趨孝悌，以時順修，使百姓順安安樂處鄉，鄉師之事也；論百工，審時事，辨功苦，尚完利，便備用，使雕琢文采不敢專造於家，工師之事也；相陰陽，占預兆，鑽龜陳卦，主攘擇五卜，知其吉凶妖祥，傴巫跛擊之事也；修採清，易道路，謹盜賊，平室律，以時順修，使賓旅安而財貨通，治市之事也；防淫除邪，戮之以五刑，使暴悍以變，姦邪不作，司寇之事也；本政教，正法則，兼聽而時稽之，度其功勞，論其慶賞，以時愼修，使百吏免盡而衆庶不偷，冢宰之事也；論禮樂，正身行，廣教化，美風俗，兼覆而調一之，辟公之事也；全道德，致隆高，綦文理，一天下，振毫末，使天下莫不順比從服，天子之事也；故政事亂，則冢宰之罪也；國家失俗，則辟公之過也；天下不一，諸侯謀反，則天子非其人也——王制篇

這是何等細密的官僚國家組織，為便利於明瞭起見，我們可以將這個組織系統列表如左：

荀子既然是主張建立廣大的官僚國家組織系統的，所以他不贊成那種依照舊時的封建制度之官的辦法。他理想當中的政治制度是建築在人才主義上的。

請問為政，曰賢能不待次而舉，罷不能不待須而廢——王制篇

有政治能力的人應該破格擢升，如傅說起版築為相就是一個好例子：

- 天王（國家元首）
  - 冢宰（官僚的首領）
    - →工師（工藝管理官）
    - →鄉師（地方行政官吏）
    - →虞師（國家生產事業管理官）
    - →司徒（治民官）
    - →司馬（軍事指導官）
    - →大師（風化管理官）
    - →司空（水利管理官）
    - →司寇（司法官）
    - →治田（農業管理官）
    - →治市（市政管理官）
    - →宰爵（禮義司理官）
    - →傴巫跛擊（陰陽卜兆官）
  - 辟公（教化的主腦）

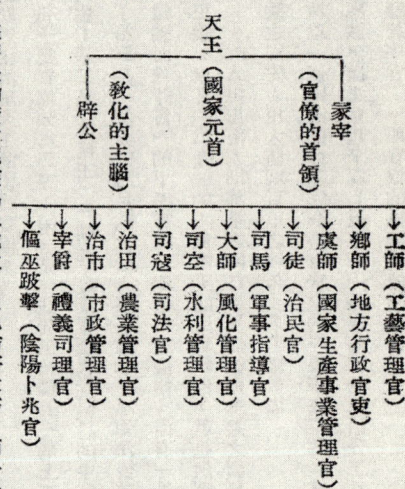

至於不堪勝任的庸官應該馬上裁汰，以免妨害政務。荀子異常重視政治的能率。這正是他的官僚國家組織觀的特點。

求仁厚明通之君子而托王焉。與之參國政，正是非，如是，則國孰不敢為義矣。……賢士願相國之朝，能士願相國之官，好利之民，莫不以齊為歸，是一天下也。——彊國篇

故百里之地，其等位爵服，足以容天下之賢士矣；其官職事業，足以容天下之能士矣；循其舊法，擇其善者而明用之，足以順服好利之人民矣。賢士一焉，能士官焉，三者具而天下盡，無有是外矣。——同上

官僚的來源就是士。也只有士的人員才可以供給良好的官僚，所以國家應盡量容納一班賢士能士，讓他們來治理國家，才可得民。因為只有這批新官僚才可以體貼人民的心意，知道人民的利害，他們決不像舊時的貴族那樣和民衆隔膜啊。

荀子理想當中的政制是一種基於官僚主義上的開始的君主政體。他重視君主的地位，以為君主總轄全國的政治，他的責任是異常重大的：

世俗之爲說者曰：主道利用，是不然。

君者民之唱也，上者下之儀也。……故上者下之本也，上賢明則下治辨矣；上端誠則下原愨矣；上公正則下易直矣。……上周密則下疑玄矣；上幽險則下漸詐矣；上偏曲則下比周矣。——正論篇

君主的一舉一動都應爲民法，事事公開，絕對不可有所秘密。因爲你愈秘密，愈足以引起人民的疑惑，這樣是不能取得人民的信任的。

君者民之原也，原清則流清，原濁則流濁——君道篇

君主的責任是何等重大！君主不能愛民，不能利民，要想求得人民的親愛是絕對不可能的。

君主的責任有四：第一是養民，第二是治民，第三是興能，第四是保民。這四大責任合起來就是「能羣」，能羣即是君道的極則：

道者何也？曰君道也。君者何也？曰能羣也。能羣者何也？曰善生養人者也；善班治人者也；巳善顯設人者也；善藩飾人者也。——君道篇

荀子極端主張人治主義，他以爲政治的良窳是應由執政者的好壞來決定的，君主是國家治亂的中心：

有亂君，無亂國；有治人，無治法；……。得其人則存，失其人則亡。法者，治之端也；君子者，法之原也；故有君子，則法雖省，足以偏矣；無君子，則法雖具，失先後之施，不能應事之變，足以亂矣。——君道篇

君主是賢良的，國家就可以治，所以一個國家的治亂興衰完全是以君主爲轉移的。法治，究竟不及人治。法律用不着繁，因爲如果沒有賢良的執政者，法律祇不過是成爲一紙空文；假使執政者良善，縱然沒有法律。而其基本原則亦可以普遍的應用。法律原來是由人制定出來的適應時勢的需要的。所以時代在那裏改變，而仍舊應用舊的法律，當然不能適合實際的需要。這樣非特不能治民，反足以滋亂。所以「無君子，則法雖具，失先後之施，不能應事之變，足以亂矣。」荀子反對濫用刑罰，刑罰在他看來只是一種消極的治民手段。所以他說：「賞不欲僭，刑不欲濫；賞僭則利及小人，刑濫則害及君子。若不幸而過，寧僭無濫，與其害善，不如利淫。」（致仕篇）又說：「尙賢使能，而等位不遺，析愿禁悍，而刑罰不過。（王制篇）荀子理想中是要實現「賞不用而民勸，罰不用而威行。」（彊國篇）的政治。

荀子頗有近代民主主義的思想，這一點是和孟子相同的。他以爲君主天然的是應該替人民服務的：

天之生民，非爲君也；天之立君，以爲民也。——大略篇

站在這個觀點上，所以他極端反對暴君政治。孟子所說的「聞誅一夫紂矣，未聞弒君也。」的思想在荀子的學說中可以找着同樣的論調。

世俗之爲說者曰：桀紂有天下，湯武簒而奪之，是不然。以桀紂爲常有天下之籍則然，就有天下之籍則不然，天下謂在桀紂則不然。……誅暴國之君，若誅獨夫。——正論篇

這種反對暴君的論調自然是受了當時各國暴君政治的刺激而發的。荀子很看重民衆的力量，他以爲執政者如果駕馭得法，自然容易得到人民的擁戴；不然，人民是有力量顚覆他的統治的：

君者舟也，庶人者水也，水則載舟，水則覆舟。——王制篇

人民受了苛政的壓迫，他們自然會感覺着不安。在不得巳的時候，人民就會奮發起來反抗。如果人民發生不安的時候，執政者應該爲一勞永逸之計想出根本的辦法去謀補救。所以他說：

馬駭輿，則君子不安輿；庶人駭政，則君子不安位；馬駭輿，則莫若靜之；庶人駭政，則莫若惠之。——王制篇

這是消弭庶人反抗的絕妙政策；荀子是很懂得革命羣衆的心理的一個

人。

荀子和孟子一樣，很了解政治是建築於經濟的基礎上。所以他很重視國家的生產事業與理財制度。

荀子以爲要使得國家的經濟基礎鞏固，首先就要實行「節用裕民政策。」所謂節用裕民在消極方面就是減少消費，在積極方面就是提高生產：

足國之道，節用裕民而善藏其餘。節用以禮，裕民以政，彼裕民故多餘；裕民則民富，民富則田肥以易，田肥以易，則出實百倍。……上以法取之，而下以禮節用之。……不知節用裕民則民貧；民貧則田瘠以穢，田瘠以穢，則出實不半。上雖好取侵奪猶將寡獲也，而或以無禮而用之，則必有貪利糾譑之名，而且有空虛窮乏之實矣；此無他故焉，不知節用裕民也。——富國篇

減少無益的浪費全靠禮。增進人民的生產能力全靠政。惟禮才可以消減奢侈之風使民知所節用；唯政才可以減輕人民的經濟負担，刺激其經營基本的生產事業，農業的慾望，使民知所致富。這裏荀子特別提起農業，實表明其重農主義的思想。此種重農主義的空想在荀子全部學說中表現得再明顯沒有了。

輕田野之說，省商賈人數。罕興力役，無奪農時。如是則國富矣。——富國篇

荀子和孟子一樣反對當時對於農業的苛征重斂，反對當時過渡的徭役。但他和孟子不同的，是：重農輕商，這在孟子的學說中是不大看見的。他主張減少商賈的數目，擴大農業的生產。

他認爲國家的財富基礎，乃是農業，農業的生產發達，才可以使民富，使國足，所以他說：

故田野縣鄙國之本也；垣窌倉廩，財之末也。……故田野荒而倉廩實，百姓虛而府庫滿，夫是之謂國蹶。——富國篇

不富無以養民情，不教無以養民性；故家五畝宅，百畝田，務其業而勿奪其時，所以富之也。——大略篇

荀子雖然主張重農主義，但他却很重視一般的國民經濟，這是當時的工商業發達，使他不得不如此：

王者之等賦政事財，萬物所以養民也。田野什一，關市幾而不征。山林澤梁以時禁發而不稅；相地而衰政，理道之遠近而致貢，通流財物粟米無滯留，使相歸移，四海之內，若一家。——王制篇

關市幾而不征，質律禁止而不偏；如是則商賈莫不敦愨而無詐矣。百工將時斬伐，佻其朝日，而利其巧任，則百工莫不忠信而不楛矣。縣鄙將輕田野之稅，省刀布之斂，罕舉力征，無奪農時，如是則農夫莫不樸力而寡能矣。……商賈敦愨無詐，則商旅安，貨財通，而國求給矣。百姓忠信而不楛，則器用巧，而財不匱矣。農夫樸力而寡能，則上不失天時，下不失地利，中得人和，而百事不廢，是之謂政令行，風俗美。——王霸篇

這種縝密的國家經濟政策和理財政策使荀子的政治學說超過了在他以前的孔子和孟子，這自然是因爲荀子所處的時代不同啊。

曾國藩與儒家思想

宋漢濯

「孔曰成仁，孟曰取義，惟其義盡，所以仁至。讀聖賢書，所爲何事？而今而後，庶幾無愧！」——文天祥

「吾平生所學，得之忠恕二字，一生用之不盡。」——范純仁

「明至理以遣果。」——郭象

「余不望作大官，但願作讀書明理之君子，勤儉自持，習勞習苦，可以處樂，可以處約，此君子也。」——曾國藩

讀書所以明理，明理所以致用。「書中自有黃金屋」，「書中自有顏如玉」的時代久成過去，我們讀書的惟一目的，就是爲了「作人」。

近年來，我時常溫習古書，大概是由於年齡經驗閱歷和對事物多了些體察的關係吧，在這些書裏，我得到的反應與十年前在私塾裏大不相同，我感到新鮮的發現，這些發現漸漸與我的生活融合在一起，因此在我的深心裏，感到無上的欣慰。

古聖先賢的遺著，是他們閱歷經驗和事業的結晶，讀古人書所爲何事？不過是要採擇他們的這些結晶，作我們作人治學的借鑑，這裏面有勉勵，有指示，有警惕，有啓發，……我們如果眞能利用這可貴的借鑑，那才是我們所以要讀書的眞諦。

我崇敬儒家的哲學，時常有這麼一個幼稚的想法：覺得儒家哲學的偉大處是在教人如何修養人格和治學（當然照儒家講，治學也是爲了作人）在這一方面，儒家的造詣的確是博大精深，令人低首。

孔子哲學的最高點，就是「仁」，行「仁」方法，就是「忠恕」。簡單說來：「忠」便是「已欲立而立人，已欲達而達人」「恕」便是「已所不欲，勿施於人，」換句話說：「忠」就是推已及人的積極方面，「恕」就是推已及人的消極方面。如果把忠恕之道擴大行去，便可以應接無窮，所以先賢范純仁說：「吾平生所學，

得之忠恕二字，一生用之不盡。」這的確是他的經驗之談。

一般人總是好高騖遠，喜歡新奇。這不能不說是人的一種劣根。儒家的哲學特點是「平易」，但正因爲他的「平易」，所以才特別可貴，它存在於我們多方面的日常生活裏，所謂「忠恕」所謂「成仁」，「取義」，和「知其不可而爲之」的處世精神，都很「平易近人」，這種道理的發揚，便鑄成數千年中華民族的道德標準和處世的指南。接受了這種標準和指南而身體力行，便出現了歷史上許多偉大美滿的人格，我現在所要特別提出談談的是曾國藩先生。

曾國藩，字滌生，爲晚清中興元勳，但是他的偉大處，並不完全在於他平定洪楊的功績，更重要的，却是他的學業和文章。從他全部的著作中，我們可以領略出他完美的人格，他那關於處世治學的主張和切中時弊的言論，眞可以作百年後正從事於艱苦抗戰建國的我們四萬萬五千萬同胞的箴規，對於這位先賢的箴規，我們應當從速虛心的接受並且要身體力行。

滌生先生的學術是繼承儒家道統，他把儒家哲學滲入自己的血液中，融會貫通了，更加上一己之所得，遂達成自己完整的思想系統，現在我們先談談他論學的旨歸。

曾氏論學首重轉移習俗，陶鑄人才，他在文集裏面曾說：

「風俗之厚薄奚自乎？自乎一二人心之所嚮而已。此一二人者之心向義，則衆人與之赴義；一二人之心嚮利，則衆人與之赴利。衆人所趨，勢之所歸，雖有大力，莫之敢逆」，所以他主張士大夫，應作倡導，去轉移習俗，而陶鑄一世之人才，但究竟要陶鑄那一種人才呢？他說：

「天之生賢人也，大氐以剛直葆其本眞，其同社柔軟者常滑其自然之性，而無以全其純固之天。……若孫夏峯，顧亭林，黃梨洲，王而農，梅勿菴之徒，皆碩德貞隱，年登耄耋，而皆秉剛直之性，寸衷之所執，萬夫非之而不可動，三光晦五岳震而不可奪，故常全其至健之質，躋之大壽而神不衰。」——文集

這就是說，一個美滿人格，第一須具備剛直的條件，這與孟子所說的「富貴不能淫，貧賤不能移，威武不能屈」相似，但是只有剛直就能算作理想的人格嗎？不，這還不夠，還須要「忠誠」，他說：

「君子之道，莫大乎以忠誠作天下倡，世之亂也，上下縱於一己之慾，奸偽相吞，變詐相角，自圖其安而予人以至危，畏難避害，曾不肯捐絲粟之力以拯天下，得忠誠者起而矯之，克己而愛人，去偽而崇拙，躬履諸艱而不責人以同患，浩然捐生如遠遊之還鄉而無所顧悸，由是衆效其所爲亦皆以苟活爲羞，以避世爲恥。」文集

老子說：「大智若愚」、「大巧若拙」，這愚拙的實素就是「忠誠」，「忠誠」的表現就是「忠恕之道」。社會上若缺少了這「忠恕之道」，一定會變成一個杌隉不安的社會；個人若缺少了這「忠恕之道」，一定不能成事立身，所以「忠恕」實是維繫社會的基本，我們看古來許多成事立業的人多得之於「忠誠」二字，他能「推赤心於天下」，「克己愛人」，事有未遂，則毀謗集於一身，而無所怨，「浩然捐生如遠遊之還鄉，而無所顧悸」，這樣的人物是值得敬佩的。抗戰以來各處都有爲國捐軀可歌可泣的忠烈行爲，但如汪精衛之流的漢奸，爲了一時的勢利，便喪心病狂，出賣祖國，歸根結蒂，他們缺少的便是「忠誠」二字。

曾氏所以特別標出「忠誠」與國人共勉，實是爲了痛切時弊而發，在他的復彭麗生書裏有這麼沉痛的表白：「足下稱今日不可救藥之端，惟在人心陷溺，絕無廉恥云云，國藩私見實與賢者相脗合，竊嘗以爲無兵不足深憂，無餉不足痛哭，獨舉目斯世，求一攘利不先，赴義恐後，忠憤耿耿者不可亟得。」

又其與劉孟容書又曰：

「國藩入世已深，厭閱一種寬厚論說，模稜氣象，養成不黑不白不痛不癢之世界，誤人家國已非一日，偶有所觸，則輪囷肝膽，又與掀振一番。」

又說：「今日局勢若不從吏治人心上痛下工夫，滌腸盪胃，斷無挽回之理。」——與胡宮保書

又說：「天下滔滔，禍亂未已，吏治人心，毫無更改，軍政戰事，日崇虛偽，非得二三君子倡之以樸誠，導之以廉恥，則江河日下，不知所屆，默察天意人事，大局殆無挽回之理。」——覆陳俊臣書

曾氏對於當時世風之慨歎，足使我們領會出洪楊亂起的消息。

其次，曾氏對於爲人的態度，也有博大卓遠的見地。他主張一個人立身處世，應該不問收穫，但問耕耘。他痛恨浮屠氏時言因果禍福，以致爲善獲報之深中人心，牢不可破，於是：「士方其佔畢咿唔，則期報於科第

祿仕；或稍讀古書，親著作之林，則責報於邂逅之譽；朝耕而暮穫；一施而十報，……祿利之不遂，則傲倖於沒世不可得之名，……古之君子，蓋無日不憂，無日不樂，道之不明，己之不免爲鄉人，一息之或懈憂也，居易以俟命，下學而上達，仰不愧而俯不怍，樂也。樂以終身，無所於祈，何所爲報？」（文集二譯哲畫像記）

這種處世精神，就是孔子「知其不可而爲之」的精神，凡事只要問應該作不應該作，不要預計作後對於自己的效果，只要應該作，那便努力作去，至其極，可以殺身，可以舍生，都不顧惜，孟子所說義與利的區別，就在這裏。董仲舒說的更爲明顯：「正其誼不謀其利，明其道不計其功。」這就是「無所爲而爲，」一個人作一件事之前，如只處心積慮於這事對於自己是否有利，是否有功，那麼這人的成功一定不會特別宏大，相反的也許會防礙了別人的「利」「功」。

我們讀西洋史，看到許多思想家爲了眞理和信仰而博鬥，前撲後繼，終於用鮮血換得了子孫萬代的自由和社會的進步，又有許多科學家，丟棄了個人福利的享受，一生置身於學理探究，百代之後，開發了絢爛的文化之花。

我們的抗戰現在已將近整六年了，勝利的左券，已操在手裏，可是將來的建國呢？實在是一個空前的艱巨工作，這工作已放在每個國民的雙肩上，因此，我們正需要具備這不問收穫但問耕耘的偉大精神。

（上接一六三頁）「知而後行」的歷程，這個歷程顯然是與 國父所謂「知難行易」，與「行先知後」兩個論點相吻合，而可書爲下列的公式：

行→知→行→知→行→知→行→知→行→……

如果我們從事於科學原理的探討，則將先有假設，而後從事於實驗，這雖然是知先行後，可是這所謂知只是「半知」，更未必是「眞知」，如是我們的公式可改列爲：

知→行→知→行→知→行→知→行→知→……

這兩個公式是從「孫文學說」中紬繹而來，將成爲教學方法上確定不移的原則。至於實際的應用，則初級教育應偏重第一個公式，高級教育則可參用第二個公式。

三十二年二月寫於中央圖書館

民國期刊資料分類彙編

儒家、儒學與儒教

下

初小榮　選編

國家圖書館出版社

下册目録

儒　學

儒 教

儒家倫理思想的變遷

墨僧

一 儒家倫理的中心思想

儒家倫理，集成於周公，發揚於孔子，推源其所始，則本於堯舜的「克明俊德」與「允執厥中」兩端道理。所謂「克明俊德，以親九族，九族旣睦，平章百姓，協和萬邦」，（見尙書堯典）便成爲「修身齊家治國平天下」的根據；（見大學）所謂「人心惟危，道心惟微，惟精惟一，允執厥中」，（見尙書大禹謨）（註：大禹謨雖爲僞古文尙書的一篇，言不足據，然而此所謂十六字之心傳，在論語堯曰篇中曾引其語，認爲是堯舜相承的重要道理。）便成爲「不偏不倚，無過無不及」中庸之道的根據。（見中庸）所以儒家倫理學說的演成，據一般儒家的意見，都承認是根源於堯舜，子思說過「仲尼祖述堯舜」，（見中庸）昌黎亦說「堯以是傳諸舜，舜以是傳諸禹，禹以是傳諸湯，湯以是傳諸文武周公，文武周公傳諸孔子」，（見原道篇）以爲孔子的學說，不過是繼承堯舜周公的道統而已。孔子自己也曾稱美堯舜，說：「巍巍乎惟天爲大，惟堯則之」，「舜其大智也與！執其兩端，用其中於民」。其言大學之道，首重「明明德」，言中庸之義，本於「天命之謂性」，由此可見孔子在倫理上的主張，乃是純粹的動機論，由內在的先天善德，擴充到自身的行爲，以至治國平天下，在政治上成爲德化主義的哲學，這便是儒家倫理的中心思想。

二 儒家的論性

孔子承認人本天之性以生，所以他讀到詩經「天生烝民，有物有則，民之秉彝，好是懿德」的話，而嘆作詩者的知道，（見論語）由此可見孔子雖不明言性的善惡，然却是明指出人性是善的。考他生平對於性的討論，只有這樣的幾句話：

「性相近也，習相遠也，惟上智與下愚，不移」。（見論語）

這裏好像是把人類分成爲三等：有上智，有下愚，有不智不愚的中人，這樣的分別，不免有些含糊，使後世言性者發生不同甚至相反的意見，都自以爲是折衷於孔子。如同孟子言性善，荀子言性惡，揚子言善惡混，韓愈言性有三品，朱熹言有天命氣質之分，皆假孔子之說以行。其實孔子對性的觀念，未嘗不是承認絕對的善的，我們一看他所討論的仁，便可以明白。因爲他承認「仁」乃是先天所同具的善德，他說：

「仁遠乎哉！我欲仁，斯仁至矣」。（同上）

仁旣不待外求，而是蘊藏在人的內心的，這不是承認人性是善的明證麼？他以爲人能發揮這內在的仁以待人，便是愛人，所以說：「仁者愛人」，「仁也者人也，合而言之，道也」。明明說仁是內在的動機，是統攝各種道德的：本此動機以待父母，便是孝；本此動機以待兄長，便是弟；於國家則爲忠，於朋友則爲信，推之於一切行爲，便成爲各種道德，故由內德言之則爲仁，而從行爲方面言，卽是孝弟忠信的諸德，這不是明明指出性是善的麼？

三 儒家的孝道

儒家倫理中，以孝道爲人生行爲的第一義，以爲盡孝的人，一切行爲，皆能成道德，所以孝經說：「夫孝，始於事親，中於事君，終於立身」，能爲孝子，便能爲忠臣，大學說：「孝者，所以事君也」，「君子不出家而成敎於國」，這些話雖帶點封建色彩，然而我們現在把這個君字改成國字，不能不說也有相當價値。我們知道曾子是孔門中特別發揮孝道的人，大戴禮記中的曾子十篇與孝經中所講的孝道，比較孔子所講的更加廣大，可以說孔子所講的是狹義的，而曾子所講的却是廣義的。孔子只說到如何事奉父母，他回答門弟子們的問孝，只說「無違」、「色難」、「父母唯其疾之憂」、「事父母能竭其力」、一類的話，專注重兒子在家庭中的如何承歡，如何體諒的行爲；而曾子在孝經及大戴禮中所說的，範圍却廣大了許多。因爲他不單是指陳如何奉養父母，竟把一切行動都包括在孝的範圍內。在禮記祭義裏說：

「居處不莊，非孝也；事君不忠，非孝也；涖官不敬，非孝也；朋友不信，非孝也；戰陣無勇，非孝也」。

上面說仁是諸德之綱，乃指內在的動機而言；這裏說孝是百行之原，乃指外表的行爲而言。孝的範圍裏，包括了仁義忠信等種種道德，所以說：「仁者仁此者也，義者義此者也，忠者忠此者也，信者信此者也」；簡直把事父母的行爲，擴大到整個的人生。且看孝經中言天子之孝，則曰「德敎加於百姓」；言諸侯之孝，則曰「保其社稷，和其人民」；言卿大夫之孝，則曰「非法不言，非道不行」；言士之孝，則曰「忠順不失以事其上」；言庶人之孝，則曰「夙興夜寐，無忝爾所生」；這不是把各階級整個的人生道德，都包括在內麼？

孟子是繼承曾子子思的，所以他也把孝的範圍看得很廣大，這是從消極方面說明一切不良的行爲，都是不孝，正是前述的另一面。不過在孟子的意思裏。還是注重到父母之養，如何養法？不只是養體，還是要養志，他不是說過這樣一段故事麼？

『曾子養曾晳，必有酒肉，將徹，必

請所與，問有餘，必曰有。曾晳死，曾元養曾子，必有酒肉，將徹，不請所與，問有餘，曰亡矣，將以復進也；此所謂養口體者也。若曾子則可謂養志也」。（見孟子）

只養口體而不能養志，算不得盡孝，這也是廣義的孝道。及至漢儒出來提倡三綱之說，離開孔子原始的意義更加遠了，他們簡直把儒家變成了儒教，把孝道變成了教義，使孔子所講的孝道，成為父權專制的片面道德，一般不知道原委的人，往往把漢人的謬說，一筆寫在孔子賬上，以為孔子是提倡父權專制的始作俑者，乃至發生了反動，要打『孔家店』去，其實孔子何嘗有過這種極端的話？不信，請看韓詩外傳中所記的故事：

『曾子芸瓜而誤斬其根，曾晳怒，援大杖擊之，曾子仆地；有頃，蘇，蹶然而起，退屏鼓琴而歌，欲令曾晳聽其歌聲，令知其平也。孔子聞之曰：「……小箠則待，大箠則走，以逃暴怒也；今子委身以待暴怒，殺身以陷父不義，不孝孰是大乎」？（說苑中有同樣記載）

在曾子只知道順受父擊，以絕對服從為孝，並沒有想到有陷父不義的罪名；不料孔子竟以這種行為為不孝，正是出乎曾子意料之外的。但是曾子從受了這次教訓之後，他的觀念，也就有極大的轉變，我們從禮記中看見：

『公明儀問於曾子曰：「夫子可以為孝乎？」曾子曰：「是何言歟！君子之所謂孝者，先意承志，諭父母於道，參直能養者也，安能為孝乎？」』（見祭義篇）

請注意這裏所說「諭父母於道」這句話，不是與上文所記順受杖擊的態度完全相反了麼？為什麼要「諭父母於道」？不是為了父母有不合於道的事，兒子就有勸戒父母的責任麼？這才與孔子「事父母幾諫」的道理相合。荀子也記過一段故事：

『魯哀公問於孔子曰：「子從父命，孝乎？臣從君命，貞乎」？三問，孔子不對。孔子趨出，以語子貢曰：「賜不識也？昔萬乘之國，有爭臣四人，則封疆不削；父有爭子，不行無禮士有爭友，不為不義」』。

孝經中亦說：「父有爭子，則身不陷於不義」。既曰「諫」，曰「諭」，曰「爭」，則可知孔子所主張的孝，決不是無理性的絕對服從，所以大戴禮中更明白地說：

『父母之行，若中道則從，若不中道則諫；從而不諫，非孝也』。

從上面這些記載看，知道儒家所提倡的孝道，至少有三種變遷，一為孔子所說的，二為曾子所說的，三為漢儒所說的。起初不過是狹義的奉養，繼則擴展為廣義的人生道德，終則成為父權專制。後世不明此種變遷情形，誤以專制的孝道為孔子所倡導，而產生出非孝主張並罪及孔子，豈不冤枉？查非孝之說，起源於漢末孔融，路粹述孔融之言說：「父之於子，當有何親？論其本意，實為情慾發耳；子之於母，譬如寄物瓶中，出則離矣」。這或者是路粹虛構誣詔的話。及至民國初年新文化運動時，一般維新的人，公然揭櫫非孝主義，雖然近於偏激，要亦不為無因。

四　儒家的人格論

在一種倫理學的主張上，必立一最高人格做修養的標準，好像佛教中的佛菩薩，基督教中的耶穌，道教中的神人至人。而儒家的理想人格，則為聖人，其次則有君子、善人、士。孟子說：「規矩，方圓之至也，聖人，人倫之至也」，孔子雖沒有指出聖人的資格，卻承認聖人是極難能的人，曾經說：

『聖人，我不得而見之矣，得見君子者斯可矣』。（見論語）

有人疑心孔子的多能為聖，而他自己則說「若聖與仁，則吾豈敢」？究竟怎樣才可以算得是聖人呢？孟子卻有過一番解釋，說道：

大而化之之謂聖，聖而不可知之謂神」。（見孟子盡心篇）

『形色，天性也，惟聖人可以踐形』。（同上）

這可以說是孟子為聖人所立的定義，一則曰「大而化之」，一則曰「踐形天性」，朱子解釋其義，則說：

『大而能化，使其大者泯然無復可見之迹，則不思不勉，從容中道，而非人力之所能為矣。』

『人之有形有色，無不各有自然之理，所謂天性也；踐如踐言之踐，衆人有是形而不能盡其理，故無以踐其形，惟聖人有是形而又能盡其理，然後可以踐而無歉也。』

朱熹這種抽象的解釋，仍使讀者不能十分了解，其意以為聖人者，即在一舉一動上，莫不合乎自然之理，正如孔子「七十而從心所欲，不踰矩」的情形。換句話說，聖人便是在道德上最完全的人。孟子論聖人時，則曰：

伯夷，聖之清者也；伊尹，聖之任者也；柳下惠，聖之和者也；孔子，聖之時者也。』（同上）

他又推論到子夏子游子張，說他們「皆有聖人之一體」，不過是「具體而微」罷了。伯夷柳下惠這些人，是不是可以算得完全的人呢？他曾批評過「伯夷隘，柳下惠不恭」，「伊尹以割烹要湯」，孔子也批評過「師也過，商也不及」，那末，這些人怎能當得起聖人之稱呢？可見孟子論人，不像孔子那樣嚴格，孔子說博施濟衆，堯舜猶病，而孟子卻以為一個人只要有一方面的長處，就可以算他是聖。意見雖不同，而認聖人為最高的人格，卻是一樣的。

次於聖人的，便是君子，論語一書中提到君子有九十多次，原來君子這個名稱，在詩禮易春秋等書中已經數見不鮮，不過原始是指有爵位的人，並不是專指道德而言，以為有爵位的人必須要有道德才可以相稱，及至時勢改變，有爵位的人未必有道德，有道德的人未必有爵位，於是君子這個名稱，便成為有道德的人的專稱了。所以朱子解釋他的意義，則曰：『君子，成德之名』，『君子，才德出衆之稱。」單從論語中所提到的君子，便可以見得君子在道德上的情形，如曰：

「君子去仁，惡乎成名？」

「君子義以爲尙」，「君子喻於義。」

「君子義以爲質，禮以行之，遜以出之，信以成之。」

「君子博學於文，約之以禮。」

「君子敬而無失，與人恭而有禮。」

此外如「君子恥其言而過其行」，「君子學以致其道」，「君子謀道不謀食」，「文質彬彬，然後君子」，……等等，見得君子在待人律己的各方面，都有極完備的道德，所以孔子的教育，是欲人勉爲君子。

再次則有善人，善人也就是孔子所說的士，士是初學道的人，是人格的第一級，由士而進一級則爲君子，由君子而進一級則爲聖人，故曰「士希賢，賢希聖」。士既然是學道的人，故必專心於道，不當分心於衣食等問題，所以說：「士志於道，而恥惡衣惡食者，未足與議也」。「士而懷居，不足以爲士矣」。孔子曾答子貢之問說：「行己有恥，使於四方，不辱君命，可謂士矣」，其次則必「宗族稱孝焉，鄉黨稱弟焉，言必信，行必果」，這便是士所應具的資格。有此資格，便可以算爲成人，「見利思義，見危授命，久要不忘平生之言，亦可以爲成人矣。」這可以說是儒家中起碼的人格。

五 非功利的主張

非功利，乃是儒家最有價値的道德主張，我們翻開孔孟的書，見有許多非功利的話，如曰：

「君子謀道不謀食，學也祿在其中矣。」（論語）

「君子喻於義，小人喻於利。」（大學）

在義利之辨上，何等嚴格！特別是孟子，他一開口就反對利，對梁惠王一再曰「何必曰利」，對宋牼說「懷利以相接」，又以爲舜蹠之分，就在這一點上：

「鷄鳴而起，孳孳爲善者，舜之徒也；鷄鳴而起，孳孳爲利者，蹠之徒也。」（見孟子）

他非常崇拜伊尹，以爲伊尹是一個「非其義也，非其道也，祿之以天下，弗顧也」的人，他自己也是抱着這種精神，不肯遷就，不肯「枉尺直尋」的非利主義者。後來董仲舒有兩句名言：「正其誼不謀其利，明其道不計其功」，乃是要人「窮不失義，達不離道」，所以在消極方面言之，則爲非利，而在積極方面言之，則爲唯義，非利唯義，實爲儒家的根本精神。從表面上看，它與墨家思想不同，墨子不諱言利，嘗曰：「兼相愛，交相利」，承認愛是從利上表出的，實際上並沒有什麼不同，只是觀點不同罷了，孟子是從利己方面看，墨子是從利人方面看，都是站在非功利的基礎上。就是道家的思想，亦何獨不然，老子的「謙虛不爭」，莊子的「忘名忘功」，也是極端的非功利的，不過道家的態度，不免帶點消極色彩，與儒家有些不同，因爲儒家一方面不求自利，一方面卻欲唯義，所謂「殺身成仁，舍生取義」，就是這個道理。

六 儒家倫理上的兩大派

上面所說的，是儒家倫理上的共同目的，然而達到這目的的方法，卻有兩派不同的意見，即是一屬於純理論，一屬於經驗論。何謂純理論？即承認人類都具有先天的道德根性，要成一個有道德的聖人君子，必須從內心上發揮固有的本性。何謂經驗論？即以爲要做一個聖人君子，必須從學習而成。這兩派的對峙，在儒家的倫理史上，有很顯著的兩個時期：一爲孟荀二子的對立，一爲程朱與陸王二派的對立。且分說之：

孟子是主性善的，他以爲人心中本有道德根性，曾說：「仁義禮智根於心」，只要把這種根性擴充出來，便可以成爲君子聖人。而擴充的方法，要從養氣寡欲兩方面做起，寡欲是消極的方法，養氣是積極的方法。因爲「欲」是戕賊善性的斧斤，曾說：

「牛山之木嘗美矣，以其郊於大國也，斧斤伐之，可以爲美乎？……雖存乎人者，豈無仁義之心哉？其所以放其良心者，亦猶斧斤之於木也。……」（見孟子告子篇）

「養心莫善於寡欲，其爲人也寡欲，雖有不存焉者寡矣；其爲人也多欲，雖有存焉者寡矣。」（見又盡心篇）

這裏所說的存，即是存其本性中的善，意思就是說：欲與善性是互相消長的，要保存善性，必須克制私欲，能克制私欲，便可以使善性不受戕賊。

他又嘗說：「我善養吾浩然之氣」，什麼叫浩然之氣？他自己解釋：「其爲氣也，配義與道」，換句話說，這氣就是人稟於天的精神，要使這精神合於天理，全在於養，故曰：「苟得其養，無物不長，苟失其養，無物不消」，又曰：「養其大者爲大人」，所謂養，就是保持其先天善性，此種見解，完全承認道德爲先天所固有，不假外求的。

而荀子則恰恰與之相反，他以爲人性是惡的，說道：「人之性惡，其善者僞也」，「僞」是人爲，就是要用人爲的力量，才可以矯正人性，所以說：「桀紂性也，堯舜僞也」。因爲桀紂是順性的，故成爲惡人，堯舜是矯性的，故成爲善人。但是怎樣證明人性是惡的呢？他曾經說：

「人之性，生而好利，生而有耳目之欲，從人之性，必出於爭奪，合於犯分亂理而歸於暴。」（荀子性惡篇）

所以必須用人的力量去矯正它，欲矯正人性，「必將待師法然後正，得禮義然後治」，所以禮義是矯性的工具。他以爲「人生而有欲，順欲則好惡生而辭讓亡」，故必矯情逆性以制欲，制欲必藉禮，禮是人爲的，人爲之極，可以成聖人，故曰「聖人者僞之極」。故荀子是經驗論者。

孟荀的對立以後，則有程朱與陸王的對立。程即程頤，主張集義致知，何謂集義致知？即實踐倫理學上所講的經驗，他的方法，便是（一）讀書講明義理，（二）論古今人物分其是非，（三）應事物而處其當。朱熹祖述其說，主張『窮理以致其知，返躬以踐其實』，如何窮理？全在讀書，讀書尤須循序漸進，取古人的嘉言懿行，做我的人生模範，由此而達到作聖之路，這與程頤的見解相同，重在經驗的一方面。

與朱熹同時有陸九淵，普通稱爲象山先生的，他的主張，與朱熹恰恰相反。他以『心即理』爲主旨，嘗曰：『心一理也』，人心就是天理，作聖之道，只要發揮內在的『心』，心是一切道德的根本，所以主張『尊心』，主張『先立乎其大者』。若是不先把心弄好，則讀書不但無用，反而增加人作惡力量，他曾用比方說：『田地不淨潔，若讀書，則是假寇兵資盜糧』。所以他以爲朱熹注重讀書，乃是舍本而逐末，因爲學問之道，不在外而在內，不在古人的文字而在其精神。王陽明祖述其說，也主張『心即理』的學說，這個理，在宇宙間叫做天理，在人的心裏就是良知，良知也就是具有完全道德的先天本性。人的修爲，只在發揮這個內在的良知，把良知中具有的道德，施之於行爲，便成他『知行合一』的主張。這種主張，與孟子的思想相同，所以是純理論者，與程朱的經驗論站在對峙的地位。

七　漢以後儒家倫理思想的變遷

漢以後的儒家倫理思想，可以說有三種變遷：第一、是漢代的天人合一思想；第二、是六朝的儒道混合；第三、是宋元明的儒佛混合。茲且分別地加以說明：

古代神權思想發達的時候，無論何種學術，莫不牽合天意，及至孔子出來，把天道與人事截然劃分，『子不語：怪力亂神』，顯然是只重人事，不言天道。不意漢代儒家，受着方士陰陽家學說的影響，使當時的倫理思想，發生了極大的變化，而可以代表當時思想的，莫如董仲舒與楊雄等人。

董子的倫理思想，本折衷孔孟的非功利主義，不過他因受了陰陽家與方士派的影響，乃有天人合一的主張，充滿着古代的神權色彩。他以爲人之生乃本於天，天不獨是理法的標準，也是人類思想的淵源，曾經說：『天覆育萬物，化生而養成之，察天之意，無窮之仁也』。這思想有點與墨子相仿。他又以爲人之理與天無二，所以天是一大天地，人是一小天地，天地間一切自然的變異，莫不與人相感應，人的一切行動，亦莫不與天相感應，樣樣事體，都牽合到陰陽五行上去，便成了漢代迷信的濫觴。

但他的論性，則否認孟子性善情惡的意見，以爲性可以爲善而非即善也，說道：『人之有性情，猶天之有陰陽，性之中有仁貪，不能以一名之。』其論仁義，亦以人我分之：『仁之爲言人也，義之爲言我也；仁之法在愛人，義之法在正我，必先正我然後能愛人。』故其倫理學說，則爲二元的動機論，爲後世宋儒們言倫理的根據。

揚子著太玄與法言，太玄仿易，法言仿論語，自以爲是折衷於孔子，實則其學說乃近於道家，稱宇宙本體爲太玄，與老子稱宇宙本體爲道相同，以爲玄含陰陽，與董子的思想異流同歸。他以玄含善惡，推到性混善惡，『修其善則爲善人，修其惡則爲惡人』，亦以爲天地爲一太玄，人乃一小玄，故人當法天；人的修爲，貴在得師，故曰：『勤學不若得師，所師莫如天道。』

董楊二子，每以天爲模範，而產生天人感應的觀念，雖非自我作古，要不可謂非開漢以後的新說。然在漢代學者中，對儒家倫理取反抗態度的，則莫如王充，他主張自然主義，雖有點像荀子，實則淵源於老子。不信天人感應之說，力破迷信，與老子所主張的機械觀念沒有兩樣。他把人性分爲三等，中人以上的性是善的，中人以下的性是惡的，中人的性是可善可惡，全視其稟氣的厚薄而定，稟氣厚則性善，性善則恬淡無爲，而又與老子以無爲爲上德之意相仿，這些思想，很受漢末一般學者所歡迎，於是道家思想漸漸抬頭，而演成了儒道混合的時期。

第二時期的特徵，可以晉代清談派爲代表，清談派產生的原因，一以因時局的混亂，使人陷於厭世，一以因漢人重禮的結果，發生了反動，於是採道家清淨無爲思想，走人厭世消極之路，對於儒家所主張的倫理與固有道德，往往取一種反抗態度，視儒家所倡導的禮法爲人生桎梏，力求解放而得自由，成爲浪漫主義的人生。飲酒便爲當時一般人的嗜好，像劉伶畢卓一流人，只知道從醉鄉中去尋快樂，列子一書中所表現的楊朱主義，主張極端的縱樂自由，便可以作當時一般思想的代表。（列子一書，爲六朝僞作。）楊朱一篇中所表現的人生觀，以守法爲迂闊，以講禮爲束縛，阮籍嘗曰：『禮豈爲我輩設哉』！從他所著的大人先生傳中，更充分表現着當時的人生觀，這分明是受道家思想的影響使然。及至隋王通等出來主張復興儒學，與唐韓愈排斥佛老，方始轉變了風氣，但是又受到佛學的影響，而成爲儒佛混合的倫理。

第三個時期，便爲宋元明理學，雖以發揚儒理爲號召，而在骨子裏，卻是充滿着禪家的氣味，而爲純粹的動機論；當時的理學，雖有『尊德性』與『道問學』的兩派，而其爲動機論卻是一樣的。尊德性的陸王派，他們所揭櫫的『心即理』理論，固與佛教十分相近，就是主張道問學的程朱派，他們所說的『涵養須用敬』，『敬以直內』，與明道『學者必先識仁』有同樣的意味。敬就是識仁的工夫，朱子解釋這個仁字，則曰：『仁者私欲盡去而心德之全也』，乃是從形而上方面解釋仁的意義，正是孟子『仁義禮智根於心』的道理。所以他們在道德修養上主張愼獨，主張誠敬，主張靜慮，主張慾遏，與佛教的參禪懺悔初無二致，仁義禮智，孝弟忠信這些道德名稱雖然沒有改變，而意義卻大大地不同了，這是一個很顯著的大轉變。直到最近二三十年來，受了新文化運動的影響，使千餘年所服膺的儒家倫理，將重新估定其價值，而走入了一種新道路，就是從玄想的轉到實用的方面，從個人的轉到社會的方面，宗法的道德變成爲社會的道德，動機論變成爲行爲論了！

上面所略舉的儒家倫理，實際上也可以說是中國倫理，因爲數千年來的中國倫理思想，都以儒家爲骨幹，所以研究儒家倫理，也就是研究中國倫理。

雜感隨筆

從中大教授辭受美國救濟金談到中國儒家的傳統精神

這次中央大學教授聯合致函全國大學教授們，並代表全國教授婉却美國贈送的四百萬元作為救濟中國大學教授的救濟金，實在是一件至為值得歌頌讚嘆的事。我們的六年苦鬥，非得全世界都認識了「中國精神」的偉大，得道者多助，這原是事有必至，理有固然的，但「中國精神」的高度發展，也許還是一班資本主義國度裏的國民，以及一些為物欲迷忽了本性的國人，所不可得而聞也的。大學教授們這次的婉却別人的餽贈，我們覺得做得實在是恰到好處，這不僅是君子固窮的消極行為。而且是泰而不驕的積極表現，這種見得思義，鷹視金玉，耿介絕俗的作為，眞是足以揚聖哲之懿訓振大漢之天聲的。

我們十分的相信，而且確切的知道，友邦對我國大學教授的援助，實在是一種基於同情的餽贈，決不會是一種出於憐憫而施給，我們即使樂受了這種援助，憑我們幾年來為反侵略戰爭作先鋒，為爭世界和平作中流砥柱所受的千辟萬難，不會至於敗德墮落，而且這也不是「無處之餽」，很可以居之不疑，受之無愧，但這件事就正是中國精神的高度表現，此之謂樂道而憂貧，此之謂強立而不反。

我們還看得明白，他們所說的「未使接受」，決不是自已富有可以不必接受，而是有其獨到的卓識卓知，我們知道，目前有很多教授，不得一飽，這種做法，不是唯利是務的人所能了解的，這不是打腫臉充胖子的矯作行為，也不是刻意偽行以鳴其高的變態心理，而是一種儒家精神極自然的表現。教育事業的神聖尊嚴，是不能為任何外物所能有損分毫的這件事是整個中國大學教授身份的總評價，也是中華民國國格的總考量，我們很欣幸得到一個這樣的結果。

我們以為任何事業可以受別人的支助和眷顧，作為全國師表的教授們，却是無論如何要例外，要受到國家的合理合法的崇奉的。

這裏容我們申說幾點我們的感想，第一，安貧樂道，無恆產而有恆心，實是惟士為能，我們可以說衣食足而後知禮義，凡民也，若乎學人則衣食不足也一樣的知禮義。這也就是窮且益堅的表現，我們覺得這種見得思義的精神，在整個國家民族的立場上，是正相當於軍人的捨生取義的精神的，第二，要求國家民族的獨立先要有自已獨立的學術，所以學術獨立實有極重大的立國意義，但要求學術獨立，便是要使學者們有一種超然獨立的地位，固然我們不能奢望政府即就拿出一筆巨款來改善並充裕教授的生活，但我們覺得至少政府現在應該有這種打算。退一萬步講，在任何困難情形之下，維持師道尊嚴無論如何是必要的。維護教授們的生活的費用是絕對的要不假外求。第三，士風日下，人欲橫流的動亂時代裏，像教授們這種作為，實在是時代的針砭，叫一班貪多得唯利是圖的人們也知道世界上還有比錢更可愛的東西，世界上也竟有謀道不謀食的人，有人覺得這是愚不可及嗎？老實說一句，人格國格的完成，就是基於這種不可的精神的呢！我們希望這種高風亮節，能夠風行草偃，俾使抗建大局裏的黑暗的一小部分也都光明起來：

委之以貨財而不貪，見利不愧其義的古訓，經這次教授們的表揚，更是充溢到全世界了，陳教長對全國教師所說的，「忠貞之操，歷久而不渝，孟晉之思，與時以俱進，凡此淡泊以明素志，辛苦甘之如飴，其精神良足以對國家」的一翻話，也叫海內外人士知道這是一個實在的事實！

最後我們祝福教授們的康泰，希望全國人士的風從！（宗）

讀書隨感錄：

從「子見南子」談到儒家的婦女觀

樂未央

「子見南子」是一件微妙而有趣的故事。這樁舊事很使後世的正人君子，尊男卑女的先生們緺眉，覺得有些難堪。在他們正統觀念中，多少總認爲是件不大榮譽的憾事，未免與「萬世師表」的顏面有所抵觸，因此不惜用種種的方法來替古人辯解，似乎這樣就可洗滌這一「白圭之玷」，而收「求全」之效。

然而不幸，這件「子見南子」的最初記載，偏巧明明的寫在論語的「雍也篇」裏。

「子見南子，子路不說。夫子矢之曰：「予所否者，天厭之！天厭之！」」

文句雖簡，但意義是很可瞭然的。要是照現在語體文寫起來，應該是：「孔子跑去拜見南子，子路極不開心。害得孔老先生發起誓來：「如果我錯營了，一定爲天所棄！一定爲天所棄！」」

從「子見南子，子路不悅」和他老先生對天發誓的嚴重態度看起來，這樁事就顯得有些蹺蹊，內中定有些微妙的線索可尋，至少南子是這些微妙線索中的一個中心的環結。

那麽，南子是一個如何樣的人哩？

南子，据朱熹集注說：「南子，衞靈公之夫人，有淫行。」記載比較詳細的是列女傳。在列女傳中劉向把她歸入於「孼嬖傳」的一類，和夏桀末喜，殷紂妲己，周幽褒姒，這些歷史上出名的「妖孼」並列一起，貶爲衞二亂女之一：

「南子者，宋女，衞靈公之夫人，通於宋子朝。太子蒯聵知而惡之，南子讒太子於靈公曰：太子欲殺我，靈公大怒蒯聵，蒯聵奔宋」。

以這樣一個聲名狼藉，素有「惑淫」的婦人，而一向嚷着「唯小人與女子爲難養也」的孔老夫子，却去「北面稽首」，拜見南子，未免有損男性之尊嚴，而失聖人之體統，眞是從何說起！

所以隔了幾百年後，太史公司馬遷作史記，大約有察於此，覺得論語的話有些模稜不妥，看上去有些刺眼，於是擺筆爲文，做起文章來時，就有了些增删。不過和論語的記載一比較，一對證，修正的跡痕是顯得很淸晰的。下面是「孔子世家」中的一段：

「靈公夫人有南子者，使人謂孔子曰：「四方之君子不辱欲與寡君爲兄弟者，必見寡小君。寡小君，願見。」孔子辭謝，不得已而見之。夫人在絺帷中，孔子入門，北面稽首。夫人自帷中再拜，環珮玉聲璆然。孔子曰：「吾鄉爲弗見，見之，禮答焉」。子路不說，孔子矢之曰：「予所不者，天厭之！天厭之」！

又說：

「居衞月餘，靈公與夫人同車，宦者雍渠參乘出，使孔子爲次乘，招搖市過之。孔子曰：「吾未見好德如好色者也。」

由上二小段文章裏，不難想見司馬遷是怎樣在玩弄文字，，竭力替孔子徧辯：他由論語中截取了「頭」和「尾巴」，中間滲入了男性的主觀成見和儒家的正名觀念；從論語的「子見南子」到世家的「不得已而見之」，這一蛻化過程無疑地也反映了當時衞道者對這樁事情的看法。司馬遷的意思，照他這段文字看來，「子見南子」這檔事並不否認，不過他揑造了一些事實並把它加以曲解罷了。

他說：

（一）是南子使「人謂孔子曰」，可見是南子主動求見孔子。

（二）「孔子辭謝，不得已而見之」，可見孔子本來不高興去見她，出於無奈何，可見不是孔子自已跑去「北面稽首」的。

（三）「夫人自帷中再拜」答禮，還請夫子一起坐車，招搖過市，則髣髴南子也沾了孔老先生的光，的確當得起孔子的贊語：「我本不願見她，但是見了，她倒也頗能答我以禮！」（吾鄉爲弗見，見之禮答焉！）而子路不悅，簡直是「孺子不可教也」（？）多此一舉。

如此一個轉灣，把主動卸責任在南子身上，替孔子總算爭還不少面子，妙則妙矣，無奈「北面稽首」，「同車」「招搖市過之」倒底又留給世人一個惡劣的印象，多一重譏諷聖人的話柄。

到了宋朝出了個朱熹朱夫子，除了抄襲「太史公」的老文章繼續於以保存，並更進一步與以發揮，加入些新的資料。

他說：「孔子至衛，南子請見，孔子辭謝，不得已而見之」這是抄襲。「蓋古者仕於其國，有見其小君之禮」這是新的發揮。「而子路以夫子見此淫亂之人爲辱，故不悅」。到「……聖人道大德全，無可不可。其見惡人，固謂在我有可見之禮，則彼之不善，我何與焉！然此豈子路所能測哉，故重言以誓之，欲其姑信此而深思以得之也」。則是正面爲孔子解嘲，「聖人道大德全」，卽使見見惡人，與孔子又有何損？總之，孔子自有道理，「豈子路所能測哉」！

妙論！妙論！原來「子見南子」不是什麼「不得已」的問題，而是「禮」的問題，以滿口禮義廉恥的孔老先生，在「禮」的大帽子底下，當然只得乾脆去拜見——向着南子「北面稽首」了。

時代畢竟是向前的，而朱子也的確比太史公要設想高明得多並且考慮週到。但他們都認「子見南子」不虛，對於聖人這雖不是一個汚點，祗少也是個小瑕疵。揉粉，雖然暫時能掩遮一下生在臉上的癍疤或雀斑，但流了淚或汗，就難免要顯出原形來，最好想法根本把雀斑剷掉挖去，不過可惜人間似乎尙無美容院有方法能盡除雀斑，因此祇有一方法，那就是否認，說：「那不是我臉上的雀斑」！那頂爽快，然而使她悲哀的，拿鏡子一照連她自己也不會相信自己的話的。

「子見南子」跟癍疤或雀斑在這些地方就有些相像，司馬遷和朱熹的熱心辯護喻之爲粉飾，該不算是誣蔑的罷。可是粉飾得太不合情理，就容易叫人覺察到他們是在「聊以解嘲」，袒褊袒褊孔子，使使「障眼法而已。

崔東璧就不同了：他是個敢於疑古的學者，是有清一代學術人材中之佼佼者，他還以考据的姿態出現批評過朱子的「曲爲之解」，他在洙泗考信錄中他曾辯道：

『朱子謂「仕於其國，有見其小君之禮」，且据世家之文，以爲「南子請見，孔子辭謝，不得已而見之」，其說似矣。然古禮不可考，春秋傳中亦殊不見，則朱子亦僅出於臆度，恐不足據也』。然而不幸得很，崔東璧一方面指謫朱子的「不足据」，一方面自己却更進一步以疑古的方法來抹煞「子見南子」的事實，替孔子抱腰，臨時客串扮演一下「幫忙」角色。他把論語「雍也篇」「子見南子」一章冠以「存疑」而加以否認，以爲這一章「蓋後人采他書之文，附之篇末，而未暇別其醇疵者，其事固未必有，不必曲爲之解也」。

經他這樣輕輕的一點撥，朱熹一類的注疏家竟然如瞎子斷匾，極廣心機，原來「匾額」「固未必有」哩！東璧先生畢竟是個「亮眼」的聰明人，然而——又是一個然而！——崔東璧這次却樸了個空，雖是「亮眼」，但可帶上偶像崇拜的有色眼鏡，所以也不管匾額是否果正樹在那兒就急急忙忙脫口而道：「此事固未必有」！其實若使明瞭他連孔氏三世出妻，孔子女兒再嫁的事實都敢加以否認，（皆見考信錄）以見他對孔子的盲從，重男輕女的偏解，也就無足爲怪，而知其謂「未暇別其醇疵者」則言外之意實也不難推測——換句話說，假使是一件關於美德的事，就是「附之篇末」也無妨矣！

所苦的，是他又缺乏充分的證據來抹掉這一汚點，因而祇好半途裏捧出孔子第十二世孫的孔安國來做陪客，以重信實，「你們還用懷疑嗎？他老先生的後代也這麼說呢」！

且看他怎樣引孔安國的話：

「此章漢孔安國固已疑之。孔氏曰：「舊以南子者，衛靈公夫人，淫亂而靈公惑之。孔子見之者，欲因以說靈公使行治道。……行道旣非婦人之事，而弟予不悅，與之呪誓，義而疑焉。蓋男女之別，本不應見，加以淫亂，益非所宜。而指天爲誓，亦與論語所記聖人平日之言不倫」。孔氏疑之是也」。（洙泗考信錄卷二）

江恆源先生說得好：「孔子這種態度與語言，（按子見南子及呪誓）其實是無所用其懷疑，因爲孔子對子路是常常如此的」。（江編：孔子頁五十八）。孔安國根據於「指天爲誓，亦與論語所記聖人平日之言不倫」，而懷疑「子見南子」係後人托僞，莫非矚人罷了。因爲論語中記孔子日常生活發怒呪誓是不乏前例的，尤其是對子路，如「久矣哉，由之行詐也！……吾誰欺，欺天乎？」子路是個剛直的老實人，常時喜歡與孔子辯過明白，不像顏回只會順從孔子的意思，弄得孔老夫子窘住。有一次「子路使子羔爲費宰。子曰：「賊夫人之子！」子路曰：「有民人焉，有社稷焉，何必讀書，然後爲學？」孔子被他說倒了，只好說：「你這個討厭的饒舌人！」（子曰：是故惡夫佞者！）

而且按常理，戇氣的子路對於素有淫行的南子，當然早已不滿，而現在平日講仁義談廉恥的先生卽跑到衛國「北面稽首」去拜見她，非但稱贊她懂禮，還陪着靈公與南子，同坐一車，招搖過市，怎能不使子路「是可忍孰不可忍」地粗氣大發，逼得孔老先生賭咒發誓，這豈是孔安國之言所能輕輕抹掉了的！

其實這些都不過是「曲爲之解」的托辭，問題的癥結卻還在他老先生如何要跑到衛國去拜見南子。換句話說就是「子見南子」的企圖怎樣？這原因是不難推測的——孔子的企圖說得動聽點不外想實行王道，「

行夏之時，乘殷之輅，服周之冕，樂則韶舞」，而實行他的政治理想，理想政治。孔安國謂「舊以孔子見南子，意欲因以說靈公，使行治道故也」云云爲瞎扯，實則是他自己的多心。至於說「行道既非婦人之事」，孔安國，大概他不會天眞得太可愛：不知道婦女也有例外，被聖人加以青睞的時候，譬若後世之由裙帶關係而獲得進身之階，以「行治道」等等。假使他還沒天眞到這樣白癡的程度，那想來定是出於一種由衷的難言的苦楚吧！

「呂氏春秋貴因篇」有云：「孔子道彌子瑕，見釐夫人，因也」。這位釐夫人就是那位南子女士，「因也」也即「意欲因以說靈公也」的那個「因」。

吳虞曰：「其以干祿爲心，汲汲於從政，三月無君，栖栖皇皇，自比匏瓜，貽譏喪家之狗，下拜南子，思赴佛肸，所於至七十二君之多，急於求沽」。（詳見吳虞文錄）這話出自五四時代打倒孔家店的老英雄之口，在我們看起來雖然嫌火，流於偏執，然而平心靜氣細細一想，却不得不承認他的話並非架空揑造，實也事出有憑，蓋皆明載於論語中也。

「子見南子」「意欲因以說靈公」，在理論上不單與論語中孔子日常言行相符，而按諸事實，也屬可能，因爲當時正當孔子從政治舞台上最得意的黃金時代而遭受挫折的一時期：也即魯君受齊女樂，三日不聽政，膰肉不至，孔子被迫離魯他去，躑躅路途，又因狀類陽虎被拘於匡，經過一連串不如意的變故，可謂鬱鬱不甚得志，也是孔子自己所說的：「沽之哉，沽之哉，我待賈者也」的時候。

身處逆流的低潮，這位被孟子譽之爲「聖之時也者」的老先生，抱着「無可無不可」的處世哲學，要是能因南子之故而得行治道的話，則也何樂而不爲呢！子不云乎？「吾豈匏瓜也哉，焉能繫而不食！」「富與貴，是人之所欲也」。豈不是很好的註脚嗎？且如朱子所云「聖人道大德全」。那麼見見「惡人」又有何妨。若使果眞能獲得一官半職，則「大展鴻圖」以冀實行「小康」「大同」，那倒也實惠之至。這本來也人情之常，固不足爲奇的。所可怪者，是這樁事竟會引起許多注疏家的「曲爲之解」和正人君子的不安，却也是極可令人會味的。

然而最使人煩厭的，乃是抹煞既不可能，否認又不足證」，所以降及近代，初有康聖人南海先生倡「子見南子」爲孔子早行西俗，男女社交公開的文明禮，近乎大同而大加贊美；復有朱謙之先生稱孔子主張男女平等，戀愛自由於後（說見大同書及一個唯情論者的宇宙觀及人生觀）可謂先後輝映，「吾道不孤」。但終覺得有些不自然的感覺或者如普通人稱之爲「肉麻」，容易叫人想到那是「捧」場，或者是在講笑話（甚至是神話），和說易經早已有相對論的思想不差上下。

更有趣的，「子見南子」還害二千九百年後的子孫鬧了一場有趣的官司。民國十八年山東省立第二師範師生根據林語堂子見南子的劇本在校慶時演出，不想惹起孔氏六十戶族孔傳堉等向省立二師校長宋還吾提出侮辱祖宗的控告，其呈文中有云：「……學生扮作孔子，丑末脚色，女教員服裝南子，淫冶出神，歌桑中之淫詞……」一時輿論譁然，但不久教育部一紙「下行文」，結果迫得校長辭職了事。（詳見陳子展編：孔子與戲劇）

大概由於「子見南子」的富有戲劇意味，這些年來不僅沒有被人遺忘，反而被採作廣泛的文藝題材，它不但曾在舞台上演出，也寫成歷史小品（南容作、見歷史小品集），甚至外國作家如日本著名文學家谷崎潤一郎也把它創作爲小說，題名麒麟（田漢譯），並且銀幕上的孔夫子似乎也沒放過這一有趣的「插曲。」

但是這些都祇能算作「閒話」。歸根結蒂，問題的中心戳穿了，骨子裏却還不過是儒家重男輕女的婦女觀在背後作祟。

所謂儒家的婦女觀是產生於自然經濟的基礎上而服役於宗法社會的男權中心的生殖本位底一種典型思想——一種蔑視女性的思想。它的內容簡要包括了下面的四點：

（一）男尊女卑是自然現象。

如孔子贊易作十翼，其繫辭傳開首就寫道：「天尊地卑，乾坤定矣，卑高以陳，貴賤位矣。……乾道成男，坤道成女。」這不是明明承認男女尊卑貴賤之別，是天生如此的嗎？

既然天生男女，「已分畛域」，是故詩經斯干之詩曰：「乃生男子，載寢之牀，載衣之裳，載弄之璋；乃生女子，載寢之地，載衣之裼，載弄之瓦。」

（二）男女有別——「夫爲妻綱」

「禮記郊特牲說」：「男女有別，然後父子親；父子親，然後義生；義生，然後禮作；禮作，然後萬物安。無別，無義，禽獸之道也」這作就是說「男女有別」乃是人之所以不同於禽獸的處所，如果男女不平等，那就不成其爲人類了。是故內則有言：「男女不同椸枷，不敢懸於夫之楎椸，不敢藏於夫之篋笥，不敢共湢浴。夫不在，斂枕篋，簟席襡器而藏之」。男女分別之後，甚至連夫婦倆，衣服都不能掛在同一的架子上，不能藏在同一的篋笥中，何言其他！

因此孟子在講到五倫的正常關係，就規定這樣標準「父子有親，君臣有義，夫婦有別，長幼有序，朋友有信」。禮運十義也差不多：「父慈，子孝，兄良，弟悌；夫義，婦聽；長惠，幼順；君仁，臣忠。」

（三）婦女是男子的附屬品。

在儒家的眼光中，男女非但是不能平等，並且更進一步認定婦女是沒有獨立人格的附屬品。「大戴禮本命」說得最爽脆：「婦人者，伏於人者也」。又釋女子道：「女者如也，子者孳也，女子者，言如男子之教而長其義理者也；故謂之婦人。」禮記郊特牲中也說：「婦人，從人者也。幼從父兄，嫁從夫，夫死從子。夫也者，夫也，夫也者，以知帥人者也。」穀梁隱公二年云：「婦人謂嫁曰歸，從人者也。婦人在家制於父，既嫁制於夫，夫死從長子，婦人不專行，必有從也。」於是三從四德是每個女子必須具有的德性了，如喪服傳里記載着：

「婦人有三從之義，無專用之道，故未嫁從父，既嫁從夫，夫死從子。故父者，子之天也。夫者，妻之天也。」

孟子亦言婦人以順爲正。把女子的地位，變成服從役使的地位。

（四）女子應該守在家內。

「易家人」卦云：「女正位乎內，男正位乎外。男女正，天下之大義也。」這不是把女子的職務局限在家內，養孩子，侍候丈夫，到廚房去的濫觴嗎？因爲女子的職責既在大門之內做個賢妻良母，扮演扮演馴復的羔羊，所以「葵邱之盟曰：毋使婦人與國事」（穀梁傳），而遂爲後世君王引用與書經牧誓之「牝雞無晨」並列爲同樣的眞理，實也有其必然的趨勢。

然而，所有儒家的婦女觀實其可以拿一句來包涵，那就是出於孔子之口而成爲後世文人常常引用的話：「惟女子與小人爲難養也，近之則不遜，遠之則怨。」

一九四三年大熱的深夜。

儒家哲學之精神

馮友蘭

平常的行爲，並不注重爲知識而求知識，主要的是求理想的生活，求理想生活，是中國哲學的主流，也是儒家哲學精神所在。

理想生活是怎樣？中庸說：「極高明而道中庸」。正可借爲理想生活之說明。儒家哲學所求之理想生活，是超越一般人的日常生活，而又即在一般人的日常生活之中。超越一般人的日常生活，是極高明之意；而即在一般人的日常生活之中，乃是中庸之道。所以這種理想生活，對於一般人的日常生活，可以說是「不即不離」，用現代的話說，最理想的生活，亦是最現實的生活。

理想和現實本來相對立的。超越日常生活，和即在一般人日常生活之中，也是對立的。在中國舊時哲學中，有動靜的對立，內外的對立，本末的對立，出世入世的對立，體用的對立，這些對立，簡言之，就是高明與中庸的對立。儒家所要求的理想生活，即在統一這種對立。極高明而道中庸，這個的「而」字，正是統一的表示。但如何使極高明和中庸統一起來，是中國哲學自古至今所要解決的問題。此問題得到解決，便是中國哲學的貢獻。

極高明而道中庸，所謂極高明是就人的境界說，道中庸是就人的行爲說。境界是什麼？這裏先要提出一個問題：人和禽獸不同的地方何在？孟子說：「人之所以異於禽獸者幾希！」不同者只一點點。照生物學講，人也是動物之一，人要飲食，禽獸也要飲食；人要睡覺，禽獸也要睡覺，並無不同之處。有人以爲人是有社會組織的，禽獸沒有，這是人獸分別所在。可是仔細一想，並不盡然。人固有社會組織，而蜜蜂螞蟻也是有組織的，也許比人的組織還要嚴密。所以有無組織，也不是人獸不同之點。然而人與禽獸所異之幾希何在？照我的意思，是在有覺解與否。禽獸和人是同樣有活動的，而禽獸並不了解其活動的作用，毫無自覺。人不然，人能了解其活動的作用，並有自覺。再明顯一點說：狗要吃飯，人也要吃飯，但是狗吃飯未必了解其作用，不知道是什麼一回事，無非看見有東西去吃。人不同，能了解吃飯的作用，也能自覺其需要。又如螞蟻也能出兵打仗，可是螞蟻不明白打仗之所以然，牠之所以出兵打仗者，不過出於本能罷了。而人不然，出兵打仗，能知道其作用，有了解也有自覺。這是人與禽獸不同之點。

自覺和了解，簡言可稱之爲覺解。人有了覺解，就顯出與禽獸之不同。事物對於人才有了意義。覺解有高低之分，故意義亦有多寡之別。意義生於覺解，舉例以明之：譬如現在這裏演講，禽獸聽了，便不知所以，演講於牠毫無意義。未受教育的人聽了，雖然他了解比禽獸爲多，知道有人在演講，但也不知道所講的是什麼，演講於他也是沒有什麼意義的。假使受過教育的人聽了，知道是演講哲學，就由了解生出了意義。又以各人所受教育有不同，其覺解也有分別，如兩人玩山，學地質者，必鑑別此山是火成岩抑水成岩，學歷史者，必注意其有無古蹟名勝，這兩人同玩一山，因覺解不同，其所生意義也就兩樣了。

宇宙和人生，有不同的覺解，不同的意義，宇宙則一也；因人的覺解不同，意義亦各有異。這種不同的意義，構成了各人的境界。所以每人境界也是不相同的。這種說法，是介乎常識與佛法之間。佛家說：各人都有自己的世界，「如衆燈明，各徧似一。」一室之中有很多的燈，各有其所發的光，不過因其各徧於室中，所以似乎只有一個光。但以常識言，此世界似無什麼分別，各個人都在一個世界的。各人的境界雖然不同，但總可以分爲四類：

（一）自然境界　自然境界在其中的人，其行爲是順才或順習的，所謂：「行乎其所不得不行，止乎其所不得不止」，並不了解其意義與目的，無非憑他的天資，認爲要這樣做，就這樣做了。如入經濟系的學生，他是認爲對經濟有興趣，並不知道認了經濟有什麼好處，這是由於順才。再如入經濟系的學生，亦有因爲入經濟系人多而加入的，原無興趣關係，更不明白其用處所在，看見大家也去了，這是由於順習。詩經的詩是當時民間歌謠，作者未必知其價值如何，只憑其天才而爲之，也是由於順才。日出而作，日入而息的人，不知作息之所以，也是由於順習。他如天真爛漫的小孩，一無所知，亦屬自然境界。高度工業化的人，只知道到時上工退工，拿薪水，也可以說是自然境界內。自然境界的人，所做的事，價值也有高低。而他對於價值，並不了解的，順其天資與習慣，渾渾噩噩爲之而已！

（二）功利境界　功利境界在其中的人，其行爲是爲利的。圖謀功利的人，對於行爲和目的，非常清楚，他的行爲，他的目的都是爲利，利之所在，盡力爲之，和自然境界的人絕然不同。其行爲如爲增加自己的財產，或是提高個人的地位，皆是爲者，爲利的人都屬功利境界。

（三）道德境界：道德境界在其中的人，其行爲是爲義的。義利之辨，爲中國哲學家重要之論題。孔子說：『君子喻於義，小人喻於利。』孟子說：『雞鳴而起，孳孳爲善者，舜之徒也。雞鳴而起，孳孳爲利者，跖之徒也。欲知舜與跖之分，無他，利與善之間也。』這個分際，也就是功利境界與道德境界的區別。有人對於義利的分別，每有誤解，以爲行義者不能講利，講利的不能行義。如修鐵路、辦工廠都是爲利，儒家必以爲這種事都是不義的。有人以爲孔孟之舉，亦有矛盾之處，孔子旣說『君子喻於義，小人喻於利』，則孔子就不應該講利。但是『子適衛，冉有僕，子曰：庶矣哉，曰旣庶矣，又何加焉，曰富之。』這不是講利麼？孟子見了梁惠王，『王曰：叟不遠千里而來，亦將有以利吾國乎？孟子對曰：王何必曰利，亦有仁義而已矣。』是見孟子是重仁義的，但是他實勸梁惠王的經濟計劃却說：『不違農時，穀不可勝食也，數罟不入洿池，魚鼈不可勝食也，斧斤以時入山林，材木不可勝用也。穀與魚鼈不可勝食，材木不可勝用，是使民養生喪死無憾也，養生喪死無憾，王道之始也。』這都是講利的，和仁義是否有矛盾呢？不過要知道，利有公私之別，如果爲的是私利，自然於仁義有背，要是爲的是公利，此利也就是義了。不但與義不相背，並且是相成的。程伊川亦說：義與利的分別，也就是公與私的不同。然則梁惠王所問何以利吾國，這似乎是公利，爲什麼孟子對曰，何必曰利。殊不知梁惠王之親國，如一般人之親家然，利國即利他自己。這就不是公利了。總之，爲己求利的行爲，是功利境界。爲人求利的行爲，是道德境界。

一個人爲什麼要行義，照儒家說，並沒有爲什麼，須有目的，那就是功利境界了。據儒家說，道德境界的人，了解人之所以爲人，認識人之上還有『全』。『一社會之全。人不過『全』之一部份，去實行對於『全』之義務，所以要行義。這裏要附帶說明全體與部份的先後，二者究竟孰先孰後，論者不一。以常識言，自然部份在先，有部份，才有全體。像房子，當然要先有樑柱，架起來才能成爲房子。樑柱是部份的，房子是全體的，部份在先，似乎很明顯。然而細細研究，並不盡然，假使沒有房子，樑也不成其爲樑，柱也不成其爲柱，只是一個大木材而已。樑之所以爲樑，柱之所以爲柱，是由於有了房子而顯出來的，這樣講來，可以說有全體才有部份，則全體在先，亦不爲無理。孔孟亦說人不能離開人倫，意亦全體在先。亞理士多德說：『人是政治動物』。其意是：人必須在政治社會組織中，始能實現人之所以爲人，否則不能成爲人，無異一堆肉，俗語所謂行屍走肉而已，正像桌子的腿，離了桌子，不能成爲桌腿，不過一個棍子而已。所以個人應該對社會有所貢獻，替社會服務。但也有人說：個人和社會是對立的，社會是壓迫個人自由的。可是在道德的觀點來看，便是錯誤。如果認爲社會壓迫個人，主張要把人從社會中解放出來的話，無異說樑爲房子所壓迫，應予解放；但是解放之後，樑即失了作用，不成其爲樑了。

（四）天地境界：天地境界在其中的人，其行爲是事天的。天即宇宙，要知道，哲學所說的宇宙和科學所說的宇宙是不同，科學的宇宙，是物質結構，哲學的宇宙，是『全』的意思。一切東西都包括在內，亦可謂之爲大全。在這個『全』之外，再沒有別的東西了。所以我們不能說我要離開宇宙，也不能問宇宙以外有什麼東西，因爲這個宇宙是無所不包的。天地境界的人，了解有大全，其一切行爲，都是爲天地服務；照中國舊的說法，在天地境界的人是聖人，在道德境界的人是賢人，在功利自然境界的人，那就是我們這一輩了。

境界有高低，即以覺解的多寡爲標準。自然境界的人，其覺解比功利境界的人爲少。道德境界的人的覺解，又比天地境界的人爲少。功利境界的人，知道有個人，道德境界的人，知道有社會，天地境界的人，除知道有個人社會外，還知道有大全。不過他的境界雖高，所做的事，還是和一般人一樣。在天地境界的人，都是爲天地服務，像中庸所說：『贊天地之化育，可以與天地參矣』。並非有呼風喚雨移山倒海之奇能。要知我們的一舉一動，都有天地之化育。如了解其是天地化育之化育，我們的行動就是贊天地之化育，否則即爲天地所化育了。像禽獸與草木，因爲他不了解，所以爲天地所化育了。人如沒有了解，也是爲天地所化育。譬人固可有特別才能，但也可以做普通人所做的事，因爲他有了解，了解很高深，所以所作的事，意義不同，境界也不同。禪宗說：『擔水砍柴，無非妙道』，如今公務員如果去担水砍柴，意義也就不同，因爲他的担水砍柴是爲了抗戰，也不是爲生活。妙道即在日常生活。如欲在日常生活之外另找妙道，那無異騎驢覓驢了。

總而言之，聖賢之所以境界高，並非有奇才異能，即有，亦係另外一回事，於境界的高低無干，無非對於一般人的生活有充分的了解。聖人的生

新中國需要現代組織精神

陳天鷗

一、

現代的世界，已到了組織的時代，世界各國，無論在國際方面或國內方面，都是或疾或徐，或隱或著，在改變或加強其國家組織的過程中。中國既因無組織而衰弱，今後爲振衰起靡，達成眞正自由獨立的現代國家起見，必須將政治、經濟、教育、文化等國家社會的活動，納於一定的體系與組織。

現代的國家，必須是國防國家，國防國家，又必須是一個統一的生命體。爲發展這個生命體的國家，必須其各種機能，各種作用成爲一體，各守其職分，互相協助，互相補充，以增進國家的生命力，這都是毋須贅言的。

所謂國家的生命力，也就是國民全體的總力。要使這個總力，能够養成而發揮，就要使國民的組織加强。

漫無組織的中國國民，欲使其成爲一個堅强的統一體，而發揮其全體的總力，組織必須嚴密，像一部運轉的機器。我們知道機器的構造是以各部的密切銜接爲要件。齒輪與齒輪若不相合，運轉必發生齟齬，連接各部的螺絲釘若稍有鬆弛，機能必停滯。所以機器必須各部分緊密連繫，方可以猛烈運轉。中國國家的組織，必須嚴密到這種程度。因爲中國國家的離心力大於向心力，所以必須減少離心力，增加向心力，而使兩力互相均衡。

二、

現代組織精神的第一要素，便是協和團結。而團結是由於內在的融合而構成的有機性的統一，既不是包含矛盾對立的湊合，也不是一時的或局部的集合，而是具有共同目的的永遠結合。團結中的構成分子，猶如生命體的細胞，是有唯一的共同目的，有一定的機能，有一定的結構，『首尾呼應，枝幹聯繫』，以和諧的活動，構成生命體的生命力，以發展其生存。故團結的要件，又必以『誠』的德性，爲整個團結的維繫。所以在團結內，是不容許對立，不容許分裂，不容許鬥爭，這是無用說了。

再就中國的具體狀況來說，中國的漫無組織，既不是由於民族的分裂，也不是由於宗教的衝突，更不是由於階級的對立，完全由於專制帝王壓制的結果。這是與西洋各國的情形不同之點。所以我們處現在而言團結，不是由分而合，而是由散而聚。中國既沒有種族的分裂，自不容强調種族的問題；沒有宗教的差別，便不容主張宗教的軒輊；沒有階級的存在，更不容造成階級對立的觀念。全中國國民，無論是士農工商或其他職業，都應在國家民族生存利益的共同目的之下，以協和的精神，分工合作，尊重大衆的公益，犧牲小我的私利，以達成各自所負的任務，這才是合乎組織精神的團結。這才是眞正的團結。

團結的組織形式，一方面是縱的地域的組織，一方面是橫的職域的組織。前者是地方自治的體制，後者是人民職業的團體。此等縱橫兩方面的組織，應如經緯相交，織成一個嚴密的大統一的組織網，而由國家中樞爲之統御。故其結構，須如網之在

活。原也是一般人的日常生活，不過他比一般人對於日常生活的了解爲充分。了解有不同，意義也有了分別，因而他的生活超越了一般人的日常生活。

所謂一般人的日常生活，就是在他的社會地位裏所應該做的生活。照舊時說法：就是爲臣要盡忠，爲子要盡孝。照現代說法：就是每個人要站在自己的崗位上做他應該做的事。聖人也不過做到了這一點。有人這樣說：人人每天做些平常的事，世界上沒有創作發明了。也有人說：中國之所以創作發明少，由於儒家提倡平常生活，因而進步比西洋差。其實這個批評是錯誤的。聖人做的事，就是一般所做的事，但並沒有不准他有創作發明。每個人站在崗位上做其應做之事，此崗位如果應該有創作發明，他就應該去創作發明。我們並沒有說一個人在崗位上做事不應該創作發明的。

以上所說的四種境界，不是於行爲外，獨立存在的。在不同境界的人，可以有相同的行爲。不過行爲雖然相同，而行爲對於他們的意義，那就大不相同了。境界不能離開行爲的，這並不是逃避現實，因爲現實裏邊應該做的，聖人一定去力行。聖人所以爲聖人，不是離了行爲光講境界。不然，不但是錯誤，而且是笑話。譬如父母病了，我以爲我有道德境界，不去找醫生，這不是笑話麼？要知道德境界是跟行爲來的。沒有行爲，也就沒有境界了。聖人的境界即在行爲之中，這個本來如此，極高明而道中庸者，就是對於本來如此有了充分了解，不是索隱行怪，離開了本來，做些奇怪的事。

（徐漂萍記）

先秦儒家哲學述評

馮友蘭

先秦儒家的代表是孔孟，孔孟對於自然境界及其餘境界之區別，認識清楚。中庸所說：「人莫不飲食也，鮮能知味也」；人沒有不吃飯的，但很少能知道味道，這是說人的自然境界。易曰：「百姓日用而不知」，也正是這個意思。論語說：「民可使由之，不可使知之」。這是和「百姓日用而不知」的意思一樣。孟子說：「行之而不著焉，習矣而不察焉，終身由之，而不知其道者衆也。」這是自然境界中的人。孔孟看自然境界及其餘境界的分別很清楚，所以他們都注重「智」。這個智不是普通所謂知識，是「了解」之意。所以「智」與「仁」「義」「禮」並稱，更見得其重要。如果對於「仁」沒有了解，其行爲雖合乎「仁」，嚴格說，不算是「仁」。對於「義」沒有了解，其行爲雖合乎「義」，嚴格說，亦不算是「義」。「禮」亦然。必須對它有了解，才是道德行爲，才是道德境界。否則，終身由之，不知其道者，只是自然境界了。

儒家對於功利境界及道德境界的分別，認識亦清楚，所以義利之辨，成了儒家的主題。孔子說：「君子喻於義，小人喻於利。」這一點在第一講中已說過。儒家又注重王霸的分別，王道政治雖亦爲利，但是爲國家民族的利，爲的是公利，是義的行爲。霸道政治是君王個人的利，爲的是私利，故是利的行爲。王道與霸道之分，就是道德境界與功利境界之別。

先秦儒家對於自然境界及功利境界和道德境界的分別，認識很清楚，已如上述，但對於道德境界和天地境界的分別，認識不能算十分清楚。因此，引起了道家的批評。老子和莊子，認自己是天地境界，說孔孟不過道德境界。說孔孟簡直沒有講到天地境界，這批評未免過甚。孔孟對於道德境界與天地境界的分別，認識不甚清楚則有之，說是沒有講到天地境界則非也。由孔子「吾十有五而志於學」一章和孟子「浩然之氣」一章，可以知道他們的境界到什麼程度。

孔子說：「吾十有五而志於學，三十而立，四十而不惑，五十而知天命，六十而耳順，七十而從心所欲，不踰矩。」十五歲志於學，這不是多念一點書，多識幾個字，增加若干知識之意，而是志於學道。何以見得？仍可用孔子的話來證明。孔子說：「朝聞道夕死可矣。」又說：「士志於道，而恥惡衣惡食者，未足以議也。」足見他很注意「道」，講求志於學必是志於學道，學道的目的，即在提高人的境界。境界分四種，前兩種自然境界和功利境界，不必用工夫的，人都可以自然得到。後兩種道德境界和天地境界，那非用一番工夫是不能得到了。所以普通人只到功利境界，如果要提高，非學道不可。孔子又說：「後生可畏，焉知來者之不如今也；四十五十而無聞焉，斯亦不足畏也已。」照普通解釋：四十五十還沒有成功，那就完蛋了。我看這種解釋是不對，這裏豈不是孔子講名利了麼？大概是說到了四十五十歲還沒有聞到「道」，那就不行了。有了「道」，就有了「了解」，了解宇宙人生。

登陸後的戰略，將予以出奇制勝的絕大機會。總之，以上的判斷是正確的，這個機會的實現，關鍵比盟軍在其他地點登陸作戰的可能性更大。究竟盟軍攻歐將在何處登陸，如何作戰，這是盟國的機宜。推測與機宜縱然可以相近，但畢竟是兩回事，不能混爲一談。

戰爭將延長若干時日？現時同盟國在歐洲與在遠東的敵人，仍然是異常強大，關於這個問題，我們實無理由可以希望戰爭不致延長至相當長久的時日。但是這個問題的解答，根本須求諸戰爭的性質。雙方戰略的高下，雖亦有影響，但非根本的。歷史上的戰爭，凡用新武器而未遇抵抗的必定得勝。百年之戰，英國對法國所用的長弓，[illegible]國所用之後膛槍，以及成吉思汗的馬隊，皆是有力的例證。這次戰爭的特點，是空軍的發展以及空軍戰略的成熟；兩次世界大戰的性質，也由此而截然不同。上次大戰結束的時候，空軍尚在幼稚時代。現在的空軍，除其本身機械性能的驚人發展以外，其最堪注意的，爲空軍在戰略上所居的重要地位。其一，空軍可以摧毀敵人的戰時工業生產，因而根本消毀其作戰能力。其二，空軍可以保護自己的海陸運輸，並破壞或封鎖敵人的交通。其三，空軍可以保障自己的耳目，並遮斷敵人的耳目。其四，空軍可以毀滅敵人的防禦工事，爲陸上部隊進攻的先鋒。這些都是空軍在戰略上的特殊性能！所以盟國近日對於敵人的空中攻擊，不是尋常的轟炸而是戰略上的行動。每一次的轟炸，是整個戰略計劃的一部份，其成就不亞於一次重要交綏所得的結果。這些戰略上特殊的現象都是上次大戰所未有的。陸海空三軍各有其戰略上的性能。[illegible]

「三十而立」，這個「立」字是怎麼講呢？從前有一個人趕考，題爲「三十而立」，他做一篇八股，破題說：「夫當兩個十五之年，雖有椅子板櫈而不敢坐焉」。」以爲「立」字是站的意思，這個當然是笑話。「立」字何解，也可以從論語找到根據。孔子說：「立於禮」，又說：「不知禮無以立也。」由此可知「立」是就「禮」而言。但也不是磕頭作揖之謂，大概照禮記的說法很對。禮云：「禮所以制中也」。以俗語言：就是做事要恰到好處。論語說：「克己復禮謂仁。」何謂克己復禮，就要非禮勿視，非禮勿聽，非禮勿言，非禮勿動。能如是，才可以「立」。

「四十而不惑」的意義很明顯，不惑就是有「智」了。「智」即「了解」之意，對於仁義禮有了了解，才算是不惑。孔子三十歲時候的行爲，大概都合乎禮，可是未必對於禮有充分了解，到了四十而不惑，當然對於禮有充分了解了。孔子說：「可與共學，未可與適道；可與適道，未可與立；可以立，未可與權。」這幾段意思，和三十而立，四十而不惑相互發明；爲什麼可以立，未可以權，因爲對於禮沒有了解的人，不知道禮隨時可以變通，所以未可以權。像孟子說男女授受不親，淳于髡問道：嫂子掉到水裏，可以用手去拉她麼？孟子說：「嫂溺不援，是豺狼也，男女授受不親禮也，嫂溺援之以手者，權也。」所以對於禮沒有了解，還未到不惑程度，也就不能有權。孔子四十歲已到不惑程度，對於禮就有了充分了解，其行爲就是行義，也就是到了道德境界。

「五十而知天命」，這個境界是由道德境界進步到了天地境界。此所謂命，與世俗所謂命不同。乃是人所遭遇之宇宙間的事變，在人力權限之外，爲人所無可奈何者乃是天命。有人把命運和環境混淆不清，常聽人說：我要戰勝天命，這大概是戰勝環境之誤，因爲天命是人力所無可奈何的，何能戰勝？要是人力沒有盡到，這不是天命了。孟子所謂「知命者不立於岩牆之下」。如果你以爲自己的命好，並站在危牆之下，不會壓死的，結果牆倒終於壓死了，這個與天命的命無關，因爲人力還沒有盡到。知命者，了解人力總有限度，在人力所及之外，餘下來的一點才是天命。

「六十而耳順」，這個耳字很難解，從前大家說：這個耳大概就是我們頭上的耳。這樣彷彿和境界沒有關係了。近來有一個新解釋「耳」大概就是「而已」的急讀。像「之乎」的急讀是「諸」一樣。這樣講來，這一句話就是六十而已順的意思。順者，是接着上面的天命，五十知天命，六十而順天命。因爲人力之外，無可奈何的一點，只有付諸天命了。對順天命的時候，當然是樂天之命了。樂天之命故不憂，到了七十歲可以從心所欲，隨便一舉一動，統統合乎道了。孔子的修養到此是最高點。

不過我們所講的天地境界，內可分爲四個階段，一是知天，二是事天，三是樂天，四是同天。孔子四十而不惑，進到了道德境界。五十而知天命，進到了天地境界，入於知天階段。六十而耳順，入於事天階段。七十而從心所欲，入於樂天階段。但是孔子有沒有到同天階段，還不很清楚。

「七十而從心所欲，不踰矩」。也可以看出道德境界和天地境界的不同，在道德境界的人，所做的道德事情，出於有意的選擇，並需要一種努力才可以得到。像孟子說：「生我所欲，義我所欲，二

的成敗，往往相持可達數月之久。海軍的交鋒，需小時或數日可見分曉。空戰只須數分鐘即可以判定兩軍的勝負。因此，在上次大戰之中，雙方陣線幾若干地區，呈現膠着戰的形態，可以在極小地帶，以極大犧牲，進出若干次。這個拉鋸式的現象在這次戰爭中，是沒有的。在這次戰爭中，不是沒有久攻久守相持不下的場合，如第一次英軍之守多不魯克與蘇軍之守斯大林格勒。然而綜觀全局，戰場上形勢的大轉變，都是以迅雷疾風之勢，急轉直下；勝者必速勝，敗者也必速敗，這就是所謂閃擊戰。軸心國是如此；同盟國亦是如此。波、比、荷之淪陷，是這種戰略的結果。法國以百萬雄兵，輔之以馬奇諾防線，但其崩潰還是一樣的迅速。反之，一九四〇年秋季不列顛之戰，德國的空軍，未能擊碎英國的空軍，反爲其所敗，所以德軍侵英之謀，終於未能實現。最近北非之戰，空軍總司令泰德將軍稱：「軍事家公認，軸心軍首先崩潰的，是德國的空軍。」在這一戰中，軸心軍的瓦解，仍然是極其迅速的，就是由於這個原因。所以，純以戰略而論，閃擊戰的原則，是無可非議的；北非之戰在戰略上的重要性，就是將德國以前在歐洲所行的戰略，重行證明其正確，不過賓主易勢而已。盟軍在北非之勝利，對於軸心，是以其人之道，還治其人之身。軸心之終必失敗，非閃擊戰之過，而是由於無法防止同盟國三年以來艱辛準備終於完成的更兇猛的閃擊戰。陸海空三軍各有性能；盟國陸海空三軍聯合的壓倒優勢，一經佈置完成，軸心國在歐洲的崩潰，必然迅速。正如在北非一樣，這是由這一次戰爭特具的性質所得的一個推論。

—完—

者不可得兼，舍生而取義者也。」不但用於選擇，而且舍生取義還得要有一種努力。在天地境界的人，所做的事情也是道德事情，不過不必出於選擇，也不必需要努力。可以由於自然。不過，這個自然，並非沒有自覺而是可以從心所欲。譬如：此地有糖一塊，小孩見了想吃，雖也知道糖不是他的，不能吃，但總想去吃。可是成年人見了，知道糖非已有，不能吃就不吃也沒有甚麼。這是成年人的了解程度比小孩爲高的關係。再如：功名富貴，如果道德境界中的人覺得這是不應該得的，決不去要的。也是出於有意的選擇。天地境界的人覺得不應該要的就不要，並不要什麼努力。此所謂從心所欲不踰矩。

孟子的「浩然之氣」是怎樣？爲什麼他要講「浩然之氣」？因公孫丑問孟子：「夫子加齊之卿相得行道焉，雖由此霸王不異矣。如此，則動心否乎？」孟子答：「否，我四十不動心。」公孫丑說：「若是夫子過孟賁遠矣。」孟子答：「是不難，告子先我不動心。」公孫丑又問：「不動心有道乎？」孟子說：「有的」。並且告訴他北宮黝孟施舍曾子三人養勇的方法。爲什麼要講養勇，蓋由此可以得到浩然之氣。如果不講養勇一段，浩然之氣，很難得其解。這樣看來，可以知道浩然之氣就是勇氣，明白一點說：就是士氣。一鼓作氣的氣，也就是孟施舍的守氣。浩然之氣與守氣，同爲勇氣，故性質無甚差別。所異者，浩然之氣，是大勇。孟施舍等的勇是就人與人的社會關係說。浩然之氣，是就人與宇宙的關係說。所以說：有了孟施舍等勇，可以堂堂的在社會中間做一個人而無所懼。有了浩然之氣，可以堂堂的在宇宙中間做一個人而無所懼。所以說：浩然之氣至大至剛，以直養而無害，則塞於天地之間。塞於天地之間，無疑是天地境界了。

「浩然之氣」是怎樣養呢？孟子說：「配義與道，無是餒也」，中間少了一點，就沒有勇了。此所謂「道」和「朝聞道」「志於道」的道一樣，也就是對於宇宙人生的了解。「義」即道德行爲。所以養浩然之氣，一方面要有對於宇宙人生的了解，一方面要力行對於宇宙社會所有的義務。——道德義務。而且要常行此義。故孟子說：「是集義所生，非義襲而取之。」於此可知浩然之氣，是許多道德行爲相集合自然生出來的。這種養氣的方法，和曾子的守義有點相似，他怎樣守義，所謂：「自反而縮，雖千萬人吾往矣。」所不同者，曾子的守義，是就一件一件的事而言。孟子的集義，是就一種心理狀態一種境界而說。照曾子說：事情來了，看是不是我有理，如果我無理，我必退避三舍，如我有理，那末雖千萬人我往矣。孟子集義的方法，乃是今天做一點道德行爲，明天做一點道德行爲，集許多善的行爲，自然生出的心理狀態，就是大勇。這是也就是浩然之氣。再有一點，曾子講的大勇，還是就人與人的關係而說，孟子的浩然之氣，乃是就人與宇宙的關係而言。所以集義與守義雖有點相似，而成就有高低之不同。一個是道德境界，一個是天地境界。孔子說：「知者不惑，仁者不憂，勇者不懼。」不惑不憂不懼，就是不動心。不過孔子此實，是就人與人之間的關係而說。孟子的勇者不懼，則配義與道，比較要高了一點。所以孟子說：能上下與天地同流，這個和「同天」的意思一樣了。

㈣有浩然之氣的人，精神上可以塞於天地之間，這點還可引用孟子的另一段，以證明道德境界和天地境界的不同。孟子說：「居天下之廣居，立天下之正位，行天下之大道。得志與民由之，不得志獨行其道。富貴不能淫，貧賤不能移，威武不能屈，此之謂大丈夫。」照這段意思，所謂「居天下之廣居，立天下之正位，行天下之大道」，不能說不大，「富貴不能淫，貧賤不能移，威武不能屈」，不能說不剛，但不過是道德境界的大和剛。而不是至大至剛。浩然之氣是就人與宇宙的關係說，有浩然之氣的人，當然也是「居天下之廣居，立天下之正位，行天下之大道。富貴不能淫，貧賤不能移，威武不能屈」，可是其意義是不同了。他的精神是塞於天地之間，上下與天地同流。

由上所述，可知先秦儒家亦說到天地境界，道家的批評是錯誤。不過其所用得到天地境界的方法，是由於集義。由於實行道德的行爲來的，所以他們對於道德境界和天地境界的分際不很清楚，可以說：他們的高明還差了一點，不能算是極高明。

總裁論儒家思想

總裁在『中國之命運』中論及儒家哲學思想，極推重孟子，說：「孟子起而以孔子之道定義利王霸之分，明『知言』『養氣』之學，闡發惻隱、羞惡、辭讓、是非之心爲仁義禮智之端，以嚴人獸之別。闢楊墨，正人心，由此遂奠定中國三千年來一脈相傳的正統思想之基礎。」東漢的王通，唐朝的韓愈，明朝的王陽明，明末清初的顧亭林、黃梨洲、王船山、李二曲、顏習齋、傅青主等大儒，對中國民族主義與民權思想，總裁以爲均有偉大的貢獻。

宋明儒家哲學述評

馮友蘭

後漢佛教傳入中國，道教亦同時興起，佛教道教都以爲要得到高明的境界必須出世出家，要離開家庭而無父，離開社會而無君。這種方法，自然也可以得到高明境界，不過其境界，雖可以說是高明，就行爲言，不能說是道中庸。因爲他是要離開日常生活，有特別行爲，只能算是極高明而不道中庸。於是高明與中庸對立，至此乃十分顯著。本來禪宗人原有說破高明與中庸的對立的意思，禪宗人說：「担水砍柴，無非妙道」，還是有道理的，前一講亦已說到。不過我們可以問：担水砍柴，無非妙道，何以事父事君不是妙道呢？禪宗人對於這一點，因還有一點未透，而宋明儒家，認爲事父事君也是妙道。宋儒說：「灑掃應對，可以盡性至命。」灑掃應對，可以得到最高境界。但其行爲還是日常生活，這種生活，才是極高明而道中庸。

張橫渠的西銘：「乾稱父，坤稱母，予茲藐焉，乃混然中處，故天地之塞吾其體，天地之帥吾其性。民吾同胞，物吾與也。大君者，吾父母宗子；其大臣，宗子之家相也。尊高年，所以長其長；慈孤弱，所以幼其幼。聖其合德，賢其秀也。凡天下疲癃殘疾，惸獨鰥寡，皆吾兄弟之顛連而無告者也。于時保之，子之翼也；樂且不憂，純乎孝者也。違曰悖德，害仁曰賊，濟惡者不才，其踐形惟肖者也。知化則善述其事，窮神則善繼其志。不愧屋漏爲無忝，存心養性爲匪懈。惡旨酒，崇伯子之顧養；育英才，潁封人之錫類。不弛勞而底豫，舜其功也。無所逃而待烹，申生其恭也。體其受而歸全者，參乎！勇於從而順令者，伯奇也。富貴福澤，將厚吾之生也；貧賤憂戚，庸玉女於成也。存，吾順事；沒，吾寧也。」——爲後世人所極推崇，認爲孟子以後第一篇大文章。程明道謂西銘之意，我亦有之，不過惟張子厚能書之。朱子對此文，亦特極推崇。可是這篇文章好在什麼地方，未見有確切的說明。照我們的說法，他的好處，是在從「事天」的觀點以看道德的事，有高於道德的意義。何謂事天？知道個人乃至任何事物都是宇宙的一部份，謂之知天。由此觀點，知道對於任何事物的服務，對於任何事物的改善，對於任何事物的救濟，都是替宇宙服務，即謂之事天。從宇宙觀點看各種道德行爲，都是事天行爲。從事天觀點去看道德行爲，不僅是道德行爲，而且還是替天服務，西銘即從宇宙觀點來看道德的事，則所有道德的事都是事天行爲了。西銘說：「尊高年，所以長其長；慈孤弱，所以幼其幼。」這個「其」字的意義，是指乾坤，——即宇宙。所以高年與孤弱，不僅是社會的高年孤弱，還是宇宙的高年孤弱。由此看來，尊社會的高年孤弱，就是尊宇宙的高年孤弱。全文所用的「其」字，都是一樣的意思。又說：「知化則善述其事，窮神則善繼其志。」「化」「神」也都是宇宙的「化」「神」，所以窮神知化，不惟是求知，且還是窮宇宙未竟之功，這是西銘之高深所在。

「事天」亦可說是「贊化」，即贊天地之化育。能「知天」的人，他所見的一切事物，對於他另有意義。如論語說：子在川上曰：「逝者如斯夫，不捨晝夜。」宋儒以爲孔子於水之流行，是道體之流行。中庸引詩：「鳶飛戾天，魚躍於淵。」宋儒以爲於此可見「化育流行，上下昭著，莫非此理之用。」此說雖未必即論語中庸之本意，但水之流行以及鳶飛魚躍，對於「知天」者都可以另有意義。程明道謂雞雛可以觀仁，又喜養魚。張橫渠說：

「明道窗前有茂草覆砌，或勸之芟。曰：『不可，欲常見造物生意。』又置盆池，畜小魚數尾，時時觀之。或問其故，曰：『觀萬物自得意。』」草之與魚，人所共見，惟明道見草，則知生意，見魚則知自得意。此豈流俗之見，可同日而語。都是明道從另一新觀點以觀事物，所以事物對於他另有意義。

「知天」「事天」的人，從天地觀點看事物，事物對於他另有意義，會有一種特別快樂。有這種快樂，謂之樂天。論語曾晳言志一段，朱子註云：「曾點之學，蓋有以見夫人欲盡處，天理流行，隨處充滿，無少欠闕。故其行動從容如此。而其言志，則又不過即其所居之位，樂其日用之常，初無舍己爲人之意。而其胸次悠然，直與天地萬物，上下同流，各得其所之妙，隱然自見於言外。視三子（子路，冉有，公西華）之規規於事爲之末者，其氣象不侔矣，故夫子嘆息而深許之。」樂天的樂，正是這一種樂。程明道說：「周茂叔每令尋孔顏樂處，所樂何事。」又說：「如再見周茂叔後，吟風弄月而歸，有『吾與點也』之意。」這種吟風弄月之樂，正是所謂孔顏之樂。

朱子說：曾晳有聖人氣象；因其雖超乎事物之外，而實不離乎事物之中。子路，冉有，公西華三子，是規規於事爲之末，沒有超乎事物。故比曾晳要低一點。一個人做事，和所見的事物，若專就其本身看，都可以說是「事爲之末」。「知天」「事天」的人，所做的事，以及所見的物，也是一般人所做的事和所見的物；但是這些事物，對於他卻另有意義。因此，對於他都不只是「事爲之末」。「周茂叔『綠滿窗前草不除』。程明道養魚觀雞雛，都有聖人氣象，就是所謂「雖超乎事物之外，而實不離乎事物之中。」這個即是樂天階段。

在天地境界中的人最高的造詣，是不但覺解其是大全的一部份，而且自同於大全。天地就是我，我就是天地。莊子說：「天地者，萬物之所一也，得其所一而同焉，則生死終始，將爲晝夜，而莫之能滑，而況得喪禍福之介乎。」得其所一而同焉，即自同於大全，一個人自同於大全，則我與非我的分別，對於他即不存在。孟子說：「萬物皆備於我，反身而誠，樂莫大焉。」大全是萬物的全體，我

論「新理學」

胡秋原

理學是三套東西拼起來的，道家的宇宙觀，佛家的心性論，儒家的倫理觀。[illegible]

自同於大全，故萬物皆備於我。這種境界，不但是與天地參，而且是天地一。是天地境界中的人最高的造詣，就是同天階段。

程明道的識仁篇中說：「學者先識仁，仁者渾然與物同體。」渾然與物同體，即與萬物沒有分別。所以「此道與物無對，大不足以名之。」大全，是不可思議的。如有思議，那就「與物有對」，而不是大全了。因爲與物無對，所以不能問大全之外，尚有何物。也不能說我要離開宇宙。因爲宇宙就是大全，是萬物渾然一體，無所不包，再也沒有別的東西了。聖人自同於大全，他的境界，與宇宙同其廣大，也是與物無對的。所以能夠「天地之用，皆我之用。」由識仁篇中可以看出明道的境界，已到同天境界。

天地境界的「知天」、「事天」、「樂天」、「同天」四階段，宋儒均已講到，都不必要作特別的事。不過我們對於「天地之用，皆吾之用」一點，可以批點，這點下次再講。

現在說宋儒的修養方法。要得到高的境界，——道德或天地境界，必須有一種修養工夫。不像自然境界或功利境界都可以出於自然得到的。這種工夫，宋儒謂之學。也是孔子的「致於學」之意。程伊川說：「涵養須用敬，進學在致知。」一方面「致知」，一方面「用敬」。宋儒的修養方法，可以此包括之。「致知」，亦可謂之求了解，對於宇宙人生的了解。對於宇宙人生有了完全的了解，即是「知天」。對於人生有了完全的了解，即是「知性」。「知天」「知性」以後，所做的事，對他才有新意義。「知性」所做的事，都有道德意義，亦即道德境界。「知天」所做的事，都有事天意義，亦即天地境界。故欲求高深的境界，第一步先要「致知」。

什麼叫「用敬」？其解釋甚多。簡單說：「敬」即「注意」。爲什麼要注意？人的心理很複雜，他對於事物、對於宇宙人生有了了解，事物和宇宙人生對他才有了新意義。然而單靠了解得到的新意義，不能常存的。有這種了解，只能在一個時間從社會或宇宙觀點去看事物。社會或宇宙對於他所有的新意義，是不能常存的。因爲他的心理如絕別的念頭，或與他發生利害衝突時，心裏就馬上起變化。所以單靠了解，可以達到一種境界，但不能叫我們常住在這種境界。像有的人爲了社會國家的利益，可以說出許多愛國愛民的話，在說時未嘗不真如是想。可是一到實行時候，如何他的利益有了衝突，馬上會退回頭來了。如孔子說：「回也，其心三月不違仁；其餘則日月至焉而已矣。」顏回比較能長住於高的境界，其餘不過間或有一至而已。所以一面「致知」，一面還要「用敬」。注意已得之了解，使不忘已有之境界。一個人能常注意所得的了解，並本此了解去做事，於是乎所做的事對他有新意義，永遠可以有新意義。

「致知」，是叫我們得到高的境界。「用敬」，是叫我們常注意那種境界。此意即孟子所謂「勿忘」。孟子養浩然之氣的方法，原是「勿忘」與「勿助」並舉。「勿忘」即注意；「勿助」是常注意所得的覺解，並本此覺解去實行，不要着急，不求速效。如果求速效，就有「拔苗助長」之弊。宋儒對於修養之道無論程朱陸王，都不外乎「致知」和「用敬」的方法。據他們說，這種方法，也是師孟子之道。不過，還有小分別，大概程朱派是一面「

「致知」一面「用敬」。陸王派是先「致知」後「用敬」。時間上雖有先後與並進之分，而俱爲「致知」和「用敬」原無二致。

陸王的先「致知」後「用敬」的方法是取法程明道的。程明道的識仁篇說：「識得此理，以誠敬存之而已。」知道了這個理然後用敬來存他。陸象山說：「先立乎其大者」，這和「識得此理，以誠敬存之」是同一道理。象山又說：「宇宙即是吾心，吾心即是宇宙。」又說：「宇宙內事，皆已分內事。」王陽明的方法是「致良知」。什麼叫「良知」？照王陽明說：人都有本心，這個本心，即天地萬物之心，「良知」即本心的表現。見了善就知道是善，見了惡就知道是惡，這樣能辨別善惡的即是「良知」。曾有講良知的人，有一天捉一賊，賊問道：你是講「良知」的，做賊的人有沒有良知呢？他說：當然有「良知」的，「良知」是個個人有的。賊又問：我的「良知」在那裏呢？他說：且慢，今天天氣很熱，你坐，你坐，寬了衣服再談。賊於是脫衣服了。可是脫了一件，他還要叫他脫一件，一直脫到只有一條最貼身的褲子，他還是叫他脫。賊說：這個不能脫了。於是乎他對賊說：這就是你的「良知」，羞惡之心，即是「良知」。推而廣之，是非之心，惻隱之心，都是「良知」。不過「致良知」，也要先求得了解。了解我有良知。先求了解，和「先立乎其大者」是同一意思。

程朱的方法是：一面「致知」，一面「用敬」，同時並進的。程朱的格物，所謂窮事物之理，也是「致知」的意思。朱子說：人心之靈，莫不有知。而天地之萬物，莫不有理。我們要窮求理之於極。但是不能一天可以窮極的。所以要今日格一物，

國父與保皇黨戰鬥的一頁

王興瑞

民國紀前十二年（清光緒二十六年，西歷一九〇〇年）的「庚子八國聯軍之役」，使中國蒙受了重大的損失，滿清的威信也因之完全掃地。這一役以後，不滿現狀已成爲全中國人的普遍心理，打破現狀已成爲全中國人的一致要求。因此，國外的留日學界，和國內的長江流域各省，都掀起了革命的浪潮。這種新形勢的轉變，對於 國父所領導的革命運動，是有莫大便利的。可是這個時候，偏偏有保皇黨出來，爲虎作倀，予革命運動，以莫大的威脅，此時革命黨的當前大敵，不是滿清，而是保皇黨。於是，抨擊保皇黨便成爲革命黨當前的最主要的任務。

保皇黨的領袖是康有爲和梁啓超兩師徒，康梁都是廣東人，在「戊戌政變」以前，他們都是社會上開通的人物，和革命黨不斷發生關係，而且關係是相當好的。可是到了紀元前十四年「戊戌政變」發生，康有爲跑到日本成立保皇會後，革命黨和康黨在政治舞台上便完全對立了。到了紀元前十三年梁啓超被康有爲脅迫赴檀香山組織保皇會後，革命黨和康黨的鬥爭之幕便正式揭開了。

自從梁啓超到了檀香山之後，保皇黨的氣燄盛極一時。這固是保皇黨多方面活動的結果，而梁氏似是而非的文字宣傳力量，尤奏了奇效。梁氏對華僑打出的招牌是：「名爲保皇，實則革命。」因此，梁氏的言論，「忽言革命，忽言破壞，忽言愛同種之過於其恩主光緒，忽言愛眞理之過其師康有爲」。（國父批評梁氏語）這也許是梁人本氏思想矛盾的表現，也許是梁氏目擊排滿革命已成爲不可遏止的時代浪潮，不得不假「革命」招牌以爲活動的掩護。不管是梁氏本人思想矛盾也罷，有意利用革命也罷，此時梁氏在報紙上所發表的言論內容，的確是似是而非的，模稜兩可的。這種似是而非的，模稜兩可的言論，其本身價值如何可不必論，可是對於對排滿革命抱着滿腔熱情的海外華僑，卻的確是盡了迷惑之能事，而收到莫大效果。其結果，檀島和美洲各地的華僑，—乃至興中會的一部份會員，都不知不覺地投到保皇黨的旗幟下去了，興中會的發源地的地盤也給保皇黨搶奪過去了。庚子唐才常起兵勤王之前，保皇黨假借名義，向華僑募集軍費，一下子就募到十餘萬元，華僑被保皇黨誘惑程度之深，由此可見。

保皇黨的氣燄高漲一分，革命運動的前途，就多增一分困難。當時革命黨所受保皇黨的威脅，正像 國父所說：「適於其時有保皇黨發生，爲虎作倀，其反對革命，反對共和，比之清廷爲尤甚，當此之時，革命前途，黑暗無似，希望幾絕。」（「建國方略」心理建設第八章） 國父不忍坐視這種惡傾向的繼續發展，於是紀元前九年八月，便有檀香山之行。抵檀後，對保皇黨進行劇烈的鬥爭，予該黨活動以一大打擊。

在對保皇黨進行鬥爭當中， 國父同時採用言論鬥爭和行動鬥爭兩種方式。關於言論鬥爭，一方面是作口頭宣傳； 國父先到火奴魯魯，後又到希爐埠，所經各地，或親赴華僑農場工廠演說，或聯

戲院公開演講。公開演講先後舉行了幾次，每次一連二三天，聽衆多至千餘人，眞是唇焦舌敝，不辭勞瘁。另一方面是文字宣傳。檀島原有同情革命的一家報紙，名「隆記日報」。以筆政乏人，毫無精彩，國父抵檀後，便把它改組爲黨報，親撰「敬告同鄉書」一文在報上發表，原文如下：「同鄉列公足下：公等以爲革命，保皇二事名異而實同，謂保皇者不過借名以行革命，此實大謬也。天下事，名不正，則言不順，言不順，則事不成。夫常人置產立業，其約章契券猶不能假他人之名，況以康梁之智，而謂實圖大事，民族前途，豈有設僞名實不符，而先犯先聖之道譏者乎？其創立保皇會者，所以報知己也。夫康梁一以進士，一以舉人，而蒙清帝載湉特達之知，非常之遇，千古君臣知遇之隆，未有若此者也。百日維新，言聽計從，事雖不成，而康梁從此大名已震動天下，此誰爲之？孰令致之？非光緒之恩，曷克臻此？今二子之逋逃外國而倡保皇也，其感恩圖報之未遑，豈尚有他哉？若果有如公等之所信，彼名爲保皇，實則革命，則康梁者，尚得齒於人類乎？直禽獸之不若也。故保皇無毫厘之假借，可無疑義矣。如其不信，則請讀康有爲所著之「最近政見書」，此書乃康有爲勸南北美洲華商不可行革命，不可談革命，不可思革命，只可死心塌地以圖保皇立憲，而延長滿洲人之國命，續長我漢人之身契，公等何一不察實情，而竟以己之心度人之心，以己之欲推人之欲，而誣妄康梁一至於是耶？或曰：言借名保皇而行革命者，實明明出諸梁啓超之口，是何得謂誣？曰：然，然而不然也。梁之言果眞誠無僞耶？而何以梁之門人之有革命思想者，皆曰梁爲漢仇耶？梁爲保皇會中之運動領袖，閱歷頗深，世情熟識，目擊近日人心之趨向，風潮之急激，毅力不足，不覺爲革命之氣所動盪，偶而失其初心，背其宗旨，其在「新民叢報」之忽言革命，忽言破壞，忽言愛同種之過於其恩主光緒，忽言愛眞理之過於其師康有爲者，是猶乎病人之偶發囈語耳，非眞有反清歸漢去暗投明之實心也。何以知其然哉？夫康梁同一鼻孔出氣者也。康既刻心實恨以表白其保皇之非僞，而梁未與之決絕，未與之分離，則所言革命焉得有眞乎？夫革命與保皇，理不相容，勢不相立，今梁以一人而持兩說，首鼠兩端，其所言革命屬眞，則保皇之說必僞，而其言保皇屬眞，則革命之說亦僞矣。又如本埠保皇報之副主筆陳某者，康趨亦趨，康步亦步，既嘗保皇報主筆，而又日談革命，身入洪門，其混亂是非，顚倒黑白者如此，無怪公等向之以爲耳目者，誤革命保皇而爲一也。此不可不辨也。今幸有一據可以證明，彼雖口談革命，身入洪門，而爲保皇之中堅，漢族之奸細。彼日談革命者，欲籠絡志士也，彼身入洪門者，欲利用洪門之人也。自弟有革命演說之後，彼之詐僞已無地可藏，圖窮而匕首見矣。若彼果眞有革命之心，必聲應氣求，兩心相印，何至攻擊有不留餘地，始創於報上肆情詆譭，竭力詆毀，竟敢不顧報律，傷及名譽，若訟之公堂，雖必能逃國法，豈期大露其漢奸之本來面目，竄竊保皇立憲之旨，大張滿人之毒燄，而痛罵漢人之無資格，不當享有民權。夫滿洲以東北一游牧之野番賤種，亦可享有皇帝之權，吾漢人以四千年文明之種族，則民權尚不能享，此又何說？其尊外族抑同種之心，竟如此其甚者，可見彼輩所言保皇爲眞保皇，所言革命爲假革命，已彰明較著矣。由此觀之，革命、保皇二事，決分兩途，如黑白之不能

明日格一物。而格物和用敬，又要同時並進；所以今日格一物，以敬去守之，明日格一物，以敬守之，這種方法，和軍事上的步步爲營，穩紮穩打是差不多的。

程朱和陸王兩派的方法：一個是一面「致知」，一面「用敬」，同時並進。一個是先「致知」後「用敬」，此不同也引起了相互的批評。陸王說程朱的方法爲「支離」，程朱說陸王的方法爲「空疏」。陸王認爲今日格一物明日格一物是枝枝節節的，自有「支離」之病。程朱認爲「先立乎其大者」不能步步爲營，穩紮穩打，不無「空疏」之譏。照我們意思，兩方的批評，都有道理。陸王主張「先立乎其大者」，但如何去立，並無說明。大概象山注重在「悟」。他和楊慈湖有一段故事，可用爲證明的。楊慈湖爲富陽主簿，見象山，象山與之談本心。慈湖說：何以見得人有本心？什麼是我的本心？象山背孟子羞惡之心一段以告。慈湖說：這段我早知道了。再講下去，又背辭讓之心一段時，剛好有訟事要用去審判，審畢回來，又問象山，什麼是我的本心？象山說：像你剛才審判訟事，那個錯，就知那個錯，那個對，就知那個對，這就是你的本心。由此可知「先立乎其大者」即是靠「悟」。但是如果不「悟」，便沒有辦法了，所以說他是「空疏」是對的。程朱主張一面「致知」，一面「用敬」，然而「用敬」總得要有一個對象，好像說：注重其所已得之了解。否則，正如陽明所說：「譬如燒鍋煮飯，鍋內不曾漬水下米，而乃專去添柴放火，吾恐火候未及調停，而鍋先破裂矣。」所以說他支離，也是對的。但是究竟應該如何？可以既不「空疏」又不「支離」，這就是我們所要修正之點。

（徐漂萍記）

對於儒家哲學之新修正

馮友蘭講　莊欣

我們對於儒家哲學所要修正之點有二：（一）如程明道所稱的『天地之用皆吾之用』一類的話，（二）宋明儒家的修養方法。陸王批評程朱的方法失於「支離」，程朱批評陸王的方法失於「空疏」。但在講修正意見之前，先要說明哲學的性質及其功用。而後根據這個理論，再來申述對於儒家哲學之修正意見。

哲學的性質及其功用：

這裏所謂哲學，是哲學裏最根本的一部份。嚴格的說，即是『形上學』。哲學的性質及其功用，也就是形上學的性質及其功用。爲說明方便起見，故稱之謂哲學的性質及其功用。

講到哲學，大家會聯想到有唯心唯物的爭論。照我的意思，真正的哲學，是要取消這種爭論的。哲學與科學有什麼分別？先說科學：科學有廣義狹義之別，廣義的科學，凡是一種有系統的確切知識，統稱之爲科學。這樣說來，哲學也是科學之一。狹義的科學，是專指社會科學及自然科學而言，並不包括算學、邏輯學、哲學等。因爲狹義科學，是一種對於事實有所肯定的學問。如天文學，則對於日月星辰有所肯定。而算學、邏輯學、哲學，對於事實並無所肯定，講的都是空架子。如算學，講的數目，沒有事實，完全是空的。邏輯也是這樣，有無事實，它都不管的。故就狹義的科學說，算學邏輯學哲學都不是科學。不過，哲學雖是屬算學邏輯學方面，但與算學邏輯學又有不同。算學和邏輯學，完全是空架子，完全與事實無干，哲學並不是完全與事實沒有關係。哲學上所有之命題，也有說到事實的，不過是形式的敘述，對於事實無所肯定。

科學對於事實有所肯定，作積極的解釋；哲學，雖說到事實，但對於事實無所肯定，沒有積極的解釋。算學和邏輯學完全是空架子，所以哲學既不同於科學，又不同於算學邏輯學。怎樣算是說到事實，又對於事實無所肯定，沒有積極的解釋？要說明這一點，先來講兩段故事。『世說新語』有一段故事說：鍾會有一天帶了許多朋友去訪嵇康，嵇康性喜打鐵，剛好看見嵇康在大樹下打鐵，向秀爲其拉風扇。鍾會到時，嵇康並不理會。鍾會見主人不招待，回頭走了。但到他要走的時候，嵇康說了：『何所聞而來，何所見而去？』鍾會答道：『聞所聞而來，見所見而去。』另有一段故事說：邵康節會知別人所不知的事，有一次和程伊川談話，忽然見有雷，邵即問程，你知道雷起於何處？程答：我知道的，雷起於起處。這兩種命題，就是說到事實，而對於事實無所肯定，只作形式的解釋。要是鍾會說：我聽到你是賢人而來的，你不招待我，我去了。這是對事實有所肯定，有了積極的內容。要是程伊川說，雷起於沙坪壩，也是對於事實有所肯定，有了積極的內容。『聞所聞而來，見所見而去』，你不能說他沒有說到事實；『雷起於起處』，也不能說他沒有說到事實，可是對於事實無所肯定。因此，哲學給我們的知識，是形式的知識。形式的知識，有一種好處，就是決不會錯。積極的知識，可以對，也可以錯。形式的知識，不必用試驗以證明的。要是鍾會說：我聽到你是賢人而來的，那末他可以說：我不是賢人，你錯了。但是他說：聞所聞而來，誰都不能說有錯的。又如雷起於起處，這個也不能找出錯處來的。要是說雷起於沙坪壩，那是否起於沙坪壩，可用考查來證明。考查結果，可以對，也可以錯。

哲學給我們的知識，既是形式的，故哲學所有的觀念，也都是形式的觀念，沒有內容的。例如：

一、宇宙觀念。哲學的宇宙不是科學的宇宙。天文學所指的宇宙，乃指星球、太陽系等等而言，是一種物質結構，積極的觀念。哲學的宇宙是指『大全』。大全者，即所有一切東西的總稱。既不能叫我們知道這一切東西是什麼，又不能叫我們知道這一切東西有多少，所以這觀念是形式的。中國舊時哲學稱宇宙爲天地，此『天地』和『天下』意思不同，天下即現時所謂世界，假使你說爲一樣，那末，天下大亂可以叫做天地大亂；治國平天下也可以叫做治國平天地了，這是不通的。郭象莊註說：『天地者，萬物之總名。』程伊川說：『天地無內外；言天地之外，便不識天地。』所有萬物宇宙都已包括。這種形式觀念，對於事物，無所肯定。雖是形式的，然而可以使人『開拓萬古之心胸』。

二、理的觀念。理的觀念也是形式的。哲學不能知一類事物之所以爲某類事物者是什麼，但可知每一類事物都必有其所以爲某類事物者。人是一類事物，必定與貓狗不同。桌子是一類事物，也必定與椅子不同。人之所以爲人者，桌之所以爲桌者，都是一類事物之理。就一類事物之所以爲一類事物者而思之，即有理的觀念，這也是形式的。所以有人批評新理學家所講的理是太空洞了。所說的無非想、這話說一點，這個本來是如此的。要是會增加你的知識，對於事物有所肯定，則即不是形式觀念，而是科學觀念了。

三、道體觀念。什麼是道體，所有實際的世界及其間事物生滅變化的洪流，都是道體。哲學不能叫我們知道事物怎樣生滅和變化，只可叫我們知道實際的事物，無時不在生滅之中，實際的世界，無時不在變化之中。所以這種觀念也是形式的。

這種形式的觀念，說它是沒有用的，可以說沒有什麼用；但，可以叫我們知道有不可思議不可感覺的，有不可感覺只可思議的，有不可思議，只可感覺的。宇宙是不可思議不可感覺的。宇宙即是「大全」，我們不能說站在宇宙之外，也不能說要離開宇宙。所以宇宙是不可思議不可感覺的。假使你思議宇宙，你所思議的宇宙，就不包括你的思議。你嘗說的宇宙，就不包括你的言說。你思議所得的宇宙，便不是哲學上的宇宙，你嘗說所指的宇宙，也不是哲學上的宇宙。所以宇宙之爲物，正如禪宗所說：「擬議即乖。」理是只可思議不可感覺的。像說方的，方之所以爲方者，只可思議不可感覺。具體的事物是不可思議，只可感覺。例如這個東西，那個東西。

講科學的人，都說這種形式的知識太空洞，沒有用處，這是我承認的。不過，唯心唯物論者，他們自認他們所說是不空的，說萬物的根本是心或是物。這種說法，也是打算給我們一種積極的知識。不過，他們的說法有什麼方法可以證實？不空的說法也是與科學一類的說法，應該用科學方法來證實。科學證實的方法是試驗。試驗結果，可以證明其對不對。要是一種說法，想給我們積極的知識，再是不能用科學方法以證實，那就是沒有意義的。否則，只說「萬物本體是心」或「萬物本體是物」，都沒有方法可以證實。只看說話的人，誰的氣長誰算是贏了。所以唯心唯物的人說我是空，我誠然是空；不過我要說：你的不空的說法，沒有法子可以證實。

如果科學家來批評哲學是太空沒有用，我承認哲學不能有如科學所有之用。科學的用處可以叫我們對於自然界有積極的知識，還能夠叫他們對於自然界有控制的權力。此種科學的功用，確爲哲學所沒有的。但是不能說哲學沒有這種功用就是沒有用了。因爲我們可以說：所謂用處不一定限於這個用處的。這就是說：學問的用處，不限於像科學那樣的用處。這樣哲學也就有用了。

科學的用處，在於增進人的知識，加强控制自然的權力。哲學的用處，在於擴大人的眼界心胸，提高人的境界。普通人的眼界心胸，只限於只可感覺不可思議的範圍，只限於具體的東西。如果想了解多一點，超過了感覺，則他的眼界心胸，便不爲具體事物所限，而到了不可感覺只可思議的範圍。倘想了解再進一步，可以到不可思議也不可感覺的範圍，這就是天地境界了。所以，哲學的用處，是可以提高我們的境界。

科學與哲學的分別，如舊時的「爲學」與「爲道」的分別，老子說：「爲學日益，爲道日損。」「研究科學，是爲學，此學可以給我們積極的知識；研究哲學，是爲道，此道不能給我們積極知識，只能提高境界。有高的境界的人，不一定有很多識，因爲爲學與爲道是兩回事。有高的境界的人，如果要在某一方面有所作爲，就得在某一方面去求積極的知識。聖人有高的境界，不能說聖人就會造飛機；聖人要會造飛機，還得要去求積極的知識，——飛機製造學。

哲學的性質和功用，前面已經說明，現在再講對於宋儒的修正意見。

一、程明道「識仁篇」說：「天地之用皆吾之用」。這句話給人的印象是：好像只要一個人渾然與物同體，什麼也可以不必學。因爲「天地之用、皆吾之用」，天會括風，我也會括風，天會下雨，我也會下雨了。乃至治國平天下，出兵打仗之事，只要我渾然與物同體，都可以不學而做得到，這不是笑話麼？朱子的格物致知，給人家的印象也是如此。大學格物傳上說：「人心之靈莫不有知，天下之物，莫不有理。惟其理有未窮，故其知有未盡也。是以大學始教，必使學者即凡天下之物，莫不因其已知之理而益窮之，以求至乎其極。至於用力既久，而一旦豁然貫通，則衆物之表裏精粗無不到，而吾心之全體大用無不明矣。」有些人以爲只要我境界高，別的學問可不必研究，反正我到了那個時候吾心之全體大用自無不明，治國平天下之事就可以知道。於是宋儒之學生出了流弊，有些人把工夫都用在「居敬存誠上」，不再研究別的學問了。社會國家，種種複雜的事，如何治理，統統不知，統統不管，一心一意去「居敬存誠」。宋儒有此流弊，又成了極高明而不道中庸。到清初，遂有顏李之學反對宋儒。不過顏李之學，固然注重實用，但就高明方面看，也就差了。哲學只能提高人的境界，不能說人的境界高，別的知識也會增多。境界高的人，要做某種事業，仍然要去求某種知識，此理前已說明。了解此理，則就不會空疏了。這是我屢

戰時公務人員修養要旨

張　齡

使有業者樂業

首先，公務員對下列各點，應有清晰的辨別：

一、生活與生命：總裁解釋生活與生命的意義爲：「生活的目的在增進全體人類的生活，生命的意義在創造宇宙繼起的生命。」生命與生活不可混爲一談。生活固然應當堅持節約與刻苦，而生活則必使它奔騰、活躍、豐富，而饒有意義。一個衣不蔽體，食不果腹的人，如果內心富有涵養，往往能夠獨全其天，悠然自得，歌聲洒溜，若出金石，如孔門的子路敝衣縕袍而不恥，顏子簞瓢屢空而自樂，這是生活貧困而生命豐富的實例。生活不過是維護生命的手段，本末重輕自有區別，在目前生活困難不特是勢所難免，亦且是理所應該，關於此乃伸涉彼，我們盡可有方法使我們的生命充滿，並發揚烈的光和熱，使生命不受生活的桎梏，而巍然獨立，永久延續下去。

二、生計與職業：要明白一個人的志向和抱負，須看他對自己職業是如何選擇，怎樣堅持。「矢人惟恐不傷人，函人惟恐傷人」，這是擇業的問題。「弈秋誨二人弈，其一人專心致志，惟弈秋之爲聽，一人雖聽之，一心以爲有鴻鵠將至，思援弓繳而射之，雖與之俱學，弗若之矣。」這是專業與否的問題。必須專業才能精業，精業才能樂業。要知生計與職業原是兩事，現在大部份的公務人員，即使並無專門的知識和技能，但經驗和時間能使他收到熟練的效果，這需要專業，同時也需要樂業。亦惟有樂業的人才容易專精其所業。一個人朝秦暮楚，昨治今陶，爲貪圖生計上的小便宜而輕於拋棄自己固定的職業，可斷言其終身營逐，一事無成。大凡事業的成功都基於其對職業信心的堅固，由堅固的信心而發生濃厚的興趣才算是到了樂業的地步。

三、勞力與報酬：勞酬同值，是我們的理想，而能力要使超過地位，勞力應當高於報酬，這樣，方能使天君泰然，心安理得。達成任務，才是精神上的絕大慰安，這種報酬是不能以數字計值的。榮譽價值所以不關於工錢價值的理由在此。工作者是權利與義務對等，但在享受應得的權利之外，還得盡更多且高的義務。這代價是一種精神上的報償，通過心靈安帖夢魂的恬適而給予。一分報酬，一分努力，這是資本主義制度下勞動者對資本家提出的口號，爲國家民族及人類社會事業服務的人，如果存着這種念頭，那是不可饒恕的罪惡。

四、工作與修養：我們必須認識，工作要求修養，方能體驗真切，實踐篤實。離開了工作即無所謂修養。修養斷不是叫人拋棄書本，寫呆文章。今人動說工作太忙，無暇進修，殊不知工作愈忙，愈能修養品德鍛鍊能力。生活愈苦，愈是測驗自己有無定力。「窮不失義，達不離道，大行不加，窮居不損」，這是要從環境中勤修省；「十目所視，十手所指，正其衣冠，尊其瞻視」，這是獨居慎念時的工夫。處在這樣一個時代，縱然舉世滔滔，不妨獨行踽踽。一朝毀譽可以不計，寵辱可以兩忘，然是非卻不可不辨明白，應還我堂堂的做個人。所以

要修正的第一點。

二、宋明儒家的修養方法，程朱是「致知」「用敬」同時並進；陸王是先「致知」後「用敬」。於是程朱批評陸王爲空疏，陸王批評程朱爲支離。——無要領——我們如明白了哲學的性質和功用，可以得到一個方法，既不支離又不空疏。我以爲修養方法，是要「先立乎其大者」。所謂「用敬」，是對於了解用敬。先有了了解，然後「用敬」。如果沒有了解，「用敬」是空的。先有了了解，用敬才有着落。不過陸王沒有講明怎樣來「先立乎其大者」，於是有失空疏之弊。我們所謂「先立乎其大者」，是要先得到哲學上的幾個基本觀念——宇宙、理、道體等幾個觀念。我們說哲學使人自「只可感覺不可思議」而到「只可思議不可感覺」再到「不可思議不可感覺」，即是「先立乎其大者」之意。有此觀念後，眼界心胸都已擴大，當然是「先立乎其大者」了。如此說來，可不致「空疏」了。

要得到基本觀念，光靠上面所說的一點，還是不夠的。因爲這樣還不能算得到所要說了解這幾個觀念。還要從經驗方面來體驗，此即程朱之格物之道。用今日格一物，明日格一物的方法，以體驗之。不過程朱之病，在求一切理的內容，要知統方他要知道方的內容如何。我們以爲只要有理的觀念，不一定要知道理的內容。只要知道有理，就可以開拓我們的心胸。如果要知道一切理的內容，那就不可能了。這樣說來，我們也可說是用程朱的今日格一物明日格一物的方法，但並不失於「支離」。

總之，先有哲學的基本觀念，是「先立乎其大者」。用研究工夫，以今日格一物明日格一物的方

惑於今日公務員的生活困難，政府必須加以顧恤和救濟，使得減輕家室之累，而提高其工作熱忱，這是極應該的。然公務人員本身必須注意到修養，不能因生活而忽視了生命價值的發揚。

修養的準則

下面，彙集一些比較合理的生活規律，分列爲總綱六，分目二十四，作爲我們公務人員行爲的準則。當然，我們日常生活行動所應取則的並不止此，但舉一可以反三，『先立乎其大者，則其小者不能奪也。』

一、四化：

（一）機關學校化：武城絃歌，乃古人辦機關與社會學校化了的實例。機關必須學校化，然後可以避免衙門化

（二）思想學術化：研[illegible]精益求精，即以軍事而言，決勝雖在疆場，[illegible]全繫於方寸。國父昭示：『工作不要祇用手，一定還要多用腦。』所謂學而不思則罔，思而不學則殆。

（三）工作學習化：俗語說：『做到老，學不了』。總裁訓示：『隨時能發現錯誤，便是進步的明證。』所以，整個人生的記錄，全是學習的過程。

（四）生活學生化：前方生活要士兵化，後方生活要平民化，而今日一般學生生活，實可以爲兩者折衷的標準。因爲學生生活，既緊張，又活潑，既嚴肅，亦天眞，每個公務員如能時常意識到自己尚是一個學生，自能生氣蓬然，掃除以往的暮寅氣習。

二、四守：

（一）公文守機密：對本身職掌事務的內容之應該守機密，不僅是責任，同時也是道德。秘密是一切力量的保障，機事不密，大則害家國，小之敗事誤身。

（二）辦公守時間：國人向無守時的習慣，而公務員爲尤然。總裁訓示：『愛惜時間，即是自愛』，唯有寶愛時間，把握時間，利用時間，才能爭取時間。信條是：今日事，今日畢。

（三）工作守崗位：先將本身的事情做好，然後方去過問別人，一切盡其在我。信條是：自己的事，自己辦。

（四）生活守規律：正常規律的生活，是人生幸福的源泉，如果放浪形骸，苦痛即緊蹤在後面。故小德出入，亦自不可。

三、四大：

（一）識大體：大處着眼，全局關心。

（二）明大義：擇利不先，赴義恐後。

（三）顧大局：毋以小害大，毋以偏害全。

（四）立大志：學問事功須看勝我者，地位享受須看遜我者。

四、四知：

（一）知時空之關係：時間爲一切事業生命之母，空間爲人類歷史活動之所，要加緊把握，充分利用。

（二）知羣己之分際：合衆己以成羣，賴羣力以自助，必須立己成己，方能處羣淑羣。

（三）知義利之辨別：取不傷廉，見得思義。

（四）知公私之界劃：不以私害公，不[illegible]公。

五、四要：

法得到哲學的基本觀念，是先立乎其大者的方法。這種方法，近於陸王，但並不失於空疏；近於程朱，但亦不失於支離。這是我們對於宋明儒家的修正的第二點

—完—

（一）要有向上的精神：力爭上流，把人格提高，隨時學習。

（二）要有服務精神：不計個人利害，但問我對國家民族服務幾何。不問過時日，日行一善。

（三）要有守紀的精神：一舉一動，均須奉公守法，過漫隨便是墮落可恥的行爲。

（四）要有俠義的精神：憂人之憂，急人之急。人類所以能夠永久繁榮，是基於人類的同情心加上正義感。

六、四治：

（一）以力行求知治愚：憤悱啓發，勖以補拙。

（二）以自強不息治弱：法天行健，敬日强。

（三）以淡泊無欲治貪：儉以養廉，知足常樂。

（四）以有條不紊治亂：事豫則立，執簡馭繁。

今日一切紛亂、黑暗、卑污、險惡的現象，轉瞬即將過去，無限光明的新氣象與新局面，即將到來，我們要有好的準備去迎接這光明的新時代。要將個人的希望和前途寄托在國家民族的希望和前途之中，國家民族有辦法，自然我們的一切也都有辦法。不要畏縮畏葸在光明所照臨不到的黑暗面，終日以憂傷、憔悴、怨誹、憤懣自遣，這樣，無礙於

儒家精神

燕義權

儒家思想的核心，是人生哲學，儒家的最大貢獻，也是人生哲學，所以人生哲學，實是儒家眞正精華的所在，價值的所在；也是我們最應研究的所在，重視的所在。

我們可以肯定的說：儒家別的思想，或者無大成就，但在人生哲學，則絕對有大成就；別的思想，或者有點落伍，人生哲學，則絕對沒有落伍，尤其從它表現的精神看來，仍不失爲我們今日安身立命的指針。它表現的精神是什麽？根據我的研究，蓋有以下六種：

一、積極的：儒家教人以「自强不息」去「開物成務」，（易經）以「競競業業」去「克勤克儉」，（書經）雖然理想的人格是「中行」，但「不得中行」，則「必也狂狷」，（論語）而在天下無道之時，更能有貴無旁貸之勇；即明知無補大局，亦能「知其不可而爲之」，（論語）這就說明儒家之尙積極。所以在桀溺以爲：「滔滔者，天下皆是也，而誰與易之？」而孔子却說：「天下有道，丘不與易也」，（論語）至孟子所說：「天下有道，以道殉身，天下無道，以身殉道」（孟子）的話，更是斬釘截鐵的堅决。所以它不是消極的，乃是積極的。

二、行動的：儒家教人由「格物」而「致知」，（大學）由「擇善固執」而「困知勉行」，（中庸）不信天只信人，不諱難只講爲，這就說明儒家尙行動，所以儒家雖不輕視言與知，而最重視的，却是行，孔子說：「邦有道，危言危行；邦無道，危行言遜」，（論語）言雖可變，行必堅持，荀子說：「不聞不若聞之，聞之不若見之，見之不若行之，學至於行之而止矣！」（荀子）知雖是始，行却是成，所以他不是空言的，乃是行動的。

三、實際的：儒家教人崇「剛」貴「質」，（論語）「愼獨」、「素行」，（中庸）講本末，主實用，愛樸實，重力行，這就說明儒家尙實際，所以雖然野人不如君子，而孔子却說：「先進於禮樂，野人也，後進於禮樂君子也，如用之則吾從先進」，（論語）雖然憂患不如安樂，而孟子却說：「入則無法家拂士，出則無敵國外患者，國恒亡，然後知生於憂患，而死於安樂也」。（孟子）所以它不是浮誇的，乃是實際的。

四、博大的：儒家教人行「恕」，而是「己欲立而立人，己欲達而達人」（論語）的恕，行「公」而是「天下爲公」的公，雖重小處着手，亦能大處着眼，雖重實際工夫，亦有遠大理想，這就說明儒家尙博大。所以孔子理想的「聖人」，是「耐（能）以天下爲一家，以中國爲一人」，（禮記）孟子理想的「大丈夫」，是「居天下之廣居，立天下之正位，行天下之大道，得志與民由之，不得志獨行其道；富貴不能淫，貧賤不能移，威武不能屈！」（孟子）所以它不是狹小的，乃是博大的。

五、堅貞的：儒家教人成仁，是要「殺身以成仁」。（論語）取義是要「捨身而取義」。（孟子）知命是要「見危授命」，（論語）這就說明儒家尙堅貞，所以雖然習俗移人，但孔子說：「不曰：堅乎磨而不磷！不曰：白乎涅而不緇！」（論語）雖然暴力可畏，但曾子說：「自反而不縮，雖褐寬博，吾不惴焉？自反而縮，雖千萬人吾往矣」！（孟子）所以它不是柔佞的，乃是堅貞的。

六、樂觀的：儒家教人「樂天知命」（易經）以「志於道」，（論語）「動心忍性」以「求放心」，（孟子）這就說明儒家尙樂觀，所以，雖然大道不易行，但荀子說：「君子無爵而貴，無祿而富，不言而信，不怒而威，窮處而榮，獨居而樂」。

，睽違枕側，不能復睡，乃起。早餐爲豆漿稀飯，營養衛生，口味亦佳，山中之特色也。今日分組採集，高尙蔭博士指導余組，沿途得標本甚多，尤以蜘蛛一類，多係素日未睹之奇觀。此行均係山路，有時石磴重疊，插入雲霄林叢中，令人望而生畏，大有行不得也之慨。有時又一瀉千里，俯俯而下。如此反復，體力爲之大乏。

離雷音寺八里許抵大峨寺，即開始午餐，寺大而不軒昂，餐費亦貴。惟寺傍有一大峨神水潭，激流急湍，飲之沁人肺腑，水亦清凉。惜不能大飲一頓。寺前復有一消費合作社，出售罐頭、汽水、及零用品，爲華西大學女同學數人所經營，利用名山勝景，讀書，求利，誠一舉數得。

餐後趕路，烈日當空，若非林木爲障，淸風時惠，則已不堪其追矣。下午三時許到達淸音閣，不復再進，此地有牛心石，突立於二流水之會合處，流水衝擊其上，散爲浪花四濺，反映日光，現出五色虹彩，美奐異常，惜湍流大急，未能踏下一濯爲憾。此二水因自高山驟落，撞擊牛心石上，故發宏聲，日夜繚繞耳際，淸音之名，良有以也。

● 晚餐後整理標本，并於禪堂中與諸同學弈棋，直至暮鼓晚經後始入睡。

（荀子）雖然憂患不爲害，但孟子說：「天之將降大任於是人也，必先苦其心志，勞其筋骨，餓其體膚，空乏其身，行拂亂其所爲，所以動心忍性，增益其所不能」。（孟子）所以它不是悲觀的，乃是樂觀的。

以上六種精神，就是我所見到的儒家精神，雖然這僅是研究儒家（且是古代儒家）人生哲學的結論；但儒家其他的思想，也都不外乎這樣的觀點。而在國難嚴重的今日，儒家的這種精神，是值得我們來發揚的。

「天下一家」提要

威爾基著　劉尊棋譯

美國共和黨黨人威爾基於去年訪問世界各地後，著「天下一家」一書，出版以來，極受讀者歡迎。全書共分十五章，第一章艾爾阿拉敏（北非前線），第二章中東一瞥，第三章土耳共，第四章我們的盟國蘇聯，第五章雅庫茨克共和國，第六章中國繼續在抗戰，第七章中國西部的開發，第八章自由中國用什麼抗戰，第九章中國之通貨問題，第十章善意的寶庫，第十一章我們爲什麼而戰，第十二章這是解放的戰爭，第十三章我們國內的帝國主義，第十四章天下一家，第十五章關於傳教士。該書業經劉尊棋先生譯出，由重慶中外出版社出版。售價每本四十元。本文係該書內容之提要，然不及全書十分之一。讀者如欲窺全豹，則請購閱劉君譯本。（編者）

八月底我們往開羅途中，不好的消息接踵而來。我回想起羅斯福總統當我快要從華盛頓動身時給我的一些警告，就是說我沒有到開羅，也許它已被德國人拿了去。

蒙哥馬利將軍在他的地中海濱沙丘上的司令部裏接見我。司令部是由四輛美國式大卡車構成的，各輛相隔幾十碼，蒙哥馬利用了一輛放他的地圖和作戰計劃。他撥了一輛車給我住。另外一輛中是他的參謀副官等，最後一輛是蒙哥馬利不在火線上督戰時下榻之所。

蒙哥馬利告訴我，現在他的空軍指揮官同他一道住在司令部裏，過去幾天中間能對隆美爾施行決定的打擊，全要是飛機、坦克、和砲兵完全合作的結果。

我問他隆美爾怎樣？他說：「他是一個有訓練有才智的將領，但他有一個弱點。他總是重複他的戰術。那就是我抓住打他的地方。」

從開羅到德黑蘭的途中，我們飛越過許多通商道路和城市，它們是和我們的文明一樣的古老，並且保存了數千年歷史的形形式式的遺蹟。尼羅河邊那些蒙上眼罩，無止境地環繞着灌溉水田的轆轤的水牛，與我在埃及看到的巨大的美國機器修理站，似乎完全不相聯屬。在耶路撒冷古城蜿蜒的街頭上玩耍的那些營養不足的孩子們，貝魯特飛機場上青年的法國軍官，工作在巴格達的毛毯廠的十歲左右阿拉伯男女兒童，聚集在德黑蘭城外龐大營房中的波蘭難民——這就是我在這些城中的區域中所見到的第一幅圖畫，它是一幅色彩極不調和的混雜的圖畫。

在我看來，有四件東西是這些人民以不同的程度和不同的方式需要着的。他們需要教育，需要更多的公共衛生事業，需要更現代的工業，需要從自由和自我統治而來的更多的社會尊嚴和自信力。

我參加任何招待會時都會碰到「巴夏」們。他們有許多已同外國女子結婚；他們是風流倜儻，和藹可親的人物。「巴夏」這個官銜在埃及是從奧托曼王朝時代便殘留下來的。以前還是一個加予有勳帝國的軍事領袖和各省首長的官銜。現在它成了由國王賜與的頭銜，以示寵譽之意了。

我有一次問過招待我的主人，一個年青的埃及新聞記者：「一個人需寫一本偉大的著作也可以成爲巴夏麼？」他答道：「我想他可以，不過在埃及沒有人寫書。」

「有過一個偉大的發明家被授與巴夏的頭銜麼？

論著

儒家的人生哲學

馮友蘭

義與利的區別——爲社會公利的行爲叫做義——爲個人私利的行爲叫做利

仁與義的區別——人的行爲，只是應該如此行，就是義，若尙兼有與別人痛癢相關的感情才是仁——仁能够包括義而義不能包括仁

盡倫盡職——人與人的關係就是倫——在自己地位上應該做的事就是職——盡倫盡職是一成就一個是一——盡倫盡職必須「誠」

才、命、力——天賦的才力，遭遇的機會，努力的程度——立言就要靠才，立德就要靠力，立功就要靠命

結論——事功成敗，操之在命；而盡倫盡職與否則完全由己

今天我所講的題目是「儒家人生哲學」。這個題目的內容，非常廣泛，在這短短的時間內，實在不能發揮盡致。所以今天只把儒家人生哲學裏比較重要的幾點提出來討論：

（一）義與利的區別　孔子說過一句話：「君子喩於義，小人喩於利」，可見君子與小人的分別，就是「義」與「利」的區別。孟子也說過：「雞鳴而起，孳孳爲善者舜之徒也，雞鳴而起，孳孳爲利者跖之徒也」。這就是說一個人孳孳所爲者爲義，就是學舜，就是聖人，一個人孳孳所爲者爲利，就是法跖，就是惡人。我們大家要知道，聖人同惡人的分別，就是在他的行爲是爲「義」或者是爲「利」來區別。行爲是爲「義」的就是聖人，行爲是爲「利」的就是惡人。所以儒家對於聖賢不肖的區分，就以其行爲之爲「義」或「利」來測量。我們更從孔子孟子這兩句話看出「義」同「利」是完全相反的，絕不相容的。一個人的行爲是爲「義」就絕不會爲「利」；一個人的行爲是爲「利」也絕不會爲「義」。也正如西洋論理學中所說的「道德」與「快樂」完全相反一樣。究竟義，利完全相反呢？或者是還有相同的地方呢？這就是我們今天所要討論研究的問題。我的說法就認爲義利一方面是相反，而另一方面也是相容。就是說義的行爲不能說是完全與「利」沒有關係。

無論是西洋或者是我國哲學都分成兩派，一派認爲道德（義）同快樂（利）是不相容的；一派認爲道德就是可以直接間接使人快樂「得利」。這兩派的學說，可說一半是對的，一半是錯誤的。照明一點說，有一派以道德同快樂完全不相容，中國哲學就謂之「分義與利」，有一派，拿道德行爲歸到快樂，中國哲學謂之「歸義於利」。無論中外哲學都分爲這兩派。照「歸義於利」這一派來說，他們認爲凡是道德行爲，都可直接或間接使人快樂；凡是義的行爲都可直接或間接使人得利。我們可以問問快樂並不是空的快樂，快樂到底是誰的快樂呢？是做這件事或這種行爲的人的快樂？或者是別人的快樂？有些人的行爲使他自己得到快樂或利益，這種行爲不能說是道德的行爲。一個人要是爲使他自己的快樂才作某一件事，縱使他的行爲合乎道德，這也不能說是有道德價值。主張「分義與利」的人，即是反對快樂論的人，不承認這種行爲有道德價值，這當然是對的。不過，由此就以爲人的行爲的道德價值完全與利或快樂不相干，這也是錯誤的。實則道德離開了快樂，道德也就空無內容；義離開了利，義也是空的。道德是離不開快樂，義是離不開利

的。我們要知道，道德的行爲也就是求快樂的行爲，義的行爲也就是求利的行爲。人的行爲何者有道德價值？何者無道德價值？就看他行爲所求的快樂，所求的利，是爲他自己抑或是爲別人以爲斷。他的行爲是求他自已的快樂（利），這即如前面所說，當然沒有道德價值。如果他的行爲是求社會上別人的快樂（利），雖然是在求快樂（利），也是仍然具有道德價值底。因此，以爲凡注重義的，必是不注重任何利的，凡注重任何利的，必是不注重義的，這種「以爲」是錯誤底。

這裏我舉出兩個名詞來作解釋：這兩個名詞就是哈德門在他倫理學中的「意向所向的好」及「意向的好」。甚麼叫做「意向所向的好」呢，就譬如一個人以酒食孝敬他的父母，酒食就是「意向所向的好」，他以酒食孝敬這種行爲的價值，就是「意向的好」，酒食並不是孝，但是這孝的行爲是藉此酒食方能表現的，所以求別人的利，其行爲就是義，在這個行爲中，別人的利是意向所向的好，義是意向的好。這就是說義不能離開利。這兩種好，我們講邏輯的歸在兩個層次之內，並不是一個層次之內，如果把這兩種好攏在一個層次之內，以之混爲一談，那就錯誤。

我們還可以舉例說明白一點，就是孟子見梁惠王的時候，梁惠王問：「叟，不遠千里而來，亦將有以利吾國乎？」孟子說：「王何必曰利，亦有仁義而已矣！」可是孟子又大講其「五畝之宅，樹之以桑」，這一定有很多人批評他，說他只准自己講利，不准梁惠王講利，其實梁惠王所講的利，是講如何使他自己得利，他問：「何以利吾國？」這「國」就是他自己，而孟子所講的利，是一國的經濟政策，是講如何使人民得利，是爲別人的利，這與梁惠王所講的利是不同的。有些人不了解這個道理，以爲義與利不相容，以爲儒家都贊美貧窮，這是完全不了解儒家所說的這個道理。照儒家講起來，孔子並不是贊美貧窮而厭棄富貴，他之所以讚美顏淵，並不是說顏淵的貧窮有怎樣的好處，只是說他在居陋巷，一簞食，一瓢飲不堪其憂之中而顏回也「不改其樂」。孔子就常常說一個人雖然是窮，不可以用不道德的方法來得到富貴，孔子之讚美顏回，也就是說他雖貧而不改其節。一個人犧牲他自已而求社會衆人的利益，雖然他因此而貧，我們卻應該讚美他。我們之所以讚美他，並不是讚美他的貧窮，而是讚美他對自己的犧牲。一個人雖然貧窮而仍不作不道德的事以求富貴，這是應該的。但是這並不是說人人都應該窮，個個都應該當叫化子。就各個人分別來說，要各個人都應該不怕貧窮，以犧牲他一個人的利以求社會上全體人的利。這種行爲就是捨利而就義，我們應該注重這個義，所以以前的儒家有時主張義與利相反，有時又以爲有密切的關係，其所以謂兩者之間有密切的關係，就是在看所求的利是爲已抑或是爲人的分別。義若是離開了社會公利，那就失掉了意義了。我們原來的儒家所說的就是這個意思。從前程伊川先生也說過：「義與利，只是個公與私也」。這意思也是說爲義者不是不爲利，而是其所爲的利是公利不是私利的區別而已。我們可以說：爲社會公利的行爲叫做「義」。只爲其個人私利的行爲叫做「利」。這就是「義」與「利」的區別，儒家所謂義利有別，就是這個意思。

（二）仁與義的區別　儒家講到仁義的區別，是說，一個人在行義的時候，不僅是求別人的利，而且他心裏還有一種親愛的感情，這種行爲就叫「仁」。伊川說：「義與利，只是個公與私也，公而以人體之謂之仁」，也就是說一個人在行義的時候，不僅是應該這樣作，而在作的時候，心裏面還存有一種惻隱之心與痛痒相關的感情，那種行爲才是仁。那種行爲帶有一種人的感情，所謂人的感情，就是惻隱之心。朱子說：「仁之道，只消道一公字，非以公爲仁，須是公而以人體之」。所以義與不義就是公與私的分別，而仁同義的分別不僅是有公而更視其是否具有對別人痛痒相關的感情。

明道說：「醫書手足麻痺。謂之不仁」，就是通常所說的「麻木不仁」。爲什麼手足麻痺就算是不仁，因爲手足麻痺，就是失掉知覺，沒有痛痒相關的感情了。一個人若只顧自己，而對於別人的利害，就痛痒不相關，這種人就叫麻木不仁。一個人心中如果不兼有與別人痛痒相關的感情，而只因爲「應該」如此行，就如此行，這種行爲只是義的行爲，若尚兼有與別人痛痒相關的感情，這種行爲才是仁的行爲。所以我說仁的行爲包括義，而義卻並不包括仁的行爲。仁能夠包括義，而義卻不能包括仁，也就是說仁可兼義，而義則不兼仁。所以我國儒家把仁當做最大的德，有些時候便專講仁，孔子就是專講仁的，孟子又才加上一個義，照儒家的說法，仁有廣義狹義之說，狹義說來，仁是「仁義禮智」四德之一，或者是「仁義禮智信」五常之一，而實際上在廣義說來，仁已兼包四德五常，所以明道說過：「義禮智信皆仁也」。

（三）盡倫盡職　所謂義的行爲，就是爲國家爲社會有利的一種行爲，那麼究竟是甚麼行爲呢？分析起來就是盡倫盡職，盡倫盡職就是義的行爲。甚麼叫做倫呢？從前儒家說的五倫，君臣父子夫婦兄弟朋友，其實我們不必把這倫字看得太死（呆板之意）了，社會上凡是人與人的關係就叫做倫，在任何種類的社會中，人與人必有社會的關係，就是倫，任何人都必在人倫中占一地位，也就是說任何人都必與某些人有社會的關係，這種關係不必是五個。甚麼叫做職呢？就是說任何人在社會上總有一個地位，在他自己地位上應該作的事就是職，他作他應該作的事就是盡職。我們常常在報上看見「崗位」一個名詞，站在自己崗位上作他應該作的事情，就是盡職，也就是說無論甚麼義的行爲，就是盡倫盡職的行爲。儒家之所謂盡倫盡職，在他只是「成就一個是」。甚麼叫做「成就一個是」？就是覺得他盡倫盡職是因爲他應該如此，他只成就一個是。他只是盡倫盡職而並不計較他這行爲所及的對象是否值得他盡倫盡職。譬如從前社會上所謂的忠臣孝子，這忠臣孝子他只是看念怎樣能盡到他的忠和孝，他並不計較其對象是否值得讓他去盡忠，盡孝，他的君主，父母，是否値得他盡忠盡孝，那是另外一個問題，因爲盡忠盡孝是忠臣孝子自己的事情，他的君主，父母是否値得他盡忠盡孝，那是別人的事情，他只是盡忠盡孝做他自己的事情，根本就不管別人的事情。當然，一個忠臣，盡他的力量輔佐君主能成一個好君，一個孝子盡他的力量令他的父母成爲賢父母，那固然是很好的事情，如果盡他力量仍然不能使君主父母成爲明主賢親，他却仍然要盡倫盡職，他的盡倫盡職只是成就一個是而已。所以在歷史上看見有很多忠臣，他的君主實在値不得他去盡忠，但他並不管這些，他只知道是他的事，君主値不値得他盡忠，那是別人的事，他的盡忠是忠於君，不是忠於某一個人，某個人的人品道德那又是另外一個問題。也就是我們現在說的，爲國家盡忠，爲民族盡孝，我們所忠的是國家，不是忠於某個人，我們所孝的是民族，也不是孝於某些人，我們更不能說要看國家民族是不是値得我們去盡忠盡孝。誠然，我們的國家，我們的民族，在事實上是滿値得我們盡忠盡孝，不過，我們不能因爲他値得我們盡忠盡孝，我們才盡忠盡孝，我們只覺得我們應該盡忠盡孝，盡忠盡孝是我們的倫，職。我們只是盡倫盡職，不能計較其値得盡與否。我們看見有許多人，動輒指摘國家民族，他隨時在說國家是如何如何，民族又是如何如何，這樣一說就好像他自己的責任就可以免了一樣，這是完全錯誤的觀念。一個人在國家民族危險困難的時候，是要看如何來盡忠盡孝，絕不是如何去指摘國家民族就可以免除他自己的責任的。按照儒家眞正的見解，無論國家民族是如何，他既是其中一份子，總是要盡其責任的。儒家所說的盡倫盡職就是這個道理。

無論人的職分是高是低，不論他的能力是大是小，他都可以盡倫盡職的。就是儒家所說的，爲君盡爲君之道是盡倫，爲父盡爲父之道也是盡倫，爲子盡爲子之道還是盡倫。不管爲君爲父爲子，這道都可以盡自己的倫。譬如軍隊裏面，不管總司令也好，小兵也好，各爲其爲將之道，或爲兵之道，不論其在軍中所處地位之高低，他同樣可以盡其職。譬如演戲一樣，戲子的藝術是好是壞，同他所担任的角色是沒有關係的，一個唱鬚生的可以唱得好戲，一個唱黑頭的也可以唱得好戲，他的戲唱得好並不以他所担任的角色爲轉移，譬如一個有名的戲子，他並不是只是扮演皇帝才能够唱好戲，如像梅蘭芳，並不是他的霸王別姬唱得好，每齣戲中都一定要唱皇后才唱得好，有時皇后是主角，有時候皇后又不是主角而是丫頭爲主角，有許多戲裏主角不是元帥而是一個小兵，總之盡倫盡職是與唱戲一樣，他的倫或職是甚麼，沒有聯帶關係的。

一個人的盡倫盡職與他在盡倫盡職時所作事情的成功失敗，都沒有關係的。盡倫盡職不能是必然盡的，必須要在所作的事中盡的，他所作的那件事的成功，是他所作那件事的行爲的意向所向的好。盡倫盡職是那個行爲的意向的好，一個行爲的意向的好能實現與否與其意向所向的好能得到與否，兩者是沒有聯帶的關係的。他的意向所向的好若能得到，意向的好固然實現，如果他意向所向的好不能得到，但是他爲這個事情已經盡倫盡職，盡了心竭了力，他意向的好，就算是已經實現了。譬如一個人盡心盡力去作一件事，那個事情得到成功，達到目的，這自然表現了盡倫盡職。但是，如果沒有成功，而他還是說得上盡倫盡職。譬如歷史上有許多忠臣的事跡，他往往知道必定失敗，明知其不可爲，但是他仍然要作，不顧其成功失敗，這種行爲也還是盡倫盡職，也就是「立君臣之義於天地之間」。他作這個事情成功了，固然算是已立君臣之義於天地之間，即使他作這個事情失敗了，他還可以說是立君臣之義於天地之間的。不過我們不能因此說事情之成功失敗既與盡倫盡職沒有關係，那麼我們就不必盡心竭力的去作，就是失敗了，我們仍然可以說是盡倫盡職的。這種說法是錯誤的。因爲一個人的盡倫盡職，縱使失敗了，但他已盡心竭力，事情雖不成功，並不影響他行爲的道德價值。如果他根本就沒有盡心竭力去作，當然不能算是盡倫盡職。他若失敗，那是咎有應得，他若成功，也沒有道德的價值，只能說是僥倖而已。

照這樣說來，中間還不免有疑問的地方，就是一個人作那件事情，究竟他盡心與否？竭力與否？沒有甚麼標準可以說的。也就是說，他的是否盡心竭力，別人無法知道。這在儒家說起來，一個人對其自己所作的事盡心竭力與否，是道德的責任，這種道德的責任，應該由自己負担的。因爲道德的責任同法律的責任是不同的，法律的責任要別人來判斷，而道德的責任，却要靠自己判斷，所以一個人作事情之是否盡心竭力，只有他自己才知道。其實，一個人的道德行爲他本來是不求別人知道的，也不希望別人知道的。儒家還有一句話，就是論語「古之學者爲己，今之學者爲人」。其所以不計較別人知道與否，就叫做爲己，惟恐別人不知道的就叫做爲人。一個人的道德行爲的價值，本來就不期待別人評定的，他只覺得是他自己應該如此這樣盡心盡力去作。如果一個人的行爲完全希望別人知道，那就不叫做道德行爲了，也無道德價值，只可說是爲名爲利而已。

一個人的盡倫盡職，是否盡心竭力，既然只有他自己一個人知道，別人無由而知，儒家對此稱之曰：「獨」。就是別人不知而只有自己能知，就叫做「獨」；一個人作他所作的事情，若不是真是盡心竭力，只有他自己知道，「一個行爲意向所向的好，究竟實現到如何程度，也只有他自己知道，而別人不知，就叫做「獨」。朱子會說：「獨者人所不知而己所獨知之地也」。對於獨特別注意，就是所謂慎獨。

一個人只要是盡心竭力，去實現他行爲的意向的好，縱使是意向所向的好不能實現，對於他行爲意向的好，也無妨礙。最要緊的，就是要他必須盡心竭力。倘若他並沒有盡心竭力而對別人却要說是已經盡心竭力，就叫做「欺人」。如果他本來沒有盡心竭力，而他自以爲是盡心竭力了，就叫做「自欺」。「自欺」「欺人」都叫做「不誠」。儒家講的誠就是大學講的誠意的誠。甚麼叫做誠？就是不欺的意思，所以朱子他們講大學，特別注重格物，致知，正心，誠意，這誠意就是一個「善惡關」。能夠誠意，然後才能夠爲善，不能夠誠意，自然易趨於爲惡。

（四）才，命，力　以上我們曾經說明，盡倫盡職並不限於他所作的事情的大小，也不管他所作的事情是成功或者是失敗，只要他是盡心竭力，那就是盡倫盡職，就是「義」了。那麼，這樣說起來，人要有道德的成就，是不受命運決定的。這裏我願意把「命」的意義來同大家研究一下。

儒家所講的命，並不是看相算命所講的命，而是機會之意。就是說一個人，在其一生之中，所遭遇的機會，是幸或者是不幸。一個人作事的成功或者是失敗，往往要靠機會，機會就是儒家所指的命的意思。

一個人在其一生之中，如果只求其平淺無奇則已，如果希望有所成就，這成就便可以分成三種：一種就是著書立說——文章方面的成就；一種就是事功——事業方面的成就；一種就是道德方面的成就。我們過去的說法，就是立言，立功，立德。對於這三種成就要想達到的話，就必定要有三種因素配合起來，才能有所成就。那三種因素呢？第一就要看他天賦的才力，是聰明呢，或者是愚笨？第二就要看他遭遇的機會，是好呢，或者是壞？第三就是要看他努力的程度如何？天賦的因素我們叫他做「才」，機會的因素我們叫他做「命」，努力的因素我們叫他做「力」。一個人一生的成功，就要靠這才命力三者配合起來，才能有所成就。如果一個人是在學問上的成就，靠才的成分必多；如果是在事業方面的成就，靠命的成分必多；如果是在道德方面的成就，那要看他努力的成分如何了。換一句話說，人生若要立言，就要靠才；若要立德，就要靠力；若要立功，就要靠命。一個在學問方面有成就的人，大部份是要靠才力，我們研究學問，如果不想有成就，自然不說了，如果要在學問上有特別的貢獻，斷不論是科學或者是藝術，都非有特別的才不可，自然除開了才以外，還要自己的努力，不過如果沒有特別的才，是絕對不能成功的。

我們若希望於立功方面有所成就，靠命的成分就佔得多，也就是要靠機會的成分多。譬如說，吹簫彈琴，我一個人就可以玩。可是在事功方面，就是要同很多人一塊玩，而且他還必須同別人競爭，競爭的對方比你強或者比你弱，那就是看你的運氣如何來決定成敗了。比方是下棋（弈），一定要兩個人才能下。決不是一個人就可以下的。如果說我下棋的技術很高，然而碰着我的對手，比我的技術還要高，所以我的棋雖然不壞而我遭了失敗，這就是我的運氣不好，機會不好。如果我的棋非常壞，然而遇着我的對手比我還壞，我居然意外的操了勝算，這就是靠運氣好，機會好所致。我們從歷史上常常見有許多人很有才能，然而他遇見的對手比他還要好，這就是機會不好的原故，譬如像劉邦是英雄，項羽還是英雄，但是項羽運氣不好，偏偏遇着了劉邦，以致於失敗。假使沒有劉邦，項羽還是能夠成功，所以他在垓下時說：「力拔山兮氣蓋世，時不利兮騅不逝，騅不逝兮可奈何，虞兮虞兮奈若何」！這也就是他自己嗚呼運氣不好的明證。所以我們不能拿成敗來論英雄，雖然他失敗，只是他的運氣不好而已！歷史上像這類的事實很多。也有些成功的人本來並不高明，而碰巧遇着的對手，比他還要壞，於是他便得以成功，這也就是自己的命運機會所致。所以一個人在事功方面的成就，全要靠機會運氣。

如果一個人要立德，要在道德方面有所成就，那就並不要靠怎樣大的才，怎樣好的命。就是極普通的才，極平常的命也是可以的。為甚麼說不要靠很大的才呢？這就是說一個人盡力於其事，並不限定他所作事的大小，所擔任職務的高低。一個人的才大，他擔任高的職務作重要的事情，可以盡倫盡職，一個人的才小，他擔任小的職務作平常的事情，他同樣能夠盡倫盡職，這個道德價值依然是可以實現的。譬如說，一個總司令盡倫盡職，同一個小兵的盡倫盡職，這兩個道德價值是完全一樣的。一個總司令盡倫盡職忠於他的職務，是義的行為，一個小兵的盡倫盡職忠於他的職務，還是義的行為。所以才之大小，與一個人實現的道德行為，沒有關係。只看他是否盡倫盡職去作義的行為而已，而對於他道德上的成就，絲毫沒有關係。為甚麼說他不要靠很好的運氣呢？因為運氣的好壞對於他盡倫盡職的義的行為也沒有關係。就算他機會不好，所作的事情失敗，只不過是他所向的好未能實現而已，還與他的行為的道德價值沒有關係的。這一點已在上文詳細說過。一個人作事的成功失敗與他盡倫盡職的能否實現，沒有關係。一個人所作的事情如果已經盡心竭力，縱然因運氣不好而失敗，他的道德價值仍然不因失敗而消滅。問題只在看他是否盡心竭力而已。運氣關乎成敗，成敗不影響其行為的道德價值。所以一個人在道德方面的成就，不必靠怎樣好的運氣。

綜上所說，就是一個人對於一生的成就，如果要想在學問方面有所成就，就要靠才；在事業方面有所成就，就要靠命；在道德方面有所成就，就要靠力。才命力也是儒家所常常講到的。

從前孟子說過兩句話，一是：「求則得之，舍則失之，是求有益於得也，求在我者也」。這就是說我們一個人行義的行為，完全操之在自己。只要我們有意去求他，就能夠得到。如果不去求他，就不會得到。一是：「求之有道，得之有命，是求無益於得也，求在外者也」。這是指一個人對事功的企求，不僅要有方法，而能得到與否，卻要看自己的運氣機會了。這與行義不一樣，前者要由己，操之在我，後者則由天，操之在命。所以一個人之事功成敗，可以不必責問，因為這是由於命運所支配。而一個人的盡倫盡職與否則完全由自己，這就要由自己來負責了！

由矛盾到統一　八斤齋夫

一個貴族的無產階級說了一個「由矛盾到統一」的故事，本齋夫聽了大大的感動，特代為播揚宣傳一番。他說道：一個房裏住了兩個病人，一個患熱病，一個患傷寒病，患熱病的要開窗戶：患傷寒病的怕風，不料於是兩個病人就一齊生「矛盾」。後來醫生去了，就先打開了窗戶，不料患傷寒病的就死了。醫生急忙又把窗戶關了，不料那個患熱病的也死了。醫生雖然沒有救活病人，但卻發明了一項真理（？）即兩個人一死，就「統一」了」。

據紐約「防止虐畜會」最近公告，本年發覺有大批貴重之狗，隨由各沿海都市疏散至影都好萊塢。這足以證明好萊塢的確是狗的一人間樂土「海外桃源」。又該會最近又作了一次諷刺人間的一事情，他們請求政府取締竹籠裝運生豬，因為入口之豬，被竹籠的刺傷者，達百分之四十五以上，「殊覺殘忍」云。

論儒家創始者之基本思想

梁嘉

關於儒家創始者之思想，論者常雜有持平的意見。崇拜儒家學說的人，譽爲近世大同民主思想之先驅；反對儒家學說的人，則又毀爲萬惡之源，謂非澈底破壞不足以建立新時代之思想。然而儒家創始者之思想是否如今人所見差異之大，則非從其所產生的社會根據上去分析，不能獲得正確的結論。

從西周至於春秋戰國時代之社會性質，據近人的考定，認爲西周是殷商奴隸制度的繼續，春秋末年至秦統一天下三百年間，則爲由奴隸制度轉封建制度的過渡時期。這從最近出土的青銅器以及較可靠的古籍上可以得到證明。周康王時盂有大功，康王賜給他許多東西，因鑄鼎以銘其所受的重賞。鼎文云：

「錫汝邦司四伯，人鬲自馭至於庶人六百又五十又九夫。錫汝夷司王臣十又三伯，人鬲千又五十夫。」

這裏所說的邦司，夷司，王臣，就是說的「娃子」。人鬲，古文經學家作爲「民獻」；今文經學家作爲「民儀」（獻字是鬲字的錯誤，儀字是鬲字的音誤），也就是其他文獻上所說的黎民，是奴隸的總稱。馭是家內奴隸，庶人是生產奴隸，爲奴隸之最下層者。「左傳」有謂「庶人力於農穡」，是爲其從事於農耕的佐證。又「左傳」昭七年載楚芋尹無宇的話：

「天有十日，人有十等……故王臣公，公臣大夫，大夫臣士，士臣皂，皂臣輿，輿臣隸，隸臣僚，僚臣僕，僕臣臺，馬有圉，牛有牧。」

同樣可爲周代奴隸制度存在的佐證。奴隸制度的特徵是社會的主要生產者爲「生殺予奪」之權操於主人之手的農奴，農奴不但可以當作物品賜與有功之人臣，而且可以當作物品任由主人買進賣出。如出土的周孝王時候的鼎載有：「一匹馬，一束絲，換五夫」，即的就是以物品易奴隸的事實。

春秋時文化最高的是魯國，但都直到魯宣公時才「初稅畝」。鄭國到子產時定丘賦，秦國則到簡公時定田賦……這種租稅制的開始，顯示了春秋末葉以後，社會已開始轉向於一個新的方向，即從奴隸制度到封建制度的轉變。在這轉變過程中，社會上是有一種混亂的狀態。一方面，有不少的庶人脫離奴隸的羈絆而被爲顯宦；另方面，有不少的貴族失其世職而降爲平民。如寧戚以飯牛而仕於齊，百里奚以奴隸而仕於秦，是爲前者之例。「左傳」昭三年載，「欒、郤、胥、原、狐、續、慶、伯降爲皂隸」，是爲後者之例。孔子生當由奴隸制度向封建制度轉變之開始時期，遂成爲一代之英。一方面，由於社會形勢之變遷，被迫成爲非農、非工、非商之士之階級（孔子原爲宋國貴族，後「爲貧而仕」，並不得不以教書爲生），而同情於一般庶人的疾苦，另方面，又由於目擊「天下無道」，因而懷想「天下有道」之時，而歌頌舊制度和傳統。孟子和荀子繼承孔子之餘緒，將孔子思想發揚光大，遂形成儒家學說之整個系統。孟荀在思想重點上雖各有偏倚之處，然在大體上實無二致。

孔子的基本思想，可以「仁」字包括殆盡。在「論語」一書中，說到仁的地方很多，其解說亦有各種各樣的不同。馮友蘭先生云：

「惟仁亦爲全德之名，故孔子常以之統攝諸德。宰予以三年之喪爲太久，孔子謂爲不仁，是仁可包孝也。以後孟子言：「未有仁而遺其親者也」；中庸言：「所求乎子以事父」，皆謂仁人或行忠恕之人自然孝也。孔子以「微子去之，箕子爲之奴，比干諫而死」，爲「殷有三仁」，是仁可包忠也。以後孟子言：「未有仁而後其君者」；中庸言：「所求乎臣以事君」，皆謂仁人或行忠恕之人自然忠也。孔子謂令尹子文及陳文子：「未知，焉得仁」？是仁可包智也。「仁者必勇」，是仁可包勇也。「顏淵問仁。子曰：「克己復禮爲仁」，是仁可包禮也。「子張問仁於孔子。孔子曰：「能行五者於天下爲仁矣。」請問之。曰：「恭，寬，信，敏，惠。恭則不侮，寬則得衆，信則人任焉，敏則有功，惠則足以使人」」。是仁可包信等也。」（中國哲學史上冊）

這是頗爲精當的解說。但在我們看來，仁既已爲全德之名，可以統攝諸德，必有其基本的涵義在。此基本的涵義爲何？就是孔子自己所說的「愛人」。愛人的正確解釋是「推己及人」，從消極方面來說，愛人是「己所不欲，勿施於人」；從積極方面來說，愛人是「己欲立而立人，己欲達而達人」。推其愛人，故對父母能孝，對國家能忠，對朋友，對人民能恭，寬，信，敏，惠而有禮；爲要愛人，故需智勇敢而不盲目。這就是論語的全部精華，也是孔子的基本思想。從這一個思想出發，孔子故爲奴隸的同情者，及改善奴隸生活的倡導者。這就是貫串在孔子思想裏面進步的一面。

孟子和荀子繼承着孔子這種基本的思想，在表現上尤爲明顯而確切。特別是孟子，在他的篇章中充滿着悲天憫人的情調，並且直截了當的說：「民爲貴，社稷次之，君爲輕。」這在當時是何等大膽的說法！齊宣王問政於孟子，孟子曾以仁政，何謂仁政？就是孔子說的「推己及人」。孟子幾乎是情感的地觀探道：

「老吾老以及人之老，幼吾幼以及人之幼，治天下可運於掌。詩云：「刑於寡妻，至於兄弟，以御於家邦」。言舉斯心加諸彼而已。故推恩足以保四海，不推恩無以保妻子。古之人所以大過人者無他焉，善推其所為而已矣。」（孟子，梁惠王上）

人人能「推其所為」，把人家的疾苦當作自己的疾苦。這同樣是貫串在孟子思想裏面重要的一面。

荀子在諸子中較為晚出，其學說亦較為兼容並包，波瀾壯闊。馮友蘭先生以之擬為中國之亞里斯多德，認其為諸子總匯之集大成者，作者亦有同感。然荀子之思想在基本上仍為儒家的，正如亞里斯多德雖為希臘哲學之集大成者，在基本上仍為繼承蘇格拉底及柏拉圖之系統無異。

論者常以荀子主張性惡，而忽略其對於人民生活的同情，其實荀子亦極講求「推己及人」之道，並而注重人民生活的改善。「荀子」「非相篇」云：

「聖人何以不欺？曰，聖人者，以己度者也。故以人度人，以情度情，以類度類，以說度功，以道觀盡。……故鄉乎邪曲而不迷，觀乎雜物而不惑，以此度也。」

這里所說的「以人度人，以情度情，以類度類，以說度功，以道觀盡」，正是孔子「推己及人」之進一步的說明。這種思想後來在「大學」中亦有較詳盡之發揮（馮友蘭先生以為「大學」乃儒家思想中之荀學）。「大學」云：

「堯舜率天下以仁，而民從之。桀紂率天下以暴，而民從之。其所令反其所好，而民不從。是故君子有諸己而后求諸人，無諸己而後非諸人。所藏乎身不恕，而能喻諸人者，未之有也。故治國在齊其家。詩云：「桃之夭夭，其葉蓁蓁，之子于歸，宜其家人」；宜其家人，而後可以教國人。詩云：「宜兄宜弟」；宜兄宜弟，而后可以教國人。詩云：「其儀不忒，正是四國」；其為父子兄弟足法，而后民法之也。」（禮記卷十）

荀子所理想的政治是所謂王者之政。而「王者之等賦政事，財萬物」，在荀子看來，其目的乃在乎「養萬民」。他曾描寫在這種王政下的人民生活狀況云：

「田野什一，關市幾而不征，山林澤梁，以時禁發而不稅。相地而衰政，理道之遠近而致貢。流通財物粟米，無有滯留，使相歸移也。四海之內若一家。故近者不隱其能，遠者不疾其勞。無幽閒隱僻之國，莫不趨使而安樂之。」（荀子，王制篇）

「四海之內若一家」，這正是今天許多人所追求的理想。但如果以為儒家創始者這種思想正與今天西洋所倡導的民主主義相同，或者說今天西洋所倡導的民主主義我們古代早已有之，無須外求，這就是十足的阿Q精神的表現。因為儒家創始者這種對人民大衆的同情，主要的乃是在於恢復社會秩序，以便鞏固固有制度。儒家創始者的進步，是服從於保守方面的。

這從什麼地方看出來的呢？這首先是從儒家創始者之擁護傳統的態度上看出來的。孔子對於周禮（文物制度）知之甚深，愛之亦切。常備加讚揚道：「周監於二代，郁郁乎文哉，吾從周！」（論語八佾）惟其「從周」，所以孔子一生以能繼文王周公之業為職志。這正道破了孔子思想的秘密。周朝是奴隸制度的最後階段，故其典章文物，亦較殷商為嚴密與完備。然而到了孔子之世，這種嚴密與完備的典章文物已逐漸破敗，這使自況文王的孔子（今文經學家的主張），而不能不抖起杏訶德先生的精神，以恢復社會秩序，鞏固固有制度為己任。其同情人民生活的改善，正是所以達成其目的的一種策略。

孟子同樣對於當時的傳統制度持擁護的態度。馮友蘭先生云：

「依傳統的觀點，一切政治上經濟上之制度，皆完全為貴族設，依孟子之觀點，則一切皆為民設。」（中國哲學史上冊）

這似乎沒有充分的根據，因為孟子雖主張「民為貴，社稷次之，君為輕」，但仍然主張有天子，諸侯，大夫諸治人者之存在；當猶治人者之存在固須「得乎丘民」，但這所謂「得乎丘民」，只是說「得乎丘民」的擁戴，並非說選諸治人者產生於人民中間，而為人民之代表，他們至多祇是高據統治地位，而仍能關心民衆的治人者而已。則其制度之仍「為貴族設」實屬明甚。

孟子云：

「北宮錡問曰：「周室班爵祿也，如之何？」孟子曰：「其詳不可得聞也。諸侯惡其害己也，而皆去其籍。然而軻也，嘗聞其略也。天子一位，公一位，侯一位，伯一位，子男同一位，凡五等也。君一位，卿一位，大夫一位，上士一位，中士一位，下士一位，凡六等。天子之制，地方千里，公侯皆方百里，伯七十里，子男五十里，凡四等。不能五十里，不達於天子，附於諸侯，曰附庸。天子之卿受地視侯，大夫受地視伯，元士受地視子男。大國地方百里，君十卿祿，卿祿四大夫，大夫倍上士，上士倍中士，中士倍下士，下士與庶人在官者同祿，祿足以代其耕也。次國地方七十里，君十卿祿，卿祿三大夫，大夫倍上士，上士倍中士，中士倍下士，下士與庶人在官者同祿，祿是以代其耕也。耕者之所獲，一夫百畝，百

畝之田，上農夫食九人，上次食八人，中食七人，中次食六人，下食五人，庶人在官者，其祿以是爲差。」」（孟子，萬章下）

這種層層節制，界限分明的制度，大槪就是孟子所理想的政治經濟的制度，而他對於這種制度的傾慕，正足以說明孟子擁護傳統的態度。

荀子在儒家創始者中是特別着重禮的，所以他說到禮的地方特別多。荀子在「禮論篇」說明禮之起源云：

「禮起於何也？曰，人生而有欲。欲而不得，則不能無求，求而無度量分界，則不能不爭。爭則亂，亂則窮。先王惡其亂也，故制禮義以分之，以養人之欲，給人之求，使欲必不窮乎物，物必不屈于欲，兩者相持而長，是禮之所起也。」

那末，荀子所理想的禮是怎樣的呢？荀子於此雖沒有具體的說明，但據一般來說，大槪是指周代的制度。「王制篇」云：

「王者之制，道不過三代，法不貳後王。道過三代謂之蕩，法貳後王謂之不雅。衣服有制，宮室有度，人徒有數，喪祭械用，皆有等宜。聲則凡非雅聲者舉廢，色則凡非舊文者舉息，械用則凡非舊器者舉毀。夫是之謂復古，是王者之制也。」

荀子這裏所說的後王，就是指文王周公。因爲在荀子以前，各家都以先王爲自已學說的掩護，如墨家之祖述夏禹，道家之稱道黃帝等是，而文王周公，到荀子之後便只能說是後王了。

由於儒家創始者之同情人民生活的改善是在於恢復社會秩序，鞏固固有制度，因此，在當時認爲神聖不可侵犯的身分，在儒家創始者眼中同樣是不可踰越的。這在「論語」，「孟子」，「荀子」里面可以舉出來無數的例證。孔子極端重正名，就是嚴辨身份的分別，使實者如其名。所謂「君君，臣臣，父父，子子」是。「論語」云：

「君子喻於義，小人喻於利。」

又云：

「君子之德風，小人之德草，草上之風必偃。」

同樣是把身份看成絕對化的表現。

孟子在說到人民疾苦的時候，似乎有痛哭流涕，慷慨激昂的樣兒，但他却是一個不折不扣的身份神聖論者。他似乎比孔子說得更澈底，更明瞭。孟子駁許行「君臣並耕」之說云：

「然則治天下獨可耕且爲與？有大人之事，有小人之事。且一人之身而百工之所爲備，如必自爲而後用之，是率天下而路也。故曰，或勞心，或勞力。勞心者治人，勞力者治於人，治於人者食人，治人者食於人。天下之通義也。」（孟子，滕文公上）

又云：

「無君子莫治野人，無野人莫養君子。」（同上）

這雖然可以以現代術語解釋，說孟子在提倡「分工互助」，但在孟子心目中，君子和野人之形成，似乎總是天經地義的。

荀子對於身份觀念似乎沒有孟子那樣着重，他甚至主張「塗之人可以爲禹」，並謂「聖人也者，人之所積也」，但他也同樣沒有忽視身份的作用。他之講正名，一方面是在於「辨是非」，另方面又是在於「明貴賤」，而後者正與孔子正名之目的無異。「荀子」云：

「君子以德，小人以力，力者德之役也。」

「力者德之役也」，這就不能以「分工互助」來說明，而簡直是有「力」的小人注定被有「德」的君子奴役的身份定命論了。

總結起來說，儒家創始者的思想，是奴隸制度崩潰時代人道主義的改良思想。因其是人道主義，得以有它進步的方面；因其是改良思想，所以在基本上仍然擁護舊制度和傳統，而傾向於保守的方面。

（上接第四面「正確認識民主政治」一文）

中國之實行民主政治，沒有原理上的問題，祇有事實上的問題。中國是經過五千年專制的古舊國家。拉斯基說，「專制必然是特殊權益的父親，法國大革命已經證實了這個原則。」這就是說，專制是預分配特殊權益於若干人而存在的。誠然，特權階級就是民主的障礙。柯爾著中（「英國在戰後世界」第一二一頁）亦說到，每一張小文憑或技術資格憑證之持有人就是一個潛在性的法西斯主義者，他爲了維護本身些微的特權資格，可能挺身而爲民主的暴敵。尤以在經濟恐慌時期。這是可供參考的幾句話，但不必過慮因爲民主之戰勝特權乃是全世界普遍化的必然趨勢，中國斷不例外。在結束本文我們不妨徵引希臘史家威爾斯幾句話——民主三誡：

你不要害怕民主！

你必須信仰民主！

你須爲民主奮鬥！

所理解到的。

拉雜寫來，極爲淩亂。再寫下去，還可能尾大不掉，不如就此打住爲妙。

× × ×

史官與儒家

倉 冥

漢書司馬遷列傳中載史公報任安書裏面講到「文史星歷，近乎卜祝之間……」這話大致是不錯的。不過史公的話，裏包含着憤慨的意味在內，他認爲他所任職的史官，爲主上所戲弄，倡優畜之，亦爲流俗所輕，這一官職，不能與上代有剖符丹書的功臣並列。在漢代的實際情形，史官的地位，也許確是如此。然而在三代，並不是如此的。關於夏代的情形，我們已無什麼可靠的文件，可以證實那時的情形究竟怎樣。至於商代，我們從古代片斷的遺文中，以及地下的新發現—甲骨文字中—我們多少可獲得些可靠的資料。我們揣想，在殷代，一定有一巫覡階級存在，這一巫覡階級，正如其他原始社會中的僧侶階級一樣，掌政教的大權，爲古代一切知識學問的壟斷者。書君奭篇上說：「在太戊時，則有若伊陟、臣扈格於上帝，巫咸乂主家。在祖乙時，則有若巫賢。」根據馬融的解釋，巫男巫也。這些巫，所執掌的事，當然是大祭祀，大喪，大賓客，大會同以及大軍旅等類的貞卜。他們的生前既掌着這樣的職務，因此在他們的身後，許多講天官的人，言卜筮的人，言巫鬼的人，當然也把他們奉爲宗師，這是毫無疑問的。在另一方面，他們也必如其他社會中的僧侶階級一樣，是爲人治病的人，中國巫醫兩字常在一起，可見古代醫生常是巫兼的。呂氏春秋所謂巫彭作醫，巫咸作筮者是也。

古代社會中，既認爲國之大事，惟祭與戎，所以專鬼神的巫與掌戎政的帝王，都居於兩個重要的地位。殷人是相信鬼的。信鬼的結果，卜祝當然視爲極重要的事，卜祝的結果，需要紀錄，以備遺忘或將來的參考，因此那管歷史紀錄的貞人，於是也因之而居極重要的地位。王靜安說：「古之官名，多由史出。殷周間王室執政之官，經傳作卿士，而毛公鼎，小師子敦，番生敦作卿事，殷虛卜辭作卿史，是卿士本名史也。又天子諸侯之執政通稱御事，而殷虛卜辭則稱御史，是御事亦名史也。又古之六卿，書甘誓謂之六事，司徒司馬司空，詩小雅謂之三事，又謂之三有事，春秋左氏傳謂之三吏，此皆大官之稱事者吏，即稱史者也。書酒誥『有正有事』，又『茲乃允王正事之臣』，立政『立政立事』，正與事對文，長官謂之正若政，庶官謂之事，此庶官之稱事，即稱史者也。史之本義爲持書之人，引伸而爲大官及庶官之稱，又引伸而爲職事之稱。其後三者各需專字，於是史吏事三字於小篆中，截然有別。持書者謂之史，治人者謂之吏，職事謂之事，此蓋出於秦漢之際，而詩書之文，當不甚區別，由上文所徵引者知之矣。』這一段的話，相當中肯的。

由上所述，所謂史官，不獨是一切政教典章的記錄者，並且也是一切知識經驗的保存者，許多統治階級，要學習政治禮儀，必須以他們為師，以吏為師，或者如上面所說以史為師，這正是古代的一貫傳統，並不是秦始皇李斯等人的新發明。不過等到封建制崩潰，政教典章，已經不能變為貴族階級的獨占物，平民階級也有機會學習古代史官的知識經驗，於是才由在官的學問，變為在家的學問，這功績自然要歸功於老聃與孔子。章太炎所謂『老聃仲尼而上，學皆在官，老聃仲尼而下，學皆在家，』即是這意思。假使老聃的學說如近人主張 ，乃是較孔子為後的，那末一向被推為儒家正宗的孔子，自是把官學變為家學的第一人。儒家的出處，正如漢書藝文志上所說，「儒家者流，蓋出於司徒之官，助人君順陰陽，明教化者也。遊文於六經之中，留意於仁義之際 ，祖述堯舜，憲章文武，宗師仲尼，以重其言，於道為最高。』這種儒家出於王官的意見，雖近來有好多學者持反對的意見，不過大致上是不錯的。

我們在上面已經講到過，三代的一切官名與官的設立，都與史有關係，司徒為三吏之一，當然也與史有關。殷人事鬼 ，周人尚文，經過周代的尚文，雖其信鬼的程度，已較殷人的色彩為淡，可是對於信天祭鬼，周代的貴族，也並不敢怎樣怠慢，孔子是出身貴族的人，並且他的祖先來自專鬼最虔敬的殷後裔的宋，他自己雖則對於周人的文物，極為崇奉，我們從他的態度上，雖則也可以看出他帶着濃厚人文主義的色彩 ，不信鬼神，敬鬼神而遠之，不知生，焉知死，把死的問題，擱在一邊，而專談生的問題，照這樣看來，孔子不是一個宗教家，而是一個哲人，與一般宗教家有不同的意味。其所接受的古代的傳統，也只在制度文物方面，而對於古代的原始迷信，似乎也在排斥之列。不過這僅是表面的觀察，我們稍加以精密的分析 ，我們可以知道他的處理人生上兩大問題 ，我們姑名之為『養生』與『送死』問題，實帶着濃厚的傳統色彩，而與過去原始人的觀點，僅去一肩。

我們先來講他的送死問題。死照科學上來解，原是極普通的自然現象。可是自有人類以來，却就成為一切人類最重大的問題，甚至有些人一天到晚不講究生的問題，而只想死的問題，或死了以後的來生問題，於是死的問題，就不如近代科學家所想像的那樣簡單，而成為自古以來，好多民族間的極重要的問題，於是許多極盡想像能事的可笑的荒謬的言論行動，儀式，都為之而產生，中國古代，這樣情形，當然也不能例外，殷人事鬼，可謂儀式繁多 ，一切事都要向鬼神貞卜，以問吉凶，然後再行之於人事。殺牛殺羊殺狗殺豬，甚至殺人來獻媚於先王先妣。這種祖先崇拜的祭祀法，在殷代已經相當的完備，到了周代，更有精密的系統。由於相信鬼的存在 ，故對死與葬遂也看得特別隆重。崇喪逐哀，破產厚葬，關於殷周時代的厚葬情形，我們現在雖尚沒有什麼留存下來的古墓，可資我們發掘，以便我們對古代人關於死者，能獲得清楚的認識。但我們從孟子所謂「古者棺槨無度，中古棺七寸，槨稱之，」以及古代對於死者用明器殉葬，以備死者的繼續應用兩事觀來，可見中國的古代人，也必如其他原始民族的迷信一樣，相信靈魂的繼續存在的，並不因肉體的毀滅而生命即告一段落。後起的儒 ，其對鬼神的態度，雖則較之原始的迷信，大有改變，但他們所主張的厚葬，仍為那種迷信的繼續，不過把久喪厚葬予以新的倫理的意義。這可拿孔子和孟子兩個人的話來作代表。論語『宰我問：「三年之喪，期已久矣，君子三年不為禮，禮必壞；三年不為樂，樂必崩。舊穀既沒，新穀既升，鑽燧改火，期已可矣。」子曰「食夫稻，衣夫錦，於汝安乎？」曰：「安」。「汝安則為之。夫君子之居喪，食旨不甘，聞樂不樂，居處不安，故不為也，今汝安則為之。」宰我出，子曰：「予之不仁也，予生三年，然後免於父母之懷。夫三年之喪，天下之通喪也。予也，有三年之愛於其父母乎？』這種持三年之喪的意見，仍是傳統相沿，是觀念上的有所改變，而不是辦法上有所改變，觀於後來儒家對明器作用的態度 ，如禮記檀弓中所謂「之死而致死之，不仁而不可為也；之死而致生之，不智而不可為也。是故竹不成用，瓦不成味，木不成斲，琴瑟張而不平，竽笙備而不和，有鐘磬而無簨簴，其曰明器，神明之也。」又說：「孔子謂為明器者，知喪道矣，備物而不用可也。」這種口中不言鬼，而冥冥中認為有鬼存在的態度，正是一種儒家中庸不測底態度的表現，儒家的與原始人信鬼拜鬼的態度，可以說其間只有程度上的不同，而沒有根本上的區別。孔子所謂「為之宗廟，以鬼享之」，正是他主宰有鬼存在的自供。可見儒家的久喪的倫理觀不是一種新的見解，而只是原始迷信的一種加上新外衣而出現的姿態。

關於厚葬，其所持的見解，也與久喪是同一出發點。孟子說：蓋世嘗有不葬其親者，其親死，則舉而委之於壑。他日過之，狐狸食之，蚊蚋嘬之，其顙有泚，睨而不視。夫泚也，非為人泚，中心達於面目，蓋歸反虆梩而掩之，掩之誠是也，則仁人孝子之掩其親，亦必有道矣。」這樣一解釋，把儒家所主張的厚葬，也蒙上了一種人道的外衣，認為這不是迷信的事，而是個人良心問題，不得不如此的。這就是禮記上所說的：「此孝子之志也，人情之實也，禮義之經也，非從天降也，非從地出也，人情而已矣。」這裏雖則講到這種厚葬的意義 ，不是從天而降，從地而出，然而根本卻無異告訴我們他們這種主張的原始，卻是承襲先民，是自天而降，從地而出，這些儒者不過把過去的舊瓶，裝上新酒而已。

關於儒家的政治理想，由於中國自漢朝以來，一向崇奉儒家的，所以對於儒家的一切常帶了一種特殊推崇的主觀的意見，認爲儒家的幾個重要的領袖的道德上的修養，達到所謂內聖而外王的境界。而這些儒者也教人達到內聖外王爲其極則。顧亭林在其日知錄中所謂：「三代之世，凡民之俊秀，皆入大學，而教之以治國平天下之事。孔子之於弟子也，四代之禮樂以告顏淵，五至三無以告子夏。而又曰雍也可使南面。然則內而聖，外而王，無異道矣。其繫易也曰：九二，見龍在田，利見大人，何謂也？子曰：龍德而正中者也。庸言之行，庸行之謹，閑邪存其誠，善世而不代，德博而化 ，易曰利見大人，君德也，君子學以聚之，問以辨之，寬以居之，仁以行之。易曰見龍在田，利見大人，君德也，故曰師也者，所以學爲君也。」這正可以代表無數人對於儒家的意見。其實與其謂儒家所學的是南面治人之道，無寧謂之爲北面事人之道。觀於孔子所言「其於鄉黨，恂恂似不能言者。其於宗廟朝廷，辯辯言唯謹爾，朝與上大夫言，誾誾如也；與下大夫言，侃侃如也。入公門，鞠躬如也；趨進翼如也；君召使擯，色勃如也 。 君命召，不俟駕行矣。」這正把儒者對有權者伺候的態度笑貌，寫得維妙維肖。儒者原出於貴族階級，其對於貴族的禮儀講究，那當然是應有之事。

他方面上古一切官職皆與史有關係，而史官又同時兼歷象卜祝之事。學術從王官獲得的儒者，他們爲事奉貴族，也必對於一切術數有研究，然後才能對「君命召不俟駕行」的機會到來的時候，有以應付。所以章太炎說：『太古始有儒，儒之名蓋出於需，需者雲上於天，而儒亦知天文，識旱潦。何以明之？鳥知天將雨者曰鷸（說文），舞旱暵者以爲衣冠，（釋鳥翠鷸是鷸，即翠。地官舞師教皇舞，帥而舞旱暵之事。春官樂師有皇舞，故書皇皆作翌。鄭司農云：翌舞者，以羽覆冒頭上衣飾翡翠之羽尋，旱暵求雨而服翡翠者，以翠爲知雨之鳥故。）鷸冠者，亦曰術氏冠（漢五行志注引禮圖。）又曰圜冠，莊周言儒者冠圜冠者；知天時，履句履者知地形；緩佩玦者事至而斷。（田子方篇文，五行志注引逸周書文同莊子，圜作鷸，續漢書輿服志云鷸冠前圜。）明靈星舞予吁嗟以求雨者謂之儒，故曾皙之狂而志舞雩，原憲之狷而服華冠，（華冠亦名建華冠，晉書輿服志以爲即鷸冠，華皇一聲之轉）皆抗節不耦於同世辟儒，願一返太古 ， 忿世爲巫，辟易放志於鬼道。（陽狂爲巫，古所恒有，曾原二生之志豈以靈保自居哉，亦以通其狂惑而已。董仲舒不喻斯旨，而崇飾土龍，乞効蝦蟆，燔豭鷹脯以事求雨，其愚亦甚矣！然則上古之儒，固非後此所宜效也。）』這把儒的原來面目，講得很明白，不過太炎先生總不脫其經學上古文學家的面目，認爲儒家之有這種現象，皆屬術士，不得言儒，其實這種術士的身分，從一開始有儒這一名稱，以及一直到近代自命爲大儒繼承孔孟道統的今文學家，都沒有擺脫過。康有爲的以教主自居，即其明證。所以曾原二子的陽狂爲巫，不是他們的忿世，實是他們返於他們的本來面目。所以儒家這一學派，剝開牠的外皮的人文主義，裏面存着不少的原始迷信的內含，牠是宗教的另一姿態，而不能把牠當爲純粹哲學上的一個派別。我對儒家，作如此觀。

教育

佩几

「大學教育系是 最沒有用 的一門東西，許多女學生喜歡主修教育，是因爲她們生性脆弱偷懶。」

這是二年前一個英籍女教授對我說的話。記得當時她似乎是一本正經地說，我也不置否可，聽了只跟她笑笑，心中不甚了了，只以爲這是她個人一時的偏見吧了。在校時間多了，幾位教育系主持人上課時的演講（Lecture）我也聽過了，仔細研究了以後，感覺她的話也不是無感而發的。

今年暑期學校內我又選了教育系開辦的一科，名爲「中國近代教育問題。」一共聽了十幾位教育界權威的講演。讀了這一科，自然而然地又想到「教育」這一系的本身了。

「去除迷信」啊，「打倒封建」啊，「婦女解放」啊，「教育紀律化」啊，「教育科學化」啊等等——這一套東西又復活在一般教育家的嘴裏，五四時候的遺產 ， 畢竟可以使後世子孫享之不窮，用之不竭了。戰時的中國如有新陳代謝的東西，我想在有些人的眼中一定新牌不如老牌的了。

從前聽過一個 教育家的「教育理論」，聽了半年，只模模糊糊聽到四個大字，曰：「人化教育」，開學那天他大叫「人化教育」， 大家似乎是吃了一驚，諒必新貨上市，以後他每天叫，一直叫到放假，「人化教育」當口號很時髦好聽，在理論上，在具體的實施上卻似乎是一種不能兌現的東西，所以他不得不東鱗西爪，毫無系統地瞎扯，在抽象的口號上兜圈子 ， 不過他有一個特長，也可以說是隨身法寶，這就是上海人所謂「噱頭」，他會叫一二聲新鮮漂亮的口號，醒人耳目，他會迎合學生心理說一二聲笑話，使大家笑笑解悶兒，偶而他會發些牢騷，使大家一齊嘆二口氣。這樣半年的「教育理論」就混了過去，上他的課的好處是舒服不吃力，壞處是一無所得。今年暑校中他也來講過一次，在衆目所注下他講的還是以前叫

儒家歷史觀第一人爲篇

燕義權

一、人爲是儒家的根本觀念

人爲是儒家的根本觀念，儒家最相信人類自已，所以理論本於人情，事業基於人倫，修養重在自反，表現貴在行事。儒家眼裏的世界，只有人類，沒有其他，只有實際，沒有幻想，尊重人的尊嚴，承認人爲宇宙主宰，相信人的力量，知道人能變革歷史的行程，所以他是人本主義，也是人爲主義。

人在宇宙中的地位，儒家根據天人合一的觀點，是有極高之評價的：書經說：「惟天地萬物父母，惟人萬物之靈」（泰誓）。禮記說：「人者天地之心也」（禮運）。董仲舒說：「天地人，萬物之本也」，程伊川說：「一人之心，卽天地之心」（仁說）。人既爲天地萬物的心靈，當然人就是天地萬物的主宰，人既爲天地萬物的主宰，當然人就是決定一切的力量，所以大之爲邦國之安危，小之如個人之禍福，推究其因果關係，蓋無不取決於當事者自已。書經所謂「邦之杌隉曰一人，邦之榮懷，亦尙一人之慶」（泰誓）。孟子所謂「禍福無不自已求之者，詩云永言配命，自求多福，太甲曰天作孼猶可違，自作孼不可活此之謂也」這兩段話，就是這個意思最好的說明。

所以人類欲興邦安國，欲趨吉避凶，決沒有其他的門路，只有靠自已的作爲，以儒家的代表人物孔子來論，他對人稱述其成就，絕對否認自已是「生而知之」，只承認自已是「好古敏求」，就是此種精神最好的代表，孟子對於此點，尤多反復申論，而對不爲與不能的譬喩，則實爲精采：「曰：不爲與不能者之形何以異？曰：挾太山以超北海，語人曰我不能，是誠不能也；爲長者折枝，語人曰我不能，是不爲也，非不能也」。可見孟軻「爲」，並非挾太山以超北海之難能，乃是如爲長者折枝之易做。荀子與孟子的人性論雖異，而其「可學而能可事而成之在人者謂之僞」的人爲觀念，亦不外此意。

可見人在宇宙中居於最高的地位，爲是決定歷史人生的關鍵，儒家的信念，就建基於此。所以我們說人爲是儒家的根本觀念。

二、天命是不能起作用的

爲什麼儒家能相信人爲？這當然是由儒家對於天命鬼神等的觀念來的、不過關於鬼神的問題，由孔子「敬鬼神而遠之」，「未能事人焉能事鬼」（論語）的話、及論語記他「不語怪力亂神」，不贊成祈禱等事看來，他對鬼神的態度，實在非常冷淡，所以後來儒家，也少談論；偶然講到的如孟子說「聖而不可知之謂神」，荀子說「快流之謂神」，對于神的看法，成了理想境界的代表，而宋儒對于鬼神的看法，如程伊川說「鬼神者造化之迹也」（文集），張橫渠說「鬼神者二氣之良能也」（正蒙）又成了一種自然變化的迹象，都沒有絲毫迷信意味，對世人亦無多大影響，實際不足深論；應該深論的，乃是儒家對於天命的觀念。

不過儒家對於天命的觀念，也並無宗教式的迷信，乃是另有其一套看法，原來他們之談到天，旨在知天，所以要知天，旨在法天。他們之談到命，旨在知命，所以要知命，旨在正命，這由古代儒家思想的發展來看，是再明白不過的。

自然儘他們——尤其是孔子有些過於強調天與命的權力處，也是很易啓人迷信念頭的，如論語所記：

王孫賈問曰：與其媚於奧，寧媚於竈何謂也？子曰：不然，獲罪於天，無所禱也。

子畏於匡，子曰：天之將喪斯文也，後死者不得與於斯文也；天之未喪斯文也，匡人其如予何？

子曰：莫我知也夫，子貢曰：何謂其莫知子也？子曰：不怨天，不尤人，下學而上達，知我者其天乎？

司馬牛憂曰：人皆有兄弟我獨無，子夏曰：商聞之矣，死生有命，富貴在天。

伯牛有疾，子問之，自牖執其手，曰：亡之，命矣夫，斯人也，而有斯疾也，斯人也，而有斯疾也！

要就以上這些話看來，他們實甚強調天與命的權力；但要就以下這些話來看，當也能明白他們的真意所在：

子曰：予欲無言，子貢曰：予如不言，則小子何述焉？子曰：天何言哉？四時行焉，百物生焉。

子曰：不知命，無以爲君子也（論語）。

思知人，不可以不知天

上不怨天，下不尤人，故君子居易以俟命，小人行險以徼倖（中庸）。

孟子曰：莫非命也，順受其正，是故知命者，不立乎巖牆之下，盡其道而死者正命也（孟子）。

天生神物，聖人則之，天地變化，聖人效之。

天行健，君子以自強不息（易經）。

由此可知，儒家雖有強調天與命的權力處，而對天與命的權力，並沒有若何的迷信，且對天與命之權力的實質，也並無具體的說明；他們對於天與命的觀念，只認爲是一種變化，是一種機遇，而人們應有的感悟，則是由知[illegible]，並無決定的意識，只是歸本於人爲，將人對天與命的迷信，只是對儒家思想，不能徹底了解，而只從片面去誤會，所以常有聽天信命的意識，輕估個人努力的價值：其實照詩經「浩浩昊天，不駿其德」？書經「民之所欲，天必從之」（泰誓）一類話來看，天在古人的眼中，不但它也是懷疑的對象，而且它還要聽人民的意志！

自然由前邊所引這些話看來，對於天與命的觀念，論語說得較爲含蓄，沒有孟子那樣的顯豁，這可說是孟子的進步；但要將孟子與荀子比較，則荀子實更爲顯豁，更爲進步，可以說儒家不信天命只信人爲的觀念，到荀子已達到頂點，下面這三段話，就是最好證明：

（一）自知者不怨人，知命者，不怨天，怨人者窮，怨天者無志，失之己，反之人，豈不迂乎哉（榮辱篇）？

（二）天行有常，不爲堯存，不爲桀亡，應之以治則吉，應之以亂則凶，彊本而節用，則天不能貧，養備而動時，則天不能病，修道而不貳，則天不能禍，故水旱不能使之飢渴，寒暑不能使之疾，妖怪不能使之凶；本荒而用侈，則天不能使之富，養略而動罕，則天不能使之全，倍道而妄行，則天不能使之吉，故水旱未至而飢，寒暑未薄而疾，妖怪未至而凶，受時與治世同，而殃禍與治世異，不可以怨天，其道然也，故明於天人之分，則可謂至人矣（天論篇）。

（三）相形不如論心，論心不如擇術，形不勝心，心不勝術，術正而心順之，則形相雖惡而心術善，無害爲君子也；形相雖善，而心術惡，無害爲小人也，君子之謂吉，小人之謂凶，故長短小大，善惡形相，非吉凶也，古之人無有也，學者不道也（非相篇）。

（附註：荀子的非相，實際就是非命，因命與相均是指生而具有不能改變者，二者實同一意義。）

由上所論，可知在儒家眼裏，天與命雖是一種「莫之爲而爲」，「莫之致而至」（孟子）的現象，但並不是決定歷史人生的力量，決定歷史人生的力量，乃是個人的作爲，所以他們不主張聽天由命，而主張[illegible]

■■■「盡人事以聽天命」，同時即相信只要能盡人事，則天命亦必不能起何作用，亦就是俗所謂「人定必能勝天」，天命絕對不是決定歷史人生的因子。

就儒家的觀點言，天與命有相同作用，二者實為一個東西，論語的「畏天命」，中庸的「天命之謂性」，均是這用，即是明證，朱子說「以理言之謂之天，以人言之謂之性」（四書註），見解就很正確，所以天與人完全一致，命與性實為一體，決定歷史人生的因子，不是天命（性）而是人為。荀子釋性與偽，說得極為透澈，他說：「不可學不可事而在人者謂之性，可學而能可事而成之在人者謂之偽」（性惡篇）。可見天命雖無可奈何，而人為確是可能可成的因子。而法言（揚雄著）問命與人為一段，說得也極有價值，他說：「或問命，曰：命者，天之命也，非人為也，問人為，曰：可以存亡，可以死生，非命也，命不可避也」（問明篇）。可見存亡死生亟繫於人為，天命有何能起什麼作用？

三、只有自己是決定一切的契機

天命不能有所決定，有所決定的，乃是人類自己，實際依照儒家的理論，也只有自己是決定一切的契機，所以猶如孔子形容的人心一樣，所謂「操則存，舍則亡」（孟子引），關鍵就在能否自覺。上引荀子的話，意思就很明白，而孟子於此等處，說得尤極透澈，他說：

求則得之，舍則失之，是求有益於得也，求在我者也，求之有道，得之有命，是求無益於得也，求在外者也。

又說：

愛人不親反其仁，治人不治反其智，禮人不答反其敬，行有不得者，皆反求諸己，其身正而天下歸之，詩云：永言配命，自求多福。

又說：

夫人必自侮，然後人侮之，家必自毀，而後人毀之，國必自伐，而後人伐之，太甲曰：天作孽猶可違，自作孽不可活，此之謂也。

可見不論個人命運的關鍵在此，就是國家治亂的關鍵也未嘗不是如此，所以任何個人或國家的反常遭遇，如不能從自己本身方面求解釋，決不會得到正確的答案，孟子答曹交問一段話，可算抓到了問題的核心：

曹交問曰：人皆可以為堯舜有諸？孟子曰然。交聞文王十尺，湯九尺，今交九尺四寸以長，食粟而已，如何則可？曰：奚有於是？亦為之而已矣，有人於此，力不能勝一匹雛，則為無力人矣。今日舉百鈞，則為有力人矣，然而舉烏獲之任，是亦為烏獲而已矣！夫人豈以不勝為患哉？弗為耳。徐行後長者謂之弟，疾行先長者謂之不弟。夫徐行者，豈人所不能哉？所不為也，堯舜之道，孝悌而已矣。

所以只有自己是決定一切的契機，只要自己能為，就能達到目的，而當乃是任何人所能，並非什麼難事，問題亦仍在自己有否如此決心而已，有自為決心，而其所生力量，必能超過一切，至於無限，尤其是政治上社會上的領導人物。

四、領導人物之為的重大價值

為的力量是偉大無限的；但力量發生的作用，却不能不因地位高低而差異，一個領導群倫的領袖，自不能與一個潔身自好的常人相提並論，因為前者可以影響到一個國家或整個世界，而後者則僅不過影響到一個家庭或幾個鄉里，所以雖然同是一種作為，而發生的社會價值，却不能予以同等評價，正因如此我們不能不特別重視領導人物之為的重大價值。儒家在政治上主張人治，寓法於德，就是看到此點，蓋個人與國家，道理原是一貫，而代表國家的領導人物，却常以一身繫國家之安危，所以領導人物之振靡，就能影響社會的隆污，領導人物之勤惰，就能決定國家的治亂，儒家政治哲學，論述雖多，而中心觀念，實不外是，茲就儒家主要典籍，擇錄數條，以見一斑：

子曰：其身正，不令而行，其身不正，雖令不從。

季康子問政於孔子，孔子對曰：政者正也，子帥以正孰敢不正（論語）？

未有上好仁，而下不好義者，未有好義其事不終者也（大學）。

哀公問政，子曰：文武之政，布在方策，其人存，則其政舉，其人亡，則其政息。人道敏政，地道敏樹，夫政也者蒲盧也，故爲政在人，取人以身，修身以道，修道以仁（中庸）。

孟子曰：人不足與適也，政不足間也，惟大人爲能格君心之非，君仁莫不仁，君義莫不義，君正莫不正，正君而國定矣（孟子）。

有亂君無亂國，有治人無治法，羿之法非亡也，而羿不世中，禹之法猶存，而夏不世王，故法不能獨立，類不能自行，得其人則存，失其人則亡。法者治之端也，君子者法之原也，故有君子而法雖省，足以徧矣；無君子而法雖具，失先後之施，不能應事之變，足以亂矣，不知法之義而正法之數者，雖博臨事必亂。故明主急得其人，而闇主急得其勢，急得其人則身佚而國治，功大而名美，上可以王，下可以霸；不急得其人而急得其勢，則身勞而國亂，功廢而名辱，社稷必危，故君人者，勞於索之，而休於使之，書曰：惟文王敬忌，一人以擇，此之謂也（君道篇）。

從這些話中，可以看出儒家如何重視領導人物的作用，如何高調人爲的政治，但這在事實上是很講得通的，領導人物的作用與影響，事實上正往往如此，所以像孟子答淳于髡「賢者之無益於國」的辯難，曾舉「虞不用百里奚而亡，秦穆公用之而霸」的實例，就說明了偉人對於歷史變革的重大作用，而他所說「聞伯夷之風者，頑夫廉，懦夫有立志，聞柳下惠之風者，薄夫敦，鄙夫寬，奮乎百世之上，百世之下聞者，莫不興起」的話。也就說明了偉人對於後人心靈的重大影響，由這些事實中當可，看出領導人物之爲的重大價值。

五、偉人與常人之分際在於有爲

領導人物不必卽能成爲偉大人物，但偉大人物則必能成爲領導人物，（不一定是政治上）人雖不一定都能成爲領導人物，但人却都可以成爲偉大人物，當然眞正的偉大人物，也是不易能詢，在孔子當時卽有「才難」之嘆，而就「舜有臣五人」，武王「有亂臣十人」（論語）的史例來看，所謂偉人的人才，也正不可多得，所以孟子「以天下與人易，爲天下得人難」的感想，並不能算是誇大的說法，因爲偉人究竟不是常人，他乃是超於常人的人。

不過偉人之所以偉大，常人之所以平常，並不是不能解釋，實際上只有一點區別，就是偉人能夠有爲，常人不能夠有爲而已。偉人與常人之眞正分際，只是此有爲二字，並無什麼玄妙，因爲偉人究還是人，他與常人同類，孟子所謂：「凡同類者，舉相似也……聖人與我同類者……聖人先得我心之所同然耳」。所以同爲人類而有偉人常人之分，原因正不必向外追求，只反身自問是否有爲卽得，下面這兩段話，說得就極明白：

公都子問曰：鈞是人也，或爲大人，或爲小人何也？孟子曰：從其大體爲大人，從其小體爲小人。曰：鈞是人也，或從其大體，或從其小體何也？曰：耳目之官不思則蔽於物，物交物，則引之而已矣，心之官則思，思則得之，不思則不得也，此天之所予我者，先立乎其大者，則其小者不能奪也，此爲大人而已矣（孟子）。

夫驥一日而千里，駑馬十駕則亦及之矣。……故蹞步而不休，跛鱉千里，累土而不輟，丘山崇成，厭其源，開其瀆，江河可竭，一進一退，一左一右，六驥不致，彼人之才性之相懸也，豈若跛鱉之與六驥足哉？然而跛鱉致之，六驥不致，是無他故焉，或爲之或不爲爾。道雖邇不行不至，事雖小不爲不成，其爲人也，多暇日者，其出人不遠矣（荀子修身篇）。

不過最能肯定指出偉人與常人之分際在於有爲者，則不能不特推成覸告齊景公的話，他說：「彼丈夫也，我丈夫也，吾何畏彼哉。顏淵曰：舜何人也，予何人也，有爲者亦若是」（孟子）所以偉人並不難能，只在人能否有爲，因偉人與常人之分際既在有爲，則常人能夠有爲，當卽可成爲偉人了。

六、有爲必須有所不爲

有爲既是偉人與常人之分際，則常人如何能夠有爲是必須解答的問題；但這裏並無須提出許多條件，孟子所說的「人有不爲也而後可以有爲」的話實在是最好不過的解答。因爲人有生理條件的限制，並無衆融並包的可能，事多而力分，欲奢而望寡，要無所不爲，必一無所爲，乃是一個必然的結果，所以欲眞能有爲，則正可肯定的說：「無爲其所不爲，無欲其所不欲，如此而已矣」（孟子）。

但如要更進一步問，究竟怎樣的表現才算是有所不爲，則還可舉出孟子所說的「動心忍性」四字，因爲像孟子所形容的：「天將降大任於是人也，必先苦其心志，勞其筋骨，餓其體膚，空乏其身，行拂亂其所爲」的境遇，而能夠「動心忍性，增益其所不能」的人，就正是眞能有所不爲的人；不然如無涵養素養，身處如斯境遇恐早不能安分守己要想有所爲了。這就是偉人與常人之不同的所在，所以欲能有爲，必須有所不爲，而有所不爲的主要表現，就是能做到「動心忍性」，這是有所不爲的精義。

七、人爲是一種歷史觀

由上所述，可以得一結論，就是人爲是決定歷史人生的因子，甚至可說是決定一切的契機。所謂「得志澤加於民，不得志修身見於世，窮則獨善其身，達則兼善天下」（孟子），只有能有人爲的人，始能做到如此；而且要眞正講來，個人得志與否？也還在於自爲，所謂：「待文王而興者凡民也；若夫豪傑之士，雖無文王猶興」（同上）。決定歷史人生的，究還靠眞能有爲的人。古人論史多持此觀，司馬遷志在「明天人之際」，司馬光「論事必以人物爲先」，均是如此，而王船山論史，亦持如此觀點，其言曰：「范增之欲殺沛公，公孫堅之欲殺董卓，爲曹操謀者之欲殺劉豫州，王衍之欲殺石勒，張九齡之欲殺安祿山，自以後而觀之，其言驗矣；爲更始殺伯升而國終亡，司馬氏殺牛金而家終易，故郭嘉之說曹操，勿徒受害賢之名，而曹操笑曰：君得之矣，有識者之言，非凡情所測也，人之欲大有爲也，在己而已矣！未有幸天下之不肖而可獲賢而自大者也。苟可以大有爲，則雖有英雄無能爲我難也。苟未可以有爲，則何理天之生豪傑，不再生也？待獺以敺魚，待鸇以敺雀，此楚趙之天下裂然競；起於紛亂之世，而欲底大業，非能厭天下之英雄，不足與建非常之業，忌英雄而殺之，偷竊天下之席讙，以爲憑恃，長，時無豪傑，而後狂馳逞之英雄，乘之於意外，則羽狂志氣而莫以自持，若此者曹操之所不屑爲，而況明主之以道勝而奉保無讓者乎？蓋已即不愛天下之我勝，君子之道而奉雄繇之，不能衙寵於君子之道而足爲英雄者，未之有也」（讀通鑑論）。

可見一切全在於自己，蓋已即是有爲，天命並無作用，人爲最有力量，決定人生境遇，歷史變革的，就是人爲二字，所以儒家的人爲觀念，是一種人生觀，更是一種歷史觀；而就上述儒家的理論系統言，也足夠成立一種歷史觀的條件，即直名之爲「人爲史觀」亦無不可，蓋就其學術價值言，實還較所謂「偉人史觀」爲合理，這是儒家的第一個重大貢獻。

（上接第十二面）

幼，以及人之幼。」孔子云：「仁者己欲立而立人，己欲達而達人。」董仲舒云：「仁之法在愛人」。又云：「仁者，愛人之名也。」（春秋繁露仁義法）譚謂仁乃天地之生機，果實之核粒可以復生者曰仁。（如桃仁杏仁）尤能顯示此意。人體枯萎曰不仁，不仁即將死之徵。故「仁」字在中土爲無上之美名，而爲人所不可缺者。凡此皆積極之恕道也。綜之：推己及人之道，在消極方面爲不害人，在積極方面爲助人。循此而行，時無論古今，地無論中外，未有阻塞不通者也。

上陳四端，未盡中國文化之萬一，以其爲止戈再戰之良劑，姑舉說之。今中國文化自堯舜禹湯文武周孔而下，至於國父，繼繼繩繩，傳衍不絕。今主席蔣公，則又纘承遺緒以求實踐者也。中國文化與外來文化接觸，常取人之長，益成其大。如漢以後之佛教東被，明清以來西方科學之輸入，中國亦嘗探討而發揚之，然中國文化之質，初未大變，植根於本土者深，雨潤風吹，更增其繁茂而已。中國文化雖千頭萬緒，然基本精神寄於「仁」，知有己，同時知有人，待之來不盡委諸人，利之至，不盡全歸於己，不偏倚獨私之變以遺亂，恆懷信義以睦鄰，世態萬變，守正不移。日本既竊中國文化，轉而向國際宣傳以汚衊中國，遂邦之爲所蒙蔽，昧於眞相者，已有年矣。今欲氏願解此誤，發此讜論，中國人士與詔其眞相者，使世界觀者之將悉。蓋中國文化以奠定世界和平之柱石，發揚光大，普徧信受，是人類之福祉，梁無新舊，癒病爲善。世界無中國文化以爲維繫，科學愈進步，則遭毀愈慘烈。有好學深思而實關心世運者，必不斥爲誇詩，而好爲危言以聳聽也。爲免除外人對我之誤解，宜將古籍中文化精粹之論，及立國精神所寄之點，先行提綱鈎玄，然後再事多譯，廣爲宣傳，以增加外人對我之認識。此項工作，亦當非一人所能勝任，深冀中外文化運動者群策群力，服從此役，使中國文化對於世界有其至高之貢獻也。

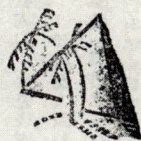

儒家歷史觀（二）禮樂篇

燕義權

一、禮樂爲儒家的根本觀念

禮樂亦爲儒家的根本觀念，儒家以之立身，以之治國，以之觀政，以之論世，其重視禮樂程度，有似宗教信條（但就大體論則有宗教之用而無宗教之弊），并以禮樂爲基礎，建立各種的學術，以禮樂的觀點，解釋一切的事物，所以禮樂在儒家眼裏，可說是宇宙社會的法則，知人論政的標準，生活樂趣的源泉。

樂記說：「天高地下萬物散殊，而禮制行矣，流而不息，合同而化，而樂興焉」，這可說就是把禮樂看作宇宙社會的法則。

樂記又說：「禮也者，反其所自生，樂也者，樂其所自成，是故先王之制禮也以節事，修樂以道志，故觀其禮樂而治亂可知也，蘧伯玉曰：君子之人達，故觀其器而知其工之巧，觀其發而知其人之知，故曰，君子所以慎其與人者」這可說就是把禮樂看作知人論政的標準。

論語記：「子在齊聞韶，三月不知肉味，曰：不圖爲樂之至於斯也」。孟子說：「仁之實事親是也，義之實從兄是也，智之實知斯二者弗去是也，禮之實節文斯二者是也，樂之實，樂斯二者；樂則生矣，生則惡可已也，惡可已，則不知足之蹈之，手之舞之」，這可說是把禮樂看作生活樂趣的源泉。

儒家既以禮樂爲宇宙社會的法則，知人論政的標準，及生活樂趣的源泉，當然禮樂就是儒家的根本觀念。

儒家既以禮樂爲根本觀念，所以古代儒家典籍，大部均屬禮樂，（如書屬禮，詩屬樂）禮樂雖屬二事，作用實無差異，所以分論恆有，精神一貫，如樂記說：「大樂與天地同和」，和自是樂的作用；而論語說：「禮之用，和爲貴」，則和亦是禮的作用。樂記說：「樂者，通倫理者也」，樂之中自含有禮；而荀子說：「凡禮始乎梲，成乎文，終乎悅校」，則禮之中亦含有樂。樂記說：「樂也者，動於內者也，禮也者，動於外者也；樂極和，禮極順，內和而外順」，又說：「樂自中出，禮自外作，樂自中出故靜，禮自外作故文」，則樂是一種內的動作，禮是一種外的表現，所以禮樂的關係，本備是共同作用，互相包涵，實更是內外相應，表裏一致。

二、禮樂的精神在序與和

演禮奏樂在古代，也許是儒家的一種職業，但儒家所重視的禮樂，乃在禮樂的精神，不在禮樂的形式，孔子說：「禮云禮云，玉帛云乎哉？樂云樂云，鐘鼓云乎哉？」又說：「能以禮讓爲國乎何有？不能以禮讓爲國如禮何？」（論語）這兩段話的意思，表現得很明白。

但禮樂的精神是什麼？如果以兩個字來表示，則可說就是序與和，序是禮的精神，和是樂的精神，樂記說：「樂者天地之和也，禮者天地之序也」，就正道盡了禮樂精神。

序是禮的精神，亦是禮的作用，他能使社會秩然有序，人民相安相睦，如曲禮所謂：「夫禮者所以定親疏，決嫌疑，別同異，明是非也」，「道德仁義，非禮不成，教訓正俗，非禮不備，分爭辯訟，非禮不決，君臣上下，父子兄弟，非禮不定，宦學事師，非禮不親，班朝治軍，蒞官行法，非禮威嚴不行，禱祠祭祀，供給鬼神，非禮不誠不莊」。

和是樂的精神，亦是樂的作用，他能使社會翕然和諧，人民無爭無怨，樂記所謂：「樂也者，聖人之所樂也，而可善民心，其感人深，其移風易俗，故先王著其教焉」，「是故君子反情以和其志，比類以成其行；然後發以聲音，而文以琴瑟，動以干戚，飾以羽旄，從以簫管，奮至德之光，動四氣之和，以著萬物之理，是故清明象天，廣大象地，終始象四時，周還象風雨，五色成文而不亂，八風從律而不姦，百度得數而有常，小大相成，終始相生，倡和清濁，迭相爲經，故樂行而倫清，耳目聰明，血氣和平，移風易俗，天下皆寧」。

社會上能秩然有序，翕然和諧，人民間能相安相睦，無爭無怨，當然即是人類理想的境界，聖哲制禮作樂的目的，所以序與和是禮樂的精神所在，作用所在，更是禮樂的研究所在，目的所在，能發揮禮樂之序與和的精神和作用，就能看到人類社會幸福的到臨；不能發揮禮樂之序與和的精神和作用，就難阻止人類社會痛苦的來臨。

三、禮樂是人生苦樂成敗的因子

照儒家的修養理論來看，禮樂實具有變化人生的作用，（因爲它原是一種藝術）所以禮樂與個人的密切關係，乃在其能爲人生苦樂成敗的因子；禮樂所以能成爲人生苦樂成敗的因子，因爲它原是人類所以生所以立所以成的要素，孔子所謂：「興於詩，立於禮，成於樂」（論語），荀子所謂：「人無禮則不生，事無禮則不成，國無禮則不寧」（修身篇），話說得雖甚簡單，實意味到這個道理，因爲即就事業說，一個人事業的成敗，也能影響到其心情的苦樂，當然禮樂要分開來論，禮之影響最大的，自是前者，樂之影響最大的，自是後者。

禮原是人類行事的準則，故其必然會成爲人生成敗的因子，所謂：「不學禮，無以立」（論語），無禮就無法立身於社會；甚至即有其他優長，如沒有禮來節製，亦必發生遺弊，所謂：「恭而無禮則勞，愼而無禮則葸，勇而無禮則亂，直而無禮則絞」（同上），所以禮是一切根本，必須能夠有禮，始能順應一切，成就一切，所謂：「先王之立禮也，有本有文，忠信禮之本也，義理禮之文也，無本不立，無文不行，禮也者合於天時，設於地財，順於鬼神，合於人心，理萬物者也」（禮運）。

樂原爲人類情緒的激動，故其必然會成爲人生苦樂的因子，一個深於樂的修養的人，必能夠悠然自得充滿樂趣，樂記所謂「樂者聖人之所樂也」的一句話，說得就頗有力；但樂亦不僅是人類快樂的享受，它更能隨人心的反應，表示人類的心術，所謂：「民有血氣心知之性，而無哀樂喜怒之常，應感起物而動，然後心術形焉，是故志微噍殺之音作，而民思憂，嘽諧慢易繁文簡節之音作，而民康樂，粗厲猛起奮末廣賁之音作，而民剛毅，廉直勁正莊誠之音作，而民肅敬，寬裕肉好順成和動之音作，而民慈愛，流辟邪散狄滌濫之音作，而民淫亂」（樂記）。

歷來儒家人物，多重禮樂修養，在先秦儒家中，我們只就孔子所說：「先進於禮樂野人也，後進於禮樂君子也，如用之則吾從先進」（論語），及「禮與其奢也寧儉，喪與其易也寧戚」（同上）的話，即可看出他對禮樂修養的注意，而其一生所具溫和從容的態度，亦即是得力禮樂修養的表現。在宋明諸儒中，以程顥較深於禮樂修養，故其能粹然和氣，豈類而裕。而深與禮樂修養者之坦蕩胸懷，更成爲儒者的普遍特點，這就是禮樂對於人生的作用。

由此可知禮樂當能影響人生的苦樂成敗，禮樂實爲人生苦樂成敗的因子，所以禮樂亦是修養的勝場，人生應有禮樂的修養，事實上，儒家對於人物好壞的衡量，即是常以禮樂爲標準，如孔子說：「居上不寬，爲禮不敬，臨喪不哀，吾何以觀之哉」（論語）：就是顯例，可見禮樂關係人生的重大！

固然儒家的最高理想爲仁，且就孔子「人而不仁如禮何？人而不仁如樂何」（同上）的話看，仁更是禮樂的基礎；但禮樂雖須以仁爲內容，而仁亦須藉禮樂來表現；且禮樂如眞能達於理想，當亦當能達到仁的目的，孔子答顏淵問仁曰「克己復禮」（同上），孟子謂仁義之實爲事親從兄，而禮樂則爲節文斯二者，即可說禮樂爲行仁的先決條件，二者相互間關係密切了。

四、禮樂爲國家治亂興亡的關鍵

儒家視禮樂爲治國最好的工具，對禮樂治國有極高的評價，顏淵問爲邦，孔子答：「行夏之時，乘殷之輅，服周之冕，樂則韶舞，放鄭聲，遠佞人，鄭聲淫，佞人殆」（論語），以遠佞人關係之大尚在其次，當可想見禮樂在治國中的地位了！孟子論禮樂（尤其是樂）雖屬不多；但僅就他所說：「無禮義則上下亂」，及「城郭不完，兵甲不用，非國之災也，田野不辟，貨財不聚，非國之害也，上無禮下無學，賊民興，喪無日矣」，的話，亦可看出他對禮樂要素的重視，實超過國家所需任何的要素，

不過對於禮樂影響國家的治亂興亡，說得最透澈最明白的，自當推禮記與荀子二書，因禮記爲研究禮樂的專書，而荀子則深精於禮樂的學問，我們就荀子論禮樂的起源，即可知禮樂所以能影響國家治亂興亡的道理，他說：

「禮起於何也？曰：人生而有欲，欲而不得，則不能無求，求而無度量分界，則不能不爭，爭則亂，亂則窮，先王惡其亂也，故制禮義以分之」（禮論篇）。「夫樂者樂也，人情之所必不免也，故人不能無樂；樂則必發於聲音，形於動靜，而人之道，聲音動靜性術之變盡是矣，故人不能不樂，樂則不能無形，形而不爲道，則不能無亂，先王惡其亂也，故制雅頌之聲以道之」（樂論篇）照此說法，則禮的作用在分，樂的作用在道（即導），分所以解爭，道所以順發，而二者共同的目的，則均在於止亂；禮樂既有止亂的力量，禮樂自亦必有興治的功能，當然國家之治亂興亡，也就繫於禮樂之能否切實施行，能否發揮力量？能則治而興，不能則亂而亡，禮記於此，闡述甚多如云：

禮者，君之大柄也，所以別嫌明微，儐鬼神，考制度，別仁義，所以治政安君也，故政不正則君位危，君位危則大臣倍，小臣竊，刑肅而俗敝，則法無常，法無常而禮無列，禮無列則士不事也，刑肅而俗敝，則民弗歸也，是謂疵國（禮運）。

樂者，音之所由生也，其本在人心之感於物也，是故其哀心感者其聲噍以殺，其樂心感者，其聲嘽以緩，其喜心感者，其聲發以散，其怒心感者，其聲粗以厲，其敬心感者，其聲直以廉，其愛心感者，其聲和以柔，六者非性也，感於物而后動。是故先王慎所以感之者，故禮以道其志，樂以和其聲，政以一其行，刑以防其姦，禮樂刑政其極一也，所以同民心而出治道也」（樂記）。

宮亂則荒，其君驕，商亂則陂，其臣壞，角亂則憂，其民怨，徵亂則哀，其事勤，羽亂則危，其財匱，五者皆亂，迭相陵，謂之慢，如此則國之滅亡無日矣。鄭衛之音，亂世之音也，比於慢矣，桑間濮上之音，亡國之音也，其政散，其民流，誣上行私而不可止也」（同上）。

故樂也者，動於內者也，禮也者，動於外者也，樂極和，禮極順，內和而外順，則民瞻其顏色，而弗與爭也。望其容貌而民不生易慢焉。故德輝動於內而民莫不承聽，理發諸外。而民莫不承順，故曰，致禮樂之道舉，而錯之天下無難矣（同上）

荀子所論，亦極精審，而說理明切，尤足感人，如曰：

禮者治辨之極也，強國之本也，威行之道也，功名之總也，王公由之所以得天下也，不由之所以隕社稷也（議兵篇）。

國無禮則不正，禮之所以正國也，譬之猶衡之於輕重也，猶繩墨之於曲直也，猶規矩之於方圓也。既錯之而人莫之能誣也，詩云：「如霜雪之將將，如日月之光明，爲之則存，不爲則亡」，此之謂也（王霸篇）。

治民者表道，表不明則亂，禮者表也，非禮昏世大亂也，故道不明，外內異表，隱顯有常，民陷乃去（天論篇）。

樂者聖人之所樂也，而可善民心，其感人深，其移風易俗，故先王導之以禮樂而民和睦，夫民有好惡之情，而無喜怒之應則亂，先王惡其亂

也，故修其行，正其樂而天下順焉（樂論篇）。樂中平則民和而不流，樂肅莊則民齊而不亂，民和齊，則兵勁城固，敵國不敢嬰也。⋯樂姚冶以險，則民流僈鄙賤矣，流僈則亂，鄙賤則爭，爭則兵弱城犯，敵國危之。故禮樂廢而邪音起者，危削侮辱之本也（同上）。

由上引這些話看來，卽可知禮樂關係國家的重大，因此如欲維持國家的强盛，社會的秩序，人民的安寧，就不能不注重禮樂的教化，看重禮樂的力量，所謂：「樂行而志淸，禮修而行成，耳目聰明，血氣和平，移風易俗，天下皆寧，美善相樂」（荀子樂論篇）。所謂：「貴賤明，隆殺辨，和樂而不流，弟長而無遺，安燕而不亂，此五行者，是足以正身安國矣」（同上），正是必然必至的結果，顛撲不破的眞理；所以在儒家眼裏，禮樂實是國家治亂興亡的關鍵。

五、禮樂是社會盛衰安危的表徵

禮樂旣是國家治亂興亡的關鍵，當然禮樂實際的表現，就可作衡量社會動靜的標誌，所以禮樂亦是社會盛衰安危的表徵，亦就是禮樂實際表現的情況，就是社會盛衰安危的標誌，好則盛而安，壞則衰而危，樂記論音之表現，卽是最好說明，其言曰：

凡音者，生人心者也，情動於中，故形於聲，聲成文謂之音，是故治世之音安以樂，其政和。亂世之音怨以怒，其政乖，亡國之音哀以思，其民困。聲音之道與政通矣」。

又曰：

鄭衛之音，亂世之音也，比於慢矣，桑間濮上之音，亡國之音也，其政散，其民流，誣上行私而不可止也」。

而荀子論亂世之徵，尤有明白闡述，其言曰：

亂世之徵，其服組，其容婦，其俗淫，其志利，其行雜，其聲樂險，其文章匿而采，其養生無度，其送死瘠墨，賤禮義而貴勇力，貧則爲盜，富則爲賊，治世反是也（樂論篇）。

又曰：

「⋯亂世不然，汚漫突盜以先之，權謀傾覆以示之，俳優侏儒婦女之請以悖之，使愚詔知，使不肖臨賢，生民則貧隘，使民則綦勞苦。是故百姓賤之如偃，惡之如鬼（王霸篇）。

就這幾段話看，卽可見亂世社會之表徵，卽在於國家禮樂的失修；當然盛世社會的表徵，亦同樣可由禮樂情況而判定，所以在儒家眼裏禮樂實是社會盛衰安危的表徵。

六、禮樂是一種歷史觀

由上面的論證，可知禮樂實爲儒家的根本觀念，儒家不僅以其爲人生苦樂成敗的因子，亦以其爲國家治亂興亡的關鍵；不僅以其爲國家治亂興亡的關鍵，且更以其爲社會盛衰安危的表徵。禮樂實有改變歷史的作用，實爲推進歷史的動力，所以荀子所說的：「天下從之者治，不從者亂，從之者安，不從者危，從之者存，不從者亡」（禮論篇），「得之則治，失之則亂，文之至也，得之則安，失之則危，情之至也」（同上），對於禮樂力量估計，並不算怎樣誇大，因這乃是一個當然必然的法則，原不是一個大胆粗疏的結論。

可見儒家的禮樂觀，不只是一種宇宙觀，人生觀且更是一種歷史觀了。實際禮樂（尤其禮）的歷史觀，在古代原極普遍，左傳上的許多事實，就可作充分證明如：

閔公元年，齊仲孫湫來省難，歸曰：不去慶父，魯難未已。公曰：魯可取乎？對曰：不可！猶秉周禮，周禮所以本也，臣聞之，國將亡，本必先顚，而後枝葉從之，魯不棄周禮，未可動也。

襄公三十一年，北宮文子言於衛侯曰：鄭有禮，其數世之福也僖公十一年，內史過告王曰：晉侯其無後乎？禮，國之幹也，敬，禮之輿也，不敬則禮不行，禮不行則上下昏，何以長世？

文公十五年，季文子曰：齊侯其不免乎？已則無禮而討於有禮者，難以免矣！

這些事實的觀察，當與孔子所說：「天下有道，則禮樂征伐，自天子出，天下無道，則禮樂征伐，自諸侯出，自諸侯出，蓋十世希不失矣，自大夫出，五世希不失矣陪臣執國命，三世希不失矣」子貢所說：「見其禮而知其政，聞其樂，而知其德，由百世之後等百世之王莫之能違也」（孟子公孫丑章引）的話，具有同樣意義，所以以禮樂來解釋歷史，認禮樂為歷史動力，殆為中國古代人的通觀，初並不限於儒家，秦漢而後，迭經變亂，固有的禮樂多失地位逐漸趨沒落，宋人修談性理；對於禮樂較少論究；惟周濂溪之通書，曾慨然於禮樂之失修，認之為達治的根由，其言曰：

古聖王制禮法，修教化，三綱正，九疇敘，百姓大和，萬物咸若，乃作樂以宣八風之氣，以平天下之情，故樂聲淡而不傷，和而不流，入其耳感其心，莫不淡且和焉。淡則欲心平，和則躁心釋，優柔平中，德之盛也，天下化中，治之至也，是謂道配天地，古之極也；後世禮法不修，政刑苛紊，縱欲敗度，下民困苦，謂古樂之不足聽也，代變新聲，妖淫愁怨，導欲增悲，不能自立，故有賊君棄父，輕生敗倫，不可禁者矣！嗚呼！樂者古以平心，今以助欲，古以宣化，今以長怨，不復古禮，不變今樂，而欲致治者遠哉！

明末諸儒，特重實務，對於禮樂理論，亦少鑽研發揮，然王船山實甚深於禮樂，其於讀通鑑論中，曾暢論禮樂（尤其樂）影響治亂之理及其關係治亂之大，企盼禮樂之能再興，其言曰：

聲音之動，治亂之徵，樂記言之，而萬寶常以驗隋之必亡，顧其說非可一言竟也，有聲動而導人心之貞淫者，有心動而為樂之正變者，其感應之機，相為循環，而各有其先後，謂聲動而樂隨之則正樂急矣，謂心動而樂隨之，則樂固不能自正，而待其人矣。倘於無道之世，按韶夏之音而奏之，足以救其亡乎？不可得也；雖然，未有當道之世，不崇淫聲，修衰亂，而能興韶夏之樂為樂者，於是而知述作之交相勸，而大人之互為功矣。且以寶常之言，直斥何妥之樂為亡國之音，隋文何以不悅？終隋寶常而謂何妥之樂？淊淊和雅，與我心會，則盛世之音，必不諧於衰世之耳，其諧不諧者天也，非人也……嗚呼？自梁陳先王之典而樂亂，自契丹女真，蒙古入主中國，戲樂法物，而樂永亡，惟聲音之自然者流蕩於人心耳手口之間，時亦先兆其治亂興亡之理，於是樂惟大，動以感人，而不能以樂治心，召和平之氣，凡先王所以治，聖人所以教，俱無可為功於天下，固有心者所留憾於無窮也。天不喪道，又惡知無興人者與，無動而得天之聰明，以復移風易俗之大用乎」？

由是可知禮樂是能解釋歷史的事實，禮樂仍為後世立國與邦之大經，儒家的禮樂歷史觀，在今日尚有其極高價值，今日國人注重禮樂的制定，正是具有遠識的措置，對於禮樂歷史觀的發揚，亦正是今日學者應有的責任，一個有價值學說的成立，不貴其有精密的理論，而貴其能表現於行事，這是筆者撰述本文的意旨。

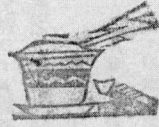

儒家歷史觀（三）道德篇

龔義權

一、道德為儒家的根本觀念

道德亦為儒家的根本觀念，儒家重實際，尚人為，信性善，倡力行，故其論治道於倫理，寓法律於道德，更以倫理道德為基礎，建立各種學術的系統。

詩經「天生蒸民，有物有則，民之秉彝，好是懿德」之詩，最為儒家所樂引，而其視道德為人生之法則，亦最足代表道德在宇宙的地位；惟道德法則之真義，乃在為人生立標準，人生各遵於其應止之標準，即為平治天下的力量，程伊川說：「夫有物必有則，父止於慈，子止於孝，君止於仁，臣止於敬，萬物庶事，莫不各有其所，得其所則安，失其所則悖，聖人所以能使天下順治，非能為物作則也，惟止之各於其所而已」（易傳），即無異是此義最好的註釋。

道與德不同，（係指狹義的道德之道），道係倫理的關係，德為行為的準繩，道為人的表現所在，德為人的表現依據，道德二字連用的涵義，即是人在倫理關係中之合於情理的表現，中庸論達道達德一段，說得就很明白：「天下之達道五，所以行之者三，曰：君臣也，父子也，夫婦也，昆弟也，朋友之交也，五者天下之達道也，知仁勇三者，天下之達德也，所以行之者一也」。可見天下之達道五，即是人與人關係的五倫，所以行之者三，即是人所應具有的三德，而達道之表現，乃在於達德的實行；達德的實行亦即是事業的基點，所以中庸又說：「好學近乎知，力行近乎仁，知恥近乎勇，知斯三者，則知所以修身，知所以修身，則知所以治人，知所以治人，則知所以治天下國家矣」。

所以儒家眼中的道德，是修身的理想，是齊家的準繩，是治國平天下的定理定則，為一切事業的基點，一切力量的源泉，故為儒家的根本觀念。

二、道德是一切的基礎

照儒家的理論來看，道德實為一切的基礎，儒家的四書五經，觀念均是如此，而說得最明白具體者為大學，他開頭便說：「大學之道在明明德，在親民，在止於至善」，說明道德為一切的基礎，即是大學全書的旨趣，因為他所謂：「物有本末，事有終始，知所先後，則近道矣」之「道」，亦就是這裏所說的德，這由他說：「有德此有人，有人此有土，有土此有財，有財此有用，德者本也，財者末也，內本外末，爭民施奪」的話，是可以得到充分證明的。

大學的重要觀念，除所謂三綱領外，尚有所謂八條目，八條目是講由為學而做事的程序，亦還是以道德修養為基礎，因為「格物致知」，並非講道德修養！若講道德修養，當從「誠意正心」開始，實際此種說法，固較為合理亦較合原意，大學後面有「富潤屋，德潤身，心廣體胖，故君子必誠其意」數語，並不發「格物致知」的話，就很值得注意，故大學所列程序，依道德為本觀點，應是「意誠而後心正，心正而後身修，身修而後家齊，家齊而後國治，國治而後天下平，」格物致知，另作別論。宋學之程宋陸王二派，對格物致知見解雖異，而認「正心誠意」爲本則同，此可作一證。

當然，以道德爲一切的基礎，爲儒家傳統的觀念，大學的理論，蓋淵源於論語，論語孔子答子貢問政的話，實在最激昂不過：「子貢問政，子曰：足食足兵民信之矣，子貢曰：必不得已而去，於斯三者何先？曰：去兵，曰：必不得已而去，於斯二者何先？曰：去食，自古皆有死，民無信不立」。

可見要照孔子的看法，治國的要素，就是軍事與經濟，也均無道德重要，道德應是軍事經濟的基礎，更是人類所以立於天地的定力。中庸說：「大德必得其位，必得其祿，必得其名，必得其壽」，則人生之榮辱生死，亦尚須以道德爲尺度，孟子的中心觀念爲仁義，理論即基本於道德，前反覆申論，（餘有詳論），荀子論道德處雖少；但其論及德操，亦持如此見解，認爲有德然後能定能應，能定能應始謂成人，所謂：「權利不能傾也，群衆不能移也，天下不能蕩也，生乎由是，死乎由是，夫是之謂德操，德操然後能定，能定然後能應，能定能應，夫是之謂成人，天見其明，地見其光，君子貴其全也」（修身篇）。

道德既爲一切的基礎，則欲有任何的成就，均須先作道德的修養，因此修身成了重要的樞紐，大學所謂：「自天子以至於庶人，壹是皆以修身爲本」，孟子所謂：「人有恆言，皆曰天下國家，天下之本在國，國之本在家，家之本在身」，修身亦就是修德，道德爲修身目的，所以有了道德，即是有了一切，這是道德的重大作用，書經說：「惟上帝不常，作善降之百祥，作不善降之百殃」（伊訓），其實這與上帝無絲毫關係，而是修德的必然結果。

三、道德爲人生理想的人格

道德對人生的關係，在其爲人格的表現，有最高道德的修養，即是人生理想的人格，孟子說：「規矩方圓之至也，聖人人倫之至也」，中庸說：「舜其大孝也歟，德爲聖人，尊爲天子」，聖人爲儒家理想的人格，聖人即是有最高道德修養的人。

道德修養的最高境界，就是一種最快樂最美滿的境界，違反道德修養的行爲，亦就是一種最痛苦最笨拙的行爲，所以道德修養的好壞，亦是人生苦樂榮辱的標準，書經說：「作德心勞日休，作僞心勞日拙」（周官），孟子說：「仁則榮，不仁則辱」，當均是見到此點，而事實上也確乎如此。所以過去儒家人物，常視道德超過一切，孟子即最富此種精神，如他因齊王態度不誠，託病不先朝見，景丑氏責之曰：「禮曰：父召無諾，而君命召，不俟駕，固將朝也，聞王命而遂不果，宜與夫禮，若不相似然？」而他的答覆則是：「豈謂是歟？曾子曰：晉楚之富不可及也，彼以其富，我以吾仁，彼以其爵，我以吾義，吾何慊乎哉，夫豈不義，而曾子言之，是或一道也，天下有達尊三：爵一，齒一，德一，朝廷莫如爵，鄉黨莫如齒，輔世長民莫如德，惡得有其一，以慢其二哉」？可算是一個顯例。

儒家提出的道德觀念甚多，而仁與誠則最爲重要，可以說仁與誠二者，是統一道德觀念的兩樞，就儒家的道德理論看，仁本是仁義禮智信的五常之一，但程伊川卻說：「四德之元，猶五常之仁，偏言則一事，專言則包四者」（易傳）是仁亦即是義禮智信，中庸謂智仁勇三達德，所以行之者一，此一即是誠，可見誠更爲統括智仁勇三達德，所以儒家所說的仁與誠，實爲最重要最根本的道德，而儒家對仁與誠的評價，當然也就特別的高大。

中庸謂誠爲天之道，至誠無息，至誠能化，至誠如神，至誠能盡人性和物性，能經綸天下之大經，立天下之大本，並可贊天地之化育以與天地參，對誠的力量，可謂強調到了極點；而仁爲儒家學術思想的核心，相信仁的偉大，當然更不消說，孔子一生的理想爲仁，仁簡直是他一生的口頭禪，孟子稱仁爲天之尊爵，人之安宅，對仁亦多發揮，而其與齊宣王論桀紂湯武的人格，且是以仁爲標準：「齊宣王問曰：湯放桀武王伐紂，有諸？孟子曰：於傳有之，曰：臣弑其君可乎？曰：賊仁者謂之賊，賊義者謂之殘，殘賊之人，謂之一夫，聞誅一夫紂矣，未聞弑君也」。朱晦庵仁說有云：「仁之爲道，乃天地生物之心，其在天則爲坱然生物之心，在人則爲溫然愛人利物之心」，由此已可知儒家道德的價值，實也就是[illegible]。

所以儒家眼中的道德，實爲人生理想的人格。它是衡量人格的標準，更是修養最高的境界而其重要根本的關鍵，則在仁與誠的表現。

四、道德爲國家治亂興廢之所繫

道德不僅爲人生理想人格的所在，亦爲國家治亂興廢之所繫，儒家對於國家的治亂興廢，從未歸之於天命，只是歸之於人爲；而人爲的最大關鍵，則在於道德表現，中庸所謂：「爲政在人，取人以身，修身以道，修道以仁」。孟子所謂：「惟仁者宜在高位，不仁而在高位，是播其惡於眾也，上無道揆也，下無法守也，朝不信道，工不信度，君子犯義，小人犯刑，國之所存者幸也」。而書經於此，亦多論述，以下數段，卽是此義：

惟天無親，克敬惟親，民罔常懷，懷於有仁，鬼神無常享，享於克誠，天位艱哉。德惟治，否德亂，與治同道，罔不興，與亂同事，罔不亡，終始愼厥與，惟明明后（太甲）。天難諶，命靡常，常厥德，保厥位，厥德匪常，九有以亡。夏王弗克庸德，慢神虐民，皇天弗保，監於萬方，啓迪有命，眷求一德，俾作神主，惟尹躬暨湯，咸有一德，克享天心，受天明命，以有九有之師，爰革夏正，非天私我有商，惟天佑於一德，非商求於下民，惟民歸於一德，德惟一，動罔不吉，德二三，動罔不兇，惟吉凶不僭在人，惟天降災祥在德（咸有一德）。

皇天無親，惟德是輔，民心無常，惟惠之懷，爲善不同，同歸於治，爲惡不同，同歸於亂（蔡仲之命）。

書經爲記史之書，就上述觀念來論，書卽認爲歷史的變動，由於道德的變動，國祚的轉移，卽是由無德而轉於有德，所以道德對於國家的治道，實爲無價之大寶，大學引語有云：「楚書曰：楚國無以爲寶，惟善以爲寶」，「舅犯曰：亡人無以爲寶，仁親以爲寶」，并說：「國不以利爲利，以義爲利」，可算是極具遠矚的話。

道德既爲國家的大寶，則國家能保持而勿失，能夠[illegible]，則其必由[illegible]的結果，非只可不受他國的侵陵，亦必蘊富強而無敵，孟子於此，闡述甚多，以下三論，卽最扼要：

（一）有人曰：我善爲陳，我善爲戰，大罪也，國君好仁，天下無敵焉，南面而征北狄怨，東面而征西夷怨，曰：奚爲後我？武王之伐殷也，革車三百兩，虎賁三千人，王曰：無畏，寧爾也，非敵百姓也，若崩厥角，稽首。征之爲言正也，各欲正己也，焉用戰？

（二）以力假仁者霸，霸必有大國。以德行仁者王，王不待大，湯以七十里，文王以百里，以力服人者非心服也，力不贍也，以德服人者，中心悅而誠服也，如七十子之服孔子也，詩云：自西自東，自南自北，無思不服，此之謂也。

（三）人皆有不忍人之心。先王有不忍人之心，斯有不忍人之政矣，以不忍人之心，行不忍人之政，治天下可運之掌上。

所以欲求國家興盛，必須要施行仁政，導民以德；否則不僅不能興盛，且要趨於衰亡，卽倖得一時的興盛，亦必難維持於久遠，孔子所謂：「智及之，仁不能守之，雖得之，必失之」（論語），孟子所謂：「道二，仁與不仁而已矣，暴其民甚，則身弒國亡，不甚則身危國削」，程明道所謂：「教人者，養其善心，而惡自消，治民者導之敬讓，而爭自息」（外書），正適一個必然必至的眞理。

前面說過：仁爲儒家學術思想的核心，亦爲儒家道德觀念的根本，孟子論三代歷史的變革，卽以仁爲惟一的樞紐，因更以例國家與個人，可算最知道德的作用，他說：「三代之得天下也以仁，其失天下也以不仁，國之所以廢興存亡者亦然，天子不仁，不保四海，諸侯不仁，不保社稷，卿大夫不仁，不保宗廟，士庶人不仁，不保四體，今惡死亡，而樂不仁，是猶惡醉而強酒」。所以照他的看法，只要能行「老吾老以及人之老，幼吾幼以及人之幼」的仁政，則天下卽可運於掌上，當然這也是儒家一致的觀點，如程明道，即曾說過：「君仁莫不仁，君義莫不義，天下之治亂繫乎人君仁不仁耳」（外書），可見照儒家一貫傳統的看法，道德實爲國家治亂興廢之所繫。

五、道德是一種歷史觀

由上所論，則道德能影響人生的苦樂，爲人生理想的人格，能決定世運的轉移，爲國家治亂興廢之所繫，人類一切事業的發展，均須以之爲基礎。則道德爲歷史變革的因子，有推動歷史發展的力量，當是不能否認的事實，所以它也不僅是一種人生觀，實更是一種歷史觀。

過去中國歷史的著述，幾全以道德觀念爲內容：且亦不僅歷史著述如此，即一般傳奇說部，殆亦無不如此，章實齋所謂「善善而惡惡，褒正而嫉邪，凡欲託文辭以不朽者，莫不有是心也」，（文史通義史德），傳奇說部旨在褒揚勸善規惡之意，講述因果報應之事， 即是明證，無待例舉；至於歷史著述，則當經之史料，孟子之史論，均係立於道德觀點，前面已有引證，亦不復贅。餘舉其重要者言，則古代如孔子之春秋（旨在寓褒貶，別善惡，以使亂臣賊子懼，其爲道德史觀，當然不問可知，後世如司馬光之資治通鑑，旨在鑒過去成敗興亡之迹，以供帝王治國借鏡，彼嘗謂：「治亂之機在於用人，邪正一分，則消長之勢自定」（見邇堯錄引），其爲道德史觀，當亦世所共知，至論史之作，亦多同此，荀子王霸篇本道德觀點論治國之術，以與過去史實相印證，所言即最爲得體，其言曰：「國者天下之利用也，人主者，天下之利勢也，得道以持之，則大安也，大榮也，積美之源也：不得道以持之，則大危也，大累也，有之不如無之，及其綦也，索爲匹夫不可得也，齊湣宋獻是也，故人主天下之利勢也，然而不能自安也，安之者必將道也，故用國者義立而王，信立而霸，權謀立而亡，三者明主之所謹擇也，仁人之所務白也，挈國以呼禮義而無以害之，行一不義，殺一無罪，而得天下，仁者不爲也，擽然扶持心國，且若是其固也。之所與爲之者，人則舉義士也，之所以爲布陳於國家刑法者，則舉義法也。主之所極然帥羣臣而首鄉之者，則舉義志也，如是則下仰上以義矣，是綦定也，綦定而國定，國定而天下定故曰：「以國齊義，」一日而白，湯武是也，湯以亳武王以鄗，皆百里之地也，天下爲一，諸侯爲臣，通達之屬，莫不從服，無他故焉，以濟義矣，是所謂義立，而王也……故齊桓晉文楚莊吳闔閭越勾踐，是皆僻陋之國也，威動天下，彊殆中國，無他故焉，略信也，所謂信立而霸也……權謀日行而國不免危削，綦之而亡，齊閔薛公是也，是無他故焉，唯其不由禮義而由權謀也」。程明道論及五代之亂，歸咎於唐太宗之不仁，即其一例，其言曰：「唐有天下，雖號治平，然亦有夷狄之風，三綱不正，無君臣父子夫婦，其原始於太宗也，故其後世子弟，皆不可使，君不君，臣不臣，故藩鎮不賓，權臣跋扈，陵夷有五代之亂」（遺書）。而王船山之讀通鑑論，評判國家治亂興廢之原因，更以道德爲惟一的標準，可以說儒家道德歷史觀的思想，至王船山已完全成熟，茲錄數條，以見一般：

（一）論劉備曹操孫權云：此三君者，皆非有好戰樂殺之情，而所求未得所歸未安，弗獲已而相爲扞格也，曹氏之戰亟矣！歸中原而挾共主其敵多，其安危之勢迫，故孫氏之降，知其非誠而受之，敵且釋，勢且安，甘苦自知，而殺戮爲憯，亦深念之矣。孫氏則赤壁之外無大戰也，先主則收蜀爭荊而姑且息也，是以三君者猶可傳之後裔，而不與公孫袁呂同殄其血允，上天之大命，集於有德，而抑無樂殺之心，則亦予之以安全，天地之心，以仁爲術，豈不信哉」（三國）！

（二）論五胡之亂云：五胡旋起旋滅，而中原之死於兵刃者不可殫計，殫中原之民於兵刃，而其旋起者亦必旋滅；其能有人之心，而因以自全者，惟慕容恪乎？故中國之君，一姓不再興，而慕容氏既滅而復起，恪圖段龕於廣固，諸將請亟攻之，恪曰：龕兵尚衆，未有離心，盡銳攻之，殺吾士卒，必多矣，自有事中原，兵不暫息，吾每念之，夜而忘寢，要在取之，不必

（下接第八面）

Lavoisier 和比熱 Specific Heat 而得到的時有發明的有，只須指示了一條路。

而自瓦特 James Watt 1736—1819 發明了蒸汽機以後，因而使近代的文明，又鋪下了一條平坦的路。

這些，偉大的發現和發明，在科學家和發明家們，當時所以如此作，都是為了[illegible]，並不為「求名」，亦不為「求利」。不為名，不為利的最好的證明，[illegible]自己寫好他的「天體的革命」和牛頓寫好他的格物原理的 Principia 時，都只是藏之箱篋，都是因為朋友的請教才拿出來，才被朋友們代為印刷出來。如有所為，那是為了真理，為了「責任」。但結果，他們在歷史上，都又都得了最大的「名」。

以美國的大發明家愛迪生來說，當他在大幹線鐵道上的一個小車廂裏，建設起他的小實驗室的時候，他並沒有想到要享什麼「名」和求什麼「利」的。他只是於賣報之餘，只是以賺賣報紙之所得，買了化學實驗材料而埋頭研究實驗。然而，等到他的電器用品，一件件的發明出來，他不光是享了「大發明家」的「名」，而且也發了「專利」的財。

如從此方面說，那末，我們做事，只是為做事而做事，只是為了一種「責任」而做事，抱着一種「無為」，「無求」的態度而做事，却正可以如某作家所說的：

「成大功，立大業。」

不過，這「大功」成了，「大業」立了，在一個真正認「生活」為一種「責任」的人來看，是並沒有什麼可以誇耀於世的，他雖成大功，雖立大業，他並不[illegible]，也立大業[illegible]所謂[illegible]成功不[illegible]

（上接第十六頁）

求功之速，嗚呼？惆悵之實，自其中發，成功而人免於死，惜哉？不謂其中之節節呼」（東晉成帝）

（三）論隋之亡云：「以德化民，至矣哉！化者大事也，天自有其理氣，行乎其不容已，物自順乎其則，而不知聖人之德，非以取則於天也，自修其不容已，而人見為德，人亦非取則於聖人也，各以其才之大小而殺，行乎其不容已，而已化矣，故至矣，當矣，德乎人而大矣，謂其以德化者，人固不可為之德也，非聖人之知其若爝火以勺與水，孰此而取彼之謂也，夫德者自得也，政者自正也，尚政者不恃於德，尚德者不廢其政，行乎其不容已，而民之化也，侯王能之而化也，上下相蒙以偽，姦邪聚若火伏油中，得水而焰不可撲，隋之亡也，非一旦一夕之所致也，其所謂德化者，一偽恥籠絡之為也」（隋文帝）。

（四）論李密之失敗云：「李密以殺翟讓故，諸將危疑，一敗於邙山，而郁元真單雄信叛之，將欲守太行阻大河以圖西取而諸將不從。及相帥以降唐，則欣然與俱，而密終以亡，項羽殺宋義，其終殺范增，卒終於取羽儀一也，然則令項羽殺漢王於鴻門，犯天下之惡不能以久延，猶[illegible]，鄙夫之閒，惡足以知成敗之大綱哉？」（唐高祖）

由以上之引證，可知以道德解釋歷史，為儒家傳統觀念，而船山史觀之理論，蓋亦至圓通精確；且道德之見於實踐，儒家亦以為並不難解，孔子說：「我欲仁，斯仁至矣」（論語）。即是最好說明。所以儒家之道德歷史觀，在今日仍有其崇高價值，尤其在世界大戰之今日，更是作建設未來理想世界之參考，孟子說：「孔子曰：德之流行速於置郵而傳命，當今之時，萬乘之國，行仁政民之悅之猶解倒懸也。故事半古之人，功必倍之，惟此時為然」。這一段話，實不管為今日而發，因為只有此時，世人始明瞭[illegible]道德的重要，始有實踐道德的決心，而解釋人類之歷史，也只有以道德[illegible]永久不的理想，[illegible]

儒家歷史觀(四)——民心篇

燕義權

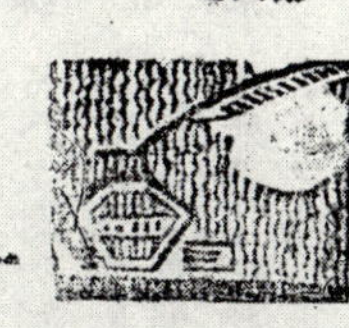

一　民在國家的地位

儒家旣承認人在宇宙中有崇高的地位，則對於民在國家的地位，自亦必會有同等的尊重，儒家旣承認人爲有決定一切的力量，則對於民心能影響國家一切的變革，自亦必會有同樣的評價，儒家政治哲學，實卽基本於此；然儒家注重行事，學術本與政通，此非僅儒家政治哲學基本，實亦是儒家整個學術基本。所以儒家對于歷史變革的看法，雖重視聖人的重大作用，却強調「民爲邦本，本固邦寧」（書經、五子之歌），對于國家要素的看法，雖尊重君主的重要地位，却強調「民爲貴，社稷次之，君爲輕」（孟子）。可見儒家對構成國家的要素，促成歷史的動因，所最重視的並不是某個偉大人物的作用，乃是全體人民的力量。

人民在國家中，旣居崇高地位，旣有決定力量，則就事實推論，當然民願卽是天命，民情卽是天理。所以皋陶謨所謂：「天聰明，自我民聰明，天明畏，自我民明畏」（書經），泰誓所謂：「天視自我民視，天聽自我民聽」（同上），並未過甚其詞，而是合理事實。因爲民旣爲國家的主宰，當然民卽是國家的代表，而國家一切設施，也自均須以民爲中心了。儒家政教理論，所以集中於民，其故卽在於此，所謂：政在養民，德在化民，禮在敎民，樂在導民等等理論，目標均在於民。由此，不僅可看出人民在國家的地位，亦可看出儒家思想的進步。

二　民心向背決定國祚轉移

人民旣爲國家的主宰，國家旣以人民爲核心，則國家本身的興廢，領導人物的起滅，當然均要以人民能否合作爲條件，能則興而起，不能則廢而滅。大學所引「詩云：殷之未喪師，克配上帝，儀監于殷，峻命不易，道得衆則得國，失衆則失國」的話，說得就最中肯，而孟子答萬章堯以天下與舜之問，尤可作最好例證：

萬章問曰：堯以天下與舜有諸？孟子曰：否！天子不能以天下與人。然則舜有天下也，孰與之？曰：天與之……：舜相堯二十有八載，非人之所能爲也，天也。堯崩，三年之喪畢，舜避堯之子于南河之南，天下諸侯朝覲者，不之堯之子而之舜，訟獄者不之堯之子而之舜，謳歌者不謳歌堯之子而謳歌舜，故曰：天也，夫然後之中國踐天子位焉；而居堯之宮逼堯之子，是篡也，非天與也。泰誓曰：天視自我民視，天聽自我民聽，此之謂也」。

因爲詩經所謂「得衆」，就是「得民」，孟子所謂「非天與也」，也就是「乃民與也」。這就說明：國家的主權，操之於人民，國祚的轉移，決定於國家的人民，荀子正論篇闢湯武弑君之說，亦卽是以人民利益作標準，他說：

湯武者，民之父母也，桀紂者，民之怨賊也，今世俗之爲說者，以桀紂爲君而以湯武爲弑，然則是誅民之父母，而師民之怨賊也，不祥莫大焉」。

但是代表民的意志者，乃爲民心的表現，所以眞正民心的向背，就能決定國祚的轉移，孟子有一段話，說得最爲明白，他說：

桀紂之失天下也，失其民也；失其民者，失其心也。得天下有道，得其民，斯得天下矣；得其民有道，得其心，斯得民矣」。當然，要照儒家對於心的理論看來，這也是一個必然的結論。

儒家對於心的評價特高，常以心代表主宰力量，形容人在宇宙地位，即說人爲天地之心；認爲人身最重要者，當然亦是人所特有之心，所以范浚說「茫茫堪輿，俯仰無垠，人於其間，渺然一身，是身之微，太倉稊米，參爲三才，曰惟心耳」（朱子孟子集註引），王陽明說：「人者天地萬物之心也，心者天地萬物之主也」（傳習錄）。於是心在儒家眼中，遂至無所不包，無所不能。而「心統性情」（張載），「惟心無對」（朱熹）二語，可算其最好說明。蔡沈於書經集註序中，論及二帝三王之治道，且更以心爲治亂之根源，用之於歷史事實的解釋，其言曰：

二帝三王之治本於道，二帝三王之道本於心，得於心，則道與治固可得而言矣。何者？精一執中，堯舜禹相授之心法也，建中建極，商湯周武相傳之心法也。曰德、曰仁、曰敬、曰誠，言雖殊而理則一，無非所以明此心之妙也。至於言天，則嚴其心之所自出，言民則謹其心之所由施，禮樂教化心之發也，典章文物心之著也，家齊國治而天下平，心之推也，心之德其盛矣乎？二帝三王，存此心者也，夏桀商紂，亡此心者也，太甲成王，困而存此心者也，存則治，亡則亂，治亂之分，顧其心之存不存如何耳？後世人主，有志於二帝三王之治，不可不求其道，有志於二帝三王之道，不可不求其心」。

由上述理論看來，民既爲國家的主宰，心既爲歷史的動因，則民心之能決定國家歷史，當然是勢有必至。所以儒家之論治道，雖歸本於治者的誠意正心，如周濂溪所謂：「治天下有本，身之謂也，治天下有則，家之謂也，本必端，端本誠心而已矣」（通書）程明道所謂：「治道亦有從本而言，亦有從事而言，從本而言，惟是格君心之非，正心以正朝廷，正朝廷以正百官」（遺書）；而亦認民心之誠服，乃是其主要的關鍵，如孔子所謂：「興滅國，繼絕世，舉逸民，天下之民歸心焉」（論語）。荀子所謂：「天下歸之謂之王，天下去之謂之亡」（正論篇）。對於民心的趨歸均列爲主要的條件。

但如何能使民心眞正趨歸，國家臻於平治，自不外大學所引詩經：「樂只君子，民之父母，民之所好好之，民之所惡惡之」，及孟子所說：「得其心有道，所欲與之聚之，所惡勿施爾也」，但民心好惡的標準，乃基於其本身的利益，亦即基於民生問題之能否解決，所以民心向背，固能決定國祚轉移，而民心趨歸，則實在於民生得遂。

三　民心趨歸卽是民生得遂

國家的主要作用，原在解決民生問題，民心之能眞正趨歸，必在民生之能獲得解決。所以政治的任務，端在於養民，孟子說：「以善服人者，未有能服人者也；以善養人，然後能服天下，天下不心服而王者，未之有也」，話說得就極得體。因爲：「無恆產而有恆心者，惟士爲能；若民則無恆產，因無恆心，苟無恆心，放僻邪侈，無不爲已，及陷於罪，然後從而刑之，是罔民也」（孟子）所以民生問題之解決，即是民心趨歸的條件，亦是國家富強的根源，論語有兩段話，可作此處例證：

哀公問於有若曰：年饑用不足如之何？有若對曰：盍徹乎？曰：二吾猶不足，如之何其徹也？對曰：百姓足，君孰與不足？百姓不足，君孰與足？

孔子反對季氏伐顓臾曰：丘也聞有國家者，不患寡，而患不均，不患貧，而患不安，蓋均無貧，和無寡，安無傾，夫如是，故遠人不服，則修文德以來之，既來之，則安之。

而孟子於此，尤多申論，且說理明澈，至足感人，可以說儒家解釋民生爲治國根本的理論，至孟子已發揮到極峯。茲錄數條，以概一殺：

不違農時，穀不可勝食也，數罟不入洿池，魚鼈不可勝食也，斧斤以時入山林，材木不可勝用也，穀與魚鼈不可勝食，材木不可勝用，是使民養生喪死無憾也，養生喪死無憾，王道之始也。五畝之宅，樹之以桑，五十者可以衣帛矣，雞豚狗彘之畜，無失其時，七十者可以食肉矣。百畝之田，勿奪其時，數口之家，可以無飢矣，謹庠序之教，申之以孝悌之義，頒白者不負戴於道路矣，七十者衣帛食肉，黎民不飢不寒，然而不王者，未之有也。

2，明君制民之產，必使仰足以事父母，俯足以畜妻子，樂歲終身飽，凶年免於死亡，然後驅而之善，故民之從之也輕，今也制民之產，仰不足以事父母，俯不足以畜妻子，樂歲終身苦，凶年不免於死亡，此惟救死而恐不贍，奚暇治禮義哉？

2，樂民之樂者民亦樂其樂，憂民之憂者，民亦憂其憂，樂以天下，憂以天下，然而不王者，未之有也。

當然上引的這些理論，蓋均出發於軍民的利害一致，孟子答齊宣王好貨好色之問，均以為「與百姓同之」，即是一種善政，尤足作為證明。實際上，君主之最大欲望，在使民心趨歸，而民生之能得遂，民心即必能趨歸，當然君主為使民心趨歸，必須要使民生得遂了。

四、民心振靡代表國勢強弱

不僅民心向背，決定國祚轉移，民生得遂，可使民心趨歸，而民心振靡，亦可代表國勢強弱，這就是說：民心的振奮，即表明國勢的強盛，民心的消沉，即表明國勢的衰落。孟子：「天時不如地利，地利不如人和」的話，說得就非常明白，而朱子註說：「人和，得民心之和也」，亦最懂得這個道理。因為天時地利，端在人能善用，只有得民心之和，始能用民有之力，然後天時地利，始能發揮其作用，能發揮其作用，始能達強盛的目的。荀子於此，持論甚精，其言曰：

用國者，得百姓之力者富，得百姓之死者強，得百姓之譽者榮，三得者具，而天下歸之，三得者亡，而天下去之，天下歸之之謂王，天下去之之謂亡，湯武者循其道，行其義，與天下同利，除天下同害，天下歸之。故厚德音以先之，明禮義以道之，致忠信以愛之，賞賢使能以次之，爵服慶賞以申重之，時其事，輕其任以調齊之，潢然兼覆之，善長之，如保赤子，生民則致寬，使民則綦理，辯政令制度，所以接天下之百姓，有非理者如豪末，則雖孤獨鰥寡，必不加焉。是故百姓貴之如帝，親之如父母，為之出死，斷亡而不愉者，無他故焉（王霸篇）。

又曰：

君者民之原也，原清則流清，原濁則流濁，故有社稷者而不能愛民，不能利民，而求民之親愛己不可得也。民不親不愛，而求其為己用，為己死，不可得也；民不為己用，不為己死，而求兵之勁，城之固，不可得也；兵不勁，城不固，而求敵之不至，不可得也；敵至而求無危削不滅亡，不可得也。……故人主欲強固安樂，則莫若反之民；欲附下一民，則莫若反之政；欲修政美國，則莫若求其人，故君人者，愛民而安，好士而榮，兩者無一焉而亡（君道篇）。

可知民心之振奮，即代表民力之可使，亦即代表國勢的強盛；民心之消沉，即代表民力之難恃，亦即代表國勢的衰弱，所以政在養民之意，在於培養民心；培養民心，亦即厚植民力，而民力既關係國勢強弱，當必須加以愛重，故程伊川說：「為民立君，所以養之也，養民之道，在愛其力，民力足則生養遂，生養遂，則教化行而風俗美，故為政以民力為重也」（經說），可謂切要見道之言，亦可見愛民之力，即是養民之心，而民心振靡，能代表民力盛衰，亦足能代表國勢強弱。

五 民心是一種歷史觀

由上所述,則民心向背,既能決定國祚轉移,民心趨歸,既然即是民心得遂,而民心振靡,亦足能代表國勢強弱,則民心為造成歷史變革的因素,為推進歷史發展的動力,當是一種必然的事實。可見以民心來解釋歷史,認民心是一種歷史觀,實具有充分理由。因此爭取民心的歸向,即是爭取國家的富強,孔子說:「操則存,捨則亡,出入無時,莫知其鄉,唯心之謂歟」(孟子引)?若由個人推論於國家,正是此意確當的說明。

以民心解釋歷史,中國上古三代之例,已見上引孟子荀子所論,而後世之歷史變革,蓋亦無不可以此解釋,因此亦原為儒家之一貫傳統;惟在此不擬旁徵博引,只略述後世之歷史變革,即可作為證明。當列國分爭之時,越王句踐,為吳所敗,乃含憤忍辱,生聚教訓,親耕親織,深得民心,卒能報仇雪恥,復歸強盛。秦併六雄,統一中國之後,不能休養生息,改革過於急驟,民心憤激,旋即覆滅。劉項逐鹿之爭,成敗號稱異數;實則項羽弑義帝,尚居殺等之殘酷行徑,究不若劉邦為義帝發喪及入秦後約法三章之得民心,項王雖有拔山之力,寧能變大勢所趨。漢季桓靈闇弱,黨錮迭興,閹宦竊權,民不聊生,引起黃巾之亂,卒致國祚轉移。魏晉之際,清談風盛,由於民心之消沉,遂召致五胡之內侵;然以苻堅之強,王猛臨終之時,尚謂民心猶在,戒勿輕伐東晉,苻堅違言,果遭覆敗。唐太宗銳意圖強,造成貞觀之治,民心振奮,聲威遠播,之後民心漸替,遂有五季之亂。有明末年,魏閹專權,思宗即位之後,雖思厲精圖治,而時值荒旱,民不聊生,終無法挽回民心,以續保其血允。元清入主中原,本為民心所背,故其末年兵力,若與革命勢力相較,雖屬天壤懸殊,而終仍為革命勢力摧毀者,關鍵實在於後者能得民衆支援,為民心所向之故。凡此均可證民心實為歷史動因,民心足能解釋歷史。上述雖未引儒家論史之言,實本於儒家學說觀點,所以民心實為一種歷史觀。近世民主政治,風靡世界,且影響所及,領域日大,國家以民為主,國是民心為歸,成為時代潮流,亦為永恆眞理。儒家民心歷史觀,不啻為此理論基礎,由此亦可見儒家學說之偉大,這是儒家在歷史哲學上對人類的偉大貢獻。

(上接第九頁)

上即皇帝位,……發丁男數十萬掘塹,自龍門(山西河津縣),東接長平汲郡(河南汲縣),抵臨淸關(河南新鄉縣東北,今名臨淸鎮。)度河至浚儀(河南開封)襄城(河南襄城),達於上洛(陝西商縣),以置關防。(隋書煬帝紀)大業三年五月,……發河北十餘郡丁男,鑿太行山,達於幷州(山西太原),以通馳道。(同上)及榆林北境,至其牙,東達於薊。長三千里,廣百步,舉國就役,開為御道。(資治通鑑隋紀)此皆隋代開闢馳道之情形。自運河穿鑿以後,南北交通,為之大便;自馳道開闢以後,北部交通,亦能為之一變。

五 長城的修築

自秦築萬里長城,以防匈奴,歷兩漢魏晉南北朝,年久頹圮,漸將失其效用。至隋統一南北,為鞏固北邊國防起見,故屢次修築長城。興築始於文帝,而煬帝繼之,所費工程之大,實為秦後所僅見。隋書載稱:高祖……受禪。……令發丁三萬,於朔方,靈武築長城,東至黃河,西拒綏州,南至勃出嶺,綿亘七百里。明年(開皇六年)上復令仲方發丁十五萬,於朔方已東,緣邊險要,築數十城,以遏胡寇。(隋書崔仲方傳)(開皇)六年二月,發丁男十一萬,修築長城,二旬而罷。(隋書高祖紀)七年二月。發丁男十餘萬,修築長城,二旬而罷。(同上)(大業)三年七月,發丁男百餘萬築長城,西距榆林,東至紫河,一旬而罷,死者十五六。(隋書煬帝紀)四年,三月,車駕,幸五原,因出塞,巡長城。……七月,發丁男二十餘萬築長城,其對於北方國防之重視,可以想見。

總上所述,隋代的建設,屬於經濟方面的,有節約的倡導,糧食的貯積;屬於交通方面的,有運河的穿鑿,馳道的開闢;屬於國防方面的,有長城的修築。隋唐盛世的出現,實多賴此三大支柱的撐持。

哲學研究之四

儒家思想與革命哲學

胡煥心

一、儒家思想的源起

儒家的學術思想，導源於孔子「欲修成康之道，述周公之訓，以教七十子，使服其衣冠，修其篇籍。」漢書藝文誌謂：「儒家出於司徒之官，助人君，順陰陽，明教化，遊文於六經之中，留意於仁義之際，祖述堯，舜憲章文武，宗師仲尼，以重其言。」於是，所謂儒家思想，實在即是孔子的思想。

孔子生在周朝的末季，眼見當時政治秩序的紊亂，和社會風氣的敗壞，因爲羨慕西周時代的隆盛之治，遂立定志願，繼承文王周公的事業，「載仁而行，抱義而處。」其在立論方面，特別着重實際社會政治的改造，以正身履道的精神，發爲撥亂反正的言論，因而成爲東周諸子百家中，最有影響於中國的一種儒家學說。此種學說的時代背景，既是周朝的末季，所以針對着當時的弊端，主張一切事業應從「正名分」做起，以「正名」的方法，爲改進當時實際社會政治的方法，而當時社會政治各方面違法亂紀的事實，又在不能「君君臣臣父父子子」，所以用正名實來撥亂反正，也就是以正名實來作爲恢復「禮治」的一種手段，達到傳統制度的目的。

我們知道孔子所主張的「禮治」，便是等級制度，也就是封建時代的社會秩序，所謂「正名實」便是名符其實的君做君，臣能臣，父能父，子能子，各各安分守己，使「禮樂征伐自天子出。」但在周禮既經失却作用，階級尊嚴完全破壞的情形下，這種偏於復古的理想政體，顯然不能適應這一時代的需要。

孔子在魯定公和齊景公夾谷會盟以後，魯國「威望日尊，政化大行。」很有使魯國成就霸業的可能；詎料對內削弱三家的計劃，不曾完成，而治理魯國的成績，却使齊國人感到憂恐，於是乎由季桓子接納齊國的女樂，而至於魯定公荒廢政事，彼時孔子以大勢已去，便於留念不捨中離開了魯國，從此「栖栖皇皇，」周遊各國，凡一十四載，直至魯哀公十一年，始由季康子迎接回國，但仍舊不能重用，孔子自知年老，一生命蹇時乖的事實，便他感到政治生命已經絕望，遂從事於「刪詩書，訂禮樂，贊周易，修春秋，」傳先王之舊，以爲立言萬世的打算，這便是儒家思想的源起；但儒家思想之所以能成爲中國的正統思想，獨霸中國學術界，却在漢武帝罷黜百家，尊崇六經以後。

二、儒家思想的精義

儒家的全部學術思想，也可以說是政治思想，這種政治思想，又可說是淵源於中國固有的倫理思想，所以儒家對於政治的主張，雖然提出「正名」與「禮治」兩個節目，但這兩個節目，祇僅僅說明了周末社會政治之所以紊亂的一個源起，和糾正周末社會政治之所以紊亂的一種辦法；至於儒家思想的精義卻是概括倫理思想的一個「仁」字。太史公以為「儒家博而寡要，勞而少功，」獨推崇其「序君臣父子之禮，列夫婦長幼之別。」實未免不明其「體」，而僅知其「用」，筆者以為儒家思想的本體為「仁」，而所主張的「禮治」與「正名」，不過是推行「仁」政的一種手段，應該說是屬於「達用」，故可以說「仁」字是孔子一貫大道的總綱，依據孔子自己對於「仁」字所下的定義，是「仁愛」，是「克己服禮」，對於行「仁」的方法，是「能近取譬」的「忠恕之道」，所謂忠者，即是「己欲立而立人，己欲達而達人」；恕者為「己所不欲，勿施於人」，再淺近一點說，「忠」字是說明對人做事要從始至終，都能盡心盡力，「恕」字是說明處處事事要體諒別人，這種推己及人的「忠恕之道」，而以禮節之，以樂成之，所謂「禮節者，仁之貌也，」「歌樂者，仁之和也」，因此「禮節」與「歌樂」，也是孔子一生所重視的兩個項目：「禮」字的作用，在能規範人的行為，「樂」字的作用，在能陶養人的性情，而「禮」的根本是人的真性情，人的真性情又是「仁」，所以說「人而不仁如禮何，人而不仁如樂何」，因為行仁的道理，是立於禮，成於樂，行仁的本質，又在求濟禮治的不足，這種以「仁」字為基點，以禮樂為軌範所歸成孔子整個的道統體系，便是「中庸之道」，發為政治思想，便是「大學之道」構成政治理想，便是禮運大同篇中所預言的大同世界。

就孔子道統體系之「中庸之道」來說，是一個「誠」字，所謂「誠者成也」「誠者物之終始」。「不誠無物」•又說惟「誠則明」，「至誠如神」。故惟誠而後可以「擇善固執」，「不勉而中，不思而得」，所以「誠」字是儒家知仁的起點，行仁的原動力。

其次就孔子政治思想的「大學之道」來說，便是「明德」，「知止」，而達到明德知止，又在於「格物」，「致知」，惟有格物致知，始能了解本末先後，而明明德於天下，能致知於明明德於天下，這個「知」字，當然就是知「仁」。

再就孔子政治理想的「大同世界」來說，可以說大同篇的精義，祇着重在大道之行的「行」，行到世界大同而後「止」•此一「止」字的意思，在五倫方面說，便是：「君止於仁，臣止於敬，子止於孝，父止於慈，」這一個知止的行，當然就是行仁。

所以說孔子一貫大道的總綱，是一個「仁」字，也即是說「仁」字，便是儒家思想的精義。

三、儒家思想對於革命哲學的影響

歷史的事實告訴我們，代表每一時代的學術思想，必有這一時代思想的淵源，或者是必有前一時代思想的反應，本其淵源或反應，而創造適應這一時代的學術思想，一面是時勢生思潮，一面是思潮復生時勢，我們的革命哲學，便是本着這個自然公例而建設起來的。

總裁在總理遺教六講一書中，首先說明　國父思想「是淵源於中國固有的政治與倫理哲學之正統思想」，而倫理思想與政治思想的精義，正是儒家思想的精義，可知儒家思想的中心為「仁」，而　國父的中心思想亦為「仁」，因為　國父思想的結晶，一部是三民主義，一部是知難行易學說，而三民主義是　國父政治思想的原理論，知難行易學說，是　國父實行政活理想的方法論，原理論的內容，在倫理，和政治方面講，是以「忠、孝、仁、愛、信、義、和、平、」為基礎，在方法論的實行方面講，是以知難行易的革命哲學，為達到政治理想的必要工具，這種以道德思想，推行理想政治，當然即是「仁」致。

國父說：『三民主義即「仁」之所由表現，救國之道，在實行三民主義，以成救國救民之「仁」』，在民生主義第二講中，曾說明「真正達到民生主義的目的，就是孔子所希望的大同世界」，而孔子在禮運大同篇中所預言的大同世界，實無異為建設三民主義共和國的一個綱領。因為就大同篇中的「天下為公」和「講信修睦」來說，便是民族主義的理想；就「選賢任能」和「謀閉而不興，盜竊亂賊而不作，故外戶而不閉」來說，便是民權主義的理想；再就「故人不獨親其親，不獨子其子，使老有所終，壯有所用，幼有所長，鰥寡孤獨廢疾者，皆有所養，男有分，女有歸，貨惡其棄於地也，不必藏諸己，力惡其不出於身也，不必為己」，來說，便是民生主義的理想，享所以理想中的大同之治，便是為民所有，為民所治，為民所的三民主義。

由此可知中國國民黨革命理論的本體，完成淵源於儒家學說，革命哲學所說的求知，就是儒家的「好學近乎智」。所說的「力行」，便是儒家的「力行近乎仁」。

總而言之，儒家思想是革命哲學的「體」，而 國父思想有擷取歐美的精華和自己獨見創造的部門，便是屬於革命哲學的「用」，所以說革命哲學的體系，是完全基於儒家思想。

四、革命哲學的要旨

國父哲學在行以求知的認識論方面，其理論基礎，便是孫文學說一書，和知難行易一講，此一革命理論，創始於辛亥革命以後，彼時 國父認定革命主義之所以不能徹底實現，其原因為「知之匪艱，行之惟艱」一說的流毒，而攻擊「知易行難」的王陽明「知行合一」學說，又未能說出不行的癥結，和發揮行易的道理， 國父為糾正知行分離的流弊，本「革命必先革心」的原則，以建立革命同志和一般國人的心理基礎，乃發明打破幾千年來「知易行難」的舊思想，建立一個新的信仰，「知難行易」的革命哲學，就是說明知非易而行不難。一面舉出能知必能行的科學實例，以證實知難而着重在知，一面說明「不知亦能行」為人類生存進化的自然理則，以證明行易而側重在行，兩者的意思，在要求革命同志認識求知為了解革命意義的基礎，要求全國國民知道求科學的發達，為國家社會進步的基礎，同時並要求革命同志了解國家和社會的建設，需要全國國民的力量，而全國國民並不需要個個都明白革命建設的所以，因為歷史上許多進化的事實，都在未知以前，做得十分完美，所以 總理在說明求知的重要之後，提出一切事物，只要能行，便能臻於至善的境地。

總裁在中國之命運第六章內，特別指出辛亥革命成功和失敗的教訓，勉人領悟 國父「行易」的學說，一致起而力行，又在自述研究革命哲學經過階段一文中，說明「致知在於力行」，認為祇有一個「行」字，才能創造一切，這個「行」字，便是革命，便是行仁。

由此可知 總裁的哲學思想，完全繼承 總理一派相傳的道統思想，一本知難行易的革命哲學，領導國民革命，力行三民主義，更繼「知難行易」學說中所舉「不知亦能行」，而發明「不行不能知」的力行哲學，提示一切智識皆從力行得來，指示行的真諦，糾正不行的錯誤，以鼓歡行的精神，完成國民革命。

總裁在行的哲學上說明：

「行就是人生」，「行的目的在增進人類生活，擴大生命，民族生存，國民生計」。「行的要素是智仁勇」「行的原動力是誠」，「行的極致是殺身成仁」。

總觀革命哲學的要旨，可說完全範圍於「明德，知止」，而側重「知止」，亦即側重在行，故曰「能知必能行」，「不知亦能行」。其知為知「仁」，其行為行「仁」，其成於至誠，其體系於堯舜禹湯文武周公孔子，約而言之，「為往聖繼絕學，」擴而充之，「為萬世開太平」。

五、確立革命哲學的重要

革命哲學是繼承正統思想，而參酌中國國情的一種最高的革命理論，所謂革命，在英文名詞叫做Revolution 係由Re 字和 Evolution 兩字配合而成，Re 字的意思，是再，Evolution 的意思是進化和轉變，所以革命的意思，便是再進化再轉變，至於哲學兩個字， 若專以人生為出發點來說，便是做人的道理，總合革命哲學的意思，便是再進化再轉變的一種做人的道理，人類自有生以來，即不斷的進化，此不斷的進化，有其自然與進化的道理，所以生於革命時代的人，必須具備革命時代的哲學基礎，革命同志，尤須確定此一基礎，始足以言神聖而偉大的革命事業。

總裁曾經說過，「不修哲學，便不知為人」，在革命哲學的重要上說：「革命是要有革命的精神，是要有革命哲學來做基礎，有哲學基礎的人，就一定有肯定的思想，亦就是一定有中心信仰的人……假如一個人沒有哲學基礎，在倫理上政治上就沒有確定的人生觀，一個人沒有確定的人生觀，臨到危險的時候，就難免於變節，臨到富貴貧賤的時候，也難免於變節，這樣的人，是一定不能革命的。」

於此可知 總裁所以能夠繼承 總理，領導國民革命，完全得力於他有一種確定的人生觀，像西安事變在叛將刧持之下，死決於俄頃，而能不屈不撓，便是哲學基礎的影響，追溯國父手創國民革命，建立中華民國，在百難千辛的當中，能夠愈挫愈奮，再接再厲，這不僅僅是由於他具知灼見和不屈不撓的毅力，而是由於他繼承儒家成仁取義的正統的哲學思想。

總裁在中國之命運第六章上說：「辛亥革命所以能成功，革命先烈之所以能赴湯蹈火，就是因為清末民初革命先烈深知惟有革命才能救國救民，所以他們力行革命工作，置生死榮辱於度外」。此一深知，便是俱備了革命哲學的基礎，也即是具有了革命精神，有此基礎與精神，便能辨別一生一死如何才會有意義。

我們知道人生的最大問題是生與死此生與死，俱非人力所能操縱，科學倡明的今日而有宗教存在，便是生死問題不易解決，因為人的本性是樂生而惡死，其所以求死而不畏死，必以其有敢死而不畏死的革命人生觀，照古人的說法，必是以其有視死如歸的道的信仰。孔子所謂「朝聞道，夕死可矣」。有人以為我人的生命，一若商人的本錢，商人本錢，應放在可靠的地方，我人的生命，應該寄托在我們所信仰的可靠的真理上，如此而後有生命的意義，我們要確立革命哲學，即是堅定我們所信仰的真理，因為革命哲學便是教我們能知、能行、能勞能死，管子說：「民惡生則教之死，民好逸則教之勞，民能死則國強，民能勞則國富」。此一政治哲學理論，曾使齊桓公成就了霸業。我們要我中華民國於富強康樂之國，便應該確立我們的革命哲學，力行我們的三民主義，因為革命哲學的真理，正是管子所說的教勞教死，許多先烈的死，是革命哲學教之死，「人生以服務為目的」，是革命哲學之勞，有四萬萬五千萬能死能勞的人民，本必死的決心，抱必勝的信念，革命沒有不成功，國家沒有不富強，古人說：「必死則生，倖生則死」，我們信仰革命哲學，必須存着一個定見，勇敢的生，壯烈的生，能置生死於度外，斯可謂有確定的革命哲學，斯可謂有意義的人生！

—完—

儒家八派的檢討

郭沫若

孔子死後，據韓非子顯學篇說，儒家是分爲八派的，「有子張之儒，有子思之儒，有顏氏之儒，有孟氏之儒，有漆雕氏之儒，有仲良氏之儒，有樂正氏之儒」。八派中把子夏氏之儒除外了，不知道是什麼原故。我們現在姑且根據這八派來闡述儒家思想的展開。

「子張之儒」荀子非十二子篇曾加以痛罵，說「弟佗其冠，神禫其辭，禹行而舜趨，是子張氏之賤儒也」。荀子罵人每每不揭出別人的宗旨，而只是在枝節上作人身攻擊，這是一例。像這，我們就不知道，子張一派的主張究竟有些什麼特色。照論語裏面所保存的子張的性格看來，他似乎是孔門裏面的過激派。孔子說「師也辟」，辟者偏也；又和子夏的「不及」對比起來說他是「過」。但他的偏向是怎樣呢？他是偏向於博愛容衆這一方面的。

「子夏之門人問交於子張。子張曰：「子夏云何」？對曰：「子夏曰：可者與之，其不可者拒之」。子張曰：「異乎吾所聞。君子尊賢而容衆，嘉善而矜不能。我之大賢與？於人何所不容？我之不賢與？人將拒我，如之何其拒人也」？」

看他這調子不是很有包容一切的氣魄嗎？曾子曾經說過「以能問於不能，以多問於寡，有若無，實若虛，犯而不校，昔者吾友嘗從事於斯矣」，這所說的「吾友」，雖然有人以爲指的是顏子，但其實應該就是子張。你看他「神禫其辭」，不就是「有若無實若虛」的表現？「禹行而舜趨」不就是「犯而不校」的表現？禹之父鯀爲舜所誅戮，而禹臣服於舜。舜之弟象作惡不悛，而舜封之有庳。這些都是「犯而不校」的好榜樣，所以子張氏之儒在摹倣他們，亦步亦趨，這在孔門的中庸之徒看來，應該是有點過火的，所以曾子批評他「堂堂乎張也，難與並爲仁矣」，子游也批評他「吾友張也爲難能也，然而未仁」。他那樣的寬容，而說他不合乎仁道，大約是嫌他有點近於鄉愿吧，「而堂堂乎張也」，倒確確實實是有所自立的。他本人的主張，殘留得很少，論語裏面有左列的兩項，都充分地可以表現他的精神。

「士，見危授命，見得思義，喪思哀，其可已矣。」

「執德不宏，信道不篤，焉能爲有？焉能爲亡（無）？」

見到危難的時候要把自己的生命拿出來，有所利得的時候先要考慮該不該受，度量要寬大，操持要堅忍……這些，豈是鄉愿所能夠做得到的？此外有關於子張和孔子的問對好多條，有「子張學干祿」，「問十世可知」，「問令尹子文」，「問善人之道」，「問明」，「問崇德辨惑」，「問政」，「問士何如斯可謂之達」，「問高宗諒陰」，「問行」，「問仁」，「問從政」，大約是子張氏之儒所保留下來的一些紀錄。雖然主要是孔子所說的話，但可見子張所關心的是些什麼問題，而且就是孔子的答辭也一定是經過潤色，或甚至傅益的。例如像「問仁」和「問從政」兩條，在論語中比較博衍，而和子張的精神卻十分合拍，可能也就是出於傅益的例子。我現在把這兩條抄錄在下邊。

一、問仁。

「子張問仁於孔子。孔子曰：「能行五者於天下，爲仁矣」。請問之。曰：「恭、寬、信、敏、惠。恭則不侮，寬則得衆，信則人任焉，敏則有功，惠則足以使人」。」

二、問從政：

『子張問於孔子曰：「何如斯可以從政矣」？子曰：「尊五美，屏四惡，斯可以從政矣」。子張曰：「何謂五美」？子曰：「君子惠而不費，勞而不怨，欲而不貪，泰而不驕，威而不猛」。子張曰：「何謂惠而不費」？子曰：「因民之所利而利之，斯不亦惠而不費乎？擇可勞而勞之，又誰怨？欲仁而得仁，又焉貪？君子無衆寡，無小大，無敢慢，斯不亦泰而不驕乎？君子正其衣冠，尊其瞻視，儼然人望而畏之，斯不亦威而不猛乎」？子張曰：「何謂四惡」？子曰：「不教而殺謂之虐，不戒視成謂之暴，慢令致期謂之賊，猶之與人也，出納之吝，謂之有司」。』

這最後的『有司』兩個字恐怕有錯誤，和『虐、暴、賊』不類。荀子宥坐篇載孔子語『嫚令謹誅，賊也；今生也有時，斂也無時，暴也；不教而責成功，虐也；已此三者，然後刑可即也』，和這兒所說的前三惡相近，但無『有司』一項。兩者參照，論語的文句較爲整飭，可以知道潤色傅益是在所不免的了。

照這些資料上看來，子張氏這一派是特別把民衆看得很重要，仁愛的範圍很廣，無論對於多數的人也好，少數的人也好，小事也好，大事好，都不敢怠慢。嚴於己而寬於人，敏於事而惠於費。這在表面上看來和墨家有點相似。大約就因爲有這相似的原故，子張氏的後學似乎更和墨家接近了。荀子儒效篇裡面有罵『俗儒』的這麼一段文字；

『（一）逢衣淺帶，解果其冠，略法先王而足亂世術，繆學雜舉，不知法後王而一制度，不知隆禮義而殺詩書。（二）其衣冠行僞（爲）已同於世俗矣，然而不知惡者，其言議談說已無以異於墨子矣，然而明不能別。（三）呼先王以欺愚者而求衣食焉，得委積足以揜其口，則揚揚如也，隨其長子，事其便辟，舉其上客（舉讀爲與，言參與也），億然若終身之虜而不敢有他志。是俗儒者也』。（數目字余所加。

這應該是統括着『子張氏之賤儒』，『子夏氏之賤儒』，『子游氏之賤儒』而混罵的。我們把非十二子篇對於三派的分罵和這對照起來，便可以看出這裡面的分別。子夏氏之賤儒是『正其衣冠，齊其顏色，嗛然而終日不言』，和第一項相當。子游氏之賤儒是『偷儒憚事，無廉恥而嗜飲食，必曰君子固不用其力』，和第三項相當。那嗎第二項必然是指子張氏之賤儒了。因此子張氏之儒的『弟佗其冠』即是和唐其冠，這和『解果其冠』不同，楊倞引或說『解果蓋高地』，即是高拱起來的意思，故『解果其冠』即巍峨其冠，正與『逢衣淺帶』爲配。據此可知子夏氏一派講究戴高帽子，寬衣博帶，氣象儼然；而子張氏一派講究戴矮帽子，隨便不拘，同乎流俗。『言議談說已無異於墨子』，可見這一派的後生已經是更和墨家接近了。莊子盜跖篇有子張與滿苟得對話的一節，從子張的口裡面說出了這樣的話：

『仲尼墨翟窮爲匹夫，今謂宰相曰：子行如仲尼墨翟，則變容易色稱不足者，士誠可貴也』。

把墨翟和仲尼對舉，而讓子張說出，可見做這個寓言者的心目中也是把子張看來和墨翟接近的。墨翟應該比子張遲，他在初本來是學過儒術的，照時代上看來，倒應該說墨翟受了子張的影響。不過他們儘管相似，在精神上必然有不能混同的地方，不然他們應該早就合流了。子張氏之儒的典籍缺乏，我們不能暢論其詳，但我想，他們如有不容混同的差別，那一定是立場問題。子張氏在儒家中是站在爲民衆的立場的極左翼的，而墨子則是站在王公大人的立場，這應該是他們的極嚴峻的區別。

『子思之儒』和『孟氏之儒』，『樂正氏之儒』應該只是一系。孟氏自然就是孟軻，他是子思的私淑弟子。樂正氏當即孟子弟子，樂正克。但這一系，事實上也就是子游氏之儒。宋代程朱之徒雖然把思孟歸爲曾子的傳統，但他們的根據是很薄弱的。他們所表張的『大學』其實並不是『孔子之言而曾子錄之』及『曾子之意而門人記之』。他們之所以如此立說者端因所謂傳文裡面有兩處『子曰』和一處『曾子曰』而已。其實假如全是『曾子之意而門人記之』，那就不必還要特別表著一句曾子的話了。既特別引用了一句曾子的話，那就可以知道全文決不是『曾子之意』的紀錄了。照我的看法，大學一篇無寧是『樂正氏之儒』的典籍，這且留在下面再加說明。先來討論思孟何以出於子游氏。

『略法先王而不知其統，猶然而材劇志大，聞見雜博，案往舊造說，謂之「五行」，甚僻違而無類，幽隱而無說，閉約而無解。案飾其辭而祇敬之，曰「此眞先君子之言也」。子思倡之，孟軻和之。世俗之溝猶瞀儒，嚾嚾然不知其所非也，遂受而傳之，以爲「仲尼子游爲茲厚於後世」。是則子思孟軻之罪也。』（荀子、非十二子篇）

既言孟思之學乃『仲尼子游爲茲厚於後世』，這便是他們出於子游氏之儒的証據了。這一派也正是荀子所痛罵的『偷儒而憚事，無廉恥而嗜飲食，必曰君子固不用力』的『子游氏之賤儒』。稱爲『子游氏之賤儒』不必便是罵子游，只是罵他的後學，說不定也就是指的孟軻。這種人，他在修身篇裏面又罵爲『惡少』——『偷儒憚事，無廉恥而嗜乎飲食，則可謂惡少者矣』。雖然孟子的年輩比起荀子來並不『少』，但孟子的門徒當然又有『少』的存在。

這項極現成的重要資料，二千多年來都被人忽略了，甚至還有人說『子游』是錯誤了的。郭嵩燾云『荀子屢言仲尼子弓，不及子游，本篇後云「子游氏之賤儒」與子張子夏同譏，則此子游必子弓之誤』。（王先謙「荀子集解」非十二子篇所引。）這眞是以不狂爲狂了。問題是很簡單的。荀子之所以屢言『仲尼子弓』者，是荀子自述其師承；本處之所以獨言『仲尼子游』者，乃指子思孟軻的道統。這是絲毫也不足怪的。

子游是孔門的高足，少孔子四十五歲。他和子夏子張曾子等同年輩，是孔門中的少年弟子。孔門有四科，在文學一科中他佔第一位——『文學子游子夏』。他的氣概和作風，也與子夏不同。子夏是拘於小節的，是孔門中講禮制的一派，荀子罵他們爲『賤儒』，說他們『正其衣冠，齊其顏色，嗛然而終日不言』。子游也有類似的批評：『子夏之門人小子，當洒掃應對進退，則可以，抑末也；本之則無，如之何』！可見子游是重本輕末。末既是禮數小節，本應該是大而落墨的思想問題了。他曾爲武城宰，而以絃歌施於民間，十分提倡教育。孔子讚美他『割雞用牛刀』。這樣也就相當地『猶然而材劇志大』了，故頗可能更教育出了一批『猶然而材劇志大』的人物出來。

禮記禮運一篇，毫無疑問便是子游氏之儒的主要經典。那是孔子與子游的對話。開首幾句是『昔者仲尼與於蠟賓，事畢，出遊於觀之上，喟然而嘆：仲尼之嘆，蓋嘆魯也，言偃在側』云云。王肅僞撰『家語』謂『孔子爲魯司寇』時事，有人據此以爲說，謂孔子爲司寇時年五十一，子游年僅六歲，孔子五十五歲去魯，子游年十歲，孔子決不會與十歲以下的孩子談大同小康；因疑大同之說非孔子當日之言。這樣的推斷是大有問題的。「家語」僞書，本不足據，爲魯司寇時之推測雖亦本於禮運注『孔子仕魯，在助祭之中』而來，此亦鄭康成一時疏忽之語，同一不足爲據。蠟乃歲終報田大祭，一國之人皆得參與。雜記『子貢觀於蠟，孔子曰：賜也，樂乎？對曰：一國之人皆若狂』。此可見孔子與於蠟非必一定要在『仕魯』或『爲魯司寇』時才有資格。孔子晚年返魯，與魯國君臣上下之關係在師賓之間。孔子死時，魯哀公賜誄，竟大呼『旻天不弔，不慭遺一老』，徵之實深，『與於蠟賓』的資格，當然是有的。那嗎在孔子晚年要同門弟子談談大同小康的故事，是沒有什麼不可能的了。

大同小康之說其實也并不怎麼深遠，那只是從原始公社和奴隸制所反映出來的一些不十分正確的史影而已。雖然已經膾炙人口，不妨仍把那段文字來抄在下邊。

『大道之行也，與三代之英，丘未之逮也，而有志焉。

『大道之行也，天下爲公，選賢與（舉）能，講信修睦。故人不獨親其親，不獨子其子，使老有所終，壯有所用，幼有所長，矜寡孤獨廢疾者皆有所養。男有分，女有歸。貨惡其棄於地也，不必藏於己；力惡其不出於身也，不必爲己。是故謀閉而不興，盜竊亂賊（止）而不作。故外戶而不閉。是謂大同。

『今大道既隱，天下爲家。各親其親，各子其子，貨力爲己。大人世及以爲禮，城郭溝池以爲固，禮義以爲紀，以正君臣，以篤父子，以睦兄弟，以和夫婦，以設制度，以立田里，以賢勇知，以功爲己。故謀用是作，而兵由此起。禹湯文武成王周公由此其選也。此六君子者未有不謹於禮者也。以著其義，以考其信，著有過，刑（型）仁講讓，示民有常。如有不由此者，在勢者去，衆以爲殃。是謂小康。』

這席話就是新史學家們也很能重視，有的更認爲『十分正確』。其實正確的程度實在有限，因爲它把原始公社太理想化了。還是一種人類退化觀，不用說也就是因爲有唯心論的成分滲雜進去了的毛病。把原始公社認爲人類的黃金時代，以後的歷史都是墮落，那是不合實際的。但這却合乎孔子『祖述堯舜』的實際。他推崇堯舜，根本是把原始公社的唐虞時代作爲了理想鄉看的。又有的人甚至說大同思想是由墨子的『尙同』所派衍，那更是風馬牛不相及的事：不僅對於這種見解沒有作出正確的評價，連墨子的『尙同』是什麼意思根本沒有懂到。二者之相似就只有一個『同』字而已。

禮運篇，毫無疑問是子游氏之儒的主要經典，那不必一定是子游所記錄，就在傳於中箸於竹帛也一定是經過了潤色附益的。但要說孔子不能有那樣的思想，子游也不能有那樣的思想，那是太把它的內容看深遠了。裡面也强調着五行，和荀子非難子思孟軻『案往舊造說，謂之五行』的相合。

『人者，其天地之德，陰陽之交，鬼神之會，五行之秀氣也。』

『天秉陽，垂日星。地秉陰，竅于山川，播五行於四時。和而後月生也，是以三五而盈，三五而闕，五行之動，迭相竭也。五行四時十二月，還（旋）相爲本也。五聲六律十二管，還相爲宮也。五味六和十二食，還相爲質也。五色六章十二衣，還相爲質也。』

『人者，天地之心也，五行之端也。』

像這樣反復地說到五行，而且把『五』這個數字已充分地神秘化了。色聲味季都配以五行，月之一圓一缺也說爲『五行之動』，眞是配得上被批評爲『甚僻違而無類，幽隱而無說，閉約而無解』。看到『五行四時十二月，還相爲本』的一項，足以證明『月令』一篇也必然是這一派人的撰述。他們是主張五行相生的，春爲木，夏爲火，中氣爲土，秋爲金，冬爲水。木火土金水周而復始，歲歲循環。『月令』的五虫爲鱗羽倮毛介，倮蟲以人爲首，除這人而外，『禮運』的龍鳳麟龜四靈，也恰爲鱗羽毛介的代表。『人者五行之端』，可見也就是說人爲五蟲之首了。其它五聲五色五味五祀，了無不同。

思孟所造的五行說，在現存的思孟書——「中庸」和「孟子」——裏面，雖然沒有顯著的表現，但也不是全無痕跡。中庸首句『天命之謂性』，注云：『木神則仁，金神則義，火神則禮，水神則智，土神則信』，章太炎謂『是子思遺說』（見章著「子思孟軻五行說」），大率是可靠的。孟子『惻隱之心人皆有之，羞惡之心人皆有之，恭敬之心人皆有之，是非之心人皆有之。惻隱之心仁也，羞惡之心義也，恭敬之心禮也，是非之心智也。仁義禮智非由外鑠我也，我固有之也』。又說『無惻隱之心非人也，無羞惡之心非人也，無辭讓之心非人也，無是非之心非人也。惻隱之心仁之端也，羞惡之心義之端也，辭讓之心禮之端也，是非之心智之端也。人之有是四端也，猶其有四體也』。又說『君子所性，仁義禮智根於心』。他把仁義禮智作爲人性之所固有，但缺少了一個『信』，恰如四體缺少了一個心。然而這在孟子學說系統上並沒有缺少，『信』就是『誠』了。他說『萬物皆備於我矣，反身而誠，樂莫大焉』。又說『誠者天之道也，思誠者人之道也，至誠而不動者未之有也，不誠未有能動者也』。其在「中庸」，則是說『誠者天之道也，誠之者人之道也，誠者不勉而中，不思而得，從容中道，聖人也』。誠是『中道』，這不合乎『土神則信』，而土居中央的嗎？子思孟軻都强調『中道』，更差不多把『誠』當成了萬物的本體，其所以然的原故不就是因爲誠信是位乎五行之中極的嗎？故爾在思孟書中雖然沒有金木水火土的五行字面，而五行系統的演化確實是存在着的。正是因爲從這樣的理論根據出發，所以孟子道『性善』，而中庸主張『盡性』，在他們自己是有其邏輯上的必然的。

在儒家的典籍裡面除去上所舉出者外，五行資料保存得最多的還當數尙書中的洪範，堯典，皋陶謨，禹貢諸篇。這幾篇都是戰國時的儒者所依託，近來已爲學術界所公認了。但依託者爲誰則尙無成說。在我的看法，這人也就是思孟這一派的人。

洪範說明着五味由五行演化的程序，所謂『水曰潤下，火曰炎上，木曰曲直，金曰從革，土爰稼穡。潤下作鹹，炎上作苦，曲直作酸，從革作辛，稼穡作甘』。這是只舉了一隅。此外如人身上的五事——貌言視聽思，發揚而爲恭從明聰睿，肅乂晳謀聖，又應到天時上的五徵——雨暘燠寒風，也都是和水火木金木配合着的。『五』字本身也就成爲了神秘的數字。就這樣一個公式發展下去，便產生出五辰、五岳、五禮、五玉、五敎、五典、五服、五刑（以上見堯典）五采、五色、五聲、五言（以上見皋陶謨），『弼成五服，至於五千』，甸服五百里（以上見禹貢），眞是五之時義大矣哉了！

『五』以皇極居中，而『五』之本身復具有中數，凡居中者具有支配性質。中庸所謂『誠者從容中道』，禮運所謂『王中心無爲也，以守至正』，也就是洪範的『皇建其有極，…無偏無黨，王道蕩蕩；無黨無偏，王道平平；無反無側，王道正直；會其有極，歸其有極』的意思了。這種强調『中』的觀念也正和子思書——「中庸」的思想完全合拍。

史記孟軻列傳謂孟子『所如者不合，退而與弟子萬章之徒，序詩書，述仲尼之意，作「孟子」七篇』。既言『序詩書』可知詩書的編製是孟氏之儒的一項大業，而荀子所以要『隆禮義而殺詩書』（注一），一多半也就是因爲這樣的原故吧。故爾像堯典，皋陶謨，禹貢，洪範諸篇，在我看來，就是思孟之徒的作品。

（注一）此語在儒效篇中凡兩見，郝懿行以爲『殺蓋敎字之誤』。案勸學篇云『不道禮憲，以詩書爲之，指譬之猶以指測河也，以戈舂黍也，以錐飡壺也』。足證荀子對於禮義與詩書自有隆殺之別。殺者減等也。

在這兒頗適宜於檢討「大學」。這篇文字除宋儒的舊說，如上所述，已屬不可信外，近人馮友蘭認爲『荀學』。（注二）主要的根據是荀子言爲學當『止諸至足，曷謂至足？曰聖也』（解蔽篇），而大學言『大學之道在止於至善』。又如荀子言心術須『虛壹而靜』（同上），而大學言『正心』，主要均須無好惡。又荀子言『君子養心莫善於誠』（不苟篇），而大學言『心誠求之』，言『誠意』。但這些證據是有問題的。因爲父子固可以相似，而兄弟亦可以相似；我們不能單因相似，便斷定父子爲兄弟，或兄弟爲父子。知止之說實原於孔子『多聞闕疑，多見闕殆』，又老子『知足不辱，知止不殆』。正心之說原於孟子『養心莫善於寡欲』，又宋子『情欲寡淺』。誠意之說則出於中庸與孟子之中心思想。是則馮氏的判斷可以說是等於以兄爲父了。

（注二）馮著「大學爲荀學說」，原載「燕京學報」第七期，後轉錄「古史辨」第四冊。

「大學」在我看來實是孟學。它是以性善說爲出發點的，正心誠意都原於性善，如性不善則心意本質不善，何以素心反爲『正』，不自欺反爲『誠』？又看它說『好人之所惡，惡人之所好，是拂人之性，菑必逮乎身』，如性爲不善，則『拂人之性』正是好事，何以反有災害？性善性惡，本來都是臆說，但孟派尚能自圓其說，而荀派則常常自相矛盾，如既言性惡矣，而復主張心之『虛壹而靜』，如何可以圓通？『虛壹而靜』之說採自管子心術內業諸篇，這些都是宋榮子的遺著（余別有說），荀子只是在玩接木術而已。

格物致知的兩個條目，好像是「大學」的新發展了，但也採自心術篇的『舍己而以物爲法』。孟子改變了一個說法，便是『舍己從人，樂取於人以爲善』。古書格假二字通用之例至多，『格物』者『假物』，假借於物之意。人心只是一張白紙（在孟子是白所以爲善），要假借於物才有知識，而知識也才能達到盡頭。使知識達到盡頭是『致知』，知識達到了盡頭是『知至』，到這時候便是『萬物皆備於我』（孟子）了，故爾『反身而誠，樂莫大焉』（同上）。

到這時候，也就是中庸所說的『能盡其性者，則能盡物之性』了。只是思孟是由成功而言，大學是由入手而言，故爾有順有逆。假使不是假物以致知，則孟子何必主張『博學而詳說』？中庸的博學，審問，愼思，明辨，篤行，也就毫無着落了。

修齊治平的四條目，分明是由孟子演繹出來的，孟子曾說：『天下之本在國，國之本在家，家之本在身』，這便是修身齊家治國平天下之所本。堯典讚唐堯的聖德也恰恰包含着這些次第。

『粵若稽古帝堯，曰放勳。欽明文思，安安，允恭克讓。光（横）被四表，格于上下，克明峻德。以親九族，九族既睦。平章百姓，百姓昭明。協和萬邦，黎民於變，時雍。』

這兒很明顯的也說的是修齊治平。「欽明文思」四字舊注稱爲『四德』，馬融謂『威儀表備謂之欽，照臨四方謂之明，經緯天地謂之文，道德純備謂之思』。然在史記堯本紀則採用「五帝德」之語，翻譯爲『其仁如天，其知如神，就之如日，望之如雲』，似乎就是禮智仁義的變文了。克己復禮爲仁，故以仁當乎欽；智而如神則明，故以知當乎明；如日之當乎文者，如日之有威儀，禮也；如雲之當乎思者，思或作塞（注三），孟子謂『浩然之氣塞於天地之間，是集義所生者』，則是義也。這些正表明堯典出於思孟之徒的又一證。而「大學」的首章，差不多也就是帝典這一節文字的翻譯，下面把『帝典曰克明峻德』點明了出來，更加指示了它的思想的來源了。

（注三）後漢書郅壽傳『晏晏之化』注云『鄭玄注尚書考靈耀云：道德純備謂之塞，寬容覆載謂之晏』，分明出自帝典，可見今文思字作塞，安字作晏，鄭誼仍本周說。

復次，荀子是『隆禮義而殺詩書』的，然而「大學」全篇裡面卻沒有一個禮字，而詩書則觸處皆是的引用，詩引了十二次，書引了七次（其中康誥四，太甲，帝典，秦誓各一），單只這一點也就和荀子大有距離了。

故在我看來，「大學」是孟學，而且是樂正氏之儒的典籍。何以見得呢？第一，在孟派裡面樂正克是高足。第二，以樂正爲氏是學官的後裔，王制云『樂正崇四術，立四教』，其職與周官的樂師相當，而次於大樂正。先代既爲學官，當有家學淵源，故論『大學之道』。第三，樂正克，孟子稱之爲『善人』，爲『信人』，又說『其爲人也好善』。而大學僅僅一七四三字的文章便一共有十一個善字露面。

準同樣的理由，禮記中的「學記」一篇，我也認爲是樂正氏所作。「學記」亦言『大學之道』，與「大學」相爲表裏。

『古之教者，家有塾，黨有庠，術有序，國有學。比年入學，中年考校。

一年視離經辨志，三年視敬業樂羣，五年視博習親師，七年視論學取友，謂之小成。九年知類通達，强立而不反，謂之大成。夫然後足以化民成俗，近者悅服，而遠者懷之。此大學之道也。』

『離經辨志，敬業樂羣，博習親師，論學取友』，便是『格物』，都是有所假於外物的。『知類通達』，便是『物格而知至』。『强立而不反』，便是『知至而意誠，意誠而心正』。這些是『修身』的事體。『化民成俗，近者悅服而遠者懷之』，便是『齊家，治國，平天下』的事了。這樣和『大學之道』相印証，於是大學『格物』的意義也就更加明瞭了。

但在馮友蘭氏，則依據『强立而不反』一語，以爲與荀子不苟篇『長遷而不反其初則化矣』相類，乃性惡說之引伸，故認「學記」亦爲荀學。且因「學記」言『大學之道』，「學記」既爲荀學，遂斷言「大學」亦不得不爲荀學。其「大學」爲荀學說在事實上即以此爲發端，繼後才由「大學」中摘取與荀子相似之辭以爲證的。故「學記」爲荀學，實是「大學」爲荀學說的大前提。然此大前提，也同樣的靠不住。

『强立而不反』即「洪範」所謂『無反無側，王道正直』，中庸所謂『中立而不倚，强哉矯』，亦即孟子所謂『强恕而行』或『中道而立，能者從之』。行是前進，也就是『不反』。物不進必退，無所自立，必反於不學無術。故『强立而不反』一語不一定要性惡說才能適用。

「學記」對於教育與學習是主張自發的，言『道（導）而弗牽，强而弗抑，開而弗達』。這和孟子的『君子深造之以道，欲其自得之也，自得之則居之安，居之安則資之深，資之深則取之左右逢其原』，在精神上是完全合拍的。這是性善說者的內發主義，與荀子的偏重外鑠，畢竟不同。故要把「學記」認爲荀學，依然是大有距離的。

順便再把「中庸」一篇檢討一下吧。「中庸」一篇，馮友蘭氏雖認爲『與孟子之學說爲一類』，而疑『似秦漢孟子一派的儒者所作』。證據是『今天下車同軌，書同文，行同倫』爲秦漢統一中國後之景象。又有『載華嶽而不重』亦疑非魯人之言。（注四）

（註四）見馮著「中國哲學史」第十四章「中庸的年代問題」。亦古史辨第四冊。

『載華嶽而不重』一語無關重要。與子思約略同時而稍後的宋鈃，便『作爲華山之冠以自表』，足見東方之人正因未見華山而生景慕。忽近而求遠，乃人情之常。魯人而言華嶽，亦猶秦人而言東海而已。『書同文，行同倫』，在春秋戰國時已有其實際，金文文字與思想之一致性便是證明，不必待秦漢之統一。僅『車同軌』一語或有問題，但在目前亦尚無法足以斷言秦以前各國車軌決不一致。秦人統一天下之後，因採取水德王之說，數字以六爲貴，故定『輿六尺。六尺爲一步，乘六馬』（始皇本紀），以此統一天下之車軌，此乃一種新的統一而已。故如馮氏所論，實不足以否定子思的創作權。不過「中庸」經過後人的潤色竄易是毫無問題的，任何古書，除刋鑄於青銅器者外，沒有不曾經過竄易與潤色的東西。但假如僅因枝節的後添或移接，而否定根幹的不古，那卻未免太早計了。

『顏氏之儒』當指顏回的一派。顏回是孔門的第一人，他雖然早死，但在生前已經是有『門人』的。這一派的典籍和活動情形，可惜已經失傳了。只有關於顏回個人，我們在論語和其它的書籍裡面可以找得到一些資料。我們知道他是『其心三月不違仁』的人，『一簞食，一瓢飲，在陋巷，人不堪其憂，而不改其樂』。他很明顯地富有避世的傾向，因而莊子書中關於他的資料也就特別多，全書計凡十見，人間世篇一，大宗師篇二，天運，至樂，達生，田子方，知北遊諸篇各一，讓王篇二。這些資料在正統派的儒家眼裡都被看成為『寓言』去了。其實莊子著書的條例是『寓言十九，重言十七。』『重言』是『耆艾之言』，要佔百分之七十。因之，不見於正經儒書的記載，我們是不好全部認為假託的。特別值得重視的是論『心齋』與『坐忘』的兩節文章，我且把它們摘錄在下邊。

一、論心齋：

『回曰「敢問心齋(齋)」。仲尼曰：「一若志。无聽之以耳而聽之以心，无聽之以心而聽之以氣。聽止於耳，心止於符。氣也者，虛而待物者也，唯道集虛，虛者心齋也」。顏回曰：「回之未始得使，實自回也。得使之也，未嘗有回也，可謂虛乎」？夫子曰：「盡矣」。』(人間世)

二、論坐忘：

『顏回曰：「回益矣」。仲尼曰：「何謂也？」曰：「回忘仁義矣」。曰：「可矣，猶未也」。他日復見，曰：「回益矣」。曰：「何謂也？」曰：「回忘禮樂矣」。曰：「可矣，猶未也」。他日復見，曰：「回益矣」。曰：「何謂也？」曰：「回坐忘矣」。仲尼蹴然曰：「何謂坐忘？」顏回曰：「墮肢體，黜聰明，離形去知，同於大通。此謂坐忘」。仲尼曰：「同則无好也，化則无常也，而(爾)果其賢乎，丘也請從而(爾)後也」』。(大宗師)

這兩節都是在內篇裡面的文字。要說是假託，莊子為什麼要把這些比較精粹的見解託之於孔顏而不託之於道家系統的人，或率性假擬一些人名呢？因此我想，這些應該都是『顏氏之儒』的傳習錄，而莊子是作為『重言』把它們採用了的。孔顏當時不一定便真是說過這樣的話，但有過這樣的傾向，而後來顏氏之儒把它誇大了，這不能說是不可能。凡是形成了一個宗派的學說，對於本派的祖師總是要加以誇大化的，古今中外都是如此。孔子本人原來就是有些超現實的傾向的人，他曾說『飯疏食，飲水，曲肱而枕之，樂亦在其中矣』。他又贊成曾晳的『暮春者春服既成，冠者五六人，童子六七人，浴乎沂，風乎舞雩，詠而歸』的那種飄逸。這和顏回的『一簞食，一瓢飲，在陋巷，不改其樂』的態度確有一脈相通的地方。像有這樣的師弟，又何故不能流衍出一批更超現實的後學呢？假如我們想到王陽明的弟子，不一二傳便流於狂禪，這段古代的史影是更容易令人首肯了。

孔子之門，在初期時實在很複雜，裡面頗有不少的狂放的人。孟子說『如琴張，曾晳，牧皮者，孔子之所謂狂矣』。曾晳即曾點，是曾參的父親，檀弓言季武子之喪，『曾點倚其門而歌』。這是見於儒家經典的事，其狂態已經可掬。琴張牧皮見莊子大宗師篇：

『子桑戶，孟子反，子琴張，三人相與友。曰：「孰能相與於无相與，相為於无相為？孰能登天遊霧，挑撓无極，相忘以生，無所終窮」？三人相視而笑，莫逆於心，遂相與友。莫然有間而子桑戶死，未葬。孔子聞之，使子貢往待事，或編曲，或鼓琴，相和而歌。曰：「嗟，來，桑戶乎。嗟，來，桑戶乎。而(爾)已反其真，而我猶為人猗」？』

這和曾點『倚門而歌』的態度正相彷彿。孟子反即論語孟之反，馬敍倫謂即牧皮，牧孟雙聲，皮反對轉或因近形而誤。這是說得很有道理的。曾晳是孔子弟子可不用說，由孟子看來，就連琴張，孟子反，也是孔門弟子了。這不是比顏回原憲之徒已經更進了一境嗎？

事實上就是子思孟子也都是有這種傾向的人，荀子解蔽篇替我們保存了他們的一些生活資料，照那情形看來，兩人都是禁欲主義者，雖不能說是狂，卻是有十分的狷，

『曾子曰：是其庭可以捕鼠，惡能與我歌乎？空石之中，有人焉，其名曰觙，其爲人也善射（猜謎）以好思。耳目之欲接則敗其思，蚊虻之聲聞則挫其精。是以闢耳目之欲而遠蚊虻之聲，閑思則通。思仁若是，可謂微乎？

孟子惡敗而出妻，可謂能自彊矣。有子惡臥而焠掌，可謂能自忍矣。未及好也。闢耳目之欲，可謂能自彊矣，未及思也。蚊虻之聲聞則挫其精，可謂危矣，未可謂微也。夫微者至人也。至人也，何彊？何忍？何危？故濁明外景，清明內景。聖人縱其欲，兼其情，而制焉者理矣。夫何彊？何忍？何危？』

這一段文字有些錯亂，前後脈絡不甚清晳，但大體上是可以領會的。『孟子惡敗出妻』，毫無疑問是一位禁欲主義者的行徑，敗是嫌男女之際敗壞精神或身體，而不是妻有『敗德』。這由上下文的闢欲焠掌等便可以旁証。更值得注意的是在曾子，孟子，有子之間，夾一位『空石之中』的觙先生。這人決不會是子虛烏有，而且必然也是相當有名的孔門之徒，然後才合乎文理。因此我發覺，這位先生所隱射的正是子思，子思名伋，與觙同音，『空石之中』即爲孔，荀子是痛恨子思的人，故因其『善射以好思』，故意把他的姓名來『射』了一下。據此，足見子思也是一位禁欲主義者了。連子思孟子都有這樣嚴格禁欲的傾向，顏氏之儒會有心齋坐忘一類的玄虛，那是不足爲異的。

『漆雕氏之儒』是孔門的任俠一派，顯學篇言『漆雕之議，不色撓，不目逃，行曲則違於臧獲，行直則怒於諸侯』，這種矜氣尙勇的態度和孟子所說的『北宮黝之養勇也』相彷彿，後者也是『不膚撓，不目逃，思以一毫挫於人，若撻之於市朝；不受於褐寬博，亦不受於萬乘之君，視刺萬乘之君若刺褐夫；無嚴諸侯，惡聲至必反之』。北宮黝雖然沒有『行曲則違於臧獲』的一層，但孟子所說的是他受了委曲的態度，假使他不是受了委曲時，毫無『一毫挫於人』的地方，我相信他對於『褐寬博』也是決不會侵犯的。孟子又說『北宮黝似子夏』，大約這位北宮也就是漆雕氏之儒的一人了。

漆雕究竟是誰呢？孔門弟子中有三漆雕，一爲漆雕開，一爲漆雕哆，又一爲漆雕徒父，但從能構成一個獨立的學派來看，當以漆雕開爲合格。他是主張『人性有善有惡』的人，和宓子賤，公孫尼子，世碩等有同一的見解。王充論衡本性篇替我們保存了這項資料。

『周人世碩，以爲「人性有善有惡，舉人之善性養而致之則善長，惡性養而致之則惡長」。如此，則性各有陰陽善惡，在所養焉。故世子作「養書」一篇。宓子賤，漆雕開，公孫尼子之徒亦論情性，與世子相出入，皆言性有善有惡。』

這幾位儒者都是有著作的，藝文志儒家中有左列著錄：

『漆雕子十三篇：

孔子弟子漆雕啟後。（後字乃衍文。蓋啓原作启，抄書者旁注啓字，嗣被錄入正文，而启誤認爲后，乃轉訛爲後也。）

宓子十六篇：

名不齊，字子賤，孔子弟子。

世子二十一篇：

名碩，陳人也，七十子之弟子。

公孫尼子二十八篇：

七十子之弟子。』

這些書，除公孫尼子有「樂記」一篇傳世外，可惜都失傳了，「樂記」也是經過竄亂的。這幾位儒者大約都是一派吧。漆雕子與宓子雖同是孔子弟子，但前者少孔子十一歲，後者少孔子四十九歲，兩人之間可能是兼師友的。兩人不僅學說相同，遭遇亦頗近似。墨子非儒篇言『漆雕刑殘』，孔叢子詰墨篇引作漆雕開；而韓非顯學篇，言『宓子賤不鬥而死人手』。這顯然是由於矜氣尙廉，藐視權威的原故所致了。又禮記有「儒行篇」盛稱儒者之剛毅特立，或許也就是這一派儒者的典籍吧。

『仲良氏之儒』大約就是陳良的一派，『仲』是字，或者也怕就是『陳』字的壞殘。孟子說：『陳良，楚產也。悅周公仲尼之道，北學於中國。北方之學未能或之先也』，他是有門徒的，陳相與其弟辛，『事之數十年』，足見他在南方講學甚久，門徒想來一定也是不少的。以年代言，屈原應該出於他的門下。屈原的思想純是儒家思想，他在南方必得有所承受。可惜這一派的情形，我們更是『其詳不可得而聞』了。

『孫氏之儒』就是荀子的一派，荀卿又稱孫卿。他這一派在戰國後半期是一大宗。他是趙國的人，遊學於齊，曾爲稷下先生，後應春申君之邀，入楚而爲蘭陵令。他後來回過趙國，在孝成王之前同臨武君議兵，又曾遊秦，向昭王和應侯傳道，但結果沒有破採用。他的死是在秦始皇兼併天下以後，焚書阬儒之禍說不定都是在他的生前出現的。荀子書末附有一段讚辭，便是明證。

『爲說者曰：「孫卿不及孔子」，是不然。孫卿迫於亂世，鰌於嚴刑，上無賢主，下遇暴秦。禮義不行，教化不成，仁者絀約，天下冥冥。行全刺之，諸侯大傾。當是時也，知者不得慮，能者不得治，賢者不得使，故君上蔽而無覩，賢人距而不受。然則孫卿懷將聖之心，蒙佯狂之色，視（示）天下以愚。詩曰「旣明且哲，以保其身」，其此之謂也。是其所以名聲不白，徒與不衆，光輝不博也。今之學者得孫卿之遺言餘敎，足以爲天下法式表儀。所存者神，所過者化。觀其善行，孔子弗過。世不詳察，云非聖人。奈何，孫卿之不遇時也。……』

這自然是荀子門人對於老師的讚頌，在他們心目中荀子簡直是超過了孔子的。他『下遇暴秦』，『蒙佯狂之色』，足見確是領略過秦始皇的暴政滋味。鹽鐵論毀學篇言『李斯相秦，荀卿爲之不食』，議者多以爲爲時過晚，其實卽是由於把荀子的生年太定早了的原故。荀子門徒雖然把他當成聖人，但荀子本人卻不會這樣地誇大，他是時常稱道仲尼，把仲尼認爲儒家的總教祖的。他又屢次稱道子弓，和仲尼并舉，足見他又是子弓的徒屬了。

『聖人之不得勢者，仲尼子弓是也。……上則法舜禹之制，下則法仲尼子弓之義』。（非十二子篇）

『通則一天下，窮則獨立貴名，天不能死，地不能埋，桀紂之世不能汚。非大儒莫之能立，仲尼子弓是也』。（儒效篇）

『仲尼長，子弓短』。（非相篇）

這樣的一位『天不能死，地不能埋』的與仲尼並列的子弓，有人說，就是仲弓，本子路亦爲季路之例，則仲弓亦可稱爲子弓。但這個例實在不好援用，因爲仲尼不見稱子尼，伯魚不見稱子魚，而子思亦不見稱季思，卽子路儀亦字季路而已。子弓確有這麼一個人，便是傳易的馯臂子弓。史記仲尼弟子列傳云：

『商瞿，魯人，字子木。少孔子廿九歲。孔子傳易于瞿，瞿傳楚人馯臂子弘。弘傳江東矯子庸疵。疵傳燕人周子家豎。……』

又漢書儒林傳云：

『自魯商瞿子受易于孔子，以授魯橋庇子庸。子庸受江東馯臂子弓。子弓授燕周醜子家。……』

這兩個傳統是一套，史記的人名是字上名下的古式，漢書是名上字下的新式，足見史記的資料有壁壘的古意。第三代和第四代，兩種傳統互易了，我看當從史記，但史記的『馯臂子弘』應作『馯（姓）子弘（字）臂（名）』才能劃一，那一定是後來的人照漢書的新式抄錯了的。易經在秦時未遭火焚，傳易者當然也不犯禁，故爾有它的詳細傳統，但謂『孔子傳易與瞿』，那只是易家後學的附益而已。孔子不曾見過「易」，連商瞿也不見得見過。我認爲「易」是子弓創作的，詳見拙作「周易之制作時代」一文。在先秦儒家中，荀子爲談到「易」的唯一的人，在非相篇與大略篇各引「易曰」一句，大略篇又論到『易之咸見夫婦』，和易彖傳的見解相符。大率在荀子晚年『蒙佯狂之色』的時候，他才攙進了「易」裡面去的。他在別的地方並不曾把「易」來和詩書禮樂春秋并列（參看勸學篇），以乎在他的初年還不曾把易當成經。但等他一攙進「易」去之後，便受了很深的影響，易傳強半是出於他的門徒之手，因而易傳中的許多『子曰』，應該就是荀子在說。正因此，他是那樣地把子弓神聖視了。

商瞿對於子弓，有些思想上的影響，是不成問題的。孟子書中曾言『子莫執中』。這位子莫雖然有人說是魏公子牟或端孫子莫，但在我看來可能就是商瞿子木。又尸子廣澤篇有『皇子貴衷』，貴衷與執中同義，則皇子當即商子，商皇古音同在陽部。中之義爲「易」所摭取。作「易」者的基本認識，是以爲宇宙萬物均在變化之中，變化是宇宙過程，而變化之所由生則因有陰陽剛柔相反二性之對立，由於無數對立物之相推相盪而變化因以無窮際。這是對於自然界的看法，但說到人事界來，便要參加一層斟酌的意義。人乘此變化，當處於中正之位，使對立物無過無不及，要使在人事界的變化，可以不至於走到極端（『亢』），因而變化便可以靜定下來，地位便可以長久安定（『永貞』）。這樣便有百利而無一害。這大約也就是子莫所執的『中』，皇子所貴的『衷』了。

這分明是一種直線式的折半主義，處己貴不剛不柔，稱物是裒多益寡，那樣便每每使變化僵定，即使有變化也不能發展而爲進化。所謂『易之道逆數也』，傳易者也早就明白它是反乎自然的。雖然乾卦的象傳在說『天行健，君子以自强不息』，但那只是做象傳者的意見，而不是經的本意。要那樣不息下去，經會警告你：『亢龍有悔』呵。孟子是反對這種形式的『執中』的，他說『執中無權猶執一也』，執一便是僵定，『擧一而廢百』，孟子既反對『無權』，則他必然主張『有權』。權是天秤的法碼。無權者是不用法碼，把兩端的輕重去取一下，使其齊一。有權者是要用法碼，增加輕的一端，使與重的一端平衡。這樣所得到的平衡便是更高的一個階段。在孟子確是有這樣的主張的：他要『與民同樂』，要『使有菽粟如水火』。這大約就是兩派雖同樣主張『執中』而又互相非難的原故吧。

作易經的人很明顯的是已經知道了五行說的。坤卦六五『黃裳元吉』，離卦六二『黃離元吉』，遯卦六二『用黃牛之革』，解卦九二『得黃矢』，鼎卦六五『鼎黃耳金鉉』。二與五居下卦與上卦之中，不僅爻多吉辭，而且以黃色表位，這不分明是作者已經知道五方五色的配合的證據嗎？

照年代說來，子弓和子思同時，他能知道五行說的梗概，是毫無問題的。這兩派，在儒家思想上要算是種展開，就在中國的思想史上也要算是最初呈出了從分析着想的傾向。他們同認宇宙是變化過程，而在說明這種過程上，子思提出了五行相生，子弓提出了陰陽對立。這兩種學說後爲鄒衍所合併，而又加以發展。便成爲了所謂陰陽家。接着，更加上迷信的成分，於是便成爲二千多年來的封建社會的妖魔窟，這是子思和子弓所初料不及的。

關於荀子思想的批判，當另爲專文以論之，茲不贅述。

本刊因種種關係第一卷僅爲四期，不同常例，乞讀者注意。

桀紂在上曷損。湯武存則天下從而治。桀紂存則天下從而亂。如是者豈非人之情固可與如此，可與如彼也哉（同上）

若夫蔽之爲患則不然。不但消極的無所知，而乃積極的有所恃，即以其所恃者以障乎道，故其施救也難，而人之有蔽者其自修亦不易也。荀子有解蔽一篇，陳義精深，說理完備，特爲解釋。別爲一章。

中西倫理學上「中道」之討論

黃世彥

(一)亞里斯多德之中道論與孔子之學

歐西學說，好走兩端，其首提出中道論者，厥爲亞里斯多德。亞氏之中道論其要義如次：

(1)善德界乎二惡德(過與不及)之間，故善德卽中道。如慷慨界乎浪費與吝嗇間是。

(2)惟善德乃有中道，惡行惡德無中道之可言。故無過之之中道或不及之之中道。

(3)中道一方面爲極中正。一方面爲極高明。

(4)有些行爲過之較不及爲近乎中道。反是亦然。前者如鹵莽較懦弱近乎勇敢。后者如絕欲較荒淫近乎節制。此所謂「雖不中不遠矣」者也。

(5)判斷德行有二標準，一由其行爲之本身判之，視其違背中道否。二由其行爲之動機判之。凡行爲之愈發於自然者(如好淫樂)愈與中道(如節制)相違。此二者皆可以理性絜矩以得之。

以上五點，略攝中道要義。由是可知亞氏倫理思想最與孔子相契合者，卽其中道論也。蓋皆淑身善世節情繕性之論也。亞氏以過與不及爲惡德與罪行，孔子也說過猶不及，亞氏以中道爲至善，爲行爲之正鵠。孔子也說「中庸之爲德其至矣乎」。「君子中庸小人反中庸」。此外亞氏以人生之目的在盡人性。道德卽人性之實現，卽自我之實現。至盡性之道，則在致知力行，行道而有得於心乃有道德上之價值。若乃順習隨俗，及其機變應之行，則全無道德之價值矣。又其所謂實現自我，非以自私自利爲目的。而以盡性參贊爲目的。愛人如己，視他爲第二自我以實現大我。孔子亦云：「蓋有不知而作之者我無是也。」「己欲立而立人，己欲達而達人。」亞氏謂實現世界，主盡人事。孔子亦云：「未知生焉知死。」其言不離日用倫常。凡此四義雙方如出一轍。竊謂孔亞乃中西倫理學上之正宗，誠以其俱平易近人，折中至當也。近觀謝幼偉先生倫理學大綱提出亞孔爲中西倫理學之正統派，可謂先得我心者也。

(十二)亞里斯多德之中道論與儒家中庸之比較

侯春福

亞里斯多德之倫理學，是基於其玄學及心理學，用以解決蘇格拉底之「何謂至善」之問題。而謂中道即爲獲得幸福之第一法。何謂至善，幸福是也。幸福者，人類一切行爲之最終目的也。人類生活有三：一享樂生活，二活動之社會生活，三哲學之思索生活。亞氏際以第三爲真的幸福生活。此思索生活爲究極目的的，又爲自立的。亞氏又名之曰心靈的實現。故又可說是心靈之一種活動。亞氏與柏拉圖均分心靈爲二部分，一爲理性的，一爲無理性的。理性部分中又分二部：一是生而有之且甚嚴格的理性，一是服從理性的理性。無理性中又分二部：一是生物共有的滋養和生長之機能，一是一般的嗜慾及慾望之才能。此第二種雖是無理性的，但就其聽從理性及服從理性的指導時，亦是有理性的。一切勸告譴責和勸誡，足以證明無理性的部分有時服從理性。故人類生活因心靈活動之不同而所表現於外者有兩方面：一方面是以其順從理性所以是理性的，一面是由於有理性，運用理性，所以是理性的。由是亞氏分別德性爲理智的德性，和道德的德性。前者是自然生成的，如智慧深慮是。後者是習慣或習俗的結果。道德的德行在使行爲和情感之發生合於中道。

何謂中道。中道者，即道德的德性使人類行爲與情感無過不及之合理態度也。界乎過與不及之間曰中道。就道德之本性或理念言，善德爲中道。中道一方面爲極中正，另一方面爲極高明。

遵守中道即可謂之眞誠。

所謂中道非任何人在任何情況之下都是一致，而是因人因時地而有異的。亞氏認一切事物皆有中。外界事物之中無論對何人常然不變，爲絕對的。人事之中，往往因時因地因人而轉移，是相對的。

如何求中道。其方法又二種：甲、直截之法。在於心靈用其理智的深慮，對於吾人之行爲及情感之發生，與以多方面的詳密的比較及精確之審量以得之。即用理性以追求之也。乙、消極之法，此又三種：一祇避行爲之去中道最遠者。如吝嗇與淫逸俱不及中，而淫逸去中道最遠，故先去之。再避吝嗇以達中道。二宜故遠己之天然傾向。如吾人之天然傾向在求樂，即宜故自克苦，以漸趨中道。三若行爲無以免於過不及之弊時，唯當擇其去中尤遠者而居之。如節制最美，苟不能，與其奢也寧儉。

玆更比較儒家之中庸與亞氏之中道而評其短長曰：亞氏之學，重道德而調人心，理情性而歸至正，學行兼顧，異餘兩晳。亦可欽矣。所倡中道，教人於日常中實地踐履，期達中道，毋使偏於兩端。其意略近儒家之中庸。然深究之，則儒家中庸之道之精深博大，有本有源，遠非亞氏之說所能比。(一)就中道之本源言。亞氏中道原於道德德性。而道德德性爲習慣或習俗之結果。故亞氏之中道，是外鑠的。儒家中庸之道，原於天命之性，性無不善，率性即道，故儒家中庸是內發的。外鑠故注意環境之好惡，而行爲計較其得失。故 Rand 言亞氏之中道曰，德性是種審愼的選擇，無審愼的選擇，德性是不可能的。Thilly 亦曰，道德的行爲是自主自覺有目的的自由選擇之行爲。夫計較則非性之也，求於外者也。內發則仁義禮智我固有之，擴而充之足保四海。不計較於外而反求諸己，性之也，求於內者也。信如韓文裕氏之言曰，由儒之道，則由仁義行，率性之道也。由亞氏之說，是行仁義，外鑠之道也。外鑠則義襲而取之也，其無本之學歟。(二)就中道之功效言，性之者賢不肖皆能知其行，行之且久而不失。外鑠者有其習者始能行。習慣受影響於環境。如境移易，則雖有其習者亦不能行；行且難，何能久乎。又亞氏之中道使人臻於至善而得幸福，以成所謂之完人而已。儒者之道，不但成己而已，所以成物也。所以位天地而育萬物者也。故博厚高明悠久以載物覆物成物也。（三）就行中道之方法言。亞氏謂中道有賴於理智之計算，故無定則可以持循。所以得中之道甚難。於是不得不求其次之法。一者亟避行爲之去中道太遠者。二者故違人情之天然傾向。三者苟行爲無以逃於過不及，則當擇其較近於中道者而居焉。凡此皆消極的，不究竟的，終不免於過的。夫行中道者應使其情感行爲皆如理如量以中節而致其和。過之非也，不及亦非也。名之爲行中道之準備則可，名之曰行中道則不可。豈得謂於中道有實得者乎。儒者之行中道，其道在誠。誠之道在慎獨。而盡性知命，知言養氣不動心，存養之功也。克己復禮，時時自反，悔過自新，省察之功也。存養省察而無失則誠。誠則能致中和。中則大本立。和則達道行。中庸之道，完備切實有如是也。中庸曰，唯天下至誠，爲能經綸天下之大經，立天下之大本，知天地之化育，夫焉有所倚。肫肫其仁，淵淵其淵，浩浩其天，苟不固聰明聖知、達天德者，其孰能知之。偉哉中庸之道，高山仰止，景行行止，願終身焉。

（三）儒家中庸之眞義與亞里士多德中道之異同

王恩洋

亞氏之中道，與儒家中庸之道不同者略有四端。而儒家中庸之眞義準是可以概見。一者，亞氏以中道爲善德。過與不及則皆惡德。儒者中庸不必與惡德相對也。昔子路問聞斯行諸。子曰有父兄在，如之何其聞斯行之。冉有問聞斯行諸。子曰，聞斯行之。公西華曰，由也問聞斯行諸，子曰，有父兄在。求也問聞斯行諸，子曰，聞斯行之。赤也惑。敢問。子曰，求也退，故進之。由也兼人，故退之。子貢問師與商也孰賢。子曰，師也過，商也不及。曰然則師愈與。子曰，過猶不及。凡此所謂過與不及，皆非謂罪惡也，但就其立身行己，或過乎量，或不及量言耳。其所行皆正道也。既皆正道何以云過？矜執已甚，不審得失，則過矣。遲疑慢緩，不能勤奮，則不及也。中庸曰，道之不明也我知之矣，智者過之，愚者不及也。道之不行也，我知之矣，賢者過之，不肖者不及也。曰賢曰知，豈爲作惡者哉。夫不及者，視道義爲不近人情，畏其難而不敢爲。過焉者，視道義爲過尊貴，矜執之而不能容物。儒者時禮中庸之道以示至道之不離人倫，使賢知者無過其而愚不肖者企而及之。斯之謂中庸耳。

二者，中庸乃德行之超越，而非德行之貶損。莊子有言：為善無近名，為惡無近刑。又曰今天下之仁人蒿目而憂世之患。不仁之人，決性命之情而饕富貴。俯見其不可為故上不敢為仁義之操，而下不敢為淫僻之行，而藏其身於才與不才之間。此則所謂德行之貶損者也。中庸之道，則努力行道而不矜，有功於人而不伐，有天下而不與。故曰天下國家可均也，爵祿可辭也，白刃可蹈也，中庸不可能也。天下國家可均，智之盛也。爵祿可辭，廉之極也。白刃可蹈，勇之至也。然而中庸則不可能。豈非中庸之道更高於彼三者乎。其何以更高，則以其超越也。如之何超越，蓋知也而不有其智，廉也而不矜其廉，勇也而不恃其勇。不有不矜則盛德如愚，而不敢遠人情，量愈大而能容矣。愈高而愈大，愈可以與人同。中庸曰：舜其大知也歟，舜好問而好察邇言，隱惡而揚善，執其兩端，用其中於民。孟子曰，大舜有大焉，善與人同，舍己從人，樂取於人以為善。此之謂愈超越者愈能包容之高曠與廣度並進，故極高明而道中庸也。亞氏亦言，中道極中正而極高尚，似與儒者之義同。然所舉中庸之德如勇敢謙慨節制等乃與惡德為對者，則其高為對惡德之高，而非超善德之高。此種超越善惡之中庸，將為西人所不易見，唯解佛理之無住生心不取於相者，始能知其故也。

三者，中庸為盛德之表現，而非由詭計之襲取。蓋將欲行中庸之道，不可不有中庸之德。中庸曰，禮儀三百，威儀三千，待其人而後行，故曰苟不至德，至道不凝焉。此言凡欲行其道者，當先有其德也。此德如何而後能有。曰，是則有待於存養省察之功，學問思辨之功矣。中庸曰，是故君子戒慎乎其所不睹，恐懼乎其所不聞，莫見乎隱，莫顯乎微，故君子慎其獨也。又曰，誠之者，擇善而固執之者也。博學之，審問之，慎思之，明辨之，篤行之，乃要人一能之己百之，人十能之己千之。雖愚必明，雖柔必強。如此修省學問之功，所以改造自我，建立自我，以成其德者也。既有未發之中，然後有已發之和。則動容周旋而合禮，喜怒哀樂皆中節。中庸曰，喜怒哀樂之未發謂之中，發而皆中節謂之和，致中和，天地位焉，萬物育焉。又曰，其次致曲，曲能有誠，誠則形，形則著，著則明，明則動，動則變，變則化，唯天下至誠為能化。夫兩端之中，中道之善，人皆知之，而莫能行之者，以未得其行之之方也。如亞里斯多德之以理智選擇，避其太遠中道者，而行其較近中道者，此亦未嘗非求中之一法。中國古人三思而行，佩韋佩弦，「禮與其奢也寧儉，喪與其易也寧戚」是也。然但初學之功，未爲成德之士也。其故意避人心天然之衝動，而行其所難行者，是亦有「克伐怨欲不行焉」之意，然而「可爲難能」，「未得爲仁」也。是皆對於人心之根本建立，徹底改造，未嘗留之意焉。無其體，故不能有其用。無其本，故不能成其末。豈能如儒者之有體有用，根本深厚而枝葉扶疏者哉。

四者，儒者之致中和也，天地位焉，萬物育焉。蓋將天地萬物涵容以爲一體。由內心之生活力，充實形著，而神明變化，浩蕩流行，有存神過化之功焉。中庸曰，至誠無息，不息則久，久則徵，徵則悠遠，悠遠則博厚，博厚則高明。博厚所以載物也，高明所以覆物也，悠久所以成物也。博厚配地，高明配天，悠久無疆。既由其偉大之生活力，有以成人成物，復由乎成人成物之功，益致其生活力之偉大。肫肫其仁，淵淵其淵，浩浩其天。見而民莫不敬，言而民莫不信，行而民莫不說。乃至不言不信，不怒而威。無爲而成。此極誠之所致，盛德大業之行乎自然而不待勉強者也。（易曰，富有之謂大業，日新之謂盛德。）中國儒家不迷信天神，而其修身正心之極，行仁履道之久，則必皆有大化聖神之境，不但有成己之功，而必有成物之效。樂記曰：禮樂偩天地之情，達神明之德，降興上下之神，而凝是精粗之體，領父子君臣之節。是故大人舉禮樂，則天地將爲昭焉。天地訢合，陰陽相得，煦嫗覆育萬物。然後草木茂，區萌達，羽翼奮，角觡生，蟄蟲昭蘇，羽者嫗伏，毛者孕鬻，胎生者不殰，而卵生者不殈，則樂之道歸焉耳。凡此道理，非通乎三界唯心萬法唯識者不易知也。唯佛法由止觀以窮宇宙之理，其學本於智。儒者由忠恕以通彼己之情，其學本於仁。智之極，則照見五蘊皆空，世間曾不足以當意，而旨在出世。仁之極，則彌萬物以爲一體，大化流行，必使之皆得其所，各盡其性，各遂其生，而旨在人世。故二者不同也。然菩薩有不捨有情之悲，而轉濁世爲淨土。聖人有撥亂反正之智，絕不爲小人之中庸而徒合流俗。然則菩薩心腸，聖賢志業，亦無不同歟。此極誠明神化廣大高明而淨化宇宙之效，自非西洋倫理學者所及知。唯行道久者能喻其意。然則謂亞氏之學即儒者之學，平等平等者，爲不然矣。

今年三月，黃生世彥自武大寄其所譯「亞里斯多德之中道論」來，且問亞氏之說與中庸論孟之異同如何。予即以其文交侯生春禧，而囑其作同題之研究。春禧因作亞里斯多德之中道論，儒家中庸之道，及儒家中庸與亞里斯多德中道之比較三文。對儒家學說甚有了解。隨得世彥再函，論亞氏之學與孔子之學之相同而請正焉。竊思此一問題，實中西倫理學上一極重要問題也。方今世界大通，中西學說理應比較研究，以觀其異同，判其優劣，而定其去取。在本院尤以研究東方學說爲志業。而東方文教學說，其價值尤以與西方學說兩相比較而後顯。今故就世彥兩函，春禧兩文，節約其義，並終之以己意，爲東西「中道」異同之討論，載之本刊，且以供士林之研討。本刊此後願多作此類討論，以請教於當代明哲。不但提倡自由研究之風，亦且收集思廣益之效。對文教前途或能多所補益。願諸同道共勉之也。此次世彥之亞氏中道論譯文，因西洋倫理學名著選輯中，韓文裕君已有譯述，故不刊載。春禧之「儒家中庸之道」，自謂方在修學期中，不敢妄自發表，創從其意亦不錄。洋論中庸義尚未備。舊作人生學第二篇儒學大義中有「中庸之道」一章陳義較詳。人生學本院現已重版，有切心於中庸之道者，參閱彼文可也。

此外世界學說中，印度學說，亦重中道，佛法是也。佛法中道，約有二種：其一屬於行爲者，謂毗奈耶，佛之戒律也。佛之戒律，對治二邊，一者欲樂行邊，二者極苦行邊。欲樂行邊，意在縱欲，順世外道是也，中國僞列子書中楊朱篇所論是也。極苦行邊，以喫苦爲解脫之道。尼乾外道是也，中國之墨翟宋鈃似之而宗旨不同。佛制戒律，導人以不苦不樂中道正行，以爲定慧之基。此亦中道義也。其二屬於眞理者，則以執有執常爲一邊，執空執斷爲一邊。兩者遠於眞理。別有非斷非常，非空非有之中道乃爲諸法之實性。吾對後者有「實有眞空中道了義論」闡明其義。雖與本篇無關，爲經中道一辭義有多種，故特附識於此。編者。（三十四年五月十六日）

於宇裏行間，實非俗儒可能希望於萬一！越縵集中，此類作品最多，尤其是五古詩，更覺美不勝滴，越縵平生所作夸詡之言，而對於他的詩尤有目無餘子之概，自謂『感憤切摯之作，登臨閒適之篇，集中所存，雖蘇李復生，陶謝可作，不能過也；』又謂『予詩自是七古第一，七律第二，五古第三；』廣雅官京曹時，曾以「明秀」兩字，稱贊他的詩，他極口不承；且有『真賞不逢，斯文將墜』之憤語，足見他之篤於自信！總之越縵的詩，在有清一代，確可稱爲大家，而尤其在寫景方面，其清微淡遠之處，不但可以方駕厲杭，直可追踪陶韋，而七絕五絕五古中佳作尤多，越中山水，得此妙筆點染，益增光彩，號稱越縵，足徵名符其實，年來談晚清詩的人，總樂意提起黃公度和金亞匏，而這位眼光甚確，持論甚當的富有創造性的寫景詩聖手，幾無人道及，實不能不替這位歌詠自然的詩人叫屈呵！

儒家學說要指

張公望

全部中國學術思想，是由三個不同的思想系統構成的。第一個，是純粹由本地產生的，中國固有思想。第二個，是魏晉南北朝一直到隋唐這個時期所輸入的，印度思想。第三個，是海禁大開以來所輸入的，西洋思想。第二第三兩個，與本題沒有直接關係，我們不願多談。現在只講第一個：在中國固有的思想當中，還分成許多派別。這些派別在周秦時期表現得最清楚。後世研究的人，有的把它分成九流；有的把它分成十家；也有的只把它分成六家。然而在這些家數當中，最重要的，實際只有：儒，道，墨，法：四家。而在這四家之中，尤其重要的，又只有儒道兩家。儒道兩家之中，儒家勢力，又遠在道家之上。所以，我們可以說：儒家思想，是中國思想界的主幹。

現在我們來討論它的內容：儒家思想，就勢力說，從漢初一直到最近，在我們中國思想界中，始終居於領導地位。就人的方面說，孔孟以下，有名的學者，不知有幾千百個。就書的方面說，五經論孟以下，重要著作，不知有幾千百部。這樣複雜的內容，龐大的體系，要想很正確的抓着它的要點，實在不是一件容易事。民國以來這幾十年間，胡適之，馮友蘭，和其他許許多多的學者，都講過儒家學說，但是他們的見解各個不同，從沒有過兩個以上完全雷同的說法。今天我所講的，只是根据我個人研究所得，歸納出來的一點意見；至於這一點意見是對還是不對，有價值還是沒價值，只有讓諸位自己去判斷。

儒家學說的主要之點，據我個人的看法，可以用八個字來代表，這八個字是：「仁義為體，禮樂為用，」說得明白一點兒：「仁義」是學說的本體；禮樂是為了把「仁義的精神」實行到實際社會上的一種方法。

現在分開來講，先講「仁義為體」：什麼叫做「仁」？簡單說來，「仁」就是「愛人之心，」這種「愛人之心」，是一切道德的基礎。假若沒有這種「愛人之心」，那麼，一切道德，便完全失掉了它的意義，舉例來說：對於君的愛，叫做「忠」；對於父的愛，叫做「孝」；對於兄的愛，叫做「悌」；對於子女的愛，叫做「慈」。假若把其中愛的意思去掉；那末，忠，孝，悌，慈，等等還有什麼意義呢？

為什麼「愛」是一切道德的基礎呢？因為人是一種社會動物，必須大家在一起，共同合作，才能夠生存。而合作的基本條件，必須有一種「相愛之心」，沒有這種「相愛之心」，便不能得到眞正的合作，不能眞正合作，大家便不能生存下去。同時這種愛人之心——就一個人來講也就是所謂愛人之心，是人的一種天性。不過有時因為物欲的蒙蔽，外界的引誘，往往會失掉一部分，或者大部分，甚至全部。比方說，我們看見一位小孩子，爬在井口旁邊，眼看要掉在井裡了。我們一定馬上跑過去把他扯開，我們所以要這樣作，並不是為了什麼特殊的目的，只是因為我們是人，我們有一種天賦的「愛人之心」，所以我們不願意讓他死，所以要去救他。這種「愛」是「無條件的」，「無目的的」，但是假在我們將要跑過去還沒跑過去的當兒，忽然發見他是我們仇人的小孩子，於是把心一橫，裝看不見走開了，這就是我們「先天的」「愛人之心」，被「後天的」「惡念」蒙蔽了的結果，這種後天的惡念，往往是由於社會上一切利害等的關係給造成的，儒家所以要提倡「仁」，把「仁」字視爲最重要最基本的一個德目，便爲了要保存這一點天賦的「愛人之心」，使它不要因外界的影響而消滅，而且更進一步，要發揚他，光大他。使人能夠愛一切人，使一切人都能夠彼此相愛，這樣人類才能夠眞正合作，才能夠使人類得到眞正的幸福。

其次說義，義是什麼？簡單說來，義就是事之宜，辦事辦得合宜，辦得適當便算是義。義是幫忙仁的，是把「愛人之心」，加以合理的節制。使愛有「分別」，有「差等」，這一點是儒墨兩家學說的分歧點，也就是儒家比墨家高明的一點，愛爲什麼要有分別，有差等呢？它的原因有兩個：第一，人的天性如此。一個老人，沒有不愛小孩子的，但是他對於自己的小孩子，總比對別人家小孩子愛得更甚一點兒，這是人的天性，沒法子改變的，一種道德教訓，如果違背了這種天性，它便沒法實行，所以墨家的兼愛，根本就是一種行不通的說法。爲了要行得通，爲了要不違背人的本性，所以儒家講求遠近親疏之別，主張愛有差等。第二，社會的需要如此。人類爲了生活，必須要合作；合作必需要分工；分工的結果，遂使人與人之間有了職務上的不同，地位上的差異，因此彼此相處的態度，便不能不有差異，雖然全是愛，而愛的方式便不能一樣，對於上司的愛，和對於屬員的愛不能一樣，對於母親和對於妻子的愛也不能一樣。所以必須有「貴賤之等，長幼之序」。這種使愛有差等，有分別，便叫做義。

歸結起來，仁是讓人類彼此相愛，人能彼此相愛，社會才能合諧，義是使愛有差等，有分別。愛有差等，有分別。社會才會有條理，有秩序，使整個社會合諧而且有條理有秩序，便有儒家學說最高的理想。

但是這種說法，講來講去，還是一種抽象的理論。要想把這種抽象的理論，實現到實際社會上，必需另外有一種具禮的方法」。這種具體的方法是什麽？便是「禮樂」。因爲禮樂是實現仁義的一種方法，所以我們說「禮樂爲用」。

復次，我們再講「禮樂爲用」：禮是什麽？禮者理也。理是條理：禮的意義在於條理。在於分別。前面說過，人類爲了生活，必須要合作，而合作最大的障碍便是爭鬥，而禮的用意，便是在把這廣大的人群，加以條理化，秩序化。人群有了條理。有了秩序，自然可以免去爭端，免去爭端，才可以合作。這種條理，這種秩序是什麽呢？前面講過，人與人之間的關係，有親疏的不同，長幼的分別，貴賤的等級。因此，彼此相處，便不得不有種種不同的方式，把這種不同的方式，具體的規定出來，便是社會的條理，秩序，也就是所謂「禮」。

這樣說來，禮的意義，不是和前面所講的「義」混同了嗎？不然，禮與義兩者的性質根本不同。義，是抽象的；禮是具體的。誰對誰「應當」怎麽樣，這是所謂義。把這種「應當怎麽樣」加以具體的規定，便是「禮」。比方說：臣對君應當怎樣，子對父應當怎樣，弟對兄應當怎樣……這種應當怎樣，應當怎樣，還是抽象的。更進一步，把它加以具體化，比方說：臣見君的時候，應當先磕頭。說話時頭要低着一點兒。對稱不能說你，要說陛下，自稱不能說我，要說臣。用書面的時候，不能用信，要用奏章。寫奏章的時，要用什麽格式，什麽字體……等等都有一定。那就是所謂「禮」。一切個別具體的德目，如：忠，孝，悌……等等，全是本於仁義的精神，而用禮的形式表現出來的。

從此我們也可以看出來，仁，義，禮三者的關係，是縱的，不是橫的，是順序的，不是並列的。

禮是具體的，因爲是具體的。所以要詳細，要周密。中國的禮法，是非常詳細，非常周密的。不用說後代，拿最古的來說，我們翻開禮記的曲禮看一看，上面對於一切日常行爲，什麽吃，睡眠，走路，等等，都有詳細切實的規定。

因爲是具體的。而且又詳細又周密，所以實行起來就非常的方便。明白其中深義的，可以實行。不明白的也可以實行。有學問的人可以實行，不識字的老太太，可以實行。而且實行起來，還不至因個人的見解不同而有多大出入。因爲規定已經非常切實，根本沒多大伸縮性。

不過，一件事的長處，往往就是它的短處，禮的好處在具體，在詳細，它的毛病也就在此。第一：因爲是具體的。所以要注意形式，注重形式的結果，往往會忽略了內容。過於着重行爲上的儀節，往往會丟掉了眞正的感情，於是變成虛僞。（試看社會上一般禮節很周到的人，往往是比較虛僞的）虛僞的結果，一定要使人互相猜忌，以致於不能團結。第二，禮的規定非常周密，流弊所趨，遂成繁文縟禮，使人的行爲，處處受到拘束，處處受到限制。而眞正的感情，反倒不容易表達出來。人與人之間得不到感情的交流，自然而然的就容易疏遠而難於接近，於是乎，整個社會，因此變成散漫。

樂的主要作用，即在補救以上兩種缺點：於此，第一我們應該知道，儒家所說的「樂」，不限於「音樂」，古代作樂的時候，普通都伴着舞蹈，同時要唱歌，所唱的歌，也就是詩了，所以儒家所講的樂，至少有舞蹈詩歌包括在內。不管是音樂，是舞蹈，是詩歌，總而言之，全是藝術，藝術可以激發人的感情，使人的感情更充實，更豐富。可以使禮的形式，不致變爲空洞。也就不至於流爲虛僞。

同時，在作樂，在舞蹈，在唱歌的時候，人的感情最容易活潑的表現出來，自然的奔放出來。大家在一起作樂，唱歌，舞蹈，可以得到眞正感情的交流，自然而然的會互相接近，互相親密，而不致有疏遠，冷淡等等的毛病。這樣，也可補救「禮」的兩個毛病。這只是樂的消極作用，同時它還有積極的作用。

禮只是告訴人怎樣作，只告訴人怎樣作還不夠，同時還需要激起人的眞情，使人從心裏願意這樣作。這種力量，只有樂才能有。所以要移風易俗，非用樂教不可。

從上面所說的我們可以看出來，禮樂二者的作用是相反的，它們的作用，却是相成的。正是因爲相反，所以能夠相成。所以禮樂二者是分不開的。中國古代每逢有什麼大典禮，大宴會的時候，一定要作樂，要唱詩，要跳舞。同時，在作樂的時候，要注意揖讓進退之節。禮樂合一，寓教化於娛樂之中，使人於不知不覺之中，得到道德的陶冶。

現在再把兩者比較一下：禮的作用在分別，在使人各守本分，而免去社會上的爭端。比較和義接近，是屬於消極方面的，樂的作用在和，在激發人之眞情，而使人與人互相親愛，比較和仁接近，是屬於積極方面的。從此可以看出，樂的地位，實在應該在禮之上，至少也絕對不比禮次要。（漢以後的儒者，多半偏重禮而輕看樂，實在不能不說是一種嚴重的錯誤。而儒教在中國所以發生許多毛病，這也不能不說是一個重要的原因。）

禮樂二者，一個積極，一個消極，並行於社會之上，使廣大的人群，都能彼此親愛，各守本分。把整個的世界，造成一個和美的家庭。把痛苦的人間，變成一個安樂的天國。仁義的精神，便從這種美滿的生活中，表現出來，這便是儒家的最高理想」。

論詩

李九魁

我在一九四一年五月二十日，曾給朋友張疑堂先生寫過一封信，討論關於詩的問題。我在那封信裏寫了下面的幾點意思：

（一）詩的內容是『情』『景』，任何『情』『景』，都可入詩；但中間有高下的區別。評判詩的內容的高下，應該以感動人力量之大小作標準」。

（二）音律是詩的重要條件之一，聲調之美，確能幫助詩的內容的成功」。

（三）評判詩的好壞。應該以詩的內容的高下和表現技術的優劣作標準。

自從說這話到現在，差不多有三年的光景了。現在回過頭來看這話，覺得有點欠修正，第一第三兩條，還沒有什麼

儒家思想上幾個重要的概念

張東蓀

此乃拙作思想與社會一書中之一章，該書已在重慶出版，但此間尚無由得見，故摘錄以實本刊，聊為補白之用耳。作者附識

現在講中國正統思想，從幾個概念講起，就是要把那些名詞如「天」「道」「德」「仁」「義」「理」「性」「體」等等都從系統上與發展上講出來，以明這樣的一組概念是以代表中國文化上思想的基型。不僅要想從社會背境上講這些概念之發展，並且想從這些概念之發展的情形上推知社會方面政治方面所受的影響是怎樣一回事。這就是本書始終一貫的辦法，想從理論與社會雙方互相關係上着眼。

要講儒家當先說孔子，要說孔子又不能不推溯到孔子以前。因為孔子在大部份上尤其是表面上乃只是繼承前人而已。孔子以前的思想因為材料不足當然很難知其詳。不過關於「天」字似尚有些可講，在尚書與詩經上有許多的地方都見到這個字。就中以下列一例比較上是表示思想的：

「天生蒸民，有物有則。」

故人們當「不識不知，順帝之則」。此處並非一無所造作，乃只是所有的人為都是天意，換言之，都是天之現顯（即藉人而見）。從今天我們的觀點來看，乃是對于人事一舉一動（即一件事的舉辦與一個制度的創立等等）所附的說明（即是「說」）。在這個說明中，凡成功的都說明之為出乎天意或合乎天意的，而凡失敗的則委為天意所不喜或背乎天意的。因為一切都得以天為標準，所以必須用卜以占之。在卜筮流行的社會中（即卜筮為一種制度的時候）在理論方面當然會有一套關於天的思想或概念。在此處我們可以看見文化是有配合性的。有人說在天字使用以前有一個時代只有「帝」字，但我們在詩書上却見「天」「帝」二字常常並用。倘使真是「帝」字在先恐怕亦有緣故。須知初民往往混其祖先與所

奉之神爲一，「帝」字表示最高的神同時必又是其族的祖先。以祖先與神合而爲一在初民本不足奇，所以倘使依考證家的講法以由帝到天是一個進化，則可說是由可以兼具祖父意義的神而蛻化爲可以兼具「自然」意義的神，這不僅是由具體而進化到抽象。可見帝字漸漸不用了，天字使用加多了，這正是一個思想上的劃期變化。不過這個變化却又極其自然，因爲人的一切一切由其祖先而制定和由自然而成的原來在初民並無大差別，所以自然而然會由此以過度到彼。後世學者認爲是個變化，而在初民却不會自己覺得。總之，由帝而變到天乃是由人格的神而變爲理法的神（卽神就是一切秩序），於是便建立了一套思想，這套思想亦就建立在若干概念或名詞上。我現在卽接着討論這些概念以明其進展的歷程。

與天字同樣最早出現的乃是「德」字。不但詩書上多見之，卽金文龜甲文上亦有之。現在無須詳舉其例。按「德」訓爲「得」這是說得之於天者。凡得之天的則本身決不就是天，於是在暗中不期然而然就會把天之顯現與天之本體分而爲二。換言以明之，卽凡說德總不外乎說人（或其他動植物）有些得之於天的地方。人旣得之於天則人只能「天工人其代之」，而決不能就是天。思想順流至此，遂自然而然不能不有天人對立的情形。所以「德」字的成立卽暗含「人」的概念產生，或可說由「德」這個概念卽引出「人」這個概念來。人字概念一出來，思想便大發展了，因爲其內部自己發生了問題。這個問題就是人對於天如何關係？第一當然是順天。所謂「不識不知，順帝之則」，是表示這一點。至於「順天者昌，逆天者亡」更爲明顯。但須知順天並不是一個對於上述問題的解答，乃只是天人對立未起以前的狀態。或可說在這個時期人們並沒有發生人與天之關係應該如何方好的問題，倘使以爲這是一個對於天人問題的回答則未免不明初民心理了，所以我們對於這一點不想多論。自此問題一起，其回答要不外乎法天（則取法於天或效法於天），不過在此又會引出一問題，卽取法於天那一點或那些地方？思想推進到此便對於天有了稍稍不同的解釋，這便是因人天對立問題的發生而迫出來的對於「天」這個概念內容之變化。現代中國學者往往以爲後來這個天字概念有些搖動，諸篇有怨天的口吻爲證，又引左傳子產所說「天道遠，人道邇」一語；我則以爲中國思想始終爲天字所籠罩，不僅在古代是支配一切，並且卽在現代那些未與外來（西方）文化相接觸的地方，民間確有這種思想尙活着。所以我不認爲這種思想是經過搖動而後方起變化，我只認爲是由時代上文化的需要而會自己生起內部的變異。須知後來雖有儒道墨三家而要都是主張以人法天。儒家主張是法其「大」，孔子說「惟天爲大，惟堯則之」。其詳當在後再說。道家的法天是法其「自然」，墨家的法天是法其「愛」（卽兼愛）。可見中國思想是從一個根源而演出。不僅此，且其根本點是大致相同的，所不同的地方不在最高原理而反在其由最高原理推出來的實用方法。倘使以中國舊日名稱來表示之，卽爲「道」「術」二字，可以說儒墨道三家之不同不在道而在術。反之，就是儒墨道三家的術雖有不同，而於道並無大異。這個情形我們用西方文化上的希臘哲學作比喻便更會明白，在希臘哲學上 Heraclitus 等一派與 Democritus 派以及柏拉圖一派相比較必見其中有根本的不同。換言之，卽其根本的前提先就相異，其最後的結論當然無由共同。所以我嘗說西方文化在思想方面有一個異彩：卽開始先就相異，雖異與雜而彼此無害；中國則不然，乃好像從一個根上面生發出不同的枝葉來。這是講孔子以前的思想，現在請卽開始講孔子。

馮友蘭先生以爲孔子是士階級的創造者，這句話如果另加以適當的解釋是很對的，但不可僅照着字面來看。須知「儒」是在孔子以前就有的，凡通習六藝者謂之「儒」，又稱之爲「術士」。大概是一種職業，卽以六藝教人者。所謂六藝是禮樂射御書數。以此種六藝教人當然所教者不見得是平民，因爲平民請不起教員。這種人大概總是上流階級的陪伴能出入官府。若以其有德卽尊之爲師爲傅，同時他們又有一技之長卽能寫能算能教授。所以就職業論，就其社會地位論，若說是由孔子而創造這是不通的。不過孔子確是把這樣的讀書人（卽教書人）階級改變了一些性質，就是由於自孔子始，士人所習的不復是六藝而是六經了，這個變化在思想的文化方面意義却是不小。六經是禮樂易詩書春秋，就中只禮樂二者相同。可見由六藝改爲六經乃是由技能的教授變爲經典的教授，換言之，卽由不甚固定的教本改爲十分固定的教本。且不僅此，教本內容亦有些變化。須知孔子編定這樣的教本並不是無中生有，恐怕都是取之於已經有的東西，不過經他審定一番又編制一過，在這個中便自然加了新的意義，因爲他必須先有一個系統的思想在心中；然後方能審定材料加以編制。這個思想就是編定者的主觀見解。孔子所以可貴就在於他有一個見解而去運用已有的教材。從編制教材而言，不過由散漫而變爲系統；由隨意而改爲定本。這在教育史上當然是第一個教科書制定者，其功甚大，不必諱言。不過孔子之功在宇宙還不僅在于他是編教科書的第一人，就是因爲他在其所編的書都附了他自己的解釋。這個解釋乃是一套哲學思想，即其本身是一個比較上有系統的哲學。根據他的哲學不但已有的教材經他的手改了色彩，並且亦必有些删削，最顯著的如六藝中之射御等似已不在必修之列。孔子告子夏說「女爲君子儒，勿爲小人儒」，恐怕就是希望此後儒者專修六經。君子儒是指能通曉他的那個哲學的人而言，至於小人儒恐怕是說只限於學習技術的人。可見這些實用科目如御如射如數，在孔子的新定課程中便不居重要(或不可少)的地位了。此外如詩的删定，近人雖多不信，然我以爲至少總有些去取在內是不可疑問的。所以孔子便不僅是教育史上第一個編纂者，乃同時在全盤文化上是一個整理者。以前的文獻由他作一個結束，以後的文化方向由他來重新開始。後來儒家把他推作聖人就是爲此。這個轉變在歷史上意義甚大。就是以前擔負文化的責任只有執政者，自孔子以後則轉移到讀書人身上了。馮友蘭先生說「孔子以前，道在君相；孔子以後，道在師儒」，這句話是很對的。在這里使我們又引出一個「道」字來了。總之，「道」的概念是天人對立的問題發生以後始有的，或可說必先有人道方可見天道。因爲道只是「路」的意思，就是可以走可以遵循等意思。必是先對於人而講其可以循着走的道路，而後方會發見天行亦有軌道；所以我以爲道字必是先用於人，後用於天。在論語上雖有很多處看見道字，但除了「吾道一以貫之」而外，大概都不有太深的意義。至於「邦有道」與「邦無道」云云，較「吾道一以貫之」還是淺些。可見在論語上並不拿這個字作爲一個深奥的專門語看待。比「仁」字大大不同。從這一點亦可知道老子無論如何不會前於孔子，至多亦不過與孔子同時。近人主張老子在孔子後，就老子那本書而言我亦是大體承認的。關於道字在下文或許還要提到，現在且不再深說。

我說道字用於天必是在後，可於詩書兩經證之。在這兩部書上天字出現極多，但從未見有「天道」二字連在一起的。所有的只是「天命」二字，在此處我們便又牽連到「命」字上了。在古義上好像命字與德字是對待的，有了德當然會有命。德是就受者而言，命是就施者而言。人得之於天是德，天施之於人是命。命就是天之對於人的一切指示與賦予，所以命字與天字是相連的，即本來在一起的，決不會是後起的。所以儒家後來把「命」來代替「天」，就因為對於天的概念稍有變化，換言之，即整個兒的「天」漸漸離人事遠了，只在個人得之於天的那個「命」上表示「天」了。儒家提出命字來就是要把天推遠一些，至於道則完全是人所以自處之法。到了漢朝儒家明白提出「天人相與之際」的問題，則對於命與道可謂得着一個比較確定的答案。

上文已提到道家與儒家並無根本上大不同，其故就由於他們同把天漸漸遠離人事，換言之，即都是把以前的思想修正了，這個以前的思想是以為人的一舉一動都由於天命。但遠離了天以後的人事又怎樣與天發生關係呢？這就是天人相與的問題。儒家在此對於命字另立有解釋，就是把命字單獨使用而與天字分開。須知命字本來就在道字以前，然而儒家却反集中在道字上，由道字的內容以定命字的解釋。自此以後，一切思想遂皆集中在「道」字概念上。儒墨道法諸家之分別，只是道不同（即道的內容不同），而不是根本範疇不同。莊子天下篇上說：

「天下之治方術者多矣，皆以其有為不可加矣。古之所謂道術者果惡在？曰，無乎不在。」

可見中國思想所以名之為「道術」的緣故是由于所謂「學」即是通曉這個「道」，至于術乃是所謂方術，乃是英文的"art"。「道」字向來譯為"way"。道之在人一方面即可說是ways of conduct。在西方純屬于ethics（倫理學）之範圍。從這一點上說，可謂中國思想在「理」字未特別注重以前，絕沒有像西方那樣的純理研究。以西方哲學上的分類而言，即可說沒有純粹的宇宙論與本體論。這一點我已在知識與文化書中提過了。

現在我們要專述孔子的思想。近人敘述孔子往往只根據論語一書，我以為這固然是應當的，但易經上所表現的思想亦須顧到。至于春秋則更不必說了。在論語上有「子罕言利與命與仁」一句，而實際上即在論語仁字凡五十餘見，安得謂爲罕言？又「夫子之言性與天道不可得而聞」亦不可完全相信，在論語上即有「性相近習相遠」一語。可見把孔子的思想完全限于論語一書上所見的，乃是不妥當的。

我說這句話並不是主張孔子的「仁」不是他的思想中心，我以爲仁的思想依然是天的觀念中衍出來的，董仲舒說：

「天高其位而下其施。藏其形而見其光。高其位所以爲尊也，下其施所以爲仁也。……故位尊而施仁，藏神而見光，其天之行也。故爲人主者法天之行。」（春秋繁露離合根第十八）

可見仁乃是天之德。即從「天無不覆，地無不載」上看出來的，亦就是有見于「萬物並育」的情形。所以形容「天」不能不用「大」，大者「達」也。此字在英文可爲 thoroughness，一轉即變爲 universal。孔子說「惟天爲大，惟堯則之」，這就等于主張治者當法天（即取法于天之廣施）。董仲舒在上述的話正合此義，同時亦可見仁是人主之德即治者所必具之品格，于是我們要問除治者外是否人人都得要仁？在禮記大學一篇上有下列的話：

「物有本末事有終始，知所先後則近道矣。古之欲明明德于天下者，先治其國；欲治其國者，先齊其家；欲齊其家者，先修其身；欲修其身者，先正其心；欲正其心者，先誠其意；欲誠其意者，先致其知。致知在格物，物格而後知至，知至而後意誠，意誠而後心正，心正而後身修，身修而後家齊，家齊而後國治，國治而後天下平。自天子以至于庶人，壹是皆以修身爲本。」

在這里明明提出「庶人」二字，則顯然是仁之爲德，乃人人所應有。不過可因地位不同而其所波及的範圍得有大小而已。在一家者其仁應擇及一家，在一鄉者其仁應澤及一鄉，在一國者其仁應廣施于全國。論語上有「君子思不出其位」一句，大概就可照這個意思來說。所謂「不出」不是指超越而言；乃是只謂「不離開」，即是說永久不離開其「位」。凡從其本位而出的雖極廣大而亦不得目爲超越，在此便又引出一個「位」字的概念來了。這一點亦正是儒家思想的特色」，或可說是由儒家來代表的中國思想特色」。關於此點暫且緩提，現在仍接着討論孔子之仁的概念。仁字在鄭康成訓爲「人相偶」，這確是易使人誤會的。平心論之，漢儒的訓詁往往反把義理弄得支離了。鄭康成確有這樣的毛病，無怪後來宋儒說：「秦人焚書而書存；漢儒窮經而經絕」了。這是因爲這樣呫嗶訓詁把大義割裂了。這個固然是一個弊病；此外還有一個就是近人總喜歡把孔子所說的仁弄得淺些，力避深奧，遂以爲只是「作人之道」。孟子說「仁也者人也」，當然人所以爲人在於仁；人而不仁則雖具人形實不足爲人。就這一點來說，以仁爲人之所以爲人者原無大錯，因此雖謂仁是作人之道亦勉強可說。不過即在論語上所見的亦決不能使我們就以此種淺義爲滿足，論語上明明說：

「知者樂，仁者壽。」（雍也）

「君子無終食之間違仁。」（里仁）

「志於道，據於德，依於仁，遊於藝。」（述而）

「仁者其言也訒。……爲之難，言之得無訒乎！」（顏淵）

「知及之，仁不能守之，雖得之，必失之。」（衛靈公）

「仁者安仁，知者利仁。」（里仁）

照這些話來看，仁既可「安」，又可「守」，又可「依」，並且很難說出其本質的狀態，則顯然可見仁決不是如上述（即作人之道）的那樣簡單。蔣維喬曾有一文揭破此點，他的證據是孔子不輕易以仁許人。在論語上這類證據甚多，現在以篇幅關係一律割愛。因此我們可以主張仁有一個淺義又有一個深義；由淺而言即「仁者愛人」，凡對人施愛皆可謂爲仁，至於深義則成仁即爲成「聖」。論語上「子貢曰：如有薄施於民而能濟衆何如？可謂仁乎？子曰：何事於仁，必也聖乎？堯舜其猶病諸」，足見由仁即可躋於聖。而此種聖的境界即堯舜亦尚未達到，其高便可想見了。孔子又說「殷有三仁焉」，這雖可以「仁」訓「人」，然而其上文云「微子去之，箕子爲之奴，比干諫而死」，都是寧殺身以成仁的。可見殺身成仁亦未嘗不是「聖」的一種事業。所以把仁只訓爲作人之道未免只見其淺義一方面，此外近人又往往只把下列兩段話拿來特別重視：

（一）「顏淵問仁。子曰：克己復禮爲仁，一日克己復禮，天下歸仁焉。爲仁由己，而由人乎哉？」（顏淵）

（二）「夫仁者，己欲立而立人，己欲達而達人。能近取譬，可謂仁之方也已。」（雍也）

他們重視的緣故似以爲其言已涉及仁的內容了，其實我以爲不然。所謂「爲仁」乃是「從事于仁」，所以說「爲仁由己」而不由人，克己復禮只是從事于仁的一種方法或途徑，至于己欲立而立人的能近取譬，亦同樣只是從事于仁的一種方法或途徑，故說是人之方，此「方」字有方向之義，乃是從事于仁之開始。總之，這兩段話中絕不含有對于仁字之定義或類似定義，于是我們可以說縱使孔子說仁甚多，但並未有一語眞說到仁的內容或本質，所說的大概全是爲仁（即從事于仁）的途徑。倘使要問何以孔子不把仁的定義先說出來呢？討論此問題便會牽涉到中國思想之特徵問題。換言之，卽沒有定義是不是中國思想之特色？如果我們認爲中國人在他的特有的思想歷程上以爲無下定義的必要，則可說在中國思想上沒有定義便不算一件奇怪的事。並且亦不能因此便謂中國思想幼稚不如西方進步，因爲定義本是西方邏輯上的事，與其全部邏輯原理以及思想格局相關，而不可單獨提了出來。關于此點我曾在他處詳細論過，現在不必重述。倘使承認此說，則孔子對于仁不下定義與不解釋仁之本質乃正是表示孔子代表中國思想的地方。我們要了解孔子，要了解他說的仁亦決不當以定義之方式去求之。如不明此理而強去替孔子下一個仁字的定義，這便是把中國思想的格局打破了。打破中國思想的基型在今天的中國本不是不應該的，因爲西方文化已大量移入進來了；但其中却有問題，就是我們今天超越了中國思想格局用以了解中國固有文化則可，若謂中國古代思想本來就是那樣大大不可，換言之，以我們今天的思想格式來對于古代思想而求有所了解，這乃是解釋工作；倘若以古代思想硬嵌入在我們的格式中，這便是削足適履。二者分別甚大，可惜現代學者很少能徹底明白這個道理。所以倘使承認這個不同，則我們便在孔子對于仁不下定義一點上，更能了解孔子，更能了解他的仁是甚麼。本來古書如嚴格考證起來，問題是太多。論語一書差不多以仁字爲中心思想，但在他處（如易經及禮記等）則又不盡然。如果以爲孔子的思想限于論語這是很不妥的，所以我們必須把孔子在論語上所表示的思想與在其他處所表現的，以及在孔子以前的思想系統作一個通盤計算，以明其中的異同方可。所謂異同是從大同中見其小異，亦是由小異以窺大同。倘使專從其破綻處着眼則必只見有割裂，漢儒因專事訓詁而把大義割裂了，近人因專事考證亦同樣把義理的條貫抹煞了。

我說仁的概念是從天的概念脫胎而出來的，就是因爲在最初總是把所有好的方面都歸之于天，以爲人之所以有好的地方是從天得來的，所以在思想上天字與德字以及命字是最初占重要地位。董仲舒的春秋繁露第四十一篇是「爲人者天」，其中有云：

「爲生不能爲人，爲人者天也。人之人本于天，天亦人之曾祖父也，此人之所以乃上類天也。人之形體化天數而成；人之血氣化天志而仁；人之德行化天理而義；人之好惡化天之暖清；人之喜怒化天之寒暑；人之受命化天之四時。」

辭長容不煩引，總之，以人倣天在西方哲學上謂之曰 The theory of epitomization，在知識與文化書中我亦曾提到這一點，現在不想多說。在這一點我認爲儒家是和道家一樣，都是對于「天」下一番解釋。儒家認天是覆育萬物使各遂其生，故天之德就是仁。這樣說來似與向來的說法以爲儒家是側重人事而遠天顯有不同，不過我以爲這只是由于道家思想對照而始發生的。道家亦只是對于「天」下一番解釋，老子上說：

「人法地，地法天，天法道，道法自然。」（二十五）

「功成事遂，百姓皆謂我自然。」（十七章）

「是以聖人欲不欲，不貴難得之貨；學不學，復衆人之所過，以輔萬物之自然，而不敢爲。」（六十四章）

這顯然是道家把天（即天的正態）即等于自然，在此所謂自然只是自自然然而不是英文的 nature 如果定要譯爲英文，只好創一個新字曰 naturalness 。此字是從形容詞的 natural 變成的名詞，因爲 nature 表示物件或實體（entity）。而這個新創的字則只表示狀態與動作（state or action）。道家是把自自然然的狀態拿來形容天，却決不是主張在天以外另有個「自然」。我雖在上文說過老子決不會在孔子以前，只是因爲老子的思想比起孔子的思想來，寧是離正統較遠；但須知對于天的原始解釋即在孔子以前已早起了變化與搖動。詩經上竟有「天不可信」的句子，足見孔子以前對於天的原始解釋已經有多數人不滿意了。所以必須另下新解釋，老子是作此企圖的一個人，孔子亦何嘗不是？我們今日有了老子的思想在腦中，遂覺孔子的思想是遠天而近人。我以爲這個遠天而近人的傾向是直到荀子而始特別顯著的。倘使主張孔子與後世儒家有所不同，則這一點恐怕亦可算是一點。

由天人之際的問題引出「命」字概念來，又由命字引出「性」字來，自從「性」字出來其重要性竟會駕乎「德」字而上之。先說命字罷：在論語上有「五十而知命」，以及「道之將行也歟，命也；道之將衰也與，命也」等語。這個意思和易繫辭上「樂天知命故不憂」完全相同。有人以爲「君子居易以俟命」是道家的思想；但我在上文已說過儒家在根本上並沒有與道家絕對不同。所以「俟命」的意思和「立命」並不矛盾，儒家是先「窮理盡性」而後「知命」。知命即能立命，立命然後俟命。即所謂盡其在我者，行有不得必自反。自論語大學中庸與孟子這四種上所表現的思想來看，可以說這一點是一貫的。即所謂內聖外王。用現代我們說的話來說，可以說是把「學」即變爲「修」；把自己的變化氣質與對外的濟世利人合併爲一件事；把純粹研究的辨理析物與躬行實踐的敦品勵行又合並爲一件事。所以後來宋明學者往往自稱「講學」，須知他們所講的決非等於今日西方倫理學等，因爲西方即倫理學亦只是純粹的理論而已。換言之，即在西方是學與修不必合爲一；而儒家的特點却在認知識就是修養，自修就是濟人，內外是合成一片的。關於這一點儒家方有「性」的討論，即注重於性是由這個傾向而喚起的，和西方人以靜觀的態度研究物性（或人性）是迥乎不同。說至此便須討論到「性」了。

孟子提出性善，這是儒家思想在理論方面的一個大進步。孟子所以主張性善，我們不必從其理論上去研究，乃只是由所謂「文化迫力」而出來的。（關於文化迫力一名詞是 V. F. Calverton 所提出，詳見李安宅所譯的兩性社會學二五九—二九六頁。）我則不願名之曰文化迫力（cultural compulsiveness），而要改名爲「文化需要」（cultural demand）。好像文化迫力是說從後推進文化需要是說由前引進，我以爲這個分別並無必要。老實說學說與理論本來只是在文化本身的不調和處謀有以填滿其空隙，填滿以後事實與其說明乃打成一片，由此文化便可再進展一下。孟子所以提出性善論的緣故就是爲此，我在知識與文化書中已略說過了。孟子以爲人皆可以爲堯舜。挾泰山以超北海，非不爲也，不能也，爲長者折枝，非不能也，不爲也。人皆可以爲聖人只在於爲而已，這是孟子主張性善的動機。所以他說：

『凡同類者舉相似也……屨之相似，天下之足同也。……故曰口之於味也有同嗜焉；耳之於聲也有同聽焉；目之於色也有同美焉；至於心獨無所同然乎？心之所同然者何也？謂禮也義也。』（告子章）

須知性善論之基礎在於人性相同論。人性相同論在論語上已有其迹，如「性相近習相遠」即是也。此說與性善究不能無稍稍區別，然而却是性善論所由出。因爲倘使不承認人性相同，而只主張人性本善，則其理論勢必變爲毫無意義了。所以人性相同與人性本善兩說必是一說。就人性相同而言，在論語上有：

「己所不欲，勿施於人」

在大學又有：

「所惡於上，毋以使下；所惡於下，毋以事上；所惡於前，毋以先後；所惡於後，毋以從前；所惡於右，毋以交於左；所惡於左，毋以交於右，此之謂絜矩之道」

這些議論的根據在暗中就是基於人性相同。我嘗說人性相同的發見在政治思想上是一個極大的貢獻。其實誰不知道人性是相同的，無如在政治制度要把人性相同反映出來却大爲不易，因爲政治總是統制關係，有治者與被治之分，而又離不了少數人治多數人。所以人性相同這個淺近事實而在政治上却變爲一個重大事件。西方的民主主義卽建立在這個人性相同的觀點上。杜威在其近作自由與文化上說："It is not accidental that the rise of interest in human nature coincided in time with the assertion in political matters of the rights of people as a whole, over against the rights of a class supposedly ordained by God or Nature to exercise rule. (Freedom and Culture, P. 103) 發見人性相同在政治方面乃是一個最有價値的轉變。不過西方的民主主義不僅主張人性相同，並且主張由相同的人性上發表出來的不同意見亦皆尊重。所以民主主義就是民意政治，這個引伸之點是中國所忽略的。因此我嘗說若嚴格講來，中國自始卽沒有民主主義的政治思想，孟子的仁政論決與民主主義的原則不符合。中國所有的只是民主主義的前半段，換言之，卽只有人性相同的思想一點而已。我們要問何以中國不能根據人性相同的原理而發展爲民主主義呢？我的答案是中國思想太偏重於教化而輕視自然的發育（卽個人自由自主的發展）。所以孟子的性善論結果只造成一個「可教育性」（educability）的理論基礎而並不能引出「平等」的觀念來。孟子說：

「今夫麰麥播種而耰之，其地同，樹之時又同，悖然而生，至於日至之時皆熟矣。雖有不同則地有肥磽，雨露之養人事之不齊也。」

這就是說在種子都是一樣的。至於人則可說其本性決不會壞，只須加以教育必能成爲善人。這種主張不外乎要對於教育與修養證明其確有可能性。並沒有說因爲人性人人一樣，所以人人有同等意見與同等利害。所以孟子的論證只在想證明人皆可以爲堯舜（聖人）。後世理學家所以有「滿街皆聖人」一句話，這是從其可能性而言並不是指其現實狀態。倘使從民主主義的觀點來說，似可說孟子的性善論是因爲特別注重敎化之故，致半途而折入於非民主的型態。於是乃引出荀子的性惡論。他在其性惡篇上說：

凡性者天之就也，不可學不可事。

不可學不可事而在人者謂之性。」

這些話和孟子所說的「性」並不相符。孟子只謂人有善端即善之潛根而非謂已發爲現狀。荀子譏之以爲此說興，則聖王無用、禮義不必要了、這實是誤會。所以就荀子全書看，處處能表示儒家的精神，獨有性惡論一點是有些不符，無怪後來宋儒把他屏棄了呢！且其說自身亦有破綻。他說「所貴堯禹君子者能化性能起僞」，「繩墨之起爲不直也，立君上，明禮義，爲性惡也」。這顯然是立制度造禮義全爲拘束人之野性，使納於軌道內。倘使先承認人性相同，則此制法立禮的明君賢上，何以獨無「生而好利焉，生而疾惡焉，生而有耳目之欲好聲色焉」的情形呢？因爲倘使承認人總是差不多的，則決無法說制禮法的聖人與被治的普通人有分別。荀子雖說「聖人者人之所積而致矣」，他所謂積只是指教育。「必將求賢師而事之，擇良友而交之。得賢師而事之，則所聞者皆堯舜禹湯之道也；得良友而友之，則所見者皆忠信敬讓之行也，身日進於仁義而不自知」。然則賢師友自身又何由而致於善？所以照這樣說只能解釋後起的賢良，而決不能說明最初的善人。因爲人性本惡，大家必是一樣的。所以荀子的性惡論雖稱爲「有辨合有符驗」，近人亦多認爲切合事實；然而在政治思想上並無多大的價值。因爲用這種論據並不足證明禮法之重要，亦只表示教化之重要而已。這和孟子的性善論原無二致。至於後來學者大抵皆願作性有善有惡之調和論。王充論衡上本性篇列述各家之說，上自密子賤漆雕開以迄董仲舒大概都偏於這種調和論。其實政治理論所以能在人身上發生力量，除了確合乎事實以外，還得有向理想境界的推動性，馬克斯主義的長處就在於此：他能在一方面求有以近於客觀實際，而在他方面又能引人向前奮鬥。以此標準而論，我以爲孟子之說要比這些調和論（即主張性有善有惡）高明得多了。又須知性有善有惡和性無善無惡在邏輯上決不一樣。世上可以有善人，又可有惡人的主張，並不見得必主張性有善有惡，因爲若主張性無善無惡亦可致此，這就是孟子書上告子之說。所以即使主張性有善有惡亦勢必承認有些人是天生下來就是壞的，而無法改善。此說顯爲荀子所不取，可見荀子的性惡論在全儒家的系統中是不合的，因此我們不想多討論下去。

性就個人而言就是個人的稟賦；命是就社會而言，即是說一個體在大羣中的際遇。其實二者皆暗含有一個「自由對必然」(freedom versus necessity)的問題。在此便使我們知道中國人亦何嘗沒有「人生是否機械」的問題在心中盤據着呢？如果性是固定的則決不能改善；如果命是預定的前定的，則必無須充足自己了。所以儒家對於這個問題是始終取折衷的態度。以爲有性，但性必得教而後善，有命而命必須盡性後以俟之。所以用現代的性來講儒家的「性」，只是「潛能」(potentiality)，亦可說是一個界限（例如孔子說「惟上智與下愚不移」）。儒家的「盡性」就是所謂「自我實現」(self realization)，即自己充實其所固有者。至於命則雖是客觀的，却只能由主觀方面的充實實現了以後方能得見。所以命是「函數的」，又同時是「可變的」。在一個大羣中個人的遭際本不能自主，這是極淺近的事實。關於這一點恩格斯有下列的話可供參考："The history of social development is essentially different in one respect from nature. In nature, there exist only unconscious, blind agents. ......On the other hand, in social history the active agents are always endowed with consciousness, are always working towards definite ends with thought and passion. ......But this difference...does not alter the fact that the course of history obeys general laws. ......For here too, on the surface, despite the consciously willed ends of individuals, chance seems to rule. Only seldom does that occur which is willed. In most cases the numerous ends which are willed conflict with or cut across one another. ......And so, out of the conflicts of innumerable individual wills and acts there arises in the social world a situation which is quite analogous to that in the unconscious, natural one（S. Hook, Towards the Understanding of K. Farx, P. 107-8 所引）

這個說法當然是現代的彩色。儒家當時不能像這樣透切，不過凡涉及一個人處於世間便不免有這樣的問題。因此我說關於性是「人對自然」(man versus nature)的問題，而關於命則是「個體對社會」(individual versus society)的問題。所謂「自然」在中國謂之曰天，而把社會亦歸於自然一類中。凡莫之致而致者曰天，天人之分別遂等於西方的自由與必然」之分別。可惜後世學者皆有一個大弊病，即對於問題總是急求解決而不先充分分析。以致不能把問題中所包括的幾個概念分化起來，顯明起來。中國思想遂只有這樣的一種折衷態度爲止，竟沒有很明顯把「自由」與「必然」以及「個體」與「社會」等範疇使之出現。其結果遂致中國思想只留下幾個問題而沒有提出新的範疇來，使思想雖有特色而無軌道。就是因爲沒有把所以規範思想的範疇弄得顯明固定。

現在我們又要換一方面來說，即另從社會方面來講「禮」字這個概念。我主張禮字在最初並不與天字相連繫，因爲禮是表示社會秩序。任何原始的初民社會總須有秩序，即就是所謂風俗或習俗。因爲一個人的行爲在羣中動輒與他人相關，所以不能不節調。節調的目的一方面在節制，這是對自己的，他方面在和調，這是對他人的。換言之，即抑止自己而隨和於大衆。這樣由大衆步伐齊整而成的軌道，就是社會之所以成爲有組織的緣故。所以有社會必有組織；有組織必有秩序，固不管其秩序是何種性質。在中國可以說禮字幾乎包括社會秩序全部；直到後世社會日趨複雜了，乃始有「法」字的概念出現，好像是在禮字以外，其實法家思想上的法字乃完全從禮字概念脫胎進化而出。但禮字並不是完全與天無關，原來禮以祭祀爲起源，禮字從「豊」與「示」，照王國維說豊字爲祭器之義，故一切禮者由祭祀之禮而出。所以禮與天亦是打成一片的。不過這些禮節（禮俗）都是在儒家以前早有的，本書在體裁上不應詳論，現在要說的只限於儒家對於禮之理論。孔子在論語上說：

「禮與其奢也寧儉，喪與其易也寧戚。」（八佾）

「爲禮不敬，臨喪不哀，吾何以觀之哉？」（同上）

「禮云禮云，玉帛云乎哉？」（陽貨）

至於尚有「有子曰禮之用和爲貴」。這些足見到了孔子對於禮便不在外表的儀式上着眼，而轉向於其內含的意義；

所以禮在最初本只是儀式，到了儒家却賦以命意。以禮暗示理，故說「禮者理也」，這是一個大變化。至此所謂理是指「條理」即是「次序」，尚不如後世那樣重視。其詳當於下章言之。但以禮節表示次序，在最初本亦如此，不過這個次序不是人爲的，乃是天然的。既是天然的次序，則禮之概念與天之概念在根本上就相通了。等到人爲的次序一出來，法字遂代替了禮字。在下文說法家思想再提，現且不論。因爲理所示的次序是自然秩序，則必須有個自然秩序論的宇宙觀先成立在那兒，儒家所表現的似可說就是易經。我在知識與文化書中曾論述此點，以爲中國哲學(卽形而上學)只有一種，就是把宇宙認作是一個整體，其中各部分皆有其特具的職司，連合貫串起來成爲一個層次的統系。「各有職司的整體」在英文爲 functional whole。「層次的統系」在英文爲 hierarchical system，而總名之曰「整體論」(integralism)。其實這個思想是到了宋儒始明顯的，在最初不過是雛形而已。在易繫辭上分明說：

「天尊地卑，乾坤定矣。卑高以陳，貴賤位矣。……在天成象，在地成形，變化見矣。……乾道成男，坤道成女。乾知大始，坤作成物。乾以易知，坤以簡能。……易簡而天下之理得矣。天下之理得而成位乎其中矣。」

又序卦上說：

「有天地然後有萬物；有萬物然後有男女；有男女然後有夫婦；有夫婦然後有父子；有父子然後有君臣；有君臣然後有上下；有上下然後禮義有所錯。」

這顯然可見這是把自然界的秩序拿來象徵人事上社會的秩序。詳言之，卽在自然界，天在上而地在下；於是在人事上便是夫在上婦在下，在社會上乃是君在上臣在下。這種思想我在上文已提過，乃是所謂疊層套合說(見上文所引董仲舒春秋繁露「爲人者天」一章)。就是以社會的秩序與自然的秩序以及神的秩序混合爲一。我在上章曾名此爲混合的秩序，就是關於這一方面的。若用中國的舊有名詞來表示之，則於社會的秩序名曰「人倫」，於自然的秩序名曰「物則」，於神的秩序名曰「天理」。而所謂混合的秩序卽是人倫，物則與天理之合一。說到此處又不得不引出一個字來，卽是「位」

字。所謂君子思不出其位就是這個位字，這個字的來源是從自然的秩序開其端。必是天尊地卑，天高地下，而後萬物之位方能定，萬物在宇宙中定了各各的地位，於是人的地位乃隨之而定。但决不可汎言人，因爲一個人不是君，就是臣，不是父，就是子，不是夫，就是婦，所以人的地位就是人之社會的地位。在此遂使我們知道這種思想在表面上確乎是用天然萬物的秩序說明人事社會的秩序，以爲人的條理是從天的條理而來，但其實却只是在心中先有個社會秩序而後反映在自然界上，因爲在初民時代社會的分工是以男女有別爲始。易經上的陰陽就是模楷乎男女而推出來的。此外心理學家告訴我們，兒童是先對人有認識，次始會對物有概念，所以古代思想總不免是先由人事而反映於物界（即自然）。至於所以必須用自然秩序以說明社會秩序，不外想使人對於社會秩序之存在加强其信心卽信其爲合理。換言之，卽社會秩序爲之合理化或理性化。這種合理化的功用有二：一爲保守的，卽使已存在的秩序得到充分的理由，於是人們便可不想去搖撼他；二是改良的，卽對於已有的秩序認爲有不滿時得據理以改造之。凡政治思想都有這樣的二重作用，似乎不必詳論。把人作中心的觀點拋棄，則天又何嘗在上，地又何嘗在下呢？可見這種宇宙論是由社會論反映而出，並不是社會論由宇宙論而推演以出。總之，禮是代表社會組織上的秩序全部，而禮之背境却又暗中在於天的觀念。

我們討論禮時不得不又牽涉到「義」字。我以爲義字是與仁字的關係較淺，而反與禮字關係較深。春秋左氏傳上有「禮以行義」（僖公二十八年）一語，管子亦有衣食足知禮義之言，可見於仁義並稱以外又有禮義並稱。且禮義並稱恐怕還在仁義並稱以前，因爲仁義並稱是以孟子爲最顯，後來漢儒董仲舒說仁者人也，義者我也，這亦是有根據的。大家都知道儒家主張制禮作樂是以禮來節制人情，又以樂來宣洩人情。所以禮總是偏於節制一方面。就是把人的行爲使其入乎一定的軌道，凡在軌道中的行爲都是得宜的，故曰「義者宜也」。孟子說義人之路也，亦何嘗不是此意。總之，因爲有了禮方能把人拘束住了，使其在固定的軌範內施行其所應爲者，這便是義，所以義是對已而言。換言之，由大羣以定小己之位而論其應爲這是義，至於由小己以視大羣而發其心願這是仁。孟子以仁義並稱乃是內外兼顧，但究其起源却是義出於禮而決不出於仁。上文曾說過「人禮」又暗射「天理」。於是乃又有理義（或義理）並稱。這乃是由於理字的變化而成。關於理字本應詳論，不過爲了體裁的關係，不得不留在下章討論。

最後我們要論到「君子」這個概念，因爲君子這個概念在儒家是很重要的。普通以爲君子是與「小人」對稱，有人更以爲表示社會上貧富階級，我以爲要討論此點必須詳說中國社會組織的狀態，而作此說明時我特注重兩點：一是中國社會是家庭的放大，二是儒家對於中間階級（即士階級）想予以特別使命。所以我以爲「君子」二字，和「天子」在同樣的命意，天子是說天的兒子。在實際上是君主治人民，而在理論上卻是君主代表天來治人民。因爲君主個人不配治人，必須作天的代表者方可。孟子引證「天視自我民視，天聽自我民聽」的話，想把天意與民意以及君意結爲一環，可以周而復始，關於這一點已在知識與文化中提到，今不再說。總之，這種以天爲出發點的政治論，其用於君主方面，是必須使其仰體天意。所以孔子說：「大哉堯之爲君也！巍巍乎唯天爲大唯堯則之」。（論語泰伯）。在這一點上，可見儒家思想是根本上反對專制與暴政，這和西方的神權說在政治思想上原無不同，不過就其不承認「君權」一點是其特色而已。所以我主張君子就是說君的兒子，在此不可照字面而言。天子是天的兒子乃只是說替天行道，君子是君的兒子亦只是說替君行道。不過卻有些區別，即不是替君行道乃是輔佐君主以行其道。照我的主張，中國的社會組織是於執統治權的帝王以外另有一個階級即所謂「士」是也。我則願名之曰「輔治階級」，即是輔佐統治者的人們。本來這種人只是官吏，不過在古代君國可有「相」，即在一地方的封建主亦可有陪臣，在前清則有所謂「幕」或幕僚幕友等。須知君主亦必讀書，讀書必有人講授於是有所謂「傅」，傅亦就是「師」。這一類人是專幫助他人，替人出主意定計劃立方案。照前清的情形而論，不但中央的君主需用這類人，即地方的官吏（如巡撫與府縣等）亦都得有這類人爲其幫助。這是講實際上社會階級的情形。須知理論的主張不必與實際全同，但卻亦不會完全不同。這種輔治階級的存在，在事實上決不是自孔子而始，所以若說士階級爲孔子所創造這是不對的。孔子卻確看到一點，就是此後應得把這個輔治階級的使命加重另付以一種責任。原來輔治階級之輔佐治者是以其技能，而孔子却改為以心術（卽品德）來從事輔佐，所以後世儒者有「致君堯舜」之言，就是使現在的帝王變成堯舜一樣的聖君。這是一個很重大的變化，換言之，卽使「士」為之變質。孔子便是這個使士變質的第一個人或開創人，亦正因那個時代士階級亦確乎有此要求，所以孟子恭維孔子說他是聖之時者也。聖之時者卽是英文 prophet 的意思，就是說他能預見這個時代要求而迎上前去。於是從此以後補治階級的使命便在於「革君心之非」，遂變為道的保障者了。因此孔子特別提倡「仁」，須知「仁」為君主之德，士階級在於輔佐君主當然亦必自己先注重於仁。關於這一點，上文已說過了，可以不必再述。總之，士是一個階級的名稱，而君子則是士人之能夠先充實了自己而後擔得起這個新使命的人。換言之，卽孔子對於士階級中能合乎他所定的資格的人名之曰君子。雖君子亦是個舊名詞，而孔子却付以新意義。

君子之所以得成，乃在於一舉一動必合乎禮，於是我們又回到禮上來了。孔子說：「非禮勿視，非禮勿聽，非禮勿言，非禮勿動」，就是把一舉一動全納諸禮中。所以乃有人說「禮者養也」，把禮當作水而人就是魚，魚養在水中人則養在禮中。禮不僅卽是生活　並且含有教化（教示與潛化）的作用，故禮教二字又常並稱。這些已為世人所熟知，因不贅述。這種一舉一動皆合乎禮的君子，在孔子認為是社會的棟梁，教化之責任道德之維持全靠他們，他們輔佐治者使政治致於修明。我在知識與文化書上曾說過這個情形會決定中國國運數千百年，就是使君主的專制不致過度遂致社會不至於大崩潰，這乃是士階級經過孔子改造以後對於中國歷史的貢獻。當在孔子對於士階級要改造一下付以新使命時，未嘗不感到困難與反對。論語上有：

「子路宿於石門，晨門曰：奚自？子路曰：自孔氏。曰：是知其不可而為之者歟？」

這很可反映出來當時的「無道」情形，在那個時代「賢者辟世」而隱。在論語上卽可證明，當時確有許多人譏笑孔子以為他是徒勞或不免於熱中。但這都是因為他們不了解孔子的用意，孔子並不是求作官，乃是想把士階級提起來，使居於輔佐的地位而負起國家全部的責任。

說到此有一個附義亦須一解釋，就是那個時代既如此混亂何以有識之士不主張革命呢？這自然是由於當時已經有了以下犯上的情形，臣弒其君者有之，子弒其父者有之，所以這種方式的推倒政府是不足謀政治的改良，已有目共睹了。但我以爲除了這個原因以外，尙有一個思想上的原因，就是儒家對於社會的看法始終認爲個異質分工的總體。在其中分子的性質決不全同，各有其職司與功能，而又互相維繫任互相倚靠住。近代社會學家有以分工爲社會起原的，而社會的本質亦就有賴於分工而見。儒家思想當然不可與現代社會學問同日而語，但大體上却是這個方向。就是把社會不當作一個「聚合」（aggregation），所謂聚合莫妙以沙堆爲比喻，每一粒沙在性質上都是相同的在大小上都是差不多的，堆積起來就成爲一個團。而社會則不然，其中分子不像沙那個樣子。因此儒家把社會就等於秩序，沒有秩序就沒有社會。社會是一個「有機體」（organism）而不像一堆沙，這樣的思想却影響於革命甚大。詳言之，即必須承認個人是根本的，人人都平等，把社會當作一個聚合，於是才會對於不良的政府想起應當推倒而再另建立一個。倘使不承認這個前提，則對於政治的改良決想不到有所謂革命一法。因此我說在中國古代根本上就不會有革命思想。所有的只是事實上的朝代變更，朝代變更是基於天命。孟子說「天與賢則與賢，天與子則與子，」這就是對於政權的接替與轉移全用「天」來說明之。所以在天以外要有人爲的革命，這是在這個思想系統中所不容許的。並且須知這種把社會就等於秩序的思想是首先從家庭爲着眼點而後發展出來的，因爲家庭中男女分工異職是一切組織之起點。儒家的解釋社會似卽偏重在這種方面，所以社會在他們的眼中直是一個家庭。不是許許多多的家庭的聚合，乃只是一個大的家庭，卽放大的家庭。在其中君卽是父，父對於子有教與育之責任，君對於民亦然。所以儒家的政教合一是其理論本身上的邏輯所使然，並不是因爲古代政教不分的實際情形所反映而始有之。因爲社會只是家庭的放大，所以在其理論的體系上決不容有革命這種思想發生。就是由於不但在實際上家庭是不可紊亂的，並且在理論上亦決是不可有以下犯上的事情出來。從這一方面來看，不但儒家的思想是如此，並且中國社會組織亦確有這樣的類似情形，換言之，儒家思想最能代表實際情形的地方恐怕就在此處，這亦就是思想能影響實際的地方。若說中國社會是照着儒家思想來組織的固然不免過分，然而究竟總有幾分可說。

差不多都說完了，只尚餘「中」字概念未提到。中字在儒家思想中亦居相當重要地位，不過我則以為中的概念是從禮的概念而出。樂記有「禮以制中」一語最為顯明。當然講中字最甚的是中庸，相傳為子思所著。不過中庸是在禮記中，倘中庸中的思想與禮記中的思想有衝突，則漢儒決不會把他們擱在一起。所以惟有以禮養人之情，然後才能使人一舉一動皆得乎適中。雖說中是指情未發動時之狀態，然而必須依禮始能致其發動出來，而無過與不及。中庸上說「喜怒哀樂之未發謂之中，發而皆中節謂之和；中也者天下之大本也，和也者天下之達道也」，可見要中節必須執其兩端而用其中。如此又非納之於禮不為功。故中的思想是從禮的思想而出，這是很顯明的。

要而言之，儒家思想有兩個柱石都是從其前代傳下來的；即一個是天的思想，另一個是禮的思想。不意到了後來，因為簡單社會變為「大社會」了，遂致禮的思想失其功用，於是儒家在實際已算亡了一大半，這是時勢所演而不得不然的。至於到了宋明有所謂理學出來用以繼承其統，這即不必論列了。

休爾的之處世論

徐祖正

——如何能不用策略常與惡作鬥而過此一生——

上

瑞士卡爾，休爾的（Karl Hilty）原不是空談理論，或是人生哲學之販賣者，亦不是以講經為糊口之職業傳道人。

先秦儒家之詩論

李 [illegible]

一、

先秦儒家，當然首推孔子；孔子歿後，派別分歧，其中勢力比較最大，能成爲一個統系者，要算孟子和荀子。韓非子說：

儒之所至，孔丘也。……自孔子之死也，有子張之儒，有子思之儒，有顏氏之儒，有孟氏之儒，有漆雕氏之儒，有仲良氏之儒，有孫氏之儒，有樂正氏之儒。（顯學）

「孟氏之儒」，即孟子一派，其學統似由孔子（而曾子）而子思而孟子；「孫氏之儒」，即荀子一派，其學統似由孔子而子弓而荀子。荀子說：

略法先王而不知其統。猶然而材劇志大，聞見雜博。案往舊造說，謂之五行。甚僻違而無類，幽隱而無說，閉約而無解。案飾其辭，而祇敬之曰，此眞先君子之言也。子思唱之，孟軻和之。……若是總方略，齊言行，壹統類，而羣天下之英傑，而告之以大古，敎之以至順。奧窔之間，簟席之上，斂然聖王之文章具焉，佛然平世之俗起焉。……無置錐之地，而王公不能與之爭；名在一大夫之位，則一君不能獨畜，一國不能獨容。成名況乎諸侯，莫不願以爲臣。是聖人之不得勢者也，仲尼子弓是也。（非十二子）

荀子不但非薄子思和孟子；他對於儒家其他派別，也攻擊不遺餘力。荀子說：

弟佗其冠，衶禫其辭，禹行而舜趨，是子張氏之賤儒也。正其衣冠，齊其顏色，嗛然而終日不言，是子夏氏之賤儒也。偷儒憚事，無廉恥而嗜飮食，必曰「君子固不用力」，是子游氏之賤儒也。彼君子則不然。佚而不惰，勞而不

慢；宗原應變，曲得其宜，如是然後聖人也。（仝上）

別的些派，都是「賤儒」；只有他們的一派，纔算得孔子的薪傳。按論語及司馬遷仲尼弟子列傳所紀載，並無子弓其人。孔門「四科」中，有一仲弓；前歲復有人爲文考證子弓即顏淵。仲弓歟？顏淵歟？他們都沒有書籍傳留下來，荀子的學說是否與之一脈相承，不可得而知。惟孟子主張性善法先王等，與荀子主張性惡法後王等，雖倍譎不同，但均「持之有故，言之成理」（荀子語），爲孔子以後儒家的兩大學派；如古代希臘蘇格拉底（Socrates）之後，有極不相同的兩派，即柏拉圖（Plato）與亞利斯多德（Aristotle）爲之傳人（雖然他們有師弟的關係）。孟荀兩派，對於藝術方面的意見，却無甚衝突；不過在這一方面，荀子有禮論樂論等篇，比孟子發揮較多，我們似乎可以說，荀子爲正統而孟子爲非正統。

按照西洋人的分類，藝術可以分爲靜的藝術和動的藝術，空間藝術和時間藝術。屬於動的或時間藝術，有音樂詩歌與舞蹈；屬於靜的或空間藝術，有建築雕刻與繪畫。儒家注重禮樂，所謂「六經之道同歸，禮樂之用爲急」（班固漢書文志語）；而禮樂實乃一切藝術的源泉，即「禮」包括了靜的或空間的一類藝術，「樂」包括了動的或時間的一類藝術。因爲行禮，不能沒有宗廟明堂等大建築的設置，而雕刻與繪畫，在古代，多半是附屬於建築的。至於樂，却不像現在所說的單純的音樂，而是與詩歌舞蹈的複合體。禮，其關係於藝術爲間接；樂，其關係於藝術爲直接；且儒家所倡的「詩教」與「樂教」，均屬於後者，故捨禮而言樂。荀子說：

聲樂之象，鼓大麗，鐘統實，磬廉制，竽笙簫和，筦籥發猛，塤篪翁博，瑟易良，琴婦好，歌淸盡；舞意，天道兼。鼓其樂之君邪？故鼓似天，鐘似地，磬似水，竽笙簫筦籥似星辰日月，鞉柷拊鞷椌楬似萬物。曷以知舞之意？曰：目不自見，耳不自聞也；然而俯仰詘信，進退遲速，莫不廉制，盡筋骨之力，以要鐘鼓之節，而靡有悖逆者，衆積意謘謘乎？（樂論）

鐘鼓琴瑟竽笙簫篪者爲樂器，和以歌舞，總是儒家所謂「樂」。禮記說

德者，性之端也；樂者，德之華也；金石絲竹，樂之器也。詩，言其志也；歌，詠其聲也；舞，動其容也。三者本於心，然後樂器從之。是故情深而文明，氣盛而化神。和順積中，而英華發外，唯樂不可以爲僞。（樂記）

「詩」謂詩歌，「歌」謂音樂，而「舞」自然是謂舞蹈。三者今從以樂器而爲「樂」，乃內心情感的發露，所以說「德者性之端」，而「樂者德之華」。依此看來，若名禮一類藝術爲「造形的藝術」（plasticarte），則可名樂一類藝術爲「抒情的藝術」（lyricarts）。抒情正和造形相對，也和動與靜，時間與空間相對一樣。詩序說：

詩者，志之所之也。在心爲志，發言爲詩。情動於中而形於言；言之不足，故嗟歎之；嗟歎之不足，故詠歌之；咏歌之不足，故不知手之舞之足之蹈之也。情發於聲，聲成文，謂之音。（禮記樂記有文與此略同）

情動於中而形於外，以言爲介之「詩」，與以聲爲介之「音」，合以「歌」「舞」而成樂。周禮說：

以樂德教國子中和祗庸孝友，以樂語教國子興道諷誦言語，以樂舞教國子舞雲門大卷大咸大磬大濩大夏大武。（春官大司樂）

「樂德」謂音樂，「樂語」謂詩歌，而「樂舞」當然是謂舞蹈。因三者均屬於「樂」，故曰「樂德，樂語，樂舞」。這都是說，與禮對待之樂，不僅單指現在所說之音樂，而乃概指現在所說之動的或時間的或抒情的藝術。儒家言樂，多屬此義；但有時也把「詩」與「樂」分而言之，如論語說

子曰：「興於詩……成於樂。」（泰伯）

朱熹說

興，起也。詩本性情，有邪有正，其爲言既易知，而吟詠之間，抑揚反復，其感人又易入。故學者之初，所以興起好善惡惡之心而不能自已者，必於此而得之。……樂有五聲十二律，更唱迭和，以爲歌舞。聲音之節，可以養人性

情，而蕩滌其邪穢，消融其渣滓。故學者之終，所以至於仁精義熟，而自和順於道德者，必於此而得之，是學之成也。（論語集註）

由此看來，詩與樂，學之者雖有「初」「成」之等級；然迴環循融，似可分而實不可分。進而言之，詩爲「初」而樂爲「成」，樂仍可包括着詩，與前說並無剌謬。

在教育上，有人分爲智德體三育，有人分爲智德體美四育。若就三育而論，在古代，詩歌爲整個的智識，可以說是智育；音樂陶冶性情，變化氣質，可以說是德育；舞蹈宣導血氣，強健身心，可以說是體育；若就四育而論，音樂詩歌和舞蹈合而言之叫做樂，樂也就是美育了。智德體育各爲一支，而美育乃統其全體；由此看來，美育實較其他三育爲高。其所以如此，則在於中國民族爲藝術的。（參閱本刊第一卷第三期拙作「儒家禮樂說要義」）

此略述儒家與藝術，以便了解儒家三大師孔孟荀的詩論。

二、

論語說：

子曰：「小子何莫學夫詩？詩，可以興，可以觀，可以羣，可以怨，邇之事父，遠之事君；多識於鳥獸草木之名。」（陽貨）

詩不但可以「興觀羣怨」；而且可以奉侍君父，增廣知識。故孔子教人切囑學詩：論語說：

陳亢問於伯魚曰：「子亦有異聞乎？」對曰：「未也。嘗獨立，鯉趨而過庭。曰：『學詩乎？』對曰：『未也。』不學詩，無以言。』鯉退而學詩。（季氏）

不學詩則語言無味，不審作人，就好像面牆而立，跬步難以前進。論語說：

子謂伯魚曰：「女爲周南召南矣乎？人而不爲周南召南，其猶正牆面而立也與！」（陽貨）

仕人若讀了許多的詩篇，還是內不諳於「爲政」，外不善於「專對」，那就算是徒然的了；論語說

子曰：「誦詩三百，授之以政，不達；使於四方，不能專對。雖多，亦奚以爲？」（子路）

宴樂酧酢，分庭抗禮，賦詩見意，雅歌詠懷，在左傳諸書中，其例甚多。援古證今，斷章取義，在孟子和荀子等書中，也就不勝枚舉了。

「思無邪」乃孔子評詩的唯一標準，論語說：

子曰：「詩三百，一言以蔽之曰：『思無邪。』」（爲政）

對於「思無邪」，邢昺說：

詩之爲體，論功頌德，止僻防邪，大抵皆歸於正。（論語注疏）

朱熹說：

凡詩之言，善者可以感發人之善心，惡者可以懲創人之逸志；其用使人得其性情之正而已。（論語集注）

此思無邪一種解釋，乃就詩歌的教用言。按思無邪一語，出自詩魯頌駉，鄭玄說：

專心無復邪意也。（詩經注）

此思無邪又一解釋，可就欣賞的態度言。後世論詩的人，多就前者發揮；而對於後者却漠然置之。詩序說：

正得失，動天地，感鬼神，莫近於詩。先王以是經夫婦，成孝敬，厚人倫，美教化，移風俗。故詩有六義焉：一曰風，二曰賦，三曰比，四曰興，五曰雅，六曰頌。上以風化下，下以風刺上；主文而譎諫，言之者無罪，聞之者足以戒，故曰風。至於王道衰，禮義廢，政教失；國異政，家異俗，而變風變雅作矣。國史明乎得失之迹，傷人倫之廢，哀刑政之苛；吟詠性情，以風其上。達於事變，而懷其舊俗者也；故變風發乎情止乎禮義。發乎情，民之性也

，止乎禮義，先王之澤也。（見詩經）

詩有「六義」，以風爲主，正風的功用固然在於輔翼政教，移易風俗；即變風，也必須「發乎情止乎禮義」，不可沈湎流蕩，使人倫傷而王道廢。

詩爲藝術之一；古人對於藝術的觀念，往往將美善混爲一談。論語說：

> 子謂韶，盡美矣，又盡善也；謂武，盡美矣，未盡善也。（八佾）

荀子說：

> 美善相樂。（樂論）

孟子說：

> 充實之謂美。（萬章上）

古代詩樂本爲一體；故孔荀論樂，實兼論詩。古人論詩樂，不但須具「審美的意義」（aesthetical meaning）即所謂「美」；而且須具「倫理的義意」（ethical meaning），即所謂「善」。合乎道德，人生自然「充實」；而充實即是美也即是善。如此看來，孔子所謂思無邪，一方面固如邢朱所解釋，一方面當如鄭玄所解釋；前者乃就倫理的意義言，後者乃就審美的意義言。鄭玄所謂「關心無復邪意」，實即德哲康德（Kant）所謂「無關心」（disinterested）；無關心者，乃言吾人當欣賞藝術時，應該專心致志，不可讓思想旁馳他鶩。莊子書中所說庖丁解牛，輪扁運斤，丈人承蜩，梓慶削鐻，都是形容這種狀態。

關於眞善美是否一致問題，在藝術理論上，有肯定和否定兩種主張。平情而論，二者各有見地，也未始不可融會貫通。近代美學宗師包加吞（Baumgarten）在他的名著「美學」中，分價値哲學的領域爲三：人類的理性（Reason），以「眞」爲指歸，研究之者有知識論及名學；人類的意志（will），以「善」爲準則，研究之者有倫理學；人類的感覺（Sense

，以「美」爲極致，研究之者則有美學。康德也就此三方面作成他的三大批判：純粹理性批判（The critique of pure reason），注重「眞」的探討；實踐理性批判（The critique of practical reason），注重「善」的推求；判斷力批判（The critique of gudgement），則注重「美」的追尋。直到現代，美學權威克羅契（Croce），在他的鉅製「美學」第一部裡，也將知識分爲兩大類：即名理的知識（Logical knowledge）和直覺的知識（Intuitive knowledge）。美學乃屬於後者，與前者大不相同；故在他的簡編「美學要素」裡，以爲藝術品乃「形相的直覺」，而非「物理事實」或「功利活動」，「道德活動」，「科學活動」。以上所述，均將眞善美加以分別；但詩人湯尼孫（Tennyson），却以爲眞善美乃不可分的整體。

三、

司馬遷稱「孟子敍詩書，述仲尼之意；」（史記孟子荀卿列傳）趙岐稱「孟子通五經，尤長於詩書。」（孟子題辭）故孟子對於詩的鑑賞，有深湛的理論；其一是「以意逆志」說，其一是「知人論世」說。（本節與下節言孟子於詩有深湛理論荀子於詩所論者甚少，與上文所言荀子爲正統孟子非正統並不衝突；前者乃就整個藝術而論，此乃僅就詩歌一體而論也。）

孟子說：

說詩者，不以文害辭，不以辭害志；以意逆志，是爲得之。（萬章上）

趙岐說：

人情不遠；以己之意逆詩人之志，是謂得其實矣。（孟子註）

朱熹說：

說詩之法。不可以一字而害一句之義，不可以一句而害設辭之志；當以己意迴取作者之志，乃可得之。（孟子集註）

詩乃詩人意志的發露；故吾人鑑賞詩時，當推求詩人意志的所在。詩，一方面表現作家的個性(Personality)，一方面表現人類的共性（Humanity）。因表現個性，故作家均有他的特殊面目與風格；因表現共性，故鑑賞者與作家可以起共感共鳴。張戒說：

皆人心中事，而口不能言者，而子美能言之。（歲寒堂詩話）

金聖歎說：

作詩須說其心中之所誠然者，須說其心中之所同然者。說心中之所誠然，故能應聲滴淚；說心中之所同然，故能使讀者應聲滴淚也。（魚庭聞貫答某書）

子美能言人心中事，即「說其心中之所同然」，故能獲得共同的人性，其鑑賞所以成立；子美能言人心中事而爲人所不能言，即「說其心中之所誠然」，故能表現特殊的個性，此創作所以可貴。創作與鑑賞，一爲「睜着眼睛在做夢」，一爲「重溫詩人之夢」（法朗士語）；歷程雖云相反，但至極度時，二者均成爲創造。趙岐所謂「人情不遠」；亦即徐禎卿所謂「凡厥含生，性本一貫；同憂相悴，同樂相傾。」（談藝錄）總而言之，以意逆志，實即姜夔所謂「以心會心」（白石道人詩說）；克羅契與美國批評家斯賓格恩（Spingarn）所倡之「創造的批評」（Creative Criticism），也就是這種意思。

孟子說：

頌其詩，讀其書，不知其人，可乎？是以論其世也。（萬章下）

朱子說：

論其世，論其當世行事之迹也。言既觀其言，則不可以不知其爲人之實，是以又考其行也。（孟子集註）

法國批評家泰納（Taine）在他的名著英國文學史中，提出「種族」，「時代」與「環境」三要素，用以解釋文藝作品；孟子知人論世的意思與此正同，此即所謂「歷史的批評」（Historical criticism）。其他批評家，如法之聖保甫（Sainte—Beuve），也主張這種說法。所謂文學永久性，有兩種意義；第一在於某一作品可以代表他所產生的時代，第二在於由此作品可以窺見人類共具的人性。知人論世注重前者，也算考驗斯人斯作是否爲傑出的一種好方法。

四、

汪中說：

荀卿之學出於孔氏，而尤有功於諸經。經典釋文叙錄云：「毛詩，」云子夏傳曾申，申傳魏人李克，克傳魯人孟仲子，孟仲子傳根牟子，根牟子傳趙人孫卿子，孫卿子傳魯人大毛公。」毛詩，荀子之傳也。漢書楚元王交傳云：「少時，嘗與魯穆生申公同受詩於浮邱伯。伯者，孫卿門人。」鹽鐵論云：「包邱子與李斯俱事荀卿。」魯詩，荀子之傳也。韓詩之存者，外傳而已，其引荀卿以說詩者四十有四。韓詩，荀卿子別子也。（述學荀子通論）

諸家的詩，雖皆傳自荀卿；但荀子書中論詩的話，除儒效篇所說「詩言是其志也」並略論風雅頌之義（文見下引）外，也只說過：

詩者，中聲之所止也。（勸學）

楊倞說：

詩謂樂章，所以節聲音，至乎中而止，不使流淫也。（荀子註）

王先謙說：

此不言樂，以詩樂相兼也。樂論篇云：「樂則不能無形，形而不爲道則不能無亂。先王惡其亂也，故制雅頌之聲以

道之，使其聲足以樂而不流。」與此言詩爲中聲所止，可互證。（荀子集解）

詩謂樂章」，「詩樂相兼」，前文業已言及；故詩也可以「中聲」論之。

何謂「中聲」？問如楊氏所說：「節聲音，至乎中而止，不使流淫；」王氏引荀子樂論所說：「制雅頌之聲以道之，使其聲足以樂而不流。」而孔子評詩所說：「關雎樂而不淫，哀而不傷；」（論語八佾）也是這種意思。禮記說：

孔子曰：溫柔敦厚，詩教也；廣博易良，樂教也。詩之失愚，樂之失奢。其爲人也，溫柔敦厚而不愚，則深於詩教者也；廣博易良而不奢，則深於樂教者也。（經解）

詩可以使人「溫柔敦厚」，樂可以使人「廣博易良」；但若過乎中，則「詩之失愚」，「樂之失奢」。（淮南子泰族訓說：「樂之失淫。」按：淫亦奢也。）苟溫柔敦厚而不愚，廣博易良而不奢，此必詩樂之得乎中，也就是所謂「中聲」。「中」爲儒家根本觀念之一，孔子言「時中」，子思言「中庸」，孟子言「執中有權」；故荀子取之以論詩。荀子說

風之所以爲不逐者（楊倞註：「逐，流蕩也。」）取是以節之也；小雅之所以爲小雅者，取是而文之也；大雅之所以爲大雅者，取是而光之也；頌之所以爲至者（楊倞註：「至謂盛德之極。」），取是而通之也。（儒效）

荀子所謂「節文光通」，亦即孔子所謂「興觀群怨」，都在說明詩的效用；其所以有此效用者，乃因他是「中聲所止」的緣故。

社會科學是什麼？

楊堃

社會科學這個名辭，已經很時髦。尤其是青年同學，大都全喜歡社會科學，並愛看及愛聽社會科學。然而社會科學

繆鉞論戰國秦漢間新儒家商榷

洪誠

余於本年五月二十五日，得見繆鉞與錢賓四先生論戰國秦漢間新儒家書兩通其於易傳戴記之論證，有驚人之奇誤，學者以服從眞理爲天職，不可不辨，三十年冬，繆君撰文非難易義，予已就考證與義理兩端詳爲辨正，理證具明，無所容其反辨，今繆君仍持極不足辨之誤義，移書與錢氏相爭，斷斷於鄒衍術數一端，蓋其於錢氏所論猶在明昧之間也，其謂荀卿不以周易與詩書同類之說，皆詳舊籍，無重述之興趣，今但就思想與時代三十五期所載繆君二書逐條駁正。

繆君云，據左傳國語所記，西周末至春秋時，雖偶有以陰陽解釋宇宙現象者，如伯陽父內史叔興范蠡等，至於特重陰陽，視爲宇宙萬物變化之兩種基本力量，而著書立說，特以說明一切天象人事者，蓋始于齊之鄒衍，又云，周易中，雖含有陰陽之義，然易繫辭以前之解釋周易者，未嘗特重陰陽。

駁曰，錢氏已舉老莊荀三書明以陰陽表宇宙總原理不始于鄒衍，予更有進者，論陰陽以義爲主乎，抑以字爲主乎，若以字爲主則周易本經絕無陰陽二字，作易傳者雖欲附會而不可得，猶如附會禮經之不可得也，若以義爲主，則繆君自云周易本含陰陽之義矣，何又謂始于鄒衍，剛柔也，奇耦也，陰陽也，異名而同實也，若謂周易所含之陰陽不指宇宙變化之總原理，試問一與一究指何事，若謂！一僅爲單純符號如文字中指事之筆畫，合之乃有名，析之不成義，（困學紀聞引易緯云，八卦之畫即古文字，宋元學案卷十引黃宗炎說，卦畫者；文字之根原，文字者，卦畫之支流，八卦者，六書之指事象形，六十四卦者，六書聲意之轉借也，劉申叔信西人之說，經學教科書歷史教科書及左盦外集卷六，皆敷演緯義，誠案，諸說皆非，伏羲作八卦，以通神明之德類萬物之情　結繩與文字，皆爲日用而作，若卦畫爲文字，不知古人先造此八物復重之爲需蠱明夷等六十四物，何所爲乎，雖以爲音符之字亦不可通也，又象形指事，必畫成其物，視而可識，如一與一非陰陽，則於坤離震巽求地火雷風之形意了不可得，非造字之法，又坎水不同物，但兩形偶合，坤之古文巛，實取卦畫爲之，本非文字　後人因此遂附會爲說也，乾離兩卦，無易義得爲文字，具易義則爲陰陽，文字根原爲結繩，非卦畫，後人見鳥獸之迹，遂改結繩之式爲文字，說文序甚明，因尊經，故首列易義，繫辭云，製器尙象，言道爲器之原，書契取諸夬者，言理之所在耳，非事之先後也。）如此，則乾坤震巽何事可指，咸恆損益何由得名，當初六十四卦之名若無關於兩符號變化相重之理，則三百八十四爻之辭亦可隨意安排，無一定之理，是則繆君所承認之「微妙深宏新宇宙論」與周易卦理完全無關，不知作易傳者何必爲此倒足之計也。（錢氏撰易傳與禮記中之宇宙論，繆自云承認所說微妙深宏。）典籍之材，隨人取用，近人喜于周易經文作古社會學之研究，由此進于義理固善，若遂止於此，則如就幾何定理習其文法修辭，剖康德之尸察其生理，則不免買櫝還珠之愚矣。至於以陰陽五行表宇宙現象最遲亦始于周初，繆君未讀逸周書，故謂始於西周末，而管子輕重戊曰伏羲作造六峜，以迎陰陽作九九之數，以合天道而天下化之，周人之王循六峜合陰陽而天下化之，（戴校云峹峹皆當作侌古法字。）尤其著者也夫兩周之文今存者僅千百之一，就此僅存尚未讀遍之書中，繆君已舉三人言之，假令古籍全存，必遠過此數，管子四時五行，玄象至明，繆君言「偶有」者，豈謂西周春秋數百年間之言陰陽者盡記于左傳國語而無遺乎，謂「已有」是也，云「偶有」則非也。

繆君云，卦爻辭雖有古人經驗所得之格言，而並無精深之哲理，易卦爻辭中未言陰陽、彖傳象傳言及陰陽僅四次，彖象中多言修身處世齊家之道，殊少言玄妙之哲理，與繫辭或非同出一派，儒家之手，文言偶言及陰陽，及至繫辭始以陰陽爲宇宙萬物生滅之總原理附于周易，則顯然受鄒衍之影響矣。

駁曰楊雄以爲經莫大於易，傳莫大於論語，（本傳）法言問神篇云，或曰，易損其一也，雖惷知闕焉，至書之不備過半矣，而習者不知，惜乎書序之不如易也，曰，彼數也可，數焉故也，如書序雖孔子亦末如之何矣，此言易理條貫精密，如儀禮之登降有節，不如書之可任意割裂也，今繆君乃分易爲三部，初爲經文，但有格言，次爲彖象，稍有哲理　而不玄妙，末爲繫辭，乃有玄妙之哲理，明言之，即彼因錢氏之論，不得不「承認」易傳有哲學意義，然得自鄒衍，而附於周易，其經則未言陰陽，但爲格言而已，夫傳與經之關係大別有三。一、爲經而作者，雖傳聞有異，而不離其宗，如禮春秋傳是也。二、附經而作者，因緣古俗，援涇入渭，如陰陽災異諸說是也。三、借經而作者，宏修之論，與經本無關，特借經以自重，如公羊三世之說是也。今謂易傳附經，究屬何義，繆君認易傳有「深宏之哲思，」則不得屬第二義，又認周易不與詩書同類，不爲孔孟荀所重，則不得入第三義，蓍覆不加于首，周末之儒何處不可寄其深宏之思，而必取此非類者而尸祝之乎，析一經爲三部，對禮春秋亦可依倣而爲之，豈止周易，春秋經文爲事之標題，左傳特詳紀事，而褒貶之辭殊少，其微言大意則著于公羊，儀禮爲節目，古記古傳略言禮意。（古記古傳凡傳記中所引者是也）其精義則著于戴記，公羊僖十七年傳云，春秋善善而惡惡，然春秋全經無善善惡惡之辭也，國語周語，內史興曰，禮所以觀忠信仁義也，而儀禮正經除士相見進言一節張爾岐盛世佐以爲記文外，其他不見仁義忠信之辭也，後之作傳者，憑空造出義理，亦何說歟，卦辭本身卽表陰陽變動之義　繆君必欲于卦爻辭中求得陰陽二字爲貴，是何異騎驢覓驢乎，荀子學重人本，（繆君語，）論語無非格言，周易推天道以明人事，彖象陳修身治國之道，正聖人作易之本意，不知此外更有何事，而繆君乃以少玄妙之哲理爲憾，吾知其必以忽兮恍，恍兮忽之哲理爲玄妙耳，繆君既認易傳之理受鄒衍影響而生，與本經無涉。（其考證之辭詳後）是以得鄒衍爲幸矣。乃又云：

此一派新儒家，如僅取道家之說而修正融合孔孟之言，則絜靜精微，貢獻極大，不幸其中復稍雜入陰陽五行之說，又附于周易卜筮之書，已稍與正統派儒家相違　惟易繫辭禮運樂記中庸諸書雖采陰陽五行之說，而迷信之意味甚少，然凡事造始也簡，將畢也鉅，涓涓之水可爲江河，陰陽思想浸入儒家，濫觴于戰國末世，而洋溢于西漢，一粒迷信種子，滋長發揚于西漢陰陽災異五行休咎之說，又非作易繫中庸禮運諸儒之所逆料矣，蓋哲思精深，非高識不解，而迷信觀念，易爲愚昧者所接受，故戰國晚世新儒家受道家啓發而創立之新宇宙論微妙深宏，既非常人所易窺，而其得自陰陽家之迷信成分，則託庇于儒家典籍之下，變本加厲，深入社會，中于人心，其惡影響至今未沬，（合兩函之語。）

原繆君之意繫庸諸書哲理得自道家，迷信成分得自陰陽家，不幸不別著成新儒家哲學，而附于迷信之周易，漢以後明其哲理者爲高識之人，受其迷信觀念者爲愚昧之人，繆君因錢氏之論作此分疏，實似是而非也，夫破除迷信者厭爲哲思，接受迷信者既爲愚昧之人，何以接受陰陽家之迷信觀念而又自甘附于迷信之周易書者得爲「微妙深宏」之哲學家乎，周易既不與詩書同類，已失儒書之實，而爲彼作解之繫辭，反可名爲儒家典籍乎，夫學術由迷信演成哲理者有之，人之一生，富哲學思想者，不捨常人所認爲迷信之生活亦有之，若在同一哲學問題之下，無論其理論之是非精粗如何，既爲理論之研究，即不容迷信觀念立足之地，猶明晴不能在同一視綫之下並存也，故宗教徒不妨爲科學家，祈禱勝利感謝上蒼不妨爲軍事家，若眞理繫於名勢，不求是非，以迷離惝恍爲玄妙，以幻想作證明，此眞心病之不可治者，區區陰陽災異，雖五尺之童猶知非之，顧繆乃舉舉以鄒衍之流毒爲重憂，圖儆乎救世之士哉，夐乎不可幾矣，維摩經云依法不依人，依義不依語，讀書當實事求是，眞理不依名勢爲轉移也，古人多借事表理，易禮春秋莊釋諸書皆然，山川草木法象莊嚴，春雨秋霜，無非教也，賢者識大，不賢識小，病目觀花，都含煙霧，愚昧之見，觸處生迷，故荀子解蔽篇曰，凡觀物有疑，中心不定，則外物不清，吾慮不清，則未可定然否也，愚昧之人，豈僅易於接受迷信而已哉，繆君之言猶未盡也。

繆君云，鄒衍之書不傳，其詳不得而知，就司馬談劉歆之說徵之，則鄒衍言陰陽含術數觀念，西周及春秋時人已偶有以陰陽解釋宇宙現象者，莊老及鄒衍各承古說加以闡發非不可能，吾人平心論古，縱未敢遽信司馬談之說謂道家書中言陰陽乃來自陰陽家，然亦未敢即謂鄒衍之言陰陽乃本於莊老，莊老立說深宏，鄒衍之學簡單，莊老雖偶言陰陽然非專以陰陽樹義，鄒衍之學不外陰陽五行，標幟顯明故司馬談稱鄒衍爲陰陽家，道家與陰陽家其言陰陽雖同，而其所以言陰陽則異也，易繫中庸禮運諸書雖兼采道家與陰陽家言，而哲學意味多，宗教意味少，吾兄論陰陽著眼於哲學思想，（即自然氣化）而弟之論陰陽注意於術數觀念　宗教意味。）

駁曰，此論大不然，劉申叔會以八卦五行爲古宗教之兩派，說雖未諦，然持之有故，言之成理，非若繆君如是之顚倒乖剌也，道家與陰陽家言陰陽同，而所以言陰陽則異，至易傳等言陰陽便與陰陽家不異乎，若其不異，何以繆君「承認」其「富有深宏之哲思」也，道家言陰陽許其承古說，易傳言陰陽便不許其承古說而必強使其出于不可詳之陰陽家，不知易傳中何處言五德終始及陰陽主運，易傳中水火諸名與龍馬山澤諸名散列，何處有五行之辭，何處有五行生克之義，而再三以五行曉曉乎，月令疏引鄭氏易注，以五行配天地之數，鄭注蓋本五行志，韓康伯注繫辭兩儀生四象及五位相得　亦以五行爲說，皆非易傳本文所有，史記自序曰易著陰陽四時五行劉云周易不言五行，或楊氏以五行相參，史遷本之爲說，（左菴集卷一史遷述易考）又云，五行二字衍（經學教科書）實則五行之義極古，鄭韓以之作注本無不可，但與鄒衍各不相侔耳，司馬談劉歆具見鄒衍之書　繆君於鄒衍之學信談歆所施之標幟於易傳信談歆之標幟否，劉歆固無論矣　司馬談深通天官與易道，談謂道家具陰陽家之長，豈易家反取陰陽家之短乎，繆君一則曰，新儒家之宇宙論微妙深宏，再則曰，莊老立說深宏，鄒衍之學簡單，凡新興蛻變之說，於本宗固有之弊容或不能盡除，然其既具深宏之哲思矣，而又毫無抉擇之智，能右取深宏道家之長，乃顧左取簡單陰陽之短，甯有是理，（茲就繆君之說破之耳，錢氏謂易傳有取於道家　未足信。）而繆君之對新儒殆所謂衣之寵服　遠其躬也耶。（閔二年傳文。）神祇術數，自古有之　以陰陽五行名書，濫漫於兵書術數，由禮記曾子問孔子說救日，及穀梁莊二十五年傳，與墨子迎敵祠旗幟兩篇，猶得見其較略，逸周書周祝解墨經已言五行生克之義，據史記十二諸侯年表及六國年表序，秦襄公始侯，自以爲主少皞，祠白帝　僭端見，史曰秦襄公自以爲云云，審核文意，則秦祠白帝始于襄公，而白帝之祠固不自襄公始，是五色帝必起于周平王以前，方色神祇配五行具見周禮儀禮周書禮記左傳，由是言之，五德終始大聖之篇雖始于鄒衍，其義必已先有矣。（錢氏繫年考云晚起，未塙。）又逸周書有周月時訓，以司馬談論陰陽家之說與呂氏月令及淮南時則觀之，則錢氏謂鄒子言五行爲月令時則所祖是也。（盧氏改禮記月令太尉二字以補周書之闕疑不敢信也。）史記自序集解引李奇說云，月令星官是陰陽家之枝葉，考漢志術數略序，尤知受陰陽家波蕩之甚者為天文曆譜，與易經十二篇惟是風馬牛不相及也，漢初傳易本之田何，十翼之外，周王孫服光楊何蔡公韓嬰王同丁寬皆有傳，周王孫服光王同丁寬皆田何之弟子，丁寬兼師周王孫受古義，寬作易說三萬言，訓詁舉大誼而已，高相之所不能冒也，王同授楊何，何授司馬談，談切譏陰陽家之短曰，陰陽之術大祥，而衆忌諱，使人拘而多所畏，漢初傳易大師不與陰陽家相亂，從可知也，楊何丁寬大誼略同，丁寬再傳至孟喜，孟喜得易家候陰陽災變書，始背師法，焦贛得隱士之說，託於孟氏而又不同，焦京實為異類，孟喜之過不獨與十翼無關，並與其師田王孫同門梁丘施亦無關，蓋丁寬之所說但為訓故大誼而已，陳蘭甫以此語為班氏之特筆，實千古卓見（東塾讀書記卷四）至於王弼所宗者為費氏，費直徒以十翼解經，更無異說，由是言之，旁援易家陰陽災變書立說者乃孟喜，其田何丁寬楊何費直等所授受之學，則淸泉一脈，讀儒林傳者無不知也，其影響漢儒思理最甚者又不在孟喜，而在董仲舒，行志敍曰，漢興，承秦滅學之後景武之世，董仲舒治公羊春秋，始推陰陽為儒者宗，蓋董生有王佐之材，通五經，能持論，善屬文，進退容止，非禮不行，下帷發憤，潛心大業，令後學者有所統一，為羣儒首，學者皆師尊之，故能風靡一代也。（董生傳及儒林瑕丘江公傳，）公羊由公羊壽及胡毋生記於竹帛，（何序疏引戴宏序及隱二年注）以經傳傳授董氏，（胡毋生雖與董仲舒為博士同業，然胡毋生傳先敍公孫弘亦頗受焉，纔云董生自有傳，可見董生為胡毋生弟子之倫，公羊何序疏云，胡毋生以經傳授董氏，其說是也，蓋公羊既由壽及胡毋生共記於竹帛，則董生必兼師胡毋生，如丁寬之於田何周王孫，劉申叔古文辨誣不信董生師胡毋生，而云此說出戴憑公羊序，（案），徐疏未明標公羊序，作公羊序者為戴宏，宏見范書吳祐傳，為桓帝時人，戴憑見儒林傳，為光武時人，各不相涉，未綮劉說所本，謂宏見吳祐傳，乃涉石渠之說。）

雖多記災異之文，然與董生之學殊旨，亦不得據董生以咎公羊本文也，繆君憤憤，以漢儒之弊歸咎十翼，又搪撦與十翼絕不相干之鄒衍，輾轉媒孽，何其不憚煩耶，然則董生曷為如此哉，以余論之，君權之世，求治莫急於正君，故曰，君正莫不正，一正君而國定，（孟子離婁上）漢以前，紛爭之際，匡救其失則以強弱利害言，安樂之時，則以天人休咎言，紛爭必切於人事，安樂則羨乎天行，古人於天人禍福之思，家喻戶曉，秦皇漢武，富強奢泰，考明堂封禪以緣飾太平，春秋褒貶，不敢加于天子之尊，漢武外仁義而內多欲，（用汲黯語）非符瑞不足以勸之非災異不足以戒之，儒術清虛不及黃老，切治不及刑名，利樂不及神仙，平易無奇，何足以滿人主之欲，此正心誠意之論上所厭聞，而對申公所以默然也，（用朱寬傳及申公傳）惟儒家得文教之正，序人倫之禮，（本漢志及論六家之說）如布帛菽粟之不可廢，既承陰陽黃老之後，道窮則變，於是本古今之俗說，推洪範之休咎，上以正人主之心，下以凋儒者之業，故春秋繁露二端篇曰夫推災異之象於前，然後圖安危禍亂於後者，非春秋之所甚貴也，然而春秋舉之以為一端者，亦欲其省天譴而畏天威，內動於心志，外見於事情，修身審己，明善心以反道者也，賢良對策曰，孔子作春秋，上揆之天道，下質諸人情，書邦家之過，兼災異之變，以此見人之所為，其美惡之極，乃與天地流通，而往來相應，此亦言天之一端也，彼其時天人休咎，既不屑為明鬼，則含陰陽術數莫能明，其中情與時皆為中西通者亦不二也。

然則董生既為大儒其說上有所蒂乎，曰：仿繆君之見當推本仲尼子贛，左哀三年傳，孔子在陳，聞魯火，即知桓僖廟災，定十五年，子贛觀邾魯兩君執玉之容，預知其死亡，哀十六年，子貢聞公誄孔子之辭，即知公將不沒於魯，二十七年，公果奔越，此出左傳，采入五行志。故藝文志雜占家有子貢雜子候歲書，呂氏春秋愼行論壹行篇，更有孔子卜得賁曰不吉之事，（王制四誅，在析亂淫異僞假疑衆亂政，不在言行聲服鬼神卜筮等也，）據此，則陰陽災異實濫觴於仲尼子貢矣，若董生者，殆亦所謂材劇志大，案往舊造說者歟，至於陰陽二字，純爲假名，隨人指用，然在同一問題之下，不得兼表相違之義，繆君說「微妙深宏」之新宇宙論書中，論代表萬物生滅總原理之陰陽二字，專注意其宗教意味術數觀念則繆君亦必喜於牛名注意馬相也民好惡其不同，又安得而非之耶。

繆云，據論六家要旨之文，謂司馬談之意以爲道家之學最晚出，莊老書中陰陽之說，乃采自陰陽家，錢氏竟爲其所惑而從之。

駁曰，欲明司馬談之意是否謂老莊書中陰陽之說采自陰陽家，則須先明司馬談之意是否謂老莊之書作於陰陽家之後，史記列傳次老子於莊子之前，老子年世雖異說滋多，而馬遷作傳固以著五千言之人與孔子同時爲正說、定五千言成於莊子後乃後人之見，非馬遷之意也，司馬談習道論於黃子，遷稟父學，悉論先人所次舊聞，對老子之年世，父子之見必同，故列傳先敍正說，次列異聞，次敍世系、李解於景帝初爲膠西王卬太傅，（卬誅於景帝前元三年）約與孔武同時，仲尼至孔武十一世，（子襄爲鮒弟）李耳至李解九世，同族之人，多有祖年稚于孫年者，異姓更不足怪，距孔子二千五百年之人不信李解之世系，距孔子五百年之史遷則無疑於李解之世系也，（李耳之年難定，故孔子言之）退一萬步言，司馬遷父子之意，決不認著書之老莊在鄒衍後固甚明也，然則司馬談云，因陰陽之大順，采儒墨之善撮名法之要何謂耶，曰，史記自序明云，太史公仕建元元封之間，愍學者不達其意而師悖，故作斯論，實就當時諸家之學立說，烏可執采撮之文遂認老莊書中陰陽之說采自陰陽家爲出于司馬談之意乎，且論六家乃沿莊子天下篇之旨而作，天下篇以爲道包一切，古人備其全，百家各得一偏，道之全體統百家之理，世人多得一察焉以自好，各有所明，而不相通，惟關尹老聃得其全，然大而化之未澈，莊周則廣大過澈無礙矣，司馬談論當時諸家，亦以爲五家各有長短而不相通、道家則備衆長，治天下者舍此莫由，文景好黃老，武帝改任儒術，此論六家之所以作也、司馬談果有老莊書成於鄒衍後之意，則司馬遷作傳安得無一言以明之，遂率爾謂二子親手著書哉。

（附說天下篇）天下篇乃爲道術立論，非爲方術立論，自道術將爲天下裂以上，總論道之在古人者皆原於一，一曲之士不該不徧，自不侈於後世以下，分論道之在今人者有精粗偏全之異，就第一大段中，先言道之大原、次言內聖之等差及外王之大法，內聖等差上能包下，下不通上、外王之法，爲百王所同，即以法爲分詒民之理是也，次言古之人備內聖外王之道、而其陳迹傳乎史，鄒魯之士能明之，即天運篇所云六經先王之陳迹是矣，末歎治方術者不見道之全體、故內聖外王之道不明。就第二大段中，墨翟至莊周，遞次由粗而精而大而化，關尹老聃澹然與神明居，博大不離於眞，故爲神人至人，莊周則與天地精神往來，其於宗也稠適上遂，故爲天人神人，至人與天人實一體同位，但用有微差，（程子粹言人物篇，譏莊周分神聖爲二，其說未安，）此如孟子云大而化之之謂聖，聖而不可知之之謂神，及佛家究竟與等覺之比耳，（莊子之聖當孟子之大，莊子之神人至人，當孟子之聖，莊子之天，當孟子之神，孟子盡心下，聖神同位而有微差，盡心上稱聖人外王之功曰，君子所過者化，所存者神，（王引之訓神而治，非，）上下與天地同流，此即聖神同位之徵也，公孫丑上曰，伯夷伊尹孔子皆古聖人也，而孔子則可仕可止可久可速出類拔萃，是聖不可知者，此又聖神微異之證也）惠施逐物非道，故次莊周後，所以外之也，儒墨得名雖早（左哀二十一年傳有儒書）然此篇但有道與非道之分，並無儒墨法道名五家平列之見，墨翟宋鈃，荀子合論，莊子分論，荀子譏愼到尙法而無法，蔽於法而不知賢，莊子則專就愼到無法不知賢而近於黃老處言之，稱其概乎嘗有聞，可見莊荀皆就其個人立說，故觀點不同，司馬談則全據專家立說矣，墨學衰於秦季，天下篇明明作于別墨相爭不決之時，後人以論六家之式繩之，於是顚倒割裂之見橫生矣。

辨章古籍，爲事至難，一須精義入神，一須佐證堅固，若專憑胸臆，強古書以就我之繩墨，而指其孰先孰後，則時世愈後古書愈少，古人成書之期亦愈後，千百年而下，必有謂太史公書成於東漢者矣，（因司馬相如傳中有楊雄之言）賢者猶不免支離好怪，況浮淺無識迷離惝怳之人乎，由上事可見繆君但隨俗俯仰，絕無眞知，其最新奇者莫過於荀子因繫庸而譏思孟一說，此眞物之罕至者也。

繆君謂戰國末期，繫庸一派新儒家，染陰陽五行之說，上託子思孟子，作爲繫庸諸書，孟子本人並無陰陽五行之說，荀子憑耳聞不能辨孟子學說之眞僞，因排詆此派新儒家遂歸罪於子思孟子。

錢氏對此論始終不許，謂易傳戴記出荀卿後，鄒衍之生尚在荀卿後，荀卿何得爲此書而非思孟，繆君不得已，乃於次函以飄言自解云：

繫庸諸書之寫定雖在秦漢間，而當戰國末世其學說蓋已發生而傳播，且此派新儒家中有齊人，荀卿遊稷下時，聞其議論非不可能，下必親見其寫定之作也。

駁曰細察繆君之心計，先立意攻易，見錢氏說易道即禮意，株遂連戴記 見二書言陰陽五行，（易傳實無五行）遂以陰陽家之迷信觀念誣之，見荀子以五行非思孟，繆君既不可認荀子爲妄言，又大不願思孟有五行之說爲所誣之繫庸張目，遂云荀子爲排詆易庸之陰陽五行說因而上罪思孟，又不敢遂繫庸成書在荀子後之新說，遂不得下飄言荀子預聞其議論而非之，不獨非新儒，更進而非新儒所假託之思孟，繆君之深心可佩，而羅致之術則可笑，夫因變本之濁流而塞澄淸之源，雖正理所不容，猶俗情所時有，如毀孔孟闢佛老，詆程朱，排陸王者是也，又如太炎先生信史遷沈約說（沈說見隋書音樂志）中庸表記皆爲子思作，云，洪範舉五行傅人事，義未彰著，子思始善傅會，旁有燕齊怪迂之士，侈講其說，以爲神奇，釋世誣人，自子思始，故荀子以爲譏是也，若兩不相涉，因米賊而罪柱史，因讖緯而咎六經，則未之前聞矣，今就荀子非十二子本文論之，對餘子並不如此，何獨仇思孟而不惜爲飄誣之言乎，且託孟子名書者，據趙岐題辭，外四篇是也，他則兵陰陽有孟子一篇，是否子輿不可知（沈欽韓云，孟猛通，即五行家之猛子，）然與易傳小戴記皆無涉，繆君於易傳小戴記中見何篇託孟子之名，卽據繆君之說而論，安見荀子罪思孟必爲易傳戴記之作者而發，而非爲他人乎，憑耳聞竊名，對被竊者輒輕相告訐，雖鄉黨自好者不忍爲，而謂「精於邏輯」「頗有科學精神」（繆君言荀之語）之荀卿肯爲之耶，所謂捕風捉影，尚有風影可尋，非神遊稷下者，安能語此，繆君既知陰陽五行爲古說非自鄒衍始，又知鄒衍之書不傳，其學術內容僅見於史記列傳自序及其他片言剩語，一記禮運樂記，涉及陰陽五行字面，與鄒衍故鄉方言，（中庸衣，樂記殪，詳後作）遂謂其書受鄒衍影響，此種判斷，洵爲「精於邏輯」，祗怪諸書作者不預避文字之嫌，雖查無實據，尚事出有因，獨於中庸，則純爲三字獄，不可不雪也。

繆君云，中庸首句，「天命之謂性」，鄭注曰，「木神則仁，金神則義，火神則禮，水神則信，土神則智」，康成博學 其注必有所本，可見中庸書中本含五行之說。

駁曰，繆君此言必含玄妙之哲理，不然，何以令人難解也，鄭注誠有所本，不知鄭注有所本與現存之中書有何直接關係，豈中庸脫簡可以鄭注補之乎，不然，何謂中庸本含五行之說也，抑爲如沙門德淸以佛法解中庸可謂中庸書中本含佛法之說乎，倘謂中庸如不含五行之說康成何故以五行作解，康成既以五行作解，中庸必受五行家影響而作，然則亦可謂中庸如不含佛法之說智旭何故以佛法作解，智旭既以佛法作解，中庸亦必爲受佛法影響之新儒家而作矣，然乎否乎，繆君欲知博學之康成所本乎，予明告之曰，康成乃本「怪誕離奇」之緯書也，尙書甘誓孫星衍疏據五行大義第五引詩緯等說云，木神則仁，金神則義，火神則禮，水神則信，土神則智，禮記王制　民生其間者異俗，剛柔輕重遲速異齊，孔疏引孝經說云，性者生之質　若木性則仁，金性則義，火性則禮，水性則信，土性則智，此不得因緯書而輕之也，三正五行，最早見於甘誓，洪範列五行五事，五行生五味，周書成開解，周公曰，天有九列，別時陰陽，地有九州　別處五行，小開武及作洛解，周公以五方五色配五行，左昭元年及二十五年傳，子產謂六氣五行生五味五色五聲，月令孟春疏引五經異義今古尙書說，但以五行配五藏，（今古微異，許從古，鄭據緯從今，王引之又從古，鄭氏天官疾醫注本從古，）孝經援神契又以五帝配五藏，（洪範孫疏引五行大義）詩緯等又以五行配五常，鄭據詩緯以明人性之所以命於天者如是也，此義孟子亦言之，盡心下曰，仁之於父子也，義之於君臣也　智之於賢者也，聖人之於天道也，命也，有性焉，君子不謂命也，性善命於天，乃先民一貫之義，不獨易傳中庸孟子爲然，堯命舜曰，允執厥中，（論語）皋陶曰，天敍有典，敕我五典，五惇哉，西伯戡黎，祖伊曰，不虞天性，不迪率典，周書度訓解曰，和非中不立，中非禮不愼，禮非樂不履，命訓解曰，天生民而成大命，命司德，正之以禍福，常訓解曰，天有常性，人有常順，順在可變，性在不改，八政不逆，九德純恪，（原文八政爲四倫，缺朋友）文酌解曰，民生而有欲、有惡、有樂、有哀、有德、有則，詩烝民曰，天生烝民，有物有則，民之秉彝，好是懿德，左成十三年傳，劉康公曰，吾聞之，民受天地之中以生，所謂命也，是以有動作威儀之則以定命也，凡此皆中庸性命，樂記天性物欲，及禮運七情之古義，而其子子產劉子諸說，尤證禮運人爲天地之德，爲天地之心，爲五行之端，爲五行之秀氣，及五聲五味五色諸說淵源有自，周書周祝解曰，陳彼五行必有勝，墨經曰，五行無常勝，說在宜，禮運亦曰，五行之動迭相竭也，古義昭然，乃謂禮運之義得自鄒衍，何專逞臆而不考文耶，白虎通曰，言行者，欲言爲天行氣之義也，蓋假用水火之名，實取潤炎之性，絕異於四大極微之論，周祝解墨經禮運陳義精矣，荀子謂子思案往舊造說謂之五行，（據敍水郭注，知之猶所知，則此謂之亦猶所謂也，不然，五行之名將自子思始矣，）合非十二子解蔽兩篇觀之，其於莊墨惠諸子不憚深詆謗，則於子思亦必非誣言，子思託於先君子，必不肯爲神奇以忝其祖，上考周書左傳，下驗詩緯孝經說，旁參中庸孟子性命之旨，則知子思與鄒衍言五行必貌同而心異，亦猶莊荀與鄒言衍陰陽繆君亦知其貌同而心異也，（史記謂子思作中庸，漢人不疑，因子思二十三篇存也，墨子書今存，史記云墨子爲節用，今亦無可疑者也，周宣王有同文之盛，曾子魯人，言江漢以濯之，漢書爰盎傳，爰種呼其叔父之字，子貢子禽稱仲尼，又何疑於中庸之同文華嶽及仲尼之稱乎，華嶽，釋文云，一本作山嶽，華爲華山，嶽爲嶽山，言華嶽河海，恆東西以包四方也，親親有殺，日月所照等文，與墨子略同，皆足證史記之說，除此，以空虛之思想指其時代，則不足據矣，此義余曾爲胡哲敷先生陳之，幸不以爲妄，）無論中庸爲子思親作或出弟子手，其爲子思之學則無疑，由中庸以溯之，子思爲明性善所以然之故，以五行爲五常五倫之原，五行天也，五常命之性也，五倫達道也，堯典，契爲司徒，敬敷五教，孟子滕文上篇卽以五倫之敎爲說是也，（左文十八年傳，史克云，父義，母慈，兄友，弟恭，子孝，）若如楊注，子思五行專指五常。則荀子豈可撥仁義，若專指水火，不關性命之大理。豈足云材劇志大以先君子自詡乎，古人論天道禮樂，下至兵法術數醫方，多以太一陰陽五行爲理據，至周子作太極圖說，明天道人倫一貫之理，辭約義精，集其大成，予不以荀子所非全出虛造，不以子思與中庸無關，再由中庸孟子所言性命之旨，旁徵尙書左傳周書之古說，與夫子思所以自稱爲先君子之學者，故可測知子思之五行爲明性善之理據，絕非陰陽術數家言，如是，則荀子之文意明，漢人之說不盡出於鄒衍亦明，荀子主性惡，謂禮義非天就，故譏之耳，孟子道性善，不因荀卿之謫而貶損，子思說五行便因荀卿之謫而貶損乎，常人爲子思諱，甚無謂也，信中庸爲子思作，又信子思說五行，鄭氏據詩緯等說作注可也，太炎先生認緯義是子思之遺說，而以表記父子之親一節作證，亦可也，（申叔先生金氏五官考書後亦云，鄭注爲子思舊說，）謂中庸性命五達道卽子思據五行立義，亦無不可也，何以故，中庸爲子思作故，子思說五行故，若不信其他，惟專憑鄭注

人生的意義

一、人和禽獸分界

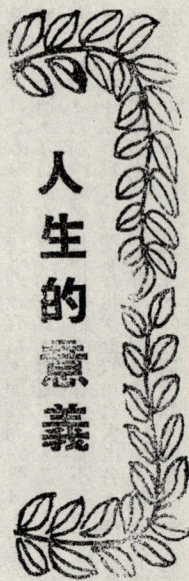

人類也是動物的一種 但是人類和其他動物不同，其他動物的生存，除了動物的存在之外，沒有其他要求。人類則不然，除了動物的存在之外，倘有強烈的意識活動這種意識的活動，就是求眞的向上的活動，人類因爲有求眞向上的意識活動，所以才不斷的進步。假使人類仍然只求個我的利慾的滿足之時 則和其他動物沒有分別了。孟子很早說：「人之異于禽獸者幾希」，所以人生必需提高精神生活，發揮求眞向上的意識，盡力矯正個我自私的觀念。

二、古今聖賢對於人生的啓示

關於人生的眞義，古今聖賢啓示很多，可以做我們生活的指導原理，現擇其重要的，略述如左：

「人生者爲得涅槃幸福，而否定自我者也。」（釋迦牟尼）涅槃就是棄世絕念寂滅無我的境地，釋迦認爲唯有到棄世絕念寂滅無我的境地才是人生的幸福。

「朝聞道夕死可矣！」（孔子）

孔子認爲人生的目的在求眞悟道，悟道後雖死也無憾矣！人生不在肉體的片刻存在。

「人生就是對於上帝及隣人的愛，唯有這個愛才能給人生以幸福。」（耶穌）如此，耶穌認爲人生唯有對干他人的愛才是幸福。

「人生的最後目的在求幸福，而幸福乃爲不阻礙的活動」。（亞里斯多得）

「人生是對於幸福的憧憬」。又說：「人生是對於善的憧憬，對於善的憧憬，就是人生。」（托爾斯泰）

亞里斯多得和托爾斯泰認爲人生最後的目的，是爲幸福。

「良好的人生是受愛引動，並受智識領導的。」（羅素）

蓋因知識和愛是無止境的，所以無論人生如何美滿，總還可以想像出更美滿的，有愛沒有知識，或有知識而沒有愛，都不能產生良好的人生。

「人生以服務爲目的，不以奪取爲目的。」（國父）

國父認爲人生有其義務，就是無條件的爲人類服務，以增進人類幸福，不應專恃奪取以利己自私。

「生活的目的，在增進全體人類之生活；生命的意義在創造宇宙繼續之生命，」（蔣主席）

生活的目的，既然爲增進全體人類的生活，所以人生就

以織中庸書中本含五行之說，則如夢囈，蓋中庸原文具在，絕無五行之名，亦如不得馮德清之解謂其本含佛法也，今繆君既不信子思作中庸，又不信子思說五行，又不知鄭注之所本，且視五行爲陰陽術數之專議，如此，則現存之中庸與五行之說不獨無直接關係，卽間接之關係亦全不可得，而竟敢專憑鄭注，斷定絕無五行二字之中庸書中本含五行之說，且不許爲子思之五行，而必强爲陰陽家之五行，更轉而幻出荀子間新儒家之議論而上躋與本案絕不相干之子思，又誣「精於邏輯」之荀卿不能辨別孟子學說之眞僞而責孟子，嗚呼，死者不可復生，固可任情顚倒而無忌耶，繆君所以敢逞此虛幻之論者，其唯一佐證，厥爲由方言以求作者籍貫，由作者籍貫以證思想之淵源，其言曰。

此諸書之作者雖不可考，然因其中時用齊語，故知有出於齊人之手者。中庸，「壹戎衣而有天下」，鄭注，「衣，讀如殷，聲之誤也，齊人言殷聲如衣」，樂記樂神節，「而卵生者不殈」，鄭注，「殈，裂也，今齊人語有殈者，」此皆諸書用齊語之證之齊爲鄒衍故鄉，陰陽家思想發源流行之所，齊地儒者固極易沾受陰陽家之影響也。

案、繆君立此證，眞得意之作矣，實則知東不知西一孔之見耳，鄭破衣爲殷者，據方言以通康誥也，孔疏舉鄭所未見之武成篇爲辨，大失鄭旨，內則，左佩紛帨，注云，紛帨，拭物之佩巾也，今齊人有言紛者，疏云，當鄭之時，齊人呼佩巾爲紛，故鄭指而言之，由內則疏，可知中庸註亦舉當時之方言以證此文當如康誥作殷，殷之爲衣，由聲同而語耳，非謂作齊人者爲也，（鄭目錄明信史記，中庸爲魯人

不得不拋棄個我的享樂生活和掠奪的慘酷行爲，所以凡只求某一人或某一族或某一階級的生活，而壓迫他人或其他民族其他階級時，則都是不合理的。

以上許多啓示，都把握到了眞理，可以做人類生活的指導原理。其他動物以爲除了維持其生存以外，沒有其他要求，所以牠們只是動物的存在，沒有意義的存在而已。但是人類則不然，除維持生活延續生命之外，尚有光大生命的要求，因此人類才有進步了。

三、人生的最高目的

人生的最高目的，不在利慾的片刻的享受，人除動物的存在之外，尚有更崇高更偉大的要求，「貧苦」和生死都不重要，孔子說：「飯疏食飲水曲肱而枕之，樂在其中矣，不義富而且貴，於我如浮雲。」這個偉大的昭示，可以做我們做人的一個最高準則，所以孔子對于顏淵的一簞食，一瓢飲，居陋巷，而不改其樂，稱爲「賢哉回也」。對于子路衣敝縕袍，與衣狐貉者立而不恥，再三嘉慰。蓋因穿衣吃飯，只是生活的方法，雖然飲食應該保持營養，衣服應該保持整潔，但是衣食的豐滿和簡樸，並不能影響人格的高低，假使一個人穿的也好，吃的也好，住的是好，但是如果沒有學識，不講道德，自私自利，趨炎赴勢之徒，則有甚麼價值呢！這種人眞是衣冠禽獸！所以孔子說：「士志于道而恥惡衣惡食者，未足與議也。」又說「君子謀道不謀食」，追求眞理滿足智識的慾望，是人生的最高目的。衣食的飽暖，並不是人生要求最高對象。

四、要打破功利觀念

今日一般抱現實主義的人們，功利觀念特別深，貪小利喜近功，沒有遠大的眼光求職業只問待遇高低，不問能否發展所長，是否適合興趣，何處待遇高，往何處去。最近一般學生也復抱這種功利觀念，在投考大學以前，全以畢業後的出路待遇，爲選擇目標。我們做人需要打倒功利主義，我們做人應該有一個確實的人生理想，這個人生理想，首先要打倒功利主義。假使一個人的功利觀念太深之時，則必趨炎赴勢，投機取巧，這樣決難保持人格，所以，蔣主席說：「人如果沒有確定的人生觀，到臨危險的時候，就難免變節，臨到富貴貧賤轉變的時候，也難免變節，這樣的人是一定不能革命的。」那麼我們應該確定甚麼人生觀呢？就是革命的人生觀。甚麼是革命的人生觀？蔣主席說：「生活的目的，在增進全體人類的生活；生命的意義，在創造宇宙繼起的生命」。這是革命的人生觀的最高準則。

穆超

作，）王應麟曰，鄭康成北海人，其注三禮多齊言，是也，（困學紀聞卷七）單言之曰齊人語，複言之曰齊魯語，與楊雄方言細別不同，檀弓，何居，注云：居，讀如姬姓之姬，齊魯之間語助也，緇衣，資冬祁寒，注云：資，當爲至，齊魯之語聲之誤，祁之言是也，齊西偏之語也，鄭氏用方言通訓詁，非舉作者之方言，故全部禮記注不單舉魯人語，蓋所不需也，繆君憒憒，抽讀一簡一篇，見中魯樂記注出齊言，遂以爲齊人作，則君雅資冬祁寒一語，豈魯人與齊西偏之人合撰而成歟，又內則，菫荁枌榆免薨滫瀡以滑之，注，滫爲秦語，瀡爲齊語，豈齊秦二人合撰此一辭乎，斯不然矣，王念孫考荀子書皆謂兩爲衞，勸學篇曰，行衢道者不至，楊倞云，今秦俗猶以兩爲衞，古之遺言歟，如繆君說，亦可據楊注謂荀子書出於秦人之手乎，且全部禮記注絕無一篇單舉魯人語，則禮記竟無魯人之作，豈不大怪哉。

綜上之論，繆君之智力與學力皆可概見，夫義理發於玄思，考核必資培證，二者非深根固柢不能爲，豈愚妄可假冒，學術事大，倘空虛無本，神智瞀亂，循卷未終，輒妄爲黑白，而猶曲假荀孟高賢以爲掉磬飾非熒衆之助，此不獨爲孟荀所不許，亦繆君之所不容，故荀子曰，欲爲蔽，淺爲蔽，此心術之公患也，孟子曰，無是非之心非人也，故爲善無近名，治學先治心，一言之得失猶其餘事耳，孔子曰，不可與言而與之言失言，予固不敢謏繆君之學矣，又豈敢不以端人君，可待乎，不然，君子之爲斯文也，君子以爲隘矣。

三民主義與儒家學說

張道藩

任何一種學術思想，要不外兩個來源：一個是縱的，一個是橫的。前者爲歷史的傳統，後者爲現實環境的反映。世界上誠然亦所謂獨創的思想，但獨創所佔的成分遠不及綜合得來的知識所佔的成分多。實際講來，所謂獨創的思想只是就各方所得的知識融會貫通，引申闡發而已。博學多能的孔子嘗說他自己是述而不作，這話並不是過分的謙遜，而是道出他自己思想的眞實淵源。然而他的偉大不可及，也正就在這一點，因爲古代傳留的思想學說，經他整理闡揚之後才有了一個系統。

就三民主義的思想本身言自有其學術的體系，但是這一個體系的完成，也正和孔子的述而不作一樣，是集合古今中外學術思想的精華而成的。然就其所受各種學術思想的影響言，仍以中國正統的儒家哲學爲最要。這一點，本用不着我們來表明。

總理自己卽曾對一位俄國革命家說過，他的思想是繼承中國堯，舜，禹，湯，文，武，周，孔之道的，雖然在另一個場合，總理還說過：他的民權主義是採用瑞士的直接民權，他的民生主義則是考察西歐人民生活所得的結果，但是這正如戴季陶先生所著「三民主義之哲學基礎」中所說，其採自西歐的，只是關於「所作」的部分，卽制度與方法的部分，至於政治上的最高原理原則，依然還是承繼儒家傳統的，並且卽以制度與方法這一部分而言，也不是依樣葫蘆的描摹西洋，而是參照本國情況加以斟酌選擇的。

×× ×× ××

我們知道，儒家的倫理道德與政治思想是以仁愛爲出發點的，仁愛，直率的說，就是悲天憫人仁民愛物的精神。孟子說，「稷思天下有饑者，猶己之饑也，禹思天下有溺者，猶己之溺也」，這種深切的同情他人的痛苦猶如自己身受痛苦的精神，就是仁愛。孔孟之所以栖栖皇皇歷干時君至老而不倦，卽是爲了要完成他救國救民的責任，爲了要把他所蘊蓄的悲天憫人，仁民愛物的精神，表現於實在的事功，這種思想傳到後來，卽成爲宋明諸儒所倡導的經世致用之學。范仲淹之所謂「先天下之憂而憂，後天下之樂而樂」顧炎武之所謂「天下興亡，匹夫有責」，都充分的表現這種經世致用的精神。三民主義思想的產生，也正是這種精神所促成。 總理嘗說，「三民主義就是救國主義」，又說，「歷史以民生爲重心，民生以仁愛爲基礎」。具體言之， 總理之所以倡導革命，就是不忍全國人民，陷於專制君主的暴虐苛政之下，不平等條約的壓迫縛束之中，痛苦呻吟，掙扎以求解脫而不可得，才奮其大智，大仁，大勇；不顧一切艱難困苦，捨身以圖挽救，這種精神就是繼承儒家精神而來的。

×× ×× ××

儒家政治思想中最重要的一個部份，是「內中國而外夷狄」的民族思想，此種思想是基於民族自衞，其生存的本能，無論那一個民族，只要遇到外侮，就會一致起來禦敵。在我們的古籍中還留下許多的讚美民族英雄的詩歌和記載，孔子整理經籍的時候，對於這種思想特別加以宣揚，輔佐齊桓以成霸業的管仲，孔子雖不以其推行霸道爲是，卻贊許他的攘夷之功，可見在孔子的政治思想中，實已包含着國家至上民族至上的原則。這個原則自孔子倡導以後；後世儒家無不遵行，近代的王船山，黃梨洲，顧炎武，李二曲，呂晚村諸子又復將此思想加以闡揚，總理更繼承明末諸賢之後，完成健全民族主義，並身體力行造成今日之三民主義共和國。

×× ×× ××

以上說的是民族主義與儒家哲學的關聯，現在應該說到民權主義。從表面上看，民權主義是與儒家學說無關的，因為中國幾千年來的政體，是一種君主專制的政體，而秦漢以後的儒家學說，又多鼓吹君主專制；對民權主義和民權運動的倡導和實行，如果從英國克林威爾的推翻査理士第一之時算起，亦不過三百年的歷史，如果就法國大革命之時算起，更只是一百年的歷史，可信民權主義純為近代產物。不過我們如果從初期的儒家學說來看，則知民權思想的發生實已有數千年的歷史。孟子即為一民權的最有名的大師，他說。民為貴，社稷次之，君為輕。又說，「君之視臣如犬馬，則臣視君如寇仇…」從這些話看來，儒家對於君主並不是盲目的崇拜到底的。桀紂幽厲，暴虐無道，儒家不但不尊敬他，甚至容許人民起來反抗以至加以誅戮，認為合乎道德，至於鼓吹君主權威特別尊嚴，人民對他應該絕對服從的人，乃是荀卿李斯之流，而是與正統的孔孟學說有別的。秦漢以後的儒家擴捨荀卿李斯的餘緒來提高君主的地位與職權，而極端排斥孟子尤以明初為甚。然在明末清初之際，黃梨洲諸儒對於民權思想，又復加以發揚，黃氏手著明夷待訪錄給予後來的影響即很大，晚清末年倡導革命的人大多根據他的意見談民治。總理自亦不能例外。西歐孟德斯鳩諸氏民治學說的輸入，不過是在儒學這一個固有的觀點上，促成其作進一步的發展而已。

×× ×× ××

最後談到民生主義。民生主義和儒家學說的關係更為密切。儒家所欲造成的社會為大同與小康之別，就大同言，其主旨在消滅階級國家，民族等一切無我之分的界限，造成一個「億兆家如一家，千百國如一國」的世界，這比之共產主義者之僅欲實現財富的均平更進一步。就小康言，儒家正與近世社會思想家一樣的重視人民的經濟生活。孔子以求均平為理財的要道，孟子以制民恆產為主政的先著，甚至為一般人所責斥為玄學的宋明理學家也都不否認經濟在政治關係的重要，現代通行的常平倉制度，即是朱熹從政時遺留下的成規。因此總理在對軍官訓詞中說：「諸君或者還不明白，民生主義是甚麼東西，不知中國在幾千年以前，便老早行過這項主義的，像周朝的井田制度，王莽想行的井田方法，王安石的新法，都是民生主義的事實，就是幾十年以前洪秀全在廣西起義之後，無形中也行過這種制度，這一段話是正確的指出民生主義的來源。

×× ×× ××

根據以上所說，可知三民主義的思想，出源於古時聖賢的遺意者多，取自西歐流行學說者少，這並不是說西洋的學說本質不好，而是因為中國社會風俗習慣和歐美大不相同，所以管理中國的政治，即不必完全做效歐美，可是歐美的現行制度，却是必不可少的參考資料。這個意思總理在民權主義第五講與第六講中已經說得非常清楚。其中有一句話大家必須注意的，就是民權主義第五講中所說「經過義和團之役以後，中國的自信力便完全喪失，所以把中國的舊東西都不要，事事都要做效外國」，殊不知這種盲目的崇拜外人的心理，正是中國所以致亂致弱的原因，總裁在「哲學與敎育對於青年的關係」演講中，也曾說過：「中國哲學不僅是窮究宇宙，調理萬物，而且是闡明天人合一，其體大思精，親切圓滿，決不是西洋哲學之偏蔽不全者所可比擬，…我們今後都應該研究中國的哲學，否則無論你學到外國怎樣高深的理論與技術，都是捨本逐末對於國家，對於青年，都無益處，只有害處，這個訓示我們應該一致遵行。本人今天特別把這個根本問題提出來討論，用意在希望大家能把中國固有的學說拿來重新溫習一遍，不要以耳代目的接受那些別有用意的宣傳。

儒家的富民思想

李鼎芳

研究儒家的民本思想，在理論方面，我們曾經闡發出從以民爲本直到以民配天。（見中央周刊七卷三十期三十一期）。在實質方面，也可說在方法論部分，儒家更有他們的主張和辦法，這就是怎樣使人民富足。

仁民愛物，是儒家重民精神的最初步倫理觀念，所以儒家對於安定人民的生活，怎樣使人民安居樂業，至爲重視，因此有富國必先富民，足國必須足民的論斷。「百姓足君孰與不足」（論語）「財聚則民散，財散則民聚」（大學），可見國家的富足，是要人民的富有才是眞正的富足。儒家何以要求人民生活安定與人民富有呢？孟子所說的理由是

若民則無恆產，因無恆心。苟無恆心，放辟邪侈，無不爲已。及陷於罪，然後從而刑之，是罔民也。

因此他主張國賦予人民的財產，「仰足以事父母，俯足以畜妻子，樂歲終身飽，凶年免於死亡。」這樣才可以使他們齊心向善。所以他又說：「聖人治天下，使有菽粟如水火。菽粟如水火，而民焉有不仁者乎。」所以要人民善而仁，必須先安定他們的生活。管子所謂衣食足而後知榮辱，正是這道理。荀悅把這意義說得更爲具體：

惟先哲王之政，……四曰恤民……恤民惟勤。……民不畏死，不可懼以罪，民不樂生，不可勸以善。……故在上者，先豐民財，以定其志，帝耕籍田，后桑蠶宮。國無游民，野無荒業。財不虛用，力不妄加，以周民事，是謂養生。（申鑒）

所以儒家在政治上要想表見自己的功勞，認爲爲民父母的官吏，最急之務，就是富民利民足民。孔子說：

政之急者，莫大乎使民富且壽也。

魯哀公便問他，那末怎樣才可以辦得到呢？孔子說：

省力役，薄賦斂，則民富矣；敦禮教，遠罪疾，則民壽矣。（家語）

所以執政的人，首先應當注意人民的生活與健康。孟子說：

爲民父母，使民盻盻然將終歲勤動不得以養其父母，又稱貸而益之，使老稚轉乎溝壑，惡在其爲民父母也（孟子滕文公）。

執政的人，應當負安國利民的責任，正如劉向說：

賢臣之事君也，苟有可以安國家利民人者，不避其難，不憚其勞，以成其義。（說苑臣術）

又說：

知爲吏者，奉法利民。（說苑政理）

漢朝儒家的爲政目標，也如此，王符潛夫論忠貴篇有云：

帝王之所尊敬，天之所甚愛者民也，今人臣受君之重位，牧天之所甚愛，焉可以不安之而利之，養之而濟之哉。是以君子任職，則思利民。

在理論方面爲政的方針而言，儒家是定抱富民利民的原則；但是怎樣實際去推行，在上面我們已經約略提到了一點，下面我再看儒家富民足民之道。

要想使人民富足，當然要重其生產。「富民者先厚其業而後求其贍」（鹽鐵論未通篇）。農業時代，人民的生產，主要的是農，所以儒家無不重農，富民之道，最初步是獎勵農業，即獎勵生產，帝王必須親耕籍田爲民表率。孟子說：「易其田疇，薄其稅斂，民可使富也。食之以時，用之以禮，財不可勝用也。王欲行之，則盍反其本矣！五畝之宅，樹之以桑，五十者可以衣帛矣。雞豚狗彘之畜，無失其時，七十者可以食肉矣。百畝之田，勿奪其時，八口之家，可以無飢矣。」所以王者欲一天下，必反其本，反本就是重農事，重農事就是所以安定人民，富足人民。王符潛夫論說：

民者以農桑爲本，用天之道，分地之利。六畜生於時，百物聚於野，此富國之本也，故力田所以富國也。

務本重農，是富民之道，這是從開源而說，在另一方面，儒家尚節儉，以求節流，我們打開儒家的書來，隨處可以看到他們關於節流的主張。在上者要寡欲，所謂「財聚則民散」。「節欲則民富，中聽則民安」。關於這點，我們下面摘要說明，在這裏我們再看看荀子對於富民的主張。荀子的政治見解，比孟子更切實些，同時他在分工合作人事理財等等都特有見解，他在富國篇中說：

足國之道，節用裕民。……量地而立國，計利而畜民，度人力而授事，使必勝事，事必出利，利足以生民，皆使衣食百用出入相揜

，必時藏餘，謂之稱數。故自天子通於庶人，事無大小多少，由是推之。故曰，朝無幸位，民無幸生，此之謂也。輕田野之稅，平關市之征，省商賈之數，罕興力役，無奪農時，如是則國富矣。夫是之謂以政裕民。

荀子這一段主張，可以說是他整個政治思想的代表，而一切務施於求富國裕民。總之，重農事，節財用，省民力，薄賦斂，是儒家所主張的富民之道，也就是富國之道。

我們在上面已經提到過，節儉是保持人民富有之一道，而在上者的寡欲是養成節儉之風的根本。儒家諫君王無不以寡欲爲第一要務。竊民財力以供嗜欲謂之暴」。孟子裏有一段故事說明這道理的：

鄒與魯鬨，穆公問曰，吾有司死者三十三人，而民莫之死也。誅之則不可勝誅，不誅則疾視其長上而不救，如之何則可也。孟子對曰：凶年饑歲，君之民，老弱轉乎溝壑，壯者散而之四方者幾千人矣，而君之倉廩實，府庫充，有司莫以告，是上慢而殘下也，君行仁政，斯民親其上死其長矣。

君王聚財，而百姓有苦無告，民力如何可用，荀子把富的層次說得更清楚，而主要意義還是在說聚斂而民窮是亡國之道。他說：

王者富民，霸者富士，僅存之國富大夫，亡國富筐篋，實府庫。筐篋已富，府庫已實，而百姓貧，夫是之謂上溢而下漏，入不可以守，出不可以戰，則傾覆滅亡可立而待也。故我聚之以亡，敵得之以強。聚斂者召寇肥敵亡國危身之道也。

荀卿所說的情形，在明朝亡覆的時候，充分的表露出來，歷歷不爽。

儒家一方主張在上者不欲以富民，另一方面主張毋共民爭利。公子儀相魯，出妻拔葵，因爲嗣爭園夫工女之利，春秋美之。漢儒家董仲舒說：

身寵高位，家溫而食厚祿，因乘富貴之資力，以與民爭利於下，民安能如之哉。是故衆其奴婢，多其牛羊，廣其田宅，博其產業，畜其積委，務此而亡已，以迫蹙民。民日削月朘，寖以大窮。富者奢侈羨溢，貧者窮急愁苦，窮急愁苦而上不救，則民不樂生，民不樂生，尚不避死，安能避罪，此刑罰之所以蕃，而姦邪不可勝者也，故受祿之家，食祿而已，不與民爭業，然後利可均布而民可家足，此上天之理，亦太古之道，天子所宜法以爲制，大夫所當循以爲行也（董仲舒傳）。

這就是說明官僚資本的弊病，而董仲舒是反對官僚資本的第一人。

在上面已經討論過儒家富民的理論和方法，那麼民富以後怎樣呢，儒家有他的目的。這就是「既富加敎」。貧而不改其樂，當然是儒家所最稱道，但是對于一般人民，必定要先求其富，先求其生活安定，然後可以導之禮義。孟子所謂「民無恆產，則無恆心，苟無恆心，則放辟邪痴，無所不爲」，就是說人民要生活安定才可以施敎。王符說：「夫爲國者以富民爲本，民富乃可敎，民貧則背善」（潛夫論務本）桓寬說得更明白：

周公之相成王也，百姓饒樂，國無窮乏。人非代之耕織也，易其田疇，薄其稅斂，則民富矣，上以奉君親，下無飢寒之憂，則敎可成也。語曰，既富矣，又何加也，曰，敎之以德，齊之以禮，則民從義而從善，莫不入孝出悌，夫何奢侈暴慢之有。（鹽鐵論授時篇）

所以儒家求富民是有他的目的，要達到施敎化，行禮義，不能不先厚其業，求其贍，所謂既庶加富，既富加敎，儒家有他的理論，有他的方法，也有他的目的。

市政民主之例

美國的地方政府直接受州政府節制，州規定境內市鎮治理的方式，確定敎育與衛生的標準，通常亦監督地方的財政，市政經費來源一部分是當地稅捐，一部分由州撥付，各州監督的程度各不相同，市政府就在州的督導下經營其自訂的學校制度，建設與保養當地的街道，經辦警察與消防，整頓當地的運輸，推進公共衛生條例，舉辦給水與溝渠制度，設立公園，圖書館與博物館。

市內居民在州所規定的市政權限之內，對政府具有民主的控制，他們有權選任官員，有權通過公民投票決定修改憲章。最近幾年許多州通過了戶治的立法（Home-Ruie Legislation），允許人民自草本市憲章，按居民投票的大多數通過，這使各市居民對當地政府有了更大的管制。

美國這樣民主的市中間有一個是紐約州的工業城市里契斯特（Rechester），這裏有四十萬人民，它可以作爲例證。十六年前，里市的人民投票通過了市政經辦人（City-Manager）法案。按這個法案，該市選民可選出一九人市政委員會，它負責釐定稅制，制定法律，通過預算決算，決定政策。至於執行決議，主持各局局務，推行律令，係由市政委員會聘用對市政有經驗的專家負責，他有薪給，名義是市政經辦人，向市政委員會負責，而市政委員會向人民負責。（美國新聞處編譯）

儒家和民主（特稿）

波浪

中國的學術思想，從春秋戰國時起，就都是在儒家思想的範疇下進行着的，雖然中國也有過墨家道家釋家的學說興起，而這些都被視爲左道旁門，邪說異端的東西。近年來，歐風吹進了，說西洋的臭虫也是好的人們雖多，但抱着枯骨不放手的人也不少，所以一脈相承的儒家思想還是正統的，還是該發揚光大的國粹。

儒學的開山祖，誰都知道是姓孔名丘字仲尼的孔老二，即是初入書塾時拜着的大成至聖先師孔子。

孔子的父母並不依照周公所制的婚禮的儀式，便野合而生出孔子了，史記孔子世家說：「魯襄公二十三年孔子生」。又說：「孔子生魯昌平鄉陬邑，其先宋人也，曰孔防叔，防叔生伯夏，伯夏生叔梁紇，紇與顏女野合而生孔子」。詩商頌正義引云「宋湣公生弗甫何……本金父降爲士，木金父生祈父，祈父生防叔，防叔爲華氏所追奔魯爲防大夫故曰防叔。」本史記孔子世家，宋湣公是微子的後裔，由這點看來，孔子的先人是官級的貴族，到了孔子是沒落的貴族了。

從周代的社會來說，貴族和平民的對立，是在土地占有關係上，貴族是土地的佔有者，平民是替貴族耕田過活的，那時社會是純粹的農業封建社會，物質生活的要求並不高，所以貴族和平民之間，在土地關係上，各能得到暫時的滿足，不特沒有衝突，而且還建立一個依存的連繫。可是周代到了東周末年，商品經濟抬頭，聲色犬馬之樂繁多，貴族的消耗需要大起來，便不能不加深地搾取農民的勞動力，而兩個對立的階層的衝突便不能免了，在商品經濟發展之下，有的平民以商業之贏餘來取得貴族的田地，而貴族因耽於物質生活，荒淫奢侈，供不應求的時候，便出讓他的田莊，於是變成沒落，甚至更由沒落而降爲奴隸，如左傳說：「欒卻胥原狐續慶伯降爲皁隸」。貴族的自娛自樂，更增加平民對貴族的信仰底崩潰，宗教信念的動搖，禮法名分的破壞，反轉來，又加速貴族階層的沒落，這是一個絕大的危機。孔子是一個沒落的貴族，目擊社會的紊亂和本身階層的危機，便思有以挽回這個局面，當然他是有心於社會之安定的，而社會的安定，正是貴族的最大利益，所以從孔子在代表沒落貴族的立場底觀點來看，他自然是不同意荒淫的貴族，然也不贊成平民的「反動」，他的政治觀，無論如何要保留他本階層的權益，所以他一方面要攻擊貴族的荒淫，使其不致榨取太深平民的利益而引起必然的衝突，他一方面用懷柔的手段使全民回復到周初時的禮法名分的範圍去。這樣，社會秩序又可以回復到平靜了，上下整然的平靜了。

他認爲要達到這個目的，須要上下都守着道義，所以論語說：「齊景公問政於孔子，孔子對曰，君君，臣臣，父父，子子」。這裡就是說人人應各盡其分，不可越軌，孔子家語說：「曾子曰敢問七教，孔子曰上敬老則下益孝，上尊齒則下益悌，上樂施則下益寬，上親賢則下擇友，上好德則下不隱，上好貪則下恥爭，上廉讓則下恥節，此之謂七教」。這就是對貴族的規範。而他尤其注重禮法，這禮法就是周公所制定的禮法，祇能守禮，則一切的風波都可平息，他說：「人而無禮，胡不遄死，」可見其對禮法名分的擁護之力。由此看來，足見是不甘沒落的貴族底說話。

在孔子的學說裏，他是把君臣分得很清楚的，不容混淆的，可是並不把臣民歸到做君主的奴隸去，所以他說：「所謂大臣者，道以事君，不可則止」。（論語）就是說明君臣之間須有道義禮法和名分的聯繫。然而他並不以君臣是隸屬的，劉向說苑政理篇說：「孔子曰，詩云凱悌君子民之父母，未見其子富而父母貧者也」。這正是說臣民是隸屬於君主的，臣民的財產，君主有沾益的權力，所以孔子對於君主和臣民的看法是：臣民是君主的從屬，但不是絕對的僕人。

儒家學派到了孟子，又是一個大宗師，他是承繼孔學最主要的人，他所處的社會更黑暗更紊亂，那時是戰國，他的環境比孔子的更壞，其時貴族更荒淫，人民更痛苦，秩序總崩潰的危機已很顯著了，他要救世救自已，於是看清楚平民的力量的偉大，而不能橫加暴戾的，於是喊出「貴民」的口號，他說：「民爲貴，社稷次之，君爲輕」。他解析武王伐紂的事說：「聞誅一夫紂矣，未聞弒君也」，因爲紂是暴王，不過可當一個獨夫，直不是君主，人人可得而誅之的，這當然具有頗有民主的思想，然而他又承認「率土之濱，莫非王土，率土之民莫非王臣，」則他仍以爲君主是最高的所有者，在不大壞的做法，仍可以使用他的所有物——人民和土地的。祇要看孟子竭力提倡井田制的重行，就可見他還是一個擁護封建制度的人了，不過他以爲人民有本質上的自由，可說是進步的思想了，他較孔子更明朗地提出人民的重要，然而這個「人民之可貴」並不是民主的，祇不過要實行封建的平治天下，就不能不貴民，「民」不過是君主的手段而已。

中國畢竟是大染缸，在孔子和孟子死後不久，都染上另一種顏色了，後起的儒家，爲着迎合淫威君主的想頭，要來升官發財，不惜出賣自已的自由人格，和大多數人民的自由人格，於是强調了尊君的思想，而抹殺貴民的意義，他們做了御犬，又把孔子披上御犬的衣服，於是引經据典地說：率土之濱莫非王土，率土之民莫非王臣啊，人民就是君主的財產啊，是君主的奴才啊，什麼「君要臣死，臣不得不死」啊！一大套話，就把人民的生命自由統統送給君主了，於是君主也有夷三族，夷九族的法律，這樣一來，君主是握生殺大權的主人，而人民祇是俯首待命的犬馬罷了。

儒家的始祖被兒孫弄上一件犬服，抬出去做御用的號召了，蒙古人打中國要毀孔廟，但是打得了天下又大大地尊「孔」了，是說孔子以爲應當尊君，而你們應當尊蒙古人呀！這是愚民，然而儒家的飯碗(孔子)沒有破，自然可以尊起第二朝代的主子啊！在這之間，一批儒家實行殉君，一批却做式臣了，這正無足爲奇的，所以滿清要漢人來服從他做他的奴才便「尊孔」，袁世凱要稱帝，又隆重地祭「孔廟」了……

在所謂儒家的曲解强調之下，人民沒有自由了，孟子所說的「合則留不合則去。」孔子的「不可則止」，這些去就的自由權利也失去了，更談不到罷免獨夫的「紂」了，他們喘息在幾千年的專制政治之下麻木了，他們不知道自已有自由的，更說不到去爭自由了，而中國的歷史仍然停滯在同一的政體下，都是人民做奴才犬馬的結果，這個是所謂「儒家者流」造的罪孽。

而現在呢，民主的口號响亮地叫出來了，然而另一面又高唱國粹啦！「可愛」的所謂「國粹家」們啊，滾吧！抱着你底國粹，去活在你底主子那裡做犬馬奴才吧，這裡沒有你的份兒，也不須要你！

這裡要的是眞眞正正的民主，不特要根絕所謂「儒家」的「奴才忠君」的思想，而且要洗去孔子孟子所說的「君爲輕」的君的存在，今日沒有什麼君臣的名分底存在，人民是有獨立的人格的自由，他們是最高無上的，一切是他們的所有物，他們的意志才是　律。寡頭的政治的時代是應該過去的了，把握整個中國思想界的儒流已到了末日，讓我們人民大衆蘇甦過來，重新把天賦的自由拿回來吧。所有獨夫們啊，滾你的吧啦！

一九四六年二月七日作於穗

(上接第六面　東北的黑雲)

蘇軍把一部份日本工廠設備搬去當戰利品，也成爲這班人攻擊蘇聯的理由。根据國際法，蘇軍是有理由把敵方的一切與軍事有關的物資作戰利品繳獲去的。要這些物資不爲蘇軍繳去，最好當初由我們國軍擊敗日軍而把這些物資先繳了過來。那時國軍並沒有打過去，現在却有人出來異常英勇地喊『打回東北去』，要從蘇聯手上奪取自認爲是自已的而原來是日本人的東西。日本人的東西還多得很；美國正在計劃把日本較好的重工業裝備移到菲律賓去，中國既然作戰時間最長，爲什麼不向麥克阿瑟理論去呢？

張莘夫被害的事，中央社的電報暗示是蘇方殺害的。眞相如何，尚未知道。但從情理推測，蘇聯如果要拒絕中國的經濟人員入東北，他大可以連張嘉敖(王旁)也不讓進去，何必用這樣不堂皇的手段暗殺一個三等角色呢？蘇聯從未有過這樣『小醜』的行動，別人做這樣的事而把賬算在蘇聯頭上的則常有。繼世才弟弟之被害，後來不証明是某種人反蘇的陰謀麼？當然，張莘夫的案件不一定就是同出一轍，但總之不久眞相一定大白，新聞封鎖也不能把事實隱藏得很久的。

當前的國際國內形勢都不容許發生戰爭；中國步上民主的途徑是不容改變的趨勢。要以反蘇運動取消政治協商會的成果麼？那只有心勞日拙而已。

二月廿三日

儒家思想的新檢討

郭紹虞

一　緒論

一般人一提到儒家思想，往往就引起兩種不同的態度；一種是看作封建的，摧毀之不遺餘力；另一種是看作國粹的，保守之也不遺餘力。這兩種態度可以說都對，也可以說都不對。爲什麼？因爲儒家思想可有迹與心之分。由迹的方面言成爲客觀道德；由心的方面言則是主觀道德。客觀道德是風俗，是禮教，是倫理，是習慣，這是可以隨時代或環境的變遷而變更的，所以不應泥守，也就不必保存。一般要打倒孔家店的，大抵只看到這一邊。主觀道德也可說是基本道德，即是最低限度的做人之道。此種做人之道『譬諸日月雖終古常在而光景常新，』所以不必隨時代或環境的變遷而變更；因此，也不妨保存。東海有聖人出焉，所見到的是如此；西海有聖人出焉，所見到的也不妨是如此。千載之上有聖人出焉，所主張的是如此；千載之下有聖人出焉，所主張的仍不妨是如此。這即是所謂「人同此心，心同此理」。這即是迹與心的分別。

以前道學家的錯誤，即在把客觀道德看作自然的法則，看作應當的規範，看作一成不變的道。即如朱子所謂「宇宙之間，一理而已！天得之而爲天，地得之而爲地，而凡生於天地之間者又各得之以爲性；其張之爲三綱，其紀之爲五常，蓋皆此理之流行，無所適而不在」。（讀大紀）於是三綱五常就不是某一時代特定的社會組織，而是天經地義不可變的法則。子路說：「君臣之義如之何其廢之！」楊雄太玄說：「君臣之道萬世不易」。昔人對於綱常的看法，大都如此，所以這是昔人的錯誤。而現在人之攻擊舊道德者却也着眼在這一點，不能不說是現在人的錯誤。

我們因爲看到歷史上中國民族每當絕續存亡之秋，總有許多忠臣義士幹出一些可歌可泣的偉業，而這些人所受的影響大都不外儒家的思想，即是所謂『讀聖賢書所學何事』。因此對於儒家思想，似乎應有重加檢討的必要。我們應當指出他的眞精神，而不必一例加以摧毀。

二　孔子的民族思想

所謂眞精神是什麼呢？我們先從孔子講起。自來論孔子學說孔子思想的，我以爲胡適之先生說儒一文最有特殊的見解。他說：「孔子是儒的中興領袖，而不是儒教的創始者。儒教的伸展是殷亡以後五六百年的一個偉大的歷史趨勢；孔子只是這個歷史趨勢的最偉大的代表者，他的成績也只是這個五六百年的歷史運動的一個莊嚴燦爛的成功。」因此，再說「這個歷史運動是殷遺民的民族運動」。這是石破天驚之論，同時也是顚撲不破之見。他抓住了這一個中心，於是說明殷民族的柔道取容，於是說明殷民族的復興思想，於是說明孔子的高自期許，以斯文自任；於是再說到孔子的大貢獻在於（1）把殷民族的部落性的儒，擴大到仁以爲已任的儒；（2）把柔懦的儒改變到剛毅進取的儒。在這裏，他有很精闢的議論。他說：

「士不可以不弘毅，任重而道遠」，這是這個新運動的新精神，不是那個「一命而僂，再命而傴，三命而俯」的柔道所能包涵的了。孔子說：「志士仁人無求生以害仁，有殺身以成仁。」他的弟子子貢問他：伯夷叔齊餓死在首陽山下，怨不怨呢？孔子答道「求仁而得仁，又何怨？」這都不是柔道的人生哲學了。這裏所謂「仁」，無疑的就是做人之道。孟子引孔子的話道：「志士不忘在溝壑，勇士不忘喪其元。」我頗疑心孔子受了那幾百年來封建社會中的武士風氣的影響。所以他把那柔懦的儒和殺身成仁的武士合併在一塊，造成了一種新的「儒行」。論語說：「子路問成人。子曰：「若臧武仲之知，公綽之不欲，卞莊子之勇，冉求之藝，文之以禮樂，亦可以爲成人矣。曰：今之成人者何必然！見利思義，見危授命，久要不忘平生之言，亦可以爲成人矣」。「成人」就是「成仁」，就是「仁」。綜合當時社會上的理想人物的各種美德，合成一個理想的人格，這就是「君子儒」，這就是「仁」。但他又讓一步，說「今之成人者」的最低標準，這個最低標準，正是當時的武士道的信條。他的弟子子張也說：「士見危致命，見得思義，祭思敬，喪思哀，其可已矣。」曾子說：「可以託六尺之孤，可以寄百里之命，臨大節而不可奪也，君子人歟？君子人也。」這就是見危致命的武士道的君子。子張又說：「執德不弘，信道不篤，焉能爲有？焉能爲亡？」子張是殷士，而他的見解已是如此，可見孔子的新教義，已能改變那傳統的儒，形成一種弘毅的新儒了。孔子曾說：「剛毅木訥近仁」；又說：「巧言令色鮮矣仁」。他提倡的新儒行，只是那剛毅勇敢擔負得起天下重任的人物。

這是一個新發見。我們要明瞭孔學之眞，即應從柔道的人生觀轉變到剛毅勇敢的人生觀這一點來觀察，纔不致爲一般傳統的見解所蒙蔽。

正因他從柔道的人生觀轉變到剛毅的人生觀，所以成爲殷遺民的民族運動中的偉大人物。禮記言孔子射於矍相之圃，賁軍之將，亡國之大夫不入；說苑言楚伐陳，陳西門燔，使其降民修之，孔子過之不式。這卽是孔子所提倡的民族思想，何況再加以夷夏之防呢？孔子雖不贊成管仲，可是因爲「微管仲，吾其被髮左衽矣」，所以也不沒管仲之功。可知被髮左衽，在昔人看來，是何等重大的事！春秋素嚴內夏外夷之辨，所以宋時胡安國之爲春秋傳，即以復讐爲旨。其後呂大圭著春秋或問春秋五論諸書，亦取胡氏之說而發揮之。他以爲「晉既不足以宗諸侯，而鬨門延盜，以來被髮文身之吳與中國者，乃在於周公之子孫，禮義之望國，會之伐齊而使之遇其志於中國者，魯也。會於黃池而使之儼然與晉伯爲敵者，亦魯也。不惟依吳以爲國，而又導之，至於陵中國之諸侯，聖人望魯之意絕矣！是故春秋於是終焉。」他們備受了異族的刺激，志切復讐，固然這些話不免有爲而發；要之也因春秋確有攘夷太義可以發揮，所以纔能如此，儒家思想有夷夏之辨，而復嚴出處之節，所以志士仁人處到此種境地，寧願遯跡山林，寧願膏身斧鉞，而不肯降身虜廷。這纔見聖賢之敎之入人之深。

顧炎武日知錄云：「有亡國，有亡天下，亡國與亡天下奚辨？」曰：「易姓改號謂之亡國；仁義充塞而至於率獸食人，人將相食謂之亡天下。」所以他以爲亡國不過易一姓之朝代，其關係尙小。至於亡天下，乃是民族的淪亡，乃是文化的滅絕，其關係爲特大。所以保一姓之朝代，只須「肉食者謀之」，保民族之文化，則匹夫有責。匹夫如何能盡其責呢？知道邪正，知道是非，知道讀聖賢書所學何事，自然能盡其責了。假使說文化而有價值，假使說文化人而有其重要性，應當就在這些地方。

三　孟子之浩然精神

孔子而後，最能發揮這一點剛毅的人生觀的，當推孟子。從前人不很了解孔子這一點剛毅精神，所以總看作溫潤含蓄，總看作太和元氣，而以爲孟子態度有泰山巖巖氣象，有英氣，有圭角，似乎覺得與孔子不同。實則孟子這股英氣正從孔子剛毅的人生觀得來。會心不遠，何嘗與孔子立異！此意，只有清代李元度的讀論孟說見到這一點。他說：

吾觀孔子之言論風節，壁立萬仞，正與孟子同，無二道也。請以論孟徵之：如魯三家執政者也，君子居是邦，宜不非其大夫矣，乃孔子於其舞八佾，斥之曰：「是可忍，孰不可忍」；歎雍詩，斥之曰「奚取於三家之堂」；旅泰山則責冉有不能救，伐顓臾則曰恐季孫之憂即在蕭牆之內，用田賦則斥其食冒無厭，且鳴鼓而攻附益之求。其口誅筆伐之，不遺餘力矣。……及陳恆弑君，毅然請討，兩稱吾從大夫之後，不敢不告，此非聖門清議足以奪權奸之魄耶？……至若言衞靈公之無道，悼齊景公之無德，而稱歎夷狄之尙有君，而於祝鮀之佞，宋朝之美，則曰非此難免於今世，於魯禘之非禮，則曰吾不欲觀。以常情度之，皆傷時語也。而孔子不少婉曲，曷嘗譏出於溫潤含蓄耶？外此如責原壤曰爲賊，責宰我曰於予何誅，責子路曰欺天行詐，折王孫賈曰獲罪於天無所禱，陽貨求見則拒之。孺悲求見則辭之，大抵嚴厲之意多，渾含之意少。獨於非招不往之虞人，則稱爲「志士不忘在溝壑，勇士不忘喪其元」，可以觀聖人之所尙矣。蓋其以鄉愿爲賊，以巧令足恭爲恥，以色厲內荏爲穿窬之盜，以患得患失爲鄙夫，故其直道而行若此，而春秋之衰鉞所以懼亂臣賊子者無論矣。孟子，學孔子者也。其惡王驩，猶孔子之拒陽貨也。其因從子敖而責樂正子，猶孔子因富季氏而絕冉求也。其論齊王之不智，梁惠王之不仁，梁襄王之不似人君，猶孔子言衞靈之無道，齊景之無德也。其以儀衍爲妾婦，以楊墨爲禽獸，以求富貴利達者爲乞人，以富桀輔桀者爲民賊，猶孔子之以鄉愿爲賊，以內荏爲穿窬也。……孟子亦法孔子而已矣！未嘗別露圭角也。……士品日降，因孔子有危行言孫之論，又謂居邦不非大夫，相率依違遷就，從然自託於中庸，充其操不至爲天下而爲鄉愿，爲鄙夫，爲妾婦不止。彼且謂聖人之道在去其圭角，庸詎知孔曾思孟之言論風節固大不然哉！然則學聖賢者，寧拙無巧，寧介無通，寧直無曲，寧剛無柔，庶幾可與入德歟？（天岳山館文鈔卷二）

李氏是受了曾國藩的影響，所以能見到這一點。那麼可知道孟子學說的重要即在能發揮孔學這一點精神。荀子同他正是相反，所以在平常時節，孟學不如荀學之流行；而在變動時節，孟學便比荀學爲偉大。

現在，我們且看孟學如何發揮孔學這一點精神。

孔子的道德哲學，實在只是三個字，——

知、仁、勇。論語子罕篇，孔子說：「知者不惑，仁者不憂，勇者不懼。」而憲問篇又說：「君子道者三，我無能焉。仁者不憂，知者不惑，勇者不懼。」於是子貢說：「夫子自道也」。可知孔子的道德哲學，此三字足以盡之。不過他所謂「知」，若由學問方面講，則與道德無關，我們不妨說孔子所提倡的主觀道德，只是仁與勇二者。若由道德方面講，則孔子又與蘇格拉地一樣，以爲德卽知識，一切諸德之內容皆同爲知識，是則我們也可以說孔子所提倡的主觀道德，不外與仁勇二者而以「知」連繫之而已。那麼，三德已只賸了兩德了。再有，由常識上講，勇的道德也有流弊。所以孔子說：「惡勇而無禮者」，而子貢也說「惡不孫以爲勇者」。因爲「勇而無禮則亂」，因爲「小人有勇而無義爲盜」，所以孔子講到勇，就要以禮義去裁制他。因此，在孔子的看法，知仁勇三者既互有關係，不如把勇也併在「仁」的德目之下，於是孔子可以只講「仁」而於仁的中間，自然兼有「勇」的涵義了。此所以說：「仁者必有勇，勇者不必有仁。」必須是仁者之勇纔是孔子之所謂「大勇」。

大抵「仁」之爲德，本從柔道的人生觀得來。所以「居處恭，執事敬」也是仁，所以「出門如見大賓，使民如承大祭」也是仁。所以「克己復禮」更是仁。左傳昭公十二年引仲尼曰「古也有志，克己復禮仁也。」可知這是傳統的道德標準。待到孔子擴而充之，一變恭謹習氣爲軒昂態度，於是「當仁不讓於師」，於是「剛毅木訥近仁」，仁之含義，就有剛勇的性質了。不過如此講法，很不分明，所以孔子只講仁，孟子就要講仁義。我們要知道孟子之講仁義，實在卽本於孔子所謂仁勇二德而分別言之而已。

何以言之？

一、孔子所謂勇，本有義的意義，所以見義不爲，就是無勇。子路問「君子尙勇乎？」孔子告以「君子義以爲上。君子有勇而無義爲亂，小人有勇而無義爲盜。」那麼孔子的意思本有用「義」字去代替勇德的表示。不過，孔子所謂「義」，又與仁沒有什麼分別。如「君子義以爲質」，卽「君子無終日之間違仁」之意。如「不義而富且貴，於我如俘雲」，又卽「富與貴是人之所欲也，不以其道得之，不處也。……君子去仁，惡乎成名」之意。所以孔子言「仁」，而義與勇的意義也包含在內，孟子不過把他提出來講，使得義界分明而已。

二、孟子所謂義，卽是勇的發揮。孔子說「知恥近乎勇」，而孟子說：「羞惡之心義之端也」。有的時候甚至肯定地說「羞惡之心義也」。可知孔子所謂勇，卽是孟子所謂義。正因爲知恥近勇，所以不甘受辱也卽是義。「北宮黝之養勇也，思以一毫挫於人，若撻之於市朝；惡聲至，必反之」，而孟子以爲這卽是義。爲什麼？「人能充無受爾汝之實，無所往而不爲義也。」爾汝，是人所輕賤之稱，不受人所輕賤，這是勇，也卽是義。所以孟子所謂仁義，卽孔子所謂仁勇。

看出孔子的貢獻在提倡一種新儒行，那麼，可知孟子的貢獻卽在發揮這種新儒行。爲要發揮這種新儒行，於是不得不標舉「義」字，以確定其義界，以顯明其特點，而此種新儒行遂可以格外發揮得透澈。

因此，(1)孟子論仁與孔子論仁不同。孔子論仁，兼有柔道剛道二義，而孟子則把剛道之仁稱之爲「義」，柔道之仁稱之爲「禮」。所以孔子論「成仁」，孟子就說「取義」。孔子以「居處恭執事敬」爲仁，而孟子則說：「君子以仁存心，以禮存心。仁者愛人，有禮者敬人」。這樣一講，於是「仁」的特點就格外明顯。他既不同「義」之剛性，也不同「禮」之柔性，而只是中性的「相人偶之道」。所謂相人偶之道，卽是說必須人與人相偶而後其仁乃見。(見阮元論語論仁論及孟子論仁論)所以必須以仁與義分開來說，然後見得柔道之仁僅屬對人，剛道之仁只求對己，而此中性之仁則是對己之間所發生的事實。這樣講，所以孟子主張「義內」，而剛道之仁的性質始因以明顯。孔子由柔道之仁轉變爲剛道之仁而依自不依他之特點始著：孟子再標舉一個「義」字，而主「義內」之說，於是依自不依他的作用益顯。

因此，(2)孟子論義又與孔子論義不同。孔子說「君子喩於義」，又說：「聞義不能徙，……是吾憂也。」似乎所說的義，有個客觀的標準。所以告子會誤解爲「義外」。告子說：「彼長而我長之，非有長於我也；猶彼白而我白之，從其白於外也；故謂之外也。」又說：「長楚人之長，亦長吾之長，是以長爲悅者也，故謂之外也。」這卽因爲似乎標準在外的關係。孔子於這一層固然不與告子見解相同，但不會說得分明，所以有待於孔子的闡發。孔子雖則以「義」爲路，但是義之爲路，仍出於人心。他說：「心之所同然者，何也？謂理也義也。聖人先得我心之所同然耳。故理義之悅我心，猶芻豢之悅我口。」那麼理義雖出聖人所制定，雖似有客觀的標準，然而仍出我心之所同然。他又說：「大人者言不必信，行不必果，惟義所在。」言必信，行必果，這固是義，而言不必信，行不必果，這也是義。那麼義的標準何在呢？義的標準，仍在於個人的道德判斷，即是所謂「主義」。所以再說：「非禮之禮，非義之義，大人弗爲。」由這般說，簡直即世俗之所謂禮義，也可隨個人判斷而變易了。孟子這樣重視個人，所以充義至盡的結果，有所謂浩然之氣。浩然之氣是什麼？他說：「其爲氣也，至大至剛，以直養而無害，則塞於天地之間。」朱注謂「至大則無限量，至剛不可屈撓，蓋天地之正氣而人得以生者其體段本如是也。」到此境地，天人合一，也即成爲至大至剛之人。孔子說：「吾未見剛者」，孟子即想完成這種剛的人格。所以說：「居天下之廣居，立天下之正位，行天下之大道；得志與民由之，不得志獨行其道；富貴不能淫，貧賤不能移，威武不能屈，此之謂大丈夫。」這即是養浩然之氣的理想人格。這種氣魄，又豈是拘謹小儒之所能爲！所以只有孟子爲能發揮孔子剛道的人生觀。至於養此浩然之氣的方法，則由於集義。他說：「其爲氣也，配義與道。無是，餒也。是集義所生者，非義襲而取之也。行有不慊於心則餒矣。」朱注謂「氣雖可以配乎道義，而其養之之始，乃由事皆合義，自反常直，是以無所愧怍，而此氣自然發生於中，非由只行一事偶合於義，便可掩襲於外而得之也。」這樣解釋固然不錯，但我以爲還應稍加修正。集義，是發揮吾人性中善端而無一不當，反覆考慮皆合於義，果經措施自得其宜，這是所謂「配義與道」，所以能「至大至剛」而一些不「餒」。義襲，則是遵照了客觀的標準，照樣奉行，所以雖不背義而無所自得，當然也就不成爲浩然之氣了。孟子再引曾子的話，以解釋大勇，曾子說：「吾嘗聞大勇於夫子矣。自反而不縮，雖褐寬博，吾不惴焉！自反而縮，雖千萬人吾往矣。」孔子這一點大勇的精神，恐怕只有孟子能發揮得出。所以孟子之論「義」，比孔子爲更透闢，更深入。

由孟子之說求之，有革命思想，重自由精神，即由新思潮言，也可互相吸收；何况這種大無畏的浩然精神尤足爲民族更生之助力呢？

這即是孟子英氣之所由來。

四 陽明學派的英雄氣分

何以說陸王爲最近孔孟之實呢？

即因程朱一派之理學，其形而上學以爲在此具體的世界外，尙有一離時空而永存的理世界，於是本此觀念應用到人生倫理，也以爲一物一事都有他客觀的理。程頤說：「百理俱在平鋪放着。幾時道堯盡君道添得些君道多；舜盡子道添得些孝道多。元來依舊。」（二程遺書二上，據馮友蘭定爲伊川語）其易傳又說：「夫有物必有則。父止於慈，子止於孝，君止於仁，臣止於敬；萬物庶事莫不各有其所。得其所則安，失其所則悖。聖人所以能使萬物順治，非能爲物作則也；惟止之各於其所而已。」（卷四，艮象辭傳）這即是有客觀標準的看法。此種思想，即從大學所說「爲人君止於仁，爲人臣止於敬，爲人子止於孝，爲人父止於慈，與國人交止於信」諸語得來。大學一書，朱子以爲曾子所作，王柏以爲子思所作，近馮友蘭先生又有大學爲荀學考一文，則知此種有客觀標準之說，原來仍出於荀子。舊荀學主禮而又倘學：倘學則「得於外面者多，得於內心者少；」主禮則以「禮是起於肅靜收斂人的暴慢浮動種種不好脾氣，傳禮的自容易看人的不好一面。」（均梁漱溟說）這樣，當然容易定有客觀的標準了。程朱一派既重在道問學則由倘學言，與荀子爲近。而荀子樂論謂「禮也者理之不可易者也。」程頤亦有「禮即是理」之語；是則理學之與禮教原有密切關係。此所以理學不能全同於孟學。惟陸王一派則不窮理於外，而以爲道即吾心，吾心即道，陸九淵說：「萬物森然於方寸之間，滿心而發，充塞宇宙，無非是理。」又說「收拾精神自作主宰，萬物皆備於我，有何欠闕！當惻隱時自然惻隱，當羞惡時自然羞惡，當寬裕溫柔時自然寬裕溫柔，當發強剛毅時自然發強剛毅。」這是何等氣魄！有此氣魄，自然不會柔順取容，惟以循理守法爲事。這即是得於內心的重要。不僅如此以得於內心，則自然不會有客觀的標準，不致以禮教繩人。王守仁說：

> 夫物理不外於吾心。外吾心而求物理，無物理矣；遺物理而求吾心，吾心又何物耶？心之體，性也；性即理也。故有孝親之心即有孝之理；無孝親之心即無孝之理矣。有忠君之心即有忠之理，無忠君之心即無忠之理矣。理豈外於吾心耶？（答顧東橋書）

> 朱子所謂格物云者，在即物而窮其理。即物窮理是就事事物物上求其所謂定理者也。是以吾心而求理於事事物物之中，析心與理而爲二矣。……若鄙人所謂格致格物者，致吾心之良知於事事物物也。吾心之良知即所謂天理也。致吾心良知之天理於事事物物，則事事物物皆得其理矣。致吾心之良知者，致知也；事事物物皆得其理者格物也。是合心與理而爲一者也。（同上）

由程朱言，有孝之理故有孝親之心；由陸王言有孝親之心故有孝之理。先重在理，所以覺得務外遺內；先重在心，所以自作主宰。這是理學與心學之不同之點，朱子因象山以心爲性，卽告子生之爲性之說，故稱象山爲告子；而其後王守仁復因朱子析心與理爲二，正是告子義外之心，故又稱朱子爲告子。他們都自以爲宗孟子。實則告子所謂性是食色的本能；陸王所謂心，是具有善端的良知。陸王先承認了孟子性善之說，故與告子不同。又告子所謂義外，則是陽明所謂求孝之理於其親之謂，而朱子並不如此。至朱子之析心與理爲二，不過本於形上形下之分，承認天地未判時雖無其物，却已先有此理。所以告子之說也不同於朱子。他們原不必在以告子相攻擊。不過由其能發揮孔孟剛健無畏的人生觀而言，則自以陸王爲近是。

抑陸王之學，不僅較爲近是已也！卽就其末流而言，就其影響所及，也覺得比程朱之學差勝一籌。蓋理旣有客覺的標準，則今日格一物，明日格一物，今日窮一理，明日窮一理，自成爲必然的趨勢。因爲卽物而窮其理，則於理有未窮，卽其知有不盡。必待「用力之久而一旦豁然貫通焉，則衆物之表裏精粗無不到，而吾心之全體大用無不明矣。」（朱熹大學章句補格物傳）所以此種修養方法，雖不必卽認爲近人所說的科學精神，而偏重問學則是事實。以此種偏重問學的修養方法，當然末流所及，談性說理，只成爲口頭上事，似乎無關於身心；卽就實踐而言，也只是循常蹈故，結果也無關於身心。陳亮上孝宗書說。「今世之儒士，自以爲得正心誠意之學者，皆風痺不知痛癢之人也。舉一世安於君父之大讎，而方且揚眉拱手，以談性命，不知何者謂之性命乎？」謝枋得東山書院記云：「五帝三王自立之中國，竟滅於諸儒道學大明之時，此宇宙間大變也」。這些話固然說得偏激一些，然而却也深中當時士夫迴避現實，徒逞空談的病痛。離了現實而逞空談，只是時文之見，所以陸九淵便以鬪得時文自豪。這正與研究哲學的專家有時對於切身的人生問題，反不及平常人能受用的情形一樣。陸王便不是如此。旣以爲「宇宙便是吾心，吾心卽是宇宙」，那麼，「人孰無心，道不外索」。（陸九淵與舒西美）直捷了當，易知易行，所以陽明因之便唱知行合一之說。蓋學旣貴得之於心，則當然只有在事上磨練，而不是在文字或知解上求其認識。在文字或知解上求其認識，所以知先於行，必先知孝之理，而後有孝親之心；在事上磨練，卽陽明所謂「事物之來但盡吾心之良知以應之」，（傳習錄中）則有孝親之心卽懂了孝之理，所以可以知行合一。黃宗羲姚江學案序云：「先生之格物，謂致吾心之良知於事事物物，則事事物物皆得其理。以聖人敎人只是一個行，如博學審問愼思明辨，皆是行也。篤行之者，行此數者不已是也。先生致之於事物，致字卽是行字，以救空空窮理。只在知上討個分曉之非。」卽憑這一點精神，已與程朱一派之言之太詳析之太精只成爲觀念游戲者大不相同。梁漱溟先生說：「及明代而陽明先生興，始祛窮理於外之弊而歸本直覺。……孔家的人生態度，頗可見矣。如我之意，誠於此一派補其照看外邊一路，其庶幾乎！明末出了不少大人物，如梨洲船山諸先生，乃至其他殉難抗淸的許多志士，其精神無論如何不能說不是由於此種人生態度的提倡」。（東西文化及其哲學）這話也說得過火一些。然而無論如何不能不承認這是程朱與陸王二者在影響上的不同之處。象山詩云：「易簡工夫終久大，支離事業竟浮沈。」我們假使看了上面的話，然後更容易看出這兩句話的意義。

抑陸王之學不僅其影響所及較程朱之學差勝一籌已也！由陸王學風言，正因有膽量，有作爲，所以可說是聖賢學問而濟以英雄本色。英雄本色有俠士精神，而王學左派都有一些俠氣。俠氣者善交游，而王畿（龍谿）說：「區區入山旣深，無復世慮，而求友一念，若根於心，不容自已。」（與蕭來鳳書）俠者赴人之急難，而顏鈞（山農）於趙大洲之貶則隨之赴貶所，於徐波石之死則尋其骸骨以歸葬，羅汝芳（近溪）於顏山農之入獄，盡鬻田產脫之；於麻城見民舍之失火，又出金救火光中的小兒。這都是英雄行逕。所以後來李贄（卓吾）之論泰州學派，卽以英雄稱之。他說：「當時陽明先生門徒遍天下，獨有心齋爲眞英靈。……心齋之後爲徐波石，爲顏山農，山農以布衣講學，雄視一世，而遭橫死；波石以布政使請兵督戰，而死廣南。雲龍風虎，然哉！蓋心齋眞英雄，故其徒亦英雄也。」（爲黃安上人大孝文一首）他們意氣軒昂，風骨稜厲，寧願碰釘子不屑隨俗流，寧願觸世網，不屑作鄉愿，大刀闊斧，直來直往，這卽不是木偶般的死氣沈沈的道學家所能望其項背。嵇文甫先生的左派王學中說得好：「綜觀泰州派下的人物都極活躍，前不見古人，後不見來者，直下承當，無一毫躲閃顧慮。說他們怪誕誠然是怪誕；說他們英偉也誠然是英偉。倘若王學就照這樣一直發展下去，還不知有怎樣驚天動地的事變會引起來呢？」是則眞能發揮孔孟剛健無畏的精神者，除了心學又是什麼呢？

所以我以爲假使要了解新儒行的眞精神，不可不於孟子求之，更不可不於陸王求之。

先秦儒家底財政思想

白盦

春秋，戰國之世，可以說是我國古代學術上的一個黃金時代。其時諸子幷作，百家蠭起；立說如林，著述似海。換諸羣籍，其論政譚術者固多，而言財用者，亦復不鮮，其中尤以儒家的薄斂輕稅節用等等財政理論，不特足資代表我國古代的財政思想，且其影響所及，卽連近世學者，亦每多奉爲圭臬，足見其在我國學術界地位的重要。

本篇所述，卽擬就先秦儒家有關這方面的幾種主要學說的內容，及其產生的時代背景等作一概略的闡述，或可稍供今之理財者的施政參攷，想亦不無現實的意義。

一 儒家底薄斂輕賦說

儒家的財政思想，以薄斂輕賦爲其最主要的基礎，但儒家薄斂輕賦說的出現，實爲當時社會經濟演進的產物，故我們於介紹這個學說之前，不能不對當時的社會經濟背景先有一個交代。

考春秋戰國之世，爲我國歷史上最黑暗紛亂的一個時期。當此之時，周室式微，諸侯跋扈稱雄，不務仁義；內而實行極端專制政治，奢靡暴斂，作威作福，逞一己之私欲，置萬民於罔顧，苛政病民，烈于水火；外則誇强耀武，不顧信義，爭權奪霸，動輒干戈相向，兵戎互加，併吞之烈，得未曾有，兵連禍結，迄無甯歲。所謂「民參其力，二入於公，而衣食其一。公聚朽蠹，而三老凍餒……」（左傳）又「庶民罷敝，而公室滋侈。道殣相望，而女富溢尤。民聞公命，如逃寇讎。」卽是當時社會黑暗的最好寫照，所以傳有「季世」之譏，詩有「碩鼠」之刺。這樣一種黑暗的統治和可怕的剝削，久而久之，結果自然要造成當時社會上兩種現象，卽一方面爲民生凋敝經濟破產，另一方面爲國用匱乏，賦稅日重，馴致遂使國計民生交受其困，社會救濟極端枯竭。其形勢之險惡，殆已面臨全部崩潰的境地。故當時一般愛國之士，「憤王道之淪亡，悲庶民之魚肉」，莫不抒其所學，發而爲言，或走說諸侯，布政施仁；或著書立說，救世拯民，以冀有以挽狂瀾于既倒。於是乎，孔，孟的薄斂主張和荀子的輕稅理論也就於此時先後相繼出現了。

儒家主張薄斂輕賦，以孔子爲首倡。孔子力主薄斂輕賦的學說，散見于當時的許多著作，如：

凡爲天下國家有九經，……時使薄斂，所以勸百姓也。」（中庸）

又，「魯哀公問政于孔子，孔子對曰；政有使民富且壽，哀公曰：何謂也？孔子曰：薄斂則民富；無事則遠罪，遠罪則民壽。」（新序說苑）

又，季孫欲以田賦使冉有訪于仲尼。仲尼不對，而私於冉有曰：「君子之行也，度於禮，施取其厚，事舉其中，斂從其薄。……」（左傳宣公）

可說無一不是以當時社會經濟的枯竭爲出發，而力主薄斂勸民的。與這相反，孔子旣一面力主薄斂輕賦，另一方面，對于當時各國政府的聚斂行爲，也就自然表示極端的憎厭。孔子反對聚斂而發乎言的有：「與其有聚斂之臣，甯有盜臣。」（大學）簡直把那些只知聚斂的統治者，看作連强盜還不如，足見其對聚斂的深惡而痛絕了。又如他的門徒公孫求，幫助季氏斂財益富，給他老先生知道了，就痛罵了他一頓，還說：「非吾徒也，小子鳴鼓而攻之可也。」（先進）足見其掊克之行爲，雖出于門下弟子，也決不有所姑息容忍。

然而孔子生當春秋之世，其時社會經濟雖已陷于紊亂，然較之季世戰國時代，還算比較安定，等到一入戰國，乃因戰禍的頻仍，政治的紊亂，以及人民生計的困苦，眞是變本加厲，愈演愈烈，其情形之悽慘嚴重，更千百倍于往前。故後來的孟子，對于薄斂的主張，和聚斂的攻擊，也就尤其不遺餘力。其言之見於古籍者，如有關提倡薄斂部份，則曰：

「省刑罰，薄稅斂。」（梁惠王）

「是故賢君必恭儉禮下，取於民有制。」（滕文公上）

又曰：「易其田疇，薄其稅斂。」（盡心上）

其有關攻擊聚斂者，則曰：

「今之事君者，皆曰：我能爲君辟土地，充府庫；今之所謂良臣，古之所謂民賊也。君不鄉道，不志於仁，而求富之，是富桀也！」（告子下）

又：「求也，爲季氏宰，無能改於其德，而賦粟倍他日。孔子曰：求非我徒也！小子鳴鼓而攻之可也！由此觀之，君不行仁政而富之，皆棄於孔子者也。」（離婁上）

然而孟子對于當時民生的困苦，不特止於口頭上的主張減稅薄斂，而且在實際行動上，也常常力促其實行，以期能昭蘇民困於萬一，所以當戴盈之叩以：「什一去關市之征，今茲未能，請輕之，以待來年，然後已，何如？」（滕文公下）之際，孟子就作了一個幽默的比喻來譏諷他說：「今有人，日攘其鄰之鷄者。或告之曰：是非君子之道，曰：請損之，月攘一鷄，以待來年然後已。如知其非義，斯速已矣，何待來年？」（滕文公下）於此可見，孟子於高唱理論之外，着重實踐的一班了。

繼孔孟之後，而為儒家的代表，則有荀子。而荀子的政治經濟理論體系，亦較前者為完整，例如其富國一篇，對于當時賦稅理論的建立，即有非常周密的論述，但其立論的中心，依然不外乎「輕稅」「薄斂」四字。其輕稅的言論，見之于古籍者，實在俯拾即是，如：

「關市譏而不征，質律禁止而不偏。」（王霸篇）

「鄉鄙輕田野之稅；省刀布之斂。」（同上）

「田野什一，關市譏而不征；山林澤梁，以時禁發而不稅……」（王制篇）

「輕田野之稅，平關市之征；省商賈之數；罕興力役，無奪農時，如是則國富矣。」（國富篇）

可說無一不是主張輕賦薄斂的。可是，事實上，當時的實際情形，不特沒有遵守他的輕稅學說，且適成一相反的現象，所以結果使他不能不發出這樣慨嘆：「今之世而不然，厚刀布之斂，以奪之財；重田野之稅，以奪之食；苛關市之征，以難其事。」（富國篇）然而，荀卿的薄斂輕稅理想，在當時既未為執政者所採納，同時眼見執政的人君，又莫不以聚斂搯克為能事，故於悲嘆之餘，嘗斷言陳義，痛斥其非，以期有以引起各方的警惕和注意，故其言論的沉痛激烈，有時候，甚至還遠駕凌于孔孟之上，例如其在王制篇中所作對于聚斂掊克行為的批評，即一直到現在，嘗為一般讀史者引為殷鑑，而知所警惕。足見其學說的偉大而富于眞理。其言有曰：

「修禮者王，為政者彊；取民者安，聚斂者亡。故王者富民。霸者富士。僅存之國，富大夫，亡國，富筐篋，實府庫；府庫已實，而百姓貧，是之謂上溢而下漏。入不可以守，出不可以戰，則傾覆滅亡可待而至也！故我聚之以亡，敵得之以彊；聚斂者召寇肥敵亡國危身之道也，故明君不蹈也！」

綜上以觀，可知儒家代表孔、孟、荀三子，無一不主張薄斂輕賦之說，而攻擊反對當時諸侯各國的「重征」「厚斂」。此種學說的出現，實為當時諸侯橫征暴斂下的時代產物，故其最高的目的，似僅在乎相對的減輕榨取，使人民稍得舒暢，並非絕對的限其正當課稅的限度，因之，這種主張，不特在當時為一國固本裕民的理財之道，即方之今世，其價值亦無容我人忽視也。

二　儒家底稅源培養說

理財之道，首重培源。蓋財政的收入，大部依賴于賦稅，而賦稅的對象，則為人民；人民供應賦稅的能力，不外資產與勤勞二者之所得。但財產與勤勞的所得，本有一定的限度，不能有加無已，所以世之理財者，務必取民有制，無礙稅源，不宜貪求無厭，斲喪稅本，以逞一時的私慾，而貽禍患於無窮。語云：「竭澤而漁，非不得魚，明日無魚。」實含有無窮的眞理。所以現代治財學者，對此莫不謹慎重視，常將培養稅源一事，立為一國賦稅的基本原則，如德儒華格涅（Adolph Wagner）所倡之保護稅本，選擇稅源等原則，即為今世理財者奉為圭臬，足見其在財政學上的地位之重要了。

我國儒家倡說，距今雖達數千年之久，然亦早經念見及此，例如先秦儒家代表孔、孟、荀三氏的有關理財之說，即一直主張富國，必先富民，故曰：富國之道，應藏富於民；不宜藏富于君。」又曰：「上不斂，則民裕；民裕，則財足；財足，則生息不已。」足見培養稅源與輕賦薄斂，實同為儒家所一再言及，而其關係之密切，更屬首尾一貫，不容我人橫加分裂。儒家主張固本培源的理論，散見之於當時的册籍，如：

「魏文侯時，租賦增倍於常，或有賀者，文侯曰：今戶口不加，而租賦歲倍，此由得多也。譬如彼治治，令大則薄，令小則厚，治人亦如之。夫貪其賦稅而不愛人，是猶虞人反裘而負薪也；徒惜其毛，而不知皮盡而毛安所附！」（新序說苑）

又孔子曰：「百姓足，君孰與不足？百姓不足，君孰與足？」（顏淵）

又孟子曰：「易其田疇，薄其稅斂，民可使富也；食之以時，用之以禮，財不可勝用也。」（盡心上）

又曰：「恭者不侮人，儉者不奪人……」（離婁）

至於荀子的言詞，則尤見犀利深刻，如說：

「下貧則上貧，下富則上富。故田野縣鄙者，財之本也；恆窌倉廩者，財之末也。……潢然使天下必有餘，而上不憂不足，如是則上下俱富。」（富國篇）

「故田野荒，而倉廩實；百姓虛，而府庫滿，夫是之謂國蹶，伐其本，竭其源，而幷之其末，然而主相不知惡也，則其傾覆滅亡，可立而待也。」（同上）

「強本節用，則天不能貧。……本荒而用侈，則天不能使之富。」（天論篇）

綜上三人的言論，雖說法各有不同，但其力主富民培源，從而指摘當時人君的專事搜括民財之不當，則始終一貫也。由此可見，儒家遠在先秦之際，即倡此說，而其理論的完整，尤為今之治財者，所應奉為金科玉律，故我人于此實不能不特加介紹，用以引起時人之注意焉。

三　儒家底支出「唯儉」論

專制時代，君主的威權，至高無上，所謂「朕卽國家」，卽爲此種獨裁專制政體的寫照。在這種獨裁專制的時代，不獨政令之行，集於君主個人的一身，卽近世國家所極端重視的財政權，亦常操于其掌握之中，因之，結果往往弄得公私不分，流弊百出，而其中最大的影響，厥爲造成王室的奢侈，因而引起橫征暴斂，民不聊生，卒陷民窮財盡，整個社會經濟面臨最後崩潰的厄境。以此而論，春秋戰國之世，則暴君輩出，政治腐敗，達于極點，其時各國的統治者，除于窮兵黷武之餘，尙沉迷於奢侈的生活，深居厚養，窮奢極欲，置人民生活于不顧，以致結果往往造成極端奢侈的政治作風。如：

「今宮室無量，民人日駭，勞罷轉死，忘寢與食。……」（左傳昭公）

又：「晉靈公小君，厚斂以彫牆。」（左傳宣公）

又如：「今聞夫差，次有臺榭陂池焉，宿有妃嬙御焉，一日之行，所欲必成，玩好必從，珍異是聚，觀樂是務，視民如讎。」（左傳哀公）

從上引數例，卽可想見當時各國暴君生活的窮奢極欲了。這樣一種極端奢侈的生活享受，究竟是由誰去負担呢？那很明白的，當然是全部落在一般平民百姓身上，因此，當時的儒家，除力主輕賦薄斂以反對橫征暴斂之外，又有「節用」「唯儉」「節流」等論的產生，以期引起執政者的注意與改革。

儒家的節用論，首倡于孔子。孔子一生，自奉異常菲薄，對于衣食住行，均主省儉，其嘗有曰：

「奢則不孫，儉則固；與其不孫也，寧固。」（泰伯）

「禮與其奢也，甯儉。」（八佾）

「麻冕禮也。今也純儉，吾從衆。」（子罕）

然而孔子對于個人的私經濟，固然提倡省儉，但對于政府的公經濟，也力倡「節用」之說，用以反對當時君主之間的奢侈風氣，所以他嘗說：

「道千乘之國，節用而愛人，使民以時。」（學而）

又因管仲築三歸崇臺，設專官分職，而責之爲奢舉，曰：「管氏有三歸，官事不攝，焉得儉？」（八佾）同時對大禹崇儉，居陋食簡，則美之曰：「禹，吾無閒然矣，菲飲食，而致孝乎鬼神；惡衣服，而致美乎黻冕；卑宮室，而盡力乎溝洫；禹，吾無閒然矣。」（泰伯）足見孔子當時努力黜奢崇儉之一班。

繼孔子節用論之後，則有孟子之「唯儉」說。孟氏的唯儉說，極富倫理色彩，所以每次當他說到「儉」字，必與「恭」字相提幷稱，因爲他以爲：唯有恭，才能儉；能儉，中禮而有度；有度，則不奢，所以實際上兩者實具有密切的聯系性，不容橫加割裂。例如他說：

「賢君必恭儉禮下，取於民有制。」（滕文公）

「恭者不侮人，儉者不奪人；侮奪人之君，惟恐不順焉，惡得爲恭儉？恭儉豈可以聲音笑貌爲哉？」（離婁）

可說無一不力主「儉」與「恭」必須同時進行者，故其「唯儉論」，實富有無限的倫理色彩。

孔孟之後，對其學說能繼承發揮者，莫過於荀子，而荀子的國富篇，尤對「開源」「節流」闡論綦詳，故世稱荀氏爲我國開源節流論的發明者，實有相當的道理。

荀子有言：「足國之道，節用裕民，而善藏其餘。節用以禮，裕民以政；彼裕民，故多餘；裕民則民富，民富則田肥以易；田肥以易，則出實百倍。上以法取焉，而下以禮節用之。餘若丘山，不時焚燒，無所臧之。夫君子奚患乎無餘？故知節用裕民，則必有仁義聖良之名；而且富厚丘山之積矣。民貧，則田瘠以穢；田瘠以穢，則出實不半。上雖好取侵奪，猶將寡獲也。而或以無禮節用之，則必有貪利糾譑之名，而且有空虛窮乏之實矣。此無他故焉，不知節用裕民也。」（國富篇）

又曰：「百姓時和，事業得敍者，貨之源也。等賦府庫者，貨之流也。故明主必謹養其和，節其流，開其源，而時斟酌焉。」（同上）又其于天論篇中亦有言：「强本節用，則天不能貧。……本荒而用侈，則天不能使之富。」

總之，不論是孔子、孟子、或荀子，他們在當時對于公共支出的觀念，均力主「節」「儉」兩字。他們這種主張，不特引起了當時諸子百家的同聲響應，如老子的「我有三寶，持而寶之。……二曰儉。」墨子的「儉節則昌，淫佚則亡。」等，抑且還貽範後王，俾知爲財務儉之道，故其功之偉，實在不可湮沒。不過儒家提倡的「唯儉論」，原爲針對當時的「奢侈政治」而發，其主要目的，在于反對諸侯各國的窮奢極欲，以至橫徵暴斂。故今之治財者，雖應視支出用途之正當與否爲準，不能徒以「節儉」爲務，但如何節約開支，停止一切非必需的支出，要亦仍爲富國强民之道。所以我們以爲，儒家的「唯儉」理論，在時間上雖已過去，但其對于一個充滿着奢侈腐敗的國家，依然有着莫大的價値，故我人于此，不能不特加介紹。

先秦儒家的財政思想，除上述三種之外，尙有提倡什一稅與反對官營企業等主張，這些學說的正確與否，由于時代的不同，我們現在誠然不能冒然加以贊同，然其在當時的社會經濟背景之下，也依然有其相當深刻的意義，因此我們願在這裏略加介紹。

先說儒家提倡的什一稅。

什麼叫做什一稅？什一稅的意思，就是計十而取其一。這種稅制的流行，無論中外各國，導源似乎非常之早，在西歐，大約濫觴於摩西法典，而盛於天主教徒的國家，在我國，探源推本，則還在夏禹治水之際，即已實行。據史冊所載，禹定九州，立九等稅則，行貢法，以一家授田五十畝，出五畝所獲以爲稅，即係此種稅制的權輿。其後殷、周繼世，或行「助」法，或取「徹」法，其稅率要皆什一，可見什一稅在我國歷史上導源至早，自夏禹以降，即成爲一種流行的稅制。一直到了戰國之世，始因社會經濟日趨複雜，政務漸形繁瑣，乃漸爲諸侯各國所棄用。

然此種稅制的漸趨解體，在當時，雖爲一種新陳代謝的必然現象，但大半依然還是因爲諸侯各國的窮兵黷武財用日匱所致，所以身爲儒家代表的孟子，眼見當時統治者橫征暴斂，貪得無厭，什一之稅，日就式微，乃起而加以提倡，以爲儒家的輕賦薄斂學說相呼應。孟子倡什一稅率的言論，散見于史冊，其言有曰：

「夏后氏五十而貢，殷人七十而助，周人百畝而徹，其實皆什一也。」（滕文公上）

「請野，九一而助；國中，什一使自賦。」（同上）

在孟子的心目中，以爲什一稅，乃是一種最優良和最適當的稅率，舍之固然不可以，損之也不適宜。所以當時白圭欲行「二十取一」的稅率，孟子也斥之爲「貉道」，而表示反對，其故實即在此。

至於孟子爲什麼以爲什一稅而最合當時賦稅的標準？其原因雖未見提及，但也不外乎下列幾點：即：（一）、什一稅，爲聖王所定之制，儒家在當時既以復古爲已任，故倡行什一，至合禮法；（二）、儒家向主中庸之道，什爲畢數，一爲始數，直十取一，數居適中，故曰：「什一者，天下之正中也。」（公羊傳）（三）、什一稅，取民既輕，而行之又久，故孟子爲貫澈儒家薄斂輕賦的思想起見，實不能不力主此制，用以反對當時暴君們的苛稅重斂。有此三端，所以當時的儒家莫不力主此說，以期有以效法前王。但此制原極單純樸素，而爲古代社會末期的產物，迨及後世，雖經儒家一再提倡於前，然率因社會經濟已生變動，國家政務日形繁重，終未能見諸實行，故就今日而言，則此制雖善，乃環境已非，最多也不過只是一個歷史上的陳迹而已，初不能發生若何的效果。

與提倡什一稅制的意義相同，儒家對于當時的官營企業政策，也大都表示反對的態度，甚且斥之爲不義之舉。蓋在古昔之時，政簡事易，政府的開支本極有限，故收入雖寡，而支出已敷，實在不需要孜孜於鑽利求益，徒增人民的負担，所以在當時一般儒家的心目中，政府經營企業，專賣求益不啻與民爭利，其在應受排斥之列，自毋庸議。儒家反對企業官營最力的是孔子，左傳上曾有一段關于此事的記載，說臧文件的妻妾，織蒲爲業，給孔子知道了，大罵了一頓，斥其爲不仁。其原文如下：

「仲尼白：臧文件其不仁者三，不智者三，下展禽，廢六關，妾織蒲，三不仁也。……」（左傳）

又荀子對此，也有同樣的表示，其在大略篇中所說的話，就很明顯的表示出官民必須各分職守，不能相互侵奪，所以說：「從士以上，皆羞利而不與民爭業。」可見其對企業官營政策，也與孔子抱同樣反對的態度，不過在程度上已不如孔子那樣激烈罷了。

今世財政學者，嘗言歐洲各國的公共收入之史的發展，大別區分爲四個時期，即：一、官有土地收入時期，二、特權收入時期，三、租稅收入時期，四、公企業收入時期。這四個時期的划分，雖無一定的時代界限，但也足以想見每一時期收入的着重點何在，例如公企業的收入，迄今爲止，尚未成爲各國公共收入的重要項目，而在古代中國，則更絕無其可能，所以當時儒家倡排斥之論，不特有着充分的理由，且就事實上言，也是一件根本不會裕民富國的事情，試觀我國歷史上若干帝王實行此項政策的終歸失敗，即爲此說的最好例證，故我們於此，也不能不說儒家的反對企業官營只是一個已成過去的學說也。

綜上所述，可知我國儒家的財政思想，不外乎下列數端，即：一、爲反對苛徵厚斂，而力主薄斂輕賦，因之有孔孟二氏的「薄斂說」，和荀子的「輕稅說」，以斥責統治者的聚斂。二、爲抗議當時諸侯各國的窮兵黷武，征略弗庭，政治奢侈，財用匱乏，而主張崇儉，節用，節流等等理論，以期引起人君的注意和改革。三、爲眼見時當的苛政病民，烈於水火，兵連禍結，迄無甯歲，乃于力倡薄斂之餘，復主培養稅源之論，以示富民固本之道。四、因當時政治腐敗，王道式微，奢靡暴斂，民窮財盡，乃於力主節用薄斂之外，益以什一之制，而抗上下爭利，故有孔荀兩氏的激烈排斥官營企業的理論。這四種學說的出現，其對象雖各有不同，然目的則始終如一，即思如何以裕民而強國也。故其若干學說，因受時代的限制，雖已不能全部適用於現代國家，但在今日我們這個半新半舊的國度裏，也依然有其相當大的價值，特別是際此戰後經濟危機面臨崩潰，國家財政已入窘境之時，我們來回溯先秦儒家諸子的財政思想，更具有無限的沉痛之感，故作者于此特不惜加以詳盡的介紹，以期有以供今之理財者以參攷。（完）

儒家的名與辯

陳虞裳

一個社會的動亂，他的因子雖然極複雜；然而我們類括他的軌迹，不外是是非莫辨，黑白不分。正因爲是無是非，無黑白，所以一個社會徹上徹下的人，沒有行爲的公準。在上顢頇專制，遂其所私，在下的阿媚逢迎，企其所圖。趙高指鹿爲馬，盈秦廷的人，莫敢非之。王莽詐僞虛狡，而天下士子稱頌公德的，達四十三萬七千餘人，賢如揚雄，也爲文劇秦美新。馮道歷事三朝八君，自號爲長樂老人，天下不以爲恥，一已不以爲羞。魏忠賢盛時，生祠遍天下，朝士依傍他的，在當時不可勝數。居受的，視爲當然。趨奉的，認爲應有。於是認賊作父，爲虎作倀的恬不知羞，而且裝腔作勢。這樣下去的社會，變爲黑漆一團，自是事實必然。但社會到了這個地步，必定動亂起來。要消除動亂，使社會安定下來，只有兩個方法：一個是採革命的手段，消滅這不合理的社會，建設新的有秩序的社會。一個是採和平的手段，把這不合理而爲動亂的因子滅除，使他恢復到本來社會的清明面目。前一個手段，不免要大流血，使社會遭到最大的損失，斷損人民的元氣太大。非到不得已而後採用。湯誓曰：「時日曷喪，予及女偕亡」，把桀放逐於南巢。法國的七月革命，送路易十四上斷頭台。俄國十月革命，槍決尼古拉二世。都是中西歷史上，到了不得已而後發生的大流血，大革命。後一個手段比較溫和，社會遭到的損失，和人民斷損的元氣都較小，只要不必一定要採取流血革命的時候，都竭盡其最大努力爲之。十五世紀英國的大憲章運動，和我國在春秋時代所主張的「撥亂反正」運動，都是中西歷史上最好的證例。中國是一個家族本位，農業社會型的國家，而政治的出發點，是源於倫理的。一個對人接物之道，情逾於理，更逾於法，這是充分代表倫理社會與倫理政治的色彩。同時社會基礎建立在廣大農村上，農村的生活，是靜的，是循着自然法則而生存，所以一般人的性情，受了自然環境的支配的結果，大部偏於保守。因爲偏於保守，便不願發生重大的變革，非到了不得已的情況，不會有動亂的。而動亂的祈求，也是想重行恢復到過去的安定。這便是三千年來，中國社會少變化，而不如歐洲社會波濤洶湧，時起時伏的情況的原因。中國的儒家思想，便是在這種氛圍氣中誕生出來的。所以儒家的政治思想，社會思想，以及其他的思想，都是近於保守，趨於溫情。因此用激烈的革命手段，創變一個新局面的辦法，便不爲儒家所採取。他要採取的，便是「撥亂反正」，恢復社會正常態度和應有秩序的溫情手段。儒家的溫情手段，在中國政治上，社會上，發生的影響，在過去三千年歷史上，自有其功績，我們萬不能以違反現實，一概抹殺其固有的價值。今後我們當如何「昇華」其思想，發揮其效用，而棄其不合現實的，以助長中國社會的前進，這是我們現代中國人民應有責任。

儒家的溫情手段，用什麼方法去實現他的「撥亂反正」，恢復社會正常的態度和應有的秩序的思想呢？那便是他們所倡導的「名」與「辯」。

儒家的「名」，不是我們所說的名學的「名」，而是正「名」的「名」。儒家的「辯」，不是墨辯的辯，而是荀子所說「正道而辯姦」的「辯」。正名是講「名實配合，上下有別的秩序」，辯是排斥「破壞名實配合，上下有別的秩序」的理論和行動，正名可以說是使政治，社會「撥亂反正」的積極辦法；而辯是爲排斥一切足以違反「撥亂反正」的切要手段。即是正名要恢復社會固有名實配合，上下有別的秩序，而辯是用來維護足以破壞名實配合，與上下有別的秩序的社會一切。所以儒家的「名」與「辯」，不是名學的名，墨辯的辯。

儒家爲什麼採用正名主義，完成他們撥亂反正的理想呢？又爲什麼不採用革命手段，推翻舊社會而另建一嶄新面目的社會呢？這可以說是一方面除源於上述農業社會，家族本位型的生活環境所使然的原因外；而中國固有的哲學思想，亦爲孕育儒家政治思想與社會思想走取正名主義，而達成撥亂反正的又一重大原因。

因爲中國的哲學思想，是導源於易；而易必有象，每一象必代表一變化。世界上有若干現象，固有若干的變化；但歸納起來也不外乎若干種。還若干種，就是組織宇宙，人生一切生存，演化秩序的骨架。比如易上說的乾，坤，巽，離，坎，兌，震，艮，這些卦象，一面是代表各種變化，而同時又是各種變化的總和。亦卽各種象構成的骨架。這些構成骨架的象，各有名實所寄之範圍，形成一種宇宙生存演化的秩序。亦猶人生社會，雖衆生芸芸 而精其總和，標其骨架，不外君臣，父子，兄弟，夫婦，朋友，長幼以盡之。同時君臣，父子，夫婦，兄弟，朋友，長幼各有其名實所寄之範圍遂形成一種人生社會生存演化的秩序，這些秩序，要經常保持，不容稍紊。不紊是常，紊就是變。常是正道，變是逆道。又比如雨，暘，奧，寒，風以時，是大自然的常道，所以洪範上說是休徵。反之，雨、暘，奧，寒，風不時，那便是逆道，所以洪範上說是咎徵。宇宙現象，是這樣有一定的秩序法則，人生現象，也不能出此；所以在政治上，社會上，每一個組織的分子，因其名實所寄之範圍的不同，都有其一定的分際，卽有一定應盡的責任。大家本其名實所寄之範圍，在其分際上盡到責任，這便是人生社會的常道，這便是治世。反之，失其名實所寄之範圍，卽失其分際，責任，便是逆道，便是亂世。亂了要返之治，要恢復常道，最合於自然秩序法則的，就是撥亂反正，用不着一種革命的新花樣，創出複雜紊亂的，不合固有現象法則秩序來。所以儒家的正名主義的構成，一面又受了中國固有的哲學思想的影響。而這個影響，確爲組成儒家思想的主要成分。

儒家的正名，導始於孔子。孔子爲什麽要講正名，因爲春秋時代，正是如荀子所說，「名實亂，是非之形不明」的時候，於是「邪說暴行有作」，弄得來社會沒有公認的是非，眞僞的標準。所以「臣弑其君者有之，子弑其父者有之」。社會的秩序，紊亂到了這樣地步，若不撥亂反正，必然走到社會絕滅之途。所以正定名分，明其名實所寄的範圍，卽名實不亂，實有攸歸，自然是非自明，黑白自分，而眞僞之機進出，天下自可返於社會應有的正途。故論語子路篇上說：「子路曰衞君待子而爲政，子將奚先？子曰，必也正名乎！」子路曰，有是哉，子之迂也，奚其正？」子曰，野哉由也！君子於其所不知，蓋闕如也。名不正，則言不順，言不順，則事不成，事不成，則禮樂不興。禮樂不興，則刑法不中，刑法不中、則民無所措手足。故君子名之必可言也、言之必可行也。君子於其言。無所苟而已矣」。「言」是「名」組成的，名沒有正，便不成言。言既不成，如何去行之於事、施之於政，而使人民適從呢？所以正名是撥亂反正論唯一著手功夫。這是因爲一名必有一名之義，此義所指，卽此名所指之物之所以爲此物者。如君之名之義之所指。卽君之所以爲君者。假使天下一切，名如其義，卽名實相符，亦卽居其名者，皆能盡其義之道，則「天下有道」了。每如，孔子說：「觚不觚，觚哉？觚哉？」觚是有角的酒器。後來把他的義用亂了，凡酒器也稱觚，不問他有角無角，所以孔子慨嘆說。現在觚沒有角了，這也是觚嗎？這也是觚嗎？一器一器之名之義不符，尙認爲不可，況且構成社會骨架的君臣，父子，夫婦，兄弟，朋友，長幼之名之義，豈可以亂？豈可以名實不相符？那還成爲社會，成爲國家嗎？所以齊景公問政於孔子，孔子對曰，「君君臣臣，父父子子。」公曰，「善哉，信如君不君，臣不臣，父不父、子不子，雖有粟，吾得而食諸？」君君臣臣，父父子子，是正名正義。不君的君，不臣的臣，不父的父不子的子，是反義，是名實相違。這和不觚的觚是一樣的錯亂。我們那能認爲他是君，是臣，是父，是子？例如春秋隱公四年九月。孔子寫道：「衞人殺州吁於濮」，因爲州吁不君，所以孔子不稱弑而稱殺。這正如孟子所說：「聞誅一夫紂矣，未聞弑君也。」一樣的認君既不君，名實不符。卽名實相乖自然不能以君視之。故曰殺，曰誅，而不曰弑。這就是正言名顧的緊要關鍵不能輕易馬虎放過，用正觀聽，立出社會是非，黑白眞僞的標準來，再明白說，孔子的正名，就是要分別同異，辨別上下，確立褒貶，使社會不會是非不分，黑白不辨，眞僞莫識。所以董仲舒在春秋繁露，深察名號篇中說；「春秋辨物之理，以正其名，名物如其眞，不失秋毫之末。」荀子在解蔽篇中說：「聖也者，盡倫者也。」而董仲舒又說：「夫春秋上明三王之道，下辨人事之紀，別嫌疑！明是非。定猶豫，善善惡惡，賢賢賤不肖，……王道之大者也。」

史記儒林傳說：「自孔子卒後，七十子之徒，散游諸侯，大者爲師傅卿相，小者友敎士大夫，或隱而不見。……陵遲以至於始皇，天下並爭於戰國，儒術旣絀焉；然齊魯之門，學者獨不廢也。於威宣之際，孟子荀子之例，咸遵夫子之業而潤色之，以學顯於當世。」從這種話看來，承繼孔子主張，闡揚儒家學術思想的，自是孟荀爲代表人物。孟子對固有社會名分和制度，仍持擁護態度，對於「名」仍絲毫不苟。所以他稱引詩道：「不愆不忘，率由舊章，遵先王之法而過者，未之有也。」又說：「得乎丘民爲天子，得乎天子爲諸侯，得夫諸侯爲大夫。」又說：「賊仁者謂之賊，賊義者謂之殘，殘賊之人，謂之一夫，聞誅一夫紂矣，未聞弒君也。」都是發揮正名之義，而與恢復社會固有的名分和秩序。

荀子更是發揮孔子正名主義的一個堅强人物，他生當辯者正盛的時代，他對於「名」的辨析，範圍，更爲精到。不僅君臣，父子，夫婦，兄弟，朋友，長幼之名，不能聽其紊亂，破壞社會間各個人的名實分際，以保持社會固有的秩序，使社會達到安定的狀態。並推而廣之，宇宙萬有，亦必具其名必有其實。即物物各有其名，必有其實。名物可亂，影響所及，則爲構成社會骨架者之君臣，父子，夫婦，兄弟，朋友，長幼，亦何嘗不可亂。如是是非，黑白，眞僞，便終不得辨識，而立不出標準，那便是天下的大患。所以他在正名篇說：

故王者之制名，名定而實辨，道行而志通，則愼率民而一焉。故析辭擅作名，以亂正名，使民疑惑，人多辨訟，則謂之大姦，其罪猶爲符節度量之罪也。故其民莫敢託爲奇辭以亂正名，故其民愨愨則易使，易使則公。其民莫敢託爲奇辭以亂正名，故壹於道德，而謹於循令矣，如是則其迹長矣。迹長功成，治之極也。是謹於守名約之功也」。

又說：

「若有王者起，必將有循於舊名，有作於新名……制名以指實，上以明貴賤，下以辨同異，貴賤明，同異別。如是則志無不喻之患，事無困廢之禍，此所爲有名也。」

又說：

名無固宜，約之以命，約定俗成，謂之宜。異於約，則謂之不宜。名無固實，約之以命實，約定俗成，謂之實名。……此制名之樞要也，後王之成名　不可不察也。」

由春秋到戰國，是中國歷史上，社會劇烈變動的時代。因此，在當時也是一個思想最紛歧的時代。各人對社會看法不一，自然主張各異。其者趨爲詭變，流爲邪說，震駭人耳目，搖惑人耕議，於是社會一般無修養，無堅强意志的人，多半隨聲附和，人西我西，人東我東，弄得社會，更爲杌隉。單是在正面保持名分，維護固有一切制度，以安定社會秩序，尙覺不够；並且還要用最大的力量來辯論當時邪說，詭辯，使社會是非，黑白，眞僞的觀念，清楚起來，然後視聽始正，一般人心，自易還入正軌，走到恢復社會的正常態度關係中來。因此辯論的功夫，更是切要。所以儒家除了提倡名而外，不能不提倡「辯」。因爲要用切要的辯，打倒一切詭辯，邪說，然後「名」自可正，社會一切，才會撥亂反正到正常態度中來。

在春秋時代，最好爲詭辯以搖惑人心的，便是孔子所誅的少正卯。及最所排斥的鄧析。孔子爲什麼誅少正卯？據其所述：「談說足以飾衺熒衆，强禦足以反是獨立。」這兩句話的意思，就是鼓吹邪說，淆亂是非。所以孔子要誅他。並且說道：「放鄭聲，遠佞人，鄭聲淫，佞人殆。」「惡紫之奪朱也，惡鄭聲之亂雅樂也，惡利口之覆邦家也。」其次便是鄧析。據列子上說：「鄧析操兩可之說，設無窮之辭，」這正如希臘的詭辯派。自然孔子非常痛恨。在呂氏春秋上，關於鄧析兩可之說，無窮之辭。有下列稱述：「鄧析……與民之有獄者約，大獄一衣，小獄襦袴。民之獻衣襦袴而學訟者，不可勝數。以非爲是，以是爲非，是非無度，而可與不可日變。所欲勝因勝，所欲罪因罪。」「鄭國多相縣以書者，子產令無縣書，鄧析致之。子產令無致書，鄧析倚之，令無窮而鄧析應之亦無窮矣。」「洧水甚大，鄭之富人有溺者。人得其死者，富人請贖之，其人求金甚多，以告鄧析。 鄧析曰：「安之，人必莫之賣矣」得死者患之，以告鄧析。鄧析又答之曰：「安之，此必無所更買矣。」這些稱述的故事，都是顚倒是非，淆亂黑白，蒙蔽眞僞之尤甚的。一個講正名的人，對這種人自然認爲動亂，所以非用强烈的手段，排斥不可。至於老子所謂：「絕聖棄智，民利百倍，絕仁棄義，民復孝慈。」「大道廢，有仁義。智慧出，有大僞。六親不和，有孝慈。國家昏亂，有忠臣。」這樣極端破壞固有社會一切的主張，更爲孔子所憤激。所以他說：「臣弒其君，子弒其父，非一朝一夕之故，其所由來者漸矣，由辯之不早辯也。」又說：「理財正辭，禁民爲非……」正辭就是正名。思禁民爲非，就首先要正名。要收到正名的效果，就不能不早辨。故孔子講辨，亦是完成正名的目的。孟子生的時代，正如他說：「世衰道微，邪說暴行有作。」「聖王不作諸侯放恣，處士橫議，楊朱墨翟之言盈天下。」「邪說誣民，充塞仁義。」他爲了承繼孔子的撥亂反正思想，爲了要使人倫明於上，小民親於下；」除了要恢復父子有親，君臣有義，夫婦有別，長幼有序，朋友有信」的社會固有秩序外，對於誣民的邪說，自然力加排斥。所以他的門人公都子，曾問他道：「外人都稱夫子好辨，敢問何也」。他便答道：「予豈好辨哉，予不得已也。」因此他對於這足以爲害社會固有的秩序的楊墨思想，排斥得最烈。那時的楊朱思想，是以代表道家出世思想的享樂主義，而墨家和兼愛一派，無親疏，無上下，絕對是非，與無黑白的詭說，更爲猖獗。他不能不用轉變的辯語，以糾正指導社會一般人思想之所向。養氣章上說：「詖辭知其所蔽，淫辭知其所陷，邪辭知其所離。」又好辯章上說：「我亦欲正人心息邪說，距詖行，放淫辭，以承三聖之後。」這可以知道他的辯，也正如孔子的辯的作用，來恢復社會的名分，秩序和制度的。荀子的時代，更是名實淆亂，到了極點。有惑於用名以亂名的，如宋子所說：「見侮不辱。」墨辯大取篇說：「聖人不愛已。」小取篇說：「殺盜非殺人。」有惑人於用實以亂名的，如莊子上說：「山淵平。」宋子所說：「情欲寡。」墨子上所說：「芻豢不加甘，大鐘不加樂。」有惑於用名以亂實的，如公孫龍說的「白馬非馬。」這便是）說（「天下亂，姦言起。」應當「臨之以勢，道之以道，申之以命，章之以論，禁之以刑。」然後才能壹於道德，而謹於循令。」

以上便是儒家倡導的「名」與「辨」。而（們的目的，是要達到「撥亂反正」，用這樣溫情手段，來恢復社會固有秩序，現代的人有認爲不可能的，而且是一個復古開倒車的思想。但我們要知道，儒家的思想，雖法先王，然是有所取舍的綜合，而謀實現倫理政治理想的極則。所以孔子說：「行夏之時，乘殷之輅，服周之冕，樂則韶武」還可以證明孔子的思想，不是泥古，而是有所取舍的法古。因爲文化是民族生活經驗的累積，民族文化的前進，就民族生活經驗，不斷的改善。每一個時代的文化有其優劣，自然在進化的途程中，有其「揚棄」。所以孔子在川上嘆道：「逝者如斯夫不舍晝夜！」同時又引用湯之盤銘道：「苟日新，又日新，日日新。」又道「周雖舊邦，其命維新。」這都是以證明孔子的思想，認時間不斷的前進，思想便應不斷的革新的改進。在經古文學家，雖說孔子述而不作……而經今文學家，却說，孔子是託古改制。一部春秋，便是孔子理想的政治制度，和人生社會。由撥亂世，到小康世，再進到大同世。故孔子是法古有所取舍，而不是泥古，迷古；同時爲了避免常人安於固俗，學者溺於所聞」的糾紛，所以他的一切主張，名義上是法先王，於古有之，其實乃託古改制，寓其所欲實現的政治思想，倫理思想，及社會思想等。不過他採取的是溫情手段，希望一般先知先覺來大聲疾呼，作改革社會的倡導，使後知後覺的人，能有所適從，更使一般不知不覺的民衆都能在自己崗位上，名分上，盡到自己的責任。所以他說：「君子之德風也，小人之德草也，草上之風必偃。」孟荀承其緒餘，發揮其所欲實現的理想的政治和社會；又以時代的轉移，因之，一切措辭，又有所不同。故荀子不言法先王而言法後王，這都證明儒家的思想，是日新的，前進的；而不是泥古的，完全保守的。總之，儒家的思想，在今天的中國，與西洋文化思想接觸，雖然有適應時代進步的變化，但其根本精神，在一般人生活習慣中，尚有保持的價值，所以中國人對政治變革，和社會變革，總抱着和平的態度、總希望不流血而達成政治與社會改革的理想。不像西洋的社會，政治變革，取激進而突變的形式。然而要不流血，就得社會一般先知先覺來奔走呼號，後知後覺來繼起奮鬥，使一般民衆不知不覺，都能各人站在自己崗位上，名分上，盡到他應盡的責任，自然可以達成我們所欲實現的政治和社會改革的理想。

儒家「非訟」的法律思想及其影響

曹德成

自從漢武帝罷黜百家，獨尊儒術以後，一直到淸朝末年，西洋學術大量輸入之前，幾千年來，中國的思想界，幾乎全是儒家獨霸的局面；當中雖然也有佛教的輸入，道學的興盛，也大都是在被儒學吸收同化之後，多多少少帶着一些儒家的色彩出現的。法律思想是一國文化的一部份，當然也不會例外。

我們要想研究儒家的法律思想，一定要從一些非常可靠的原始材料裏，找尋出一個有系統的線索來，不僅要明瞭牠的概念，還應當認淸牠的實質。我們知道，儒家是主張「禮治」的，「禮治」實在就是儒家政治思想的核心；而其所謂「禮治」，又是本之以「仁」，輔之以「法」的，因此就發展成功以德爲主，以刑爲輔的「德主刑輔」的法律思想。有了「德主刑輔」的法律思想，就免不了將「無訟」定爲最高目標，更進一步的，自然就發展成功「非訟」的法律思想。這樣貫串下來，才是儒家法律思想的體系；否則，零零亂亂，徒拾片語隻字，如何能够概括儒家的法律思想呢！

儒家是主張「禮治」的，自從孔子說過「克己復禮，天下歸仁」以後，孟子、荀子等大儒，都曾蘊量發揮過「禮」的精義。「禮」究竟是什麼呢？「禮」在起初，不過只是古代宗教上，一種有等衰、有秩序的祭儀而已。自儒家承襲過來以後，便將他發揚光大，凡紀綱國家，維繫社會的一切方法，甚至於天時、人心、陰陽、鬼神的關係，都沒有一事不歸納到「禮」的範圍裏去。所以禮記說：「夫禮所以定親疏，決嫌疑，別同異，明是非也。道德仁義，非禮不成；教訓正俗，非禮不備；紛爭辨訟，非禮不決；君臣上下，父子兄弟，非禮不定；宦學事師，非禮不親；班朝治軍，涖官行法，非禮威儀不行；禱祠祭祀，供給鬼神，非禮不誠不莊」。左傳說：「禮所以守其國，行其政，無失其民者也」。荀子說：「禮也者，法之大分，羣類之綱紀也」。所以儒家所說的「禮」，就是以人爲本位，支配萬事萬物的自然法則。故荀子說：「禮豈不至矣哉，立隆以爲極，而天下莫之能損益也」。「禮者，人道之極也」。「禮」的意旨及功用，既是如此的深且廣，所以「禮」與「法」，實在有不可分離的關係，也可以說「禮」就是一種廣義的「法」。所謂「禮儀三百，威儀三千」，還不就等於一條條的法律嗎？本來，愈往古代，法律與道德愈是不可分的，在中國古代，「法」猶多歸於「禮」。尤其民事關係，更非「禮」莫明。例如因「冠禮」而知「成年」，因「昏禮」而知「婚姻」，因「喪禮」而知「親系」與「親等」，因「祭禮」而知「宗嗣」與「倫常」，這簡直等於現代民法上的許多條文。不過，這種「禮」，在當時專適用於貴族社會，至於平民多處於農奴或準農奴的地位，貴族認爲他們是爲貴族而生存而勞作的，他們如果犯了錯誤，便以「刑」治之。所以「刑」是鎭壓平民的工具，「禮」，平民則無權援用，所謂「禮不下庶人，刑不上大夫」，可見「禮」是與「刑」對立的，專由貴族們援用的法律。

「禮治」是儒家政治思想的核心，而「禮治」又以「仁」字爲基礎。儒家論學本有二大幹，一爲禮，一爲仁。中國舊訓謂：禮、體也；仁、覺也。盡「禮」即象徵此大羣生命之體格，而「仁」則代表此大羣生命之感性，藉以泯羣我之界，通天人之際的。所以「禮」就是人之體，而「仁」就是人體之靈魂。故曰：「人而不仁如禮何」？這就是說人只有體而無靈魂，則麻木不仁，尸居餘氣，還要「禮」幹什麼呢？所以講到「禮治」，必須「仁」「禮」相濟。故中國文化之大統，向來以教育居第一位，而政治次之。而中國過去法學的體系，亦同樣是以「仁義」爲基點，發而爲完美的禮教制度的。「禮治」是以「仁」爲本的，而又以「刑」爲輔助。因爲一般人不見得全處處講「禮」，有時也會脫離了「禮治」的軌道，因之有時也就必須借重於法律，加以制裁。所以孔子爲魯司寇，不到幾天，便斬了少正卯。而儒家所理想的堯舜之世，雖然是「刑措不用」，可見也是有「刑」的。

由於儒家主張以「仁」爲本，以「刑」爲輔的「禮治主義」，結果自然形成了「德主刑輔」的法律思想，法律與道德合而爲一，而以道德爲主，法律不過規定不道德者所被之制裁而已。故論語說：「爲政以德，譬如北辰，居其所而衆星拱之」。孟子說：「以德行仁者王，……以德服人者中心悅而誠服也」。又說：「……堯舜之道，不以仁政不能平治天下……故曰徒法不能以自行……」。又說：「無恆產而有恆心者，唯士爲能。若民則無恆產，因無恆心；苟無恆心，放僻邪侈，無不爲已。及陷於罪，然後從而刑之；是罔民也，焉有仁人在位，罔民而可爲也」。大學中說：「德者，本也；財者，末也」。可見儒家認爲政治設施，莫重於德，法令建制，莫貴於德，一切典章文物，都應以道德爲唯一的中心標準。孔子作春秋，「一字褒貶」，就完全是一部以道德爲基準的「誅心」的法典，使古今不知有多少亂臣賊子望而生畏。其實這種「德主刑輔」的法律思想，在尙書中也已經說得很多，儒家不過繼承來更加以鼓吹發揚罷了。儒家這種「德主刑輔」的法律思想，對後代法制方面影響極大。自漢朝以至於清朝，歷代律令，幾乎沒有一條不悉心斟酌於道德之間的。所謂「王道不外乎人情」，「情」之於「法」，必須力求一致。甚至有的違法把囚犯故縱，只須合於人情，後人都引爲盛舉。在漢朝更把罪名分爲公私，以私德爲公德的基礎，故治私罪重於公罪，一直到現在，還殘留着這種思想。關於儒家「德主刑輔」的法律思想，以後有機會，當再做專題討論。本文只是講儒家「非訟」的法律思想及其影響的，上面所以說到「禮治主義」，所以說到「德主刑輔」的思想，都不過是藉以說明「非訟」的法律思想是如何形成的罷了。

儒家既然有了「德主刑輔」的法律思想，自然主張處處拿道德來感化人，使人日遷於善而不自知，非到不得已時，絕不願用「刑」來管制人。所以當季康子問孔子「如殺無道，以就有道，何如？」的時候，孔子回答他說：「子爲政，焉用殺，子欲善而民善矣」。在論語爲政篇中也曾說：「道之以政，齊之以刑，民免而無恥；道之以德，齊之以禮，有恥且格」。所以儒家的最高理想，是人人都重道德，講禮讓，根本消弭爭端，當然也就是「無訟」了。所以孔子在論語顏淵篇中說：「聽訟，吾猶人也；必也，使無訟乎」。這個意思就是說：聽訟我同別人一樣，並不可貴，可貴者，在能以道德仁義去感化人民，使爭奪擾亂不生，根本使人民無訟。因爲儒家把「無訟」定爲最高理想，自然對訴訟是不贊成的，結果漸漸形成了歷代儒者「非訟」的法律思想。這種「非訟」的法律思想，本來在易經中也曾稍爲提到。易經訟之彖說：「訟，上剛下險，險而健訟，訟有孚、窒、惕、中、吉，剛來而得中也。終凶，訟不可成也，利見大人，尙中正也」。這裏所說的「上剛下險」、「終凶」的話，當然是不以訴訟爲然的，然而牠也並不是說絕對禁止打官司，官司有時是可以打的，不過，只可打得適可而止罷了。不料這種思想，以後竟演變成了「訟則終凶」的金科玉律，變成了儒家「非訟」的法律思想。

儒家「非訟」的法律思想，對後代思想界及社會上的影響大極了，甚至於中國的民族性中，也有一部份是由於這種思想形成的。我們看看，從漢代以後，兩千多年裏，所有的思想家，凡是談到法律問題的，那個不是倡「非訟」論者，他們全認爲只有不事爭訟，風俗才能淳厚。所以一直到清代，焦循還在作使無訟解，謂：「……致知在格物，格物者旁通其情也，情與情相通則自不爭，所以使無訟者，在此而已。聽訟者以法，法愈密而爭愈起，理愈明而訟愈煩。「吾猶人也」，謂理不足恃也，治不足恃也。旁通以情，此格物之要也。……」這簡直認爲法和理全不足恃，只有情才是最可靠的東西。另外雖然也有一些學者，像崔述一樣作爭論、訟論，對這種「非訟」的思想，加以辯駁，究竟這一類主張者的數目太微乎其微了，所以在社會上始終流行着「非訟」的思想。現在我將儒家「非訟」的法律思想，對於中國社會上的影響，大略敍述於後。

一、養成僞善的民族性：中國的民族性，最壞的地方，莫過於僞善，滿口是仁義道德，滿肚子却是惡劣卑鄙；在光天化日之下，循循有禮，在獨處一室的時候，抑什麼事情，都可以做出來。這種僞善的脾氣，受「非訟」論的影響很大。因爲一個人的心裏，對一件事情已經彎得很不平，還要咬緊牙齒，裝作大量，說什麼「宰相肚裏撐舟船」，把所有的寃曲，都一股腦兒壓抑下去，恐怕動輒得咎，終以忍耐爲妙。結果，在表面既然需要這樣委曲求全，在暗地裏自然就會做出最不道德的事情來。因爲人非木石，孰能無情，感情既不導之做正當的發洩，反盡量的遏抑，最後當然免不了落於心理壓迫的狀態，一發而不可收拾。所以在中國社會裏，有許多自命爲道德家的人，往往也就是道德的蟊賊。其實對自己不滿足的事情，儘量爽快的說出來，才算是最高尚的道德。「人心不同，各如其面」，世間沒有兩個人的思想是一樣的，眞正的和平，乃是從爭訟中尋找出來，絕非一味忍讓，可以奏功的。

二、養成息事寧人的人生觀：既然處處講禮讓，不贊成爭訟，當然對事情就主張「大事化小，小事化了」，「多一事不如少一事」了；所以說：「天下本無事，庸人自擾之」；所以說：「君子無事」，「吃虧就是便宜」，「吃虧人常在」。這些全是中國人只圖苟安，息事寧人的人生觀。中國人既然養成了這種人生觀，結果自然是不求進取，專恃保守，不求興革，專賴敷衍。我們看一看，中國歷史上所謂名臣，所謂循吏，大多全是因循故事，垂拱而治的。即使有些朝代，因爲綱紀紊亂，政治腐敗，到了非變法圖強不成的時候，也沒有人敢出來做革新的主張。假若有人出來了，結果一定召出來許多人的反對，甚至在歷史上也說他是一個刻薄寡恩的人。在宋神宗時，王安石變法，便是一個很好的例子。甚於許多親民之官，更以無所事事爲最好的辦法，並美其名曰：「不擾民」。人民自相爭奪，官吏當然不去管，就是人民因爭奪而來訴訟，官吏亦以其爲多事。中國社會所以停滯不進，中國一切所以不發達，我覺得受了這種息事寧人的人生觀影響很大。

三、養成人民不重法治的心理：法治的優點，在使人民的生活井井有條，萬一有爭鬩，人民便可向政府訴訟，政府就要出來干涉，論其曲直，判其是非，直則獎之，曲則罪之，使人民競肯爲直，而不肯爲曲，然後社會始可趨向正義，消弭爭端，所以不禁爭，正是禁爭。但中國官吏向以爭訟爲多事，「有理十七，無理十八」，凡是互相控告的，不管有理沒有理，先打一頓板子再說。這樣一來，人民自然就不敢見到官吏，凡有爭端，均由自已解決；甚至聚黨持兵，互相鬥毆，寧願讓對方控告自己，不願自己示弱去控告對方，所以民衆的好私鬥，使無訟者，應當負一大部份責任。而且因爲官廳的不理訴訟，往往里黨之間，別有是非，反法悖理謂之公，以鬥傷爲偶然，以劫奪爲小事，姑殘其媳，弟侮其兄，竊田禾，毀墓木，均恬不以爲怪。因爲在上者既不問平民之曲直，社會上自然是一團糟，散漫無序，眞不怪外國人說我們是一盤散沙！

四、養成人民對國家觀念薄弱的習慣：中國的爲政者，既然大部份都抱着息事寧人的人生觀，一般平民又多養成不重法治的心理，結果政府是政府，人民是人民，當中似乎不發生關係了。所以中國人民向來都存着「天高皇帝遠」的思想，「鑿井而飲，耕田而食，帝力何有於我哉」。人民對國家好像無所謂似的。秦耶？漢耶？管你什麼政府，納畢稅，繳完捐，自可高枕無憂。至於國家現在的情形，自己只是第三者，袖手旁觀，隔岸觀火，於自己絲毫沒有直接的關係。這種人民對國家不負責任的心理，眞是中國最壞現象之一。但推其原因，肯怪政府諸事無爲。抑强扶弱，保護人民的生活，發展人民的生活，本是政府對人民應盡的基本責任，歷代政府對這種基本責任也不願盡到，怎麼還能怪人民不愛護國家呢？

五、養成社會上强凌弱的風氣：自從儒家盛倡「非訟」論以後，社會上的士夫名流，往往鄙薄爭訟的人，聽訟的官吏，也以爭訟者爲好事，怒之責之而不爲理。其實凡有血氣的人，雖都不能沒有爭心，有了爭執之後，除非一方甘於退讓，否則必定要到官廳去訴訟。所謂爭而自甘退讓的人，唯有賢者或孤弱者。然而理有曲直，勢有必至，有時所爭者並非爲一人之事，故有當讓有不當讓；讓之而爭者不已，得寸進尺，到最後關頭時，也就不能再讓。所以當孤弱者或賢者，與不肖之徒發生爭執的時候，即使不去訴訟，官吏也應當明察而加以裁制。現在官吏則不察其曲直，一概不欲使之訴訟，凌人者反無事，凌於人者反見責，結果社會上自然就產生了大批的土豪劣紳，地痞流氓。這不僅是政府的賞罰顛倒，社會上也因此增加了大批的害羣之馬，而良善者只有飲泣吞聲，這眞是國家社會的大不幸。所以「非訟」的思想，流毒是非常大的。

總之，儒家「非訟」的法律思想，對後代有不少的極壞影響。爭訟本來是自然現象，「人心不同，各如其面」，人與人一打交涉，自然就免不了有爭，有爭就有訟。所以柳子厚說：『假物者必爭，爭而不已，必就其能斷曲直者聽命焉』！所以我們固然用不着去獎勵爭訟，可是我們也絕不應去非斥爭訟。假若我們一定要拿道德上的教訓去排斥爭訟，那結果一定會產生不良的現象。所以將「無訟」定爲最高理想，未嘗不可；而在現在，卻應當平心靜氣，提倡法治，昌明法學，不僅人民爭訟當理其曲直，辨其是非，即人民不訟，亦當觀察實際情形，除壞安良，使社會秩序得以安定，善人得其所歸，總而言之，沒有爭訟，就不會有眞理，就不會有公道！所以我們應當積極起來，從事我們法學的研究。

三月二十五日小溫泉

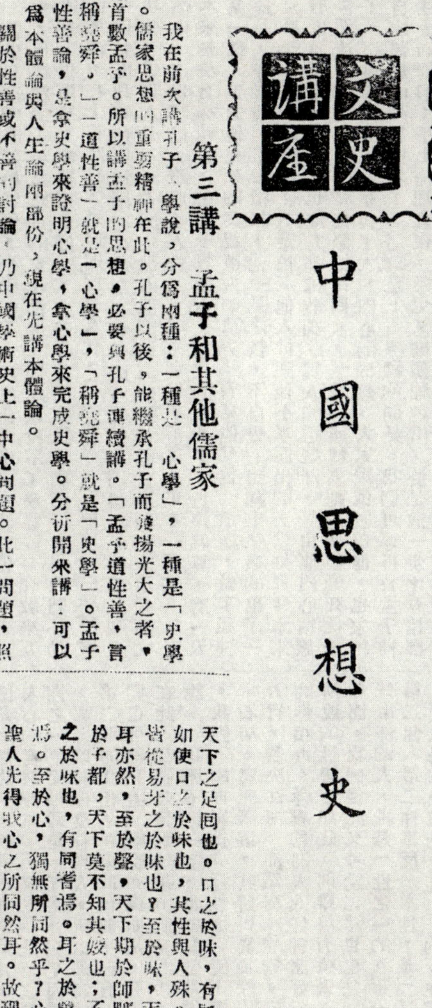

中國思想史

錢穆講　于乃義記

第三講　孟子和其他儒家

我在前次講孔子「學說，分爲兩種：一種是「心學」，一種是「史學」。儒家思想的重要精神在此。孔子以後，能繼承孔子而發揚光大之者，應首數孟子。所以講孟子的思想，必要與孔子連續講。「孟子道性善，言必稱堯舜。」「道性善」就是「心學」，「稱堯舜」就是「史學」。孟子的性善論，是拿史學來證明心學，拿心學來完成史學。分析開來講：可以分爲本體論與人生論兩部份，現在先講本體論。

關於性善或不善的討論，乃中國學術史上一中心問題。此一問題，照現在一般人的眼光看，似乎解答起來很簡單；只要拿西洋的心理學來解釋就够了。如王靜安先生會說：「性只是本能，沒有善惡。」這話就表面看，似乎很新穎，很有道理，但若追根究抵，便知問題不如此簡單。中國古代學者所說的「性」是否與外國學者所說的「本能」相同呢？「本能」是西洋心理學上的名詞，「性」是中國思想史上的名詞。最好先把中國自已立論的本旨弄清楚，再拿外國的學說來批評或比較，庶免此淆。譬如小孩子生下來就會吃奶，在西洋心理學上說是本能，但中國思想史上並不就指此爲性，中國人所謂性的意義何在？古今學者千言萬語辯論不休，我以爲還是孟子講得好　孟子所說性善的道理，我們可以把孟子所說的另一句話來解釋。是那一句呢？就是「人心之所同然」。孟子說：

「富歲子弟多賴，凶歲子弟多暴。非天之降才爾殊也，其所以陷溺其心者然也。今夫麰麥，播種而耰之，其地同，樹之時又同，浡然而生，至於日至之時，皆熟矣！雖有不同，則地有肥磽，雨露之養，人事之不齊也。故凡同類者，舉相似也，何獨至於人而疑之？聖人與我同類者！故龍子曰：不知足而爲屨，我知其不爲蕢也。」屨之相似，天下之足同也。口之於味，有同耆也；易牙，先得我口之所耆者也。如使口之於味也，其性與人殊。若犬馬之與我不同類也，則天下何耆皆從易牙之於味也？至於味，天下期於易牙，是天下之口相似也。惟耳亦然，至於聲，天下期於師曠，是天下之耳相似也。惟目亦然，至於子都，天下莫不知其姣也；不知子都之姣者，無目者也。故曰：口之於味也，有同耆焉。耳之於聲也，有同聽焉。目之於色也，有同美焉。至於心，獨無所同然乎？心之所同然者，何也？謂理也，義也。聖人先得我心之所同然耳。故理義之悅我心，猶芻豢之悅我口。」

這一章書，孟子發揮性善的道理，可謂「能近取譬」，至爲透澈；我們由口與耳目的嗜好都有共同的標準看來，可見人性是相同的。譬如名廚做菜，調和衆味，大家一致公認說好；是他得着了吃的方面人之所同然。這是口的相似。又如聽平劇，大家公認爲梅蘭芳唱的好；是在聲音方面，梅蘭芳得着了人之所同然，這是耳的相似。又如圖畫彫刻等，上乘的作品，任何人都鑑賞起好感；這是在看的方面。作者得着了人之所同然。這是目的相似。外面耳目口鼻如是，我們心裏邊也一樣。在口與耳目所對的是滋味，好音，美色；心裏邊所感覺的是分別對與不對，是與非。這就是所謂『理義』。在口嘗味，耳聽聲，目觀色等方面，大家所認爲好的標準，雖然大體相同，但並不能人人都達到此境界。必要待如易牙師曠子都諸人，把此標準公開揭出，大家始悅然釋然的覺得此標準對，此標準好，在人心裏亦復如是，你有你的見解，我有我的見解，「人心之不同如其面」，只有聖人始找到大家所公認爲對的說出來，大家一得此標準，也就認爲對，認爲好，這也就是人心之所同然。所以陸象山說：「東海有聖人出焉，此心同，此理同也。西海有聖人出焉，此心同，此理同也。……」當知心同理同，此乃聖人境界，在一個平常人，却未必能如此。但聖人與我同類者，平常人相互間，雖未必能達到心同理同的境界但一聽到聖人的道理，也便一致公認爲對。可見人性不殊，即便是人性之善處，此處便是孟子講性善論的精義。

反對孟子的有荀子的性惡論。他立論的主旨，以爲人類全靠着政府法律來管束，和敎育來指導，才能够有秩序。假使一旦取消了政府、法律，敎育等等。我們試想一想目前的社會立刻會變成一個什麼的樣子？所以他認爲人性是惡的，桀紂是本性如此，堯舜倒是修爲而成的。不管不敎，人便要壞下去，所以他主張性惡。我們回頭來看，孟子生在荀子前，固然不能和荀子相辨駁，但在孟子書中，却有一段話，不啻回答了這個問題。這是孟子闢墨子弟子的話，他說：

「蓋上世嘗有不葬其親者。其親死，則舉而委之於壑。他日過之，狐狸食之，蠅蚋姑嘬之，其顙有泚，睨而不視。夫泚也，非爲人泚，中心達於面目，蓋歸反虆裏而掩之。掩之誠是也，則孝子仁人之掩其親，亦必有道矣！」

孟子拿葬禮的開始爲例，來說明了人類文化演進之本源。當知目前的社會，已經經過了相當時期的文化演進，固然還脫不了要靠許多管敎來互相維繫，但這些管敎總還是好的，荀子亦並沒有說他們不好。但我們不妨由此逆溯，在上古時期，那時還沒有文化，自然也沒有管敎，那些法律敎育一切制度却如何地逐漸產生呢？在荀子的意見，必然認爲這些都是聖人的功績。但聖人是不是人呢，聖人能創造這些法律敎育等制度來使人類文化演進，這豈不已就證成了人性之善嗎？別件事不說，單拿葬來說吧：古代本來是沒有葬禮的，在孟子想像中，古代的人死了，扔掉就算，有一天，某一個人走過他已死的父親被扔的地方，看見他父親的遺骸，做了狐狸的食品，許多蒼蠅蚋虫攢集，他一見之後，不自覺的頭額上微微的出了一些兒冷汗。這些兒冷汗，不是怕着他人批評他不孝而出的，當知那時本來沒有孝與不孝的問題，也沒有那種敎訓。那人的這些汗，是由他內心情感上自然流露出來的。於是他急忙跑回家，拿着鋤頭轉來把他父親的死屍掩埋了。這事傳開去，必是得了大家內心的同然，大家纔依做着他，也來把各自的親屬的死屍掩埋了。這就是上古葬禮的開始。我們可以再替孟子補充往後的情形：平土掩埋之後，難免又被狐狸挖出，於是進一步才有棺槨之製；後來慢慢又感覺到要去葬處徘徊憑弔，怕葬」久後，記不得葬地，總有了墳墓，纔立了碑誌，遂成了現社會共行共由的一些喪葬禮節。當知這不是某個聖人一時的發明，而是全人類在一天一天中，進步形成的。這不是聖人的政治法律敎育來強制或愚弄人民而有此禮節，這是風俗與禮敎之自然形成，他的背後支持着的是人類共同的良心。最先表現在那人額上的些微冷汗，就是人類性善之表現。從此可知一切人類社會文化演進，種種法律，政敎之產出與形成，並非由於外面的力量所致；而是人類內部所自有的同然之心之所自然流露而完成，荀子以爲沒有敎師和法官，便將不成世界，照孟子道理講，敎師法官都是後起的事，在人類中能產生敎師和法官，這便是人類性善之徵。而且敎師法官也同樣是個人，創制敎師法官制度的聖人，也還同樣是個人。我們不要把人的地位看得太低，把聖人的地位看得太高，當知那額上出些微冷汗的人，也便是聖人。孟子又說：「堯舜性之也，湯武反之也。」什麼叫做「性之」？那額上出汗的人，就是他一時天性流露，先得着「人心之所同然」，這便是「性之」了。堯舜之所以爲堯舜，就是由這道理擴充出來。什麼叫做「反之」？在某一個人的偶然的天性流露，別人見了，反身一想，覺得他不錯，也照樣來模倣，這便是「反之」。湯武之所以爲湯武，就是由這道理擴充出來。「性之」是人心的自然流露，「反之」是反之於吾心而覺得其不錯。何以說堯舜是「性之」？而湯武是「反之」呢？因爲孟子把堯舜來代表人類第一期的文化，那時以前再沒有聖人，所以那時的聖人是「性之」的。湯武是代表人類第二期的文化，在湯武以前早已有過聖人了，所以湯武是「反之」的。我們也可說孔孟的學說亦復如是，孔子是「性之」的，孟子是「反之」的。在此，我們要想到陸象山所說的話，他說：「堯舜以前曾讀何書來？」又說：「我雖不識一字，也要堂堂地做一個人」，這些話却一半對一半不對。我們不能肯定說堯舜性之，便不讀書，孟子說：「舜之居深山之中，與木石居，與鹿豕遊，其所以異於深山之野人者幾希！及其聞一善言，見一善行，若決江河。沛然莫之能禦。」舜與深山野人不異，這便是孔子所說的性相近。舜看見別人的好言語好行爲，立刻能感動，能模仿，這是孟子所說的性善。如此，則雖沒有讀書，卻等於讀書了。所以說陸象山只道着一面。我們從此又可說堯舜也已是「反之」的，只有那上面所說的額上出些冷汗的人，纔是「性之」的。第一個人第一件事發於本性是「性之」，第二個人第二件事反之本性，是「反之」。其實「反之」也還是「性之」，所以湯武也還是「性之」的。在這樣性之反之，性之反之……的情形下，人類的文化演進了。荀子因爲不明此理。所以要說人性惡。

孟子又說：「萬物皆備於我矣，反身而誠，樂莫大焉。」現在人看到「物」字，便想到西方哲學上的唯物論；其實中國古書中所講的「物」，是指標準說，譬如孝字是做兒子的標準，慈是做父母的標準。孟子說：「一切好的標準，我自己內心都具備了。倘使一個人反身自問，覺得外面一切好標準，便是我內心一切眞要求；那時內外如一，豈不痛快極了。」否則外面一種想法，內面另一種想法，如聽不懂唱戲的情節，而跟着他人笑，豈不痛苦。當知人文進步，決不能在此不自然狀態中實現。故知一切人文演進，皆由人類天理自然要求，這便是孟子性善論之眞義。「反身而誠」「湯武反之」的「反」字便是要就外面的人文演進來向內找尋到人心之所同然，即是人文演進本源處。這即是人類之天性，天性是「自然」的，因此也是「常然」的，進一步說，又是「必然」的。

我們若由此理論去看性善，便知性的發揮，可以一天比一天操高。好的方面，應該常在進步中，譬如梅蘭芳唱戲雖好，將來應該還有比他更好的。這才是性善論的眞義。孟子道性善，言必稱堯舜」；只以堯舜爲示範，却不以堯舜爲限極。人心之所同然，只是一形式，其內容則可以時時朝前進。即在思想方面亦然。孟子既發揚孔子的道理，中庸，大學，易經，又繼續發揚孔孟的道理，而有些處比孔孟更爲透澈（中庸大學易經是孟子以後的作品，已有確證，但此屬於考據方面，今天講思想史，只可從略），以後另有專題講述。現在先舉出和孟子性善論相發明的道理。

中庸說：「自誠明，謂之性；自明誠，謂之教」。前兩句即是「性之」後兩句即是「反之」。又說：「誠者天之道也，誠之者人之道也。」第一句是「性之」，第二句是「反之」。又說：「至誠無息」，在一般的談話中，每每以爲誠是我心中的至誠向外發射，故說是「我的誠心」，其實此只說了一方面。若衡以孟子學庸的道理，誠字並不像一般人所想的單純。眞正的誠心是我心和你心所同然。進一步說，是一切人心所同然，再進一步說，是永久的人心所同然。始得謂之誠。否則只是僞，只是虛，不是誠。一件東西，一個道理，三五十年後便消滅了，沒有了，這便是不誠，這便不是由性所發。所以說：「至誠無息，不息則久，久則徵，徵則悠遠，悠遠則博厚，博厚則高明」。又說：「誠則形，形則著，著則明，明則動，動則變，變則化，唯天下至誠爲能化。」這才是誠的極功，也才是性善的極致。化的作用，好像在一杯水裏放進鹽，化了，才會有鹹味。性的功用，由「無息」到「能化」，這叫做「由誠顯性」。有人說袁世凱誠心做皇帝，爲什麼做不成？其實他既蓄意盜國，他並沒有把握到人心之所同然，如何能說他誠心呢？沒有人同意他，便是他的心不誠。反之，雲南護國起義，那是大家心所同然，這是一個誠，誠便能形，形之於事，自然著之於功。護國成功了，而且這一成功，還得繼續存在，不息前進，造成了歷史正面積極的一步，影響還及於將來。又如最近八年抗戰，雖然有人說一部份靠外力，其主要還在於我們上下一心，不屈不撓，這還是一個誠，所以中庸說：「誠者，物之終始，不誠無物，」還是說世上一切物全由誠而起。誠便是性。性便是自然。若說世上一切物全是自然，不如說世上一切物全是誠，全是眞實不虛。眞實不虛，才是性，才是性之善。

我們再看易經，易經成書又在中庸之後，至少當與中庸同時。易繫辭說：「一陰一陽之謂道，繼之者善也，成之者性也。」陰陽的道理，就是第一次所講死生魂魄的道理。在陰陽變化中間，好的繼續下去，不好的不繼續了。反過來說，繼續得下的便是好的，繼續不下便不好。就如上段所舉掩埋父母的事，你繼續下來了。「齊景公有馬千駟，死之日，民無得而稱焉。」這便是繼續不下。和孔子同時的何嘗幾千萬人，那些人的思想行動，何嘗幾千萬樣？但他們的行動和思想，都失傳了，消滅了，不能繼續了。孔子的行動思想，還在人人心中，還繼續在影響著歷史，這就是因爲他得着人心之所同然，這就是「繼之者善也，成之者性也。」此處性字，却不是指的最先的，乃是指的最後的。世上一切，只有最後完成，最後存在，最後還繼續的才是性。如此般存在而繼續，自然要進步。章太炎先生曾說：「世上好的進步，不好的也同時進步。」他舉出槍砲可以保衞人，也可以害人爲例。其實此義不然，好的進步，是有系統性的，有繼續性的，壞的不能系統地繼續，只是一段一段地產生，只寄託在好的身上而存在。因此好像好的進步，壞的也在進步。有些人以爲戰爭是人類的天性，這亦不然。戰爭是不能永久的繼續，只有和平始能永久繼續，這才是人類的天性，這纔能完成一件東西。戰爭並不能永久繼續，因此也不能完成什麼，因此說它非人類之天性。儒家講性善是融會心學史學而發揮的，這對人類文化演進的道理確有大貢獻，這須由孟子至於中庸易經，始完成了這一方面的精義。以上大體是說的本體論方面的。

現在我們繼續探討人生論：

大學三綱領由明德親民到止於至善。朱子註「止」字說是「至於是而不還」。這就是說：「跑到這裏，不再移動。」這是止字的極好解釋，因爲他講出止字的精神來，當知止於至善是一種不易做到的境界，因爲止於至善，絕對的，非相對的，何以說呢？譬如別個國家侵犯你，你便和那國家鬧起戰來，這便失了和平。戰爭，便不是至善；無論你是主動或被動，你既從事戰爭，便不是至善了。從私人方面講，父慈子孝是至善的，世上倘有人因父母不慈，他也不孝，這便不是止於至善。無論國家怎樣，我總是要愛國，總之要忠於國。不管父母如何，我總是要盡孝道，總是不失做兒子的本位，這才算得止於至善。中庸上會舉射箭爲譬：「射有似乎君子，失諸正鵠反求諸其身。」一般人射箭不中，他自然說自已的射法不熟巧，却不敢以爲是箭靶子的地位放得不正，是自已射得偏左了，了是箭靶子的地位偏右了，只要你能射，無論箭靶子地位偏左偏右，你都能射中。假如你不會射，無論你把箭靶子的地位如何合你意般移動，還是不能中。所以你不必移動箭靶子，最好是反求諸其身。現在我們政府以爲人民不好，人民以爲政府不好；政府看人民總以爲不如外國人民好，人民看政府也以爲不如外國政府好。這都是想移動箭靶子的觀念。所以大學推究欲治其國者，先齊其家，再推到修身正心誠意致知的功夫，而致知在格物，上面說過物是標準，如果標準不定，行動是沒有辦法的。所以靶子最好不移動，而應該去想改良你射箭的方法，這就是盡其在我，這就是格物，這才是治國平天下的根本之圖。

中庸又說：「寬柔以敎，不報無道。」政府對人民，人民對政府，要互相諒解。將自已的心放寬了，放輕了，碰到死硬派不理會他，還不是示弱，還是一種敎訓。國家和人民如此，個人相與亦如此，此種精神，即是中庸之道。中庸之道最講理，可是並不是妥協，也不是不著兩頭的折衷，不著兩頭的折衷，是不死不活的。鄉愿派不是中庸，中庸是「執其兩端，用其中於民」。任何兩極端都可用，只要能中，便不論其極端與非極端，抑是此極端與那極端。所以只要你是忠臣，漢唐盛世可以忠，南宋晚明之世，一樣的能忠。只要你是孝子，以文王爲父可以做周公，以瞽瞍爲父，也可以做大舜。大舜對於他的父母的種種橫逆，都能容忍，他只用盡種種方法，不離孝道，這便是「反求諸其身」的榜樣；也是「寬柔以敎」的精神，那樣才算得「止於至善」。孟子書中有一段發揮這道理說：

「君子所以異於人者，以其存心也。君子以仁存心，以禮存心；仁者愛人，有禮者敬人。愛人者人恆愛之，敬人者人恆敬之。有人於此，其待我以橫逆，則君子必自反也，我必不仁也，必無禮也，此物奚宜至哉！其自反而仁矣，自反而有禮矣，其橫逆猶是也。君子必自反也，我必不忠。自反而忠矣，其橫逆猶是也。君子曰，此亦妄人也已矣！如此則與禽獸奚擇哉！於禽獸又何難焉。」

這就是「失諸正鵠反求諸其身」。一切總是以自反爲主。一而再，再而三，總要射中那靶子。這種功夫爲之不已，說他頑固，算是頑固到極點；說他自然，也自然到極點。正符合上面本體論所講由誠顯性的地步，「成己仁也，成物智也。」他不但是成就了自已，還成就了大衆。所以說是「性之德也」。就是得着人我內心之所同然。性善的確證在此。這是「合外內之道」，把自已與大衆打成了一片。「固時措之宜也」，「無入而不自得」，什麼地方，什麼時候，只要有此精神，自然做得無不合宜。這才算盡了一已之性。盡已之性，可以盡人之性，然後可以盡物之性，而後可以贊天地之化育，與天地參。這還是自已性分上事，豈是上帝的意志管得着的？又豈是簡單的象嬰孩的本能之說，可以講得清楚的？

中國的傳統文化，正因爲有此種精神貫徹在內，所以既悠久，又堅靱，直到現在，還能屹立於天地之間。這是由本體論表現在人生論上的偉績。

上面把孟子中庸大學易經一貫的道理弄明白，才算明白了儒家的中心思想，最高理論。下次講儒家的反對派，再作比較的研究。

賀麟講　杜萬榮記

儒家的性善論

今晚提出這個題目，是我研究哲學和哲學史以來，對於中國哲學問題第一次發表的意見，也即是來雲南以後，於中國哲學作系統的研究，想完成一篇「儒家哲學中心問題」中的一部分。

我打算就儒家哲學，分爲四部份講：

（一）儒家的性善論——以人來講，可以題爲「由孔孟到程朱

（二）宋代的理學——以人來講，可以題爲「由程朱到陸王」。

（三）儒家的知行合一論——以人來講，可以題爲「王陽明的中心思想。」

（四）儒家的歷史哲學——以人來講，可以題爲「王船山的中心思想。」

這是一個嘗試之作。在講本題之先，需要說明我研究學問的態度。第一，我平素治西洋哲學，但却不是故步自封，先入爲主。第二，我不輕視中國的思想學術，而片面的崇拜西洋。第三，我不以爲中國與西洋的哲學各走一途，不相干涉。第四，我也不不加抉擇的兼收並蓄。我所以說是我對於中國與西洋哲學的看法，果然能接受西洋哲學，了解西洋哲學，轉過來整理中國哲學，發揚中國哲學，使中西融會貫通，這是海通以後，中西兩大文化接觸以來的一件大事，中國與西洋，只有一個哲學，一個文化，是世界上的人所共同了解欣賞的，也可以說是全世界公共的財產。

說到這裏，我要介紹兩個人。一個是Legge，他研究中國經典，翻譯爲英文，但却以爲中國不如西洋，要西洋的學說來補救，一個是P.E.More，他對於梵文，印度文字，詩書和佛學都有精深的研究，但却以爲基督教比佛教好，要基督教義來補救佛教，我的觀念恰和他們兩人相反，我研究西洋哲學以爲西洋哲學的缺點要中國哲學來補救，然後才能達到中西融會貫通之路。

中國的哲學，可分爲三派：一派是道家，一派是儒家，一派是墨家，這與西洋哲學分爲唯物論與唯心論等派的意義相似。在中國的三派哲學中，道家注意自然，墨家注意人爲，而儒家是致力於人爲與自然的調和。道家偏重於無用，墨家講的是功用，儒家則調和於兩者之間——「正其誼不謀其利，明其道不計其功」。這就是說，既有用而不是實用主義。道家是泛神論，沒有鬼神，以爲自然就是神，墨家信仰鬼神，儒家得到中庸的一方面，相信天命，敬鬼神而遠之，但又不是極端的相信。這與西洋泛神論者以爲天即自然（God is nature），天即理（God is Principle）的學說很相像。道家是個人主義，對社會家庭的觀念淡薄。墨家是社會主義，犧牲一己，成就大衆。而儒家是羣己合一的，社會和個人的理想互相調解，修身爲本，自修身起，推到齊家治國平天下。使個人與國家社會打成一片。再以生活態度言，道家是到自然去的隱士生活，與世無爭，墨家是到下層階級去的民間生活，要幫助別人，摩頂放踵以利天下。至於儒家則是到朝廷去，到朝廷去做官，不是爲了自己，而是爲了人民。孔孟周遊列國，栖栖皇皇，道家笑儒家做官無聊（如論語中的丈人荷蓧等），其實彼此道不同，不相爲謀。總括來說，道墨兩家各走極端，儒家調和於二者之間，算是正統派。我們只分別他不同之點，不評衡其高低。但道家是出世的生活，墨家也失傳，儒家站在中心。而儒家並不妨礙別家的發展，這是他的偉大處。

研究儒家哲學，要具備三方面的學問與修養。第一是理學，要從格物窮理的功夫做起。第二是禮教（包括樂教在內）使生活嚴肅而快樂。第三是詩教，陶冶其性情。孔子說：「禮樂不可斯須去身」。「不學禮，無以立」。「詩可以興（就是感動），可以觀（就是有眼光），可以羣（就是團結），可以怨（就是諷刺）」。「不學詩，無以言」。西洋的文化人，學者，也同樣要具備這三件事。換個名詞講，就是「眞善美」。眞就是眞理，衍而爲哲學科學。善是表現於生活的，演而爲道德宗教。美屬於情感，發展爲文學藝術。這是做學問的三個目標。亞里士多德分學問爲四種：一是理論的學問，二是實踐的學問，三是審美的學問，四是工具的學問。合起這四種學問，才完成了哲學的系統。不論古今中外的學者，都要根據此四個標準，才可以判斷某人長於某種學問。

以上是一個導言，以下才講入本題。

儒家哲學的中心問題，是身心性命之學，一切學問，要從心性出發，不能離開了心性而高談宇宙。而儒家心性之學，最古的是「性善論」就是主張人性是善的。看起來似乎容易講，但是他的精深處，確不易了解。追溯性善論，始於孔子，而確立了性善論的是孟子，孔子對於性的看法，曾說過：

「性相近也，習相遠也」。

又說：

「惟上智與下愚不移」。

既然「性」相近，爲什麼上智與下愚還會不移呢？經典只有這幾句話，過於簡略，使人無從索解，需要加以討論和證明。孟子就做了這工作。而性善論才有了系統的成就，和反對派相較，辯得過，推得翻。

在孟子之先，子思作中庸，曾說：「天命之謂性」，是說性乃上帝所給予。也就是詩經「天生烝民，有物有則，民之秉彝，好是懿德」的意思，有物有則，是說有他的立場和法則，這是以神學證明性善，仍然本之於經典。子思傳給孟子，孟子與告子辯論性的問題，算是短兵相接，得個分曉，約可分爲下列四大論證。

（甲）杞柳論證——杞柳是材料，桮棬是器物。告子爲自然主義者，他以爲仁義是屬於後天的事。批評孟子以人性爲仁義，好像認材料是器物的錯誤，孟子避開他的議論不講，而說明仁義是由本性發揮出來，不能矯揉造作的。

（乙）湍水論證——告子以爲性隨環境的支配，如湍水的可東可西，沒有定性。孟子以爲他所說的話有危險。水性雖無分於東西，卻是就下的。人性之無不善猶水無有不下，很勇敢的發表出來，還和蘇格拉底的立論相同。蘇格拉底說：「沒有一個人自願作惡的，作惡由於愚蠢」。照孟子所說，也證明作惡者由於環境的刺激，而並非由於性。告子之說，不攻自破了。

（丙）生之謂性論證——「生之謂性」是告子先下的一個定義。他在上面兩段用譬喻的問難，敵不過孟子。現在他自己斬釘截鐵豎立定義，意在誘孟子來攻擊。孟子看清楚他的方法，分析出生字，有生存，生活。生命三種意義。譬如牛犬與人，都是有生命的動物；而人之所以異於禽獸者，依孟子的意思下定義：「人是道德的動物，是理性的動物，是仁義的動物」。在這裏，越可看出告子是自然主義者。西洋哲學也有「人與禽獸相同」之說。而孟子是理想主義者，所以辨別出人與禽獸之不同。

（丁）仁內義外論證——這是告子的最後一道防綫了。告子姑且承認了仁字，與性相合。但以爲義是客觀的標準，仍然是外在的。而孟子却以爲義是主觀的標準，人同此心，心同此理。譬如看見長弟，要恭敬；長幼的區別，固然是外在的不同，但應該恭敬長弟，仍然屬於主觀。這樣，告子沒有方法維持他的壁壘了。

此外，孟子又提出兩段理論證明性善。在開始是由情之善證明性之善。情是顯著的，性是潛伏的。孟子說：「惻隱之心，人皆有之。羞惡之心，人皆有之。恭敬之心，人皆有之。是非之心，人皆有之。惻隱之心，仁也。羞惡之心，義也。恭敬之心，禮也。是非之心，智也」。惻隱，羞惡，恭敬，是非，是情的表現，但卻與內在的性相合。顯著的如此，潛伏的可知。但這還不足以折服反對派，因爲他也可以說由情之惡來證性之惡，如自私貪財等等也是人情之常，又怎能證明性是善的呢？於是孟子進一步由情之惡證明性之善。性本來是好的，後天的情卻有善有惡。現在未講孟子的理論，我們先舉三個淺顯的例子。

第一例：性如主人，情如僕人。設如僕人對客人好，固然可以證明主人也好。假令僕人對客人不好，不能就說主人也不好。

第二例：性如源頭，情如水流。流之清，固然可以證明源之清，但是濁流，卻不能就說源也是濁的。

第三例：性如日光，情如照影。影有明暗而日是光明的，非黑暗的。情可善惡，而性是善的。

現在再看孟子的言論。孟子以爲壞的情緒，是戕賊了本性，當然不能代表本性。孟子一戰而平天下，不但告子打不過，荀子也攻不進去。古今中外講性善的，沒有人能超過他。

在中國反對性善論而主張性惡的是荀子，他以爲人性惡，所以要用刑法政治去糾正它，就是法治禮樂的起源。在西洋主張性惡的是基督教。基督教以爲人是有罪的，要求神幫助。人生是沒有意義的，要企求神的生活，而人生原始的罪惡要聽神的指示，得生天國，才得解決。康德曾作過一文，題目叫「人性徹底的惡，只有求救有神」。就是發揮這個道理。可以說中國的性惡論是人本的，而西洋主張性惡論，則超出人世之外。但是拿上段孟子的立論相較，可算是不值一駁。

孔孟而後，到了宋儒，程子朱子一脈相承。再發揮性善的理論，分爲義理之性，和氣質之性來解說。我現在用程朱來解釋孔孟，列表如下：

（性）義理的（形而上的）
- 心——道心——與禽獸不同
- 性——人的本性（理性）

（情）氣質的（形而下的）
- 心——人心，與禽獸相同
- 性——受刺激而感，有善有惡，或無善無惡，或可善可惡。

此段理論，俟下次講宋儒朱陸兩派時，再爲詳細解說。儒家爲什麼提出性善的理論呢？目的是要人人都成爲聖人，使你的性，與堯舜一樣，得精神上的愉快，因爲人性本來是善，所以產生道德行爲，一切法制禮樂，當然是由性善所流出。這對於現實的人生，有重大的關係。尤其是現在講民主。要走上民治之路，必須尊重他人的人格，才算得胸襟開擴的國民。若不承認一切人本然之善，民主政治，實無由建立。但是舉目一看，心術壞的人，的確很多，在經驗上（即情上）也要做克治的工夫，對於修養方面應該增進，恢復本然之善，也可以擴大我們的懷抱。「人皆可以爲堯舜」，社會國家的前途，才有希望。

話，不出於文化。所以歐洲人的鬥爭是文化鬥爭。既然如此，對於輪迴與停滯的二個命運，歐洲人能够避免，中國人則不能够避免，亦可說各得其所當得了。

固然，歐洲人對於文化鬥爭的實行，就意義言，亦並非絕對而只是相對。這無論就從人數的量與事實的質來說。都是如此。我們難道能承認法王路易十四是實行文化鬥爭而德相俾士麥之訂立勞工優待法律是盡了文化鬥爭的能事了嗎？相反，中國人對於文化鬥爭的實行，就意義言，亦並非絕對而只爲相對。這無論從人數的量與事實的質來說，亦都是如此。我們能否認王安石的變法是實行文化鬥爭，而秦始皇的廢封建與設郡縣除却自私的意義而外，也有着使政治制度走向前進的功效嗎？但不管如何，歐洲人一般地實行文化鬥爭，而中國人一般地不實行文化鬥爭，則爲確然不易的事實。

讀者諸君，我們要擺脫中國歷史的舊命運或社會的輪迴命運和文化的停滯命運，而開創新命運像歐洲所有甚至較歐洲更爲突飛猛進的命運嗎？只有一個辦法，學習歐洲的文化鬥爭，並且實踐歐洲的文化鬥爭。雖然，歐洲的文化鬥爭亦有所不足，這就是說，它是無意識的，因而是暗合的。正唯如此，我們對文化鬥爭的實踐，應該變成有意識，不止這樣而且還應該努力地來有意識地實踐哩。

進一層言，我們實踐文化鬥爭，不只應該在人生的一部，而且應該在人生的全部。不管對於政治也好。經濟也好，思想也好，社會也好，我們的作風只有一個，這卽是爲文化而改進的努力的作風。哲學地論，懷抱此種作風的人，卽可說懷抱了一種主義，解釋一句，卽可說懷抱了文化主義。

必須明白，文化鬥爭與文化主義，它們二者是聯繫地而不可分。有文化主義而無文化鬥爭，不啻只有思想而無行動。是空虛的。有文化鬥爭而無文化主義，不啻只見樹木而不見森林，是零星的。空虛與零星的二者俱爲我們開創中國歷史的新命運的人所不取。文化主義是堅毅的，文化鬥爭是驍勇的，優美的文化主義者應該兼堅毅與驍勇而有。

就文化言，不只有高級與低級之分，而且也有善性與惡性之分。蒸氣機與手推磨，是前種的區分，廉潔與貪汚則是後種的區分。爲民族的福利計，我們不只應該招致高級文化而貶抑低級文化，而且更應該招致善性文化而貶抑惡性文化。有作爲的文化主義者啊，請從此把貪汚與手推磨根絕吧，亦請從此把廉潔與蒸器機忠實地納入寶座吧。

俗諺說：「後來居上」。文化主義卽爲後進的中國超越先進的歐洲的象徵。

新命運的光輝在閃爍着，文化主義亦在笑容可掬地揮手，我們難道無情地掉頭不顧嗎？

× × ×

談儒家思想

•喻淦郁•

導言

關於儒家思想的批判，見仁見智，各有所宗，或謂：儒家思想乃封建社會的遺物，是應該罷斥的，可是爲什麼能統罩中國思想界二千多年而不衰呢？提倡罷，能適合現階段中國社會嗎？這都是值得我們研究的問題，個人才疏學淺，恐屬膚淺之見，請就教於高明。

民國紀元前二千四百六十一年（公元前五五一年）孔子誕生於魯之曲阜。當時，周室寖衰，綱紀廢弛，號令不行，五伯迭起，聘術數以圖強，恃武力以凌弱，於是，一班雄桀之人，便競以才能圖功謀利，而巧辯之徒，則以詭譎機智爲務；潔身自愛者，又復隱居放言，流爲消極；風氣糜濫，政治敗壞，蓋封建制度已暴露其崩潰之徵兆。在春秋二百四十年間，弒君者三十有六；公族權臣專柄者，齊有田氏，魯有三家，晉有六卿；淫亂而無恥者如：齊之文姜，陳之夏姬，衞之南子。這種情形，都是使崇信先王之道，景仰三代之英而自命不凡的孔丘奮心疾首，搖頭太息的。當時的時代背景如此，孔子的學說自屬由此種客觀環境反應而起，綜其思想可歸納於下列三種範疇：

（一）嚴階級之分

强調階級之嚴分，是儒家學說的骨幹，是儒家政治上的重要主張，也是儒家受封建社會上層建築所歡迎的地方，從而也是儒家學說歷二千年而不衰的理由所在。第一步他們先把天地分出尊卑來：

「天尊地卑，乾坤定矣，卑高以陳，貴賤位矣……負且乘，致寇至，負也者，小人之事也；乘也者，君子之器也；小人而乘君子之器，盜思奪之矣。」——易繫辭上

乾道成男，坤道成女，有男女始有夫婦，有夫婦而有父子，有父子然後有君臣……君子小人，他們把天地生男女而演繹至君子小人，方法極其巧妙，他們又說：

「君君臣臣父父子子」——論語顏淵

這種階級的劃分，在儒家說，是爲了「正名分」，而正名分則又認爲是政事之根本，治國的大經，因此孔子說：

「名不正，則言不順，言不順，則事不成。」——論語子路

孔子的言論，後經孟軻，荀卿，韓愈諸儒發揚光大，更爲完備。他們以爲階級的平等正在不平等之間，這才是嚴分階級的眞諦：

「維齊一者乃在不齊，君君臣臣……農農士士工工商商……無君以制臣，無上以制下，天下害生縱欲。」——孟子

「體有貴賤，有大小，無以小害大，無以賤害貴，養其小者爲小人，養其大者爲大人。」——孟子

「勞心者治人，勞力者治於人， 治於人者食人， 治人者食於人。」——孟子

由上文中我們很可以明白地看到他們把階級劃分得非常嚴明，把所謂「大人」簡直看成在娘胎裏便生成是高貴的，而「小人」則是生來便是賤胚，並且還規定了貴賤分工的原則。那麽，所謂「養其大者爲大人」又是如何「養」法，治於人者又是如何「食」人呢？換句話說他們既規定了貴賤之應該分工的原則，其分工的標準又是怎樣呢？在他們著作中可以看到：

「君子以德，小人以力」。——荀子

「百技所成，所以養一人也」。——荀子

「農分田而耕，賈分貨而販，百工分事而務，天子共而已」。荀子

「爲上雕琢刻鏤黼黻文章以藩飾之以養其德」。——荀子

荀子的說法還只是提綱絜領而已，韓愈則尤爲精盡。

「君者，出令者也；臣者，行君之令而致民者也，民者出粟米麻絲，作器皿，通貨財，以事其上者也。君不出令，則失其所以爲君，臣不行君之令，則失其所以爲臣；民不出粟米麻絲，作器皿通財貨以事其上則誅！」——原道

貴族的工作是坐待庶民以事其上明矣，但他們是不是可以偶而爲之以參與「小人」的工作呢？他們的回答是不可的。

「上功勞苦與百姓均事業……若是則不威，則罰不行。」——荀子

他們的理由是恐怕「貴賤不明」，「同異不別」，而引出「不威」的結果，從而可能推翻了階級觀念，所以他們的出發點與其說是爲了防止「與民爭利」，無寧說是駭怕「聖人之道」的崩潰，因此他們的階級觀念還有加强的必要，不但實際的工作要有貴賤之分，形式上也應該有尊卑之別：

「爲全上者，不美不飾，不足以一民，不富不厚不足以管下，不威不强不足以禁暴勝悍也，故必撞大鐘，擊大鼓……以塞其耳，必將雕琢刻鏤……以塞其自」。——荀子

在上述養尊處優的環境中生活着的「大人」無論如何應該是有紳士之風了，是應該與衆不同了，可是這在儒家的心目中幷不爲足，因爲只是深居禁中，其尊貴崇高的風度，也許不是頭腦簡單的人所能想像到的，所以進一步應該讓「大人」們出來「擺一擺」才行。

「天子袾裷衣冕，諸侯玄裷衣冕，大夫裨冕皮弁……衆庶百姓則必以法制之……雕琢其章，金玉其相，亹亹我田，綱紀四方，使足以辨貴賤」。——荀子

於是貴賤大明，階級之說大備，可是像這樣做法，還不足使人懾服，這是什麽緣故呢？那便不得不歸咎於「小人」天性的頑劣了，所以又說：

「治生乎君子，亂生乎小人。」

歷史的翻版

王厚生

自從蘇聯封鎖柏林後，歐洲方面的情勢變得非常熱烈緊張。可以說，蘇聯與西方民主各國互以硬派作風相見，這使世界關心時局與和平的民衆、覺到惶惶然，恐人類因不智的舉動，會惹起另一次殘酷的戰火。

美國在第一次世界大戰後，對於歐洲的問題，採取不干涉政策，直至第二次大戰爆發前夕，及戰後，已放棄了其孤立主義的政策。美國現在不但在德國，奧國，特里斯特港駐有占領軍，歐洲方面，有國際的問題和會議，美國是不能除外的，并且是一個主要的脚色，所以柏林的局勢，美國特別注意，會商對策也最爲活躍。七月廿五日在柏林籌劃對蘇聯策略的軍政首長與外交家有：占領軍司令克萊，政治顧問繆斐，駐蘇大使史密斯，駐英大使陶格拉斯，國務院蘇聯問題專家波倫。

情勢確够緊急，最感迷惑的是夾在中間的德國民衆，萬一有一方挑起戰火，就無可收拾，德國人民首遭災殃，至少限度受美國空襲之苦。所以七月廿九日，柏林城中有市民八千人集會，呼籲解除柏林封鎖。

這期間，西歐五國外長會議於十九日在海牙召開，以嚴重的心情商討蘇聯的封鎖柏林事件，所得到的結論，是法國外長皮杜爾堅持主張與蘇聯重開四强談判，以謀解决。英國，比利時在原則上表示同意，但須視蘇聯態度之轉變而定。

凡於國際間發生爭端，一方態度强硬，另一方則意見分歧，不能團結一致之時，立刻可以看得出，態度强硬一方的所以强硬，實由另一方意見分歧所致。

西方民主各國間意見的不一致，赤裸裸暴露內部的弱點於俄國之前，俄國今日的態度如此，人不得不贊成史太林，莫洛托夫的慧眼了。

這裏舉出捷克前總統貝奈斯氏，所著回憶錄中的一段，以與今日柏林的局勢對照，使人頓生這是歷史的翻版之感。

貝氏回憶錄中說：「一九三六年三月七日希特勒違背羅卡諾協定（Hocauno Agveulut），進兵萊茵區，當時捷克的立場，可能波蘭亦如此，是與法國同站在一邊，反對德國希特勒的違約行爲。但是法國當時沒有積極的動作，使捷克非常失望，這是法國第一次大戰後鑄下的一個致命錯誤」（原文不在手邊，大意如此）。

第一次大戰後，英國是扶植德國再起來的國家，換句話說，是渴求歐陸均勢的國家，義大利在墨索里尼手中，是希特勒的伙伴，歐陸的其他許多小國大都觀望英法的動向臉色，現在英法沒有動靜，它們怎能行動？與强悍的希特勒較量。

希特勒看準了這樣，才於放胆重整軍備，進兵萊茵區。

目前柏林問題，亦復如是，蘇聯看準了西方內部的不一致和弱點，才抱强硬的態度，以爲後日談判會議中多留地步。

所謂西方民主國家的弱點，主要者可以從下列諸方面觀察：

西方議會政治的效能及不上獨裁政治。西方民主國家人民反對戰爭，反映到議會中，是削減軍費，七月十九日法國國民議會削減許曼內閣所提之軍費預算案，致使許曼內閣塌台。獨裁國家中，人民反戰的意志不可表示，表示了不但無用處，恐將生命發生危險，或流戍或入集中營或竟格斃，所以人民是在獨裁政府的瘋狂宣傳家，發言人的激動言語刺激下，盲目或被迫走上戰綫去的。

西方民主國家內部不協調，甚有出賣友國的醜惡行爲，如一九三八年張伯倫出賣捷克。互相間不够信託，唯恐自己出戰，別人袖手旁觀，或佯作調人，把利益斷送給敵國，或强迫或以勸導方式使出戰國接受不利的條件，這些都可舉出前例作證，民主國家應作自我檢討，猛改前非。

第一次大或結束，英美即思德國復興，結果，法國受辱，世界有第二次大戰。此次戰後，英美仍思將西德扶起，六月七日英，美，法、荷，比，盧六國京城同時發表倫敦會議宣言，引起法國全國民衆的激憤，極右的特戈爾和極左的共產黨都極力反對這個宣言，十六日法國國民議會投票時，僅以八[illegible]之[illegible]數勉得通過，且附加條件，令外長皮杜爾設法修改該協定，將魯爾區完全與德國分離。歐洲方面，英國與法國的步調不能一致，終是件可憾的事，倫敦六國協定之成立，在法國民衆心理上，多少有感於英國是一個不可信靠的朋友。歐洲的局勢，希望有所改進，英法的政策和人民間的觀點是必須有待磋商和溝通的。

從地理上言，西方國家中之英，法，荷，比，等國位處火力能及之地，萬一爭爆發，它們首當其衝，美國則遠處西半球，會不會隔岸觀火，頗使英，法諸國懷疑，因爲美國迄至目前，還沒有具體保證一定予西歐聯盟五國以軍事援助，國會也削減了援外撥欵法案的數字，這使西歐諸國畏縮不前，怕阻塞和平之路，態度不敢太硬之故。

人類要去走老路子，蹈歷史的覆轍，終是莫大的哀事，我們誠懇地期望，社會制度和國際間的關係有一疊新的更張，人類放棄戰爭，共享承平安樂是保定有希望的。

八，一。

論儒家思想（續）

·喻途邨·

這是孔子認爲臣子侍君最忌的三件事，忠臣的另一要義是「舍身」，即論語學而所謂：「事君能致其身。」爲臣如此，爲君的又應如何呢？他們說是應該莊重和威嚴所謂「莊以蒞之」。（論語衛靈公）這種君臣之間的關係，經後儒的推演而變成「君要臣死臣不得死」的愚忠，這與孟子之「民爲貴君爲輕」的言論充分地顯露其矛盾，因爲，假使照「君要臣死不得不死」的說法，像商紂夏桀這種人照理也只有死事，但孟子卻說：「聞誅一夫紂矣，未聞弑君也。」把眞牌皇帝一變而爲匹夫，可惜孟子的這種說法并沒有發展，而且相反地卻爲後儒所揚棄，並發揚「愚忠」的學說，變成保持專制皇室而不墮的一種愚民政策。

二、孝——子對父的禮尙這是儒家禮敎中的最重要的一環，是由家族關係推進到忠臣的出發點，所以孝道是他們不惜舌敝唇焦宣揚的敎條之一，孝經：「夫孝，德之本也，敎之所由生也。」論語學而：「孝弟也者，其爲仁之本與？」可見他們重視孝道的一斑。

本來儒家的孝道確也不可厚非的，孔子所謂：「孝子之事親，居則致其敬，養則致其樂，病則致其憂，喪則致其哀，祭則致其嚴。」（孝經）這些可說是子對父的愛的表現，我們又從何而反對呢？不過儒家提倡孝道的本旨，似乎並不在此，他們是企圖以事親而引致於事君，「孝」不過是發揮忠君理論的緖端而已。所以禮記禮器篇中這樣說：

「禮之近人情者，非其至者也。」

接着他們又說：「天無二日，土無二王，家無二主，尊無二上，示民有君臣之別也。」（禮坊記）從而他們把「事親」與「忠君」并爲一談：

「資於事父以事君而同……父母之道，天性也，君臣之義，義也。」——孝經。

「忠臣以事其君，孝子以事其親，其本一也。」——禮祭。在大學中更直接了當地說：

「孝者，所以事君也。」

由此可以看到儒家提倡孝道的本旨何在？在專制社會，貴族魚肉平民根本也不算會事，旣引「忠」「孝」而爲一義，所以父母奴視其子在他們也認爲天經地義，因此又說：「父母怒不悅，而撻之流血，不敢疾怨，起敬起孝。」（緯書孝經緯）從這裡我們看出儒家爲了要養成人們的奴隸性起見，是怎樣地在强調其忠君的理論。父子之間若如此，還有什麼天性可言，因此他們便大胆地追蹤「君要臣死，臣不得不死」而補充一句「父要子亡，子不敢不亡」了。假使人們對這種敎義而能奉行毋違的話，不言而喻，其爲馴和的良民無疑。這便達其提倡孝道的目的了，故曰：「其爲人也孝弟，而好犯上者，鮮矣。不好犯上而好作亂者，未之有也」。（論語學而）孝道如是，眞敎人「臨書涕泣，不知所云」了。

三、悌——事長的禮尙。弟的意思是和順。白虎通義：「弟，悌也，心順行篤也」。這便是說對長者應當恭篤和順。詩云：「豈弟君子」便是褒顯這種美德，儒家認爲人之常道有十：「父慈，子孝，兄良，弟弟，夫義，婦聽，長惠，幼順，君仁，臣忠」。（禮記，禮運）弟便是其中包括的一種，所以也是他們提倡的敎義之一。論語學而：「弟子入則孝；出則弟」。又說：「孝弟也者，其爲仁之本與」（同篇）并認爲是所謂上等人應有的修養。論語子路：「如何斯可爲士矣……子曰：『宗族稱孝焉，鄉黨稱弟焉。』」因此「弟」又是居官之必要條件，與前條的「孝」是一貫而不可分離。

四、信——對一般人的禮尙。信的意義是誠實不爽。論語學而：「信近於義」，義者，事之宜也，大學：「與國人交，止於信」。這是他們主張對人應具的態度。孟子盡心：「有諸己謂之信」。就是這個意思，這被儒家列爲五倫之一，五倫者，父子有親，君臣有義，夫婦有別，長幼有序，朋友有信。（見孟子許行）所以與前三節一樣，認爲是「君子」應有的修養，為政應具條件：「孫以出之，信以成之，君子哉！」——論語衛公。

「道千乘之國，敬事而信」——論語學而

「上好信則民莫敢不用情」——論語學而

「民無信不立」論語顏淵

由此可知他們對信字是何等重視，當然一個無信的人是不為人所齒，以孔子說：「人而無信，不知其可也」。又說：「悾悾而不信，吾不知所為」。（論語泰伯）這是痛恨至極的話，他們却也不要人一味忠信而認為是必須多所修養多所見識始不致為信所誤，所以又說：「好信而不好學，其蔽也賊」！（論語陽貨）這種態度與方法原屬正確，但所學者儒家學，所信者儒家教條，如果儒家整個思想體系有毛病，「信」字也者，正是促使人民愚妄而已。

由上文中我們可以略知儒家所提倡的禮教的端倪，當然除了上述四點之外，還有好多的禮俗，這裡因為篇幅的關係，無從一一敍述。但已足够看出他們提倡禮教目的？那便是：以嚴分階級為出發，而以禮教加强這種等級觀念。因此禮教無疑的是當時上層階級用以培養一種典型人物——君子，士大夫——的工具。其方法從社會小細胞——家庭——開始而演繹到處世事君治國，換句話說，便是家族推演到宗族社會。所謂「百事孝為先」是也。禮記祭義有更明白的敍述：

「居處不莊，非孝也；事君不忠，非孝也；涖官不敬，非孝也；朋友不信，非孝也；戰事無勇，非孝也。五者不遂，烖及於親，敢不敬乎」？註烖即災。

由此可知，由「孝」字而推論到忠孝信等等，人們腦袋裡裝滿的盡是「孝、悌、忠、信」等教條，當然易於引致於「舍身取義」「殺身成仁」。是乃儒家的仁以為體禮以為用的作用所在。

（未完）

讀史劄記

•訥庵•

知人用人（二）

一為蜀漢先主之於諸葛亮，亮隱隆中，躬逢亂世，所自謂「苟全性命，不求聞達」者也，先主奔走兵間，不得一地以自保，而一聞亮名，即造訪而問大計，此其志不在小，亮知其可與有為，遂感激許以馳驅，故雖關張不悅，而魚水之喻，不得而間之也。及劉表既亡，嗣子不肖，先主失所憑依，敗走當陽，其勢大為殆亟，亮乃為親至江東，說孫權以聯合拒曹，實則操挾天子之命，以盛大之軍威，而臨江表，勝負之數，詎可預卜，且先主新挫之餘，並無實力，亮說權之言，正以為先主他日得荊州地耳。（後由權表請以劉備領荊州牧），足以「東連孫權，北距曹操」，為亮平生一貫之政策，始終不變者也，亮隆中之對，已於將來大局之趨勢，瞭如指掌，即言「若跨有荊益，保其巖阻，外結孫權，內修政理，天下有變，命將以向宛路，如是，則霸業可成」，獨周瑜對於先主求借荊州，書云，「備以梟雄之姿，必非久屈為人用者，恐蛟龍得雨，終非池中物」，此誠所謂「智謀之士，所見略同」，（先主之語，指瑜亮二人），幸瑜早卒耳，否則亮之計劃，必為所阻撓也，及先主已御上游各郡，即西向巴蜀，襲劉璋之不備，遂踞天府之國，而三分之局以成，皆亮為謀也，既得益州，以亮為軍師將軍，於是銳意為治蜀之計，觀於亮言「劉璋闇弱，德政不舉，威刑不肅；……吾今威之以法，法行則知恩，限之以爵，爵加則知榮」，（亮治尚嚴峻，人多怨者，故為是言。）是亮之得展抱負，及先主之信任不疑，均可概見，迨關張既殂，先主興兵伐吳，亮止之不可，人多疑「孝直若在，必能制主上東行」之語，法正何以得此於先主，要未知入蜀之始，亮即言「主公之在公安，北畏曹操，東憚孫權，近則懼孫夫人之生變於肘腋，（觀此可知孫劉結合，實互相利用猜虞，宜夫婦之好不終也），孝直為之輔翼，令翻然翱翔，不可復制，」則法正之參預密計，必有言人所不能言者，論者乃不察耳，先主崩於永安，亮受遺詔輔政，有「嗣子可輔則輔之，不可，君可自取之言，（此語可分兩面看，一則真以大業為重，不為一姓之計，一則益堅其效忠貞之節而已，予以後說為是）並敕子禪曰，「汝與丞相從事，事之如父」，先主雖一時不聽亮言，致有挫衂，而終寄以大事也，亮輔後主，首修吳好，俾無東顧之憂，時則曹丕代漢，又有司馬懿為統師干，（懿之將略尤優）中原局勢已定，未可輕撼。而蜀偏處一隅，勞師遠征，難操勝算，在亮豈不知之，只是能戰而後能守，故屢督師屯漢中，攻祁山，以期興復之效，報先帝知遇而已，三國志本傳，乃謂亮將略非其所長，則尚非篤論也。

（未完）

論儒家思想（三續）

·喻途郵·

讓我再略述「仁」的意義。論語載曰：「夫仁者，己欲立而立人；己欲達而達人」，這是仁的本義，就是說要以己及人，也就是於所謂「克己復禮」，能克己便是忠，能及人便是恕，所以仁的本體又變成忠恕了，朱熹說：「盡己爲忠，推己爲恕」，程顥說：「以己及物仁也，推己及物恕也，忠者天道，恕者人道，忠者無妄，恕者所以行乎忠也」。由此我們又可知道所謂仁的措意何在。孟子謂：「未有仁而遺其親者也，未有義而後其君者也」（梁惠王）儒家言仁總是一貫地以「施親」爲始，以「忠君」爲終，而離不了階級觀念。

當然我們不能說儒家的學說便一無可取，我們更無意斷章取義來歪曲儒家學說的原意。我們也承認孝、悌、忠、信這是一種美德，可是我們却無法同意後儒的愚忠、愚忠、妄悌、妄信的說法。我們不主張上文已說過的嚴分階級的辦法，但我們却贊成荀子的：「有亂君，無亂國」。（君道篇）孟子的：「民爲貴，君爲輕」（盡心下）這種看法。對於儒家禮教的態度，不應該盲目地提倡與盲目的附和，而是要客觀地研究，抽象其眞理，揚棄其歪論，用儒家的術語說，便是「博文約禮」。（論語學而）至於孔子「學不厭，誨不倦」的精神，「循循善誘的教育方針」，「當仁不讓」的學習態度，倒是價值我們崇尚的。

（三）與性命之學

儒家言天人相與之際，所謂「性與天道」可謂屬於哲學範圍，自孟子言性善，荀子言性惡後，便扼於嬴秦，至漢復振，而有揚雄　惡相混之說。又經魏晉六朝之沉靈，鬱而不發。唐代雖云崇儒，實則衰歇如故，提倡儒術的只是幾個文人舞弄筆墨而自。韓愈斥佛闢老，言性有三品，但韓愈根本不明佛老的奧妙，正如孟子攻擊揚墨一樣，同病空泛。自李翺復性書出，這才可說是儒家哲學思想滋大的開始，而開宋代理學的先河。以後，北宋張（載）邵（雍）周（敦頤）程（頤顥）諸儒輩出，南宋朱陸繼之、儒術燦爛光大，但這時與原始的儒術已不相同，而融攝有老佛的思想另成一哲學體系。至明代胡廣等撰五經大全，四書大全，性理大全等書，程朱之學，可稱是蔚然大備了。可是這對學術思想界不但毫無裨補，反成爲統一學者思想的工具。變至「八股」勵行，加强君權之集中。雖有王守仁發揮新說，但後又趨於空疏，終不能擺脫科舉之牢籠，君權之高壓，根本的原因，還是由於儒術本質上不能脫離「名教」而存在。至清代有顏淵載震的改革理學，有黃宗羲的提倡民權，譚嗣同的排斥「名教」儒術以另一面目出現，此後歐風東漸，思想揉雜，尊儒闢儒，互見消長，以迄於今，現在把儒家的哲家的思想，按朝代的演變，略述於后：

1、 先秦時代

在先秦時期，儒家的學者對於仁與天道及性命之理很少討論。顧炎武所謂：「性命之理，著之易傳，未嘗教以語人」者也。中庸有：「天命之謂性，率性之謂道」，但關於這天命與性的道理沒有仔細銓釋而著重於「中庸之道」的發揮，「中庸」的意思是不偏不倚，即「允執其中」（書經）「執其兩端，用其中於民」（中庸）之謂：中庸的目的是在於「止於至善」，而手段則爲博學、致知、養德、存禮，故曰：「君子尊性而道問學，致廣大而盡精微，極高明而道中庸，溫故而知新，敦厚以崇禮」。（中庸）到孟子才把「性」有所發揚，他主張性善，以爲人性之善是人的先天的「良知」與「良能」。他說：「人之所不學而能者，其良能也；所不慮而知者，其良知也。孩提之童，無不知愛其親也，及長大也，無不知敬其兄也：……」（盡心）又說：「仁、義、禮、智，非由外鑠我也，我固有之也」。這種天性的保存除了儒家已有的尊禮博學的方法外，他主張還要養氣和寡欲、所以又說：「養吾浩然之氣」，「存其心，養其性、以事天也」

。「為學之道無他，求其放心而已矣」，因此人的修養，重要無過於妨止「失其本心」，這是後來宋理氣說的由來。

大底先秦時代的儒者，都以天是人類之父，而認為是論道之根本，須畏敬崇奉。到了無路可通時也便委諸天命，所以孔子之道不行，他便仰天嘆曰：「知我者其天乎」！「道之將行也與？命也：道之將廢也與？命也」顏陸死曰：「噫！天喪予！天喪予」！畏於匡則曰：「天之未喪斯文也，匡人其知予何」？因於宋則曰：「天生德於予，桓魋其如予何」？（論語）據此，我以為「天命之謂性」是孟子性善論的源由。但是荀子的說法却又不同，他着重人治，而主性惡論，他說：「塗之人，可以為禹」，又說：「天行有常，不為堯存，不為桀亡，應以治則吉，應以亂則凶」（荀子天論）與孔子的「大哉堯之為君，為天為大，為堯則之」！把堯看作天人的說法頗有不同。故孟荀雖都崇禮教而旨趣各異：孟子是順乎自然以禮為修養良心之具；而荀子則以為性不可恃，而以禮為匡正性惡之用，前者為後儒「主靜」「去欲」之源，後者乃清儒戴震反對無欲論所本。

2、唐代

自孟荀之後，楊雄論性之善惡混淆，王充謂性有善有惡，但都不夠深入。六朝衰靡不振，直至唐代韓愈尊儒闢佛斥老，儒家才又漸漸抬起頭來。韓愈認為性有三品，在原性中說：「上焉者善而已矣，中焉者可導而上下也；下焉者惡而已矣」。又說：「其所以為性者五（仁義禮知信）情之於性視其品……所以為情者七（喜、怒、哀、懼、愛、惡、欲）情之於性視其品」。韓愈論性是以性與情為一元，性善情亦善，性惡情亦惡，這還是根源於孔子「性相近習相遠，惟上智與下愚不移」一語，不能算有什麼深刻的發揚，韓愈弟子李翺論性，則以：「天命之為性，率性之為道」一語為出發而闡述到性與情的關係，他說：「人之所以為聖人者，性也，人之所以惑其性者，情也，喜怒哀懼愛惡欲七者，皆情之所為也；情既昏，性斯匿矣，非性之過也」。（復性書）又曰：「性者，天之命也，聖人得之而不惑者也；情者，性之動也，百姓溺之而不能知其本者也」。（同上）他不再把性情混為一元而是分為兩端，認為無善惡高下之別，聖人之所以為聖人，凡夫之所以為凡夫，完全由於前者不動於情善保其性，後者不能控制七情致失去本性。不過這也不是說聖人便沒有情，而是能「寂然不動」不為情所用罷了。這「寂然不動」便是至誠，就是中庸的「唯天下至誠為能盡其性的」說法。也就是俗語：「至誠可以格天」之謂。這種說法自比韓愈高明，所以他這種論情與性的關係也成為宋理氣說的先聲。

3、宋代

宋代儒術又名理學，亦名道學。自先秦以迄宋代，此一期間黃老盛行，佛教流入亦已千年之久，故思想方面已有老佛滲入，繫辭傳：「無思也，無為也，寂然不動，感而遂道天下之故」，這與老佛思想實難判別，北宋諸儒如：張載、周敦頤、程灝輩沒有一個不是受過佛老思想的浸潤，所以這時代的儒術雖然精湛，但與原始儒術則不無逕庭之處。

宋時儒術有兩種研究對象，其一為「理氣」，另一為「心性」，前者多取義於易繫辭傳採納老莊的思想，後者則本孟子與子思而揉雜佛家思想。周敦頤太極圖說：「乾道成男，坤道成女，二氣交感，化生萬物；萬物生生而變化無窮焉。……五性感動而善惡分，萬事出矣。……立天之道曰陰與陽，立地之道曰柔與剛，立人之道曰仁與義」。這一以天地乾坤為始而以知禮尊德為終的說法，如果加以深切研究，我們可以發現宋理學極終目的還是寓意於君臣尊卑之別。因此萬物依陰陽之氣而浮沉升降顯為萬殊，恰好是他們主張社會上貧富貴賤君臣上下是上天規定的論理根據。同理，立人之道的「仁」「義」的準則當然是「安分守義」與「樂天知命」了。再重復一句，便是各階級的懸殊不平是上天配定應各安本分聽命於天，不然便「違德」「害仁」，是乃宋學之根本，不可不知，我們只要把握住他們這一基本立場，再看他們其他的言論才不致迷惑。

其次談到性，張載誠明篇：「天能為性，人謀為能」，於是他把性分為「天地之性」與「氣質之性」，前者認為是純然盡善，後者則有善有不善，禮教便是改善氣質的手段。所以他又說：「使動作皆中禮，氣質自然全好」，（橫渠理窟）程頤又深入一步，他說：「氣是形而下者，道是形而上者」，何謂「道」？他說「道二，仁與不仁而已矣」。

（未完）

論儒家思想（續完）

·喻滄郎·

何謂「仁」?曰：「禮義智信皆仁也，識得此理以誠敬存之而已。」何謂「性」?曰：「生之謂性。性卽氣，氣卽性，生之謂也。人生氣稟，理有善惡，然不是性中元有此兩物相對而生也，有自幼而善，有自幼而惡，是氣稟自然也，善固性也，然惡亦不可不謂之性也，……不是善與惡在性中爲兩物相對各自出來，此理天命也，順而循之則道也；循此而修之，各得其分，則敎也」。可知程灝以爲不但天性無善惡之分，卽氣稟之性也無善惡之分，問題在誘導，在用誠敬的工夫以克制惡德，思想近乎告子，方法本乎子思。他弟弟程頤與他看法又不同，程頤：「氣有善有不善，性則無不善，人之所以不善者，氣昏塞之耳」。又說：「稱性之善謂之道，道與性一也，以性之善如此故謂性善，性之本謂之命；性之自然者謂之天，性之有形者謂之心，性之有動者謂之情；凡此數者皆一也」。他將性分出這許多形態，倒底有何不同?他說：「性字不可一概論，生之謂性此訓所稟受也；天命之謂性，此言性之理也；今人言天性柔緩，天性剛急，俗言天成，皆生來如此，此訓所稟受也；若性之理也，則無不善。曰天者，自然之理也」。程頤的說法，大底與張載相近，至南宋乃有朱陸之對峙。

朱熹是宋理學的集大成者，其學大底本程頤的「理氣說」。他說：「天地之間，有理有氣。理者，形而上之道也，生物之本也；氣者，形而下之器也，生物之具也。是以，人物之生也，必稟此理，而後有性，必稟此氣，而後有形」。(性理大全)又說：「理又非別爲一物，卽存乎是氣之中；無是氣則是理亦無搭掛處。氣爲金木水火，理爲仁義禮智(語類一)照他的說法理與氣變成一物的兩面，氣是有形的事物，而理是附着於事物的現象，兩者相互憑依而無所謂先後區別可言。他對性的解釋：「性者，心所具之理；情者，感物而動者也」。又說：「理者，天之體；命者，理之用；性是人之所受，情是性之用也」。(語類五)性與理的關係：「性卽理也，在天喚作理，在事喚作性」。心性與理的關係是：「性便是心在處之理，心便是理所會之地也」。(性理大全)老實說，像這樣翻來轉去纏夾不清，我不知倒底有多少人能領悟這種大道，這大道又有什麼用?關於他治學方法卽是他明理手段，朱熹是先「格物」然後「致知。」格者，窮也，是追究的意思；物者，理也。故曰：「致知必須窮理」。卽程頤所謂「卽物窮理」之意。另一理學大師陸九淵却與其相反，陸也講致知格物，但他的解釋不同，他說：格者，來也，只要心能把握住，知便不求自來，故曰：「萬物皆備於我，反身而誠」。這是朱陸的分歧點。因此，朱說：「敬以直內，義以外方」。陸謂：「先立大者，其小者不能奪也」。朱說：「涵養須用敬進學在致知。」陸說：「萬物皆備於我反身而誠」。一個認爲有內外兩種工夫，一個把二種打成一片，所以朱熹言性有氣質與本性之別，而陸九淵則以心卽理爲一元，陸說：「盡心，一心也；理，一理也……此心此理不容有二。……孟子曰：『夫道一而已矣』。又曰：『道二，仁與不仁而已矣』。如是則爲仁，反是則不仁，仁卽此心也，此理也，……：先知者知此理也；先覺者，覺此理也；愛其親者，此理也；敬其兄者，此理也……」。(象山全集與曾宅之書)對於心的意義，他這樣說：「惻隱之心，仁之端也；羞惡之心，義之端也；辭讓之心，禮之端也；是非之心，智之端也；此卽是本心」。(象山語錄)又說「東海有聖人出焉，此心同，此理同也，……至千百世有聖人出焉，此心此理亦無不同」。(宋史本傳)他的學說是完全以心爲主，其他的一切全由心爲主宰，所以他以尊德爲明理的手段，與朱熹的以道學問爲宗截然不同，他的主心說是明王陽明唯心論的淵源。

4、明代

王陽明踵陸九淵之心卽理說而更益以「知行合一」，他說：「夫物理，不外吾心；外吾心而求物理，無物理矣，……心之體，理也；物卽理也。故有孝親之心，卽有孝之理，無孝親之心，卽無孝之理矣；有忠君之心，卽有忠之理，無忠君之心卽無忠君之理矣，理豈外吾心邪」？（答人論學書）這種心卽理物卽理的心理一元論，也還是本諸所謂良心良能的人性主善說，與孟子較爲接近。本此，他認爲人性之善惡美醜是由於「人欲」所蔽，故主張克制私欲，他說：「吾心之良知，卽所謂天理也，……致吾心之良知者，致知也；事事物物皆得其理者，格物也，是合心與理而爲一者也……」。又說：「減得一分人欲，便復得一分天理」。由此可知王陽明的克制私欲的辦法仍不離致知格物，不過他又有他的一套解釋。他以爲：格是正，物是意，所以格物者便是正意，可見與朱熹的「卽物窮理」的說法截然不同，天泉證道記對陽明之學有扼要的敍述：「無善無惡者心之體，有善有惡者意之動，知善知惡是致知，爲善去惡是格物」。（姚鶴雛宋明學說與佛學眞銓）照這樣說法他的所謂心與意，與程頤所謂性與情，與張載之所謂天能之性氣質之性何別？我看完全舊花樣翻新，毫不希罕較爲精采的是由「致知格物」而推演出來的知行合一論。他說：「知是行的主意，行是知的工夫，知是行之始，行是知之成。若會得時，只說一箇知，已自有行在，只說一箇行，已有知在」。又說：「我今說箇知行合一，正要人曉得一念發動處便卽是行了，發動處有不善，就將這不善的念克倒了，須要澈根澈底不使那一念不善潛伏在胸中，此是我立言宗旨」。（傳習錄）這還不就是所謂「正心誠意」？他那立言宗旨不就是「克己復禮」？這些搶花在上文分析儒家禮教一章已經折穿過了。

陽明以後其門人王畿王艮等各立門戶，互爲冰炭，以至東林學興而引起黨錮之禍，不久明亦覆亡。理學自宋至明，日益流於空疏，將佛老成仙主靜去欲的出世辦法，引爲做人的道理，所謂培養人格卽物窮理云云，沒有一件不是鑽牛角，沒有一件切於實際，故爲實學之士所不屑置談，理學到明代，實際上可說是壽終正寢了。

讀史劄記

·訥庵·

知人用人（四）

一爲明神宗之於張居正，居正進身翰苑，以論德爲裕王（卽穆宗）府講官，遂受知於隆慶，萬歷兩朝。爲宰輔，君臣遇合，與商君，武侯，景略，皆異，而其得君之專，任事之久，勇於負責，不辭勞怨，則無不同也。明至神宗時，距開國已二百年，海內承安，又承世宗崇尚道敎，信用嚴嵩之後政事武備，日漸廢弛，官吏習爲惰媮，居正以顧命大臣，久居首輔，神宗至稱太師張先生而不名。其援用閣臣，則手注「隨元輔入閣辦事」，其加封伯爵，則敕曰：「精忠大勳，言不能殫。」及居正以父喪未入朝，且諭凡閣中事，令吏賚奏就擬處分。居正乞歸治葬，則勞諭之曰：「朕不能捨先生，恐重傷先生懷，然先生雖行，國事尚宜留心。」賜印曰「帝賚忠良」。令得密封言事，其禮遇之優，倚任之隆，殆無倫比，居正相業，犖犖在史冊者，不外匡君德，（如進帝鑑圖說，講章，及諫罷內宮工程，織造等，）嚴法紀，（如諫止停刑，不可使民翫法等）。厲精圖治，整飭邊疆，諸大端，居正被御史劉臺論劾，會奏稱：「言者以臣爲擅作威福，而臣之所行，正威福也，將巽順以悅下耶，則負國；竭公以事上耶，無以逃專擅之譏。」此則由衷之言，蓋大臣專國政，固難不負一時之謗者也。居正之爲政，威稜四照，而才識精力，復足以濟之。嘗讀張江陵尺牘，其於封疆將吏，皆以手書勗勉而振厲之，於是用必當才，官無曠職，權責分明，綱紀整肅，居正誠有明一代傑出之宰輔矣。其不滿於淸議者，厥有二事，一與高拱同受顧命，以新鄭之老成宿望，居正乃排而去之。（揣其用意，不過爲獨任首輔，不處掣肘，乃得遂行政策而已）。一爲父喪奪情，編修吳中行等交章劾其忘親貪位，神宗皆予廷杖，謫戍，揆之金革無避之義，居正時際承平，殊有難於自解者，亦以威柄在握，一時不易放手故也。史稱居正深沉機警，多智數，及攬大政，慨然有任天下之志，十年來海內肅清，治續炳然，惜其編衷多忌，剛愎自用，威權震主，上雖虛已以聽，而內憚之，蓋直筆也。

綜論以上四人，皆得君主信任，而能行其志，武侯鞠躬盡瘁，志慮忠純自是王佐之才，爲第一流人物。景略亦處割據之世，爲相數載，國富兵强，惟於慕容令一事，不免過用權術。商君用法嚴酷，不徇親貴，其法至棄灰於道者被刑。江陵亦治尙嚴峻，專斷由己，而一則孝公旣薨，身被車裂，且滅其家。一則身遊未幾，奪謚籍沒，其弟及子，邊遠充軍。蓋皆執政之時，威權久擅，側目而忌嫉者，伺隙而入，固尠自全之道也。又嘗論之，武侯治蜀，鉅細不遺，（笞二十以上必親覽焉），司馬懿所謂：「食少事繁，其能久乎？」因一人之精力時間有限，而事之應付無窮，若凡事皆集中於一人之身。其結果必反致叢脞，蓋旣身居重任，軍國大計，運於一心，則其責任，已不在辦事，而在善用人，已不在自用其才，而在能用他人之才也，至於用人之法，旣須有涵蓋之風度，尤須有容納之胸襟，此古人之所以進用忠鯁之士，而遠屛便佞取容之輩也。況全才難得，人各有能有不能，爲之上者，要在用當其材，各展所長而已。若果自視過高，以爲人不能及，事必躬親，以爲人不可信，而動發才難之歎，馴致讜言不聞，賢人遠引，阿諛盈側，士氣銷沉，而國事尙可問乎？（完）

論儒家思想（續）

喻益[illegible]

（五）清代——

鑒於明儒之汗腐空疏，清儒思想乃一變已往的主張，無論思想與方法都可以說轉了一百八十度大灣。第一他們放棄空談心性而致力考證，卽所謂樸學是也。第二明代君權高壓並無救於滅亡，而且明末官吏之荒淫無恥更加深人們對名教之懷疑，故民族民權思想頗有發揮。茲略述之。

開淸代民權之風氣者以黃宗羲爲第一人，揉雜有歐西民主思想則推譚嗣同。黃宗羲說：

「古者以天下爲主，君爲客，凡君之所畢世而經營者爲天下也。今也，以君爲主，以天下爲客，凡天下之無地而得安寧者爲君也。是以其未得之也，屠毒天下之肝腦，離散天下之子女，以博我一人之產業，曾不慘然？曰：我固爲子孫創業也；其旣得之也，敲剝天下之骨髓，離散天下之子女，以奉我一人之淫樂，視爲當然；曰：此我產業之花息也。然則爲天下之大害者，君而已矣……，嗚呼！豈設君之道固如是乎？……」（原君篇）

又說：

「……三代以上之法也，固未嘗爲一己而立也，後之人主旣得天下，唯恐其祚命之不長也，子孫之不能保也，思患於未然，以爲之法，然則，其法者一家之法而非天下之法也。是故秦變封建而爲郡縣，以郡縣得私於我也，漢建庶孽以其可以藩屛於我也，宋解方鎭之兵，以爲方鎭之不利於我也，此其法何曾有一毫爲天下之心哉，而亦可謂之法乎？……」（原法篇）

自秦漢以還，能以社會爲立論基礎，而非擁君主制度如黃宗羲者，實是罕見。當然，他思想的激進是由於感受亡國之慘痛，但儒家一味無恥地捧崇君主專制，使君權日隆他豈有不知？最具體不過的，儒家所鼓吹的君主專制，以明代立嚴刑峻法以制臣民最爲標準，而這最標準的皇朝，便是要他做亡國奴的皇朝，他又焉得不痛心疾首？經過二百餘年，譚嗣同有更精湛的發揮：

「二千年來之政，秦政也，皆大盜也；二千年來之學，荀學也，皆鄉愿也；惟大盜利用鄉愿，惟鄉愿媚大盜。」

這眞是最中肯最確當的批判，君主專制與儒學倡盛的原因爲其一語道破。他詆斥名教說：

「俗學陋行，動言名教……以名教，則其敎已爲實之賓，決非實也。又況名者由人創造，上以制其下，而不能不奉之，則數千年三綱五常之慘禍酷毒由此矣……如曰仁，則共名也，君父以責臣子，臣子亦可反之君父。然於箝制之術不便，故不能不有忠孝廉節一切分別等衰之名。……忠孝旣爲臣子之專名，則終不能以此反之，雖或他有所據，意欲詰訴，而終不敵忠孝之名爲名教之所尙。……名之所在，不惟關其口使不敢昌言，乃并錮其心使不敢涉想……」

他這種說法，把儒家的奴方相完全揭露無遺。餓死事小，失節事大，天下不知害死多少人，五四以還打倒孔家店運動，應該說淵源於此。他除詆斥民名教外并主張民主政治。他說：

「君統盛，唐虞之後無可觀之政。」

又說：

「生民之初，本無所謂君臣，皆民也。民不能相治，亦不暇治，於是共舉一人爲君，夫曰共舉之，則非君擇民，而民擇君也……夫曰共舉之，則因有民而後有君，君，末也；民，本也；天下無有因末而累及本者，亦豈可因君而累及民哉？夫曰共舉之，則且可共廢之，君也者，爲民辦事者也；臣也者，助辦民事者也。」

他這種說法，當然是因襲泰西民權思想，在當時不能不說是駭人聽聞了，便是在目前，如果說罷廢總統，恐怕也不免步譚嗣同之後塵——斬！——罷？

關於理學，淸儒首先將宋儒言行加以批評，然後發抒自己的見地，顧炎武說：

「聚賓客門人之學者數千百人，一皆言心言性，舍多學而識以求一貫之方，置四海困窮不言，終日講危維精一之說……」（與友人論學書）

顏習齋說：

「朱子之道，千年大行，使天下無一儒，無一才，無一苟定時，因不顧見效故也，宋家老頭巾，羞天下人才於靜坐讀書，以爲千古獨得之祕，指幹辦政事爲粗象，爲俗夫；指經濟民生爲功利，爲雜霸。究之使五百年中，平常人皆讀講集注，揣摩八股，走富貴利達之場，高曠人皆高談靜敬，著書集文，貪從祀廟朝庭之典……世間之德乃眞亂矣，萬有乃眞空矣……」評朱子語錄。

這眞是快人快語，儒家詡淸高，誇品德，原來如此。大好河山，淪於異族，宋如此，明亦如此，學術界應該負責。戴震對於理敎貽害社會也有背切的批評：

「自宋儒舍情求理，至以意見當之，而生民遂受其禍無終極……尊者以理責卑，長者以理責幼，貴者以理責賤，雖失謂之順；卑者、幼者、賤者以理爭之，雖得謂之逆。於是下之人不能以天下之同情，天下所同欲者達之於上，上以理責下，而在下之罪，人人不勝指數，人死於法，猶有憐之者，死於理其誰憐之。（疏證上）

又說：

「聖人之道，使天下無不達之情，求遂其欲而天下治，後儒不知情之至於纖微無憾者是謂理；而其所謂理者，同於酷吏之所謂法，酷吏以法殺人，後儒以理殺人，浸浸乎舍法而論理，死矣！更無救矣。」（與某書）

因此，淸儒根本推翻宋理而創立新說，試比較其說與宋學之同異：

在前一章中，我們知道宋人言性有本然與氣質之分，顏元則謂：「不必分何者爲義理之性，氣質之性。」（存性編）又謂：「朱程之後，賓之氣，使人憎其所本有。是以，人多以氣質自諉，竟有『江山易改，本性難移』之諺，其誤世豈淺哉？」「盡吾氣質之能，則謂賢矣。」把幾百年因襲的陳腐思想洗刷一淨，這是一。

宋人謂：「靜息養性」，他却說：「養身莫善於習動，夙興夜寐，振起精神，尋事去做，行之有實，并不疲困，日益精壯，但說靜息將養，便日就惰弱了，故曰：君子莊敬日强，安肆日偷。」（言行錄）這又把主靜之說摧毀無遺。這是二。

宋人主去欲，戴震則說：「凡事皆由於欲；無欲則無爲，有欲則有爲，有爲而歸之至當不可易之謂理，無欲無爲又焉得理？」（疏證下）又說：「通天下之情，遂天下之欲，權之而分釐不爽謂之理。」（同上）又說：「飲食男女，人生之大欲存焉，聖人治天下，體民之情，遂民之欲，而王道備」。（疏證上）這又否定了宋人去欲之說。這是三。

這三點綜括起來說，第一點主張發展個性，第二點主張實行反對空談，第三點主張順乎人情反對做作。這種風氣之轉變，論者每稱爲儒家的文藝復興，當然，以思想而論，確有進步，方法也有可取，可是我們檢討學術，决不能忘却時代背景。滿淸入關，防之最力者無過於民族思想，所以其時積極地用懷柔政策誘致一班所謂文人學者，埋首於舊書堆中搞考據，使忘懷亡國之恥；消極地用殺戮政策，著名之文字獄便是實證；因此有淸一代樸學雖算成功，但新思想却甚錮竭。儘管他們罵宋儒揣摩八股，走功名利祿之場，淸之「儒者」并沒有能逃出科舉的牢籠；儘管他們罵宋儒空談之心性，但他們也只是皓首窮經而已，一直到洋鬼子大砲叩遍中國沿海，才開始夢覺，但事已如此，不旋踵專制皇朝跨了台。

民國以後，除了別有用心的人外，一班追求眞理的學者，對這獨霸文化界二千年的儒術，已用另一眼光看了。

結論

儒家思想，在上文中均已約略提過，最後，我們再分析這一學術何以能歷二千年不衰直正目前并仍有人提倡的原因。在邏輯學中有一種方法，名曰：類比推論（Analagil Reasoning）這方法便是以兩物相似點或相同點爲根據而推論到信於此者，亦必信於彼，例如：地球有生物，而火星與地球相似，於是認爲火星上也有生物，儒家以乾坤每男女，以父子比君臣，以至尊卑貴賤，試問專制君主乃至所謂憲政時期的總統還會反對這一主張嗎？顏元說：「唯大盜利用鄉愿，鄉愿媚大道」。儒學與專制政魔王便是這樣地相互利用，此其一。

其次，中國社會經春秋戰國大動亂後，生產關係雖說有所變更，但也只是奴隸變爲農奴而已。秦廢封建，土地得自由賣買，形式上，封建主變了地主；本質上，與前此初無二致。以言生產方法，中國動亂頻仍，農業生產技術始終沒有什麼改進，與歐西實業革命以後由封建社會一變爲資本主義社會不同。二千年來，中國社會構成仍維持着封建關係，儒家呢，一向便以君子自居而不悉與衆庶百姓爲伍，易言之，他們是君主、封建主、地主、士大夫、師傅、官僚這一夥而不是奴隸、僮僕、徒弟，農工這一羣，他們站在分利階級，當然成爲這一階級維護者，儒家以他們這一階級利益爲立論基礎，其違反羣衆的意志又何足爲怪？此其二。

據此，自歐風漸以來，尊儒斥儒的旋起旋伏，正可以看成封建勢力與進步力量的搏鬥。具體地說，民初將儒教訂入憲法，現時的尊孔，都可以說是前一勢力的掙扎；五四的反儒到目前一班進步文人的斥儒，也可看成新思想的日益滋大。同時五四時代反儒角色到今天轉變爲有意無意的提倡名教，未始不可看成這是軟骨虫原形畢露。我以爲只要有一天社會階級矛盾存在，統治階級總會繼續利用儒教以愚人民，而企圖達到奴役羣衆的目的。自春秋以還，儒術經秦之壓制，至漢而開振，李唐以下，曰博閎，曰湛深，曰精微，實際上每況愈下，入於空疏，禍世之深，甚於焚書，思想界之沉黯抑鬱，由來雖久，而歸罪於儒教，并不爲過。吾人治學，固不必以今非古，尤不可玩弄木乃伊還魂的把戲，縱然承認孔子爲「聖人」，也只是聖之「時」者，唯其是「時」，豈能適用於千秋後世，如果還有人一層不變地提倡儒術，企圖愚弄人民，那實在是罪有不赦了。（完）

儒家大同說探原

洪秀笙

禮記禮運篇：「昔者仲尼與於蜡賓，事畢，出遊於觀之上，喟然而歎，仲尼之歎，蓋歎魯也，言偃在側曰：君子何歎？孔子曰：大道之行也，與三代之英，丘未之逮也，而有志焉，大道之行也，天下爲公，選賢與能，講信脩睦；故人不獨親其親，不獨子其子，使老有所終，壯有所用，幼有所長，矜寡孤獨廢疾者皆有所養；男有分女有歸；貨，惡其棄於地也，不必藏於己；力，惡其不出於身也，不必爲己；是故謀閉而不興，盜竊亂賊而不作，故外戶而不閉：是謂大同。

今大道既隱，天下爲家，各親其親，各子其子，貨力爲己，大人世及以爲禮，城郭溝池以爲固，禮義以爲紀；以正君臣，以篤父子，以睦兄弟，以和夫婦，以設制度，以立田里，以賢勇知，以功爲己；故謀用是作，而兵由此起，禹湯文武成王周公由此其選也。此六君子者，未有不謹於禮者也 以著其義，以考其信，著有過，刑仁講讓，示民有常，如有不由此者，在勢者去，衆以爲殃，是謂小康。」

記以此爲孔子之言：宋儒陳澔著禮記集說已疑其非，曰：「篇首大同小康之說，則非夫子之言也，蓋出於子游門人之所記」，以記稱「言偃在側」故。又引陳氏曰：「禮運謂太上之世貴德，其次務施報往來，故言大道爲公之世，不規規於禮，禮乃道德之衰，忠信之薄，大約出於老莊之見，非先聖之言也」。又引石梁王氏曰：「所謂孔子曰，記者謂之辭也」。三家說不無無見。按禮運此說，其大要有三：㈠大同小康公天下家天下之分；㈡禹湯文武家天下之世爲小康，禹以前湯堯舜公天下之世爲大同，而有所軒輊；㈢重選賢能而薄親親；皆與孔孟一般言論有所出入。致孔子對禹湯文武周公皆稱美不置，「禹，吾無間然矣」，「周之德其可謂至德也已矣」，（論語泰伯）「文王既沒，文不在茲乎」?!（子罕）「甚矣吾衰也，久矣吾不復夢見周公」，（述而）而於堯舜與禹並稱爲「巍巍乎」，狀其立德高大，無若何等差。孟子願學孔子者，其論堯舜禪讓禹傳子啓，則謂爲「天與賢則與賢，天與子則子與」，（萬章上）而否認「萬章問曰：人有言，至禹而德衰，不傳於賢而傳於子，有諸」之說，其故在「丹朱子之不肖，舜之子亦不肖，舜之相堯，禹之相舜也，歷年多，施澤於民久，啓賢，能敬承繼禹之道，益之相禹也，歷年少，施澤於民未久。舜禹益相去久遠，其子之賢不肖，皆天也，非人之所能爲也」。（同上）其辨堯舜傳賢而禹傳子之故甚明。安有「大道之行也，天上爲公」，「今大道既隱，天下爲家」，爲孔子所持之大義，何孟子反不憚煩說，否認公天下，而爲家天下作辯護耶？豈有爲孔子所持之大義，孟子尚不知，而萬章謂爲「人有言」耶？据此「人有言」之意，足證非儒家之「不傳於賢而傳於子」者，爲他家而非儒家。換言之，此時主張公天下者，亦爲他家而非儒家也，且此節末孟子明引「孔子曰：唐虞禪，夏后殷周繼，其義一也」，既謂禪賢傳子，其義一也，何彼又謂大道之或行或隱，而有公天下家天下之分，其持說相異如是耶？可見大同小康之分，非孔子之意。

春秋雖有譏世卿之意，而孔子實尊公室，并有三桓子孫式微之歎。祿之去公室五世矣，政逮於大夫四世矣，故夫三桓子孫微矣」（論語季氏）惟在論其政權之旁落，而不論三桓子孫之賢否，其維子私有政權之實，發爲感慨，又安能與天下爲公之意相容耶？而於賢賢親親二事，孔孟每相提并論，然時側重後者。論語微子篇：引「周公謂魯公曰：故舊無大故，則不棄也」，「或謂孔子嘗爲門弟子言之」，（胡氏說）此正是其親親之意；孟子則曰：「國君進賢，如不得已將使卑踰尊，疏踰戚，可不愼歟」？（梁惠王下）明白主張用卑疏之賢者在不得已時，何嘗薄視家天下爲小康？更謂「爲政不難，不得罪於巨室。巨室之所慕，一國慕之；一國之所慕，天下慕之；故沛然德敎溢於四海」。（離婁上）「巨室者世臣大家也」。（朱注）巨室之所慕者，即爲一國慕之，天下慕之，甚至謂爲德敎即因是沛然溢於四海，此種言論，其間尙有公天下之意義存在乎？又：「孟子見齊宣王曰：所謂故國者，非謂有喬木之謂也，有世臣之謂也。王無親臣矣，昔者所進，今日不知其亡也」。（梁惠王下）前則尊重巨家之所慕，此則謂故國在有世臣，是其言論思想，於家天下政治制度，安之若素，審矣。況「同」之一義，尙非孔子所許。

論語　路篇：「君子和而不同，小人同而不和」。

此既肯定和爲君子之行，同爲小人之行，豈能反以大同爲堯舜之行耶？再引先於孔子時，此二字之意義證之：

國語鄭語：「夫和實生物，同則不繼，以他平他謂之和，故能豐長而物歸之。若以同裨同，盡乃棄矣。故先王以土與金木水火雜，以成百物，是以和五味以調口，和六律以聰耳……聲一無聽，物一無文，味一無果，物一無講，（論校也）王將棄是類（謂和也）也，而與剸同」。

左昭公二十年傳：「公曰：唯据與我和夫？晏子對曰：据亦同也，焉得爲同？公曰：和與同有異乎？曰：異，和如羹焉，水火醯醢鹽梅以烹魚肉，燀之以薪，宰夫和之，齊之以味，濟其不及，以洩其過；君子食之，以平其心；君臣亦然，君所謂可而有否焉，臣獻其否以成其可；君所謂否而有可焉，臣獻其可而去其否……今据不然。君所謂可，据亦曰可；君所謂否，据亦曰否；若以水濟水，誰能食之？若琴瑟之專一，誰能聽之？同之不可也如是」。

是春秋時一般之觀點，皆在取和而非同，況大同之名，在先秦儒家言中，用爲政治方面者，始見於此，安有已經孔子提示如此重大意義之名詞，而子夏子思孟荀諸儒無一用之者，何耶？考大同一詞，數見於道家言中。

莊子在宥篇：「論頌形軀，合乎大同而无己，无己惡得乎有有」？「倫與物忘，大同乎涬溟。（司馬云自然氣也）」

莊子天地篇：「不同同之之謂大」，「同乃虛，虛乃大。」

鶡冠子泰鴻篇：「泰一者，執大同之制、調泰鴻之氣。（陸解元氣之始）」

名家惠施亦用其名。

莊子天下篇：「大同而與小同異，此之謂小同異。」

雜家亦沿用之。

呂氏春秋有始覽：「天地萬物，人之一身也，此之謂大同。」

然此皆爲論宇宙界殊類庶物，窮究其極，咸歸於自然之大同，而非論究人事界之大同也，其屬於人事界之稱者，周易曰「同人」。

同人　曰：「同人于野，亨，利涉大川，乾行也。……唯君子爲能通天下之志」。

'' 曰：「同人，君子以數族辨物。」

而以「同人于宗，吝之道也」爲私而非之，故朱注：「通天下之志，乃爲大同」。「數族辨物所以審異而致同也」。程傳：「夫同人者，以天下大同之道，則聖賢大同之心也……故必於野……不繫於私，乃至大同之道，无遠不同也」。是周易同人雖已具大同之意義，而亦未用大同之名稱。足證大同之名，爲後儒襲用道家形容宇宙界者，轉用以形容人事界者也，雖周書洪範篇中。亦有大同之名，而其意義則異是。

「汝則有大疑，謀及乃心，謀及卿士，謀及庶人，謀及卜筮，汝則從，龜從，卿士從，庶民從，是謂之大同。」以從謀者衆爲大同，其與天下爲公之爲大同者，其義逈別，惟禮運篇大同說中之一部意義、孔子固嘗言之，

論語顏淵篇：「四海之內，皆兄弟也」（朱註謂子夏聞之孔子）

學而篇：「汎愛衆而親仁」。

公冶篇：「老者安之，朋友信之，少者懷之」。

子張篇：「君子尊賢而容衆」。

子路篇：「舉賢才」。

孟子離婁下：「禹思天下有溺者，由已溺之也；稷思天下有飢者，由已飢之也，是以如是其急也。」

孟子梁惠王上：「老吾老以及人之老，幼吾幼以及人之幼，天下如運於掌。」「頒白者不負戴於道路，老者衣帛食肉，黎民不飢不寒，然而不王者，未之有也。」

孟子梁惠王下：「老而無妻曰鰥，老而無夫曰寡，老而無子曰獨，幼而無父曰孤，此四者：天下之窮民而告無者，文王發政施仁，必先此四者，詩云：哿矣富人，哀此煢獨」。

孟子公孫丑下：「賢者在位，能者在職。」

此王道仁政之說，固與禮運大同說中諸義有相同處，然於「天下爲公」一義則不能賅，以行王道仁政者仍是在「天下爲家，各親其親，各子其子」之立場，而非「天下爲公，選賢與能」之立場也，若墨家論天志兼愛尙賢等說，則具有大同說之一般義。

墨子兼愛中：「兼相愛交相利之法，將奈何哉？子墨子言：視人之國若視其國，視人之家若視其家，視人之身若視其身，是故諸侯相愛則不野戰，家主相愛則不相篡，人與人相愛則不相賊……天下之人皆相愛，强不執弱，衆不劫寡，富不侮貧，貴不傲賤，詐不欺愚，凡天下禍篡怨恨可使毋起者，以相愛生也。」

兼愛上：「視人之室若其室，誰竊？視人之身若其身，誰賊？故盜賊亡有。」

兼愛下：「今吾將正求與天下之利而取之，以兼爲正，是以聰耳明目相與視聽乎？是以股肱畢强相與動舉乎？而有道肆（力也）相教誨，是以老而無妻子者，有所侍養以終其壽；幼弱孤童之無父母者，有所放依以長其身」。「吾聞爲明君於天下者，必先萬民之身後爲其身，然後可以爲明君於天下，是故退睹其萬民飢即食之，寒即衣之，疾病侍養之，死喪葬埋之，兼君之言若此，行若此」。

尙賢下：「爲賢之道奈何？曰：「有力者疾以助人，有財者勉以分人，有道者勸以敎人，若此：則飢者得食，寒者得衣，亂者得治，若飢則得食，寒則得衣，亂則得治，此安（乃也）生生」。

天志中：「子墨子曰：天之意不欲大國之攻小國也，大家之亂小家也，强之暴寡，詐之謀愚，貴之傲賤，此天之所不欲也，不止此而已，欲人之有力相營，（經護爲營）有道相教，有財相分也……外有以爲環璧珠玉以聘撓（畢注撓與交同音）四鄰，諸侯之寃（蘇云寃當讀如怨）不興矣，邊境兵甲不作矣，內有以食饑息勞，持養其萬民……奉而光（孫詁光與廣通）施之天下，則刑政治，萬民和，國家富，財用足，百姓皆得飽食煖衣，便寧無憂」。

尙賢中：「王公大人明乎以尙賢使能爲政，是以民無饑而不得食，寒而不得衣，勞而不得息，亂而不得治者，故古聖王審以尙賢使能爲政，而取法於天，雖天亦不辯貧富貴賤遠邇親疏，賢者舉而尙之，不肖者抑而廢之」。

尙賢上：「古與聖王之爲政，列德而尙賢，雖在農與工肆之人，有能則舉之，高與之爵，重予之祿，任之以事，斷之以令……故官無常貴，民無終賤，有能則舉之，無能則下之」。

非攻下：「今若有能信效（孫詁效讀爲交）先利諸侯者，大國之不義也，則同憂之；大國之攻小國也，則同救之；小國城郭之不全也，必使修之；布粟乏絕則委之；幣帛不足則共之」。

法儀篇：「奚以知天之兼而愛之兼而利之也？以其兼而有之兼而食之也。今天下無大小國，皆天之邑也；人無長幼貴賤，皆天之

臣也」。

天志下：「苟兼而食焉，必兼而愛之，譬之若楚越之君，今是楚王食於楚之四境之內，故愛楚之人；越王食於越之四境之內，故愛越之人；今天兼天下而食焉，我以此知其兼愛天下之人也」。

尙同中：「明乎民之無政長以一同天下之義而天下之亂也，是故選擇天下賢良聖知辯慧之人，立以爲天子，使從事乎一同天下之義…………選擇天下贊閱賢良聖知辯慧之人，置以爲三公……：設以爲諸侯國君…………擇其國之賢者，置以爲左右將軍大夫，以遠至乎鄉里之長」。

「強不執弱，衆不劫寡，富不侮貧，貴不傲賤，詐不欺愚，凡天下禍篡怨恨可使勿起」，是爲趨向大同之基本條件；「視人之國若視其國，視人之家若視其家，視人之身若視其身」是爲完成大同之必具因素；欲社會上之大同，則在「有力者疾以助人，有財者勉以分人，有道者勸以敎人」，人生對於力財道三者之互助；欲生活上之大同，則在「民無饑而不得食，寒而不得衣，勞而不得息，亂而不得治，」人生需衣食息治四者乃生存；「賢者舉而尙之，不肖者抑而廢之」，「官無常貴，民無終賤，有能則舉之，無能則下之」，此選賢與能，以爭取人民政權爲目的，「大國之不義也，則同憂之…………布粟乏絕則委之，幣帛則共之」，此講信修睦，以維持國際和平爲前提；「今天下國無大小，皆天之邑」，則天下一家矣；「人無長幼貴賤皆天之臣」，「亦不辯貧富貴賤遠邇親疏」，則生活平等地位平等矣；「老而無妻子者有所侍養以終其身，幼弱孤童之無父母者有所放依以長其身」，「萬民飢即食之，寒即衣之，疾病侍養之，死喪葬埋之」，是即公養公[illegible]公醫公葬之一般情事；「天之兼而愛之兼而利之，兼而有之，兼而食之」，是爲大同境界之最高原則；自天子與三公諸侯國君將軍大夫以及鄉里之長，皆選賢任之，其非公天下而何？此類意義爲墨家學說之中心，曾反復常言者，非僅較禮運篇大同說爲詳備，并較任何儒家言爲貫澈，以孔子一面謂：「尊賢而容衆」，而一面又謂；「故舊無大故則不可棄也」；孟子一面謂：「尊賢而容衆」，而一面又謂：「故國者，有世臣之謂也」；中庸則謂：「仁者人也，親親爲大；義者宜也，尊賢爲大，親親之殺，尊賢有等」；調和於親親尊賢之間，範圍於封建宗法之內，以視墨家主張「雖在農與工肆之人，有能則舉之」，「不黨父兄，不偏富貴」（尙賢中下同）惟在「懷天下之賢人」；「國無大小，皆天之邑」，兼而愛之利之有之食之；持論至公博大而堅定者爲何若耶？先秦各家政論中，其主張「天下一家」「天下爲公」者，當自墨家言始，且較詳而澈底，其天志兼愛諸說，已即是大同意義，惟名之曰「兼」。

兼愛下：「吾本原兼之所生，天下之大利也」，「以兼爲正（同政），即若其利也」。

兼愛中：「乃若兼則善矣」，「吾今行兼矣」。

天志上：「何以知天兼愛天下之百姓？以其兼而明之，何以知其兼而明之？明其兼而有之，何以知其兼而有之？以其兼而食焉」。

天志下：「兼者處大國不攻小國，處大家不亂小家，強不劫弱，衆不暴寡，詐不謀愚，貴不傲賤」。

其曰：「不辯貧富貴賤．遠邇親疏，賢者舉而尙之，不肖者抑而廢之」（尙賢中）是其「兼」義之至公，其曰：「今天下無大小國，皆天之邑也」（法儀篇）是其「兼」義即是大同，其曰：「兼而明之，兼而食之」，又是其「兼」義之至公大同，儒墨兩家思想，固有出入，若墨家言「兼」，與儒家言「大同」其持論則頗相類而不相遠也。

或後世儒者見於墨家言兼愛諸義之博大高明，雖與孔孟學說互有出入處，然亦曾論及其義，故襲用道家形容宇宙界大同之名，而成爲儒家言「天下爲公，是謂大同」，「天下一家，是謂小康」之新義，而非孔子所主張之故義，在先秦儒家言中，大同之名，僅此一義，屬於政治方面，其他異是，其證一，天下爲公之義，亦僅此篇始發其意，雖秦時博士有「五帝官天下。三王家天下」之說，顯爲後起義，其證二，小康之說，若「僅於禮」，「著其義」，「致其信」，「刑仁講讓」，則爲儒家所恆言之倫理意義；若「以正君臣，以篤父子，以睦兄弟，以和夫婦」，正是儒家所主張之人倫意義：是儒家中心思想在此而非彼。其證三，孔子既主貴公室，不棄故舊，先用親臣，或謂親親之殺，尊賢有等，卽是極端擁護封建政治者，亦卽是承認「天下爲家」者，何能趨於適反之「天下爲公」之大同境界？其證四，且其階級等差之觀念甚嚴，如孟子曰：「將使卑踰尊，疏踰戚，可不愼與」之說，更難至於「天下爲公」。其證五，孔子「小人同而不和」，主和而非同，自然更不能發生大同之意義。其證六，孔子謂「唐虞禪，夏後殷周繼，其義一也」，而無公天下家天下之差別。其證七，於堯舜禹湯同一稱美，而無所軒輊。其證八。卽前引孔子曰：「汎愛衆而親仁」，孟子曰：「老吾老以及人之老」等說，不過爲仁者之一種人生觀王政論。果欲天下至公大同，亦未有若是簡易所可企求，況根本上尙持故舊親臣之見者耶？卽禮運篇：「貨，惡其棄於地也，不必藏於已；力，惡其不出於身也，不必爲己」之說，顯見是從墨家「有財勉以分人，有力疾以助人」之意脫化而出者，其「謀閉而不興，盜竊亂賊而不作」之說，亦是從墨家「凡天下禍篡怨恨可使勿起者，以相愛也」，「視人之室若其室，誰竊？視人之身若其身，誰賊？故盜賊亡有」之義略取而出者。雖孟子亦曰：「分人以財謂之惠」，然同篇中又曰：「勞心者治人，勞力者治於人」；（滕文公上）子游則謂「君子固不用力」；（荀子非十二子篇）孔子亦「不語怪力亂神」；（論語述而）而勞力特爲墨家在其行事上所主張者，「賴其力者生，不賴其力者不生，君子不強聽治則刑政亂，賤人不強從事則財用不足」，（非樂上）「日夜不休，以自苦爲極，曰：不能如此，非禹之道也，不足謂墨」（莊子天下篇）禮運作者之强調此義，非取於墨家而誰？故呂祖謙與光晦書曰：「蜡賓之歎，自昔前輩共疑之，以爲非孔子語，蓋不獨親其親，子其子，而以堯舜禹湯爲小康，其眞是老聃墨翟之論」，是在宋時懷疑此說者已衆，而認爲是老聃墨翟之論，其後文又曰：

「故聖人能以天下爲一家，以中國爲一人者，非意之也，必知其情，辟於其義，明於其利，達於其患，然後能爲之，何謂人情？喜，怒，哀，懼，愛，惡，欲，七者弗學而能，何謂人義？父慈，子孝，兄良，弟弟，夫義，婦聽，長惠，幼順，君仁，臣忠，十者謂之人義，講信修睦，謂之人利，爭奪相殺，謂之人患，故聖人之所以治人七情，修十義，講信修睦，尙辭讓，去爭奪，舍禮何以治之」？

「講信修睦」，前已言之，此人復益爲人患之「爭奪相殺」，必去之而尙辭讓；以及吾人性情上所有之七情，知其爲人人所共具；人倫上所有之十義，開辟之使人人能共由；從一般人利害關係上與心理上倫理上之所同然者，期成其爲天下大同之境界，前說大同之義，重在物質生活，此說大同之義，重在精神生活，然七情之名，（始見於此，荀子正名篇雖有「好，惡，喜，怒哀樂謂之情」，及說「故喜怒哀樂愛惡欲以心異」之說，而無七情之名。）孟荀以前，無此稱也，如是．則大同之說，不儘非出諸孔子，而亦非言偃門人所記矣，且荀子非十二子篇曰：「偷儒憚事，無廉恥而嗜飲食，必曰君子固不用力，此子游氏之賤儒也」。藉使此種批評或屬過甚，然亦與禮運大同說所謂：「力，惡其不出於身也，不必爲己」之義，適相違背，竊疑此篇乃後儒因

公羊哀公十四年傳：「君子曷爲爲春秋？撥亂世，反諸正，莫近諸春秋，則未知其如是與？其諸君子樂道，堯舜之道與」？

之說，抽繹其「樂道堯舜之道」之義，闡發而成「選賢與能天下爲公」之義；去取其「撥亂世，反諸正」之意，區分而爲大同小康之世；大同之名，則取於道家；大同之義，則從孔孟仁政王道之說，墨子天志兼愛諸義，交相融合而成者、觀漢儒何休張三世之說：

「於所傳聞之世，見治起於衰亂之中，內其國而外諸夏，於所聞之世，見治升平，內諸夏而外夷狄，至所見之世，著治太平，夷狄進至於爵，天下遠近大小若一」。

雖一方分太平昇平衰亂三世，一方分大同小康二世，然「夷狄進至於爵，天下遠近大小若一」之太平世，實無異爲「天下一家」之大同世作一種解釋，據此論之：是家此說，當唱自公羊家而兼取道墨之名與義者。

儒家思想與中國社會

魯山

孔子的爲人

孔子雖是從大夫之後，但以出身微賤，且周遊列國，與當時各國達人學者相交遊，人生經驗，自然是很豐富的了。又以自己的刻苦力學，發憤忘食，樂以忘憂，學而不厭，誨人不倦，而當時的魯國，又是禮樂完備，（故季札聘魯得譏觀周樂）文化水準極高，（魯人知禮，鄒魯縉紳之士，學識淵博，差不多是春秋戰國時各國的公論。）所以孔子沉浸濃郁，所受到教育文化的薰淘，當極深厚。孔子於知情道德的造詣，也自然是很高的。所以，他可以說集古代封建文化知識經驗的大成。卽使他的學說，他的對於政治的主張爲他的階級意識和時代意識所限制，不能不有着多少的缺陷，然就其個人知識和道德上的修養，情感與理智的調和，個人與環境的調和，恰到了好處，在歷史上，似乎祇有希臘的蘇格拉的可以比擬。（事實上史記的孔子世家，也是如同柏拉圖關於蘇格拉的被裁判定罪，從容就死的對話錄一樣，是一篇最美的文學，是一篇動人的詩歌。）在其用世精神和對於人間的說教，又頗有些類於宗教的教主或救世主義者。孟子嘗批評了中國古代的三聖，謂伊尹是「何事非君，何使非民，治亦進，亂亦進。」伯夷則是「非其君不事，非其民不使」。孔子則異乎二人，「可以仕則仕，可以止則止，可以久則久，可以速則速」。這就是說做人處事，一些也不勉强，一些也不苟且，自然也是一些也不迴避，不亢不卑，不忮不求，不過亦不不及。一切都處理得恰到好處，調和得恰到好處。所以孟子稱之爲「聖之時者」。又說「出乎其類，拔乎其萃，自有生民以來未有孔子也」。這雖是誇贊得過分，但可知孔子確是有着値得令人欽佩觀摩和學習的地方。所以孟子又說「乃所願則學孔子也」。後之司馬遷，亦言「高山仰止，景行行止，雖不能至，心嚮往之」。所以孔子之所以爲孔子，除了後來被統治者利用，作爲偶像崇拜，以達成政治上的目的，値不得我們的重視而外，就歷史本身來說，就孔子所處的時代和社會來說，人不能有着超時代的思想，也不能自拔頭髮，離地飛昇，脫離了現實的社會。將孔子安放在他自己的時代和社會裏，還原了他的歷史的地位，然後來觀察了他的爲人和行事，研究了他的思想和學說，則他已算是發揮了他的最大的天才，盡了他的最大的努力。也創造了在他的認識在他的立場上可能創造的最進步的思想。所以由這種論點出發，無論他的思想和學說有着怎樣的缺欠和不完備，無論他的主張怎樣被人歪曲利用，成爲有毒害的東西，成爲不合時代潮流的東西，但他的爲人，治學和用世的精神，千載下仍然還是値得後人的注意和研究。

第一如孔子的詩人的心情。這種心情，表現在論語裏面，如

「飯蔬食飲水，曲肱而枕之，樂在其中矣。不義而富且貴，於我如浮雲。」

「暮春者春服旣成，冠者五六人，童子六七人，浴乎沂，風乎舞雩，詠而歸。夫子喟然歎曰，吾與點也。」

這種自然淡泊而愛自由的心情和理解之産生，如其說是由於孔子心情的崇高，無甯說是由於孔子睿智。所以孔子能贊美自然，贊美生命，也喜愛音樂，也深體味到音樂對於人情和人性的薰陶作用。所以他「在齊聞韶，三月不知肉味。」也似從師襄子學琴，臨到了憂危或艱難，或人生的絕境也常援琴作歌。這不是要以音樂的夢想來使自已逃脫或迴避了眼前的現實，正是說明了孔子的「知者不惑，仁者不憂，勇者不懼」的從容應變，坦然夷然的心境。此外孔子對於隱士生活的尊重，也正是這種詩人心情的偶然的流露。祇是孔子並不走着隱士生活的路子。這原因自然是孔子的實踐的哲學加强他的對於時代和社會的責任感，所謂「天下有道丘不與易」，祇好獻身於自已的學說和主張，獻身於當時現實政治的改革了。

第二孔子的用世精神，也就是孔子的救世精神，也是與後世干祿取寵的儒家，甚至於幫忙幫閒，爲富聚檢的儒家，絕對不能相提並論的。雖然由於他的準貴族或半統治者的階級意識，所以他的說教也是如同後代的基督教一樣，反成爲統治者應用的工具，成爲於統治者最有利的文化武裝。本心固然是要用世，救世，但實際上却是挽救了垂危的統治階級，爲他們開了起死回生，復興振作的新方案。這是無怪其然的。孔子生於殷周以來封建社會崩解和分化的時代，所謂禮崩樂潰，王綱失墜，所謂「世衰道微，邪說暴行又作，臣弑其君者有之，子弑其父者有之」。以搢紳階級的儒家的傳統的精神，和從大夫之後的準貴族的認識和要求，以及所受魯國禮教文化的薰陶和教養，當然會使孔子夢想周公時代的政治和社會了。所以孔子之栖栖皇皇，勉求用世，正是要實現了這種理想。這是爲己，也正是爲人，也正是救世。所以「顏淵問爲邦，子曰，行夏之時，乘殷之輅，服周之冕，樂則韶舞」。這是孔子的政治和社會的理想，也是孔子所能想得到的古代歷史上中國最美最優良文化的總合。孔子想在一個新社會裏，把它們都保留下來，將它們都實現出來。他一生的努力，甚至對於叛徒（佛肸），和異族（楚國），也不拒絕，正是要想實現了這個理想。我說孔子的救世精神，救世心情，有別後世干祿取寵的儒家者在此。又「微生畝謂孔子曰，丘何爲是栖栖者與，無乃爲佞乎？孔子曰，非敢爲佞也，疾固也」。可知孔子也並不想保守固執。又子路所說的一段話，也似乎可以說明了孔子的這種救世心情。所謂「不仕無義，長幼之節不可廢也，君臣之義如之何其廢之。欲潔其身而亂大倫。君子之仕也，行其義也，道之不行，已知之矣」。爲了要發揮了這樣抱負，且是自己很確信的抱負，所以說「文王既歿，文不在茲乎」。又說「天生德於予，桓魋其如予何」？所以適衛、適陳、適宋、適鄭，甚至也想適楚。「纍纍然若喪家之狗」。但究竟以當時私門和公室的鬥爭，與工商和地主階級的興起，與井田制度或均田制度的破壞，孔子的反於周公且有些近於時代錯誤的理想，是不能實現的了。但仍然不甘心，仍想知其不可爲而爲之。於是反魯講學，「追迹三代之禮，序詩書傳上紀唐虞之際，下至秦繆，編次其事」。又因魯史作春秋，筆則筆削則削，欲垂空文以見志。以教育家或說教者的姿態，終於要將他的理想和抱負流傳下來，完成了一齣歷史或時代的悲劇。

第三孔子知情的調和，經驗的豐富，與應付複雜環境和艱危事件之從容裕如，這也說明了孔子生活修養之到了一種化境。孔子所謂的「從心所欲不逾矩」，正是說明了這種生活的境界。現在就以他在實際上應付人事爲例，如

「陽貨欲見孔子，孔子不見，歸孔子豚。孔子時其亡也，而往拜之。」（論語）

「佛肸畔，使人召孔子。孔子欲行。子路曰，由聞諸夫子，身親爲不善者，君子不入也。今佛肸親以中牟畔，子欲往，如之何？孔子曰，有是言也，不曰堅乎，磨而不磷，不曰白乎，湼而不淄。我豈匏瓜也哉，焉能繫而不食？」

「孔子困於陳、蔡，絕糧，從者病，莫能興。孔子講誦弦歌不衰。子路慍見曰，君子亦有窮乎？孔子曰，君子固窮，小人窮斯濫矣。」

「孔子去陳，過蒲，會公叔氏以蒲畔，止孔子。謂孔子曰，茍勿適衛，吾出子。與之盟。出孔子東門。孔子遂適衛。子貢曰，盟可負耶？孔子曰，要盟也神不聽。」

此外王肅的孔子家語有一段說曾子耘瓜，孔子責以「小杖則受大杖則避」的說法，當亦是可靠的關於孔子的傳說。這都說明了孔子對於智慧和經驗的應用，如何地敏活而又準確。至於知與情，思想和行爲，個人和環境的調和，也遺留下了最美，最崇高的生活的榜樣和楷模。這如孔子自己所說的「志於道，據於德，依於仁，游於藝」。論語弟子們的記述，亦云「子於是日哭則不歌。」「子食於有喪者之側未嘗飽也」。這纔是一個有血有肉，近人情，有人性的人，這與後來儒家所尊崇的孔子，甚至於與鄉黨裏弟子們所刻劃的道貌岸然的孔子，似乎儼然是兩個人了。

孔子的思想及政治主張

（一）孔子思想的最大的發明即仁——即一貫之道

孔子在時間上既接受了古代文化傳統的教育，在空間上也周遊列國，觀察了當時的社會，又以孔子的精勤力學，所以在思想上，能使孔子有着一種最大的發明，幾乎是劃時代的空前的發明，即仁的發明。亦即由春秋戰國以來，由於工商業之興起，與社會經濟之發展，而醞釀，而萌生着的人的意識，經孔子的把握、組織、和總合，而爲仁的學說了。仁即「爲人之道」。這是個人最基本的修養，亦即社會最基本的道德。亦即孔子所謂一貫之道。亦

卽孔子所主張的在政治上是德治主義禮治主義，在教育上，是人情主義是人本主義的人性上的或心理學上的基礎。所謂人同此心，心同此理，人人爲人，人人盡爲人之道，政治自然可以上軌道，社會自然可以相安，禮樂秩序也不致於崩潰，天下也可以致太平了。故孔子論學，論做人，論爲政，都一再提到了這個仁字，和發揮了這個仁字的意義。如

1「樊遲問仁，子曰愛人。」（論語顏淵）

2「夫仁者，已欲立而立人，已欲達而達人。」

3「仲弓問爲仁，子曰出門如見大賓，使民如承大祭，已所不欲，勿施於人。」（論語顏淵）

4「君子無終食之間違仁。造次必於是，顚沛必於是。」

5「志士仁人無求生以害仁，有殺身以成仁。」（論語衞靈王）

6「如有王者必世而後仁。」（論語子路孔安國註云三十年曰世三十年仁政乃成也）

7「子張問仁於孔子，子曰能行五者於天下爲仁矣。請問之。曰恭寬信敏惠。恭則不侮，寬則得衆，信則人任焉，敏則有功，惠則足以使人。」（論語陽貨）

8「子貢曰如有博施於民而能濟衆何如，可謂仁乎？子曰，何事於仁，必也聖乎。堯舜其猶病諸。」（論語雍也）

9「君子篤於親則民興於仁。」（論語泰伯）

10「子曰里人爲美。擇不處仁，焉得知。」（論語里仁）

11「樊遲問仁，子曰，居處恭，執事敬，與人忠，雖之蠻夷，不可棄也。」（論語子路）

12「子曰剛毅木納近仁。」（論語子路）

13「子曰巧言令色鮮矣仁。」

14「顏淵問仁，子曰克己復禮爲仁。一日克己復禮天下歸仁焉。爲仁由己而由人乎哉？顏淵曰，請問其目。子曰非禮勿視，非禮勿聽，非禮勿言，非禮勿動。」（論語顏淵）

15「子曰仁者必有勇，勇者不必有仁。」（論語憲問）

16「子曰知者不惑，仁者不憂，勇者不懼。」（論語子罕）

17「子曰弟子入則孝，出則弟，謹而信，汎愛衆而親仁，行有餘力則以學文。」（論語學而）

18「子曰惟仁者能好人，能惡人。」（論語里仁）

19「子貢問曰，有一言而可以終身行之者乎？子曰，其恕乎，已所不欲，勿施於人。」（論語衞靈公）

由此可知無論立己，（2 3 4 5 7 8 12 15 16 17 19）接物，（2 3 7 8 12）處人，（1 2 7 10 8 19）從政，（3 6 7 8 9 13）治學，（2 4 5 7 8 14 16 17 19）孔子的主張，都是以仁爲出發點，也是以仁爲歸着點。所以這個仁字，實在是中國古代實踐倫理學或道德學的一大發明。

仁，如孔子所說的，「仁者愛人」。中庸亦言「仁者人也」。鄭注「讀如相人偶之人，卽是人與人相處，而盡其敬禮忠恕等事」。又按說文：「仁親也，从人从二，當卽人人之義。故金文子：孫：，多作子子孫孫。古文（卽大篆籀文）仁从千心。說文繫傳校錄云「千蓋卽人字，取其茂密，遂成千耳」。徐箋云「中庸曰仁者人也，孟子曰仁也者人也，荀子君子篇曰，仁者仁此者也，謂仁卽爲人之道也。人能盡爲人之道，斯謂之仁。故因而重之以見義。義有偶義，故引申之有相親之義。鄭康成所謂相人偶是也。擴而充之則曰博愛之謂仁。千心爲人，卽取博愛之義」。故仁爲愛人，卽博愛。卽將心比己。卽「已所不欲勿施於人」。儒家出於紳階級，孔子出身於微賤。深體會到人不相愛，所得到的個人的痛苦，及社會的不安，故發明了這個仁字。其偉大睿知，實與耶穌墨子之處於被壓迫，被虐待，和被剝削的階層，因而發明了博愛和兼愛是一樣。不過墨子耶穌的愛則是主奴平等。在孔子則因夢想於周公的社會，自己又是從大夫之後，他的潛在的階級意識，和所受的教育傳統，限制了他的思想，所以他的這個仁的主張：

（一）是有階級性，或等級性，或差別性的。卽中庸所謂的「仁者人也，親親爲大，義則宜也，尊賢爲大。親親之殺，尊賢之等，禮所生也」。亦卽孟子所說的「愛有等差」。及「老吾老以及人之老，幼吾幼以及人之幼」。所以孟子反對了墨子的兼愛。

（二）是貴族所派生的。故孔子言「未有小人而能仁者也」。故儒家要求仁政，主張「民可使由之，不可使知之」，主張「天下有道則庶民不議」。因此孔子主張恢復了禮教的傳統，卽是希望有一個階級尊卑，上下相安，禮樂得所，於是「君君臣臣父父子子」，

天下太平，人間極有秩序的社會。

所以這個仁字雖是古代社會，雖是孔子發現了人性，爲人性而要求的一種主張，可惜仍爲孔子的準貴族的階級意識所限制，所模糊了。所以孔子的仁愛的主張頗帶了士大夫的氣派，卽布施或人道主義者的氣派。並不如耶穌的博愛，墨子的兼愛那樣的來得澈底。後兩人的博愛兼愛，是無等級性，無差別性，對於舊社會且有革命性，破壞性。在孔子，則有階級性（政治的或社會的），等級性，（「愛有等差」縱的方面的）差別性，（「戎狄是膺，荆舒是懲」，「以夏變夷，未聞變於夷者也」之類橫的方面的）。對於舊社會是有保守性。所以論語上一再說「未有小人而能仁者也」，又說「君子學道則愛人，小人學道則易使也」。這與春秋之所以嚴華夷之分，並爲尊者諱，爲親者諱，爲賢者諱，以及禮記上所說的「禮不下庶人，刑不上大夫」，都是這個仁字的有階級性，有等級性，有差別性的最重要的說明，和重要的證據。

在殷周的階級社會時代，一方面是原始野蠻的壓迫和榨取，（以人爲祭在殷時尙極盛行）一方面也是原始野蠻的被壓迫和被榨取，（古代臣、民、宰、辛、僕、妾、等皆爲罪人或被征服者的別名。）非人性的社會關係，當然不會有人性或個性的發明。孔子生於封建社會開始破壞，開始轉化的春秋時代，卻組織了這個在社會上，在大部分的人心裏剛剛開始醞釀，開始萌芽的新的人的意識，發明了仁的學說，這不能不說是一時代的哲人。仁既然是人性，當然可以應用於任何人任何事，任何時代和社會。而這也便是孔子所謂的一貫之道。

固然，孔子所謂的一貫之道，孔子並沒有明言。據曾子的解釋，乃是「忠恕而已」。至此後人遂以一貫之道爲忠恕。實則忠恕不過是仁的實踐或應用的手段。這是不能算爲一貫之道的。至宋儒則朱子以爲一貫之道，道者事物當然之理，（論語集註）其言亦似是而非，少有根據。且理爲宋儒之所發明，非原始儒家思想，用之於孔子，亦嫌不合。此外亦有以一，以中庸，以中庸、禮、與仁三者合爲一貫之道者。各家所見不同，自然亦各有爭論了。但考察了論語全書，研究了孔子的思想的整個體系，這個一貫之道，實在就是一個仁字。這理由如我前面所說。近人范壽康的中國哲學史通論，亦主張仁爲孔子一貫之道。這實在是一種卓見。可惜范氏似沒有注意到孔子所謂的仁乃是階級社會的仁，是有着階級成見的等級性，或差別性的。

（二）禮的社會與正名主義的政治主張

孔子既生於階級社會，且是居於這個階級的準統治者或準貴族的地位，又受到當時魯國禮樂或文化教育的薫陶，所以他的政治理想，當然是在孔子以爲是最理想，最是全盛時代的周公時代的階級社會。要達到這樣的社會，最先，最必要的一步，當然是要實行嚴階級尊卑，正名定分的正名主義了。所以論語說「政者正也」。「哀公問政，子曰，君君臣臣，父父子子」。又言「名不正則言不順，言不順則事不成，事不成則禮樂不興，禮樂不興則刑罰不中，刑罰不中則民無所措手足」。又「子路問衛君待子而爲政子將奚先？孔子曰必也正名乎」。所以，他的政治理想乃是用正名主義的政策先恢復了古代社會的秩序，卽周公時的社會秩序。所以他一再說：

「周監於二代郁郁乎文哉。」

「如有用我者吾其爲東周乎？」

「文王既歿文不在玆乎？」

「久矣吾不復夢見周公。」

這正是孔子的階級意識和教育環境所形成的孔子政治的主張。他後來的修春秋，「春秋以正名分」，「孔子作春秋而亂臣賊子懼」，也正是要從史學上來發揮了這種主張。

但因爲孔子的階級意識既是準貴族準統治者的階級意識，所以孔子也不希望專制和獨裁，也反對了暴君和苛政。孔子家語的記載如果是可靠的話，則孔子甚至比苛政於猛虎。所以他雖然主張嚴階級尊卑上下秩序之分，（甚至到了十分固執的程度，如以雍徹，八佾舞於庭，以吾從大夫之後不可徒行也，卽可看出他的態度）。卻同時主張禮治主義，卽以禮來調和了人與人的關係，限制了社會各階級的利益，所以「禮者防也」，（禮記）與上文所說的正名主義，仍是一致的。不過正名主義是正名定分，禮治主義則是調和人情。前者是安排社會的秩序或形式，後者則是充實社會的內容。所以說：

「能以禮讓爲國乎何有，不能以禮讓爲國如禮何？」（論語里仁）

「上好禮則民易使也。」（同上）

「丘聞之也民之所由生也禮爲大。非禮無以節事天地之神明也。非禮無以辨君臣上下長幼之位也。非禮無以別男女父子兄弟之親婚姻之文也

。」（大戴記哀公問）

「移風易俗莫善於樂，安上治民莫善於禮」。（說苑引孔子語）

而這個禮治主義却是人性的，溫情的。所以說：

「六藝於治一也，禮以節人，樂以發和」。（史記孔子世家）

又說：

「道之以政，齊之與刑，民免而無恥。道之以德，齊之以禮，有恥且格。」（論語爲政）

德治主義與禮治主義，與後來硬性的法治主義，刑治主義，正是仁政與霸政，或王道與霸道的分野。也正是儒家思想與法家思想的分野了。而這種人情主義，溫情主義或感化主義的政治主張，與在哲學上的中庸主義或折衷主義，正是孔子中間性的，主與奴之間的準貴族，準統治者的階級意識的反映。後來這個主張，經孟子的發揮，（因爲到了孟子的時代，貴族的勢力愈崩潰，平民的勢力愈增長，人的意識也更增强了。）愈强調了人民的利益，强調了人民的愛憎。「天聽民聽，天視民視」主張保民而王的仁義的政治，遂使孔子的思想，發展到了愈接近於民主主義的政治理想。這不能不說是儒家思想的一大進步。惜秦漢以後君權極盛，官僚地主佔絕對威權，有絕對勢力，這剛剛要抬頭了的近於民主主義的政治理想，又被打落下去。另一種改頭換面的儒家思想，又通過另一種準統治者，或準貴族的儒家，卽秦漢以後的士大夫階層，又在爲新的統治者粉飾太平，爲新的被統治者盡其麻痺或教導或撫馴的作用了。

孔子以後的儒家及秦漢政治的過濾作用

（一）孔子以後的儒家

孔子旣爲一代學術大師，弟子亦遍天下，則其死後，儒學之極盛可知。

韓非顯學篇云：

「自孔子之死也，有子張之儒，有子思之儒，有顏氏之儒，有孟氏之儒，有漆雕氏之儒，有仲良氏之儒，有孫氏之儒，有樂正氏之儒。」

史記孔子世家亦云：

「孔子以詩書禮樂教弟子，蓋三千焉，身通六藝者七十二人。」

又云：

「自孔子卒後，七十子之徒，散游諸侯，大者爲師傅卿相，小者友教士大夫或隱而不見。故子路居衛，子張居陳，澹台子羽居楚，子夏居西河，子貢終於齊。如田子方段干木吳起之屬，皆受業子夏之倫，爲王者師。」

而羣輔錄解釋韓非子所謂的八儒云：

「夫子歿後散於天下，設於中國，成百氏之源，爲綱紀之儒。環堵之室，蓽門圭竇，甕牖繩樞，併日而食，以道自居者，有道之儒，子思之所行也。衣冠中，動作順，大讓如慢，小讓如僞者，子張氏之所行也。顏氏傳詩爲道，爲諷諫之儒。孟氏傳詩爲道，爲疏通致遠之儒。漆雕氏傳禮爲道，爲暴儉莊重之儒。仲梁氏傳樂爲道，以和陰陽爲移風易俗之儒。樂正氏傳春秋，爲道爲屬詞比事之儒。公孫氏傳易爲道，爲潔淨精微之儒」。

可知孔子以後，儒學至少尙有八派流行人間。又觀於儒墨之相爭，及莊子韓非子之攻訐，及荀子非十二子篇之並罪子思及孟子則儒學似亦自有其門戶不同之見。但重要者尙有冉求（言足食足兵民信之矣），有田子方段干木，（矜氣節傲世俗）有顏回閔損（簞食瓢飲陋巷自樂）諸家。至戰國時，則碩果僅存者，爲孟荀兩家。然仍以秦漢以後政治的過濾作用，或者改竄迎合，或者絕學避世，眞正儒家思想，遂愈式微。代之而起的儒家思想，遂多爲奉孔子爲名，而實質已大有改變或出入的僞裝的，或改竄的儒家。我們可稱之爲後期的儒家思想。亦如羅馬敎皇以後的基督教之有別於原始的基本教。內容形式，都與前期的儒家思想絕不相同的了。

（二）秦漢政治對於儒家思想或學說的過濾作用

所謂政治對於思想學說的過濾作用，卽在君權極盛時代政治對於學說思想之選擇，淘汰或歪曲改竄以達到維持現狀，加强統治，或鞏固統治者的利益的作用。這種過濾作用，其實在古代也就有了。如左傳成公二年

「晉鞏朔獻捷於周，王私賄之，使相告之曰，非禮也，勿籍。」

孟子北宮錡問周室班爵祿之制，孟子亦云：

「諸侯惡其害已也，而皆去其籍。」

韓非子和氏篇亦云：

「商君教秦孝公燔詩書而明法令。」

可知這種政治，對於學說思想的過濾作用，已是古已有之的事。不過到了秦漢時候，以經濟制度的變動，（土地買賣的私有制佔勢力完全沒有了古代井田或均田制的痕迹。）特別來得大，而政治的措施，更一反於過去的傳統。這種政治對於學說思想的過濾作用，遂特別的來得周密，來得嚴厲罷了。而受害最盛的，則爲儒家。這有兩個原因：第一秦廢古代「封諸侯建藩衞」的封建，而實行改郡縣任富豪的半封建政治制度。古代「天子有田以處其子孫，諸侯有國以處其子孫，大夫有采以處其子孫」的井田制度，或均田制度（見禮記禮運）澈底破壞了。而土地賣買的私有制度，即孟子所謂的「富者連阡陌，貧者無立錐之地」的土地兼併，完全得到了政治的支持和保護。這與儒家的傳統思想，頗不相容。故儒生之「以古非今」，得到了焚書坑儒的慘禍。第二，秦始皇行獨裁政治，君權極盛，且以起於西戎統一六國，山東諸侯，尚多不服，（故後來張良爲韓王助劉邦起革命，范增亦說項梁立六國後，以資號召。）故不能不嚴刑峻法，加强統制，儒家的仁政或禮治主義的理想，當然是不合用了。李斯雖荀卿門徒，但仍主法治反對儒家思想，這與荀子之反對子思孟子正有着歷史的關係，和歷史的因緣。所謂其父爲盜，其子殺人。以世變的需要，變本加厲，孔子的學說，遂由此掃地無餘。六藝五經亦不復完全。（司馬遷、王充、趙岐、王肅諸人皆言秦焚六藝，即詩書史記，而不及諸子。胡適謂秦坑儒生僅限於望星氣，求仙藥之方士，亦非是。扶蘇諫始皇云「諸生皆誦法孔子，今上皆重法繩之，臣恐天下不安。」愈是爲始皇反對儒學，反對儒家的重要證據。）這是儒學所受到的第一種過濾作用。其次則君主的好惡亦影響於儒家思想的流行。如商鞅靳令篇以詩書禮樂爲六蝨。韓非子亦云「商君教秦公燔詩書而明法令。」以後的君主亦尚法治。（非後世之所謂法治，而是以君主爲中心而不以法爲中心之法治。）用韓非、李斯、及以後之趙高。於是儒學遂遭排斥。漢初承秦之敝，法令仍舊，學術無可言者。及孝惠除挾書之律，孝文廣獻書之路，天下衆書，稍稍出世。然其時君臣皆尙黃老。景帝武帝亦不能不尊信其術。於是儒者迎合，如叔孫通之對於秦二世所謂幾不脫於虎口。因以面諛脫禍。而武帝時公孫弘亦希世取寵，出買同僚，不肯面折廷爭，以取卿相之位。强者被殺，如趙綰王臧之講求儒術，與君主意見不合，因而被迫自殺。這是儒學所受到的第二種過濾作用。第三，則武帝崇儒術，同時亦好神仙陰陽家之說。於是表彰六經，置博士之官，設選舉制度，儒學雖漸復興，然實已變質。即夏穗卿所謂儒家與方士之糅合是也。而董仲舒的儒學更摻以陰陽家之言。自此以後，所謂儒學遂不能不直接間接自覺或不自覺，在統治者的倡導獎掖之下，以迎合君主的意思，擁護和加强統治者的利益爲最重要的任務。於是孔子的地位愈益增高，而孔子的精神愈益喪失。這是儒學所受到的第三種的過濾作用。

（三）秦漢以後政治的過濾作用仍然周密而嚴厲地進行着

以上三種政治的過濾作用，秦漢以後仍然周密而嚴厲地進行着。如歷代的焚書、修書、撰書、編書，歷代的文字獄，歷代的考試制度和選舉制度，以及君主的好惡，以及異族入主中國以後，對於儒學的竄改和修正，都是越來越進步了。如隋梁時代焚禁讖緯，於是符瑞受命之說，及道士思想，遂離儒學而獨立。唐好老子，道德南華，遂被尊視。明初以明洪武之不悅孟子，民貴君輕之說，遂爲儒家所不談。蒙古滿清入主中國，禮教服從的思想，自此愈得勢，而春秋孔子嚴華夷之分的主張，遂被迴避或列爲禁忌。所以曾國藩之討洪秀全，以爲太平革命，乃禮教之大變，簡直是以禮教思想，來消滅，來抹殺了民族意識了。所以，這些不斷的，周密而嚴厲的政治的過濾作用，愈使儒家思想成爲空殼，富於彈性。隨時變化，而一依於統治者的利益，爲統治者所利用。就是這個原因，所以日英帝國主義者，也在大連香港建立孔廟，提倡儒學。一部分帝國主義的學者，也在有意無意地贊美中國的儒學，或所謂東方的精神文明。就好像孔子的學說，也贊成了帝國主義者來統治了中國人似的。這正說明了儒學如何地變成了統治者百依百順的思想的奴隸，或應用自如的政治上的工具了。

秦漢以後的儒家思想即後期儒家思想

（一）由罷黜百家到表彰六經儒學定於一尊

秦漢以後的政治，既對於中國學術思想，有着周密而嚴厲的過濾作用，所以在第一步，春秋戰國時諸子百家爭鳴並進的學術思想，首先經過了這樣的作用而被淘汰了。如秦之焚書，本爲詩書六藝，不及諸子，如前所述。然至西漢，諸子之學，以不合於土地私有時代君主專制政治的要求，傳者已極式微。甚至於如遊俠一派之大遭屠殺，而一代學者宗師的墨子，至司馬遷已不能確切知道其生卒的年代，亦不爲立傳，僅寥寥數字，附於孟荀列傳之後。其書亦直至清末纔由孫詒讓諸人的整理校釋，略可傳誦。其餘諸子亦或存或滅。而許行、楊朱、陳仲諸人的主張或學說，尤完全湮滅。僅片斷思想，散見於同時或後出各書。可知這種政治的過濾作用，對於中國學術思想的影響，是如何的大了。而儒學中人之迎合取寵，推波助瀾，更加强了這種政治的過濾作用。如漢武帝時董仲舒之對策：

「春秋大一統者，天地之常經，古今之通誼也。今師異道，人異論，百家殊方，指意不同。是以上無以持一統。法制數變，下不知所守。臣愚以爲諸不在六藝之科，孔子之術者，皆絕其道，勿使並進。邪僻之說滅息，然後統紀可一，而法度可明，民知所從矣。」（漢書董仲舒傳）

於是五經博士，相繼設立。儒家思想，定於一尊。士大夫學者或知識份子，獵官爭寵，干祿倖進，博取社會上或政治上的地位，亦不能不出於儒學，不能不以五經爲必要的法寶或敲門磚了。從此以後，儒學始終成爲中國學術思想的主流。對於士大夫，學者，或知識份子，始終取着一種主導的作用。或中心的作用。秦漢以後中國的士大夫與儒家思想有着最密切的關係，二者幾乎是二而一，一而二的東西，也正是這個原因。

其次儒學雖定於一尊，然儒學本身自亦經過了這種過濾作用。如漢高帝以來之曲阜設祭，尊禮孔子，然於最足代表孔子思想言行的論語，並不重視。（論語直至宋以後始列爲十三經之一，然亦不佔重要地位）。反之，於相傳爲孔子所刪削編定，爲漢儒所亂竄曲解的五經，經傳，却被重視。這原因就是五經經傳思想，與論語裏的孔子思想，頗有出入。如禮記中所謂的禮，春秋公穀乃至董氏繁露中所言的天，所言的王，所言的道，也就與論語中所言的大不相同。而宋儒之言天，言理，言仁，言性，更越來越超現實，越來越神秘玄虛，完全失去了孔子言天，言理（即道），言仁，言性的精義，然却於當時的統治者絕對的有利，爲當時的統治者所熱烈的歡迎，提倡，獎勵，或利用。這正如譚嗣同之所說：

「二千年來之政，秦政也，皆大盜也。二千年來之學，荀學也，皆鄉愿也。惟大盜利用鄉愿，惟鄉愿工媚大盜。」

而「鄉愿德之賊也」，這是孔子最所深惡而痛絕的。而他們偏爲統治者最所寵信，他們也終於假藉了孔子之名，開展了所謂的儒學，並創立了後來所謂的「道統」。這樣變質變量的儒家思想，即秦漢以後的儒家思想，即我們所謂的後期的儒家思想。前期的儒家或儒家思想，是被排斥，被坑殺的。後期的儒家或儒家思想，則被尊奉，被給與爵位，（唐開元時追謚孔子爲文宣王，贈弟子各公侯伯，宋大中祥符元年加謚至聖文宣王，元大德十年加號大成至聖，明嘉靖清順治又謚稱至聖先師。）亦如原始基督教之傳入羅馬，爲平民所信奉，結果遭到了虐待和焚殺。直到統治者利用了基督教，基督教成爲替統治者說教的御用品，於是教皇制度成立，耶穌也成爲天下的通天教主了。所以，看到了儒學在社會上所得到的待遇，及其與政治的關係，即大約可以知道了秦漢以後所謂儒家思想的性質或內容如何的時時都在變化之中了。

（二）秦漢以後的儒家思想

漢唐時代的儒家思想，一方面是校勘考證，注疏訓詁，於中國古代的名物制度，及語文聲韻的研究，後來發展到了乾嘉，已經有了一種意外的收穫，這是有着他的價值的。但「碎義逃難，便辭巧說，說五字之文，至於二三萬言，幼重而守一義，白首而不能通」。（漢書藝文志）這樣的本末倒植，舍其所重而重其所輕，這也是有着政治的過濾作用的。所以漢書儒林傳又說：

「自武帝立五經博士，開弟子員設科射策，勸以官祿，訖於元始（平帝）百有餘年，傳業者寖盛，支葉蕃滋，一經說至百餘萬言。大師衆至千餘人。蓋利祿之路然也。」

這是就研究五經經傳的文字或形式方面說。至於名義上是發揮了孔子的思想或學說，自成一種理論，自成一種體系的，則有西漢時候的董仲舒，和宋明時代的理學諸子。這裏所謂的後期的儒家思想，是不能不以他們爲代表的。

最先要說到的是董仲舒。在他之前，有叔孫通之爲漢高帝制朝儀，亦即一部分儒家之所謂禮，使一向反對了儒家的漢高帝，「吾今乃知爲天子之貴也，」於是對於孔子，纔有了好感。儒家或儒家思想纔漸漸被重視了。其後，則是公孫弘之習文法吏事，而又緣飾以儒術，希世取寵，陽奉陰違，出賣同僚，反得到了漢武帝的信任。至董仲舒，當然更進一步了。他的儒學正是在君權極盛，政治統一的局面下應於統治者的要求而開展起來的。他糅合了陰陽家儒家的思想，爲這種政治建立了一種學理上的基礎，也爲這種政治覓到了一種學理上的說明，兩千餘年以來，如果中國的社會經濟沒有新的變動，這種政治，總是會利用了這種學說，而愈加鞏固的。所以，董仲舒乃是秦漢以後中國半封建的專制政治的最大的功臣，或雄辯的代言人。

他的一個最基本的觀念，乃是受到了當時流行的陰陽五行家的影響而附會了儒家的天道觀念，所推演出來的自然觀。即

「天爲萬物之本，萬物非天不生。」「天者事物之祖也，故徧覆包函，而無所殊。」（賢良對策）

由這種觀念，應用於人事，又發展而爲天人相類，天人合一的學說。即人受命於天，人的身體活動與天相類。所以地說：

「天以終歲之數成人之身，故小節三百六十六，副日數也。大節十二分，副月數也。內有五臟，副五行數也。外有四肢，副四時數也。乍視乍瞑，副晝夜也。乍剛乍柔，副冬夏也。怎哀乍樂，副陰陽也。心有計慮，副度數也。行有倫理，副天數也。」（春秋繁露人副天數）

由這種觀念應用於社會或政治，則天子爲天之代表，所以天子德侔天地，受天眷命，統治人間，其行政制度，亦法天行。如：

天數三：天地人三才，日月星三光，故王者之下，設三公卿大夫士。

天有四時：春夏秋冬，故公卿大夫士分爲四級。

天數十：天、地、陰、陽、水、火、金、木、土、人，合爲十數，故三公九卿二十七大夫，八十一元士，合百二十臣，即十端，十二月之意。

一歲十二月，故三公三卿三大夫三士合爲十二級。

以此而天子祭天祈天，執行天之命令，稱爲天子。

君權既尊，父權夫權也隨之而尊了。這正是天子世襲和土地私有的繼承制度，在哲學思想上的一種反映。所以他說：

「君爲陽，臣爲陰，父爲陽，子爲陰，夫爲陽，婦爲陰。……天爲君而覆露之，地爲臣而持載之，陽爲夫而生之，陰爲婦而助之。春爲父而生之，夏爲子而養之。王道之三綱，可求於天。」（春秋繁露基義篇）

又云：

「仁義禮智信五常之道。」（賢良對策）

以此而秦漢以後君主集權的半封建統治社會的主奴臣屬關係，完全成爲天道。而

「道之大源出於天，天不變，道亦不變。」（賢良對策）

儒家思想，至此而完全發展成爲秦漢以後統治者與被統治者，地主與農民兩兩對立的政治意識，和社會意識的組織者。這是絕對地爲統治者說教，絕對地於統治者有利。所以統治者當然利用和提倡了這種思想，以來擴大了統治者的權力，和鞏固了統治者的地位。因爲自然的秩序就是政治和社會的秩序。政治和社會的秩序，就是自然的秩序。這是天意的，這是命定的，也是永恆的。其間不容懷疑，也無可逃避。誰反對了這，就是違反天意，或天道，違反了自然，就是大逆不道，是違天不祥。孔子的「君使臣以禮，臣事君以忠，天下有道，則庶人不議」的貴族負責，主奴對待的政治理想，以及孟子的「民貴君輕」，「民爲邦本」的比較接近民主思想的政治理論，至此完全破壞無遺。以人倫固定於天數，以社會階級，上下尊卑，固着於天道。秦漢以後中國社會發展遲滯的原因，雖其重要力量乃在於秦漢以後的土地政策或經濟制度，但這種思想和學說之保障了統治階級的利益，認被壓迫階級的被剝削和被榨取，是當然而合理，也拖住了落後的農業形式的生產制度，或經濟制度。對於社會發展的遲滯，也當然是重要的助因之一。

後來經過了不同的時代，也通過了不同時代的政治的過濾作用。（消極方面的焚書和殺戮，如隋梁之焚禁緯書，唐人屠殺或逼勒僧人還俗，積極方面獎掖誘惑如唐以後的科學選舉和考試制度），這種天人合一三綱五常的儒家思想，再發展下去，天道愈嚴，君權愈尊，統治者的天羅地網，即使是思想或生活上的逃避如魏晉人的談禪談玄，放浪形骸，也是犯罪，也是不可能的了。在漢儒，如董仲舒之流，不過是說

「君人者立於無過之地。」

到了唐人，如杜預的春秋釋例，甚至於說：

「天生民而立之君，使司牧之。羣物所以繫命。故戴之如天，親之如父母，仰之如日月，事之如神明。其或受霜雪之蔽，雷電之威，則奉身歸命，有死無貳。故傳云君者天也，天可逃乎？」

到了宋人，則朱子的政治思想，也顯然地祇是强調了一個忠君的忠字。他的文學，史學的研究，和整理，如資治通鑑綱目，及宋名臣言行錄的綴輯，以及楚辭的注釋，都祇是在說明和發揮了這個忠字的傳統。又如孝爲天下之大本，但移孝作忠的說法，也祇是到了宋人纔發展到了極致。所以到了現在，是「君臣之義無所逃於天地之間」，「天下無不是的父母」，是「天王賢明，臣罪當誅」，是「餓死事小，失節事大」，是「君要臣死，臣不得不死，

父要子亡，子不得不亡。」這主奴關係的意識和道德的强化或硬化，遂使秦漢以後中國人民的生活在形式上是半自由的，商人手工業者和農民，有別於殷周時代的奴隸，而實質上却被套上了儒家的禮教秩序的鐐拷和枷鎖，絕無殊於殷周時代的奴隸。因此唐宋以後臣之死君，妻之殉夫，以及義僕、義犬之類的故事，遂代替了古代以奴隸爲犧牲，以奴隸活埋的故事，披着一種儒家縫製得很好的裝飾的美麗的外衣，而流傳下來了。

最後則理學思想的發生在方法上這顯然是受了佛家的影響。在內容或實質上，則儒家到了秦漢以後，由從屬的幫忙幫閒的地位，漸漸爬了上去。所謂「學優則仕」，所謂「讀書人做官」，現在已可儼然地居於統治者或準統治者的地位。生活的要求和意識的體認，自然地使他們漸漸離開了實利的現實的人間，而走到了神秘的超現實的境地。這是理學之能以發達的主觀上的原因。其次秦漢以來君權的擴大和增張，一切的思想或學說祇有以君主或統治者的利益爲中心，始能存在，始能發展。而被統治者的利益，愈被無視或漠視。先秦時代儒家的社會方面的價值或人民方面的條件，遂被無形擱置或離棄。天人性命，理氣心物的研究，愈與人生，與社會無關。這是理學之所以發生的客觀上的原因。以此宋明人的理學的研究，已再不是先秦時代的社會問題，或西漢時代的政治問題了。而是玄之又玄的無極太極和理氣情欲的問題。對於這個問題的他們的意見，又幾乎是大體一致的，是天卽理，理主靜。動爲人欲，人欲是不善的。所以他們分天地之性爲陰陽，剛柔，動靜、清濁，分人性爲理氣，情欲，善惡，邪正。而爲學致聖、成仁達務的功夫，卽在於汰欲存理，去欲存性。所以周敦頤說：

「聖可學乎？曰可。有要乎？曰有。請聞焉。曰一爲要。一無欲也。無欲則靜虛動直。靜虛則明，明則通。動直則公，公則溥。」（通書）

程頤亦云

「聖人可學而至與？曰然。學之道如何？曰天地儲精，得正行之秀者爲人。其本也，眞而靜。其未發也，五行具焉，曰仁義禮知信。形旣生矣，外物觸其形而動於中矣，其中動而七情出焉，曰喜怒哀樂愛惡欲。情旣熾而益蕩，其性鑿矣。是故覺者約其情，使合於中，正其心，養其性。」（顏子所好何學論）

朱子亦云：

「人性本善，只爲嗜欲所迷，利害所逐，一齊昏了。聖人能盡其性，故耳極天下之聰，目極天下之明，爲子極孝，爲臣極忠。」（語錄）

又云

「心只是一個心，所謂存，所謂收，只是喚醒。」（同上）

所以這個否定生活，贊成無欲，幾乎是理學家一致的主張。爲要達到無欲，所以理學主張明心見性，所以在修養方面要誠、要靜，有學、有悟。甚至於小之如各種的修持工夫，如靜坐，如實行功過格，大之如尊德性，或格物致知，卽道問學，都祇是要達到了這個無欲或存眞的最高境界。而所謂仁義禮智，以及政治社會的禮樂教化，都是由這種觀念這種思想，派生出來。完全看輕或抹殺了生活的正當要求和物質勢力。當然也不注意環境的改善和社會的革命了。這樣轉化了被壓迫的人民對於統治者的反抗和鬥爭，使成爲對自己的情欲理氣的鬥爭。無形中爲統治者盡了欺騙和麻醉的作用，也失去了先秦儒學注重實踐着重社會的近於現實主義的精神。如「仁者人也」，在孔孟時代是己所不欲，勿施於人。孟子講仁政，亦最先人民有土地桑麻，然後能相友相愛，到了宋儒則是「仁者渾然與物同體，義禮智信皆仁也，識得此理，以誠敬存之而已，不須防檢，不須窮索」。（明道學案）自然也更不須事功。所謂「除山中賊易，除心中賊難」。於是任山中或社會之賊，橫行霸道殺人放火，民不聊生。日惟閉目靜坐，瞎子捉黑貓似的，捕捉心中之賊。希聖希天成爲聖人。於是孔子的「不患寡而患不均」，孟子的「衣食足而禮義興」的主張，至此完全被顚倒過來。因爲這都是人欲，是利而不是義，更不是「渾然之理」。所以値不得看重了。這是儒學的閹割和去勢。所以王荆公的政治的改革被反對而失敗，這是當然的。南宋頻於危亡，不算大事，而理氣之辯，洛閩之爭，反愈激烈，也是當然的了。

（三）後期儒家思想與前期儒家思想不同之點

後期儒家思想與前期儒家思想之不同，自有其社會的和歷史的原因、如前所說。至其思想內容或實質的不同，則可以分兩方面來說：

第一在世界觀或人生見解的方面，孔孟時代似頗偏重於實踐，注意於實際。於抽象的理論，超現實的探究，似不注重。這如顧亭林之所說

「命與仁，夫子之所罕言也。性與天道，子貢之所未得聞也。性命之理，著之易傳，未嘗以語人。其答問士也，則曰行己有恥。其爲學則曰好古敏

求。其與門弟子言，則舉堯舜相傳所謂危微精一之說，一切不道，而但曰允執其中，四海困窮，天祿永終。嗚呼聖人之所以為學者，何其平易而可循也……。」

「今之君子則不然。聚賓客門人之學者數十百人，譬諸草木，區以別矣，而一皆與之言心與性，舍多學而識以求一貫之方，置四海困窮不言，而終日講危微精一之說，是必其道之高於夫子，而其門弟子之賢於子貢，祧東魯而直接二帝之心傳者也，我弗敢知也。」

「孟子一書，言心言性，亦諄諄矣，乃至萬章，公孫丑，陳代，陳臻，周霄，彭更之所問，與孟子之所答者，常在乎出處，去就，辭受，取與之間。……是故性也，命也，天也，夫子之所罕言而今之君子所恆言也。出處，去就，辭受，取與之辨，孔子孟子之所恆言，而今之君子所罕言也。」

所以理論與現實脫節，思想與實踐遠離。天人性命，危微精一之說，越來越空洞，越來越神祕。為人生開了逃避現實的大門。也為統治者盡了忠藎的服務。為社會矛盾盡了粉飾油刷，和轉移方向作用。也同時為時代和歷史作成了一根強韌柔軟的繩索，拉住了它，不讓它進步。

第二在政治哲學或倫理實踐的方面，則後期儒家思想所造成的罪惡，或弊害更大了。如

一、秦漢以後的儒家自董仲舒以來，以為天子為天所命，天子受天命即位，必有符瑞。從此天子為天定的，命定的，非一般人所能妄想的。推翻了湯七十里，文王以百里，以及不嗜殺人者能一之，以及保民而王莫之能禦也的原始儒家思想。

二、天子既為天定的，天子假天命以行事，所以一切禮教制度也是天定的。人民祇有服從的義務。天子有絕對威權。甚至如杜預所說的，遇到了「霜雪之蔽，雷霆之威，也祇有奉身歸命，有死無貳」。一切祇有聽命，任命，安命，以順為正。反是則是犯上作亂，逆天不祥。天子有過，除了自罪自負，或上天垂象，如日虧月蝕，地震山崩，以示警懲之外，人民是不能指摘，不能過問的。這也破壞了天視民視，天聽民聽，聞誅一夫紂也，未聞弒君也的原始儒家的政治理想。

三、原始儒家思想雖是階級性的，但卻是權利義務相對待的。所以說「君君臣臣父父子子」，又說「君之視臣如手足，則臣視君如腹心；君之視臣如犬馬，則臣視君如路人；君之視臣如土芥，則臣視君如寇仇。」甚至於舜讓丹朱，禹避陽城，太王居邠，人民皆有選擇君主的自由和權利。但到了秦漢以後，則社會階級上下尊卑，成為天定綱常。君臣父子夫婦關係，各成為主奴從屬，其間無可選擇逃避之餘地。所以說「天不可逃」，「人之大倫不可偏廢」。這種思想發展的極致，甚至於隱士的生活或思想，也負了一種禮教的罪名。儒家思想大有限制或強迫人民非做奴隸不可的趨勢。這是奴隸總管或工賊工頭的思想。儒家的幫閒哲學發展至此，已到了面目猙獰窮凶極惡的地步。這那裏是「道不行乘桴浮於海」的孔子所料想得到的呢？

儒家思想與中國社會的關係

儒家的思想，既然秦漢以前秦漢以後性質內容絕不相同，它對於中國社會的關係或影響，自然也絕對不同了。秦漢以前的儒家思想，修己立誠，行己有恥，慎思明辨，循仁講讓，作為歷史上典型的道德修養，自有其不可磨滅的教育學上的價值。但秦漢以後儒家思想，連這樣的作用，這樣的價值都沒有了。甚至於如顧亭林之所說，「士不先知恥則為無本之人，非好古而多聞，則為空虛之學。以無本之人，而講空虛之學，吾見其日從事於聖人而去之彌遠也」。而這「無本之人」，與「空虛之學」，正是秦漢以後的儒家和儒家思想。它對於社會或人民的影響：

第一使秦漢以後，工商分化，奴隸解放為半自由的人民或被統治者，在形式上雖異於殷周的奴隸，而實質上由綱常禮教的強化和限制，仍過的是奴隸生活，不得自由，不知自由，亦不敢自由。

第二一切是命定的，天定的，這種思想削弱或沖淡了人民對於政治或社會環境的不滿，與反抗的情緒，樂天安命，因循保守，少有創造進取的活力和智力。富於被動性。這都可以說是後期儒家思想所種下的毒害。儒者柔也。巽也，順也。越是受儒家思想薰淘很深的人，越是缺乏革命性。故中國的歷代叛徒或革命鉅子，多為農民豪強，或流氓異教徒。大革命的來到，儒家總是站在反革命一面，或居於旁觀幫閒的地位。及革命成功，則又利用了嚴防階級尊卑，制禮樂，興學校的舊法寶，來服務於新統治者，重新整理了一度紊亂了的社會階級或社會秩序。所以如果不經雅片戰爭，外力的震撼，和國內經濟的變化，儒家思想對於中國的鎮定作用，和凝合作用，大約是不會改變

的，儒家的地位大約亦不會被動搖的。

第三由於通過了歷代政治的過濾作用，儒家思想更絕對的擁護了統治者的利益，不論這個統治者是華族，是外族，是世族，是流氓。有奶便是娘。有了主子，就可以盡奴隸的責任。在這裏儒家思想之於統治者，實際上也就等於思想上的歐洲中世的武士。又由於儒家的出身，大部分是庶民中的優秀份子，經過了儒學的淘冶，通過了科舉考試之類的梯階，爬到了準統治者的地位，因此他們的利益，和統治者大體是一致的。他們的主張，也當然和統治者是一致的了。他們以他們的巧妙的理論——禮教，來彌縫了階級的矛盾，或民族的仇恨。也以他們的可以爬陞到統治或準統治者的地位而和緩了階級的矛盾，或民族的仇恨。雖然不是消滅了階級的矛盾和民族的仇恨。這也就是歷代的統治者和帝國主義在中國的殖民地，所以極力提倡儒學，獎勵儒學的根本原因。

第四雅片戰爭以後隨着工商的發達和新市民階層的產生，也有了新知識份子的生長。他們的思想或意識，與資本主義文化的個人主義自由主義的思想和意識合流並進，因此在中國近代史上，纔漸漸有了以新知識份子為中心，為發動機的文化政治，乃至社會的改革運動，或革命運動。但殘餘的封建勢力與新興的買辦資產階級的結合，仍企圖以舊時儒家思想或禮教思想的新的形式即狹隘的國家主義或民族主義的形式來鞏固了統治者的地位。同時人民大衆的覺醒，和人民力量的强大，也組織了自己的思想或意識。於是新知識份子遂漸漸的形成了兩大分野。

第五在社會階級或經濟的對立關係沒有消滅以前，這種新知識份子的對立分，也將始終要繼續下去的。一派仍在骨子裏保存了舊時的儒家的生活態度或思想的傳統，仍然為統治者或少數人服務，穿上了道貌岸然的民族禮教，精神文明，或中學為體，西學為用的各式各樣的衣裝，成為文化上的鷹犬，而拖住了歷史的前進。一派則從儒學的澈底的認識或研究，從儒學的傳統精神中解放了自己。有了新的人的覺醒，和人的努力，站在眞理和人民的一面，成為時代的代言人或喇叭手，為全體人民的幸福和前途而奮鬥。而這派新知識份子和人民緊密的結合，也必然的成為社會改革或進步的力量，成為保障人類幸福和進步的力量了。由於這種力量的成功，中國纔會產生新的非主奴關係的，非榨取和剝削關係的人生和社會。知識份子也纔可以有了新的出路，人的出路。與過去的幫閒的，御用的，奴隸管理者的儒家或士大夫或知識份子都絕不相同的新的出路。

（上接三四八頁）上有關孛堇稱謂者尚有數則：

一、紹興十年（即金天眷三年）六月二十六日，……韓世忠軍統制王勝敗金人周太帥鶻辣孛堇於淮陽軍。（三朝北盟會編卷二百二）

二、紹興十一年（即金皇統元年）正月十七日，……金人陷商州，……金人折合孛堇以步騎五萬攻商州。（同上卷二百五）

三、紹興三十一年（即金大定元年）十二月二十三日……吳璘與金人鳳翔合喜孛堇書，……書曰：少保奉國軍節度使吳璘謹致書於都統相公閤下。（同上卷二百四十八）

右三則外「三朝北盟會編」中尚有孛堇的存留史料多係有關爭戰之事跡。實則當金熙宗之後，即南宋的文書保存所敍皆係金人之猛安或謀克，不過金太宗天會年間，戰場中攻打的首領即孛堇而兼猛安謀克者所在多有，南宋時人對於金制不易十分明瞭，故文書記錄上往往將猛安謀克與孛堇混同用之。其後，宋人雖知孛堇之廢止，又以部長或貴人為孛堇之代稱，如前記第三例之合喜孛堇，實乃西蜀道之兵馬都統，與金建國之前的孛堇為生女眞之部族酋長者大異。蓋自孛堇制廢止後，留此稱號僅為表示門第與其傳統的舊身分，有名無器的虛銜而已。

（此文根據日人三上次男之文，約略寫定）

三十六年初秋日

儒家教育方法之研究

——從朱晦庵爲學之序說到戴東原治學的精神——

于彥勝

一 朱子爲學之序

中庸第二十章哀公問政博學一節，和其上下文節錄如左：

『誠者天之道也，誠之者人之道也；誠者不勉而中，不思而得，從容中道，聖人也；誠之者擇善而固執之者也。

博學之，審問之，愼思之，明辨之，篤行之。

有弗學，學之弗能弗措也；有弗問問之弗知弗措也；有弗思，思之弗得弗措也；有弗辨，辨之弗篤弗措也；有弗行，行之弗，弗措也。人一能之，己百之；人十能之，己千之。

果能此道矣，雖愚必明，雖柔必强。』

本節上文要旨爲誠之之道，擇善固執。下文要旨爲困知勉行，百倍其功。

程伊川謂『博學、審問、愼思、明辨、篤行，五者廢其一非學也。』此程子提示博學之一節，爲一整個的爲學之道，廢其一卽不成其爲學也。

朱晦庵在南康白鹿洞書院講學，揭示有類於現今學校教導總則的五項：第一項爲「五教之目」。第二項爲「爲學之序」，卽博學之，審問之，愼思之，明辨之，篤行之；第三項爲「修身之要」；第四項爲「處事之要」；第五項爲「接物之要」。朱子提示「學、問、思、辨」爲窮理，而「篤行」包括修身、處事、接物。他有下面一段敘述寫在第二項條文後面：『右爲學之序，學問思辨，四者所以窮理也；若夫篤行之事，則自修弟以至於處事、接物，亦各有要……』其實關於修身處事接物之每一問題，在決定實行之前，必經學、問、思、辨之逐步演進階段，所以爲一貫有系統的爲學之序。

關於朱子爲學之序，敘述如上，於此可見本節在中國教育史上、教育哲學上，佔重要地位。

二 博學一節與教育之關係

(一)整個的教育作用

(甲)訓練有系統之思想——博學本節五目，與思想五步歷程相符合；詳細理論，俟下節內說明，對於訓練思想，極有系統，極有條理，先後不紊，一貫到底，此博學一節足以鍛鍊思想，使之系統化也。

(乙)培養知情意之發展——「學問思辨」擇善而爲知，足以培養其知；「篤行」固執而爲仁，足以培養其情；「困知勉行，百倍其功」足以培養其意；此博學全節足以使知、情、意，日趨於發展者也。

(丙)養成解決問題之能力——問題之解決，須經(1)認淸問題，(2)研究問題，(3)解決問題三個階段。博學審問，屬於認淸問題之範疇也；愼思明辨，屬於研究問題之範疇也；此博學一節足以養成解決問題之能力者也。

(二)各別的教育作用

(甲)博學——就是要多方面去學，不僅書本上做工夫；以宇宙爲學校，以自然爲教材，一切社會環境所接觸之事事物物，隨在加以注意，均足以增進知識能力；旅行考察，多見多聞，訪問專家，老馬識途，蘋果墜地，奈端見而發現引力；滄浪之水，孔子指以施教，至於書籍所載前人研習所得之學識，尤足資以推陳出新。守約必先博學，而一切經世之學，尤在能研究先代之典章文物，以損益而制作。顧亭林以博學於文，行己有恥，爲行身準則，而成就其經世實學。唐太宗一生學問事業，由於開卷有益的讀書習慣，此博學對於教育上之功用大矣。

（乙）審問——學問，學問，一半是『問』得的。「若要好，問三老」「入國問禁」；社會傳統上，原有「多問」的習尚。論語上大部分載孔門弟子問仁、問孝、問爲政，與孔子因材施教之解答。孔子入太廟每事問，孔文子不恥下問，堯以治水傳位咨四岳，舜亦好問察邇言。此經邦治學均有賴乎虛衷博訪，集思廣益，以獲其成。西人善推求事物之所以然，胸中恆存「爲什麼」一問語，其科學進步特速不爲無因。審問的審字，就是問得要詳細，要中肯，懷疑的問，澈底的問，側擊的問，推原的問，好像司法界審一件案子的態度。兒童本性亦好問：食魚時，必問所食何魚；途經鄰村，必問此村何名。學校教學法內於授新教材時，亦有「發問」階段，使兒童閱讀教材後提出問題，養成兒童自動的推究能力。教師宜先令其他兒童解答，不足時再令他童補充，教師作最後之歸納；訓練成習慣後，一兒童發問，其他兒童能解答者，隨即舉手表示能爲之解答。中學大學裏，重注入式的演講，教師惟恐學生質問，假作洋洋數萬言，滔滔不絕，不稍留學生質疑的時間，直至下課爲止。其實不知爲不知，其不能當時解答者，儘可俟諸異日。教然後知困，教學相長，亦賴於是，不僅學生亟須培養其主動發問能力也。此審問在教育上之功用如此。

（丙）愼思——思就是要想辦法，想到辦法，就可解決困難。勞則思善，逸則思淫，環境生活，有時可作思之背景。一念之差，可以爲善，可以爲惡，此思之所以不可不愼也。對一件事物知其本質，更思知其效能，知其已然，更思知其所以然。進思盡忠，退思補過，思如何有利於人羣，思如何報效於國家，不可有浮淺空遠消極退縮之思，更不可有自私自便、損人利己之思。詩三百一言以蔽之，曰思無邪，此愼思之在教育上之作用如是。

（丁）明辨——鑑別力要強，還要迅速，否則失其時機，而功敗垂成矣。辨就是鑑別，其作用，在辨其是非眞僞、義利公私。對於所學、所問、所思，隨在加以辨別，而求得至當；差之毫釐，謬以千里，小的地方要辨，立身行道先立其大者，大的地方也要辨。至於擇友用人須辨其善惡正邪，用錢置物須辨其緩急久暫。視聽言動，須辨其是否合乎禮，喜怒哀樂須辨其是否中乎節。進退取與，人之大節，不可不辨其行義以達道。死有重於泰山，有輕於鴻毛。對於一事物，必辨之十分正確，不可絲毫合混，此戴東原所謂尋求而有獲十分之見者；有未至十分之見者，明辨之在教育上之功用如是。

（戊）篤行——顏子三月不違仁，其餘日月至焉。語云，行百里者半九十，惟聖賢渾然無間斷，篤實踐履，否則有始無終，中途而止。譬如爲山，未成一簣，止吾止也；譬如平地，雖覆一簣，進吾往也。事業之成就，亦在能朝乾夕惕，自強不息，力行以至於成耳。如大禹之治水，三過家門不入，卑宮室而致力乎溝洫；孔子之強恕爲仁，知其不可爲而爲之。顏子之簞食瓢飲，而不改其樂；諸葛亮之鞠躬盡瘁死而後已；范仲淹之先天下之憂而憂，後天下之樂而樂；顧炎武之博學於文，行己有恥；曾國藩之居易以俟命，下學而上達，孫中山之終身革命救國，至死方休，皆所謂信之篤，行之果，而執之固者也。士之所以能見危授命，舍生取義，急人之急，惟力是視，可託六尺之孤，可寄百里之命，臨大節而不可奪者，由平時篤行，正心養性以致之焉耳。篤行之在教育上作用之大也又如是。

三　博學一節與思想歷程之關係

杜威氏認爲人類思想歷程，可分左列五步：

（一）發現困難	（提案）〔註〕	（博學）
（二）查究困難之核心	（理由）	（審問）
（三）假設一解決方法	（辦法）	（愼思）
（四）演繹假設之方法，擇定其適合者	（公決）	（明辨）
（五）照決定方法實行	（執行）	（篤行）

〔註〕提案就是問題，也是一個困難。理由就是審問，也是問題的內容。辦法就是愼思，也是假設的解決方法。公決就是明辨，也是決定方法。執行就是篤行，也是照決定方法實行。

博學一節，其五目大體可與上列五歷程相當，說明如左：

（一）博學——對於遇有未能之事，從多方以學之，其學之動機，爲發現未能解決之困難問題，實爲學習之發端，此與上列「發現困難」相當。

（二）審問——對於所遇未能之事，或發現困難問題，要詳細中肯的問，好像司法界審一件案子的態度，一面參考有關圖書，一面質疑於富有經驗之師傅，分晰問題，調查環境，求出困難核心所在，問題結癥所蘊，此與上列「查究困難之核心」相當。

（三）愼思——對於師傅解答之合理否，書籍傳說之正確否，自己審度推究之眞實否，均應加以縝密思考，究其原委，求其因果，或別開生面，另獲解決途徑，勿盲從，勿拘執，詳考究，多思慮，此與上列「假設一解決方法」相當。

(四)明辨——對於思考所得，須嚴別其是非眞僞，勿囿於偏見，勿徇其主觀，按其緩急輕重，定其本來先後，衆惡必察，衆好必察，辨其公義私利，察其所由所安，取舍行止，悉求至當，此與上列「演繹假設方法，擇定適合者」相當。

(五)篤行——對於明辨是非眞僞之後，方針既定，步驟亦具，應即脚踏實地，認定目標，全力以赴之，不阻於障礙，不懈於小就，見危而授命，殺身以成仁，貫澈到底，始終如一，此與上列「照決定方法實行」相當。

博學節五目，在思想歷程上，有一貫到底，逐步演進之論理，即學以問而益明，問以思而近理，思以辨而得眞，辨以行而成效。科學上有假說定理之分，學術之目的在求定理，然必經假說之階段而後成。愼思即初得一假說，明辨即漸達定理之完成，思想歷程之三至四項，即由假說之階段而求獲定理，此博學節五目，既與思想歷程相符，而確有科學上求獲眞理可能性之價値也。

四　博學一節與知難行易之關係

「知難行易」爲孫中山先生所創，不倓鼓勵力行，破畏難之習，勗勉求知，振好學之風，實具科學哲理。

博學節之前四目，即博學、審問、愼思、明辨，爲擇善而知之範疇，較諸篤行一目，固執而仁，爲繁而實難云。

中山先生遺教心理建設第六章，載『凡能從知識而構成意像，從意像而生出條理，本條理而籌備計劃，按計劃而用工夫，則無論其事物如何精妙，工程如何浩大，無不指日而可樂成者也。』其自知識至計劃，與博學前四目，思想歷程前四項相符，均屬知之範疇，恰自成知難之眞詮。

語云「胆欲大，心欲小」，胆欲大，就是做一件事，解決一個問題，具備了整個的計劃，完全的步驟，根據科學的原理，斟酌四週的情勢。有七成可做，便當脚踏實地，勇往直前的努力幹去，不得顧慮徘徊，致失時機，這就是「篤行」。心欲小，就是在做一件事和解決一個問題之前，必先認淸，必先研究，本末先後，緩急輕重，研精究理，討論斟酌，旁證調查，補充修正，確定辦法，擇好途徑，始終一貫，眞理是求，小心翼翼，充分準備，這就是博學、審問、愼思、明辨，四段擇善而知的工夫。所以「胆欲大，心欲小」一句話，確是「知難行易」的深入民間的通俗解釋，並非只在做的時候，要大胆，同時要小心；在做之前，更要小心研究，審度情勢，辨別利害，決不可掉以輕心，輕擧妄動。做事不難，只要有辦法，此辦法或方案，或計劃，經幾許假設、實驗、商討、修正而成，誠非易事，此知之所以爲眞難也。

五　戴東原治學的精神

戴東原之學術思想，深合科學之求眞理底精神，錢大昕謂其「實事求是，不主一家。」茲錄其破「人蔽」破「己蔽」之說如左：

『學者當不以人蔽己，不以己自蔽……志存聞道，必空所依旁；漢儒訓詁，有師承，有時亦傅會，晉人傅會鑿空益多；宋人則恃胸臆以爲斷，故其襲取者多謬，而不謬者反在其所棄。……凡僕所以尋求於道徑，懼聖人之緒言闇汝於後世也，然尋求而有獲十分之見者，有未至十分之見者；所謂十分之見，必徵諸古而靡不條貫，合諸道而不留餘義，鉅細畢究，本末兼察。若夫依於傳聞以擬其是，擇於衆說以裁其優，出於空言以定其論，據於孤證以信其通，雖溯流可以知源，不目覩淵泉所導，循根可以達杪，不手披枝肄所歧，皆未至十分之見也。……既深知自得而近之矣，然後知執爲十分之見，執爲未至十分之見，如繩繩木，昔以爲直者，其曲於是可見也，如水準地，昔以爲平者，其坳於是可見也。夫然後傳其信，不傳其疑，疑則闕，庶幾治經不審。』

上文所稱十分之見，與未至十分之見，即今科學理論中定理與假設之分，定理必經假設之階段而後成。愼思所以得假設也，即假設一解決方法也，經明辨之推究考驗，演繹其涵義，求適用於解決此一困難者，定理遂亦呈現於前矣。戴氏之實事求是，傳信闕疑之精神，即今科學求眞理之精神，亦即愼思明辨兩目之充分發揮，爲思想歷程最重要之階段。戴氏之爲學精神，誠可敬佩，而博學全節，尤爲有系統，有條理，具哲理之精奧，合科學之程序。朱子揭爲爲學之序，佔中國文化史上重要地位，此亦中國文化與經學有關之一例也。

*　*　*　*

儒學

皕誨堂隨筆

稞著

皕誨

儒家之側面觀

漢以來以六經爲外學諸緯爲內學以今論之猶言六經者倫理學也諸緯則哲學也蓋諸緯所言皆神秘事欲以闡天人之奧而其根極則歸之於陰陽五行如江都中壘皆兼通內外而尤嗜內學儒家哲學思想固如是也後世儒者欲爲之諱而鳳鳥河圖見於論語春秋之作獨絕筆於獲麟似非無因者惟荀卿僅傳其倫理學之一宗遂爲儒家之正軌意者詩書執禮雅言之教乃普通之傳習而荀氏得之若易春秋則不然是卽子貢所謂性與天道不可得聞者乎

儒家哲學歸根於陰陽五行最初之道家無是也余讀老氏莊氏列氏之書其推原天人之際視陰陽五行蔑如也秦漢後之道家則又取儒家陰陽五行之說以竄入之如淮南

王之畢萬術。魏伯陽之參同契。於是。儒家言。道家言。陰陽家言。方士。神仙之說。雜糅。而不。可。分矣。

荀卿非十二子篇云。案往舊造說。謂之五行。子思唱之。孟軻和之。太史公書亦於孟子之後。繼以鄒衍。衍者深觀陰陽消息而作迂怪之變。終始大聖之篇。十萬餘言者也。是孟鄒之學。有相同者矣。漢書藝文志兵陰陽有孟子一篇。封禪書曰。自齊威王之時。騶子之徒著終始五德之運。及秦帝而齊人奏之。故始皇採用。而宋毋忌、正伯僑、充尚、羨門高、最後皆燕人。爲方僊道。形解銷化。依於鬼神之事。騶衍以陰陽主運。顯於諸侯。而燕齊海上之方士。傳其術不能通。然則怪迂阿諛苟合之徒自此興。不可勝數也。讀此則知方士神仙。固儒家之支流。即鄒衍之傳。而變本加厲耳。陽明學之流。爲大學教。此其比矣。秦之博士。爲僊眞人歌詩。漢之大儒。作李少君家錄。沆瀣之投。固如是也。若夫黃老道德清淨無爲之術。則固無此。

太史公於愼到田駢接子環淵。曰皆學黃老道德之術。又於申不害曰。申子之學。本於黃老而主刑名。於韓非曰。喜刑名法術之學。而其歸本於黃老。若然則黃老之與刑名法術如是其近也所謂神仙迂怪實非黃老家言矣故曹參所得於蓋公者不過治道貴清淨而民自定未嘗有張良辟穀導引輕身之方也陳丞相世家贊特著其少時本好黃帝老子之術卽彼生平可以知道家矣

董仲舒劉向皆命世大儒而皆窮究五行災異之說甚至春秋繁露所載求雨止雨之法有暴巫、聚蛇、埋蝦蟇、燒雄雞、老猪、燔死人骨之語猥陋不足以欺小兒更生得淮南枕中鴻寶苑秘書書言神仙使鬼物爲金之說及鄒衍重道延命方直獻之朝言黃金可成自非篤好深信何至於此然則文成五利固亦儒家之變相歟

伏生爲先秦博士而洪範五行之傳實始之此種學說必遠有本源爲經外之別傳也讀漢書劉向傳言向領校中五經秘書見尚書洪範箕子爲武王陳五行陰陽休咎之應乃集合上古以來歷春秋六國至秦漢符瑞災異之記推迹連傳禍福著其占驗比類相從各有條目凡十一篇號曰洪範五行傳論此非荀卿所謂案往舊造說謂之五行者歟陰陽五行災異之學有尙書春秋兩派伏生所傳夏侯始昌以授夏侯勝下及許商李尋者皆尙書之五行也漢書五行志言董仲舒治公羊春秋始推陰陽爲儒者宗則春秋之

陰陽也至劉向治穀梁春秋數其禍福傳以洪範與仲舒錯則以尚書五行論春秋之陰陽矣其後劉歆治古文學又與今文立異故五行志一則曰向子歆治左氏傳其春秋意已乖矣言五行傳又各不同再則曰夏侯始昌之傳與劉向同惟劉歆傳獨異是又古文家陰陽五行之一派也

荀卿在齊當鄒衍鄒奭陰陽家言橫流之際而獨以不信五行絕之可謂異矣後之純正儒家但言倫理學者皆蘭陵之徒也

竇太后好黃老而無神仙之說武帝好儒術而由封禪入神仙由神仙而入黃白且巫蠱厭勝之俗一時風靡則此種種與儒家有若何之關係可知也江都之對策曰非六藝之科孔子之道宜皆絕之勿使並進武帝於是罷絀百家神仙爲道家獨不在罷絀之列乎

江都爲李少君家錄以爲少君有不死之方而家貧無以市藥物故出於漢以假塗求其財道成而去（抱朴子）若例以今人之見此豈儒者所宜言乎固知儒家之初未嘗斬絕葛藤如東漢而後也

若夫宋人言儒雜以禪理更非儒之眞面目矣當別論之

儒學論

杭州馬敍倫彝初

昔鄭漁仲謂秦不絕儒學書亦非秦人亡之學者自亡之朱錫鬯亦謂秦惡百家之邪說而非聖人之言坑亂道之儒而非聖人之徒於乎以秦號爲虎狼無道而不絕儒學今而乃儒學絕矣或曰今之學者醉心於佉盧橫行之典而敝屣其侯岡直下之文儒學所以絕與曰不然儒學之絕鄭君所謂自亡之耳夫良農不爲器窳輟其田良賈不爲折閱罷其市今之學者譬猶農自恨器窳幷土而棄之賈自慚折閱幷貨而舍之人將田其土市其貨而已乃俇然坐視於旁曰吾土不可田也吾貨不可市也童子嗤之矣學者之識卑于童子儒安得不日寡學安得不日廢也或曰斯固聞之矣何謂儒學與曰儒學也者儒學也蓋嘗聞諸聖人之經賢人之傳學自古有之儒學自成周哉周禮太宰以九兩繫邦國之民其三曰師以賢得民其四曰儒以道得民後鄭曰師諸侯師氏有德行以教民者儒諸侯保氏有六藝以教民者是卽大司徒之師氏保氏而大司徒以本俗六安萬民其四曰聯師儒蓋師氏掌以媺詔王保氏掌諫王惡其職事相聯如此且儒之名互見太宰大司徒獨無其職孔子號稱儒家實以六藝教民而保氏

曰保氏掌諫王惡而養國子以道乃教之六藝與太宰儒以道得民者合符故後鄭以爲師保氏大抵以掌諫王惡故曰保氏孝經所謂天子有諍臣七人雖無道不失其天下言保王不至叢惡以失天下也因養國子以道故曰儒以道得民說文曰儒柔也言儒能以道德和於民也以職重於掌諫王惡故曰保氏不曰儒氏劉歆推孔子之學在以六藝教民故斷之曰儒家者流出於司徒之官不云出於天官者太宰統御衆官掌邦六典師儒教典之屬職在地官也然在成周之世下無私家教育國學鄉校黨庠遂序之師三公卿大夫州長黨正之屬也其教則六德六行六藝蓋未嘗以呫嗶爲教章句爲學也故章實齋以爲古人不著書古人未嘗離事而言理而秦之以吏爲師復古之道也惜其以刑法爲禮樂耳東遷典籍王官失守而學術流離老子首務著書然老子嘗爲守藏室史熟覽興廢存壞之迹綜其博聞捐蠹擷精以保守於萬一猶孔子之志也昔李日華亦謂其爲藏室柱下史得見三墳古書大都節錄其要語以爲訓耳然則後世以神仙迂怪之說附於老子不特重誣老子而抑於古之學術不明蓋老子之學實得于王官故孔子問禮焉而又有猶龍之歎墨子與孔子同時或曰在其後其學

亦得於王官而欲救周文之弊故非樂節用節葬以從夏之忠尸佼賈誼等皆以與孔子並稱蓋墨子亦嘗覽百國春秋者也抑法家如國僑名家如鄧析皆起于是時而以漢書藝文志驗之孰非出於王官而孔子獨爲萬世之宗者其道得治天下之本也彼道墨名法陰陽從横農家之流俱襲爲治之一端張大其說列道而議分徒而訟孔子獨不屑與之絜長短輕重且有從善服義之公心而無黨同攻異之私意以爲制治之原責在師保故修明師氏保氏之教以德行六藝斷斷於洙泗之間至道不行矣身無所措而道可信於後世見諸空言不如施之行事之深切著明也然後傳易以著天地陰陽四時五行之變化而藏其吉凶序書以記先王之事而明其政删詩以見山川谿谷禽獸草木牝牡雌雄而詔其知風訂禮以經紀人倫而耀其行節禮以和志氣而立其人修春秋以辯是非而備治人之法六經大明而聖人之道成彼諸子持一端者安得不如爝火見日月而難爲光哉故嘗以爲孔子之道兼包百氏古之儒者蓋實知之故劉歆作七略以經冠於九流後世號爲醇儒者亦輒曰老墨異端之學聖人所不容然則問禮與猶龍之嘆何以說哉家語僞造之書見於司馬遷之記者寧不可信與且

以司馬遷六家要指驗之。儒家者流。渺然不及五家。卽孟荀猶有務其大者。而謂孔子之道。僅在乎是。必不然之事也。故嘗以謂孔子初以六藝設教於洙泗之間。時人以爲古保氏之遺法也。故號之曰儒。而且相與慕其章甫逢掖之行。故小戴禮記哀公問儒於孔子。莊子有魯國獨有一儒之言。及晚年六經成就。蓋聖人之事業已。後世乃夷而與九流者齊論。非知孔子者也。六經既成。弟子分而習之。亦各傳其徒。秦既欲同天下文字。復古教育之法。又惡百家騰議。欲誅絕之。非與詩書同焚。猶附會妄說。然易固爲全書矣。且咸陽宮博士猶講習不衰。陳涉起。二世召博士諸儒生三十餘人問故。叔孫通以春秋之義對。張蒼傳左氏春秋。而於秦爲御史。主方書。陸賈秦之巨儒。酈食其秦儒生。伏生景帝時年九十餘。是亦秦儒。伏生習尙書者也。蕭何入咸陽。收秦律令圖書。故知六經之殘缺。非秦之故。項羽火咸陽。然後爲灰燼耳。漢興且百年。壁淹燼餘。稍稍欲出。蓋其前此口耳相傳者衆矣。自武帝博立學官。而章句始盛。學人爭通經術。或並博五經。元帝好儒。能通一經者皆復。於是一經說至百餘萬言。大師衆至千餘人。是則班孟堅所謂利祿之路則然矣。要之。章句之學興。而經術微。故如賈誼之習春秋左氏傳董仲舒之習春秋公羊氏傳轅固生說詩爲齊故申培說詩爲魯故率皆興於武帝之初而各欲以學術建白於天下信乎其爲聖人之徒行孔子之志者也及家爭戸訟羽私搏讎至於務碎義逃難便詞巧說等諸自鄶抑又爲下然傳經者訖未衰歟蓋自秦以來漢固特盛其次爲宋近世乾嘉之際則幾與漢埒矣夫司馬子長班孟堅僅著儒林傳范蔚宗作文苑傳王深寧歎以爲文始衰文之衰卽經術之衰也宋史有道學傳黃黎洲深以爲脫脫等之陋而怪歐陽圭齊等不知救正嗟夫然則學固莫大於經術爲其爲有用之學也卽吾所謂儒學也世輒不知探玄鉤深而誤以爲老墨等一家之術者同又觀自號儒者挾兔園一册呫嗶終身謂爲無用之證所謂因噎而廢食疾苦而拒藥又何必來佉盧之典然後絕哉

歷代儒學概論

曾學傳

儒者之學後世分爲二曰經學曰理學經學者理學之文也其旨在微言大義而學者必先求諸學庸論孟理學者經學之質也其歸在盡性知命而學者必先求之孝弟忠信二者皆孔孟立教所以修己安人之道一以貫之者也吾嘗執此以衡歷代之儒學其得失有可略陳者焉謹析言之如下

一　西漢經學

昔孔子定詩書禮樂易春秋爲六種至漢樂經亡則爲五經夫經以正人倫經國家致太平者也其微言大義傳諸弟子七十子後分離乖隔各以師說授受不無異同要歸於孝弟仁義則一也中更秦阨以灰燼之餘山崖屋壁之藏使斯文不絕於天壤若濟南伏生浮邱伯之徒其功良不可沒也漢武罷黜百家置五經博士天下學者靡然以通經致用爲務而西漢之經學炳焉如以春秋斷獄以禹貢治河以詩三百篇當諫書守令以經術飾吏治朝廷有大議公卿大夫引經義以爲斷卓然奉聖人之制爲法律微言大義雖未盡顯固已什一於千百可謂一時之盛矣若夫曲學阿世藉經言以文姦則學者之過非經之過也孔子謂子夏曰汝爲君子儒無爲小人儒蓋言經術者必先心術此經學之本

也不然懷盜跖之心而誦六藝之言若王莽劉歆不褒然碩學哉

二 東漢經學

今學盛於西京古學盛於東漢易有施孟梁丘京氏書有歐陽大小夏侯詩有齊魯韓禮有大小戴慶氏春秋有公羊嚴顏穀梁江公皆今文有師法宣武時咸列學官東漢目爲經學孔壁所出古文尚書魯淹中所出禮古經河間獻王所得周官毛詩劉歆校中秘書所爭立春秋左氏傳類皆古文師法不詳西漢目爲古學未得列於學官東漢古學之興倡於劉歆成於賈逵盛於馬融鄭玄夫經皆出孔氏而有古今學之不同何也今學者素王制作大義所在以詒萬世儒門永寶之鴻典也古學者往代憲章之餘足資參稽史家徵文之所貴也吾所惜者東京范升陳元諸儒今古紛爭未能剖抉斯義水火勝負皆屬枝葉賈逵乘時復附會圖讖以阿世主古學遂振今學諸家又徒局局守章句惟何休公羊解詁尚能揭微言吐大義於千百而紹述者無聞鄭學出馬融最晚今古雜進雖囊括網羅賓怪刪訂本旨學者欲從而得聖人之蘊如航大海失機柁而昧嚮方也豈足濟哉今夫五經者人倫之科律禮義之淵海也自今古學亂諸儒且以傳記爲經曰三禮曰七經曰九經此皆古學家汎騖而離其宗也況文獻不足諸侯滅去其籍春秋戰國已然周官左傳即有殘簡劉歆僞竄其能解乎若夫今學流傳之失亦未可以一二盡孟子謂盡

信書則不如無書是也顏淵之學於尼山也步亦步趨亦趨孔子猶稱其擇善況去聖久遠徒汎濫於諸儒之說以爲七十子所傳而信之吾竊爲後世經生惜也

三　魏晉南北朝儒學

魏晉南北朝爲儒學衰替之世考其經學皆賈服馬鄭遺之也西京博士之傳亡滅殆盡新出者則王弼之易杜預左氏傳梅賾古文尚書雖曰南人約簡得其英華北學深蕪窮其枝葉而微言大義則皆湮矣是以篡弑相尋南朝幾無淨土北朝以戎翟豺狼獵我文彩以飼其飢周齊篡之生民淪於異族者二三百年豈復有春秋大義哉吾以是知諸儒經學之失也若理學則尚無其名惟以釋老爲歸而孔顏曾孟之心未及焉南儒若雷次宗周續之則學於慧遠皇侃日誦孝經以擬觀世音經北儒盧景裕繫獄至心誦佛李同軌四時說經緇素請業者常滿范縝不信佛而作滅神論又乖上達之旨盡性至命之路蓋絕矣是以南朝浮華未能稍戢北朝較質而儒罕通人學多淺鄙粹然尼山矩矱得於克復歸仁忠恕一貫之道者殆無其人吾以是知諸儒理學之失也嗚呼物之未格知之未至可偭衆說贊鼓玄黃混亂求不爲搖惑難矣梁武帝天監初崇儒建學濟濟稱盛卒乃捨身於同泰寺劉獻之始教學者孝弟立身後乃注涅槃經未就而卒豈非悲歟至於諸儒三禮甫斅即講老莊以爲通博實太支離此學術所以破碎而醇儒之不獲覯也

四　隋儒學

隋儒以王文中子爲冠世皆知之隋書儒林傳十二人非所敢望也元善馬光之徒其經術大抵皆東漢魏晉南北朝之餘惟信都劉焯於諸儒章句多所是非最稱精博河間劉炫與之齊名西城何妥亦號淹通然焯之鄙嗇炫之矜夸妥之以訐爲直皆失儒者風矩蓋鶩精末藝而亡其本然與若房暉遠對高祖以窈窕淑女鐘鼓樂之爲自古天子女樂則尤害經矣巧佞阿主竟若是哉其餘鈎聲獵榮以爲稽古之力窮則鬱鬱不自忍俗儒大抵然也烏足道哉吾不具論且論文中子文中子之失在慨然以聖人自處年甫冠詣長安獻太平十二策不行退而教授河汾遂續六經門人董元薛收程元仇璋之徒則目爲顏曾閔冉之器言行悉擬孔子後儒擬其僭非過也然考其言論誠有非諸儒所能及者如謂九經興而易道微三傳作而春秋散齊韓毛鄭詩之末也大戴小戴禮之衰也書殘於古今詩失於齊魯神而明之存乎其人苟非其人道不虛行必也傳又不可廢也非有度越董劉馬鄭之識而能及此乎其贊孔子曰大哉乎君君臣臣父父子子兄兄弟弟夫夫婦婦夫子之力也其與太極合德神道並行乎可謂能見其大矣其言性曰性五常之本也我未見悅仁好義而不得者也如不得斯無性者也以性制情者鮮矣此荀卿楊子雲韓退之所不及也其論三才謂天統元氣焉非止蕩蕩蒼蒼之謂也地統元形焉非

止山川邱陵之謂也人統元識焉非止圓首方趾之謂也又曰心者非他也窮理者也悉本於天已者非他也盡性者也卒歸之人可謂天人一貫矣其家居不暫捨周禮曰如有用我則執此以往人不里居田不井授皆苟道也豈非有志於太平大業物各得所者乎其論佛曰西方之教也中國則泥論長生神仙之道曰仁義不修孝弟不力奚為長生論京房郭璞曰古之亂常人也非粹然中正之大儒何以及此文中子之學蓋非徒襲孔子之跡而能得其心者也其所少者地中有山謙耳劉炫之徒以才自負其失也小吾無取焉文中子以道自高其失也大吾良惜焉房玄齡杜如晦魏徵諸人皆其弟子仕唐為大臣無一言及其師殆懼人以回賜由求目諂之歟吾不得而知也至隋書無傳謂長孫無忌因惡王凝杜淹抑之亦或然也然而文中子之真自有不可掩者

唐儒學

為天宣教者聖人之經也為經釋義者賢人之傳記也演經義以翼道者通儒之文也賢人之傳記與通儒翼道之文謂有功於經則可以冒經名則不可異哉唐之五經正義也以小戴記為禮經以左氏傳為春秋而儀禮反不得列於五經豈不謬哉於是合賈公彥之周禮儀禮疏為七經合徐彥之公羊疏楊士勛之穀梁疏為九經繼以宋邢昺孝經論語爾雅疏孫奭孟子疏為十三經注疏經傳名淆承謬不革至今千餘年自孔穎達五經

正義始也大歷時啖助治春秋頗摘三傳之失其徒趙匡陸淳從而衍之更有施士匄說詩仲子陵論禮皆自名其學儒家治經不泥傳記亦自此始矣若通儒以文冀道吾得三家焉曰陸宣公韓文公李文公陸宣公事昏庸之主値傾覆流離之際踐詩書大易之義蓋仁義忠恕之實以靖亂而安唐室其大要謂當今急務在省察羣情欲惡與天下同而天下不歸者未之有也故其所謂制誥奏議無不本於王道蘇子瞻稱仁義百篇唐孟子是也韓文公値儒學頹靡舉世崇奉佛老之際獨能祖六經之文述修齊治平之義而作原道論佛骨表自謂世無孔子不當在弟子之列推尊孟子以爲功不在禹下謂釋老之害過於楊墨韓愈之賢不及孟子然使其道由已粗傳雖滅死萬萬無憾可不謂豪傑之士哉所謂舉世非之而不顧者非耶李文公値理學未興之際獨能演大易中學之義而作復性書其言曰性者天之命也聖人得之而不獲者也情者性之動也百姓溺之而不能知其本者也復其性者賢人循之而不已者也視聽言行循禮而動所以教人忘嗜慾而歸性命之道也道者至誠也誠而不息則虛虛而不息則明明而不息則照天地而無遺非他也此盡性命之道也孟子以後周程未出以前孰有見於此哉是皆通儒冀道足以爲功於聖經者也豈非孔孟四科之選歟彼沾沾守章句以爲業者亦小儒而已矣

經學盛於漢理學興於宋漢學多出於子夏荀卿爲孔孟之支流宋學遠契乎顏淵曾子子思孟子爲儒學之正宗夫理學者所以明詩書禮樂易春秋之微也在天爲太極陰陽五行造化之奧在人爲性情動靜五常百行之源約之爲誠意正心修身之要推之爲齊家治國平天下之經斯道也何道也孔子所以集堯舜禹湯文武周公之大成而詔萬世者也周子生千載之下不由師授默契道體紹而明之大程子從容自得元氣充周光而大之小程子居敬窮理篤於下學漸而達之朱子殫學問思辨之功本末條貫擇善而固執之陸子聞道最早直去人心之蔽惑使復其固有之善而光明之周子大程子蓋深契顏氏而幾於聖者也小程子朱子在曾子子思之間篤實而精密者也陸子則直接孟子之傳先立乎其大者而小者不能奪也所謂大人也皆卓然孔氏之正宗儒林之師表也左右乎周程而各有深造者張子之西銘正蒙邵子之先天易數皆性命精微廣大之旨也左右乎朱陸而並爲南宋中興大儒者則張南軒之春容天理呂東萊之變化氣質切磋輔翼皆學者之師資也若前乎周程而爲理學之先河者胡安定孫泰山石徂徠陳古靈王景山講學之功不可沒也立乎朝廷之上共相提挈者范文正韓忠獻歐陽文忠司馬溫公翼贊之力爲多也廣伊洛之傳布於天下者其門人則楊龜山謝上蔡游廣平呂藍田呂滎陽尹和靖王震澤其卓卓著也再傳三傳則羅豫章李延平爲大宗陳器堂張

橫浦朱漢上呂紫微薛艮齋劉白水汪玉山林艾軒謝艮齋爲支派而胡文定鄒道鄉劉平山范香溪皆私淑之賢者也廣紫陽之傳被於遠近者門人則黃勉齋蔡西山蔡九峰陳北溪輔傳貽其卓卓者也再三傳則何北山王魯齋爲大宗饒雙峰程徽庵車玉峰史果齋熊勿軒爲支派眞西山爲再傳之傑而魏鶴山李貫之皆私淑之賢者也廣象山之傳以杜俗學救人心者其門人則楊慈湖袁絜齋舒廣平沈定川傅曾潭傅琴山其卓卓者也再傳則袁蒙齋錢融堂陳習庵包宏文爲之傑而湯東澗徐徑畈皆私淑之賢者也其餘師友淵源所漸言論不詭於義理節行表著於當時者所在皆是也惟陳止齋言經制葉永心好砭古爲永嘉之學陳龍川專言事功爲永康之學別啓門戶其傳不廣要不足爲宋學輕重也嗚呼有宋學術人才之盛遠邁漢唐使周程朱陸得行其志雖唐虞三代之隆可復也惜神宗以大有爲之君而惑於王安石南宋諸帝又率多昏庸且目爲僞學而禁之前則章惇蔡京後則韓侂冑賈似道諸姦相繼亂政國安得不亡哉世之妄人反爲理學宋是甘附姦邪而得罪名敎不顧也若訓詁章句之儒扞格至理而不入辭章功利之士樂於放肆而不喜檢束遂相與環攻宋學而壞孔氏之正脈以遺禍於人心世道也又可勝責哉學者聞吾說而思之當知所決擇矣

自南宋朱陸並興理學分為二派及於元世南方之儒謹守朱學為教者為金仁山許白雲紫陽之嫡也謹守陸學為教者為陳靜明趙寶峯金谿之四傳也會通朱陸之學以尊德性為本然後讀書窮理以道問學者草廬吳氏也其次則為鄭師山夫朱陸之學皆以義理為歸豈有偏至哉朱子即物窮理大學之格物致知中庸之博學審問愼思明辨也陸子本心即道孟子之仁義禮智非由外鑠我固有之也一究諸事物一求諸身心此其從入之途稍別耳然朱子不云乎無本以自立則事事皆病陸子不云乎道外無事事外無道會而通之豈有異哉此草廬之所得而師山亦有見於此也其以程朱之學傳入北方者則趙江漢之功為多而其次則張導江北方之儒若許魯齋劉靜修與夫姚雪齋竇漢卿郝陵川皆因江漢而得程朱之學者也導江之徒雖盛而學不大顯以三百年淪於異族之土地人士得與聞斯道未始非不幸中之幸也魯齋之言曰綱常不可一日亡於天下苟在上者無以任之則在下之任也惜後之學者依聲附影未能盡得其心也於時天下學者雖多尊程朱然非眞知程朱之可尊特以其書為科目之資耳有道陸學者輒笑焉以為怪仁山白雲之後亦多流為訓詁文辭而靜明寶峯之徒尚有能篤信不移者甚矣學貴自得也李俟庵曰此心苟得其正則所謂書者此心之行事詩者此心之詠歌易者此心之變化春秋者此心之是非禮者此心之周旋中節蓋五經之義反求諸身而

無不備知道者無所假於外而其理自具足也此非深有得於陸學者乎視以虛辭浮文射取聲利者相去遠矣嗚呼乾坤不毀此心不滅詩書禮樂易春秋之傳未嘗沒於人心雖當中國淪胥而磨礱奮發以還我羲農黃帝以來治教涵濡之天下豈非儒者之責哉

明儒學

明中葉以上爲朱學代興之世中葉以下爲陸學極盛之期當洪武建文之際方正學以紫陽六傳毅然以明王道興太平爲己任其事惠帝也君臣之間誼若師友可謂千載一時矣孰知燕棣纂位天禍斯文讀書種子果遂絕哉而正氣之在天壤斯理之在人心者固不沒也未幾曹月川特起於澠池薛敬軒講道於河津吳康齋倡學於崇仁天下學者從風相應祖述師法悉稟考亭成矩朱學可謂浸盛矣惟新會陳白沙獨求深造雖與胡敬齋並師崇仁而各有自得其涵養之成不離人倫日用而見鳶飛魚躍之機當陸學既衰之後陽明未出以前白沙蓋孤學也迨正德嘉靖之世白沙弟子湛甘泉以隨處體認天理爲學與陽明並峙而陽明之傳爲獨廣此有明學術之一轉關也今夫陽明之學陸子之學也陽明曰良知即象山所謂本心也曰致良知即所以擴充本心也而皆出於孟子陽明悼天下學者習焉不察數數焉襲取於外以爲義此學之所以流於僞也夫良知知也知良知之爲知則囿於聞見之知非眞知也致良知行也知致良知之爲行則義襲

而取之行非實行也此知行合一之旨所以洗支離纏繞摹擬假借之習而踐聖學之眞也象山所引而未發者陽明悉發之矣當時羅整庵往復辨論諸儒或力爲攻錯而此理益顯於是四方門人日進陽明之學遂徧江浙吳楚及於天下而以其徒錢緒山鄒東廓聶雙江劉兩峰羅念庵爲得其傳龍溪一任自然未免智者之過心齋之後有顏山農何心隱輩殊失儒門矩矱然提倡人心使良知之學風行天下二王之功殆不可少龍溪以郎中乞休四十餘年周流講學天下推爲宗盟心齋以鹽丁崛起海濱洞徹大源因百姓日用以覺斯人上自當道下至樵子農夫陶匠吏胥商賈之徒聞者興起孟子謂人皆可以爲堯舜證以良知誠不誣也吾儒於是有程朱陸王之學至明之末造顧涇陽高景逸合轡於東林鄒南皐馮少墟主席於京師相與發揚正學風雨如晦雞鳴不已一時士大夫雷動雲會道義爲骨恨不能以清議誅姦魂而維國命以莊烈之求治復不能信劉蕺山黃石齋而小人之毒禍卒亡中國彼執政用事者獨非人而無良乎抑爵位利祿之能喪人心若是酷也明既亡而數十年間强圖恢復或燔身家萬死不顧或埋藏空山冷風熱血著書囑後者何人也蓋講程朱陸王之學者也嗚呼孰非此耿耿不磨之心貫於中而不沒也國亡而心不亡遲之久而卒以克復豈非儒學之效哉

清儒學

章絳曰清世理學之言竭而無餘華多忌故歌詩文史楛愚民故經世先王之志衰家有智慧大湊於說經亦以紓死而其術近工眇踔善矣章氏以為儒術惟文學著作而止不及德行此其蔽也理學之言之多吾於明已嫌其過清儒誠默體實詣踐聖人之堂室而充其內美方將出其餘以濟生民淵泉溥博豈有竭哉清初中正純粹如孫夏峰下學開修如張楊園陸桴亭飢寒清苦耿光四出如李二曲學敦大源建立宏義如黃梨洲行己有恥被服經術如顧亭林痛心國難瀝血著書如王船山數子者當明亡之後艱貞守道樹人極而立頑懦皆百世師也夏峰之傳為湯潛庵楊園桴亭之續為陸稼書張敬庵二曲之後遠宗金谿者為李穆堂皆篤行君子也至私淑亭林注心禮教成同治中興之業者為曾文正而梨洲船山之學顯於清末革命之世此其犖犖大者也外有顏習齋本虞書六府主事周官其間特起而爭勝者則以漢六藝為學別派分流其傳不廣而學漢學之熾張於乾隆之世吳孫惠定宇休寧戴東原並為大宗皆崇古誼而東原小學尤精過於前代同時武進莊方耕倡為今文學治公羊春秋浸及微言大義與惠戴之學別行其後有會稽章實齋謂六經皆史以復歆固之學近世南海康長素專崇今文以尊孔子所謂先王經世之志殆庶幾焉而古文家疾視之若仇讎吾嘗俯仰上下而病清儒之失在同室操戈大抵尊程朱者毀陸王言漢學者詆程朱夫程朱陸王之學從入雖略異然要

皆本六經之理體諸身心貫於家國天下人倫事物之變而衷諸中正仁義以爲的其或有失必反求諸己以期其至此經學之大者也卽訓詁考訂枝葉之間庸有疏略後儒補正未爲不可而乃梳文櫛字剌經典一二字解釋或至數千萬言相矜爲淹博遂舉焉以心性義理之說爲大詬煩雜破碎詳其小而害其大雖稽考之勤其功豈足以蔽罪哉此方植之漢學商兌所以作也理學門庭之荒殆百餘年雖有倭艮峰羅羅山奮發於咸同之際不過寒日乍明旋卽陰翳蓋仁義忠信之源塞卑汚變詐之風熾人心蠱於利欲邪說日甚一日而其後愈不可問矣其敝皆緣學術分裂攻陸王不已更攻程朱攻程朱不已且攻孔子矣如章絳所著諸子學略說尙復可言哉嗚呼道之不明不行久矣是在學者擇善而從先有以立天下之大本而後漸達於聖人經世之用勿徒譊譊以文學自大張己伐人釣名賈利以欺天下之耳目而相與進於德行以修己而安人中國其有瘳乎則儒學之幸也

擬彙刊周秦諸子校注輯補善本叙錄

吳縣王捍鄭仁俊遺著

儒學類

晏子

今存。漢書藝文志云。八篇。案今所傳止七卷。疑後人以篇爲卷。而又合雜上下二篇爲一篇也。此書有孫氏平津館校本。後孫氏復得元刻影鈔本。近吳氏鼒顧氏廣圻王氏念孫。皆見其書。王氏又以此書合諸本及羣書治要諸書所引校正。此最可据。盧氏文弨又校一卷。補孫刻所未及。在羣書拾補中。孫氏星衍又有音義二卷。王氏念孫有雜志二卷。俞氏樾有平議一卷。孫氏詒讓札迻有校語。已刊。黃氏以周有校勘記二卷。附浙刊孫本後。近聞平江蘇氏輿有集釋若干卷。皆宜附刊。瞿氏鐵琴銅劍樓藏書目錄十曰。(後省稱瞿目)是書烏程閔氏本竄亂舊第。惟元刊本尚存舊式。此影抄元本。即吳氏刊本之底稿。末有孫氏題記云。

影元版本抄晏子。据别本改正數字。用朱筆記之。

子思子

今佚。漢志云二十三篇。案唐以後此書已亡。宋汪晫有輯本一卷。分爲九篇。四庫子部收之。提要譏其割裂古經。强立篇名。則非善本可知。且其書或取孔叢子僞書所引子思之文。非盡可据。然馬總意林錄子思子八節。則唐時子思子尙在。文選注太平御覽亦多引及。今宜据諸書所引重輯一本。疏通證明。以表述聖之緒言。近邵陽魏氏源取中庸坊表緇衣四篇爲子思子章句。亦一家之學也。

曾子

今佚。漢志云十八篇。此書久亡。四庫子部但收宋汪晫輯本。提要据高似孫子略。陳振孫書錄題解。皆載有曾子。謂宋時尙有傳本。晫蓋以其未備而重輯之。然則晫所輯曾子。似較子思子爲可信。又趙汝騰劉淸之章樵宋鳴梧曾承業曾編周厚堉藏本戴良．各有輯本．分見於各家著錄．不盡可信．惟阮氏元取大戴曾子立事十篇．定名曾子．爲之注釋．最精當可据．邵陽魏氏源章句本亦備攷核．近東湖王氏定安編曾子家語篇．內釆錄曾子．尙爲謹愼．宜參訂之．

漆雕子

今佚．漢志云．十二篇．案隋唐書皆不著目．疑隋以前已亡矣．家語引孔子問漆雕憑一節．先載於說苑．惟憑字說苑作馬人．蓋馮字之誤耳．憑古作馮．易詩爾雅之馮河．左傳之馮恃其衆．皆是．家語雖不盡可据．說苑則碻可信也．馬氏國翰輯本叙錄．以爲憑其名．馬人其字．恐未塙．其据此定爲著作之人．且依說苑諸書所引輯錄．自是可信．今玉函山房輯本一卷．宜据之．

宓子

今佚．漢志云．十六篇．案隋唐志無之．其遺說尙多可攷．如家語韓非子呂氏春秋淮南子說苑諸書．並引其文．馬氏据以參訂．誠善本也．宜据玉函本刋入．

景子

今佚．漢志云．三篇．說宓子語．似其弟子．案隋唐志皆不著錄．而韓詩外傳及淮南子所載宓子語各一節．正與班說合．當是景子佚文．馬氏已輯之．可据錄．

世子書

今佚．漢志云．二十一篇．名碩．陳人也．七十子之弟子．案隋唐志皆不著錄．其佚文散見於春秋繁露論衡諸書．馬氏輯錄一卷．並附王充說．今攷充說無關世子本書．擬刪．

魏文侯書

今佚。漢志云六篇。案隋唐志皆不著錄。國策呂覽韓詩外傳淮南子新序說苑諸書所引魏文侯皆佚文之散見者。馬氏錄爲一卷。又据劉向別錄樂記三十三篇中有魏文侯。以禮記樂記載魏文侯問樂一篇定爲魏文侯本書。可据錄。

李克書

今佚。漢志云七篇。子夏弟子。爲魏文侯相。案隋唐志皆不著錄。呂覽淮南子韓詩外傳史記新序說苑引李克對魏文侯語。並卽本書之文。文選魏都賦劉淵林注引之。明言李克書。其碻据也。馬氏錄爲一卷。可刊。

公孫尼子

今佚。漢志云二十八篇。七十子之弟子。案隋唐志皆云一卷。今所存者樂記一篇。沈約以爲取公孫尼子。見隋書音樂志。引緇衣一篇。劉瓛以爲公孫尼子作。見禮記正義引。其餘諸篇則已佚矣。馬氏据意林御覽及繁露書鈔初學記諸書輯之。今錄。

荀卿子

今存。漢志云。三十三篇。名况。趙人。爲齊稷下祭酒。有列傳。師古曰。本曰荀卿。避宣帝諱。故曰孫。案今所傳二十卷。此書元刋。有纂圖互注本。明刋有虞氏王氏合校本。世德堂本。鍾人傑本。近有謝氏墉校本。蘇州王氏刻十子本。卽謝校本也。宋舊有三本。一呂夏卿本。卽盧氏文弨校本所据。一宋錢佃校本。陳氏奐据以手錄。一影抄大字宋本。又顧氏廣圻亦錄二本。王氏念孫皆見之。謂呂本有刻本影鈔本之不同。錢本亦有二本。不但錢本與呂本字句。多有不同。卽同是呂本。同是錢本。而亦不能盡同。宋有台州本。爲古逸叢書据日本影刋。今宜据謝校本。合諸本校定。其他王氏念孫荀子雜志八卷。及補遺一卷。俞氏樾平議一卷。近王氏先謙集解二十卷。於雜志平議。多已采入。俟更擬益以郝氏懿行

老子斠補題詞

老子傳於今者．文莫古於唐景龍碑．傳本亦或爲後人所改注莫古於王弼．次則釋文所詳異字．唐宋各類書所引異文．亦多故本．如玉燭寶典三藝文類聚三北堂書抄一百五十四引如登春臺．初學記二十三引誰氏之子．均與各善本合是也．若自遺其咎治要作還自遺咎．其死也枯稿．類聚八十八也作曰．亦故本異文．嗣外則初學記十七引虛其心而實其腹．類聚九引渙若冰將釋．特損益助詞非必所據之本然也．又書抄二十七引治大國挩大字．卷七引百姓心挩心字．則係傳寫之挩．故初學記十七白帖三十六太平御覽七十六所引．均有心字．至書抄一百四十九引以爲天下眞．初學記七引江漢所以能爲百谷王．左傳昭公廿五年疏引五味令人口臭．則誤字耳．然王弼以前本書訛挩已多．弼注又疏於詁故欲繹舊文故誼．必求諸東周秦漢之書．蓋老子之文．恒爲莊列所述．韓非解老喻老．詮釋尤昭．迄至西漢．則淮南所述爲詳．文子之書．又襲淮南．其他述老子者．於周則荀呂商墨．於漢則陸韓賈桓揚劉．或明著其文．或述其誼而殊其詞．然所引均故書．所述亦均故誼．有足證今本挩字者．如魚不可脫於淵．證以喻老．則淵上挩深字．子孫以祭祀不輟．證以喻老．

劉氏台拱各一卷補注。又孫氏志祖讀書脞錄。孫氏詒讓札迻。均校荀子。汪氏中有荀子年表在所著述學內。又有荀子通論。黃氏以周讀荀子一篇。正某氏年譜之誤。日本物茂卿讀荀子四卷。皆可附錄。余友胡君元儀。亦曾爲集注。尙未刊。未審善否。　又案瞿目十三曰。此惠徵君校宋本。原出葉林宗氏。以景定本校過。徵君又加校之。顧澗蘋依之傳錄。凡改正七百七十字。卷中有樹玉案一條。當是匪石題識。盧校每自用己意。不盡同也。又曰。此盧抱經校宋本。盧校是書。凡用數本。一爲景抄大字宋本。一爲元刊纂圖互注本。一爲世德堂原本及鍾人傑本。又曰。抄本荀子攷異一卷。宋淳熙間邑人錢氏佃刻荀子。既用各本參校。復有所疑。因著攷異附卷末。自爲之跋。今淳熙本不獲見。惟傳此卷。

內業

今佚。漢志云。十五篇。不知作書者。案隋唐志皆不著錄。王氏應麟曰。管子有內業篇。此書恐亦其類。考弟子職漢志列在孝經。而管子亦有是篇。其非管子自作可知。內業篇卽其例。馬氏輯一卷。仁俊於內業別有集解。

讕言。

今佚。漢志云十篇。不知作者。陳人君法度。案以家語攷之。則是孔穿所作。師古注以爲非者。因班氏所說。故云然。馬氏据孔叢子所載子高之言。皆陳人君法度事。以讕言定爲穿書。又從孔叢子錄出三篇。輯爲一卷。

甯子

今佚。漢志云。甯越一篇。隋唐志皆不著錄。案呂覽說苑皆引之。馬氏輯錄。二節幷坿事蹟合爲一卷。潘氏基慶輯古逸書。以甯戚與甯越混爲一人。非也。

王孫子

今佚。漢志云。一篇。一曰巧心。案隋志於孫卿子下注云。梁有王孫子一卷亡。唐志不著錄。意林僅有目錄。而所載文爛脫。校者乃以莊子雜篇充之。實非王孫子。馬氏据類聚御覽所引錄五節。嚴氏可均据書鈔等書采二十四事。省併得五事。僅三百九十九事。黃氏以周亦有輯本。序文載儆季雜著。

李氏春秋

今佚。漢志云。二篇。隋唐志皆不著錄。案呂覽勿躬引李子一節。馬氏定爲李氏春秋佚文。又云。泛論名理。以春秋取號者。其亦虞氏春秋之類與。今据之。

董子

今佚。漢志云。一篇。名無心。難墨子。案隋唐志並云一卷。宋志不載。則宋

時此書已佚馬氏据論衡引其與經子論難者文選注意林引經子內有董無心語取以補佚是已

徐子

今佚漢志云四十二篇宋外黄人馬氏据國策魏策史記魏世家輯録

魯連子

今佚漢志云十四篇案隋志魯連子五卷録一卷唐志一卷今佚是佚於唐時戰國策載其六篇即其書又意林御覽皆引其説馬氏合録爲一卷黄氏以周有輯本叙載儆季雜著

虞氏春秋

今佚漢志云十五篇案隋唐志皆不著録明詹景鳳明辨類函云近見京師李氏所載鈔本殊劣贋作也馬氏据國策新序所采録爲一卷

右儒家類二十一種漢志又有孟子今孟子已升入經類考孔叢子

太上下知有之。

案韓非子難三篇云。太上下智有之。此言太上之下民無說也。安取懷惠之民。淮南子主術訓云是故朝廷蕪而無迹。田野辟而無草。故太上下知有之。高注云、言太上之世。下知之人。皆能有此術。據高說。則知當讀智。

淵乎似萬物之宗。挫其銳。解其紛。和其光。同其塵。湛兮似或存。

案湛兮句疑當在淵兮句下。抄寫致訛。

天地不仁。以萬物爲芻狗。聖人不仁。以百姓爲芻狗。

王注。地不爲獸生芻而獸食芻。不爲人生狗而人食狗。　案芻狗者。古代祭祀所用之物也。淮南齊俗訓云。譬若芻狗土龍之始成。文以青黃。絹以綺繡。纏以朱絲。尸祝袀玄。大夫端冕。以送迎之。及其已用之後。則壤土草薊而已。夫有孰貴之。高注云。芻狗。束芻爲狗。以謝過求福。說山

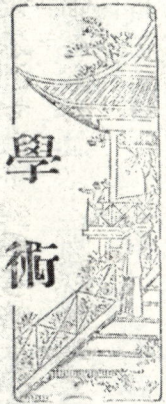

學術

清儒學派考

貞立

清儒學派有爲程朱者。爲陸王者。爲許鄭者。爲韓歐者。爲公羊許墨者。爲歷史天算輿地者。爲程朱者。陸稼書最純。稼書於儒禪朱陸異同。心性理氣分合之辨。所見至精。而講新法於南懷仁利類思。無一言以闢其天主之邪說。衞道之嚴。不及刻念臺遠矣。其次李厚庵熊敬修張楊園王復齋張孝先陸桴亭。楊園桴亭。於心性理氣分合。所見皆未透徹。桴亭參用陸王。并不及楊園之純。孝先著述多陳言而少心得。所編正誼堂叢書。於先儒文集語錄。任意刪削。殊失先儒本旨。敬修學統持論最正。有裨後學。而擯魯齋不錄。未免襲瓊山之謬。厚庵窮理之精。遠非楊園桴亭所能及。於圖書歷算樂律音韻以及道術兵符。皆能究極蘊奧。惟解大學以知本爲知至。力主古本。於聖學入手即誤。陳福林編全閩道學總纂。擯而不錄。爲其叛朱子也。然必以一端之疪而盡沒其生平。亦未免操之過蹙矣。稼書弟子王西亭最著。而沈闇齋亦篤信稼書者。西亭理學文章氣節。皆無愧師門。全謝山謂陸門無賢。吾謂陸門之西亭。固遠勝於王門之龍谿緒山也。闇齋之躬行篤實。亦非謝山所敢望。厚庵弟子。蔡梁村雷翠庭楊賓實王復庵最著。翠庭象山禪學考。陽明禪學考。固與陳清瀾學蔀通辨同功矣。其次張嵩庵陳確庵呂用晦顧亭林王船山高彙旃應潛齋刁蒙吉謝約齋汪星溪張警庵胡石莊張秋紹李闇章曹陶庵李恒齋趙松伍向荆山朱柏廬李復齋張篔山徐清牧顧庸庵魏貞庵張武承魏環極陳滄洲陳説巖朱可亭方靈臯劉崑石竇靜庵蔡葛山謝退谷黨冰壑陳定齋王懷三夏用九戚仲蘭任東澗高紫超蕭文超秦定叟譚東白張蘿谷殷夢五汪雙池江愼修王白田陳榕門官石溪藍鹿洲韓理堂朱湘陶閻懷庭陰靜夫童韓泉孟瓶庵馬一齋方植之陳惕園陳頌南何丹畦。呂用晦篤守程朱。張蘿谷稱其度越清獻。而翦髮髡首。大達中國先聖先王身體髮膚不敢毀傷之戒。蘿谷始亦爲清諸生。後以清爲閏位。絕意進取。遂以不赴歲科試除名。亦與用晦同轍矣。顧亭林王船山距闢陸王甚嚴。而亭林等重攷據禁言心性。以釀乾嘉漢學之禍。船山史論。斥魏孝文詆李綱。薄岳飛。鄙許魯齋。以岳飛之主戰。秦檜之主和。爲可相輔爲用。拾瓊山唾餘以啟清室和戰無定之禍。持論偏僻。未可躋之醇儒之列。張武承王學質疑。應潛齋王學考。任東澗傳習錄辨。陳定齋明辨錄。王懷三道學淵源錄。汪星溪明儒通考。李恒齋語類約編序。藍鹿洲棉陽學準。竇靜庵理學正宗。何丹桂續理學正宗。朱湘陶朱子聖學考略。王學辨。王白田朱子年譜。皆能息邪距詖。力衛聖道。孟瓶庵論湛甘泉序嚴分宜集。有云知天之所以爲天。文王之所以爲文。則知鈐山之文。八十老人獻媚同年宰輔至於此極。陳惕園論羅近溪爲姚江入室私淑弟子。明德之謚。上擬明道。近溪手傳二子軒輅往生之異。於二子坐化之頃。親爲之拜斗府之章。念彌陀之號。歡喜讚歎。得未曾有。不知近溪所明者何德。詞嚴義正。有功名教。方植之晚年雖不免沈溺佛學。而所著漢學商兌。明辨顧黃嚴閻惠戴論。篤識精卓。然爲一代不可少之書。視姚姬傳青出於藍矣。道咸以後。程朱之學日衰。得唐鏡海倭艮峰吳竹如羅羅山劉霞仙而稍振。鏡海著國朝學案小識。分傳道翼道守道三等。體例既不盡當。進湯潛庵李二曲姚姬傳於翼道而退李厚庵熊敬修。尤爲識者所譏。羅山姚江學辨。精思明辨。闢陽明者所未有也。劉霞仙思辨錄疑義。亦能糾桴亭之失。李迪庵李希庵王璞山左季高皆從羅山講學。勘定粵匪之亂。湘軍將帥。羅山弟子爲多。艮峰之學。篤實純正。其弟子崇文山李蒓圃文舜臣寶竹坡文山弟子高熙亭皆好學力行。篤守師傳。竹坡庭聞憶略。多心得之言。其論未發之中。聖凡所同。尤爲胡敬齋吳竹如賀復齋所不及。賀復齋與薛仁齋同時以諸生倡學秦晉。所見亦正。然皆謹飭自守。不能與漢學西學抗衡矣。清初爲陸王者。有孫夏峰黃梨洲李二曲。夏峰著理學宗傳。陽儒陰釋。流毒無窮。劉虞卿有理學宗傳辨正。吳竹如爲之校訂書後。辨析尤精。梨洲宋元明儒學案。於程朱之學則陰抑而陽尊。於陸王之學則陰尊而陽抑。所著明夷待訪錄。援胡翰十二運之說。舉漢唐宋明皆歸之亂運。以清室爲適當治運。獻諛新朝。殆自忘其爲明之遺臣。謝清廷修史之徵。其令子出任纂修。今之號爲遺民者。必令其子弟出仕新朝。以保己舊日權利。蓋亦效法梨洲而爲之。二曲自命遺民。而受清巡撫之聘。主講關中書院。已爲今日自命遺民而爲民國纂志修史者。導其先路。生平提倡本心良知最力。引人入禪。貽害甚鉅。湯潛庵耿逸庵皆夏峰門人。而逸庵之學。視潛庵篤實。黃宗炎萬充宗萬季野。皆梨洲門人。季野撰儒林宗派。痛詆宋史道學儒林分傳。不如阮芸臺擬儒林傳序持論之當也。劉伯繩沈求如王山史張仲誠潘用微山曉堂曹厚庵彭一庵彭方濂許酉山魏蓮陸張天民張瑤星康一峰彭南畇李穆堂法鏡野羅臺山汪大紳薛皆三彭尺木。皆以陸王之學。引人入禪。至邵念魯。欲盡焚宋儒諸書。則陽明詆朱子為洪水猛獸。王學之仇視洛閩由來久矣。毛西河全謝山。則以陸王之學。開漢學之門。漢學始於顧亭林閻百詩。而毛西河記醜言僞。一生以攻訐朱子為能事，至惠定宇戴東原。高揭許鄭。而漢學赤幟始立。蔑理尊欲。遂為西學平等自由先導矣。紀曉嵐阮芸臺王念孫王伯申段懋堂江艮庭余古農畢秋帆劉端臨江鄭堂張臯文余槃齋王鳳階孔巽軒任木田臧拜經汪容甫淩次仲焦理堂任幼植郝恂九桂未谷洪汝登程易疇邵二雲許月嵐范庸齋潘龍菴都乾文桑弢甫崔東壁朱愚菴臧玉林盧紹弓武虛谷錢辛楣葉書山俞理初。皆捜殘拾碎。立異程朱。陳蘭甫朱容生。欲持漢宋之平。於程朱之學。實無所得。逮俞蔭甫孫仲容王壬秋起。以孟子道性善為不識中庸率性之解。以孟子言禹治水行所無事。為不識水。以西法附會周禮。以君子之道本諸身為孔子自王。以下襄水土為素王無土地。而襄取人土地。穿鑿附會。無所不至。張孝達一生最尊信俞蔭甫孫仲容王壬秋三人。而提倡西法。孝達實為清廷諸臣之魁。用夷變夏。五經掃地。歐美學說。遂入中國而奪孔子之席矣。爲韓歐者。淸初有侯朝宗魏叔子汪苕文。叔子亭林二曲。皆以遺民自處。而編髮胡服出遊廣通聲意未可語於幽人之貞。侯魏之文皆學三蘇。而苕文於盧林爲近。其後姚姬傳承方靈皋劉才甫之傳。以授方植之姚石甫管異之梅伯言。號桐城派。以明歸震川爲宗而去昌黎絕遠。同時惲子居李中者張臯文亦以古文名。所爲幷出惜抱之下。曾滌生宗法桐城而少變其體。未脫八股窠臼。吳南屏傲睨桐城。一邱一壑沾沾自喜。皆不逮姚氏遠矣。守姚氏之緒說者。則魯絜非孫芝房龍翰臣孫琴西張廉卿孫佩南張次陶吳摯甫王益吾馬通伯姚仲實叔節。漢學家以六朝浮靡駢麗之文爲正宗。而斥韓歐爲僞體。予謂汪容甫龔定菴王壬秋林琴南章太炎之文專務琢辭。而無眞理生氣以運之。乃眞僞體也。至康長素梁卓如報館之文作而言不雅馴。牛鬼蛇神。無所不有。斯文掃地矣。爲許墨者。顏習齋李恕谷習齋著有爲性存學存治存人四編。自詡孔子之學。而不知性有理氣之分。性善性相近所指各殊。以孔孟言性爲語異而旨同。不知大學之格物非周禮鄉三物所能該。以格物格鄉三物。其學主於忍嗜慾苦筋骨勤力自食講求六藝世務。以備天下國家之用。實與許墨爲近。守習齋之傳者。則戴子高也。天算之學。梅定九後安翼聖爲最。安氏著有數學五書。精識深造。卓然出薛儀甫王寅旭江愼修戴東原之上。至淸末李壬叔黃炳厚則貴西賤中。斥易象爲不知天。詆堯典爲開口便錯。毀聖誣天。無所不至。舉國爲西學奴隸。拔本塞源。楊光先不得已書之作。先見之明。不能不爲之三復流涕矣。講天算者。梅定九以下。主天動地靜。李壬叔以下。主天靜地動。而皆不知以地隨天動立算。卽安氏亦未達一間也。歷史則章實齋趙甌北。輿地則顧景范胡東樵。齊次風莊方耕始爲公羊之學。傳之劉中受。至龔定菴其說益肆。而王壬秋亦以公羊學名。壬秋傳廖季平。季平傳康長素。改制自王。孔子作春秋。遂爲亂賊厲階矣。平等自由權利競爭。流血革命。民權女權人權。公妻公財。歐美學說盈天下。以亡清而幷亡五千年之中國。至爲學以回復獸性爲主。明目張膽。倡之國學講師。布之青年雜誌。則悍然以禽獸自命而不恥。亡國滅種之禍必不遠矣。學說所播。有邪正。而人心風俗隨之。天下治亂。國家存亡係焉。清之興也。正學盛而異學衰。及其亡也。異學盛而正學衰。予作清儒學派考。俾後之覽者知學說所關甚大。則兢兢焉必愼其所學。恐一不當而賊人心。害風俗。亂亡隨之。毋輕爲邪說橫議。以流毒於天下國家也。

學術

國學

○中國儒學史之研究

高亞賓

研究儒學之簡單理由有四

一、吾國四千餘年之文化始終建築於儒學之地盤上則欲研究吾國之文化舍儒學殆末由、

二、儒學在吾國有四千餘年歷史之根據西哲嘗言所謂人生觀者卽歷史的生活而已則吾人當然須向儒學中討生活而加以忠實之研究心

三、西洋學者研究吾國之文化而關於聖經賢傳及宋明學案等書迻譯甚多吾國青年安可自數典忘祖

四、歐戰以後西洋之文化漸有破產之趨勢而東洋之文化立地增高其價值而受彼中學者狂熱之歡迎夫所謂東洋之文化者當以儒學與佛學爲兩大質幹而儒學故爲吾國之產品則研究尤宜先

一　儒學之萌芽時期

本章講演之始先詮釋儒字之義意蓋其字之義意明則其學之緣起亦明矣周禮太宰職云師以賢得名儒以道得名師儒之稱殆昉於玆賢蓋謂德行道蓋謂藝業周禮雖分別爲說然自來師無不兼儒儒亦無不兼師自姬漢已來久相糅合而爲一(統曰儒林)據此知所謂儒者乃係道德學問高出於一切羣衆水平線上而爲社會表率之人也漢書藝文志云儒家者流蓋出於司徒之官助人君順陰陽明教化者也游文於六藝之中留意於仁義之際祖述堯舜憲章文武於道爲最高據此知所謂儒者乃以六藝仁義助長教化爲職志者也(又揚子雲云通天地人之謂儒通天地而不通人之謂伎據此知所謂儒者除自然界之知識外又偏重於人事也伎如古代掌學之官若義和之官五行之官卜官祝官農稷之官等是)

吾國當草昧之時萬有之文化未興其時惟有一道教而已後之論者每以道家託始於黃帝而大成於伯陽則猶溯太宗而忘太祖也試觀古史所載泰古皇人十紀諸氏類皆所謂握大象遊臺簡乘太極而瞰顥溆得道炳而通神明云云此可爲證蓋吾種人剖判之始玄冥沈默足以資生一切順應元化之自然故此種教義緣之

而立惟未尸其名耳其後生殖漸繁人事日賾任天之說遂弗足以爲理而儒術乃興蓋儒術之動機意在矯自然而開物成務以製造文化其時筦儒術者皆爲大君（吾嘗擬名之爲君學時代、蓋學術之權責、在於大君也、至東周孔老興、遂爲師學時代、學術由大君而轉移於大師之手矣、）昔希臘柏拉圖著新共和一書謂當以哲學者宰制天下而出政教蓋僅出於理想而吾國在大君倡學時代自羲農堯舜以迄禹湯文武周公（周公曾南面攝政、亦大君也、）皆以一世之大哲出任元首以吾國名義籀之即以一世之大儒出任元首也（惟黃帝之學、有兩方面其興文化之一方面、爲儒家所祖、其別一方面宗自然、則爲道家所祖、禹之學亦有兩方面、其洪範敍彝倫爲儒家所祖、其別一方面尙儉重苦行、則爲墨家所祖、）夫伏羲畫卦爲易學之椎輪自餘若黃帝顓頊帝嚳其章皇儒術以爲治者觀於賈誼新書之「修政語」篇所引、可得其大凡若夫堯舜三王則今文尙書（古文尙書爲僞書、不足信）足徵也又孟子卒篇有云由堯舜至於湯五百有餘歲若禹皐陶則見而知之若湯則聞而知之由湯至於文王五百有餘歲若伊尹萊朱則見而知之若文王則聞而知之由文王至於孔子五百有餘歲若太公望、散宜生、則見而知之若孔子則聞而知之此以見當時大君既以儒術爲治而爲之臣者亦以儒術佐治昔宋儒論道統立見知聞知之二例卽本於孟子而由孟子言知堯舜湯文以迄禹皐陶伊尹萊朱太公望散宜生等皆儒家之先河也，（惟伊尹太公所著之書、其目今見於漢志諸子之道家內、或其中有一部分言道術者、故班劉等不以入儒家、而入於道家然其書又早亡、無從徵信、今傳之太公六韜蓋誠以道家之旨言兵者也然恐係僞書、又呂氏春秋所引之伊尹書、玩其辭意、亦不似道家言、）

在萌芽時期雖遠溯羲黃至其顯然開儒家學術之椎輪而以爲教育之大原者當始於唐虞之際觀契作司徒敬敷五教父子有親君臣有義夫婦有別長幼有序朋友有信此卽儒家之根本主義故漢志謂其出於司徒之官也孟子言見知進禹皐而遺契蓋偶失之又伊尹當確爲儒家而不宜作道家言也仲尼祖述堯舜孟子亦言必稱堯舜然孟子舉伊尹之語以其樂堯舜之道將使其君如堯舜之君民如堯舜之民焉以此知必係儒家又述其治進亂進之懷先知先覺之志而至諡爲聖之任者焉以此知決不爲道家言論語末章念堯舜禹湯相傳之大訓曰「天」曰「中」（蓋允執其中一語、爲堯舜立人之極、）以人道法於天道也故稱惟堯能則天儒家天人相與之際一義蓋肇基於茲昔陸象山有言唐虞之際道在皐陶殷周之際道在箕子觀皐陶告禹以天敍天秩天命天討之語蓋立天道統人事實儒教之大原其云天聰明自我民聰明天明畏自我民明畏者言天所善惡與民同也此卽「先天道德說」為「性善論」之嚆矢蓋自皐陶而天人一貫之倫理觀始為發明洪範九章演自伯禹而傳於箕子要在明天人之大統敍彝倫之常典苞萬象通萬理本末精粗無乎不運蓋堯舜傳執中之道禹因之以建皇極極卽中也相沿數百千年之久幸有箕子承其墜緒闡其古義而為道愈用光至其三德（一曰正直二曰剛克三曰柔克）之談蓋與皐陶所稱九德（寬而栗柔而立愿而恭亂而敬擾而毅直而溫簡而廉剛而塞彊而義）之行皆為「道德分析論」然二說實可相通皐陶所言寬謂度量寬宏柔謂性行和柔擾謂事理擾順三者相類卽洪範所云柔克也愿謂容貌恭正亂謂剛柔治理直謂身行正直三者相類卽洪範所云正直也簡謂器量凝簡剛謂事理剛斷彊謂性行堅彊三者相類卽洪範所云剛克也（詮釋九德語皆據鄭君注）且二家之說尤有一相通之要點者卽在協以成其德斯卽五行生尅之用聖人法陰陽以治性情仍不外天人相與之大義也丁茲萌芽時期君

相廑數儒術以爲治惟皐陶箕子獨能於學之方面上爲有條理、有系統、之研究故吾特進此二人認爲極有功於儒學者也

且凡一學之成立浸淫稍久必分派別有派別則內爭以起今按此時期之末流儒學中間遂成爲兩派對抗相爭之形式兩派者一爲箕子洪範之學一爲文王之易學洪範用五行易則張八卦玉門演易明夷之彖抗衡而言文王箕子八卦五行之相競也易與五行牾是以陰陽氣無箕子彼禹學（即洪範之學、）橫行於東夏而不西被於關中文王之在豐鎬鄠杜有扈之墟也（尙書載夏后氏伐有扈宣其罪謂爲威侮五行、蓋威侮五行、則罪不容誅、聲討必加矣、五行者、即洪範之學也、夏后氏欲以其洪範之學、統一諸夏其情勢殆如近世之國教然稍有違反其學執者、即不啻破壞其統一、故用兵誅罪、不能一夕寬吾所言大君倡學時代、其特徵亦在此、）故守易千歲而不言五行比其厲周南度黎丘氾移東漸而箕子不得不竄於極東玄菟之域矣周史錄洪範以著東西教學之異非尙之也雖然吾以爲範易之爭實不成問題（一）數用五（二）數用八此方法上稍有差違至其立天道之大常以統人事法陰陽之自然以繕民性炳然爲天人一貫之倫理觀則壹焉而已（本章完）

學術

國學

○中國儒學史之研究（續）

高亞賓

二　周秦時代之儒學

漢書儒林傳曰。古之儒者。博學乎文藝之文。（易禮樂詩書春秋、）六學者。王教之典籍。先聖所以明天道。正人倫。致至治之成法也。周道既衰。壞於幽厲。（中略、）陵夷二百餘年。而孔子興。據其說。是六藝成於周初。而成之者、卽周公也。漢人習稱周公爲先聖。稱孔子爲先師。（至唐始改稱孔子爲先聖、顏子爲先師、至宋以後、遂綜稱孔子一人爲至聖先師、）其明言先聖之成法云者。非謂周公而誰謂耶。觀荀子儒效篇。獨以周公孔子爲大儒。（大儒者、別俗儒雅儒之稱、）則儒學由周孔二人爲之中心、明矣。且儒所以成學者。以其有學科在也。學科卽六藝是已。然六藝實創始於周公。考易之爻辭。爲周公所作。左傳韓宣子適魯。見易象云。吾乃知周公之德。則易出於周公之證也。賈公彥儀禮疏序云。周禮儀禮。發源是一。理有終始。分爲二部。並是周公攝政太平之書。周禮爲末。儀禮爲本。又周禮。大司徒以五禮防民之僞。而教之中。王制。司徒修六禮以節民性。則禮出於周公之證也。今禮記中之樂記一篇。魏文侯以爲係周公之舊典。而七十子述之。又周立大司樂之官。則樂出於周公之證也。周公制禮作樂。輶軒陳詩。故二頌並興。六義同起。觀周官之制。太師掌六詩。曰風、曰賦、曰比、曰興、曰雅、曰頌。則詩出於周公之證也。周禮。外史氏掌三皇五帝之書。(孔安國尙書序引之、謂伏羲神農黃帝之書、卽所掌之三皇書。少昊顓頊帝嚳唐虞之書、卽所掌之五帝書。)左傳。韓宣子聘於魯。觀書太史氏。是書掌於太史氏。卽書出於周公之證也。又古有二史。左史記言。右史記事。言爲尙書。事爲春秋。故國語載申叔時對楚王教太子云。教之訓典。使知族類行比義焉。訓典、蓋卽書也。又云、教之春秋、而爲之聳善而抑惡。以勸戒其心焉。春秋、蓋周舊典之春秋也。觀韓宣子適魯。見易象與春秋曰。周禮盡在魯矣。吾乃今知周公之德與周之所以王。而杜預春秋左氏傳序云。其發凡以言例。皆周公之垂法。史書之舊章。仲尼從而修之。則春秋出於周公之證也。

是知西周以來。早立六藝之教。如文王演易。周公制禮作樂。輶軒採詩。史官記言記事。雖遵前代聖王之制。而大備於周室矣。於是太卜掌易。太史外史掌書與春秋。太師掌詩。宗伯掌禮。大司樂掌樂。有官斯有學。學具於官。官世其書。禮樂詩書。以教國子。諸侯各邦。亦奉六藝爲典臬。官或不備。則以史官兼掌之。要以周公制作之績爲多。故章學誠謂六經皆周公舊典也。吾嘗擬名此期、爲官學時代。以儒學皆設專官以司守之也。然六藝掌於在官。而別本流行民間。遂經孔子刪訂。以教授弟子。而師學時代之幕。遂以開矣。

史記言孔門弟子。通六藝者。七十二人。又曰、世之言六藝者。折衷於夫子。可謂至聖矣。夫六藝者。孔子以之垂教者也。然例之西洋教法。虛實迥別。學者疑焉。予謂六藝之學。卽孔門所編訂教科書也。孔子之前。已有六經。然皆未修之本也。自孔子刪詩書。定禮樂。贊周易。修春秋。而未修之六經。易爲孔門編訂之六經。且六經之中。一爲講義。一爲課本。易經者。哲理之講義也。詩經者。唱歌之課本也。書經者。國文兼政治學之課本也。春秋者。本國近事史之課本也。(西洋學校歷史一科。先授本國、後授外史、而近代之事較詳、古代之事較略、孔子爲魯國人、故編魯史、且以隱公爲始也、)禮經者。倫理心理之講義及課本也。(儀禮爲古禮經、大抵爲孔門修身讀本、而禮記禮運孔子閒居坊記表記諸篇、則皆孔門倫理學心理學之講義也、樂經者。唱歌之課本。(此樂之屬於音者、)及體操之模範也。(此樂之屬於舞者、)是爲孔門編訂之六經。然六經之書。舍孔門編訂諸本外。另有傳本。其傳本尚是周室之舊。而爲九流諸子公共所肄習者。如墨子稱詩書春秋。(其所引多官中舊文、與今本不同、)管子言澤其四經。註謂詩書禮樂是也。然此皆六經未修之本。至於秦漢。所傳六經。悉以孔門删訂本爲主。故史公言六藝折衷於夫子也。

上篇言儒之緣起。引周禮太宰職云。師以賢得名。儒以道得名。然據儀徵阮雲臺、謂孔子以王法作述。道與藝合。兼備師儒。(國史儒林傳序、)試就阮說以申明之。如孔子徵三代之禮。訂六經之書。徵文考獻。多識前言往行。凡詩書六藝之文。皆儒之業也。至其衍心性之傳。明道藝之蘊。成一家之言。集中國理學之大成。凡論語孝經之書。皆師之業也。蓋述而不作者。爲儒之業。自成一書者。爲師之業。曾子、子思、孟子。皆自成一家言者也。是爲宋學之祖。(曾子十篇存於大戴禮、中庸、坊記、緇衣、存於小戴禮、)取之以合孟子、而孔曾思孟之傳定矣、此宋儒學術之祖也、然皆曾子之傳、子夏、荀卿。皆傳六藝之學者也。是爲漢學之祖。故孔學者。乃兼具師儒之長者也。

孔門之弟子雖多。而能修其學、傳其經者。則至爲寥寥。據傳記所載。如商瞿受易。（七十子傳）漆雕受書。（家語）子夏受詩。（鄭志）左氏受春秋。（杜氏集解序、）曾子受禮。（大戴有曾子十篇、小戴有曾子問篇）而子夏尤通羣經。序詩傳易。（七十子傳索隱、）受春秋。（公羊疏引孝經鉤命訣以春秋屬商、）作喪服傳。（儀禮、）孔子旣沒。教授西河。爲魏文侯師。弟子最盛。公羊、穀梁皆從受經。（釋文序錄、）宜乎徐防稱詩書禮樂。定自孔子。而發明章句。則始於子夏也。逮於戰國。當以孟荀爲儒家兩大宗。孟子受業於子思之門人。序詩書。述仲尼之意。作孟子七篇。（史記孟荀列傳、）予按漢書藝文志儒家尙有孟子外書四篇、）趙歧稱其通五經。尤長於詩書。（孟子題辭、）故其書引詩者三十。論詩者四。引書者十八。論書者一。而論春秋尤有特識。孟子之學。其長在於微言大義。而不務章句。與子夏之派異。荀卿爲子夏五傳弟子。（釋文序錄、）善爲詩禮易春秋。齊襄王時。最爲老師。（劉向荀子序、）大毛公、浮邱伯。皆其弟子。爲毛詩魯詩所自出。韓詩外傳引荀子說凡四十有四則。韓嬰亦荀卿弟子也。傳穀梁之瑕邱。傳左氏之賈誼。則皆再傳弟子也。且其學尤長於禮。大戴所傳之哀公問五義篇。禮三本篇。曾子立事篇。勸學篇。小戴所傳之樂記篇。三年問篇。鄉飲酒義篇大略皆見於荀子。是子夏之後。有功於經者。又莫荀子若也。

○讀周秦諸子要法(續)

汪鸞翔

(丙)關於化學(Chemistry)者

經下『同重體合類』＝『凡同一元素(Element)不生變化』

如合金 Awalgam 之類又例如

$O+O=O_2$ $H+H=H_2$

又『異二體。不合不類。化徵合也。』＝『異類元素(Elements)變化卽起』之理例如

$H_2+O=H_2O$ $H_2SO_4+Zn=SO_4Zn+H_2$

以上所述墨子書內所包藏之科學。(Scientific)不過略舉一隅。今日西方經多數學人始發明之學理。而墨子於數千年前以一人之腦力而具此思想。不可不謂之奇也。

且墨子書中。不但格物之功。多與今日西人學說相合。卽其書中如尙同、兼愛、明鬼、敬天、諸說。尤與今日西教之博愛主義。與夫靈魂(Soul)上帝(God)之說。若相暗合。儼然一東方之宗教家也。(A religion of China)且其尙儉、尙賢、

諸說。亦與今日西人之講求經濟。(Economy)崇尙科學。(Science)大略相同。大約今日西方之所謂政、教、學、三大宗。墨子皆於數千年發其端倪。孟子以其主張兼愛違反儒術。故不嫌辭而闢之。今日苟稍采其遺意而善用之。亦足以强國而有餘矣。古今書惟恐讀之不得其解。其勤儉之德。學之不能到耳。何暇闢哉。

(八)讀諸子可旁通印度之哲理

印度哲學。乃一種專門之學。釋迦牟尼文佛講經凡五十年。然後乃完全講明無缺。然諸子中。亦有具與之相近之思想者。其最富此思想者。莫如莊子。佛家最要之學說。視世間一切有形之物。皆如夢幻。而於形形色色之外。別有所謂眞如。故其言有曰『一切有爲法。如夢幻泡影。如露復如電。應作如是觀』莊子書中發揮此旨之處不少。故莊子幾無異中國土產之佛。佛學者亦無異印度化身之莊子也。茲擇其最要者如下。

莊子書中與佛學相似之點。

(一)逍遙游篇云。『小知不、及大知。小年、不、及大年。』卽佛家悲憫世人役於名利。

物理學 Physics　宇宙的 Universal　能力的 Energetic
生物學 Biology　個別的 Iudividuate　行爲的 Behavioral
心理學 Psychology　系統的 Systemic　感覺的 Sensory

（本節所引鐵氏之說均見 Titchener, E.B. Systematic Psgchology: Prolegomena.）

韓子曰：「莫爲之先，雖美弗彰；莫爲之後，雖盛弗傳」。鐵氏往矣，得衛氏之書而譯之，亦深喜其繼統有人。然則科學的心理學——現實的心理學——正方興而未艾也！

本書譯名，悉遵時譯，以便讀者；但有爲時譯所無，不得不爲之特創者。即如 Existential Psychology 一名之譯爲「現實心理學」，Technology 之譯爲「實用學」。Technology 一字，有譯爲應用技術。就本書原義言，譯 Science「爲」學，Technology 爲「術」，Art 爲「藝」，Skill「技」，最爲確當。但成譯具在，未便臆改。原擬譯爲「實學」與科學對立，亦病含混，故譯今名。又如 Libido 一字，各家引用，含義互異，茲從聲譯，稱「黎必兜」。嚴又陵先生曰：「一名之立，數月踟躕。」創譯名，洵不易也。

二十二年六月廿七日於蘇州

漢武帝時儒學復興的總檢討

師三甲 張協

在變動不已的歷史過程中，我們雖可以根據某種史實所發生的現象的特殊顯明和重要，提出來加以片斷的敍述討論，但實際上這史實和牠的前前後後的諸種史實，仍有其不可切斷的連續性的。我們可以肯定後一種史實的發生，是牠的以前的諸種史實所引出的結果，其胚胎卽種於牠以前的諸種史實的懷中。說得簡明一點，某時代某種事實的勃然興起，是有其特殊的原因，某時代某種事實的漸次衰微，也有其特殊的原因，並不是像我們理想中的那樣驟然而至悠然而去單獨存在無所倚靠具有不可思議的神祕成分混雜在內。能夠牢牢的抓住了這特殊的原因，才能闡明這事實的眞相；能夠牢牢的抓住了這特殊的原因，才能有準確公正的批評，而不偏于純粹的主觀意識：這便是所謂歷史的態度。

關于漢武帝的一生事業，最値得一般人的讚頌，或許也就是最惹起另一般人的咀咒的，恐怕要算是「罷黜百家表彰六經」的一回事罷，儒學自從經過他的提倡之後，雄據了中國學術界的第一把交椅，支配着整個的中國封建社會的思想，一直延長有二千餘年之多，到近幾十年來，中國社會受了內在的外在的諸種原因的衝突，舊的經濟基礎，發生了不安定的現象，因而建築在這上面的儒家思想，才漸漸跟着發生了動搖，而至于傾坍，這眞是一件極了不得的事啊。

現在我們且看他尊重儒學而反映於政治方面的事實罷，據張震南氏的分析，最重要的有：

（一）詔丞相御史及郡國舉賢良方正直言極諫之士，親策問之。

（二）令郡國舉孝廉各一人，不舉者免其職。

（三）爲博士官置弟子五十人，復其身，第其高下，以補郎中文學掌故，即有秀才異等，輒以名聞。

（四）凡吏通一藝以上者，皆選擇以補右職。（右職謂中二千石之卒吏）

（五）始復用夏正，以正月爲歲首。（稱太初歷）

——見張震南國史通略——

他這樣不遺餘力以政治的力量來提倡儒術尊重儒生，這實在是一件頗可奇怪的事實。據一般史家的解釋，都說儒家學說的主旨，是着重在「臣事君以忠」的「忠」字，有時候竟把這個「忠」字和「孝」字並比，足見得牠是要叫老百姓對待「皇帝」，總應當像對「父母」一樣的尊重和親愛！所以狡猾的君生，常歡喜利用牠做治理天下的工具。如漢高祖起初做沛公的時候，最輕視儒術，高起興來，竟把儒生的帽子拿來撒尿，後來做了皇帝，叔孫通制朝儀之後，他便突然改換了從前侮辱儒生的態度，而變爲歡喜儒生的態度了，這便是「儒術便於專制」的證據。

漢武帝是一個聰明的君主，也許是比高祖更聰明的君主，所以他格外有意的推崇儒術，使得儒家的思想，深深的印入了人類的腦筋中，暗地裏消滅了其他各派的思想勢力，以便於他個人的專制。其實這種理由，在我們想來，並不十二分的可靠，下面是個有力的證據，當漢孝帝景帝的時候，齊國的轅固生博士——有一次和黃生在皇帝面前，大肆爭辯，黃生說道：「湯武非受命，乃弒也。」

轅固生搖搖頭說道：「不然，夫桀紂荒亂，天下之心皆歸湯武，湯武因天下之心而誅桀紂，桀紂之民勿爲使而歸湯武，湯武不得已而立，非受命而何？」

黃生認爲他這種理由是不妥當的，於是又滔滔不絕的辨駁道：「冠雖敝，必加於首；履雖新，必貫於足。何者，上下之分也，今桀紂雖失，君也，湯武雖聖臣也，夫主有失行，臣不正言匡過。以尊天子，反因過而誅之，代立南面，非弒而何？」

轅固生聽了他這樣津津有味的說了半天，心裏很覺討嫌，於是想了句含有強制服從的意義的話道：「必若云，是高皇帝代秦即天子位，非耶？」

——漢書儒林傳——

黃生果然問口不得，祇得屈服了。

按轅固生是那時候治詩最有名的大儒生，黃生乃是道家。冠履之語，師大謂見太公六韜，也是道家書。從他們兩人的辯論看起來，儒生的主張，是：君主不好，做臣子的有德有才，爲順從天意和拯救人民起見，儘管可以代之而立，所以桀紂荒亂，湯武老實不客氣的誅之而立，是對的。像這樣的論調，何嘗是便於皇帝的專制呢？而道家反主張君生是至上的，以名分而論，臣子對於君主，祇有「服從」，最多也不過是「正言匡過」，使皇帝向好的道上走，絕對不容許生篡奪的心理，這又何嘗不便於君主的專制呢？而後世的人們，反把「儒術獨便於專制」的說話，引以爲漢武帝時「儒術復興」的唯一理由，豈非大錯而特錯？

這條普通史家認爲唯一的理由，既經否定之後，那我從各方面的觀察和研究，可以分析成下面的幾條比較的確的理由：——造成這件事實的原因：

(甲)智識階級學習方向的轉變

(A)爲探討古代的事蹟而需要古書　自從秦始皇把古文書焚燒之後，社會上通行的，都是今文書，太史公自序，「年十歲則誦古文，」這裏「古文」二字，卽是指的古代詩書六藝而言。他到十歲的時候，就讀「古文」，可見得當時的學者誦「古文」的，是很少很少的了，在這「古文」幾乎絕跡的時期中，一般今文家，便各自盡量的發舒自己的意見，創造種種新奇的說素，又恐怕自己的聲望大小，不容易得到多數人的信仰，往往假托古人，也許有時候眞的連自己都弄不明白，在書本中牽強附會的解釋，偶然發現了什麽，便誤認爲「古人果眞如此」。這在普通的人們固然莫明其妙，聽他們胡說亂道，但在聰明的人，對於他們的說話，却不免有些懷疑了。太史公說：「學者多稱五帝尙矣，然尙書獨載堯以來，而百家言黃帝，其文不雅馴，薦紳先生難言之。」這裏的「百家」，卽是指的「今文」新書，尙書可算是最古的歷史書，牠祇不過從堯帝說起，而後來的百家，却談起黃帝來，可想而知多是揑造事實了。今文家的說話既不可憑信，於是要研究歷代的史蹟，便不得不自動的去誦讀古文書籍，另找可信的證據，因爲古文書籍，專載着古代事蹟，太史公說：「余讀春秋「古文」，乃知中國之虞與荊蠻勾吳兄弟也。」（史記吳世家贊）虞和荊蠻勾吳，也不知相去多遠，然而他們依着血統關係敍起來，却是兄弟，這種奇怪的事情，未發現之前，是誰也不敢相信的。但在春秋「古文」上，既經證明之後，變成無可懷疑的事情了。

不過「古文」書籍，經過許多年限的禁止，殘缺不全，在所不免。學者最好參酌其他的書籍，融會貫通，絕對不可以因爲某件事實記載的不完全，便否認了古書記載歷史的價値，所以太史公說：「……予觀春秋國語，其發明五帝德帝繫姓章矣，顧第弗深攷，其所表見皆不虛。書缺有間矣，其軼乃時時見於他說。非好學深思心知其意，固難爲淺見寡聞道也，」（史記五帝本帝贊）他這不過把書舉出來做古文書殘缺的代表，其實他的意思，是說古文書的遺缺之處，常常在旁的古書籍裏，可以找到，學者祇要「博覽」就行了。至于一點不讀古文書籍，那是淺見寡聞之徒，根本是不容易曉得古代事情的眞相啊。

(B)爲增多新奇的知識而研究古書　古文書籍在春秋戰國時候，本是通行的文字，人人有自由研究學習的機會，彷彿和現在的語體文一樣。但自從暴虐的嬴秦，藉着政治的力量，強制的把這古文書焚燒和禁止，古文書的勢力突然衰落下去。但是這種衰落，並不是古文書本身的衰落，祇不過是外界勢力的壓迫，彷彿是彈簧上面受了若干的力量，牠便把體積縮小下去，一旦上面的力量除了，牠仍舊慢慢的恢復牠的原狀。所以到漢惠帝時候「挾書之律」解除了，學者便漸漸的有研究古文的，後來人數越加增多，可是私藏的「古文」書籍很少，一時不能供給學者的需要，於是幸而能得到「古文」書的，便愈加珍愛，視爲無上至寶，研究起來，也愈有興趣。又因爲這些書籍已經隔絕了將近百年，文字方面，意義方面，有許多是要全靠思致能力的。——難解——但這並不足以減殺他們的興趣，反增多他們的好奇心。愈難解，愈促進他們的努力；愈努力，愈發現新的智識和意義，眞像探險家一樣的「欲罷不能」，這是研究學習的態度；至于發表的時候，也常常這樣的想着，僅僅拿今文裏的知識思想，來做創作的基礎，那麼產生出來的作品，一般的人們都是知道的，有什出奇呢？假使既通「今文」，更研究「古文」，拿今古文的意思思想，參伍錯綜，發表成功文章，一定格外足以表示出自己的精通博大。這譬如現代人做文章，最喜歡用幾個英文字夾在裏面；或者引證幾個外國名人的說話，來補足自己的意思，或者羼雜東西洋最時髦的思想，來表示自己是個新時代的人物，一樣的心理。太史公曾這樣說：

「秦撥去「古文」，焚滅詩書，故明堂石室金匱玉版圖籍散亂，……公孫弘以儒顯，百年之間，天下遺文古事，莫不畢集，太史公仍父子相繼，纂其職。……協六經異傳，齊百家雜語。」(史記太史公自序)這裏的「六經」，係指「古文」，「百家」係指「今文」，從他說的這個「協」字「齊」字裏，足見得他是很得意的表白着自己的著作，是能「博綜古今」的了。

現在從太史公的自序裏的說話，我們可以推想到當時的作家，多半是能這樣的，最少也是想這樣的。

(乙)專制君主政治思想的改換

(一)由時代承平既久而羨慕古代儒家天下　我們曉得當戰國末年，六國紛爭，而歸於秦，秦不久又亡于漢，在這幾十年的中間，可算沒有一年沒有戰爭。各地方都是瘡痍滿目，一個個的人民，在這棼亂擾攘的漩渦中，流來流去，餓死在家中的，凍死在溝壑的，打死在戰場的，……不計其數，對於一切的一切，都不覺有些厭惡了。漢高祖既然統一天下之後，大家才氣喘喘的安定下來，誰還願意再有什麼動作呢？所以黃老與民休息的學說，正恰合他們的需要，因而便盛極一時了。中間經過文帝景帝的時候，安養天下，又有七十多年，到了漢武帝時候，人民的精神，國家的元氣，都已恢復了。而且比未亂之前，更加富足和充實。於是感覺到黃老與民休息的學說，是沒有什麼意思了，要滿足自己的願望，除非另覓更好的途徑。這譬如一個人在最困苦的時候，他的唯一目的，祇不過希望吃得飽穿得暖，及到他既然有了衣服和飲食，那他便更進一步想求美麗的衣服，上等的食品，和珍貴的裝飾品了。人生的慾望，是永沒有滿足的時候，漢武帝也是這樣。他於黃老學說之外，另覓的途徑，便是「儒術。」他的目的，是藉儒術治理天下，以便誇耀於人的耳目。關於這事，祇要看當時君臣的問答，便可以明瞭的。

當漢武帝初卽位的時候，董仲舒因為是個賢良的儒生，上朝對策，皇帝問他說：

「蓋問五帝三王之道改制作樂，而天下治和，百王同之。夫五百年之間，守文之君，當途之士，欲則先王之法，以戴翼其世者，甚衆。然猶不能反，日以仆滅，凡所為屑屑，夙興夜寐，務法上古者，又將無補與，子大夫明先聖之業，習俗化之變，終始之序，講問高誼之日久矣，其明以諭朕！」（漢書董仲舒傳）

從這「制」裏，我們可以觀察得出武帝的心理，是要把他那時候的天下，治理到同上古時候一樣的那種盛況，但這件事，談何容易呢？後世的君臣，要想做到這地步的，也不知多少，有幾個不是失敗的呢？所以他很憂慮這件事，要想探問個究竟，但在那時的黃老申商之徒，都是研究「今文」的，對於古代的文物制度，根本就是茫然無睹，那裏曉得什麼呢？祇有儒生，是專讀古文詩書的，三代的古事，都澈底的明瞭。因此董仲舒在當時便洋洋得意的發表其「獨擅之祕」道：

「……至周之末世，大為無道，以失天下。秦繼其後，獨不能改，又益甚之，重禁文學，不得挾書。其心必欲盡滅先王之道，而顓為自恣，苟簡之治，故十四歲而國亡矣。」（仝上）

這是一段極堪注目的文字，他把秦始皇「重禁文字」的一件事，解釋成功秦朝在最短時期內——十四年——亡天下的唯一原因，來烘托古文書的重要，來激發武帝愛好儒術的心理。這於武帝的澈底提倡儒術，有很大的影響。因為這話裏，充分的暗示着：

要永遠的維持天下的太平，必須要尊重先王之道，要尊重先王之道，便不得不提倡誦讀紀載先王之道的古文書籍。

(二)因政治影響儒術轉成為新論　普通人談起學說的新舊，都是指牠發生時期的遲早而言。其實新舊二字，並沒有絕對的標準。祇是看人們對於牠的感情怎樣而定。你果真喜歡牠，那牠雖然是舊的，在你眼中，總覺是新的，合用的；你若是厭惡牠，那牠雖然是新的，你也常認為牠是舊的，不合用的：這是人類普遍的心理現象。更加有某件舊事情因為隔絕既久，而認為是新奇的，譬如我們穿的衣服，其初是崇「小」後來時式「大」的，但是沒有經過多少年代，大家又合式「小」的了。其實後來的

「小」仍然是從前的「小」，所以喜歡「小」的原因，便是中間已經隔絕了幾年「大」的時期了。漢武帝時的復興儒術，也有這樣的傾向，公孫弘有一次上疏說道：

「臣聞周公旦治天上，朞年而變，三年而化，五年而定，唯陛下之所志。」

武帝看了這疏之後，心裏不禁贊嘆周公的神聖，同時又默默地想道：「我的這許多臣子，假使有周公的才能，把同樣的盛治景況，表現在我面前，是何等的暢心快意啊！我想公孫弘是居宰相的地位，既能說出這話，或許就有這樣的大才。姑且試一試看。」於是用册書答覆他道：

「問弘稱周公之治，弘之才能，自視孰與周公賢」？

公孫弘也就自負不凡的說道：

「愚臣淺薄，安敢比材於周公。雖然，愚心曉然見治道之可以然也。」 漢書公孫弘傳

這句「愚心曉然見治道之可以然也」的說話，便是隱隱承認着有這種才幹的意思。當時武帝聽了，非常得意，並且此後也十二分的寵愛他，以爲想像中的以儒術治天下的一種興盛的太平氣象，在他這時候又要呈現了。

除去了上面這兩種原因以外此地還有一個重要的事實，便是與儒術抗衡的他種學說勢力的漸衰 這裏所說「他種學說勢力」，便是指的黃老申韓等學說。按這些學說，在由戰國至漢的時期中，曾有過很大的勢力，駕乎儒術的上面。但到武帝時候，便漸漸衰落了。其原因我們也可把牠分列成三條。

1.議論的通俗 這些學說，在戰國時候，人家都認爲是新的主張，所以很高興去研究，和奉行。但一到後來，懂得的人多了，幾乎變爲社會上通俗的議論，不以爲奇，漢文帝批評他們說，「卑卑無甚高論，」可見得當時的人、都輕視這些學說了。

2.背景的消失 學說的發生，是有牠的特殊的背景。按這些學說的背景，是棼亂不平的時代，他的目的，在如何把棼亂消滅了，變成了治平的世界。漢朝既已由棼亂的社會，變成治平，那牠們的目標消失，根本也無須牠們了。

3.試驗的失敗 學說的可貴，是因爲牠所發生的效果，這是誰都明瞭的。可是這些學說，在由六國至漢初的當兒，正有不少的君主，親自試驗過，結果六國亡於秦，秦亡於漢，無一個能有適當的成功，可見得這些學說，是沒有用的了，如何能滿足人生奇偉的慾望呢？

這些學說的勢力，既因多方面的原因，而逐漸衰落，所以舊的太平時期的儒術，便應運而興，佔了第一把交椅，這便是「儒學復興」的另一原因。

根據了上面的幾層理由，我們可以曉得漢武帝時代的儒術復興，是應乎時代的需要，是由許多的原因造成的總果。既不是簡單的由於儒術的便於專制，也不是董仲舒公孫弘等幾個人提倡的力量。前者上面已說過，後者我相信那時候就是沒有公孫弘

董仲舒等，一定會有另外的人，來代他們做這番事業的。他們對於儒術復興的功勳，祇不過是順着時代的趨勢，更加一種鼓吹的力量，造成功很大的「波」，擁擠着其他的一切大小的「浪，」快些前進罷了。

說到這裏，却發生一種不可免的懷疑，便是漢武帝時代的儒術復興，是不是就是「孔子之道復明呢？」爲要答覆這個問題，却不能不研究儒術復興中的二位最得力的順勢利導的人物——董仲舒公孫弘——了。因爲他們二位，在當時的學術上，政治上，俱佔有很重要的地位，所以漢武帝固然寵信他們，而許多的儒生，也當以他們爲依歸的。漢書董仲舒傳：

「…少治春秋，孝景時爲博士，自武帝初立，魏其武安侯爲相，而隆儒矣。及仲舒對策，……皆自仲舒發之。」

又漢書儒林傳：

「及竇太后崩，……而公孫弘以治春秋爲丞相封侯，天下學士，靡然從風矣。」

從上面這兩節文字裏，可見得他們在當時，的確有左右「學術思想」和「政治方向」的能力。

他們兩位既能代表當時的「儒術，」那我們由他們兩位，可以推知到「儒術復興」的眞相了。

(甲)董仲舒　他是最喜歡研究公羊春秋，也是最有心得的。我們看了他的對策，就可以觀察到他的思想，那策上說：

「臣謹案：春秋之中，視前世已行之事，以觀天人相遇之際，甚可畏也！國家將有失道之敗，而天乃先出災害以譴告之；不知自省，又出怪異以警懼之，尙不知變，而傷敗乃至。以此見天心之仁愛人君而欲止其亂也。自非大無道之世者，天盡欲扶持而安全之。」

他這樣說天人相遇之際，拿災害怪異來講論春秋，可以說完全不是孔子以後的儒者所有的本意。就是公羊高雖然也有不少的地方談到災害怪異，但仍沒有牽引到天人感應的意思。王引之說得很明白，他說：

「公羊春秋災異者數矣，而皆無語及於感應。」

眞正把怪異解釋到感應的，的確是始自董仲舒。所以他繼續的說道：

「自董仲舒推言災異之應，已開讖緯之先，…」

由此我們可以斷定他的思想，已不是純粹的儒家，而是含有後來陰陽家的意味了。

(乙)公孫弘　他是一位善於辯才的人，原來研究法家的學說，不過他覺得這種學說在當時已不是社會上所最需要的，很難得到君主的歡迎，所以表面上披上儒家的外衣，迎合君主的心理，以做希圖取寵的工具。漢書公孫弘傳：

「弘辯論有餘，習文法吏事，緣飾以儒術，上說之」

「文法」便是指「法家」從這幾句話裏，可以窺見他的「本來面目」了，他這種取諛的態度，在當時的人，就有許多不滿意於他的，卽如赫赫有名的汲黯，便當面罵他是：

「徒懷詐飾智，以阿人主取容。」

還有一個九十多歲的老頭子轅固生，也曾譏諷他說：

「公孫子務正學以言，毋曲學以阿世。」漢書儒林傳

從這幾人的說話裏面，也可以斷定他的崇尚儒術，其目的不過在爭利祿做大官而已。

他們兩位很佔勢力的儒學大師，在事實上既然證明了都非儒家的正統思想，那當時社會上的一般隨聲附和的儒生，也可推知其大略了，結果我們看了上面的文章，可得到一個簡單的結論便是：

漢武帝時代的儒術復興，是應着時代的需要，由多種原因而產生的總果。這件事實的眞相，祇不過是古文經書的復興，而所用以解釋古文經書的，已羼雜有他種學說的思想，絕不是眞正的「孔子之道」的復興。

東坡詞的研究——蘇軾評傳之一章

畢業校友　金晴川來稿

東坡在文學上的造就，他的詞的地位，確實在他的詩文之上，雖然後人對他的詞，反對的極多，但對於東坡的詞的本身的價值，是絲毫不生影響的。

原來，在東坡以前的詞，完全是一種閨情，別意，以及流連光景之作，作者都信仰著「詞爲豔科」的觀念，因此在作品裏所表演的，祇是一些講究豔靡的東西，既沒有超奇的思想，更沒有壯烈的懷抱，祇斤斤於悽惋，細膩，他們更不知道除此以外，還有別的境界呢，一部花間集，便可做他們的代表。

天才的詞人蘇東坡出來，才轉換了文藝界的空氣，他有非常的天才，豪放的本性，壯烈的懷抱，所以他所做的詞，決不是「閨怨」，「離愁」這一些範圍，能束縛他的，他的詞「無意不可入，無事不可言，」(引劉熙載說)他擴充了詞的意境，他增加了詞的材料，他正似詞中的哥倫布，他開闢了新大陸，爲後世作詞的人，添了無數法門，這便是東坡詞的成功，也就是東坡詞在中國文學史上的價值所在吧！胡致堂對於東坡的詞，有一個很忠實的確切的批評，他說：

「眉山蘇氏，一洗綺羅香澤之態，擺脫綢繆宛轉之度，使人登高望遠，舉首高歌，而逸懷浩氣，超乎塵垢之外，於是花間爲皂隸，而耆卿爲輿臺矣。」

這確是不刊之論，但是其他的人，便不和胡氏一樣，他們對於東坡的詞，沒有好感，大都樹着反對的旗幟，他們之所以反對，也就因爲東坡不甘受「詞爲豔科」的狹義的範圍，其實這就是東坡詞的根本價值之所在，但是，反對者便藉以爲口實，而發出攻擊的論調。例如陳无已說：

「子瞻以詩爲詞，如教坊雷大使之舞，雖極天下之工，要非本色。」

其實，他能以詩爲詞，馴至以文爲詞，便是他的特色，好

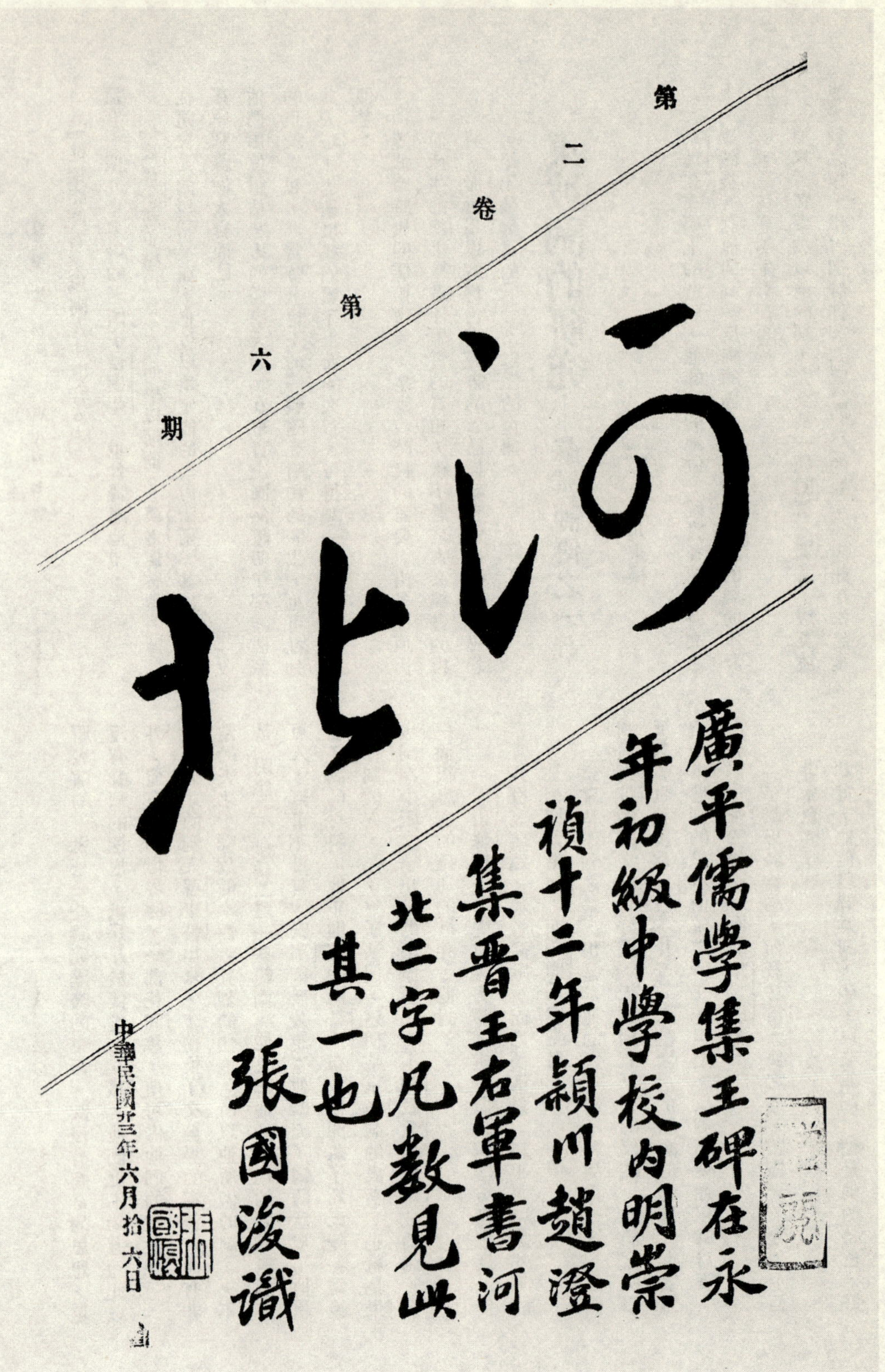
第二卷第六期
河北
廣平儒學集王碑在永年初級中學校内明崇禎十二年潁川趙澄集晋王右軍書河北二字凡數見此其一也
張國淦識
中華民國廿三年六月拾六日
張國淦

黨義與儒學

——在漢口廣播電台講演——

艾毓英

最近幾年來，國內的思想界，不管是擁護國民黨，或者是反對國民黨的，對於國民黨黨義的態度，顯然有兩種相異的見解；第一種，以爲國民黨 總理孫中山先生，是國民革命的導師，是民族解放運動的領袖，而國民革命，民族解放運動，是資本帝國主義發展到最後階段，侵略弱小民族，所遭遇的一種反抗。那末，指導這種革命運動的革命理論，也就是國民黨黨義，當然是現代產物，其理論根基，當然是建築在現代的社會科學上面。第二種，以爲總理極力提倡固有的道德，與夫中國固有的政治哲學，尤其是考試製度，監察制度，以及大學上面的政治原理。從這些地方看來，可見得黨義的理論基礎，是建築在固有的學術思想上面。甚至以爲堯舜之道，傳之禹湯文武，禹湯文武傳之孔子孟軻；孔孟再傳而至宋儒， 總理革命，就是繼承宋儒的道統。這兩種極相衝突的思想，年來相激相盪，就把國民黨黨義的本來面目，遮掩得像雲霧濛濃的廬山一樣了。我們要瞭解黨義的學理淵源，應當是以 總理的寶貴遺訓爲根據。 總理說過：余之學說，有因襲吾國固有之思想者，有規撫歐洲現在之學說者，有爲吾所獨而見創獲者。（大意如此）由此可知現代學說，固有思想，都是構成黨義的一種因素，而不能說是唯一因素，而且除此兩種以外，獨見創獲的成份，也屬不在少數，所以單以某一種因素，來概括全部黨義，都是一種錯誤，最低限度，可以說是一種偏見。不過今天因爲時間的限制，不能將這構成全部黨義的三個因素，同時提出來研究，只能先以黨義與儒學這個問題；來向大家報告。假使有機會的話，當次依報告完竣，這是今天專門報告這個問題的動機。

其次所要聲明的，中國固有的學說思想，也不祇是儒學家說這一種。爲甚麼專以儒學來代表固有的學說思想呢？我的解是這樣：以理論的本身來講，在春秋戰國之世，固然是諸子爭鳴，百家騰說，千巖競秀，萬壑爭流，然眞正能够卓然名家，自成一派者，也不過九流而已，九流之中；如縱橫家，農家，雜家，小說家，（附錄）雖各能自成體系，然究竟因其淺薄固陋，所以後世湮沒無聞。其道理精深，累世不可磨滅者，祇有陰陽，儒，墨，名，法，道德等六家。又此六家之中，「陰陽之術，大祥，而衆忌諱，使人拘而多所畏」。墨者「堂高三尺，土階三等，第茨不翦，采椽不刮，食土簋，啜土形，糲粱之食，藜藿之羹，……其送死桐棺三寸，舉音不盡其哀，一所謂儉而難遵，其事不可偏循。法家「不別親疏，不殊貴賤，一斷於法，如申子之「卑卑施之於名實」韓子之「引繩墨，切事情，明是非，」嚴明尙矣，然而宇宙的存在，除法以外，還有情的存在，這是不容否認的。所以西青散記上說「自古以來，有有法之天下，有有情之天下」。而法家對於情的存在，是不肯承認，道家者流，主張「無爲自化，清靜自正」，「汪洋自恣」，「快志」，「適已」，「無成勢」，「無常形」，「不爲物先，不爲物後」，「有法無法，因時爲業；有度無度，因物與合」，「其旨議誠然深遠，其識見誠然卓越，其議論誠然高超，然遠於事情，不切實際，以之用世，多不得通」。至於名家，只是專講方法，「苛察儌僥，使人不可反其意，專決於名失人情」，惟有儒家學說，既廣大而精微，又淺近而平實，所謂語其淺也，雖匹夫匹婦之所與知；語其深也，雖聖人有所不能盡。舉凡日用尋常之間，造次顚沛之際，律已待人之道，體國經邦之猷，皆可左右逢源，用之不竭，所以班孟堅說：「儒家於道爲最高，其餘九家之言，合其要歸，亦六經之支派與流裔」。這是就理論本身來講，只有儒家學說，最爲賅博完備。次以支配政治的力量來講，自春秋戰國以來，除在漢代，六朝的時期，道家思想，在政治上略發生一些影響以外，歷代政治的理論，可以說由儒家思想支配了，所謂政治哲學，就是儒家哲學。因學理上和事實上，儒家學說，都是占極重要候地位，所以就以儒學來代表總理所稱引的中國固有之學術思想。

現在講到本題。國民黨黨義，究竟那些地方，與儒家學說相同呢？可以分兩大支幹來講：

第一，社會倫理方面：在儒家，以修身齊家爲起點，以世界大同爲終極，重本末，分先後，有終始，循序漸進推己及人，如堯典上所講：「克明俊德，以親九族。九族既睦，平章百姓。百姓昭明，協和萬邦，黎民於變時雍」。再如大學之道，也是如此：「古之欲明明德於天下者，先治其國，欲治其國者，先齊其家。欲齊其家者，先修其身。欲修其身者，先正其心。欲正其心者，先誠其意。欲誠其意者，先致其知。致知在格物」，若是再進一步的研究修齊平治的着手工夫，則「所謂平天下在治其國者，上老老而民興孝，上長長而民興悌，上恤孤而民不悖」，「親其親，長其長，而天下平。」老吾老，以及人之老；幼吾幼，以及人之幼」。最後做到「老者安之，少者懷之」，使「人不獨親其親，不獨子其子，使老有所終，壯有所用，幼有所長，鰥寡孤獨廢疾者，皆有所養。男有分，女有歸…………」。以上是儒家一貫的社會倫理。再看國民黨黨義怎樣？國民黨黨義對於社會倫理與儒家幾乎完全一樣，大學一書，以及禮運大同篇，自國民黨總理以至當代黨國領袖，無論是在講演的時候或者是在著作中間，不是特別贊賞，就是重加引申。尤其是在民族主義的講演中間，說得更是明白而有系統。例如第六講中講到挽回民族地位，提高國民的人格，必從團結家族，擴大宗族觀念作起，漸漸走上世界大同之路。而欲團結家族，擴大宗族觀念，又必須以忠孝仁愛，信義和平這幾種固有的優美道德，爲進德修業之門，這可見與儒家學說，完全是一致的。

第二，政治哲學方面：嚴格的比較起來，國民黨黨義，當然比儒家學說，豐富，完備，有系統，有實際，但是有些地方，兩者也有相合的處所。即以民族觀念來講，許多人都以孔子主張尊周室，攘夷狄，遂以爲孔子是狹隘的國家主義，殊不知孔子之尊周攘夷，是有時間性的，並不是最後的唯一主張。春秋之微言大義，是分三世；第一據亂世，內有國而外諸夏；第二昇平世，內諸夏而外夷狄。第三太平世，天下遠近大小若一，夷狄進至於爵。所謂尊周攘夷，僅是第二階段的一種理想，難怪孟子他後來講仲尼之徒，無道桓文之事者，我們把春秋的微言大義，來和民族主義意義比較，一，求中華民族之自由平等，二，中國境內各民族一律平等，三，解放世界一切被壓迫民族，不是若合符節嗎？其餘如主張，繼絕世，舉廢國，治亂持危，厚往而薄來，這種偉大的精神，當然不是狹隘的國家主義的一種有力量的反証。次以經濟觀念來講：嚴格的生產論，分配論，地租學說，社會主義，在過去的儒家學說裏面，當然是不會有過，可是在原則上，儒家的經濟思想，與現在的民生主義，也有許多大致相同的地方。譬如分配方面，孔子曰：「丘也聞，有國有家者，不患寡，而患不均，不患貧，而患不安」，這不就是「平均」與「節制」的精神嗎？尤其是對於土地問題之主張，所謂井田制度，不管是從前是在否眞正實行過，但是這種制度能够代表儒家在土地方面的一種具體主張，這是不可否認的。最值得重視的，在君主專制的高壓之下，在民權學說尚未萌芽的時候，而孟子居然主張民爲貴，社稷次之，君爲輕，以及天視自我民視，天聽自我民聽，這一類現代的政治理論，這眞是難能可貴的地方。

除此以外，還有關於人生觀念方面，哲學基礎方面，有不少相同的地方，值得報告出來，以及限於時間，復曾有此間一般刊物裏頭，對於這些意見略略有所述作，所以略而不講。

今天所講演，當然只是提到相同的部份，至於相異的地方，自然也是不少，只有留待熱心研究黨義的同志們，隨時補充好了。

（完）

經學與儒學

王曉舟譯

——批譯瀧熊之助中國經學史第一章之前三節

一　經學

經學，是以古時所成立的主要經書作基礎，綜合個人及社會道德、宗教，哲學，經濟等研究之中國獨特的學問。

經，是對聖賢述作的尊稱。經的字義有二：其一，是後漢劉熙釋名的說法。釋名釋典藝有云：

> 經，徑也，如徑路無所不通，可常用也。

古典籍中所用的經學，如劉熙所云「經常」之義者，最習見。例如：尚書酒誥篇之「經德秉政」，孔安國傳云：「能常德持智」；左傳昭公二十五年「夫禮天之經也」，杜預註云：「經者道之常」。孔穎達解中庸「凡爲天下國家有九經」云：「治天下之道，有九種常行之事」；朱子註云：「經常也」，同書「唯天下至誠，爲能經綸天下之大經，立天下之大本，知天地之化育」。朱註云：「經常也，大經者，五品之人倫」。又朱子註孟子「經德不回」盡心章下)云：「經常也」。同章「君子反經而已矣，經正則庶民興」。註云：「經常也。反歸也。君子治國家，歸其常經，謂以仁義禮智道化之，則衆民興起云云」。

據上所說，則經是指「須要常用的東西」而言，引申而爲「須要常用的典籍」之義。

其二，是後漢許愼「說文解字」(一)的說法：

> 經，織從絲也。从糸巠聲。

從絲，即縱絲。布帛有縱絲以爲組織，猶人之應有通古今不變之道，是卽聖人之道。說文解字段玉裁註云：

> 織之從絲謂之經。必先有經，而後有緯，是故三綱五常六藝，謂之天地之常經。

據此，則經又是經緯之經，即指布帛之縱縷而言。其橫縷謂之緯。經直通於布帛，連貫本末。猶聖賢的述作，通貫古今，挾持衆緯，明示治人之大綱，故名之曰經。

詩大雅靈臺篇云：「經之營之」。易屯卦云：「象曰：雲雷屯，君子以經綸」。用法均與說文一致。

在先秦時代的典籍，以經字命其書之篇名者，始見於荀子：

> 學惡乎始？惡乎終？曰：其數則始乎誦經，終乎讀禮。(勸學)
>
> 道經曰：人心之危，道心之微。(解蔽)

經，即經書，指儒學之基本典籍而言，至漢代而單稱之。因爲它包括詩，書，易，春秋，禮，樂等，故又名之爲「六藝」或「六經」。「六經」之用，始見於莊子。

丘治詩書禮樂易春秋六經，自以爲久矣。（天運）

幸矣，子之不遇治世之君也，夫六經先王之陳迹也，

（同

又莊子天下篇，述說六經之內容云：

詩以道志，書以道事，禮以道行，樂以道和，易以道陰陽，春秋以道名分。

可是與莊子差不多同時的孟子荀子，俱孔門後學，却沒有見用「六經」的話。莊子的外篇雜篇（天運屬外篇，天下屬雜篇），均成於後人之手，非莊周自作。因此，若假定莊子中的「六經」，出於後漢以後，則「六經」之名，當始於漢代。「六藝」，始見於史記儒林傳，太史公自序等（二）；「六經」，始見於禮記經解，漢書武帝紀贊等。

傳，是敷衍解經的。宋歐陽修春秋論有云：

傳所以述經也。經文隱而意深，三子（公羊壽，穀梁赤，左丘明）者，從而發之，故經有不言，傳得而詳爾。

後漢王充云：

聖人作其經，賢者作其傳。（論衡）

今所見傳的字義，如次：

傳，傳也，以傳示後人也。（釋名）

傳，遽也，從人專聲（說文）

遽是置備於宿驛，供旅客所用的車或馬之類。據此，則「傳」是傳示之義，引申而爲應當傳示的典籍。如：易的十傳，春秋的三傳，韓非子的內外儲說傳，大學的傳十章等，爲書名或篇名的引用「傳」字者；此外荀子中有十一處，孟子中有三處引用傳字，而此等用法，又與經字同義，可見「傳」在某時期，是如釋名所說，與經同義。降至後代，如歐陽修輩，就認爲是「對於經的敷衍說明」之義了（三）

詩，書，禮，樂，易，春秋等稱六經，或稱六藝，已如前述。漢武帝（西紀前一四一——前八七）即位五年（建元五年，前一三六）定儒教爲國教，表章六經，始置五經博士（四）。以研究儒學典籍，六經學問，稱之曰「經學」。「經學」之名自此始。

「經學」一語，始見於漢書儒林傳。儒林傳稱孔子之敎化，遺布於魯云：

於是諸儒，始得修其經學，講習大射鄉飲之禮，

同書又云：

歐陽生字和伯，千乘人也。事伏生，授兒寬，寬又受業孔安國，至御使大夫，自有傳。寬有俊材，初見武帝語經學。

經學在漢初，好像已是儒學的別名。而在漢以前，莊子有「墨經」之言（五），荀子有「道經」之言（六）；其他管子，淮南子，韓非子諸書中，也常有經字的引用。可

見「經學」，並非儒家的專用語，在許多的場合，是用於稱謂嚴正的書物。至漢武置五經博士，遂爲儒家所獨占，歷代因之而不移(七)。

「註」(一)說文解字。參看本書第四章第四節，東漢經學者，許愼條。

(二)史記中的六藝，卽六經(易，書，詩，禮，樂，春秋)之意。

夫學者載籍極博，猶考信於六藝。(伯夷傳)

及至秦之季世，焚詩書，坑術士，六藝從此缺焉。(儒林傳)

夫儒者以六藝爲法，六藝經傳以千萬數。(太史公自序)

中國有六藝者，折衷於夫子。(孔子世家)

又，賈誼新書云：

詩，書，易，春秋，禮，樂六者之術，謂之六藝。(六術篇)

然通常所謂六藝者，是周代的教科書——禮，樂，射，御，書，數的意思。

保氏掌諫王惡，而養國子以道，乃敎之六藝：一曰五禮，二曰六樂，三曰五射，四曰五馭，五曰六書，六曰九數。(周禮，地官司徒)

(三)春秋時代，傳還沒有解經的意思，完全是個別的對立，不過儒家多云「傳」，諸子多云「經」。先秦末，諸子中偶有用「經」如現今對於十三經典籍的稱號者。(本文參看諸橋氏「經，經學及經學史」，第五編第一號)

(四)此時之五經博士：易楊何，書歐陽，齊詩轅固生，禮后蒼，公羊春秋胡母敬董仲舒等。樂未立不論。

(五)苦獲，已齒，鄧陵子之屬，俱誦墨經，而倍譎不同，(莊子，天下篇)

(六)處一危之，其榮滿側，養一之微，榮矣而未知，故道經曰：人心之危，道心之微。(荀子解蔽篇)

(七)武帝前，惠帝三年，除挾書令。文帝時置論語，孝經，爾雅，孟子四博士。文帝又令鼂錯就伏生受尙書。故漢代儒學，直可謂自文帝始。惟不若武帝定儒敎爲國敎，置五經博士等之整備耳。(參看第三章第二節)。

儒學

儒學，是以孔子爲宗師，而尊崇六經的倫理道德之學。漢書藝文志述儒家者云：

游文於六藝之中，留意於仁義之際；祖述堯舜，憲章文武，宗師仲尼，以重其言，於道最爲高。

另一方面，又指摘其短處云：

惑者既失精微，而辟者又隨時抑揚，違離道本，苟以譁衆取寵，後進循之。是以五經乖析，儒家寖衰。

班固漢書藝文志，本於劉向別錄，劉歆七略(一)。其關於六經諸子百家等，就經傳史子的目錄，各述其特質，而明其長短得失。藝文志所稱儒家者，有晏子，子思，曾子，漆雕子，宓子，孟子，孫卿子等五十三家，而與六藝(包括易，書，詩，禮，樂，春秋，論語，孝經，小學等九種)，道家，陰陽家，法家，名家，墨家，縱橫家等相對立，從而藝文志所謂儒家者，是專指孔門諸儒而言，與書的關係極淺薄。

儒的字義，說文云：

儒，柔也，術士之稱，從人需聲。

後漢鄭玄三禮目錄有云：

儒之言優也，柔也，能安人能服人。

荀子儒效篇，分儒爲大儒，雅儒，俗儒等。完全是政治家的口吻。他說：

用俗人則萬乘之國亡，用俗儒則萬乘國存，用雅儒則千乘之國安，用大儒則百里之地久。

至於儒字始見於典籍者，周禮述天官冢宰之職，有云：

四曰儒，以道得民。

從來相信此說，至今始悉其錯誤。蓋儒字實始見於論語，孟子，荀子等，以此名其後學者。惟論語君子儒小人儒(雍也篇)及荀子大儒，雅儒，俗儒之語，還不是專指孔派學者的稱呼，而是廣汎的學者之稱呼。

至於孟子，墨子，韓非子，以及史記漢書等，凡儒字卽均指孔門學者而言。

夷子曰：儒者之道，古之人，若保赤子。(孟子，滕文公上)

散人焉知良儒。(墨子非儒篇)

儒者曰：親親有術，尊賢有等，言親疏尊卑之異也。(同)

世之顯學儒墨也。儒之所至，孔丘也；墨之所至墨翟也。自孔子之死也，有子張之儒，有子思之儒，有顏氏之儒，有孟氏之儒，有漆雕氏之儒，有仲良氏之儒，有孫氏之儒，有樂正氏之儒。(韓非子，顯學)

總之，現今所稱的儒學，是指由孔子所傳授的學術思想而言。

其次，進而探尋經學與儒學的關係。漢書藝文志云：

五經乖離，儒學寖衰，此辟儒之患。

這裏有以儒學的根本精神在經學的意味。則經學者，乃孔子學派之典籍，卽以經書爲中心而研究其解釋的學問，其內容涉及道德，宗教，政治，經濟諸部門。儒學既以經書爲基礎，故經學是理論的，而儒學則有加於理論上的極强之實踐道德的色彩。在以孔子之教爲中心的意味之下，研究經書及尊崇孔子的態度，就完成了一種宗教觀。儒學的精神，兼「知」，「行」兩義，應當從認識與體驗兩方面研究。孔子學即以此兩者爲基礎，而以修己治人爲目的。

修已是自我的擴充，治人是經世治民。修己是個人道德，治人是政治道德。孔子祖述堯舜，憲章文武，上律天時，下襲水土，而垂其教訓。凡講究於此者，卽爲儒學。論語(三)，是孔子言行的集錄。

孔子祖述堯舜之道，雖以六經爲教學的基礎，而其精神最顯明的表現，却在論語。

論語與六經相比，有許多性質上的差異。前者是以仁德爲人間最高的道德，孔子教學之目的，即以仁之境地爲最理想。後者則不然。

六經中所說的道德，都與中國民族的風俗習慣有密切的關係；是國民的道德。如「禮之德」即然。論語中所說的道德，是一切人類都應當遵行的，是普遍的道德，而非爲某種特定國民所專用的道德，伊藤仁齋氏以六經今所難行，最適用的是論語，稱論語爲宇宙第一良書，即原於此。

「註」(一)劉歆「七略」三萬三千九十卷，今亡佚不傳。

至成帝時以書頗散亡，使謁者陳農求遺書於天下。詔光祿大夫劉向校經傳諸子詩賦；步兵校尉任宏校兵書；太史令尹咸校數術；侍醫李柱國校方技。每一書已，向輒條其篇目，撮其指意，錄而奏之。會向卒，哀帝復使向子侍中奉車都尉歆卒父業。歆於是總群書而奏其「七略」。（漢藝書文志）

(二)參看狩野直喜氏支那學文藪二一〇—二三三頁（儒的意義）

(三)參看第二章第二節，經書的成立，論語項。

經學的成立及發展

經學成立於西漢武帝時。經書遭秦始皇之焚毀（西紀前二一三）及項羽燒咸陽宮殿兩次浩刼，多散亡。漢興，惠帝四年（前一九一）除挾書令(一)。至武帝，用博士董仲舒的獻策，建元五年（前一三六）定儒教爲國教，置五經博士。經學的成立始於此。

董之經學，在經世實用，即爲統一國民思想的方策。

今師異道，人異論，百家殊方，指意不同，是以上亡以持一統，法制數變，下不知所守。臣愚以爲諸不在六藝之科，孔子之術者，皆絕其道，勿使並進。邪辟之說滅息，然後統紀可一，而法度可明，民知所從矣。（賢良對策）

漢代經學，一方面是經世實用的精神，他方面是解釋經書的研究。由來所謂經書，是聖賢的精神，即道的容器。理解而說明之，就是經學。經學的發展，即經書解釋法的發展，而此解釋法，又常與時勢的推移，取同一之步調。

概觀兩漢經學，西漢今文學（三），是立論於「孔子爲道之創始者」的見地上，反之，東漢古文學（四），則以「孔子爲道之紹述者」。其認孔子的教學根本在經書，而置基礎於經書訓詁之上，折衷會通今古文學，於此探求經之新解者，是馬融，鄭玄等東漢諸儒。

魏晉隋唐，承東漢古文學之後，持論漸分歧，或信或疑，各主一說，而日陷於煩瑣。其感於煩瑣之厭倦者，一面又受社會混亂的刺戟，就趨於老莊，清談。在此時，有一點應當特別注意的，是對於東漢經解之轉釋，有所謂疏者出現了。

這是受佛與研究的影響。經解的形式，用語，很和佛典研究的形式相似，且其思想亦受佛教的影響。唐太宗命孔穎達等撰正經正義，對於魏晉以來的經學，作一個總決算，是劃時期的事業。然在另一方面，研究經學的活潑自由精神，却受了大的挫折。祇有啖助，趙匡，李鼎祚等對於經書的一部分在試行自由的研究。

至宋代，學者於漢唐訓詁之外，另開拓一條新道路。這種革新，社會狀態的變遷亦與有力。是卽所謂宋代性理學。宋代學者，認爲孔子是最高的道學者，從而儒學的內容，也就是道之本身的研究。漢唐學者所從事的，非記誦卽詞章，而不用心於德性之學。反之，宋代學者，則以道學立場，談性命之學，提倡研究前代所未曾道破的哲學。此外，在宋代値得注意的，是發生了批評經書的風氣。而此期，程朱思想與陸象山思想是學術界一貫的兩大思想主流，更進而支配元明的學術界。

元明兩代的學術，畢竟與宋代道學有淵源。不過，元代有元代的特色，明代又有明代的特色。特別是明代，爲漢族建設中國的最後王朝，所以特別尊尚漢族固有的學術，以發揚盛大王室的威嚴。從而學術上，學者也都有堂皇風度。近古明代學者之所以輩出者，原因卽在此。

明末，學說紛興，學者漸分爲兩派。是卽所謂「河東」，「姚江」兩學派的對峙，直延至淸初。

淸初，顧炎武跳出程朱之學，而開考證學的端緖。顧氏斥明末學風，馳於空疎，離經書而高談性理，因主張復歸於經書。卽由研究經書的眞面目，直接探求聖賢的眞意。若謂宋代性理學是表現哲學的精神，則淸代考証學便是表現實證的精神。這也是一種文藝復興，而顧氏所唱的復歸經書者，畢竟所復歸的還是漢學。繼顧而起的。是惠棟，戴震等，爲淸代學術極盛時期的代表，淸代考證學的集大成者。

降至道光以後，劉逢祿，宋翔鳳，龔自珍等出，又實行經學革命，提倡西漢的今文學。他們——今文學派的主張。更超越東漢的名物訓詁，而直接追求孔子的微言大義（

(六)。

【註】(一)秦始皇禁民間藏書籍，有私藏者族之，是所謂挾書之律。挾是匿藏之意。至漢惠帝始除禁令。漢書惠帝紀有「除挾書律」語。

(二)賢良對策，參看漢書五十六卷董仲舒傳，及古文辭類纂奏議類下。

(三)參看第三章第四節，西漢今文學，及第八章第四節，第一，二項。

(四)參看第四章第三節，東漢古文學。

(五)參看十三經註疏，四書五經大全等。

(六)漢書藝文志云：「昔者仲尼沒而微言絕，七十子喪而大義乖」。微言是微妙之言，大義是大的道理。論語讖有「子夏六十四人共撰仲尼微言」的話(論語中無)。這卽是說，孔子的眞精神，廣流於經書底蘊之意。

二四，四。

歸去來辭（擬陶潛之作）

凌淨因

歸去來兮。莊嚴樂土胡不歸。既自以身爲假合。奚貪戀而獨悲。悟濁世之當出。知淨業之可追。實法門之無上。豈佛說而有非。舟招招而偏泛。持鉢盂而著衣。問覺王以前路。坐寶刹於塵微。乃瞻淨域。狂喜欲奔。三聖來迎。開不二門。殊勝功德。匪我思存。蓮池海衆。把臂傾樽。揭甘露而共酌。瞻毫相以舒顏。惟一心之不亂。非三界之無安。與上善而俱處。無外擾以封關。既執持乎名號。尤攤經而讀觀。衆生阿鞞跋致。如遊子之回還。看蓮花之妙潔。倚欄樹而盤桓。歸去來兮。適彼樂國以遨遊。須竭願力而無遺。復躊躇兮焉求。悅樹聲之作樂。聞鳥語以蠲憂。至尊告予以淨土。黃金爲地世無疇。或轉法輪。或讚般舟。有七寶之樓閣。無寸土之山邱。盛妙華而供養。持衣裓者如流。仰彌陀之摩頂。光攝受而勿休。已矣乎。寄身忍土復幾時。曷不拚力決去留。胡爲乎茫茫欲何之。天界非吾願。娑婆不可期。懷蓮邦以直往。灌心田而勤耔。捻數珠兮攜木槵。勝拈筆而賦詩。乘金臺而隨後。花開見佛復奚疑。

歸去來辭（用陶淵明原韻）

平江凌慰生

歸去來兮。蓮花開放胡不歸。既自以心爲形役。奚愚癡而獨悲。悟往業之當悔。知淨行之可追。實眞如之同具。豈佛是而我非。舟搖搖以普渡。攜一鉢與一衣。問導師以前路。見廣大而精微。乃瞻淨土。載忻載奔。菩薩權迎。開方便門。廣長舌相。佛說猶存。灌頂三昧。甘露盈樽。引醍醐而自酌。盼妙相以怡顏。惟執持乎名號。審跏趺之易安。能一心之不亂。經七日而閉關。聳莊嚴之樓閣。想落日而作觀。探明珠於衣裹。如貧子之知還。望七重之寶樹。撫闌楯而盤桓。歸去來兮。與上善以同遊。棄娑婆而如遺。復徘徊兮焉求。悅衆鳥之說法。演道品以消憂。如來告予以極樂。勝五福之箕疇。或命寶輪。或掉般舟。有黃金之平地。無坎坷與山邱。得無量之壽命。異輪（或云異恆轉之瀑流）轉之恆流。蒙彌陀之授記。度衆生而勿休。已矣乎。寓形五濁復幾時。曷不深心決去留。胡爲乎貿貿欲何之。富貴非吾願。神仙豈所期。懷西方以孤往。種福田而耘耔。勸脩行乎六度。聊說偈而賦詩。依契經以起信。生乎上品復奚疑。

儒學作聖教刲編序

（節用劉念台先生人譜） 潘對鳧

且人建三才與天地立。超乎人類則曰佛。建乎人極則曰聖。故三界以佛爲獨尊。百世以聖爲獨大。然論其所以爲佛。不外即心即佛。求其所以爲聖。不外即人即聖。孟子云人皆可以爲堯舜。其明證也。特人生在世。倏忽百年。能知爲人即可爲聖者。千萬中實無一二。此爲人之難也。然自少而壯而老。六道輪回。五族繁衍。皆業由自造。有因有果。無非任自爲之。惟是茫茫九州。熙攘往來者。指不勝屈。雖聖帝明王。建學明倫。能使之不愧爲人。亦戛乎難之。況時局變更。維新之輩。每欲沿枝葉而拔本根。告以人能作聖。則掩耳而走。嗟乎。此天下之所大亂也。今欲正人心。挽浩刦。先自爲人始。先自人可以作聖始。人能作聖。則人能成佛。欲求儒佛合一。則以前明劉念臺先生之人譜爲最要矣。其證人要旨。一曰懍閒居以愼獨。二曰卜動念以知幾。三曰謹威儀以定命。四曰敦大倫以凝道。五曰備百行以考德。六曰遷善改過以作聖。此六者即佛法之戒定慧也。記過格。一曰微過。獨知主之。二曰隱過。七情主之。三曰顯過。九容主之。四曰大過。五倫主之。五曰業過。百行主之。六曰成過。爲衆惡門。以克念終焉。此六者同佛法之梵網等經。依之脩行。卽能成佛之旨也。凡承學之士。果能將人譜日手一編。時時檢點。處處循省。始則爲善去惡。不愧爲人。卽不愧爲聖。卽不愧爲佛。所謂法輪常轉。佛日增輝。又何大劫之足云。民國二十三年甲戌九月對熙敬序

曹崧喬居士書華嚴經跋

印光

實際理地。不立一塵。凡聖生佛。均難稱謂。修持門中。須備衆德。一法若缺。莫證法身。我釋迦牟尼世尊。塵點刧前。早成正覺。爲度衆生。示生世間。隱其聖德。示同未悟。爲物作則。出家修道。迨其一睹明星。豁然大悟。歎曰。奇哉。一切衆生。皆具如來智慧。但以妄想執著。而不證得。若離妄想。則一切智。無師智。自然智。則得現前。于是華藏世界。海會雲集。悉爲十住。十行。十迴向。十地。等覺。四十一位法身大士。于菩提場。及餘六處。說一眞法界。寂照圓融。生佛不二。空有莫名之理性。及由十信。十住。十行。十迴向。十地。等覺。以至妙覺佛果。修因證果。各階級。是知理由事顯。事由理成。理事圓融。方合佛道。世有狂人。專重理性。不務事修。上違佛教。下負自心。自誤誤人。誠可憐憫。此經凡八十一卷。三十九品。清涼國師。分爲信、解、行、證、四分。又以信分六品經。名爲所信因果周。解分三十一品經。分爲二周。以前二十九品。爲差別因果周。以後二品。爲平等因果周。三行分一品經。爲成行因果周。四證分一品經。爲證入因果周。周者。事理周備。無所歉缺之謂也。全經大綱。揭示殆盡。依此修持。直達堂奧。前之八會。絕無凡夫二乘。雖有天龍八部。皆是大權示現。非實業繫凡夫。後之一會。雖有聲聞。舍利弗等。已證聖果。縱然在會。不見如來勝妙法身。不聞一乘圓頓妙理。但見如來應化之身。及聞生滅四諦之法而已。所謂一身示相。勝劣殊觀。一音說法。偏圓異聞。及文殊往福城東大塔廟前。善財親近文殊。已證十信滿心。承文殊教。南參五十三位諸善知識。首參德雲。卽證初住。以後隨聞隨證。末後至普賢所。普賢以神威加被。俾善財所證。與普賢等。與諸佛等。是爲等覺菩薩。普賢爲彼稱讚如來勝妙功德。勸進善財。及華藏海衆。同以十願王功德。迴向往生極樂世界。以期圓滿佛果。此經備明一生成佛之因果。而以求生西方爲結歸。可知念佛求生西方一法。爲十方三世一切諸佛。上成佛道。下化衆生。成始成終之總持法門。世有行人。藐視因果。及與淨土者。皆由不知因果淨土爲成佛之根本。而只以愚夫愚婦當之。以致自失善利也。曹崧喬居士。篤信佛乘。秉己立立人自利利他之心。行周急濟貧賑災救苦之事。十餘年兢兢業業。力辦善舉。所費不貲。最初所擬十事。尙有二事。未能舉行。以募款唯艱。故發心書華嚴經全部。以期大慈善家。請而受持讀誦。不惜鉅資。以成就此二善舉。則書者受者。均爲財法兩施。彼貧苦得受餅嚉。並生感激。稱念佛號。或于現生。或於將來。往生西方。皆由書經請經而爲發起。其爲功德。曷能名焉。行願品云。菩薩若能隨順衆生。則爲隨順供養諸佛。若于衆生尊重承事。則爲尊重承事如來。若令衆生生歡喜者。則令一切如來歡喜。何以故。諸佛如來以大悲心而爲體故。因於衆生。而起大悲。因於大悲。生菩提心。因菩提心。成等正覺。是知乾父坤母。民胞物與。一視同仁。分所應爾。光愧無財力。又無道德。感彼爲貧民之誠。略攄此經大致。以期見者聞者。於濟貧念佛二事。各爲興起。庶不致以本具可以作佛之佛性。長淪于三途六道之中。枉罹荼苦。不得受用也。

（圖a）儒學系統圖

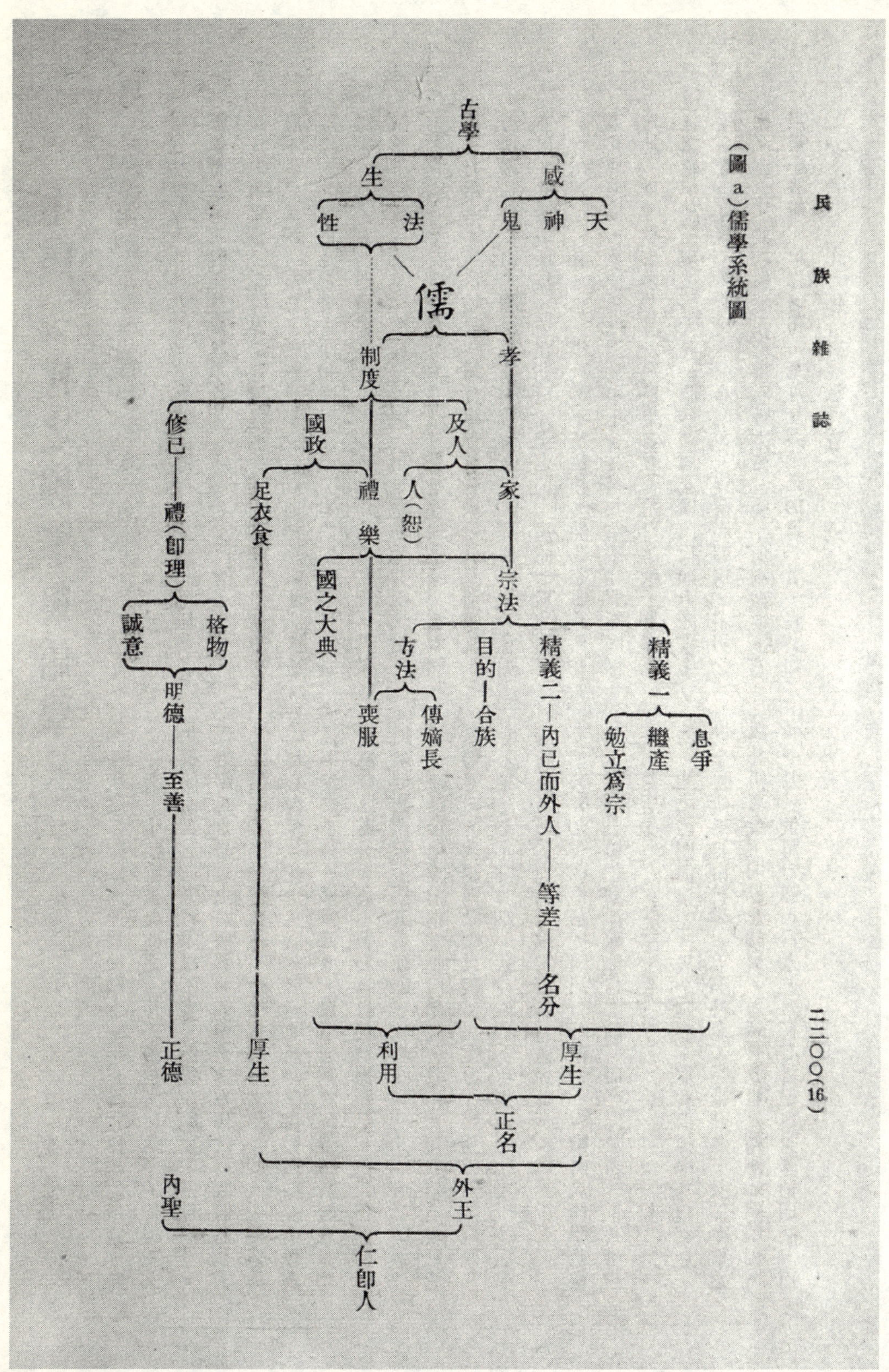
古學
生
感
性
法
鬼
神
天
儒
制度
孝
修己
國政
及人
足衣食
禮
人（恕）
家
禮（卽理）
樂
宗法
國之大典
格物
誠意
方法
目的—合族
精義二—內己而外人—等差—名分
精義一
息爭
繼產
勉立爲宗
喪服
傳嫡長
明德—至善—正德
厚生
利用
厚生
正名
外王
內聖
仁卽人

中國現代之佛學與儒學

又蓀

第一章　佛學

本章略述中國現代佛家思想。取嚴格主義，唯限於少數學問家，而僧徒且姑置不論。

溯自前清末葉，革命思潮蓬勃，而中國學術思想界久廢不講之佛學，至此亦乘新思潮之波動而活躍於士大夫之腦際。其尤可注意者，法相唯識之學，本佛家哲學思想最深密之詣，自奘門發揮光大，斯學可謂中土之特色。然奘師門下，疏述之繁，雖蔚爲大國；但不數傳，其風式微。悠悠千年，遂成絕響。明季王船山先生嘗理墜緒，著有『相宗絡索』，『八識規矩頌贊』，然皆失傳。及清末葉，石埭楊文會仁山，曠懷孤往，棲隱金陵，歸心內學，首煽玄風。其生平所持，蓋在華嚴淨土之間；所謂『教宗賢首，行在彌陀』者是也。楊氏本不精法相，然此宗古籍佚在東邦者，楊氏悉搜羅以還於中土。於是其弟子宜黃歐陽漸竟無，乃潛心法相唯識，竭畢生之力，鑽研不厭，貫穿羣經諸論，使三藏微言大義，昭然著明。歐陽氏願力頗宏，生平雖無專著，然所爲諸經論序文，皆精心結撰，不朽之作。要之，其功績特在考覈整理方面，晚年所刻藏要，嘉惠後學甚鉅。氏之著作，最可見其系統的思想者，宜莫如『唯識抉擇談』。此爲民國十一年在南京內學院所講。時梁任公先生在講坐與聞之。凡氏前後諸所爲序，皆與此文相發明而已。此文着筆雖不多，然提挈綱要，最可研尋。識者謂氏之學，上追唐賢，蓋不止爲現代之權威者而已。氏之弟子丹陽呂澂秋逸，最能紹其師之學。其人少絕俗染，棲心內籍。此土三藏，旣所博通；又復旁徵藏梵，以與舊譯參校。其於佛家流派，與思想脈絡，皆精於疏理。凡佛典難通處，氏莫不苦心以得其解而後已。然氏所著述，似未發其所蘊。要其考定羣書之功，所惠來學甚大云。

歐陽氏創設南京支那內學院，爲中國現代富有成績之學術機關。教學則歐陽氏與呂澂主之；事務方面，則歐陽氏之友人宜黃周揚烈少猷，經始之功甚鉅。私人組設之學術團體。此爲僅見。唯望能維持久遠耳。

又有九江桂伯華，臨川李證剛。亦與歐陽氏同學於楊文會之門，柏華初涉獵法相唯論。而卒歸於密，惜其早歿，不竟所學。

瀏陽譚嗣同復生，居金陵時，亦嘗問佛學於楊文會，復生初研王船山哲學。志願甚篤，見地已高，及聞華嚴之學於楊文會，則思想益豁。而犧牲救世之精神熾然堅固。熊十力先生謂『譚氏爲人，殆富有科學與哲學的頭腦，而深蘊宗教的精神。自清末以來，吾國眞正人物，亦唯復生一人而已』。其推尊如此。復生著有『仁學』，熊氏謂其書頗激於熱情，慮不窮微，義無統紀；蓋雜說報章之類。然復生自是至誠人也。有深心大願也。有高深的理想也。壯年流血，不竟其緒；又無繼者，豈不惜哉。

香山蘇元瑛曼殊，治佛學。無所專精，然有睿識，以文學見稱。楊文會設金陵刻經處。聚徒講學。元瑛亦佐文會。任教席。其爲人放蕩而有至性。餘杭章炳麟太炎極推重焉。曼殊卒於民國初年。

章炳麟雅好法相唯識，所著國故論衡，齊物論釋，文錄等，頗以佛法緣附諸子。然識者病之。但在清末，其弘揚佛學，厥功甚偉，不可忽也。自若嘉興沈增植子培，南海康有爲長素，新會梁啓超任公，皆提倡佛學。然唯沈氏博覽三藏，或稱其於禪學有得云。

自佛學東來，此土創知作者，雖復不少；然大體無甚改變。自黃岡熊十力之『新唯識論』出，而後根本旨趣亦異前師。熊氏謂佛家思想，畢竟是趣寂的，是超生的，（超生二字，見慈恩傳），是出世的。如阿含經，卽專以『不受後有』爲歸趣。此爲本師釋迦氏之思想。後來小乘大乘各派諸師，始終不離此宗極。及大乘以無住涅槃爲言，即謂生死涅槃兩無住著。然此確不是達觀派的人生態度，却是他理想中別一種神聖的境地。蓋以衆生未度盡，則菩薩必不捨衆生；故雖不住生死，而亦不住涅槃，如是得隨類現化，故其願力終以度脫一切衆生爲蘄向，即以出世爲蘄向。佛家哲學思想，無論若何高尙，要之始終不稍變其宗教的根本觀念，卽爲生死發心，而歸趣出世的觀念。此乃佛家宗旨，萬不可不認明者。故此土華嚴天台禪宗諸師，亦皆持守此旨，無或變易。獨至『新論』（卽新唯識論，以下準此），則爲純粹的人生主義，而姑置宗教的出世觀念於不議不論之列。此其根本不同前師也。佛家本師釋迦，其思想之最精者，莫如十二緣生之說，此在阿含可見。是其爲說，因屬人生論之範圍。及後來大小乘諸師，則始進而參究宇宙論，尤其本體論。熊氏所著『破破新唯識論』，述此等變遷概略，頗爲扼要。然熊氏平日持說，以爲大乘空宗（此宗以大般若經，及智度論，與中等三論爲宗），直下明空，妙顯本體。有宗（相宗）至唯識之論出，雖主即用顯體；然其談用，則八識種現，是謂能變，（現行八識各各種種，皆爲能變；現行八識各各自體分，亦皆能變）是謂生滅。其談本體，卽所謂眞如，則是不變，是不生滅。頗有體用截成二片之嫌。卽其爲說，似於變動與生滅的宇宙之背後，別有不動不生不滅的實法，謂之本體。熊氏頗致疑乎此，潛思十年，而後悟卽體卽用，卽流行卽主宰，卽現象即眞實，卽變即不變，卽動卽不動，卽生滅卽不生滅；是其體神極妙，可謂如理如量。熊氏常言，西洋哲學家有以變動言體者，曾不悟變而卽常，動而不遷；佛家却偏於顯示體之爲不變不動，又似體用截爲二片。新論所明，庶幾無過。學者讀新論，詳玩轉變功能兩章，沉潛乎文字之中，而會其微意於文字之外，亦一樂也。此其與前師根本不同，至顯然矣。但熊氏思想，頗受大易影響，亦其所自承也。氏嘗受奘門之學於宜黃，而卒不與之同。

新論轉變章，以翕闢與生滅兩義，曲盡玄微。一方面隨順俗諦，成立心物萬象，卽所謂宇宙，一方面明翕闢與生滅，都無暫住的實法，卽無實宇宙。只是本體流行，幻現宇宙萬象而已。然復須知，流行者，用之異名；用者體之用，無體卽無用，離用亦不可得體。故於流行無住之用，識此卽是如如不動之體，而萬象又莫非眞實。功能章末段，方承上轉變章，而結歸眞諦義趣。

新論以翕闢義，破舊師聚集名心之說；而於西洋哲學家唯心唯物之論。皆不蹈其蹊徑。心物本相對得名，順俗，則心物兩皆成立。證眞，則境空而心亦俱空。其所以順俗而兩皆可成者，則依翕闢而假說爲心爲物耳。翕闢者，卽本體之流行而名之也。『新論』要旨，略如上述。觀此則可以知其所蘊矣。

紹興馬浮一浮，生有異稟，少無世情。蘇曼殊與人書，謂馬氏於學無所不究，於書無所不讀。其時馬氏年終二十許耳。氏精通三禮。自晚周魏晉迄宋明諸子思想，無不析其條貫，造其幽奧。其於佛家般若，法相，華嚴各宗，均洞見玄微，又嘗篤志參禪，所得甚實。熊十力先生謂其『沉潛三禮之塲，貫穿百家之奧，踐履惇實，義解圓融』，識者以爲知言。氏無著書，疑其精力有所未逮；然間爲詩，氣息醇雅，人擬之魏晉。稍有雜文，及論學函札，氏每隨手散去，存者無幾云。

桂林梁漱溟，嘗講授唯識於北京大學，氏夙慧早著，甚有願力。其冥搜所至，妙契玄微；然於內典，或不及精研，頗爲世所病。要之，氏有獨到處，不可薄也。

自清末迄今，佛學在中國思想界中，頗占主要地位。維新派之譚瀏陽，既爲戊戌流血之偉大人物，而康梁亦皆好佛學者也。至於章太炎氏，在清末則革命派之中堅人物也。蘇曼殊桂柏華，亦其次也。熊十力先生於清末倡革命而幾危其身於武昌也。現時提倡鄉村運動之梁氏，亦具有其特異之精神。研究佛學者之行爲如此，實甚可注意者也。

第二章　儒學

本章略述中國現代儒家思想，卽僅取思想家而論列之。如言義理及有政治社會的理想者，皆屬思想家。（義理卽謂宋明哲學，此自淸人以來，習稱甚久），凡爲考古學與經生業者，皆此所不涉。

現代儒家思想，若僅就民國二十餘年之情勢而言，則可謂銷沉已極。若通清末而言，則儒家思想之活躍，猶屬可觀。茲就清末儒家，略述如左：

(一)瀏陽譚嗣同氏，雖兼治佛學，然其根抵，仍儒家也。早年服膺船山，其眞實志願，偉大的精神，得力於船山之學乃至深。報貝元徵書，宗主船山易傳『無其器卽無其道』之說。融納西洋科學思想。此爲其集中最有價値之文字。

(二)餘杭章炳麟氏，亦出入儒佛兩家者也。論者謂氏在儒家，其卓特處，宜在春秋底民族思想。中國自漢以後之學者，類皆無民族思想，而史家尤甚，胡虜竊據，頌其德音，同於虞夏。劉知幾猶能致譏。大抵春秋三世之說行揚太平者，遂忽略民族思想之部分。不知各民族間，各有其民族思想，卽各自愛其類，各圖自立自存，自强自治，乃能共進於太平。故民族思想，在某種時代中，如善用之，乃所以促進太平，實與太平之理想不相背也。若使甲民族焉，絕無民族思想，則必渙散亂亡，以招他民族之侵略。又或有乙民族焉，過持狹隘自私的觀念，專以侵略他民族爲事，終必有自焚之憂。甲本不及，乙又太過。過與不及，皆有弊焉。春秋無義戰，惡過也。書虞亡，惡不及也。中國民族自漢以後，其所患者，不及也，而非過也。漢以後儒者，不通春秋之義，而民族思想日益式微。南宋之儒，常持春秋以呼號復仇；復仇者，復趙氏一姓之仇也，於民族何與。故民志終不振，而元人起而乘之矣。若乃明聖挺生，獨知民族思想之可貴，而以哀號於族類者，其唯衡陽王子也。餘杭章氏，蓋能承衡陽之志。其在清末，專以民族思想鼓吹，遂收光復之效。章氏生平尊史，以爲保持民性，唯史是賴。其治語言文字，亦曰民性之所繫也。故論者謂章氏之學，乃傳春秋之民族思想者。

(三)康有爲及其弟子梁任公，其學出於南海朱氏。朱氏本服膺陽明，而亦效法程朱。蓋其爲學，務躬行實踐，不空談道理，自無門戶異同。朱氏涵養深厚，德性純懿，潛不遺世，清不絕物，眞醇儒也。朱氏生平著書，多未完竣，臨沒，悉取焚之。康有爲雖常稱其師，其智或不足以窺師門之蘊也。朱氏有雜文及詩各若干首，門人順德簡朝亮，編次成集。讀其書牘，可以想見其胸懷潔淨，意思深遠。有爲幼隨其父學於朱氏，其後聞井硜廖季平之說，遂盛張春秋三世禮運大同之指。惜晚節不終，爲世所棄。梁氏受學於有爲，其學泛濫。

(四)紹興馬一浮，在佛家爲名德，在儒家亦鉅子也。其爲學務反己以立本，故明倫察物，非是逐外，壹皆盡己之實功，可謂爲孔門血脈。

(五)桂林梁漱溟，本歸心佛法，而於民國十年，決意改從儒家生活。人謂其逃佛歸儒。實則梁氏於佛家之信心，始終未替也。儒家本不貴空談，篤行所以致知，經世故不遺物。梁氏能躬歷窮卿，亦習齋後難得之人物也。

慧圓居士編譯 **俱舍論頌略釋** 上下二册 定價一元〇四分

臣淨意之說。兩文皆發明佛儒修持之精義。而常合刊於一册。於此又足見文正之成就。實得力於此兩文也。其杰敬註。

凡例

一、是書原名感應類鈔。己巳年排印。改名德育古鑑。已印數萬册。故仍用今名。

一、原書首列太上感應篇。己巳年排印。曾經删去。茲復其舊。並加惠定宇先生引經箋註。以見此篇與儒經互相發明之意。

一、了凡四訓原書僅錄其三。其謙德篇。則因已將張畏巖事采入功過案。未錄全文。茲特補刊。以成全璧。又積善篇首段十條。已散見於功過案內。故原書節删。茲仍史氏之舊。

一、功過案照原書概無增删。惟最近報載波京專電。波蘭某村雷殛逆子事。足資證明古書所載此類事之非虛。故特刊入孝順案之後。

一、因果之理。惟佛書言之最精。讀者當更進而研求佛法。茲略附泰西名人學佛言論。以資起信。蓋世界一切宗教。祇有信仰而無高深之學理。其宗教根據之理論。多不能自圓其說。惟佛法則以解行相應為主旨。而其學理深玄圓滿。超於一切哲學。故歐美今日最高學府。多設佛學講座。不列於宗教也。如讀者無暇多研佛典。則可專持佛號。是名淨土法門。宋文潞公范文正公湛林文忠公。皆篤修淨業學者。勿以其易而忽之。茲附念佛法簡儀於後。並略列應閱淺近之書目數種。以資觀摩。

本書印價每本約兩角左右如欲附印者請函上海西藏路安宜村二十九號三樂農產

儒學大義跋

社棨柏雲君接洽可也　聶雲台謹啓

王恩洋

儒者之學。自古譏其博而寡要。蓋守歷代之文獻。中多往籍陳言。繁文縟禮。有不適於後世者也。孔子集大成。而删定六經以為教導之資。修己治人。倫理政治。教育哲理。無不賅備。然而曰吾道一以貫之。又曰博學於文。約之以禮。其可以弗畔矣乎。則以儒學為繁博而寡要者。不深通儒學者也。儒者之學。深切人事。示人生以大道。範人羣於正軌。中正不倚。因時制宜。可謂無過於天下矣。孔孟之後。大聖不作。少能光顯其道。漢宋明清。儒學大行。然漢儒役於章句而弗能明大義。宋儒求義理而落空虛。亂之以陰陽五行之說。囿之以門戶拘執之見。求能窮理盡性。通天下之故而成天下之務。概乎未之見也。西學東漸。物競天擇之主張。科學哲學文理密察之思想。在在與儒學以不相容。而儒學遂日以崩潰。而弗能自振。生人之道。將日入於偏激險阻。以交相賊殺殘傷。可悲也已。洋幼受慈親訓誨。頗知以忠恕

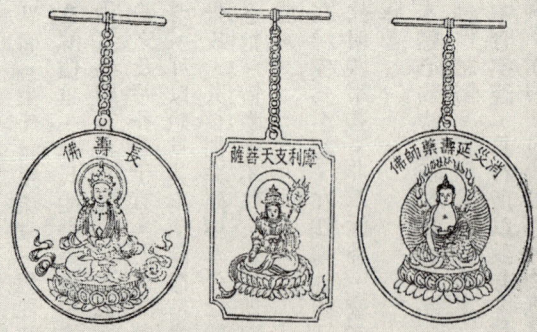

長壽佛　摩利支天菩薩　消災延壽藥師佛

古銅每尊二角　紋銀每尊一元

西藏密傳 陀羅尼經被

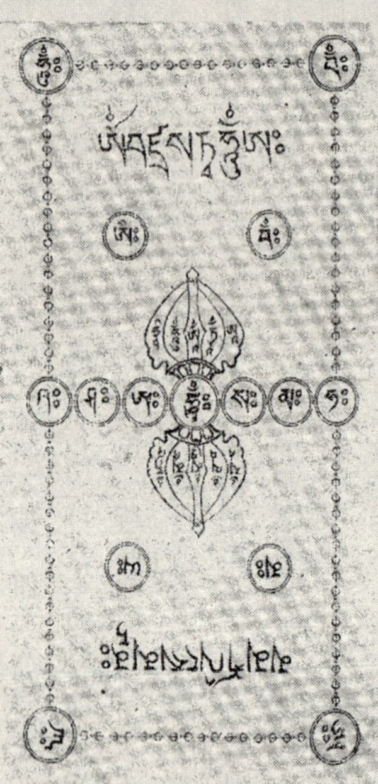

貢緞人工刺繡

每條定價三十六元

宅心。長讀孔孟之書。始識儒學。服膺歆慕。蓋有年所。適當新潮鼓盪之會。愧未能奮力昌大之。十餘年來。皈依佛法。依止親教歐陽竟無師。專研唯識法相般若之教。始能窮彼方科學哲學之失。反諸儒者。乃愈覺親切而得其精蘊矣。適歐戰之後。西洋文化之弊。畢露呈現於天下。苟非有溫厚而切近人事之教。莫能濟斯世之窮也。作人生學。因述儒學大義以餉天下。此十義者。始於人事之生養。終於德性之完成。自脩己以至於化人。自下學以至於上達。王道備。聖功明。智愚賢否讀之。皆能有所得而知所以自盡。有欲祛當時之迷執。而長人之善心。以移易風俗而彰顯德化者乎。雖聖人復起。不易吾言矣。

興慈法師文集序

古農

文有玩物之文。有載道之文。玩物之文。綺語之流。君子所戒。況淨業者乎。載道之文。文卽般若。而能以悉檀因緣。令人歡喜。令人生善。令人破惡。令人入理。獲益無量。如佛法藏。結集流通。聖賢所囑。天人所護。受持讀誦者。乃至四句偈等。功德不可思議。昔我佛求半偈而捨身。祖師易片言而斷臂。文字價值。甯以量之多寡論哉。興慈老法師。台宗龍象。紹述智祖四明幽溪之學。講敎修觀。老歸安養。自行化他。數十年如一日。感孚者松滬尤盛。嘗著述二課合解。金剛般若經疏。校訂大師別傳等書。而於散文不少概見。誠以師重實修。而不尚空論。苟有所作。都不留稿。故存焉蓋寡。而所存者則皆載道之文也。今師神足揚東上人。集己卯年前師文。得若干篇。先輯爲一卷。而問序於農。夫文字般若。非有量非無量。上人之意。其猶悉檀因緣之旨歟。語云。有德者必有言。願讀師文者。體師志焉可也。

書札

擬編南山律在家備覽致佛學書局書

弘一

（上略）五年前。曾發心編輯南山律在家備覽。屢次思維著手編輯之法。迄未妥善。荏苒至今。未嘗忘懷。近居永春山中。稍有閑暇。已略酌定編輯之法如下。

擬分爲二部。一名南山授歸戒儀附略釋。僅一冊。一名南山律在家備覽。共數冊。

南山鈔疏及靈芝記等近百卷。在家居士。皆謂是爲比丘所學。不敢輒閱。寧知其中有數卷述三歸五戒八戒。及敬佛造像建塔寺併俗人士女入寺法瞻病送終法等。皆爲在家人所應學。又南山律中最有精義極爲重要者。是所述戒體及持犯方軌諸章。多至十數卷。而大半與五戒八戒有關係。爲在家居士所應學。至隨戒釋相中所述四根本戒。小妄語飲酒非時食殺畜生高廣大牀等諸戒相。爲諸居士所應學。則更無待言矣。今編輯南山律在家備覽。卽是薈集以上諸文纂爲一編。以備在家居士學習。

內容擬分爲三類

一綱要　二證文　三附錄

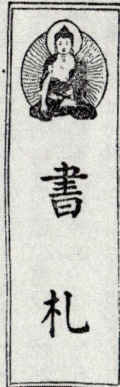

日本儒學的特質

惕誠

序說

儒學是中國學術的正宗。日本與中國雖然近在咫尺，而文化的水準，却遠不及中國，自從漢魏以後，遣使通好，於是中國的儒學就和各種文化流傳到日本了。在日本過去的文化看來，不少保持着中國儒學固有的特色，因爲外來文化，總有外來的痕跡可尋，要想全然脫去原來的面目，這是不可能的。所以日本儒學的形成，向來是完全依據中國儒學爲範本，經過經史家多次的演譯，乃成爲日本經世致用的實學；其中參加進去的傳統道德和民族思想，這就是日本儒學的特質了。現在我們就拿這些特質來檢討一下，這也是很有意義的。

所謂特質，是有多方面的，日本的儒學，旣經多次的演譯，已和原來中土的異趣。推究其源，乃因國家地位的不同，時勢的變動，民族性情的差異，更因國民自覺心的勃發，認識彼我之別，有所取捨，遂變而爲日本的特質了。國家地位不同，這不用說中國有中國的國情，日本有日本的國情，奉戴萬世一系的君主，千數年保持統一的國家，自與中國土地廣大，民族繁多，歷四千餘年的紛紜變動，全然異樣，雖教學的方法相同，但其存續式樣，形態的變更，當然不免有所差異。時勢的變動，這是無論何國都有的，儒學的形相在中國本土，已因時勢而有很大的變動，等到輸入日本，外質已受到相當的影響，復因日本自國時勢的變動，更不免對於輸入的儒學形相上有極大影響。至於民族性情的差異，這是因爲各民族都有他的特質，雖說模倣一種外來文物，在不知不覺中，自然會表現出自已的固有氣分出來，和原來的神態是不能相等的，特別是在文化方面，可以看得出來。依據上面所述，國家的地位和時勢還是屬於外面的事情，很容易視察得出；像民族的性情，這是屬於內面，是由不知不覺中表現出來的情態，全靠感覺到彼我的有所不同，爲要適應自己的環境，不得不加以取捨的作用，這是稍爲難能的事情。我們研究日本的儒學，固然是循着歷史的順序，向前檢討，可是上面所說的幾種特色，也是不能輕易放過的。現在就把以上所說的幾項，再爲詳明的來分析一下：

（一）國家地位狀態的異樣

日本古來對於採用外來文化，其主動力是以皇室爲中心，因爲是最上層社會，纔有採用的能力。文化在無論何等國家，都是上層社會，比較的先有能力接觸異國的優秀文化；日本既以皇室爲大中心，自然儘先採取他國的優秀文化。就在正史上，所載也是如此。而且吸取外來文化。在皇室中也是最高的親貴，纔能躬與其事，後來借皇室的力量，才推廣到普遍的下層。上有所好，下必有甚，這是人民一般的情態。特別是日本，皇室經始萬幾，非藉人民力量立國，君權無限，對於外來文化，自以皇室爲攝取原動力。皇室既是政治的統一主體，在牠保護獎勵之下，發展推廣的外來文化，自然是適合於國家的統一性的了。況且儒學是政教的基本，無論何等國家，在政教上都是要應用到牠的。但是中國的儒學，怎樣會被日本皇室所採用着的呢？這是因爲儒學是教育人倫的，人之立身，雖中日未能完全盡同，但大體上無甚出入，所以中國的儒學，乃有輸入日本的可能。考之史載，論語一書輸入最早。其後繼述周公孔子之道的多種典籍，亦復輸入。周公的道理，是明人倫，修禮義，在政教上着眼；孔子，循着周公的主旨，所謂修己治人，更在實行上着眼。這兩點都是日本皇室所歡迎的，所以聖德太子既弘施佛法，在政教的設施上，完全採用周公孔子的理論，對於攝政太子十七條憲法內容的大部分，整個採用儒學的精神。但是日本傳流的精神，完全信仰於佛教，現在實行的政教設施，既全面的採用了儒學的道理，雖說持續而徹底，可和傳統的精神，終不能配合起來，這就是因爲國家的地位，多種異樣了。日本當時，雖能模倣唐制，但唐制中籠罩着許多儒學的精神，嚴密的說起來，是不能符合日本的國情的，再則，民族的思想，在實行上又起了變化，皇室感覺到此點，乃有下述的施行。

所以在王朝之初，日本就大興學校，專門模倣中國文物，對於傳授儒學神髓的經書專門學者，並置爲明經博士，儒學雖是學問的，可變爲世襲的專門學業，只傳授在博士的家中。博士世爲朝臣，就靠朝廷的保護，繼續綿延下去。這樣原來是政教的儒學，只得在學術的世界中去周旋，雖有少數爲政者，想挾儒術來在政教上施行，結果可是不能達到實用的目的。這時儒學的命運，只好局限在用經書作日語讀法的一事，此際日本儒學的特色，就是以漢文作精巧的日語讀法罷了。所以清原家中原家世世的努力，乃有集注的大成，即以他國的言語，譯爲自國的國語，個中實發揮了很大的特質，對於中國文學，能用訓點的方法去讀，這是日本當時一個無比的大創造。國語是民族感情思想所生的根本機體，能把外國的語言文章，作成自國的語言讀法，一面可以會通人心普遍的感想，同時對於祖先以來民族固有的感想，亦可作特殊的開發。因爲外來文化，本有牠的特色，無論怎樣忠實的去模倣，自己以爲模倣頗像，總不免要帶些自己的特質進去，也就是彼我文化的媾通點，這樣的文化纔有流布的意義，否則全然眞態，反而爲無意義。這許多譯成的國語，普遍流通，在民族的意識上，固可加深歷史的興趣，感情思想也引起了無量的意味，這都是因爲譯書而得到的。所以當時經書固勿論，即其他詩文歷史含有儒學意味的漢籍，在日本的儒學界亦廣爲閱讀，結果日本民族人生觀乃至政教思想，均有了重大的闡發因爲博士家世世着重於經書，譯書是他們的專業，中國的經書，這時在日本都有適當的讀法，這在日本儒學上自然不能不說是日本的特質了。而況博士家乃世世朝臣，在君恩之下，繼述傳流的家學，自然不能與國體有所齟齬，很平穩的持續下去。這種現象，在中國是不能見到的。可是到了德川時代，儒學普遍到庶民階層，因此日本的思想界就起了很大的變動，和王朝初期的儒學形態，亦復異樣了。

要之，中國的儒學首先爲皇室所採用，因皇室的力量，才有擴展的機緣，更在皇室保護之下，乃有存續的可能。這是日本國家的地位和情態，根本是如此，只要異國的文化，和日本的國體無所衝突，都有吸收採用的可能，所以中國儒學流入日本之後，很快的就壓倒固有的佛教，立時成爲有裨益的政教學了。因爲縉紳的教養固須取資於此，卽博士家的世襲教學，也要借重在這方面，才能平穩無事的接續下去。結果由於博士等的努力日本讀法，乃把日本民族傳統的歷史的感情思想，一齊容納消化進去，成爲日本的新文化，這是日本初期儒學最大的特色。但到王朝的末葉，朝權衰微，博士家雖仍存在，儒學已次第移於朝廷的外面，這是因時勢的變動而來的，自然儒學也起了同等的變遷，現在我們來看後者的變動，在日本的儒學上有怎樣的特質。

(二)時勢變動的影響

自從朝權衰微，武家乃握統治的實權，個中復因多種國情民心的變動，國家的面目次第爲之一新，從來以模倣中國文物制度爲準則的氣分，到這時逐漸廢除，簡單自然符合國民情調的制度，則起而代之。所謂日本的固有精神，這時在國民生活的多方面，表現得很爲熱烈。由於統治實權的移動，儒學乃在武家保護獎勵的狀態中存續，和廷臣博士家的儒學相繼並立，兩者之間，自然起了交涉關係，互相爭長。從鎌倉時代經過建武中興一直到室町時代，在這一個階段內，爲政者很支持儒學的進展，就是足利將軍，也爲儒學做了不少的事務。但是這時世亂頻仍，爲政者朝秦暮楚，縱橫捭闔之不暇，對於學問一道，當然不能兼顧，這時學問的進展，反轉移到禪僧的一方面去了。儒學全靠沙門的辛勤研究，才能存續不絕。這還是因外部時勢的變動，引起了儒學面目的變動。恰巧這時，中國的儒學，起了很大的變動，面目完全一新的儒學，在這時傳播到日本來了，這就是所謂新興的宋學。中國的宋學興起，約當日本王朝的末期，經過百餘年的演進，方集其大成，何時傳播到日本，其詳細年月雖不能考，大抵在鎌倉時代，認爲是已經傳入了的。這時宋元的僧徒到日本的很多，再則日本留學歸國的佛徒，不難攜宋學以俱去，此卽後來儒學歸於沙門的一個重大原由。佛徒所以宣傳儒學的理由，這是因爲宋學不獨是爲學者自身的主張，大半還參着些佛學在內的緣故，在某種意味上，埋頭於訓詁之學的儒學者，反不如禪僧們的能夠了解宋學的精義，這是新興宋學波及到日本的經過，也是因爲時勢變動，才有如此的結果。可是日本儒學的特色尚沒有表現出來。原來宋學對於經書，註譯之後，重有一種新解釋，在民族的歷史的文物制度方面，重新賦與一般的原理的意義。這種學問，是超民族的歷史的適用於任何方面，經書經過註疏訓詁詮議之後，訓詁自身的領域，也有了新開展境地，而況這是繼述聖賢之道，自然迎合日本的國情，有被採用的可能。但是日本是儒佛並重的國家，這新興宋學的傳入，又在佛徒們的手裏，自然佛教的思想和儒教的思想會參合起來，成爲日本的新儒學。恰巧建武中興，宋學全部的新氣分，又復恰合中興的意氣，因爲宋學一面思索性理，作實踐的準則，同時復是名分義理的實學，經過日本君臣的多方獎勵，到了德川末葉，因時勢變動，日本的儒學，眞是大爲改觀。這時的特色，就是神儒佛三教一致，儒學中表現出神佛的思想，爲這時期獨創的精神。

統言之，前期藉王朝保護的力量博士家所傳的儒學，因朝權的衰落，正在日趨下落的時候，恰有強調道義的宋學輸入，投合着國民新氣分的建武中興事業，所以宋學的意氣精神，整個的被攝取，經過消化容納，這纔開眞的日本儒學之端。可是宋學是藉佛徒們的手纔流傳到日本的，所以全然脫去佛意的儒學是很難見到。及至戰亂鎮定，德川氏握政，在德川氏獎掖儒學的方針下，儒學纔得離開佛徒們的範圍，普遍到社會的各階層。這時日本的儒學，乃呈現空前的異況，對於外來文化，無不容納，長處短處，均所接近。日本之有眞的儒學，可說是到德川時代纔完成的，也就是因爲時勢的變動，乃告完成的。

(三)民族性情的特異

大抵日本的學術有三變，始則王室，中傾禪林，後則庶民。這是講儒學範圍種類上有變動的說法，並非儒學的本體有所變動，因爲講學者在社會的地位如何，自然多少影響到學術的性質，就是中國儒學中的經學，一般也認爲是有三大變動。漢學長於訓詁，宋學長於義理，清學長於考證。中國的經學，既有多次的變遷，自然波及到日本的儒學，同時受到變遷。在德川時代，所謂日本儒學隆盛時期，儒學究竟是如何的面目呢？

在德川時代，中國的儒學，已有訓詁學和考證學之別，錯縱複雜，羣起而呈盛況。這是因爲學問從來被社會上某一部人所佔領，後來開放推廣到一般民間的原因。學問執着在一部社會上層的時候，自有其特殊的境遇，作成人爲的歪曲。及至開放到一般民衆，國民的性情自然會表現到學問的形相上來，流派紛爭，遂有訓詁考證之別，程朱伊物折衷之變，在任何方面表現出民族性情的特色來，這不獨是意識會走到這方面去，根本會表現出來的，日本民族性情的差異性，自然在儒學上要表現出來，現在且舉出來說。

日本民族是富於模倣性的，而且模倣的感覺性，又非常敏速，模倣性雖是人類的通有性，但在程度的進展上，是有很大的差異的，日本民族的模倣性和其他的民族比較起來，隨便那一個民族都及不到牠的。模倣的長處是在於敏速理會，外來文化的儒學，很早的就被採用，想起來也是因爲日本民族有穎敏的感受性吧。這種素質，是日本的大長處，在異國經過長年月日方始成功的學說，在日本只要短時期內就能領會，可以減少許多創造的精神，這是很合算的一會事。對於儒學的體得，一面固然加深個人的教養，同時亦復有助於開發個人的人間性，因之一般世界人生觀的眼界，廣爲拓展，特別是在治術爲政上，收到模倣的力量，不能不說是有很大的成效。

至於模倣的弊端，是只知學習一般外來的文物，捨己而從人。其中除少數的識見家是例外，普通一般廣汎的士庶人，是長處短處有附和雷同之風，辯難攻擊，流於學派之爭。殊不知周孔的教條，所謂人倫五常，是依中國民族的道德爲立場，對於此點，倘全然忘却，以爲周孔的教條，可施諸人類一般的，專門盲目去模倣，結果無論如何是不合國情的。故在當時本居宣長等曾有一律排斥漢學的運動，純以日本的固有文物制度爲準則，可見模倣亦實在不是容易的事。

模倣結果，有不能自信的弱點。虛己容物，雖說是美質，但弱點是在模倣終了之後，自己不能有所創造，祇能盡量的包容外物，略爲改觀，變爲自己的罷了。日本在此有兩方可說。儒學在中國本土，一變爲訓詁的漢學，再變爲義理的宋學，三變爲考證的清學，這種變遷是經過長時期乃漸次完成的，這是因爲要適合民族的歷史的生活事情，由歷史的過程逐漸產生的。可是日本的儒學，在德川時代，只在十分之一的短時期內，模倣學習，卽與本國的歷史的生活實情相呼應，變遷的順序，全然沒有，這畢竟是模倣學習的長處，穎敏迅速能够縮短創造的過程，但遠大深刻是不能够的。特別是在短時日裏，興起的折衷學風，缺少深遠的圖謀，這是很顯明的。因爲從國民本身產生的物品，無論如何，是主張深刻的，堅固持續的，絕不能有折衷的態度參合進去。當時中國儒學盛行着的本體，多是離開着實地，盡是抽象的言辭，雖折衷深淺有度，棄其偏處和短處，掇拾適宜，但棄捨的能否適宜，總不能以自己爲主體，所謂折衷，也無非以所見爲辨析取捨之道，實與一種獨自創造的不能同時而語。

在某種意味上說，模倣折衷也自有彼之長處，日本在德川時代儒學昌明之際，諸說紛紛，流派對立，和統治問題，多少發生些關係，但沒有像中國一貫持續的有流派的對立，如春秋三傳的對立，執拗頑強，長期相峙不讓，結果遂有左氏公羊之別，包含儒學全面的大學派也乘時興起。這在日本當時是看不見的。所以在中國儒學界妥協交綏的結果，有今文學古文學的對立。但在日本儒學界是沒有的事情，這就是中國人的性情和日本人的性情顯著差異的一點。中國是人謀的國家，日本是批評的國家，模倣的國家，感覺到中國文物的繁縟，支配模倣改爲適合着自己的生活，這是日本人優於去做的吧！

因模倣折衷，對於外來文物，遂發生融通性，在中國整個儒學上看來，自有一種顯明的文化特色，在世界多方面文化當中，是建樹着獨特的另一種文化，因爲文化的創造，全頻人類的力量，在大自然裡，人類建設起獨自的世界，可惜是中國民族的創造力發揮盡致之後，停留在故步自封的狀態下，不肯虛心的再去接觸外來文化。日本民族旣長於模倣，對於外來者當然一概不拒，中國的儒學精神能被吸收採用，西方的自然科學精神，亦何能不被吸收而採用？這兩者之間，自然發生融通性，因爲感覺到自我的生活，比外來者爲遜，於是用人爲的造作，配合成自己適用的文明。日本民族性是近於自然的，一經接觸着外來的文物，不要多所造作，自能融通，日趨於簡約，切近於自然，所以中國內容豐富的文化，經過日本模倣折衷的過程，却反簡易自然能夠配合起日本固有的性情來，這是日本民族性當中很大的特色，表現在儒學方面的，自然也是簡約自然的精神了。

因此，德川時代諸派盛隆的儒學，不論學派的如何，都能立說簡約，成爲一種特有的作風。這與中國文辭富贍，論斷精確，巧思百出的儒學比較起來，眞是清明沖淡，能夠把握着各家學說的要旨，獨自立說，變爲日本簡易化的儒學。所以模倣折衷，在外觀上說原無多大的效能，至於得其要領，成爲簡約，這纔是日本儒學的特色呢。卽把朱子一派的學說來說，在日本有鎌田圖南的辨朱子學，三教異同辨，理學祕訣等著，都能辯證得精粹而切實，對於朱學大特色的敬字，鎌田立說也發揮了無比的切實性，這是因爲日本民族的接觸外來文化，完全在實行方面着想的緣故，對於外來的繁文縟禮，倘不便於實行，立刻要拿牠簡易化起來，方可具體實地的去施行。所以實行的精神，表現在儒學上來，就成爲簡約的特色了。

上述日本民族性情的差異。既是如此，在儒學方面自然於不知不覺間，會發揮各種的差異性，結果乃成爲日本儒學中的特色，和原來接觸着的文化究屬異樣了。

（四）國民自覺心的開展

嚴密的揭示日本儒學的特質，必先觀察儒學的本體有如何的本質爲先決問題。儒學本身是修身治人的學問實用於政教的，日本最初採行這種政教學的時候，自必詳察適宜的程度如何，蓋政教是實行的，不僅是在思想問題上去考究就能夠做的，若周公孔子生在當時的日本，也許立說和原來者差異，這是因爲儒學本來的學問性質是如此。日本旣着意此點，所謂儒學特質，自有彼創建之道。而況日本初期的儒學者，多是俊傑之流，並非碌碌模倣之輩，在蕃山的集義和書上，就論到國家的地位，各有不同，對於中土的繁文縟禮，不得不有所取捨，這已自覺到國情差異的文物制度，不能概爲盲目的引用，必須不忘實地才好。所謂實地，淺說是立脚點，深說也就是實物。實物是因地因時的，講明學問之所謂道，當然不能忘却實物，纔能發現牠的眞實性，不離開眞實，這是日本儒學上初步自覺的萌芽。其後林成昌著論學範，說到學問不過是立身的規範，爲學者必先有忠於本國的志向，乃可從事於學問，國家精神所寄的國語，在童蒙就塾時期，必須精通學習，然後方得再爲研究其他學問，因爲國家教養本質的精神，都不知道，將來立身之本如何不異途而趨呢！倘幼時祇知漢書的誦讀，不知讀本國的國史，到後來雖無論如何去研究誦讀，終是有先入爲主的成見，重彼而輕此，此乃常情。儒家立說雖屬敬天，但中國民族自古信仰的天，和日本的究屬異樣，而況儒學在表面上又是無宗教的，倘感染着只見到合理主義的一方面，再和本國史載神道設教，奇怪多方的比較起來，則更有輕重之分，這時日本儒學者已逐漸的自覺到本國爲主的體用，欲確立本國精神所在的儒學，只得在國史上着眼，所以這時的儒學者都是通曉國史的。沈潛於經籍，祇不過是一般人間性修養的道理，本國的教養依存在何處，這是不知道的，所以山鹿氏，闇齋氏等，其後卽着眼在國史的書寫，其學說雖爲從來神道諸說的淵源，但流派所至，則均尊重國史，這是當然特色的事情。通於國史，則知自國的淵源，報本的念頭，油然而起。一家之人，倘知祖先的事跡如何，一家的自尊心和崇祖的念頭，當然要起來的，這就是忠孝之心。儒家廣立人倫五常之說，定父子君臣爲人之大倫，論語中致身力行說法，這許多儒的教條和日本國史的教條會合起來，再經過日本儒學者的純化作用，乃絕對的確立成爲日本的君臣之道，爲傳流的國之大本了。這是由於民族心的自覺而創成的，其始雖模倣外來，終究成爲自主的，實亦日本民族性的寬大，善於取人之長，中國儒學的大倫，乃能化而爲日本的君臣之倫，這不能不說是日本儒學上自覺到的特質吧！

其後以國史爲本，來做學問的導源的，倡始於水戶，在日本幕府的末期，水戶的學說，也可說是日本儒學的總決算，從當時到現在，可稱爲日本儒學的，根本不能出於水戶的範圍，所以前期以義公氏爲中心的諸儒學說，和後期的幽谷氏東湖氏正志齋等，始終以忠孝爲立說之本，脫不去這個範圍並非是做學問的途徑變爲狹隘，却是眼界推廣，有關達的讀書範圍，可以在諸派中超脫的自在的取捨，着眼於有用的而棄其不切實用的，用歷史的立脚點和忠孝的本質，再純化起來，在國土民情各方面，都能合用，這是當時爲學的精神。日本國體原則，是報本、反始、明察、體得、忠孝爲一本，故有報本反始字眼的表出，水戶氏的這種主張，在幕末時候，凡是有儒學教養的多數尊王志士，無不虛心接受，異國的教學，日本能夠很巧的會通起來，這不是因爲智巧的關係，事實的存在，仍舊彼我同樣，乃是因爲誠實的去做的結果，一旦會通，自能感覺到要自主的方能適合本國的情調，異國的文物，祇能借鏡罷了。日本的儒學到了這時，已進入自覺的途徑，諸家立說，雖屬紛爭，但自有彼固定的立場，不如前期的以模倣爲專門事業了，所以在德川時代，儒學隆盛的緣故，也因日本民族有自覺心的表現罷！即如明治維新，西歐的文物制度，日本都很誠懇的去接受，精神所在，另成爲日本的東洋風的，和原來的情調完全異樣，可說日本民族自昔在儒學方面，已經有許多經驗和特色，立刻就能參合容納西歐的文物罷了。所以日本此時期儒學的特色，乃是民族意識的自覺，結果乃在國勢的擴展上，看出牠的効能。

略談論語與儒學之大乘思想

劉劍青

本院儒學一課，先授孝經論語。予於年終，斅講略畢。意有所涉，偶綴筆談，以實月刊，秉質同學。初談儒學，次明論語，復次儒學之大乘思想。略就論語說之，牺爲節目，取便尋討。

首談儒學，論語雍也篇：

子謂子夏曰，女爲君子儒，無爲小人儒。

通論語一書，儒名蓋不多見，案周官太宰：

四曰，儒以道得民，注，儒，諸侯保氏有六藝以教民者，又大司徒：

四曰，聯師儒，注，師儒，鄉里教以道藝者。

儒在當時，其事蓋如此。然則孔子仕魯有官位，不名爲儒，門弟子或仕不仕，各有執業，亦不悉爲儒。故劉寶楠論語正義即據周官義說之曰：

此則儒爲教民者之稱，子夏於時設教有門人，故夫子告以爲儒之道也。

周官雖有僞書之疑，要屬古籍，此不具談。至禮記儒行篇，孔子對哀公之言，文繁不殺，誼屬通論，孔氏門徒初不以此自號，讀論語者，宜可證知。

大抵孔氏之儒，起七十子後，莊荀著書，始稱說儒者，韓非載孔子死後有子張等八氏之儒，而漢書藝文志論儒家曰。

儒家者流，蓋出於司徒之官，助人君，順陰陽，明教化，游文於六經之中，留意於仁義之際，祖述堯舜，憲章文武，宗師仲尼，以重其言，於道最爲高。

宗師仲尼，以重其言，語至可尋，蓋七十子後，傳孔氏學者，乃各以所學教授，世遂通目爲儒，儒者及六經之名，並自是起矣，六經各有所統，百物以類而附，禮樂之傳，政教之典，擴充裒益，儒學乃滋繁，故司馬談論六家曰：

夫儒者以六藝爲法，六藝經傳以千萬數，世界不能通其學，當年不能究其禮，故曰博而寡要，勞而少功。

又曰：

若夫列君臣父子之禮，序夫婦長幼之別，雖百家弗能易也。

儒學之需要，有如是者，故漢武以還，世崇儒術，綜經傳爲典籍，尊孔子爲宗師，漢志之云，有可徵焉。

次明論語爲儒學之要，儒學典籍，漢立五經，代有裒益，七經，九經，十三經等目，括囊傳記，彌爲泛濫，然漢志敘六藝以論語列五經之次，後漢或以論語孝經配五經爲七經，論語見重，漢世已然，故漢儒多以此學名家，自漢迄唐，作者不尠，宋儒尤重之，迨朱子致力覃研，爲之集注，合孟子集注，大學中庸章句爲四子書，後儒表章，其說獨尊，世主又資以取士，教被寖廣，凡在學徒，童而習之矣 蓋儒者宗師仲尼，而孔門微言弘恉，大較在是，其餘載記，諸子或由假託，二戴纂集晚出，唯論語爲最純粹，是則五經爲衆說之郛，論語爲羣經之錧，孝弟忠信，實民生所秉彝，布帛菽粟，斯家喻而戶曉矣。近人梁任公云：

論語為二千年來國人思想之總淵泉。其言不為翔異，抑不獨此故，論語記孔子言行，門人載筆，親承重炙，遂爾傳模徵至，孔子精神氣象，胥於是寓焉。潛滲深孕，與化同流，斯其入人心之深乎。詩書六藝之籍，並先王之舊典。自周之衰，學術放散。孔子集其成，弟子衍其緒。後世儒學大興，則一本孔氏。故漢志言祖述堯舜，憲章文武，宗師仲尼云，而史記孔子世家曰：

孔子布衣，傳十餘世，學者宗之。自天子王侯中國言六藝者，折中於夫子，可謂至聖矣。

弟子列傳曰：

學者多稱七十子之徒，譽者或過其實，毀者或損其眞，鈞之未覩厥容貌，則論言弟子籍出孔氏古文近是，余以弟子名姓文字，悉取論語弟子問，並次為篇，疑者闕焉。

於是論語乃為儒學要典，漢匡衡云：

論語孝經，聖人言行之要，宜究其意。

唐韋放云：

論語，六經之菁華也。

宋程子云：

學者以論語孟子為本，論孟既治，則六經可不治而明矣。

儒家載籍雖博，孔子以後，儒學之括，毋寧謂為論語。無慮漢儒宋儒治學之殊，於此殆無異趣。漢儒句稽故訓，學最近古，而其弊破碎，寡要少功，誠有如史談所譏。宋儒務本身心，賢者識大，而其弊空疏，通儒亦以無取。然若就儒學而籀其哲理思想，毋寧宋儒所得為多。讀論語者，不知本諸身心，覃研思理，徒事文義之末，買櫝還珠，寶山空返，豈謂善學？夫學貴知要，此之謂矣。

復次儒學之大乘思想，中國古代學術，唯儒家言最與印土大乘思想接近，論語蓋尤可徵。詩書五經，自洪範陳皇極即標大中之道，大者無外，中者不偏，春秋、易、禮，悉着此義。古聖王政教之迹僅被中夏，其意量實包括全人類，乃至有生之物。而其自致之功，則始於為仁，終乎作聖。論語雍也篇：

子貢曰，如有博施於民，而能濟衆，何如，可謂仁乎，子曰，何事於仁，必也聖乎，堯舜其猶病諸，夫仁者己欲立而立人，己欲達而達人，能近取譬，可謂仁之方也已。

又憲問篇：

子路問君子，子曰，修己以敬，曰，如斯而已乎，曰，修己以安人，曰，如斯而已乎，曰，修己以安百姓，修己以安百姓，堯舜，其猶病諸。

堯舜猶病，語凡兩見，何事於仁，朱注解為何止於仁，語意最明，儒家祖述堯舜，以為生民最高之準，茲乃明堯舜猶未盡道之全量。此最勝義，唯於論語發之，所謂唯聖知聖矣。然儒者教人要統於仁道，故語子貢以仁，語子路者亦仁，而顏淵篇：

顏淵問仁，子曰，克己復禮為仁，一日克己復禮，天下歸仁焉。

所以語顏子者亦仁也。夫己立立人，己達達人，修己以安人，克己復禮天下歸仁，此非自覺覺他自利利他之大乘思想而何。釋迦教法，於世間，出世間，如所有，盡所有，悉窮源底，是為究竟。儒家六藝五典，是僅屬世間學，然謂世間學者，亦唯形下之迹然耳。至於形上之道，何嘗有大小內外淺深彼此之別？彌綸宇宙，唯一眞理而已。一是則百是，一非則百非。大道多歧，北極之準一也。世學多端，人心之準一也。仁里篇：子曰，參乎，吾道一以貫之。自近取譬以至堯舜猶病，自克己以至天下歸仁，自孝弟忠信以至性與天道，唯一而已。推之世出世法，又詎外乎一心而截然二事哉。唐宋儒者，或撫禪誦末流，訾警佛學，固動成謬誤。佛教徒亦或以世間俗諦而輕儒學，詫訟雖紛，而此根本接近之點，要自如故。是以梵典來傳，大乘尤盛。蓋此士學佛者，以語言文字故，每先讀儒書，及其學佛，唯大乘之易契。溯古迄今，大德碩士，自儒証釋，多如此矣。斯則東士特多大根，西方傳其縣記，撰所以致，厥有其由。則謂論語爲儒學必讀之書，亦學佛必讀之書，匪爲過言。孔子更有其大乘之境界，姑以淺見一二談之。述而篇：子曰，默而識之，學而不厭，誨人不倦，何有於我哉。孟子亦述之，兼及子貢之言曰，學不厭，智也，教不倦，仁也，仁且智，夫子旣聖矣。憶昔讀此，漫謂平易，少長更事，體之於身，驗之於人，而後乃知學者難勤，教者易倦，自非聖智，鮮克免此。是故釋迦示述，苦行六年，以勵學也，說法四九，以垂教也。哲士瞿勉於終身，菩薩鑽仰於十地，斯一事也，而盡體道之行焉。又曰。七十而從心所欲，不踰矩。爲政篇。子絕四，毋意，母必，毋固，毋我，子罕篇。至理冥符，殆無間於儒釋。又曰：予欲無言。——天何言哉。陽貨篇。知我者其天乎，憲問篇斯並超言意之表，標冥極之域，玩索有得，偶乎遠矣。妙義紛綸，誠難悉演，苟學一而反三，斯六通而四闢。好學深思，在善讀者。今之所談，梗概而已。

淨因餘瀋

禪餘漫筆

昌靜

佛門脩行功夫，最要者在破執，所謂不取不舍是也。然初學則必須固執，有染淨有因果，而後能違背凡情，隨順聖流。所謂熟境漸生，生境漸熟也。如是自能由有爲而漸進無爲。否則初學即滯於空見，其流弊有不可勝言者。著有著空，固均非中道；然執空之害，實烈於執有。故與其執空，毋寧執有。試觀謹飭之士多拘執，而蕩閑踰檢者流，大都自命爲圓融者也。證道歌曰：「縱令白刃加頭顱，亦如利劍斬春風。」到此境界，始可談空，始可云不執。否則妄人而已，大乘云乎哉！

× × × ×

語謂定業不可轉，非不可轉也；實不易轉耳。果能舊我完全死去，則不期轉而自轉矣。袁了凡是其例也。學道術者謂必令此心寂寂如死，而後可以不死；必令此心一念不生，而後可以長生。意雖別有所指，然亦未嘗不可相通也。

× × × ×

近人熊十力所著因明大疏刪注內附讀法二則，其中存疑一段，頗値注意。略謂：「存疑非易事，淺人讀書，若明

隋代儒學之史的研究

志賀昇作
于濬濤譯

一，南北儒學之對立

隋受北周禪，平定河北，更於開皇九年(西元五八九)討滅南方之陳，南北朝始合爲一而形成統一之國家焉，然自東晉以還，約二百七十餘年之間，南北分立。抗爭頻仍，無論民族的、政治的、經濟的、文化的均有非常差異之特質，因南北而生確然之區別，乃衆所周知之事實也。(一)

儒學亦難出此例，其風尚因南北而有顯著之不同。亦須首肯者也，北史儒林傳序及隋書儒林傳序中云：

南北所治章句好尚互有不同。

卽就此事實而言者也。又隋高祖文帝嘗詔孝擧國子生通一經者，而欲擢用之時，雖已策問訖，而博士不能決其臧否，時祭酒元善怪而問之，碩儒房暉遠答之云：

江南江北義例不同，博士不能遍涉，學生皆持其所短稱己所長，博士各各自疑，所以久而不決也。(二)

可見當時之儒學南北分立已甚明瞭，精通南北兩學之難，與夫如斯大儒之僅少，乃係極易察知之事也。

隋書儒林傳序中擧所謂二劉之劉焯劉炫爲通曉南北學之儒者：

二劉拔萃出類，學通南北，博極古今，後世鑽仰，莫之能測，所製諸經義疏，搢紳咸師宗之。

甚稱揚其學才之非凡，宜乎劉焯傳中以爲：

天下名儒後進，質疑受業，不遠千里而至者不可勝數，論者以爲數百年以來博學通儒無能出其右者。

據此亦可察知彼係隋代第一大儒也。由以上之觀點，隋代南北儒學分立風尚各異之事，可明瞭知之矣。

註：1. 見中山久四郎：東洋史講座，東洋思想史。有高巖：概觀東洋史。桑原騭：東洋史說教，白鳥博士還曆紀念東洋史論叢。

2. 隋書列傳第四，房暉遠傳。

二，南北儒學之特質

今就南北儒學之特質作較詳細之考察，北史儒林傳序及隋書林傳序中云：

江左：周易則王輔嗣，尚書則孔安國，左傳則杜元凱，河洛：左傳則服子愼，尙書周易則鄭康成。詩則並主於毛公，禮則同遵於鄭氏。

實可見其概要，以表示之，則：

所宗／經別／朝別	北朝（河洛江北）	南朝（江左）
易	鄭康成	王輔嗣
書	鄭康成	孔安國
左傳	服子愼	杜元凱
詩	毛公	毛公
禮	鄭康成	鄭康成

（表中標目係譯者所加。附誌。）

據上以觀，北學之易書禮皆宗鄭氏，然經學歷史中：

鄭君注左傳未成以與子愼，見於世說新語，是鄭服之學本是一家，宗服即宗鄭，學生於一也。（一）

因此北學遂僅廣行鄭氏之學，說禮謹嚴而引證亦詳實，實爲完全繼承漢儒之遺風，而其風格爲健實剛直者也。

然南方儒學，自晉東遷以來，晉人好玄虛受所謂淸談之影響甚大，帶多分之道教色彩，悉質實剛健之經學而尙孔安國之僞撰杜元凱之臆解，好王輔嗣之玄虛，而以所謂義理之學風爲其特徵者也（二）。王治心編中國宗教思想史大綱云：

南朝承西晉風氣，鄙棄儒術主張放任淸談之風，北朝民風强悍，不脫遊牧之習，雖亦崇信佛教，却拒斥老莊之浮誕，反而尊重儒術。

如上之記述，北學汲北魏道武帝之餘波，繼承漢儒所謂訓詁之學，止於爲皮相的，形式的，字句之解釋注疏，反之，南學以義理之研究爲主，含有多分之晉南遷以來之老莊道家思想之影響，而南北學之儼然之區別，則如中國宗教思想史大綱所謂「遂使重道重儒之南北風氣，似顯然中分鴻溝」，乃極爲顯著者也。此種現象，由下列各例，亦可了解之，即：南史伏曼容傳稱伏曼容「少篤學，善老易」，著有周易毛詩喪服集解，老莊論語義等，其子暅，亦「幼傳父業言玄理」。嚴植之傳稱嚴植之「少善莊老，能玄言」。沈峻傳稱沈浚「少善莊老，尤精三玄」。全緩傳稱全緩「通周易老莊，時人言玄者咸推之」。又張譏傳記有張譏「篤好玄言」，於所居之宅營山池植花果，講授老莊周易，其著書有：老子義十一卷，莊子內外雜編義四二卷，玄部通義十二卷，游玄桂林二四卷，試檢南史儒林傳，可知不治老莊之儒學者極稀也。

然試閱北史儒林傳，則絕無玄學，由李業興對梁武帝之言「少爲書生，唯習五典，素昧玄學，何敢仰酬」，可知北朝人對玄學之態度矣，然則使經學生如斯判然之區別者，實自南北朝始也。

今更將南北儒學之本質一究明之，北史儒林傳序並隋書儒林傳序「大抵南人約簡，得其英華，北學深蕪，窮其枝葉，考其終始，要其會歸」。世說文字篇，謂褚裒答孫盛「北人之學淵深廣博」，支遁聞之評爲「看北人之書，如於顯處視月，南人之學如於牖中窺日」，想爲最能表現南北儒學之風尚者也。支遁之意，蓋以爲：北方之學者博覽而不得要點，如於明處視月，所見雖廣而無明確之中心點。反之，南學雖不能謂爲博覽，而能把握要點，如於狹牖窺日，眼界雖狹，但能明確意識其要點焉。

由以上各點，想能明瞭南北儒學之差異特質矣。

註：1. 淸皮錫瑞：經學歷史第六，經學分立時代。

2. 中山久四郎之東洋史講座，以爲孔安國傳係東晉梅頤之僞作，而武內義雄之「支那思想史」據種種之論據，以爲孔安國傳係梅頤以前之物，而斷爲係與王肅因緣甚深之孔晁所作云云。

三，隋之南北儒學之統一

欲統一前述南北分立之儒學者，隋朝是也。隋書儒林傳序所稱「自正朔不一，將三百年，師說紛綸，無所取正」之狀態，至高祖文帝一度統一天下（一），「頓天網以掩之，賁旌帛以禮之，設好爵以縻之」（二），「於是四海九州，强學待問之士，靡不畢集焉」。於是天下之儒學遂走向統一之氣運矣。玆更述之。

一 南學北學之統一

隋代統一之形相，以地理言係爲北將南併合，至於儒學則北學被南學併合同化（三），經學歷史「隋天下之統一，南併於北，而經學之統一，北學反併於南」，卽明指此種事實者也，書中更稱（四）「北人篤守漢學本近質樸，而南人善談名理，增飾華詞，表裏可觀，雅俗共賞，故雖以亡國之餘，足以轉移一時風氣，使北人舍舊而從之」，而明示「北方經學折入於南」之歸趨焉。

於此，所謂經學之南北統一者，實爲北學衰微而爲南學所統一也。如檢隋書經籍志，於此事實更可得明瞭之例證，卽（五）「易」所云「梁鄭玄王弼二注列於國學，齊代唯傳鄭義，至隋王注盛行，鄭學浸微，今殆絕矣」（六），「書」：「梁陳所講，有孔鄭二家，齊代唯傳鄭義，至隋孔鄭並行，而鄭氏甚微」，（七）「春秋」：「左氏唯傳服義，至隋杜氏盛行，服義及公羊穀梁浸微，今殆無師說」，可知鄭說衰微，僞孔王杜之學盛行者，隋代之事也。於是南學盛行，鄭服之北學，遂至漸次絕跡焉。

二 唐代北學全滅

唐之太宗，猶命國子祭酒孔穎達等作五經正義，以圖學說之統一，可見雖至唐代，北學依然存有微力，南北二派學者，各主唱其所奉之經說而立門流學統，致使學者苦於適從，爲可推知之事實也。舊唐書儒學傳中云：

「以儒學多門，章句繁雜，詔國子祭酒孔穎達與諸儒撰定五經義疏，凡一百七十卷，名曰五經正義，令天下傳習。」（八）

因知五經正義之所以制定也。

五經正義撰定後，學校教育，官吏任用之考試問題，悉以此依歸，且更進而圖經典學說之統一焉。五經正義所採之義疏多係魏晉注，而北人信奉之鄭注，遂完全爲南人崇拜之僞孔王弼杜預之所謂南學所壓倒，至唐北學始全沒矣。

註：1.隋書列傳40 2.同上 3.淸皮錫瑞：經學歷史第七，經學統一時代 4.同上 5.隋書卷32經籍志 6.7.同上
8.舊唐書卷189，儒林傳上。

四，南學隆昌之原因

以南學併呑北學之狀態，究因何而起乎，欲考察之，由當時時代思想而考求之乃爲最要之事且爲最捷之路也。南學不滿於所謂漢儒訓詁之學而以當時社會最盛行老莊之哲理解釋之，可視爲較北學有一般之躍進的發展的意義也。試觀當時南北人之社會：當代北方胡族，自以其蠻風卑下，對漢族文化憧憬極强，南朝之衣冠文物常爲北人垂涎羨望而不能止，此種感懷對經學亦同，對南學羨視之情極切，(一)「南朝衣冠禮樂，文采風流，北人常稱羨之」，而其起因則據當時南方人(二)「專事衣冠禮樂，中原大夫望之，以爲正朔所在，是當時北人稱羨南朝之證」之記述，可以明矣！然則，當時儒學者中之優於南學者，如何爲北朝人士所尊信敬愛社會上亦極重視乃不難推知者也。褚暉，顧彪，魯世達，張沖等，皆以南人而得文帝煬帝之信任者，如費甝義疏之南方書籍亦最早流入北方而大受歡迎，且盛行於朝野者，誠屬當然！經學歷史(三)云：

「人情既厭故喜新，學術又以華勝樸，當時北人之於南學者如陳相見許行而大悅，盡棄其學而學焉。」

誠可謂爲極能描述當代之風尙者也。

註：1.淸皮錫瑞：經學歷史第七，經學統一時代 2.3.同

五，隋代儒學於經學史上之地位

次欲究明隋代儒學之本質，其學悉爲先儒義疏注疏之學，通觀隋書經籍志，可知其未出義疏一步。而此義疏之學，非自隋代始行，乃係踏襲南北朝以來所遺之學風也，蓋自南北朝以至於隋，一方被稱爲中國佛教黃金時代之佛教全盛時代，上下篤信佛教極爲普徧，而寺院之建立，佛像之彫塑，經文之譒譯書寫及其內容之硏究唯恐不足，而於他方，則盛行老莊玄談之風，喜無爲自然之說甚强，而爲所謂道家思想所驅使，如「世之禮法君子，如蝨之處褌。」(一)無視禮法，非不浮誕，而「學者以老莊爲宗而黜六經，談者以虛蕩爲辯，而賤名檢行身者；以放濁爲通，而狹節信仕進者；以苟得爲貴，而鄙居正當官者；以望空爲高，而笑勤恪。」(二)因不得不謂社會之關心離佛教而行亦當然之事，於此時代思潮中，學者之眞爲儒教之研鑽而賭身命者，寥若晨星，

實不禁有寂寞之感。然則尠有通曉古今經學而樹立一家學說之巨儒碩學出，亦當然之事也，而僅以先儒之注疏爲事，勉能保持儒學之命脈者，亦不能不認爲係當代儒者之功也！宇野哲人先生於所著「儒學史」中，有如下之敘述：

「南北朝時代，老莊佛學甚得勢，南朝梁武帝北朝道武帝，均爲好學問之明君，置博士而教之，以其爲好佛之人故，無眞實研究經學者，故未出能立一家之見者，自東漢以迄三國之間，將先儒之注而又注之風於焉以起。」

可謂爲得其簡要之論而爲窺知當時儒學之眞相者，如斯，自南北朝至隋之間，所謂義疏之學未出先儒範疇之一步，於儒學史上極爲寂寥之時代。「當漢學已往，唐學未立，絕續之交，諸儒倡爲義疏之學，有功於後世甚大」(三)，贊揚當時諸儒之功德，蓋適評也。當時，異端邪說盛行於滿溢排儒思想中，抱殘守缺，而救聖教之組職之功，不容忽視，於是南國浮圖，亦不能改經天之義，經萬世而放燦然之光彩，雖至今日亦得認爲曾維持聖教燦然之存在者也！然當時之著述，多有散佚，現僅存者，遡至南北朝時代，有皇侃之論語義疏十卷，及禮記義疏五十卷中之一二卷以傳至日本而殘存者，能安生之義疏以被禮記疏引用而得存，至於隋代之物，則雖片鱗亦無存者。

註：1.晉書阮籍傳　2.趙翼廿二史劄記卷八，六朝清談之習（愍帝紀論）　3.淸皮錫瑞：經學歷史第六

六，隋高祖文帝與儒學

隋高祖文帝夙欲完成統一天下之覇業，以儒教爲統治國家之具，欲依儒教思想統一南北分立之民族思想，獎勵儒學優遇儒者爲顯著之事蹟焉。仁壽元年六月下詔：(一)

「儒教之道，訓教生人，識父子君臣之義，知尊卑長幼之序，升之於朝，任之以職，故能贊理時勢，弘益風範。」

觀乎此，可知帝對儒教之期待爲如何絕大矣！

開皇二年十一月(二)「賜國子生明經者束帛」，由之可窺帝之獎學態度矣。又開皇三年二月，嘉許秘書監手弘之上表，求天下之遺書，開獻書之道，下詔對獻書一卷者賚縑一疋以遍蒐四方之典籍，僅一二年間，即至於「篇籍稍補」(三)之狀態焉！

又，開皇三年四月，潞州刺史柳昂見於天下無事，上表請勸學行禮，帝大喜，下詔曰：(四)「建國重道，莫先於學，尊主庇民，莫善於禮，自魏氏不競，周齊抗衡，分四海之民，鬥二邦之力，遞爲强弱，多歷年所，務權詐而薄儒雅，重干戈而輕俎豆，民不見德，唯爭是聞，朝野以機巧爲師文，吏用以深刻爲法風，澆俗斂化之然也。雖復建立庠序，兼啓黌塾，業非時貴，道亦不行，其間服膺儒術，蓋有之焉，彼衆我寡，未能移俗，然其維持名教，奬飾彝倫，微相弘益，賴斯而已，王者承天，休咎隨化，有禮則祥瑞必降，無禮則妖孽興起，人稟五常，性靈不一，有禮則陰陽合德，無禮則禽獸其心，治國立身，非禮不可，朕受命於天，裁成

萬物，去華夷之亂，求風化之宜，戒奢崇儉，率先百辟，輕徭薄賦，冀以寬和，而積習常生，未能懲革，閭閻士庶吉凶之禮，動悉乖方，不依制度，執憲之職，似塞耳而無聞，滋民之官，猶蔽目而不察，宜揚朝化，其若是乎。古人之學，且耕且養，今者民丁非役之日，農畝時候之餘，若敦以學業，勸以經術，自可家慕大道，人希至德，豈止和禮節識廉恥，父慈子孝，兄恭弟順者乎。始自京師，爰及州郡，宜祗朕意，勸學行禮。」一讀此詔，文帝奬學崇禮如何之厚可窺知矣！

又，開皇三年七月之詔（五）有「行仁蹈義，名教所先，厲俗敦風，宜見褒奬」之語，以示儒教仁治思想之本質。同年十一月遣使巡省風俗之際之詔勅曰：「朕君臨區宇，深思治術，欲使生人從化，以德代刑，求草萊之善，旌閭里之行，民間情僞，咸欲備聞。」（見隋書帝紀，高祖上。）其如何置重於儒教之德治主義不難想像也。此種思想由讀循吏傳中記王伽之語亦可推察之，即：（六）齊州行軍參軍章武之王伽，送流囚李參等七十餘人詣京師之時，解其枷鎖而謂之曰：「卿輩自犯國刑，虧損名教，身嬰縲紲，固其職也，今復重勞援卒，豈獨不媿於心哉！」而使各自至京師，流人咸悅，如期而至，無一人叛者。帝聞之，下詔曰：

「凡在有生，含禀靈性，咸知善惡，並識是非，若臨以至誠，明加勸導，則俗必從化，人皆遷善。往以海內亂離，道德廢絕，吏無慈愛之心，民懷奸詐之意，朕思遵聖法，以德化民，而伽深識朕意，誠心宣導，參等感悟，自赴憲司，明是率土之人，非爲難教，若使官盡王伽之儔，民皆李參之輩，刑厝不用，其何遠哉！」

遂拔擢王伽而任之以雍令焉。觀以上之例，高祖文帝如何橫溢仁慈思想，而欲貫澈儒教德治主義之本義可知矣！然則，努力於儒教之保護奬勵，以圖儒教思想之普及强化而盡力於社會風教之善導之功，誠偉大矣！

今如舉其實績中之主要者，先唯建設學校，優待儒者，教授諸生，以圖教化之普及焉。隋書儒林傳序：「於是超擢奇儁，厚賞諸儒，自京邑達乎四方，皆啓黌校。」由此觀之，自魏晉以迄南北朝之長久期間不振之儒學，又漸次入於盛運之事可知矣！又，隋書儒林傳序：「高祖膺期纂曆，平一寰宇，頓天網以掩之，賁旌帛以禮之，設好爵以縻之，於是四海九州，强學待問之士，靡不畢集焉。」觀此，亦可察知高祖奬學態度及當時儒學興隆之情形矣！「負笈追師，不遠千里，講誦之聲，道路不絕」（七），可以之作爲推知當時勃然好學風尚之振興狀態之有力材料也。帝且自幸國學，臨御釋典，親觀諸儒經學講授之實際焉。隋書帝紀高祖下之條亦云「開皇十年十一月帝幸國學」，因知行幸之時，且召儒者而厚賞之，（八）「開皇中文帝親臨釋典」時，聽宇文孜與國子學博士之論議，大悅而言曰：「實慰朕心」，而使之蒙恩賞焉。又元善爲國子祭酒時，（九）「文帝嘗親臨釋典，命善講孝經」，帝大喜而賚以絹百疋，衣一襲。馬光爲太學博士時（一〇）「高祖親幸國子學」，而聽馬光講禮，「帝嘉而勞焉」，又王頍爲著作佐郎於國子講授時，會高祖親臨釋典，頍與祭酒元善相論議，善往往爲其所屈，「高祖大奇之，超授國子博士」（一一）云云。

然帝雖以如此熱心之獎學的態度，亦不能使儒學更形興隆，（一二）「庠序爰及州縣，生徒受業，升進於朝未有灼然明經高第，此則教訓不篤，考課未精」，如此，就滿足帝之要望言，仍爲甚可悲觀之現狀，無論如何，亦深覺至可惋惜者也。如前所述，蓋受當時時代思想之道教無爲自然之社會的風潮所驅，而無眞實之儒學研究者，另一方面，即因帝自身亦係：「天性沉猜，素無學術」（一三），全無學術修養，尙且「執政之徒，咸非篤好儒學」（一四），而係以搢紳缺乏愛好儒學之精神爲原因者也。即：上不求才，下亦無應詔之意，雖有採士秀才之科，幾無應之者焉。因之，帝對儒學之關心漸薄，而尙刑名法術，尤以至於晚年，心全爲佛教所引去矣！仁壽元年六月乙丑之詔，最爲明確顯示此間之消息者，即：「朕撫臨天下，思弘德教，延集學徒，崇建庠序，開進仕之路，佇賢儁之人。」由此可知帝之熱誠橫溢之獎學態度。「國學胄子，垂將千數，州縣諸生，咸亦不少」，因學問之普及，漸次釀成興學之氣運，而紹儒學隆盛之緒，可窺知矣。然而隋書高祖紀下：「徒有名錄，空度歲時，未有德爲代範，才任國用。」亘儒不出無足德爲代範才任國用者，其委靡不振，難滿帝之要望，實大事也。「良由設學之理，多而未精」，「今宜簡省，明加獎勵」，舍數而圖質之精良。大儒劉焯雖懇切上表，亦未爲所納，僅留大學博士二人，學生七十二人，至對多數之學校下一廢學之大鐵槌焉！此即同詔所謂「於是國子學唯留學生七二人，太學四門及州縣學並廢」（一五）。以上之史實，資治通鑑於卷一七九中記之如次：「乙丑，詔以天下學校，生徒多而不精，唯簡留國子學生七十人，太學四門及州縣學並廢，殿內將軍河間劉炫上表切諫，不聽，秋七月改國子學爲太學」（一六），帝對儒學之興趣全薄，遂至下詔盡廢天下官公立諸學校焉。儒林傳序：「中州儒雅之盛，自漢魏以來，一時而已，及高祖暮年，精華稍竭，不悅儒術，專尙刑名……暨仁壽間，遂廢天下之學，唯存國學一所，弟子七十二人」云云。

帝之所以有如此徹底的廢儒思想者，實由於內心之崇佛態度—即佛教皈依態度—之萌芽難於抑止之故。文帝萌信仰佛教之心，係開皇晚年之事，册府元龜：「文帝年齡晚暮，尤崇尙佛道」，廢儒之意即同時而生者也。通鑑卷一七九：「帝晚年深信佛道鬼神，辛巳始詔有毀佛及天尊嶽鎭海瀆神像者，以不道論，沙門毀佛像，道士毀天尊像者，以惡逆論」，文隋書載開皇二十年十二月之詔中：（一七）「佛傳深妙，道教虛融，咸降大慈，濟度群品，凡在含識，皆蒙覆護，所以雕鑄靈像，圖寫眞形，率土瞻仰，用申誠敬，其五嶽四鎭，節宣雲南，江河淮海，浸潤區域，並生養萬物，利益兆人，故建廟立祀，以時恭敬，敢有毀壞偸盜佛及天尊像，嶽鎭海瀆神形者，以不道論，沙門壞佛，道士壞天尊像者，以惡逆論。」讀此，文帝對佛教道教及其他諸神之信仰心之表徵可見矣！尤以文前首述：「佛傳深妙，道教虛融…」先佛而後道，又云「毀壞偷盜佛及天尊像嶽鎮海瀆神形者，以不道論」而置佛教於首位，帝對佛教信仰如何之深厚，於此可了解之矣！於是翌年改元爲「仁壽元年」，「仁壽」之年號，與此「開皇」年號之帶有極濃厚之政治色彩相反，而其所含佛教的意味如何之大，雖任何人亦得察知者也！自仁壽元年前後，文帝信仰佛教之心頓深，遂爲與仁壽元年之澈底的廢學之事有關，爲可理解之者。文帝如上之行跡，頗與南朝梁武帝相彷彿，經學歷史評梁武帝「四方學者，靡然向風，斯蓋崇儒之效，而晚惑釋氏，尋遘亂之故，南學仍未大昌。」此又對文帝亦完全適用者也。

欲以儒教及佛教爲統一國民思想之手段而採用之，其實績極爲顯著之事，於中國、於日本，均有極多之明確實例焉。今高祖文帝欲以儒教圖國民思想之統一，以完成國家統治之偉業，其根本精神亦可明瞭理解之。然儒教者，乃示古來中國政治道德之根本，常供政教之具者也。其根本思想，僅與漢族對照，輒與漢族之自我自贊精神相關而有排外之傾向，與佛教之超越民族所謂超越民族之大宗教相比，則其抱擁力不無遜色。尤以於魏晉南北朝時代，塞外種族，漸漸侵入於中國，於諸族雜居之當時社會組織中，寧以佛教爲治國之策，遠自種種見地觀之，想爲利便極多之得策且爲得時宜者也。如斯，因文帝之自儒教轉向於佛教，誠如隋書儒林傳序所謂「中州儒雅之盛，自漢魏以來，一時而已」。儒教又入於衰頹之氣運矣！

文帝雖如此熱心以求天下之統一，考求實施種種國家統治策，而隋書高祖紀論之曰：

「天性沉猜，素無學術，又不悅詩書，廢除學校，唯婦言是用，廢黜諸子，逮於暮年，持法尤峻，喜怒不常，過於殺戮。」

雖爲酷評，然實切中肯要，即高祖自身亦難否認之事實也。然自其他方面考之，又有(一八)「高祖大崇惠政，法令清簡，躬履節儉，天下悅之」，及「四海薄賦斂，輕刑罰，內修制度，外撫戎夷」。更有「開皇仁壽之間，大夫不衣綾綺，而無金玉之飾，常服率多布帛，裝帶不過以銅鐵骨角爲之而已」。由此觀之，其施政之如何熱心，布善政如何與以最深考慮，爲增進國利民福而銳意努力可知矣！

開皇六年三月，洛陽男子高德上書，請帝爲太上皇，而傳位於皇太子，帝答以：(一九)「朕承天命，撫育蒼生，日旰孜孜，猶恐不逮，豈學近代帝王事，不師古傳位於子自求逸樂者哉」，而不退位。又開皇十五年仁壽宮成，帝行幸之，見其制度過於壯麗(二〇)，「楊素殫民力爲離宮，爲吾結怨天下」。以其消耗民力於無用而大怒。思念及此，帝眞摯施政之態度可知矣！雖於統一天下之兵馬倥偬創業之初，犒勞部下將士之情亦極優厚(二一)，「其有將士戰歿，必加優賞，仍令使者，就加勞問」，將士感激其溫情，以死於帝之馬前爲武士莫大之名譽，輕性命如鴻毛，而參劃國家統一之偉業之情況，爲不難推察者也。以故其知帝之治績者嘗謂曰：(二二)「雖未能臻於至治，亦足稱近代之良王」，「倉廩實，法令行，君子咸樂其生，小人各安其業，人庶殷繁，帑藏充實。」(二三)，實爲將帝施政之光輝成果，與以有力之叙述者也。

註：1.隋書高祖紀，册府元龜卷四九　2.3.隋書高祖紀　4.隋書柳昂傳，册府元龜卷四九　5.隋書高祖紀上　6.隋書循吏傳，資治通鑑卷一七九　7.隋書儒林傳序　8.册府元龜卷五七九，隋書列傳第二一　9.隋書列傳第四十册府元龜卷五七九　10隋書列傳第四十册府元龜卷六〇一　11隋書列傳第四十一，册府元龜卷六〇一　12 13隋書高祖紀下　14隋書儒林傳序　15資治通鑑卷一七九册府元龜卷六〇三　隋書列傳第四十　16隋書高祖紀下：「留學生七十二人」，而册府元龜卷四九資治通鑑卷一七九，則「留七十人」，人數不一致　17隋書高祖紀下　18隋書高祖紀下，册府元龜卷五六　19隋書高祖紀上，册府元龜卷四一　20隋書列傳第十三，資治通鑑卷七八　21隋書高祖紀下　22 23同上

七，煬帝與儒學

煬帝繼高祖文帝之後而即位時，即示奬學的態度，建立學校，優遇儒者，對儒學之復興付以極大之努力，試觀大業元年七月之詔：

「君民建國，教學爲先，移風易俗，必自茲始，而言絕義乖，多歷年代，進德修業，其道浸微，漢採坑儒之餘，不絕如線，晉承板蕩之運，掃地將盡，自時厥後，軍國多虞，雖復黌宇時建，亦同愛禮，函丈或陳，亦爲虛器，遂使紆青拖紫，非以學優，制錦操刀，類多牆面，上陵下替，綱維靡立，雅缺道消，實由於是，朕纂承洪緒，思弘大訓，將欲尊師重道，用闡厥由，講信修睦，敦奬名教，今宇宙平一，文軌攸同，十步之內，必有芳草，四海之中，豈無奇秀，諸在家及見入學者，若有篤志好古，耽悅典墳，學行優敏，堪膺時務，所在採訪，具以名聞，即當隨其器能，擢以不次，若研精經術，未願進仕者，可依其藝業深淺，門蔭高卑，雖未升朝，並量准給祿，庶夫恂恂善誘，不日成器，濟濟盈朝，何遠之有，其國子等學，亦宜申明舊制，教習生徒，具爲課試之法，以盡砥礪之道。」(一)

由此可知帝之熱心振興儒學之態度矣！而隋書儒林傳序復有「煬帝即位，復開庠序，國子郡縣之學，盛於開皇之初」，煬帝即位之同時，儒學之急速的復興可知。隋書儒林傳序：「徵辟儒生，遠近畢至，使相與講論得失於東都之下」，册府元龜卷七六八：「煬帝時徵天下儒術之士，悉集內史省，相與講論」，尤以煬帝自身，如隋書煬帝紀上所云「上好學，善屬文」，好學問富詞才，與文帝之素無學術不悅詩書者大異其趣也。尤以通鑑卷一八二載：「十一年春正月，增秘書省官百二十員，並以學士補之」，及「帝好讀書著述，自爲揚州總管置王府學士至百人，常令修撰，

以至為帝，前後近二十載，修撰未嘗暫停，自經術文章，兵農地理，醫卜釋道，乃至蒱博鷹狗，皆為新書，無不精洽，共成三十一部，萬七千餘卷」，觀乎此，煬帝之如何好讀書著述，如何欲使學問精進可知矣！

再考帝之獎學態度，由大業元年之詔：「庶夫恂恂善誘，不日成器，濟濟盈朝，何遠之有」可窺知其盡量努力於儒學之所謂啓發主義也。更有「其國子等學，亦宜申明舊制，教習生徒，具為課試之法，以盡砥礪之道」，據此可以察知帝獎學精神之熾與復興儒學心情之旺矣！然而，在當時之儒學界中（二）「舊儒多已凋亡」，未能振起儒學，僅有二劉之「拔萃出類」，實令人有誠屬寥寥之思也！其後，煬帝日夜以繁華宴遊為事，至不理政務，內治外交，亦復多事，戎馬不息，國勢不擧，（三）「師徒怠散，盜賊群起，禮義不足以防君子，刑罰不足以威小人，空有建學之名，而無弘道之實」，遂呈（四）「凡有經籍，自此皆湮沒於煨塵矣，遂使後進之士，不復聞詩書之言」之慘狀而至於衰頹矣！

今次將於煬帝時代最占樞要地位偉然存在之大儒焯炫二氏，簡單述之，二劉既如前述（五）「學通南北，博極古今，後世讚仰，莫之能測，所製諸經義疏，搢紳咸師宗之」，而為當代大儒，且均為北人，以同鄉之故，自幼即為良友而同學，遂至以精通南北之偉大碩學之名輝耀一世焉！然若將二者與以「學的」之比較，則：劉焯較劉炫所帶北學之傾向稍多，孔穎達書疏序：「焯力組織經文，穿鑿孔穴，使教者煩而多惑，學者勞而少功，炫嫌焯之煩雜，就而刪焉，義既太略，辭又過華，雖為文筆之善，乃非開獎之路」炫嫌焯之煩雜者，可謂發揮南學「簡約英華」之特色矣！而孔穎達春秋左傳正義序：「炫聰慧辯博，固亦罕儔，而探賾鈎深，未能致遠，其經注易者，必具飾以文辭，其理致難者，乃不入其根節」，非僅左傳，凡炫所著義疏，直接間接為唐之正義所採用者極多也。

註：1. 隋書煬帝紀　2. 3. 4. 5. 隋書儒林傳序

八，隋代之學制

關於隋代之學制，隋書百官志下，有如次之記載：

「國子寺（元隸太常）祭酒一人，屬官有主簿錄事各一人，統國子太學四門書算學，各置博士，國子太學四門各五人，書算學各二人，助教，國子太學四門各五人，書算學各二人，學生國子一百四十人，太學四門各三百六十人，書四十人，算八十人等員。」

其員數雖有「博士則國子學太學四門學各五人，書算學各二人，學生則國子學一百四十人，太學及四門學各三百六十人，書四十人，算八十人」之明確規定，而冊府元龜卷五九七：「隋國子寺開皇中隸太常，祭酒一人，屬官有功曹主簿錄事各一人，統國子太學書算學」，據此則國子寺之隸太常，爲開皇中以前之事可明矣！至其國子學之不隸太常，及開設書學算學等之專門學校而教養生徒之事，實可謂隋代學制之一大特色，而爲唐代學制之淵源，且有多大之貢獻，爲頗有注目之價值者也！

雖如前所述，至仁壽元年六月，下詔以無德爲代範才任國用者出，良由設學之理多而未精，今宜簡省，明加獎勵，國子學唯留學生七十二人，太學四門學及州縣學校全廢，至七月，改國子學爲太學，斯則由隋書百官志下「仁壽元年罷國子學，唯立太學一所，置博士五人從五品，學生七十二人」之記述而知者也。

關於博士之爵位，由前之詔書，及以下之記載：「仁壽元年省國子祭酒博士，置太學博士員五人，爲從五品，總知學事」，可知文帝時代太學博士之爵爲從五品，然至煬帝，則如隋書百官志下所載：「煬帝卽位，多所改革」，於學制亦多有變革，而「至是太學博士降爲從六品」矣！

至煬帝之儒學復興時代之學制，則：國子學依舊置祭酒，加置司業一人，從四品，丞三人，加爲從六品，并置主簿錄事各一人，國子學置博士，正五品，助教從七品員各一人，據此可知其大略也。至學生之員則無常員之規定，太學中則知有博士助教各二人學生五百人之規定焉。

今將文帝時代之學制與煬帝時 代之學制之差異及其遷移之情形，示之如左：

學制／時代／學別	文帝時代	煬帝時代
國子學	1. 置祭酒一人，總攬學事，仁壽元年廢。 2. 置主簿錄事各一人 3. 博士五人從五品 4. 助教五人 5. 學生一百四十人	1. 置祭酒一人 2. 主簿錄事各一人之外置司業一人從四品，丞三人從六品 3. 博士一人正五品 4. 助教一人從七品 5. 學生無常員
太學	1. 博士五人從五品 2 助教五人 3. 學生一百六十人	1. 博士二人從六品 2. 助教二人 3. 學生五百人

觀乎以上之比較對照，兩帝時代學制上有相當之不同可明矣！

譯後誌：1. 原文引用漢籍，多有錯誤，今俱從原書更正以昭翔實。
2. 原文以日文解釋漢文之處，譯成中文，已不必要，且有重出之嫌，因並删之。
3. 原文稱「我國」之處，俱改譯爲「日本」，「支那」概譯「中國」以正名實，而免誤解。
4. 原注有不必要者，概删，以醒眉目。
5. 原文載「華北教育，昭和十七年八月號」。

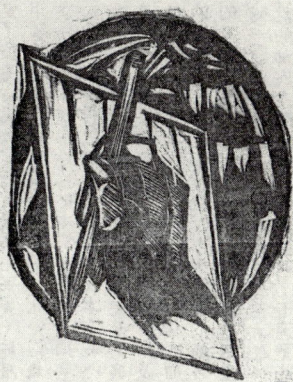

儒學與法蘭西的啓蒙運動

十七世紀中國文化對歐洲輸出及其影响

朱　涉

新大陸發見後，東西兩半球的交通打通了，被西方認爲神秘之國的中華，被西方的探險家，商業隊，基督教的傳教師等，帶着了二重的使命，把中國的跌門打開了，把中國的東西向西方運走，引起了西方對中國文化的興味和理解。從商業隊的手上帶回去的中國藝術品，不僅成爲西方宮廷中的珍物，而且逐漸引起了他們的研究興趣，特別所引起的問題，是基督教中當時（十六七世紀）發生激烈的論爭底中國教徒的「典禮」問題。而且由於這個問題的論爭之展開，演變爲基督教中的新舊兩派底對立，加强了宗教改革運動的精神，影响以後的儀式制度之改革，從而把西方的文化帶進至另一階段的發展。

但是，十六世紀來中國的傳教師，爲衛萄牙人從羅馬教皇中獲得了獨佔權，西方對於中國的智識，亦由他們所獨佔，所以在初期對中國文化之介紹，僅是一些入門的東西而已！他們的主要代表作品如下：

曼德莎：「中國大帝國誌」（一五八五年出版）

賽米特：「中國帝國誌」（一六四二年出版）

馬顚藥尼：「中國新圖」（一六五五年出版）

「中國上古史」（一六五八年出版）

基爾赫爾：「中國圖說」（一六六七年出版）

西方對中國文化的理解之要求，漸次加强，而且擴大了那研究的範疇

的影响。法蘭西對中國文化的理解之要求，積極的展開，而且，在智識階級中，已獲得一個相當的地位，那時巴黎關於中國問題的主要著譯如下：

路孔德：「中國現狀新誌」（一六九六年出版）

蒲　韻：「中國現狀誌——漢滿服圖」（一六九七年出版）

列治士：「易經」（一六三四年——一六三九年）

杜、馬耶：「中國通史，通鑑綱目」（一七七七年出版）

「北京耶穌會傳敎師關於中國論文集」共十四卷（一七七六年出版）

郡、亞爾德：「中國帝國全誌」四卷（一七三五年出版）

這樣，法蘭西的文化界，不獨要求偏面的理解，而要求全面的理解，尤其關於歷史，更爲重要。易經之在巴黎出現，是給與當時法蘭西文化運動史上重大的影响。因爲上面的著作中，已超越了十三世紀時代的馬爾哥，孛羅的「東方見聞錄」的視野。那些見聞錄，祗紀載中國之驚人的國富，壯麗的宮殿，都市的繁華，以及從遊客的驚奇的角度，來欣賞中國的國情，「太陽王」路易十四，對於中國藝術品，不僅熱心研究，而且打破了葡萄牙人對中國智識的獨占權，自己派遣了傳敎師到中國來，擴大對中國精神文化之研究，於是，一六八七年在巴黎第一部的拉丁文譯本：「中國的哲人——孔子」出現，這是使當時正在法蘭西啓蒙運動的萌芽中，加以無限大

情。人民生活而已！它沒有展開研究中國的宗教，歷史，政治，法制，社會，道德，學藝，風俗習慣，地理等，作有系統地的介紹給西方，因而上列的著譯，能滿足法蘭西智識階級在啓蒙運動中的智論慾望—對中國文化更深入一步的了解。

然而，在當時從事于介紹中國文化的工作者，對中國的精神文化之了解，祗限於儒教。因爲這些工作者全是傳教師，他們所接觸的，不是中國全部的學問，而是和他們對立的儒教—孔子學說的勢力，所以他們理解中國的方法，也是站在這一方面。以孔子學說爲本位而研究中國，理解中國。他們認爲孔子的學說是從實際生活中體驗而產生的。孔子之所以偉大，是因爲孔門弟子三千，而其中許多是聖賢，和名士，古來把孔教當作國教看待，歷朝的帝王都尊崇和信仰他；不消說，中國的國民，同樣也尊崇和信仰的。——這樣承認了孔子學說的價值，承認了他的教理，和承認他爲宗教之主，因爲孔子比耶蘇早生五百年，孔子當然有占着宗教上的首位底權利，「中國現狀新誌」的著者路，孔德對中國的文化與孔子的偉人，會這樣讚美：「世界諸國尚在蒙昧時代，而孔子已經誕生了，中國的學藝業已長足的進步，中國已到達了，現在燦爛的文化狀態」！

對中國文化的讚揚，積極的介紹，爲當時法蘭西智淺階級中的一般風尚了。傳教師是以宗教家的角度來理解孔子的學說，介紹中國的文化。他們解釋了中國政治制度的特殊性，以驚奇的眼睛來看中國四千年的歷史，燦爛的文化儼然在太古中生長，而且懷疑中國人沒有知道神的存在，因而斷定了被認爲異教徒的低級文化民族，征服了中國，支配了中國，而結果，中國文化把他們克服，使他們同化。這是中國文化具有其絕對的優越性格之所以然，這個性格的本質，是基於儒教和中國歷史傳統的家族制度，德治主義（賢哲政治的思想），民本主義（孟子的政治思想），仁愛主義，職業上教育上的機會均等主義，司法上底人格的尊重，農本主義，除了孔子的子孫以外沒有世襲的貴族制度，以及中國歷代的救濟政策等。所形成的。故四千年的文化，不爲異族所化，而偉大地斷續發展！但，這些問題的理解，已超越了所謂西方文明——基督教文明的一切，而涉及到法蘭西的思想運動這一面了，以笛卡兒的唯理主義爲中心思想底啓蒙運動者們，接受了這個儒教的精神影响。儒教在那時新進的哲學者眼裡，是沒有超自然的神底宗教，「孔孟之道」。不過是基於自然法所產生的東西，僅是一種道德倫理的東西，或者是德教罷了，中國的官吏底傳統精神，是以道德來治國平天下，完成利國福民的大業而沒有假借神力來統治國家的。所以中國的政治思想是實質的政治思想，而且是於俗化的，非神的，自然法底思想！當時法蘭西思想界中——孟德斯鳩、盧梭、朱德羅、啓湼、馬希利，雷那爾等，都熱烈地討論中國的思想，受儒教的影响，當時特別傾倒中國思想的，是「思想界的帝王」底福爾特爾，和重農經濟學派的鼻祖啓湼，福爾特爾傾倒於孔子的像前，感佩孔子不傳佈「神迹」的力量以服人，而單依於倫理道德以淳化人心！他在家裡設置孔子像，朝夕禮拜，而且在孔子像裡寫了一首詩。

「孔子：——
有益道理的解釋者。
他不迷惑人心，
他是啓發人心！
孔子：——
爲聖人說道，
決不以預言者說教，但，
人人都信他說教，
——尤其在他的本國裡。」

福爾特爾感佩中國的文物制度，以儒家的思想爲基礎，而讚美中國的精神文化，特別對於具有自然法的精神底法治主義，賢哲政治思想，而且把這種思想變成普遍的社會政治道德化，認爲世界最進步的法制。由於這個讚美，而積極地吸收，使它成爲法蘭西啓蒙運動中的精神之一。這種精神的吸收，表現於他的著作「中國孤兒」一悲劇中，極力地發揚那啓蒙主義的革新思想。無疑地，這種著作，是他以元曲「趙氏孤兒」爲底本，有批判地接受了中國文學思想的。

另一面，受着儒教的思想强烈影响的，是政治經濟法制底思想。孟德斯鳩的「法律的精神」中，强調了中國的政治法律的美點；而同時評擊那專制的缺點，並藉此以評擊法蘭西在當時流行的專制政治！重農主義經濟學派的鼻祖，「經濟表」的作者啓湼，對於中國的重農思想，更爲之傾倒。因爲他站在自然法的立場上來看中國思想，是和他的主張相一致的。自然法是永恒不變的學理，所以中國的文物制度，不論元清支配了中國也好，都能够依然存在，把外族同化，促進外族的文化進步。總之，中國的統治者雖然變換，而中國的文物制度不變！這是證實了自然法之超越了「神」而存在。中國的專制政治，不是依托於「超自然」的「神」，而是基於發揮自然法之有效的運用。天子了解自然法，了解統治權之所由來，了解富之源泉在於農業。所以天子要舉行親耕儀式，尊重農民，把農民的地位放在於工商之上，年中選舉收穫最良之農民，授以八品的官位。——這是遵循自然法的措施。如果統治者施行惡政，即是違背了自然法而施行暴虐時，就運用自然法以拘束其專權；如果天子以武力强行其非，觸犯了自然法的拘束，那就爲天所誅。因此，統治者必須格守那自然法以行仁政！……

福爾特爾和啓湼等，法蘭西啓蒙運動者，差不多全部吸收了那中國的思想底所謂自然法的精神，而使它成爲法蘭西的啓蒙運動思想之中心。尤以「天誅」的思想，推進了法蘭西的政治革命運動，把路易十六送上了斷頭台！不獨使法蘭西而且使歐洲近代社會的組織，走上了「理性」道上，建立近代的政治。

——這是中國的文化向法蘭西輸出的結果，法蘭西的啓蒙運動接受了儒家的精神，創造了近代歐羅巴的文化。但，在廿世紀五十年代的今天，我們差不多把這些事蹟湮沒了。我們現在的文化——三民主義文化比那時代遠較進步，對世界和平建設，促進人類進化的使命，應從新負起的。過去世界文化史中，我們已這樣做過了，現在我們是待望着：現代中國的文化——三民主義文化，應給世界文化以一個新的轉機，使它達到大同之路！（完）

民卅四、十一、廿一、於廣州

請：——批評，介紹！

（接上第六頁）

明初自太祖得國後，提高專制的威權，已不許宗藩有治權，且不許文人之議政，往往以疑懼殺人。（詳見二十二史劄記明初文字之禍）。惠帝繼位，怕諸藩跋扈，曾以法繩諸王，諸王多以罪廢死，燕王舉兵反，得宦官的援助不少；得位之後設京營提督，使宦官作監軍，委任宦官作政治偵探，宦官在政治上得了優異的地位，有軍權和特種司法權，可以任情作威作福。仁宗、宣宗、英宗、憲宗之世，宦官勢燄，異常盛張，屢興大獄，無賴校尉，滿佈民間，流毒愈廣。武宗之世，宦官劉瑾，尤專橫無忌，弄成政治更沒有清寧的景象；守仁參加靖難之役，知人心之陷溺，非政治之所能收效，所以幾倡講學以轉移一時之風氣也。此其五。

明代洪武、永樂、洪熙、宣德之際，社會之生產力，表面上有多少繁榮，然佔奪民業而爲民厲者，莫如皇莊及諸王、勛戚、中官之莊田爲甚。（明史卷七七食貨志）。武宗時建皇莊七，其後增至三百餘處，諸王外戚奪民田者無算；皇莊既立，則有管理之太監，有奏討之旗校，有跟隨之名色，管莊之人，巧取豪奪，有不能盡言者。地主豪猾之民，投爲莊頭，撥置生事，幫助爲虐，多方掊尅，獲利不貲。（續文獻通考卷六）。莊頭與地主，佔地之廣，害民之烈，可想而知。王守仁見到社會經濟演變之情形如是，又以巡撫各處看到民間的疾苦，所以從學術思想上，挽救當時社會畸形的狀態，而爲正本清源之計也。此其六。

明代治經著書者，大抵奉程、朱之說，王守仁，雖不反對著書，但他想從性靈上思想上，想造出一理學革新運動，一反以前重外而不重內的工夫，重物而不重心的成見。可說他是從時代的反影，而認識孔、孟、的眞道統，樹立一個求眞求知的精神，而促時代的進步也。此其七。

以上七端王守仁、思想之時代背景，可以知了。

（本節完——待續）

儒學在人類文化之地位及其意義與源流

王恩洋

一、儒學在人類文化之地位

儒學之在中國，爲文化之主流。支配中國人心政教數千年，而未嘗衰變。迄清末民初，西學東來，彼方物質文明，科學哲學思想，往往出吾人固有學藝範圍之外。而國家社會之組織嚴密，兵力財力之雄厚富强，又在在壓倒吾人而敗北之。國人始感於我之不如人，乃疑及數千年立國教民之文化學說，而後儒學遂由懷疑而厭惰，由厭惰而推翻。於是乎數千年不祧之聖賢及其經典學說，皆被排擯取消，幾至絕滅。此亘古之鉅變，甚奇希有不易見者也。

西洋學說之入中國也，其始勢微，其終勢猛。以過猛之威勢，宜迅速有以補救吾人之貧弱而富強之也。然而不然，思想過新，學說過雜，既違於國情，乃不見其利而見其害，士風之囂狂，民心之澆漓，社會之紛亂，隨之而益甚。朝野人士，復感焉憂之。因覺每一民族國家，必自有其立國之道，不可盡捨己而盲從他人也。況我中華固五千年之文明古國耶？於是有文化復興運動，而儒者之學又漸爲國人所留意。學校之中，定孔誕爲教師節。春秋祀典，與國慶同。亦可謂無往不復者也。

今謂凡一宗學說，其價值高下，唯當問其本身之性質何如及其對於人類文化有何種之地位，究竟爲人類之所需要與否，而不必問其對某一民族某一國家有若何之歷史關係，與特種需要。苟其自身並無價值，對人類並無積極之需要，則雖在某國家民族有悠長之歷史地位，如迷信的宗教，如黑闇的政制，亦當廓而清之，不必拘執保守。如其自身有眞實之價值，對人類有偉大之需要，然後始需加以發揮光大推及於人類，非但以之自利而已。故吾人今日而言儒學，首當論其自身之性質，及其在人類文化之地位如何。

將論儒學在人類文化之地位，不可不先一論文化之自身。

文化何物乎？曰：「人類生活之方法儀式」也。此語何義？

將欲了知此義，不可不先知人類生活與禽獸蟲魚等之不同。

禽獸蟲魚等之生活，多分恃本能與其身體，而不假於智力。故其生活之道，多爲生來固定，一成不變，而自類共同的。獨人類之生活不然，本能不具足，身體不健全，所需於外物者多，而力不足以自給，故必假借於智力與羣力之創造與合作，而後有以遂其生存。於是而技能以興，學說以起。卽此學說技能，乃至思想信仰之普遍化，而及於羣衆者，是曰文化。文化者，所以指導人羣之生活，以爲生活之方法者也。簡言之曰『生存之道。』如此生存之道，隨時代地域民族國家而有不同。其生存之道既有不同，則其表現於外者，儀文格式亦異。於是而人類乃有多種之文化。故曰文化者人類生活之方法儀式也。

文化與學說異。學說多分但爲少數智人之生活理想。文化則必爲偉大人羣的實際生活方式。文化又與風俗習慣異。風俗習慣多分爲無理想的，樸野偃滯的，不能引導人羣生活以向上擴張，文化則必爲有學說思想之根據，足以引導人生向上擴張而羣衆化實際化者也。故野蠻民族有風俗習慣而乏文化之意味，以其無學說思想故也。然過高之論，弔詭之行，持之有故，言之成理，而不近人情，不切實際，則但可以爲一家一派之學說思想，而不能成爲文化。以其不能羣衆化實際化，卽不能風俗習慣化也。故文化之爲文化，其內容必爲有學理之根據，而又風俗習慣化者。學理者由於人類睿智之所開發。風化者成於人類生活之所需要者也。

人類之文化何以有多種之不同耶？曰，由其所根據之學說思想之不同也。人類學說思想又何以有不同耶？曰，由其對人生問題之注意點不同故也。蓋嘗論之，人類學說之起，起於人生之有問題。人生問題云者，人生之憂患也。周易曰：『作易者其有憂患乎？』不但作易者有憂患，一切學說之興皆本於憂患。人生苟無憂患，則學說不興，卽文化亦無有矣。然則人生有何等憂患？曰，人生之憂患雖無量種，但約之可歸於四類：

（一）生養不足。　（二）內心矛盾。　（三）人羣爭亂。　（四）生死無常。

人生卽有生養之需求，飢需食，寒需衣，作息需宮室房屋，如是等有甚多之需求。而人之本能有限。以有限之本能求甚多之需要已感困難。而人生有長慮却顧之計慮。所謂『人生不滿百常懷千歲憂』者是也。故其欲望又特別發達。夫以寡能應多需，生養已感困乏。更益之以多欲，則其所感覺之困乏益嚴重矣。此爲人生最根本之問題，最普遍的憂患。

所謂內心的矛盾者，人生而有煩惱。所謂煩惱者，貪嗔癡等是也。貪者，欲求之無厭，得隴望蜀而無止境，則疲憊其身心，而不得休息。嗔者，恚怒無節，多生仇懟忿恚，則終日懊惱而無片時之安。癡者，迷暗顛倒，猖狂妄行，作阱自陷而不得解脫。凡此一切皆所謂自尋煩惱者也。夫人生所求唯在快樂。因求快樂而起貪愛，貪得無厭而憂苦隨之，此一矛盾也。因貪快樂則憎惡苦痛。因憎生嗔，則怨惱日甚，而苦痛轉增，此又一矛盾也。貪樂憎苦則應出之以正道。愚癡顛倒者，不唯不能解除苦痛，增加快樂，而反作阱自陷，而莫由自拔。是又一矛盾也。在此諸煩惱紛起之下，必造多惡業，卽殺人偷盜種種不正行爲。在此不正當行爲之事前事後，良心之不安，慚愧羞恥自責自咎以與煩惱抗，故理欲交戰之勢，而兩端不寧，是又一矛盾也。在此種種矛盾之下形成心獄。所謂心獄者，自心變成地獄也。夫人亦何不幸而日受心獄之苦耶？故此第二種問題其憂患乃以轉深。

所謂人羣之爭亂者，人類之才力薄弱，而需求衆多，故必合羣力以共濟生存，分工合作，相養相生，家國以立，社會以成。故人無有離羣獨立者也。然而人羣之結合，其中又不免有財利之競爭，情志之乖違，小之家庭骨肉之間，大之國家民族之際，始因嫌嫉，終成怨仇。以淫以盜，以鬥以毆。至乃爭地爭城，血流成江，骨積如丘，天地板蕩，鬼神悲愁，而人之大禍轉烈，此又人生之絕大憂患也。

所謂生死無常者，人壽幾何，有生必滅，百歲光陰，須臾已盡，生前百憂千慮，死去萬事皆無，然則人生之勞勞擾擾，畢竟所爲何來，聖賢豪傑，同歸幻滅。人生之價值亦可知矣。此一問題如無法解決，則人生之一切辛苦都是白費的。有智之士，其不甘此無常幻滅之人生，亦理之所必至者。是又人生最普遍而極究竟之憂患也。

人生因有如是四種之憂患，有智之士不能不謀所以解決之道焉，而學說以興，而文化以起。由其所注意之問題不同，故其作人之道以異，而學說文化區以別矣。今欲解決第一問題，於是而技藝科學以興，而求生競存之文化以起。則西洋文化其代表也。蓋人生之需求既多，故必假物以爲用。假物爲用則必爭，爭之而勝則所求之利得，而所避之害除，其目的爲求生競存的，其方法爲智取力爭的，此西洋文化之精神，所謂截天行以利人事，所謂物競天擇優勝劣敗者是也。爲人類文化史者之言曰，人類之始祖，與猛獸鷙禽等並生息於天壤間，穴居而野處，茹毛而飲血。其時之生活爲狩獵。

狩獵之道，亦即智取力爭之道也。蓋亦禽獸可噬於人者，搏而殺之是也。其猛悍捷疾不可以智取者，則設之陷阱，或製為弓弩網罟，以智取之。又力爭之中，亦有以智取，以智取之中，亦恃與力爭，智力交用而庶物成就焉。則人類爭生存遂有此類最初之生活，亦即文化之開始也。迨進而牧畜，則感於常恃狩獵有遇不得時，遇而或遁逃之而無獲，不遇則欲少獲而不可得，如此則生活有時斷絕而飢餓時不免矣。故取禽獸之馴良者而畜養之，以為救求饑饉以維其生，為之捍虎狼以祛其害，故人與犬羊牛馬豬雞等乃互助互利而共存共榮者，然而非共存共榮者，自利的，非利他的。畜養保護者其目的屠殺之以供庖廚者乃最終之目的。是亦智取力爭之變象而益精進者也。迨人類日繁，畜牧仍不足以維生，則有農業之興。以土地蓄草牧畜以養人而不足者，即以其地種稻粱，以養育人而有餘。又且人有定居，家無轉徙，宮室既定，風雨不侵。蓋始之徒與禽獸等鬥爭者今乃為自然之開發利用。是又智取之益進者也。再進步而有工業之勃興，更有科學之製造，則生養日備而享受日豐，利用厚生之道，漸達於善且美。又況乎汽機電機展轉發明，入海昇天都莫為阻，人類始但征服禽獸耳，今乃竟能征服天地。可謂達智取力爭之最高峯而求生競存之術庶幾乎嘆觀止矣。此西洋之學說文化也。

西洋之學說文化遂足以盡量解決人生之問題而究竟去其憂患乎？是不能。所以者何？問題不同則所用之方法即異故。且如人心之矛盾，人羣之爭亂，求生競存智取力爭之文化學說其如之何用之？蓋人心之矛盾，緣於煩惱之衝突，煩惱之起，則正由於貪嗔癡之發展。智取力爭求生競存者，是正人類貪欲之表現。貪求愈甚，則憂苦愈多，而衝突愈頻。是故以解決第一問題之方法術解決第二問題，顛倒愈甚，而憂患轉深矣。故其道不足以解決第二問題。至對於第三人羣爭亂之問題，則同樣用不得智取力爭。智取力爭者對物之態度，非對人之態度也。設以對物者對人，則便是侵略主義，便是帝國主義，即中國舊所謂霸道。侵略人者，人亦恆思起而侵略之以報復之。如德之與法，展轉循環，其仇彌深，其爭亂彌烈，如之何有息爭平亂之一日歟！今之世界，大劫空前，所以造成如斯大劫者，無亦求生競存之道，智取力爭之術，過用之而不知節。於是貪欲日熾，嗔癡日猛，內心奔赴外物，而憂懼恐怖以妄行，以待物之道待人，而欺詐侵暴之毒發為亘古未有之大戰禍亂，以至於斯極也。是故欲以西洋之文化而求解決人心矛盾、人羣爭亂，非但如緣木之求魚，乃實益寒以冰而益暖以炭者也。然則將欲解決此兩問題其道當如何？曰：將欲息內心之矛盾，唯當以寧靜淡泊，少私寡欲，節情忍性，嗜欲日輕，貪求日薄，則瞋怨愚痴亦自息矣。首欲除人羣之爭亂，唯當自我先施。孔子曰：所求乎子以事父，所求乎弟以事兄，所求乎臣以事君，所求乎朋友先施之。又曰：己欲立而立人，己欲達而達人。又曰：己所不欲，勿施於人。待自他以平等忠恕，則愛人者人恆愛之，敬人者人恆敬之。對人羣如是，對世界國際間亦然。有民胞物與之量，而無仇敵怨毒之心。孔子曰：克己復禮爲仁。一日克己復禮，天下歸仁焉。凡此者，名之爲淑身善世之道，名之爲繕性挈情之方。此即儒家之學說，而中國之文化也。淑身善世者，其終結，繕性挈情者，其根本。繕，治也。性之不善者，如貪瞋癡等，當調伏之。其善者，如仁慈退讓等，當長養之。煩惱既戢，善法既宏。心正而身自修，此之謂淑身。能淑其身者，自能推己以及人，挈情以及物，忠恕之道立，而仁讓之道行，以此格化天下而人心歸往，此之謂善世。淑身而內心之矛盾除，善世而人羣之爭亂息。故儒者之學，繕性挈情之學。中國之文化，淑身善世之文化也。此與西洋文化有根本不同處。西洋文化，首在建立自我，次在求取外物。以物養己，而唯我特尊。智取力爭，而我生以存。巧智大力以爲用，而無所需於仁義。中國文化，首在克抑自我，次在推己及物，視他人之利害苦樂如己之利害苦樂，而以不忍不敢之心臨之。智巧無所用，暴力無所施，修己以安人，而後自身以安，則皆仁恕之爲用。此則中西文化之異，所關於人類之興廢存亡者至鉅也。

至於生死無常之問題，更非智取力爭之文化所能解決。蓋生死無常乃人類所絕對不能避免的。英雄豪傑，智力兩無所用之。取何所取，爭向誰爭耶？然對此問題亦非全無辦法。約而言之，蓋有三途。一者神仙之煉形長生，二者宗教之天國永生，三者佛法之涅槃解脫是也。所謂煉形長生者，謂神仙家以爲人之所以速死者，蓋由勞形役物，追逐名利，疲憊精神，精耗既盡，則人疲而死。故不如貴己而賤物，不欣戚於富貴貧賤而超世無累，亦不爲國家子孫之憂而耗喪精神，如此以全神保精，使精不外溢，而化氣化神，則可以出沒天地，駕馭風雲，與日月同其悠久，而長生久視矣。所謂天國永生者，宗教之徒以爲天地人物皆梵天——或上帝之所創造。人唯不能服從上帝命令，造諸罪惡，爲被上帝斥逐，下生人間，受種種苦。既受諸苦，即當回心向善，則罪盡功圓，自然還生於天國。倘受苦而更作惡，則永世沉淪，不得上昇矣。故吾人解決生死辦法，唯當一心至誠，祈禱上帝。精誠既至，則上帝自當以其慈悲伸手接引。死後自當上生天國。

既生天國，則與上帝同其壽命共其安樂，永生不滅矣。此之兩種辦法，以佛法觀之，皆無有當。蓋長生之極，不過與天地並生，日月比壽。然而天地日月亦有成住壞空之時，與人之生老病死同，如之何便爲長生乎？況如彼煉形守尸之術又必不可得與天地日月比壽者耶！蓋自來仙人，亦不過八百年三千年已爲壽命之極。其餘之尸解而化者，實卽與常人之死同。其云上生大羅天云云者，仍是五趣輪廻，不過往生天趣耳。況又不能必其定生天趣耶！至於天國永生之說，更無理由。有情自各有生命，非關上帝創造。天地亦共業所感，無預於神天。且所謂梵天者，仍不過五趣之一，彼亦自稱免於生死之苦，何能解脫人之生死。至於全知全能永生不滅之上帝，誰則見之，眞同子虛烏有兎角龜毛耳。既上帝非有天國非常，永生之說亦同夢囈。故眞正能得解脫生死之道者唯佛法耳。佛法如何解脫生死耶？佛言，欲求不死，先求不生。蓋生死者本爲一事之始終。死也者是卽生之究竟。凡一事完成了，卽便終止了。故有生則必有死。既生而求不死，譬如食飯而欲其無飽，或既飽而欲其不消，眞是可笑之至。是故死之一事乃非佛之所甚重。佛之所重乃在於生。蓋有生則有死，無生則無死。欲求不死先求不生可耳。然生亦何須厭？曰，生則有死，無常幻滅，人既惡於無常幻滅則當求不生耳。且生死之中，老也病也，親愛別離，怨憎會遇，種種苦痛，咄咄逼人，故生卽非樂，其性卽苦，不在其死而後爲苦，故卽生而當厭也。然生復何從厭耶？曰，是亦非難，眞知生之爲苦者則不貪著其生，貪愛既盡，惑業不起。惑業不起，生自無從。蓋愛盡離欲而生死解脫矣。此種愛盡離欲蕭然解脫之學，爲佛陀之學。而其所演成之文化，爲印度之文化。吾人卽名之曰出世離欲之文化可也。佛法與神仙異，一在求長生，一在求不生。佛法與宗教異，一在依倚天神，一在自盡惑業。彼二者皆留戀貪求於生存，實乃第一種文化之延長，非第三種文化之正宗，故唯佛法爲眞正解脫之道也。

吾人統觀三種文化，而覺人生之意味甚奇特也。蓋人之生也，不能自生，而必有所待。有所待，則不能不勤勞其智力，以與外物爭。戰勝異類，以養活自我。勞傭精神以保全生命，得失存亡，當爲相對的。此人生之第一現象也。夫珍惜勞傭精神以保全生命者，爲生之故也。然貪愛之極，則瞋痴隨之，煩惱熾然，追求無息，則適成內心矛盾，生活益無樂趣，而不勝其痛苦。戰勝異類以養活自我者，此道唯宜施於自然與禽獸耳。至於人與人間則非合羣親愛，仍無以相養相生。然人類智取力爭之性，則必以待物者待人，以待物者待人，則人還以是道相待，於是而爭亂起，而侵奪興。人羣不相養以生，反相殺以死。人類不將自趨滅亡耶？此二者皆與求生競存之道矛盾衝突者也。此人生之第二現象也。將欲解救如斯矛盾衝突，乃不得不反於一種活人之態度而爲第二種活人之態度。對物則節其貪愛，而恬靜淡泊。對人則挈情忠恕，而自我先施。恬靜淡泊，則寡求而心不累於物。挈情先施，則無求而轉得人羣之平治而相養相生。本以節制求生競存之欲也，而後始得生活之安寧。此又人生之眞象也。人類之入於第二種生活階段，本以求生活之安寧而豐富圓滿以救第一階段之窮而補其不足者也。然而人類生活終無圓滿之時。恬靜淡泊之極，則必感有生之卽爲累，而飲食男女之欲皆爲多事，而厭生之情生。人羣和樂，生養皆遂，一旦生死無常，恩愛別離，則愈感人生之幻滅空虛，零落淒其，而樂生之情盡。古語有之，懽樂極兮哀情多，少壯幾時兮奈老何！人生既無圓滿，夫然而厭世離欲之學說文化必然的隨淑身善世之學說文化而與起，此又人生必然而不可避免的現象也。昔有賈者，入海求珍，既入寶山，取之無禁，心欲富厚，滿載而歸，乘風鼓棹，揚揚甚自得也。中途颶風忽起，惡浪泊天，船載既重，覆滅可憂，動魄驚心，生命難保。此時欲全生命，於是不得不犧牲珍寶，盡力提取，沉之汪洋。昔日取之唯恐不多，此時棄之又唯恐不速。珍寶既盡，風浪漸平，船身漸安，心神亦定。然後清風徐來，麗日湧出，海光天色，灝瀚莊嚴，始覺大自然之偉大壯美，心以之曠，神以之怡，內外交融，物我同化，而後得欣賞遊海之樂也。轉念自思，昔日來時，爲求富厚，貪求無厭，幾至亡身。今雖得免於危，且見海天之美。然而此海終非安身立命之地，颶風惡浪，起息不時。黿鼉蛟龍，出沒無定。舟重既有喪身失命之憂。舟虛又有飢渴死亡之懼。計其所得之樂，不如所遇之苦之多。於是頓感始來之非，今仍以棄舟登岸，返於舊游之爲善耳。人生階段豈不與此賈人之浮海同。而求生競存，淑身善世，厭世離欲三大文化之相引相生，乃爲其必然之勢也。

吾人已知人類之文化及其轉變之勢，而儒學在人類文化之地位可知矣。儒學者，淑身善世之學，卽爲淑身善世文化之本。人類既不徒以求生競存爲已足，既得生存，必進求淑善，則儒者之學，其爲人類之所必需也無疑。

此三類學說，昔者分途發生於中國希臘印度。希臘文化中斷於西歐，近代文藝復興，科學進步，而此文化乃突飛猛進，將達於最高峯。亦且橫霸天下，無與之爲敵者。然此文化之弊，因世界一次二次大戰，亦全體暴露於世人。世之識者，方感然憂之，不知何以繼其後。易曰：窮則變，變則通，通則久。今之西洋文化，亦到窮變之日矣。繼其後者，非吾東方淑身善世之文化而何。則儒學之當中興，又不但爲中國立國之所必需，乃實人類窮變通久之善道。其自身之價值，及前途之發展，兩俱不可思議。

文化三分之說，吾肄業北大時，聞之於梁漱溟先生。梁先生有東西文化及其哲學一書行世，世之學者，當共知之。價值之偉大，可不容吾介紹。今此所論，亦本梁先生書而略有損益變動。附誌於此，以著思想之由來也。或謂文化以地域而三分，未免機械。豈西洋人竟無淑身善世之道，及厭世離欲之學，中國印度人亦必有其他兩支文化學說亦爾。尼而執之，其未善乎？曰，就實言之，誠爲若是。特就一文化之發源地，及其成功之卓著，足以蔚爲風氣，支配一世。足當文化之意義者，則求生競存之文化當稱之以西洋文化，淑身善世之文化當稱之以中國文化，厭世離欲之文化當稱之曰印度文化耳。若夫交互影響，部分推行，以既非發生之根源，又未成文化之主潮，又未得發展之完備。則以附庸或學派視之可也。此已往之迹也。當來之世，將爲世界文化之合流，以求生競存之文化維持人類之生養，以淑身善世之文化安定身心和變人類，以厭世離欲之文化解決生死。使生養遂而世慾不極，家國治而天下無爭。建出世之道於人世間。生世間者，而有超然出世之行趣。既可爲三類人之分工而互助，又可以一人而具行二種三種之良德。庶幾乎捨短取長，交相爲用，則人類之文化統一，又無所謂中國西洋印度之畛域矣已。

二、儒學之意義與源流

上來雖已論儒學在人類文化之地位，猶未確定儒學之意義。欲知儒學，當先知儒之意義。其義有三：

一，儒爲人類文獻之持守者　人類始由無文字而進於有文字。既有文字，因有典籍。典籍者，所以紀載古人之事蹟，並其已得之經驗智慧，以備後人之鑒誡則傚者也。典籍既興，而人類之經驗智慧可傳於久遠。故古人之已遭失敗者，可鑒之戒之而毋重蹈其覆轍。其成功者，可則之傚之而速收其成功。再能比較歷代之得失而斟酌現今之形勢，因沿損益之，則推陳出新可使文化日進於光明。此典籍文獻之大用也。孔子曰：夏禮吾能言之，杞不足徵也。殷禮吾能言之，宋不足徵也。文獻不足故也，足則吾能徵之矣。文獻之用，豈不重哉！是故不可無保守護持之人，如是保護持守文獻典籍之人，卽謂之爲儒。兩漢儒者，豈不以持守一經以傳世爲職守哉？準此義而推廣之，則凡能持守文獻之學者，皆可稱爲儒。故儒有東方儒者西方儒者之稱。所謂西方儒者，哲學家，科學家，文藝家，皆是也。此儒之最廣義也。

二、儒爲人羣中之模範人　　持守文獻，能以智慧遺世人者也。雖然，有文而無行，則猶非儒者之所許。故儒有眞儒僞儒之分。眞儒者，不但口能言之，又必身能行之。以其道德禮義表範人羣，使人羣皆從而效法之以進於聖賢君子之道，而移風易俗，而教化醇美。此之謂師儒。蓋儒者本修己治人之道，必以立品立德領導人羣爲務。儒而不可以爲人師，卽不得稱爲儒者也。此儒之第二義也。

三、儒爲人羣治化之創革者　　儒雖貴有範世化人之德，尤貴有通變濟時之權。孔子曰：殷因於夏禮，所損益可知也。周因於殷禮，所損益可知也。其或繼周者，雖百世可知也。又曰：周監於二代，郁郁乎文哉，吾從周。又告顏淵問爲邦曰：行夏之時，乘殷之輅，服周之冕，樂則韶舞云云。是知五帝不沿樂，三王不襲禮，易窮則變，變則通，通則久。時移勢易，而猶執先王之定法以强齊一天下，若是者曰迂儒。非但不能開物成務，亦且以古道爲桎梏。故貴有通儒大儒者，審察時運，推驗得失，以成一代制度，以新一代禮俗，而推進人羣治化於光明，澤被生民而功施後世。則堯舜禹湯文武周孔是也。此儒之第三義也。

時之衰也，不唯大儒通儒不易得，眞正之讀書種子亦難求。則世變日下，而民命無依，當今天下，丁前古未有之大變，寧可寂寞而無名世者之興起耶？大智大願之士，其力起而圖之。

儒義既明，次言儒學。儒學者，儒者之學也。其典籍則詩書禮易春秋等是也。其方法則學問思辯篤行是也。其目的則志道據德依仁游藝，使人皆有士君子之行，風俗醇美，而天下平治是也。彼其詳密功夫，則克己復禮，閑邪存誠，洗心退藏，反身慎獨是也。其施爲則孝弟慈仁，廉正忠敬，以齊家治國而平天下是也。詳而辯之，非此章事。然若取儒學與世界之宗教哲學科學等比較而觀，則儒學精神有可得而言者數端：

一、儒學非宗教　　宗教以信仰爲主，崇敬天神，而以祈禱庇蔭爲事。儒者則注重人事，對天神殊不倚賴之。○樊遲問知，子曰：務民之義，敬鬼神而遠之，可謂知矣。子疾病，子路請禱，子曰，有諸。子路對曰：有之，誄曰：禱爾于上下神祇。子曰：丘之禱久矣。王孫賈問曰：與其媚於奧，寧媚於竈，何謂也。子曰：不然，獲罪於天，無所禱也。而子不語怪力亂神。雖對天神地祇人鬼不全否認，然皆崇德報功之意，殊無所倚求於彼。故不事祈禱，不求倚庇，而特重人事。倘捨人事而求倚庇於天神，則正所謂愚，所謂不知。生既不求天神之倚庇，死亦不求生天國。故如宗教家之役人以事天，正儒者之所謂迷信也。此儒者之精神，故其造成之文化不同於印度之梵天教，亦不同於希伯來之猶太基督天方教，而中國人乃稱缺乏宗教精神。

三、儒學非科學　宗教之對象爲天神，科學之對象則爲自然。考科學之興，始於天文曆數，漸進而入於物理化學。最後乃及於社會科學，心理學。雖講社會科學心理學，亦以實驗比度爲事，勤爲嚴密固定之定理公律。仍視爲自然之一部分耳。研究自然科學之結果，於學理多傾向於唯物論，於實用則爲工業製造，征服自然以福利人類。以生存競爭爲進化之本，以智取力爭爲活人之道，以成今日之西洋文化。儒學復反之。儒學自古以人事爲重，人事分兩端，一在修己，一在治人。修己爲內聖之學，治人爲外王之道。而對於宇宙自然殊不注意，其以自然現象之探究爲事者，稱之曰藝。其以人生之指導爲事者，稱之曰道。重道於藝。故曰德成而上，藝成而下。又曰，形而上者謂之道，形而下者謂之藝。又曰，志於道，據於德，依於仁，遊於藝。雖重人生之道，而所重者乃聖賢君子之道，王道，而非霸道也。聖賢之道，重德義而輕功利　故曰德之不修，學之不講，聞義不能徙，不善不能改，是吾憂也。又曰：君子憂道不憂貧。疏食飲水，曲肱而枕之，樂亦在其中矣。不義而富且貴，於我如浮雲。樊遲請學稼，曰吾不如老農。請學圃，曰吾不如老圃。聖賢之志聖賢之道可知矣。王道重德化而不尚刑威。不以武力役服人而聽人自服。故曰道之以政，齊之以刑，民免而無恥；道之以德，齊之以禮，有恥且格。又曰：爲政以德，譬如北辰，居其所而衆星共之。南宮适問曰：羿善射，奡盪舟，俱不得其死然。禹稷躬稼而有天下。子曰，君子哉若人，尚德哉若人。季氏將伐顓臾，孔子曰，有國有家者，不患寡而患不均，不患貧而患不安，均無貧，和無寡，安無傾。遠人不服，則修文德以來之，既來之則安之。儒者之道如此。故讀其書者，鄙吝之心盡亡，兇殘之氣盡戢。洗滌心神，使之敦厚光明。澄清宇宙，使之和順雍熙。不尚功利，不重勢力，而功莫與京，力莫能勝。蓋其根本注重之目標既異，故其成功亦不同也。

三、儒學非哲學　哲學重玄想，尚思辯。儒學重實際，尚行踐。由重玄想故，每事必求其所以然，故以眞理爲在事物之裏，但可思而不可見。重實際故，每事必求其當然，故以聖道即在人倫日用之間，不思而得，當體可見。重玄想，故尚思辯，持之有故，言之成理，則卓然成家之哲學矣。故邏輯最發達，非有嚴密系統之論證，則不足以張其學而服人也。重實際，故尚行踐，凡事必徵諸實行，以驗其心得。更必身體力行，而後能習於正道，使德性完成，而智見明確。且非如是不足取信格化乎人羣也。吾人故可曰：哲學者，求知之學。儒學者，力行之學也。哲學之志在求眞。儒學之志在求善。哲學之對象在曠觀宇宙。儒學之對象在體念人情。故哲學中有本體論、現象論、宇宙論、認識論、一元、二元、多元、唯心、唯物種種說法。於儒學中皆無有。然彼輩所求之眞理，亦各眞其眞，展轉破立，至今猶無定說也。儒學對於理論方面較少系統，而對作人方面則振古相傳，有其一貫不逾之典範。今之學者，有謂西方哲人多有爲學問而學問之精神，故其所得爲玄遠。儒者太重實效，故理智方面所得爲淺陋。此亦有一面之理由。雖然，若說衍全無所用，則有學說等於無學說。若謂其亦有俶擾思想發展智慧之用，則不可謂其爲不貴實用矣。即又安能以儒學之以陶冶心性，調理人羣爲用之爲非哉！乃西洋哲學之求眞理也，至今猶未有定論。則其所得之智慧，亦猶在可疑可信之間，未得爲眞智慧也。儒家究竟亦可稱爲哲學乎？曰，必以哲學名之，則有當於彼方之人生哲學。蓋其指導人生，固際得正道。較之西人之各家人生哲學皆甚爲精當也。

四、儒學非佛學　孔子釋迦爲古今兩大聖人，然兩人之志趣行徑各異，孔子栖栖遑遑，以得位乘時平治天下爲志。釋迦身爲太子，國人咸以輪王事業希望之，而乃出家修行，禪定般若，以菩提涅槃爲終結。一爲入世的，一爲出世的，此其大不同處，夫人而皆知之矣。乃有附會儒佛之學以爲儒即是佛佛即是儒者，何以解於此哉？宋明儒者言心言性，而反對佛法。論者謂其入其室而操其戈，或謂外儒而內佛。是蓋不然。宋明儒治禪學則有之，即禪學則非也。其非即禪者，禪宗則滅情識，息迹深山，以明心見性爲所趣。而儒者則即人倫日用中，行其忠恕仁義，即爲擧情盡性之道故也。雖然，如孔子之意必固我之皆無，而吾非斯人之徒與而誰與，是則以出世之襟懷，行濟世之事業。佛雖出世，而深心大願，入苦海以度衆生，則雖出世而仍不捨有情也。攝人我爲一體，轉迷昧以明智，去貪殘而仁慈，濟世利生而不爲物蔽，此則儒佛之所同也。宋明儒者祇知有禪宗，而不知有全個佛法。六代學者，祇知以老莊玄學比附般若，而不知有瑜伽菩薩之學，不住生死，不住涅槃，而體貼人情，善巧拔濟，其精神乃與論孟禮經之旨通。故宋明儒抵斥佛法之消極厭世，非無故也。吾人故不能謂佛儒有何不相容。然亦不可謂儒佛不二，世出世道，各還本來。而求通以其神理，不以其形似，則可謂善學儒佛者也。

吾人已知儒學與宗教科學哲學佛學之異同。夫然而儒學之內容可知矣。儒學者，非崇仰天神之宗教，非研究自然之科學，亦非崇尚玄辯之哲學。乃切於人事，躬行實踐，以修己安人之學問。而又側重世間，即人生以盡性成仁之學也。

儒學之意義既明，故當言儒學之源流。儒學之中心人物厥為孔子。亦正如佛法之有釋迦牟尼。然孔子之學與佛稍異。佛雖自言其往劫多生歷事諸佛，所有經教皆自過去諸佛展轉傳來。然在今生，其學實無所承受。乃全屬創造，禪定般若，默然自契於真理。即以之為教。若夫孔子則不然。其言曰我非生而知之者，好古敏以求之者也。中庸謂仲尼祖述堯舜，憲章文武。而孔子亦常稱道堯舜禹湯文武周公不置。其言曰大哉堯之為君也，巍巍乎唯天為大，唯堯則之，蕩蕩乎民無能名焉。巍巍乎其有成功也，煥乎其有文章。曰巍巍乎舜禹之有天下也，而不與焉。又曰無為而治者，其舜也歟！夫何為哉？恭己正南面而已矣。曰禹吾無間然矣。菲飲食而致孝乎鬼神，卑宮室而盡力乎溝洫，惡衣服而致美乎黻冕。禹吾無間然矣！曰文王既沒，文不在茲乎！曰甚矣，吾衰也，久矣，吾不復夢見周公。曰周監於二代，郁郁乎文哉，吾從周。是故孔子一生實以唐虞成周之治化，堯舜禹湯文武周公之為人，為其所懸想之目標，而一志趣向之。即其學問之所淵源以出者也。故吾人治儒學不可不對唐虞之德治成周之文教有所了知，以窮其源。其次則為孔子本身之學說，又其次則為孔門弟子。自是而後，則戰國之世，孟荀兩大師最為俊偉。以後則兩漢經生及董仲舒揚雄。隋唐之際，佛學大興。儒者人才，僅有文仲子韓愈李翔等而已。陵夷至於五代，儒學最為衰弊。宋興，而濂洛關閩象山諸儒出，因受禪學之影響，而鞭辟近裏。同時又為禪學之反動，而儒學大興。經元明不衰，而陽明尤為傑出。是為宋明理學。入清而學風大變，樸學興，功利主義起，浸浸乃與西洋之學風相近合。而西洋學說，洶湧而來，乃取儒學而代之，儒學幾乎由衰而滅。此儒學之流變也。今而後復當爲西洋學說之反動，同時又受西學邏輯辯證之影響，並資佛理之參證以反乎孔子之眞精神而世界化之。則當來之世，儒學當有蓬勃興起之日歟？謹拭目以俟之而已。今本斯義作儒學概論：

一、儒學在人類文化之地位
二、儒學之意義及其源流
三、唐虞之德治
四、成周之文教
五、孔子之學說
六、仲尼弟子
七、孟子之學
八、荀子之學
九、戰國儒學以外諸家　道墨名法陰陽
十、漢代經學
十一、董子揚子
十二、六代隋唐諸儒
十三、佛法東漸及禪宗之盛
十四、宋明理學之興
（一）濂洛關閩之學
（二）象山陽明之學及其門人
十五、清代樸學
十六、清代儒者之功利思想
十七、西洋學說之東漸及主義之繁興
十八、當來之儒學

昔吾作儒學大義，（人生學第二編）以十義論儒學。攝義略盡。今年四月爲武漢大學歷史系講儒學概論，乃以史的敍述爲十八章，乃同於儒學史。不但了然於整個的儒學，即各時各代之儒學內容，亦可得而辨焉。於論儒學，寧不更爲詳備，而知其發生成長流傳變遷之迹，學儒學者，乃更知所趣向耶？故今決然准是以成書，謂之儒學概論也可，謂之儒學史也亦可。（三十三年五月二十一日於東方文教研究院）

評西廂記之研究

予在友人處見中央大學出版之中國文學雜誌。末載文學系學說研究會之西廂記研究，主講者盧前教授，對西廂之源流、體製、文學價值、男女愛情、紅娘之偉大具言之娓娓，聽者弗倦。時時報以笑

從儒學史上言孝弟義

李 源 澄

（一）漢以後儒者對孝弟之說明

孝經謂五刑之屬三千，而罪莫大於不孝。自漢以降，儒術獨尊，孝弟遂為名教之首。得罪名教者，終身不復齒於人。曹操之殺孔融，即以非孝罪之。故儒者不復致議於人之應否孝弟，而專究論者孝弟為儒學之第一義與否耳。今以程子與羅近溪明之。論語、君子務本，本立而道生，孝弟也者，其為仁之本與。集註、程子曰：德有本，本立則其道充大。孝弟行於家，而後仁愛及於物，所謂親親而仁民也。故為仁以孝弟為本，論性則以仁為孝弟之本。或問孝弟為仁之本，此是由孝弟可以至仁否，曰非也。謂行仁自孝弟始，孝弟是仁之一事，謂之行仁之本則可，謂是仁之本則不可。蓋仁是性也，孝弟是用也，性中只有箇仁義禮智四者而已，曷嘗有孝弟來。然仁主於愛，愛莫大於愛親，故曰孝弟也者其為仁之本與。程子以孝弟為仁之一事，即人性之一端，是已發之用，非未發之體。故以孝弟為行仁之本，而非是仁之本。其釋論語為仁為行仁，顯然與有子之意不合，姑置不論。今所欲論者，是程子以孝弟為仁之一端，而不以孝弟為仁之本耳。羅近溪之言則異於是。近溪語錄，問、先生只以孝弟慈為明親至善之實何耶？曰，大學者，大人之學，大人者不失其赤子之心者也。今觀赤子之心，却只是個孝弟，而保赤子則便是個慈也。孟子七篇，看來那一句話曾離了孝弟，都是塲事曾離了孝弟。陳王道則以孝弟而為王道，明聖學則以孝弟而為聖學，管晏事功則以孝弟而鄙之，楊墨仁義則以孝弟而闢之，王公氣勢則以孝弟而勝之。又云，後世不察，謂孝之與弟，止舉淺近為言。噫，天下之理豈有妙於不思而得者乎，天下之行，豈有神於不勉而中者乎。孝弟之不慮而知，即所謂不思而得也。孝弟之不學而能，即所謂不勉而中也。故舍却孝弟之不慮而知，則堯舜之不思而得必不可至。舍却孝弟之不學而能，則堯舜之不勉而中必不可及。即如赴海者，流須發於源泉，而枯榫沼瀦雖多而無用也，結果者芽雖萌於眞種，而染彩鏤畫徒勞而鮮功也。其曰堯舜之道孝弟而已矣，乃是直指入道之途徑，明揭造聖之指南，為天下後世一切有志之士而安魂定魄，一切拂經之人而起死回生也。蓋近溪為王學，良知即體即用，孝弟即是良知，故其言孝弟與程子異。究其所以致異，乃程朱陸王兩派學說根本之不同，今茲所明，惟在舉此以證儒者言孝弟之異已耳。

(二)周末儒者對孝弟解釋之擴大

程子雖以孝弟為仁之用，仁之一端，而施諸行事，則從孝弟始，故儒者無不重孝弟。孝弟也者，誠中國文化之根本與。近人頗有謂中國社會為家族本位，故重孝弟。使社會組織一變，則道德必隨之而變，儒者之根本道德亦當變矣。此言似是而非，世人以中國為家族本位者，乃比較言之，其顯著之不同，乃在處理財產，實則西人於人與人間之分界嚴謹，故形成個人本位社會。而中國特重人與人間之關係，力求自盡其道，而不責望於人，遂漸使人與人間分界不明，漢以前與漢以後區以別矣。人皆為父母所生，是人皆知孝。或者謂西人以基督教之故，愛神高於愛父母，不知人神異世，在人中仍以愛父母為大。謂西洋人之孝與中國人相同固不可，謂西洋人不孝，則西洋人亦不受也。而或者乃謂吾國以重視家庭關係之故，致國家觀念不重，以事實論，實有此流弊，若謂為儒學之本然，則大謬也。且孝之一字，在周代其含義先後不同。非孝之學說亦固有之。其義今猶可尋，特漢以來非孝之說不張，學者視孝為當然，而孝之真義遂就湮晦耳。孝弟本極自然之事，不慮而知，不學而能，故孟子舉孝弟以明良知良能，為舊有之道德，非儒家所新創。然周末諸子於其前之文化，或接受，或修正，或反對，其態度則不同。儒學於古代文化恢宏而用之，即有新義，亦往往沿用舊名，其餘諸子則往往異此。道家於當時一切德目，每用遮撥，猶不能謂道家為非孝。墨家雖言孝，而以天志為本，愛人之父若其父，愛人之兄若其兄，是以孟子斥之為二本，謂之非孝可也。其明白非孝者，則為法家。商君書以孝弟為六蝨，韓非言之尤切。五蠹曰，楚之有直躬，其父竊羊而謁之吏，令尹曰，殺之，以為直於君而曲於父，報而罪之。以是觀之，夫君之直臣，父之暴子也。（漢宣帝除子匿父母，妻匿夫，孫匿大父母之罪，即漢所沿襲於秦朝之敝法也。）魯人從君三戰三北，仲尼問其故，對曰，吾有老父，身死莫之養也，仲尼以為孝，舉而賞之。以是觀之，夫父之孝子，君之背臣也。

故令尹誅而楚姦不上聞，仲尼賞而魯民易降北，上下之利若是其異也，此謂家與國之利害相反忠與孝不能並存，法家以國為重，故昌言非孝。直躬之事。論語明文斥之，仲尼賞魯人，有無其事雖不可知，法家所排斥之孝為狹義之家族道德，則可無疑。夫孝經兩戴記諸書所言之孝，豈狹義之家族道德哉，此蓋儒者因法家之攻難而有所修正耳。韓非之論，可以法家非孝之通論觀之，諒自商君以來卽如是。儒者於孝之修正，諒亦非一時一人，可以從論語以來之儒書求之。論語、子曰，弟子入則孝，出則弟。有子曰，孝弟也者，其為仁之本與。孔門之重孝弟，可以想見。顧孝弟雖為舊有之道德，孔子沿而用之。孔子對於孝弟則有新解，蓋舊日所謂孝者，能服勞奉養而已，而孔子以敬以禮以色難補充之，孝弟之義已日就光大也。此時法家猶未出，故以直躬為直，而不以為患。至孟子時，法家非難儒家之學說已起，觀桃應之以皋陶為士瞽瞍殺人難孟子，可以知之。故孟子言孝不以養口體為重，而以養志為重。養志之義，已極廣大，又復從愛親敬兄以副良知良能，以孝弟為仁之根，其致則堯舜之道孝弟而已矣，於是孝弟不復為家族所囿，較之孔子又一進也。然孟子雖推廣孝弟之義，而未顯然答法家之攻難，而戰國儒者所為傳記，於此則更分明。大學曰：故君子不出家而成教於國，孝者所以事君也，弟者所以事長也，慈者所以使衆也，公羊哀三年傳曰，不以家事辭王事，以王事辭家事。孝經曰，資於事父以事母而愛同，資於事父以事君而敬同，故母取其愛，而君取其敬，兼之者父也，故以孝事君則忠，以敬事長則順。中庸以大舜為大孝，（孟子同）武王周公為達孝。孝經所謂天子諸侯卿大夫士庶人之孝，則並一切美德而包之。此時所謂孝者，豈復限於家族之道德乎。其言孝必及忠，尤顯為對法家而發也。曾子大孝篇，公明儀問於曾子曰，夫子可謂孝乎？曾子曰，是何言與！是何言與！君子之所謂孝者，先意承志，諭父母於道，參直養者也，安能為孝乎。身者親之遺體也，行親之遺體，敢不敬乎。故居處不莊非孝也，事君不忠非孝也，涖官不敬非孝也，朋友不信非孝也，戰陣無勇非孝也，五者不遂，災及乎身，敢不敬乎。公羊閔二年傳曰，慶父弒二君何以不誅，將而不免，遏惡也，既而不可及，緩追逸賊，親親之道也。韓非直躬魯人之難，觀於曾子公羊之論，亦可以釋然與。故曰，儒者所謂孝弟，非原始之家族道德，乃以家族道德而貫通於國家天下，為道德之始，亦道德之終也。自法家起而非孝，於是儒者言孝皆為廣義，今人尙襲法家之陳說，何所取哉。

（三）處忠孝不並立之態度

儒者推廣孝弟之義以解釋孝弟，固於理無礙矣，使施之於事，忠孝不能並全，則當何如。曾子問篇多言變禮，中有數事即家國喪事之困難，其餘諸書亦間有之，可以不論。今惟舉公羊說苑二書為證。公羊宣元年傳曰：古者臣有大喪，則君三年不呼其門，已練可以弁冕，服金革之事，君使之非也，臣行之禮也。閔子要絰而服事，既而曰若此乎古之道不即人心，退而致仕，孔子蓋善之也。閔子家有喪事，而國又有軍旅，終喪則不忠於國，服金革則不能終喪，閔子服金革以衞國，國事已畢，退而致仕，明非有利心也。說苑立節篇，楚有士申鳴者，在家而養其父，孝聞於楚國，王欲授之相，申鳴辭不受，其父曰，王欲相汝，汝何不受乎，申鳴對曰，舍父之孝子，而為王之忠臣，何也。其父曰，使有祿於國，立義於庭，汝樂吾無憂矣，吾欲汝之相也。申鳴曰諾，遂入朝，楚王因授之相。居三年，白公為亂，殺司馬子期，申鳴將往死之。父止之曰，棄父而死，其可乎。申鳴曰，聞夫仕者身歸於君，而祿歸於親，今既去子事君，得無死其難乎，遂辭而往，因以兵圍之。白公謂石乞曰，申鳴者，天下之勇士也，今以兵圍我，吾為之奈何。石乞曰，申鳴者，天下之孝子也，往刼其父以兵，申鳴聞之必來，因與之語，白公曰善。則往取其父，持之以兵，告申鳴曰，子與吾，吾與子分楚國，子不與吾，子父則死矣。申鳴流涕而應之曰：始吾父之孝子也，今吾君之忠臣也，吾聞之也，食其食者死其事，受其祿者畢其能，今吾已不得為父之孝子矣，乃君之忠臣也，吾何得以全身，援桴鼓之，遂殺白公，其父亦死。王賞之金百斤，申鳴曰：食君之食，避君之難，非忠臣也，定君之國，殺臣之子，非孝子也，名不可兩立，行不可兩全也，如是而生，何面目立於天下。遂自殺也。申鳴處忠孝不能兩全之際，惟有自殺一途；然不先自殺，必平亂而後自殺者，此不以家事辭王事之義。（在昔君主與國家本相含混，出仕始與君主發生關係，為臣即不得盡孝，而以盡忠於國為大孝，故古人於出處極其審慎，此不僅君臣一倫如此，其餘朋友夫婦諸關係，分義皆極分明，特人少措意耳。）此一敘事，皆忠孝不能兩全之事，其處之也，皆先國後家，此所以求忠臣必於孝子耶。後世忠臣節士何可勝數，忠臣節士類性情篤厚孝弟之人，何害於國。而不忠不孝往往連用，以是知不孝之人鮮有能忠於國事者也。惟南朝世家鮮死節之人，史家謂其保家之念切，其關係本極複雜，以儒家孝弟之義律之，亦相去遠矣。

（四）由孟子以發揮孝弟

由上所論，可知原始之孝弟爲家族道德，其義不過服勞奉養。儒者承受其教，以諸子之攻難，乃予以新解，使孝弟不復爲家族所囿，其後又以孝明禮，（參閱拙著禮之演變。）擴充其義，至孝經而無所不統焉。於是孝弟遂爲儒學之中心，漢以來眞成爲天之經地之義民之行也。惟其如是，學者亦遂習焉不察，而流弊間生，致爲人詬病。若清其本源，孝弟之義實無可非難，悠悠之論，孟子以後諸儒久已有以釋之，學者一觀兩戴記孝經，即知視孝弟爲家族道德者之爲無的放矢。今日所宜發揮者，孟子言孝弟之義耳。善發孟子孝弟之義者，無過於羅近溪，從心性之發見處立根，推之擴之，爲堯舜事業。舍此而言道德，皆無根本，即能言之成理，亦玄談耳，見諸行事，亦假之耳。孝經曰，夫孝德之本也，教之所由生也，不以孟子爲註釋。此不徒爲歷史之陳迹，亦人類道德之根基也，可忽乎哉。

痛苦是有原因的，探求其因而根除掉，痛苦才能解除。所以佛經中常常以醫病來作譬喻：一個人生了病，必先尋求病的起因是什麼，對症下藥才可以霍然而愈。釋尊說他教法的特色，是「我論因說因」（雜阿含卷二）。一切是因緣的，只有在了解因緣中求解決，所以根據佛教中，沒有禱告。佛法的特點，在神教者看來，不很奇特嗎？

四、人本的——一般宗教相信上帝或梵天等，神是他們的宗教中心；人類自己是被支配者，是被憐憫而向他祈求的。佛法則不然，是以人為中心的。佛法雖信仰佛陀，但佛陀只是人類的正覺者，是人類中智慧道德的圓滿實現者，佛是人，也就是人類自己努力的目標。佛並非人類的主宰，並不賞罰我們，而是我們的模範，「仰止唯佛陀，完成在人格」，是佛法的真義。人類中心的思想，表現在教義上，如增一阿含經見品說：「諸佛世尊皆出人間，非由天而得也」，不是天神，不是神的兒子或使者。所以佛法不是（其實是社會意識經人腦出而傳承下來的）天啓的宗教，而是人類自覺的宗教。

佛教與一般宗教的不同，其原因就在一般宗教是以情意影響不完全的理智而幻想的，佛教則以理智領導情意而正覺的。佛教把握到「佛教即人類自己」的解釋，以理智去了解人生而完成它，體會到必得的軌律，衝破一切，特別是身心上的束縛，而獲得自由解脫。人類崇高人格圓滿清淨的追求，在這裏赤裸裸地指出，洞達一切法的軌律，照著去實行，即能實現，這是多麼理智的。本是自己的事，唯有自己去完成，決不能在假裝為神的偶像中得到。我們要問：佛教為什麼能夠在一切宗教之中高出一籌，而把理智抑揚到宗教的真際呢？這因為釋尊在體證的過程中，洞澈徹了緣起自性空，在一切因果條理中正見到這畢竟空性，這才到達否定神我（空即無我）揭出宗教的真面目。

佛法不共世間的特質，就在深智的洞見緣起性空，依之而完成情智和諧的解脫。佛法的學者應該如何正確地把握住佛法的核心啊！

禪學與儒學

任繼愈

禪學主旨在於「作用見性」。因為通常人的一切修為都不免有一個作意的意思，而不能無念無著。行善，為「善」所繫縛，坐禪，為「禪」所繫縛。無念固然要不得，可是橫亙一個無念在胸中，還是一種障礙，這種障礙與前一種障礙同樣的陷入不能自拔，好像人的眼睛裏固然容不進泥沙，金屑玉屑落到人的眼睛裏也同樣的會使人目翳。求佛作聖的唯一法門就是要一切放下，放得下即是解脫。無所著即是菩提，有所著即是煩惱。菩提與煩惱，聖人與凡夫的差別只是無所著與有所著的差別。所以說「一念機迴，轉凡成聖」。佛法只是平常心，無造作，心如明鏡照物，物來鑑應，過而不留。用工夫不外乎飲食起居。佛性即是自家的本性，若一味向外追求，乃是騎驢覓驢。見得此理，猶如桶底打脫，「佛法元無多子」。因為本體即是自性，是不可觀的全體，與物無對，不是知識的對象。對於本體的了悟只有自證自悟。

佛祖聖人的生活無非是平常人的生活。他們所教人的，也無非教人認識自己，不要用知識向外找東西的態度或方法求真理。真理也無非是穿衣吃飯，物來順應。所以說運水搬柴無非妙道。佛祖聖人所作為的並不是什麼驚天動地，特立獨行的事業，而是最平常的生活。隨感隨應時，無情亦有佛性（青青翠竹無非真如，鬱鬱黃花盡是般若），山河大地都是本體的顯現。若未隨佛階梯時，有情也無佛性，因為有習染的塵障及作淨土成佛的「求佛」障，都足以使人於生死輪迴中造因，受報，而不得解脫。

程明道在定性書中說：「天地之常以其心普萬物而無心；聖人之常以其情順萬物而無情」。又說：「廓然而大公，物來而順應。」這完全是禪宗的實思。也可以說禪宗的見解被理學接受了一部分。

不過，在理論上禪宗有一個困難，就是禪宗還不夠澈底。王陽明曾說：

「佛家既是不著相，實是著了相，吾儒似著相，實是不著相。佛家怕君臣累，逃了君臣，怕父子累，逃了父子，怕夫婦累，逃了夫婦。吾儒有君臣還他以義，有父子還他以仁，有夫婦還他以別。何曾著了君臣父子夫婦的相」？我們卽使站在佛家的立場來說，王陽明這一段話是不錯的。擔水搬柴旣是妙道，舉手運足卽是菩提，何以執定君臣父子夫婦的關係一定要逃避呢？

其次，佛家只說到「作用見性」。而不曾顧到人類的向善的本性。禪宗說「飢來吃飯困來眠」。又說「在目爲見，在耳爲聞，在手執捉，在足運奔」。他們認爲聖人也無非是做這些事。聖人所做的並不多於這些事。可是禪宗他忽略了聖人的吃飯，睡眠，見，聞，行動，都要合乎道理。並不是在飢了時，任何情形之下的飯都可以吃，所以伯夷叔齊寧甘心餓死。也不是隨便什麼地方困了便可以睡眠，所以[illegible]毋之思，孔子不寢。見聞行動也要「非禮勿視，非禮勿聽，非禮勿言，非禮勿動」。我們隨時隨地要用我們的戒愼恐懼的工夫，要精察我們的義利之辨。飲食行爲，都要求一個合理的安排。何以要如此，何以不如彼，都求其一定不易之理。如果順着自然的反應，「飢來吃飯困來眠」，隨便有色便視，有聲便聽，這與禽獸有何區別？有什麼是非，正義可說？儒家罵佛氏爲「夷狄禽獸」，乍聽來未免過激，其實也未嘗沒有他的道理。

儒家之學，只是一個「仁」字。只有體會到仁的眞義，纔能以天下爲一家，中國爲一人，纔能把人家的痛苦作自己的痛苦，把人家的幸福做自己的幸福。宇宙人生乃成一個不可分的整體。存此仁卽是忠，推此人卽是恕。忠是仁之體，恕是仁之用。所以說忠因恕見，恕由中出。從己所不欲勿施於人，推而至於己欲立而立人，己欲達而達人。再推廣到博施濟衆，萬物各得其所，天地位，萬物育，這都是恕的事。盡心以行，誠敬以守，無時無地不想推廣此心之仁，這就是忠的事。識得仁的根本意義，那末，仁的決斷剛毅這一方面，便叫做義。所以，博愛是仁，而爲天下除殘去暴，撥亂反正，是義。義也是仁。仁的條理節文這一方面，便叫做禮，禮並不是僞貌飾情，一定要和順積中，才能英華發外。所以禮也是仁。仁的明覺精察的一方面叫做智，大學始教也是以致知爲先。仁固然不應當間形骸，分你我，但是明是非，辨義利，是仁者之事，也是知者之事。智也是仁。宋中明道先生的識仁篇說，學者先識仁。仁是孔孟相傳的眞血脈。

儒家的理想是要本於固自心中天地的萬物一體之仁，使其異於禽獸。儒家的最高的理想是運用一番學問的工夫以後才能從心所欲而不踰矩。聖人之道是要極高明而道中庸，這中間要經過居敬窮理。明德親民以至於止至善，並不是高不可攀。至於「物來順應」，「無所致纖毫之力」，是儒家的學養的結果，卻非儒家的教育方法。

儒家的明心見性在運水搬柴，儒家的下學上達不出乎洒掃應對，看來是一樣的，其根本精神不一樣。運水搬柴，在禪宗看來就是運水搬柴，而儒家的洒掃應對，卻是教人於洒掃應對之中進退中禮，居處恭，執事敬，與事父母事君，使民之道是一貫的嚴格的訓練。所以儒家的洒掃應對是爲了將治國平天下的預備。禪宗的運水搬柴，無非是運水搬柴。禪宗是教人不要費任何力量，用思慮。其根本的差別乃是因爲佛家的一切理論，其出發點在於把人生看作是苦的。世間等無可爲者。儘管有人爲佛學辯護，說它是入世的，積極的。可是綜觀三藏，畢竟是超然出世的悲觀的，超現實的，縱然可以說是極高明，但不能道中庸，到底還是方外的。儒家是入世的，以爲我們雖然超形的意義卽在乎修身齊家治國。禪宗不論其理論如何，終爲隱退獨善其身的一種學問。它不能推恩於四海，不能博施以濟衆，更非開物成務之道。所以儒學與禪學之不能相容，爲是理之必至，並不只是門戶之見。

因爲禪學的不健康，消極，出世，悲觀，才有新儒學的產生以矯其流失。新儒學發展到後來，經世致用之學與義理之學漸趨分離。在儒家思想中原不應當分歧，可是後來竟發成兩派。一派是政治家，一派是哲學家。在北宋的初期，這兩派的距離還不甚遠。二程及濂溪均有心於治道，並且治績斐然。而政治家王安石，司馬光，歐陽修，也未嘗不注重義理的研究。及至南渡以後，宋代宗社爲墟。都以爲北宋之覆亡乃新黨所致，而新黨的第一人卽是王安石變法爲禍首。於是經術之士乃諱言政事，專主義理。心性之說彌精，而事功之意愈淺。於是把有體有用之學講成有體無用之學。其生命力漸漸衰退。遂成麻木不仁之狀態。理學與治道脫節，乃成無用之虛學，儒家求仁之根本精神完全失去了。

綜論南北朝隋唐的儒學

錢穆

人世界總得有人事，人事總得人的心意與氣力來支撐，研究此義理最圓密最深透者爲儒家。東漢以後，儒家思想中衰，代起者爲老莊道家，繼之有印度傳入之佛學，但人世還自一人世，儒家思想還須復興，當東晉南渡，第一流的世家大族，代表時代新精神的，都隨著播遷了，這是所謂衣冠渡江，其實只是老莊思想之南下。其時第二流的家族與人物，却滯阻淪陷在北方，沒有能隨朝南遷，此一部分人物，大體上並不能追隨時代，趕不上新潮流，他們頗多遵守晚漢舊轍，還是儒家渠矱，因此儒學傳統却得在北方保留，慢慢發榮滋長　重獲新生，這一時代的落伍者，轉成後一時代的開創人。南北朝本是一個病的時代，此所謂病，乃指文化病，若論文化病，則北朝受病轉較南朝爲淺，因此新生的希望亦在北朝而不在南朝，五胡前秦苻堅，南迎道安，西迎鳩摩羅什，長安佛學已盛極空前，而儒學亦同時在彼結集，其時諸經皆置博士，獨闕周禮，乃就太常韋逞母宋氏傳其音讀，就其家立講堂，隔絳紗幔受業者，生員百二十人，號宋氏爲宣文君，這是北方儒風之初扇。此後長安儒統，因亂西移，集於涼州，嗣又匯於北魏，與避難東北族鮮卑慕容氏的一支合流，而北朝之文教遂大盛，最著者是在魏孝文時。若論他們功績，第一是仗著他們的大家族制度與其禮法，在北方大混亂局面下使中國傳統文化得保完遺傳，第二是進而在政治上打出生路，均田制，府兵制，逐一建新，將來統一全國，開隋唐盛運，胥賴於此。

在儒學潮流激進中，北方有過兩度佛家之所謂法難，第一次在北魏太武帝時，第二次在北周武帝時，此由表面上看，全是道佛衝突，在其骨裏，則實是儒佛衝突。魏太武時引起衝突的主要人物是崔浩，他自己便『性不好老莊之書』，他是一個北方門第儒學傳統下的人物，他所引起的道佛之爭，中間夾有極複雜的種族問題文化問題與政治問題，只借寇謙之的天師道做鬥爭的掩護，可惜史文不詳，現在無可細論。第二次的爭端，起因於衞元嵩，衞氏上疏，大體亦全是儒家意味，當時北周上下，正瀰漫著儒家復古的傾向，故周武即位下詔，已有捨末世之弊風，蹈隆周之徽典之語。這裏最可注意的人物實是蘇綽，他亦是門第儒學傳統下的人物，他爲北周創建一朝新法，將來隋唐規模已於此時擘基，蘇綽最有名的六條詔書，第一是先治心，第二是敦教化，此是最正統的儒術，但蘇綽尙著有佛性論行世，可惜其文不傳，或者蘇綽已是一個內釋外儒的人，將來宋明理學便想走此路，大抵北周復古興化之風本由蘇氏，蘇氏雖自己研究佛理，但流風所被，則引起周武之法難，正如宋儒闢佛，並不能謂他們與佛學絕無淵源。蘇綽以下最可注意的人物要推隋末文中子王通，他是在唐末以至宋代受人推尊爲自漢以下的惟一大儒。他的中說中間極多僞竄造託之辭，此乃王通後人如王福郊福疇兄弟以及王勃之徒所妄羼，但中說裏面的大理論，必係王通舊稿，決非王勃諸人所能造作。據云王通倣古作六經，有禮論二十五篇，樂論二十篇，續書一百五十篇，續詩三百六十篇，元經五十篇，贊易七十篇，今俱不傳，或王通有此計劃，實未成書，然觀其規模，實頗洪大，續書續詩與元經的意見，實極開明，較之揚子雲太玄擬易，無甯爲更得儒家精神，大抵王通亦是當時北方大門第儒學傳統裏的人物，與崔浩蘇綽一色，當時佛學傳統在寺院，而儒學傳統在門第，故中說裏引述他祖先六代的著作，如時變論，五經決錄，政大論，政小論，皇極讜議，興衰要論等，都是儒術正派，注重現世大羣政教大綱盛衰要節，王通只承其家學遞有述作，中間自稱有不少承襲他祖先的意見，則他的後輩如王勃之類，再就他舊稿添增竄改一些，也不爲過，此自是當時門第家學風氣所宜然。只王勃諸人識見小，濫攀興唐名貴來做河汾門人，則未免貽笑大方耳。

今讀中說，第一點可以看出當時門第學統的大概，第二點可以看出當時南北學風之異尙。文中子續書續詩元經一套答述，是極注重文化傳統的歷史觀點的，但文中子卻公然承認北方的正統，故他述北魏皇始之事而歎，說「戎狄之德，黎民懷之」，又說：「亂離斯瘼，吾惟適歸，天地有奉，生命有庇，卽吾君也」。他對苻秦王猛及魏孝文頗致推舉，他說：「中國之民東西南北自遠而至，王猛之力，中國之道不墜，孝文之力。」又說：「太和之政近雅。」最沉痛的在他之論南朝，他說：「江東中國之舊也，衣冠禮樂之所就也，永嘉之後，江東貴焉，而卒不貴，無人也。」又曰：「其未亡，則君子奪其國焉，曰中國之禮樂安在，其已亡，則君子與其國焉，曰猶我中國之遺人也，」他在種族觀點上同情南朝，說猶我中國之遺人，但在文化觀點上則不認許南朝，說他棄中國之禮樂，說他無人不貴。這一種見解，和後代王夫之的黃書與讀通鑑論，意見恰相反。本來種族與文化是一而二二而一的，文化淪亡，則種姓亦將泯滅，但文化究竟是種姓的產物，苟其種姓澌滅，文化亦將無所附麗以獨存，王夫之當神洲之初覆，他主張種姓之防高過一切，他斷不許異族盜竊文化來統治我種姓，這是立言正大而又痛切，文中子則當險運已過，掃地更新之際，來回顧前塵，他認為當時中國文化遺緒所以不絕，未盡全墜，轉而在北不在南，此其立言平恕，而內心之痛，則或更有甚焉。同時稍前，有北齊顏之推家訓，亦可藉此看出當時門第學統之大概，顏氏乃南士翹楚，淪陷北朝。他看不慣當時北方胡漢混合的局面，他說：「齊朝有一士大夫，嘗謂吾曰：我有一兒，年已十七，頗曉書疏，教其鮮卑語，及彈琵琶，稍欲通解，以此伏事公卿，無不寵愛，亦要事也，吾時俛而不答。異哉，此人之教子也，若由此業自致卿相，亦不願汝曹為之。」此一番話，極可看出當時中國士大夫由門第教育來完整種姓文化之防的深心，但我們僅把顏氏家訓與王通中說兩書對比，家訓所述，只是一門一族之事，教子教孫之談，中說則著眼到全國全羣之治亂興衰，上下古今之文化政教的大關節上，當時南方是小家庭制，但轉而家族觀念重，北方是大家庭制，但轉而家族觀念輕。雖則此處只是顏王兩書的異同，但正可反映出當時南北學術風尚之大體。所以王肅不如李安世，王肅只練習掌故儀文，李安世能創建福國利民的新政制，徐陵庾信不如蘇綽盧辯，徐庾只是文章綺麗，蘇盧則是經術通明，若論當時中國文化傳統畢竟是北多於南，今再論顏王兩書對佛學的觀點，亦復不同，顏書對佛法極信仰，他有一節說：

求道者身計，惜費者國謀，身計國謀不可兩遂，儒有不屈王侯，高尚其事，隱有讓王辭相，避世山林，安可計其賦役以為罪人。（歸心）

此乃解釋僧尼減耗課役為損國而發，足見南方士大夫雖在漢族政府之下，轉而個人主義濃重，國家觀念淡薄，北方士大夫在異族政權下，轉而看重國家勝過私人。又見南朝儒生，皈依佛法，并無與之劃土爭長之意，而北方卻不然，兩次法難，全從國家大羣理論上出發，亦全由儒釋對立爭長啟釁。但王通對佛法則又別有見地，他說：

詩書盛而秦世滅，非仲尼之罪，虛玄長而晉室亂，非老莊之罪，齋戒修而梁國亡，非釋迦之罪，易不云乎，苟非其人，道不虛行。

又說：

或問佛，子曰：聖人也。曰：其教如何，曰：西方之教也，中國則泥。

又說：

程元曰：三教如何？子曰：政惡多門久矣，曰：廢之何如？子曰：非爾所及也，眞君建德之事，適足推波助瀾，縱風止燎爾。子讀洪範讜議，曰：三教於是乎可一矣。程元魏徵進曰，何謂也：子曰：使民不倦。

可見他並非粹然儒者之徒，不如顏之推般歸心佛法，亦不如後來韓愈般闢佛，他的意見，比較開通深穩，因此他對崔浩蘇綽都致不滿，他說：『崔浩迫人也，執小道，亂大經。』他說：『蘇綽俊人也，行於戰國可以强，行於太平則亂，』儒家理論，常是嚮往於太平大同的，王通方當升平世之初現，回視撥亂時代的人物，宜乎有此批評。總之王通對文化傳統的歷史觀點，確有他的卓識。他把孔子的經籍也用史學眼光來衡量，這是他卓識之一，他說：

昔聖人述史三焉，其述書也，帝王之制備，其述詩也，興衰之由顯，其述春秋也，邪正之跡明。此三者同出於史，而不可雜也，故聖人分焉。

這是說歷史有關制度的，（政事）有關民情的，（文學）有關人事的，（節行）書詩春秋各當其一，他的續書續詩與元經即繼此而作。他極推尊周公，以與孔子並列，他說：『有周公而經制大備，有仲尼而述作大明，千載而下，有申周公之事者，吾不得而見也，有紹宣尼之業者，吾不得而讓也。』他以不得位，不能效周公創制度與禮樂，遂效仲尼述作，他謂『二帝三王吾不得而見也，捨兩漢將安之乎？』可見他並不高慕唐虞三代，他自己有太平十二策，然告人曰：『時異事變，不足行也，』又說。『非君子不可與語變，』可見他的政治見解亦很明通。中說裏有一段記載說：

子在長安，與楊素蘇夔李德林言，歸而有憂色，門人問，子曰：素與吾言終日，言政而不及化，夔與吾言終日，言聲而不及雅，德林與吾言終日，言文而不及理，言政而不及化，是天下無禮也，言聲而不及雅，是天下無樂也，言文而不及理，是天下無文也，王道何從而興乎！吾所以憂也。

王通極想慕周公與興王之業，可惜唐興他已不及見，他理想中的禮樂文章在唐代也少人理會。中說誠不失為醕儒之書，亦然是當時一大著作，此乃北方儒統僅有之結晶，可惜他的儒道，在唐初竟爾消沉，沒有一些影響，這書後面有一篇很可注意的附錄，乃王通子福畤所為『錄唐太宗與房魏論禮樂事。』大意說唐太宗貞觀時，會屢語房杜諸臣，要興禮樂，講太平，房杜謙遜，羣推魏徵，進說周道，太宗因之讀周禮，欲行封建井田，而諸臣會議數日，卒不能定，太宗敦促，因對「羣臣無素業，何媿如之。徐思其宜，教化之行何慮晚也。」太宗曰：「時難得而易失，朕所以遑遑。卿等退無有後言。」徵與房杜皆慚慄再拜而出，因相歎曰：「若文中子門人董常薛收在，適不至此。」此一節話，自然亦係王福畤兄弟或王勃等所文飾，惟亦並非全無根據，唐太宗欲行封建，而長孫無忌諸臣辭不敢當，此載於唐史，絕無疑者，周禮本為北學所重，北周如蘇綽盧辯，北齊如熊安生，即王通中說亦盛推周禮，唐太宗浮慕三古，欲本周禮復行封建，事可有之，昔諸儒為秦謀，創議復封建，而秦始皇拒其請，今唐太宗為羣臣謀，欲加封建之賞，而羣臣辭謝不敢承，此乃中國史上所當大書特書之盛德，嘉話，所堪後先輝映者，但唐初房杜王魏諸公，在創制垂統積極方面，實無表顯。租庸調制本北魏，府兵制本北周，進士科舉制本隋，其他別無建立。若論百代規模，一王大法，唐初的創建較之秦始皇漢武帝，遠有媿色，為全體大羣政教本原創制立法開召太平，此乃古者秦漢儒家之大理想，大抱負，自東漢以下，小已私人主義代興，老莊玄學當路，兩漢儒業只成一伏流，淪陷在北方，卻慢慢轉盛復蘇，經苻秦北魏周隋數百年間，絡續有些實際的貢獻。但到底培育未成熟，準備不充分，一旦景運重開，天日清夷，唐太宗雖浮慕好名，不失為一可與為善之英主，而房杜王魏諸賢，卻於政教大本原處少所敷陳，當時北方儒統所僅僅凝聚的一些精光實氣，卻為時代統一盛運的大潮流所沖淡了，文學則轉尚齊梁輕薄靡麗，經術則僅止於劉炫孔穎達之類，此已為王通所貶斥，若論節行，則經不起盛世熱流的薰蒸，不到一兩傳，氣骨俱靡，禮樂文章，任何一方面，並未卓然有所樹立，不知王通若遇興唐，能否有所建白，但他的一套理想，顯然不為時賢所重，因此其人其書在初盛唐時竟少知者，並隋史亦不為立傳，即王家子孫於其先人志行雖略有所知，而未免亦受時代漸染，所記唐太宗與房魏論樂禮事，一面尚知致慨於唐初諸賢之不能興文治化，一面卻漫拉房魏諸賢都做了文中子的門徒，這裏十足表出了時代淒涼的一個黑影。

唐代的詩文，直要到杜甫韓愈，始能洗滌盡南朝齊梁之浮靡，杜甫是詩人中的儒家，彼詩於稷契儒術，屢詠不一詠，韓愈更明白排佛，以孟子拒楊墨自任，但他並不能闢佛，實際眞能闢佛的，轉在佛門下之禪宗，但韓愈到底不失為站在正面公開反對佛教的一個人，這在當時，是幾百年難得一人的，到底還該推他大書特書，但他更重要的還在提倡師道。兩漢以來的經師博士，只好算是功令師，或可云祿利師職業師，魏晉以下，學術傳於門第，更無師道可言。北方儒業，也是大體關閉在門第傳統下，惟較南朝差愈，但也說不到有傳道師，王通泫情洙泗，但在當時窒氣下，亦急切走不上傳道講學之路，他的中說模擬論語，於是他後人遂無端羼進了許多興唐名賢來裝點門面，這亦正是時代淒涼下的黑影之又一證。當時算得上傳道師的，只在佛寺僧院之內，因此一代大師領導風氣，指示路向的，還得讓智顗杜順神秀慧能輩來當，儒門下則久矣無師可尊，無道可重。直要到韓愈開始來提倡師道，以傳道師自任，這是何等雄偉的大氣魄呀，無怪柳宗元輩要推讓不迭，再不敢當。但可憐韓文公也並不能眞做一傳道師，他仍借朝廷博士官銜來做一功令師，授業師，他仍借接引進士，只想因文見道，由傳授古文而過渡到古道上，不管是做一授業師功令師利祿師而偷關漏稅般又來兼當一傳道師，這是如何可憐之事，但在當時已為羣所詫怪，柳宗元譬之如蜀犬之吠日，至於當日的和尚，卻無一不以師為稱，即在昌黎集中，一樣的未能免俗，以師稱之，如文暢師閑師之類是也，可見世運移轉，大不容易，韓愈一死，師道更不再見，直要到宋代胡瑗孫復諸人出來，始眞有昌黎所想望的傳道師重在儒門中出現，那已是兩百年後的事了。

以上舉出唐代的政教文章師道，都不能超脫南北朝習氣，都不能卓然有所建樹，說到理論思想方面，更不足道，大體都視北朝學統尚有遜色。韓愈只是氣魄大，若論學思造詣，也無可言，李翱繼之，復性書三篇，揉和儒釋，遂為唐儒思想上有數的大文章，至於呂溫劉禹錫之類，都是卑不足道，因此我們說唐代學術思想，仍只有以佛學為代表。

宋明理學之總評隲

錢穆

近人多稱宋明理學為新儒學，其實宋明儒與先秦儒大有別。先秦儒乃屬當時新興之平民學而宋明儒則承接隋唐佛學餘波，帶有宗教色彩，因此先秦儒大率自負為一政治或社會之改造者，而宋明儒意中多想做一新教主。他們大體上承接竺道生乃至慧能一派，都想當一傳道師，卻不屑當授業師與解惑師。他們的書院與山齋，是他們的法堂，而非教室。他們之來學者，多半是社會中年以上之信徒，並非家庭青年子弟。他們雖亦效法先秦儒，講究到齊家治國平天下，但他們的主要精神則以修身為終極歸宿。雖非出世主義，卻以擺脫此身種種罪過為主要目標，這明明帶有宗教的悲觀氣氛，重罪惡而輕事業，重解脫而輕成就。他們對政治生活，雖不宣告絕緣，卻始終抱一種難進易退的態度，他們毋寧是藏然物外，他們只有興味做一人生的宣教者。只有北宋初期學者，比較對政治趣味尚濃郁，在此方面，便較近於先秦儒而夾帶著唐代文人的氣息。北宋中期以下的學者，則把唐代文人氣息洗滌淨盡，換上嚴肅的面孔，成為先秦儒與隋唐以來宗教大師的夾雜品。若說先秦儒與會偏向政治則宋明儒毋寧是偏向教育。若說先秦儒是教育家，則宋明儒毋寧是偏近宗教師。此乃宋明儒沿襲隋唐佛學盛行以來應有之偏向。

宋明儒所由與隋唐宗教師相異者，第一宗教師偏在出世，而宋明儒則重回到先秦，再來講究齊家治國平天下，第二是宗教師偏重信，偏重外在的教，而宋明儒則由信轉悟，由教轉理，不重於信外在之教，而轉回頭到內悟其理，禪宗乃其間之過渡。禪宗主張本分為人，已經轉了許多佛家出世的傾向，禪宗又主張自性自悟，自心自佛，早已從外在之教轉向內在之理了。宋明儒由此更進一步，乃由禪宗轉回先秦，這是宋明儒之真血脈。故謂宋明儒直接孔孟，固未全是，謂其只是禪學，亦非真相。

宋明儒講理，也還有兩個歧嚮，一面是濂溪明道象山陽明，比較偏從內心境界去體會，一面是橫渠康節伊川晦翁，比較偏從外物條理去探究，這兩條路，若通論宋明學全部精神，則自應以前者為正統而後者只是旁趨。但一到宗教意味脫盡，學術界全部回到人文現實，則張邵程朱轉居正統，而陸王反若旁門，此乃晚明以及清代人意見。故通論宋明儒成績，也還是心性玩味處多，而事物考究處少。

宋明儒的心性工夫，大體還是從佛家禪宗來，他們亦主張把一切塵世習染從內心深處洗滌淨盡，他們稱此為人欲，但禪宗以洗滌淨盡為究竟，而宋明儒則在人欲洗滌淨盡之後還要有一個天理炯然。他們所謂天理，則從先秦儒得來。但在先秦儒，卻沒有像宋明儒一般內心洗滌的工夫，因此宋明儒之最後境界總不能與禪宗合，亦往往與先秦儒不盡合。茲舉一故事說之，相傳張思叔家微，年長，未知讀書，為人傭作，一日見縣官出入，傳呼道路，思叔頗羨之，問人何以得如此，或曰：此讀書所致。思叔始發憤從人授學，後頗能文，入縣學府學，被薦，以科舉之學不足為，因至僧寺，見道楷禪師，悅其道，有祝髮從之意，時周行已恭叔官洛中，告思叔曰：子他日程先生歸，可從之學，無為空祝髮也，伊川歸自涪陵，思叔始往從學。此一事，可借以說明宋明學在當時思想史上的地位。張思叔羨縣官發憤為學，此乃唐代文人意境，一旦悟科舉學不足為，因至僧寺欲祝髮，此乃由唐代文人轉入唐代高僧也。及見伊川，便不欲祝髮為僧，此乃由高僧轉入理學家矣。宋明儒力量，只在能把人才從佛寺禪堂中拖出。然若謂即此便是先秦人氣魄，則殊不然。畢竟他們先下的是內心洗滌工夫，偏向消極，先秦儒則開始便積極， 有受此種宗教之洗禮。

茲試再舉一事，明末東林高攀龍景逸自序為學次第，有一節云：

壬辰以言事謫官，……甲午，赴揭陽，自省胸中理欲交戰，殊不寧帖……遂大發憤，曰：此行不徹此事，此生真負此心矣，……於舟中厚設蓐席，嚴立規程，以半日靜坐，半日讀書，靜坐中不帖處，只將程朱所示法門參求，於凡誠敬主靜觀喜怒哀樂未發，默坐澄心，體認天理等，一一行之，立坐食息，念念不舍，夜不解衣，倦極而睡，睡覺復坐，於前諸法，反覆更互，心氣澄時，有 平天地氣象，乃不能常，在路二月，幸無人事，而山水清美，主僕相依，寂寂靜靜，晚間命酒數行，停舟青山，徘徊碧澗，時坐磐石，溪聲鳥韻，茂樹修篁，種種悅心，而心不著境，過汀州，陸行至一旅舍。舍有小樓，前對山，後臨澗，登樓甚樂，偶見明道先生曰，百官萬務兵革百萬之衆，飲水曲肱，樂在其中，萬變俱在人，其實無一事，猛省曰，原來如此，實無一事也，一念纏綿，斬然遂絕，忽如百斤担子，頓爾落地，又如電光一閃，透體通明，遂與大化融合無際，更無天人內外之隔，至此見六合皆心，腔子是其區宇，方寸亦其本位，神而明之，總無方所可言也，平日深鄙學者張皇說悟，此時只看作平常，自知從此方好下工夫耳。

此一節話，雖爲高忠憲一人之自述，但可代表宋明學者實際精神之大體面相，又在宋明理學結束時期，正可指出宋明理學家始末一貫之終極趨向也。此種工夫，即爲上述內心洗滌工夫之具體一例，固非凡屬洗心工夫皆如此做，要之可見其一斑。今論此等洗心工夫之淵源，則實自禪宗來，先秦儒固絕無此意境也。禪宗教人重在不染不著，但心却偏要依靠偏要黏著，在此用工夫的，則把自己的心逐漸凝聚，逐漸收斂，使其只依靠黏著在一點上，不走作，不散漫，久而久之，只要此一點依靠忽爾脫灑，則此心便落入空蕩蕩底境界，便可面對無著之眞相矣，禪宗心理狀態之經過如此，更明顯的，可舉宋代禪宗之參話頭爲例。他們一心一意只參一句話，如「佛在庭前柏樹子」，「麻三斤」之類，更不思量，更不揣度，一旦大徹大悟，便覺此心通體透亮，此何故，正因一意參話頭，此心凝聚，無時無刻不在此一句話頭上，久之此一句話頭忽然失掉，則如千鈞之重繫於一髮，一髮遽斷，此千鈞重石自然墜地，那時此心空蕩蕩地更無一物，不染不著，是即禪宗理想要到達之境界，而參話頭者，則不用智慧，但用工夫，便可達到。只要你一次實證親驗到此境界，則便是大澈大悟，以後自然能仍舊到此境界作人生究竟歸宿也。淨土念佛與禪宗合流，其理亦在此，念佛只是出聲的參話頭，參話頭則是不出聲的念佛，要之把心收在一處，眞能收來在一處，則其他處處全灑脫了，將來此一處再灑脫，則成無處不灑脫矣。宋明儒洗心工夫還是此路脈，高忠憲所謂一念纏綿，斬然遂絕，忽如百斤担子，頓爾落地，又如電光一閃，透體通明，遂與大化融合無際者，實亦此工夫與此一境界之最明白的最具體之描述也。故宋明儒常教人靜坐，常說心要在腔子裏，又說此心與萬物一體，又說此心不容一物，種種說話，其實皆是教人體認此境界。惟宋明儒則謂認得此境界後方好下工夫，則與禪宗不同，禪宗認此境界已屬到家，更不要繼此再有工夫也。

今再深一層分析之，則佛家禪宗只認心理洗滌爲人生究竟工夫，一切洗滌淨盡，常使此心不染不著，空蕩蕩地，便是人生最高境界，亦即人生最後歸宿，而宋明儒則認人欲洗滌後尚須有天理存在，則人生境界自不即以洗心工夫爲究竟。惟有的則在洗心之外再去認天理，有的則認只人欲淨盡後天理便自見，此二者，其用工的先後輕重又不同。如明道識仁，陽明致良知，都主張從正面下工夫去認識天理，但亦不反對從旁面洗滌人欲以爲助，因此他們不反對靜坐，正因靜坐乃心理洗滌之必要步驟也，但他們並未只主張靜坐，並非要你專做洗心工夫，但兩家門人則多不免走入後一路，此因和禪家理論接近，易受其影響，然只重洗滌，而其眞實境界，易流於輕鬆灑脫，卻未必有篤實輝光，此乃宋明儒易犯之通病。

現在再說宋明儒之兩途一則專重心理洗滌，一則以心理洗滌爲助緣，但此二者，同有一最高的理想人格爲所嚮往，而此種理想人格則完全以個人之內心境界爲衡量。此處不妨借用近代西方之心理分析術以爲說明，據近代西方精神分析學者之意見，人生日常活動，多數受下意識（或稱潛意識）之支配，而此種下意識或潛意識，則由人生幼年以來，有種種心理活動未獲暢遂發洩，自由呈露，轉向內部壓抑，積久所成，此種下意識或潛意識，平日支配人生種種活動，細微難見，若遇某種事變，此種下意識壓抑過甚或劇烈衝動，則不免要衝決橫潰，引起人格分裂等種種變態的精神病此一說其實可分兩方面探求，一面是消極的人格分裂，另一面則是積極的人格完整，此所謂人格完整，並非指日常人生而言，緣日常人生雖外面見其爲統一之人格，而一究其內裏則殊不盡然，在彼心底深處依然有種種潛意識存在，或蠢蠢思動，乘機竊發，或改頭換面，偷關漏稅，其上層意識雖若光明健全，其下層意識則仍是漆黑一團，不可爬梳，若專從其下意識言，一樣病痛百出，無從對人。只由社會習俗法律或制種種另外的條件，維持其日常之姿態，此種人生，實是一種內心對立的人生，只可說其幸免於瘋狂或破裂，卻不能說其全部人格之完整。此種對立狀態，宋明儒則以天理人欲稱之。宋明儒之心理洗滌，只在把近代西方精神分析學者之分析工作用在日常人生方面，他們用靜坐來做自我療治，待其一入靜境，則其日常內心種種隱藏黑暗汚穢不可對人的意識，自然一層一層暴露逐步顯現。照近代西方精神分析學者之實驗，凡屬久久壓積的潛意識，一經暴露顯現自可解消溶釋，此即程明道所謂渣滓渾化也。人心內部一切渣滓全融化。則此人心中更無所謂下意識或潛意識之存在，此心直落落只是一個心，宋明儒則稱此爲道心，又稱此爲天理，所謂天理渾然，正是說他人格之完整。若其人心中尚留有若干渣滓未盡融化，此則依然有些潛意識，躲藏在心底深處，雖不致乘機竊發，或蒙面活動，更不致精神分裂，人格崩潰，但到底如太空有纖雲點綴，較之青天白日霽月光風則有間矣。

故用近代西方心理學術語解說宋明儒內心工夫，則他們乃運用一種析心術，由自我療治法而求到達其積極的理想中人格完整之境界者，此所謂人格完整，乃指一切潛意識全部融化，內心洗成一片，意識上更無顯潛上下之分別，一心渾融，更不須隱顯分閾·以宋明儒術語言·則謂之渣滓渾化也。此在濂溪則謂之無欲之靜，陽明則謂之良知，伊川所謂顯微無間，體用一源，理想的心理境界，正該如此。此處則宋明儒仍與禪宗不同，禪宗的理想心境，一樣要有渣滓，一樣要渾化，但禪宗卻不主張有一個積極的人格，此在佛家謂之無我，大乘空宗不必說，即在有宗，他們亦謂第七識誤認第八識爲我相，到底並非眞有一我。而宋明儒所謂無我，則只是一種無私，並非無人格。故在禪宗則一切意識，如風流雲化，過而不留此所謂無念，在宋明儒則一切意識全部存在，形成一完整的人格，不使有絲毫其他的隱藏與夾雜。此乃所謂正念也。若以中庸言「所存者神，所過者化」，佛家所要者是過化，儒家則在過化之外又要存神也。

宋明儒之所謂天理，若如上述，則其實只是一種心理境界，明道象山之所謂心即理，應從此處去看。但說到此處，則不得不承認孟子之所謂性善，因必承認性善，始可許人心以絕對的自由，始可教人向各自內心深處去求自己的準則與規律。否則，各人的準則與規律安放在外面，苟非依賴社會習俗法律，便須依賴宗教聖言，既主依賴外在的俗與法與教，則人心自不能有絕對自由，既不許人心有絕對自由，又何貴有絕對完整之人格。縱使其內心人格絕對完整，依然要依賴外在的俗與法與教，則依然是一對立，如其理論不問其主張性惡與否，而實已迹近性惡論，既主性惡，又主人格完整，則苟非取消自我，便無異要澈底惡化，大體西方學者絕少主張性善論者，因此他們的精神分析術只在消極方面用，更不轉向積極，而佛家則頗有取消自我之傾向，彼之所謂佛性，本非先秦儒之所謂人性，佛家對人性既抱一種消極悲觀的態度，故主張取消自我，不承認在刹那變滅之心態外，還有一個人格之存在。故彼輩之理想心態，極於無染無著而止。宋明儒中絕少主張性惡者，但仍不免受佛家影響，乃將彼之所謂佛性者移來說天理，則天理亦不免要安放在外面，而認人心作氣質，如是則成橫渠伊川晦翁，他們拚命是更看重向外去認識天理而較不注意於上述的內心洗滌工夫。程朱學者之內心工夫所謂居敬者，不免要流於用外面規律來束約其內部。彼輩常指著重於內心洗滌工夫者爲禪學，其實他們一樣是禪學，只各人所接受之禪學，其方面不同而已。程朱學者格物窮理工夫看像積極，但其對人性的看法則實偏於消極，陸王一派有專意從事內心洗滌工夫者，看像是消極，但其對人性的看法則實積極。要之宋明儒一半像先秦儒，一半像禪學，而程朱陸王又各自接近了這邊的那一半，與那邊的這一半。但他們都主張要有一個積極完整的理想人格，此種人格，完全以內心境界爲衡量，我們在此上，故說陸王在宋明儒中更爲正統。更合當時時代思潮之客觀要求也。

上來述說，已把宋明儒在中國思想史上之主要地位指出，他們已開始從佛學悲觀消極的氛圍中脫出，開始回復到先秦儒，重新面對現實，他們已用先秦儒性善觀，要由人類自身內在之光明來自尋大道，但他們仍帶有佛家悲觀氣氛，因此他們中間偏近於向外尋理者，不免要接近於自我取消，而偏近於向內尋求者，亦仍不免過分重用了內心洗滌工夫，總之是克伐約制勝過了發揚生長。靜退勝過了動進。再從另一面講，宋明儒雖亦如先秦儒般要積極面對人生現實，但他們因受佛家悲觀哲學之影響，常愛把人生現實之價值，安放在整個宇宙裏去衡量，如此則常覺人生之渺小與浮動，因此他們總想在人生現實以外來尋找宇宙萬物後面一個共通的本體，或則反向內心，一樣要找尋一本體，而這個本體其實仍還是超人心，換言之，他們雖想要面對人生現實，而他們所要找尋的人生現實之本體，則全是超乎人生現實之外，如此則人生現實依然渺小浮動，因此他們的意境，多少總帶有幾分悲觀消極，絕不能如先秦儒般即就人生事而活動之活潑與壯往也、

儒学及其流变

胡秋原

(一)中國學術的主潮

中國學術，大體可分爲二大時代。先秦爲諸子時代。自孔子講學，九流並興，儒爲其一。九流既衰，儒學一統，自漢迄清，爲儒學時代。其間又可細分爲六期：漢武尊儒，乃有經學。經學自其成立之日，即有今古之爭。西漢爲今文時代，東漢爲古文時代。魏晉六朝，今文漸絕，古文繼興，而老莊最盛，經學且老莊化，是爲玄學時代。而漢晉以來，釋教東被，隋唐之際，蔚爲巨觀。二氏與儒，幾成鼎立，然在儒學，自隋唐以訖宋初，爲古文確立時代。至于兩宋明初，儒者擷取二氏，另有性理之言，是爲理學時代。有明中葉，陽明崛起，表彰象山，建立心學，雖理學之別宗，實新潮之春燕，是爲心學時代。於時西學初來，甲申國變，遺民述作，深遠空前。及清廷底定，可謂爲一反覆時代。理學初盛，古文遞興，而公羊結清人之運。此中國學術之主潮，其間固亦有卓然潮流之外者，大體段落可作如是觀。而漢宋之學，尤爲大宗。唯自此而後，吾人必有新時代之創造矣。

(二)吾人皆儒者

欲在中國思想家中推一人代表中國，厥維孔子。謂中國爲孔子之國，亦非過言。孔子向被尊爲大成至聖，萬世師表。一言其承先，一言其啓後。按之實際，並非溢美。唯議評孔子亦不自今始。孔子之時，楚狂接輿與荷蓧丈人笑之。以後墨子非之，莊子譏之，王充問之，嵇康薄之。直至五四，更受空前之攻擊。反對孔子最動人之理由，即謂漢罷百家，造成中國學術之停滯，而歷代尊孔，即證其學說便于專制。余以此二說均不足爲孔子病。學術之進退，均有其社會原因，漢室尊孔，不過誘儒生以利祿，非滅絕一切學問。此縱爲思想停滯之一因，如謂二千年之學術不進均由于此，則非確論。兩漢以後，老莊佛氏均曾盛行，即可爲證。而自兩漢以來，學術思想大體上仍爲進步，此尤不可不知。至於專制政治，何地無之？縱無孔子，專制君主亦必選其他學派以資號召。孔子之學非先天的便于獨夫，猶之基督教本爲平民之宗教，而君士坦丁利用之，近世各國亦利用之，不能即以責耶穌也。至於歷代帝王操縱，不僅非學問之福，而于儒學本身，亦害多而利少，此亦不待言者。

余嘗謂中國歷史上有二大偉人，一爲孔子，二爲劉邦，二人均出身平民，一爲萬世之師，一立萬世之法。劉邦之事且不具論，若孔子者，實中國平民學者之第一人。孔子不僅爲最偉大之思想家，亦最古之思想家。世傳老子爲孔子前輩，然五千言審無論文體思想，均應在孔子後，自汪中以來，已成定論。先秦諸子之中，墨子學儒者之業受孔子之術（見淮南子），而李悝師子夏，吳起師曾子，則後來之法家農家兵家，皆出於儒。以後陰陽家傳自鄒衍，而鄒言仁義，亦儒者之徒。至於名家，大抵往來墨道之間。孔墨道爲中國固有思想之三大主流，而孔子最早亦最正。西人嘗言「吾人皆希臘人」。余亦曰，「吾人皆儒者。」

(三)孔子的經世精神

古者學在官守。政權與學問，均在貴族世卿之手。齊民衣食不保，遑論學問？「左傳」中言學論禮之士，均當時之世卿。受學之士，均貴族之子弟。周室既衰，貴族制度漸壞，于是官守之學術，變爲師儒之學術，即左傳所謂「天子失官學在四夷」者也。孔子當貴族制度瓦解之際，以博學多聞之資，正式授業。私人講學，自孔子始。

孔子之學爲何？「子所雅言，詩書執禮」。詩書禮樂，均古代文獻，亦即貴族階級之知識。故謂述而不作，信而好古。孔子最大之功勞爲何？第一，他將古代學問，加以整理和解釋，應用於社會與人生。孔子以前之學，人神雜糅。有鬼神術數之學，亦有禮樂刑政之學。孔子將古代學術，作合理之整理發揮，此所謂大成至聖。第二，彼將貴族手中之學問傳播於民間，弟子三千，教澤廣被，此所謂萬世師表。即此二端，功在萬世。他是一人本主義者，一愛國主義者。一言以蔽之，是一經世者。「道不遠人」，「未知生，焉知死」，是其肯定人生，「庶之富之教之」，「足食足兵，民信之矣」，是其愛國愛民。他以仁爲根本教訓，以文行忠信教化陶人才。他提高學問和學者之地位，到處表示學問第一的觀念。雖出身於下級貴族，實有平民精神，而他首先以平民身份批評當時政治，并且首先以平民身份有救國救民抱負。最後，其「知其不可爲而爲之」精神，更表現其全部人格。人本精神，平民精神，理性精神，奮鬥精神，總之，經世精神，此孔子之根本精神，亦中國學術之根本精神。章太炎言孔子之功有四，制歷史，布文籍，振學術，平階級，尤能爲無神之論焉。

自孔子以六藝教人，學問日漸普及，而諸侯亦羅致養士，始有諸子之爭鳴。章實齋云，諸子源於六藝，此言甚是。最初興起者爲墨家。孔子之時，尚無儒家之稱。孔子謂子夏曰，「汝爲君子儒，勿爲小人儒」。此儒猶通稱，非特稱也。「說文」，儒術士之稱。（章太炎謂儒從需，需者，求雨之師。）厥後遂爲學者之通名。墨家者，乃下級平民之學，流傳于職工匠人之間。自墨家出，儒始爲特稱。戰國初期，儒墨并稱顯學。墨家雖與儒家之言不合，特病其繁文，精神同在淑世。而其時上流貴族有見世事之無可爲而高蹈冥思者，則有道家，以楊朱爲首。所謂老子，大約楊朱之徒所僞托，孟子之世，莊子始弘其說；而五千言當猶晚出。墨家較儒者更富於平民精神，其徒多有科學工藝知識。然信鬼，流于迷信。道家見聞較多，頗能言名理，其高者創立一種汎神的宇宙論，然因術詭隨，先流於權術，繼流於方士。在中國思想乃至於全世界思想中，孔子最無神祕與虛無色彩，此最不可忽視之特點和功勞。雖玄遠不如老莊，果任不如墨氏，而亦無其蔽焉。

中國歷代尊孔，孔子之學，并無重大進步。學問之爲物，從頭到尾爲民主的。大抵一種學派，如欲繼續發揚光大，絕不在政治之扶持，而必共承繼者能隨時代之進化，豐富其內容。否則，一種學說，必然硬化，流于煩瑣。於是，或有新學派之出現及其嘗試，或舊學派本身發生一修正運動，但修正運動如不能以最新的知識武裝，縱能代舊派而爲正統，亦不能改造其學而復興之。孔子以後，道墨之學興，即表示孔門弟子尚不足以發揚師學。孟子書，拒揚墨，言仁義，倡民爲貴之說，實孔子以後第一大師。而性善養氣之說，尤功在萬世。但五畝樹桑云云，亦無甚精采，終無以勝陰陽刑名。孔孟以來，孔學經過多次修正運動。直到明末諸子，始表現儒學眞正復興之趨勢，而此一趨勢之眞正完成，尚有待于今後。

（四）漢代的今古文之爭

孔孟以後，縱橫之技，申商之學，無爲之說，及方士之術甚盛。受此影響，戰國之末，儒家中始有兩種修正運動。一爲鄒衍，採陰陽五行，以言仁義，爲陰陽家之祖，流爲讖緯之說。二爲荀卿，言禮法，啓法家之端。兩者均盛于秦漢之際，而舊時鄒魯之士，備知禮樂之儀式，不得不趨于式微。

漢初黃老申韓，并行交盛。至漢武，因董仲舒之對策，儒家始爲官學，以六藝爲經典，演爲十四博士之學，即今文也。董氏及今文派之學，乃荀學及鄒學之混合物，大抵言天人之際。此孔學第一次之大變。董之功，在以陰陽之說，增加儒學之哲學興趣；而過在其以災異說經，以春秋斷獄，長怪誕之風，酷吏之毒。

及學官既立，諸儒急功近利，曲學阿世，以陰陽說經，流爲讖緯，荒誕莫可究詰，于是有古文運動。古文學者，乃今文之改革運動。自河間獻王，孔安國，及毛公之徒不信讖緯，考信古本，漸有古文之學。西漢之末，劉歆欲立古文諸經，而今古文之爭遂起。在今古文之爭重要問題爲「左氏」及「周禮」。左氏是否解經且不論，然較之「公」「穀」近乎人情。唯「周官」一書，價値決不在二記之上。竊意劉歆雖知災異之非，亦迷古不化之士，如康有爲謂古文皆其僞造，以佐王莽之篡，固深文周納，至太炎爲其功繼孔子，亦言有逾量。至東漢，今古并行，及鄭玄遍註羣經，古文派代今文而起。此孔學第二次之大變。學者倦于讖緯之餘，多趨于訓詁章句。刊落神異之言，六經漸以浮化。唯因光武信讖緯之故，古文亦不能完全免于神秘色彩耳。

一種學問變爲官學，易流武斷，而此時在野之學，常多光采。及其陞爲官學，則又硬化，而爲繼起者所代。此亦學術之新陳代謝也。漢代儒學，在今古文紛訟中，變爲方士與學究之學。然前後漢有三人先後卓然拔于時流，另闢蹊徑者，即司馬遷，桓譚，王充。太史公綜合百家學術，網羅百代舊聞，雖多諷世之情，實有深遠之歷史眼光。君山首斥讖緯，頗多新見，惜「新論」僅存片羽耳。仲任疾虛妄，言實證，雖破壞而無建設，且流于命定論，然在怪誕之時，不啻清涼之劑。此外，揚雄作「太玄」擬易，作「法言」擬論語。彼實魏晉玄學之先驅，而亦宋代理學之遠祖。班固之史學，張衡之科學，王符仲長統之政論，均足爲漢代之光。凡此諸人，均多少受道家自然主義之影響，王符而後，崔寔徐幹荀悅則染法家之言。

（五）釋教東來與儒學第三度的修正

因儒學之硬化，社會之不安，專制政治之苛刻，道家思想在漢代逐漸發達。而釋教隨佛圖澄及羅什東來，先流河洛，次被江左，其方術與名理成份，均與中國以影響。此時道家有兩潮流，一爲名理派，如王弼嵇康阮籍郭象張湛之流，是爲玄學。二爲修鍊派，如于吉襄楷之徒，流爲黃巾，另有魏伯陽虞翻管輅葛洪郭璞，下至寇謙之陶弘景輩傳其術，是爲道教。而此時儒學，亦二氏化而爲「外學」矣。此儒學第三度之修正。唯齊梁以前，佛徒亦託老莊，朝玄言較勝，以後譯作漸盛佛教面目日著。自揚雄以老言易，漢末孔融杜恕尙曠達，至於正始何晏王弼以老莊釋易與論語，三玄地位漸駕五經而上。厥後慧遠以高僧爲詩禮經師，傳學于雷次宗。皇侃「論語義疏，」佛化孔子。過去方士之學，附於六經而爲今文，今則與經學分離而附于老子，成爲道教。於是今文絕而古文興。東晉所立，皆爲古文，而僞古文尙書亦出世。說經之儒，以王肅杜預于寶范甯爲大宗。河洛之士，尙一秉漢末章句。然思想之富，究不在吾儒耳。

在三國六朝道德及思想之虛無空氣中，余願推崇數人卓然自立者，曰諸葛亮、楊泉、傅玄、魯勝、裴頠、陶侃、陶潛、范縝、顏之推。諸葛二陶，均以清風亮節，砥柱中流。楊氏「物理論」矯方士之虛浮，魯勝究絕學于墨辯，裴氏崇有，范氏神滅，則對虛無之說，作當頭棒喝。顏之推于玄學衰竭之後，推崇五經，言亦平實有見。此外則鮑敬言無君之論，亦有異采，東晉古文尙書雖僞托，實有爲生民請命之意存焉。

（六）儒學的四變

隋唐既一天下，思想亦求有所振作。正統儒學，以陸德明、孔穎達、賈公彥爲大師。孔穎達主編「五經正義」，采六代之義疏，集南北古文學之大成，此儒學之四變。唯正義內容荒蕪，而士大夫爲避難就易起見，多僅習「左傳」「禮記」二書。于時二氏方興，而自華嚴天台立宗，玄奘譯經以後，大乘佛教發達。禪宗既興，雅俗共賞。儒者之徒，求有所自立。于是先有王通，自比孔子，後有韓愈，以繼孔孟道統自命。自任不可厚非，而力尙不足相副，要亦揚雄之流。呂溫柳宗元劉禹錫皇甫湜多承其風。韓愈之徒，有李翺者，著「復性」三書，以學、庸、易、言性理，實宋人理學之先驅。讖緯之書，則已絕迹，而啖助趙匡於春秋，施士丐於詩，仲子陵袁彝韋彤於蔡廣成於易，強蒙於論語，均不苟同舊說，均開宋人說經之先路。

章太炎于隋唐學術，頗有微詞，唯賞顏之推，劉知幾，杜佑，陸贄。此四人自均豪傑之士，余意王通、韓、李、劉、柳、有創造之精神倜民權之傾向，不僅文人而已。大概言之，唐人爲學，頗具規模，唯均引其緒而已。宋人之學，實承唐人之風，特氣度不如唐人恢弘，而流于形式化耳。

（七）以釋道入儒的理學者

宋承五季之敝，藝祖頗提倡氣節。然以防閑過甚，士習拘于謹愿。宋初邢昺孫奭之徒，拘于「正義，」不能厭學者之望。及胡、范、諸人言綱常，亦有經世之意。然孫復石介漸入峻刻。歐陽雖文人，爲學能知大體，作「詩本義」及「易童子問」，至劉敞王安石務以己意說經，遂開古文改革之運動。然道院神林一時林立，陳摶邵雍本緯候言圖書，釋氏明心見性之說，亦已深入士大夫之心。於是有理學者出，合綱常之說，及二氏圖書性理而爲一。周張開其端緒，而二程頗去其駁，昌言性理，獨尊論孟學庸。六朝有三玄，今則四書。南宋朱熹爲之集註，並新釋詩易，集理學之大成。理學者，以釋道入儒之學，而釋氏成分尤多，此儒學第五度之修正。宋人說經，頗有新思，史學尤多造就，然言誠正而略治平，縮學問于理欲之辯，糅雜儒佛，未見其果足繼孔子之道統也。

兩宋屹立於理學流潮之外者，北宋有王安石，南宋則象山浙東諸子。王安石言盡力隨命，禮樂刑政。陸象山言人格之尊嚴，破太極之虛妄；薛艮、陳傅良、葉適、陳亮，均倡事功經世之學。宋末馬端臨致力文獻，攷訂千載，繼杜佑開史學之新天地。尙有鄧牧，始於宋亡之後痛陳專制之害。

理學漸盛，宋亡于元。元立理學爲官學，咀嚼陳言，實無造就。唯陳應潤首於圖書，吳澄攷纂五經，時多新見。

(八) 王守仁與儒學的六變

有明之禮，亦崇理學。方孝儒、薛瑄、吳與弼，陳陳相因，未遑創造。而「大全」與八股，孤陋極矣。爰有王守仁出，言以即理，說致良知，并言親民即明德，力攻宋人之陋，此理學一大革命，而儒學第六次之大變。然王氏雖能由程朱作一解放，未能于學問爲深切講求，至于末流，有狂禪之誚。東林諸子，又稍復程朱之舊，而明亦垂亡。雖然，明亡之後，士大夫多能奮力抗敵，與宋元道學宗屈身異族而以理學自慰者，大有不同；即此一端，亦知陸王之學，有愈于程朱者在。

明末，西學逐漸東來，由徐光啓李之藻等之介紹，漸爲國人所知。而另一方面，因國家之奇變，亦使學者作一根本反省。於是方以智、黄宗羲、顧炎武、王夫之、李顒、顏元、諸大儒輩出，此數子者，雖出發點不同，持論亦有異，要不能爲陳言所拘，獨運匠心，博古通今，以合于經世之義。彼等之學，非宋明理學所能及，亦非兩漢六朝之人所能及，彼等之功力志業，實足以繼往開來，復興儒學。儒學亦當從此前進，始有生機。而此一生機，因清人入關而未有正常之發展。

(九) 清儒的溫故

清代三百年間，乃一個敍的溫習過程。清人入關之初，復理學八股縛抑人心，并排王學，此一變也。士之自愛者，乃逃於攷據，意在發思古之幽情，亦有憾于理學。此戴震「孟子字義疏證」所爲作也。而所謂攷據，殆雖小道亦有可觀者焉。此又一變也。及攷據途窮，內憂外患紛至沓來，反攷據之運動起。章學誠、姚鼐、劉逢祿、李兆洛、龔自珍、魏源、包世臣、馮桂芬等均以所學鳴，而公羊之說特興，康有爲且據西學張其軍，此又一變也。而攷據學亦由六經以攷諸子，至於清末，俞樾孫詒讓最精核，而章炳麟且據法相及社會學說諸子最精刻。比又一變也。由此觀之，中國之學，由先秦諸子始，而清代溫故，亦至諸子研究終，亦可謂周而復始矣。

(十) 重光儒學的途徑

以上稍述儒學流變。清末民初，康有爲嘗欲變孔子爲教主。至於五四，孔子地位，發生根本動搖。近年以來，始又復振。政府定孔誕爲敎師節，視孔子爲敎育家之祖，此殊得其眞。余意孔學非一家一派之學，而爲中國精神最初集中之表現。孔孟以後，無論兩漢經學，宋明理學，雖均有貢獻，皆爲遺產，然爲時政所累，均不能充分發揮孔子之精神，而旁采二氏，亦未必能對吾儒有所饒益，此孔學之未能光大也。反之，各時代官學以外之學者，如司馬遷，揚雄、桓譚、王充、傅玄、范縝、顏之推、劉知幾、李翺、王安石、陸贄、陸九淵、葉適、馬端臨，王守仁等，均爲中流之砥柱，時代之評友，雖未嘗以道統自任，反多合于孔子之精神。而近則明末諸子，確能于儒學有所闡發，起二千年之衰。此均吾人今後所當重新研究者。凡欲發揚一種學派，首先須把握其根本精神，次須由合理傳統出發，三則必征服最新之知能。故今日如言重光吾儒之學，必據孔子之經世精神，卓然漢宋以外，自司馬以至陽明與夫明末諸子之學術出發，再深通夫近代科學之知識，以謀更新之創造。否則因于攷據，侈言性理，是清人之故轍，非民國之人之所有事也；蓋此將無益于國家，亦不足以弘儒學也。

然自先秦迄今，學術雖有中衰之時，進步之迹，終不可掩。近人盛言先秦諸子，一若兩漢以後，幾無進步。其實兩漢科學，勝於先秦；玄學理學，是淩諸子。由今文而古文爲一進步；由古文而理學爲一進步；而由程朱而陸王又爲一進步。而明清之際，及鴉片戰爭前後，學者所[illegible]，亦有過陸王。蓋思想已漸得解放，而創獲亦漸見增多。吾人今日承百代之流，値空前之變，足以取精用宏；繼陸王，晚明，及清末先哲而前進，則重光儒學，卽在今日。

儒學中興論敘論

王恩洋

去年今日予因病停止著述，以看報遣時日，時正國內爭取民主最烈之時，心生一大反問：國民黨以三民主義號召全國，而革命，而北伐，而統一，而抗戰，迄今抗戰勝利，正是完成民族民權民生主義之時，乃全國有黨無黨、有派無派、有武力無武力者，無不向三民主義的國民政府爭取民主，斯誠一大怪事！一面又聞聽說共產黨反對國民政府之理由，是說他不民主。但聽說在共黨統治的區域中，乃並不容有異黨的存在，統治之嚴，絕非自由民主的人所樂居住。遠在蘇俄，那亦是一黨專政，黨外無黨，而且黨內也無派。假若共黨執政，以蘇俄之道治中國，又有何民主可言乎！……在這樣的想像中，覺得民主一詞原來只不過是有政治野心的人爭取政權號召人心的策略與工具。這樣的民主，實在無意義可言，反轉對國事有害，不如不講的好。回想到幼年，正當清末光緒宣統時代，其時是帝國，是專制，但是人民確是享的太平幸福。無黨爭，無內亂，地方無土匪，官吏無殺人之權。聽說殺人的事，非經過縣府某部乃至黃帝御筆朱點後不能擅殺一個人。至於人民茶餘飯後，閒論高談，三教九流，古今中外，胡說亂道，從無有警察軍隊干涉你。如果問道國民的負擔，那更是輕鬆極了！每年完一次糧外，萬事都了，政府再也不問你要什麼。但是當時的志士仁人，總是萬分痛恨滿清的專制，於是拋頭顱，流熱血，以為四萬萬人民爭民主。果然辛亥光復，民國成立。誰知道自此以後便內亂相循，戰爭不息，盜賊遍野，貪污滿朝，治安全靠軍隊警察維持，但是人民的財產生命言論思想信仰一切自由都瘫掉了。在這樣水深火熱的情況下，方恍然覺悟到從前的專制實在是黃虞堯舜之治。現在呢？到真是不堪言說呀！因此我平素一聽到革命民主等等好聽的名詞，便感到頭痛。閔子騫曰：仍舊慣，如之何，何必改作。王羲之說：後之視今，亦猶今之視昔。悲夫！無形中我便成了一個無條件而極端的頑固者！每每看到許多熱血慷慨理想希望太高的少年總是可憐他們幼稚，以為我們何必把有用的才能身體去做那些無用而且有害的事呢？雖然，這樣消極的頑固還是無益於世，社會一天天的變亂，國計民生一天天的困窮，將如之何呢？心裏只是想望四萬萬人中總會出一個雄才大略英明神武的英雄，如像劉邦、劉秀、李世民、趙匡胤、朱元璋那樣的人來削平內亂，剪創羣雄，統一國家，武功之後繼以文治，庶幾乎返於往昔太平盛世，人民自會受福了！這便是一般老百姓所常想望的眞命天子！但是再把一部廿四史翻開一看，漢唐宋明的太平時代到底維持了好久呢？又不免令人失望。太平之後不久總會大亂起來！別的且不說，如像明朝末年張獻忠李自成之亂，豈不是殺人如麻四川弄到雞犬不留嗎？那時並無民主共和的人物爭取政權，然而還是要大亂呀！以現時的內亂比較起來或許還要好些，因爲他們究竟還有主義，有思想，總比那一羣流寇好。因此我對於想望英雄政治的信念打斷了。然則到底怎樣呢？後來看到英美的民主政治有許多特別處：第一無有專制獨裁的君主與特殊階級。第二也無有興兵倡亂以武力奪取政權的革命黨。他們主持政治的名叫在朝黨。未曾主持政治或退休下野的名叫在野黨。兩黨是時時在互相批評互相攻擊著。但是總不會動武。在朝的從不以政治力量壓服在野黨。在野黨也從不以暴力搗亂。在他們相爭不下的時候，便舉行大選，取決於人民。如果在朝黨的政策得到人民多數的擁護，選舉勝利了，在野的便祇好稍安無躁，繼隨在朝黨依舊做去。如果在野黨的政策得到人民多數的擁護，選舉勝利了，在朝的便祇好退位讓賢，掛冠而去。像這樣的守法精神、尊重敵黨、服從民意，而不敢挾私心、用暴力、使機詐，眞可算得是禮讓爲國、公忠體國了！雖然互相批評互相攻擊，然而彼此皆能容忍、並且全賴此批評攻擊的力量使大家戰戰兢兢的，不敢驕傲，不敢放縱，而時時都在反省修正力求進步中，人心不腐化，政事不廢弛，而國家日趨於昌榮安定，因此數百年間可以無內亂。除對外戰爭，永無內戰，這不是最良好的政治制度嗎？從此乃恍然於眞正的民主並不是爭奪政權的策略與工具，不是革命內亂的酵母，實在是消弭內亂、杜絕革命、安定社會、昌榮國家的正大光明之路道，是吾人所應須急提倡努力實行的！但是要如何方能走上此道路，到是最費解答的問題。最後想來一切政治制度，一切社會事業無不是人做出來的。所以要想有民主的政治先要有民主政治風度的人物。這樣的人物，應當有捨私奉公捨己從人的德量，應當有守正不阿不畏強暴的操守。應當有光明磊落的氣概，應當有平正通達的理性。而絕不可有予智自雄自私自利阿諛偏黨屈於權勢機智變詐懆急頑鈍的惡德。換言之：即是要有大人君子之行，而不可有凶人宵小之態。果爲政謀國之人均有愛民愛國之心，而無貪權嗜利之志，有容人之量，有服善之誠，相尚以道，相勉以義，而不敢有私意存焉，民主政治自形成了。此種人物如非有宗教之訓練，即當有道德之陶治。而無信守、無修養之士，是弗能爲的。吾嘗聞美國初興，其人物多出於英之清教徒，避英政之暴虐及信仰之不自由，乃遠航美洲，適彼樂土。教戒既嚴，信守復篤，故能孕育華盛頓、林肯、威爾遜、羅斯福諸鉅人，以造成美國光明俊偉的國度。民主政治之興，豈不以德量哉！乃我國之學西人也，不知從其根本而學之，但從其形式而學之，於是以毀法代守法，以自私代奉公，以爭奪代容忍；於是杜絕內亂消弭革命的民主政治乃一變而爲革命內亂爭奪政權的工具了。無遠識，無宏度，無德操，無信守，而日唯權位勢利之是圖，人心敗壞，風俗澆漓。如是而欲政治澄清、國家安定、人民豪福，烏可得哉？故欲建民主政治必先有民主政治之人，欲有如是之人必先培養其德。乃我國既素乏宗教，當今之世，宗教又難取信於人。況且西洋宗教的教義也並不大高明，與我國數千年文明古國的民族性也並不大合，這時來提倡宗教，實在是時與地都不相宜，望人信從而收培養德度之效，大難大難！因此我便又回想到我國固有的儒學了。猶憶我在孩子時代，我的母親教我對人要尊敬，凡是殘廢人、貧苦人，乃至乞丐都要尊敬。要憐憫人，乃至畜生也要憐憫。我在這樣嚴肅而溫潤的教化中長大，平生對蟲蟻也不曾起心傷害過。對乞丐也不曾侮慢過。人有捕捉小鳥者，母曰：使人捕殺爾，我心將如何！彼亦有母也。人有笑弄盲聾瘖啞者，母曰：汝外祖亦不能言，使人輕侮汝外祖，我情何堪乎？這兩句話永遠銘刻在我心中。後來讀孔孟書，始知有忠恕絜矩之道，始知有禮讓仁義之行，於是恍然於我母之教即是聖賢之教，而儒者之學即在人情物理中，一點也不奇怪神秘，一點也不艱苦難行。對於人的訓練是極溫潤的，然而又是極嚴肅的；人人都可行，然而雖聖人亦有所不能盡；眞是極高明而道中庸了。我又記得在有名的五四運動的那一天，我恰到北京，後來在北京大學旁聽，治哲學。冬臘月間適逢又有中日交涉，學生羣起遊行示威，我也參加在裏面。後來聲勢愈演愈大，便至阻斷交通，搗毀汽車。便被軍警將我們捉押到天安門內去，直到三更，始將全體學生數千人釋放，祇押留四十名學生拘禁在衛戍司令部，我恰也在內。我初心甚喜，對同禁的朋友都十分敬愛，而且寄以希望。住得漸久了，覺得他們的思想志願除了食色性也之外，確一切都談不上。「羣居終日，言不及義，好行小慧」。「飽食終日，無所用心」。這種批評又落到了我們朋友身上。我便感覺到以現在的教育造就的人才，搗亂是有餘的，但是要想望他救國家於危亡，登斯民於衽席，那眞是「蜀道之難難於上靑天」了！因此我便想到孟子說：「哭死而哀，非爲生者也。經德不回，非以干祿也。言語必信，非以正行也」那一種超功利無所爲而爲的純潔行爲。「富貴不淫，貧賤不移，威武不屈」的丈夫氣慨。與同孔孟「吾非斯人之徒與而誰與，天下有道，丘不與易也」，「當今天下，舍我其誰」的仁人懷抱。而又加之以「戒愼不睹，恐懼不聞」。「恭敬撙節，退讓明禮」的修省德度。以爲必如此而後可以負救世之責，收建設之功。我初到北京受到新思潮的鼓動，對西方的自由思想，社會主義等，是頗衷心接受的。因此曾經組織過工讀互助團，織過襪子賣過飯。但是萬分感覺到非有眞修養眞訓練的人，配不上談眞自由。非有超功利無私慾的人，配不上講眞正的社會主義，我由此便仍然回到儒家的學說道路上去了。那時適逢梁漱溟先生講東西文化及其哲學，我受的啓發極大。既堅定我對儒學的信任，又引發我研究佛學的興趣，後到南京從先師歐陽大師治唯識學，發菩提心。荏苒二十餘年，雖曾著了幾十部書以闡揚儒學佛學爲事，然而影響於世也極微。紛紛擾擾的世界，一次二次大戰連接而來。國家民族更是「危乎殆哉」的過下去。到了今天，所謂以救國救民爲己任，講主義，鬧革命的人士，豈不仍舊是「搗亂有餘，成功不足」嗎？八年抗戰之後，繼之以殘酷猛烈的內戰，人民如水益深，如火益熱，國家前途不堪設想。萬一再引發世界大戰，眞正成了人類的禍首了！這樣不仁不智勇於私鬥的行爲，乃出于大講主義高唱民主之人之黨，「窮」極矣。猶不當「變」乎！如之何變？曰：仍然返到儒者之道而已矣！先純潔己之心志，恢宏己之德度，嚴立己之操守，公忠仁智而不爲自私自利爭奪權勢之圖，有如此大人君子之德操，以之實行民主而澄清政治安定國家也何難乎？但是如果不知接受全人類異地文明之長以修正補充自身之短與不足，一味走入反動復古之路上去，那又眞是「愚而好自用，賤而好自專，生乎今之世反古之道，如此者災及其身者也」了！所以吾人今日提倡儒學，必須對儒學有一番抉擇修正整理與充實的工夫，然後足以去其糟粕，而發揮光大其眞精神。於是吾人持儒學與佛學較，則覺得對於身心性命之學無有如彼之精深。論宇宙人生之原理無有如彼之正確。持吾國之政治制度物質文明與西洋較，則又無彼之合理與宏富。於是而唯識法相之學爲儒學所必應接收；而民主與科學爲吾人所必須取用。必如此乃可以使儒者內聖外王之學重與光大於今之世界。非但我一國家一民族之利，實乃整個人類皆當蒙其餘澤也。何以言之？佛學雖精深博大，而出世氣味太重，人多不易接受，而日趨於沉寂。西洋之民主政治科學成就雖合理而宏富，然以生存競爭，帝國主義階級鬥爭之思想駕御之，其前途之險難尤爲慘酷，有不可想像思議者。故吾人旣當以聖賢之入世精神以完成菩薩無住涅槃之宏願，尤當以儒者超功利，泯人我，重德義而尚偏執之學說思想，救正西洋溺功利、別人我、重威力、好鬥爭之生物習性之思想，而正常的運用其政治制度與物質文明；則不但人類無毀滅之憂，世界且可以成康樂祥和之世。故在人類遭遇極端嚴酷險難的今日，二次大戰方去，三次大戰又積極準備將待時而來，吾人不但應當努力於自救，尤當努力於救世。故發揚儒學而修正補充之以領導全人類步履平康，實爲吾人之神聖責任。國人乃不知有此神聖責任，而妄自菲薄，思想學說信仰行動一切一切無不唯西方人之馬首是瞻，而自甘爲其尾巴而隨其覆滅，此眞至愚大惑而不可解者！近日國內有以尾巴主義譏人者，譏者曰：中國人爲中國人之尾巴猶可，中國人彼此衝突而均各別作外國人之尾巴不更可恥乎？然則如之何方足以雪此恥？吾以爲欲在國際政治上不作人之尾巴，必先在經濟上內政上國防上乃至一切自求獨立，自謀解救，自作主動。欲在國防上經濟上內政上謀主動解救與獨立，尤必先在學說思想上自求獨立自作主動不作人之尾巴始。然而環顧今日舉國之人心、舉國之風尙，舉國之教育，所言所思所學所爲，何一而非受西洋之學說思想支配耶？然而在此思想學說上眞能獨立自主的有所發明發現者實未曾有，亦徒作人之尾巴擺來擺去而已。此而不能獨立，更欲求國家之能安固永存，不亦難乎？吾以是懼，作儒學之衍變與其重興。旨在求學說思想之獨立自主，且爲挽救人類之急務也。豪傑之士，其必有奮然興起以任重道遠者歟？其必有奮然興起以任重道遠者歟？

吾作此書有多因緣，而梁任公、錢賓四兩氏之中國近三百年學說史實與我以最大之刺激。因讀其書，而赫然於有淸一代之學說衍變，始由反對理學，終乃至於反對儒學。始由儒學之逐步復古，終乃至於澈底革命。然後演成今日儒學滅亡之現象。而反對理學儒學，對之復古革命以至於消滅之者，皆非出自外人，實盡出於學儒者，此誠一大怪事！吾因究其所以然之故，則覺近儒之識力修養之不足以認識理學儒學，多起誤解，固爲其重要原因；然理學自身之哲學思想，尤其形而上學之理論之不圓滿及多謬誤，不足以壓服人心；與夫儒學對政治制度之未臻完善，與科學知識之極端缺乏，不足以解救人禍天災，實乃爲其主要原因。爲急謀救亡圖存之道，因乃爲詆祖覆宗之行，而不知其過矣。乃一次二次世界大戰，又與人類以西洋學說並非美滿無缺之學說之證明。更覺其對人類有極端之危險性，已至窮則必變之時，而後儒學之眞精神又復漸爲世人所認識。於此時爲儒學之抉擇與重建實爲必要之圖，吾之此作亦應人類之急也。書成，適於觀察周刊見梁漱溟師「中國文化特徵之研究」，吾益覺欲對中國文化有眞切之了解不可不對儒學有眞切之認識。苟於此有知，亦必於彼有知。以中國文化與儒學幾至於不可分割也。嗟夫，欲爲中國存亡絕續之圖者，安可以不了知其文化，安可以不治儒學哉！最近潘光旦氏於同刊中有「人文學科必須東山再起」一文，亦與吾人爲同調者，喜而並誌於此。

中華民國三十六年五月於東方文教研究院

兩節婦

化中

文教院創辦於內江聖水寺，鄰有何姓婦，常爲文教院洗衣，年約四十，潔淨樸質，耿介自守，衆共呼之曰何大嫂。何大嫂母病，歸寧數月，則其姑何大娘來院接送衣服，年七十矣，雖精神康强，步履則勞。予謂曷不令他人來？曰：予子死十年矣，一孫學工就傳，無餘人可使者。因知何大嫂孀居，貧而守節，育子養姑，難得。後何大嫂至院，予贊之。何曰：吾姑更難，吾夫死，猶有一子一女，吾姑則二十守節，子女俱無也。曰：旣無子，焉得有汝？曰：撫之，非生之也。又云：姑雖老，工作甚勤，自食其力，不以累人，積資備棺，爲百年身後計，念家貧無遺子孫者，故事事自了之也。予曰：果難得也。予敬其姑，偶以食物遺之，則報以他物，曰，禮尙往來也。予偶過其家，室如懸磬，蓬壁不蔽風雨，然甚淨潔，姑媳勤劬，雍穆而樂，未嘗有戚容，姑言數代佃農，子死，不能耕，乃寄居於此．以浣洗爲業。身無立錐地，今此屋基，爲姨所與也。予慨嘆久之。因念堅貞之婦，不移情於生死，不隕穫於貧賤，茹苦而甘，處困如亨，可不謂歲寒松柏，雪嶺梅花也哉！此天地之正氣，宜爲衰世之典型者也。衷心致敬，爰記以告世云。何大娘，門氏。何大嫂，林氏也。其鄰有黃二娘者，亦早寡，勤勞刻苦，育子成家。一女已適人，一女作比丘尼，子送至中學，操持節概爲人敬重，可謂能立命者。孔子曰，德不孤，必有鄰。君子亦何懼於時之衰道之喪而不堅其志節哉？

民國三十六年三月文教院將遷蓉王恩洋爲之記

六藝與儒學

王夢鷗

儒家蓋出於文士之流。迨士失其位，祝史末學，流轉民間，爲人助喪相禮，以給衣食，大爲時人所賤視。至孔子出，因祝史之事，而闡明其意義，以爲撥亂反正，安定社會，捨禮末由。於是以之傳授，特重於禮意之講求。後之作者遂有「禮之所尊，尊其義也。失其義，陳其數，祝史之事也。」之結論（註一）

孔子以前之儒者，陳其數而不知其義，不足以稱「學」。儒家之學，集大成於孔子，實則孔子之學，禮樂也。（註二）

何以言之？先以孔子生長之環境言：

孔子生於魯，魯周公之封國。周之鼎興，綜觀傳說，周公之功，居十之八。周公既歿，成王賜魯公以天子禮樂，（註三）俾享周公之事非不可能。而魯人以光榮所在，遂亦守之無替。周自昭王以降，王室寖微，至幽王，犬戎入寇，平王倉皇東遷，故都禮樂，蓋已蕩然。洎乎東周之世，唯魯之禮樂爲獨盛。既而諸侯僭竊，公族跋扈，侈用天子禮樂者有之，張大祖廟樂制者有之，（註四）風氣所趨，踵事增華，故司馬遷謂「齊魯之間於文學，自古以來其天性。」（註五）孔子生長於斯，耳濡目染，史稱其爲兒嬉戲，陳俎豆，設禮容，習俗移人，使孔子擇術，獨以禮樂爲重，非無故也。

儒者之有學，自孔子始。孔子之學，即後世之儒學。孔子少而好禮，禮實爲儒學之骨幹，則又可從孔門所傳授者而知之：

孔子有德無位，平生於政治事業無大建樹，其要在乎教學。史記世家稱：「孔子以詩書禮樂弟子蓋三千焉：身通六藝者，七十有二人。」

孔門六藝：謂詩書禮樂易春秋。而六者皆統於禮。故顏子曰：「夫子博我以文，約我以禮」。禮與文並舉，蓋文指詩書口說之學，而禮重實行，則又徒不托空言而見於行事者也。故論語記「子以四教，文行忠信。」忠信爲文與行之精神，而文與行則孔門之分科也。論語云：孔門四科：曰德行、曰言語、曰政事、曰文學。言語文學屬於文，德行政事屬於行。凡文與行，必主忠信。故析言之，爲四科，合之則唯文行而已。言語德行，偏於成已；而文學政事，則由已而及人者也。（註六）質言之，而文則又屬於行，亦即誦其詩書，所以行夫禮義。何以知之？

子思曰：「夫子之教，不始於詩書，而終於禮樂，雜藝不與焉。」子貢曰：「吾聞孔子之施教也，先之以詩書，觀之以禮樂」。（註七）先之者，文也；觀之者，行也。行有餘力，則以學文；行不足，則夫爲文亦可以已矣。文行之究竟如此。故荀子曰：「學惡乎始？惡乎終？曰其數，則始於誦經，終乎讀禮。其義，則始乎爲士，而終乎聖人。」學文者數也，其所以學之之意義在乎行。儒學所尊，即尊其義，以義統數，以文飾行，亦即因行禮而修其六藝。明乎此，而後有以通顏子博文約禮之意，知其意而後可見孔門之學爲禮學也。玆更以六藝之爲文者證之：

宗教家的楊妹不食觀

張汝舟

宇宙有兩種，一種是人的，一種是神的。憑人的耳目心思所能察覺者，是人的宇宙。憑神的耳目心思所能察覺者，是神的宇宙。人則備有兩種耳目心思，一種是人的，一種是神的。佛有五眼，肉眼是人的，天眼慧眼法眼佛眼是神的。莊子說，「豈惟形骸有聾盲哉，夫智亦有之。」智就是心思作用。心思作用是人的，便是聾盲，一定要引他到神的方面。人的是知識，神的是智慧。教育要將人的心思，從人的引到神的，從知識引到智慧這就是「格物致知」，這才是眞正教育，這才有眞正文化。莊子又說，「生也有涯，而知也無涯，以有涯隨無涯殆矣」。人的心思，大都是追求知識，了無邊際，無異「窮響以聲，與影競走」，向與神的智慧，愈離愈遠，所以殆也。人的心思用在探討人的宇宙，是科學。雖然發明「電子」和「能」會造原子彈，結果是人的，不是神的：是知識，不是智慧。人的心思，用在體驗神的宇宙，是宗教。要明明德，要證眞如，要模仿神的生活，悟證神的宇宙。科學是逐物，宗教是求已。「萬物皆備於我」，只要「反身而誠」。「誠」就是上帝，就是眞人就是如來法身。世界三教佛耶回，中國三教儒釋道，殊塗而同歸，皆要將人的心思耳目，引到神的心思耳目。否則惠子以堅白之昧終，（齊物論中語）牛頓以三大定孔門六藝，蓋爲詩書禮樂易春秋，（註八）此六者並爲說禮而發。

一詩。詩於儒者之解釋，一本善善惡惡之旨，以助禮教之推行，其作用與春秋同之。（原詩之旨，當不如是。而孔子引之爲善善惡惡，故從而可證詩教之於儒學作用。以下並依儒者之說爲說。）

孟子曰『王者之迹息而詩亡，詩亡然後春秋作。』後人遂引申之曰：『詩人疾之不能默，丘疾之不能默，然後退而修王道作春秋。』（註九）此蓋謂詩之作用與春秋同。詩之主旨既爲諷諫之用，後人遂又衍爲古之王者采詩以觀民風之說。謂仲春之月，使人采詩，而陳於王。王觀各地民間歌謠，而想見當地民生之憂樂，而爲改良之根據。然則儒者所云采詩之意。猶後世之廣拓言路，採訪輿論也。詩爲王道之世之輿論，故兼有諷刺與頌美。善者頌而揚之，惡者諷而刺之。諷爲惡惡之聲，頌爲善善之辭。然則詩之諷頌，殺於春秋之褒貶矣。

鄭玄曰：『自書契之興，樸略尙質，而稱不爲諂，目諫不爲謗，君臣之接如朋友然在於懇誠而已。斯道既衰，姦僞以生，上下相犯。及其制禮，尊君卑臣，君道剛嚴，臣道柔順。於是箴諫者希，情志不通，故作詩以頌其美而譏其過。』（註十）此儒者傳詩之義也。故謂詩以助行禮教，其作用與春秋同。

〔二書，書爲儒者說禮之事實根據，與易之爲禮之運用之原理同之。

司馬遷曰：『書傳禮記出自孔氏。』（註十一）鄭玄曰：『孔子求書，得黃帝玄孫帝魁之書，迄秦穆公，凡三千二百四十篇。斷遠取近，定可以爲世法者百二十篇：以百二篇爲尙書，十八篇爲中候。』（註十二）此漢儒傳說尙書之來源，可信與否，均無關重要。但其視尙書之作用在於「可爲世法」，則其師授之意也。故先後儒者，莫不信孔子刪書之說，亦莫不信書爲世法之實。

今按尙書見存者二十九篇，眞僞雜糅，爲人所聚訟。孟子曰：『盡書不如無書。』蓋尙書傳自邃古，其事若存若亡，於孟子之時，即已嘆其難於致信，况後世乎！唯儒者之取決於書者，不在乎其事之實有實無，而重在其義理之如何，故曰『堯典可以觀美，禹貢可以觀事，咎繇可以觀治，鴻範可以觀度，六誓可以觀義，五誥可以觀仁，甫刑可以觀誡。通斯七觀，書之大義舉矣。』（註十三）

讀書在觀其義，則書中所列者皆陳言往事，告人所以興亡失得之故。堯舜其善者也，桀紂其惡者也，二者同爲興亡失得之事實典型。孔氏之徒，言必稱堯舜，法先王；而稱堯舜法先王者，取其典型之善者也。堯舜不足，而益之以禹湯文武周公，爲行善之標準。而禮即以納人於善者，故其教人以有禮，即使人勉於爲堯舜禹湯文武周公也。此數君子之行爲，足以示範人倫，而禮文之條規，即以此爲準則。是故儒者傳授禮學，不能無此理想事例之根據。淮南子云：『孔子修成康之道，述周公之訓，以教七十子，使服其衣冠，修其書籍，故儒者之學生焉。』（註十四）此謂儒者之學生於書，亦即以書爲儒者禮學所憑藉者也。

「易」亦如之，唯易之所示，特重其抽象之

原律之昧終，恩斯坦以相對論之昧終，皆是愚昧人，皆是苦海衆生。近世科學發達，人類耳目心思，窒塞固閉於其中，以爲科學萬能，科學至上。實則種種發明，種種創造，始終只是知識，始終只是人的宇宙。「五色令人目盲，五音令人耳聾；」人類耳目心思，全爲科學所窒塞，而還聾盲的病態，否認一切宗教言論，陷于極幼稚，極頑固，極不科學而不自知。這是近世人類最大悲哀！

最近報載，楊妹九年不食之事，在宗教方面，原有解釋，無所謂神奇。科學家求眞，四川石柱全縣百萬雙眼睛，歷九年之久的察驗，這「九年不食」之事，還不够「眞」嗎？再正方小姐（重慶婦女與家庭雜誌負責人）同住同宿一星期，楊妹確未進食，精神抖擻，談笑自若。渝市衞生局局長李之郁察驗，四位護士，輪流看視，八天確未進食，體溫精神，亦無變化。（直錄中央社重慶五月十九日電及重慶通訊）這「九年不食」之事，還不够『眞』嗎？不喫東西能生活，這是科學不能承認的。所以科學只須察驗「九年不食」是『眞』，也就完成自己求眞的任務。以下便無法解釋，無法檢驗。顯微鏡X光之等等，都是人的，不能解釋神的「九年不食」之謎。

佛說六道迴，（天，人，修羅，畜生，餓鬼，地獄）六名六趣。天人之間，又或加神仙一趣，又名七趣。楊妹前身是仙趣，因人趣種子現行，降入人間。其八識種子，惟有舌識，忽現行前世習氣，所以不須進食，可以生活，乃是仙趣之常。正如有人，午後便能見鬼，因他前身是鬼趣，而今生眼識仍保留前世習氣，其理想同，重慶通爲又說，楊妹好靜坐，若有所思，或仰首微笑，抑理。

四易，易之爲書，蓋爲卜筮之用。卜筮者，欲見事於未萌者也。既已成事，則其爲失爲得之象已見，無用卜矣。故欲先知其失得之朕兆，不能不推及所以成象之理。易繫辭云：「聖人設卦觀象繫辭焉；而明吉凶。」又曰「吉凶者，失得之象也。」蓋吉凶之象，繫於失得之理。象，事象也。凡尙書所列舉已成之事象，或興或亡，或失或得，或爲堯舜，或爲桀紂，「爲」之則一，而「爲」之失得之結果不同。得失卽吉凶，吉凶之象不在於「爲」，而在於「爲」之之理。故曰『探賾索隱，鉤深致遠，以定天下之吉凶，成天下之娓娓者，莫善乎蓍龜。』

然而蓍龜之事，神乎其神。論語云；「子不語怪力亂神。」疑孔門所傳之易，不如是也。唯易言變化，又言簡易不易。易與不易及簡易三者皆爲禮文演化之原理。儒者言禮文可變而又不變；蓋其可變者禮之數也，而不變者禮之義也。（註十五）禮數與時推遷、有通有窮；窮則受而通之。既通之，天下之人化於是，則又顯若簡易而不變者矣。故禮文窮通變化之理，一繫於易，不學易則無以通乎禮文所以世變之奧竅。漢書藝文志曰：『六藝之文相須而備，而易爲之原』者，此之謂也。

故謂易爲禮文所根據之原理，其作用與春秋之爲事實根據者相同。二者皆與禮關係密切，故韓宣子聘於魯，見易象與魯春秋，乃曰『周禮盡在於是矣。』（註十六）

四、春秋。春秋蓋爲古史之名。漢志云：「左史記言，右史記事。事爲春秋，言爲尙書。」尙書與春秋爲記錄陳言往事，直是古之史記而已。其性質依後儒衍說，則又頗異孔子筆削之春秋。司馬遷於孔子世家云『孔子因史記作春秋，上至隱公，下迄哀公十四年，十二公據魯，稱周，故儒，運之三代，約其文辭而旨博。故吳楚之君稱王，而春秋貶之曰子。踐土之會，實召周天子，而春秋諱之曰天王狩於河陽。推此類以繩當世，貶損之義，後有王者，舉而開之，春秋之義行，則天下亂臣賊子懼焉。』然則孔子之筆削春秋，不徒以之記事，亦且用以爲貶損之事例也明矣。故王充稱孔子作春秋，其立義創意，褒貶誅罰不復因史記，眇思自出胸中。（註十七）後儒皆以爲孔門傳授春秋別有用意在者，亦以此故。

春秋有褒貶二義猶詩之有諷頌。按其所貶所褒，又與所謂禮者息息相關。鄭玄云：『左氏善於禮。』（註二十）今按春秋左氏傳對於事件，輒曰『禮也』『非禮也』云云。是尤可見春秋所褒者爲合乎禮之行爲，所貶者爲非禮之事例。倘若臚列所謂禮也與非禮也之事例，比而觀之，則又不僅可以窺見儒者所執禮文之大凡，抑亦可信春秋乃爲禮文之例證矣。夫其褒有禮而貶非禮，故其作用殆與詩同之。而二者皆以使人明別行爲之是非也。

書與春秋爲明別是非事實之例證，而詩又從而詠嘆之。易以別嫌明微，決其所以是所以非所以失得之原理，數者交相爲用。至於禮樂，則爲辯言禮文之細節律數，爲凡人實行之準則。故史記引孔子之言曰：『六藝之於治一也。禮以節人，樂以發和，書以道事，詩以達意，易以化神，春秋以義。』（註十九）後儒之言六藝者，亦莫

有所得。或問思甚麼？笑甚麼？得甚麼？不必追問，只能引你好笑，因爲這是神的，不是人的。重慶通訊又說，楊妹常身懷花生米或板栗數粒，數日便棄去，又換數粒。何以故？不必追問，也會惹你好笑，這是神的，不是人的。此被棄之花生米與板栗，絲毫未變。人食之，味同效力同，苟化驗之，亦無不同。這花生米人的方面，完全未失。然而楊妹必棄而復易者，因其神的方面，已經消逝。一粒花生米與板栗，他神的方面，消逝與否，則非科學家所能化驗。猶記抗戰前某年，印光法師到上海，其皈依弟子朱子橋將軍來謁，泣言舊病復發，滬醫束手，必至北平協和治療，車票已購即言別矣。法師曰，姑以大悲水一試何如？朱氏從之，一服而愈。滬醫聞訊驚異，爭取法師大悲水化驗，了無所得。殊不知科學家所能化驗者，只是物之人的方面也。六根對六塵而爲六識，說似淺顯。但是科學只能說到浮塵根，而淨色根便不能了解，因爲不能做試驗故。所謂光學聲學……等等其所能做試驗的，皆是人的，不是神的；皆是外現的，不是內在的。六塵只是識田種子相分，見分緣之，變似外境。「心外無法」，「心生則種種法生，心滅則種種法滅。」「一切有爲法，如夢幻泡影，如露亦如電，應作如是觀」。科學家研究到「電子」，研究到「能」，畢竟是人的，是外現的，是有爲法。所以要明瞭楊妹不食能生之故，在他的心上，不在他的身上。希望科學讓步，不要褻瀆或損害他的身體，以致他心上起了變化，則是人類思想界一件重大損失。更希望大人先生，不必太驚奇，太捧場，因爲這對於楊妹是不利的。希望渝市人士，將這

不如是。漢書禮樂志云：「六經之道同歸，禮樂之用爲急」一語，甚爲得之。

孔子生於衰周，與時儒爲同類。然而孔子出乎其類拔乎其萃。若謂當時俗儒所執之禮爲「禮數」，則子所雅言者，當別稱之爲「禮義。」因古禮而賦以新義，當爲孔子之創舉。

然而禮之新義，並非一人之發見。孔子嘗言，吾非生而知之者，好古敏而求之者也。又曰：『吾十有五而志於學。』又曰『吾嘗終日不食，終夜不寢，以思，無益，不如學也。』凡此云云，皆明言其禮義由求學中來。今稽諸孔子禮義之說，其來源蓋有二途。一爲當時之學者，一爲古代之哲人。

子貢云孔子學無常師，而論語記「孔子式負服者」，「入大廟每事問」，又孔子自言三人行必有我師云云。凡此記載，不僅可見孔子留心體察，與夫治學之勤；抑亦可知其禮義之學，師承所自。特因被問者或皆爲儒夫之流，其名不足稱；而不若蘧弘蘧伯玉之顯著於經傳耳。論語又記孔子極稱堯之爲君，舜之執中，禹之致孝，盡力乎溝洫；又稱泰伯之讓，周公之才之美；又稱「二之三仁，周之八士；稱伯夷叔齊不念舊惡，稱柳士惠可以爲士師；凡此稱述，雖其人之言論風采，後世莫瞻其詳，但考諸春秋內外傳所載如鄭史伯之說「和同」，臧叔達之言紀律，羊舌肸之駁刑書，子太叔之言禮樂，其人皆在孔子之前，緒言引論，皆足爲孔氏禮學之先聲也。

孟子稱孔子爲集大成者。所謂集其大成，即薈萃先哲人對於古禮俗之觀感，而予以整理，爲有系統之一家言也。於是，孔氏之祝，不僅獨擅助喪相禮之術，傳爲祝史之事；且能援據六藝，敷陳義理，而成一專門之學矣。孔子以下門學分歧，不僅於六藝之學各有專精，而禮之數與義，亦有不能互通者。長乎禮數者，則仍祝史之舊貫；其在朝者則爲禮容之官。長乎義者，則因師承各別，其在朝者，遂成博士之學。自漢以下，禮容之學無足稱，而博士之學漸尊顯。博士各據一經，分途並進或傳義理，或守章句，學者得其一體，而無以窺其全神。於是末流愈遠，至於支離破碎，而原祝之禮學亦面目全非矣。

註一 見禮記郊特牲。

註二 龔自珍治學已明標此說。其實漢宋大儒，如鄭玄宋熹，其重要工作皆爲禮學。

註三 史記周紀及魯世家皆有此說。

註四 論語八佾言季氏之家侈用天子禮樂，禮記文王世子侈言周公踐阼，姚際恆謂係魯儒所托。

註五 史記儒林傳太史公語。

註六 孟子公孫丑言宰我子貢善爲辭說，冉牛閔子顏淵善言德行，按此即但以辭說德行並舉。又，論語公冶長：十室之邑必有忠信如丘者不如丘之好學也。泰伯：篤信好學。顏淵：主忠信徙義崇德也。子罕：主忠信，毋友不如已者。云云，忠信類皆上好學並舉。疑忠信即後人所謂「誠」。左傳孔子曰言之不文行之不遠。論語，政者正也，子帥以正，孰敢不正。皆由近致遠，猶中庸成已成人之義。

位牛仙體小姐，送到僻靜的禪寺去，舍宇力求簡單雅潔，因爲富麗鋪張，是對他有害的。學術團體經政府許可，只能察驗，不能褻瀆他的身體。更不能受外國人擺佈，有傷國格。中國文化最高，中國最有前途，這是楊妹給予的證明。這是楊妹對於思想界的供獻，因爲他能喚醒思想界對於宇宙有一種新的認識。對於宇宙既有了新的認識，便能了解東方文化。倘能發楊光大，便能建立世界眞正文化，掃除二類的愚昧與悲哀。楊妹這一現身，確有此深長意義！三七年五月寫於國立貴州大學辭暉村。

註七 見大戴禮衞將軍文子篇。

註八 左傳及先秦子書如莊子商君書韓非子下逮史遷皆以詩書禮樂爲次。自漢中葉，今古文之爭起，或則以易書，禮樂春秋爲序。主前說者，以六藝非孔子作，主後說者謂孔爲作諸經也。

註九 見論衡相刺篇又見對作篇。

註十 見宇譜疏引鄭重六藝論。

註十一 史記孔子世家，大史公語。

註十二 玉海引鄭重六藝論，此說出於緯書。

註十三 見尚書大傳略說引孔子語。

註十四 淮南子要略篇。

註十五 禮記禮運；子曰坤乾之義夏時之等，吾以是觀之。又易緯乾鑿度引孔子曰易者易也變也不易也。又曰：變易者其氣也，不易者其位也。然則受易猶坤乾之義爲禮運之理。

註十六 春秋昭公二十年左氏傳。

註十七 論衡超奇篇。

註十八 春秋穀梁傳序疏引六藝論。

註十九 史記滑稽列傳。

南北朝時代河隴儒學淵源論略

甘德澤

儒者古士之通稱，非鄒魯搢紳所得專，經者羣聖相因之書，非孔子所自名。然自孔子以六藝爲敎，刪定經籍之後，于是言六藝者，咸折中於孔子。自六藝有所折中，于是學者載籍雖博，必攷信於六藝之文，六藝專經之稱，蓋自此始也。「仲尼沒而微言絕，七十子喪而大義乖」。漢遭秦燹，經籍用熄，武帝廣開獻書之路，罷黜百家之言，而後經乃定於一尊。自此綴學之士，保殘守闕，分文析字，於是章句訓詁之學起，此即世所云之漢學也。故知漢學云者，乃經學之流嬗，非經學之內容也。惟自漢學之名立，學派之爭起，學者墨守師法，不敢創新立異，以自名家，儒學眞詮，如作繭自束，無以施展，此亦中世紀儒學寢廢之一因也。

儒者本以六藝爲修已敎人之唯一經典，自六藝專經，經學與儒學，雙宿共飛，然仳離全眞，自以遠矣。如漢書藝文志云：「五經乖離，儒學寢廢，此辟儒之患也」，此謂儒學之根本在經學，經儒起伏，互爲消長。惟經學純爲理論典籍，而儒學則兼實踐而立論。故儒學之精神，用能兼知與行之二義；即知即行，即行求知，故由認識與體驗兩方出發，薪求修已治人之一貫大道。所謂修已，在擴充自我，求個人在智慧上，道德上，技能上，爲最優性之發展。所謂治人，在經世濟民，促進人羣全體智慧(即文化)，道德(政治社會制度)，技能(即生活技術)，至善至美之發展。儒家恆稱：「全體大用」，即指此境界而言。故修已在健全個人，治人爲人生事業(即全體大用)。儒者所垂之敎，爲祖述堯舜，憲章文武，上律天時，下襲水土。而講明斯敎者，稱爲儒家。故儒家之學，至大至精，漢書藝文志論儒家要旨曰：「游文於六藝之中，留意於仁義之際，祖述堯舜，憲章文武，宗師仲尼，於道爲最高」。北史儒林傳曰：「儒者其爲敎也大矣，其利物也博矣，以篤父子，以正君臣，開政化之本原，鑿生靈之耳目，百王損益，以一貫之」。此就儒家與文化政治之兩面言之；若就純政治之見地言，儒家與法家同爲當時之實際政治家，非縱橫捭闔之策士，亦非善談名理之書生。故荀子儒效篇，分儒家爲大儒，雅儒，俗儒三種，品評其政功。如其言曰：「用俗人則萬乘之國亡，用俗儒則萬乘之國存，用雅儒則千乘之國安，用大儒則百里之地久」。此言儒學爲經國之大業，不朽之盛事，因人治國，各有千秋。故儒學名爲政學，亦無不可。洎漢代政府用人，以能通一經以上者爲格選，後世承之，循而未改，儒學遂爲官吏階進之門。惟漢遭秦燹，六經散亡，武帝置五經博士，搜求遺書，自是儒學雖興，而儒業分岐，仳離全眞。故董仲舒論曰：「今師異道，人異論，百家殊方，指意不同，是以上無以持一統，法制數變，下不知所守。臣愚以爲不在六藝之科，孔子之術者，皆絕其道，勿使並進，邪辟之說滅息，然後統紀可一，而法度可明，民知所存矣。」董氏此論，原述學術之亂象，兼論儒學之大用，以爲儒學旨在經世實用，統一國民思想。漢代大儒，大抵特此議論。後世學者恆謂漢學最爲純正，蓋以此也。又董仲舒揭櫫「儒者正其誼不謀其利明其道不計其功」之口號以後，儒學之精神，大顯於世，寖假而爲時代政治道德之標準。迨宋儒張橫渠出，發揮光大，寄論尤高，其最警人之名句有曰：「儒者爲天地立心，爲生民立命，爲往聖繼絕學，爲萬世開太平」。其心量之曠達，志願之宏大，迥非囿於一人一家一社會一國家一時代者所可及也。詢可視爲中國儒家哲學之總綱領，亦可表見儒學崇高偉大之理想。

南北朝承漢末魏晉及五胡十六國極亂之餘，學術界之紛岐，殆與政治社會之亂象適相呼應，南朝宋齊梁陳，奠都江南，爲漢族所立之天下。

北朝元魏北齊北周，建都北方，爲異族所建之國家。自東晉之亡，至隋之統一，先後凡百七十餘年，是爲南北朝時代，政統異形，學術不一，其時學界，亦有南北之分，學術一統之勢，完全解放，學者自由講論，不拘師法。其時儒道釋三家之學，並鳴於世，回視漢代儒學獨尊之盛況，今則瞠乎其後矣。儒家學者，亦如入古戲之場，顧此失彼，此離全經，神志惘惚，反致眩惑，儒學精神，幾絕於世。惟河隴西北一隅之地，於大亂之世，尙稱粗安，學者保殘守缺，追師問業，轉從古經典中尋求新精神，而爲時代政治之嚮導，故此一段河(西)隴(右)之學儒，適如午夜明星，光芒四射，較諸宋明晚清，實無遜色，惜歷來史家，尙未注意及此，茲試就河隴儒學之淵源，盛概，學風，流變諸方面分別略論中國黑暗時代，河隴學者獨有之貢獻，實不僅爲前人釋回增美，且可鉤隱析微，表見儒家學術源遠流長，延綿不輟之久軔性也。

北史儒林傳論曰：「大抵南北所爲，章句好尙，互有不同，江左：周易則王輔嗣，尙書則孔安國，左傳則杜元凱。河洛：左傳則服子愼，尙書周易則鄭康成，詩則並主於毛公，禮則同遵於鄭氏」。此言南北學派之遠源，大體的當。北學接兩漢之師承，所採經書：易、書、詩、禮、皆用鄭玄註，左傳採服虔註。其實服註乃繼鄭註未竟之業而續成者也。故鄭服之學，大致一體。北朝儒學，以鄭學爲主流。而南朝承魏晉之遺風，易用王弼註，書用僞孔傳，左傳用杜註，詩禮雖同宗，然秦牛參以魏晉玄談之學。按魏晉間學術思想，外儒而內老莊，此後世所共見，無可否認。流弊所及，遊戲玄虛，脫離人生之實際而不切事情。何晏王弼雖儒道雙修，合內外而兼綜儒道，然亦難建立一種體用晶瑩之思想體系。惟魏晉學者，雖生於亂世，然去漢未遠，故於漢宗名分之念猶存，目擊現實政治之名分不正，故立論亦異。而魏武三詔令，基於道法見地崇奬跅弛之士，始則利用其才，終則妬其有才。此風終魏晉之世而不替，曹植「以才見異」。自此名士無苟全者，遂酣醉韜晦，脫落禮法，放蕩不羈，敗名檢，傷風教，玩弄詞藻，放浪形骸，其風一變而開淸談之源。迨魏正始以後，何晏王弼，祖述老莊，晉之王衍，尤重其說，朝野翕然傚之，謂之「一世龍門」。阮籍著達莊論，敍無爲之貴，嵇康著養生論，解脫是非，劉伶著酒德頌，藐棄世務，向秀注莊經，弁髦禮法。『學者皆以老莊爲宗，而黜六經，談者於虛蕩爲辨，而賤名檢。行身者以放濁爲通，而狹節信，仕進者以苟得爲貴，而鄙居正；當官者以望空爲高，而笑勤恪。擯闕里之經典，習正始之餘論，指禮法爲流俗，目縱談以淸高』。(見晉書儒林傳)儒家經世本源之學，幾絕於世人之夢寐，於此又可見南學之駁也。

當何晏王弼風徵鼎盛之時，印度佛學，乘隙而入，推波助瀾，樹立佛學雙遣之宗風，開釋氏說教證體之端緒，合儒道之至上義而爲形而上之佛學。降及六朝，淸談玄義，卽與此佛理相輝映，談空論寂，本無末有，於是南學合儒道佛三家義，正如步入三叉路口交點，莫辨正歧，此皆由何晏王弼諸人發其端也，魏晉之學，難期純正，殆以此也。

至於魏晉經學，亦踳駁不純。鄭玄本爲綜合漢代經學之樞紐，而王肅乃薈萃魏晉學術之關鍵，二人同爲當時經學大師，學源雖同，惟治學方法，各有家法，學者入主出汙，遂起紛歧。原夫漢代經學，本有今古文之爭，門牆樊籬，不可逾越。鄭玄治經，首先破除漢儒篤守師法之成規，主張博洽經史，自由取舍，以六經爲整體，由今古文，彼此傍通，綜其異說，爲適宜之調和與統一，漢學自此造於絕境。故玄之漢學地位，適可與朱熹之宋學地位，先後媲美。今按鄭玄字康成，遊學十餘年，家貧無着，躬耕施教，子弟自遠方至者數千人，贏糧景從，如細流之赴巨海，玄亦終身不仕，日與聖學爲友，京畿稱玄爲「經神」。後漢書本傳論曰：「鄭玄囊括大典，網羅衆說，刪裁繁蕪，列改痛失，自是學者略知所歸」。王粲論曰：「世稱伊雒以東，淮漢以北，康成一人而已」。張融曰：「玄注淵深廣博，兩漢四百餘年，未有偉於玄者」。此言先儒多闕，鄭氏道備，故漢魏之交，鄭學之勢，幾弈走天下。劉師培曰：「鄭君博稽六藝，粗覽傳記，所治各經，不名一師，參酌今古文，與博士之經不盡合，然尊崇緯書，不背功令，文以著述語富，弟子衆多，故漢魏之間，盛行鄭氏一家之學」。北學未染淸談之風，始終以上述鄭學爲衣鉢。鄭學之特色，上襲秦漢之制度爲基礎，依據時代精神之特徵而立說，蓋時代精神，爲支配時代心理之絕大勢力，其他偶發事象，雖若非時代精神之所產生，而其實亦受時代精神之支配者也。漢治與魏晉之政不同，乃由於時代精神之轉變也，漢代獨尊儒家，思想純正，時代精神趨於仁慈，鄭玄說經，即以此爲背景。魏晉之間，舉世皆道法思想，故司馬氏之政，亦不能超越其時代精神之外。北朝異族主政，而務在寬治，即受河隴學者物宗之鄭學爲背景也。

「物極必反，否極泰來」。任何民族或國家，政治或學術，其歷史進程發展至於全盛之時，正統一尊，居安忘危之時，此一段正統，其本身即孕育一種足以與之對抗之反動勢力，漸次成長，殆火稱已著，一正一反，互相衝突，終至互相搏鬥，結果皆消滅於一方面之新全體中，正反兩力，無一獨伸其初志者，亦無一獨歸盡毀者，正反之極端部份，同被揚棄，二者之緩衝部份，經昇化融會而保全。此新全體，新時代，卽爲合。一爲否定之否定，一爲矛盾之統一，歷史上一切方面之守舊與維新，復古與解放，正統與反動之鬥爭，皆依此理爲互相對演之劇。此黑格爾之辨證法，世所週知者也。若以此理，綜觀鄭玄漢學發展之趨勢，至魏晉之交，其間另有一種新發酵，盎然勃然誠如呼之欲出。迨有不世之天才王肅出，直接對於久滯不前之漢代教條式思想，予一新刺激，使學者破除師法，勸求學術之新發展；間接反抗鄭學，使之不得獨尊。故皮錫瑞謂：「王肅出而鄭學衰」。迄晉南渡，中原學術，流寓於江南，與當時風微鼎盛之佛老思想匯合，隱然爲南學之主流，鄭學留滯於北，於顚連困厄之餘，保殘守缺，維繫其呱呱欲輟之生命，故清儒焦循謂：『魏正始以後，人尙清談，迄晉南渡，經學盛於北方，魏儒學最隆，歷北齊周隋，以至唐武德貞觀年間，流風不絕』。今按王肅之學，爲純粹漢代古文學，自始與鄭學對壘，晉初尤以其椒房之親，其學皆立於學官，亦勢之所趨至，惜其學養人格，非玄之匹，故不爲後世所肯道。迨晉室南渡，其學遂衰。而王弼得以名理之談，注易解老，詮釋經籍，以名理易訓詁，援儒學入老莊，自此之後，言易者，無不援老莊以爲說，此即兩漢經學與魏晉經學之所由分也，亦即南學與北學之終相異也。職是之故，南學與北學，在學術之本質上，純駁相懸，其始點即以鄭玄王肅爲關鍵。又如以經學爲時代政治道德之標準或時代精神之反映。則鄭玄王肅，皆爲自古經典中尋得新精神，直接應用於現實政治道德上者，故學者恆稱其學，有補世道者，蓋以此也。惟以其嚴肅之名物訓詁之學，不能適應時代之思潮與亂世之人生觀，故世不旋踵，而朱紫亂眞，并儒學之精義而衰落，其勢所必然也。大抵時代動亂之時，世變湍急，前代之士風家法，既經毀敗，而新起之秩序，又不能樹之風聲，納之軌物，老師宿儒，復漸凋謝，後起之秀，未嘗薰習前代禮法，故易爲新興風氣所鼓動，而馳騁於新潮之中，世之論者，遂認此爲風衰義微之微。

北學之開源學者，除鄭玄而外，其影響當時尤甚者，厥爲范甯。甯字武子，河南南陽人。自少篤學，頗多通覽，官至豫章太守。甯才素高而措心正直，遂被讒獲罪，出守遠郡，甯爲一時代思潮之反抗者，欲推倒一世之腐儒，開拓萬古之雄心，時以浮虛相扇，儒雅日替，甯以爲其源皆始於王弼何晏，故嘗謂：『二人之罪，深於桀紂』。是豈二人之罪哉，實一代學術思想沒落之悲劇。甯乃發奮著論，欲以當時勢力衰微之儒學，改造翻新，主張學者宜袪除門戶之見，『求宗據理以通經』。啓示治經之重要方法。甯本此主張，著春秋穀梁傳集解十二卷。此種治經之態度，對於漢儒以來之經學，作一大改革，而爲北方河隴學者所師承，至後世學者如隋之王通、唐之啖助、趙匡、陸淳、宋之孫復、劉敞、孫覺、程子、葉夢得、胡安國、陳傅良、張洽：元之黃澤、趙方，皆爲受其感化而繼起守文之學者。宋儒自由研討之學風，亦可視爲范甯治學精神之發揚光大者。

淸孔廣森曰：「北方戎馬，不能屛視月之儒，南國浮屠，不能改經六之義」。以爲儒學萬古不廢，歷南北朝之大亂，異端雖熾，而儒業不絕，其時北方異族諸酋，亦多善修斯學，如前趙劉淵，劉和、劉聰、劉曜等，即自幼好學，嘗師事崔游等，五經兵法，略皆誦之，史漢諸子，無不綜覽。劉曜即位之後，立太學，設員生，使朝中宿儒教之。他如前燕慕容儁，前秦苻堅苻登，皆好學樂教，養徒數百人，其詩賦文章且有爲晉人所不知者。王猛卒，特詔崇儒，禁老莊圖讖之學。故五胡雖雲擾，而北方儒統未絕，河洛一，久已荒殘，山西亦爲東西交兵之衝。石虎之亂，屠割尤慘，故東方慕容氏，西方符姚氏，爲北方文化殘喘所託命。迨拓跋魏，混一北方，銳意南代，先於內部，企圖假政治力量，厲行漢代，憧憬文化統一之王道世界，此殆爲拓跋魏一代之傳統政策。道武帝（珪），設立太學，置五經博士，生徒多至三千，立教授博士，仿西漢之故事，論治以經術爲先。梁越以授經官上大夫。明元帝（嗣）信用崔浩（爲當時之大儒），太武帝（燾），起太學於城東，又徵盧元高允；命州郡使舉有才學者，以是人多埋頭經術之硏討，於是文教漸盛。時崔綽、李靈、邢穎、游雅、張偉等大儒皆羣集代都，高允徵士頌謂應徵者四十二人，就命者三十五人。盧醜當太武監國時，入朝授經，以師傅恩賜公爵。張偉以通經官中書侍郎，受業者常數百。張吾貴門徒千數，高允居家教授，受業者千餘人，時郡國建學校，立博士皆出高允議。史稱梁越博綜經傳，盧醜篤學博聞，張偉學通諸經，李同規學貫諸經，崔浩博覽經史，高允洽通經史，李安世博綜羣言。由此可見北朝儒學之盛，隱然而予河隴儒學轉相師承之機會。又可徵實北朝學風，皆主經史實濟，務博綜羣言，不似江南摩登名流，專以淸玄爲貴也。魏孝文遷都洛陽後，又立國子太學，四門小學，孝文帝一朝更古漢化，尤使儒學文采，大放光明。孝文帝雅好經義，雖在乘輿，書物不離。劉芳、李彪以經書顯進，崔光刑巒以文史榮達，其時燕齊趙魏之間，橫經着述者，不可勝述。州舉茂異郡貢孝廉，每年逾衆，故北魏儒學，自是鬱然興起，通南北朝。百餘年間，均以此時之儒學最盛。雖其規模略小，而其文敎之郁郁乎殆爲兩漢之亞。而輔弼起廢之學者官吏，考其地望師承，率皆河隴一隅之人瑞。

「洛京傾覆」僅可視爲拓跋氏一家政權之解體，至於北方文治勢力之進展，屹然無阻。北齊在學術人物上均承襲洛陽之遺緒，高洋卽位，羣臣皆漢魏衣冠，楊愔尤稱當時經學名儒，事高洋。時稱：「主昏於上，政淸於下」，愔之力也。李鉉、刑峙、馮敬德、馮元熙，皆以經學爲帝室師保，興和武定之世，寇難旣平，儒業復興，齊律尤稱傑作，爲兩漢以來經學實用於現實政治之實典，蓋南北朝法學，北優於南，北魏太武帝時，崔浩高允，長於漢律，以治春秋公羊與董仲舒應劭公羊決獄之學術，卓然名家，太武帝定律，浩允爲之作序，其後代有名家，太和中改定律令，君臣聚議一堂，考定之勤，古今無比，此爲北朝法學之嚆矢，淵源當自漢律始，不盡襲魏晉之末緒也。又齊神武時，以范陽盧景裕，置之賓館，以經教授。景裕卒，又以趙郡李軌繼之。旋軌云亡，復徵中山張彫、石耀、渤海李鉉、刁柔等。及天保大寧武平之朝，亦引進名儒，諸郡並立學置博士助教授經，生徒墳籍，無不關懷。

北周宇文氏，雖係西北賀蘭山麓之鮮卑族，然因傳統舊勢力入關者少，乃得迅速漢化。蘇綽盧辯卽乘此背景，講明經義，卒爲北周創建一種新經術政治，爲後來隋唐所取法，將來中國盛運亦奠基於此。綽依周禮建六官之制，未成而綽卒，辯乃續成之，宇文泰乃於魏恭帝三年，詔令行之，隋唐官制本此爲濫觴，因作六典，日本之大寶令，亦出於此。蘇綽、武功人，博覽羣籍，尤善算理，嘗以平天下爲己任，爲關西一代之儒學明星。以眞正讀經學而能活用，譽爲一代之醇儒，秉其王佐之才，兼爲北周之政治家，故自學術與政治兩方面言之，皆能勝人一籌。其所建言，亦有過人之遠見。其所著六條詔書，大抵言政治之要，先治心，敦教化，盡地利，擢賢良，恤獄訟，均賦役。以爲政府官吏從政之新經典。自此儒學復爲昌明，學者皆依此旨，治學從政。武帝又幸太學，以太傅于謹爲三老，優禮學者。建德三年，廢佛道二敎，毁淫祠，破除佛像，沙門道士，悉令還俗，所謂三武一宗之法難，至今而爲佛家所共知。北周旣如此崇尙儒學，故其文運之隆盛，亦不亞於魏孝文時代。

北朝諸代君主，起自西北戎類，欽慕中原文化，尤好經術，所舉孝廉秀才，亦多由經義拔取。「上有所好，其下更有甚焉者」。一時學士輩出，彬彬多儒稚之士。復案北朝傳經之儒，北史所載，多於南朝，然其間號爲大儒，能立宗開派者，當推徐遵明。其學影響河隴儒學者亦頗鉅。遵明稱爲學界之泰斗，以講明鄭學而成名。遵明爲陝西華陰人，好學深思，當閉門讀書六年，倦則彈箏吹笛以自慰，後在外講學二十餘年，海內尊仰，趙翼廿二史創記云：「遵明講鄭康成所著易，以傳盧景裕、崔瑾，是遵明深於易也。尚書之業，遵明所通者，鄭註之今文，後以授李周仁等，是遵明深於尚書也。三禮並出遵明之門，傳李鉉、祖雋、熊安生，是遵明深於禮也。館陶趙世業家，有服氏春秋，乃晉永嘉舊本，遵明讀之，手撰春秋義章三十卷。河北諸儒。能服氏春秋者，並出於徐生之門。是遵明又深於春秋也」。

又案北史儒林傳稱，遵明所師承之周易，即鄭玄之漢易，由盧景裕傳於權會與郭茂。遵明尚書，係受於王聰，傳於李周仁、張文敬、李鉉、權會。三禮首傳於李鉉、祖儁、田元鳳、馮偉、紀顯敬、呂黃龍、夏懷敬。次由李鉉傳於刁柔、張買奴、鮑季詳、邢峙、劉晝、熊安生。安生又傳於孫靈暉、郭仲堅、丁恃德。春秋亦由遵明傳授，張買奴、馬敬德，邢特、張思伯、張奉禮、張彫、劉晝、鮑長宣、王元則、皆自遵明學服注左傳。遵明高足，李鉉熊安生對於北學頗多貢獻，影響後世亦至鉅。案鉉字寶鼎，渤海南皮人，少從李周仁受毛詩尚書。劉子猛受禮記，房虯受周官儀禮，鮮于靈馥受左氏春秋。後以鄉里無可師者，乃從遵明受業五年，潛居討論是非，撰孝經，論語，毛詩，三禮諸義疏及三傳異同，周易義例共三十餘卷。其刻苦勵精，三年之間，寢不假枕，常小寐也。年二十七，歸故里，事雙親，在鄉教授，生徒數百人，燕趙之間，能言經者，多出其門，後舉北齊秀才，除太常博士。鉉以當時去聖未遠，文字乖謬，乃於講授之暇，觀說文倉雅，刪定六藝經註之謬字，名之曰字辨。熊安生，樂阜城人，好學求勝，勵精不倦，博通五經，長尤善三禮，教授子弟，自遠方至者千餘人。仕北齊爲國子博士，北周武帝久聞其學識。迨武帝入鄴都，安生遽令洒掃門庭，家人經而聞之，安生曰：「周帝重道尊儒，必將見吾」，俄而武帝果幸其第，詔使不拜，執其手引與同坐，曰.「朕尚不能去兵，以此爲愧」。安生曰：「黃帝有阪泉之戰，況陛下恭行天罰乎」？後以武帝平北齊，比於武王克商，武帝大喜，終重用之，賞賜甚厚，年八十餘乃致仕。安生爲當時之儒宗，受其業而擅名者甚多，隋之劉焯劉炫，皆其門下也。

總觀漢學自鄭玄而後，幾定於一尊，魏晉時，王郎王肅父子出，非駁鄭學，另闢蹊徑。何妥王弼，側面異之，益以時局之遽變，儒學遂有南北之分，北朝諸代學者自范甯而後，中經盧元、高允、崔浩、李安世、徐遵明、蘇綽、盧辯、李鉉、熊安生、以至隋之王通　始終篤守兩漢之學，以鄭學爲骨幹，形成北方儒學之特殊性質。南學介於魏晉之間，一面爲老莊玄學，一面取佛學哲理，雜揉並滿，實質迥異。用是觀之，所謂南學北學，並非地域之見，實乃純分駁之耳。

其時北學，在時局極度連續動亂之際，學者負笈追師，不遑寧處，於干動戈擾，兵燹刀口之下，苟延殘喘，縱有研截之志趣，寧有安身之隙地？更無餘探玄析微，創獲新知，學者之努力，僅咀嚼前人之遺緒，促成當時之應用而已。惟其時北學中，別有河隴儒學，以諸涼兵禍較淺，秩序安定，經濟豐饒，學者執經叩問，不遠千里。符姚喪亂以後，又爲中州人士避難之地，故託命河西隴右之士庶，猶於困阨之餘，抱殘守缺，補苴罅漏，保存兩漢之學術文化，經長期喪亂之後，不致失墜。輾轉授受，卒自古經史中，尋得新思想，眞精神，而爲時代政治之響導。影響所及，直接促成魏孝文一代之漢化，與後期宇文氏之霸業而爲隋唐盛運之思想先驅。彼輩於北魏取涼州之後，嘗流離於秦隴，奔迸於長安，轉徙於大同，乃與薊遼齊趙諸儒匯合，加入隋唐統一混合之關隴本位文化，蔚然爲獨立之一源，承前啓後，雅足表見西北學人之特色。其時河隴之學者，橫經著述，不可勝數，小者千餘人大者猶數百（詳中篇）。而其學源意向，大抵深受北朝諸代學者之一貫精神，承前啓後，一脈相傳，在中世紀黑暗時代，獨樹一幟。

本刊上期目錄

南北朝時代河隴儒學述評

甘德澤

南北朝時代河隴儒學之淵源，上篇（見本刊三卷六期）已作鳥瞰之探析，玆述評其內容，以窺全豹。河西郡，古涼州之故土，包括今之河西全境，金城故居與青海東部各縣地方。隴右卽秦州之地，介於雍涼二州之間，既可便於接受關中文化之薰淘，又可得河西家學之傳授，其能保存學術於荒亂之世，固無論已。玆以河西隴右，相提並論，在學術史源上，亦甚吻合。

永嘉亂後，中原板蕩，五胡十六國，此興彼仆，各據神器，兵連禍結，迄無寧歲，獨河隴一隅，自前涼張氏以來，雖有改朝換姓之政變，然無土崩瓦解之民亂。故地方秩序，尚稱安謐。百餘年間，羣雄擾攘，固所不免，但較之中原薊趙諸地，屢遭兵燹者，略勝幾籌，故託命河隴士庶之家學，乃與本地戎族世家學術，俱得以保全，轉相授受，不以淪替。至於政統之遞嬗，可得而言者，僅五涼之事。晉書地理志載：「漢置張掖酒泉敦煌武威郡；後又置金城郡，謂之河西五郡。（晉惠帝）永寧中，張軌爲涼州刺史，鎭武威。上表請合秦雍流移人於姑藏西北，置武興郡。是時中原淪沒，元帝徙居江左，軌乃控制河西，稱晉正朔，是爲前涼。（張）天錫降於苻氏，其地旋爲呂光所据。呂光都於姑藏，及呂隆降於姚興，其地三分。涼武昭王爲西涼，建號於敦煌，禿髮烏孤爲南涼，建號於樂都（在今青海省境）；阻渠蒙遜爲北涼，建號於張掖；而分据河西五郡。」

晉室東遷以後，北方五胡雲擾，大江以北，盡是滔滔，學者遭此戰亂，終年疲於奔命，不遑寧處，無法從事專門學術之研究，故關東文物淪替，亦時爲之，勢爲之，卽今之所謂環境爲之，並非人力不臧。惟在此亂世，漢族世家之經綸儒學，獨能保存於河隴一隅之地，考其原因，約有四事可述。一爲在此四百年間，河隴社會秩序，尚稱靡安。蓋涼州自張軌以來，五涼先後分治，皆有治績傳聞，故中州人士，亦樂爲之往。通鑑宋紀元嘉六十年十二月涼州自張氏以來號爲多士條，胡註云：「永嘉之亂，中州人士，避難河西，張氏禮而用之。子孫相承，衣冠不墜，故涼州號爲多士。」又晉書張軌傳載：張氏祕書監繆世徵，少府摯虞，夜觀星象，相與言曰：「天下方亂，避難之國，惟涼州耳；張涼州德量不恆，殆其人乎？」可見其時河西之秩序安定，爲天下學士所翹望。當時避難河西之學者如杜驥，本晉代杜預之玄孫，其曾祖杜耽避地河西，因仕張氏。苻堅平涼州，父祖始還關中。其兄杜坦頗涉史傳，南遷仕宋，嘗與宋太祖言曰：「臣本中華高族，亡曾祖以晉氏喪亂，播遷涼土，世業相承，不殞其舊，直以南渡不早，便以傖荒賜隔。」再如程駿本廣平曲無人，其六世祖良仕晉爲都水使者，坐事流於涼州，祖父肇，爲呂光刑部尚書，駿以其家學，師事劉昞，又如江式，本陳留濟陰人，六世祖瓊爲晉馮翊太守，善虫篆詁訓，永嘉大亂，棄官西投張軌，子孫同居涼土，世傳家業。凡此關東漢族士家，背井離鄉，蟬聯西遷，足以反映當時河西政清人和，社會秩序，可資安生立命，傳授學術也。二，爲河隴經濟豐饒，謀生較易，故學者乃得於飽食暖衣之餘，各爲其智慧上，學術上，才能上，爲最優性之發展。魏書食貨志載：「世祖之平統萬，以河西水草善茂，皆以爲牧地。高祖卽位之後，復以河岸爲牧場。恆置戎馬十萬匹，每歲自河西徙牧於幷州，以漸南轉，欲其習水土而無死傷，而河西之牧彌滋矣。」其時洛京傾覆，中州仕女避難江左者十六七，衣冠望族，經綸儒士，相率沿漢水流域向江南遷移，中州政治經濟文化之大動脈已南流不返，於是遂造成東南盛而西北衰之趨勢。惟苻堅建元之末，嘗徙江漢之人萬餘戶於敦煌，中州之人，有田疇不闢者亦徙七千餘戶於河西。郭黁之寇武威，武威張掖已東人西奔敦煌昌都者數千戶。及涼武昭王東遷，皆徙之於酒泉，分南人五千戶，置會稽郡，中州人五千戶。置廣夏郡，餘萬三千戶，分置武威武興張掖三郡。後涼武昭王西遷酒泉，乃勸稼穡，年穀頻登，百姓樂業又嘗以河右不生楸槐柏漆，取於秦隴而植之，則當時河隴之經濟建設，必有足觀者。元魏北周又以關隴本位政策，爲創建霸業之基本國策，故於兵燹破慘之餘，力圖挽救，開渠灌田，安定民生，尤於隴右河西，屯田廣野，故甘涼一帶，秦嶺東西，倉庾豐衍，無虞軍糈。至唐中葉以後，隴右河西之地，始淪於吐蕃，而中央政府之財賦，亦自此奇絀。可見其時河隴地區之經濟價值，在國力上所負之使命，良非淺尠。三爲河隴官方令主，類多儒雅名流，以學顯世，立學置館，倡導尤力，亦爲河隴儒學興盛之一要因。如張軌，安定烏氏人（今天水縣），家世孝廉，以儒學顯於世。皇甫謐，張華與軌論經義及政事損益，甚器之。時鮮卑反叛，寇盜縱橫，軌到官卽討破之，遂威著西州，化行河右。起用宋配，陰充，汜瑗，陰澹爲股肱謀主，徵九郡胄子五百人，立學校，置崇文祭酒，位視別駕。每逢春秋行鄉射之禮。自軌爲涼州守，凡九世七十六年，皆以禮納高才碩學，著述經史爲意。而天錫亦少有文才，流譽遠近。呂光在苻堅朝，奉命督討西域，光入龜茲城，大饗將士，賦詩言志。見其宮宇壯麗，命參軍段業，著龜茲宮賦以譏之。其後光自領涼州刺史，護羌校尉，以段業爲著作郎，業嘗作表志詩，九歎，七諷十七篇以諷時事，光覽而悅之。則光業二人之善文好儒，當意中事。及業僭稱涼王，儒學復昌明。再如涼武昭王李嵩，乃唐代君主之遠祖，本隴西成紀人，世爲西州右姓，爲晉顯官。嵩少而好學，通涉經史，尤善文義，及領秦涼二州牧護羌校尉，起堂立宮，置高門學生五百人。又嘗手令誡其諸子曰：「寮左邑宿、盡禮承敬，古今成敗，不可不知，退朝之暇，念觀典籍，面牆而立，不成人也。此郡世篤忠厚，人物敦雅，天下全盛時，海內猶稱之，況復今日」云云。而晉書涼武昭王傳又云：「玄盛（涼武昭王字玄盛）以緯世之量，當呂氏之末。爲羣雄所舉，遂啓霸圖，兵無血刃，坐定千里，謂張氏之業，指日可成，河西十郡，歲月而一，既而禿髮傳檀，入據姑臧，沮渠蒙遜，基宇稍廣，於是慨然著述志賦焉。自著詩賦數十篇」。至於西北異族，因興自戎類，漢化至淺；欲學中國聖人之教，故熱心倡導，不遺餘力，禿髮烏孤，禿髮利鹿孤，沮渠蒙遜，姚興等諸朝，或以躬涉經史知名，或以禮延名流負譽，而韋宗，張穆，王尙，宗敞，皆乘此時會，聘享胡主，故河隴地區，雖受制於戎類，而學術文化，不因以淪替。晉書利鹿狐載記，稱其告羣下之言，雅足表見西北異族尊儒興學之精神。其言曰：「自負乘在位，三載於茲，務進賢彥，而下猶蓄滯，二三子其極言無諱。祠部郎中史嵩對曰：今取士拔才，必先戎馬，文章學藝，爲無用之條，非所以徠遠人，怨不朽也。孔子曰：不學禮，無以對。宜建學校，選耆德碩儒，以訓胄子。利鹿孤善之，於是以田玄冲，趙誕爲博士祭酒，以教胄子。」倡之在上，傚之於下，四方承流，遂成風氣，河隴儒學，卽於此朝野興奮之氣氛中，日益生長，蔚爲大觀。四爲河隴一隅，經歷東漢末年，西晉北朝長期之喪亂而能保存漢代中原之學術者，尙有僑遷之漢族世家，與本地戎類明主，通力合作之一要因。故其時託命河隴之世家學術，自得保身傳代，以延其家業，而本土戎類，雖非漢族，然仍能欣賞漢族文化，多以文采名世。杏自漢末亂後。京邑與學術之關係，頓失重心，一切政治經濟文化既無中心可据，因是學術亦流散於各地，歷時既久，遂漸具地域性質。蓋兩漢經學之盛，造端於學在官府，官學掌諸博士，博士傳諸太學生，及桓靈之間，黨議禍起，京邑太學，首罹其難，所誅黨人，什九皆太學生。官學之徒，一時幾盡。黨人既誅，其高名儒士，泰半流亡，或隱居鄉里，閉門授徒，或遯跡山林，父子相傳，自初平至建安之末，此風彌扇，儒學尤甚，於是學術中心不在朝廷官學，而在民間傳授。教育脫離官府轉存於私家，此即南北朝時代家學獨盛之由來也。明乎此，然後可以解釋河隴儒學遞嬗異同之關係也。

南北朝時代河隴儒學，即於此政治，經濟，學術諸條件、極度優越之環境中，朝野合力，奬勸窮究，競相爭進，培植根底，遂至磅礴鬱積，繁榮滋長，直至元魏周隋初唐，已至燦爛通明之境，終開中古之盛運，近代史學家陳寅恪論曰：「秦涼諸州西北一隅之地，其文化上續漢魏西晉之學風，下開(北)魏(北)齊隋唐之制度，承前啓後繼絕扶衰，五百年間，延綿一脈，然後始知北朝文化系統之中，其由江左發展變遷輸入之外，尚別有漢魏西晉之河西遺傳。」

東漢末年，中原擾攘，而能保存章句之儒業，如涼州三明（安定皇甫規字威明，敦煌張奐字然明，武威段熲字紀明），雖皆糾糾武夫，而勇武之餘，猶彬彬有禮，不忘經史本源之學，聚徒教授，各以千數。晉初有敦煌索靖，氾衷，張彪，索介，索永五人，皆在太學讀書，時人號爲「五龍」，則其學行，必有足觀者。狄道尙有辛謐，傳學善書法。永嘉之亂，中原儒英，鼇走西州，張軌師事皇甫謐，（爲當時之經學大師），世族家學，遠有師承，由是河西儒風大興，與中原干戈擾攘，斯文掃地者，適成對比。其時河西著名學者如敦煌氾騰（晉初氾衷之後），索襲（晉初索靖之後），宋纖，郭瑀；酒泉祁嘉，略陽，郭荷等，皆隱居不仕，居鄉講授。宋纖有徒三千餘人，祁嘉有二千餘人，郭荷有千餘人，盛況空前，涼州胡辯，有徒千餘人，關中士子，前往問業者甚夥，此外天水有姜龕，楊柯，爲當世大儒，當後趙之世，居里教授，有徒數百人。後秦姚興時，姜龕與馮翊郭高，至長安講學，聽經者，不遠千里，恆以萬數。因是北派鄉學，獨保存宣盛於河隴一隅。迨拓拔燾滅北涼，佔据河西，禮賢聘士，起自仄陋，河西大儒闞駰，劉昞，索敞等旋東去仕講，諸儒師表人倫，爲北方所矜式，中原文教，絕而復續，實由於此，後來蘇綽蘇威父子，李諤，定北周隋朝之治具，關東王通，開唐代之文運，大抵皆昉於此。此河隴儒學東漸後之一大影響，不可不知。

自五胡十六國併入北魏，與南朝對峙，爲南北朝時代之開始。其時河隴之儒業學者，本有漢族世家學者及本地戎類儒士之分，皆橫經著述，聚徒講授，胡漢洽通，有教無類，大者千餘，小者亦數百人。其時河隴漢族世家學者以學顯世，見諸載籍且其性行學養裨益當時政治教化較鉅者，約有十餘人，茲以地望槩之，論述如次：

趙逸，天水人。好學素成，性嗜墳典，白首彌勤，年踰七十，手不釋卷，凡所著述，詩賦銘頌五十餘篇。北魏世祖神䴥二年，帝幸白虎殿，命百寮賦詩，逸製詩序，爲時人所稱善。朝野儀然宗之。

胡方回，胡叟，安定臨涇人。方回涉獵史籍，辭彩可觀，爲屈丐統萬所作城銘祠碑諸文，頗行於世。胡叟，世代冠冕，爲西夏著姓。西入沮渠牧犍，遇之不重，叟乃爲詩示其知友程伯達，略謂：「望衛惋祝鮀，眄楚悼靈均。」伯達見詩曰：「涼州雖地居戎域，然自張氏以來，號有華風，今則憲章無虧，曷祝鮀之有也？」叟曰：「吾之擇木，夙則大魏，與子暫違，非久闊也。」後牧犍果爲北魏破降，其識機先如此，則其學養可知。

宗欽，金城人（今甘肅蘭州）。少而好學，有儒者之風，博綜羣言，聲著河右。嘗與高允贈詩，允答書並詩，甚相褒美，崔浩之誅也，欽亦賜死。欽在河西撰蒙遜記十卷。

李沖，隴西人。敦煌公李寶之少子。北魏獻文帝末年，爲中書學生，及孝文帝議禮儀律令，潤飾辭旨，刊定輕重，孝文雖自下筆，無不訪決。於是天下翕然，及殊方廷望，咸宗奇之，帝亦深相仗信，親近彌盛，君臣之間，情義莫二，冲亦出其所學，建樹宏富。魏書本傳載：「冲卒，帝爲舉喪於懸瓠，發聲悲泣，不能自勝，詔曰：「太和之始，早委機密，鴻漸瀍洛，升冠端右，可謂國之賢也，朝之望也。有司奏謚文穆，葬於覆舟山，近在杜預冢，帝之意也。」北魏君臣，以冲與杜預鄰墓享祀，實有深長之學術意義。又冲倜儻，有儁聲，亦嘗爲孝文帝參定朝儀。

宋繇，張湛，闞駰，劉昞，索敞，皆敦煌人。繇，曾祖配，祖悌，世仕張軌子孫。謚，隨張彥至酒泉，追師求學，閉室讀書，晝夜不倦，博通經史，諸子羣言，靡不綜覽。呂光時舉秀才，除郎中，後奔段業，業拜郎中，西奔李暠，歷位通顯。雅好儒學，雖在兵亂之際，亦講誦不廢。每聞儒士在門，常倒屣出迎，停寢政事，引談經籍，沮渠蒙遜平酒泉，於謚室得書數千卷，歎曰：「孤不喜剋李歆，欣得宋謚耳。」旋拜尙書史郎中，委以銓衡之任。蒙遜將死，以子委託之。張湛，爲魏執金吾恭九世孫。湛弱冠卽知名涼州，好學能屬文，崔浩注易敍曰：「國家平河右，敦煌張湛，金城宗欽，武威段承根三人皆儒者，並有儁才，見稱於西州，每與余論易，余以左氏傳掛解之，遂相勸爲注，故因退朝之餘暇，而爲之解焉。」其見稱如此。闞駰，祖倞，有名西土，父玟爲一時秀士，駰博通經傳三史羣言，經目則誦。註王朗易傳，學者藉以通經，撰十三州志，行於世，沮渠蒙遜甚重之，拜祕書考課郎中，給文吏三十人典校經籍，刊定諸子三千餘卷。劉昞，字延明，父寶。遠祖劉劭，於魏晉間著人物志，以才性之學名家，昞年十四，就博士郭瑀學；瑀遂以女妻子，後隱居酒泉，不應州郡之命，弟子受業者五百餘人。後雖一度入仕，然於政事之餘，猶手不釋卷，昞以三史文繁，著略紀百三十篇八十四卷，涼書十卷，敦煌實錄二十卷，方言三卷，靖恭堂銘一卷，注周易韓子人物志，黃石公三略，並行於世。北魏時朝臣嘗爲其子孫奏免碎役，以表追念之意。正光四年六月乃下詔曰：「昞德冠前世，蔚爲儒林，太保啓陳，深合勸善，其孫等三家，特可聽免。」河西人引以爲榮。索敞，爲劉昞助教，專心經籍，盡傳劉昞之業。涼州平，入魏，以儒學見拔爲中書博士，篤勤訓授，肅而有禮，京師大族，貴遊子弟，皆敬憚威嚴，多所成益，前後顯達，位至尙書牧守者數十人，皆授業於敞，敞在講授十餘年間，以喪服，散在衆篇，遂撰比爲喪服要記。

段承根，陰仲達，武威姑臧人。承根好學機辯而有文思，性行疏薄，有始無終，司徒崔浩見而奇之，以爲才堪著述，爲魏所重。仲達，少以文學知名，魏平涼州，內徒代都，司徒崔浩啓仲達與段承根云：「二人俱涼土才華，同修國史，除祕書著作郎。

趙柔，會成人。少以德行才學，知名河右，沮渠牧犍時，爲金部郎魏平涼州，內徙京師，旋拜著作郎。

江式本陳留濟陰人。永嘉亂後其祖西投張軌，子孫同居涼土。世傳家業，累世以書學顯於世。式以家學，仕魏爲符節令，式嘗表其家學淵源曰：「臣六世祖瓊，家世陳留，往晉之初，與從兄應元，俱受學於衛覬，古篆之法，倉雅方言說文之誼，當時並收善譽，而祖官至太子洗馬，出爲馮翊郡，值洛陽之亂，避地河西，數世傳習，斯業所以不墜也。世祖太延中，皇威西被，牧犍內附，臣之祖文威，杖策歸國，奉獻五世傳業之書，古篆八體之法，時蒙褒錄，敍列於儒林，官班文省，家號世業。暨臣闇短，漸漬家風，參預史官，題篆宮禁，是以敢藉六世之資，奉遵祖考之訓，輒求撰集古來文字，以許慎說文爲主，爰採孔氏尙書，五經音注，籀篇，爾雅三篇，凡將、方言、通俗文、祖文宗、埤倉、廣雅、古今字詁、三字石經、字林、韻集；諸賦文字有六書之誼者，皆以資編聯；文字重複，糾爲一部，其古籀奇惑，俗隸諸體，咸使班於篆下，各有區別，訓詁假借之誼，咸隨文而解；音讀夏楚之聲，並逐字而注，其所不知者，則闕如也。」由上觀之，則知江式家學，爲漢學中之小學派。

程駿，本廣平曲無人，六世祖良晉都水使者，坐事流於涼州。祖父肇，爲呂光明部尙書，駿少孤貧，師事劉昞，性機敏好學，晝夜無倦。爲劉昞，崔浩所重，由是聲譽益播。北魏獻文帝屢引駿與論易老之義，顧謂羣臣曰：「朕與此人言，意甚開暢」云。沙門法秀謀反伏誅，駿上「慶國頌」十章，並序巡狩甘雨之德焉。又奏固業頌，始於固業，終於無爲十篇。所制文賦，自有集錄，弟子鸞虬。

常爽，本河內溫人，魏太常林六世孫也。祖珍，爲苻堅南安太守，因世亂遂居涼州。父坦，乞伏之世爲鎭遠將軍，大夏鎭將顯美侯。爽篤志好學，博聞強識，明習緯纖，五經百家，多所研綜。州郡禮命皆不就，魏平涼土，爽遂仕焉。惟是時戎車屢駕，征伐爲事，貴游子弟，未遑學術，爽置館溫水之右，教授門徒七百餘人，京師學業，翕然復興。爽立訓甚有勸罰之科，弟子事之若嚴父焉。崔浩，高允皆稱爽之嚴教，獎勵有方，允曰：「文翁柔克，先生剛克，立教雖殊，成人一也。」其爲通識者，歎服如此。因教授之暇，述六經略注，以廣制作，甚有條貫，共略注行於世。爽不事王候，獨守閑靜，肆業經典三十餘年，時人號爲儒林先生，年六十三，卒於家。其孫景，少聰敏，及長有才思，雅好文章。仕魏爲律學博士。先是太常劉芳與景等撰朝令，未及班行，別典儀注，多所草創，未成，芳卒，景纂成其事。及世宗崩，詔景還京修儀注文勒修太和之後，朝儀已實行者凡五十餘卷。

源賀自署河西王禿髮傉檀之子，本今青海樂都縣人。（見魏書源賀傳，北史源賀傳亦同。）傉檀爲乞伏熾盤所滅，賀自東都來奔。魏太武帝素聞其名，謂賀曰：「卿與朕源同，因事分姓，今可爲源氏。」長子延，延弟思禮，後賜名懷，遷尙書令，參議律令，其玄孫師，少知名，仕齊爲尙書左外兵郎，又攝祠部，後屬孟夏，以龍見請雩，時高阿那肱爲相，謂眞龍出見，大驚喜，問龍所在，作何顏色，師整容報曰：「此是龍星初見，依禮當雩祭郊壇，非謂眞龍別有所降。」阿那肱忿然作容曰：「漢兒多事，强知星宿，祭事不行。」師出而歎曰：「國家大事，在祭與戎，禮卽廢也，其能久乎？齊亡無日矣。」尋周武平齊。源所世仕魏朝貴顯，習知典禮，遂有雩祭之請，冀以取重，乃以取詬，此非僅爲源師應得之詬，蓋於以見高齊文物之衰，與河隴儒學淵源之厚，由源氏四代相傳之家學見之也。

杜驥，本京兆杜陵人，曾祖就避地河西，知名於世，袁式，陳郡陽夏人，沈靖樂道，周覽書傳，至於訓詁倉雅偏行留懷，作字釋未就。

「學優而仕。」殆爲中國學者之傳統通性。儒家道在六經，本以修明政治，大學格至誠正，原爲修齊治平，飽學而不能實濟，則爲無用之學，故士人之從政，良有以也。河隴學者，本多漢族世家，前人之流風遺事，自當樂聞，且有躍躍欲試之慨。惟中原喪亂，名流盛業，絡繹渡江，而戎主庸闇，雖報國有心，而請纓無路。迨魏武併北涼，河隴儒士，羣走代都，既而與薊遼齊趙諸儒匯合，促成北魏一代之漢化。故北魏之取涼州，實爲河隴儒士飛黃騰達之一大關鍵，而崔浩高允之極力拔薦，尤爲其中最大之主因，北史崔宏傳附崔浩傳言：「浩有鑒識，以人倫爲已任，明元太武之時，徵海內賢才，起自仄陋，及所得外國遠方名士，拔而用之，皆浩之力也。」其所謂「外國遠方名士。」自中原之國體言，當屬河隴無疑。

河隴儒士，適値軍閥割据，兵戰頻興之時，皆以耕讀傳家，聚徒講授，不求聞達於諸候，必不得已而仕進，猶於政事之餘，不輟弦歌之音，此殆爲西北學人之特殊風格，而爲後世所不及者，玆將上引諸學者之仕歷與崔浩拔薦相得之一段姻緣，約略引述，以說梗概。如趙逸嘗仕姚興歷中書侍郎，爲興將齊難軍司，征赫連屈丐，齊難敗，爲屈丐所虜，拜著作郞，魏太武平統萬，因崔浩容釋拔薦，乃得拜中書侍郞。胡方回爲赫連屈丐中書侍郞，太武破赫連昌，方回遂仕魏，爲北鎭司馬，鎭令修表，太武覽之，嗟美良久，問知方回所作，乃召爲中書博士，遷仕郞，與游雅等改定律例，司徒崔浩及當時朝賢，並愛重之。胡叟，仕魏爲虎威將軍，賜爵復始男。宗欽，仕沮渠蒙遜，爲中書侍郞，世子洗馬，魏武平涼，入國，拜著作郞。李冲，在魏獻文帝末，例蔭祕書中散典禁中文事，以修整敏惠，漸見寵侍，遷內祕書令，南部給事中，旋以政績卓著，遷中書令，尋轉南部尙書，及改置百司，開建五等，以冲參定典式，封榮陽郡開國候，拜廷尉卿，尋遷侍中吏部尙書。定都洛陽以冲爲鎭南將軍，委以營構之任，遷尙書僕射。考冲在北魏一朝改制史上，建樹獨多，君臣相得之誼，亦世無其匹，故冲卒孝文帝爲舉哀於懸瓠，發聲悲泣，不能自勝。嘗謂宋弁曰：「僕射（指李冲）執我樞衡，總理明務，朕委以台司之寄，使我出境無後顧之憂，一朝忽有此患，朕甚愴慨」其痛惜如此。宋繇，會仕呂光，除郞中，後奔段業，業拜郞中，西奔李暠，歷位通顯，沮渠蒙遜平酒泉，拜爲尙書吏郞中，委以銓衡之任。蒙遜將死，以子委託之。魏武幷涼州，從牧犍詣京末，而卒。張湛，仕沮渠蒙遜，涼州平，入魏，時年已五十餘矣，崔浩薦爲中書侍郞，兄懷義，崔浩禮之與湛等。闞駰，仕沮渠蒙遜，拜祕書考課郞中，姑藏平，樂平王丕鎮涼州，引爲從事中郎。劉昞，由李嵩徵爲儒林祭酒從事中郎，遷撫夷護軍。沮渠蒙遜平酒泉，拜祕書郎，專管注記。牧犍尊爲國師，親自致拜，命官屬以下，皆北面受業。魏武平涼州，拜樂平王從事中郎。索敞，仕魏爲中書博士。段承根，爲崔浩鑒賞，言之魏武，請爲著作郎。陰仲達，亦因崔浩薦拔，除祕書著作郎，趙柔，沮渠牧犍時爲金部郎，魏武平涼州，內徙京師，文成帝踐位，拜著作郎。江式，其父紹興，高允奏爲祕書郎，掌國史二十餘年。式以書文昭太后尊號謚冊，特除奉朝請，仍符節令。程駿，仕沮渠牧犍，擢東宮侍講。太延仕五年，魏武平涼州，遷於京師，爲崔浩所識。文成帝拜爲著作郎，獻文帝拜祕書令，常爽，幼而耕讀於家，州郡禮命皆不就，魏武西征涼土，爽與兄國仕，歸欵軍門，魏武嘉之，賜仕國爵五品，顯美男，爽爲六品，拜宣威將軍，爲崔浩高允所肅敬，其子孫仕魏，位亦通顯。源賀，仕魏爲尙書令。其玄孫源師仕齊爲尙書左外兵郎。杜驥，爲北朝顯貴，晚仕南人朝廷，常以傖荒遇之。袁式，在南歷武陵王遵諮議參軍。泰常二年歸魏，爲上客，賜爵陽夏子，與崔浩一面相識，便盡傾國之交。觀以上學者之出仕，足以表見河隴政治之學術化與專業化，北周隋唐之政治，多取法於此。研究中古時代政治史者，不可不知。

閒嘗思之，元魏一代之更古漢化，實祧魏晉直接兩漢之制度，惟純粹之漢學，經魏晉六朝政治學術變亂之餘，已散亡失眞，而能保持漢儒章句之業，講學著書者，俱河隴區域之學者，崔浩所稱外國遠方名士，大抵指此。彼漢儒舊誼，嘗爲元魏諸帝所樂聞，諸帝亦欲實現純正精一之漢室基業，建立文化統一之王道新秩序，然此種企圖，中原學者，以典章碎零，精神萎廢，已莫能爲力，欲達成斯旨，則不能不借重保殘守缺之河隴學者，此河隴學者所以獨能於元魏一代飛黃騰達之故歟！今試一檢視河隴學者之郡望及其學術文化遞嬗異同之關係，則可解知其中消息。崔浩爲元魏初期漢化運動中之軸心人物，躬持政柄，又執學術之權輿，承前啓後，下學上達，河隴與中原學術，東西交流，皆以崔浩爲總匯，而崔浩之所建獻，則多採自河隴學者之舊誼，與中原文化略加融合而已。蓋當時中原舊誼，久已失傳，崔浩家學，爲僅存者。然在河隴，遺說俱在。河隴學者，類能言之，不期而與崔浩家學冥合，故浩獨於河隴學者特多拔薦。如浩以左傳卦解易，本漢儒舊誼，而爲張湛、宗欽、段承根所主。倘和易林解詁，言之鑿鑿，毋庸贅述。劉昞注乃祖劉劭人物志，係承魏晉才性之說，正始嘉平間，傅嘏著清理識要，與鍾會等論才性異同，會集而論之，成四本論。世說新語文學篇注引魏志言：「四本者才性同，才性異，才性合，才性離，尙書傅嘏論同，中書李豐論異，侍郎鍾會論合，屯騎校尉王廣論離。」魏晉人醉心人格之美，最重抒情，運情而得其中，爲人生之最高表現，故品鑒人物，皆取合於此。劉劭人物志即會萃此種學術而成巨秩。在南北朝時斯學已爲當時中原絕響之談，而爲河隴流行鼎盛之學術，皆劉昞之力也。江式撰古今文字，純爲傳揚漢室舊業。蓋漢代學術，最重師法家法，魏晉之際，此風猶不盡墜，故南北朝人，得以續弦，江式承家學之淵源，復遭際時會，文字之學，藉江式一世之才，至此始瓜熟蒂落，其學雖云創新，實承數世相傳之家學。蓋式家本中原世族，自西晉以來，避亂涼州，文字之學，歷世相傳不墜，故至式而撰集鉅著，亦事理之常。此又河隴一隅之地，尙能保存典午中朝舊業之一證也。

職是之故，河隴學者，在元魏一代之漢化運動中發生鉅大之作用，上承屢世相傳之家業，俯合元魏諸帝之意旨，承上啓下，繼絕扶衰，一百八十年間，一脈相傳，輔弼時政。尤能與主上魚水相投，克成一時之盛治。如史載劉昞仕李嵩，嵩好尙文典，書史穿落者，親自補治，昞時侍側前請代嵩，嵩曰：「躬自執者，欲人重此典籍，吾與卿相値，何異孔明之會玄德。」後牧犍尊爲國師，索敞陰興俱出其門下，則其學養，必風行河西無疑。故太和十四年尙書李冲奏曰：「昞河右碩儒，今子孫沉屈，未有揚潤，賢者子孫宜蒙顯異，於是除其一子爲郢州雲陽令。」正光三年太保崔光奏曰：「故樂平王從事中郎敦煌劉昞，著業涼城，遺文在茲，篇籍之美，頗足可觀。維祖逮孫，相去未遠，而令久淪隸，不獲收異，儒學之士，所爲竊歎，乞敷尙書，推檢所屬，甄免碎役。」

四年六月特詔所免，今案沖爲端揆重任之通儒，短晒之死，已歷年所，崔光由南入北之漢族世家，與河西人士，絕無關係，而俱請免碎役，褒顯子孫，當係由於愛慕河西文化所致。至李沖大師，雖以西涼李暠之曾孫，爲文明太后所幸，恩寵日盛，遂致貴顯，然其本源之學，亦必有取信於時君世儒者，否然，則魏孝文旣非庸闇之主，李沖縱有裙帶嫌猜，寧得清流之稱譽。矧沖之階進，「以修整敏惠，漸見寵待。」淸政宗主都護，遂創三長之制，而爲太后稱善，公私便之。故孝文乃付以端揆重任，制定禮儀律令，營建都邑宮廟改置百司，開建五等，變革夷風，摹修漢化，是知沖之爲人，必非庸碌凡流，沖之學養，實高人獨多。又其猶子韶，佐孝文帝，用夏變夷，改革車服羽儀諸制度，當本其河西家學無疑。又遷都洛陽爲北魏漢化政策與國勢高揚之一大關鍵，而其最初倡建遷洛之動議，爲李韶所謀獻。魏書李寶傳稱：「時高祖（孝文帝）將創建都之計，詔引侍臣，訪以古事，韶對洛陽九鼎舊所，七百攸基，地則士中，實均朝貢，惟王建國，莫尙於此，高祖稱善。」韶之此議，並非新謀，實秉承乃父之意旨而建言。蓋同書李沖傳曾云：「沖機敏有巧思，洛陽初基，安處郊兆，新起堂寢者，皆資於沖。」又北史魏本紀云：「太和十七年，冬月十月，徵司空穆亮與尙書李沖，將作大匠董爵經始洛京。」則知元魏遷都洛陽，韶旣顯贊其謀，沖又卒成其事，遷洛之役，悉出於李沖李韶一家之預謀，然則新都之建築規制，必受河西文化之影響，殆無疑義。常爽本涼州世族，而爲元魏初期之儒學大師，代都學業之興，實由其力。常景爲太和以後禮樂典章之宗主。考論律令，修注朝儀，孝文、宣武、孝明諸帝，均勅景參議。源氏雖出湟中戎類，然其家世，深染漢化，源懷之參議律令，尤可珍視。由上觀之，則河隴舊學對北朝律令制度影響之深鉅。至其學風流變，俟諸下篇討論。

儒教

孔孟之政治經濟說

立明

日本田島錦治原著 譯

第一章 儒教之本源及末流

客遊支那朝鮮歸而語余曰。支那之衰。鮮朝之亡。稗政甚多。然一般士夫固守迂遠之儒教。而敝屣日新之西學。爲一大原因。余默然久之。乃謂客曰。其然豈其然乎。子之所謂儒教。指孔孟之教乎。抑指後世儒者之說乎。墨翟說兼愛而詆孔子。故其著書墨子有非儒篇。子豈欲揚墨而抑孔乎。孔子嘗謂其弟子子夏曰女爲君子儒。無爲小人儒。（論語雍也篇）然則儒之有小人。孔子之所深憂也。荀子大儒也。而其著書荀子有非十二子篇。譏它囂魏牟陳仲史鰌墨翟宋鈃愼到田駢惠施鄧析。兼詆子思孟軻。子思孟軻世所謂得孔門道統之正傳者也。荀子孟軻後之大儒也。而猶如斯。況後世之儒者乎。故自秦漢以降孔孟之教。失其精髓。惟存皮毛。而時勢之進運。遂爲所阻。嗚呼。此學者之罪也。非教之罪也。唐韓愈曰。

孔子之道。大而能博。門弟子不能徧觀而盡識也。故學焉而皆得其性之所近。其後離散分處諸侯之國。又各以其所能授弟子。源遠而末益分。惟孟軻師子思。而子思之學出於曾子。自孔子沒。獨孟軻氏之傳得其宗。故求觀聖人之道者。必自孟子始。（朱子孟子集註所載）

韓愈之言。可非謂先見後世宋明程朱陸王之異說與。

第二章 孔孟之教與支那國民之自尊心

客曰。支那國民。自古以來。自尊心大。自稱曰中華。輕視四夷。比同禽獸。故支那建國雖久。而文化未見進步也。推本究源養成此自尊心者。儒教也。余曰此類之說。余聞之久矣。然亦未免爲皮相之見解耳。凡建國而成民族者。孰有不賤他人而尊自己者乎。希臘人及羅馬人呼異邦人曰野蠻人 Barbaria 近世歐美之基督教國民。奴視異教國民。其證據歷歷可考。卽如以現代文明自任之國民。孰不懷自大自尊之心乎。然則不可以此獨責支那之國民也。可知矣。況支那之文化開發獨早乎。當彼之時。環顧世界諸國。其文化之程度。無一能望其項背者。欲全國國民不生自尊心。能乎不能乎。若以孔孟之教。爲養成自尊之國民性。爲此說者。可謂誣妄極矣。請得而辯之。

孔子生於周之季世。而其父母之國。三桓擅政。公室不振。以孔子之大聖。而不遇時。故歎曰鳳鳥不至。河不出圖。吾已矣夫。（論語子罕篇）又曰甚矣吾衰也。久矣吾不復夢見周公。（論語述而篇）誠以魯爲周公之封土。孔子之時。去周公雖遠。然典禮文物。猶有存者。故曰文王既沒。文不在茲乎。（論語子罕篇）又曰齊一變至於魯。魯一變至於道。（論語雍也篇）孟子曰孔子之去魯曰。遲遲吾行也。（孟子盡心篇下）孔子在陳曰歸與歸與。吾黨之小子狂簡。斐然成章。不知所以裁之。（論語公冶長篇）孔子不見用於父母之國。遲遲而去。周遊列國。終不得志。歸國念切。是本出於忠愛之至情。決非偏尊魯國而賤視他國也。孔子之作春秋。其所記者魯史也。故其記事先魯而後諸侯。然悉歸宗於周室。諸侯用夷禮則夷之。諸侯尊周室則褒之。故孟子曰世道衰微。邪說暴行有作。臣弑其君者有之。子弑其父者有之。孔子懼。作春秋。春秋天子之事也。是故孔子曰知我者其惟春秋乎。罪我者其惟春秋乎。又曰孔子作春秋而亂臣賊子懼。詩云戎狄是膺。荊舒是懲。則莫我肯承。無父無君。是周公所膺也。（孟子滕文公篇下）孔子曰。如有用我者。吾其爲東周乎。（論語陽貨篇）又曰。周監於二代。郁郁乎文哉。吾從周。（論語八佾篇）由此觀之。孔子之所以重魯而尊周者。亦可知也。後儒不察。以仲尼自衞反魯。脩春秋。立素王。丘明爲素臣。言公羊者亦云黜周而王魯。危行言孫。以辟當時之害。故微其文。隱其義。其說見於杜氏春秋左傳序。且杜氏駁議之甚詳。

孔子嘆周室之不振。而憂諸侯之悖逆。故曰。夷狄之有君。不如諸夏之亡也。（論語八佾篇）程子爲之註曰。夷狄且有君長。不如諸夏之僭亂。反無上下之分也。此說可謂得其眞諦矣。至如皇侃（梁人）謂此章重中國賤蠻夷也。言夷狄雖有君。而不及中國無君也。孫綽則解作諸夏有時無君。道不都喪。夷狄強者爲師。理同禽獸。此眞孔子之罪人也。若謂儒教鼓動國民之自尊心。則孫綽皇侃等不可不任其咎也。故孔子曰。道不行。乘桴浮於海。從我者其由也與。（論語公冶長篇）論語子罕篇子欲居九夷。或曰陋如之何。子曰。君子居之。何陋之有。又孔子答子張問行曰。言忠信。行篤敬。雖蠻貊之邦行矣。言不忠信。行不篤敬。雖州里行乎哉。（論語衞靈公篇）孔子頌泰伯曰。泰伯其可謂至德也已矣。三以天下讓。民無得而稱焉。（論語泰伯篇）泰伯爲周大王之長子。去中華而赴荆蠻。斷髮文身。以國讓弟季歷。孟子曰。舜生於諸馮。遷於負夏。卒於鳴條。東夷之人也。文王生於歧周。卒於畢郢。西夷之人也。地之相去也。千有餘里。世之相後也。千有餘歲。得志行乎中國。若合符節。先聖後聖。其揆一也。（孟子離婁篇）夫斷髮文身。去中國而隱荆蠻之人。孔子頌之曰至德。起於東夷西夷之人。而入治中國。孟子以聖稱之。然則孔孟之所尊所賤者可以知矣。其所尊所賤者。不在於版圖之不同。種族之異。言語之不通。風俗之殊。而在於有道無道。中華之無道。孔子之所恥也。夷狄之有道。孟子之所羨也。余徧讀孔孟之書。未見有一言一行足以鼓煽支那國民之自尊心者。余故曰養成國民之自尊心者後儒之過也

第三章　孔孟之教與平和論及軍國主義

或謂支那文弱之弊。儒教有以致之。爲此說者。其思想之謬妄。在於見末流之濁。而忘本源之淸。余請論之。

方今之世。倡軍國主義者有之。主萬國撤兵論者亦有之。彼此辯難。夫人而知之。中國在春秋戰國之時。亦有此兩派。各持門戶。以說諸侯而告國人。其說見於管子。管子牧民篇曰

寢兵之說勝。則險阻不守。兼愛之說勝。則士卒不戰。全生之說勝。則廉恥不立。私義自貴之說勝。則上令不行。

寢兵之說。同於現世之萬國撤兵平和論。而兼愛全生私議自貴之諸說。皆與之有密切之關係。管子此篇何人倡寢兵說。固未紀載。余考自東周莊王十二年。起襄王七年止。凡四十二年間。（卽管仲相桓公時）亦不得其姓名。然徵管子之言。則有其人。確無異疑。又春秋左氏傳。紀有魯襄公二十七年。宋之向戌遊說晉楚齊秦。欲行弭兵。以免戰爭之事。今錄傳文如左。

宋向戌善於趙文子。又善於令尹子木。欲弭諸侯之兵。以爲名。如晉告趙孟。趙孟謀於諸大夫。韓宣子曰兵民之殘也。財用之蠹。小國之大菑也。將或弭之。雖曰不可。必將許之。弗許。楚將許之。以召諸侯。則我失爲盟主矣。晉人許之。如楚。亦許之。如齊。齊人難之。陳文子曰。晉楚許之。我焉得已。且人曰弭兵。而

我勿許。則固攜吾民矣。將焉用之。齊人許之。告於秦。秦亦許之。皆告於小國。為會於宋。宋開平和會盟者有晉楚等十二諸侯。可謂極一時之盛。於是宋戌請賞。宋公與之六十邑。樂喜（字子罕）不悅。謂向戌曰兵之設久矣。所以威不軌而昭文德也。聖人以興。亂人以廢。廢興存亡昏明之術皆兵之由也。而子求去之。不亦誣乎。

據傳文所載。宋之向戌為當時之主弭兵論者。子罕為反對論者。昭然若揭。而左氏以當時之君子許子罕。則左氏亦為弭兵主義之反對者。亦可知也。

孔子不袒文弱之弭兵主義。亦不偏武健之軍國主義者也。魯定公十年會齊景公於夾谷。時孔子為相。當時之事。左傳穀梁傳史記孔子世家孔子家語等載之綦詳。孔子於未會前言於定公曰臣聞有文事必有武備。有武事必有文備。古者諸侯出國疆必具官以從。請從左右司馬。定公從之。齊犁彌言於齊侯曰孔子知禮而無勇。若使萊人以兵劫魯侯。吾必得志。齊侯從之。會合之時。孔子豫以備兵擊退萊人。使齊侯改過而成盟好。竟得返魯之舊領地而歸。

其後魯哀公十四年。齊陳成子弒簡公。孔子沐浴而朝。告於哀公曰。陳恆弒其君。請討之。哀公不從。（論語憲問篇）若孔子無勇。焉敢言討。

先是孔子在衞。衞靈公問陳於孔子。孔子對曰。俎豆之事則嘗聞之矣。軍旅之事未之學也。明日去衞。（論語衞靈公篇）

論語述而篇曰。子之所愼。齊戰疾。子路篇孔子曰。善人敎民七年。亦可以卽戎矣。又曰以不敎民戰。是謂棄之。衛靈公不問敎民之道。而問戰陳之術。孔子之不答而去。不亦宜乎。子貢問政。子曰足食足兵。民信之矣。子貢曰必不得已而去於斯二者何先。曰去食。自古皆有死。民無信不立。（論語顏淵篇）

不敎民而戰。不獨孔子非之。孟子亦然。孟子告子篇有如左之一章。

魯欲使愼子爲將軍。孟子曰。不敎民而用之。謂之殃民。殃民者不容於堯舜之世。一戰勝齊。遂有南陽。然且不可。愼子勃然不悅曰。此則滑釐所不識也。曰吾明告子云云。

又其次章曰。

今之事君者皆曰我能爲君辟土地充府庫。今之所謂良臣。古之所謂民賊也。

又離婁篇有如左之一章。

孟子曰。求也爲季氏宰。無能改於其德。而賦粟倍他日。孔子曰。求非我徒也。小子鳴鼓而攻之可也。由此觀之。君不行仁政而富之。皆棄於孔子者也。況於爲之强戰。爭地以戰。殺人盈野。爭城以戰。殺人盈城。此所謂率土地而食人肉。罪不容於死。故善戰者服上刑。連諸侯者次之。辟草萊任土地者次之。

又盡心篇亦有如左之一章。

孟子曰。有人曰我善爲陳。我善爲戰。大罪也。國君好仁。天下無敵焉。南面而征北狄怨。東面而征西夷怨。曰奚爲后我。武王之伐殷也。革車三百兩。虎賁三千人。王曰無畏。寧爾也。非敵百姓也。若崩厥角稽首。征之爲言正也。各欲正己也。焉用戰。

由此觀之。弭兵主義。非孔孟之所許也。不敎民而戰。與無名之師。略人之土地。殺天下之百姓。亦非孔孟之所許也。

孔子之後。墨翟楊朱之徒相繼而起。墨子說兼愛。楊子主爲我。孟子評二子曰。楊子主爲我。拔一毛而利於天下不爲也。墨子兼愛。摩頂放踵利天下爲之。（盡心篇上）又曰。楊子爲我。是無君也。墨子兼愛。是無父也。無父無君。是禽獸也。（滕文公篇）夫墨子執兼愛主義。故非戰鬬。楊子不肯拔一毛而利天下。故不欲服軍役。其去孔孟之道。不可以道里計。管仲時寢兵之說。似尚行於戰國時代。讀莊子天下篇。足證吾說之不謬。今錄其文如左。

不侈於後世。不靡於萬物。不暉於數度。以繩墨自矯。而備世之急。古之道術。有在於是者。墨翟禽滑釐聞其風而說之。爲之大過。已之大循。作爲非樂。命之曰節用。生不歌。死無服。墨子說兼愛。利而非鬬。其道不怒云云。

不累於俗。不飾於物。不苟於人。不忮於衆。願天下之安甯以活民命。人我之養。畢足而止。以此白心。古之道術。有在於是者。宋鈃尹文聞其風而悅之。（中略）救民之鬬。禁攻寢兵。救世之戰。以此周行天下。上說下教。雖天下不取。强聒而不舍者也。故曰上下見厭而彊見也云云。

莊子所謂宋鈃。卽孟子所謂宋牼。同一人也。宋牼將之楚。遇孟子於石丘。而答其問曰。吾聞秦楚搆兵。我將以戰之不利。說而罷之。孟子謂之曰。先生之志則大矣。先生之號則不可。宜以仁義說秦楚之王。（孟子告子篇）

荀子之非十二子篇。亦論墨翟宋鈃二子曰。

不知壹天下建國家之權稱。上功用。大儉約而僈差等。曾不足以容辨異縣君臣。然而其持之有故。其言之成理。足以欺惑愚衆。是墨翟宋鈃也。

由是觀之。墨翟禽滑釐宋鈃尹文等弭兵說。即平和主義。莊荀二子亦所非難也。讀左氏之向戌記事。及莊子之宋鈃尹文之評語。不能不使人憶及現代各國對於萬國平和論者之態度矣。海牙之萬國平和會議。俄爲其主倡者。未幾而有一九零四年之日俄戰役。又近在瑞西開萬國平和論者之會議。各國之與會者。行將就途而有一九一四年之世界的大戰爭。平和論之不足恃。今猶如古也。彼由宋向戌之遊說而開宋之會議。能會十二諸侯於一堂。外觀固云盛矣。然據左氏所記。楚人皆衷甲。嗚呼今之强國。孰有不衷甲者乎。荀子評弭兵論者。識其言之成理。足以欺惑愚衆。莊子則謂其上說下教。雖天下不取。强聒而不舍者也。此不獨爲當時之人而下鍼砭也。然則孔子之所以愼戰。孟子之所以不敢侈言戰事。與當時之弭兵平和論者。大異其撰。不可不知也。

（未完）

儒教闡微

「右東」

一概論

儒教者何中庸之教也即人道主義之教故曰聖人人倫之至也夫中者天道也庸者人道也中道發於堯(允執其中)庸道發於舜(人心惟危道心惟微惟精惟一)天人合一垂十六字之薪傳而儒教之根源以立孔子祖述堯舜下學上達集儒教之大成子思子傳授心法作中庸三十三章儒教精華已和盤托出矣顧自周公而後大往小來天地不交道不歸君相而歸師儒孔子聖集大成亦不過刪訂纂修徒留法守孟子而後大道閉賢人隱性與天道無傳焉雖有子夏氏之儒子張氏之儒子游氏之儒正所謂子夏子游子張皆有聖人之一體耳有儒家之大本達道得其門者或寡矣迄有秦焚書坑儒所以阨儒教者已臻絕頂然斯文未喪賢者識其大者不賢者識其小者漢興黜罷百家獨崇儒術或傳公羊或傳詩禮或傳古文尙書儒教經傳復稍稍行世聖人之文章則固可得而聞也惜夫考据輩出穿鑿執辭聚訟紛呶莫衷一是致令微言大義反晦而不彰內聖外王益莫知所止能通一經者謂之儒規規於章句之間則可矣抑末也後世卒謂始皇焚經而經存漢儒窮經而經亡誠慨乎其言之也逮及宋

世理學兆興舍文字之鑽研窮性理之微妙似知儒教裏面別有道義可尋不徒以便便腹笥見長也然亦執德不弘流爲拘滯於儒教窮理盡性至命之功未能一貫斯旨講大學之道而近於空疏談性命之精而偏於理想斯可謂盡善人之道不踐迹亦不入於室洛蜀之爭朱陸之爭果孰是而孰非耶以言儒教之一端則皆是以言儒教之全體則皆非宋儒之所以爲世詬病者豈偶然哉陽明繼起倡致良知欲以濟理學之窮而矯鑿疏之失究之道其所道而於君子尊德性而道問學致廣大而盡精微極高明而道中庸溫故而知新敦厚以崇禮者茫乎未之有聞數千年來儒者之道無他徬徨於漢學宋學之間而已反不如佛老二宗藏修息游尚足以風世而勵俗至西學東漸而儒教眞諦益覺若存亡乃知道之行廢有命存焉（卽天命）非人力所能相強夫天未欲平治天下也如欲平治天下當今之世舍儒教莫之與歸闡微之作烏容已乎

一儒教之人道主義

儒教爲宗教乎抑非宗教乎姑隨所見而異第繹厥教旨凡所以盡人物之性者不外兩端一曰普通人道主義一曰特別人道主義普通人道主義維何始於修身終於大同（天下一家）

明德於天下即所以明人道於天下也特別人道主義維何一夫不獲時予之辜曲成萬物而不遺先天下之憂而憂也概而括之道之以德齊之以禮道之以政齊之以刑儒教之作用盡於此矣區而別之道德齊禮即完成其普通人道主義之人道政策道政齊刑即完成其特別人道主義之人道政策蓋道之以德所以教上智也齊之以禮所以教中人也道之以政所以教中人以下也齊之以刑所以教下愚也因人施教因時施教因地施教仲尼祖述堯舜憲章文武上律天時下襲水土職是故耳顧道德之教尤有三乘說法寓乎其中致中和以位天地育萬物者(盡己盡人盡物)儒教之上乘說法也本忠恕以治國平天下者(修己安人安百姓)儒教之中乘說法也主忠信以推行中外者(忠信篤敬蠻貊可行)儒教之下乘說法也而、中和之道即爲佛之大乘惟中行之士可以能行爲是猶廣修六度萬行必屬之菩薩聖忠恕忠信之道即爲佛之小乘狂者猖者可以能行爲是猶空十二因緣明四諦因緣必屬之緣覺聖聲聞聖故曰不得中行而與之必也狂猖乎誠以大學之道中庸之德非其時不行非其人不明苟非固聰聖知達天德者莫能與知不可得聞老曰人身難得大道難聞佛曰無上甚深微妙法百千萬劫難遭遇此物此志也而狂者有進取之志猖者有不爲之守不得已而求其次大匠之門期無棄材而已故聖人之所以治人七情修十義講信修睦尙辭讓舍禮何以治之飲食男女人之大欲存焉死亡貧苦人之大惡存焉故欲惡者心之大端也人藏其心不可測度也美惡在其心不見其色也欲一以窮之舍禮何以哉故聖人以禮示之天下國家可得而正也儒教之普通人道主義而發爲人道政策者此其大略也若夫特別人道主義發爲特別人道政策曰道政齊刑乃以宏民胞物與之量而濟德禮之窮又可名之曰强迫人道主義即鞭策下愚俾遵依人道之主義也夫政者正也所以正人之不正即以之治修羅道大善道人善道之轉人生者佛教之念經懺悔觀相淨參似之刑者明刑弼教卽以之治畜生道餓鬼道地獄道之轉人生者而齊刑原有廣狹二義狹義即刑罰鞭作官刑扑作教刑金作贖刑刑期於無刑是也廣義即儀刑詩曰百辟其刑刑於寡妻至於兄弟以御於家邦又曰其儀不忒正是四國孟子曰子服堯之服誦堯之言行堯之行是堯而已矣佛家之相教耶教之信主愛主默朝上帝是其類也如是我聞三界如火宅(亦曰六欲界)嗔殺邪淫者地獄界之種子也慳貪不施者餓鬼窮魂界之種子也愚癡暗昧者畜生界之種子也三皈五戒者人界之種子也廣修十善者天神界之種子也善惡雜糅者修羅界之種子也六道輪廻咸其自取佛爲

普渡衆生起見不得於菩薩緣覺聲聞而外廣開法門救慈苦雖儒爲一視同仁起見不得不於中行狂狷而外曲成萬物共樂人羣惟佛教所重在性分皈戒懺悔云云即所以陶鎔其心性儒教所重在人道道政齊刑云云即所以範圍其行爲皆聖人不得已而行之之權法耳豈人道之正軌哉彼斤斤以法治國自詡者視吾儒齊禮之教猶望塵莫及况夫中庸大道人道主義猶如海天浩瀚非井蛙之見所能測其涯涘也

（二）儒教與現世紀之關係

今天下之變亟矣其不平亦已甚矣國際關係惟恃强權人類相持競言權利弱者爲魚肉强者爲刀俎遂演成一率獸食人人將相食之末刼世界是豈生人之本量哉蓋彼言優勝此競生存國家與國家爭民族與民族爭階級與階級爭團體與團體爭個人與個人爭宗教與宗教爭相爭不已勢必相奪天地不仁之氣愈積愈戾竟有舉爭地以戰殺人盈野爭城以戰殺人盈城之慘禍爲國家之權利人生之義務者此歐洲今茲戰禍之所由來而亡國滅種之懼日益岌岌也將謂民吾同胞物吾同與普天之下博愛爲宗而何以紛身歐戰者固悉是耶蘇愛子也抑或大發慈悲廣說教義色相俱泥普渡衆生而何以穰往熙來者一爲是聲色貨利

也又豈博愛之未周慈悲之有限哉孟子曰今有仁心仁聞而民不被其澤不可法於後世者不行先王之道也質而言之滔滔者天下皆是也苟非行儒者治國平天下道由據亂昇平大順以蘄至於太平縱令一視同仁厥厥慈悲博愛亦猶是畫餅充飢可望而不可即已耳雖欲被澤其道莫由夫儒者之道果何道哉上老老而民興孝上長長而民興弟上恤孤而民不悖絜矩之道儒教之所以治國蓋上焉者雖善無徵無徵不信不信民弗從下焉者雖善不尊不尊不信不信民弗從故君子之道本諸身徵諸庶民考諸三王建諸天地質諸鬼神俟諸百世知人知天可大可久唯天下至誠道上智以德齊中人以禮道下民以政齊下愚以刑是故動可以爲天下道行可以爲天下法言可以爲天下則使天下之人不獨親其親不獨子其子使老有所終壯有所用幼有所長鰥寡孤獨廢疾者皆有所養男有分女有歸貨惡其棄於地也不必藏於己力惡其不出於身也不必爲己是故謀閉而不興盜竊亂賊而不作外戶不閉咸底太同固不特禮讓爲國戰禍可弭尋且講信修睦競爭悉泯中天下而立定四海之民不賞而民勸不怒而民威篤恭而天下平平也定也中也本乎天德發爲人道此儒家經綸天下之大經而實當今對症之藥石若必由今之道無變今之俗富强愈張黑暗愈甚人道幾乎息矣

結論

儒爲人道主義而有因材施敎之大用既如前述矣然第明乎上乘中乘下乘之道即第明乎中和忠恕忠信之道而不達最上一乘儒敎眞詮猶難測度夫一貫之道樂在其中（顏子不改其樂尙非樂在其中故曰具體而微）斯乃儒家最上一乘不可得聞之大道亦即老之非常道佛之無所從來亦無所云之妙境也顧疑之者曰儒敎流傳中土垂數千年漢世崇儒遂開後世文弱之漸今且瓜分慘劫如迫目前所謂治國平天下之經綸果安在耶況夫古今萬敎各有師承尤莫能相下是以神聖戰爭百年未已新舊衝突耶敎且然所言統萬敎以歸儒亦不過癡人說夢已耳豈知萬敎紛爭乃門戶之小見萬敎歸儒實敎義之本原譬諸百川分流朝宗於海其性然也爲問萬敎聖人有一不由日用常行之道者乎萬敎敎義有一不以昌明人道爲目的者乎既不外日用常行又同此昌明人道不言儒而儒在其中與其謂萬敎歸儒毋寧謂萬敎一儒尤爲適當孔子曰有敎無類孟子曰先聖後聖其揆一也特淺見者未之思耳若夫肫肫其仁淵淵其淵浩浩其天儒敎精微顯之在日用常行充之可以位天地而育萬物苟不固聰明聖智達天德者莫能與知不得虛行且三代以降大道既隱上下不交故數

千年來有尊崇儒教之虛名無大行儒教之實際國之積弱謂俗儒之足貲詬病則可謂儒教之無益人國則非試觀堯舜開宗垂拱而治周公制禮是謂小康孔子爲政三月而魯國大治小行小效已見端倪豈曰儒行儒效盡屬空談大順大同徒存理想已哉

論說　書請定儒教爲國教等書後

馬相伯屬草英斂之校訂

題曰儒教不曰孔教者名從其舊也儒本學者之通稱黃老楊墨各有其學說而孔子不厭不倦獨以學名從其學者遂專以儒稱孟子曰逃楊必歸於儒是其證矣其後佛教入中國奉老子者旣稱道教奉孔子者亦自稱儒教以與佛老鼎足而三故有三教一貫等書總之闢佛老者亦止稱古帝王治天下不用二氏惟用儒教而已無稱孔教者稱孔子亦止稱至聖先師無稱教主者其請定國教之心理亦然故一則曰人必有教復變其文曰人非教不立但孔子以前已有人是其所謂教斷非孔教矣至於某某等所言中國自古奉孔教又曰中國所以爲聲明文物之邦者實賴有孔子云云曰孔子曰孔教要皆儒教之誤不然豈有孔子以前之唐虞巳奉孔教之理而郁郁乎文哉之成周猶不得爲聲明文物之邦也乎爲此矯正其誤題曰儒教使請定國教諸賢聖有以自圓其說而免遁名改作之誅焉

或曰諸賢聖之諱言儒教有故一則以學者方可稱儒而中國學者最少萬不能謬稱儒教爲大多數矣一則儒行所稱儒有如此者十餘事而諸賢聖自問良心一無有焉是稱儒孔子且不容稱儒教之張天師儒教之大護法孔子卽不鳴鼓而攻亦當取瑟而歌也一則以太史公六家之要旨曰夫陰陽儒墨名法道德此務爲治者也但務爲治者若可稱爲宗教家是堯舜禹湯文武周公之爲教主也應在孔子之先況儒者滑稽而不可軌法倨傲自順不可以自下破產厚葬

不可以爲俗游說乞貸不可以爲國。（恐諸賢聖自問良心反一一皆有）今孔子盛容飾繁登降之禮趨詳之節累世不能殫其學當年不能究其禮君欲用之以移齊俗非所以先細民也》此非晏平仲語齊景之言乎然則儒者欲稱政治家當時猶或非之今欲冒稱宗教家勢非陰結多數武裝護法殆不可此諸賢聖所以諱言儒教歟

又況自號素王躬作民主（據陳某杜撰）之孔子亦止曰吾志在春秋行在孝經卽後之聖人允文允武其自相標榜也亦止曰《以春秋折獄詩作諫書易通陰陽中庸傳心孝經却賊大學治鬼（張天師歟）（張天師也）半部論語治天下》凡此云云其無宗教性質不待言矣今卽巧言破律改作孔教須知孔自孔國自國孔教仍不得爲國教也在彼日讀外國書不通外國文者庸或不知而陳君煥章固嘗游學於美者也當知西國所稱 State-religion 國教之教華語無相當之譯譯所謂教乃 the performance of our duties of love and obedience towards God 人對於造物主務盡其天職以愛敬順事之謂國乃 the whole body of people under one government 全體人民屬於同一政權之謂此非哲學家言乃尋常英文字典淺義試問諸賢聖請定之國教教有此教義否國有此國義否義既不同縱令外洋各國定有國教我國憲法亦不得援爲先例依樣以畫葫蘆也

西文教字由 Religare 束縛以得名請定國教者不云乎人非天不生既受生於天卽不能逃天

命與孝事之天職。而被天職天命之束縛也。孔子而亦人也。既受生於天。即不能逃天命與孝事之天職。而被天職天命之束縛矣。故孔子而有教也。教當從西文之義。不從是不盡心養性事天俟命也。老子一周末隱君子耳。何嘗設有道教。如其徒之所爲者。然則孔子亦何嘗設有孔教。如請定國教之所爲者。嘗見周末諸子並起創教。考不但管晏創教。原壤許行陳仲子亦創教。甚至白圭創教。兵家創教。縱横家亦創教。故謂大地諸教之出。尤盛於春秋戰國之時。惟孔子能積諸子之成。而爲諸子之卓云爾。然則不打自招。請定國教之意中。孔教亦不過諸子百家之雄耳。故議員中附和之者。其極大理由。亦不過以孔子爲國教。則諸子百家之學。可以連帶保存耳。初不意孔子之教。原不外諸子百家。諸子百家。雖（不該不遍。如耳目口鼻。各有所長。時有所用。而不能相通。）能通之者。雖爲孔子之教。究不能脫離耳目口鼻。而有所感觸。變更聲色臭味。而有所會通。則其不能自外於諸子百家。有可斷言。况推極諸子百家。猶不能成一科學。按確然之原理或假定之原理。以徵諸古今中外人性物性而無違。爲學。且不成科學。教又何足以成宗教哉。夫宗教與科學之辨。一貴信仰。一貴見知。若徒信師言。而於所習之科。無眞知確見。則不得謂之學矣。譬則西文 constitution 憲法。由 constituer 以得名。意猶建設也。即國體政體所由建設。以維繫全體國民之生存之權利。而敦促而擴張之也。雖有條件。而非法律之謂。法律乃人民與人民。人民與政府。分際上之規定。踰乎此則謂之非分非義。故法律雖本良心。而非道德之謂。不明乎此。雖言法律不得謂之科學矣。宗教不然。全繫乎良心之信仰。踐所言者。謂之言而有信。客觀之信也。考實其人誠實無妄。而所言之事。既與哲理無違。又爲其人權力所及。因此信仰其言必有成就。此乃主觀之信仰也。宗教之信仰也。仰者望也。望其有益於我身心性命。不虛生不夢死也。譬如獲罪於天。無所禱也。句可含數義。一、是既受生於天。不可小有獲罪。二、是若不幸而獲罪。非禱無以求免。三、是除禱於天之外無所可禱。四、是獲罪於鄰國。道歉之條件。須得其同意。並得其滿意。不然即造成今日歐洲之大戰。然則禱於天之條件。非由天定不可。五、是天定與否。義當自去研尋。如欲作官。當自投考。此人所共知者也。人所應爲者也。六、是尋有實據。深信天不欺人。按其條件以禱之。望得免罪之恩。而去身心之累。是謂明信。何迷之有。何妄之有。今設深信孔子乃道學家。凡鄉黨所記語語不虛。又深信孔子爲博學家。所言犧羊。誠犧羊也。萍實。誠萍實也。防風之骨。肅愼之矢。文王之琴操。桓僖之廟災。無不一一如所言也。麐而角者。果麟也。而孔子反袂拭面。涕泣沾衿。不爲無以也。且深信其爲哲學家、政治家、社會學家。猶佛氏之如何果要如何便信他如何。究於我身心性命。何益也耶。一信再信。便能善其生以善其死否耶。况知孔子之道者。宜莫如曾子。曾子曰。夫子之道。忠恕而已矣。知孔子之教者。宜莫如門弟子。而記於魯論者則曰子以四教。文行忠信。此猶仁義禮智。智愚文蠻之人所固有。而無所用其信仰者也。綜觀吾國所論孔子之教。質言之。要不外斅學之斅耳。非西文所謂國教之教也。何苦效顰歐美。而定實不中其聲之國教者哉乃有滑稽者流則謂與謂孔子為哲學家為宗教家寗謂孔子為社會學家今後非大講科學則孔子之道不得而明也總之今後國民教育宜應世界之潮流修身教育急宜輸入功利派之倫理思潮庶民生可裕國計可饒而斷不宜存留憲法草案之第十九條猶沿孔子動機派之倫理思想以為國民教育前途之大阻障也此是國民將來之死活問題教育即國民之死活問題誠不可不慎重而斷行之者也必不得已則規定孔教為國教一任一般人之迷信或信仰 一任云者放任之謂也乃今始知規定於憲法內者乃放任之主義也憲法之效可想 而宗教本可超國而獨立者也 超國云者苟謂超然國表不受政府之干涉歟則必其教自具元首股肱之系統以統一其教理教規教衆之信仰亘古今不變而後可此絕非死則變為枯骨之人所能創也設創焉子姓無改於父之道且不能必又焉能必其教徒萬世無改其學說學派學風也哉西諺云一腦袋一意見彼亦一是非此亦一是非彼亦一素王之長兄此亦一闕公之義弟而教爭之起即起於夫子之宮墻小者爭廟產爭住持大者爭道統爭配享活魏閹死孔子嘗並坐而受孔教徒之僕僕亟拜矣故孔教而可為國教無怪周末諸子創教之多也所慮以後之多將自今始宗教云乎哉異說云乎哉還當質諸孔教

若夫國民教育則既為國民萬不能有超國之思想 彼言超國而獨立者獨非國民歟 今日歐洲各國若法若奧若義若德等國紛紛逐出學校中之耶教置諸學校之外即為此故也何我國人尚不明世界大勢之所趨而必奉孔子之道為國民教育修身之大本且規定於剛性之憲法中使之不可搖動哉奧國即規定宗教於憲法國民教育非常不良且起大喧爭可鑒也 既知教育不良起大喧爭皆因規定國教何為又欲規定孔教為國教得毋自相矛盾乎 其以為孔子非宗教家者誤也 方纔尚說與謂孔子為宗教家寧謂云云然則先生先誤矣 而規定如憲法草案第十九條

者。更誤之又誤也。訂定憲法不可以誤國者也。以上皆滑稽先生請定國教文。并謂（子貢亦功利派人也。惜乎其蜷伏於孔子之下。而不能自發揮光大其人格及學理也。）可見中國儒者於萬事萬物所以然之故。鮮所究心。往往竊取一二成語。望文生意。以武斷一切。一若天下大勢所趨。國民教育。惟有功利問題。不知功利問題。亦有非物質派者。猶教育之有德育焉。民之於仁也。有殺身以成仁。無求生以害仁。不然。國將誰與守耶。乃抱定功利以非孔子。孔子未必甘心也。至於以宗教國教。謂不關人民教育與修身。故雖規定孔子爲宗教爲國教。本無足重輕。不審孔教之徒。甘心否耶。爲是說者。重孔子歟。輕憲法歟。抑重憲法而輕孔子也。

又或謂憲法定孔教拜孔子。不過如拜國旗耳。期期以爲擬不與倫。何也。蓋無論孔子爲人也。鬼也。其自性有足以受吾敬故也。旗也。幟也。其自性不足以受吾敬。不足以受吾敬。故所敬不在旗也。幟也。明甚。或又曰。西人以女像像國家。女亦人也。其自性不足以受吾敬乎。答曰否。女像像母撫字人民之義。像由意造。女非實有其人。其不足以受吾敬。與實有其人之孔子大異。且西人無拜祀國像者。今拜祀孔子者。是否照孔子所說祭神如神在乎。（此如字當與下句如不祭同義。義非意之也。譬之父母在。子遠游。每早念親。設席設座。尙酒尙食。事生如生在。人且笑其妄。況事已亡之鬼。鬼又不在。非妄之尤妄乎。故如字當與如不祭同義。）若照其說。第一、該問孔子之神至今在否。抑故鬼小新鬼大。二千餘年以來。澌滅殆盡乎。第二、該問孔子之神。而在往時丁祭日。幾二千所。所所皆在乎。不祭之時。有定在否。能自由否。孔子在生。厄陳畏匡。不習遁甲。不克分身。與衆人無以異也。萬無一死而頓異獨異之理。天地之大。大小星球。幼渺如極微質點。其相拒相噏之規。無以異也。然則生而爲人。死則爲鬼。孔子之鬼。不能與他人之鬼而獨異。死而在。則與桓魋少正卯而俱在。幽明不克自由。理定相儆。設幽而爲鬼。可大自由。是求速死之爲愈矣。倘謂孔子已不在矣。死無知矣。又何爲拜祀無知之物。倘謂孔子在。固在也。不在祭所。然則所拜祀者。不過木主耳。木主非鬼也。孔子曰。非其鬼而祭之。是諂也。諂孔子且不可。況諂朽木乎。設謂在祭所。且分身而在各所。有徵乎。無徵乎。無徵不信。哲學有言 gratis asseritur, gratis negatur 言無徵者。不待徵以否之。此拜祀孔子。按諸哲理。當否認者一也。試問拜祀孔子。於孔子有益乎。倘謂祭則得食。以孔子比天。天大多矣。一年不過一牛。孔子一年四千。不將侏儒飽欲死乎。如謂不祭則不得食。除丁祭外。不將餓欲死乎。此拜祀孔子。按諸情理。爲無益所當否認者二也。且試問於拜祀者有益乎。夫拜活孔子者。宜莫如孔子妻與子。妻與子皆先孔子而死。其無益也決矣。清末尊孔。升爲上祀。廟未修竣。而清室不綱矣。各府州縣。春秋二祭。文武百官。未嘗不奉行也。而人心日壞。風俗日偷。官爲甚。此拜祀孔子。按諸事理。爲無益所當否認者三也。誠使請定孔教者。有堅信有迷信。信文武百官向如在之孔子。一拜一跪。一祭一祀。而天下軍民。悉然於變時雍焉。則猶可說也。不然。以九牛二虎之力。强人迷信也何爲。

以故平心而論。呼聲極高之孔子。以諸子創教考言之。不過理學一派耳。以孔子改制考言之。不過政治一派耳。非今世所稱宗教國教明甚。如謂國不可以無教。我國萬不能舍故有之孔子。而奉行外來之教。此猶言國不可以無法。我國萬不能舍向有之法律。而倣定外來之憲法也。人縱頑固。當無敢出此言者。至論以孔子之道。爲教育之大本。又有不可者三。而侵奪他教之自由不與焉。一者、孔子之道。志在春秋。戎狄是膺。荆舒是懲。尊王攘夷之說。久矣灌輸腦筋。通都大邑。在所難免。而鄉閭尤甚。故初設小學時。有呼爲洋學堂而焚毁之者矣。保淸滅洋之舉。非儼然尊王攘夷之道乎。山東發其端。全國蒙其難。故用以爲教育。似不可。二者、孔子之道。學優則仕者也。栖栖皇皇。席珍待聘。我國自有賓興以後。士之仕也。急於農夫之耕。耕也餒在其中。學也祿在其中。往往有輟耕而悵悵者矣。此古今所由大亂也。三年學。不志於穀。孔子曰不易得也。不謀作官定謀出洋。謀道歟。謀食歟。一內地鎭守使告予曰。南北兵刃並未接也。而向之謀事者。已近萬人。志最小者。求一縣知事。其他在省在京謀事之數可想。帝制偉人得魚而去。反對者又携筌而來。卽此一端。足以亡中國矣。何忍復以孔子之道。爲獺爲鸇耶。三者、孔子之道。以學稼學圃爲小人。又以貨殖爲不受命。四體不勤。五穀不分。實業之不講。此我國之大愚也。而孔子出不徒行。後車必數十乘。從者必數百人。所至如成都市。不然。陳蔡之厄。何能相持七日之久。愈慷慨講誦絃歌不衰歟。且恐黨人黨魁聞之。雖使吾儕小民減衣縮食。以奉其從者。亦不足矣。况黨人之外又有浪人乎。

▲英國憲法三四起。除王位確定法外。無不歷舉人民權利之被侵。凡由裁判官、警務官、地方官。官吏等之不稱。軍人等之不法者。與土地城砦之被奪。河港口岸之被禁。皆一一謀以救正防護之。日本改制其公地公產推讓人民作自治區內之用者何限中國反是官者歸官公者亦歸官荒悉爲權豪報領農人出千倍之價轉領而不得甯荒毋墾居爲奇貨此之謂民主國總之民國以來賞功之典日日有民間之苦不一問古止有功人功狗今則有功狼功虎德之戰功大矣多矣威廉二世以鐵十字作寶星尙鄭重以出之賠償兵燹之損害洋人有華人無能不視爲通匪已萬幸故人民心理願生生世世不生帝王家但有爲洋人而已

▲我中國政治不修。生計不講。人民死於疾疫飢寒、水火盜賊、兵荒刑獄中者。十常四五。能泰然利其利而樂其樂者。千百無一二。卽如禁種洋煙而不代謀他利。禁吸洋煙而不先治其癮。上海廣慈醫院有不用鴉片嗎啡之斷癮方七日除根未聞當道有勸告採用者 此非驅涉大川而不施舟楫乎。民之父母。竟忍出此。日撻其子弟而望鄰右愛重之。得乎。通商通商。只准人來云耳。我往。有德▲國憲法上保護國外貿易之條否。而憲法會議。漠不覩聞。會有總長詰其同寅曰。做過百姓否。竟全忘耶。孰意人民疾苦。人民代表亦全忘矣。一若四海困窮。非政治之過也。生計之艱也。惟在不拜跪△孔子已耳△祭祀孔子△已耳。光緒十年前後有見高麗墻壁地平均用字紙糊者勒令剷除謂敬惜字紙則高麗可興時人或書一人字擲乞兒身畔渠則什襲藏之意者乞兒非人也則不之恤故知所重在字乃擲一文錢亦不肯拾蓋羞其類於乞兒也然則所重又不在字僞言僞行不求眞理眞道者可慨 爰提出修正案曰。〝今國體已造成共和。並許人民信教自由。若不聲明以△孔子爲國教。前有朕卽國家曰孔子爲國教何異朕卽國教何狗脚朕之多也 恐人民誤會。以爲舊政廢。新教亦隨之以革。本欲信教自由。反至毀教。〞教必指舊

教矣。孔教矣可見脫離舊政是人民所喜脫離孔教亦人民所喜。故提案者。欲以憲法干涉之。不打自招。肺肝如見矣。大毛子春雷見之。不禁啞然失笑曰。豈諸君不自信孔子之道溥博高堅而必借重法院與政府之大力。始能保護而尊崇之歟。若法院與政府。不加以特別保障。則孔道將歸於毀棄歟。吾不惜諸君自待太薄。而惜諸君待孔子太薄也。見天津某報 鄙人則謂待孔子太薄無足怪。由來秀才人情紙半張。半張提案不爲薄矣。獨怪其自待太高。竟以爲一經品題。則孔子之神通聲價十倍。有是理乎。

孔子述而不作者也。即曰生前改制。亦不過喟然興歎。致慨想於空言。孟子不曰。然而無有乎爾。則亦無有乎爾乎。乃謂死後之殘篇。能以大道之行。託諸後代之英。以成其志。孔子得勿曰。吾誰欺。欺天乎。乎同一天望地藏之孔子也。枯骨不能庇其子孫。不盜不倡。山東道中蕩子班多姓孔爲族人告發之衍聖公類此者當不少。而一經憲法定爲國教。即能謀閉而不興。盜竊亂賊而不作。外戶不閉。以致大同大順。人亦肥。家亦肥。國與天下無不肥。是憲法之化神。神於孔子。妙然高出於衆經之上。前者以明經取士。而明者落落如晨星。今者不以憲法取士。但加入孔教。孔教即深入人心。人心於憲法。前雖有孔教而江河日下。人心於憲法後。即視孔教如日月經天。孔教日月乎。憲法日月乎。願與提案者一審定之。

提案者又曰。『大同之世。天下爲公。此孔教精神。亦即共和精神。然則孔教即共和共和即孔教二而一者也』 孔子預言二千年前。以備今日之適用也。國民果愛共和。其能無愛孔教乎。》吾亦曰誠然。當愛。不見媒婆祝新婚。必預言多子乎。以故愛子孫者。無勿愛媒婆。云吾嘗讀西人詠强權具四大理由云。一日者。獅與他獸。獵於山林。得大鹿一頭。平分爲四。他獸喜以爲可各分一杯羹也。獅曰。我爲百獸王。第一分應歸我。第二分我力最多。應歸我。第三分我功最大。應歸我。第四分有敢動者。請試大王爪牙。提案者所具四大理由。何其聲之相似耶。其最相似者。莫如第四條武裝護法理由。《倘不定孔教爲國教。他日中國羣雄。萬一仿歐洲保教而興師。則國會失其信用。且恐國本亦爲動搖。吾國會實爲誤國之戎首》云云。吾不敢以《刼之以衆而不懼。沮之以兵而不慴。見利不虧其義。見死不更其守。(文官不愛錢武官不愛命諸議員非文官非武官理當愛錢愛命)不悔不豫之特立性》責望國會議員也。人民代表。對於人民。對於代表。猶敢肆其恫嚇。況彼虎而冠者乎。謹奉勸議員。一一如命。命定孔教爲國教乎。命保存郡縣學宮及學田祭田乎。命設奉祭主。(歸孔教會世襲(元首不兼主祭論)嘗爲之規定)行拜跪禮乎。命編入憲法乎。憲法可以修改。而此則永不得再議乎。卽永不再議。無傷也。孔子不云乎。要我以盟。非義也。神不聽。欽定憲法。猶不可爲訓。況强權憲法乎。天下無自違憲法。而責令人守者。蓋有諸己而後求諸人。孔子有知。斷不肯利用武裝矣。

至如陳君煥章之請願書。則大毛子春雷所謂毫無辯論之價值者也。然不肯道聽途說。徧舉三洲國教。以自燿其聰明。蓋深知其中不實不盡。春雷所謂非眞知各國之內容也。又深知民主國體定國教者。實不多見。若按瑞士潘拿州以三教爲國教我國當以九教佛三回二故 此則其能讀洋文之一長也。至謂中國歷史與國情皆以孔教爲國教。而最大多數人之幸福在此。查中國歷史化家爲國曰國家君爲大田主大廠主民爲勞力動物主人視爲生利品有以愛護保存之者賢君也民之狡者謀爲司事總管把頭莊頭可不勞而多獲以故做官心最熱司事與主人所最怕者卽此勞力動物聚衆抗租罷市罷工必多方以愚之弱之禁刀兵禁弓箭禁大小防身之火器獨不能禁匪類匪類之豪往往取主人而代之主人之賢者以兼併他主之產爲務司事等以此爲功旣兼併而專利矣又不知享試看頤和園四望皆牛山是房門口之事亦照看不到而望其治天下乎爲問一部廿四史非此類乎至論國情古今所困者惟錢財而末世爲甚民情所喜者亦惟錢財多財之祝自古有之孔子亦用之終不餘力而讓財矣此寧有政教發徵期會哉故財神而可定爲國教也莫此最宜於國史宜於國情宜於最大多數之民意陳君撫膺自問當亦首肯何嘗國史國情皆以孔教爲國教哉請願之電雖多總不及洪憲之靈何也孔教之費總不及帝政之費也人以陳君爲善謊竊謂陳君不知國史國情爲何物 此未免少讀華文之一短矣。何以言之。梁任公戊戌新政時。幷不知憲法。但定於憲法之國教。果見於歷史。任公豈有不知。康南海於不忍雜誌云。全佛山男女數十萬。以神事爲業。則其購用必數十百萬之多。一鎭如此。則全國之信仰神佛爲最大多數。顯而易證。二公是乎。陳君是乎。陳君又言以吾國民之飮食男女也。固不能以佛教代之也。佛教有歡喜佛及無遮大會陳君以爲於男女之事猶未能盡致耶然則孔教究何如 以吾國民之尊祖敬宗也。亦不能以耶教代之也。此則近於穉氣矣。何也。蓋人之尊。在不同於禽獸。飮食雌雄。禽獸亦能之。且勝於人。一索再索。百發百中。世有言雖孔子生伯魚。不禽獸則不生。故何得以同於禽獸者爲教。耶祖與宗人多不見。不見則愛敬之心不生。故遺腹子。只知有母。漢高祖、明太祖。祖先世代皆不知。其餘中國人不知者無其數。耶教何由得代之。至謂孔教有左右全球之能力。尤有指導全球之資格。爲全球所仰望。而吾國所恃以自豪於世界者。此尤未免爲獃氣矣。今歐戰方酣。外交方急。陳君何不用無線電。將所謂孔教者。指導左右之耶。中國地位。至有名士謂予曰。雖爲奴爲隸。人民不能更苦。苦者惟無業游民。不能做官耳。則陳君之爲此說。非獃氣而何。不信。試將請願書譯爲英文。郵寄美國。其英文師有不怪其太無倫理者。吾不信也。徐州將軍之文。則視陳君高出萬倍。雖使康南海爲之。亦不相上下。堂堂乎。雍雍乎。眞儒將之風也。惜乎。照舊定孔教爲國教句。微有語病。蓋照舊定云者。必也舊已定有國教。不識見於何經何典何檔案。何吾儕老百姓。未之前聞耶。總之人各有心。定者不能禁其不定。但使對於國教。仍許人人得以自由。自由者必居多數。而國教將成孔教會之專利品。尚得謂之國教乎。必也禁止素王素臣總統總理。下至保甲甲長。俱不得自由。庶幾一切利權。可以一網打盡。恭喜恭喜。發財發財。誰謂大哉孔子。博學而無所成名乎。其教之所就。孰與他教多乎。恭喜恭喜。發財發財。

保持約法上人民自由權

馬相伯徵求同意稿

約法之價何價也。血價也。數百千萬人民。一而再。再而三。死於戰場以外之血價也。爲此乃無辜而被害者之血也。爲此乃不受祿養而自食其力者之血也。天下惟自食其力者。能自立。能自立者。乃能立國。國於今日之域中。而曰民國者。豈惟周召二相行政之共和。實我萬民大和會之民主國也。民主。衆不可以躬親其治。必傭代議代理。凡傭也者不得家於傭作之所帝王家宮殿官宦家衙署遂至野心勃勃視公產爲家所有不反其道則野心不已我民

彭清藜先生講演詞

庚申在湖南洗心社講

今日講演以「謝祖賢先生論孔教稱儒教並釋儒之眞義」爲標題。自人類既生。無論爲野爲文。必不能以無教。孟子曰。人之有道也。飽食煖衣。逸居而無教。則近於禽獸。故惟禽獸可以無教。人則不能外之。雖極鄙野如埃及之拜生物。亦得稱之爲教。豈以文明之中國。而反自謂無之。雖吾國數千年來。人民優游於孔教之中。所謂魚相忘於江湖。人相忘於道術。行之不著。習矣不察。終身由之而不知其道者衆。然未有自認爲無教之民者。即在東漢佛教傳入。唐代諸教紛乘。幾欲取孔教而代之。究之優勝劣敗。適者生存。孔教基礎。卒不爲所搖撼。乃近頃以來。始有以孔子爲非宗教家。久之遂斥孔教爲非教。於是羣疑並起。直謂孔教不適於現世。凡孔教中之道德倫理。悉欲摧陷廓淸之而後快。反人性。逆天理。莫此爲甚。嗚呼。舉國洶洶。以不狂者爲狂。此亦數千年未有之奇變也。吾爲此懼。

世界所謂宗教。有神道之教焉。有人道之教焉。凡純主神道者。必舍現在而言未來。必舍人間而言天國。一切婆羅門拜火猶太耶回諸教。無論爲多神。爲二神。爲一神。皆以神道爲主。惟孔教獨主張人道。雖易言聖人以神道設教而天下服。然天道遠。人道邇。故論語曰。務民之義。敬鬼神而遠之。則其注重人道可知。顧道之大原出於天。但言人不言天。則殊不備。而鬼神之德。物體不遺。亦惟孔教能知其真。且幽明兼綜。治教畢賅。於人道最爲無缺。故曰明則有禮樂。幽則有鬼神。此實孔教天人合一之精詣。其爲進化之徵。誠非他教所能逮。世乃但以迷信神權者爲教。而以趨重人道者不得爲教。亦異矣其惑也。雖然。教必有名。孔子之名其教。則謂之何。曰儒是也。

考儒之爲義。古作有道藝者之稱。其字始見於周禮太宰有九兩之目。五曰儒以道得民。注云。儒有六藝以教民者。此古以儒爲有道藝者之説也。雖周禮一書。多以爲戰國時人僞撰。或又謂經劉歆所竄亂。不足信據。但孔教雖以儒名。其字必非創自孔子。則姑就周禮考信。或古有是義。而未嘗定爲教名。不足異也。自孔子以儒立教。而儒遂爲孔教之專稱。不復域於古誼。故淮南子要略訓云。孔子修成康之道。述周公之訓。以教七十子。使服其衣冠。修其篇籍。故儒者之學生焉。又齊俗訓云。魯國服儒者之禮。行孔子之術。此以儒爲孔子立教名號之明徵也。孔子既立儒教。曾以十七儒對哀公之問。後學因著爲儒行一篇。則儒行實孔教之科律。孔穎達所謂儒包百行。事非一揆者。禪宗百丈清規不足以比之。又嘗謂子夏云。女爲君子儒。無爲小人儒。蓋儒教既立。凡奉其教者。皆得謂之爲儒。與古單指士夫習道藝者不同。然範圍既廣。人數自多。其中不無君子小人之別。如荀卿所述。有大儒。有雅儒。有俗儒。「見儒效篇」有散儒。「見勸學篇」又非十二子篇。譏子張氏之賤儒。子夏氏之賤儒。子游氏之賤儒。而後世之論儒者。亦有眞儒僞儒愚儒迂儒陋儒之目。是由儒教既行。品流自不能純一。弟子經一再傳。後浸失其眞。嚴格論之。自有此種種之別。而儒教爲孔子所創立。凡從孔教者。無君子小人。皆得謂之儒。（如入佛教者皆稱之曰釋氏。入回教者皆稱之曰回回。）鐵案如山。不可搖動。但人當勉爲大儒雅儒眞儒君子儒。而勿爲小儒俗儒僞儒迂儒陋儒小人儒而已。

儒教既立。同時諸子百家。紛然並起。欲奪孔子之席。凡攻孔教者。靡不舉儒爲標幟。其見於周秦諸子及漢人著述者。更僕難數。顧雜學雖繁。而老墨尤盛。老子支派最多。其與儒墨角立者。獨有楊朱。當其盛時。儒教幾不能與抗。孟子曰。楊朱墨翟之言盈天下。天下之言不歸楊則歸墨。惟儒教創興未久。墨子學其業而受其術。「淮南子要畧訓。墨子學儒者之業。受孔子之術」獨取其近似於大同者。而更恢張之。以自樹一幟。故能與儒中分天下者。又不在楊而在墨。韓非子云。世之顯學。儒墨是也。儒之所至。孔子也。墨之所至。墨翟也。自孔氏之死也。有子張氏之儒。有子思氏之儒。有顏氏之儒。有孟氏之儒。有漆雕氏之儒。有仲良氏之儒。有孫氏之儒。有樂正氏之儒。自墨子之死也。有相里氏之墨。有相夫氏之墨。有鄧陵氏之墨。故孔墨之後。儒分爲八。墨離爲三。而呂氏春秋云。孔墨之弟子徒屬充滿天下。皆以仁義之術教導於天下。韓非子亦云。今儒墨皆稱先王兼愛天下。則視民如父母。是墨子所以能俯視百家。使萬流競仰而與儒並顯者。非得力於儒不及此。然無本不立。其興也勃然。其亡也忽然。至漢而遂滅絕。王充論衡案書篇云。儒家之宗孔也。墨家之祖墨翟也。且案儒道傳而墨法廢者。儒之道義可爲。而墨之法議難從也。（案荀子云儒者將使人兩得之。墨者將使人兩喪之。此儒墨之分也。已見及此。此更就事實言之耳）此言可謂能抉儒墨興廢之由矣。夫墨氏兼愛。尙同。陳義太高。最易傾動一世。然其道觳苦。太反人性究不如楊氏之任天尊己。恣性隨物。爲得自由不羈之樂。而又祇知有我。不知有人。揆之羣義。尤覺悖戾。又不如儒教之人己交盡。爲得自其中。故孟子曰。逃墨必歸於楊。逃楊必歸於儒。歸斯受之而已矣。蓋儒教汪汪大度。有教無類。自當如此。而孔教之以儒爲號。證之墨道之交攻。與諸家之標舉。而其說益瞭然矣。

雖然。儒既爲孔教名。則其義非一知半解者所能解釋。周禮之說。固不足盡其義。後人更狹而小之。應劭風俗通云。儒區也。言其區別古今。此則以考信六藝爲儒者。蓋中周禮之說。此儒之義一也。鄭君云。儒濡也。以先王之道能濡其身。或引漢衡方碑。少以儒術。句。謂濡即儒之借字。濡潤也。儒者博文。可以潤身。此亦儒之一義也。是皆不足以概儒。為最巨謬者。莫如許慎許氏說文解字云儒柔也。從人需聲。按此說亦見鄭氏經典釋文鄭目錄。云儒之言優也。柔也。其與人交接。常能優柔。夫以優柔並言。尚未大謬。若專以柔訓儒。則與墨子之譏儒為柔者何異。貽誤後學。實非淺鮮。且以柔立教者。實不出於孔子。而出於老氏。故曰柔之勝剛。弱之勝強。天下莫不知。曰以天下之至柔。馳騁天下之至剛。惟其守柔。其弊必流於弱。若儒教則適與相反。論語曰。吾未見剛者。剛則必強。故易於開篇。即言天行健。君子以自強不息。中庸亦言中立而不倚。強哉矯。其他易言剛中。傳言剛毅不可勝舉。孟子大儒也。其說浩然之氣。亦曰至大至剛。可謂得儒之精義矣。雖儒教亦有言柔者。然必剛柔相濟。易曰。立地之道。曰柔與剛。傳云分陰分陽。迭用柔剛。又云發揮於剛柔而生爻。書曰。柔而立。擾而毅。「見裴駰史記集解引徐廣注擾一作優。」又曰沈潛剛克。高明柔克。中庸言寬裕溫柔。即繼以發強剛毅。皆可為證。夫剛固為天德。而非任氣狠戾者所得而冒稱。然但以柔立說。其弊更不可思議。自有許氏之說。而儒者剛勇之氣。一概抹煞。世競以委蛇荏弱曲學阿世為務。而孔教真義。不可復見。天下紛紛。多偽儒俗儒小人儒矣。近亦有以儒字作需字解者。謂需字以聲得義。需須也。待也。引儒行席珍待聘一節爲證。凡四舉待字。皆需也。難進之義也。茲亦不得謂非儒之一義。然儒行有十七儒。豈可以此一義而概括之。至如十七儒中言自立者二。言特立一。言特立獨行者一。言剛毅者一。其言規爲之儒。亦有强毅以與人一語。皆與許氏柔字之訓。極端相反。亦豈但有所得而已哉。許氏又言儒術士之稱。亦屬不合。雖術訓爲道。術士訓有道之士。然謂之道術可。謂之方術亦可。義實含混。皆失儒之眞意。惟孔叢子儒服篇云。平原君曰。儒之爲名。何取爾。子高曰。取包衆美。兼六藝。動靜不失中道。韓詩外傳云。儒者儒也。儒之爲言無也。不易之術也。千舉萬變。其道不窮。六經是也。揚子法言云。通天地人爲儒。諸說最爲近之。然儒既爲孔子教名。但從孔教者。即謂之儒。爲儒者但當勉力向上。而傳儒教者。則以孟子之術行之。不復拘其何類。庶足盡衛道之責。穿鑿附會。猶之不可也。

可以用模倣習慣的方法，省去許許多多從錯誤的(Trial and Error)費力之處，他對學習做父親在很短時間裏所知道的那些事情。對於國民和個人，他也有促成進步的大勢力；各國在進步中用這種模倣方法，使他們天才心的觀念和理想，發現來為大多數人民所採納；關於私者，模倣可以許可他將大大不同的觀點，由此以發生獨創。用了這種方法『可引導兒童從完全服件衝動的活動進到自治的，獨創的，具意志的活動方面去。並且模倣之在於人類種族和社會的發展裡面，已結論出同上類似的一部分。』

按照當時的學習方法看來，「而模倣表在於一切範圍裡作動勵的行動，—如在技藝裡，在文學裡，在實業裏，在教育裡，在道德裡，在品性裡，模倣成為一種價值努力的東西。至於走到創二私而做創造的新種人，就很少很少了、不過少數人能夠想出他們獨出心裁的東西，大多數人是在於一切生存分部中做附從者。如果他們在於生存裡保全了過去時代和現在時所供給的極好極好東西，那是很好的。總括看來，模倣必定不去純粹用盲從取在於模倣得來係許的，但是照當合有標準的意識選擇，對於所得的結果，應當有有分析的方法，把他來對相比較，使所採的東西可以較多接近於理想的模範。這種模倣已不用，包含判斷和揀選，創造意旨和自己作用。音樂或文學種種模範之於模倣經驗的背景中，使人可以因錯誤而給出他自己的說明，產生新發明的東西。例如，在合調秩序裡的模倣，是為發明所變成的。在藝術中的模倣是引新的和完滿的和完滿的模倣所獲取的，好像以升階之上升而定模倣之取去。所以教育家的作用是建合模倣；造成種種模倣的反射模倣習慣；發展加入於方法和模範模範中的判斷和分析；將來結果的權衡以與模倣相比較；供給許多和不同的模樣，以鼓勵發明、自立，創造，作為不止模倣的結果。

第六節　性慾本能

性慾本能(Sex Instinct)之引導種族的生殖，有一種極大的勢力，如果人類沒有傳得這樣極大的勢力，那也用不着這加重的語氣來說了。社會的組織卻表示他的勢力，而文學，藝術，和音樂是他美感的證據。這種本能不宜同戀愛行為的本能相混雜；這兩種本能雖然大半是有關係，但是有區別的；並在於同樣個人，發展的不同程度中相繼發生的。

(一) 發展的程序和範圍

分析性慾本能的生理和心理兩方面的不同。

關於性慾本能發展程序的真知識，不過近來才得到的，關於其要特點，其中有許多是未確定的。這種事實發生於狹隘的口對和羞恥的暗傳，就是使口傳去到同性慾相這類的各種事情裡去，在於兒童表面，難以察出他的發展程序。普通的觀察點，多以兒童的性慾『成熟』是在於成年時候，以這種成熟是同性慾本能的發現態度的一定生理符號一提兒來的。按照默耳(Moll)說來，這種見解含有兩種錯誤。第一種，『成熟』在於平均數上發現，比較來快於青年時代的發現，第二種，性慾衝動的推現，不是依靠這些生理的符號。其衝動雖是表示性慾本能在八歲以前，就起始做他的發展，雖然不是繼續的進行到成熟，但有繼續生長的勢力。現於兩組不同範圍裡的進行，合攏來組織相當的性慾衝動，第一組的進行，是在於全部生理區域中進行的，包含種種感覺，神經擾亂，反射，精液和其他種種的表示，一共叫做牟鬆(Detumescence)的現象。第二組的進行，是在於心理的區域進行的，包含種種的吸力。軟溺的愛情，和因緣的情緒，象含有情慾的，羞恥的，和躲避的情操，統統叫做傳授(Contrectation)的現象。在尋常的成人裏，這兩組衝動是相等的和合時的；但在於幼年時代的長期發展裡和早成年的時候，這兩組中或者可以發現任一組的獨立情形。

(二) 尋常的和變態的發展

這種本能表示發展的什麼程序？

在極早幼年的第一時期，或在於中央時期裏，實際上沒有傳授衝動覺得的；除了在病理情形中以外，所謂表現的這種牟鬆進行之徵覺得的，不過說沒的在於不存在，意識或區分的欲望中，。這個時期是由於相同的程序所歸依，平常大多在八歲的時候始有性慾表示，有時早的到五歲時就有了，有時偶然擬到不是十歲，倘有延長到十三歲，或十五歲，以上才有性慾表示的，有些地方是到了二十歲時才有的。在這個時代裏，傳授衝動常變為很注目的；這兒童和旁兒童，或附件中的任何成人，有時或同動物，做濃厚的愛情，但可以有感情的這些對像之結成。這些衝動是因為得到，看到，走近到，接觸到，接吻到，或抱了目下極可愛的這個人而表現的，或恰好在拜物教的地方因接觸了他的這個可愛人的物件而表示出來的。同濃厚愛情相混合的曖昧猜想的狂妄夢想，往往從卑賤模倣到狂妄誇示的暴發。產生了最大的邪惡行為。所謂『小戀愛』同和『大極限』的行為，就是這些複化的例証。以上所有表現並不是以為在於這時期裏、感觸緒時期裏所含的深情友誼，即為性慾本能的表示；但不完全發展的本能，往往在於這種形狀裏忽然表示出來的。無論如何，在於純粹裏的優美性慾的愛情，或者缺乏各種同生的和定場所的適當的性慾感情；關於兒童生理上的改變和進行的任何意識聯結，也許有着別的缺乏；密接的倫理欲念，有時引到不好的慣例方面去，却不以為異危險的。感情衝動的和放蕩色慾的青年相符之事，可以現出個人經驗十分驚慌的行為事件。

(未完)

吳虞底儒教破壞論

(日本「猶學雜誌」卷三號)

青木遠陽著　王悅之譯

次於中華民國底政治上底革命，有文化上底

革命，最有意思的，就是道德思想底改革，那是想要破壞那幾千年，立了深遠的儒教道德；和要從歐洲文化上，輸入可以代這個的新道德。那首先立在這個破壞底矢面上，去振鋒者，是吳虞與陳獨秀。一個是由四川成都；一個是由上海，相呼應而奮起的。兩氏的論據底立脚點，都由政治學上出發；而歸着於孔子之道，不合於現代底結論。但是陳氏底議論，由政治學的見解之上，加以根據西洋底倫理及宗教之說；吳氏是從於中國古來底文獻　而由法制上，去論儒教底不適用於新社會。

這個問題，自然是由時代底趨勢而發生的；但是惹起這個問題底近因，還全是由「孔教會」底運動來的。改民國以來，那一般保守的老學者，怕國民思想的歐化；要想把孔子之教，立為國教；來保存統一國民思想。那是民國元年以來底事。也曾驚嚇我國（日本）。那個時候，東京某先生，也很附合贊同。這不可思議的，是在中國，為新學派底先登，力爭要輸入歐洲文明底那康有為，此回更變為保守派底先驅了。回憶明治二十七八年（甲午）中日戰爭後，他們對於戰敗，臨有覺悟；說日本底進步，是吸收歐洲文明底庇蔭。所以從此到處，妙想要輸入那歐洲人底文化。那個時候，有一派底論者，主張單要做他們底軍備，再有一派人們，想深一點，不單要做他們底物質文明；說非輸入那根柢的學問不可。（主於政治法律之學）我者是可稱為當底新思想家康有為，和他門下梁啓超。所以突然惹起新舊兩思想底衝突。

如衆周知，著「孔教會雜誌」；盡力去擁護舊思想。當時為新派底頭目的康先生，後來更踏梁先生底後塵，來擁護孔教。而公為新思想攻擊底目標，雖是不可思議的事；但是有這思想底戰爭、世間才能進步哩！

康先生在孔子二千四百六十三年誕日——即民國元年十一月某日——發起孔教會。那時他作一篇序，來發明會旨；并發刊「不忍雜誌」來作機關。聽說十二月，發表「中華救國論」（其實是牛年前底舊稿）大振其舌，說儒教「大同」之義，很合共和政體；欲統一民心，非儒教不可。後來又有「孔子為國教配天議」等之論。很盡力於孔教運動。但是從惹那完成共和的新思想底人們底反感。他電請政府，立孔教為國教時，南北底報上，一齊登了許多底反對論；國會又主張由憲法中，刪除尊崇孔子底條目。民國五年，他給黎總統和段總理書論，提論尊孔論。

當時最進底雜誌陳獨秀，奮然在他主宰底「新青年」雜誌上（二卷一號）登了極端底駁論；去打破他底主張。在這個以前，「新青年」上，也登過一個反孔教論者底議論。那是易白沙底「孔子平議」（一卷六號（五年二月）及二卷一號（五年九月））。他雖不極端去排斥孔子。但是其論調、是論孔子底學說是帝政主義；儒者是諂諛歷代帝王的；是以共和不相容的。他底結論，說「孔子底希望，不在君王；是在民主。所以諸侯，都疑他是危險人物；誰也不用他」。及至陳氏駁了康氏以後，又著「憲法與孔教」；（新青年二之三）「孔子之道與現代生活」（同二之四）「再論孔教問題」；（同二之五）去對付康氏。痛論孔教底道德、和政治思想與現代生活，及立憲政治不相容。很湧起天下青年底熱血。

聽陳氏之論，有遙遙地由四川成都山間揚聲起來的。那就是吳氏。他雖隱匿下；晚現中原；但是他早就懷有非儒之論。他民國前六年（明治三十九年）來游我們東京底時候，作「中夜不寐偶成」，致盲底詩。那自註中多年是非儒之說。他回四川以後，專心去研鑽東西底法律哲學書，愈覺悟儒教之非。其間每有所感，就托為於詩文。他所著的有「辛亥雜詩」九十六首，「李卓吾別傳」，「家族制度為專制主義之根據論」，「儒家大同之義本於老子說」，「儒家重禮之作用」，「儒家主張階級制度之害」，「消極革命之老莊」，「讀荀子書後」等論篇，都是鼓吹儒家底非處。他底著書中「宋元學案粹語」底例言，因為引李卓吾底話，成了問題，被當時清朝底學部，命令收，禁止他底發賣。又民國二年底時候，他在「醒羣報」執筆，忽被內務部電令，來禁止發行。自此以來，凡關係非儒底論說，成都底報上，都不肯給他發了。他對於非儒之論，比較陳氏，還要先發一二步呢！

於是他寄書與陳氏，表明自己底精神，而與陳氏共鳴起來。陳氏碻求他底論說，來登「新青年」上。那就是二三底舊作，和數篇新著。如此他底言論，就由四川底瓢下，而跳上舞臺上，來介紹滿天下底青年。像我夫厳在東海之孤島，沒有出過海外的，也曾見過他底論說呢！現在簡單，把他所說的，來介紹介紹。他是先由制度之上立論的。

儒教底社會道德，是由「孝」出發，這個在家庭，就是「孝」，在國家，就是「忠」。家是由「家長」所治，國是由「君主」所治的。國家就是多數家庭造成的。換而言之；君主專制政治，就是家族制度底擴大的。儒家是承認專制政治，而且鼓吹那孝敬忠順之事。所以於尊貴長上有利益的，而於卑賤的人們沒有利益的。雖然獎之以「名譽」，誘之以「祿位」，但是尊貴長上，怎麼樣也難免有「不平等」之感。即其理論，是和那根據權利「平等」的思想底共和精神相反的。蓋孔氏之徒，因為熱心於利祿，所以不得不主張尊王主義。他們底學說，不過是諂媚那顯貴底人能了。看那「論語」底「鄉黨」篇，就可以知道孔子實在像現在底俳優底巧弄媚態了。他實在是專制時代底官僚派底萬世師表了。唉！孔孟之道，是在六經，六經底精華，是在歷代律例，而滿清律例，為其中最野蠻底尊卑貴賤階級制度底代表者。儒教不革命，儒學不轉輪，就我國終無新思想，新學說了！怎樣能夠造出新國民來呢？（「家族制度為專制主義之根據論」及「儒家主張階級制度之害」）（於此他更有攻擊「孝」底必要」）

古來對於這個「忠孝」，看的很重大，其實那是他們向那麼塗他們專制的私心底目的，爲自己底利益，去利用他的（忠孝）使人以此來爲學說，君主以此來下命令，家長以此做護符的。他們恐怕給人家，看破這個醜劣的手段底內容，所以他們借那「五刑之屬三千，罪莫大於不孝」底詭奇的刑法之力，來威嚇壓制人民。這乃是用禮教和刑法，由內外來壓制底策略啊！但是我們不明白是怎麼樣道理三千刑中，獨以不孝爲重呢？對這樣理，古人底解釋，說是單爲尊長及長上底方便起見咧！如同徒縱君主，衆人（如孔氏之徒），家長底所欲，而人民沒有獨立底自由。這雖然利用者底害，但是因爲「孝」底觀念，而成自身底弊害也不少。比方孟子所謂「不孝有三，無後爲大」之弊，就生出蓄妾底風俗來。把女子當作生產子女機械底習慣來。以這個觀念男的來妾女的，是全爲父母，爲祖先，來繼嗣的。一點也不許有那種愛戀至美的戀愛底感情。就算完全沒卻了自我底權利了。他主張父子之間可以沒有尊卑底觀念，只要有互相扶助底責任就好。我們一樣是人類，一樣爲社會做事，并無何等之恩，也無何等之德，要承認子女底人格，都向那正義人道而進才好呢！（說孝二「孝」者，前所說的，是給權力者利用，又有惡影響着世道人心的。至於那有階級的「禮」，其禍也不少。所以他又進一步，去論這個「禮」）

向時孔子問「禮」於老子底時候，老子許有數他平等無差別底「大同」之世，和差別的「小康」之世之論。但孔子背他底本師，舍道德，而講仁義，不說「大同」之說，而主張「小康」之天下，偏重差別的「禮」、是何道理？那大概因爲他汲汲要去求些俸祿，所以講貴賤有等，長幼有差，貧富輕重都有區別底論法，來諛媚權貴底人們底曲學阿世底醜劣手段罷！最可憐的，是被世迷惑了他底學說底凡人呢！由這個對君主長上，絕對服從底觀念，遂生出殺其子，羹其肉於君的，和在陣中殺其妻孥，給部下底人們吃，來盡忠底武將來。！何等的慘酷呀！論到孔先生底禮教，至於極點，非殺人食人不算成功了！自古來講道德仁義底人們，一旦得了機會，都是直接或是間接，來吃人肉的！唉！到如今如我們不得不覺悟了！我們不是爲君主而生的！也不是爲聖賢而生的！也不是爲綱常禮教而生的！那「文節公」！「忠烈公」！都是那食人的人所設底圈套啊！我們應當打破了！（「禮論」及「吃人與禮教」）

以上是吳氏非儒論底根本觀念底大要。他因要堅固這議論底根據，所以進一步，借道家和法家底非儒思想，著「道家法家均反對舊道德說」；「消極革命之老莊」二篇。又作「讀荀子書後」來詰傳那罪惡的儒教底經書至有力的；和給秦始皇主君主專制底原因底荀子底罪過。又著「儒家大同之義本於老子說」來報那深「禮運」大同說；儒教與共和國沒有矛盾底康有爲一派底強辯。又感於明李卓吾，非議孔子的精神；所以撰「明李卓吾別傳」來表暴他底意思。

現代中國底新人物，都是反對儒教底舊道德的多。但是像吳氏那麼熱誠來呼號非儒論的，一個也沒有。現在想要破壞舊道德底人們，或奔走於社會主義；而思想過激的，實在不少。或要提倡中國固有底三家學說底人們也不少。這個中間，獨吳氏有欲立老莊之道底傾向。

最近吳氏集其非儒底論文，爲「吳虞文錄」由上海亞東圖書館出版。他立刻就送給我數部，和他的詩集「秋水集」我現在感謝他底芳志；並且乘裡面標圖會對我們同志，來介紹吳先生底痛快高論。吳先生名虞，字又陵；四川成都人。現在爲北京大學教授；寓北京東城景山東街。

保定育德中學校啓事

本校現缺國文教員二人（一）二年級專教白話文三四年級兼教文言文）其一專授國文其一兼授論理心理倫理各科有欲俯就者請通函本校並賜寄最近作品一二篇以便商洽

北大第二平民學校啓事

茲承

竹集熙先生捐贈：物理學一冊，幾何學一冊，西洋史兩冊，東亞各國史一冊，生理學一冊，動物學教本一冊，平三角大要一冊，化學一冊，代數學一冊，礦物教科書一冊、蓋氏對數表一冊，新潮一冊；

時錫簸先生捐贈：雜識一本，縣學月刊一本，新青年一本，新中國七本；

孫德中先生捐贈：東遊揮汗錄一本，哲學概論一本，英文云爾字規範一本、科學知之英文法一本，嶺南一本；

黃錫源先生捐贈：法制概要一本，經濟大要一本；

傅蕭先生捐贈：新潮一本；

李會瀛先生捐贈：歐洲戰紀一本，國民一本；

于德宜先生捐贈：新潮一本，吳孚威傳一本，戰爭與進化一本，新歷史六本，蘇維埃俄國二十本；

宋檠振先生捐贈：新生活一本；

均此鳴謝！

Intercollegiate Debate

The tryouts for the Teams to represent the National University in the debates With Tsing Hua and Union Medical College Were held on Wednesday evening, February 1. The following men Were selected: Speakers: Chien Ch'ang Hsing-chi, Li Kwan-ying Li Lan-chang, Sung Tso-men, Yuan yu'g-chao Alternates: Chang Tze-kang, Kuo Chih-shih.

哲學社公開講演

講題——論無所爲而爲的精神

時期——本星期日（二月五日）下午二時

地點——南池子緞庫本社

主講者——傅銅

著論

基督教經與儒教經

吳震春

基督教經，自舊約創世記至新約啓示錄共六十六卷。儒教經，雖然名爲十三經，但如按照各經中分析的卷數計算，却有一百多卷。基督教經譯本（文言的）的共六十萬字。儒教經（祇算正文）也約有六十萬字。基督教經，自寫刱世記的人之時代起，至最後出的福音書之時代止，前後約有一千年。儒教經，自堯舜時起，（假定堯典是虞舜時代人所作）至秦漢間止，（禮記中多有漢人的著作）則有二千多年。基督教經，各卷書的性質，可分爲律法，禮制，歷史，傳記，詩歌，書信，語錄，論辨，等類。儒教經的性質，大致也有這幾類。基督教經，是後人從各種書中，選擇審定，經過教會的承認，而尊之爲聖書的。儒教經，也是經過後人的删訂編輯，加以朝廷的功令，而尊之爲十三經的。所以基督教的新舊兩約，與儒教的十三經，從各方面觀察，頗有兩相比較的價値。祇因中國民族，與以色列民族，所佔據的時代和環境，各有不同。所以風俗，習慣，思想，文字，也都不同。又因爲基督教經是教會所定，其目的專在保存宗教。儒教經是國家所定，其目的乃是教訓普通治世的人才，使之通經致用。二者的範圍，顯分廣狹，所以一般人對於兩教經典的觀念，也截然不同。其實宇宙間的事理，雖是萬殊，終歸一本。無論各民族的種性，是如何差異，而於推闡事理的論說，總要發見相同之點。這是研究世界文化史的人所公認的。我以爲中國人研究基督教經，也必要明白這意思。因此將我個人讀經時所得的聯想寫出來，作爲舉例，以供參考。

（一）創世記上帝造人與中庸天命之謂性◉創世記第二章第七節，上帝用地上的塵土造人，將生氣吹在他鼻孔裡，他就成了有靈的活人。中庸第一章第一句，天命之謂性。宋朱熹註，命，猶令也。性，即理也。天以陰陽五行，化生萬物，氣以成形，而理亦賦焉，猶命令也。於是人物之生，因各得其所賦之理，以爲健順五常之德，所謂性也。創世記與中庸，同是論到人之初生的事。現代的人，讀創世記，都覺得這種象徵的文字，實在笨拙可笑。而讀到中庸天命之謂性句，則因爲他是概括的說法，就沒有甚麼批評。但概括的說法，終久不能使人了解，所以朱子必要加以解釋。那知一加解釋，卻更發見困難之點。就如上文所引朱註，試問天是怎樣將理賦與人？人是怎樣得着天所賦之理？朱子於理亦賦焉之下，直接猶命令也一句，是否能表明實際的情狀？這樣的說法，在論理上，是否可通？創世記固然是『刻舟求劍』，朱註卻未免『囫圇吞棗』。其不能說明人生之由來，二者有甚麼分別呢？大抵古代的人，思想簡單，起初祇有象形的字，漸漸的將象形的字，連合排比起來以記事。後來文字孳乳漸多，人的思想也日漸繁複，纔到了用文字發表理想的地步。創世記和中庸所說的同是一回事，而文字的外表廻然不同，也不過是文化發展遲早的關係罷了。

(二)以賽亞預言基督與中庸想望至聖◉以賽亞書十一章一至十節，從耶西的本必發一條，從他根生的枝子，必長果實。主的靈必住在他身上。就使他有智慧和聰明的靈，謀略和能力的靈，知識和敬畏耶和華的靈，他必以敬畏耶和華爲樂。行審判不憑眼見，斷是非也不憑耳聞。卻要以公義審判貧窮人，以正直判斷世上謙卑人，以口的杖擊打世界，以嘴裡的氣殺滅惡人。公義必當他的腰帶，信實必當他脅下的帶子。豺狼必與綿羊羔同居，豹子與山羊同臥，少壯獅子與牛犢並肥畜同羣，小孩子要牽引他們，牛必與熊同食，牛犢必與小熊同臥，獅子必喫草與牛一樣，吃奶的孩子必頑耍在虺蛇的洞口，斷奶的嬰兒，必按手在毒蛇的穴上，在我聖山的徧處，這一切都不傷人，不害物。因爲認識耶和華的知識，要充滿徧地，好像水充滿洋海一般。到那日，耶西的根，立作萬民的大旗，外邦人必尋求他，他安息之所，大有榮耀。中庸第三十一章，唯天下至聖。爲能聰明睿知，足以有臨也。寬裕溫柔，足以有容也。發强剛毅，足以有執也。齊莊中正，足以有敬也。文理密察，足以有別也。溥博淵泉，而時出之。溥博如天，淵泉如淵。見而民莫不敬，言而民莫不信，行而民莫不悅。是以聲名洋溢乎中國，施及蠻貊。舟車所至，人力所通，天之所覆，地之所載，日月所照，霜露所墜，凡有血氣者，莫不尊親。故曰配天。試將這兩書參合比較，大致都可分三段說明。以賽亞書第一段，是懸想耶西後裔中所生的聖人，備具各種的靈感。第二段，是說這聖人如何治理這世界。第三段，是說當這聖人的時代，世界如何太平，（其間形容各種動物的和協，正與中國古書所說，太平之世，麟鳳來遊，及鳥鼠同穴等祥瑞的話相同）。他的國家是何等榮耀。而中庸的第一段，也是懸擬至聖的人，備具各種性德。第二段，也是說至聖的威儀言行，爲人民所敬，所信，所悅服。第三段，也是說至聖的聲名遠播，他的功德與天相配。而且以賽亞書所舉的智慧聰明等句，基督敎會約分之爲七項。在中庸則有聰明睿以下二十字，至少可分爲十項。又以賽亞書所用的公義，正直，信實，等說法，都包括在中庸民敬民信民悅三句之中。又以賽亞書說，認識耶和華的知識充滿遍地。好像水充滿洋海。中庸也說溥博如天淵泉如淵。又以賽亞書是說耶西的後裔，必使以色列國，爲外邦人所歸往。中庸是說普天之下，都要尊親中國的至聖。我們詳細對照，竟可以說以賽亞和子思兩個人，不但思想完全相同，就是文字的氣勢，也彷彿一致。（注意以賽亞的幾個「必」字和中庸的「唯」字「爲能」「莫不」等字）宇宙間竟有這樣不謀而合的事，眞可以算得奇妙了。在以賽亞寫這書，是因爲當時本族屢遭强鄰的侵害，人民困苦流離。於是根據祖宗的遺傳，深信上帝必要在本族中誕生聖哲，振興國家，使本族的人得所懸安。而在子思寫中庸的時候，也是因爲列國紛爭，宗周衰弱。於是想望至聖臨世，宇內承平。所以兩人的感想，都是以自己的國爲前提。希望在自己的國中挺生異人，撥亂世而反之正。但兩人著論的動機雖同，而其效用乃大異。猶太人讀以賽亞書，都認爲上帝的啓示，先知的預言，就是耶穌降生的張本。而中國人讀子思所著的中庸，郤不過當作一種理論，決不含有預言神秘的性質。（後人因爲中庸第三十章，曾提到仲尼祖述堯舜的話，也有以爲這一章書，是子思暗指孔子說的，但照那樣說法，也祇能說是追述，而不能說是預言)。這豈不是因爲時代、環境和種族習慣的不同，人民的感覺，就顯有區別麽？論到以賽亞書所擧的智慧聰明等七項，在基督教會裡，又與一種禮儀的解釋，發生關係。有一派的敎會，信徒於受洗後，還要受堅振禮。這禮名爲堅振的意思，是使信徒在領洗時受的聖靈，堅固而振勵。這禮的形式，是主敎（或會督）按手於信徒的頭上。而其所用的禮文，卻引以賽亞書所說的智慧節七項，稱爲聖靈所賜給人的七種恩賜。據說是因爲按照以賽亞的預言，耶穌是備具七種靈賜的。所以作耶穌的門徒，也須得着這七種靈賜，方能效法耶穌。這原是狠好的敎訓，於人有益。但究竟是後人的解釋，不能認爲事實。我們試換一方面着想，假使中國人也將中庸所說的聰明睿知等，分爲十種靈賜。並且說是可以由一個人按手在衆人頭上，就叫衆人得着這十種靈賜。恐怕人都要說是荒誕無稽了。

(三)聖靈與仁◎約翰福音第二十章二十二三節，耶穌……說了這話，就向他們(門徒)吹一口氣說，你們受聖靈你們赦免誰的罪，誰的罪就赦免了。你們留下誰的罪，誰的罪就留下了。又馬太福音第十六章十九節，我（耶穌）要把天國的鑰匙給你。（彼得）凡你在地上所捆綁的，在天上也要捆綁。凡你在地上所釋放的，在天上也要釋放。論語里仁篇子曰，惟仁者，能好人，能惡人。又大學第十章，此謂唯仁人，爲能愛人，能惡人。基督敎所謂聖靈，就是儒敎所謂仁。如果將新約書裏論聖靈的地方，與儒家論仁的地方，比較解釋，大概都可證實的。類如基督敎說聖靈和天國有關係，（馬太十二章二十八節）儒敎也說仁和世界進化有關係。（論語，孔子曰克己後禮爲仁。一日克己復禮天下歸仁焉）。基督敎說天國在人中間，（路加十七章二十一節）儒敎也說仁爲人心。（孟子曰仁人心也。又曰仁人之安宅也）。基督敎說人所當求的就是聖靈，（路加十一章五至十三節）儒敎也說人所當求的就是仁。（論語孔子曰，求仁而得仁。又曰，我欲仁斯仁至矣。孟子曰，仁，人心也。……學問之道無他，求其放心而已矣）。基督敎論祈求聖靈，屢次說到饒恕，（馬太六章十四節又七章七至十二節）儒敎論仁，也常常說到恕。（

論語已欲立而立人，己欲達而達人，能近取譬，斯爲仁之方也已。又仲弓問仁，子曰已所不欲，勿施於人。孟子强恕而行，求仁莫近焉）。基督教以聖靈充滿的人，就是道成肉身，（路加三章二十二節約翰一章十四節）儒教也說人與仁合就是道。（孟子仁也者，人也，合而言之道也）。這都是狠顯明的例證。而尤其顯明的，就是上邊所引的兩處。在孔子的大意，是說唯有仁者的心，純然天理，所以好惡能得其平。而耶穌應許門徒和彼得有赦罪定罪的權柄，也是注重在受聖靈。天國的鑰匙，也是指聖靈說的。所以語意是完全一樣。倘若泥著新約的文字去解釋，能說耶穌對門徒吹口氣，眞含有甚麼神秘和小說家所記的神仙幻術相似麼？耶穌拿天國的鑰匙給彼得，那鑰匙又是甚麼東西呢？

以上所稱引的，沒有甚麼系統，更不免有疏漏的地方。但我以爲，依此研究的結果，已可得着數種效用。就是（一），基督教經，多有寫實的文字。祇要不爲文字的形式所障碍，就能領略他的精神。（二），基督教的道理，有一部份用儒書來證明，就可以解除多少遺傳的迷信。（三），不但在知識界裏宣傳基督教，有許多便利。並且儒教也可藉此發明。（類如儒家論仁，本極神妙，好像仁就是個活潑的靈體。所以可以求而得，可以欲而至。幷且可使天下歸之。若不是用聖靈來比證，恐怕孔子所說天下歸仁的話，就狠不容易明白。）向來基督教會，以爲基督教的聖經，是上帝所啓示。一字一句，都是神聖不可侵犯。絕非他教的書所可比擬。而一般崇奉儒書的人，卻以爲儒書是典雅高深。基督教經，則文字鄙俗，敍述離奇，不値識者一顧。彼此各自尊大，互相鄙薄。其實是彼此於兩教的經書，都沒有子細研究，以致不能互相諒解。現當宗教進化，學術思想變遷的時代。這兩教的經義，確有疏解溝通的必要。所以我願意將我一得之愚，引起信基督而又深通國故的人，研究的興趣。盼望於中國基督教運動的前途，大有裨益。

再者，我所以先提出以上三段的原故，一則是因爲在文字上顯有符合的證據。二則因爲在教義上是犖犖大者。

原來『聖父聖子聖靈三位一體的上帝』，是基督敎會自古相傳的要道。不但非基督敎的人，莫名其妙，就連基督敎徒，也以爲是深奥難明的。而我提出的三段，却與這聖父聖子聖靈三位有關係。我以爲研究敎義的人，倘能於此三點，大致了解。那末，其餘的敎義，就容易融洽了。深望讀者諸君討論賜敎，或者我還可繼續的探索，有所貢献於諸君。

什麼是儒教

——對中國作如是觀之二——

陶希聖

日人大塚令三氏在滿鐵支那月誌三十一號介紹我的中國社會與中國革命，指我的結論爲儒教的三民主義解釋。我在這本書內有一個小題是「孔學三民主義之妄」。他的指斥，對我是一個寃獄。

我不是不相信儒教，我也不是相信儒教。我只是喜歡評定儒教的社會的地位。我確信孔子學說到今日已成爲地主階級生命之火。我如果以地主階級的意識爲意識，我當然應信儒教。我如果不加入地主階級的隊伍，我當然不應信儒教。儒教三民主義是地主階級三民主義的解釋。我如果是地主豪紳，我當然用儒教來解釋三民主義。

這是一個社會的問題。

儒教的權威之有無成敗，全賴中國地主階級的生死成敗。中國地主階級，讓我看是正在崩壞之中；因此我斷定儒教也正在崩潰之中。無論我相信儒教與否，這是一種事實。

我們讀漢四史。我們看前漢時代，儒家並沒有當權。漢武以前，宮廷與封君信仰黃老之術。漢武以後，宣帝不用儒生。元帝做太子的時候主張用儒生。到了他登帝位，蕭望之爲宦官所害。劉向爲外戚所排斥。換句話說，儒生在武帝以前受封君的抑制。在武帝以後受宦官外戚的抑制。

這是因爲什麼？漢武以前，政權在於封君。封君是吃地稅的貴族。地主是納稅的平民。在經濟上地主受制於封君。在政治上儒家受封君的抑制。漢武以後，封君因商業資本發達而崩潰。大封君被宮廷打破。小封君向商人負債，受制於商人，失却從來有力的地位。商人有貨幣，可以買土地。大地主出現了。然而漢的政權不是地主政權。漢是由游民及農民產生的政權。封君崩潰以後，宮廷方從於財政集中與軍事集中，方從事於集權於宮廷。宮廷不容許那主張封建制的儒生。宮廷不容許大地主當政。所以武帝以後的政府，只用小吏，（如霍光，魏相，邴吉）只用宦官（如許恭石顯）只用外戚（如霍家，傅家，王家，）而不用儒生執政。因此孔學在西漢只取得社會的尊榮，宗教的熱信，而沒有取得政治的支配。

我們再看後漢書。後漢中葉以前，宮廷不獨尊重儒生，宮廷自己也以儒生自居。中葉以後，宮廷雖爲宦官所操縱而欲集權。但是儒生的勢力已不可侮。黨錮之禍，便是集權的宮廷與強大的儒生之爭鬥。然而儒生的社會勢力，決不因此而動搖毫分。

這是因爲什麼？後漢是以地主起家。除吳漢以外，自劉秀以下的開國功臣，都是地主，因此都是儒生。後漢的政權是豪族政權。所以後漢的舉士，全操縱於豪族之手。因爲在後漢是地主當權，所以孔學非獨取得社會的尊榮，並且取得政治的支配。

孔學與地主。這兩者結不解緣。王莽藉孔學來打擊地主，實行井田，反爲地主所破滅。破滅王莽的，仍然尊重孔學，因爲破滅王莽的乃是地主。王安石藉孔學來改行新政，打擊地主，反爲地主所環攻。攻擊王安石的仍然是孔學，（如程氏兄弟，蘇氏父子）因爲攻擊王安石的乃是地主。

孔學與地主。兩者在起原上本是一家。孔子的時代，正是貴族崩壞的時代。孔子自己便是破壞的貴族。孔子的時代，正是私有土地的地主開始發生的時代。孔子的學生都是「士」，士便是獨立的地主。所以新起的私有土地的地主便襲取孔子的學說。

地主上升，則孔學也上升。地主衰落，孔學當然衰落。試看五四運動以後，孔學已是陷入衰敗之淵，不易掙扎。這是因爲什麼？試看中國的地主階級。外國的廉價商品，打破了中國的閉關主義。中國的鄉村，充滿了外國商品。外國商品是要現銀去買的。地主的租課卻是穀麥。地主拿穀麥去到小城市換成錢。再拿錢去買那從外洋進口的商品。穀麥的流通，與洋貨的流通是如下的：

1. 農民——穀麥——地主——小商——買辦——外國資本家

2. 外國資本家——洋貨——買辦——小商——地主

洋貨經過買辦之手，又經過小商之手，才到地主手裏。地主拿穀麥到小商手裏才可以換得那買洋貨的錢。小商來買穀麥的錢是小商從買辦領來的。小商賣洋貨的錢又從小商之手到買辦之手，最後到外國資本家之手。其流通如下：

1. 外國資本家——錢——買辦——小商——地主

2. 地主——錢——小商——買辦——外國資本家

這樣一來，地主一賣一買之間，被外國資本家把錢賺去了。全地主階級的地租變成錢，全地主階級的錢都被外國資本家賺了去。外國資本家富了。地主階級窮了。門戶撐不住了。書香不能繼了。儒生崩壞了。孔學衰落了。

富人只有經營商業工業才能夠富。買地收租不能夠再致富了。所以他們拋却孔學，來信外國資本家所信的自由主義，功利主義，國家主義。

窮人喪失了土地，只有賣技術，賣文字，賣口才，賣力氣。土地再不能維持生活了。所以他們拋棄了孔學，來信外國急進智識分子所信的無政府主義，馬克斯主義，費邊社主義，工團主義。

儒家士大夫說「叔世多艱，邪說橫行。」然而有什麼法子想呢？地主衰落了。孔學也衰落了。殘餘的地主士大夫拿孔學來解釋三民主義。然而三民主義究竟不能附會到儒教上面去。所以我指出「孔學三民主義之妄。」

至於我信不信儒教，那是我的地位問題。假如我以地主階級的意識為意識，我當然相信儒教。假如不然，我便不然。

十八，十二，二十一日，上海

書憤

黃公度

一自珠崖棄，紛紛各效尤。瓜分惟客聽，薪盡向予求。秦楚縱橫日，幽燕十六州。未聞南北海，處處扼咽喉。
弱食供強食，人人虎口危。無幾靈巖脫，有地盡華離。爭問三分鼎，橫張十字旗。波蘭與天竺，後患更誰知。

從儒教大會說起

張香山

如果歷史眞是循環的，我們對於現實的一切，祇好默默地了；不然，我們對於出現在目下的一切事實，感到莫名的可笑。

從普遍的現象看來，這世界是一步步地回到復古主義上去；德國的復古，不用說，是讀者週知的事實，國社黨說：「德意志的舊的民族文化　才是最高的人類的進化表現」實在令我們失笑。

但是事情絕不單方，在東亞，一樣地能看到這種復古的事實。堯舜時代的王道政治，到了今日，又成爲政治的最高目標；并且，甚於此，還有集東亞的聖賢之後裔，舉行東亞的儒教大會。

最近，在日本的東京，趁着修築的至聖孔子的聖堂的落成，集合了中國，日本，朝鮮，台灣，「滿」的諸學者，舉行了空前的盛舉，儒教大會。而那使中國及朝鮮的幾百世的孔子後裔，相見一堂，實在不愧那貼在各文化機關的宣傳單上的「有朋自遠方來，不亦說乎」之句，而那熙熙攘攘的氣象，實在能「無論魏晉」。

在這個大會上，不用說，用孔孟之道，是大被提倡，而東亞和平的口號，却也繞大成殿之樑而三匝。我們除感到時勢的變遷之奇特以外，還能深切地理解了孔孟被他們給利用到透澈底。

從幕府以來，孔孟的學說並朱子學說，就成爲唯一的政治的支持者了，那些舊的中國之漢藉（尊王思想的）以及陽明的良知良能說，都被名爲異說，在一律禁止之中。不用說，孔孟之徒羞言霸，而好道王，諸侯能愛名可以王，幕府能愛民當然也可王，能借王道來維持自己的霸權的方法，幕府是深深地了解着的。這結果，苦了的是這樣，冷落地被逼讓了位給公主，而自己就寄沉痛於幽思中了。譬如說，賦賦和歌：

葦原呀（指關東江戶也）讓隨你尋意而蔓滋吧！我深感斷世之無道。

萬事都背意，這個世界，適隱吧！可憐的我這毫無可惜的身子呵！

然而幕府的生命，也並不能拖延得太長，終于被西洋的資本主義給摧折了。雖然幕府趕緊的鎖了國，禁止與外國有經濟的乃至文化的交往，但歷史却並不那麼和順地聽他的吩咐，雖然他殺死了許多追光明的科學之學者，并流刑了許多研究新科學的專家，可是他的生命，却在馬關砲擊以後，倒於西洋的文明之利害下，夭逝了。

關於我所舉的這些追求光明的學者，即是發見樺太島，而驚動世界地輿學者的間宮林藏，并最先製作地圖的高橋作右衛門，這些人都是賭了生命，去換取當時被咒爲猛虎的學問，并且在被辱爲漢奸的醜名下，而與西洋的學者斯鮑爾特交善，雖然到結局都慘死或流刑，但我們能深感到這些爲時代盡力的科學者的偉大。一如哥白尼的及聖經法王，而誇言地動說的一般偉大。

幕府三百年天下的潰滅，將大政的奉歸於朝廷，才把這一段悠久的封建與西洋資本主義的鬥爭，告了小段落，而××，開始張大了眼，盡量地眺西洋，并學西洋。

然而在維新以後的六十八年後之現在，情形又一變了，昔年的鎖國政府，又被引用到今日來了，不但如此，而那孔孟之道，也頓地旺盛起來，於是那千載欣逢的儒教大會得以舉行，而三尺的童子，也都能談王道，說東亞有愧王道的樂土；可惜的孔子又被我們今日的那般東鄰的善邦，屈作起招牌來了。

放棄這不說吧，再說點今日的鎖國主義吧！這種鎖國主義，是與昔年的鎖國主義，在根本的意義上是相反的，前者是爲着拒絕反封建的西洋文明的輸入，而現在則是稍稍相異的了，祇少不再笨拙到反物質文明——，那麼鎖國的意義在那裏，目的在那裏，談者准比我知道更清楚。

有感

汪精衛

憂來如病亦綿綿，一讀黃書一泫然。　瓜蔓已都無可摘，豆萁何苦更相煎；

笳中霜月淒無色，畫裏江城黯自憐；　莫向燕台回首望，荊榛零落帶寒烟。

明末清初耶穌會士的儒教觀及其反應

陳受頤

(一)緒論

明朝萬曆年間,天主教的耶穌會士,發展傳教事業於中國,陸續航海東來,另開中西文化接觸史的一頁,這是人所習知的。然論史者每每側重於西洋科學智識及器械之輸入,而忽略了西洋宗教與中國傳統文化的接觸,摩盪,和反應。其實兩方思想上的交換,問題甚大,不該看作西洋曆算介紹之附庸。耶穌會士不特傳播西洋思想和文化於中國,同時也傳播中國思想和文化於西洋。在十七八世紀西洋思想史當中,如開明運動,如重農主義,如開明專制的政治討論,如百科全書運動,中國文化都曾貢獻過相當的材料和觀點。反過來說,中國明清之際思想變動期中,西洋的貢獻也很不少。例如中國教徒的篤信西洋宗教,參與譯書和親自著書來宣傳教義,就是值得注意的一件事。然中國學者自來囿於所偏,狃於所習,對於這樣的問題殊不重視。西洋宗教思想東漸的史實,在被稱爲明朝學術史的明儒學案裡,就連一點痕跡也看不出來。黃宗羲著書自有他的宗旨,取材自有他的標準,本無足怪。在明史——尤其是在意大利亞傳和曆志——裡,我們看得見西學東來的一些消息了,然其對於思想上宗教上的記載依然是"隔靴搔癢"。直至清代中葉中國的學者對於晚明天主教東來的事蹟還是不大明言。例如阮元的疇人傳對於西洋的厤算學家的思想信仰,就以爲無關宏恉。俞正燮論天主教(癸巳類稿卷十五天主教論。),連天主教本身都弄不清楚,則更不待言。可見前人談西學東來的,都祇知注意于厤算和器械而忽略了宗教和思想的部分。

晚近的學者,如日本的稻葉君山,如我國的梁啓超先生,談及明清史事或學術的時候,對於西洋人的宗教輸入,也頗給與相當的注意了;但是他們衡量天主教勢力或解釋天主教意義時,仍然不免有多少可商量的地方。如稻葉君山在清朝全史裡說:

> 利瑪竇入北京後,不四五年,信徒至二百餘。觀李之藻楊廷筠徐光啓等名士之歸依,則加特力教之成功,可概見矣。然彼等名士之入教,非絕對信仰教宗,要皆利瑪竇誘引法與中國固有思想不甚背馳,又當時士人對於西洋科學需要頗急,致使然也。利瑪竇既譯幾何學,及與南北兩都人士相接,益知藉著書爲布教,便於進行,遂著多種科學書,公布於世。當謁見萬厤帝時,曾呈時表西琴等物,略動帝之視聽,因又爲帝著西琴曲意一書。然則彼非尋常之僧侶,直一機智之外交家也。且爲說明天主教之意義,著天主實義;爲述對於儒佛兩教之感想,著二十五言;又對於蓮池和尙之所說而加以駁義;於西教傳道上爲極端之奮勉。然以吾人觀之,於思想上無大影響,所特異者,彼之布教手段在於講明科學,是爲

近世中國之一大恩人也。(中譯本頁一六〇。)

梁啓超先生對于明末的中西文化接觸看得並非不重,知道參預其事的人傳播新智識之努力和他們對於學問的忠實,但是梁先生所特別看重的,仍是厤算。他說:

> 要而言之,中國智識線和外國智識線相接觸,晉唐間的佛學爲第一次,明末的厤算便是第二次。…… 在這種新環境之下,學界空氣當然變換。後此清朝一代學者對於厤算學都有興味,而且最喜歡談經世致用之學,大概受利徐諸人影響不小。(中國近三百年學術史頁十四。)

至於宗教,則梁先生也看作科學傳播的附庸了,他說:

> 明末清初那一點點科學萌芽,都是從耶穌會教士手中稗販進來,前文已經說過。該會初期的教士,傳教的方法很巧妙;他們對於中國人的心理研究得極深透。他們知道中國人不喜歡極端迷信的宗教,所以專把中國人所最感缺乏的科學智識來做引線,表面上像把傳教變成附屬事業。所有信教的人,仍許他們拜'中國的天'和祖宗。這種方法,行之數十年,卓著成效。(同上,頁二十八至二十九。)

梁先生的言外之意似乎是:教士想引人奉教,不得不以科學智識做引線;中國士夫要獲得科學智識,不得不與教士接近而奉教。奉教的人,仍拜"中國的天"與祖宗,根本的宗教信仰無須變更,不妨"陽耶陰儒"。這種看法恐怕是不大正確的。稻葉君山意亦相同,不過說得更顯:一則曰名士入教非絕對信仰教宗,二則曰當時士人急需西洋科學,三則曰於思想上無大影響,四則曰利瑪竇爲機智的外交家。他說利氏先譯幾何原本,後乃接交兩京人士,更爲顚倒先後,不可不辯。幾何原本的刋佈,事在萬曆三十三年(公元一六〇五。)下距利瑪竇之死不過五年,那時馮應京徐光啓都早已奉教,利氏的南北京的朋友已經很多了。

從中國文化史的立場看來,西洋科學的影響比之西洋宗教的影響爲大,這是不能否認的。但西洋宗教,傳入中國之後,也曾發生影響,也曾引起了思想界的好幾次的波瀾,這是史實,不容輕輕抹煞的。

教士們以科學的智識爲利器去廣交中國士夫,這是事實。然他們的中心工作是傳教,科學倒是附庸。十七八世紀來華的耶穌會士,科學素養誠然很不壞,但這是會規訂得很嚴的原故,非經過若干階級的訓練不能入會工作。同時,總會知道中國是東亞的文明古國,挑選會士又特別小心,因此來華的教士,大體上學問都很好。西歐的自然科學當時正在萌芽,教士既然以"西儒"自居,不願意被稱爲"西僧",而中國對於自然科學的知識又需要正急,則他們好與中國人講論科學,也是自然的趨勢,並非用科學爲引人入教的"迷魂湯"或"催眠藥"。我們並非故意爲西洋教士洗刷辯護。此意利瑪竇也曾在給虞淳熙的信中明白的說過;

> ……………然竇於象緯之學,特是少時偶所涉獵;獻　上方物,亦所携成器,以當羔雉。其以技巧見獎借者,果非知竇之深者也。若止爾爾,則此等事於敝國庠序中見爲微末,器物復是諸工人所造,八萬里外安知　上國之無

此,何用泛海三年,出萬死而致之　闕下哉? 所以然者,爲奉　天主至道,欲相闡明,使人人爲孝子,即於大父母得効涓埃之報,故棄家忘身不惜也。(天學初函本辯學遺牘頁三。)

往下又說:

………伏讀來教,知竇輩奉戒,堅於金石。不識區區鄙衷,何由見亮? 即此一語蒙詧,雖極慮畢誠於左右,知弗爲罪,幸甚幸甚! (同上,頁四。)

假如中國人士,拿表面奉教作手段,來接近西士,來騙取西洋科學知識,則這種行爲,在西士看來,等於"買櫝還珠"。當時的教徒是不是眞的買櫝還珠呢? 那我們又須再來看看史實。當時的士夫,好與西士交遊的,人數不少,大約可以爲分四組。第一組是也奉教也講科學的,如徐光啓李之藻王徵等。第二組是單奉教,不講科學或性不近科學的,如馮應京楊廷筠金聲等。第三組是單講科學而不奉教的,如方以智周子愚曹于汴等。第四組是也不奉教也不嚴格的講科學,而偶然與西士往來但資博聞的,如陳繼儒王肯堂沈德符等。可見奉教與講求科學是截然兩件事,願意學科學的無須以奉教爲"敲門磚";而奉教的名士,也不見得是"手揮五絃目送飛鴻"般的注意科學。至於教徒多數懂得科學,則事勢使然,因爲接觸較多容易喚起興趣的緣故,又因爲當時科學的宗師恰巧是教士的緣故。然如第二組的幾個代表人物,便連興趣都不大能够喚起。馮應京奉教之後不久便死了,沒有機會講求科學。楊廷筠萬曆三十九年(一六一一)奉教,天啓七年(一六二七)才死,研究科學的機

會有了,而性情不近,他自己說:

> 往余晤西泰利公京邸,與譚名理數日,頗稱金蘭。獨至幾何圜弦諸論,便不能解。(排印本重刊辯學遺牘後附陳垣明浙西李之藻傳頁一。)

所以楊廷筠祇好一意研究教義,做他的代疑篇代疑續編等書了。金聲的性情,據他自已說,也不近自然科學。崇禎二年(一六二九)徐光啓奉勅修曆的時候,知道他是教徒,以爲他一定懂得曆算,想找他帮忙,他回信說:

> …………况聲思路本粗莽疎闊,敬服西儒,嗜其實學,乃在理道及修行法律;至於象數,全所未諳。即太老師所譯幾何原本一書,幾番解讀,必欲終集;曾不竟卷,輙復迷悶。(金忠節公集,道光丁亥嘉魚縣忠肅堂板,卷三頁十六。)(註一)

這都是名士奉教"信仰教宗",而與講求自然科學全無關係的顯例。可見宗教的傳播和科學的指授並不是一定關連的,這是我們應該指出的第一點。

名士中奉教而又兼講科學的,以徐李二人爲最知名。李之藻的科學教師是利瑪竇。利瑪竇萬曆二十八年(一六〇〇)到北京之後,不久便認識李之藻。他們結交前後差不多十年,時常談論宗教,講求科學。李之藻雖然爲利氏的宗教著述作序,雖然帮助利瑪竇翻譯科學書籍,可是他當時並不是教徒。他一直到利瑪竇逝世前幾個月——萬曆三十八年,一六一〇——

(註一)熊開元的金正希傳說金聲精研數理是不可靠的。見金忠節公集卷一頁九。

才受感動而奉教,那時翻譯同文算指,乾坤體義和譯著渾蓋通憲圖說圜容較義的工作已經完成了。他對於科學知識已經是應學盡學,無須以奉教爲手段了。

李之藻受洗之前,已受西洋宗教的相當影響,雖非教徒,已可算作寬義的"教友",不能代表一般的教外人。但是擁護佛教的虞淳熙可以跟利氏學算,方以智獲得不少的科學知識。可見西士對於科學的傳播,並不以教內教外而歧視,中國人士要習科學也無先行奉教的必要(註一);這是我們應該指出的第二點。

此外還有一個問題:教徒的奉教是否對西士作爲人情上的一種應酬,因爲面子上的關係,履行儀式,而並無思想上信仰上的較深的變化呢? 這種研究他人行爲的動機的問題,最是無從捉摸,不易解答的。强作解人,非變成附會,即近於羅織。姑且撇開動機的方面而單看思想與信仰的實在紀錄。利瑪竇相信天主教可以致中國於太平,又把歐洲的歷史髹上一層

(註一)明末清初人士每以爲必須奉教乃能從西士習算。梅文鼎寄懷青州薛儀甫先生詩第二首說:"竊觀歐羅言,度數爲專功。思之廢飲食,奧義心神通。唯恨棲深山,奇書實罕逢。我欲往從之,所學殊難同,詎忍棄儒先,翻然西說攻? 或欲暫學曆,論交患不忠。立身天地內,誰能異初終? 晚始得君書,昭昭如發蒙。曾不事耶穌,而能彼術窮。乃知同郯者,不墜古人風。安得相追隨,面命開其矇"! 看陳援菴先生(垣)的從教外典籍所見明末清初天主教(北平圖書館刊八卷二號)第四節。儀甫是薛鳳祚的別字,他的算學知識得之於西洋教士穆尼閣(J. NicolasSmogolenski)神甫。

很厚的五彩的理想的漆,以實其說。他勸人棄佛教而歸天主教,復虞銓部書云:

> 且佛入中國,既二千年矣,琳宮相望,僧尼載道,而　上國之人心世道,未見其勝於唐虞三代也。每見學士稱述,反云今不如古。若敝鄉自奉教以來,千六百年,中間習俗,恐涉誇詡,未敢備著。其粗而易見者,則萬里之內,三十餘國,錯壤而居,不易一姓,不交一兵,不一責讓,亦千六百年矣。上國自堯舜來,數千年聲名文物,儻以信佛奉佛者信奉天主,當日有遷化,何佛氏之久不能乎?(辯學遺牘頁六。)

徐光啓不單學會了利瑪竇的曆算,而且接受了他的宗教,又沾染了他的熱烈的情緒了,也用幾乎同樣的口吻,向他的同鄉作宗教的宣傳:

> 佛入中國,千八百年矣。人心世道,今不如古,成就得何許人? 若崇信天主,必使數年之間,人盡爲賢人君子,世道視唐虞三代且遠勝之;而國家更千萬年永安無危,長治無亂。可以理推,可以一鄉一邑試也。執事將何從焉? 實義中所論理學,止舉大槪。若欲盡解其義,宜用經書萬卷;今未得遍譯;他日必當大明。苦我與執事不及見耳!(增訂徐文定公集,民國二十二年上海排印本,卷一頁十三。)

以中國的紛亂,歸罪佛教,自然是寃枉;然徐氏此種宗教的熱誠想改造社會,要遠勝唐虞三代,那裏是像梁任公先生所描寫的隨隨便便的敷衍的態度? 遍譯經書是一班熱烈教徒的志願,不願作官修曆的金聲,便是其中的一個。他不應徐光啓之招,並非如熊開元所誣他的菲薄徐氏奉教,不願合作;他的實在原因是:一則如他自已所說的不以象數之學見長,二則正想爲天主教作一番重要的著述事業。他在信中對徐光啓解釋說道:

………況聲近發薄願,不自揆度,欲倡明大法,盡區區筆舌,將次第譯授西學,流布此土,幷爲人廣細宣說。此非十年不仕,優閒專精,未易卒辦;非身豎坊表,力存砥柱,出處進退之間,卓然有以見信於天下,亦未易經犀人心,遽信其言也。故聲今日輒爲大道計:聲處或流通有日,聲仕恐闡明無期。雖微前三者,太老師救世心切,尙應念之,聲曷勝懇篤之至。(金忠節公集,卷三頁十七。)

這是志氣何等超卓,信仰何等堅固,眼光何等遠大的教徒中的人傑!熊開元以信仰相異的緣故,不惜揑造事實,誣其死友是很不應該的。金氏所說的"詳授西學",當然不是他所不見長的曆算一類的學問;又說要"力存砥柱","見信於天下",尤足以証明不是曆算一類的學問,而是宗敎的或倫理的學問。他是個新宗敎的篤信者,新思想的前驅者。他與江天一死節績溪,又不過是變態的國事所迫成的結局而已。當時的教徒,大體是獲到新的宗教體驗的,不是很膚淺的徒有其表,這是我們所應該指出的第三點。

由此看來,西洋宗教對於明末的中國,曾有實在的影響,自有獨立的意義;不能作爲西洋科學的配角。他的活動範圍也很廣大,不限於狹義的宗敎的紛爭,而反映於思想的多方面。

這時期思想接觸與反應的問題很多,我們在此文中,試要提出討論的,不過是一個問題中的一小小片面罷了。

我們且再引徐光啓的幾句話爲本段結尾;

昔遊嶺嵩,則嘗瞻仰天主像設,蓋從歐羅巴海舶來也。已見趙中丞吳銓部前後所勒輿圖,乃知有利先生焉。間邂逅留都,略偕之語,竊以爲此海內博物通達君子矣。亡何,齎貢入燕,……自是四方人士,無不知有利先生者。諸博雅名流,亦無不延頸願望見焉,稍聞其緒餘,即又無不心悅志滿以爲得未曾有。而余亦以間從遊請益,獲聞大旨也,則余向所歎服者是乃糟粕煨燼,又是乃糟粕煨燼中萬分之一耳。蓋其學無所不窺,而其大者以歸誠上帝,乾乾昭事爲宗,朝夕瞬息,無一念不在此。(徐文定公集,卷一頁十二,跋二十五言。)

(二)耶穌會士的儒教觀

明末清初東西洋文化接觸事業之造成,歐洲耶穌會教士的功勞最大。耶穌會是天主教的佈教組織中的較後而較爲別致的,與天主教其他佈教的僧侶組織不同。此會宗旨在乎利用智識爲利器以求統一已分裂的教會,異于本篤派之偏於冥想,或方濟各派多明哥派的注重苦行。因爲耶穌會根本的看重智識,所以會士的學問特別實在,請求入會的人須先有一門專長的學科才許加習神學。他們到遠地佈教的時候,對於當地的觀察和態度往往跟旁的教士不能一致。

且就東亞來說。耶穌會士諸比黎(de Nobilis)到印度傳教之後,他就脫下西洋教士的黑色的制服,而換上了印度婆羅門階級的長袍,因此引起別派教士的懷疑和攻擊。諾比黎這件事所徵象的是簇新的精神,以爲想得虎子,必須先入虎穴。後來佈教事業擴張到中國,態度依然相同。一五七四年會士范禮安(Alexandre Valignani)被遣東來,巡閱耶穌會的遠東教務。一五七五年他在澳門召集教士大會討論對華傳教策略,也決定了兩項重要的原則:(一)教士須學習中國語文,(二)教士要了解中國風俗文化。方策既定,最先入華傳教的會士羅明堅(Michel Ruggieri)和利瑪竇(Matteo Ricci)都很忠實的奉行決定了的原則。中國文化風俗本來是很複雜的,大抵初期教士必定覺受了不少的苦悶,經過不少的躊躇。羅利兩人也想如在印度的諾比黎之改換衣服,然而他們是傳教人,當然想穿中國的宗教衣冠,於是乎就穿上了僧衣,心中對於佛教的內容,大抵是全不明白的。旁觀的中國人,莫名其妙,也就稱他們爲"西僧"。後來利瑪竇知道是什麼一回事了,於是"蓄髮稱儒",其實"西僧"這名詞,唐代景教東來的時候早就用過了。李之藻說:

> 所疑傳教士曷以僧名,則緣彼國無分道俗,男子皆髡。華人强指爲僧,渠輩無能自異云爾。即利氏之初入五羊也,亦復數年混跡。後遇瞿太素氏,乃辨非僧,然後蓄髮稱"儒",觀光上國。(讀景教碑書後。見陽瑪諾:唐景教碑頌正詮,上海排印本,頁十五。)

——蓄髮稱儒之事,很足以表徵利瑪竇對於中國文化的態度。他知道十六世紀的中國,背後有二三千年的歷史和文化,是不可以輕侮的;他知道想要天主教植根於中國,傳教的人應該知道中國人的傳統信仰。他資質本來過人,又添上幾年的苦學,中國語言文字的造詣居然可觀,中國書籍也看得不少了,他自己也說"淹留肇慶韶州二府十五年,頗知中國古先聖人之學,諸凡經籍亦略誦記,粗得其旨"。這話不過代表他一五九五年離開廣東北上的情形,其後的進步,當更有加於此的。他"由江西至南京又淹五年",所交結的士夫,所注意的文化實情,所研讀的中國書籍更多了。一六〇〇年(萬曆三八)他到北京之後,與中國人士結交和譯述合作的機會更好了,一班文士都對他注意。這時同會教士陸續來中國的,都佩服他的卓識,都在他的指導和鼓舞之下,竭力去學習中國語言文字,到處留心中國過去的文化和當時的國情。

對於中國的文化和風俗,教士們所最注意的是宗教信仰的問題。經過相當的觀察,研究,和較量之後,在利瑪竇領導之下,他們大致採取一種簡潔的態度,對於中國舊有的信仰派別或接近或排斥。道教佛教與混同儒釋道的三函教是要排斥的;儒教是要接近的。最初表示這種態度,見之於文字的,是利瑪竇的天主實義(註一)。利氏在書裡託爲中士西士的問答,說明教士的見解:

> 中士曰:"……吾中國有三教,各立門戶。老氏謂物生於無,以"無"爲道。佛氏謂色由空出,以"空"爲務。儒謂易有太極,故惟以"有"爲宗。以"誠"爲學。不知尊旨誰是?"

(註一)天主實義初名天學實義,初稿於一五八五年刊於肇慶。其後經過很大的修改,一六〇三年重刊於北京,乃爲定本。)

西士曰:"二氏之謂,曰"無"曰"空",於天主理大相剌謬,其不可崇尙明矣。夫儒之謂,曰"有"曰"誠",雖未盡聞其釋,固庶幾乎?"(天主實義,天學初函本,卷上頁十一。)

於道教佛教兩者之中,利氏所常常注意特別辨正的是佛教,因爲他已知道淸楚,明朝的道教雖經君主的糊塗提倡,在士夫階級裡,勢力是非常之小的。後來佛教人士也理會此中用意,竭力攻擊"天學";而道教徒卻寂寂無聞,不起反應。

西士對於當時流行的調停三教或滙通三教的所謂"三函教",也很堅決的反對:

西士曰:"……夫前世貴邦三教各撰其一,近世不知從何出一妖怪,一身三首,名曰"三函教"。庶氓所宜駭避,高賢所宜疾擊之,而乃倒拜師之,豈不愈傷壞人心乎?"中士曰:"曾聞此語,然儒者不與也,願相與直指其失"。西士曰:"吾且具四五端實理以證其誣。一曰三教者或各眞全,或各僞缺,或一眞全而其二僞缺也。苟各眞全,則專從其一而足,何以其二爲乎? 苟各僞缺,則當竟爲却屛,奚以"三"海畜之哉? ……苟惟一眞全其二僞缺,則惟宜從其一眞,其僞者何用乎? ……一曰三門由三氏立也,孔子無取于老氏之道則立儒門,釋氏不足於道儒之門,故又立佛門於中國。夫三宗自意已不相同,而二千年之後,測度彼三心意,强爲之同,不亦誣歟?"(同上,卷下頁五五至五六。)

西士一面要証明三函教的路之走不通,一面即所以爲天主教奠定心理的基礎,所以他繼着說:

一曰三教者一尙無,一尙空,一尙誠有焉。天下相離之事,莫遠乎虛實有無也。借彼能合有與無,靈與實;則吾能合水與火,方與圓,東與西,天與地也。而天下無事不可也。胡不思每教本戒不同? 若一教戒殺生,一令用牲祭祀,則函三者欲守此固違彼;守而違,違而守,詎不亂教之極哉? 於以從三教,寧無一教可從。無教可從必別尋正路。其從三者自意教爲有餘,而實無一得焉。不學上帝正道,而殉人夢中說道乎? 夫眞惟一耳。道契於其眞,故能榮生。不得其一則根透不深,根不深則道不定,道不定則信不篤。不一,不深,不篤,其學烏能成乎?(同上,卷下頁五六。)

西士既指斥佛老二氏之不足信,又說明三函教之走不通,剩下來的問題止有一個了,便是怎樣去對付儒教。討論三函教的時候,西士說"無教可從,必別尋正路",似乎要把儒教也撇開不談了;然而他又說過"夫儒之謂,曰有曰誠,雖未盡聞其釋;固庶幾乎"的話,則又似引儒者爲同道。西士究竟是不是引儒者爲完全的同道呢? 這不是個單簡的問題,因爲儒教的本身已是一個複雜的機體。耶穌會以外的教士,就不管中國文化的遺產,用快刀斬亂麻的手段,把中國舊有宗教一切攻擊,統名之曰異端,迷信。耶穌會士爲了觀念不同,態度便帶着不少的躊躇的成分了,他們總弄不出一個一致的主張。然會士的主流,多依利瑪竇的看法,接受或接近古代儒教而排斥漢唐以後的儒家。此種意見,若是分析起來,包含下列的幾種主張:

(一)天主等於儒經的上帝,而不是太極。

利瑪竇在天主實義說:

中士曰:"吾儒言太極者,是乎?" 西士曰:"余雖末年入中華,然竊視古經書不怠,但聞古先君子,敬恭于天地之上帝,未聞有專奉太極者。如太極爲上帝萬物之祖,古聖何隱其說乎"? 中士曰:"古者未有其名,而實有其理,但圖釋未傳耳"。西士曰:"凡言與理相合,君子無以逆之;太極之解,恐難謂合理也。吾視夫無極而太極之圖,不過取奇偶之象言,而其象何在? 太極非生天地之實可知已"。(同上,卷上頁十四至十五。)

西士雖以種種見解闡明太極並不是造創萬物的主宰,然並不否認太極之理,他說:

夫太極之理,本有精論。吾雖曾閱之,不敢雜陳其辨,或容以他書傳其要也。(同上,卷上,頁十九。)

利瑪竇的意思是:孔子雖然曾說太極,然並不以太極爲創世的主宰,因爲在古代的儒教中,太極並不是一個受崇拜的對象。中士與西士繼續着討論這問題:

中士曰:"吾國君臣,自古迄今,惟知以天地爲尊,敬之如父母,故郊社之禮以祭之。如太極爲天地所出,是世之宗考妣也,古先聖帝王臣祀典宜首及焉。而今不然,此知太極之解亦非也。先生辯之最詳,于古聖賢無二意矣。

然而西士趕着辨明,中士所說的"天地",依然不是創世的主宰,不過是被創造的一部分。他說:

雖然,天地爲尊之說,未易詳也。夫至尊無兩,惟一焉耳。

曰天曰地,是二之也。吾國天主,即華言上帝,與道家所塑玄帝玉皇之像不同。彼不過一人修居于武當山,俱亦人類耳,人惡得爲天帝皇耶? 吾天主乃古經書所稱上帝也。中庸引孔子曰,"郊社之禮,以事上帝也"。朱註曰:"不言后土者,省文也"。竊意仲尼明一之不可爲二,何獨省文乎? 周頌曰:"執競武王,無競維烈,不顯成康,上帝是皇;"又曰"於皇來牟,將受厥明,明昭上帝"。商頌云:"聖敬日躋,昭假遲遲,上帝是祗"。雅云:"維此文王,小心翼翼,昭事上帝"。易曰:"帝出乎震"。夫帝也者,非天之謂,蒼蒼者抱八方,何能出於一乎? 禮云:"五者備當,上帝其饗;"又云"天子親耕,粢盛秬鬯,以事上帝" 湯誓曰:"夏民有罪,予畏上帝,不敢不正";又曰"惟皇上帝,降衷於下民,若有恒性,克綏厥猷,惟后"。金縢:"周公曰,乃命于帝庭,敷佑四方"。上帝有庭,則不以蒼天爲上帝可知。歷觀古書,而知上帝與天主,特異以名也。(同上,卷上,頁十九至二十。)

天主旣可以作爲上帝的異名,抽象的天是不是也可以看作上帝的異名呢? 西士對此一點,絕非不退讓,不過不同意於天地並提。

中士曰:"世人好古,惟愛古器古文,豈如先生之據古理也? 善教引人復古道焉。然猶有未諳者:古書多以天爲尊,是以朱註解帝爲天,解天爲理也。程子更加詳曰:'以形體謂天,以主宰謂帝,以性情謂乾,'故云奉敬天地,不識如何?" 西士曰:"更思之,如以天解上帝得之矣。天者,一大耳。理之不可爲物主宰也,昨已悉矣。上帝之稱甚明,不容解,况妄解之哉?”

然而物質的天,便不能這樣看法了,西士接著說明。物質的天,是西士所研究得很精的,故說得有力。

> 蒼蒼有形之天,有九重之析分,烏得爲一尊也。上帝索之無形,又何以形之謂乎? 天之形圜也,而以九層斷焉;彼或東或西,無頭無腹,無手無足,使與其神爲一活體,豈非甚可笑訝者哉? 况鬼神未嘗有形,何獨其最尊之神爲有形哉? 此非特未知論人道,亦不識天文及各類之性理矣。上天既未可爲尊,况于下地,乃衆足所踐踏,汙穢所歸寓,安有可尊之勢?(同上,卷上頁二十一。)

(二)中國先儒信仰靈魂不滅。

靈魂不滅爲天主教基本信仰之一。利瑪竇在天主實義中,託爲問答之詞,說明教義,更以中國古禮參證:

> 彼孝子慈孫,中國之古禮,四季修其祖廟,設其裳衣,薦其時食,以說考妣。使其形神盡亡,不能聽吾告哀,視吾稽顙,知吾事死如事生,事亡如事存之心,則固非國君至於庶人大禮,乃童子空戲耳!(卷上頁三二。)

然此亦不過推理的講法,此外更有史實的證明:

> 西士曰:“吾遍察大邦之古經書,無不以祭祀鬼神爲天子諸侯重事。故敬之如在其上,如在其左右。豈無其事而故爲此矯誣哉? 盤庚曰:‘失于政,陳于茲,高后丕乃崇降罪疾;曰:何虐朕民’? 又曰:‘茲予有亂政同位,具乃貝玉,乃祖乃父,丕乃告我高后曰:作丕刑於朕孫。迪高后,

丕乃崇降弗祥'。西伯戡黎,祖伊諫紂曰:'天子,天既訖我殷命,格人玄龜,罔敢知吉。非先王不相我後人,惟王淫戲自絕'。盤庚者,湯九世孫,相違四百禩,而猶祭之,而猶懼之,而猶以其能降罪降不祥勵己勸民,則必以湯爲仍在而未散矣。祖伊在盤庚之後,而謂殷先王既崩,而能相其後孫,則以死者之靈魂爲永在不滅矣。

金縢周公曰'予仁若考,能多才多藝,能事鬼神';又曰'天既遐終大邦殷命,茲殷多哲王在天,越厥後王後民'。詩云;'文王在上,於昭于天,文王陟降,在帝左右'。周公召公何人乎? 其謂成湯文王既崩之後,猶在天陟降,而能保佑國家,則以人魂死後爲不散泯矣。(卷上頁三七至三八。)

靈魂不滅說的附帶信仰是天堂地獄之說。利瑪竇知道中國經書沒有明說天堂地獄之說的,所以不得不用推論的方法。

中士曰:"儒者以聖人爲宗,聖人以經傳示教。遍察吾經傳,通無天堂地獄之說,豈聖人有未達此理乎,何以隱而未著?" 西士曰:"聖人傳教,視世之能載。故有數傳不盡者,或又有面語而未悉錄于冊者,或已錄而後失者,或後頑史不信因削去之者。況事物之文時有換易,不可以無其文即云無其事也。今儒之謬攻古書,不可勝言焉。急乎文,緩乎意;故今之文雖隆,今之行實衰"。

這樣說法還是空洞,還不足以折服聽者,不足以暗示古儒相信天堂地獄之說。所以西士繼續舉出實例:

詩曰'文王在上,於昭于天,文王陟降,在帝左右';又曰'世有哲王,三后在天'。召誥曰'天既遐終大邦殷之命,茲殷多先哲王在天'。夫在上在天,在帝左右,非天堂之謂其何歟?

中士承認有天堂了,但是詩書並未提到地獄。西士祇好再依靠推論了。

西士曰:"有天堂自有地獄,二者不能相無,其理一耳。如眞文王殷王周公在天堂上,則桀紂盜跖必在地獄下矣。…… 若以經書之未載爲非眞,且悞甚矣。………禹蹟不寫大西諸國,可謂天下無大西諸國哉?

(三)後儒的說話不能代表原始的純粹的儒教。

西士最聰明的地方,是在于接受儒教的"古義",而舍棄了所謂"後儒"的說經的理論和思想的系統。儒經與天主教義正面衝突的地方很少,不至發生重要的問題。能把後儒之說撇開則原始儒教竟可看作中國人接受天主教的準備了,秦漢間所型成的方士式的迷信的儒學,與夫宋朝以後趨向自然主義的理學,都不能作梗了。

周敦頤之言太極,程頤之解釋"帝""天""乾"的相關的意義,朱熹之註中庸,以爲不言后土爲省文,利瑪竇都一一反對,我們已在前面說過。至於"閉有儒門之人,任其私智,附會二氏以論來世,如丐子就乞餘飯,彌紊正學"則教士否認其代表儒教的資格,自不待言。(天主實義卷下頁六七。)最有趣味的是利瑪竇以爲連孟子的說話有時也有可疑之處。耶穌會士都是立志不結婚的,犯了孟子所說的"不孝有三,無後爲大"的誥誡。於是乎西士不得不與孟子論短長了!西士說:

此非聖人之傳語,乃孟氏也。或承誤傳,或以釋舜不告而娶之義而有他託焉。禮記一書,多非古論議,後人集禮便雜記之于經典。貴邦以孔子為大聖;學庸論語孔子論孝之語極詳;何獨其大不孝之戒,羣弟子及其孫不傳,而至孟氏始著乎? 孔子以伯夷叔齊為古之賢人,以比干為殷三仁之一。旣稱三子曰仁曰賢,必信其德皆全而無缺矣。然三人咸無後也,則孟氏以為不孝,孔子以為仁,且不相戾乎? 是故吾謂以無後為不孝,斷非中國先進之旨。(下卷,頁六三。)

孟子尙且如是,則眞正時代較晚的"後儒"可知了。

(四)中國"先進"雖然大體不差,仍需天主教的補足。

假如儒教與天主教全無分別,則中國無接受天主教的需要了,所以教士們要反對儒教的一部分——後儒。再進一步,假如原始儒教與天主教全無分別,則中國依然無接受天主教的需要,所以教士們不得不暗示儒教只可看作天主教的準備階段。這話在利瑪竇的時候,還沒有很清楚的說出。教士們只得承認孔子是'大聖',而暗示其非救主。利瑪竇說:

…… 民善性旣減,又習乎醜,所以易溺于惡,難建于善耳。天主以父慈恤之,自古以來,代使聖人繼起,為之立極。逮夫淳樸漸漓,聖賢化去,從欲者日衆,循理者日稀,於是大發慈悲,親來救世,普覺羣品。(卷下,頁六九。)

不知不覺間,擬孔子於摩西了。

以上所舉的四點,是初期耶穌會士的對於中國儒教的一般態度。我們引利瑪竇的話作為代表,因為他是會士中認識中國文化最早的人,又是凝成這種見解的最有力的人。與他同時和比他較後的同會教士,對於這四種概念,都不絕的繼續發揮。姑且舉幾個最顯著的例。

較利瑪竇來華稍後但像他的深通中國文字的艾儒略(Jules Aleni)於天啓五年(一六二五)應葉向高之請,到福建去論道。天啓七年,葉向高再入三山,艾儒略去訪他,詳細的討論宗教問題。事後艾儒略著三山論學記,其中有一段論太極的話,跟天主實義見解相類:

> 相國曰:"太極也者,其分天地之主也?" 儒略曰:"太極之說,總不外理氣二字,未嘗言其爲有靈明知覺也。既無靈明知覺,則何以主宰萬化?……儒者亦云物物各具一太極,則太極豈非物之元質,與物同體者乎? 既與物同體,則囿於物,而不得爲天地主矣。所以貴邦言'翼翼昭事',亦未嘗言事太極也"。(三山論學記,上海排印本,頁六至七。)

到了清朝,耶穌會士依然有一部分保持着利瑪竇的見解的。如衛方濟(François Noël)於康熙三十七年(一六九八)著人罪至重時,也論中國的舊有宗教:

> 中華之教,歷觀詩書孔孟之言,皆以性命出於天爲本,以事上帝爲主,以率性歸命爲德,以止於至善爲歸。斯皆欲眞解眞傳,尙庶幾乎? 但漢以後,異端蜂起而眞解亂矣。故程子曰:"今之學者有三弊:溺於文辭,牽於訓詁,惑於異端"。且朱子云:"吾道之所寄,不越乎言語文字之間,而異端之說日新月盛。至於老佛之徒出,則彌近

理而大亂眞矣"。由是可見道統之傳,後世有損。然此何嘗能浼惑乎睿知之士哉? 惟彼拘於世俗之儒不察正理,專於虛句,而曲論古學之眞意,且其所本所主所務所歸者,雖與老佛不同,而其失則一。(人罪至重,上海重刊本,頁二三至二四。)

利瑪竇辯正程朱之說,衛方濟乃引程朱的話以証明中國"道統之傳,後世有損"。技術已進步了,而方向仍然一貫。衛方濟的態度,仍然是寬容原始儒教,排斥近代儒學,分儒者爲"眞儒"與俗儒。

夫俗儒言理,言道,言天,莫不以此爲萬物之根本矣。但究其所謂理,所謂道,所言天,皆歸于虛文而已。蓋自理而言,或謂之天,或謂之性;自道而言,或謂之太極,或謂之無極,或謂之氣化。然天也,性也,心也;太極也,無極也,氣化也;從何而有? 理出於心,心出于性,性出於天。天則從何而出? 從理乎? 是猶謂考出於祖,祖出於曾,曾出於高,高則從何而出? 豈又從考而出乎? 不幾顚倒錯亂耶? 況彼儒言天,亦謂之理之全體矣。若夫無極與太極之義,依其論說,要不外理氣兩端。周子以無極太極與太虛爲一,張子以太虛與理與天爲一。然天也,理也,氣也,皆不能自有,則必自他有,則先有其所以然。既先有其所以然,則自不能爲萬物太初之根本,明矣。如此,則俗儒所稱萬物之大本,雖曰實理,終歸於虛理虛文而已矣。故俗儒所論,多損眞儒之本意,而難等眞儒也。(同上,頁二三至二四。)

後儒旣是俗儒,旣失了眞儒的本意,則自然不能代表正統的儒教,只能與二氏並列了。利瑪竇雖攻擊二氏,還未顯明地把後儒完全菲薄,衞濟各便更進一步,把三者平排了:

> 佛氏以托生成佛,升天爲歸;道家以長生成仙,飛昇爲歸;俗儒以生前身安,死後神散爲歸。佛失之空,道失之妄,儒失之俗,曾何足與之深辯哉?(同上,頁二五。)

衞方濟對於俗儒雖然力施攻擊,對於所謂中國的眞儒,也並不積極的恭維。當時耶穌會士中,意見的紛岐愈甚了,故立言者不得不特別小心。本來利瑪竇推崇和接近中國古儒的態度,當時便有人表示懷疑,以爲這種觀點頗有內在的危險性。懷疑派的代表人物是龍華民(Nicolas Longobardo)。利瑪竇死於一六一〇年,遺言以龍華民繼任爲耶穌會會長。時多明哥會的西班牙教士,正設計由菲律賓渡海到福建傳教。他們於一六三一年到達泉州,兩年之後便根據當地民間宗教的迷信,向耶穌會士作劇烈的攻擊,以爲耶穌會士縱容中國固有宗教思想,流於異端。此事引起一件延綿一百多年的爭論一所謂"祀典問題"(Question des Rites,)。此爭論牽涉的範圍甚爲廣大,地理的方面則由澳門菲律賓臥亞以至北京熱河和巴黎羅馬,人物的方面則包含好幾派的敎士,主敎鐸羅,敎使嘉樂,以至敎皇格肋孟十一本篤十四與淸聖祖。主要的問題是:(1)"上帝"與"天"是否與天主敎的"陡斯" Deus 相當?(2)祭孔之禮是否與天主敎的敎義不相違悖?(3)祀祖之禮是否與天主敎的敎義不相違悖?利瑪竇對於這三個問題是肯定的,龍華民便懷疑了,耶穌會以外的敎士更絕對否認了。爭論的結果是利瑪竇一派的意見逐漸失勢,至一七四二年而教皇本篤十四遂明申禁令,於是利瑪竇以來的親儒見解,正式禁止了。

祀典問題雖已正式解決,而耶穌會士中,繼續走利瑪竇的舊路的,仍有其人。最重要的是比利時籍的孫璋(Alexandre de la Charme),他是利瑪竇派的押陣大將。他寄寓北京二十九年,精通漢文滿文,都能够用來著書,又曾以法文翻譯詩經禮記和薛應旂的甲子會紀,又曾編著漢滿法文合璧的字典。他到中國的時候(一七二八),耶穌會士對中國儒學的態度已改變了,如湯若望在主制羣徵裡,便已否認天即天主:

> 或問中學亦尊天,與主教何異。曰:中學所尊之天,非蒼蒼者,亦屬無形。第其所謂無形,卒不越于天。葢天之蒼蒼其形,而天之運用不測即其神也。運用不測之神,雖無形,不離於形,與天一體,是無心無主張者,非吾所稱尊主也。吾所稱尊主,雖曰不可見不可聞,而非即以不可見不可聞為貴,蓋與天地萬物,其體絕異,至純至靈,不由太極,不屬陰陽,而太極陰陽並受其造。且一切受造,無不聽其宰制者。神功浩大,人不能測,遂曰無心,豈眞無心無主張者哉?(北平排印本頁一一。)

情勢與議論雖然改變了許多,孫璋不肯跟著大多數的會士走,却埋頭學習中國語言文字,博覽中國書籍,獨自找尋資料去決定自己的態度。他于乾隆十八年(一七五三)著成性理眞詮,他當時已在中國住了二十五年了。他於自序中說明著書的用意:

> …… 此書之作也,特為發明眞道實義,而眞道實義載於

> 中國五經。五經者皆係古先明哲窮理盡性,躬行實踐有得之妙道精理,垂之千古以教萬世者也。但五經之言,至理淵邃,淺嘗者不能深究其義。且秦火而後,又皆殘缺失序,雖代生賢哲,遵信而接續焉,然不過收什一於千百,而五經全旨,槩乎不得復聞矣。痛哉悲哉! 予憂靈性之義愈久而愈失眞也,爰是沉思靜慮,殫盡心神,援引古經妙義,博採名哲格言,十餘年來,集成此書,公諸天下。

他接着說明本書的體例:

> 其中條辨多端,不能一言而罄,乃設爲先儒後儒問答之辭,發明眞道之理,使閱者知予言之有本,述而不作,非棄古而妄談也。何謂先儒? 信經不信傳,論經不論小字者也。何謂後儒? 信經亦信傳,論經亦論小字者也。之二儒者,一居上古,一生近今,生不同時,人不同世,何以互相問答,如處一室也? 蓋予生也晚,自慚鄙陋,不敢獨出己見取譏高明,惟舉先儒之言,後儒之論,互勘對校。彼此相形,眞僞自著。

單就體例來看,孫璋曾受利瑪竇很大的影響,是一件顯著的事實;因爲利氏的天主實義是託爲中士西士問答的說話來講解天主敎的敎義的,孫氏也託爲先儒後儒的問答。至於內容相似的地方,更可注意。性理眞詮共分四卷:首卷論靈性之體,二卷論靈性之源,三四兩卷論靈性之道。首卷所謂靈性之體,即指靈魂的本身;從幾方面去觀察辨論,斷定牠並不是氣,並不是物質,與禽獸的知覺不同而永不朽滅。卷二靈性之原則以上帝爲人類之大父母,爲宇宙之創造者,爲萬物之原,而並不是後儒之所謂太極或陰陽。卷三汎論眞敎總義,眞理之何如能補倫理之不足,及眞敎之不能有二而爲上帝所創立等問題。卷四共分四篇,最爲大膽,篇目如下:第一篇,明辨天主敎實義;第二篇,以前所稱古儒眞敎即係天主敎;第三篇辨天主敎非特係中國古敎且係宇內公敎;第四篇,天主實義略舉數端。

綜觀全書,孫氏對於儒敎的態度,是完全繼續利瑪竇的見解而更加詳盡的。例如他說五經中的上帝,和暗示他就是天主的一段話,比之天主實義加詳:

> 夫從無而生人靈神,生人大體,稱曰超乎衆神之全神,畢竟爲誰? 乃造物主是也。此主有始乎? 曰,無始也,而爲萬物之始。其後有終乎? 曰,無終也,而爲萬物之終。有形象乎? 曰,無形無象也,然無形而能形形,無象而能象象。故詩云"明明在上,赫赫在下",湯之所以顧諟;文王所以昭事也。其尊有二乎? 曰,惟一也,獲罪上主,(註一)

(註一)我疑心這句在性理眞詮的原刊本作"獲罪于天"。性理眞詮的乾隆十八年本我未見過,不敢妄斷。但十九世紀以來天主敎會所重印的初年耶穌會士的著述,於"天""上帝"等字,常改爲"上主"或"天主",有時且整句刪掉。如利瑪竇的天主實義,初函本中的"天帝"獻縣重刊本改爲"天主";"上帝"改爲"天主",或"主宰",或"上主",或單一"主"字。龐迪我的七克亦然。初函本自序中的"上帝",上海重刊本改爲"天主";"帝"改爲"主","天主上帝"改爲"天地元主"。其他可以類推。這是十八世紀敎爭的影響。

則無所禱''也。其體何在乎? 曰,無乎不在也,詩云,"無曰高高在上,陟降厥士,日監在茲''也。其知何若乎? 曰,無所不知也,詩云,"曰明曰旦,及爾出王,及爾游衍''也。其能何若乎? 曰,無所不能也,觀其造天地萬物,一命而即有,則宰天地萬物,自爲一主而不容有二可知矣。其廣大有際乎? 曰,無際也,詩擬之曰蕩蕩,稱之曰浩浩,其廣大洵莫外也。其賞罰何若乎? 曰,至公也,詩云令德者保佑命之,自天申之;書云,弗敬者降災下民;孔子云死生富貴由其命也;書云福善禍淫爲其道也。頌云降監有嚴,不僭不濫,稱爲萬民之大君;大雅稱爲萬民之大父;小雅稱爲悠悠民父母。故古先明王用郊祭之禮以祀之,禮記所云事上主(註一)如事親。故欲知此上主,盡心知性而可知;欲事此上主,存心養性以爲事。蓋人之形神二者皆係上主之所造也。書云,"降衷於下民,厥有恒性'',蒸民所以有物有則也。參考古經書闡發人之靈性,原本上主,故淵源有本,實可類推。(性理眞詮,上海光緒十五年排印本,二卷上頁三。)

孫璋論古儒敎郊祀之禮,也跟利瑪竇走同一方向,託先儒的口說,引申更詳:

詳察五經,俱稱天地間惟一造物眞主,作民父母。所以古先王舉行郊祀大典,皆奉此惟一眞宰以加欽承耳。

(註一)孫璋的原文,被後人删改的地方恐怕不少。這裏''上主''二字顯然的應該作''天'',才合禮記哀公問的原文。相類的例很多,無須逐條標舉。

後世雖莫察先王郊祀正義,兼行郊社二禮,然孔子明告魯哀公云"郊社之禮所以事上帝",是孔子深知上主惟一,不容有二矣。今禮記一書,雖雜漢儒臆說,祀上主而兼言郊社之禮,究不能不稱上主尊無二上,亦不能不按孔子之言獨祀上主也。迨眞儒旣衰,僞儒繼起,方立后土之說,以乾爲父,坤爲母,郊以祭天,社以祭地,竟將肇造乾坤之眞宰,生養吾人之大父,昧然不知矣。更有甚者,不惟立五帝以主五方,更創太極太虛太乙太和理氣陰陽之說,惑世誣民,是將天地眞主全然抹煞,可勝悲哉!

(同上,二卷下頁十二至十三。)

孫璋以爲古代儒敎也有靈魂不滅之說,他在性理眞詮提出這問題,加以慨歎的說:

夫人之靈性,有始無終,憑據萬千,後之人何以倡此有始有終之異論乎? 盖孔子沒,二千年來,上主實義,靈性眞解,晦暗不明,洵非一日矣。(同上,二卷下,頁四七。)

他所舉的"憑據",大部份是論理的,我們在此不必重說。除此之外,又引中國的古禮古經爲據:

今觀宗廟禘祫之禮,報本追遠,禮儀攸隆。設祖先歿,其神果無知而隨滅,先王不誠爲多事乎? 書云盤庚遷都而羣黎抗逆不從,盤庚援祖考之靈以威嚇羣黎曰"高后丕乃崇降罪疾",又曰"高后丕乃崇降弗祥"。觀盤庚此言並未嘗以人之靈性爲無知而可滅者。迨戰國後,正道衰微,古籍淪亡,靈性散滅之邪說始興。但偏閱詩書,載考文獻,俱無靈性散滅之語,況乎五經備載享祀祖考之定禮,後人遵守弗替。假令乃祖乃宗之靈性,死即散滅無知,先王於春秋二季修祖廟,設裳衣等,微特無益,且令世世子孫從事於荒渺無憑之僞舉矣,夫豈可哉!

他更繼續歎息著"後儒"之不明正信:

以此可知謂人之靈神是氣,死即散滅無知,此乃近代儒者之言,前此並無是論。(首卷,頁三六至三七。)

孫璋辨正後儒之說,不厭其詳,散見全書之中,現在不必多所徵引。他說中國古代儒者是信奉上帝的。

但數傳而降,古籍云亡,眞傳幾滅。洎乎秦漢晉唐以來,僞儒迭興,議論各書,後先繼起。由是欽崇上主之說雖傳,不過有名無實,而上古所稱至尊無對天地眞主,竟昧然不識矣。……後儒惡前代僞儒流於道家諸帝之怪說,務盡革之。其意美矣,乃遂至並革其眞主惟一之古訓,抑又大非也。何也?拒前代僞儒之說,宜正告天下後世曰:"宇內有上主,惟一無二,此上古眞傳,盡人所當欽崇者"。乃置此不論,竟云上主即理也,或主蒼天,或主太極,而理與蒼天太極之外,並無所謂上主也。嗟嗟!欲迴狂瀾而狂瀾愈倒,欲障百川而百川愈西,究何濟耶?(同上,三卷下,頁七六至七七。)

古儒的眞信既已失傳,近儒的破除迷信和提倡自然主義的宇宙觀又是走錯了路,則應該怎樣呢?孫氏的勸告自然是接受天主教以補殘餘的古儒教的不足。本來利瑪竇早有此意,不時暗示,不過還未透澈發揮而但隱約其辭,讓人家自己去體悟出來罷了。孫璋便明明白白的以整卷的書去討論這問

題了。他說天主教的經典可以補儒經的不足:

> 中國有詩書易禮春秋五經,天主教亦有詩書易禮春秋五經。但天主教所有之經書,未經秦火,詳備無缺;中國所有之經書,既經秦火,殘廢無序。中國經書但云"洪水滔天,懷山襄陵",不云洪水之降畢竟爲何,且不書其年月,降於何時。……中國經書但云"乾三連,坤六斷,天地之定體",又云"天尊地卑,乾坤定矣",而肇造天地畢竟爲誰,未見發明。……中國經書但云"至日閉關,天子當率羣公百僚郊祀上主于圜丘,並未詳言郊祀之實義。……中國經書但渾言"神之格思,不可度思,矧可射思",並未指明神屬天主特造,正神邪神之分別。(同上,四卷,頁三五四。)

這些,都是天主教的經書可以補足的,孫璋說。他又引徐光啓天主教可以補儒易佛之說作旁證,怪不得書中與後儒問答的先儒,到了後來便完全承認他自己是天主教徒了。

性理眞詮刋印的時候,教皇本篤十四的禁止中國教徒順從俗禮的 Ex quo singulari providentia factum est 的詔令,已經頒布了十一年了。一七五三年的耶穌會已逐漸入了式微的時代——至少在中國是這樣——會士的意見非常紛歧。因此性理眞詮剛出版的時候便受了同會和異派的敎士的攻擊,把事件提到羅馬教廷去。幸而得南懷仁(de Laimbeckhoven——不是 Verbiest)(註一)的辯護,又得司教索智能(de Sousa)和値會劉松齡

(註一)清初耶穌會教士中文名字叫南懷仁的有兩個人:一個是比利時人,原名Fendinand Verbiest(1623—1688),字敦伯,曾做過清廷的工部侍郎,比較著名;一個是奧國人,原名 Godefroid—Xavier de Laimbeckhoven (1707—1787)字莪德。

(Hallerstein)的特許,同會魏繼晉(Bahr)宋君榮(Gaubil)趙聖修(des Roberts)的參訂,卒之不至被禁(註一),然其對於傳教事業的影響,已經甚少了。

(三)中國士大夫的反應:同意的方面

東西洋的宗教思想已經發生接觸了。耶穌會士對於中國的儒教已下了斷語,著成專書了。他們的立論對於東西洋的思想界都發生相當的反應,尤其是在十八世紀的法國。服爾德拿了耶穌會士的材料,回頭向他們反攻,說歐洲不必要基督教和教會,應該學中國的"先儒",弄成思想史上的大諷刺。歐洲的反應,方面頗多,頭緒亦頗紛繁,我們將來另行討論,暫且不提。中國方面的反應怎麼樣呢?

教徒方面,不但表同情而且接受教士的講法。我們先看贊成派的議論,把教徒的意見找出幾個代表的例子。

(一)馮應京

馮應京在萬曆二十九年(一六〇一)替利瑪竇的天主實義作序。序裡說:

> 天主實義,大西國利子及其鄉會友與吾中國人問答之詞也。天主何?上帝也。"實"云者,不空也。吾國六經四子,聖聖賢賢,曰畏上帝,曰助上帝,曰事上帝,曰格上帝,夫誰以爲空?空之說,漢明自天竺得之。……古倦極呼

(註一)Louis Pfister, Notices biographiques et bibliographiques sur les Jesuites de l'Ancienne Mission de la Chine, No 324。)

天而今呼佛矣;古祀天地社稷山川祖禰,而今祀佛矣;古學者知天順天而今念佛作佛矣;古仕者寅亮天工,不敢自暇自逸以瘝天民,而今大隱居朝,逃禪出世矣。夫佛,天竺之君也。吾國自有君師。…… 吾舍所學而從彼,何居? 程子曰:"儒者本天,釋氏本心";師心之與法天,有我無我之別也,兩者足以定志矣。是書也,歷引吾六經之語以證其實而深詆空談之誤。…… 有吾國之所未聞,而所嘗聞而未用力者十之八九矣。

天主教與儒教之大同,馮氏已作很有力的肯定了。萬曆三十四年(一六〇四)他替利瑪竇重刊二十五言,又爲他作序文說:

儻誦斯言者穆然動深長之思,一切重內輕外,以上達於天德,則不必起游夏於九原,而尼父覺人之志以續。其視蘭臺四十二章經孰可尊用,必有能辨之者。

對於利瑪竇自著的書已經這樣的推崇,則對於天主教經典義理的本身,可想而知了。

(二) 徐光啓

徐光啓是篤信天主教能救個人和國家的,以爲西學可以"補儒易佛"。他的答鄉人書,我們在前面一段裡已經提過了。他勸他的同鄉朋友說:"若未能深明其詳,大端只宜信有天主,天主即儒書所稱上帝也"。

徐氏的補儒易佛之說,則在萬曆四十四年(一六一六)七月所上的辨學章疏裡說明:

蓋彼國教人,皆務修身以事上主,聞中國聖賢之教亦皆修身事天,理相符合。是以辛苦艱難,履危蹈險,來相印證,欲使人人爲善,以稱上天愛人之意。其說以昭事上帝爲宗本,以保救身靈爲切要,以忠孝慈愛爲工夫,以遷善改過爲入門,以懺悔滌除爲進修,以升天眞福爲作善之榮賞,以地獄永殃爲作惡之苦報。……臣嘗論古來帝王之賞罰,聖賢之是非,能及人之外行,不能及人之中情。又如司馬遷所云,顏回之夭,盜跖之壽,使人疑於善惡之無報。是以防範愈嚴,欺詐愈甚,一法立,百弊生,空有願治之心,恨無必治之術。於是假釋氏之說以輔之,其言善惡之報在於身後,則外行中情,顏回盜跖,似乎皆得其報,謂宜爲善去惡不旋踵矣。奈何佛教東來千八百年,而世道人心未能改易,則其言似是而非也。說禪宗者衍老莊之旨,幽邈而無當;行瑜伽者雜符籙之法,乖謬而無理。且欲抗佛而加於上主之上,則既與古帝王聖賢之旨悖矣,使人何所適從,何所依據乎? 必欲使人盡爲善,則諸陪臣所傳事天之學,眞可以補益王化,左右儒術,救正佛法者也。(徐文定公集,卷五頁一至二。)

徐氏說天主教可以補儒,因爲他相信兩者不是背道而馳的,路向相同,天主教走得更澈底罷了。他在疏中提出三個試驗之法,並且以他自己作保證。第二個試驗法是:

……諸陪臣之言,與儒家相合,與釋老相左。僧道之流咸共憤疾,是以謗害中傷,風聞流播。必須定其是非:乞命諸陪臣與有名僧道互相辨駁,推勘窮盡,務求歸一。仍命儒學諸臣共論定之。如言無可采,理屈辭窮,即行斥逐,臣與受其罪。(同上,頁四至五。)

末了,他又很有力量的說:

使其人果有纖芥可疑,臣心有一毫未信,又使其人雖非細作奸徒而未是聖賢流輩,不能大有裨益,則其去留何與臣事? 修厤一事,關係亦輕。 臣身爲侍從之臣,又安敢妄加稱許,爲之游說,欺罔君父,自干罪罰哉?(同上,頁七至八。)

(三) 李之藻

李之藻和利瑪竇相處最久,利氏的中文著述,又時常由他潤色,故深受利瑪竇宗教學說的影響。 重刻天主實義序云:

昔吾夫子語修身也,先事親而推及乎知天,至孟氏存養事天之論而義乃綦備,盖即知即事,事天事親同一事,而天其事之大原也。 說天莫辯乎易,易爲文字祖,即言"乾元統天,爲君爲父",又曰"帝出乎震",而紫陽氏解之,以爲帝者天之主宰。 然則天主之義,不自利先生剏矣。 世俗謂天幽遠不暇論,竺乾氏者出,不事其親,亦已甚矣,而敢於幻天藐帝,自以爲尊。 儒其服者習聞夫天命天理天道天德之說,而亦浸淫入之。 然則小人之不知不畏也,亦何怪哉?

他在序中也暗示西學有類先儒之說:

彼其梯航琛贄,自古不與中國相通,初不聞有所謂羲文周孔之教。 故其爲說亦初不襲吾濂洛關閩之解,而特於小心昭事大旨,乃與經傳所紀,如券斯合。……… 嘗讀其書,往往不類近儒,而與上古素問周髀考工漆園諸篇默相勘印,顧粹然不詭於正。 至其檢身事心,嚴翼匪懈,則世所謂梟比而儒者或未之先。信哉!東海西海,心同理同。………是編者出,………固不當與諸子百家同類而視矣。

利瑪竇重刻天主實義的時候,李之藻還未奉教。他奉教之後,更時常引伸前說,又彙刻教士的中文著述爲天學初函,把宗教和思想的材料歸入理編,科學的材料入器編。天學初函題辭說:

天學者,唐稱"景教",自貞觀九年入中國,歷千載矣。其學刻苦昭事,絕財色意,頗與俗情相盭,要於知天事天,不詭六經之旨。稽古五帝三王,施今愚夫愚婦,性所固然;所謂最初最眞最廣之教,聖人復起不易也。

又楊廷筠作聖水紀言,之藻序也發揮他的天儒關係的感想:

其教尊事天主,即吾儒知天事天事上帝之說。不曰帝曰主者,譯語質。朱子曰"帝者天之主宰",以其爲生天生地生萬物之主也,故名之主則更親切。………人有恒言:道之大原出於天。如西賢之道,擬之釋老則大異,質之堯舜周孔之訓則略同。其爲釋老也者,與百家九流並存,未妨吾中國之大;其爲堯舜周孔之學也者,則六經中言天言上帝者不少,一一參合,何處可置疑關?以彼眞實,配吾中國之禮樂文章,庸詎不鼓吹庥明,輝映萬祀?令必局壇宇以示遠人,上無以昭宣德意,又令後世追慕,有麟不時之嗟,則吾儕當執其咎。

他在重刻畸人十篇序中(初函本)更以爲天堂地獄之說也

是古儒所曾有的:

> 然則與瞿曇氏奚異而云儒? 曰,彼所謂賓玉大弓之竊,西泰子别有辯也。經術所未覩,理所必有,拘儒疑焉,今瞿曇氏竊焉,又支誕其說以惑世。而西泰子孑身入中國,奪而歸之吾儒,以佐殘闕而振聾聵,不顧詹詹者之疑且訕,其論必傳不朽。

所謂西泰子辯賓玉大弓之竊,大抵是指利瑪竇所言輪廻之說,佛教得之于閉他臥剌(Pythagoras)的事。(見天主實義下卷頁一。)至於李氏以爲天堂地獄之言"經傳所未覩",天主教之說可以"佐殘闕",則他也相信西教之可以"補儒"了。

(四) 楊廷筠

楊廷筠和西士結交較遲,未曾跟利瑪竇相見論道,然他的見解則與其他教徒相同。艾儒略在天啓三年著成西學凡,楊廷筠序裡說:

> 儒者本天,故知天事天畏天,皆中華先聖之學也。詩書所稱,炳如日星,可攷鏡己。自秦以來天之尊始分,漢以後天之尊始屈,千六百年天學幾晦而無有能明其不然者。利氏自海外來,獨能洞會道原,實修實證,言必稱昭事,當年名公碩士皆信愛焉,然而卒未有能盡叩其學。(天學初函本,西學凡。)

利氏諸人的天學,到底是不是中國古代的天學呢? 楊氏在序文末段解答得很清楚:

> 獨竊悲諸誦法孔子而問禮問官者之鮮,失其所自有之天學,而以此爲利氏西來之學也。

天主教可以補儒之說,也是楊廷筠所承認的。他奉了教三年之後(一六一四),龐迪我(Pantoja)的七克寫成,楊氏爲他作序。序云:

> 夫欽崇天主,即吾儒"昭事上帝"也:愛人如己,即吾儒"民吾同胞"也。而又曰"一"曰"上",見主宰之權,至尊無對,一切非鬼而祭,皆屬不經,即夫子所謂"獲罪于天無所禱"也。其持論可謂至大至正而至實矣。……又以泛而言敬天,稽顙對越皆敬也,必愛人乃爲敬天之眞;泛而言愛人,怵惕煦嫗皆愛也,必克己乃有愛人之實。而又有所謂………七克,克其心之罪根,植其心之德種。凡所施愛,純是道心。道心,即天心也,步步鞭策,着着近裏。此之爲學,又與吾儒闇然爲己之旨,脉脉同符。

補儒之意在他自著的代疑篇裡說得更明白。他解釋天主教的教主所以要降生的緣故,說道:

> 天主愛人甚矣。上古之時,性教在人心,依其良知良能,可不爲惡。只以行與事示之,聖賢名教迪之,人人自畏主命,不須降生。然而詩書所載,欽若昭事,如臨如保,已示開先之兆矣。三代而後,聖賢既遠,奸僞愈滋,性教之在人心者愈漓,詩書之示監戒者日玩,則又大發仁慈,以無限矜憫,非人所能測識,自天而降,具有人身,號曰耶穌。
>
> (上海重刊本,頁十六。)

這不特說天主教可以補儒,簡直把中國上古周秦變爲天主教的舊約時代了。

(五) 瞿式耜

瞿式耜奉教的證據在中國書籍裏幾乎找不到。看他的文集,幾乎不知道他是教徒,大抵與宗教有關的文字,都給後人刪削了。他死於一六五〇年,而瞿忠宣公集則爲了忌諱的緣故遲至一八三五年方才印行,在差不多二百年的期間,原稿的遺失和被人刪削,可能性是很大的。然在講求火器疏中,極力稱許徐光啓,李之藻孫元化幾個教徒,又深信西洋火器,也似乎透露一點他自己奉教的消息。(瞿忠宣公集,一八八七江蘇重刊本卷二頁五。)

而艾儒略的性學觕述有瞿式耜的序。序裏說:

> 甲子(一六二四)春,予獲與艾先生遊,自存養省察以至明庭屋漏,昭之爲儀象,幽之爲鬼神,議之爲德行,制之爲度數,靡不亹亹劇談,洞其當然,徹其所以然爲極致。一日出其性學以示,曰,"儒言致知,必先格物。"……然味其大旨,則不在是。夫學莫大於人禽之辨,此虞廷危微宗旨,明於庶物,正爲察於人倫。彼生之謂性一言,子輿氏直斥之爲犬牛。人性不少貰,政慮此覺魂不明,將天下萬世不卒歸於禽獸不止也。(一九二二上海重印本。)

這篇文章雖不見於瞿忠宣公集,而其爲瞿之所作,則大抵無問題的。

(六)韓霖

韓霖(註一)是山西絳州人。曾學兵法於徐光啓,學銃法於高一志(Vagnoni)。他的鐸書成於一六四一年,取明太祖聖諭的

(註一)看鐸書,北平排印本陳垣重刊鐸書序,便知韓霖的生平大略。

"孝順父母,尊敬長上,和睦鄉里,教訓子孫,各安生理,毋作非爲"的幾句話,逐句分解,每句衍爲一章。節目雖很尋常而他的講法在當時看來是很新的,因爲他的觀點與人不同,以敬天愛人四字爲線索,又因他的取材較廣,中西兼收。如西洋教士龐迪我的七克,艾儒略的滌罪正規,羅雅谷(Rho)的哀矜行詮,和高一志的齊家西學幼童教育裡的材料都被採用,暗中表示以西洋思想輔翼儒學的意思。

他講孝順父母,先提敬天愛人。鐸書第一章開頭便說:

聖人之言,言近指遠。今人聞孝順父母,只當平常之語,誰人不知? 不知中間包涵道理,淵深廣大。吾人要知天爲大父母。詩云,"悠悠蒼天,曰父母且",非蒼蒼之天也。上面有個主宰,生天,生地,生神,生人,生物。即唐虞三代之時,五經相傳之上帝。今指蒼蒼而言天,猶以朝廷稱天子也;中有至尊居之,豈宮闕可以當天子乎? 古今帝王聖賢皆天所生以治教下民者。天子祀昊天上帝之文曰,"嗣天子臣某",故自天子以至於庶人皆以敬天爲第一事。蓋天既生人,即付以性,與禽獸不同,自生時至死後,皆天造成。培養管轄之,時刻不離,有求斯應。善有永賞,惡有永罰,總是愛人之意。所以吾人第一要敬天,敬者尊無二上之謂,凡神聖無可與之比者。

口吻雖像講解聖諭,內容卻是天主教義最扼要的幾點。此外"補儒"的意思,時有流露。如教訓子孫章裏面,他說朱文公小學內篇中的"敬身"之說,"未窺本原,西儒高則聖(一志的字)先生有教幼童書,補小學之闕者也"(頁十九)。又說,"夫婦正道,齊家西

學言之甚詳",(頁二十四。)又如他在毋作非爲章裏說道:

> 五經四書,自危微精一傳來。操存省治之功,致知力行之要,細心體貼到自己身上。無惑於先入之俗言,勿參以後儒之意見,勿溺於二氏之邪說。(頁三十六。)

然他自已著書,雜引西士之說,則他不把西士看作近儒可知。甚至討論"孝順父母",也特別舉出楊廷筠感動父親奉教爲例,並說"此尤超世之大孝也",(頁四。)則補儒之意更顯然了。

(七)王徵

王徵的著述,大半不傳(註一。)陝西通志涇陽縣志都有他的傳,但對於他曾奉教的事全無記載。涇獻文存中所收的王徵遺文,有一篇奏奴氛日熾人心動搖敬請祈天固本以佐末議疏,疏中所說的"大端",是挽回天意,固繫人心,和添設城守。挽回天意一段說道:

> 從古治亂相尋謂之天運,至於殷憂儆戒,實係天威。詩云:"畏天之威",又云"天之方蹶,無然泄泄"。夫君道首稱敬天,即時當泰寧,尙不敢不畏天命,矧茲天威已赫,尙可泄泄然不亟加恐懼修省乎哉?(北平圖書館館刊第八卷第六號頁二一。)

這裏的天,不單是經書的天,同時也是教徒王徵所崇拜的對像,所以他繼着說道:

> 淫祠無益,讀聖賢書,此理甚明。祖宗以來制勑之詞,首稱"奉天承運"。夫但曰"奉天",不曰"奉佛奉道",蓋天子

(註一)參看陳垣涇陽王徵傳(北平圖書館館刊八卷六號。)

者天之子也,呼吸相通,災祥立應。子有難不父是籲,父不救又誰救之哉?(同上,頁二二。)

但單從字面來講,仍不過是天人感應的舊說法,雖說"誠意祈禱",雖舉海外一小國的故事爲例,也不能顯白的證明他所說的就是天主。告神文(同上頁三〇。)是敎徒的居官時內的一篇誠懇的禱文了,但王徵是否以爲天主就是經書中的天與上帝,更不容易看出。他的態度,終於在西儒耳目資的序文裏透露出來。他對於耳目資的著者金尼閣(Trigault)研究音韵的學問,表示深摯的敬意,然而,他說,

雖然,此猶先生之緒餘耳。先生學本事天,與吾儒"知天""畏天""在帝左右"之旨無二。(西儒耳目資北京大學北平圖書館影印本,王序頁六至七。)

說話雖然沒有幾句,而他的觀點已很清楚的被表現了。

(八) 朱宗元

朱宗元是敎徒中很熱烈護敎的一個。他接受利瑪竇的儒學觀,自著兩種書來宣傳天主敎。答客問用問答的體裁來說明中國士夫應該接受天主敎的道理,顯然受了天主實義和代疑編的影響。如客問"六經之言天者多矣,未有天主之名,意亦止據蒼蒼者示之乎?"著者答道:

"上天之載,無聲無臭";蒼天則形像燗然矣。"於穆不已"乃天之所以爲天;所以爲天者,非天也,天之主也。且夫事天者,謂其生我養我之大本大原也;畏天者,謂其威靈洞矚而臨下有赫也。在上爲日月星辰,在地爲水土金石,蒼蒼之天,與地正等,塊然冥然而絕無知覺,畏事安施?

書曰,"維皇上帝,降衷於下民,若有恒性",即天命謂性之說。孝經亦以配天配上帝並舉。夫以上帝當天,則天非蒼蒼之有形而特爲無形之主宰也,明矣。所以但言天,不言天主者,正如世俗指主上曰朝廷。夫朝廷,宮闕耳;言朝廷,即言此內攸居之主上也。(答客問,北平排印本,頁一至二。)

這顯然是利瑪竇等的一般的說法。此外他指明天即理之說之牽强,太極等於西儒之所謂元質,天主非玉皇非世尊而是儒經的上帝,一一都與利派的說法脗合。補儒之說,他也主張:

問:天學旣與儒者合轍,則行孔子之道足矣,何必更益之以西教?

曰:爲此說者非惟不知天主,並不知孔子者也。……今試取孔子之書讀之,其所詔人凜凜昭事者何物,小心欽若者何物?尊奉天主,正踐孔子之言,守孔子之訓也。乃猥云儒說已足,不待天學,非特天主之罪人,亦孔子之罪人也。

問:正謂踐孔子之言,守孔子之訓,即此便已天教,不必復轉一境。

曰:盡倫之事,治世之略,大較相同;而死生鬼神之故,實有吾儒未及明言者。其實孔子罕言命,非不言也。蓋當時所言性與天道,雖穎悟如子貢,尙不得聞之。唯得此天教而修身養性之法,復命歸根之業始益備。且學問之道,必曉然明見萬有之原始,日後之究竟,乃可絕岐路而定一尊。此在儒書多未顯融,獨天學詳之。况今人讀書往往混帳過去,一領天教而後知我六經四書中句句皆有著落,句句皆有欛柄,淺儒誠未得其解也。(同上,頁四至五。)

朱氏在拯世略說裡意思也與此相同。儒者窺見大原一節說道:

百家之說紛然,而儒道得尊於世者,百家爭其流,而儒者窺其原也。是故有畏天命之說焉,有顧諟明命之說焉,有敬怒敬渝之說焉,有昭事昭受之說焉,有欽若靈承之說焉。……大抵聖賢經史,其精義多與聖教默合,而後儒詮疏,反多渾淆。(一八七三上海重刊本,頁七至八。)

至於補儒之說,則比之客答問所說的更詳:

蓋儒者知宰制乾坤之天主,而不知降世代救之天主;知皇矣蕩蕩之眞宰,而不知位三體一之妙性;知燔柴升中之牲享,而不知麵體酒血之大祭;知悔過遷善之心功,而不知領洗告解之定禮。此則聖教所備,佐吾儒之不及,爲他日上升之階梯也。(同上,頁九。)

如此,則儒教古聖,也便等於摩西舊教了。

以上所舉的八個例,都是天主教徒把古代儒教看作基督教的舊約時期的見解,都以爲儒教與天主教是相成而不相悖的。這種看法,從教士和教徒的立場來說,也許是自然的,因爲這樣可以減輕了中國舊文化的抗拒力。而且當時的教士和教徒大體都以爲這是古代儒教的內在的意義所顯示的,不見得是故意附會的臨時策略。當時的教外士夫也有採取相類

的觀點的,我們再舉幾個例:

(一)周炳謨的重刻畸人十篇引說道:

……余考載籍,所稱天主天堂地獄諸論,二氏書多有之,然其言若河漢,欛柄莫執;而西庠之傳不然,其指玄,其功實,本天之宗,與吾聖學爲近。第聖學言現在不言未來,故言"未知生,焉知死";盖藏隱於顯,先民於神也。至其獨參獨證,而指點於朝聞夕死之可,則所謂"性與天道",中人不可得而聞矣。乃彼中師傅曹習,終日言而不離乎是,何也? 大抵吾儒之學,主於責成賢哲,以故御天之聖,首出庶物,而立命之笑(原文如此)[夫?] 亦無貳於天壽之數,彼百姓特日用不知耳。而西庠之學,兼於化誨凡愚,是以其教之行,能使家喻戶曉,人人脩事天之節,而不及參贊一截事,此則同而不同者也。雖然,吾華誦說聖言者不少矣,利害得失臨之而能不動者幾人,况生死乎? 童而習之,白首而不知體勘者衆耳。今試取茲篇讀之,耳目一新,神理畢現,直指處何寤弗醒,反覆處何結不破? 不令人爽然自失,而竦然若上帝之臨汝耶? 則茲刻之裨世道非小也。……(天學初函本,畸人十篇。)

(二)王家植也爲利瑪竇的畸人十篇做了一篇濵畸人十規之外,更作小引,說道:

……利子……所習爲崇善重倫事天,語往往不詭於堯舜周孔。大指每過一國都輒習其國都。入中州,即習其語言文字經史聲韻之詳,不少乖盭;且不難變其俗而從中州冠履之便。爲利子者有八難,世俗所服爲能離遠,能杜慾者,不與焉。木仲子終其業而深歎利子之異也。噫!世無二理,人有二心,事有二善,仰無二天,天無二主。謂利子之異爲吾人之常,不可乎?(同上)

(三)鄒元標答西國利瑪竇書云:

得接郭仰老(Cattaneo 華名郭居靜,字仰鳳),已出望外;又得門下手教,眞不啻之海島而見異人也。門下二三兄弟欲以天主學行中國,此其意良厚。僕嘗窺其奧,與吾國聖人語不異。吾國聖人及諸儒更發揮詳盡無餘,門下肯信其無異乎。門下取易經讀之,乾即曰統天,敝邦人未始不知天,不知門下以爲然否?(願學集卷三。這條是看了陳援菴先生的從教外典籍所見明末清初之天主教——見北平圖書館館刊八卷二號——才查原書的,附記於此以表謝忱。)

(四)謝肇淛在五雜組裡說:

天主國在佛國之西,其人通文理,儒雅與中國無別。有利瑪竇者,自其國來,四年方至廣東界。其教崇奉天主,亦猶儒之孔子,釋之釋迦也。其書有天主實義,往往與儒教互相發,而於佛老一切虛無苦空之說,皆深詆之。余甚喜其說爲近於儒,而勸世較爲親切,不似釋氏動以恍惚支離之語愚駭庸俗也。與人言恂恂有禮,詞辯扣之不竭,異域中亦可謂有人也巳!(五雜組卷四,地部二,天主國條)

(五)陳亮采序龐迪我的七克,說:

曩余年方垂髫,即於天主耶穌之教竊有聞也。……其後二十餘年,以待次都門,得交西泰利君,持所聞質之利君,輒大詫,因得畢聞其說。所謂天主實義畸人十篇者,每閱卒編,余亦復大詫,謂與周孔教合。其後復因西泰以交順陽龐君,一覯而稱莫逆。一時,龐君過余曰,"東方之士,才智絕倫,從事於學者非乏也,獨本領迷耳。夫學不稟於天而惟心是師。…… 其弊方且認賊作子,認邪魔爲天神也,嗚呼,殆哉!" 余曰:"唯唯,否否。夫戒愼恐懼以率其天命之性而達于上天之載,此吾儒眞本領學問也。但恐世俗不知天爲何物,而以爲在於蒼茫窮冥之表,故權而謂之曰天即在吾心是也。而後之學者遂認心爲天,以爲橫行直撞,眞機旁皇,擺落規條,快樂自在,而流爲無忌憚之小人! 是豈周孔之教則然哉?" 龐君殊擊節余說,因持其所論著七克篇示余,余卒業焉。其書精實切近,多吾儒所雅稱。至其語語字字,刺骨透心,則儒門鼓吹也;其欲念念息息皈依上帝以冀享天報而免沉淪,則儒門羽翼也。……(天學初函本,七克篇序頁一至二。)

(七)陳儀序艾儒略的性學觕述說:

往余入留都,會利西泰氏於吾師心堂趙先生之門,知其胷中有奇而未及深叩。後西泰入都,著書數種,推原天地人物所由生,悉出於天主,爲世間一大父母。人能朝夕承事,出入不詭於所生,即可登天堂而享百福;不然者,將有地獄之苦。初聞之或以爲臆說,細諦之即吾儒昭事之學,畏天之旨也。吾儒舉其渾然者則曰天,西氏標其的然者則曰天主,要以皇矣之臨下有赫,大明之無貳爾心,皆總而屬天之主宰,此豈以漠漠蒼蒼言也? …… 夫西國去中國數萬里,開闢以來,重譯未通,言語文字不同。一旦向慕,挾所懷來,譯以中國之文,乃與古聖賢敬天畏天之旨,若爲發明,若加眞切。此從何處得之? 正吾儒所謂天工造化之巧,無不持載,無不覆幬,而西國所謂天主者也。……(性學牖述一九二二上海排印本,序。)

(八)許胥臣的西學凡引說:

凡也者,舉其槩也。左丘明以凡翼經,而西學以凡翼天。言天非自西學始也。程子曰,'儒者本天',盖宗古敬天畏人[天]言之。游楊呂三家親出程氏之門,而已有徑庭之誤,朱子辯之詳矣。浸淫於速化,眯謬於提宗,而格致一種學脉晦蝕幾盡。不圖有返本窮原,苦修實體,而理析於繭絲牛毛,教攝於踐形超性,如艾氏所述西方之學者。讀其凡,其分有門,其修有漸,其語有歸;恍然悟吾儒格物原非汗漫,致知不必空疎,而格致果躋治平,治平必肇端於格致也。然則聖人豈欺我,而近儒超捷高玅之音,果能試之有效,而推之東海西海而皆準耶? …… 禮失則求之於野,讀西學凡而學先格致,教黜空虛,吾亦取其有合于古聖之教而已矣,未屑借資重譯而與彼佛較曲直也。(天學初函本西學凡。)

以上所舉教外士夫的言論,都是表同情於西士的儒學觀的。他們因爲沒有奉教,對於補儒之說,自然沒有像教徒們的直白倡說。然天學和儒學有許多相近或相類之處,則是他們所承認的。古代的儒說究竟爲什麼與基督教的舊約時期的思想類似呢? 這是教士和教徒都沒有在著述中解答或暗示

解答的一個問題。清初的教徒李祖白最先在他的天學傳槩裡很大膽的提出答案。他說:

> 天主上帝開闢乾坤,口生初人,男女各一。初人子孫聚居如德亞國,此外東西南北並無人居。當是口事一主奉一教,紛岐邪說無自而生。其後生齒日繁,散走遐逖,而大東大西有人之始,其時略同。考之史册,推以歷年,在中國爲伏羲氏。即非伏羲,亦必先伏羲不遠,爲中國有人之始。此中國之初人,實如德亞之苗裔,自西徂東,天學固其所懷來也。生長子孫,家傳戶習,此時此學之在中夏,必倍昌明於今之世矣。延至唐虞,下迄三代,君臣告誡於朝,聖賢垂訓於後,往往呼天稱帝以相警勵,夫有所受之也,豈偶然哉? 其見之書曰"昭受上帝","天其申命用休",……詩曰,"文王在上,於昭于天",……魯論曰,"獲罪於天,無所禱也",……中庸曰"郊社之禮,所以事上帝也",……孟子曰"樂天者,保天下。"…… 凡此諸文,何莫非天學之微言法語乎? 審是,則中國之教,無先天學者。(據楊光先引,見不得已,中社影印本,卷一,與許青嶼侍郎書。李祖白引經書的文字,大部分給楊光先删掉,但註明"引書九十五言","引詩一百一十言","引論語二十六言","引中庸二十言","引孟子五十九言。")

利瑪竇以來的教士教徒,論天學儒學的關係者,止說其大較上的相類,單從二者的信仰內容觀察罷了,未曾說明其歷史上的關係也。李祖白大膽的提出中國人種西來說,以爲中國古代儒學源流的解釋,走了最後的一步,而反動愈大了。其時英國有個營造師,名字叫約翰韋伯(John Webb)的,也以為中國人是亞當的苗裔,中國語是世界的原始語言,中國古儒教是希伯來上古的宗教,見解與李祖白不謀而合,可說是一件很有趣的湊巧的事。不過韋伯說的更詳細,比傅的材料更多,我已另寫了一篇文章介紹他的奇說,在此不必複述了。(註一)

(四)中國士夫的反應:反對的方面

耶穌會士的儒教觀,雖然博得教徒和普通士夫的多少同情,同時也免不了引起若干的反感。本來利瑪竇對儒教的特殊看法很容易引起幾種人士的不快意的反應。第一種是佛教徒,尤其是接近儒家的佛教徒,因為天主教的親儒排佛或補儒易佛的講法是對於佛教很不利的。當時所謂會通三教的人,大抵以佛教為重心,也應該附入。第二種是傳統派的儒者,尤其是注重儒學道統的讀書人。因為教士們的儒教觀,如果被推衍到論理上的終結,則非變成李祖白天學傳槩的講法不可,中國舊有的道統觀念勢必至於打破。而且每個儒者都必須放棄儒教——最低限度也要揚棄後儒的思想——而改信天主教。第三種是教士中的一部份,尤其是耶穌會以外的教士。他們始而懷疑,繼而竭力反對利瑪竇等的儒教觀察和傳教政策,不表同情於利氏的向中國思想讓步的主張。

中國士夫反對利瑪竇派的儒學觀的人,大抵不出以上所

(註一)中國社會及政治學報 The Chinese Social and Political Science Review,第十九卷第三期,二九五至三三〇頁。

說的第一,第二兩種。我們可以舉出幾個代表的人物,覆看他們的議論,便可以明白反對者的心理和根據,無須逐項去作詳細的說明了。

(一) 袾宏

利瑪竇生時,中國士夫對他很少提出抗議的,有如楊廷筠在代疑編(頁三八)所說的"乙卯(一六一五)以前,朝貴咸尊利氏學,以序贊相贈,如同文紀所載,推許楊詡,且擬於聖,何曾有疑?"然在一六一〇年利氏逝世之前,虞淳熙已表示不滿的意思,不過他所衛護的是佛教,勸利瑪竇不要隨便攻擊,而他自己的立場又是"至今坐鼎足上不得下"的"三聖人之教",與利氏的儒教觀關係甚少。

一六一五年奉佛教的袾宏刊布他的竹窗三筆,乃對於利氏的議論作正式的抗辯。竹窗三筆裡面有天說三篇,都是對天主教而發的。第一篇論諸天和天主,第二篇論輪廻和殺生,都跟我們的問題無重要的關係,可以不論。第三篇是說儒經論天的話已够用,不必待天主教補足的。

> 復次,南郊以祀上帝,王制也。曰"欽若昊天",曰"欽崇天道",曰"昭事上帝",曰"上帝臨汝",二帝三王所以憲天而立極者也。曰"知天",曰"畏天",曰"律天",曰"則天",曰"富貴在天",曰"知我其天",曰"天生德於予",曰"獲罪於天無所禱也",是遵王制集千聖之大成者夫子也。曰"畏天",曰"樂天",曰"知天",曰"事天",亞夫子而聖者孟子也。天之說何所不足而俟彼之創為新說也?以上所陳,儻謂不然,乞告聞天主!儻予懷妒忌心,立詭異說,故沮壞

彼王教,則天主威靈洞照,當使猛烈天神下治之,以飭天討!(雲棲法彙竹窗三筆頁七十四至七十五;又天學初函辯學遺牘頁一八全引此文並附教中人士的一篇有力量的答辯。)

(二) 晏文輝

利瑪竇死後五年,南禮部侍郎沈㴶開始與教士爲難,到下一年(萬曆四十四年,公元一六一六)而上參遠夷疏,八月上第二疏,十二月上第三疏。給他助力的是禮部尙書方從哲,和內官魏進忠劉朝;從旁給他一點理論上的幫助的是他的屬員晏文輝和徐如珂。此事引起大波,即教史中之所謂南京教難。這本是政治的攻訐而並非思想的爭辯。沈㴶雖大罵西教爲"儒術之大賊",而他的手段不過是"擒治驅逐",他的目標不過是"今後再不許容此輩闌入,違者炤〔照〕大明律處斷"而已。所謂南宮署牘者,實在是告訐多而辯論少。從儒敎的觀點去批評天主教的止有晏文輝的幾句話:

臣惟天地開闢以來,而中國之教自伏羲以迄周孔,傳心有要,闡道有宗,天人之理,發洩盡矣,無容以異說參矣。嗣是而老氏出焉,楊墨出焉,好異者宗之,然不過竊吾儒之緒餘以鳴其偏見,故當時衛道者力闢焉而不使滋蔓。乃今又乃倡爲天主教……其名似附於儒,其說實異乎正。……且天帝一也,以其形體謂之天,以其主宰謂之帝,吾儒論之甚精;而彼刻天主教要略云"天主生於漢哀帝時,其名曰耶穌",……又云"被惡官將十字架釘死"。是以西洋罪死之鬼爲天主也,可乎不可乎?將中國一天而西洋又一天耶?將漢以前無天主,而漢以後始有天主耶?(聖朝破邪集,日本重刊本,卷一,頁二一至二三。)

晏文輝的論點也以爲是儒教已完備,不須補足。他故意不提佛教,是值得注意的。

(三)王啓元

王啓元是廣西馬平人,天啓二年(一六二二)進士。他經過多年的觀察,研究和思索,深覺得儒教的中衰是有關中國政教的一件大事體。他想謀補救,先從理論入手,做了一部提倡復興儒教的書,書名清署經談。清署經談是三百多年前的一篇很長的建立孔教論,對於二氏百家和三函教都有相當的意見和評價,並不專以天主教爲對象;然天主教當時勢力已不小了,所以王啓元不得不特別施以注意。他說:

> 天主之教首先闢佛,然後得其入門。次亦闢老,亦闢後儒,尙未及孔子者,彼方欲交於薦紳,使其教伸於中國,特隱忍而未發耳。愚以爲佛氏之說易知,而天主之教難測,有識之士,不可不預爲之防也。(清署經談,天啓三年刊本,卷十六頁二三。)

王氏排斥天主教的意見,可以把清談中的天主公論篇(卷十五,頁四三至四七)做代表。他先以人事六項證明天主教義之不可信:(1)天主不應降生於開闢後四千多年,(2)天主未降生之前,天地不當無主,(3)假如天主降生前也另有天主則天地不應有二本,(4)天欲均愛世人,不應親自降生於猶太,(5)上帝最尊,止有天子有祀天的資格,凡人不應該妄想事天,(6)中國並非不知天,不應該求之于西教。關於第六點的,他說道:

> 豈以中國爲不知天道哉?任羲暨和治曆明時,璿璣玉

衡以齊七政,自堯舜以來固然矣。…… 況先天,後天,天德,天則,易傳固詳之矣。 夫天文也,天運也,天時也,天體也,猶曰外也,形而下也;至於天德也,天則也,先天也,後天也,則內矣,形而上矣。 如人一身內外形神性命無一不全,而反自謂不足,不亦舛乎? 此皆不能反求,而厭常喜新,遠有所慕之過也。(卷五,頁四五。)

至於他評論異教,寬於佛而嚴於天主的原因是:

佛之教雖自以爲尊於上帝,然上帝與佛爲二,人猶能辨之也;天主自謂上帝矣,與中國者混而爲一矣,人將奉中國原有之上帝耶,抑奉彼之天主耶? 吳越之僭王號,春秋猶釋辨之,而況混上帝之號者哉? (卷五,頁四六。)

又說:

且佛與儒爭教,其兆在下;天主與上帝爭名,其兆在上。既欲斥小中國之儒宗,又欲混淆上帝之名號,此其志不小,其兆亦不小。 竊恐有識者之所隱憂,不止世道人心而已。

王啓元反對天主教混儒補儒的說法是很顯白的,然而他暗中不免受了天主教的多少暗示。 關於清署經談的內容,我已另爲一文(註一),不再贅說了。

(四) 蔣德璟

崇禎十二年十二月(一六四〇年初)徐昌治集印反對天主

(註一)三百年前之建立孔教論,將在中央研究院歷史語言研究所的集刊裏發表。

教的文章爲聖朝破邪集,共八卷。除了南宫署牘之外,更收了許多近著。被收的作者多半表同情於佛教,又多半是福建人,福建當時不但受過艾儒略的影響;而且西班牙的多明哥派教士已很活躍的傳教了,正在拒絕中國的舊文化,反對耶穌會士的策略,以祀天祭祖爲異端迷信,禁絕教徒的參加。所以破邪集裡的文章所攻擊的對象與議論的觀點,有許多是在本文範圍之外的。其中更有不少是肆意謾罵的,如周之夔說"愚每謂視天主教與其從教者,只宜視如禽獸,不當待以夷狄之禮",則已軼出了辯學的軌道之外,更不必論了。然在論文中,也有辨明天主教士的儒教觀的。我們且舉幾個代表的例子。

蔣德璟破邪集序說:

> 向與西士遊,……不知其有天主之教也。比讀其書,第知其竊吾儒事天之旨,以爲天主即吾國所奉上帝,不知其以漢哀帝時耶穌爲天主也。其書可百餘種,顯與佛抗,而迹其人,不婚不宦,頗勝於火居諸道流,以是不與之絕。比吾築家廟奉先,而西士見過,謂予"此君家主,當更有大主,公知之乎?"予笑謂:"大主則上帝也,吾中國惟天子得祀上帝,餘無敢干者。若吾儒性命之學,則畏天敬天,無之非天,安有畫像?即有之,恐不是深目高鼻一濃鬍子耳"。西士亦語塞。……(破邪集,卷三頁一。)

蔣氏雖不承認上國的天就是天主,但他的態度是很和平的,不主張驅逐西士的。

(五) 黃貞

黃貞的尊儒亟鏡是站在儒教的立場(註一)說天主教亂儒的。他說天主教士,——

> 凡可以亂吾聖賢之教,無所不用其極而無忌憚焉。其最受朱紫疑似者,莫若"上帝""天命"與"天"之五字,狡夷以爲甚得計者在此。吾國吠聲之夫與貪貨之流起而和之,各省皆有其羽翼!(同上卷三,頁十三至十四。)

他又說孔子但教人存心養性即事天,悔過遷善即禱天,西洋天學的新花樣並非"素王之旨"。又絕對主張天地對擧之說,來反對利瑪竇之說:

> 予讀"禱爾於上下神祇,子曰,'丘之禱久矣',"未嘗不了然大暢,悠然深省也。是吾夫子之大功德,分明揭事天禱天之精義以詔天下後世也。註云"上下謂天地,天曰神,地曰祇",又是朱子大功德,使人知有天有地……也。是吾夫子子路未嘗不並言天地也,未嘗不並禱天神地祇也。豈非祇神之所以爲祇神者,一吾心之道乎?……此聖賢經書之明旨,昭若日月于中天,夷妖何得而混之也?是故夷妖混儒之言天言上帝,而絕不敢言地,不敢言禱於地祇,不敢言即吾心之道,不敢言即吾心之誠,豈非以其害于天主耶穌之說乎哉?而我華人以夷人之天主耶穌爲合吾儒之經書帝天者,何異以鳥空鼠即爲合鳳凰之音也與?(同上,卷三,頁十五。)

(註一)他的不忍不言,却是以"白衣弟子"的資格,勸"天下大沙門"起來護教的。見破邪集,卷三,頁八以下。

太極非上帝之說,黃氏也極力否認。他說:

> 夷妖明目張膽,滅仲尼太極是生兩儀之言而卑賤之矣,以天主耶穌滅太極矣!……華人峨冠博帶輩,讀仲尼書者,敢曰"利先生天學甚精,與吾儒合"! 嗚呼!是可忍也,孰不可忍也! 祇爲太極之亂臣賊子,爲素王之惡逆渠魁焉已矣!(同上卷三,頁十九至二十。)

利瑪竇所提出的重要的幾點,都給他用"仲尼一堂所傳之鏡"顯明爲"媚儒竊儒而害儒"了。

(六) 鄒維璉

鄒維璉的闢邪管見錄說:

> 海外極西之國,有夷人利瑪竇號西泰者,……謬以天主合經書之上帝。夫旣明知上帝屢見於六經,郊社所以祀上帝,則至尊在上帝,可見矣。昔者大儒釋帝爲天之主宰,蓋帝即天,天即帝,故尊天即尊帝也。何云上天未可爲尊,並諱上帝之號而改爲天主之號乎? 始曰天主是理,繼曰天主是神,終托漢時之兇夫耶穌爲天主應運設教,是其標大題,僭大號,不惟呵佛罵老,且凌駕於五帝三王周孔之上,從來大變,未有甚於此者! 至於孔子太極之訓,春秋之作,孟氏仁義之對,無後不孝之言,皆見指摘。(破邪集卷六,頁八。)

他破口大罵西士,其結果等于恭維西士。他接著說:

> 且天生素王以教萬世,生民以來所未有也,然其至誠無息,大道若愚,辭仁聖而不敢當,謝生知而云好古。豈故爲是謙辭哉? 聖不自聖,故云至聖,而利妖敢以邪說比

六經乎? 昔人有言:莊周道家之儀秦,王通孔門之王莽。若夫利妖電光之舌,波濤之辨,眞一儀秦;拔佛家之幟,登素王之壇,眞一王莽。侮聖欺天,譸張爲幻,左道之誅,豈可容於堯舜之世哉?

破邪集中的言論與此相類的很多。還有一部分是對多明哥派的西班牙教士下猛烈的攻擊的,說他們禁止教徒參與一切中國社會的祀祭活動,令教徒忘了君親之恩。因爲與耶穌會士的儒教觀無關係,故不備述。

(七) 黎遂球

黎遂球是廣東番禺人,曾跟西洋人談論天文歷算,於天主教義因此也有所聞。他雖說"在世爲儒,須彰明儒教",但他受當時所謂匯通三教的影響也不小,相信"三教聖人何嘗有異,而其門庭名目各有不同。"不過他一面承認三教至理,一面仍站在儒宗的地位說話,與一般提倡三函教者不同。

天學近於儒學,是他所不承認的。他說:

天者理而已,先儒之論最爲切近。惟天以一定之理完全無欠,命於人爲性,此所以不容添入,不煩做作,率而繇之,即謂之道。……儒者之所謂天,從堯典"欽若"始。禹謨曰,"皇天眷命",又曰"天之曆數","惟德動天",此皆所謂上帝之天。而皐陶謨稱"天敘""天秩",則理之一字,昭然可見。中庸"天命"二字本此來,盖上帝所宰,正此一定之理。(蓮鬚閣集,卷二,與友人論窮理盡性書。)

他繼着說明儒書的天跟佛教的天不同,又說解釋儒書,須以儒者本意爲立足點。往下他愼重地辨明天主教跟儒學根本不同。

乃近日天主之說,不知者以爲近於儒,而實大謬,此仍不可不辨。夫儒者之所謂天,從曆象推之,從人倫物理觀之,而知其有一定之差耳。此豈謂有一人焉,如所謂天主者,以上主此天哉?古之生爲聖賢沒爲神明者固多,如五帝之神皆人,郊禘之配皆祖,然終不可謂天之主。乃西國之人爲之;當未有此人,天何所主耶?故旣明儒者之所謂天,亟宜辨西學之所爲天主。不然,於此可誣,將敬天之意皆爲惑亂,而欽若敬授之旨頓殊,天如何能動,敬之如何能致福也?(同上)

(八) 黄宗羲

明儒學案雖不透露西學東來的消息,黄宗羲本人並不是不知道天主教的理論的。他站在正統儒宗的立場,對於二氏百家都不輕於許可,甚至明朝亡後遁跡爲僧的人物,也不稍事寬容,他對於天主教當然是不表同意的,然而他的態度卻很有趣。他在破邪論中的魂魄篇裡所發的議論,有許多是與教士暗合的;但天主教的上帝觀他便不能接受了。上帝篇說:

邪說之亂,未有不以漸而至者。夫莫尊於天,故有天下者得而祭之,諸侯以下皆不敢也。詩曰"畏天之威,于時保之",又曰"上帝臨汝,無貳爾心",其凛凛於天如此。天一而已,四時之寒暑温凉,總一氣之升降爲之;其主宰是氣者,即昊天上帝也。周禮因祀之異時,遂稱爲五帝,已失之矣。而緯書創爲五帝名號……鄭康成援之以入註疏,直若有五天矣。釋氏益肆其無忌憚,緣"天上地下唯我獨尊"之言,因創爲諸天之說,佛坐其中,使諸天侍立於側,……豈非大惑哉?(南雷文約卷三,上帝。 亦見破邪論。)

他的意思是說天是物質的,而上帝是主宰,止應有一個,五帝諸天都妄誕不經。這本來與天主教的一神思想極相脗合;但他不能接受耶穌爲天主之說,所以他繼續說道:

為天主之教者,抑佛而崇天,是已。乃立天主之像,記其事實,則以人鬼當之,并上帝而抹殺之矣! 此等邪說,雖止於君子,然其所由來者,未嘗非儒者開其端也。

這簡直是許可天主教的"古教",而排斥新約的教主,恰巧與教士對付中國儒學的方式成一對照了! 上帝篇最末一段,大意竟然與教士的說話相同:

今夫儒者之言天,以爲理而已矣。易言天生人物,詩言天降喪亂;蓋冥冥之中,實有以主之者。不然,四時將顚倒錯亂,人民禽獸草木亦渾淆而不可分擘矣。古者設爲郊祉之禮,豈眞徒爲故事,而來格來享,聽其不可知乎? 是必有眞實不虛者存乎其間,惡得以理之一字虛言之也? 佛氏之言則以天實有神,是囿於形氣之物,而我以眞空駕於其上,則不得不爲我之役使矣。故其敬畏之心蕩然;儒者亦無說以正之,皆所謂獲罪於天者也。

黃宗羲的態度,比之黎遂球反覺寬容了。

(九) 楊光先

楊光先(一五九七——一六六九)的年紀比之黎遂球(一六〇二——一六四七)黃宗羲(一六一〇——一六九五)都大一點,然他對於天主教的反應則稍遲,到康熙初年才發表他的言論。他反對教士的態度是毫無折衷之餘地的,以爲西洋人的思想,宗教,甚至於科學和曆法,都是全部荒謬,有傷王化的。以西士爲——

> 不恥不仁,不畏不義,恃其給捷之口,便佞之才,不識推原事物之理,性情之正;惟以辯博爲聖,瑰異爲賢,罔恤悖理叛道,割裂墳典之文而支離之。譬如猩猩鸚鵡,雖能人言,然實不免爲禽獸也。(不得已,闢邪論中,頁一。)

楊氏論爭的導火線是李祖白的天學傳槩,(見前)他對于李祖白的以中國民族爲如德亞(猶太)後裔的說法,自然是痛罵的。可是利瑪竇歷引六經之文,也是他所不高興的。他說:

> 利瑪竇欲尊耶穌爲天主,首出於萬國聖人之上而最尊之,歷引中夏六經之上帝,而斷章以證其爲天主曰:"天主乃古經書所稱之上帝;吾國天主即華言上帝也。蒼蒼之天,乃上帝所役使者,或東或西,無頭無腹,無手無足,未可爲尊;況於下地,乃衆足之所踏踐,汙穢之所歸,安有可尊之勢?" 是天地皆不足尊矣。如斯立論,豈非能人言之禽獸哉! (同上)

楊氏以爲天即上帝,天即理,不能强分爲二的:

> 夫天;萬事萬物萬理之大宗也。理立而氣具焉,氣具而數生焉,數生而象形焉。天爲有形之理,理爲無形之天,形極而理見焉,此天之所以即理也。……易之爲書,言理之書也,理氣數象備焉。乾之卦,"乾,元亨利貞"。彖曰,"大哉乾元,萬物資始,乃統天。"……程傳,"乾,天也,專言之則道也;分言之以形體謂之天,以主宰謂之帝,以功用謂之鬼神,以妙用謂之神,以性情謂之乾" 此分合之說,未

嘗主於分而不言合也。……天主教之論議行爲純乎功用,實程子之所謂鬼神,何得擅言主宰? 朱子云:"乾元是天之性,如人之精神;豈可謂人自是人,精神自是精神耶?"觀此則天不可言自是天,帝不可言自是帝也。萬物所尊者爲天,人所尊者爲帝,人舉頭見天,故以上帝稱焉,非天之上又有一帝也。(闢邪論中。)

又以爲西士引詩書中"天"與"上帝"的話來分天與上帝,是以辭害意的。他繼續說:

書云,"欽若昊天","惟天降災祥,在德",與"天敘""天秩""天命""天討";詩云,"畏天之威","天鑒在茲",皆言天也。"上帝是皇","昭事上帝",言敬天也。"予畏上帝,不敢不正",言不敢逆天也。"惟皇上帝,降衷下民",衷者理也,言天賦民以理也。禮云,"天子親耕,粢盛秬鬯以事上帝",言順天時重農事也。凡此皆稱上帝以尊天也,非天自天而上帝自上帝也。讀書者毋以辭害意焉。今謂天爲上帝之役使,不識古先聖人何以稱人君爲天子,而以役使之賤比之爲君之父哉? 以父人君之天爲役使之賤,無怪乎令歸其教者必毀天地君親師之牌位而不供奉也!(闢邪論中。)

利瑪竇曾說佛教輪廻之說,竊自閉他臥剌(Pythagoras),而楊光先則說天主教的天堂地獄之說竊自佛教,而講得著跡,比之佛教更糟糕:

天堂地獄,釋氏以神道設教,勸怵愚夫愚婦,非眞有天堂地獄也。"作善降之百祥,作不善降之百殃",百祥百殃,即現世之天堂地獄;而彼教則鑿然有天堂地獄在於上下,奉之者升之天堂,不奉之者墮之地獄。誠然,則天主乃一邀人媚事之小人爾,奚堪主宰天地哉? 使奉者皆善人,不奉者皆惡人,猶可言也。苟奉者皆惡人,不奉者皆善人,抑將顚倒善惡而不恤乎? 釋氏之懺悔,即顏子不二過之學,未嘗言罪盡消也;而彼教則哀求耶穌之母子,即赦其罪而升之於天堂,是奸盜詐僞皆可以爲天人,而天堂實一大逋逃藪矣! 拾釋氏之唾餘,而謂佛墮地獄中永不得出,無非滿腔忌嫉,以騰妬婦之口。如眞爲世道計,則著正大至正之論,如吾夫子正心誠意之學,以脩身齊家爲體,治國平天下爲用,不期人尊而自尊之;奈何闢釋氏之非,而自樹妖教之本也!(闢邪論上。)

天主教既是妖教,故排斥二氏,也於儒教沒有功勞;他說天主教實西域七十二種旁門之下九十六種邪魔之一,其詆毀釋氏欲駕而上之,此其恒情,原不足爲輕重。利瑪竇之來中夏,並老氏而排之。士君子見其排斥二氏也,以爲吾儒之流亞,故交讚之,援引之,竟忘其議論之邪僻,而不覺其教之爲邪魔也。(闢邪論下。)

楊光先成見很深,差不多是先論華夷,後談是非的。在他看來,西士的曆算之學都不可靠,何況儒學觀念? 王士禎雖把他看作妄人,而同時和稍後的人,許多是說他有功名教的。故舉他作一個代表的例子。

(十) 張 潮

大抵中國士夫覺得西洋宗教最不易接受的部份是耶穌

降生和贖罪代死等等紀載。教士和教徒以爲可以補儒的地方,正是一班士夫所以爲是與儒分異而不能不懷疑拒絕的地方。所以黃宗羲所反對的並不是天主教之"抑佛而崇天",却是以人鬼代上帝的默示宗教的教主。與黃氏見解相類而態度更加寬和的還有張潮。張潮收了利類思(Buglio)安文思(de Magalhaens)南懷仁(Verbiest)所合著的西方要紀入昭代叢書,又作了一篇小引。西方要紀成于康熙八年(一六六九),正是楊光先攻擊教士後的幾年,然而張潮並不和他的同鄉楊光先表同情,談及西士,仍說很客氣的話:

> ……其人則穎異聰明,其學則星曆醫算,其俗則忠信耿直,其器則工巧奇妙,誠有足令人神往者。天竺諸國土亦名西方,焚修者往往願托生其地,然不過清淨寂滅而已,無男女居室之樂,無爵祿名位之榮,無飲旨烹鮮之奉。此兩西方何所擇乎?(昭代叢書甲集,西方要紀。)

西洋的宗教,他也絕非見不到好處:

> 夫泰西之說,誠勝於諸教,惜乎以天主爲言則名不雅馴,流于荒誕,搢紳先生難言之。苟能置而不談,則去吾儒不遠矣。吾儒之言天者:在書則有曰,"惟皇上帝,降衷于下民";在詩則曰"皇皇后帝",在孔子則曰"獲罪于天,無所禱也";在孟子則曰"天與賢,天與子"。若是乎吾儒之言天,亦非僅虛空無物之狀,若有神焉以主之;然初未嘗言有母有形,及生前死後之事跡也。此吾儒與彼教之別歟?(同上。)

張潮想教士把天主置而不談,共談天與上帝,不好菲薄,不事謾駡,簡直是善意的建設的批評了。這正是後來法國服爾德一班人所竭力鼓吹而以爲是了不得的見解。可是西洋教士的爭執也正在一天比一天的擴大,中國耶穌會士的見解也一天比一天的紛歧,不久而教士止許談天主,不得說天與上帝;再不久而中國朝廷驅逐教士,羅馬教廷解散耶穌會。留下中國供奉內廷的零零落落的會士,降格而爲畫人樂工與營造師。東西文化接觸的一道金橋,快要變爲歷史的陳跡,而天學儒學一時接近的因緣,也於是乎中斷了。

儒教倫理思想引端（學術研究）

姚寶[illegible]

（一）緒言

人類自有社會生活的時候，就開始有倫理的思想。倫理思想之發生，具有兩種要素：一爲超越其他生物的萬物之靈的人類所專有。一在人類經營共同的團體生活中表徵着。換言之，前者是主觀的要素，後者是客觀的要素。

人類具有特別的精神能力，這種精神能力，也就是產生倫理思想的主觀之因素。人之初生，即有父母與家庭的關係。進有朋友，鄉黨的關係，更進有國家社會的關係，擴大起來，與世界人類發生了交涉，所謂「放諸世界四海而不悖」——這就是造成倫理思想的客觀之要素。

構成人類倫理思想的內容，是根據人類固有的優秀的精神能力，因不滿足於當前的感性的生活而追求一個未來之理想：——所謂人生目的之憧憬，爲努力着理想之實現，自然的產生了一切的行爲與動作。一方面關係於自己，一方面影響與別人，有「對自」「對他」的任務。要言之，確定人己之間當然的規程與律儀，這是倫理思想所要完成的！

倫理一語，遠自中國典籍中，早已見到。程子易傳家人卦上說：「家人者，家內之道，父子之親，夫婦之義，尊卑長幼之序，正倫理，篤恩義。家人之道也」。

倫字，從人從侖，侖者，敘也。故倫的意義，就是「人之敘也」。人生有時間之先後，地位之上下，性情禀質之差違，但是，「父父，子子，君君，臣臣」之順序，儼然常存而不悖的。（今雖無君臣的名詞，但命者與受命者，各有其職責。忠的意味，可由一人之君推擴到廣義的人類方面。）這「人之敘」確定爲「倫」字的原則以後，所謂人之異於禽獸的道理，也可恍然可通了。既然有敘列之別，則可證明人類不是孤立獨存，必與多數人類發生關係：也可藉此而得着一個結語：「倫理是建立在對己對人及主觀客觀的當然的關係上面」。

我國至少具有四千五六百年的悠久之歷史，過去悠遠的歷史中，曾有幾多思潮之澎湃而爲中華民族思想之賑徑的，以「經世濟民」爲根本義，縮小範圍是齊家修身」，擴大起來，是「經世濟民」；完成這種思想的是儒教。儒教的立說及其政論，是主張「以德服人」的「政與王道」；而推動「仁政」與王道的中心力量，是儒教的倫理思想。

（二）儒教倫理思想之梗概

儒教的倫理觀念，與政治結有因緣。從政治方面說，所謂「倫理的政治」；或呼着「德治主義」。從倫理方面說，「政治的倫理」。但是，其最終的目的，政治與倫理聯爲一致的。大學所謂：「修身，齊家，治國，平天下」。這是兩者關係的證明。所謂治「國」「平天下」，是政治的意味；反過來說，「國治天下平」，還是倫理學上的詮釋。不過，政治與倫理差的異，祇在其過程，與手段中表現。政治是重在外的抒發，證明國家與個人之勤向，倫理是內的含蓄，確定人己之間的份際。故政治是必然的，(Should)倫理是當然的。(Ought)而儒教的倫理思想特徵，把「必然」的政治與「當然」的倫理，視爲一致。孔子答覆齊景公問政說：「君君，臣臣，父父，子子」。朱子註釋說：「此人道之大經，政事之根本也」。人道，爲道德的倫理的意味；這是證明這四件原則，一方面固可做倫理的標準，並爲政治的要義。換言之，圓滿的人格者，始爲理想的政治家。這是充分表出「以身作則」「以德服人」的儒教之政治與倫理合一的觀點。論語憲問篇：「修己以安人，修己安百姓」。中庸上說：「君子篤恭而天下平」。這是釋明儒教的倫理具有兩種觀點：一爲個人的，一爲社會的。」前者是謀自己人格之完成；後者是社會安寧的期待；兩者結成有機的關係。實現那理想的具體之方略，如中庸說：

「凡爲天下國家有九經，曰：修身也，尊賢也，親親也，敬大臣也，體羣臣也，子庶民也，來百工也，柔遠人也，懷諸候也」。它的步驟，先須一己人格的完成，就是着眼在修身的方面。其他的事項，是完成自己理想的手段與方法。修身之道爲何？如大學所謂：

「欲修其身者，先正其心。欲正其心者，先誠其意。欲誠其意者，先致其知；致知在格物」。約言之，所謂「明明德」。朱子曰：「修身以上明明德之事也」。所謂「明明德」者，就是發揮健全的性格，智情意調和的發展之意味。它的方法，就是「修德」。——精神能力修練的含義，鍛鍊人類當然的本務。區別之爲二：

本務 { 對己的——修身
　　 { 對他的 { 齊家
　　　　　　　 { 治國
　　　　　　　 { 治天下

對己的修身齊家，與對他的治國平天下，視無差等。由一己擴大於家，國，天下，這是中國儒教的宏願，也是儒教的「人我合一」的「倫理的政治，政治的倫理」思想之表徵。

（三）儒教倫理思想之特徵

關於儒教倫理思想的特徵，約分四點：

一、實踐的傾向　實踐爲完成儒教倫理之本質。本來倫理原爲實踐行爲之規準。儒教思想的着眼，避免高遠的理論，及一切的玄談，雖文章小道，也求有以裨益於世敎。一切爲政做人的標準，力求脚踏實地，不尙清談高調。論語爲政篇說：「子曰，先行其言，而後從之」。這是儒教宗師孔子提倡實踐的證明；而與西哲祇有理論缺少行爲的，則有懸殊。

二、注重修養　社會的要素，蟬於個人；個人的安全與否，可構成社會安寧之要因。尤其是爲政者，更須培養一己圓滿之人格，這是儒教所提倡「以德服人」之精神。尙書堯典說：

「克明俊德，以親九族，乃至黎民時雍。」

這是指示爲政者的修養方法。又所謂：

「君子之德風，小人之德草，草上之風必偃。」

這是說明爲政者及代表智識階級的士大夫，應該「以身作則」，指導百姓做人之標準。對於自己的修養，當然不可疏忽了。

三、天人合一之思想　天之觀念，爲儒教思想之基礎。儒教雖避免形而上之討論，但孔子以天之觀念爲一切做人最高之準的。如有違於人道，即有悖於天。並以政治，道德，典禮，賞罰等，皆本諸「天」而昭示於人間的；那麼，一切人世間的現象，悉依據於天而構成「天人相關」「天人合一」的思想。孟子曾引書經之語說：「天降下民，作之君，作之師，惟曰其助，上帝寵之四方」。這是說明聖賢之士係代天完成主宰之職，即所謂「天命」。天命含有二意：（一）庶民悉被天澤，（二）王者，代天治人的意味。孔子是一救世的實者踐，嘗周遊列國謀其道之行世；對於形而上的「天意」之深理，很少向弟子中道及。所以弟子嘗引爲憾事的，就是：「夫子之言行，可得而聞也；夫子之性與天道，不可得而聞也」。孟子繼起，發揮孔子之性義。至於天道，漢儒董仲舒等，嘗以五行附會其說，但是一般民間，「畏天」「敬天」的觀念，固相沿已久，嘗有指摘爲惡者謂之爲「違背天良」；中國民族似無顯明的宗教，然「信天」一點，未嘗不是中華民族，宗教意識之表徵，因「信天」的觀念，隻演成「愼終追遠」祖先之崇拜。（ancestorWorship）追其淵源，是受儒教「天人合一」思想之影響。

四、家族制度　儒教倫理，首重個人人格之完成，完成了個人人格以後，係求對於其他的社會團體，發生有益的影響。對他的團體裏面，首重家族的集團。而以家族集團爲發揮倫理思想的大本營。所謂「修身」，「齊家」。「家齊」，然後「國治」「天下平」。又有所謂「老吾老，以及人之老，幼吾幼，以及人之幼」。以至於「推足以保四海」；而以「家庭倫理」，爲最初的原動力。所以家族制度有支配吾國數千年之歷史。積習既深，即有其弊，今日中華民族之渙散，未嘗不是家族制度相沿已久之反應；致造成一般民衆「祇知有家，而不知其國」了。

（四）餘論

儒教倫理既有支配吾國數千年之時間性。及廣被東方民族之空間性，則其學理上之基礎，實爲構成中華民族政治思想，哲學思想，及一切文化思想之源泉。因限於時間與篇幅，倉卒草此藉曰「引端」，詳容有機續論之。

儒教流傳及其影響(一)

周敬節

儒本非宗教，其理由至為簡單，即（一）儒家不迷信，無宗教之儀式，（二）儒家思想是入世的而非出世的，是哲學的而非宗教的。然其對孔子之設壇建廟，儒家之週流傳播及衣鉢世代之相承，又非純學術思想流派之比，故暫以儒教名之。但此「教」字應為教化之教，而非宗教之教。儒教實為東方文化之主幹，其移人之深，入人之速，不獨中國為然，日本為然，即在歐西各國受孔子學說之影響亦大有人在，此東方文化所以在世界史上占有地位也。

一、中國之儒教

儒教的開創者孔子是周靈王二十年（西歷紀元前五五二年）生於魯國鄒邑昌平鄉。卒於周敬王四十一年（西元前四七九）；他的事蹟流傳至民間，深入婦孺之腦海。在他生前很少人注意到他的學說，他個人也不過為少數門弟子所尊奉而已。至漢武以後，因董仲舒之罷黜百家，表章六經，遂成儒家一尊之局。孔子乃獨被尊崇。此後除歷代學者尊為至聖先師外，歷史的君主也多對孔子有所封贈。而全國儒生，亦莫不禮拜先師，為所有智識階級惟一之崇拜者。

因為孔子主張學生擁戴，孔子的學說裏有「忠」字，故歷代儒生，曲解孔子學說以附會絕對君權。所以歷代的皇帝都尊孔，據周曙山之考證，其事實如下：

（一）魯哀公於周敬王四十二年時，為孔子立廟，使食邑百戶守之。

（二）漢高祖過魯（十二年）以太牢祀孔子。

（三）漢平帝元始元年追諡孔子爲「褒成宣尼公」

（四）東漢靈帝光和元年，詔置鴻都門學，使畫先聖及七十二弟子之像。

（五）魏正始二年，齊王始行釋奠，以顏回配孔子。

（六）宋文帝元嘉二十二年釋奠，用六佾之舞和軒懸之樂。

（七）北魏孝文帝太和十六年，改諡孔子爲「文聖尼父」。

（八）東魏興和三年，兗州刺史李仲挺，始作孔子塑像。

（九）北齊天保元年，文宣帝始立春秋二仲行釋奠之制。

（十）北周大象元年，宣帝行釋奠，封孔子爲「鄒國公」。

（十一）隋文帝詔太學，每年四時仲月上丁釋奠。

（十二）唐高祖武德七年，以孔子爲「先師」，太宗貞觀二年改以孔子爲「先聖」。又貞觀十一年尊孔子曰「宣父」。

（十三）武則天，天授元年封孔子爲「隆道公」。

（十四）唐玄宗開元二十七年追諡孔子爲「文宣王」。

（十五）宋大中祥符元年，眞宗加諡孔子爲「玄聖文宣王」。五年又改諡「至聖文宣王」。

（十六）宋高宗紹興十年，詔釋典爲大祀，與社稷之祭同。

（十七）宋徽宗崇甯四年，詔太常寺，考證文宣王廟像之冠服制度，用王者之冕十二旒，袞服九章。從此孔子像擬天子之服制。

(十八)元成宗大德十一年，加封孔子爲「大成至聖文宣王」。

(十九)明太祖洪武四年，更定釋奠之祭器禮物。

(二十)明世宗嘉靖九年，改正文廟祀典，去孔子塑像，代以木主，題爲「至聖先師孔子神位」。

(二十一)清順治二年，定文廟諡號爲「大成至聖文宣先師孔子之位」。同治十年復改「至聖先師孔子神位」。

因爲專制君主之尊孔，所以孔教在中國特別倡明。在民國成立以前，歷代的士人，全國的儒生，沒有一個不是孔子信徒，沒有一個人敢公開反對儒教。但是儒教既非宗教，則佛教及近世之基督仍與儒教共同存在於中國。至五四運動以來，疑古精神發揚之結果，把後世腐儒的罪惡一起加在孔子身上，便有「打倒孔家店」之口號。可是尊孔的思想，在中國民間牢不可破，雖則有人大呼打倒，仍有許多頑固的堅信孔子者。於是有一時代便發生尊孔與非孔的筆墨官司。

孔子之貢獻是集孔子以前古代文化之大成，把以前所有的哲學思想加以整理，所謂刪詩書訂禮樂者便是。其次是孔子之道德哲學，再次是儒教對中國教育之貢獻。因爲帝王尊孔，西漢首有六經博士之設，其次則是立學官，設博士弟子，乃開國立學校之先河。一方面私人講學之風至明清猶存，這些事實，對於中國教育之推進，實有莫大之功績。孔子之道傳及其弟子，而有曾子學派與子游學派。還有從子思學的孟子，被尊爲亞聖與孔子並稱爲孔孟，一般以孔孟爲儒教之祖。

自漢武帝時董仲舒對策建言罷黜百家，董氏說：

「春秋大一統者，天地之常經，古今之通誼也。今師異道，人異論，百家殊方，指意不同，是以上亡以持一統，法制數變，下不知所守。臣愚以爲諸不在六藝之科，孔子之術者，勿使併進。」（漢書本傳）

這種主張經武帝採納以後，便成了固定國策。所以到了建元元年，承相衞綰奏：

「所舉賢君，或治申商韓非蘇秦張儀之亂國政者，請皆罷奏可。」（漢書武帝本紀）

這時候一方面抑制百家之學者，使不得仕進，一方面延用儒生使爲官吏，如：

「武安君用蚡爲承相，黜黃老刑名百家之言，延文學儒者以百數。而公孫弘以治春秋爲承相封侯，天下學士靡然鄉風矣。」（漢書儒林傳）

同時博士弟子以射策爲得官之途徑，凡吏通一藝（或一經）者皆選擇授以官職。從此儒生皆以儒術爲博取利祿之工具。換言之，君主以利祿誘勸，故天下皆趨於儒，嚴同西洋之國敎矣。

在政府這樣熱烈提倡之下，則學者自然爭習六藝了，於是有威大的學派，精湛的研究。尤著者爲魯學派與齊學派。據汪馥泉的考證是：

魯學派以申公（申培）爲領袖，其弟子有趙綰主臧，徐公，許生，孔安國等，迭相傳授，乃有（一）榮廣，尹更始等之「穀梁春秋」，（二）韋賢，韋玄成等之「魯詩及禮」，（三）公戶蒲意，桓生等之「禮」，（四）薛廣德，龔勝，褚少孫，孔安國之專「魯詩」。

齊學派是五經各有領袖的。（一）「易經」以田何爲師，其分派更有楊何之「楊氏易」，施讎之「施氏易」，孟喜之「孟氏易」，梁丘賀之「梁氏易」等。（二）「尙書」以伏生爲師，其分派有夏侯勝之「大夏侯尙書」，夏侯建之「小夏侯尙書」，歐陽生之「歐陽尙書」（三）「齊詩」以轅固生爲師，傳授蕭望之，翼奉，匡衡等，（四）「禮」以高堂生爲師，傳有戴德之「大戴禮」，戴聖之「小戴禮」，（五）「公羊春秋」以胡田生爲師，傳董仲舒，公孫弘等，其分派有嚴祖彭之「嚴氏春秋」及顏安樂之「顏氏春秋」。

以上兩派的師承，多係私淑，其中學習五經之士率多顯達，官至卿相者也很多。政府設學官之情形是太常下有五經博士，是武帝建元五年初置，宣帝增爲十二人，王莽時加樂經。按漢書儒林傳載：

「初書唯有歐陽，禮后，易楊，春秋公羊而已。至孝宣世，後立大小夏侯尙書，大小戴禮，施孟梁丘易，穀梁春秋。至元帝世復立京氏易。平帝時又立左氏春秋，毛詩，逸禮，古文尚書。」

這便是國家私之學有專長，便以之為轉授科目。武帝元朔五年置博士弟子員，初僅五十人，昭帝時增至百人，元帝時千人，成帝末仿孔子三千徒衆，增至三千人，平帝時所有元士之子皆得受業，乃無定額，而人數更多。其後推行至郡國，悉設學官，儒教更為推廣。是西漢之儒教因私人傳播與政府倡導遂因之大盛。

東漢時，光武平定海內後乃「投書講藝，息馬論道」，全國之文風尤盛。在私人方面前後時淵源於魯人申公的魯學，後來轉而為以董仲舒為祖之齊學。至此則古文尚書之出土，而有古文派，與前漢伏生口誦，以漢代通行隸書記載的「今文尚書」相對。古文派是漢魯恭王壞孔子舊所得之古本「尚書」「禮記」「論語」「孝經」為經典是。在官學方面，五經博士都是今文，不知何時轉變成了古文派，至東漢則官學私淑都成了古文派。

東漢明帝曾親臨太學講經，聽衆極衆。太學中初設博士十四人（施易，孟易，梁丘易，京房易，歐陽尚書，大夏侯尚書，小夏侯尚書，魯詩，齊詩，韓詩，大戴禮，小戴禮，公羊嚴氏春秋，公羊顏氏春秋）後增左氏春秋及穀梁春秋，嗣因傳者無人乃罷。太學的制度與西漢同。古文經博士之設始於劉歆。至東漢古文派其私人研究概要如下：

尚書……………賈逵，許愼
毛詩……………衞宏，徐巡
左傳……………杜林等
周官……………鄭衆等

兩漢時這些學派建立起有名的「漢學」。與後世的宋學相「對稱」。

東漢末年太學勢甚盛大，於是儒生乃起而干政。因為這時的儒教是代表社會上最前進的智識階級，他們看不慣宦官之亂政，乃起為清議以批評朝廷，旋因與宦官對抗儒生更由坐言而起行，乃釀成黨錮之禍。據後漢書黨錮傳說：

「桓靈之間，主荒政謬，國命委於閹寺，士子羞與爲伍，故匹夫抗憤，處士橫議，遂乃激揚名聲，互相題拂，品覈公卿，裁量執政，婞直之風，於斯行矣。」

此時之儒生以氣節鳴高，對當時政治之貢獻甚大，也正因如此遂與宦官構怨。初李膺受誣爲黨人時，下獄者二百，至熹平元年捕繫太學諸生且千餘人，愈遭此挫折，儒生益爲人民所信仰，而儒教愈盛。

魏晉以來，老莊之淸淨無爲思想與佛教結合，因此，儒生之流，非老莊之徒，卽皈依佛法，此爲儒教最衰落時期。

（未完）

雜誌的精華　翻譯的總匯

中日文化協會　東亞聯盟中國總會　合編

譯叢

第三期目錄

儒教流傳及其影響（續完）

周敬節

魏晉以來學風頹敗，故至南北朝時，太學時置時廢，惟北魏重視學校，是以經學獨盛。是時南朝學者競注老子及莊子，蓋亦因連年爭戰，民不得安居，故有此逃避亂世之傾向。惟此等老莊信徒，亦皆自命為儒者。

先是東漢鄭康成注經學者宗之。至魏時王肅為尚書詩論語三禮左氏解，別樹一幟，與鄭氏，分庭抗禮。至隋而統一。實則此時之儒教遠不如老莊思想之盛，不過若斷若續未至中絕耳。

另一方面道教自東漢末已流行，至唐時攀老子為同宗（因老子亦姓李）乃上老子號曰：「太上玄元皇帝」，唐高祖高宗玄宗皆謁老子廟，又唐太宗提倡佛教，故唐時儒教一奪於道教，再奪於佛教，儒教實甚消沉。

唐初經學多習章句，乃自東漢傳來一貫之注釋派。嗣因唐以詩賦取士，故儒者皆為詩人專重詞章。惟韓愈以改革文章之精神，兼究惟理。愈更以擔荷道統自任，實則其影響甚微，述其說者祇是一個李翺而已。不過韓愈的原性及李翺的復性書都是宋代理學之先驅。

宋初因襲唐故，且以佛教之盛，使儒極端衰落。眼看當政的君主及大臣都來信佛和道教於是宋儒始復興儒教。宋儒復興之方式是舉出儒家之玄妙之哲理，以便壓倒佛學及道教。但是孔子的言論中，很少有形而上的東西，孔子且避免談性命與天道之說。因此宋儒想盡方法，以期壓倒佛教哲學，便找出一部易經和中庸來。如程伊川先生說：

「一部法華經，只消一個艮卦可也」（二程外書十）

「看一部法華經不如見一艮卦」（二程遺書六）

他們並且抬出孔子以便壓倒佛，如程伊川說

「聖人本於天，而釋氏本於心」（二程遺書二十一）

朱子說：

「大抵聖人之學各本於心而求理，順理而應物者，釋氏之學則以心求心，以心使心」（朱子文集六十七觀心說）

大抵宋儒之道學，如周程諸人率皆受佛教深刻影響，至朱子出乃獨樹一幟，專以復興儒教而斥佛。

宋道學自邵雍及周敦頤始。按鄧之誠中華二千年史所列系統：

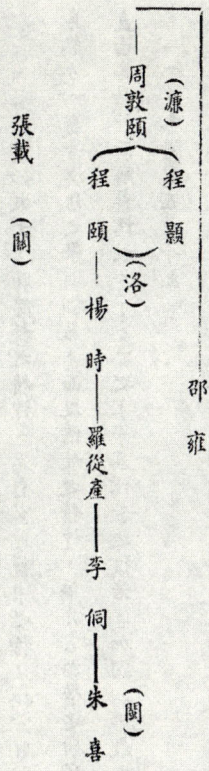

邵　雍
周敦頤（濂）── 程　顥 ／ 程　頤（洛）── 楊　時 ── 羅從彥 ── 李　侗 ── 朱　熹（閩）
張載（關）

邵雍推論命理是根據河圖洛書及八卦，周敦頤作太極圖說及通書，推陰陽五行，論天道人性，其說出於道家者及出於周易者多。張載作西銘言理一分殊之情，謂道之大原出於天。其學尊禮，貴德，樂天，安命以易經爲宗，以中庸爲體，以孔孟爲法。二程師事敦頤，闡述周氏學說，表章大學及中庸與論語孟子並列稱爲「四書」。他們都是研究佛學道教之後，而思改革儒教的，所以宋史張載傳說張載「又訪諸釋老，累年究極其說……反而求之六經」。程顥傳也說，程頤「既然有求道之志，泛濫於諸家，出入於老釋者幾十年，返求諸六經而後得之」。因此，我說他們想壓倒佛老便抬出六經而能釋爲極玄妙之理學，以便恢復儒教。

朱熹是集宋學大成的人。大抵從周敦頤發展的理學至朱熹而極盛。朱氏之學「大抵以格物致知爲先，明善成身爲要，凡詩書六藝之文，與夫孔孟之遺言，顚錯於秦火，支離於漢儒，幽現於魏晉六朝者，至是皆煥然而大明，秩然而各得其所。」（宋史道學傳序）朱氏著述甚富，其影響後世及外國亦至深且鉅。日本井上哲次郎對朱子的批評說得很好，他說：

「宋儒中如朱子，取佛教之精神，爲自家藥籠中之物，換骨脫胎，倡理氣心性之說，俾瀕死之儒教復活而更新其勢力。嚮者漢唐之學因訓詁，而捉儒教之精神，偏於言語學之研究，而乏於活氣。至宋儒知不區區拘泥於訓詁，直由其精神而解釋儒教。……要之宋學爲儒教之復活，加潤以佛教之旨味，較原始儒教更深而遠，可見其進步之迹。」（日本開國五十年史）

宋儒理學是受佛教道教之影響，固屬事實，然其最要之處，則爲本文前所指出者，即宋儒故尋出儒教經典中之玄妙者，以便與佛道競爭，而復興儒教，這是最宜注意之一點。

與朱子相抗衡的有陸九淵。朱主張格物致知，故萬殊歸於一本，陸則主張先發人之本心，故一本散於萬殊。朱主道問學，陸則主張尊德性。朱以爲陸太簡，陸則以朱爲支離，蓋陸氏更進於釋——故以心爲主。朱陸各傳弟子多人，儒教爲之大興，而兩派之對峙直至明清不衰。其間別有主張致用之呂祖謙，有昌言事功之陳亮，葉適，後人稱之爲浙學，然其流傳不如李陸之盛。

惟所應注意者，宋儒之講學皆私家傳授，如白鹿洞書院之類是。至於官學則漸衰微，蓋唐宋以來人皆注意科舉，故雖有太學，國字，四門等學之設，然儒者視之如同傳舍，無復漢時之隆盛矣。

元儒姚樞許衡皆推行朱熹之說於是北方之理學大盛，吳澄則融合朱陸二家之說，然都逃不出理學蹊徑。

明初儒者大抵皆本朱子，至王陽明出始別開途經。不過在王陽明之前還有一個吳康齋和陳獻章，其流傳如下：

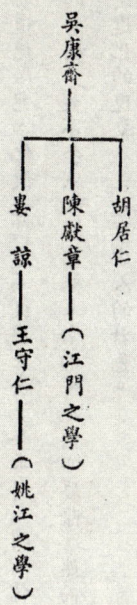

- 吳康齋
  - 胡居仁
  - 陳獻章——（江門之學）
  - 婁諒——王守仁——（姚江之學）

吳氏及胡居仁皆墨守程朱子學，惟陳獻章則抓住周濂溪先生之一個「靜字」，以靜坐爲治學之法。原來他也是因學朱子之窮極物而不遠，「於是舍彼之繁，求吾之約，惟在靜坐。久之，然後見吾此心之體……」（明儒學案）這樣他比陸九淵更近於佛，很顯然他是學禪宗的深刻影響。雖則他自己堅決否認，靜坐終是「禪定」之源流。這更可見，明儒也和宋儒一樣，拿儒教的舊瓶，裝上佛學的新酒，以期在玄學上與佛教爭衡。其實儒教之長，並不在此，然此亦適足以減低儒者之價值。

婁諒於靜坐之外兼重讀書，是由禪而復返與陸子相近。至王陽明，乃更歸於儒實則去孔子之訓猶遠。陽明之學以「知行合一」「心即理」及「致良知」三說爲其學說之綱領。心即理是他的唯心哲學，知行合一與致良知則爲其實踐的道德見解。陽明之學顯與朱異而與陸同。（因本文並非論哲學思想，故學說止此）陽明之學說影響很大，信徒也極多。他的徒衆尤著者如下：

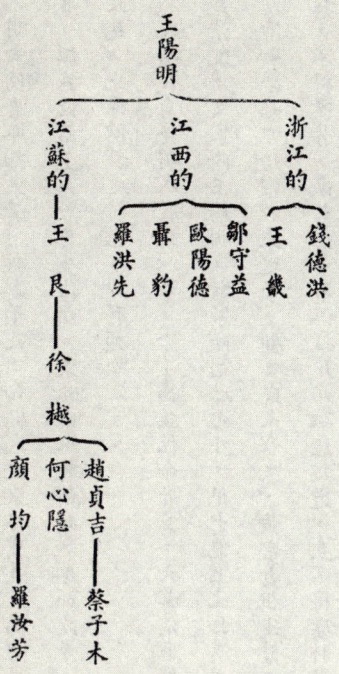

- 王陽明
  - 浙江的
    - 錢德洪
    - 王畿
  - 江西的
    - 鄒守益
    - 歐陽德
    - 聶豹
    - 羅洪先
  - 江蘇的——王艮——徐樾
    - 趙貞吉——蔡子木
    - 何心隱
    - 顏均——羅汝芳

明末儒者亦如東漢，漸起干政，如顧氏之東林黨是。陽明學派係自程朱以來之一貫的哲學思想家，雖則他們也都做了官，但在政治上未曾發生作用。東林則批評朝政，參加政爭，如著名之，挺擊，紅丸，移宮等案，東林黨人居然發表其政見，此時儒教之特色，即有類於政黨。

又明代自發明八股文以來，除了高談性命者多，大都消磨精力於八股之及試帖詩中，故有明一代，在學術思想方面都見消沉，文家除王陽明，詩家除高啓之外，很少能上比於漢唐，且不及後此之滿清。

清初學者亦均宗程朱之學，顧炎武奉程朱，黃宗羲祖述陸王，其他無不以程朱為法，且四書之朱註，為清政府法定的註，不得違背，違背者，不但指斥為離經叛道，且不得應科舉之考試，故此時之儒者為程朱之天下，其統制思想，有類於漢之董仲舒。

自元以來佛教已轉為喇嘛教，實則漸衰，道教也不過苟延殘喘，因此至清入主以後，儒教復大倡明。且自明末徐光啓等吸收西洋科學，清康熙更醉心歐化，以西學與中國古理相印證，儒者益被推崇，同清學者對考據學多所收獲，如閻若璩，段玉裁，戴東原，王念孫相繼而出。考證的結果，乃引起所謂「漢學」以與「宋學」相對峙。另一派桐城姚鼐以為「義理」「詞章」「考據」三者不可偏廢，造成有名的桐城文派。故有清一代，因學術之發展儒為大昌。

不過清末，西洋學術流入中國，儒家宗教的彩色，完全脫掉，且亦不復以派別相標榜。一方面即是承學術論學術，簡直無所謂儒教。一方面以經義為道德，使成一般人民共同之道德之觀念，則可謂儒家學說之極度發展，而成一種超宗教的道德思想，他便是儒教不復存在矣。本來自宋明以儒與釋道混合以來，凡讀書人皆自命為儒生，此時的儒生即是學生的舊稱，並不含宗教的意味。今則併此稱亦廢除，然而自孔子以來之儒教精神，已默默中融化為中華之民族道德了。這是進化的現象，也是東方人的特色。

中國之所謂儒即是士，是代表知識階級之總稱，他並不排斥其他任何宗教，所以儒生可以極自由的信佛老，甚至於信基督教。唐以後連韓愈那樣斥佛老拒楊墨的主張也不復存在。且在中國社會，儒（即士）是被推爲四民之首，是被社會上特別尊重的，所以說「儒爲席上珍」，因此社會上種種的職業也都與儒拉緊，與士相比擬。譬如醫生稱爲「儒醫」，商人的對聯也有「孔門弟子亦生涯」（指子貢）的話。所以現在中國的儒已經完全不是宗教了。

不但儒不是宗教，中國實即從來沒有宗教。中國之敬祖先乃是「愼終追遠」紀念之意，道教則是誣醫，其他宗教都是輸入品。我們述說儒教，也不過說明儒者思想學術之流傳及其影響罷了。

二　儒教之在日本

儒教之流傳中國之外，並非以傳教之形式，使人信仰，實即儒者攜帶中國文化而流向海外者。且流傳多係無意之行爲，並非如基督，回教，甚至佛教之有意的傳播之可比。儒者所說的是中國學術思想，並非宗教迷信及玄妙之神學。中國儒教流傳者，南有安南，東由朝鮮至日本本部。就中尤以日本受儒教之影響爲最大。據井上哲次郎說：

「凡精神諸要質，鎔鑄陶冶日本民族之性格者，以儒教之勢力爲最大。故欲知日本文化之所由者，不可無尋繹其使儒教發展之迹。」（日本開國五十年史）

誠然，儒教之流入日本非常順利，蓋東方民族性固有其共同之點。日本之儒教有三大系統。即：

（一）是古學派。即以中國漢唐以前之儒教爲宗，以經書爲主之儒教。自百濟之王仁至日本，獻論語十卷，千字文一卷爲儒教輸入日本之始。此後屢有百濟之五經博士朝日，至日本天智天皇時創設大學，文武天皇乃於京師設大學置博士助教，於諸國設國學置博士及醫師。其講習科目爲(1)周易(2)尚書(3)周禮，儀禮，禮記(4)毛詩(5)春秋左氏傳(6)論語及孝經。此後日本之儒教乃極昌盛。惟此時儒者講經皆賴漢唐古註。而漢唐儒一貫之精神在於訓詁，專以解經爲事。其研究之法略似語言學，而無闡發哲學思想之迹。故平安朝之菅公出乃參以佛教之哲學，以忠孝彝倫之說與解脫涅槃之理相會通。後因遣唐使罷，儒教乃衰。至德川時復有古學派之興起。此派儒者，以爲宋學混以佛說，失孔子本旨，欲直溯孔子原始之教化，乃倡爲古學。其中以山鹿素行（1622—1685）及伊藤仁齋爲最著。山鹿素行曾著「聖教要錄」三卷，刊行之。其書排斥宋學謂「道統之傳，至宋竟泯沒」此言極是。在漢唐以後，中國之儒者，尚無此堅決明顯之主張，尚無此返於孔子之正宗傳述者，竟於日本得之。素行常說「仁」而不說「理」謂聖人之教不出「仁」「義」二字真孔子之忠實信徒令人欽佩。山鹿素行並因儒教而倡武士道，其流傳如下：

- 山鹿素行
  - 高　恆——津輕耕道
  - 友　山
  - 吉田松陰

伊藤仁齋亦說古學於京師，與山鹿素相呼應。伊藤氏祖述孟子之學說，以仁義爲道，排斥宋儒復性之論。其子東涯更爲闡明，而成堀川一大學派。

（二）是朱子學派。在德川時代，僧侶始傳宋學。德川統一後，環境安謐，儒教大興。此時有禪僧還俗歸於儒道，如藤原惺窩即是，氏倡朱子學，以儒教之興壓倒佛教。惺窩倡朱子學且兼容王陸，又將四書五經施以日本標點，其門徒甚多，尤著者如下：

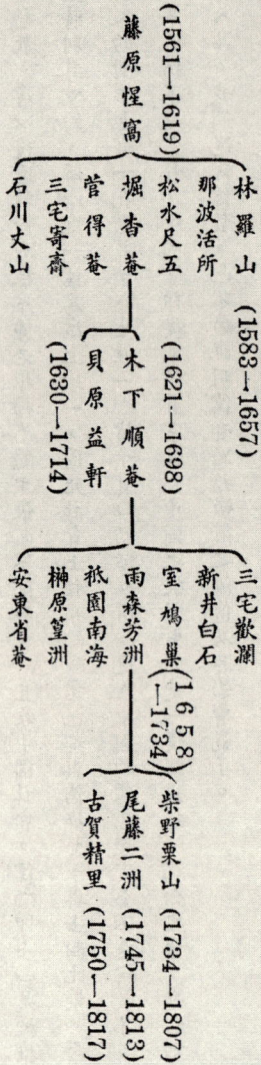

- 藤原惺窩（1561—1619）
  - 林羅山（1583—1657）
  - 那波活所
  - 松水尺五
  - 堀杏菴
    - 木下順菴（1621—1698）
      - 三宅觀瀾
      - 新井白石
      - 室鳩巢（1658—1734）
        - 柴野栗山（1734—1807）
        - 尾藤二洲（1745—1813）
        - 古賀精里（1750—1817）
      - 雨森芳洲
      - 祇園南海
      - 榊原篁洲
      - 安東省菴
    - 貝原益軒（1630—1714）
  - 菅得菴
  - 三宅寄齋
  - 石川丈山

又有南宗朱子學派始起於土佐，遠淵源於梅軒。其流傳亦盛。

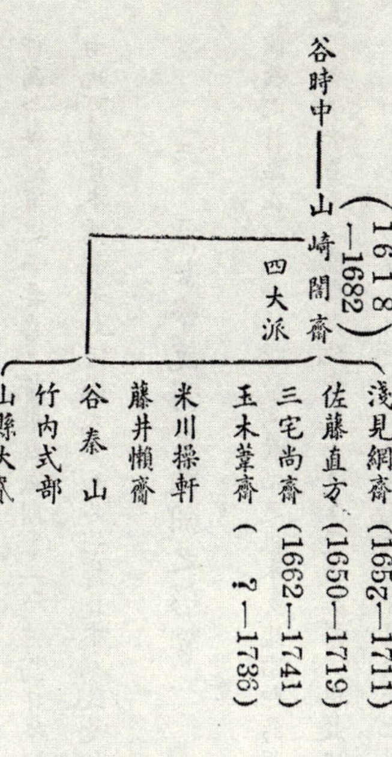

惺窩之派，其中林羅山尤為有名。羅山被德川氏重用，為德川氏籌畫許多律令，官書。羅氏專朱子之學，並排斥陸王，排斥佛道耶蘇諸教，可為朱子之忠實信徒。其著述凡百五十餘種，其子孫多為大儒，在二百六十年間，墨受朱子學說，未嘗別有主張。木下順菴則最長於德行，以身作則，感化之力最大，故桃李成蹊云。新井白石發揚歷史，故實，制度等學，並由此而兼及於西學。室鳩巢與弟子門人講道義，堅守朱學，氏值古學興盛之時，而獨忠於朱子之說。柴野等三人於朱學衰微之後，努力於復興之工作，於是朱學再得幕府之支持，而復興隆。

南學系朱子學派與惺窩相輝映，山崎闇齋主敬內義外之說，門徒最盛，除淺見等四大學派外，更有直學之徒衆。由上列二表，可見朱學在日本之盛。益自十五世紀至十九世紀，五百餘年間，在朝得幕之支持，在野得學者之推崇，蔚然成為極大之派系，其流傳之盛與中國等。

（三）是陽明學派。在十八世紀末，佐藤一齋始併取朱陸之談而兼容之，人識之為「陽朱陰王」。始倡陽明之學者爲中江藤樹，氏倡良知說，並躬踐力行，氏晚年講學於近江，時人稱爲「近江聖人」。其門人有熊澤蕃山，繼之而倡陽明之學，比其師更爲著名。此爲日本陽明學派之大成。其後雖有三重松菴等皆倡陽明之學，然不復如此之盛了。惟陽明之學影響明治維新，爲其原動力。蓋陽明以知行應當合一，主即知即行之說。故其信徒，多主觀之判斷，已認爲善，爲合於義，便不顧一切之環境而即實行。

此外尚有折衷學派，考證學派，獨立學派，皆以儒爲宗，對於日本之教育，日本之文化貢獻極大。

明治維新以後，西學倡行，儒教漸形衰落，然而儒教之精神，更以倫理道德之方式，長留在日本人之觀念中。故井上氏之說謂：

「……惟日本自維新之際，施以如是之德育。更溯考之，德川時代之初，以儒教爲德育之主旨。日本既有此經驗，迨維新之後，先於西邦而定斯新教育之要義。德育之離於宗教，專純施行者，儒教嘗示其例。維新以後，德育以儒教爲先容，取其最進步之體制，倡以宏遠廣泛之人道，以衆生所同歸爲其目標。故儒教雖已失其形骸，而其精神爲今世德育之一要素，將永無滅期！」（前揭日本開國五十年史）

由此可見日本儒教是如何盛大，而其影響日本人民是如何深刻的了。

三　儒教學說對於歐洲之影響

儒教之特點在以入世的哲學爲教化之根本，此點即爲西洋人所驚嘆，蓋西洋的宗教多是迷信的，反真理的。這在服從真理之學者看來，儒教與他意見一致，便大加讚美與鼓吹。如法國之狄德羅。他的儒教觀是：

「……然而最使他欽佩的，是孔子的理性教。他讚美孔子學說爲簡潔可愛，讚美儒教只須以理性或真理便可以治國平天下，暗暗裏即所以否定基督教存在的理由。……他簡單的介紹五經，並舉出孔子教的根本概念共二十四條格言，以為孔教不談奇蹟，不言靈感，純粹不脫倫理學政治學的範圍。他的結論，『孔子是否為中國之蘇格拉底或亞里士多德是很難決定的。這個問題和中國語言的造詣有關，依據前章對於孔子作品一部份的介紹，與其謂孔子為自然，及其原因的研究者，不如謂其努力於人世及其習俗的研究。』（朱謙之中國思想對於歐洲文化之影響）這種觀察真是明晰而確切，他這樣的讚揚儒教，於無形中即是否定了基督教，也便是把握住了東方文化的真髓，而向沉淪基督教中的朋友說法。

狄羅德因不滿意於基督教而頌揚儒教，我們再看看基督教士本身對於儒教的影響如何？於此我們仍然根據前揭書而分為兩項說。即：

（一）是對孔子學說的介紹。

（二）是解釋孔教與基督教一致。

從此兩點觀察可見基督教士並沒有勇氣與力量反儒教，同時不但不反儒教，還想借儒教的力量幫助基督教發揚。他們對於儒教是取一種妥協的態度。如殷鐸澤（Intorcetta）白進（L. P. Bowvet）李明L. P. Louis d Comte）馬若瑟（L. P. Joseph Henri Prémare）均主持孔教與基督教一致說的。如利瑪竇南懷仁則更進一步解釋中國六經中所謂上帝所謂天，即指「天主」而言，並且解釋中國古經傳，謂亦有天堂地獄之說。蓋其基督教士故為此說，以免與深入中國人心之儒教挑戰，而便引誘中國儒者加入基督教。但同時也證明了他們對於儒教之敬畏的心理。但是他們對於孔子毫無信仰或信仰全是虛偽的嗎？是又大大的不然。基督教士中衷心佩服儒教，尤其是孔子的更是車載斗量，我們看他們對於孔子及其學說之闡揚，便可知了。基督教士有譯中國經書的，有為孔子作傳記的真是指不勝屈（參見朱謙之前揭書）歐洲學者中如來布尼茲（Leibnig）及叔本華（Schopenhauer）等更深受宋儒理學之影響。來布尼茲則大倡其宋儒「理」與「氣」之說，叔本華則推崇朱子哲學之價值。總之，西洋文化有兩大系統，即一為出世迷信之基督教，一為機械的物質科學，西洋文化史原在此兩系互相雄長之記錄。惟有中國哲學型的儒教文明，最足以救濟被輩之短。蓋儒教所說不出倫理政治之範圍，為現世的社會風俗倡為倫理與道德觀念，既非有玄學及迷信之說，更非絕情棄義之物質崇拜主義。故西洋文化之没落，惟有以中國式的儒者主張為救藥，方可濟其文化之窮。其結果必為東西文化之貫通，亦即大亞洲主義所主張之基本理論。故述儒教之流傳及其影響之如上文。

本刊第二卷第四期目錄

日本精神和儒教道德

——中日文化提攜具體案——

武內義雄著
丘日新譯

一

曠野的草，西風吹之則東靡，東風吹之則西靡，這種現象，不論野草隨着風吹的方向怎樣，就是東偃·西偃·南偃·北偃，都係莖的偃動，那根本還是絲毫不動的。中國的現狀隨着世界情勢的動向而轉變。從『而英國，美國，蘇俄，也隨着的轉變』來看。轉變的都是表面的，根本不容易變動的。那麽，日本對中國的方策，不可不拿定根本的精神去做。或有自認確實是精通中國事情，人家也認他是精通中國事情，聽其所說的話，確實有趣，也可以令人感服。然而大都不脫空泛，忘却探求根本的精神是什麽？

依我自己從種種方面來想，中國民族的理想，永久不變的，還是要遵儒教，即不可不有孔子之教。此教在二千五百年前，雖然由孔子倡導的，但是此教起源的時代更加古遠，即是中國民族勃興時候。孔子不過把民族懷抱的理想，用體系來說明。當中國社會動搖缺乏安定的時代，除了儒教外，雖然也有把老莊清談爲高蹈遯世，以自高的人，然而一向在這種氛圍氣中，所養成的道教的處世道德中，滲入不少的儒教的道德。從澎湃的印度佛教的思想，傳入中華全國來看，也一時促了儒教的革新，可是雲崗的石窟，龍門的造像，僅留了歷史的殘跡。南朝四百八十寺的遺跡，也沒有法子可以探訪。最近因爲擺脫滿人政治的支配，倡導民族的孫總理，到美國得了民權主義，到了英國得了民生主義，尙且在國民之前說：『不可廢去儒教的舊道德，而主張應當永久保存各國政治哲學家、所不能了解的大學八條目，即格物，致知·誠意·正心·修身·齊家·治國平天下。又他特別贊賞忠孝·仁愛·信義·和平的舊道德，認爲不可不表而彰之』。這樣看起來，銳敏認識世界新動向如孫總理，也說中國固有政治道德的理念，不可變動的

無疑的，儒教是用體系的說明中國民族懷抱的理念的教。如能遵此而行，可以治國，如不遵此而行，也不能得匹夫匹婦的心。不要說，時有降汚，道有顯晦的免不了的事情，如果捨去已經有了三千年歷史的儒教，則國家不得其治。就是塞外民族的滿人，入主華夏的清朝，也是遵奉儒教來安天下的。所以儒教，不但是中國文化的精華，也是民族的精神。最近有些人觀察中國的儒教，感覺得已經衰微，沒有力量，這不過好像風吹草葉，必然復歸本根的。那麽，將來對華方策上，無論怎樣，不可不注意儒教的主張。

二

然則，儒教是什麽教呢？在日本精神立場上有什麽關係呢？設若儒教和日本精神根本不相容的話，則中日文化的提攜，永久沒有希望的。但是從吾人在彼此間存在共通點來觀，那就有把握，即是可以在

中日提攜上，達到發揚東亞的文化。吾人今就把儒教是什麼教來說明

儒教的中心，存在何處？吾人可以借大學一書來說明，最爲簡便。那大學一書，學者雖然有種種的見解，而我就將儒教教育的方法和目的，來作簡單的說明。今提出開卷的三綱領來講，教育的目的，就是第一、明明德；第二、親民，那麼，達到此目的的方法，就是第三、止於至善。此三綱領，可說是儒教的精神的解法。第一、明明德怎樣呢？是發揮人們先天賦與的道德性的意義，也是儒教的根本精神。換一句話來說，明明德，就是把人們存在昭明天賦的德性，來發揮而光明之。然則天賦的德性是什麼呢？即是指人們間在社會上，五相親愛，度其平和的生活的本能。儒教的開祖孔夫子，也說過德性就是仁字解，仁即人人相親的意義。儒教的祖述者孟子，也說仁之實是親之事。由明其明德，更具體來說，以親其民。（依大學朱註親作新字解——譯者）即儒教的目的，在理論上來說明，是明明德。在實際上來說明，是親其民。因此，三綱領的第一和第二，不過爲理論和實際的兩方面來解說。那末，怎樣發揮人們天賦的德性，而使親其民？可以說是當止於第三綱領的至善之途。又大學的解說「止於至善」一句曰：爲人君止於仁。爲人臣止於敬。爲人子止於孝。爲人父止於慈。與國人交止於信。所以至善，是指仁，敬，孝，慈，信的五德目。此五德目中，仁，敬，是規定君臣間關係的道德。孝，慈，是規定父子間關係的道德。信，是規定對於社會間關係的道德。結果又可以說，大學的至善，是指君臣，父子，朋友三倫。此三倫是中國古昔傳統的道德，五倫的要約，五倫就是一、父子之親。二、君臣之義。三、夫婦有別。四、長幼有序。五、朋友有信。其中一和三是家庭內的道德，大畧特以代表父子的關係。四和五是對於社會道德，大學特以代表朋友的關係。再加君臣一項。成爲父子，君臣，朋友，三倫。人們是家族的一個人，同時是社會的一個人，又即是國民的一個人，所以大學把五倫簡約爲君臣，父子，朋友三倫，就是這樣的意義。但是中國古來傳統是五倫的教。儒教的教，一般也說五倫。在理論上來說，儒教雖把人們天賦的性能，相互親愛，來發揮而教之。然在實踐的教，還是五倫的教，即遵守父子之親，君臣之義，夫婦之別，長幼有序，朋友有信而教之。

五倫的道德，不單是中國民族的理念，也是日本國民的道德。敬讀「教育之勅語」中所說「克忠，克孝，兄弟相友，夫婦相和，朋友相信。」的皇諭，此皇諭實是上仰皇祖皇宗的遺訓而詔示。從此點來看，很明白的，日本國民的道德和儒教的道德是一致的。不論日本古代沒有文字以前，無忠，孝，和，友，信等，術語，然而國民的道德的理念，已和此等的意義相胳合。自儒教傳來後，採用上項的術語，來說明日本國民的道德。所以，無疑的，儒教的道德說和日本的國民懷抱的道德理想相一致。山崎闇齋先生云，由宇宙間唯一的理，來說明神聖之道，不論日出之國，日沒之國；其道自然契合爲一。日本唯神之道和中國聖人之教，自然一致。此一致點。即是五倫之道的親，義，別，序，信的教。

總括言之，儒教是從根據人間天賦的道德性而實行五倫之道，使人們相親而營社會生活，建設和平樂土的理想，在此點和日本古來的理想相一致的。但實現此種理想。不是一躍便可達到，要照一定的程序，逐漸進行的。大學說明此種程序曰：「古之欲明明德於天下者，先治其國，欲治其國者，先齊其家；欲齊其家者：先修其身；……

自天于以至于庶人，壹是皆以修身爲本」。即是由修身說到齊家，由齊家說到治國，由治國說到平天下的程序。換一句話來說，先由個人的身修起，順序推到平天下。又大學更將修身的工夫來說明。即是人們的修自已的身，不可不先正其心；但是正心，不是漠然的，要把意念的一一事件。不欺自已的良心，此種修養叫做誠意。欲誠其意，應該論聖賢的書，使之明白怎樣爲人之道，所謂格物致知者是，這樣就是從修養格物致知而至誠意正心的工夫，來說明修身的方法。修身的目的已達，不可不先推到家族內的人們，作成平和的家庭。此家庭道德的中心，是父子之親和夫婦之別。父子之親，是父慈子孝之謂；夫婦之別，是夫婦各有其天職，婦在內主家事，可免夫在外有內顧之憂，即是分工合作，而調和家庭的意義。所以父子之親和夫婦之別，是代表家庭的道德，就是這個緣故。已齊其家，然後擴而推及治國平天下。在大學書內所說的國…字，是指諸侯之國。天下二字，是指中華全國而言。若把現代文字來解說，國即國家，天下即全世界。不消說，國家道德，是把君臣關係的忠義來做中心。更進一步來說平天下之理想，是和日本的「八紘一字」之理想相通。那末，儒教的道德，不論實踐的，理想的，實和日本精神相貫通。

三

日本精神和儒教。——即和中國民族的道德思想——雖可說是相通，若把現實的理念一致的意義來說，也許有懸隔之不可爭的事實存在，但彼此皆同站在五倫的基礎上；所不同的，就是中國民族特別注重孝道之一途，而日本則倡導忠孝爲一。這是兩國的國情，根本不同的緣故。自昔中國學者，雖力說由修身而齊家，由齊家推及治國平天下。但是中國是革命的國家，自有史以來而至現在，不斷的變革，朝代興亡，不下數十。革命時代的生民，昨日雖是前朝的國民，今日又爲新朝代的國民，或有時不得已，改裝易服，而爲夷狄的國民。不消說，雖然有許多在變革的時代全節而亡身的志士，但大多數國民，首持兩端，以求其生命之保全。這個是什麼緣故呢？因完全信念忠孝不能兩全的傳統思想。換一句話來說，拘束于家庭道德中孝之一字。也是中國民族在五倫中，特別注重孝道的理由。

反之，日本自開國以來。擁戴萬世一系的天皇。國家好像一大家族的樣子，所以君臣關係和父子關係渾然一體，而成忠孝之一致。有名的藤田東湖有一人道以五倫爲最急切，五倫以君父爲重，所以忠孝爲名教之根本，臣子之大節。忠和孝殊途而同歸。在父爲孝。在君爲忠，吾竭其誠則一也。忠和孝根本不能分離，唯所處如何而已。」的簡明昭示，而道破日本道德的特徵。總括言之，中國的道德，以家族制度爲背景而教之，并對于孝之一字特別注重；日本的道德，以國家爲中心，置忠字於孝字之上，而倡導忠孝爲一致。那麼日本的道德和中國的道德，雖各有其特徵，然彼此都把五倫的道爲重點則相同。換一句話來說，在東亞中日兩國的共通理想是什麼？可以說在五倫爲中心道德中探索得之。所以我的見解，中日兩國文化的提攜，努力發揚五倫，尤爲重要的點。國和國的提攜，不消說，重要的是經濟問題；但是經濟的提攜，結果不能達到眞正的妥協。要言之，眞正的提攜，道德占其一，顯而易見的。

日本和中國所懷抱的道德理想，已自昔相同，所以儒教輸入日本，即能接受，來發揚日本國民的道德，因而兩國的道德理想。趨于一致，故能保持善鄰之好而不變。但是輓近受了世界澎湃的思潮的影響，兩國間一致的道德理想，已難保持。故此次事變勃發，雖有種種原因，缺乏此道德理想的歸一，也是一原因。

但是此種現象，好像風吹草葉的偃動，吾人必須窮究其本根，來發揚東亞永遠的平和東洋文化。中日兩國間共通的五倫大道。從互相振作，確定兩國提攜眞正的基礎。實現這種工作，不可不待諸教育的力量。日本國教育的大方針，不消說，確立不可動的「關于教育之勅語」的皇諭上。然而教育的制度課程等，尙有待以修改的必要。

依我的淺見，宜將中等學校的漢文教育的內容，加以改善，使其明瞭日本國道德理想，同時明瞭東亞民族的理想。其前提就是在大學內設東洋倫理的講座，并希望在師範教育，課以四書。

希望正在興起的中國，和此同時并進，努力復興儒教的教育。并且切望不可單在文字訓詁上來做工夫，要振作精神來實行纔可。

照此而行，日本的八紘一宇的大理想和大學的平天下的理想，得以接觸融會，可達到眞正日華文化提攜的成立。

譯自文藝春秋社十一月發行的現地報告第八卷第十二號　筆者

日本東北帝大教授武內義雄

製版廠的內容和手續

因爲「網線玻璃」，在製版的器具中，地位十分重要，所以它的價格、也非常貴；像作報紙上的版子，「六十錢」的粗網玻璃，要賣到八百元一塊。至於「一百八十錢」的，現在每塊就要賣到一千四百元之譜。在一個製版廠家，這一套八塊「網線玻璃」，就是他們最貴重的材料。必要手續他們開始製作一塊版子，小的手續很多，其中有十道必要的手續，在行使每一次手續的時候，就須配合一種藥水，或是混合多種藥水，這種成份很複雜，藥水分類，有二十多種。先以製作銅版而論：當一張普通拍好的相片，拿進了製版房，第一步：就用「製版照相機」從新把原片拍下，這種所用的底片，是廠內自己用藥水製造出來的玻璃片，內行名之謂「濕片」。第二步；把「濕片」上的相，晒到「皮子」（也是自製的，類似軟膠片）上去。第三步；是把「皮子」貼在「白片」（卽普通白玻璃片）上，放在陽光下一晒，如果遇到天陰或夜晚，沒有陽光，就改用電光晒，效力和陽光是一樣的。第四步：等相片從「白片」上晒出以後，再由「白片」印到銅片子上，這完全是依賴着藥水的力量印出來。第五步；如果在這時發現版面上，有不清楚之處，或是網線有不正確的地方，還可以修改，這性質就好像普通修照片相同，不過用的器具，一個是毛筆，一個是鋼針。當「修片」的手續完畢，第六步；就是「加色」，「加色」的用意，是爲使得版面上分出陰陽。這一種顏色，也是由藥水配合而成。當「加色」後，防止顏色落下。第七步；須經火一燒，燒時，用鐵鉗夾着銅片，放於汽油爐（卽燒飯菜所用）上，約經數分鐘拿下，第八步；將銅片放於爛銅藥水內，這時才分出深淺凸凹來，也就是一塊「銅版」本身完成的時期。不過在手續上，還要經過「鋸片」和「磨片」，把片的四週磨光。第九步；「加木板」在銅片後面，加上一塊木板，大概有五六分厚，四面和中心，打入五個眼。第十步；就用鉛灌進去，使銅版和木板膠住，這樣，一塊銅板就全部成功了。

日本儒教史

中川久四郎 著
張力溥 譯

（一）蘇州陶土製成的「日本製花瓶」

我這次對華中尤以南京蘇州等要地即江蘇省方面文化的研究，有相當的關心和興味。其間得到手的，有一個花瓶，題以「渭川曉露」，描有節竹，並且記有「以唐山蘇州土鶴江龜山陶之」的字樣；現在，限於紙面的關係，不得詳記此事；總之，有陶師名龜山的人，安政年間（按安政爲日本百二十一代孝明天皇年號，約當清文宗咸豐年間）特別遠取蘇州之土而造成了一個花瓶。

土，是中國的土，可是陶成一個藝術品的人，却是日本人。於是聯想到採用外國文化，而受容以日本文化，漸漸造成莊嚴偉大的日本文化了。儒教固然也是由中國傳來，可是把他能夠採用，包容，攝取，使變成日本文化的一種；所謂中國的儒教，和他的特色，完全改變，而造成日本儒教，也就好像取來中國的土而以製成日本的花瓶一般。

（二）日本的儒教和「國基」

由於藝術，宗教，和文學等方面，可以表現國民的特徵，此乃周知之事。像科學中物理學，也是帶有國民性，所以有人主張國民性科學之成立；在教學思想上的儒教，如果忽視具體的國民性，那便是沒有理解他的眞相。儒教經古典中庸說：『仲尼祖述堯舜，憲章文武，上律天時，下襲水土。』五方之地。各因其宜，必須順應其國之風俗和人情才可，就好像「入鄉村則隨鄉村」的意義一樣。所以在中國發生的儒教，傳到我國日本來的時候，也要以本邦固有的大道來同化順應之，使成翼贊日本精神文化的生力軍。

明治維新前，京都儒士座田維貞（紀楨），著述了一篇「國基」，蒙天子賜覽，感喜之極，作了下面的一首詩詠：

赤心報國

獻國基記喜

昨日新書上建章　紫泥褒詔帶天香
仄聞乙夜經宸矚　喜懽交胸且欲狂

右兵衞大射紀朝臣維貞囘囘

其後至明治朝廷之時，乃木將軍亦敬讀而受感動，遂將「國基」的原本，翻刻複製，成爲頒諸有志之士的名著，其他的翻刻本也不少。在「國基」之序文題詠中，亦有謂此名著者，實據「下襲水土」之言，發孔子之微旨，由於水土之異而立教，則中國儒教，實無悖乎我邦之教者矣。梁川星巖也曾讀過「國基」，認爲是篇中的趣旨和他自己的舊詠合致。於是作了一首詩，而謹書之，以贈著者。詩上說：

手提三尺定支那　功業雖昌祚屢遷
何似天孫叢雲劍　神光不絕億斯年

中國的儒教，偉大是很偉大了，可是要原樣的全部搬來，其中也有和我國風相悖的地方。正三位神祇大副大中臣教中卿，在「國基」的序文上說：

洙泗之道可尊，而漢土之俗可鄙也。君雖非君，而臣不可不臣，父雖非父，而子不可不子。此其道之所以可尊。禪讓放伐，改姓革命，此其所以可鄙也。

云云，依此，則中國的儒教，不能不加以批判而受容了。紀維貞的一篇「國基」，是當取的地方就取，當捨的地方就捨，明於務使成爲日本的儒道之旨；杉浦重剛先生，稱是受了很大感化的京儒，又巖垣月洲，也對此一篇加以下列的跋文：

『從來之治國史者，與讀漢籍者，每如氷炭之不相容，而聚訟紛然，要皆各執偏見，而阿其所好而已。獨紀君者公聽並觀，斷以水土之異，證以孔氏之言。……而後尊內賤外之義揭然，炳如日星，足使兩造之心服矣。』

福羽美靜子爵也有：

『唐韓之傳大和族，變彼水土，惟汲之餘，露彼底玉。』

之詠。示以中國儒教日本化之，而光以大之之旨，即前題所謂日本之儒教，並非中國的儒教了。這到底是因爲要適應順化於日本的原故。

(三)易經與根本先生之卓見

易經是中國儒教經典之最重要者，對此古典，中國的儒者，和我國的儒者，其所見有不同之點。在中國是以易經爲革命之書；本邦近世大儒根本通明先生，以易經的乾卦，爲天子一系之畫象，天子一姓之象兆；蠱卦爲示以父子相繼之義，天子一系，爲萬世不可易之常則；但有常則有變，恐後世有革命之將變，於是設革卦以戒之，所以防患於未然，日本儒教的正大，得以明確。根本先生之舊藩主佐竹義生侯，對先生的大著「周易象義辯正」，曾題以左記的標語：

易經皇統一系先儒未達

明於易經之乾卦爲昭示天子一系之義，實足稱爲日本儒道千古之卓見。尤宜特爲記述者，即根本博士之大著，曾辱承閑院宮殿下賜以

前賢未發

四字之可感激之題字，來賞揚這位爲日本儒道而有成績貢獻的博士。

以上，是日本儒道說之大要，亦可視爲拙稿的序說。

(四)「天朝正學」與論語及博士王仁

序說既然終了，於是歸到本論，但是現在關於日本儒教史古來現代數百數千年之事，是不能詳記的，僅就大體年代的順序，而記其大略：

謹惟我國，據天祖皇孫傳授之天教，固有神聖正大之大道，故其尊嚴，冠絕世界，此無庸贅言者。其所謂學所謂教者，並不是從有了文字經籍以後纔有此二者，蓋自上古，我國水戶學者最爲著名的故栗田寬先生之所謂「天朝正學」之大道，儼然存在。但此決非排他拒外之狹量。故而由於文字經籍之教學，尤以儒教之傳於我國，乃應神天皇御代之事，百濟博士王仁，貢獻了論語和千字文，這是周知之事。在栗田博士之名著中有左列的謹言：

『應神天皇，命王仁讀其所貢論語，而聞其言論；論君臣之義，言父子之親，說祭祀之禮，其言著著，不違神聖之彝訓，不倍天地之大道，天皇蓋深嘉其書之爲善者也，爰命太子受而學焉。』云云。藤田東海亦於「弘道館記述義」中謹述曰：

『斯道者，即天地之大經，而神皇所遵行也。聖子神孫，既法此大經，君臨億兆，而更資聖之治教，以扶綱常，以叙人倫。』其所謂「聖之治教」即儒教論語等之教學。此後介於明治維新之前後，以勤王與長壽而著名的小野湖山先生，在詠「百濟國王獻經典圖」中，有詩句曰：

貢使遙遙渡海雲　百神呵叱護斯文
聖人書卽聖皇意　休說東西彼此分

此外屋代柳漁，弦本直道等，也有同樣的詠句，都是表言儒教之中，有適應順化我國國風之素質，因爲儒教之道德，極爲平明，質實，正健之人道，以「有淸明素直之心」的日本人觀之，就極易十分理解了。

又太田南畝，詠王仁故事，曰：

曾渡三韓海上雲　浪華江畔發淸芬
王仁歸化携何物　論語梅花千字文

按王仁貢獻儒教古典之事，有很可注意的地方。就是此古典之傳來，由於上古半島諸國，爲我屬國所及之地，而獻之者，並非自我國本身，乞諸彼中國而求得者。由於諸外國貢來之物，作爲自國之用者，正是我包容性之所以大，彼來而貢之，我取而用之者，卽採用衆美之大度量也。

(五)周公孔子之道

王仁貢獻論語以後，儒敎者得奉贊本邦固有之大道。由於文字經籍，本邦之敎學，漸次發達。欽明天皇之御代，又自百濟獻佛像經論之時，據書紀言，上有左記之表文：

是法，最爲殊勝，難解難入，周公孔子不能知，云云。

周公孔子者，卽儒敎之聖人，觀上記之言，則想知當時對周公孔子之儒敎，已有相當深刻的理解。

中臣鎌足與中大兄皇子，謀誅蘇我氏時，「俱手把黃卷，於南淵先生處，自承周孔之敎，遂於路上往還之間，並肩潛相圖之。」日本書紀卷二十四中有此記載。周公孔子之敎，依此用而言之，則儒敎之善用，效用也就很大了。

但關於周孔之敎，天保年代之尾張學者，丹羽勗氏，於其所著太古學論中，曾述以左記之言，亦現示日本儒敎者之一特色：

『或問曰：周公孔子何如人？予曰：是僅海外之人。彼又曰：君崇之否？曰：夷人也何崇之。曰不崇其人，何讀其書？曰：然。其人也雖不崇之，唯其言有獲同於我者，是賞之，故採而讀焉。』

此言固有奇矯之嫌，但亦感有日本本位之抱負。

(六)憲法十七條與儒教

上代日本之敎學史上，聖德太子之十七條憲法，最宜注意而奉拜之。此十七條憲法，爲儒佛兩教之折衷融和，定政治道德上之標準，以頒示官民之物。其故辭成句，多採自儒教漢籍：第一條「以和爲貴」之句，論語學而第一「禮之用和爲貴」之句，及禮記儒行篇「禮之以和爲貴」之句，可以聯想。第十二條「國非二君民無兩主」之句，又可聯想到禮記喪服四制篇「國無二君」之句，或孟子萬章上「民無二王」之句。其他折衷融和儒佛兩教之聖德，太可以奉之以表敬意了。

在此憲法撰定之前年，定有冠位十二階。其名稱即：大德，小德，大仁，小仁，大禮，小禮，大信，小信，大義，小義，大智，小智。此德仁禮信義智六者，固爲對於儒教關係最深之德目，但據黑板勝美博士之「聖德太子小傳」中言，第一位之大德，訓以眞人公（マヒトキミ），而非訓以大德之漢字音（ダイトク）。縱採用漢字，而以本國固有之國語以呼大德之類，此又太子之尊重我國語之精神，實又令人拜奉不已。

（七）崇儒布政與儒學奉公

其次，奈良朝平安朝時代古代日本之儒教教學，頗爲盛行。漢詩文著述之夥，於日本文學史日本漢文學史上，爲顯著之事實，尤以歷代列聖之「御好學」，「好儒」「博涉經史」「好讀經史」「屬想儒宗」等崇拜文學事，於史上已明記之。

又朝廷大學寮之外，有和氣氏弘文館，藤原氏勸學院，橘氏學館院等之諸學館，菅原氏紅梅殿，大江氏江家文庫等之私塾，以傳授儒教漢學，又空海（弘法大師）因庶民教育而企畫之綜藝種智院趣意書中，有言曰：

『語曰，里仁爲美，擇不處仁，焉得智，又曰遊於六藝。』云云。論語等成句之襲用，所謂「俗博士教授事」之中，此例甚多。

當時日本儒教行於諸方面，觀本朝文粹卷三對策部菅相公之問中，有

儒教所施，博矣大矣，正君臣而分老少，重仁義以宣典章，九流百家之道，由是永閉。

之句，其他「儒雅報國」「儒學奉公」「儒士上封事」「崇布政」等語，散見各處，其中如菅原道眞公，即由儒者出身，而昇進於右大臣。此乃公之生於儒家名門，天性忠誠，儒教教養淵深之所致。爾後推爲天滿天神，天神樣，學神，實深上下之崇敬，今更祠諸北野神社，太宰府神社，全國無不見其祠者矣。近世日本儒者傳先哲叢談卷一

記藤原惺窩之條，特曰「有菅原氏乃知誦文史」。

要之，由上古儒教漢學之初傳以至王朝時代，儒教對本邦文化發展上，翼贊裨益之功甚大，栗田寬先生「天朝正學」中，亦有如左之記載：

厥後（應神天皇後）列聖相承，崇尙儒學，以之培養斯道（日本固有），蓋皆原帝之美意。

云云。但此並非舍己而從彼之意，藤田東湖氏「弘道館記述義」中，已力說高唱之。緣此，菅公和魂漢才之語，實於日本儒教史上宜注意者。而東京市本鄉區湯島天神樣之社前，由大國隆正與福羽美靜子爵之力，建有和魂漢才之碑，或世間大衆有不知者，俟參詣時，本殿之對方左手處，建有此碑，請注意及之。又余藏有島田雪湖謹寫「東京湯島公園菅公祠前和魂碑」之錦繪，石碑配畫以紅梅及白梅，頗屬淸雅。外此，東京文理科大學助教授加藤仁平學士之名著，有名和魂漢才說者，特倂記之。

（八）對於「忠」的日本人和中國人

忠與孝爲人倫中最重要者，但我等日本人自古特重忠君尊皇之大道，彼中國人則孝重於忠，以孝爲百行之本，萬善之首，故其對忠之觀念則異矣。在中國孝經，遠重於忠經，古典之中，孝經占絕大權威。因而中國人之注釋孝經者，尤多於忠經，而孝子旌表之事，亦遠多於忠義之表彰，修身道德之著述，亦先著孝子，次及忠臣，再次烈女。我國則尊忠爲第一，忠君報國云者，國民道德中爲最重要而注意之事，此其異者。

關於忠字之意義，漢土則以爲忠恕，忠信，忠順，忠厚，忠篤諸意，忠君之忠，則用於特別之意義中，蓋其通例。我等日本人之言忠，則聯想「忠君」「忠勇」「忠烈」「忠武」「忠節」「忠義」「忠誠」「忠憤」「盡忠」諸意，又在中國，君上對臣下之道，亦謂之忠，如春秋左氏傳桓公六年，有「上思利民忠也，忠於民而信於神。」之語，尤甚者如禮記曲禮上所記「君子不盡人之歡，不竭人之忠，以全其交。」之社交法，其事之善惡，姑置不問，其註云：歡者，飲食之謂，忠者，衣服之物。至言由主人提供物件之謂忠，於我等言之，實深詫異。

漢土釋忠，意義至雜，亦並非錯誤，但在我等之忠，則必始自忠君尊皇，而忠勇忠烈忠義之義，亦純一無雜，即對忠字，儼存敬虔之信念，以視中國之言忠，不無異同，蓋此乃日本儒教忠之觀念使然也。因君國而盡至誠忠義者，即忠之本義，本領，而不思及其他，是日本儒者對忠之觀念。

我等日本人，當亦尊重孝道，特忠重於孝，能盡乎忠，亦能成其孝，與漢土之孝重於忠之國風大異，日本儒教與中國儒教崇尙之異趣，卽在於此。

因之於王朝時代，因講釋孝經而賦詩時，常言及忠，說孝之時，亦必志操深篤，不失念於忠，如扶桑集卷九孝經部菅三品仲秋釋奠講古文孝經之詩中，有「名是孝經忠不分」之句，同集菅丞相詩之題爲「仲秋釋奠聽講孝經，同賦資父事君」其序文中，特筆「孝子之門，必有忠臣」之語，又經國集卷二十二對策文中，

問：以孝事親，以忠奉國，旣非聖賢，孰能兼之？必不獲已，何爲先後？

答：（上略）探今日之旨，當先忠而後孝。

先忠後孝，未必違於孝，忠孝二德先後輕重之異，爲論兩國儒教最宜注意之點。

特淸朝已往，君王已去，中華民國道德德目，已有重大變更，卽夙重忠孝，五倫中有君臣之義，所謂三綱之中，有君臣之道者，今因無其君王，君臣之義德目云者已失，三綱亡其一綱，五倫少其一倫，三綱五倫之道，今也二綱四倫矣，此所謂中華現狀。

（九）現代中國人與忠之道歌

自唱新生活運動，重言德教刷新，主禮義廉恥，而忠君忠義之德，甚有人主張除去之論，禮義廉恥云者，誠善良德目，惟忠君忠義德目不用，三綱五倫，乃成二綱四倫，以視現狀而追憶漢土儒教，不禁三爲太息。

（十）君臣親子與忠孝兩全

忠孝宜並重，而處兩立之苦境者，有平重盛之例。日本外史所記重盛事父淸盛事，有「欲忠則不孝，欲孝則不忠，重盛進退，窮於此矣。」之歎。而結局未陷父於橫暴，忠孝一本之美談，輝於史乘，又日本外史記重盛諫父之言曰：

兒聞之有以王事而辭家事，未有以家事而辭王事者。王事重於家事，乃日本精神之表現，又源平盛衰記卷五，記重盛諫言引易經積善之家必有餘慶，積不善之家，必有餘殃之言，卷六記引詩經普天之下，莫非王土，率土之濱，莫非王臣之句，共示我國善引儒教之成句事。

又重盛病篤，宋有名醫來，父欲延爲治療，重盛以國家體面重於一身，乃曰「辭以失國體」，而辭退之，（見

日本外史）其國體尊重之感，詳記於平家物語中。

讚岐儒者溪百年，注孝經諫爭第二十「有爭於父，則不陷不誼」句，關於子父之諫爭，則略如左之說明，尤顯示日本儒教重視忠君之義：

諫泣於父可也，惟於君尤然，君者公道，重之；父者私道，輕焉。天朝之法，君臣最重，所謂忠孝不兩並者，卽在此，捨孝而重忠可也。

忠重於孝，有如右言，而行大忠者，不久又成其大孝，忠孝不二，爲日本國風，漢土乃暢言忠孝不兩立，如三國志吳書孫權嘉禾六年正月，所下三年喪之詔，將軍胡綜奏議中則有言，忠節在國，孝道立家，出身爲臣，焉得兼之，故爲忠臣，不得爲孝子。此種言論，於日本國風，精神，儒教上，乃絕所不許，雖重言忠字，而忠孝不一致之說，是不贊成的。關於此點，釋圓慈「神儒佛三法孝經口解」卷中之二儒道孝經事君章第二十一解中，說孝而又力言及忠：

此章以正事主君爲第一，然則徹忠一字之骨髓，卽直成孝道，見先祖於地下，實乃見眞面目也。

云云，高井蘭山「繪本忠經」之題言，亦記如左之論：

忠孝者如日月，車之兩輪，飛禽之雙翼，由孝心能行忠，而自忠心亦能立孝，我日本之道，特重於忠，忠孝二者難並立之時，則捨孝而執忠，僅此卽異於漢敎。

「經典餘師」與「繪本忠經」同爲通俗書類，而說先忠後孝之大道，允易現示日本人純忠至誠之精神，亦可視爲日本儒敎之一發揮。

較前記二書尤高尙者，爲淺見絅齋之忠孝類說，該書所傳寫本甚多，余之所藏乃明治三年新刻者。主述日本人之忠孝說，而附記漢土之論，以明兩國忠孝觀之異同。大體又力說日本人忠重於孝，對於漢土少忠而以孝爲安之行，不表贊同，如漢之趙苞，蜀之徐庶，絅齋之評，殊異中國。蜀之徐庶，初從劉備，及曹操獲其母，乃去蜀仕魏，昇御史中丞，中國學者以全其孝而是之，絅齋乃加以左列之論難：

余謂徐庶之於劉備，固無專任之責，而君臣之分亦未定，不得已而至操，則躬耕海濱，與母同歿可也，至魏遂受其官不可也。

云云。大抵中國儒者，以人子事親救親之急爲第一義，忠君愛國爲第二義，此與日本儒者，在特徵上爲一異點，日本儒者力主不忠不義而欲活其命者，未有能以人道待其親者也之說，此點於建邦立國之體制上及國體明徵上而言，爲一重且大之點。

(十一)北畠親房卿及加藤清正等

由年代之順，不得不述及中世或武家時代之儒教漢學，但限於紙面，僅略記北畠親房卿之大著，含有春秋素意之神皇正統記及加藤清正前田利家等武將間崇好儒典之美風，均有如左記之史詩：

詠史　　小野湖山

亂賊紛紛得意初　大賢憂慮有誰知
請看一管春秋筆　編出神皇正統書

同　　大槻盤溪

史家特筆有誰傳　野乘紛紛多倒顚
一部神皇正統記　春秋遺旨在斯篇

謁加藤公廟　　廣瀨淡窓

寸木難支大廈顚　丹心抵死未嘗灰
遺孤可託眞君子　夙誦曾參一語來

所謂遺孤可託眞君子，夙誦曾參一語來者，乃加藤清正受論語泰伯第八「曾子曰可以託六尺之孤，可以寄百里之命，臨大節而不可奪也，君子人與，君子人也。」句之感動，愈勵忠誠忠節於史傳云。

(十二)民間大衆讀本與儒教

中世時代之民間讀本，有實話敎，童子敎，庭訓往來等，其內容固多佛教之說，同時亦不乏儒教之訓。又下學集，節用集等亦當時大衆教科書或參考書，前書之名，由於論語憲問第十四「子曰不怨天不尤人，下學而上達，知我者其天乎。」之句，後書之名，乃見於學而第一「節用而愛人，使民以時。」之句中。大衆一般人於不知不覺之中，採用最上至極宇宙第一（伊藤仁齋語）儒教之古典論語之句，可見當時儒教之力，是如何的雄厚了。

(十三)本邦人名與論語

日本儒者對於論語，也是非常尊重的經典，古來著名人士，多採論語之句以命名，如「紀貫之」之「貫之」，「小野好古」之「好古」，皆採論語句。最近世或現代人如伊藤博文，山縣有朋之博文有朋，亦論語雍也第六博文約禮，學而第一有朋自遠方來不亦樂乎之句，廣田弘毅之弘毅，穗積重遠之重遠，概亦爲採其句者，永野修身之修身，又採自孔子遺書大學欲齊其家者，先脩其身之句。其他忠信，篤敬，忠篤，弘道，孝悌，敏行，訥言，正名等名稱，爲古人今人率多採用者，而其來源，又皆擇自論語，儒教之普及，可以想見。江戶時代諸藩學校之名，亦多採用論語或其他儒教古典，館名則至無暇列舉，而此等館名校名，至今仍有存者。要之，此皆採儒教之美點良語，以爲我用，現示包容攝取，內外融和，衆美採用，他善廣容之我國風。

（十四）日本儒者與正氣歌

由中世而近世，日本儒教頗爲發達，尤以採用朱子學說，對我國教學貢獻極大，此周知之事，限於紙面，略此不記，僅關於宋末忠臣文天祥正氣歌之事，加以略述：

天祥正氣歌者，發揚儒教道義，於史上放一光彩，對漢土感憤，當非淺鮮，但誦其歌而感奮興起，激勵憤發之事，日本反多於漢土，我國儒者和其原歌及有志者之自作正氣歌，爲數甚夥，一皆充溢日本正大之精神，按此又日本儒道之一特色。至言及日本儒道的正氣歌，則大體有如左列，藤田吉田二先哲之唱和，爲最有名，其他之作，亦各具特色，對興風宣教，裨益實大。

和文天祥正氣歌　藤田東湖

同　吉田松陰

續正氣歌　月形格堂

反正氣歌　加藤　熙

正氣歌　織田鷹洲

同　伊佐早樅軒

同　廣瀨武夫

神武氣歌　池尻葛覃

昭和正氣歌　工藤一記

正氣歌用文山原韻　國分青厓

正氣歌次藤田東湖韻　千早多聞

此外，芳野金陵有讀文天祥正氣歌，加藤櫻老（加藤熙）曾批評之。反正氣歌者，屬奇拔之題，乃於國史上正氣事實而反之，述奸邪之事以警戒世人，正氣如朝陽，反正氣如夕日，東照西射，魑魅怪物，因叱咤而遁形無有。題目若反於原歌，而其實乃與讀者以憤激慷慨，凜然動人，日本儒道之特色，於玆又見。

又廣瀨武夫氏，以閉塞旅順港口而著名的海軍軍人，雖非純然儒者，乃其行爲儒行，其詩又純爲日本儒者詩云。

(十五)日本儒者與露根蘭

宋末文天祥以外，忠臣義士尚多，其中特以鄭所南爲富奇拔純眞忠誠熱情者。其平生以畫蘭爲最得意，但自蒙古滅宋，其所畫蘭皆露其根，不着於土，不畫生於大地之上，不畫植於鉢盆之中，露蘭之根而描之，或怪問其故，彼憤然曰：我大宋爲元所滅，淸潔之宋土已爲其汚，不忍以芳根託於地也，故不附以土焉。聞者感激，露根蘭之名，高著畫史。所南之忠憤，日本人亦爲之感動，爰畫此露根蘭者有之，爲之詩文者亦有之。有賴山陽之作，渡邊華山之詩，此其著者。余所藏大槻磐溪畫蘭於大地之小幅，題有

深山幽谷皆王土　不學所南描露根

之句。所南忠憤奇拔，固與之共鳴同感，但我日本國者，乃天壤無窮萬世一系皇統奉戴尊嚴之國體，故描畫露根蘭之必要，乃屬無有。卽可安心託芳根於土可也，決不從彼國之陋風。究以堅明日本儒者之本領，故雖屬小幅，亦愛而藏之。

(十六)眞儒張良說

元來儒者之範圍甚廣，不僅讀書研究之學者而已，舉凡政治家，軍人，實業家，藝術家者，苟不背於儒行儒業，卽皆儒者。中國亦於祀孔文廟中，配祀諸葛孔明文天祥陸秀夫等。我國史上右大臣菅原道眞公固儒者矣，幕府執政松平定信卽樂翁公亦爲儒者，赤穗四十七義士，亦可視爲儒士，大石良雄受儒學兼兵學家山鹿素行之化，及以漢詩逸著之義士中絕命之詞而考觀之，赤穗義士當可視爲儒者。

在日本廣義儒者觀之，椎秦博浪沙中勇士漢三傑中張良，亦看爲儒者。如長三州詠張良詩云：「不識濟時務兩生徒守愚博浪椎一擊俠裏有眞儒」云者，誠尙武的日本儒者之張良觀。更伸而展之，張良青年時代圯上老人授兵書者，必有儒功，有人亦主張從祀於文廟，如近代佐渡儒者圓山溟北氏圯上授書圖之詩，詠有「一卷亡秦是此編，漢興再見六經傳，儒家若議廟庭配，千載宜享圯上仙」之句。

(十七)江戶時代之儒功儒業

至江戶幕府時代，因幕府文教奬勵及名儒輩出日本儒教大形發達。當時儒者參與經世時務盡力教化育英，寄與

政教兩方功績至大，以漢學而從事國史國典著述者亦不少。始自水戶之大日本史，賴山陽之日本外史日本政記，次則林鵞峯之本朝通鑑，山鹿素行之中朝事實，宇都宮遯庵之日本人物史，新井白石之讀史餘論，松下見林之異稱日本傳，山本北山之日本外志，中井竹山之逸史，巖垣松苗之國史略，青山延于之皇朝史略，其他關國史國典之名著尤多，雖屬學者當然之事，然實亦日本儒者學績可佩敬之點。

當時儒者及儒者諸侯尊皇勤王之大義尤屬可敬服之點，雖非儒者而以儒學儒行爲事之義公德川光圀，以宣揚正名道義之日本精神，而編修大日本史，盡力於明正君臣大義人臣正邪，藤田東湖詠古雜詩對之大爲頌贊：「天欲振斯文，生我西山公，彰考正史就，尊攘大義伸。」所謂西山公者卽義公之謂，彰考者爲水戶修史館之名，繹自「彰往考來」句。

又山崎闇齋爲日本儒者本領之堅固明確者，曾問諸弟子曰：方今彼邦(中國)如以孔子爲大將，孟子爲副，率數萬騎而來攻我，吾黨學孔孟之道者，將何以應之？弟子莫能答，曰：小子莫之知，願聞高教。闇齋乃曰：

不幸而逢此厄，則吾黨被堅執銳與之一戰而擒孔孟，以報國恩，是卽孔孟之道。

日本儒者之眞面目，耀於紙上。此外諸儒堅守日本精神，而從事於尊皇勤王之業者，決非小數。明治十年頃，清朝黃遵憲來我國，作日本雜事詩，有「尊王終賴讀書人」句以詠當時因倡尊王議而陷刑獄之諸儒，更注釋云：

德川氏崇儒術，讀書明大義者，始知權門專柄之非，源光圀作日本外史，意欲尊王，顧身屬懿親，未敢昌言。後有布衣高山彥九郎，蒲生秀實者，始著廢藩之論及尊王攘夷之議，一唱百和，幕府嚴加捕逮，身伏蕭斧者不可勝數，然卒賴以成功，實漢學之功也。

外人之日本儒者觀，大體得其要領。又光緒年間，「東華續錄」史籍載光緒三十二年(明治三十九年)公布敎育五大綱，其第二章尊孔論云：孔子之道，至大至博，非僅中國萬世不祧之宗，亦五洲生民共仰之聖，日本尊王倒幕，論者以爲漢學之功，其所謂漢學者，卽中國聖賢之學也。固有自國本位成田引水之傲，然所記尊王論與儒教漢學有關，亦非爲無理之論。

(十八)先儒先哲之追褒與結論一言

明治維新後之儒敎漢學，當急於採用包容西洋文化時，較維新前略爲不振，但自傳來我國既經一千六百餘年之歲月，由朝廷制度而道德而學問而文章而稱呼至諸般文物種種事項，或翼贊本邦固有大道，或供參考補助，漢學者雖係外國名稱，然實成日本學之一種，且於道德上之訓戒，文學上之典故，東洋文化研究之資料，西洋文化研究之對比，常於學界占一重要地位而含有偉大勢力以至於今。明治維新後關於儒教事，於斯文會編之斯文六十年史中有所記討，茲僅略述對先儒先哲追褒之事如下：

對過去先哲功臣之追褒贈位，實優渥之恩典，天恩厚及九泉，使感有勝於生前畫錦之榮，而有枯木重花之喜，不僅有聖澤照於家門之榮，且盛後人欽慕私淑之念。而文人儒者尤可使其遺墨益放光彩，千秋學術之偉業，得存知於人間，旌褒贈位之意義，極爲重大，生前多困之衆儒，死後特爲榮譽矣。自明治時代以及今日拜贈位恩典者，或以文以武以尊皇以報國以世務以學業之功臣先哲，爲數甚夥，實國家之盛事而可爲之喜者，且先儒文武功臣中多儒行深厚之人，此事又爲日本儒教史上之盛事，而宜謹記者。

以上雖甚屬簡單，而於日本儒教，特日本的本位儒教，加以略述，末更述圓山溟北之日本花園記，以作本文之結論，且更欲以明白本儒教之全面：

溟北於其小園中植以三株櫻花，而名之曰日本花園。發而爲萬朶之花，因其爲日本獨有之櫻，而與以日本花之稱，更名以日本花園。園雖小亦王土也，而植以此花者，實不失其本分之故。因自問已爲日人，何悅乎彼邦周孔之道，乃私淑周孔之道者，以其不悖於本邦固有之大道，非徒盲從外來文化也云云，以自辯明，其結論之一部更稱：

夫道之在人猶水之在地，周孔鑿井先獲水者也，後之鑿井者，雖依其法，而其所得，固吾有之水也，何有於周孔哉？

云云，其植日本之櫻於王土一部小園之意，與私淑周孔之心，未始相悖耳。

要之，古來我國涵容衆美，廣取他善，以此廣大度量採用包容彼邦儒教，以爲我用，正如中庸下襲水土之言，使之適應順化於日本，全成日本式之儒教矣。

原文見「日本評論一月號別冊附錄綜合二千六百年史」中。

(二)

子 文

四 德川幕府時代的儒教

儒學盛行於日本，到德川幕府時代凡千三百年，在這期間內，或被政治家所採用，以之輔佐其行政；或爲神道學家所攝取，用云隸屬於神道。雖然是對日本學術界文化界奏了很大的功効，可是對於儒學的自身，卻反倒缺乏細心的探討。不過僅々的視儒學爲達成他們行政或神道所期之目的的一種手段而已。及至德川幕府時期，此種從來的風氣一變，一般漢學者開始對漢學作有計劃有組織的精究探討，儒學的本身便是他們研究的最終目的——爲研究漢學而研究漢學。但是因爲各學者見仁見智主張不同，於是都自立一說。風氣所尙，派別叢生。雖然，我們必須要注意的是德川幕府時代的儒學固是各樹一幟，派別殊分，但多而不雜，要皆知儒。以之回顧過去，實可謂廣博精通。可是以過去的儒學來與德川時代相較，則又可以狹偏譾陋四字喻之了，總而言之，德川幕府以前的漢學者，多是吸取模倣，至德川幕府時代以後，則多有創造新意。因此我們不能不對這時代的漢學者逐一詳加討究，藉找出較爲淸晰的儒教系統。

(A) 德川幕府初期的儒教

兵馬倥傯中的德川家康，還能致力於振興儒教，文祿二年，他由京都招聘藤厚惺窩講述「貞觀政要」。慶長十年又召藤原的弟子林羅山，出版多種的書籍。寬永七年，將軍家光，在忍岡地方賜羅山邸宅，使興學校。寬永九年，尾張侯德川義直，更在忍岡修孔子廟。十年，在孔子廟設奠祭孔，家光親行參拜。同時並令羅山講述堯典。翌年在忍岡的學校建築告竣。幕府對於儒教振興的熱誠於此可見一般了。此後不久，把學校又移到湯島去，儼然就成了德川幕府的大學了。其後二百餘年這裡便成了文教的中心，而林氏也就在這裡世襲爲長。

:1: 藤原惺窩一派

藤原惺窩居京都，原來是禪宗僧侶，後來因爲厭憤戰國末世的風俗日下，道德墮落——人子不知尊其父母，臣不知愛其君主。僧侶以佛教爲職業煽惑人心，貪求物質的生活。於是藤原對佛教的現狀頗感不滿，使他不得不脫離了僧籍還俗爲儒。他對於神儒的關係有如下的見解：

『日本神道，亦以正我心憐萬事施慈悲爲極意。堯舜之道乃此極意。唐以其爲儒道，日本則稱之爲神道。其名不同，其心一也。』

由此可見惺窩的主張是「神儒一致」這種思想後來竟成了德川時代學風的基礎。

林羅山幼時，曾就學於京都的建仁寺。那時有人勸誘他爲僧侶結果他沒有答應，轉而從惺窩爲弟子。所以後來他能精通宋學。他曾訓點四書集註。世稱「道春點」，頗流行於世。他對於神道和佛教的態度，和惺窩完全一致。試看他在神道傳授一書裡就曾這樣說過：

『神雖無形而有靈，氣使然也。一氣未萌之時與旣萌之後，此理已存，無聲無臭始無終，而氣生，而神生，是卽理也。其眞實也，爲萬世之根源。異端不知此理。』

這可以說是給「神」下了一個定義。以「理」與「氣」的融合來說明了神的爲物。這也是他的立場。所謂異端卽係指佛教而言。

我們再看他對神道和儒教的主張，也和他的業師一樣，主張二者一致。他把神道分爲兩種：「理當心地神道」和「祝隨役神道」。前者是使心合於理；後者是敬神之事。所謂「理」，便是宋學上的常用語，指從宇宙現象展開以前便存在的一種理法，與人的良心相通。在宋學上與理相對的又有「氣」一語「理」與「氣」用佛家語解說：理就是眞如，氣卽是無明。理當心地，也就是理適於心地，使人々都發揮他良心的意思。他還這樣說過：

『本朝神道卽王道，王道卽儒道，固無差等。……』

他的神儒一致的主張，由這句話可以畢現。他所說的皇道也和宋儒學家的王道內容相同。他所說的神道是專指唯一神道而言。不過他並不是專採用吉田兼俱的唯一神道之說而已。

統觀羅山的思想和態度，我們可以明白他是以儒教爲其根本，神道，皇道只不過是枝葉而已。所以到德川時代的中期，免不了受到許多譏誚。羅山的弟子山鹿素行雖承繼師說，主張神道和儒教的一致，但和其師相較可就大異其趣了。

素行對於宋學的理氣之說不能掉佛教哲學的臭味頗表示不滿。他盡排斥孟子以後的儒學，進而直接主張襲承周公孔子的學說。著有「聖教要錄」一書。可是終因爲他立說過激，左袒踰度，結果書旣遭禁絕，人也被貶到播州赤穗去了。

素行承認周公孔子的學說，絕不像宋朝學者們硬把「理」弄得非常抽象分離。但孟子的良心卻犯了這種毛病而作了抽象論者們的先驅。所以素行對孟子也很加以攻擊排斥。其次，宋學把「理」「氣」用一種二元的方式說明，素行卻把「理」包含於「氣」之中作一元式的解說。不過這種一元式的解說，在中國的明朝早已有了這樣見解。不知素行是受了這種見解的影響而廣爲闡述呢，還是研究古典的結果而自發的創見呢？這是一件待考的懸案。

素行把漢籍傳到日本以前（卽應神天皇以前）歷史的記事，看作純粹日本的東西，因之把其中和儒教相同的思想視爲是日本固有的大道。拿來和周公孔子的儒說相比較，他發覺許多地方都完全一致。他又以爲君臣之義，萬古不變說與中國的朝代更迭的事實相比較，卻反而日本對於「忠」字的實行遠勝於中國多々。於是他便以爲日本才是中華文明之國。他所著的「中朝事實」一書，便是着眼在這一點上的。所謂「中朝」，和「中國」是同義。這時他雖還沒有把中國視同夷狄，但對中國人的自稱「中國」卻非常卑棄不服的。

由以上幾點看來，素行治學的態度，實趨於偏臨極端，失去了冷靜客觀。這是我們可以一目瞭然的。不待我們批判，早以有人指責他說：

一，素行所著「中朝事實」，以日本書紀所載的應神天皇以前的記事爲日本上古的眞實部分。可是素行竟忘掉了日本書紀的編著是用漢文而成，已是受過漢學洗禮的一部書。

二，素行強把孔子的學說和孟子的學說從根本上分開，這不用說是很有問題的。

不過，素行的學說如上所述，他的著作大部分都遭受過當時的禁絕。除掉幾部軍書尙且流行於世之外，其他都已經埋沒無存了。

：2： 山崎闇齋與其門下

和山鹿素行同時代的有名的儒學者當首推山崎闇齋。他的學統不屬於藤原惺窩和林羅山一派，而是繼承土佐的南村梅軒的南學系統的宋學者。他幼年的時候，元居京都爲禪宗僧侶，後來去土佐梅軒之學，終于還俗爲儒教學者。此後他讀到神道等書，才明白神道和宋學的一致關係。闇齋的神道知識，主要的是得自神道五部書。他在三十八歲的時候，開始設講席，傳授儒教。同年他在自作的伊勢太神宮儀式序（漢文）裡說：

『嗚呼神垂，以祈禱爲先，冥加以正直爲本。君臣上下無黑心以丹心奉大神，則胡佛無立所而觀常世之神風。』

在這裡邊我們可以看出，不但言明神儒的一致，並且他對佛教排斥的思想也在此時確立了。到了他晚年的時候，索性便自稱爲神道學者，號「垂加」。這二字的取義，就是由「神垂以祈禱爲先」的垂字和「冥加以正直爲本」的加字相合而成。闇齋往來於京都、江戶（卽今之東京）之間，教授弟子甚衆。其中最著名的最算佐藤直方、淺見絅齋、三宅尙齋三人。闇齋的朱子學，很嚴格的限定於朱熹所著的四書集註、小學、近思錄三書，此外的書籍一概禁止閱讀。他不重作詩文，却專奬勵精神修養，頗具有宗教的風味。到後來簡直就成了一種變形的神道了。不過，他的許多弟子對於他的宋學主張和神道說並未能墨守。就是號稱「崎門三傑」的前述三人，也有這種傾向。其中佐藤直方竟公然的反對他的神道說。可是他這三位弟子，我們可以承認他們是純粹朱子學的信徒。

：3： 陽明學派

反對宋學，起興陽明之學的企圖，在山崎闇齋和山鹿素行時代已肇其端。開始提唱的，不能不歸功於隱居近江的中江藤樹。藤樹初修宋學，後讀陽明全書，遂成陽明學者。我們先看他神儒的態度：

『我朝神道之象與唐土聖人之言符節相合，故深於神道者，雖借儒道，亦明心法，備政教。況異端乎』。

按異端卽指佛敎而言。他這種態度和林羅山，山崎闇齋從朱子學的見地來解說神儒一致的看法相同，他用的是陽明學的見地。由此我們更可以看出，德川初期的儒學者，不論其宗派如何，反正他們對於神道的注意是無時或忘的。藤樹在另一方面較異於山崎闇齋等人的是很重視孝經。他以爲所有的道德和天地萬物的發生，完全是由「孝」而來。這也就是說，他以「孝」作爲宇宙萬物的根本原理了。所以如此的原因，大約他受了孝經上「夫孝天之經也，地之義也，民之行也」的影響不少。不過我們不可忘掉他是陽明學派，向來王陽明對孝經的態度要比朱熹重視得多了。

中江藤樹唱陽明之學方三年，卽有弟子熊澤蕃山來就學。時年僅二十四。師事中江藤樹三年後，就被備前岡山的池田光政禮聘而去。是後參與國政，頗具有政治的天才。所以荻生徂徠曾這樣的批評他：

『百年來儒者之巨擘，論人才首推熊澤蕃山；論學問，推伊藤仁齋。其他學者皆凡庸之人』。

蕃山有過人的聰明，不泥於事，不拘於物。所以他不固執於某一流某一派。在他著的集義和書裡有這樣話：

『愚旣不取於朱子，亦不取於陽明。唯取諸古聖人而用之。……』

他最初雖習陽明學，可是他很能以客觀的批評的態度，辨別朱子和陽明的短長。所以他說：『爲學不可拘泥一流，徒立異說。要之大道貫義，若有所得，隨時處位，施以於國家經綸之上』。於此可見他態度的公開了。

：4： 古學派

山鹿素行的時代雖然稍在前，可是按他治學的態度，上溯周公孔子之學，排斥孟子以後的儒者的主張，很可以歸入這一派裡。不過這裡所要叙述的是伊藤仁齋。仁齋原來是京都人，最初研究宋學，天和三年（時仁齋五十七歲）著有「語孟字義」一書，這書的內容和山鹿素行的「聖敎要錄」幾乎持着完全一致的態度，極力反對宋學。同時他更著有「論語古義」、「孟子古義」、「大學定本」、「中庸發揮」等書。所以世人稱之爲古學派。他把宋學裡邊的類似佛教哲學的觀念論捨數删去。這也就是由于他反對宋學就着重在於想避開哲學的理論而傾向于倫理的緣故。不過後來他在不知不覺中走上了極端。在「中庸發揮」裡更很濃厚的表現着他的極端的見解。

仁齋的態度和山鹿素行一樣，反對宋學的把「理」與「氣」作二元式的說明。他以爲天地乃一元之氣，因之他把類似抽象的「理」排除了。意思是「理」本來是內在於「氣」的活動之中而展開着的。從理與氣不分這一點上看來，很似陽明的學說，不過陽明是主張氣合於理，而仁齋却主張理合於氣。但這種思想已見於中國的明末時代，仁齋是否受到這種學說的影響，很是一個問題。仁齋和山鹿素行對于儒學所抱的批判的態度，實在是給日本儒學史上劃了一個大時期。

仁齋之子東涯，承繼了他父親的家學而更加以發揮擴充。其時仁齋弟子的足跡已遍天下，因此仁齋之學幾爲全國諸藩學校所採用。正值此時，素行的聖敎要錄又絕版不傳，所謂山鹿一流，只剩軍書一門廣行諸藩。所以從儒教的立場來說，勢力之大無過於仁齋者。

日本儒教史話

（四）

子文

──續 前──

弘道館對學生有如下的訓示：

『奉神州之道，資西土之教，忠孝無二，文武不岐。學問事業，不殊其效。敬神崇儒，不爲偏黨。集衆思，宣羣力，以報國家無窮之恩。』

這總算是想藉儒教來說明神道的一種神儒一致的方針。比闇齋的說法已大異其趣，勿寧說它是總滙仁齋，徂徠以及國學等精萃，而由其中蛻練出來的結果。這種思想不久風靡日本全國，直到今日，水戶學的精神，依然保存在全日本國民的思想和行動之中。

3：賴山陽和學習院的儒學

當大日本史的本紀和列傳還沒有出版以前，另有異軍突起，同樣以儒教的立場，著述日本歷史的有賴山陽。他所著的日本外史、日本政記兩書非常有名。日本外史是記源氏、平氏以來的武家事蹟。以佛教徒所著的「軍記物語」（卽戰爭小說）爲藍本資料，不過把其中的佛教臭味排除了而另加以儒教立場的潤色。雖然全書都是以純漢文寫成，而平易明快，具有使讀者快心悅目的特長。文政十年，山陽應松平定信之請獻出此書，備受讚賞。山陽歿後，弘化元年出版，不久便風行全國了。日本政記，是記上古以來的政治史，加入他自己的評論的。不過關於這一方的見識，他的學說不得不甘屈於後期的水戶學之下了。這大概因爲元來山陽就是一個史論家而不是一個哲學者，也不是一個倫理學者的緣故吧。他是完全站在日本之道與儒學之道根本同一的立場而立論的，這一點他和林羅山是沒有什麼兩樣的。

天保末年，正當幕府的儒者趨向陽明學，考證學而水戶學提倡神皇之道的時候，仁孝天皇在京都創立起學習院來。學習院有如下的學則：

『履聖人之至道，崇皇國之懿風。不讀聖經何以修身？不通國典何以養正？明辨之，篤行之！』

聖人之至道，就是指儒教的大道。這是把皇道包容在儒教之中的說法。這時在京都有漢學者座田維貞入學習院作教授。他著有國基一書，引用孔子著春秋明尊王攘夷之義，而論日本皇統無窮正合孔子的理想。因之以爲堯舜的禪讓，湯武的放伐都不合於正道。他讚嘆伯夷叔齊的不臣從武王的伐紂，並且說孔子之所以沒曾非難湯武的原因，大概是依據水土之說，由于中國特殊形勢所使然。除掉這點民族的色彩以外，孔子之道的本體可以通行於萬國。這種說法很接近於水戶學。

4：洋學影响了儒學

寬政禁異學的時期，儒學界忽然湧起一個大波瀾，就是隨着歐洲各國勢力的東漸而起的洋學之勃興。最初是荷蘭的科學之輸入，這種科學自然不是朱子學者們的陰陽五行的窮理所能及的。當時雖有人尙極力主張維護儒學而斥洋學爲異端，無奈幕府之中的儒官亦有漸々注意洋學了。而且像古賀侗菴竟論說非兼修洋學不可。他如佐久間象山，原受業於佐藤一齋之門，本想振興純粹的朱子學以統一國民思想爲急務，後來竟受到洋學的刺激終而進習洋學。他這時曾作一首詩：

『漢土與歐羅，於我俱殊域。皇國崇神教，取善自輔翊。彼美固可參，其瑕何須匿。王道無偏黨，平々歸有極。喟哉陋儒子，無乃懷大惑。』

這裡明詆了排斥西洋學術的儒者，他主張東洋道德和西洋藝術是可以兼修的。東洋道德是指朱子學，西洋藝術是指科學而言。他把朱子學的窮理和西洋科學的窮理連結一起，以爲修洋學是合乎朱子的精神。他如此的埋頭於洋學，所以後來終身爲熱心的開港論者。不過他始終沒有把儒教和神道或國史連結在一起談，這是和水戶學的立場根本不同之點。他厭惡一般國學者們偏狹之見，肥後的橫井小楠也這樣主張道：

『明堯舜孔子之道，盡西洋器械之術，何止富國，何止强兵，布大義於天下耳。』

小楠以爲堯舜孔子之道是可以經綸國家的，這和宋學只知作哲學和道德的辨釋大不相同。但是無論是象山或小楠他們對儒教不會加任何的批判，只不過把儒教照樣的搬來使用吧了。在這一點上他們二人是一致的。小楠更傾向朱子學，只是避開朱子學內的關於哲學和道德的問題的偏重。按小楠的想法，世間所談的儒教可變而爲做天的宗教。並且藉此可以統一民心防止基督教的侵入。所謂『布大義於天下耳』亦無非是這種意思。

幕府末年的儒教與國學互相傾軋的結果產生了水戶學，一方面受了洋學的刺激而生出了象山與小楠之思想。於此期間內無論如何，專耽於考證或專念詩文的幕府學校，當然是要陷於不振的。

五　明治維新以後的儒教

明治維新前後，尊王攘夷的論調，風靡日本全國。皇道思想在此時也更加擡頭起來。提倡純粹日本式的人倫道德的學者也日漸加多。其中最著者可以舉出天野玄道和長谷川昭道來。玄道是伊豫人，傳平田篤胤的學統。昭道是信濃人，他對熊澤蕃山的以中庸註釋三種神器的意見，很表贊同。他受水戶學的影響很大。玄道在文久三年著玉鉾物語，用神代的事跡說明了君臣父子夫婦兄弟朋友之道。昭道在文久元年著皇道述義，他排斥道出於日，儒教出於天的說法，而把「道」視爲「一誠」。一誠之神氣若發動流行，則爲仁勇義智禮信六達德。由此而推演出君臣父子夫婦兄弟長幼朋友六達德。此說乃是以天照大神爲本，以中庸與仁齋的天地一元氣之說和洋學的太陽系的理論相結合，同時參照水戶學而產生出來的學說。昭道便稱此爲神皇之道，簡稱皇道。依此而行的政治的法則爲皇法，此學爲皇學。世界的許多學術、宗教，全是皇道中之一物，可以取其長捨其短而爲用。他更主張文武是決不可分離的。

明治維新之初，在京都有設立大學校的準備。參加這工作的有平田篤胤和受業於平田篤胤之弟子大國隆正的玉松操、昭道、玄道四人。明治二年，東京設立大學，將幕府時代的昌平坂學問所改爲大學本校，專授皇學和漢學。並將幕府時代教授洋學的開成所改爲大學南校。至醫學一科更別立東校以敎授之。當時所定學規如下：

『神典國典之要，在於尊皇道，辨國體，此乃皇國之目的，學者之先務。漢土孝悌彝倫之教，治國平天下之道，西洋格物窮理，開化日新之學，亦皆斯道之所在，爲學校所宜講究採擇者也。』

可是這時候大學裡廢去了祭孔，代以八意思兼神和久延毘古神爲學神而祭之。這當然要引起漢學者的不平，於是國學漢學的爭端遂起，政府也難辦法解決。終至明治三年，大學本校只有閉鎖之一途了。京都大學校雖在明治二年合併了皇學所和漢學所的新設，也在明治三年被廢止。此後十餘年間，大學校裡的皇學和漢學的教授中絕，完全成了洋學的世界了。

明治四年，肥後元田永孚爲明治天皇的侍讀，後繼爲侍講多年，進講儒教。永孚爲朱子學者，信儒教爲絕對眞理。進講論語之時，陳述「論語可爲皇道訓解」。明治十二年，永孚奉聖旨，基於儒教的精神編纂幼學綱要（爲宮內省藏版）十五年，將此書頒布全國各學校。當此洋學興隆之際，明治天皇深恐儒教的道德教育廢弛，因以提醒日本全國的學子。明治十年時，曾以復興儒教爲目的由右大臣岩倉具視等創立「斯文學會」。十五年又於東京大學設古典講習科，招集國學漢學々生受講。這裡的用意，是在挽回明治初年以來西洋的個人主義思想的流弊，以及糾正民主的思想流行於社會後道義之風因而不甚講求，風俗亦日趨輕佻的諸種毒害而已。自是直到今日，日本的儒教便這樣的被日本各界看待着。

結論

從儒教傳入日本的當初直到德川幕府的初期，這其間約有千三百餘年，儒教是很平凡的維持當時的現狀。雖然在這樣長期裡，我們幾乎找不出一個有聲有色的儒者。由此足以證明了儒教在這個時代，只不過是按照傳來的原樣被適用到日本的政治上或被攝取而使之隸屬於神道的思想，並不會受過任何的批判與非難。這也就是說，從來還沒有人分析過儒教的本身究竟是個甚麼東西。

可是到了德川幕府的剛一開端，也是因爲與日本當時的社會情形和政治的目的兩相吻合的緣故，儒教立刻發生了一個大大的變異，開始了空前絕後的長足發展。雖然這個發展的過程爲期不過四五百年的光景，可是通學達儒之多已不下數百人。儒教的思想也從這時很快的普遍了全國，滲透到各層的階級裏去。與其說這個時代的儒教完全執着思想界的牛耳，不如說儒教的思想整個的就是當時的思想界更爲明快。它既可以作爲供學者們爭議探討的高深理論；而更可以爲一般國民的低級常識。它支配了國家的行政，它更作了社會習尙的準繩。自然，這時代的學者們對於儒教的態度和德川幕府以前的儒者們的態度是絕對不同的。這時儒教是被精心的分析着，嚴厲的批判着。使儒者們獲得了不少的心得，同時也正因爲他們各有不同的心得，才惹起他們互相之間的論戰。可是我們應該注意的是：雖然經過學者們如此多年論爭，其結局儒教仍然還是儒教的原身。那些論戰的結果，只不過表明了他們某派是朱子學，某派是陽明學，某派是反對朱王學甚而否定孟子以後之學的古學派，某派則又是不偏不倚綜合數家的折衷學派。最後朱子學派居然佔據了第一位了。於是惟我獨尊的朱子學便影響以後日本的思想界很久，或說直到現在。跟着明治維新的誕生和西洋思想的侵入，儒教思想馬上一落千丈，很顯著的呈現了一種和德川幕府初期恰々相反的現象，而恢復了德川幕府以前的狀態。

不過，儒教在日本的下場並沒有受到和在中國同樣的過苛的待遇。我們知道，儒教在中國自從被否定了以後，一腳便被踢到垃圾堆裡去了。在日本呢？與其說是被否定不如說是被揚棄了的更妥當。儒教在日本經過這番揚棄之後，有價値的東西是被日本文化所吸收和消化了；所剩的東西也被恭々敬々的安置到一個地方。這樣作來，並不是毫無意義，一方面盡了保存文化的責任，另一方面還可以留待後來實行廢物利用呢。（完）

日本的儒教（上）

李之遠

緒言

日本，向來是一個著名的善於攝取外來思想的國家；不客氣的說來，世界上有一種思想的發生，即可以為日本所吸收所攝取，然而，日本之吸收外來思想，並不是一種囫圇吞棗式的吸收，而是一種經過選擇的。日本在攝取外來之思想時，凡對於其國體有矛盾的是決不予以吸收的。根本上，日本的國體，也不容對此等與日本國體相矛盾的思想加以吸收和攝取的。

儒教，發源在中國，以天賦之良心爲本，強調實行道德政治，特別注重在忠孝二字，同時又主張誠，其目的所在，是想以忠孝仁愛，信義和平以治天下，其發生之當時，是略略帶有多分之民族色彩在內的，這種民族色彩在以後傳入日本之後，即不復再見有其存在。質言之，蓋已爲日本所排斥了去，在其攝取時，已將之揚棄。所以儒教在日本，雖然是十分的發達，但其根本之形式，却已變成一種適合於日本民族之儒教，而不再是中國似的儒教了。

儒教之傳入日本，據日本書紀所載，是當其應神天皇十六年，（或作八十五年，中國晉武帝太康六年）由百濟之博士王仁者，自百濟攜論語及千字文入日本，爲菟道推郎子皇子之師爲始的。由應神十六年至今，實足的算來，已經過了一千六百五十八年了。在這一千六百五十八年之長時間中，傳入日本之儒教是經過了多少的波瀾和變化呢？日本又如何將由中國方面所傳入之儒教，混有不十分純正之革命思想與個人主義的思想加以濾清而吸收呢？嚴格的說來，在日本，德川時代，特別是後半期以前，簡直可以說對儒教是沒有什麼批評發生的，一直到德川時代之後半期，始有對儒教作嚴重批評之舉。

要明瞭日本之國體，我們是非先明瞭儒教在日本之情形不可。而明瞭日本之儒教，我們又不能不回顧其變遷之歷史，看儒教由中國傳入日本以後，畢竟是經過了多少次的變化，才成爲今日日本的儒教。本文的目的，就在這裏，爲使國人對日本之儒教學說理解容易一些起見，所以在本文中，特別看重在某一個人之學說，其他的只能留待他日，另文專述了。

一 上古的儒教

儒教之採用

儒教之由中國傳入日本，雖然是在應神天皇十六年，但由日本之歷史加以觀察則我們很可以看到，從應神天皇一直到推古天皇之十一年，（中國隋仁壽三年）間，十九代，三百十九年之中，儒教在日本，不過是一種宮廷中之學問而已，對於日本思想方面之影響並不十分的明瞭或者竟可以說是毫無，所以在這時的儒教，我們可以略而不談。雖然在推郎子皇子讓其王位於仁德天皇之時，仁德天皇曾說：「民富即朕富也。」而免賦三年，有人即認爲這是一種受了儒教影響的。然而實際上，恐未必見得就如此。一直到推古天皇十四年（中國晉仁壽四年），有攝政之聖德太子作憲法十七條以示百官時，其中始有儒教之思想可以看到；條文中引用論語千字文之語句者亦頗多。這時候開始儒教的勢力，已是逐漸的印入日本國民的思想中了。所以我們要談到儒教由中國傳入日本以後，而予日本國民思想以極大的影響的時期，應該是推到這十七條的憲法的。

儒教傳入日本，而對日本之國民思想作很大之影響時，我們不能不再考慮到，儒教思想之傳入日本者，爲日本國民思想所吸收者，是不是與日本之國體相一致的呢？

所謂日本的國體，是世界上一種特別的存在，其天皇是萬世一系，奉其皇祖之神勅而永遠負統治日本國家之責的，在天皇皇室與臣民之間之秩序，也儼然有定，如由天地之初開始而確立的一般；數千年來未曾有所變動，這種國體是今日世界上所僅無絕無的，所以也爲日本之自誇之所在。

日本之國民道德，國民思想也是根據這一種特殊的國體而產生的，由古至今，我們從日本歷史看來，雖然可以看到其中有多少次的叛亂發生，然而其天皇與臣民之間，却還時常是打成一體的。這種道德，在日本人說來是一種惟神之道：所謂惟神之道，據我們在今日的研究，認爲這是一種自儒佛二家之道德論傳入日本以後，爲日本所吸收，與其原有之國民生活相混合而產生的一種道德觀，雖然這一種論調是不會今日之日本學者所承認，而以爲日本所固有的，在儒佛二教傳入之前，就有其存在的，但由事實上看，則我們仍不能不固執我們的成見也。關於這一點，我們固置勿論，但由儒教之能在日本存在，能在日本發展的這一點上看來，我們至少可以承認儒教之對於日本的國體是並沒有什麼相衝突，不能相容的地方存在的。因爲與日本國體不相一致的教義，道德論是無法立足於此國民性十分強的日本的。

推古天皇之憲法和儒佛的並立

日本之推古天皇時代，正相當於吾國之隋代。當隋代時，中國之一切學術方面，政治方面，道德方面是均以儒教爲主，而在宗教方面則用佛教。這種潮流，不久也就傳入日本，而給日本以很大之影響。例如日本史上頗着名之聖德太子，彼亦並學儒佛二教。（據日本歷史上說，聖德太子學儒教於博士覺哿；學佛教於高麗僧惠慈。）由此可知，中國之文化，不但連思想之本身，卽其運用之方式上，也對日本作了一個很大的影響。因爲聖德太子是一個信奉儒佛二教的人，所以在彼所制定之十七條憲法中，也可以看到有儒佛二教思想並存的痕跡。聖德太子當時之所以要制定這憲法，所以要用儒佛二教之思想來滲入其文化中的原因，由今日看到，可以知道當時之聖德太子，是正努力使日本之文化水準提高到與中國相同的程度，以與中國間維持對等國之交際所致。（這一點，可以由聖德太子所親筆書而由小野妹子帶呈隋煬帝之國書上的語氣中見之。）為明瞭此十七條憲法中所含之儒佛二教的思想起見，我們將此十七條憲法條文列下，作一檢討。其條文為：

第一條　以和為貴

第二條　篤敬三寶，三寶者佛，法，僧也。其不歸三寶，何以直枉。

第三條　君則天之，臣則地之。

第四條　以禮為本。

第五條　明辨訴訟。

第六條　死忠於君，無仁於民，是大亂之本也。

第七條　剋念作聖。

第八條　公事靡鹽。

第九條　信是義本，君臣共信，何事不成。

第十條　絕忿棄瞋，不怒人違。

第十一條　明察功過，賞罰必當。

第十二條　國非二君，民無二主，率土兆民，以王為主。

第十三條　諸任官者，和如曾識。

第十四條　羣臣百僚，無有嫉妒。

第十五條　背私向公，是臣之道矣。

第十六條　使民以時，古之良典。

第十七條　夫事不可獨斷，必與衆宜論。

由上面之十七條憲法中看來，我們可以看到，除了第二條是以佛法之思想為本者而外，其餘之十六條，無一不是以儒教之思想為據者。儒教之政治道德思想，主重於以忠孝治天下；而聖德太子所制定之憲法十七條中，也因循這一點；所以在第三條，第六條，第九條，第十二條中，特別的強調君臣之大義，這可以說完全是與儒教思想相一致的。從這一點看來，也可以知道儒教與日本之國體不但無相反的地方，而且還是相一致的。日本之國體，或者並不是由儒教中產生的，但至少可以說是曾經受了儒家思想之影響的，不但儒教如此卽佛教也是如此。所以由今日而言日本國民之精神，簡直可以說是，完全以儒佛二教之精神思想作為基礎的。

從推古天皇時憲法十七條之制定起，一切到以後之陽成天皇，約先後一千年之間，在日本，無論在政治，思想各方面，對於儒佛二教均是相並的採用，這正與當時十七條憲法之被制定時一般無二。所以我們承認，一直到德川幕府時代，日本之國體始終是受「儒佛二教的擁護的。到了後陽成天皇時，德川幕府起，因幕府中人是特別的注重於儒教，而將佛教抑壓，所以使儒佛二教在日本之關係發生波瀾。

大化革新之政治與儒教

十七條憲法制定後之四十一年，由孝德天皇卽位；其大化二年（中國唐貞觀二十年）有大化革新之舉，大化革新在日本政治上是一個極光輝的舉動。所謂之大化革新，其實就是在政治方面以隋以後所興之唐之制度爲參考而已。唐之制度，我們可以說是完全以儒教之思想爲基礎的，所以日本大化革新之以唐的制度爲本，不曾說明，以儒教思想爲源。大化革新時，曾有僧旻及高向玄理二人，以國學博士之資格參與其事；此二人均爲在推古天皇時，所派往隋留學之八人中的二人。此八人據日本歷史所記，均屬中國，朝鮮人之子孫，彼等之祖先，自應神天皇以來，傳漢學入日本，所以以後在日本方面掌使用漢學之文筆工作，殆均爲中國朝鮮人所留於日本者之子孫，當時推古天皇，即就彼等之中派遣八人赴中國留學。（非同化於日本者之子孫而留學中國者，當自大化革新爲始。）由此更可知儒教思想不但在基礎上爲日本所採用；即在推動之人方面，也可以說是受了中國方面之儒教教育的。因此我們可以相信，在大化革新時，從中國方面所傳入之儒教思想是更深深的滲透了日本國民的思想之中。當然佛教思想也相同的。不客氣的說一聲，所謂之大化革新，簡直就是加強儒教，佛教思想之一種改革。

由政治上來看，所謂之大化革新，是一種大規模的儒教政治，特別是隋，唐以來所應用之政治制度，方式的吸收，其在宗教上，也是吸收正在中國方面所流行之佛教而已，雖然儒教和佛教在此時傳入日本以後在實上都不免發生了些許之變化，然而這是不足怪的，因爲中國人民的生活，與日本人民的生活根本不相同。適合於中國人民生活之儒教佛教，當然亦並不完全能適用於日本人民生活之中；所以爲使能完全適合日本人民之生活計，自不能不加以修改。所以這是不足怪的。

大化革新之前一年，日本天皇，曾有「先祭鎮神祇，然後議政事。」之令，當時，其所下之詔曰：

「明神御宇日本天皇，當遵上古聖王之跡而治天下，隨天神之所奉寄，方今始將修萬國。」

至大化三年，又有詔曰：

「惟神我子應治故寄，是以，與天地之初，君臨之國也。」

這種思想雖不能說其完全是受了儒教和佛教的影響而後成立的；然而至少，也不能否認其中有可以想到之痕跡在。

所謂「惟神」「隨天神」者，究屬何指，依日本書紀之註釋而論，是應該作日本歷代之天皇解的。日本書紀，「惟神」頭下，有如此之記載說：

「惟神者，謂隨神道，亦自有神道也。」

我們再看儒教中所謂之神是什麼。儒教中所稱之神，亦指先王與聖人，例如在易經中，就有如此二段說：

「夫大人者與天地合其德，與日月合其明；與四時合其序，與鬼神合其吉凶。先天而天弗違，後天而奉天時。天且弗違，而況於人乎？況於鬼神乎！」

「觀天之神道，四時不忒。聖人以神道設教，而天下服焉。」

由這二段之對比之後，我們可以看到，在明神，惟神之思想上類似之點極多；所以我們可以武斷的說其是絲毫未受中國之儒教的影響嗎？這是一種，我們再來看對於臣民道德之規定的奈良朝的宣命，該宣命中說。

「心宜清明，以奉仕。」

「心宜明，宜淨，宜誠。」

這二節在今日之日本人看來，認爲是日本所上古以來就有之固有的文化。但依我們中國人的眼光看來則認為其是完全由儒教中抄襲而得的，不信，我們可以在儒教經典之一的中庸中，找到相似，或者可以說相通之所在。

「誠者天之道也，誠之者人之道也。」

「誠則明焉，明則誠焉。」

在「誠」的一方面如此；我們再由「和」的一方面來看，則我們更可以知道，日本在政治道德方面所受儒家影響之深刻了。關於「和」，十七條憲法之第一條就是「以和為貴。」而在中國之論語中，也有這樣一句說：

「禮之用，和為貴。」

其意義是不是相同呢？因不必再加以細述。我們試再看「中庸」：

「喜怒哀樂之未發謂之中。發而皆中節謂之和，中也者天下之大本也。和也者天下之達道也。致中和，天地位焉，萬物育焉。」

從這一點，我們可以切切實實的證明，日本之政治道德是完全以儒家之思想為根據的，大化革新之後更甚。蓋儒家之道德重「和」，重「誠」，而在日本亦如此。雖然說日本有其固有之道德，可是以今日日本民族之對外來文化的吸收能力來加以觀察，我們就可以知道，即今所謂之日本的固有道德並行是產生在儒家之思想中的，或以此為基礎的；也至少可以稱得，兩者是頗相合的，我們雖不敢十分武斷的代為確定，但是至少也不能承認這兩者之間僅僅是一種偶然的巧合。

因為兩者之間有不少之共同點存在；（或者可以說：日本之固有道德已經為滲透入日本國民思想之儒家思想所改造了，所以兩者之間，才能有共同點發生和存在。所以使儒教在日本，不論時間之變遷如何而依然能在日本作頗大之發展，在日本樹下了一極深之根基，其由來也決不是偶然的。（當然，由我們中國人來說，種瓜得瓜，種豆得豆，這是一種必然的結果，可是在學術檢討的立場上，我們不能不客觀一些。）

二、大化革新至平安朝之儒教

大化革新後之儒教

大化革新以後，在日本國內，修漢學，作漢文之風亦較前益盛，所謂之修漢學，作漢文，就是變相的受儒教思想之影響也。蓋漢學，漢文之中心就是儒教之思想。參與大化革新之中大兄皇太子，（即後日之天智天皇）；初與藤原鎌足共就南淵先生而學周公，孔子之道；彼對中國之學問極感興趣，所以到其即位之後，即設學校以授漢學，而以百濟人鬼室集斯為其長官，開日本之有學校位之先聲。

日天智天皇第二年，即唐之龍朔三年，唐併百濟國，使百濟之一部份人，其中包括有王子及學者，不能不向日本避難，以後這批人就留在日本，歸化於日本。這批歸化於日本之百濟人，對於日本之儒教發展，是有很大之貢獻的，例如天智天皇太子，（後之弘文天皇），在其太子時代，曾從五學士學習，此五學士均屬百濟之人，而歸化於日本者，當時曾有詩集懷風藻之著作，這本詩集是日本現存詩集中最古的一冊。其中有一首云：

「皇明光日月，帝德載天地。三才並泰昌，萬國君臣義。」

由這一首詩上，我們已經可以看出儒家之思想是比以前如何了。這詩中所稱之三才，是指天，地，人；人當然是指聖人，先王。這與儒教中所謂之人的思想是完全相同的，這首詩，我們簡直可以說就是將上面曾經引用過的中庸中之「夫大人者與天地合其德，與日月合其明」；之一種思想而以詩之方式表現而已。

將儒教之由中國傳入日本的，使日本有漢學的，是應神天皇十六年時之百濟博士王仁。以此爲始，至繼體天皇與又有百濟人五經博士段揚爾赴日本，欽明天皇時有五經博士王柳貴，馬丁安，易博士王道良，曆博士王保孫等之到日，陸續不斷的將中國之儒教思想傳入日本。及百濟被併之後，則更有多數之學者赴日，所以使漢學，即儒教思想之傳入日本亦愈烈。百濟對日本在文化上所發生之關係，不能不算密切了。沒有百濟，日本之文化發展，也決無今天之一天。因此，由文化上論，百濟可以說是當日本文化之接生婆而無愧的。（佛教亦爲百濟人於欽明天皇之時，由百濟傳入日本的。）

奈良，平安朝之儒教

據日本歷史之記載，可以知道，日本之開始有祭祀孔子之舉，（在日本稱之爲釋奠），是在文武天皇之大寶之年，（唐嗣聖十八年）的事。次年，又制定大寶令，以對學校等事項加以規定，其中制定置大學於京都，國學於諸國。大學以收納五位以上之子弟及史部之子而教之；國學則收納郡司之子弟以教之，所謂史部者，乃指由王仁以來之歸化日本的外國人，而掌理官府中文書事項者而言。大學之教授，稱之曰博士，起先無區別分類，後分之爲明，明法，文章三種，以明經博士掌教經書，明法博士掌教法律，而文章博士則掌教文章及歷史。其課程之中，有孝經論語，爲各科之共同必修者。由此看來，可以知道漢學在此時之日本，已大爲發達；有專門機構以掌理其傳播之事宜；使以儒教思想爲中心之漢學，能更深的滲透入日本國民的思想中。在另一方面，奈良平安二朝時，對於唐朝之國交上來往亦極密切；不斷有遣唐使之派遣，在遣唐使一行之外，總有留學生附隨，入唐求學；更強化在日本之儒教思想。所以說，在奈良，平安朝時代，儒教在日本，是到了一個逐漸向上發展的時期了。

吉備真備及菅原道真

我們要談到奈良朝及平安朝之漢學在日本的發展，就不能不談到吉備眞備及菅原道眞二人。吉備眞備是日本奈良朝時代遣唐留學生中，最著名的一個；而菅原道眞則是平安朝時代日本最著名之漢學者，所以說，我們要明瞭這二朝之儒教發展的概況，不能不由此二人着手。

吉備眞備在唐以研究經書及歷史爲主，而傍及其他學術。在唐約二十年，至唐開元二十三年，（日天平七年）始攜了極多有關禮制，曆學，音樂等之書籍而歸國，歸國後即爲孝謙天皇之師傳，後昇至右大臣。（右丞相），從日本歷史上看來，我們可以知道，孝謙天皇，曾於其天平寶字之年，（唐至德二年），下詔令天下之家，宜各藏孝經一册以讀習之，這一個舉動，依我們今日之推測，恐怕是完全由於吉備眞備之推動所致吧！蓋唐天寶二年，（在孝謙天皇下詔之前十三年。）玄宗曾親自將孝經加註，而頒之於天下，令每家各藏一册以學習之。這時正値吉備眞備是以遣唐副使之資格而在唐，當然對於此舉是爲彼所親睹，因此回國之後，亦就倣此而請孝謙天皇來一命令，亦未可知。總之，我們可以承認吉備眞備對儒教之發展不僅僅是在奈良朝，就是以後，其影響也是相當鉅大的。

菅原道眞生於吉備眞備之後一百數十年，先以文章博士之資格，而執教鞭於大學；後受宇多天皇之殊遇，令參與國政，後列爲右大臣。但不久因遭藤原時平之忌，進讒而被貶，至醍醐天皇之延喜元年（唐天復二年），流入太宰府。道眞對儒教，佛教之造詣却極深，而能作極好之漢詩，漢文，特別是在漢詩的一方面，宇多天皇曾加以贊辭，稱之凌駕白樂天之上；其留於後世之詩文集有菅家文草，菅家後集等。因爲道眞，對於儒教，佛教之造詣均頗精深，所以其在尊崇儒教而外，亦爲觀世音菩薩之信徒。晚年，日朝廷曾命菅原道眞以遣唐使之資格而去唐。然以當時之唐已入於垂亡之時，戰亂漸起，更兼以日本國內派別之爭極烈，所以終於在藤原氏所奏以唐亂，請廢遣唐使被准而中止，所以說，菅原道眞之在漢學方面之修養，是與吉備眞備相異，完全是在其國內所受到的，而並未直接受唐之薰陶。

菅原道眞對漢教所作之觀感如何呢？在這裏我們可以引用道眞所著之書，而爲後世所稱道之菅家遺誡一書來說，該書是由三十五條之短文所組成的，其中有二條是可以爲世間所注意的，茲錄之於次：

「凡神國一世無窮之玄妙者，不可敢而窺知，雖學漢土三代周孔之聖經，革命之國風，深可加思慮也。」

「凡國學所要，雖欲論涉古今，究天人，其自非和魂漢才，不張闞其閫奧矣！」

這二條是否是出諸道眞之手筆，尙不可知。蓋此書係在德川時代之末年由祀道眞之北野神社所出版的，則安知其非爲後人所假託而插入者呢？所以我們對之還不能不加以疑慮。可是，由其另外二種之遺著，菅家文章菅家後集而加以細觀，便可以知道，當時之日本的漢學者，還沒有能夠脫離唐之立場，而獨創其立場，對儒教能站在日本或日本人之立場上，加以批評。這一點雖一代名學者之道眞亦不能例外。因此據我們所作可能的猜想而論，大概當時日本之學漢學的人，包括菅原道眞在內，是只求能讀其書籍能作其詩文，而求符於實用就是了，對於批評這一點，根本上就沒有注意到，也未可知。否則爲什麼在這時代所表現者中，竟找不到一些批評之痕跡呢？

日本書紀及儒教

在儒教於日本之發展史中，尙有一件是不能不特筆大書的，即是日本書紀之出現。日本書紀是在日本奈良朝之元正天皇養老四年，（唐開元八年），由舍人親王主宰而編纂完成的。當時担任該書之執筆者，有太安麻呂等之學者，爲什麼說該書是在日本儒教之發展史上應特筆大書的呢？因爲本書紀是以漢文寫成的，爲日本巨帙著作中最初用漢文寫成的一部；對於其爲什麼用漢文來撰寫，我們當然無從武斷，但至少也可以知道其是受了由中國而傳入漢學的影響的。

在日本書紀之中，我們可以看到，彼等將在儒教傳入日本以前之詔勅，亦以儒教經典中之文字加以修潤；奈良朝時代之詔勅，本來就是以漢文來書寫的了，然而他們也有將之修改而使與儒教思想能一致。而對於日本固有之道德，（或許也可以說是在儒教傳入以後，受了儒教的影響而產生的道德。）也以儒教之之文字來加以表現，如忠君愛國，孝父母友兄弟等。總之，在日本書紀中，將上古人，（並不限於日本人）之思想是一字一句，均以儒教之文章來表現了。這在日本之儒教發展史上，不能不予以重視。蓋當時之漢學，儒教之學，由這一點而加以觀察可以知道已不僅在民間有極普遍之流傳，即日本朝廷之間亦然，而使對日本書紀之撰述，不能不以漢文出之。

日本的儒教（二）

李之遠

三　鎌倉幕府至室町幕府時代之儒教

中國之儒佛衝突及其影響

儒教和佛教，在中國開始相對立是始於唐太宗時之傅弈；以此爲萌芽，而逐漸伸展到憲宗時之韓愈手中；儒佛兩教在中國之對立已逐漸的明顯，可是到宋代，經所謂儒教中之最右派的周敦頤、張載、程頤、程灝，而至於理學大師之朱熹，是已集其大成；而使儒佛兩教在中國之對立和衝突層出不窮了。唐憲宗時，即韓愈之時代，正當日本之嵯峨天皇在位的時代；當時在中國，儒佛對立之思想雖已十分的明顯，但並沒有傳至日本。一直到平安朝時代，還沒有傳到日本。這種儒佛對立之思想，由中國而傳入日本，依我們的推測，當在朱熹之四書集註出版以後。宋代之儒教，逐漸右傾而成爲一種獨特之理學，對於佛教，特別是受了憚宗之哲學思想所影響的佛家的出世的思想是，不問手段的，對之加以痛烈之排擊的。這種思想到以後，由於四書集註之傳入日本，及其他方面之關係，而使日本亦受其影響。四書集註之完成，以日本之年代而推論，當在鎌倉幕府時代之後鳥羽天皇之壽永五年，即源賴朝之時代；而四書集註之傳入日本，據日本史籍上所記是在順德天皇之建曆元年，（中國南宋嘉寶四年）由入宋留學之僧俊芿所攜歸，這一說是否正確尙不能明瞭，但至少依日本歷史之所記，在俊芿所攜歸之書中，有二百五十六卷之多是屬於儒教之書的；如此，則宋學的思想，當然也必由其媒介而傳播於日本。在日本，當時有一種專門之學問，稱之爲朱子學，這種學問就是指由朱熹所完成之宋代理學。因此我們可以相信，儒佛二教在中國發生衝突之事，是由此時，才傳入日本；而逐漸使日本之知識社會，受其影響。（當然，在其時之影響並不十分的大，但以後却盛了。我們只要看朱子學，在足利幕府時代及德川幕府時代之大盛一點，就可以知道了。）

鎌倉時代之佛教及神道

由上面一段所述，可以知道鎌倉幕府時代，中國方面儒佛兩教之衝突已逐漸傳入日本，而使之受到其影響。但是在當時，作爲日本之固有道德的神道與佛教之間的關係如何呢？神道與儒教本來就是很調和的，特別是在奈良，平安二朝；其原因是由於日本所謂之神道，簡直可以說是完全源出於儒教之學說的，或是以儒教之學說爲解釋的，所以根本不會有相對立衝突之可能，而其兩者之間的調和，亦自在意料之中的。

但是神道與佛教的關係如何呢？由以往之日本史來看，神道與佛教之間，亦並無任何衝突存在，至鎌倉幕府時代的神道與佛教之間，非但無衝突發生，且亦逐漸接近。由神喜讀誦佛教之經文一說創造而至於本地垂迹說出世，可以說是到了極頂。所謂之本地垂迹說係起於平安朝之末年，託弘法大師，或某一眞言宗之僧人所作之麗書記爲始；彼等以爲佛菩薩，即爲日本固有之神的顯現，將神，佛二教勉強的予以附會。而主張伊勢內宮所供奉之天照大神，其本地原爲昭藏界之大日如來；外宮之豐受大神的本地，原爲金剛界之大日如來。將昭藏金剛之兩部，加以配合，使成了二部之神道。這一種學說究竟創自何年何代，雖不可明瞭；但依我們今日之推測，當非奈良、平安兩朝中之產物，而或係平安朝末期，或鎌倉幕府時代之初所創者。

本來，伊勢神宮附近是禁止僧侶進入的，但是由於這種理論之發生，所以使在鎌倉幕府時代開始，伊勢神宮附近對於僧侶出入之禁令已予解除。這不能不說是在鎌倉時代，神佛合流之一種最顯著之表現。這種神佛合體之理論，以後更逐漸的發展而成爲一種神道——伊勢神道。

伊勢神道及儒教

伊勢神道之由來，已如上面所述，是一種神佛之合體的宗教；據日本方面說，伊勢神道之根本經典是神道五部書，所謂神道五部書者，雖云是極早就有存在了；然而實際上，是在平安朝末期起至鎌倉幕府時代之中葉間所作成的。因其中所採之理論，均係兩部神道所銳化而出的。質言之，即將印度之佛教的理論，加以日本化之表現而已。在這種日本化的表現中，我們却還不能忽略了其中所受到宋代理學派，即所謂之新儒教的影響的。我們姑舉一二例來說明之：

其經典之神道五部書中，有如下之幾條說：

「心神則天地之本基，身體則五行之化生奈利；肆元之入元初，本本任本心。」（奈利者ナリ之漢書，意即「也」。）

「人乃天下神物也，須掌靜謐。心乃神明之主，莫傷心神。」

從這二條中，已經很可以見到一斑了。爲什麼會如此呢？原來集伊勢神道之大成的度會家行，其本人對於理學之造詣極深，所受儒教之學的影響也極大。因此在其所著中，就不免自然而然的引用宋代或以前之儒教之理論來作解釋也。

伊勢神道中，對於三種神點之道德的意義是特別的予以強調。所以神皇系圖一書，也就成了該神道之主要書籍，該書相傳爲聖德太子所作，但在事實上並未能證明其確實，該書中有云：

「天照皇神誓曰：吾日太子如八尺瓊之勾，以曲妙御宇。且如白銅鏡，以分明看行山川海原，乃提神劍平天下焉。」

此項記載在日本史籍中最可靠的古事記及日本書紀中，均未見有此項之記錄，非但如此即其他之古書中亦有。但在日本書紀中，曾記有當仲哀天皇親征九州時，伊覩之縣主五十迹手曾以鏡、玉、劍掛之於賢木之枝而獻於天皇之事。曰：

「天皇如八尺瓊之勾，以曲妙御宇。且如白銅鏡以分明看行山川海原，乃提是十握劍平天下矣。」

至於此三種之神器，究竟作何解釋呢？依伊勢神道之說明，則鏡是正直，玉爲慈悲，而劍乃智慧也。彼等稱：

「鏡不隱一物，無私之心；以照萬象，現其是非善惡。故所其隨之德乃感應之。玉則以柔和善順爲德；劍則以剛利決斷爲德。」

「苟受之三德之翕，則天下不難治焉。」

這一種解釋，我們返顧中國之儒教中，似乎也有相類的解釋存在；其最確切的是智仁勇之說。無論在意義上，在解釋上是均相同相似的；雖然在鎌倉時代，對此三種神器所含之道德的意義是並未用智仁勇三語，但意義上還是一致的，以智仁勇三語而說明三種神器之事，是到以後足利時代中期之文明年間，（明憲宗時代）；由好儒敎之學，而揭神、儒、佛三教一致的一條兼良才開始。但當時由意義上說却已完全相同了。

吉野朝之儒教

鎌倉時代之新儒學（理學）之所以能普及，其原因完全是由於當時日本曾派了許多人，特別是僧侶赴宋留學，及由宋而渡日之禪宗僧侶之力。所以到以後鎌倉幕府之時代雖告終，新儒學而在日本之流傳，已十分的廣泛。後醍醐天皇亦修此學，而其他一般新進之公家，華族則更競將修此種理學，而耽於新儒教之論議中。吉野朝著名之忠臣神皇正統記著者之北畠親房當時也是一個醉心於這種新儒學的人。此時作後醍醐天皇之侍讀的，就是當時最有名之宋學者，天台宗之僧玄慧。北畠親房等均出其門下。不僅如此當時之公家華族及武士等，亦多因討伐北條氏之關係，而會集在一處聆受玄慧之講授。所以在當時。新儒學的理學在日本之流傳極廣，其力所及，不僅限於智識份子之士大夫階級，且亦及於華族武士之階級也。

鎌倉幕府之中葉後宇多天皇之弘安二年（宋祥興末(二)年，元至元十六年）在中國方面，元滅宋而統佔中國；在政治上雖以一華夏之大國而陷於異族，但在文化思想上，則固未受其絲毫之影響；相反的，理學之流行更甚，這種情形在日本也同樣。因此使新儒學之勃興，更爲之促進。

唯一神道及儒佛二教

伊勢神道在當時極爲發達，但一到足利時代之中葉，就有提倡唯一神道之說來代之了。主張此項唯一神道說最有力的是後土御門天皇之文明年間至延德年間(約當中國之明弘治年間)，的吉田兼俱。吉田兼俱承往昔一條兼良之說，而主張神道唯一之說。所謂唯一神道者，乃轉本地垂迹之說加以轉回，稱神爲本地，而佛則爲垂迹。這種理論雖仍未脫佛教之臭味，但比較以往，已少得多了；而相反的，這種新儒教方面之理論，却被採入很多。我們試由唯一神道之書的神道由來記一書中來看。（本書依兼俱稱爲其祖先兼直所著，然實際上恐爲兼俱所假託。）

「儒佛二教者，源自一心而流分萬法。釋迦孔丘共受性命於天地，夙夜施德行。是非神明之託耶，佛則神之性，人則神之主也。竺漢二聖心地開和光，天地一神，道化同塵埃，大道一元之元，天地一貫之貫，是非吾神道乎。」

此外，我們還可以在確定爲兼俱所作之唯一神道名法要集中，引用其所謂聖德太子之言的一般說：

「種子生於吾日本，枝葉現於震旦（中國），而在實開於天竺（印度），故佛教乃萬法之花實，儒教乃萬法之枝葉也；神道乃萬法之根本。故彼二教皆神道之分化也」。

上面一般的話，當然是日本人的自誇，然而就在這一段自誇的記載中，我們也可以找到一些蛛絲馬跡，而說明所謂之唯一神道者，乃合儒教、佛教，神道三者而成之一種宗教；質言之，亦即是受儒佛影響而生成的一種宗教，爲說明上之便利計，我們不妨再引同書中所記藤原鎌足之話。

「唯一神道乃由神明直傳，一氣開闢之一法也，大織冠（鎌足）云：吾唯一神道以天地爲書籍，以日月爲證明；是則純一無雜之密意也。故儒釋道三教，非所要爲也。雖然如此，然以天作爲唯一神道之潤色，神道之光華；廣存三救之才學，而專極吾道之淵源亦無不可。」

由上面一段自誇之話中，更可以知道，所謂之唯一神道，是以儒、佛、道三教爲其潤色和光華的。這句話，我們試加以解釋，就應該如此的說，所謂之唯一神道者，根本是一種虛無而空的東西，其內容之發生完全是採取彼所自稱之儒、佛、道三教的。換句話說，這一種唯一神道是受了此三教，特別是儒教之影響以後而產生的一種合於日本國民生活之宗教。其與儒佛二教，特別是儒教之關係，也由此可以知道一斑了。

明代儒教之發達及其影響

元傳承不久，即爲朱元璋所滅，而改元曰明。明建國之初，在日在正值足利義滿爲將軍之時；其亡正值日本後西天皇之寬文元年，將軍爲德川家綱。由此看來，我們可以知道，在大體上，有明之一代，正差不多是與日本之足利時代相並行的，明一代與日本之國交關係雖前有倭寇騷擾，後有豐臣秀吉之侵略朝鮮而至交兵的事發生，可是由交往上說，則已比上代要密也。中國人之渡往日本者亦特別的多，其中尤以禪僧商人爲最，所以明代之學術是仍不因國交之惡劣而影響到對日本之傳入。明代之學術，承元之後，對理學更予注意，所以理學在宋並未十分發達，至元稍盛，而至明則可說是集其大成矣。例如永樂帝接位以後，即命學者將朱熹所註之四書集註，再加以詳密之註釋，而名之曰四書大王，對朱熹及其門生所作之五經集註也加以同樣之工作，而名之曰五經大全；此外更作性理大全，以提倡哲學之說。以之頒於天下，而作科舉必讀之書。這樣一來，幾普天之下均讀此儒教之經典，所以使儒教在明時得以大盛，這種風氣雖海外之日本，亦蒙其影響。舉例來說，當時在日本，即五山之禪僧亦必修儒教之學，其情形可想而知矣。

王陽明出，倡良知之學以與大全之學相對抗，其勢之盛，亦大有風靡一時之感，所謂良知之學，可以說是一種的儒學而參入一部份的禪學的一種思想。這種思想以後也傳入日本，而爲日本所崇拜。至今在日本，我們還可以聽到所謂，「陽明學」之稱。

由此可以知道，儒教之學，在明代之時，不但在中國極爲隆盛，達其極峯，即在日本亦是如此的受其影響。

足利時代之儒教及禪僧

足利時代，有一種特殊之階級，卽所謂之禪僧也者。但是這一種的禪僧，與其說其是僧侶的一種，還不如說其是一種剃髮之漢學者來得比較妥當一些。因爲彼等均能作詩，作漢文，同時亦研究中國的歷史。舉例來說，當後花園天皇之時，（明英宗時代），上杉憲實設足利學校上野，購書置籍，大招學生，而令禪僧管理之。這還不足以證明此項禪僧之性格；但由下事，則無論如何可以知道，禪僧實際上並非是僧，而不過是一種學者之變相而已，當日本後花園天皇文安三年，（明英宗正統十一年）上杉憲實定該學校之規則爲該學校純爲一講學之所，以授四書、六經、列子、莊子、老子、史記，文選爲原則而對一切佛教之書籍，則禁止作爲講義之用。由這一點，我們非但可以看到當時所謂之禪僧者是一種什麽人了，同時也可以由之而推測到當時學風之一般了。在當時，由足利學校所造成之禪僧之中，有很多是武士，例如日本戰國時代之武將武田信玄，上杉謙信等，均屬由該校出身而兼通文學的人。所以從這幾點看來，我們可以知道足利時代之禪僧實在是一種儒教之學徒而與佛教之關係，並不十分的深。

一條兼良以儒教之用語來作爲神道的解釋，吉田兼俱雖也說儒佛二教是唯一神道之從屬，然亦未否認唯一神道是曾經受儒佛二教的影響的。繼承這傳統之禪僧，如桂庵者，也在文明年間提倡理學，將四書集註中之大學章句予以刊行。至後奈良天皇天文年間（明世宗時），有南村梅軒之禪僧，亦倡宋學，而自立一派稱之爲南學派。在同時代，有周防之藩主大內義隆，特別遣使赴朝鮮以求關於儒教之書籍，獎勵文學。這種文學，就是儒教，以後義隆被滅，由毛利元代之而興，一切施政方法完全予以改變，但在學術之獎勵上則仍一本前貫。

足利時代之後，日本國內時局逐漸紊亂，陷於戰國時代；可是在此時，學術之根基却並未因而受絲毫之影響；儒、佛、道三教同時並盛，而儒教更甚。所以一直到以後，入德川時代，儒教之在日本，就如大河之被決一般而達全盛時代了。

中日兩國關係愈趨密切，研究日本問題益加緊要。

本刊從純粹的客觀立場，解剖日本國情以供參考。

日本的儒教（三）

李之遠

四 德川時代的儒教

德川家康之提倡儒教

德川家康雖在兵馬倥傯之際，而仍不忘於儒教之提倡，文祿二年（明萬曆二十一年）。特招聘藤原惺窩由京都至江戶以講貞觀政要，至慶長十年（明萬曆三十三年），又召藤原惺窩之弟子，林羅山（道春）至二條城，以質問經史，同時又出版很多關於儒學方面之書籍。寬永七年（明崇禎三年）正值德川家光爲將軍之時，其對林羅山，更有賜以江戶忍岡之邸宅之舉，此時更興學校。九年尾張候德川義直，在忍岡造孔子廟；十年起開始有對孔廟釋奠之制。當時家光親自參拜，並命羅山講解書經中之堯典，其隆重可想而知。次十一年，學校正式問世。德川幕府對於提倡儒教之熱心，由這些事實就可以看出一般了。當時所築之學校，以後移列湯島；即今日日本之孔廟所在地。（原校址已於大正十二年關東大震災時燬去。）這一個學校，在歷史上，可以稱爲德川幕府的大學，爲德川時代二百餘年間的文教中心。其學長似爲林家所世襲者，而代代由林氏担任。

藤原惺窩及林羅山

曾爲德川家康所招聘之藤原惺窩，原爲京都之一禪僧，然以後因佛教之現狀不能使之滿足，故又還俗而成一儒者。蓋惺窩以爲當時（戰國時代之末葉）。風俗道德日薄，不知孝親，不知友悌。僧侶亦僅藉佛教爲護符，誘惑民心，以獲生活之資，不知學問之研究。因此彼對之發生憤慨而脫籍。

惺窩對於神道及儒教二方之研究，亦頗精深，其所著之千代本草中，對於神道及儒教之關係，曾如此的說：

「日本之神道，以正我心，憐萬事，施慈悲爲其中心；堯舜之道，亦以此爲歸。在唐稱之爲儒道，在日則稱之曰神道。名各異而實則同也。」

這一段論說，開了以後神儒一致的學風。德川時代之學風，可以說是完全以此爲根據，基礎的。

林羅山爲藤原惺窩之高弟子，先學於京都之建仁寺，然因其抱負亦與俗不同，所以以後未應爲僧之勸誘而脫藉。後又從藤原惺窩學，精通宋學。羅山曾訓點四書集註，這就是今日在日本流行之「道春點」的。其對神道與佛教所持之態度，可以說是與其師藤原惺窩完全同樣的。

羅山對於神道與儒教相一致的學說，比較上又精奧一些。彼分神道爲二種，曰理當心地神道，曰卜祝隨後神道。前者使心與理合，而後者則純爲神前之奉仕行事耳。「理」者卽宋儒所常用之語也，指在宇宙之現象展開以前開始卽存在之一種理法；同時還主張此「理」與人之良心，可以相通的。在宋代儒者所倡之理學中，曾設「氣」一語以爲「理」之相對者，蓋宇宙間一切之現象，其所以能發生均由於「氣」之活動所致。人之肉體，以及所起之感覺，感情，慾望等等的情感作用，亦均莫不由此而起。然「氣」之活動，原來並不是純正善良的，必須等「理」能將其完全統御之時，「氣」之活動始能納入正軌，而變爲純粹和善良。這種宋儒的「理氣說」，羅山也充分的予以發揮，更融合佛教中之教義，稱「理」乃眞如，「氣」爲無明，而主張人應發揮其良心之本能。因此林羅山，在其所著之神道傳授一書中，有如次之敍述說：

「理當心地神道，此神道卽王道也。心而外，無別神，無別理，心淸明卽神之光也，行迹正卽神之姿也；政得行神之德也，國得治神之力也。此乃由天照大神始，卽世代相承者也。」

「神雖無其形，然有其靈，此所以爲氣之故也。毋論一氣不萌時，萌後；其理由木始，卽無音無勻，無始無終。氣生神生，卽是理也。眞實乃萬般事實之根源，異端自不知此理。」

在這二段中，我們可以看到，羅山其所予神之定義是如此的。神者乃理乃純粹之氣所融合而成者，亦卽宋儒所主張之儒教的學說。文中所謂之異端，自指佛教無疑也。

羅山除了將其神道與儒教混爲一談，而且還說其神道卽王道，且爲由天照大神起卽累世相承者。因爲這樣，所以羅山又將其作爲國寶之三種神器的象徵，以儒教經典之一的中庸中所稱之知仁勇三德來相比，相當。彼在其所著之「神道傳授」一書中稱曰：

「玉劍及鏡，古至今所稱爲三種神器者也，亦卽天照大神以來，歷代帝王之寶物也。此三神器之含義；鏡知也，玉仁也，劍勇也；故有保知仁勇三德於一心之義。心在則知仁勇之德亦生，三器者所以顯此三德者也；以此三德則國家可治。又鏡者日之像也，玉者月之像也，劍者星之像也。此三光天地光明之源也；是故備此三神器，則王道之治可求。王道神道，理一也。

關於這樣的敍述，在羅山所著之其他著作中，也屢見不鮮，例如在「本朝神社考」之中，就如此的說：

「我國天照大神以降，神以傳神，皇以傳皇。皇道神道，豈二哉？謂之理當心地。」

在上面所引之各段文中，我們可以發現有神道，王道，皇道，其與儒教所謂之道，是否相符呢？我們雖知道，在日本所謂之皇道卽王道，王道卽神道，然其是否與儒教之道相符，則我們還不能不引用林羅山的話。羅山在其所著之羅山文集附錄卷三中，曾有云曰：

「本朝之神道，卽王道；王道亦卽儒道，其間固無差別也。所謂唯一宗源，可以理當心地盡其意也。」

由此可知，依羅山的說法，神儒也是相一致的。林羅山承其師之衣鉢而更擴大之，將日本所謂之皇道的內容，完全與儒教所稱之王道者相合。這一種見解，並不是完全應用吉田兼俱之唯一神道說的。根本，在羅山以前，並未見有皇道二字之應用。皇道此語創自羅山，而以後却後來居上，代王道一語而在日本流行。羅山這一種主張神儒一致的態度，是以儒教之學說爲其出發點的，卽以儒教爲其根本的，所以到德川中葉，就有一部份人譏其過份重視儒教，而以神道皇道置於枝葉之地。

度會延佳之儒教觀

度會延佳乃一當時之神宮神職之主持人，其受羅山之影響極深，所以到以後，彼就主張將神道與佛教完全脫離關係，而與儒教結合。延佳於慶安三年（明永曆四年）在其所著之陽復記中，作如下之記述：

「日本神聖之跡，與唐聖人之書其符合之事，應作如何之歡思。然天地自然之國，各國皆同無異，此神道也。

我國之神道同於易道，共爲忠厚之道也。易道同於神道者，應作何思。生於神國之人，思往昔之神代，而國法亦以古爲本，是儒道之本意也。神道者，異其名而同其義，生於人人日用之間者也。君，循神道以行，則爲仁君。臣以神道而奉仕於君，則爲忠臣。這等見解，雖於儒道，亦必無異也。倭姬之禁令，亦屏佛法之息，而待儒道也。」

由上面一段看來，可以知道，延佳是更進一步的將儒教之思想根本的灌入神道之基礎中。文中所謂之倭姬之禁令者，卽指神道五部書中之倭姬命世紀一書也。

山鹿素行

山鹿素行爲林羅山入門之弟子，亦爲一主張神道儒教相一致之人。但在趣旨上，素行與其師是完全相異。

素行其所以異於其師者，蓋其對於宋儒理學之說，認爲尚未完全脫去佛教哲學之臭味，而未能予以滿足。所以彼之求學態度，是排斥孟子以後的儒教之學，而直接去推求周公，孔子時之儒學，著有聖教要錄一書。但彼這種主張，並不能見容於當時一般之儒者，所以結果，書被禁絕，其本身亦被謫往播州赤穗。在謫居中，有「中朝事實」之著作。

素行以爲周公，孔子之學說，並不像宋之理學者一般，將理一字完全置於抽象之地步，而與現實相離開。素行之所以排斥孟子之說，蓋彼以爲孟子之良心之說，卽爲這種抽象論之先驅，所以排斥之。宋理學派，對於人性主張有理氣二元之說，但素行則以爲理含於氣中，而僅承認有一元之說。這種見解，思想，並不是素行所獨創的，而是在中國之明代，就有人如此主張的。所以我們認爲素行之如此主張，當係受其影響無疑。

素行以爲，在日本書紀之記事中，屬於應神天皇以前，卽在漢籍尚未有到日本去之前的記事，是純粹日本化的記事，苟能在這裏面檢出有與儒教相合一的思想，則可以說是日本固有之道—神道，與周公，孔子之學說——儒教相合一的證明。素行曾以君臣之義爲萬古不變之一點爲根本，而比較中國與日本。以爲中國方面時有革命之起，卽王朝之更迭，而在日本則萬世一系；所以彼爲「忠」一點之實行，在日本是遠較中國爲優；而主張日本乃一眞正中華文明之國。以後彼所著之中朝事實，也是這個意思。蓋中朝者，中國同義者也。當時之素行，也想倣効中國而自稱中華之國了。

素行除了著上述各書以外，更因教授武士道之緣故，而著了不少的書，這些書都以儒教爲其縱橫之綱領。因爲其如此，所以後日又自成一種稱爲山鹿流之軍學，使山鹿素行在儒教方面的修養，因此爲介而慢慢的在武士之間擴大。素行這一種學說，有一個最大的特點，卽已經是以日本爲其本位，而不再專事抄襲中國了。蓋當素行之時代，在中國正値明末清初，清朝之武力銳不可當，所向披靡之時；這時候的日本，不論在學問上，就是其他方面也實在有喚起自覺之必要。

素行在其中朝事實一書中，雖以日本書紀中所記應神天皇以前之記事爲上古之眞實的日本記事。但他並沒有注意到，日本書紀之成，是在以後。是經過日本書紀之編者以漢學而加以潤色過的。這可以說是一個很大的缺陷。

因爲素行之學說，異乎他人；所以其主張雖特別，雖新異，如將孔學與孟學完全分離，而不相並論，但究竟不能適合當時一般人之見解。以致素行之學，除了軍學一項還能流傳於世間之外，其他均不見傳而埋沒了。一直到以後吉田松陰，乃木希典之時，才重行將其取出。

山崎闇齋及其門下

山崎闇齋爲一與山鹿素行同時代之人，然其在儒學方面，則與山鹿素行等不同；完全脫離了惺窩，羅山這一個學統，而別就學於土佐之南村梅軒這一個學統。闇齋在青年時曾在京都爲禪宗之僧，後始赴土佐，從梅軒而修儒教之學，所以說是一個還俗之學者。彼對神道亦精通，所以亦主張神道與儒教一致之說。但此人之性格極特別，至晚年又以神道學者自居。而號垂加。

闇齋之神道方面的知識，主要的是由神道五部書中所得到的。至明歷元年（淸順治十二年）担在儒教之講座。是年彼於伊勢太神宮儀式序中，有如此之述說云。

「神垂以祈禱爲先，冥加以正直爲本。名臣上下，無黑心，以丹心奉大神，則胡佛無立所，而觀常世之神風。」

由此可知，其神儒一致，排斥佛教之思想，在此時已經確立了。「神垂以祈禱爲先，冥加川正直爲本云云。」原句是神道五部書中之倭姬命世紀中的；其所以在以後之命其號曰垂加，亦源出乎此。

當時之闇齋是常來往於京都及江戶之間，以教授爲業，故日後之學者，出其門下者頗多。闇齋對於日本書紀神代卷之講授方法，與別人不同。蓋其在講說神道五部書時，以宋理學中之陰陽五行之說爲本而釋之；以致其講解之方法，往往流於奇僻；如在神代卷中，彼是以人事來說天理，復以天理以證人事。這在以後稱之爲「天人唯一」。

闇齋門下弟子中，最有力之學者有佐藤直方，淺見絅齋，三宅尙齋等。因當時闇齋是特別注重於朱子之學，令其除朱熹所作之四書集註，小學，近思錄三書外，不得博覽他書及作詩文，而專重於精神上之修養，所以其弟子亦從其師說，而僅守於理學此一範圍之內，在闇齋弟子之中，因其如此之教育，所以有很多是否神道之說者。如上述被稱爲崎門三傑之高足中，佐藤直方是完全反對神道說的，淺見絅齋及三宅尙齋二人則亦並不贊成。然此三人則均爲純粹之朱子學者。

在日本歷史上說來，淺見絅齋是一個主張勤王大義最熱烈的人。其所以會如此者，不能不說是受其老師的影響的。蓋闇齋曾著有湯武革命論一書，對夏桀王之爲殷湯王所放逐，周武王又討伐殷紂王而另立新王朝之事，表示反對；疑問。而其對孔子所言，易經所載之「順天應人」一語，遂亦不能不發生疑問。他以爲湯乃桀之臣，武爲紂之臣，如此行爲決非正當。絅齋承繼這種思想，且更強化之曰。

「自天神大神以來，其血脈不絕相繼，實人間無雙者也。此亦我國之所以勝於他國者，足以自讚者也。」

絅齋當時發這一句話，驟視之，似乎是在讚嘆其皇室血統之連綿久長，較中國革命之風迭起爲優。然實際上可以說是對當時日本皇室之式微，在灑悲憤之淚。蓋由歷史上看來，可以知道，當時德川幕府之權力大過一切，非但壓倒其他諸藩，且亦壓倒其皇室。因爲這樣，所以對此事表示憤慨之絅齋，就終身以京都爲居，而不踏江戶一步。

絅齋爲普及大義名分之觀念起見，特在元祿二年（清康熙二十八年）出版其所著之靖獻遺言，更集弟子以講解之。所謂之靖獻遺言者，乃係取中國明末之忠臣義士八人之傳記也。被又將朱熹之主張加以連貫而說明之；質言之，卽以朱子學中之大義名分來教人，絅齋在這册書中說，「一代成爲天子，而成一王朝之血統以後，無論其勢力如何衰微，應仍尊之敬之若天子」，這種正統論，無疑是對當時之日本皇室之被淪落於一邊而發的。

闇齋之高弟子，除上述三人以外；在晚年，尙有土佐之谷泰山者。泰山在闇齋晚年就學於彼，至其歿後，又就學於淺見絅齋及佐藤直方，對神道之研究極深，可以說是集闇齋一生學問之大成者。彼曾言：

「吾及人皆日本之人也，有志始有道。日本以神道爲主。其上而有器量氣報，則可得讀西土聖賢之書也，苟明翼之，則其上亦無可學者焉」。

泰山與三宅尙齋雖其出於闇齋之門下，然而其在學風這一方面，則竟完全反對。例如泰山與三宅尙齋間，曾有如此之一問一答說。

尙齋：「孔孟之道與吾國之道，實有違也。君不採孔孟之道，是否以孔孟之道無用乎？」

泰山：「弑君而候不苦，不諫。此雖孔孟之道，自亦不可取也。由是以言，其可合者自用之，其不可合者自不可用之。此自然之道理也」。

尙齋：「然則，道於吾國是否不得適用乎」。

泰山：「台端所云吾國不得適用道之事，苟如斯，則其在他國自亦必無例外也」。

中江藤樹

明之王陽明以反對宋之理學而別樹一幟之後，卽逐漸傳入日本。闇齋，素行先後習之而播之；然其大事提倡，則是至中江藤樹以後的事。中江藤樹，先修宋之理學，後得王陽明之全書而卒讀之，始得貫徹其學問上之主張，而以全力從事之。終是一陽明學者。

朱子之學與陽明學之間最大之不同，我們只要看四書之一的大學中的解釋，便可以很明顯的知道了。大學中說：

「欲修其身者，先正其心。欲正其心者，先誠其意。欲誠其意者，先致其知。致知在格物。」

所謂「格物」者，在朱熹的解釋是「至於物」。而在王陽明的解釋，則是「正其物」。因此朱熹以格物爲窮天地萬物之理，故以窮理爲學問之出發點。然王陽明則以誠意爲學問之出發點。朱熹以爲由學問可以窮理，能充分的知，始能求實在。故稱意志之發動，乃與理性相一致者。王陽明則以爲意志之發動，其所以與理性相一致者，乃由於其性中本充滿有良知之故也；因此其主張良知之說。朱熹認爲學問必須由理性之磨練而出，但王陽明則以爲必須把握其眞觀之理性卽可。

藤樹對於王陽明之解釋，對誠意之解釋，認爲直截簡明而予以贊成。彼更將其與神道結合，頌揚其正直之德。在其所著之神道大義中，曾有如此之敘述說：

「正直之德者，明知也，如明鏡而知美惡。……神道者，雖內外明暗而無二心，以正直爲本體。天照皇太神之御孫瓊瓊杵尊，總召天下知，以備其德。以三象（知仁勇）象天神之初國常之尊所傳給之心法。是我國文字書典之淵源，齊天下國家之政教也。我朝神皇之象，與唐土聖人之言「皆能符合。是故神道之深者，必借儒教以明心法，備政教：其易簡明白，至此盡焉。豈異端可比」。

藤樹之與羅山，闇齋，其主張神儒一致之說是一般無二；但前者是由陽明學之見地而主張之，而後者則由朱子之學的立場來論。這一點是各異的。藤樹所主張之神道乃一種正直之德，正直者卽「誠」；或認爲這種以「誠」爲本體之思想，乃係自上古以來所就有之思想，但在德川時代之儒教學者，不問其學派如何。對之似均未見有所論及。

藤樹特別注重孝經，他以爲一切之道德，天下萬物之發生，均由於孝而生者。故孝乃宇宙之根本原理。這種論調，由我們看來，似乎是將孝經中的一段話，加以擴充而成的。孝經中有如此一段的話說：

「夫孝天之經也，地之義也，民之行也。」

熊澤蕃山

宋儒，特別是朱熹這一派，對於孝經是並不十分的重視；而明儒，以王陽明一派爲中心的，對於孝經則大注意之。

當中江藤樹在提倡王陽明學之後三年；當寬永二十年（明崇禎十六年）有一正當二十四歲之青年，從京都尋至其隱棲之所，以從其學。此青年就是熊澤蕃山。蕃山從藤樹學三年之後，卽應前岡山池田光政之聘，出而參與國政。蕃山之政治上的才能，實在是很超人的。荻生徂徠曾批評蕃山，稱之爲百年以來儒者之巨擘。而稱論人才則熊澤蕃山，論學問則伊藤仁齋，其他學者則皆凡庸不足談也。蕃山爲當時人之推崇，由此可見其一斑。本來蕃山是一個極聰明的人，擒縱自在，且具餘裕。故其爲學亦不拘泥於一流一派，而受其限。彼所著之集義和書，乃一極有名之書，在其中有云：

「愚不取朱子，復不取陽明。唯取古聖人者以待用。道統之傳來，朱王共同。其言應時而發，其眞如合於符節。又朱王亦各無別；朱子以時之弊應切於窮理辨惑；而否自反愼獨之功。王子則重自反愼獨之功，而否窮理之學。愚拙則以自反愼獨之功，內向受用之起應取陽明之良知。辨惑之事則有待朱子窮理之學。朱王之世，學者之惑異也，易地亦同。」

彼對藤樹一派學流之弊害，亦曾批評說：

「益少而害多，不辨經傳，於道僅知其大意，是管見，立異見，苟若斯，則聖人之學已不足以導愚人。江西（藤樹所居之地名，後人卽以此稱藤樹，）以前亦罹此弊。」

從此可以知道蕃山對於陽明之學，亦頗知其弊短之所在，而對於朱子之學，則亦知其長，所以蕃山能取此二者之長，而截其短。彼所謂之：「學不應拘泥於一流，徒立異說；要之，苟能得大道之實義，宜應時處位，而施之於國家經綸之上。」蕃山當時之與衆不同，亦由此可知。

關於神道與儒教之交涉，在其所著之大學式問中說：

「日本之神書，並不見書，惟僅此三種神器乃國之神書。上古無文字，無書；故以此而示心之知仁勇三象。玉者溫潤光明之仁德也，鏡之靈明能分美惡，知靈明，劍之剛足以斷制是勇也。知仁勇天下之達德也，後以經傳而註解此三種之象，而稱神書。中夏之聖人，日本之神人，其德一也，其道不二也。故其象其書皆合符節。

三種之象，孔門傳授之心法也。是以神道爲本而興起。」

蕃山之識見，可以說實在是很高邁的。以中庸之思想來象徵三種之神器，而說明日本之道，實在是一種最適當的。因此我們對此，實不能不予以注意。

蕃山主張眞理之運用，應着重於地理之環境。他說：

「三種神器之註解，以中庸之書爲本，上古神人之所出，舍此書以外，無他能貸，無他能借。故日本水土所生之神道，亦非異國所能假借，出於唐土之聖教，亦豈日本之所能借。」

蕃山對於儒教旣推崇備至，然其對佛教之現狀，亦不主絕對之排斥，不過是對其表示深深之感嘆而已。然蕃山亦極力主張佛法能再興。如彼曾書：

「佛法之無道，而亡其繁昌；惟具有道心之僧，何不圖佛法之再興乎！」

蕃山以後受岡山藩之聘，而至京都，教授學徒；其下移往下總之古河，而繼續從事於教讀之工作。然其晚年，可以稱爲不遇之極，始終在失意中度生；至七十三歲終以不得志而逝世。

伊藤仁齋

伊藤仁齋，京都之人，初研究宋學。至天和三年（淸康熙二十二年）。當其五十七歲之時，著語孟字義一書，反對宋學，殆可云與山鹿素行之聖教要錄，採取同一之態度。仁齋所著之書，除此以外尙有論語古義，孟子古義，大學定本，中庸發揮等書，後世之人均稱之爲古學。仁齋是以一宋學研究者而反對宋學，對宋學中之佛教哲學一類之觀念論，亦完全予以刪去；他以爲宋學中之有哲學之定論存在，其結果必趨於極端，所以主張刪除之。其以後之發揮中庸中之見解，就是這一個理由。

仁齋之爲學態度，是以完全明白儒教之古義爲目的，而並不想如素行般，將之引上神道，軍學，及武士道之上。仁齋自倡天地乃一元之氣說，以與宋儒所主張之天地有理氣二元之說相對。由抽象以視，是排斥理，蓋彼以爲理者，當氣之活動展開時，即存在其中焉，故人間只要依學問之展開，當其達極點之時，即可成聖人矣。此與陽明學之理氣不分，十分相似。然陽明主張合氣於理，而仁齋則主張合理於氣。仁齋這種思想，在中國明末之時亦曾有所發現，但仁齋是否曾受其影響，則殊難肯定。仁齋與素行，努力於儒教本來姿態之發現，在日本之儒學史上，可以說是一個很大的轉變。

仁齋有子名東涯，東涯幼承家學，故至日後對其父說能擴張以充天下，使其學爲全國諸藩之學校所採用，自素行所著之聖教要錄被命絕版後，山鹿流之學問就在儒學方面絕迹；而僅在軍學方面，還爲諸藩所用，所以由儒教上說，那麼比較上還是仁齋的勢力爲大。

（未完）

日本的儒教

（四）

李之遠

德川綱吉之獎勵儒教

當時京都之學界，可以說是爲闇齋學，仁齋學以及惺窩這一傳統之朱子學所鼎分的。儒教之學，在日本之盛亦可稱空前。至德川幕府之第五代將軍德川綱吉，彼對儒教，更十分愛好，所以在當時曾集幕府中之大官，而舉行講習之會。因德川綱吉之提倡，所以當時之諸藩亦競相學儒教之書。當時日本之諸藩，除自已及其子弟學習外，並在各地建立學校，以普及儒教。新井白石曾有言曰：

「自五代憲廟時始（憲廟者德川綱吉謚號常憲院殿之略稱也。）儒之道成世中最主之一柱。然，其在先代，則雖有習儒事者，而亦有習天學者。而至今，則雖佛氏之徒，亦乘事勢，而與吾儒合，以謀驅天學之徒。」

文中所謂之天學者，指耶穌教一流也。雖然說新井白石本身是一儒學者，然在此也可以看到當時，島原之耶穌教徒之亂以後，五代將軍以前之間的儒教發展及以後儒教發展之一般情形了。當時儒教所取之立場亦可察知。

德川綱吉接任將軍後之次年，卽天和二年（清康熙二十一年），卽禮聘向居京都之學者木下順庵至江戶。木下順庵爲當時承傳惺窩此一學統之人，博學多才，所作漢文極高妙。順庵就學於惺窩之門人松永尺五；主政宋學，然並不拘泥於斯。曾有稱爲：「順庵出，而海內文章面目爲之一變。」者。其感化之力，亦異乎常人；故門下多出名儒。如新井白石，室鳩巢，雨森芳洲，三宅觀瀾，祇園南海，安東省庵等均其門人也。綱吉在當時除禮聘木下順庵至江戶講學外，更於元祿三年（清康熙二十九年。）將自林羅山以來移往湯島之孔子廟，大加擴充，並開昌平坂學問所。次年落成後，在釋奠之日，綱吉並曾親自在此講解經書。此時林羅山之孫鳳岡，亦膺將軍之命，而始能剃髮以任大學頭；蓋當時之儒者，大概均蓄髮也。

儒教在德川綱吉這一時代，除了特別的繁盛以來，而且還有一個特點，就是在此時有一種恢復其本來之面目而限於修學之傾向；與過去之有軍學，神道混雜者不同。並且，在此時儒教也已逐漸有應用到實際政治上之風氣了。因爲儒教在當時是如此的發達，所以也產生了一種漢學者的對中國崇拜；因此，對中國之模倣，亦日盛一日。

新井白石

新井白石爲木下順庵門下之傑才，學識非凡，少卽抱大志。後爲六代將軍德川家宣所聘爲參與政治之人。故與其說其是儒教學者，還不如稱之爲歷史學者，政治家。白石精通歷史，著有古史通，主張神代亦人之世界，而以爲一切之神，皆屬古代之人物也。彼又研究國語，而著有東雅一書。對於國史，律令之研究亦極精深，此外又兼講西邦之學，以其所聞之外國事情，而著有樂覽異言一書，爲日本洋學家之鼻祖。著述有一百六十餘種之多。在儒教之學方面，承其師之餘澤，而集其大成。

荻生徂徠及其門人

荻生徂徠爲八代將軍吉宗之時，名聞天下（日本），而住於江戶之一儒者。徂徠初學朱子之學，然至四十九歲，一變其往日之態度。至享保二年（清康熙五十六年），當其五十二歲時，著辨道，辨名二書以提倡其新學說。這一種新學說，雖然還是古學之一種，然旣反對朱子之學，復反對陽明之學，更不同於仁齋之學；可以說與中國方面者全不相像。這一種學說是遍及於政治，經濟各方面的。由其所言，而加以剖析，則如次：

孔子之道，先王之道也。先王之道，安天下之道也。

先王之道，乃先王之所造，而非天地自然之道也。

古之所謂道者，禮樂之謂也。

先王之道者，非以敬天敬鬼神爲本者也。

故曰安天下之道，乃在仁也。

徂徠之主張，大概上可以說與仁齋之主張，有相類之處；蓋仁齋由道德方法以觀察，而發現儒教之新姿態；而徂徠則由政治方面以視，而發現儒教之新道德。儒教之被應用於政治，經濟上，實在是由熊澤蕃山爲始的。

對於治學之方法，徂徠是特別着重於古文辭之注意。這可以說是受了明末王之美，李于麟之影響的，必用古代之書，以求明其文字言語之意義，因此徂徠所作之擬古文字極多。徂徠當時更曾利用這一種學力，而應用於經書之解釋，以闡明其意義。彼以爲朱熹，伊藤仁齋，皆不知古語，忽視向來所有之註釋，而另立其自己獨創之見解；而使儒教之原意失傳。所以，彼著辨道，辨名兩書以明之。徂徠之將儒教應用於政治之上，更重於詩文之著作，在某一種意味之上，可以說是恢復到了奈良，平安時代日本儒學者之治學態度了。

徂徠在其所著之舊事本紀解序一文中，對日本之道說：

「蓋我東方，世世奉神道。（中略）六經雖博，何非稱天。聖人以神道設教，豈非較然著明。及慶禮樂，性理起日：天無心也，鬼神氣也；祭則僅致我誠。是其意謂，先王欺我。不佞茂卿（徂徠之名）生也晚，未聞我東方之道。竊觀其國所爲，祖天，天祖；祭政，祭政；神物官物無別。神歟人歟，民至今疑之，民至今信之。是以百世之王未易，所謂藏身之固者乎？後世聖人，苟出中國，則必取之，杞非宋徵。孔氏之徒，獨傳周私。蓋儒者時謂：先王之道，唯此而已，亦不深思，虞夏商之世，則復何如。雖非我知，然亦非聖人之爲也。」

在這一段之中，可以知道荻生徂徠是以爲敬天祭神之宗教，中日均同，而在中國却已失傳。日本所謂之神道，到仍合皇祖與天神於一也，故主張與儒教中這一段相互分離。這種思想，以後爲日本之國學者平田篤所胤贊成。

徂徠門人之中，其傑出者有太宰春臺等，而以太宰春臺爲最有名，春臺爲徂徠門下之有名經學者，著其在儒教方面，特別注重於孝經，論語及孔子家語。春臺將徂徠之學說，發揮到最頂點；蓋彼以孔子之教，因以後分由孟子荀子之二途傳承，而致有所不同。孟子之說，重良心，以內心之德爲主。荀子則重禮，謂人可由外律之；此明他律，而彼自律之。徂徠承荀子之說，春臺更擴大之而主心有惡念，則制以禮法，亦不背道德。尊重天然之性。其當然之主張，因今日以言，似與本能相似也。

室鳩巢、貝原高軒、石田梅巖及儒教之普及

朱子之學，至德川中葉是不再爲重視。然在當時而仍以一人之力，毅然予以支持者，則仍有其人。此室鳩巢也。室鳩巢，木下順庵之門生也；彼在當時指摘闇齋學流之誤解朱子學說之點，及駁擊仁齋，徂徠學說之謬誤。享保以來，其八代將軍吉宗，是極力的謀能將儒教之學普及於民間，偶而得到六諭衍義之後，即於享保六年（清康熙六十年。）命徂徠加以訓點而出版。次年，將軍吉宗又命室鳩巢對之作平易之解釋，而以六諭衍義大意爲題而出版之。此書在日本流傳極廣，上至宮廷，下至草莽之間。所謂六諭者，明太祖即位時對民間所下之訓諭六條也。即：孝順父母。尊敬長上。和睦鄉里。教訓子弟。各安生理，毋作非爲。

此六條諭，能屬道德方面的；故入清以後，到順治帝時又重被提起，而由范鋐爲之解釋，此即六諭衍義是也。此書，先由琉球之程順則得之，於康熙四十七年出版而傳至日本之薩摩藩；再由其進獻而入幕府之手。鳩巢除命作上述之工作外，並曾被命著以五倫五常爲名義之通俗書籍。這種工作是完全普及儒教的一種工作。在鳩巢之前，也有筑前之貝原益軒做過這一種工作，益軒在德川幕府五代將軍與六代將軍之時，曾著有家訓、君子訓、大和俗訓、樂訓、和俗童子訓、五常訓、家道訓、養生訓、文武訓、初學訓等後稱爲益軒十訓之書；此十册對儒教普及之力量極大。益軒對於宋學之分理氣二元之說，亦抱懷疑之態度，與仁齋相似，一至到享保十四年（清雍正七年）始有京都之石田梅巖出而提倡心學；所謂之心學者，乃一種合陽明學，神道及禪學者也；彼以極通俗之言談出之，使庶民階級亦能瞭解。所以不久以後，其勢竟普及日本全國。這三人對於儒教之能在日本普及的績，是不可說小的。

元祿十五年（清康熙四十四年）曾有赤穗之大石良雄等四十七志士在江戶鬧出之復仇事件，在當時是非常聳動。對於其行動，是毀譽參半；然結果良雄等至次年即被命切腹自殺。室鳩巢在此

年，卽著亦穢義人錄，而對其行爲大加稱讚，舉之爲忠義之模範。其後更以之形成一種戲劇，而流傳於民間，將忠義之觀念滲入全國民衆之心中，其力量之大，眞可稱爲銳不可當。

儒教之影響及國學之興起

正當儒教是在日本之上層，下層間極力普及之時，忽然有另外一種新學說——國學的興起。國學者，是一種與儒教佛教完全無涉，而以日本古代之事實爲根據，顯彰其上古神聖之道的一種學說。提倡的是京都之荷田春滿，春滿於享保十三年（清雍正六年）上書幕府，建議立大神皇之教，設皇國之學校以興國家之學。其大意爲：

「以視我神皇之教，到其被陵夷，年甚一年。國家之學亦遂廢墜，百不存一，格律之書泯滅，復古之學誰問；詠歌之道敗闕，大雅之風何奮。今之談神道者，是皆陰陽五行家之說也。世之講詠歌者，莫非圓頓四教儀之解。非唐宋諸儒之糟粕，則昭金兩部之餘瀝。非鑿空鑽穴之妄說，則無證不稽之私言。………不通古語，不明古義。不明古義，則不復古學；先王之風，前賢之意，迹近荒拂。是以臣以終身之精力，用古語以盡之所以也。」

此建議上呈之後，並未有所成効；一直到其弟子賀茂眞淵，眞淵之弟子本居宣長之時，國學才大有發展。

賀茂眞淵曾著有國意考一書，述說其皇國之道，而排擊儒教。彼以爲堯舜之禪讓，湯武之討伐，皆非正道。然對與孔子之教相對立之老子的主張，無爲自然之說則認之爲其皇國之道。彼以爲天下之欲治則必有道，然此道必無所求，無所待，而發自物心者；實言之卽無爲也。眞淵對於古語古文之硏究亦極爲精深，時作擬古之文。這一點，可以說是與徂徠之提倡古文辭的態度是相同的。

本居宣長本從惺窩學流而學朱子之學，作漢文，但至以後，却轉向於國學。彼以爲日本書紀曾受漢學之影響而排斥之，特別注意於古事記，所以彼著有「古事記傳」一書；其對儒教之批評說是，非由心中所發出之教，決不高明，當然這主要的是指朱子之學。宣長又將從來國學者所稱之道與孔釋所稱之道分離，以爲儒佛之道，不過是神道之枝葉耳；孔子所謂之聖人，亦僅爲善人耳。因此在日本，有一部份人稱之爲復古神道。

日本國史之儒教研究及其影響

在日本所謂的國史研究，是一種指在國學的系統以外，從事於水戶之大日本史的編纂事業者。這種國史學者，如新井白石以及闇齋派學者中亦有不少。水戶學在此不談，以後再另段專論之；而對這批學者却擬作一說明。闇齋之學，經至木葦齋而由伊勢之谷川士清承其學，谷川士清對史方面之造詣較深，著有日本書紀通證等書。此外闇齋之一學統中，經三宅尙齋，賀見櫻塢而至甲斐之山縣大貳亦承其學統；惰彼研究奈良平安兩朝之制度及儒教中之王道，而對德川幕府之政治，抱極大之反感，所以著柳子新論以述其勤王之志；到昭和四年（清乾隆三十二年）更謀判幕府被發覺，遂以身殉之。承大貳之學的蒲生君平，則已一改大貳般之過激態度，而專力於大化革新及大寶令之硏究，而起勤王之志，著有歷代山陵調查之山陵志，此外尙有職官志等。其思想可以說是以儒教之王道爲其根基，而逐漸發展的，德川幕府大概不會想到，其所提倡，奬勵的儒教，竟會引導出反對幕府的思想來的。

徂徠學以後之江戶學風

徂徠學在當時之日本是盛極一時，佔江戶整個之學術界，雖博學如室鳩巢輩，亦不能不退讓而莫能與之爭。然至寶曆之末年（清乾隆二十五年前後）有井上金義者，出而指摘朱子學，陽明學，仁齋學以及徂徠學之長所及短所，同時還產生一種折衷之意見；雖然在其意見中，大部份還是傾向於徂徠的。彼在其所著之先哲叢談中說：

「寶曆以降，唱業關東者，特立異說，務使後生者爲之穿鑿。其意蓋在壓倒物徂徠輩也。余雖不敢謂有所見，然亦擬矯其過妄而直之。持此論立此說者，其害非小；金峨始發其端，而片山兼山，關松窗，相繼而與，孟好新奇，各成一家。使先儒馬實謹嚴之風掃地，而後生偸薄疎放之風習滔天。」

這一種風習，是當時江戶之學風，因此彼所論乃係批評當時之江戶學風的。蓋當時徂徠之學雖大盛，然屬此派之學者，則皆僅傾全力於詩文之吟作，而對修養，品行方面則反怠而不問。所以當時對之不滿者叢起，如伊勢貞丈等武家故實之學者，其識見高人一等，亦在天明元年（清乾隆四十六年）著有幼學問答一書，對一般之漢學者，作如此之批評說：

「近世之儒者以博學文章爲名而聞於世，口輒以先王之道，三代之禮爲榜，而其身儀不行。更有置聖人之道於一，而專事於爭詩文章之巧拙，以詩會爲號而大集弟子，假茶屋之地而作會合；作粗略之詩而引酒色之實。此豈聖賢之所教，豈亦不拘小節者乎。異國之儒者，非實貞之人，必爲小人所嘲，况此等大不檢者乎。以此等之儒者爲師，則其弟子之高慢強口，不近人情，猥以見之、不思有人，而儘巳欲爲，自屬當然。或以心學爲號，以敬爲宗旨。（指闇齋流之學。）如出家之菩薩，寐寤立居，皆守敬不煩，屈其身以字敬，置人心於苦境。又窮理假初之事，僅限於物，而埋於陰陽五行，太極無極理法間；勞其心以窮者，此偏屈之儒者也；苟以之爲師，則其弟子之心地窄狹，不求伸展；片意弛張，目世間爲非，持我獨覺之心，而望隱山林；不附於人，亦恥人附，亦屬必然。如此之師雖博學而不知唐人之委細，亦不知聖人之道之取達；其爲人雖溫和不猥，行儀正而無偏屈，而不變常體之人，則弟人自亦無唐人風，仍置於日本人無疑。後之擇師者，宜愼於選行重於學也。」

這一段的批評是極痛切的，始而篤偏重於徂徠學的學者；繼而嘲闇齋流也朱子學學者，同時也對漢學者之崇拜中國加以指摘。實貞之所以如此，蓋以其生存當時之學風，腐敗不堪；同時，對於當時武家政治之思想亦加以非難。

其原因是由於在寬政二年（清乾隆五十五年），由幕府下令，禁止異學。所謂禁止異學者，卽禁止朱子以外之儒學在日本流通。蓋當時幕府方面，及其學者均一致認爲：對儒教經典之解釋最優良，在思想上最卓越的，純正的是朱子之學。這種思想不是此時所發生的，而是由五代將軍綱吉之初年起，一百餘年以來就如此的。

在此一百餘年間，松宮觀山設塾於江戶，講授北條流之軍學，更以宋學爲主而主折衷派之學說，以爲孔子之學說，對於文武二方均無偏所。這個學說是頗值得注意的。觀山又力說日本固有的道之優秀，同時也非難神道家之專事於政治神道，而忽於祈禱；儒者之陷於崇拜中國；僧侶之以佛爲主，以神爲從之弊。觀山之志是以其國體觀念爲本，而吸收各教教長所，再予以融合之變成其以後之國體觀念。這與當時之學者，各守其派流，自立門戶以相爭，養成派別之見的比較起來，不知要高明多少了。觀山又主張文人儒者，應力求去柔弱遊惰之習，而養剛健質實之風。這種識見，由當時之情況以言，實不能不說是十分卓越的了。可以與以往之熊澤蕃山，山鹿素行相比擬而無愧色也。（未完）

大亞洲主義與東亞聯盟 月刊

第一卷 第二期 目錄 三十一年八月一日出版

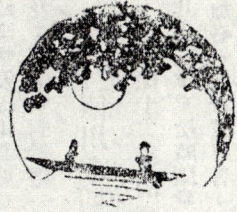

日本的儒教

（五續）

李志遠

寬政之異學禁

在日本之儒教史上，寬政之禁異學，實在是一件頗令人注目的事。當時曾直接參與此禁令之儒學者，有當時在昌平坂學問所大活躍之柴野栗山，古賀精里，尾藤二洲等。柴野栗山，係由幕府自讚岐聘至江戶的，古賀精里亦由肥前，尾藤二洲則由伊豫而至江戶的。此時代正值第十一代將軍家齊之時，彼將幕府之政治託諸於白河之藩主松平定信，而已則專事於學政振興之努力。當時彼發此異學禁止令之後，對於日本全國之影響大極了，特別是江戶之學界。蓋當時全國諸藩所設之校中，雖以儒學為中心，而學流不同，或採徂徠之學，或用仁齋之學，禁令一發之後即均改用朱子之學。然栗山等之朱子之學，與闇齋流者並不相同，勉強的說來，可以說是繼木下順庵，室鳩巢這一系統的。當彼等建議發佈禁止異學之令前，承徂徠之學的塚田大峯曾建議主張學問自由，然並未為之採用。至寬政五年（清乾隆五十八年）林述齋膺幕府之命，而由美濃岩村藩主松平家出而嗣林家，益以振興學政為務；當時助其事者有佐藤一齋，松崎慊堂等以後均成名之儒者。此二人到以後承栗山之後，而担任江戶學風之指導者，他們之治學亦不離朱子之學。一齋的學風，在其所著之言志錄中，可以見到一般。慊堂之學風，則更溯於上代，棄宋之學而專事於漢唐註釋之研究。他們這一種治學之態度，由我們在今日看來，不能不說是曾受有清朝學者所用之治學方法——考據之學的影響的，我們相信，這一點，在大致上是無誤的。

考證學及其影響

考證之學在中國，是萌其芽於明代，而至清始大為隆盛。所謂考證之學者，以宋之儒者其所主張者，與古典之意義相差過遠；而別在他方面，或在宋學未興以前之唐漢等的註釋中研鑽以求其結果。假如對某一文字有所疑問，或以為意義不明，則窮翻盡古書，而必把握其古典之眞義而後已。這種為學之精神是可佩的，然而這種方法是根本避開了思想的問題，而專在文字，言語，禮法，制度方面着眼。但因朱子之學在清，尚為一種廟廷所公認之學，因此一切文字言語之解釋，是仍不得有違於朱子之學，所以考證之學，其中心仍是避開了哲學方面之問題而不談的。可是在清初的一般學者，其對於朱子之學及陽明之學中的反對禪學的態度，却是一貫的承受了的。一直到顏元，李塨一派之興，始於思想之上加以反對。此派之哲學，與日本之伊藤仁齋相似；主張天地一元氣，對抽象之理加以排斥。按明末有吳廷翰者，著吉齋漫錄一書以倡天地一元氣之說；此說雖未廣爲盛行，但至少由此可知，對朱子學，陽明學之反對運動，是在明末即有所發生的。以後日本之伊藤仁齋是否曾受了吉齋漫錄之影響，雖不十分明瞭，然亦不無殊絲馬跡可尋。徂徠之學風，亦有與考證之學相共通之處，其是否是受了明末揚愼的影響呢？也不能夠明瞭了，關於考證學者之思想問題，戴震曾著有孟子字義疏證一書，此書在當時是大受非難，這本書以後傳入日本之後，對於折衷學派之影響很大。但在日本徂徠以後之考證學者，其在考證方面的研究而要與清朝方面學者相比較，那麼若得多了；其精博亦不及遠焉。雖然在日本之折衷派學者，也在競相立前人所未發之說，然而要與清朝者，則仍瞠乎其後也。當時最傑出之學者有松崎慊堂及太田錦城二人；錦城在思想方面之問題，還是稍有談及；而慊堂對於這一點，則根本無一字之德到。

德川末期之江戶學風

天保十二年（清道光二十一年）佐藤一齋被任爲幕府之儒官；其後三年，松崎慊堂以七十四歲之齡而歿。此後考證之風，日益加盛。由行道以言，則均有偏於陽明學之傾向；而朱子之學，反而變成一種經書似的講解之用的了。佐藤一齋至安政六年（清咸豐九年）後，年八十八歲；後之年幕府更積極擴張學政，而召宿儒鹽谷宕陰，安井息軒，芳野金陵三人出而爲儒官；此三人均長於以漢文著作，然並非朱子學者；安井息軒且爲考證學派中之大家。其後六年，即逢明治之維新，因此我們因日本之儒教發展史以論，寬政之異學禁止令，其結果並沒有促成朱子學之興隆，（——事實上也無法使之興隆。）而僅僅是養成了一般漢學者之好以漢文來作詩，文而已。

徂徠以後之日本漢學界

我們不妨再來一看日本在徂徠以後之全國漢學界的情形。在大阪，有中井竹山者，駁闇齋，徂徠之學而自行倡宋學，設懷德堂書院以教門人弟子；其弟履軒，乃一有名之學者。彼雖如斯，然仍非一純粹之朱子學者。在京都，有皆川淇園者，爲折衷學派之雄。三浦梅園居豐後，其爲學不隨任何學者，而自立其風；其哲事以易經爲基而立天地一元氣之論。以爲今之學者，眩惑於堯舜陽武之名，而忽視不知君臣大義之名分乃萬古不變之理，而加以慨嘆。彼通倫理，宗教，教育，政治，天文，地理，醫學，博物及其他諸學，所著有「玄語」一書；其弟子帆足萬里，承其學。相模之二宮尊德開報德之教，報德者，報天地人之德也；人各守其分而循其職，日勤；以此度約生則有餘，此日儉；以有餘而及於他日讓；苟能勤，儉，讓三者得全，則國家必富，國富則達於治也。這種以政治道德與經濟結合之說，在一個國家中之民衆生活，流於奢侈，瀕於破產時，實爲救時代最切適之一策。尊德也倡皇國本源之道，以爲神道乃由天照大神傳下，以使治世者也；所以主張修行。其修行之功，積之能益國家救世。尊德這一種見解，毫無疑問的是受了儒教很大的影響的。此外大阪之大鹽中齋，乃一非常慷慨激昂之人，乃陽明派之巨擘，著洗心洞箚記，自成一家。後以領導大阪飢民騷亂，事敗而自殺。當時一般人以爲這是陽明學之弊害。總之，日本在徂徠以後，一直到天保年間，其間雖存異學禁止之令；然當時日本全國之漢學界，並沒有因此而受任何之拘束，反而是有百花盛開，燦爛光輝之感。其中最值得注意的，當然是水戶學了。（待續）

日論介紹

大東亞戰爭與中國之諸問題

神田正雄

中日戰爭，至今已歷五年，中國方面雖屢戰而屢敗，然始終未肯屈服，其故安在，我人非對其複雜性，強韌之民族性並歷史之傳統，加以深刻之研究不可。

戰爭之重要因素，端在人之資源與物之資源，以人之資源而論，中國之民衆，特別是靑年輩，愛國心極重，至今支持重慶，其力量亦殊未可加以忽視。由物的資源以論，重慶過去之依存英美，然今已求自給矣。中日事變之解決，重慶之擊滅，武力戰固屬重要，而得其心更屬必需。以往日人對中國抗戰陣營之剖述，或有欠公正，或流於成見，致未能得其眞髓。

中國之人口，向無精確之統計，今以四萬萬而論，其中有九成屬漢族，漢民族過去雖乏團結，然自民國成立以還，却已漸謀一致矣，此次事變中所表現者，卽其明證。由中國人力之豐富，故其對兵力之補充實可驚人，或謂中國士兵之素質殊劣，但事實並不如此，中國之士兵，苟得優良之指揮官，則必成勁旅無疑。

中華民族證之歷史，雖曾兩度陷於異民族手，然其忠臣義士之氣魄，則令人欽佩，故於今日而欲求大東亞之建設，非先使抗日思想爲之淸除不可。抗日思想之淸除，應先自去中國人之懷疑起。至今中國人間，尙有以日本爲侵略國者，故今日日本國民應率先表示其誠意，而去中國人間之懷疑。

中國之物資，過去雖極感缺乏，然事實上中國地大物博，苟加以開發，卽無此弊，尤其在農業方面，中國之自給自足，絕無問題。

由中國之現勢而論，重慶方面之民衆雖在水深火熱之中，但其對抗日戰爭之支持，則始終如一，而南京方面，雖努力於民心之獲得，然今日南京政府之威望，與人民悅服間，尙有相當之距離在，故欲求中國事變之解決，必先強化國民政府，俾能發揮自主之威望，而獲得民衆，更應助之力除中國政客軍閥間之利己主義者，以圖其國民生活之安定。

外交評論（十月號）

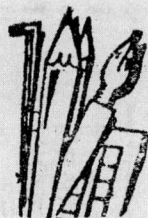

日本的儒教（六續）

李志遠

水戶學之前期，後期

所謂之水戶學，由儒教的立場來看，是一種對日本國史方面開拓中最著名的一種學派。水戶學之所以名爲水戶者，因其學起於水戶之地。該學在德川幕府五代將軍綱吉之前，已有所起。當時德川光圀有志修編大日本史；蓋當時光圀對以前林羅山之子鵝峯，受幕府之命而所撰之本朝通鑑中的記事認爲不穩當而發生慨憤，因此其修史之志亦益堅。後開彰考館以專司其事。光圀更招聘因明滅清興，不作順民之朱舜水至水戶，親執弟子之禮，更令諸藩從學之，舜水乃一有名之朱子學者，因此其所招來，擬担任編史之任者，亦類多朱子學者。一直到以後還是如此；如以後任彰考館總裁之安積澹泊爲一生於水戶之人，而受業於朱舜水者，其他諸人亦類皆如斯。光圀曾言：「尊神儒，駁神儒；崇佛老，排佛老。」再加上其主持人之盡屬朱子學者，所以彰考館內之空氣，其傾向於朱子之學，自屬一不可爭之事實。光圀在當時，又曾命各藩特修朱子之小學，四書集註，正思錄等；更從舜水之言，而創文公家禮，始有儒葬之風。光圀更在湊川爲楠木正成之墓，而題其碑曰：「嗚呼忠臣楠公之墓。」由朱舜水作墓誌銘刻於裏，其中特別強調大義名分，更鼓吹忠孝。大日本史之本紀及列傳，雖在光圀手中從事編纂，但其脫稿，則一直到正德五年（清康熙五十四年。）光圀之子綱條手中；至享保五年（清康熙五十九年。）由彼獻於幕府，至文化七年（清嘉慶十五年。）始由其幕府獻給朝廷，而供其天皇閱覽，所以其出版期是在嘉永四年。（清咸豐元年。）（當時出版之部份，僅限於已脫稿之本紀及列傳耳，志及表之部份，則一直到明治三十九年，（清光緒三十二年。）始行出版。

水戶學可以分之爲前後兩期，前期是大日本史之本紀及列傳著作之時，後期是志及表著作之時。前期以光圀之時代爲中心，而後期則以齊昭之時代爲中心。前期水戶學之大概已如上述。後期水戶學係由藤田幽谷所創；幽谷向承徂徠學這一系統，對熊澤番山表示很大之欽慕，同時與太田錦城又屬至交。其子東湖，弟子會澤正志齋等均承其後而發揚光大；蓋彼二人均曾佐齊昭，而將水戶之學鼓吹，普及於其全國。東湖以氣慨勝，而正志齋則以學力勝。齊昭因得此兩人之輔佐，所以在天保九年（清道光十八年。）在水戶設一學校，設之爲弘道館。當時彼曾撰一文，以紀述其創學之旨趣而刻於石者，曰弘道館記；此文係漢文，立於弘道館之校庭中，這一文在近世之日本教育史上是頗堪注意者。

齊昭在本文中，先對道下一定義說：

「天地之大經，而生民不可須臾離者也。」

這種道，就是所謂之人倫之道；在其後，齊昭又指出，這一種道乃日本上古之神聖，所早就決定者。其文曰：

「上古神聖，立極垂統；天地位焉，萬物育焉。其所以照六合，統御宇內者，未嘗不由斯道也。」

這裏所謂之上古神聖，主要的當然是指日本開國之祖的天照大神。因爲如此，所以其下面又說。

「寶祚以之無窮，國體以之尊嚴，蒼生以之安寧，蠻夷戎狄以之率服。」

彼的主張，是以爲日本國體之所以尊嚴，蓋在於能徹底的貫徹道義之目的所致。然彼也不否認這種道義之精神，是有從儒教方面輸入者。所以其下起應神天皇之吸收儒教。

「而聖子神孫，尙不自足；樂取於人以爲善。乃若西土唐虞三代之治教，資以贊皇猷。」

其後又指摘佛教之崇異端邪說，及漢學者之崇拜中國的弊害；更記及德川家康之提倡儒教，以使興隆，其發展而成水戶藩。繼述光圀之崇儒教，明人倫，正名分。而至於創立弘道館，祀建御雷神及孔子於學校中之理由，按建御雷神爲水戶境內第一之神道，向來各藩在學校中所祀者爲孔子，而無其固有之神道，水戶學中心之弘道館，則一反過去各藩之積習，而在孔子廟之外，另建其原有之神社；實爲一別開生面之事。最後，其對學生作如次之訓示。

「奉神州之道，資西土之教。忠孝無二，文武不岐。學問事業不殊其効，敬神崇儒無有偏黨。集衆思，宣羣力，以報國家無窮之恩。」

總之，在這代表後期水戶學之弘道館記中，我們可以看到彼雖也主張神儒一致之說，可是是主張以神爲主，以儒爲從的。所以認爲儒教之人倫道德亦爲日本之固有道德。拿水戶學來與闇齋流之儒學來比，則可以和道是經過了一大洗煉了。我們可以認爲水戶學是一種將仁齋學，徂徠學及其國學互相切磋琢磨以後而得之結果。因此這種思想在以後能風靡於全日本。

會譯正志齋及藤田東湖

會譯正志齋爲後期水戶學書籍，而流行最廣之一書「新論」的著者。該書著於文政八年（清道光五年，西紀一八二五年。）最初以手寫本而流傳；至安政四年（清咸豐七年，西紀一八五七年。）始以木活字版之印刷而流傳於全國。該書之內容，分國體，形勢，虜情，守禦，長計等五篇。在國體篇中說，上古之神聖以忠孝之道而建國，且兼及尙武愛民。依正志齋所說，則忠孝者所以表示敬神之語也；蓋事君，事神其心同爲一敬也。祭父祖之靈而推及事生親之心；故云君臣之義，父子之親，共爲敬神所產生之一種表現方法耳，所以主張忠孝一致。又說日本而無敬神之心，則忠孝之說亦不能立。正志齋又言：「天朝以武立國。」蓋古之日本，其有戰爭之時必祭神，受神之命令而自稱爲天神之兵。故其忠君亦即敬神。依正志齋之主張是「天祖重民命，開蒼生衣食之源。」所以凡米穀等有所收獲時，即令以天子之尊，亦必先報之於天神之後，然後能用之。所以在正志齋之主張中，是以爲忠孝，愛民，尙武和敬神是不能離其國體的。正志齋這種理論，是根據藤田幽谷的神天合一說的。幽谷之說，正志齋在其及門遺範中說：

「天祖天孫，其本於天一也。神天合一，配殷周之天，尚免二同也。」

由彼之主張，卽可以知道神卽皇祖，而天卽上帝；「以祖為天，以天為祖」的徂徠思想系統，也由彼承受。所云殷周時之天者，蓋當時帝王在祭先祖時，均並記天神也。日本今日時有國體一語之聞到，此語卽始於新論。

形勢篇以下之四篇，是針對當時歐洲之列強，其魔手逐漸伸入東洋，而施行侵略而發之計策。此亦卽新論之所以由來也。形勢篇中綜論世界之大勢；而虜情篇中，則說明歐洲人對東洋侵略之實況；守禦篇中則論富國強兵之重要；長計篇中則又以化民成俗之遠圖為主。由此可知是以富國強兵為目的，要達到此目的，先應使士民知義，敬神，以其一身殉忠天皇。以忠孝之思想以防壓外來之侵略。

藤田東湖亦為後期水戶學中之一個重要份子，彼於弘化四年（清道光二七年，西紀一八四七年。）著弘道館記述義一文，對弘道館記作極詳密之解釋。此書後在慶應二年（清同治五年，西紀一八六六年。）出版，流傳極廣。其中對於日本國學，曾作如此之批評說：

「夫神州之道…（中略）…古學（指日本國學）者流殆明之，又從晦之。始唱古學者，猶頗疑有闕意，然既開夸誕之端，其徒至，則出入老莊；不知質，不知文。甚者則挾西洋之學以論說神代。無忌憚之甚，能不愼乎。」

時人彙誌

石渡莊太郎

現任國民政府經濟最高顧問，生於一八九二年，東京府人。故樞密顧問石渡敏一之長子，一九一六年東京帝大法科畢業，初任稅務監督局副司稅官及事務官，旋升京橋稅務署長，大藏省理財局大阪東京各稅務局間接稅部長，國債科長及主稅局長，二十年來，均在大藏省服務，向為藤井眞信所器重。一九三四年七月，藤井任藏相時，嘗任國債科長兼大臣官房祕書，嗣後藤井一系人物，如賀屋興宣、青木一男及氏等，均居要津，成為大藏省之中心份子。廣田內閣時，馬場鍈一出任大藏大臣後，調氏為內閣調查局調查官稅。一九三七年二月，結城豐太郎藏相時，復為主總局長，使當修正增稅案之重任。賀屋興宣登臺，升任大藏次官。一九三九年春，一躍而膺大藏大臣，是年十二月米內內閣成立，改任內閣書記長，後隨米內辭職。一九四一年三月，繼有馬賴寧後，任大政翼贊會事務總長，以迄於今。

日本的儒教

（續完）

李志遠

一般的說來：水戶學與眞淵，宣長之國學在性質上頗多接近之處；然而在對神代之解說這一點上，眞淵和宣長則以爲神代與人代相異，所以排斥一功能應用於人代之說明，此由彼等以視，乃屬一當然之態度。然水戶學否定此說，而主實證的傾向，卽儒教的思想；因此水戶學對於神代之解釋，可以說是與孔子之「不語怪力亂神」相共鳴的。文中所謂之出入老莊者，乃指宣長之後，在文政天保年間活躍之平田篤胤，彼指道教，神道視若一體。水戶學者是反對這種論調的。蓋篤胤曾攻擊儒教，以爲堯舜之禪讓，湯武之放伐均係出於君臣之義者。文中所謂「挾西洋之學以論說神代者。」指篤胤之友人佐藤信淵也，蓋當時佐藤信淵曾以西洋之天文學來解釋神代之卷中天地開闢的一般。平田篤胤等所主張之神道，與水戶學者所主張之神州之道並不相同；其不同卽儒教的和道教的主張之不同。所以水戶學雖然與國學相近，而也有相異的所在的。

東湖，在弘道館記述義中，又述其國體之尊嚴說：

「夫日出之鄉，陽氣之發所；地靈，人傑；食饒，兵足。上之人好生，愛民以德；下之人一意，以心奉上。其勇武至，則此爲天性根。此國體尊嚴之所以也。抑所謂勇武，非僅藉勁悍猛烈以逞威也，蓋必發忠愛之誠。」

「國體得獨尊嚴，必有資天地正大之氣。天地之氣得獨正大，必參仁厚義勇之風。」

對於忠與孝，亦主張一致云：

「忠孝者異途而歸一，於父曰孝，於君曰忠。吾盡誠之所以至，則一也。」

進以事君，全其大義，乃孝親之所以也。退而養親，助其風教，乃忠君之所以也。忠孝其本無二，僅所處如何耳。由此可知，彼主張忠孝均爲一種盡已之誠心而表現之方式，盡忠卽孝親；孝親卽忠君，這與中國儒教之道德。「忠臣出孝子之門。」一般無二；不過在日本，往往將二者分而爲二的情形下，已算是特出的了。彼又主張人必兼備文武：

「文武之道，各有大小；經緯天地，克定禍亂，是其大者也。讀書挾册，擊劍奮矛，是其小者也。然書册所以講道義，劍矛所以鍊心膽，心膽實而後以臨難制變，明道義而後以修已治人。且文弊弱，以武矯弱；武弊愚，以文醫愚。然則學者語其大忘其小固不可，務其小，忘其大亦不可也。二雖分而不可廢一也。」

這種思想，也與中國之儒者的意見一般無二，或許可說是全部由中國方面抄襲而得的。在敬神崇儒方面，彼說：

「世之奉神道者，談說鴻荒，張皇幽渺，或索隱有行怪之弊，是偏神也。其學儒教者則大異邦而小神州，動輒有本末顛倒之失，是黨儒也。皆學者之所宜戒也。…（中略）…抑既日敬神，又日崇儒。然則神儒固無尊卑也。唐虞三代之君必敬如我神祇，而後謂無偏黨。日是徒泥其文，不本其意。神州自神州也，西土自西土也。彼指我爲外，我亦斥彼爲下。西土之教尤嚴內外之分，我資用之，豈可不正上下之別。」

文中所指之西土是指中國，而神州則反爲日本。因此看來，就可以知道弘道館者，是一種如何切合實際情形之學校機關了，其學風自亦不問而知。

在水戶學理論書籍中，最詳細，最有組織的是正志齋所著之下學邇言一書，其中分爲論道，論學，論禮，論政，論時五部。在論學篇中，對儒教之變遷說：

「欲學聖人之道，當求聖經。」又說：

「守漢儒之訓詁，猶近古也。然其說淺陋，或附會以五行，雜糅以讖緯，言聖經所未嘗言。大亂聖經之本旨。」

這二般中，無疑是對唐漢古註，及用其之學者以一警告，彼在此之後，對於守學，備致推崇曰：

「守學起一掃之，以實行爲先。誠正修齋，切之日用；實得聖人之旨，其功大也。」然亦駁其不合理者曰：

「然豪傑自任，其創立之所，未必以經文爲據也。」

其下對各種之學術加以批評，如對惺窩，羅山評之曰：「唱宋學而一洗陋習，益世多矣！」對蕃山之評，則曰：「態澤聽明卓識，有王佐之才，而其學則仍不免襲陽明之說。」對於仁齋和徂徠二人的批評較多，其評仁齋曰：

「伊藤仁齋尚德修行，乃當代之儒宗也。首發明古學，辯後人之說與聖經之同異；而擴充長養之旨，論日用常行之義，雖極詳明。然見道過平坦，至禮樂刑政運用之妙，陰陽鬼神造化之蘊，則未得其義。」對徂徠則評曰：

「獲生徂徠以豪邁之資，大唱古學，排擊後儒，論禮樂刑政之義，講有用之學。而論時務，說用兵，則甚痛快。然以道爲先王所造，典禮由天敍天秩而出，治教以心術躬行爲本則不知也。於稱謂名分，則不知君臣內外之辨。余甚惑焉。」

這種批評，由我們從今日的立場上看來，實在是非常的中的，一些無過甚之弊。所以我們也可以相信，後期水戶學，是由這一種立場之上所出發而發生的。在論禮篇中，也同樣的說明，後期之水戶學是如前期之引用朱子學，而再參入仁齋，徂徠之古學。

大日本史之志及表，是在後期水戶學空氣中所著成的。大日本史之本紀係於前期水戶學空氣中所著成的，其中對於神代之記載，僅在神武天皇紀之初，有二十語左右之記載。其間略稱曰：

「上世之事，以年代悠遠，神異莫測；總稱之曰神代。」

但同樣的在志之中，卻對之有極詳的記載，其中有國體之淵源，禮法制度之根本等等。這種傾向，我們是很可以在新論及下學邇言中看到。大日本史之完成，及後期水戶學之成立，實在可以說是諸學派，由德川幕府之初開始，相互論駁，批評而得之一個結果。大日本史不但是日本國史上之一種新開拓，而且也是儒教思想在日本之一個大收穫，大集成；也可以說是一個大傑作。

賴山陽

在大日本史之本紀和列傳未出版以前，而依儒教之學說來開拓其國史界的是賴山陽其人。賴山陽著有日本外史，日本政記二書。日本外史是記源平以來武家之事蹟者，以佛教徒所書之軍記物語為資料，而去除其中佛教徒色親過重之地方，代以儒教的色親；更以漢文出之。更加以其文筆之清快，致以後大為讀者所歡迎。文政十年（清道光七年，西紀一八二七年。）山陽以此書求松平定信之鑑定，得松平之賞讚。其歿後弘化元年（清道光二十四年，西紀一八四四年。）始由武藏之川越藩將此書加以出版，而遍配全國。在國史之智識方面而予一般人士以勤皇思想之鼓勵者，本書之力大焉。日本政記乃記日本自上古以來之政治史，更加以評論；據傳其在臨死之前，還對之加以修潤，其畢生精力之所聚於此，亦由此可知矣。賴山陽之學說，大體的說來是不及後期水戶學之學說。山陽僅為一史學者，而非一哲學者或倫理學者。山陽之主張日本之道與儒教之道是完全相同的這一點，可以說是與林羅山之主張，是無相異的。

學習院之儒教

天保之末年，（清道光二十年，西紀一八四〇年左右）日本之幕府儒者，正致其專力於陽明學，考證學，而水戶學者則又在倡神皇之道時。京都却因有仁孝天皇之主意，而創立了一學習院；至弘化四年（清道光二十七年，西紀一八四七年。）正式開校，當時所揭之學則，是如此的：

「履聖人之至道，崇皇國之懿風。不讀聖經，何以修身。不通國典，何以養正。明辨之，篤行之。」

上面所稱之聖人之道，當然是指儒教之道德無疑。質言之，即認為日本之皇道已包括在此聖人之至道中了。當時在京都有一漢學者名座田維貞，其雖與學習院有關係，且曾担任過學習院之教授，然其對此說並不十分贊成。彼曾著國基一書，其中引孔子春秋之大義，來明其尊王之義；更認為如日本似之皇統無窮，乃係孔子之理想；因此堯舜之禪讓，湯武之放伐皆非正道，亦因此而明。所以彼對不食周粟之伯夷，叔齊加以無限之贊嘆。由彼之主張看來，認為孔子之道，而能刪除其中有關民族色親之部份，則此道之本體，必能通行於世界各國。這一種主張，與後期水戶學者之思想實頗相同。實際上彼在當時未曾明瞭，孔子之道乃一種適合於中國民族之道，而無法適用於他民族的，亦無法去除其中之民族色彩的部份的。日本之所以能有孔子道德之流通，其原因並不在於孔子之道德已有所修正，而是在於過去之日本文化是由中國傳去的所致。

洋學的影響

在日本寬政異學之禁的前後開始，對儒教有一種新的思想湧上；這就是當時因歐洲各國之向東洋侵略，而其文化亦逐漸傳來所予之刺戟，此卽所謂洋學之刺戟。當時有所謂之蘭學，卽是一種由荷蘭所傳到日本的科學，這種學問的傳入，不僅影響朱子學者，且亦影響其他學者。同時歐洲人之向東洋侵略，亦爲一與國家興亡有關之大事件，所以，一般的均予以密切的注意了。佐藤一齋在言志錄之中，曾有一般說到西洋科學的傳入，其所予儒者之威脅。

「泰西之說，已有漸盛之機。其所謂窮理，足以驚人。昔程子以佛氏之近理爲害。而今洋說之近理，較佛氏尤甚。吾儒之窮理，僅理義。義在我，窮理亦由我。若徇外逐物以窮理，恐歐羅巴人終未覓若吾儒也。」

因爲這樣，所以陽明之學也爲之減色不少。而幕府中之儒官，也逐漸的有注意洋學的人了。如古賀精里之子侗庵，則更大修洋學而主張盛洋風之軍備，以完國防。道光二十一年，鴉片之戰在中國發生以後，歐洲帝國主義者之魔手正式伸入中國，這與日本之刺戟，也非常的大。所以古賀侗庵使令其子專習洋學，而後爲當時幕府所開，專爲教育洋學之所的開成所之敎頭。佐藤一齋之高足信濃佐久間象山也主張禁絕陽明之學而提倡純粹之朱子之學，以統一其國民之思想。然而當時在江戶所開之學塾，並未如此，反增設洋學一科，以對洋學作進一步之研究。當時之人，曾作詩述其事，詩云：

「漢土與歐羅，於我俱殊域 。皇國崇神教，取善自輔翊。彼美固可參，其瑕何須匿。王道無偏黨，平平歸有極。咄哉陋儒子，無乃懷大惑。」

這首詩，主要的是在一般頑固的，排斥西洋學術的儒者。所以連佐久間象山到以後也主張兼修東洋道德和西洋藝術了。所謂之東洋道德是指朱子之學，而西洋藝術則指科學。象山開始將東方文化中朱子之學的窮理與西方文化中科學的窮理加以連結，所以彼主張，修洋學者必先澈貫朱子之精神。象山又認爲東洋之窮理見於易經，所以彼由朱子學之立場將易經之理論與科學之理論加以連結，而自創一家之說。但象山有一個最大的缺點，就是沒有將朱子所說之理和氣分論，以致對朱子之學 ，不無曲解之處。當時在日本，象山是所謂西洋砲術大家者，在江戶開砲學塾以授生徒，其中亦以易之睽卦之理，與鎗炮之理是相一致的。彼在嘉永五年（淸咸豐二年，西紀一八五二年。）曾以所著之砲卦一有而向幕府之學問所提出，得許可公刊。此時儒教與科學之結合，正式見體於應用了。科學與神道之結合是以佐藤信淵爲始，而科學與儒教之結合，則不能不推及佐久間象山了。佐藤一齋在嘉永四年所著之言志耋錄中話：

「西洋之窮理，形而下之數理也；周易之窮理，形而上之道理也。道理譬則根株，數理譬則枝葉 。枝葉由根株而生，能得其根株，則枝葉從之。窮理者，宜由易理入。

象山之礮卦一書，可以說是一齋意見之具體化而已。佐久間象山，在德川末葉，的確是一個非常奇怪的人，終身埋首於洋學之提倡，以後又熱心於開港論之主張。象山之學說，並沒有想到儒教已與神道相結合，所以與水戶學者之立場是意全部不同。肥後之橫井小楠，在當時也說：

「明堯舜孔子之道，盡西洋器械之術。何止富國，何止強兵，布大義於天下耳。」

這一種主張，我們不從哲學之見地而加以剖拆，就可以知道其與象山是作同一的意見的。小楠在當時是一頗著名之朱子學者，然彼在這一個主張中，並不編於哲學的，道德的問題，而僅就政治方面加以着手。依小楠之意見，當然是將儒教加強而成唯一之宗教，以之統一國民心理，而防止外教－基督教之侵入；此即彼所稱之「布大義於天下耳。」這一句話之涵意所在。

德川幕府末年，儒教與國學軋轢的結果，產生了水戶學；以後又因受洋學之刺戟，而產生了象山，小楠似的儒教洋學合一之說。在這情形之下，專門從事於考證之學，或以作詩作文爲業之幕府的學校，其一蹶不振，乃屬當然之事。

儒教及佛教之調和

後期之水戶學，使日本之皇道與儒教完成了融合。佛教在德川時代之初是常受儒教的攻擊的；但當時仍有一般人在企圖將儒，神，佛三道加以融合；如石田梅巖之著心學即以完成此目的爲務。一直到其文久二年（清同治元年。）禪宗僧侶今北洪川著有禪海一瀾一書，至此之時，二者之融合殆可說完全完成焉。洪川極力調和朱子學與儒教，用儒教經典之本文以及朱熹之註釋，來解釋佛教之說，而認爲兩者是相一致的。洪川不但將儒佛兩教融合，且亦主張神，儒，佛，老，相一致之說。彼云：

「道無別名，神，儒，佛老均其道也。恰如一太陽照臨上下四維，其光無所不到。惟學者眼有知見學習之雲霧，或落在儒見，或坐在佛見；此非大道之有同異，而以眼見之障礙也。」

對日本之國體，則如此說：

「吾天祖以天人合一之德，得先生民皇極之道，照熙下土以治天職。意天位授皇孫，然後傳之悠久。卽室祚齋鏡之垂訓。以君臣大義，父子至恩而傳後世，此吾神國皇家一系萬古不易之大基礎也。」

由此可知，彼所主張之皇極之道乃爲神儒佛老一致之大道也；與水戶學所稱之神皇之道，有不同之處；然洪川之主張，亦以日本之國體爲中心，而對他教主張在此立場之上加以統一。彼對儒佛之關係，則力斥德川幕府中葉以來之哲學者的見解，而認爲儒教之道德爲內在者，佛教之道德爲外施者，兩者合而成眞丈夫。

五　結論

儒教之傳入日本，有一千六百餘年之歷史，始終執日本思想界中重要之地位；至德川幕府時代，更執其牛耳。因此儒教思想中之忠孝，仁愛，治國，平天下之說，殊可說是深滲入日本各階層的。以後日本明治維新之所以能成功，不能不歸功於儒教思想中之忠君這一點。所以我們敢說日本之國民思想是全部孕育於儒教思想中的。

明治維新以後，西洋之學說如狂流似的傳入日本，使日本整個之思想界不能不爲之一變，可是儒教思想在日本依然被尊敬。明治天皇之御下問及教育勅語等中，均處處可見有儒教思想之存在；雖然刻以後因西洋個人主義之思想在日本得到特別的發達，所以儒教思想一時是陷於無人顧問之情形下，可是大正末年以後，儒教又爲日本之學術界所以注意而重行提出。蓋修己治人以天賦之良心爲本的理想，惟有在儒教中有之；要實行這些優良之道德，決不是西洋各種學問所能與，而必須由儒教之學問中去找的；所以在日本，西洋的物質文化發展到極點的時候，儒教之思想又被提出，以其中之忠孝，誠，和來強調其日本道德，來輔翼其所謂之「八紘一宇」的肇國理想。關於日本之儒教，要述者盡於此，明治以後，容待後日專文論之。

（完）

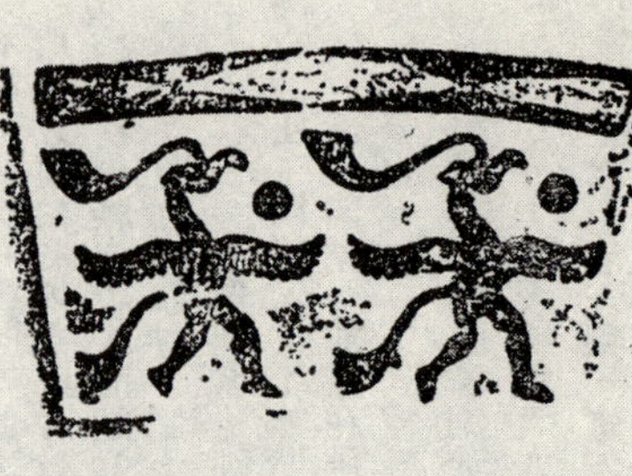

日本之儒教文化

彭炎西

一、最初之記載

日本之有儒教文化(漢學)究自何時代由大陸輸入日本，其年代記載傳說不一，然而在一般人之所信者，「日本教育史」歷史等書，普通記載係根據「古事記」及「日本書紀」二書，其所記載日本之儒教最初輸入係在第十五代天皇應神天皇十六年(西元二八五年)，當中國西晉武帝太康六年，由韓國(朝鮮)傳入日本，此爲從來在日本歷史上之記載，似無可疑之史跡。但是，關於此種記載事蹟的年代考，據日本史學家西村眞次教授曾考據朝鮮史，謂「記」「紀」二書的記載，容或有錯悞，故在其所著「日本文化史概論」第七章論述儒教文化之輸入：

根據「日本書紀」的記載始於應神天皇十六年百濟國(古代朝鮮西南部之一王國)獻王仁，然據「古事記」的記載應神天皇王朝時代，百濟照古王(近肖古王)從以阿知吉師獻牝牡馬各一頭，及招聘學者和邇吉師(王仁)來朝奉獻「論語」十卷，「千字文」一卷，是爲日本儒教之始。「日本書紀」又記載由應神天皇十五年來朝的阿直岐之推薦王仁於十六年來朝，王太子菟道稚郎子從其學習諸典籍，却未記載輸入書名。試考朝鮮史書，近肖古王(照古王)在位於西元三四六乃至三七四年，並不與應神天皇同時代。又「日本書紀」上的阿直岐與「古事記中的」阿知吉師當是一人。若將此求之於朝鮮史，百濟的阿莘王(日本稱阿華王)於西元三九七年遣王子腆支於日本爲質一事相一致。「書紀」上之阿華王立於應神三年(西元二七二年)薨於應神十六年(西元二八五年)，直支王卽位；而阿直岐與直支王似乎不是一人，無論年代之不合。

然而當應神天皇王朝時代以前，日本有無儒教文化之輸入，又爲一般漢學家及史學家之硏討。如伊地知委安之「漢學紀源」卷一：

海西書籍之入國朝，蓋應首乎皇后親征新羅(古代朝鮮東南部之一王國)之所收還本也，然國人未讀之者，故詔貴首王徵有識者。

在日本歷史最初之皇太后攝政者爲仲哀天皇后神功皇后(卽應神天皇之皇太后)於仲哀天皇崩御時，曾有皇后親征三韓(朝鮮半島之高麗，新羅，百濟)之事迹，時當西漢獻帝建安五年。如再徵之於前代，尙有秦時之徐福航海(西元前二〇〇年)以及秦氏後裔之留日不歸者，故當應神天皇王朝時代以前已有儒教文化之輸入，致一般學者所論漢文字之輸入又當在應神天皇王朝時代以前；不過於應神天皇王朝時代漢文字方盛行，始如「記」「紀」二書之事實記載，其時已公開採用，至於已前，民間雖得漢學之輸入，亦恰如明治維新前，歐美文字已早爲民間所習學，而政府尙未公然採用，未曾與以獎勵罷了。

二、博士王仁始傳儒學

從來在日本之文化史上最初具有極大貢獻者，當然首推是中國的儒學之輸入；但是最先給介紹儒教文化於日本的却是一百濟國人，自稱先世爲中國漢高祖之後裔的王仁。王仁博士自應神天皇十六年二月隨使渡日時曾携帶「論語」十卷，「千字文」一卷，貢獻與日本皇室，因王仁博通經籍，嗣後應神天皇敕命其太子菟道稚郎子師事王仁，傳通經學，如「大日本史王仁傳」所記載：

王仁百濟國人，先世出自漢高祖；應神帝十五年，百濟使阿直岐來貢良馬，帝卽命之養馬，阿直岐能通經傳，皇太子師之。帝嘗問阿直岐曰：「汝國博士有賢於汝者乎？」對曰：「有王仁者，是國之秀也！」帝卽遣荒田別巫別徵之，王仁遂從而來獻「論語」十卷，「千字文」一卷，於是皇子從學焉。王仁能通和語，仁德帝卽位曾作和歌賀之……，履中朝建內藏，收官物，令王仁與阿直岐錄其出納；阿浪古首，武生宿禰，古志連，栗栖首，櫻野首等，皆王仁之後裔也。

自此以後，日本從來的儒者以及漢學家多自稱爲漢高祖之苗裔，且多於其姓字上冠以劉氏，至於三百年前的德川時代，儒家漢學全盛之末期，尙有「三劉，八龜，七賴」者。八龜爲井氏八儒，七賴卽賴氏七儒，劉卽古賀三儒（精里，穀堂，侗庵）。古賀精里自稱爲「精里劉先生」，宮瀨龍川自稱爲「劉龍門」，丹波元簡自稱爲「劉元簡」，田村七藏自稱爲「劉琴溪」，坂上是村自稱爲「劉韶」，池原日南自稱爲「劉奎」。其他如進講資治通鑑於明治天皇的九洲高鍋藩主秋月右京亮種樹氏，亦自稱爲漢高祖的後裔，故其印章曾有「劉印種樹」，「漢高苗裔」等字樣。

然則，王仁乃漢高祖之後裔，由百濟歸化日本，而且教育皇太子，當認爲日本之儒教漢學發展上之大臣。村上天皇之，裔，有文學博士橘直幹所題王仁之圖贊詩云：

五彝教化將開　博士遠自海來

永言於難波梅　日域文華之魁

至於德川時代之唯一漢文學者物徂徠氏，亦曾圖贊其功績，如：「吾東方之國，泯泯乎岡知覺，有王仁氏，而後始識字！」關于王仁最初帶至日本之儒學書籍爲「論語」，「千字文」，然據島田重禮博士之說，「論語」爲漢鄭玄之註本，所謂「千字文」者，新井白白謂卽「凡將篇」，「太甲篇」，「急就章」等之小學書，而非今之所傳周興嗣次韻之「千字文」云。

三、日本儒教文化發展之三大時期

日本自有儒教文化之輸入，其發達經過以至於現在，從歷史系統上看，大體可分作三個時期。

第一期的日本儒教(漢學)自王仁始傳，經過飛鳥朝，奈良朝(中國隋唐時代)平安朝(中國宋朝時代)爲第一期，大約有千一百餘年之最長時期，亦可稱爲漢學文化之隆盛時代。原來古代日本自有儒敎輸入後，又有佛教自大陸傳入(西元五二二年，中國梁武帝普通三年，當日本第二十六代天皇繼體天皇十六年；江南司馬達齎佛像至日，初建寺於大和坂田原。嗣後至第二九天皇欽明天皇十三年，西元五五二年，百濟國聖明王遣使獻金銅釋迦佛像並經籍至日，佛教始盛），廣其教化。至於日本佛教之大事弘揚者，又當首推聖德太子。太子爲第三十一代天皇用明天皇之皇子，原名「廐戶」，天資聰明蓋世，學儒學於覺哿博士，學佛學於高麗高僧慧慈，及第三十三代天皇推古天皇(用明天皇皇妹，爲日本最初之女帝)即位，同時聖德太子攝政凡三十年，大事振興佛教之發展；然而但是聖德太子却又是一位提倡儒學的偉人，日本一般歷史學家謂在聖德太子以前的儒敎爲衰頹時代，太子以後纔是活躍的時代。因爲當時儒敎之入日本，多爲歸化人之活躍，至王朝中期雖有日本儒者之輩出，然而要皆是模倣，而無作進一步的開拓，致有別開生面之意氣，因之學佛者之勢力遠淩駕於儒者之上，此爲奈良朝八十餘年間至平安朝而有前後二期之區別，但平安朝末期的儒敎尤復不振矣。

第二期的儒教自鎌倉幕府時代(中國元朝時代)經足利氏以至於江戶德川時代(中國之明清時代)，此時的儒敎爲繼承時代，惟佛敎爲活躍，故普通稱此時代爲儒敎之暗沉時代，爲儒敎文化不振興之時期。但佛敎則有五山文學（天龍寺，相國寺，建仁寺，崇福寺，萬壽寺）之興起，而此五山僧侶則以京都南禪寺爲中心，此時的儒家漢文學之發展程度似不弱於後之德川幕府時代，一時儒家學問移歸緇徒之研究，於是有不滿於從來的儒學，故始有中國程朱之新註輸入(即宋學輸入時代)，作爲第三期儒學之勃興，其時雖爲儒敎不振作之時代，然有此五山僧侶之一小範圍，致五百餘年來之儒家學問終得依佛氏之維持。

第三期德川時代(中國清朝中葉)，如藤原惺窩等出世，始由釋氏而歸儒門，致儒敎學得離佛敎而獨立，所謂第三期日本儒敎之成立時代，即德川氏儒學之全盛期，所有種種學派之勃興，爭爲發揮儒學之特色，而且建立明治維新以來泰西文化輸入之基礎。

四、聖德太子振興儒教之功績

日本儒教自應神天皇朝始受百濟之阿直岐、王仁、百濟王孫辰孫王等韓人指導發展而大放其曙光；然而在當時受講習儒教之學問者，只有王子或是王大臣等方有此特權。嗣後至第二十六代天皇繼體天皇朝，復由百濟招聘五經博士段揚爾至日以傳五經之學。第二十九代天皇欽明天皇時，復有五經博士馬丁安東游，其後五年又有王柳貴等博士陸續至日。但是，當第三十代天皇敏達天皇卽位之初，高麗曾獻烏羽文之賀表，時無人閱覽，惟辰孫王之玄孫船辰爾識得，由此可知當時儒教之不振。其時聖德太子志在鼓勵儒學，欲不經三韓之媒介，直接開闢傳入隋唐文化之新道，此吾人如一翻閱日本國史，研究日本儒教文化之發展系統，聖德太子實曾樹立偉大之功績。

聖德太子之在日本古代歷史蹟上爲一偉大人物，此爲一般人所認識，然而太子不但只是崇信佛教，宏佈佛教於日本，而且亦是一極深切底尊崇儒教，努力發展日本儒教的一偉人，並不盡如建川時代的儒者，誹謗太子爲儒教之敵，或爲一部學者之悞解歟？太子雖然從高麗僧惠慈學佛教，然而另一方面却從博士覺䂺習儒學，學兼儒佛，而且盡得儒佛二學之奥義；因之，太子之一生依佛儒二教的信仰與崇拜，故以儒教治世，以佛教治心，方有十七條憲法的制定，而此種憲法的頒佈，也就是日本成文法之肇始。十七條憲法在大體上看，雖然也有提倡佛教之條文，然於其第三條同第十二條之兩條文內容，實是提倡儒教爲主。

第三條憲法云：

『承詔必謹，君則天之，臣則地之；天覆地載，四時順行，萬氣得通，地欲覆天，則致壞耳。是以君言臣承，上行下靡，故承詔必愼，不愼自敗！』

第十二條憲法云：

『國司國造，勿歛百姓，國靡二君，民無兩主，率土兆民，以王爲主，所任官司，皆是王臣，何敢與公賦斂百姓？』「天覆地載」，「四時順行」，「國靡二君」，「民無兩主」；此等立法，誠屬闡明儒教之教義。然於第二條憲法中雖有「篤敬三寶，三寶者佛法僧也」之文句，但其餘各條要皆是闡明儒敎的敎旨，也就是太子由中國直接輸入儒敎後所宣揚之政治道德的功績，因之故有稱太子而爲儒敎之敎祖者。然而太子在另一方面雖然極力地宏揚佛敎，但在佛敎典籍研究的結果，勢之所趨，自然而然地又必須研究儒學，因之太子之長於漢文學，除同蘇我馬子之修「天皇記」、「國記」等史書以外，又有所謂「聖德太子三經義疏」（法華經義疏，勝鬘經義疏，維摩經義疏）而爲日本閑著述界之先聲。此外如太子在攝政時代之致國書於隋朝稱「日出處天子致書日沒處天子無恙」，「東天皇敬白西皇帝」等古代中日兩國際間之親交語句：一面直接間接地發展中國儒敎文化於日本之偉大事業，一面復宣揚國威於國外，誠爲太子一生從來可記錄之功績。

五、日本最初留學生之派遣

攝政時代聖德太子在當時雖然爲着要振興國民之精神敎化，只有弘揚佛敎爲唯一政策，然而在流布佛敎之必要上，尤感到有研究儒敎之必要，因之纔有派遣留學生附隨遣隋使臣赴中國隋朝研究儒學之廷議，也就是日本最初向外國派遣留學生之嚆矢。日本正式之遣隋使節在推古天皇十五年（西元六〇七年，隋煬帝大業三年），廷臣小野妹子爲始，明年再使中國，時留學生隨使節之便同行者凡八人：倭漢直福因、奈羅譯語惠明、高向玄理、新漢人大國、新漢人僧旻、南淵漢人請安、志賀漢人惠隱、新漢人廣濟；當時此等留學生又譽稱學問僧，留學中國甚久，多者三十二年，少者亦達十五年，如僧旻二十五年，請安，玄理等淹滯中國達三十二年，莫不滿載中國之儒佛二敎典籍以及風俗習慣文化事物而歸。據說後來南淵請安還俗爲一大儒者，一時王公大夫皆從之習儒業，而不稱其名，尊稱曰「先生」。南淵著書百餘卷，爲日本儒學史上之偉人，當時雖無養成政治機關大學之設備，然而欲學政治必須從「南安先生」就學，如歷史上有名人物之中大兄皇子以及中臣鎌足等均爲其門人，由是可想見當時之朝臣貴紳間研究儒敎治世之學而極一時。然而旣有如南淵請安等之傑出人材者，畢竟爲聖德太子派遣留學生之收獲，達到努力發展儒敎文化之一偉大事業。嗣後雖隋亡唐興，而日本政府遣唐之使節及留學生仍一本聖德太子之遺志，每有遣使中國時，必附留學生數名或三四十名隨行留學於中國以爲公例。據說當隋唐之盛世，日本凡遣派留學生以及學問僧於中國者近萬人，當時日本景仰大陸文化之輸入，吾人實堪讚歎前人之毅力。

六、日本古代設立學校之起源

日本儒敎文化之發展當以聖德太子崇儒而創立儒敎的基礎，但是太子雖有志弘揚儒敎，而其天年不永，當推古天皇三十年，太子薨於斑鳩宮，其時日本尙無學校之開設，値天智天皇(第三十八代)爲太子時，就南淵請安問周公孔子之道，即位後(唐高宗龍朔年間)復繼承聖德太子之遺志創立官吏養成所(卽政治家養成所)，初用百濟人鬼室集期爲學頭，始建大學，是爲日本古代設立學校之起源。如「懷風藻」云：

爰則建庠序，徵茂才，定五經，興百度，憲章法則，規模弘遠，夐古以來未之有也！

學校之學制規定後，至第四十二代天皇文武天皇大寶元年(唐武后長安元年)，復有整備敎育制度令，設立京師大學及地方國學，卽於「式部省」(卽敎育部)下設「大學寮」(卽大學校)，無論大學國學初分設經學、書學、算學三科，並明令公佈；

凡學生雖講說不長，而嫻於文藻，才堪秀才進士者，亦聽學焉。

凡講義均用漢魏古注，依經卷之多少，分大中小，以論語孝經爲必修。

凡經周易、尙書、周禮、儀禮、禮記、毛詩、春秋、左氏傳各爲一經，孝經論語學者兼習。

凡敎授正業周易鄭玄王弼注，尙書孔安國鄭玄注，三禮毛詩鄭玄注，左傳服虔杜預注，孝經孔安國鄭玄注，論語鄭玄何晏注，

凡禮記左傳各爲大經，毛詩周禮儀禮各爲中經，周易尙書各爲小經。

但當時學校重文章之才名尤有勝於經學，嗣後大學復分科變更學制，加明法、文章、孔傳三道共爲六科，各科皆有博士，而

學校之目的要皆爲官吏之養成所，偏重文章有輕視經學之弊，然在學校之創立，振興儒教則一。如奈良朝時代之儒學者吉備眞備二十四歲入唐求學凡二十年，學及經史，刑名，算術，兵法，曆學，陰陽，書法等諸藝，於第四十五代聖武天皇天平七年（唐玄宗開元二十三年）四月歸還日本，獻曆法等書於朝，同時任大學助教，授學生六道（五經，三史，明法，算術，音韻，籀篆）之學藝。

「本朝文粹」卷二

「伏見古記朝家之立大學也，始於大寶年中至于天平之代，右大臣吉備眞備朝臣，依弘道藝，親自傳授，卽令學生四百人，習五經三史，明法算術，音韻籀篆等六道。」

嗣後至天平寶字元年詔每家必藏孝經一部，但是遣唐使終止派遣後，同時國文學之勃興，佛教勢力亦盛强大，儒教文化則日趨衰微，一時文權掌於僧侶之手，如「文華秀麗集」有「朝家無英俊，法侶隱賢才」之句，亦可想見佛教文化有凌駕儒教文化以上之趨勢。

七、日本近世儒教之發展

鎌倉時代中葉値北條氏極盛之時期，復有中國一部僧侶至日，如禪宗之一山寧（南宋理宗時人）國師等，傳程朱之學於日本，卽所謂宋學極盛之時代。迨至德川時代，有藤原惺窩者，脫離僧籍而入儒們，初於京都提倡程朱之學，爲近世中興儒教之一大功臣，嗣後復有門人林羅山至江戶傳行「宋學」；而另一方面則有中江藤樹鼓吹陽明思想，大傳其「陽明學」，故自德川時代以來，陽明思想得普及於近代日本國民，使儒教之精神文化不泯者，其功績當在近江藤樹，誠不愧有「近江聖人」之稱譽。然而日本儒教文化發展至德川時代，儒學中派別特出，已開前古未曾有之盛況，如山鹿素行之倡「古學」，謂程朱陽明皆宋明之學問，吾人亦無須依賴漢唐宋明之諸學說，可遠溯源流，直接研究孔孟的眞意，是爲日本儒教思想之更進一步，而不一意依從中國，已發揮獨自之見解，於從來之儒教系統中獨樹一幟，此誠効法從來的佛教文化已爲日本的佛教文化，對於儒教文化亦可以成功日本的儒教文化。又如山崎闇齋之唱日本中心主義，亦自發揮日本之儒教主義與精神，而闡明日本儒教文化之特色。

儒教と革命

内山完造

「實は支那の革命と云ふのは、何時の革命も悉くそれは儒教に對して企てられる革命であるのだ。由來儒教なるものは、政治する人々のために書かれた教へであると云ふことは御承知の通りであつて、庶民の側からのものでは無いのである。そこで儒教なるものは、常に政治家が、時の政府が、これを利用するものなのである。政府を造つたら必ず儒教を庶民に強ひ（1）るのが、支那の昔からの不文の律法である。その儒教の強ひ方が很利害になると、即ち名物の革命が起るのである。その革命がマンマ（2）と成功すると、革命政府が出來る。出來た革命政府は始めの中こそ萬機は公道に據らなければならんとか何とか新らしさうなことを云うて居るが、知らずらずに又はしりつゝ、儒教を庶民に強ひるやうになつて來る。それは權力によつて下に臨む時、この教へ位便利な教へは無いからである。ところが便利が度を過ごして、又利害的很になつて來る頃には、次ぎの革命がチャンと抬頭しつゝある。從つて、その革命が成功すると、今迄の旗印であつた言論の自由も、結社の自由も、天下爲公も、宗教は阿片なりも、丸で忘れたやうにおらん顔をする。國家のためと云ふやうな美名に匿れて、罪もない糟糠の妻を離別して、宗教は阿片なりと叫んだ舌の根の未だ乾かない中に、自ら耶蘇教の洗禮を受けて、基督教に據つて結婚式をするやうな事は、お茶漬（3）である。文廟や夫子廟の破壞をした其手を洗ひもせず、そのまゝひ孔子祭を復活する訓何んとか時代だとぶ云うては、ドシドシ（4）言論を壓迫する結社を禁じる。何處の國でもやつた事のないやうな文章の內容の如何を問はず、只だ著者の名前だけで、頭から發行を禁止すると云ふやうな野蠻的な行爲を平氣でやる。かうした行動を採るやうになる頃には、矢張り儒教を借りて來るのが一番便利である。孔子祭の復活は畢竟その序曲であつたのである。こゝに生れるものは、何んであるか言ふ迄もない次ぎの革命である。この澡り返へ（5）しを易世革命と云ふのである。支那の革命はいつもかして儒教に對しての革命であるとう云うても決して差支へないネ。」

儒教與革命

半士譯註

「其實，中國的革命云者，乃是任何時候都一樣的企於對儒敎而發的革命。由來儒敎之爲物諸如所知，乃是爲了從事於政治的人們所著之敎，並非發自庶民這方面的。因而儒敎之爲物乃常爲政治家，和當時的政府所利用。每製造政府，必强制庶以以儒敎，是爲中國自古以來的不文之律。但其儒敎之强制法來得很厲害時，即發生着名的革命。這個革命一旦巧妙的成功。便有革命政府成立。成立的革命政府在起初雖然宣稱萬機必須秉公或者什麼新鮮樣的話，但不知不覺，又要將闢跑開的儒敎拿來强制庶民了。原來在以權力下臨之際，那蓋爲沒有比這更爲便利的敎之故。可是便利過火，再度來得厲害得緊時，便有其次的革命確然抬起頭來。因之，那革命一旦成功，則至今所標榜之言論自由，結社自由，天下爲公，宗敎即鴉片等，便爲似整個都忘壞了般地一概裝做不知。匿於爲了國家云云的美名，而和無罪糟糠之妻離別，在呼喊宗敎即鴉片的舌根未乾之間便自受了耶蘇敎的洗禮，而依基督敎的儀式舉行婚禮之事，實在等於茶泡飯也。破壞了文廟，與夫子廟的手，洗也不洗地便說着什麼訓令恢復孔子祭典啦，或者時代啦什麼地馬上來壓迫言論，禁止結社。並自若地來行其爲任何國家所未曾有的不問文章的內容如何，只一味注意著者的姓名，打頭便禁止其發行的那類野蠻的行爲。在採取這類的行動之際，也還是借用儒敎最爲便利。恢復祀孔畢竟爲其序曲。在這裡產生出來的爲何呢，不用說事是其次的革命。這個歷史的反覆便稱之爲易世革命。說中國的革命無論何時都是對儒敎的革命，也決無不可罷。」

註

（1）强ふ——勉强、强制、强逼、（2）マンマ——巧妙地（3）茶漬——茶水泡飯、於此似含有不倫不類之譏諷意。（4）ドンドン——刻不容緩地、（5）澡り返へし——反覆、於此似宜讀作歷史的反覆。

儒敎與日本

武內義雄

一

即使籠籠統統的言儒敎，其中也有悠久的歷史變遷，難以概論之處。是故欲作詳論，可成一部儒敎史，在有限篇幅之中是決難爲此的。於是如作極概括之論，可將中國二千五百年之儒敎史劃分爲二大時期：第一是由漢至唐時代之儒敎，第二爲自宋至明時代之儒敎。

第一，自漢至唐間儒敎之特質，在於以五經爲中心，加以訓詁學的研究，以明先聖之敎這一點上。這時期間的儒者，相信易、詩、書、禮、春秋之五經爲紀錄聖人之敎的典籍，藉訓詁學的說明，然後得以體會聖人之敎。因此他們孜孜不倦致力於解釋五經。結果就著作了無數註釋書與疏，即註釋之註釋。目前所存的五經註疏，是其代表之作。

第二，自宋至明間的儒敎特徵，在於毋寧尊重四書之點。所謂四書，即論語、孟子、大學、中庸是也，其中論孟視爲說明五經精神之作，即在漢唐時代亦受相當尊重，大學中庸則以原爲禮記中之二篇，所佔地位不如論孟之重要。然而及北宋之初，河南有了二程子，特別注意大學中庸，從禮記中抽取出來使成專書，下及南宋之朱子，接受程子之意更加詳論，唱論語爲紀錄孔子言行之書，孟子輯論說之作，如此大學中庸乃紀錄曾子子思學說之書，由此四書可明自孔至孟，經子思至孟子的道之傳統之說，作有名的四書集註。唯此四書集註，始是代表宋明時代新儒敎的著作，宋明時代之儒者，畢竟是以四書爲本加以論理的窮明而探究人間道德之本者。

如果細加分別，自可有無數分類，不過上述二者，總是儒敎之二大分派，這二大分派，又是異時而也有影響於日本者。

二

儒敎之流傳於日本，普通以爲始於應神天皇十六年，百濟之博士王仁貢獻論語十卷時。實際却可想像先此數百年前即已輸入，不過歷史上的明白記載，是以應神天皇十六年爲最初。所記的博士王仁之博士，乃五經博士之簡稱，其後繼體天皇朝代來日的段楊爾，欽明天皇時來日的王柳貴，也均以五經博士稱之，因此不難想像經百濟流傳於日本的儒教，皆是研究五經爲主的漢唐訓詁之學。推古天皇十二年聖德太子起草的十七條憲法之中，屢次引用易、詩、書、禮記、春秋，可證這個想像之非謬誤。下至推古天皇時代，派遣了『遣隋使』，始與中國本土作直接交涉，其後隋亡唐繼，使節往來不絕，盛行輸入中土之文物，但是無論就此乃隋唐時代這點而論，無論對照著錄着似由當時派遣學匠等將來之書籍的日本現在書目錄，其時的儒教之仍爲以五經作中心的舊儒教，蓋爲不難想像者也。

要之，自應順天皇直至平安朝初，傳入日本的儒教，乃是以五經爲中心的漢唐時代之儒教，已如上述，但此非謂日本儒學與中國儒學絲毫不爽之意。因爲中日的風土不同國情亦異，故即云同爲五經中心之儒學，唐朝的與日本的之間，也有分明區別之點在。爲明確這一點計，可比較一下養老令中所記的日本大學制度，與六典所記的唐之大學制度。試將養老令與六典所記的大學教科目對照觀之：

	【六典】	【養老令】
大經	禮記	禮記
	春秋左氏傳	春秋左氏傳
中經	毛詩	毛詩
	周禮	周禮
	儀禮	儀禮
小經	周易	周易
	尚書	尚書
	春秋公羊傳	—
	春秋穀梁傳	—
	（以上各爲一經）	（以上各爲一經）
	孝經	孝經
	論語	論語
	老子	—
	（學者兼習）	（學者兼習）

右表之中，大經中經小經是以部帙之多少類別而示選擇學習之標準者，孝經論語之類則爲所有學生必須兼習。是則據右表而觀，日本的養老令制度，可知大體上模仿唐制，惟在小經中删去春秋公羊傳與穀梁傳，兼習科目中除掉老子是其不同之點。是則只要一思何故删除此等科目，即可觀取日本接受儒教方法之特徵了。

老子本非儒之經典，只因唐之朝廷姓李與老子同姓，當時之道士們就宣傳老子爲唐室祖先。於是唐代諸帝崇奉老子，與論語孝經等量齊觀，加入爲大學之必修科目，而在日本則予以删除。删除理由在養老令中雖未明記，但將其時答天子策問的葛井廣成文中『玄以獨善爲宗，無敬愛之心，棄父背君。儒以兼濟爲本，分尊卑之序，致身盡命』之論，以及同時大學助教下毛野虫麻呂『玄涉淸虛，歸契於獨善，儒抱旋折，理爲兼濟』之言綜合觀之，可理解其意以爲老子之教是獨善主義，有害於政教，儒教乃兼濟主義，志在誘導國民者。

其次，春秋公羊傳與穀梁傳與左氏傳同稱春秋三傳，爲春秋解釋中的三學派，在唐土原是三傳並行加以研究者，但在日本則僅取左氏傳而拒公羊與穀梁。後漢有名儒賈逵者，曾比較春秋三傳，而認左氏優於其他二傳之點凡三十事，其中尤堪注意之點，爲左氏傳中特別力說主臣之義與父子之紀綱。試執左氏傳讀之，開卷第一即爲稱揚潁考叔之純孝與石碏之忠義。這是把左氏傳全體之精神即在於此劈頭第一明示之者。而公羊穀梁二傳，則有往往與左氏不相容之點。例如左氏稱揚石碏之忠義，穀梁則譏其態度之緩慢。這是明明對春秋解釋之矛盾，使此矛盾並存，非徒無益，且使孔子作春秋之精神不明。因此日本大學遂僅取左氏而删穀梁。其次公羊傳中亦有與左氏傳相矛盾部分，而更有重大問題在，此即公羊之革命思想。如此思想自與日本國體相水火，於是養老令中決予排斥。自王仁將論語來凡四百年，自妹子使隋約百年，及律令已加修定，於是日本教學大方針得以確立，中國之儒教遂爲日本之物。日人之祖先受先進文化之誘掖以圖本國文化之上進發展，但他們決不孔老並尊，春秋三傳之矛盾並存，蹈襲不徹底的唐制。毅然排斥老子之獨善主義，而定儒教之兼濟主義爲教學大方針。抑公羊穀梁之異說，而以左氏之名分論闡明君臣大義父子紀綱。捨儒教之短而取其長，使與日本肇國精神相一致，此中即有日本儒教之特質與教學之精神在焉。而此精神與特質，經奈良平安二朝直至鎌倉期仍能保存勿失。

三

然而到了鎌倉末期，時勢一變，宋明之新儒學，特別是程朱之學輸入了日本。恰如風靡平安朝時代的天台眞言之舊佛教衰新禪宗興一樣，繼承漢唐訓詁學的舊儒教，已由程朱之新學代之而受人歡迎。在此轉換時期的代表學者，是玄惠法師。法師的傳記頗爲不明，只相傳住在京都北小路，號獨淸軒及健叟，尊信程朱之學，得後醍醐天皇之寵，講新學於宮中。大日本史中記玄惠有云：『先是，經筵專用漢唐儒之註疏，至是玄惠始唱程顥程頤朱熹之學，世人多學之。』此言也，可說是最簡單說明儒教轉換期之形勢者。後來新儒教經後吉野時代室町時代傳及禪僧之間，至於日益浸潤人心，及德川初世起用林羅山，朱子學遂司幕府三百年之教權。

當林家之朱子學爲幕府官學初見榮盛之際，在京都有山崎闇齋之學風靡一時。闇齋之學爲繼承起於土佐一角的朱子學者，與林家之朱子學完全屬於別一系統，主張亦有不同。林家之學僅以將中土之新儒學移植日本爲事，因之別無創見，闇齋則將中土之新儒學日本化之，成爲日本獨特之朱子學。他博覽天下羣書，看透朱子思想之最有理之點而崇奉之。他崇奉朱子，深信宇宙間者應爲唯一之道理，本此信念，推論中日雖非一國而其道則一。從而判斷國土即有日出日沒處之異，神聖說道却自有妙契，其道常必爲一。於是他取朱子之哲學而即成爲日本之物，但不能如一派學者那樣止於單純的中國崇拜者。昔者中國人自尊其國，名爲中國或中華，日本人亦稱自國爲葦原之中國，認爲中國。這畢竟是各國各以自國爲中心之意，既爲日本人，無論如何非認日本爲中心不可。他的信念是：倘孔孟率兵而犯日本，與之一戰而折之乃日本人所以爲日本人之義務。他晚年的棄儒而歸神道，恐亦本此信念。要之，朱子學由維山而普及日本，由闇齋而日本化。如是由闇齋門生等廣及全國，特別是由其門人三宅觀瀾及其再傳弟子栗山潛鋒而傳於水戶。

水戶藩的藩主自光圀以來代代尊重學問，所以水戶之學問持有相當悠久的歷史，大體說來，則可分爲義公時代與文公烈公時代二期。前期是集注於編纂大日本史的時代，後期是興學校振教育的時代。觀瀾、潛鋒之赴水戶，正在編纂大日本史之時，其精神至下一時代繼續勿衰，成烈公之弘道館記，東湖述義而放光彩。據弘道館記之言，水戶學精神爲：『奉神州之道，資西土之教……敬神崇儒，不偏不黨……以報國家無窮之恩。』爲具現此一精神，在弘道館乃祀建御雷神，立孔子之廟。建御雷神者，奉天祖之命平定葦原之中國者也，水戶藩自昔即奉爲鹿島明神之祭神加以齋祀。日本之道，不用說本於天祖，天祖既爲天皇之先祖，祀於皇室，人臣私祭誠惶誠恐，於是乃祀佐命之神而致報本之誠。次則孔子生於周末東魯之地，爲一祖述堯舜憲章文武，大成儒教之人，故藉立廟以示折衷西土之教之處。

西土之教即儒教之綱領，爲五倫之道，父子、君臣、夫婦、長幼、朋友之道是也。五倫之中，尤以君臣與父子爲重，即忠孝之二道。然中國是易姓革命之國，君臣關係未嘗確定，因之孝在無論何時可行，而忠有行不得也之時，忠孝不能兩全。反之，日本上戴萬世一系之君，國家關係恰如一大家族，因之忠孝常得一致，此忠孝一致之點，即日本道德之特徵，水戶學之精神。故在弘道館記中力說『忠孝無二』，東湖之述義更推衍之曰：

『人道無急於五倫，五倫無重於君父。是則忠孝爲名敎之根本，臣子之大節，夫忠與孝，異途而同歸。於父爲孝，於君爲忠，其示吾誠則一也……忠與孝者，其本非二，唯在所處如何耳。』這個忠孝一本之主張，即爲水戶學之精神。同時爲日本儒敎之特徵。而日本儒敎之有此特徵，可謂日本之國體使然，日本精神之發揚。

以日本與中國之道德加以比較，中日均爲以家族制度作背景的道德，在注重五倫之點，兩國全然同軌。然而中國之五倫是家族本位，重於孝，日本之五倫則是國家本位，力說忠孝之一致，忠立於孝之上。此即日本與中國之不同，此不同蓋本於雙方國情之不同者也。(默齋譯)

在日本人的姓名之中給予中國人印象最深刻的，恐怕就是『犬養』(姓)和『花子』(名)兩個了。但是這所謂犬養的『養』字，並不是『生養』的意思，而是作『養飼』來解釋，同時在文法上日文的次序永遠是和中文互相顚倒的，所以『犬養』的眞意並不是如中國人由字面上所理解到的『犬養』，實際上是『飼犬者』的意思的。這『飼養者』也許是代表着他祖先的職業，也許是代表着他祖先的興趣，也許和他祖先選姓當時的自然環境有所關聯，總之這『犬養』二字決不是隨便一定，也決沒有自甘嘲罵的意思。

『花子』也是同樣。『子』字是日本人用來代表女人名字的最普通的一個字，『花』字是用來形容這女人的美貌嬌容。中國人在古代的稱呼裏也曾經普遍的採用過『子』字，例如，孔子，孟子。中國人在現在描寫女人的時候，也還是在使用着『出水荷花』，『人面桃花』等巧妙的言辭。所以日本人命名作『花子』的，也決不是她甘願自稱爲『乞丐』而實際上却是要表現出『雲想衣裳花想容』的意思的。

——田津：閒話日本人的姓名

書評

儒教之精神

未明

著者：武內義雄

譯者：高明

出版者：太平書局

版期：民國三十一年十一月初版

定價：國幣五元

這是一本特別把儒教精神介紹給日本的一本書，譯者的本意，也就是把日本學術界所講染的中國儒家認識再介紹給中國，同時拿來證實東方文明的創造及其發展過程，這是很值得給高等或國學專修的學校拿來研究的一部書。

據我所知，日本的崇孔觀念比近代的中國要深刻得多，中國自從五四運動以後，對於孔教的敬仰已發全動搖，甚至有打倒孔家店，仇孝等口號，這無非是歐美留學生的一種時代反衝動，以證賞其全盤西化的力量，和馬克思信徒拿來推翻中國社會倆設的一種口號而已。實際上，儒家的思想，不單祇在農業社會的中國根深著固，文物，交際，風俗構成了一種不移的特質，即使在世界學術上，也已建立了崇高的地位，而給予世界文明以相當影響。

「儒教的精神」一書，是經過了自春秋以至宋明的一段史的發展的整理，在本書前篇裏，完全把儒教作有系統的介紹，雖然其中把朱子：陽明之說，則爲新儒學，未必爲中國學者成同情，但著者對於宋元的儒學的超特誤識是値得注與的

我國學著之研究儒家，大多是抽絲剝離：像注解聖經一樣的研究章句，響如把儒家學說運用之於社會制設來解釋，這是很少的，本書原著者却很想以儒家的精神來解擇中國社否的會史的發義。

中國社會的基礎建築在甚變地方？在君主時代是以道德爲第一義的，所謂道德就是儒家的基本精神，孔子之教在理論上是仁道：，在實際上則以孝道爲中心這句話是對的，如五倫之教，亦以孝爲首。

著者把孟子的五倫，中庸後半部的五達道，呂氏春秋慎行論的十際，禮記禮運的十義列成左表；

五倫
一、父子有親
二、君臣有義
三、夫婦有別
四、長幼有序
五、朋友有信

五達道
父子　君臣　夫婦　昆弟　朋友

十際
父子　君臣　夫妻　兄弟　友朋

十義
父慈子孝　君仁臣忠　夫義婦德　長惠幼順　兄良弟悌

著者把五倫比較，而下左列的結論：「要之，五倫的中心，雖被認爲是父子之親和君臣之義，後來父用忠孝二字稱呼之，不過忠的忠想，是發達於比較的後世，至於中國道德的根本，則爲孝，孝之被人視爲道德之根本，還是因爲中國的道德是以家族制度爲背景，等到國家組織漸見完儒之後，忠孝二字，乃爲人所並稱。不過在中國，忠與孝完全是對立的兩倘德目，有不少時候，忠孝且離兩立。至於認爲此二者是完全一致的東西，且謂忠孝不二或忠孝一本，這乃是日本國民道德的特色，是在日本所發達的思想。」（頁一一二）著者後半部的論據，雖然倘待解擇，所謂忠與孝是完全對立的兩個德目，雖

介紹

日本圖書館

崎

日本的圖書館，分官立，道廳立，府縣立，市立，組合立，及高等諸學校附設各種圖書館，各圖書館均藏書三千冊以上，其中以帝國圖書館爲最宏大，日本圖書館之多，僅次於英國，居世界第二位。茲將日本圖書館類別統計如下，可知日本圖書館量數之多。

官立

帝國圖書館	東京市上野公園

道廳府縣立

行啓紀念北海道廳立圖書館	札幌市北一條
青森縣立圖書館	青森市大字大野
岩手縣立圖書館	盛岡市內丸
宮城縣圖書館	仙臺市勾當臺通
秋田縣立秋田圖書館	秋田市東根小屋町
行啓紀念山形縣立圖書館	山形市旅籠町
福島縣立圖書館	福島市杉妻町
茨城縣立圖書館	水戶市舊城內
埼玉縣立圖書館	浦和市
御成婚紀念千葉縣圖書館	千葉市千葉
金澤文庫	神奈川縣金澤町
明治記念新潟縣立圖書館	新潟市寄居町
石川縣立圖書館	金澤市兼六公園
山梨縣立圖書館	甲府市橘町
縣立長野圖書館	長野市長門町
岐阜縣立岐阜圖書館	岐阜市美江寺町
縣立葵文庫	靜岡市追手町
京都府立京都圖書館	京都市左京區
大阪府立圖書館	大阪市北區
奈良縣立奈良圖書館	奈良市登大路町
三重縣立圖書館	津市愛宕町
和歌山縣立圖書館	和歌山市一番町
鳥取縣立鳥取圖書館	鳥取市西町
岡山縣立圖書館	岡山西中山下
行啓記念山口縣立山口圖書館	山口市
山口縣立萩圖書館	萩市
德島縣立光慶圖書館	德島市德島公園
香川縣立圖書館	高松市天神前
愛　縣立圖書館	松山市二番町
高知縣立圖書館	高知市丸ノ內
福岡縣立圖書館	福岡市藥院堀端
縣立佐賀圖書館	佐賀市松原町
長崎縣立長崎圖書館	長崎市上西山町
熊本縣立熊本圖書館	熊本市千反畑町
熊本縣立清浦文庫	鹿本郡鹿本中學內
大分縣立大分圖書館	大分市荷揚町
宮崎縣立宮崎圖書館	宮崎市本町
同　都城圖書館	都城市姬城町
同　延岡圖書館	延岡市岡富
鹿兒島縣立圖書館	鹿兒島市山下町
沖繩縣立沖繩圖書館	那霸市美榮橋町

市立

市立小樽圖書館	小樽市小樽公園
市立函館圖書館	函館市函館公園
室蘭市圖書館	室蘭市幸町
御成婚記念釧路市簡易圖書館	釧路市幣舞町
大典記念帶廣市圖書館	帶廣市字帶廣

然把中國人的道德觀念看得太偏狹化和太自私，中國古代社會，有「盡忠不能盡孝」的規範，就是身體髮膚，受之父母（孝），也以忠君愛國為第一義，但這並不是對立，是把大我看得重，把小我看得輕，如大禹治水，三過其門不入，這種表現得盡瘁國家，是少視個人的精神，也就是中國民族性的特質。

✕本書下節，完全介紹日本的儒教，這裏不妨節略日本儒教的由來，藉與其他✕儒學輸入論者比較。

日本一儒教之傳入日本，據說是以日本應神天皇十五年（西紀二八四年）百濟使者阿直岐渉日，翌年（十六年），復有博士王仁渡日獻論語十卷及千字文一卷為其嚆矢。由種種方面綜合觀之，則以此為始。這時，中國文化之流入日本，似乎開始於更古的時代，不過據日本歷史所記錄，皇子稚郎子，曾以王仁為師，學習論語。後來天皇駕崩，皇子大鷦鷯和稚子，據說曾經互相推讓皇位，頗近於論語泰伯篇所記的泰伯事跡。又大鷦鷯命即位，而為仁德天皇，後見民家炊烟稀少，即論免三年課役，後來復登高臺，見炊烟持盛，乃曰：「朕已富矣」，遺句頗近於論語顏淵篇，有若答魯哀公所說的：「百姓足，君孰與不足，百姓不足，君孰與足。」一句話頗相類似。這些美談，固出於天皇仁慈之天性，但亦未始不可謂為受有論語之啓發。後至繼體天皇七年（西紀五一三年），百濟五經博士段楊爾渡日，十年（西紀五一六年）五經博士漢高安茂，馬丁安等渡日，於欽明天皇十五年（西紀五五四年），又有五經博士王柳貴，易博士王道良等渡日，所以這時期，以五經為中心的儒教學問之傳入日本，似乎頗極其盛。所謂五經，即易、書、詩、禮、春秋五書，其為舊儒教的根本聖典，已為前篇所說，至推古天皇十二年（西紀六〇四年），聖德太子發布十七條憲法，其中頗多引用五經和論語的文句，或稍加改作，由是觀之，自應神天皇至推古天皇的維三百餘年間，似乎以五經為中心的儒教，浸潤於日本，是相當的深。」（頁一〇三——一〇四）由明經博士的學業起，至於著者對於日本儒教的發展過程，也用系統的作歷史的介紹，由其間的展開，得見採摘精華的第一個階級以至於內質，至陽明學者曾起伏本極止，其後的努力，之有各分論之展開，即跨入宋明之所謂新儒學的階段，轉自變論是語段傳入日本，以大阪的懷德堂朱子學，把儒教的本質，林家之學，闇齋學，水戶學，而進一步之發揚，尤其在於陽明學之進展是很快速的，七二四年的大阪懷德堂……作進一步之發揚，其在西紀一七二四年……學。

誠如著者所言，日本二千年來，攝取中國文化，受着儒教的影響。不過日本人的祖先，並非把它不加選擇，全盤接受，卻是把它批判取捨，以完成了日本獨特的發達。最初在接受以五經論語為中心的儒學的時代，除去中國儒教中所包含的革命思想，使它和日本的國體趨於一致；其次在接受新儒教時，使那在中國不斷相爭反目的，朱子學和陽明學，輸入了日本後，變方日本紀，而最後歸於同一的精神而同時，又發揚了忠孝一本至誠本位的國民道德。忠孝一本的思想，主要的是由朱子學之中展開，至誠之道，主要的是由陽明學之中發展而最後又把忠孝二者，歸於誠之一道，這樣，一方面忠孝成為一本，而一方面誠之道也有了具體的內容；而這一點，乃是日本，儒教的特色所在。

著者此語，似乎是有意把儒家學說構成其日本化的輪廓，但究竟在此書的內容，我們是不難加以比較的。

八戶市立圖書館	八戶市堀端町
弘前圖書館	弘前市白銀町
石卷圖書館	石卷市八ッ澤
鶴岡市立圖書館	鶴岡市馬場町
若松市立會津圖書館	若松市榮町
足利學校遺跡圖書館	足利市昌平町
前橋市立圖書館	前橋市曲輪町
高崎圖書館	高崎市本町
桐生市圖書館	桐生市小曾根町
川越市立川越圖書館	川越市北久保町
熊谷市立圖書館	熊谷市熊谷
浦和市立第一少年圖書館	浦和第一小學校
東京市立日比谷圖書館	麴町區日比谷
同 駿河臺圖書館	神田區駿河臺
同 京橋圖書館	京橋區築地
同 深川圖書館	深川區清澄町
同 品川圖書館	品川區南品川
同 兩國圖書館	日本橋矢ノ倉町
同 淺草圖書館	淺草區松清町
同 本所圖書館	本所區太平町
同 麴町圖書館	麴町區麴町二
同 外神田圖書館	神田區金澤町
同 日本橋圖書館	日本橋通二丁目
同 月島圖書館	京橋月島西仲通
同 三田圖書館	芝區通新町
同 麻布圖書館	麻布區宮村町
同 氷川圖書館	赤坂區 川町
同 四谷圖書館	四谷區花園町
同 牛込圖書館	牛込區山伏町
同 小石川圖書館	小石川大塚窪町
同 本鄉圖書館	本鄉區東片町
同 下谷圖書館	下谷區御徒町
同 東駒形圖書館	本所區東駒形
同 澁谷圖書館	澁谷區櫻ケ丘
同 淀橋區圖書館	淀橋區柏木町
八王子圖書館	八王子市天神町
橫濱市圖書館	橫濱市中區
橫須賀隣保館圖書館	橫須賀市旭町
新潟市立圖書館	新潟市立瀬原
大正記念長岡市立互尊文庫	長岡東坂之上町
高田圖書館	高田市大手町
三條市立圖書館	三條市三ノ町
富山市立圖書館	富山市總曲輪
市立高岡圖書館	高岡市定塚町
大禮記念金澤市立圖書館	金澤市殿町
福井圖書館	福井市城町
甲府圖書館	甲府市柳町
松本圖書館	松本市
上田圖書館	上田市新參町
大垣市立圖書館	大垣市外側町
濱松市立圖書館	濱松市紺屋町
沼津文庫	沼津市八幡町
清水市立圖書館	清水市清水町
市立名古屋圖書館	名古屋市中區
豐橋市立圖書館	豐橋市花田町
岡崎市立圖書館	岡崎市公園內
一宮市立圖書館	一宮市役所內
神都圖書館	宇治山田市
四日市市立圖書館	四日市市
松坂市圖書館	松坂市殿町
大阪市立清水谷圖書館	大阪市東區
同 西野田圖書館	大阪市此花區
同 阿波座圖書館	同 西區阿波座
同 御藏跡圖書館	同 南區
同 今宮圖書館	同 西成區
同 城東圖書館	同 旭區
堺市立圖書館	堺市大町東一丁
岸和田市立圖書館	岸和田市岩城町
神戶市立圖書館	神戶市湊東區
尼崎市立圖書館	尼崎市南城內

論秦與儒教之關係

孫海波

秦自王政即位以來，益經營六國，兼併諸侯，先後不過十年，中國由玆合一。由是立博士，興禮樂，正文字而頌詩書。世謂暴秦無道，焚詩書，坑儒士，六藝之籍，遂殘缺不具，其實不然。秦有天下，實任儒術，而六藝之缺，亦不緣於秦火。案之史記，其證有十：

始皇有天下，政治之設施，皆由李斯出。史記李斯傳云：『乃從荀卿學帝王之術，學已成，度楚王不足事，而六國皆弱，無可爲建功者，欲西入秦，辭于荀卿』。是斯本爲儒家。又荀子議兵篇云：『李斯問孫卿子曰：「秦四世有勝，兵强海內，威行諸侯，非以仁義爲之也，以便從而已」。孫卿子曰：「女所謂便者，不便之便也，吾所謂仁者，大便之便也」。』是李斯仕秦之後，尙問道于荀卿。其入秦在莊襄王卒之年，乃求爲呂不韋舍人。始皇二十六年，初幷天下，李斯始爲廷尉，二十八年爲卿，三十四年爲丞相，至二世二年始見誅，當政前後近四十年，終始皇之世，寵任不衰，是秦嘗以儒者爲相也。

儒家以禮治天下，尊天子，抑臣下，嚴階級之分，別貴賤之等。故荀子王制篇云：『分均則不偏，勢齊則不一，衆齊則不使。有天有地而上下有差，明王始立而處國有制。夫兩貴之不能相事，兩賤之不能相使，是天數也。勢位齊而惡同，物不能贍則必爭，爭則必亂，亂則窮矣。先王惡其亂也，故制禮義以分之，使有貧賤富貴之等，足以相兼臨者，是養天下之大本也』。又富國篇云：『無分者，人之大害也，有分者，天下之大利也，而人君者，所以管分之樞機也』。其所以重階級嚴上下之分者至矣。若夫戰國之季，生口日繁，情僞相雜，禮制之終不可行也，則變而任法治。史記稱『韓非喜刑名法術之學，……與李斯俱事荀卿，斯自以爲不如非』。是非之學亦出于儒家也。其謂『明王之國，無書簡之文，以法爲敎，無先王之語，以吏爲師』。（見韓非子五蠹篇。）所謂『以法爲敎，以吏爲師』者，意將以法輔禮，統私學于一途，復古人政敎官師合一之制，是猶本于荀卿耳。而秦人用之。史記言秦王讀韓非孤憤五蠹之書，曰：『嗟乎！寡人得此人與游，死不恨矣』。二世責李斯，亦云『吾有聞于韓子』云云，可見始皇父子雅重韓非也。

又始皇三十四年，置酒咸陽宮，博士七十人前爲壽，僕射周青臣進頌曰：『他時秦地不過千里，賴陛下神靈明聖，平定海內，放逐蠻夷，日月所照，莫不賓服，以諸侯爲郡縣，人人自安樂，無戰爭之患，傳之萬世，自上古不及陛下威德』。始皇悅，博士淳于越進曰：『臣聞殷周之王千餘歲，封子弟功臣，自爲枝輔，今陛下有海內，而子弟爲匹夫，本有田常六卿之臣，無枝輔，何以相救哉？事不師古而能長久者，非所聞也。今青臣又面諛以重陛下之過，非忠臣』。始皇下其議，丞相李斯曰：『五帝不相復，三代不相襲，各以治，非其相反，時相變也。今陛下創大業，建萬世之功，固非愚儒所知；且越言，乃三代事，何足法也。異時諸侯幷爭，厚招游學。今天下已定，法令出一，百姓當家，則力農工，士則學習法令辟禁。今諸生不師今而學古，以非當世，惑亂黔首。丞相斯昧死言：古者天下散亂，莫之能一，是以諸侯並作，語皆道古以害今，飾虛言以亂實，人善其所私學，以非上所建立。今皇帝幷有天下，別黑白而定一尊，私學而相與非法敎，人聞令下，則各以其學議之，入則心非，出則巷議，夸主以爲名，異取以爲高，率群下以造謗，如此弗禁，則主勢降乎上，黨與成乎下，禁之便。臣請史官，非秦記皆燒之。非博士所職，天下敢有藏詩書百家語者，悉詣守尉雜燒之。有敢偶語詩書者棄市，以古非今者族。吏見知不舉者與同罪。令三十日不燒，黥爲城旦。所不去者，醫藥卜筮種樹之書，若欲學法令，以吏爲師』。（見史記秦始皇本紀）觀斯所上言，謂三代之事不足法，即荀子法後王之意。謂以法爲敎，以吏爲師，是猶荀韓之旨也。

秦時所立博士甚多，可考者有周青臣、淳于越、鮑白令之、叔孫通、伏生等，其時國家有大事，儒生亦得議政，是秦皇甚尊儒士也。

其云『天下有敢藏詩書百家語者，悉詣守尉雜燒之』。蓋以詩書爲帝王之學，非人民所宜知，而帝王則當知也。天下所藏之書雖焚，官府並無禁令，而博士之諷誦詩書百家語自若也。此又儒家所謂『民可使由之，不可使知之』之思想也。

夫儒家大一統思想，則在尊王室，攘夷狄，（見春秋）『天下車同軌，書同文，行同倫』，（禮記中庸）今觀秦併天下之始，李斯即奏同書文字，罷凡與秦文之不合者，于是一法度衡石丈尺，車同軌，書同文字，內修封禪之禮，外有事于匈奴，此亦用儒家之說也。

說苑至公篇云：『秦始皇帝，既吞天下，召羣臣議：五帝禪賢，三王世繼，孰是？博士鮑白令之對曰：「天下官，則選賢是也，天下家，則繼世是也。五帝以天下爲官，三王以天下爲家」。始皇歎曰：「吾德出于五帝，吾將官天下，誰可使代我後者」。』如斯言可信，是始皇亦深習儒家之術也。

秦代改制，亦用鄒衍五德終始之說。據史記秦始皇本紀，二十六年，秦初併天下，令丞相御史言：『寡人以眇眇之身，賴宗廟之靈，六王咸服其辜，天下大定。今名號不一，無以稱成功，傳後世，其議帝號』。于是定帝號爲皇帝，天子自稱朕命曰制，令爲詔，除謚法，而改制之規模未有樹立。齊人取鄒子之徒，論著終始五德之運，奏之，始皇采用之。史記封禪書亦云：『秦始皇既幷天下而帝，或曰：「黃帝得土德，黃龍地螾見。夏得木德，青龍止于郊，草木暢茂。殷得金德，銀自山溢。周得火德，有赤烏之符。今秦變周，水德之時，昔秦文公出獵，獲黑龍，此其水德之瑞』。此段文字，與呂氏春秋應同篇全同，應同篇云：『代火者必將水』。而始皇遂引文公獲黑龍以當水德之瑞。又本紀云：『始皇推終始五德之傳，以爲周得火德。秦代周，德從所不勝。方今水德之始，改年始朝賀，皆自十月朔，衣服旄旌節旗皆上黑，數以六爲紀，符法冠皆六寸，而輿六尺，六尺爲步，乘六馬，更名河曰德水。以爲水德之始，剛毅戾深，事皆決于法，刻削毋仁恩和義，然後合于五德之數，于是急法，久者不赦」，是秦皇之改德，亦本之于儒家也。

儒家重禮制，嚴于男女之防，秦時法令，『男女禮順，愼遵職事，昭隔內外，靡不清靜』（泰山刻石）『飾省宣義，有子而嫁，陪死不貞，防隔內外，禁止淫泆』。（會稽刻石）顧炎武歎其防民正俗之意，無異于三王。（見日知錄）史記貨殖列傳載已寡婦淸，能用財自衞，不遭強暴，始皇以爲貞婦而客之，爲築女懷淸臺。是其重貞婦，嚴內外，禁淫佚，又本自儒家也。

本紀又云：「二十八年，始皇東行郡縣，上鄒嶧山，立石，與魯諸生議刻石頌秦德，議封禪望祭山川之事，乃遂上泰山，立石封祠祀。下，風雨暴至，休于樹下。因封其樹爲五大夫，禪梁父，立所刻石」。封禪書云：『始皇……卽帝位二年，東巡郡縣，祠鄒嶧山，頌秦功業，于是徵從齊魯之儒生博士七十餘人，至乎泰山下。諸儒生或議曰：「古者封禪爲蒲車，惡傷山之土石草木，掃地而祭，席用葅稭，言其易遵也」。始皇聞此議，名乖異難施用，由此絀儒生。而遂除車道，上自泰山陽至巔，立石頌秦始皇德，明其得封也。從陰道下，禪于梁父，其禮頗采太祝祀雍上帝所用，而封藏皆秘之，世不得而記也』。是其封禪泰山，亦出自儒家也。

由右十事，明儒家之得以參預政治，實自秦始。夫秦既任儒術，而漢人咸詆秦絕滅六藉，何者？良以秦任法急，刻削寡恩，後又絀儒生，儒者多怨望；兼之享祚未永，遂爲衆惡之所歸耳。今考焚書一案，自漢以來，異說甚多。有謂秦人所焚，僅五經而不及諸子者，漢王充論衡書解篇云：

五經遺亡秦之奢侈，觸李斯之橫議，燔燒禁防。漢興，收五經，經書殘缺而不明，篇章散棄而不具，亡秦無道，敗亂之也。秦雖無道，不燔諸子，諸子尺書，文篇具在，可觀讀以正說，可采掇以示後人。由此言之，經缺不完，書無佚本，經有佚篇。

又佚文篇云：

始皇前歎韓非之書，後惑李斯之議，燔五經之文，設挾書之律，五經之儒，抱經隱匿。

又正說篇云：

或言秦燔詩書者，燔詩經之書也，其經不燔焉。夫詩經獨燔其詩，書，五經之總名也。五經總名爲書，秦令史官盡燒五經，有敢藏詩書百家語者刑，惟博士乃得有之，五經皆燔，非獨諸家之書也。傳者信之，見言詩書，則獨謂經謂之書矣。

趙岐孟子題辭云：

孔子既殁之後，大道遂絀，逮至亡秦，焚滅經術，坑戮儒生，孟子黨盡矣。其書號爲諸子，故篇藉得不泯絕。

魏王肅僞孔子家語後序云：

李斯焚書，而孔子家語與諸子同列，故不見滅。

梁劉勰文心雕龍諸子篇云：

暴秦烈火，勢炎崑崗，而烟燎之毒，不及諸子。

有謂秦人僅焚詩書及諸國史記者，司馬遷史記六國年表序云：

秦既得意，燒天下詩書，諸侯史記尤甚，爲其有所刺譏也。詩書所以復見者，多藏人家，而史記獨藏周室，以故滅，惜哉！惜哉！

有謂秦博士所掌官書亦遭燔焚者，章炳麟太炎文錄秦獻記云：

夫李斯以淳于越之議，夸主取異，故請雜燒以絕其原，越固博士也。商君以詩書禮樂爲六蝨，（見商君書靳令篇）而以法家相秦者宗其術，然則秦不以六藝爲良書，雖良書，亦不欲私之于博士，卽前議非矣。斯以諸侯並爭，厚招游學爲禍始，故夫滑稽便辭而不可軌法者，則六國諸子是也。不燔六藝，不足以尊新王，諸子之術分流，至于九家，游說乞貸，人善其私，其相攻甚于六藝，今卽弗焚，則恣其曼衍乎。諸子與百家語，名實一也，不焚諸子，其所議云何？諸子所以完具者，其書多空言，不載行事；又其時語易曉，而口耳相傳者衆。自三十四年焚書，訖于張楚之興，首尾五年，記誦未衰，故著竹帛爲具。驗之他書，諸侯史記與禮樂諸經，多載行事，法式不便諳誦，而尚書尤難讀，故往往殘破，詩有音韻，則不滅，亦其徵也。

有謂秦雖焚書，博士官所職掌則不焚者，淸劉大櫆焚書辨云：

六經之亡，非秦亡之，漢亡之也。李斯恐學者道古以非今，于是禁天下私藏詩書百家之語，其所以若此者，將以愚民，固不欲自愚也。故曰：「非博士官所職，詣守尉雜燒之」。然則博士之所藏具在，未嘗燒也。迨項羽入關，燒秦宮室，火三月不滅，而後唐虞三代之法制，古先聖人之微言，乃始蕩爲灰燼，昔蕭何至咸陽，收秦丞相御史律令圖書，于秦博士所藏之書，獨不聞其收而寶之，設使蕭何能與其圖書律令並收而藏之，則項羽不能燒，項羽不能燒，則聖人之全經猶在也。（海峯文鈔）

康有爲新學僞經考云：

按焚書之令，但燒民間之書，若博士所職，則詩書百家自存。夫政焚書之意，但欲愚民而自智，非欲自愚，若並秘府所藏，博士所職，而盡焚之，而僅存醫藥卜筮種樹之書，是秦並自愚也，何以爲國。史記別白而言之曰：「非博士所藏者悉燒」。則博士保守珍重，未嘗焚燒，文至明也。又云：「若有欲學，以吏爲師」，吏卽博士也，然則欲學詩書六藝者，詣博士受業則可矣，實欲重京師而抑郡國，强幹弱枝之計耳。（六經未嘗亡缺考。）

有謂五經之中獨書有缺亡者，元馬端臨文獻通考經藉考序云：

秦燔經藉，易與春秋二經，本末具存者，詩亡其六篇，或以笙詩六篇元無其辭，是詩亦未嘗亡。禮本無成書，戴記雜出于漢儒所編，儀禮十七篇及六典最晚出，六典僅亡冬官，然其書純駁相半，其存亡未足爲經之疵，獨虞夏商周之書，亡其四十六篇，然則嬴秦所燔，除書之外，俱未嘗亡也。

秦皇焚書之事，諸家之說甚辨，然猶有未盡者，六藝之籍，戰國之世，存亡各半，其存者若易爲卜筮之書，傳者不絕，春秋經傳具在，並無亡缺。其亡者若禮經自孔子時已殘缺不具，至六國益甚。（見漢書藝文志，及許慎說文解字序）至詩書二經之脫簡，其缺亡當在戰國之季，而不緣于秦火，何以言之？漢初傳書者爲濟南伏生，傳詩者爲魯申公，二人故嘗爲秦博士也。當秦焚書時，所焚者爲民間所藏之書，而非博士官所職者，是伏生申公所傳之詩書，必爲秦時之舊本無疑也。設伏申所傳之詩書果有缺亡也，是秦博士之本已有缺亡，而不因于秦火，事甚明也。假令博士所掌亦焚燒也，然秦自始皇焚書，至二世之亡，相去不過數歲，以伏申二人傳業之專且精，倘書冊有脫簡，亦必能爲之補足，不至瞢瞢健亡若是，而毫無所記憶。由此言之，漢初伏申所傳業，即用秦時之焚本，其所脫亡，則必在秦以前又可知也。

至秦皇焚書之故。其端有二：一曰滅古文也，二曰以吏爲師也。昔孔子論爲政，謂必先正名，正名即正文字也。始皇用李斯之議，同書文字，滅絕古文，而當時民間所讀之書，猶是六國之藉，倘不焚滅，頗與同書文字之律令不合。是以欲用秦文，則六國古文不得不焚。故史記司馬遷自序云：『秦撥去古文，焚滅詩書』。此言詩書爲古文而見焚也。又揚雄劇秦美新云：『始皇劃滅古文，刮語燒書』。此亦言燒書爲剗滅古文也。又許慎說文解字序云：『其後諸侯力政，惡禮樂之害己，而皆去其典籍，分爲七國，田疇異畝，車塗異軌，律令異法，衣冠異制，言語異聲，文字異形。秦始皇帝初幷天下，丞相李斯，乃奏同之，罷其不與秦文合者，斯作倉頡篇，中車府令趙高作爰歷篇，太史令胡毋敬作博學篇，皆取史籀大篆，或頗改省，所謂小篆者也。是時秦燒滅經書，滌除舊典，大發吏卒，興戍役，官獄職務繁，初有隸書，以趣約易，而古文由此絕矣』。此亦言秦之滌除舊藉，爲絕古文也。夫正名必先自同一文字始，李斯趙高胡毋敬所作者，蓋校定之文字，爲新朝之官書。而六國文字之與官書相抵觸者，自當燒毀禁絕，所謂『吾前收天下書不中用者盡去之』者也。

以吏爲師，是統私學于官府，則私人無學，民間自不得有藏書，此始皇所以有禁焚之令。章學誠文史通議云：『以吏爲師，三代之舊法也。秦人之悖于古者，禁詩書而僅以法律爲師耳。三代盛時，天下之學，無不以吏爲師。周官三百六十，天下之學備矣，其守官舉職而不墜天工者，皆天下之師資也。東周以還，君師政教之不合于一，于是人之學術，不盡出于官司之典守，秦人以吏爲師，始復古訓，而人乃狃于所習，轉以秦人爲非耳。秦人之悖于古者多矣，獨有合于古者，以吏爲師耳』。章氏能洞見古今政治學術之源流，故能爲持平之論。夫以吏爲師而禁私學，同書文字而滅古藉，則亦用儒家之術耳。

始皇三十四年焚書，三十五年，復有坑儒一案，坑儒之原因，不在儒家之本身，而在于求仙不得，方士反詆毀始皇之過。其事發之盧生侯生。六國之際，燕人宋毋忌、充尙、羨門高之流，皆爲方僊道，形解銷化，依于鬼神之事。盧生者，亦燕人，嘗爲始皇求仙羨門，求芝奇藥仙弗能遇，因說始皇曰：『方中人主時爲微行，以避惡鬼，惡鬼避眞人至。人主所居而人臣知之，則害于神。眞人者，入水不濡，入火不爇，陵雲氣，與天地久長。今上治天下，未能恬倓。願上所居宮，毋令人知，然後不死之藥，殆可得也』。于是始皇以爲咸陽人多，先王之宮庭小，乃營朝宮渭南上林苑，先作前殿阿房，東西五百步，南北五千丈，上可坐萬人，下可以建五千旗。周馳爲閣道，自殿下直抵南山，表南山之巓以爲闕。爲複道，自阿房渡渭，屬之咸陽。刑徒七十餘萬人，分作諸宮，關中計宮三百，關外四百餘。立石東海上，以爲秦東門。令咸陽之旁，二十里內，宮觀複道相連，帷帳鐘鼓美人充之。始皇所居宮，不使人知。有言其處者死。羣臣受事，悉于咸陽宮。侯生盧生相與謀曰：『始皇爲人天性剛戾自用，起諸侯并天下，意得欲從，以爲自古莫及已。……丞相諸大臣皆受成事，倚辨于上，上樂以刑殺滅爲威，天下畏罪持祿，莫敢盡忠。上不聞過而日驕，下懾伏謾欺以取容。秦法不得兼方，不驗輒死。當候星氣者至三百人，皆良士，畏忌諱，諛不敢端言其過。天下之事無小大，皆決于上，上至以衡石量書，日夜有呈，不中呈，不得休息，貪于權勢至如此，未可爲求仙藥』，于是乃亡去。始皇聞亡，乃大怒曰，『吾前收天下書，不中用者盡去之，悉召文學方術士甚衆，欲以興大平，方士欲練以求奇藥。今聞韓終去不報，徐市等費以巨萬計，終不得藥，徒姦利相告日聞。盧生等吾尊賜之甚厚，今乃誹謗我，以重吾不德也。諸生在咸陽者，吾使人廉問，或爲妖言以亂黔首』。于是使御史悉按問諸生，諸生轉相告引，乃自除紀禁者，四百六十餘人，皆坑之咸陽，使天下知之以爲懲，後益發讁徙邊。長子扶蘇曰：『天下初定，遠方黔首未集，諸生皆誦法孔子，今上皆重法繩之，臣恐天下未安』。始皇怒，使扶蘇北監蒙恬軍于北都。（見始皇本紀及封禪書）是其坑儒，肇端于求仙之無效，盧生之亡去，諸生之誹謗，其事止于坑犯禁者四百六十人，其因牽連告引而至發謫徙邊者，亦猶後世黨錮文字之獄，非有令律文學悉皆殺戮也。王充論衡語增篇云：

言燔燒詩書，坑殺儒士，實也。言其欲滅詩書，故坑殺其人，非其誠，又增之也。燔詩書，起于淳于越之諫，坑儒士，起自諸生爲妖言，見坑者四百六十七人，傳增言坑殺儒士，故滅詩書，又言盡坑之，此非其實，而又增之。

鄭樵通志云：

陸賈，秦之巨儒也，酈食其，秦之儒生也，叔孫通秦時以儒生召，待詔博士數歲，陳勝起，二世召博士諸儒生三十餘人而問其故，皆引春秋之義故對，是秦時未嘗不用儒生與經學也。況叔孫通降漢時，有弟子百餘人，齊魯之風，亦未嘗替。故項羽既亡之後，而魯爲守節禮義之國。則知秦時未嘗廢儒，而始皇所坑者，蓋一時議論不合者耳。

梁玉繩史記志疑云：

余嘗謂世以焚書坑儒爲始皇罪，實不盡然。天下之書雖燒，而博士官所職，與丞相府所藏，固未焚矣。始皇三十六年，使博士爲仙眞人詩，叔孫通傳載二世召博士諸儒生三十餘人，問陳勝。又通降漢，從儒生弟子百餘人，徵魯諸生三十餘人。項羽本紀稱魯爲其守節，則知秦時未嘗廢儒，亦未嘗聚天下之儒而盡坑之，其所坑者，大氐方技之流，與諸生一時議論不合者耳。

章炳麟秦獻記云：

說苑有鮑白令，斥始皇行桀紂之道，乃欲爲禪讓，比于五帝，其骨梗次淳于。漢藝文志，儒家有羊子四篇，凡書百章。名家有黃公名疵，復作秦歌詩，二子皆秦博士也。京房稱趙高用事，有正先用非刺高死，孟康曰：「秦博士」。其窮而在蒿艾，與外吏無朝藉，燦然有文采論著者，三川有成公生，與黃生同時。當李斯子由爲三川守，而成公生遊談不仕，著書五篇，在名家。縱橫家有零陵令信一篇，難丞相李斯。（皆見藝文志。）秦雖鉗語燒詩書，然自內外薦紳之士，與褐衣游公卿者，皆抵禁無所懼，是豈無說哉，若其咸陽之坑死者四百六十人，是時以盧生故，惡其誹謗，令諸生得相告引，亦猶漢世黨錮之獄，興于一時，非其法令，必以文學爲戮，數公者，誠不以抵禁幸脫云。

是秦皇之不盡坑儒，諸已辨正之。觀始皇云：召文學以興太平，方士以練奇藥，是方士與文學爲兩途。其坑儒之動機之在方士之相爲誹謗，激以成獄，而令諸生轉相告引，則知儒生之被坑，由于方士之牽引耳。

竊讀史記，而見秦人革古創今之大端，可得而數者，若尊天子，抑臣下，攘夷狄，立郡縣，制禮樂，齊律度，同文字，別人倫，無一不與儒家之思想相合，而爲自漢以來二千餘年社會體制之基礎，後王之興，莫能變者，其故何與？蓋春秋以降，諸侯擅政，宇內分歧，延至戰國，諸子百家並興，目擊時艱，莫不運其明敏之才思，發爲理想之政治，以期轉移運會，至政之王，始任儒術，百家並絀，夫然後儒家之所謂理想政治者，漸轉變而爲政治之實施。繼斯以往，雖代有革易，而政治運用，始終不出于儒家之掌握，此秦以後二千來之社會狀況，所以無大變化也。世謂漢武絀百家，任儒術，儒教始定于一尊，而不知秦皇實爲尊儒之第一人。惜乎二世昏闇，不能繼體守成，數年之間，宗社爲墟。及漢氏代興，當詆彼醜而揚己善，文學之士，亦皆劇秦美漢，秦獻無存，其美莫述，則始皇遂爲衆惡之所歸，其謂焚書坑儒者，亦漢儒醜詆之辭，十口相傳，遂成故實，治歷史者不能不爲之辨正者也。

儒 儒家和儒教

周予同

儒的起源

問題的提出與重要的文獻：儒的問題由清末章太炎先生在「原儒」一文中提出來。他對於儒・儒家和儒教重新加以考慮和估價。到了民國廿三年，胡適之先生發表「說儒」一篇文章，修正章氏的意見並加以補充，當時頗引起一部份人反對的意見。民國廿五年郭沫若發表「駁說儒」一篇文章，批評胡氏文章的根據靠不住。

以上所提的三篇文章，是今天講題中所要提到的重要文獻。儒的解釋：章氏在「原儒說」裏將儒分為「達」、「類」、「私」三種。

（1）術士之儒——根據「說文」：儒者柔也，即術士之稱。

（2）師儒之儒——根據「周禮」，儒是以六藝教學生者。

（3）儒家之儒即孔子一派，大意謂孔子的最大志願是想把文化傳之後人。

胡適之先生認為孔子是中國的耶穌，他根據王國維和傅斯年的研究，推演出一個結論，說：「儒本是殷商民族的教士，比治喪相禮為業。到了孔子，他想恢復民族大業，於是建立了一套哲學，擴大部落性的儒，而變為剛毅進取的一派。」這一個說法很新鮮。

郭沫若先生以為儒的出現由於貴族的沒落。

我的私意認為：

（1）郭沫若先生的解釋比較的合適，但是胡適之先生的話也不會完全錯。

（2）在甲骨文字與鐘鼎文字裏都沒有「儒」這一字。它最早見於論語「女為君子儒，毋為小人儒，」一句話，可見春秋時即孔子以前已有「儒」這名稱。

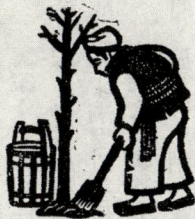

（3）照論語上的解釋，儒有兩種。儒字从人需聲，从需的字都有柔軟的意思，如嬬，孺，糯等字。說「儒者柔也」，是

什麼緣故呢？胡先生說：「周朝遺民受了壓迫，所以軟。」郭先生說：「貴族到了一個社會制度解體，便逐慚崩潰，無法生活，但他們仍要撐住門面，於是一變而為春秋時代文縐縐酸溜溜的人，以禮樂混飯吃。」

孔子是殷商的後裔，他的祖先為政治關係由宋國逃到魯國，他的確是沒落的貴族。他願不願意教書是一個問題，但事實上非教書不能過活。他的心境大概同我們現在沒落的士大夫差不多，一方面感到傳授文化的責任，另一方面又感到生活的艱苦。孔子提出「有教無類」的口號，這可以說是教育家胸懷廣大，無所不收，但也可以說是他在做買賣，正如現在的私立學校一樣。但是無論如何，孔子是盡了他的歷史任務的，這就是：

（1）接收古代文化，傳授給後代。

（2）批判古代文化使它改進。

近人往往將孔子代表東方文化，以和西方文化比較。假使這話是對的話，我以為西方是從分析理智出發；東方是從混合情意出發。例如論語鄉黨：「廐焚子退朝，曰：傷人乎？不問馬。（不字斷句）……」從這一句話可以看出孔子的為人。因為，如果先問馬，後問人，則人反不如畜生，而問人不問馬，便不足表示儒家愛物之意。所以西方人每每是說天上的話，上帝的話；而中國人是說地上的話，人的話：這就是為什麼中國文化可以長存的道理。

儒的派別

儒家：「儒家」二字見於漢書「藝文志」中。它把當時的學術思想分成九流十家，而以儒家為其中之一。本來所謂家，是世家，或貴族之家的意思，所謂「三家者以雍徹」之家。古代學術文化全在貴族手裏，後來貴族崩壞，學術下移，「家」的意義才漸變為一個派別的意義。

儒家之出現於春秋戰國，正和各黨各派之出現於現在相近似。先秦諸子全想救世救民，但是他們的觀點不同，理論不同，於是有所謂「家」。我個人分析中國歷史，常常把它劃分如下：

殷商以前——史前時代。

殷商以後→西周　是有史以後的第一次的定型社會，這特點是貴族與農奴對立。

西周→秦漢　是第一次的過度社會，其特點是貴族崩潰，地主農民興起。

秦漢→鴉片戰爭　是第二次的定型社會，其特點是地主與佃農對立。

鴉片→現在　是第二次的過度社會，與春秋時代的情形相近似，地主崩潰、新的東亞起來！這新的東亞是什麼呢？我不是預言家，不必亂加揣測，而況這時候說話很難。

儒家的思想便是中國有史時代第一次過渡社會中一種思想反映。因爲時代往前進展，社會逐漸變動，所以儒家思想的本身也不得不變易，而再度分化。據韓非「顯學篇」中說，儒家分爲八派，墨家分爲三派。儒家的八派中，又以孟子和荀子二派最重要。除孟荀兩派外，儒家各派的教育和政治思想，在「禮記」一書中也流露出來。

儒教

「儒教」二字最早出現于何種文獻我還找不出證據。「儒教」是漢以後至「五四」以前用所謂三綱五倫四書五經，以維護統治階級的東西。

春秋戰國時代，地主抬頭，他們享有文化遺產，自然也要求政治上的地位。秦始皇用硬的焚書坑儒政策，這是一個頂愚笨的辦法。從歷史上看，凡是想用專制的殘暴的手段以維持王室的，必定失敗。由這一點，我們又可以看到政治，經濟和教育之不可分。漢代帝王的手段較爲靈活，設太學以經典牢籠地主士大夫階級的子弟，然後再用考試以選拔官僚。所以，我對於中國教育史的意見，

（一）漢→魏晉以前　學校與選舉不能分離。

（二）魏晉→隋唐以前　學校與九品中正法不能分離。

（三）隋唐以後　學校與科舉不能分離。

總而言之，這些都是統治者的政治花樣，使地主，士大夫和官僚的子弟有出路。所謂「仁政」也不過是吃鷄蛋的辦法。將鷄養得肥肥的，讓它多生幾個蛋，主人多食幾個，奴才少分得一兩只。儒教的中心思想是：「三綱五倫」。所謂三綱是「君爲臣綱，父爲子綱，夫爲婦綱。」所謂五倫是「父子有親，君臣有義，夫婦有別，長幼有序，朋友有信。」五倫的話出於「孟子。」他規定了人與人的社會關係。每一種關係中都有它的道德價值，而且這種道德還是對等的而不是片面的。但是從五倫到三綱便很怪了。三綱的出現較後，最初見於「緯書」。「白虎通」上說得最明白。此外在前漢董仲舒的春秋繁露中亦可看到。但董仲舒是儒教的初期人物，他所說的也還算不是完全片面的。假如爲君爲父的可以胡作胡爲，而臣或子不能過問，這一種片面的道德規範，現在看起來，雖然很可笑，但中國社會之所以安定下去，也就靠着這一套法寶。

所以儒教最重要的政治作用，是：

（1）使地主們能安安穩穩的收糧。

（2）使官僚們儼然是民之父母。

（3）使士大夫埋頭經典研究。

於是社會藉以安定！

再談到經典吧。孔子是否制作六經是很成問題的。易經與孔子大概沒有什麽關係，普通的誤會是由於論語上「五十以學易，可以無大過矣」來的。其實照今文學「魯論」的話，是「五十以學，亦可以無大過矣」。至於孔子與春秋的關係在現在學者間也有許多異議。錢玄同先生根據論語，以爲孔子根本與春秋無關。說孔子作春秋，全是孟子造謠。總之，五經成爲整個的經典，完全是漢武帝、董仲舒等政治花樣。

宋元明清以來，五經之外，又重四書，而四書的重要遠過於五經。其原因是想與外來的思想對抗，因爲佛教自漢朝傳人中國以後，它一方面是宗教，另一方面又是哲學，這是漢代儒教的思想所抵抗不了的，於是慢慢的有宋朝理學的興起。原來

印度佛教文化——否定一切，認爲有生便有死。有生死便有苦痛，這是熱帶的農業文化的反映。

中國文化——對于生有極熱烈的戀望。舉例來說，觀音菩薩原本是男性，而且沒有孩子的，但到了中國，便變成「送子觀音」了。這是溫帶農民文化的特徵

理學便是接收佛教文化的方法以抗拒佛教的一種學術思想。

四書是理學家的唯一經典，牠表示了道統，也表示了他們心目中的中國文化，由孔子的語論而曾子的大學，而子思的中庸，而孟子的孟子。其中大學和中庸更重要。

大學是儒教的方法論（內聖外王）。

中庸是儒教的本體論。

這就是爲什麽朱夫子說了謊話來大捧特捧大學的原因了。綜括起來說：

大學的思想是從心到物，從內到外，從個人到社會，它代表東方農業社會的思想。

而現代西洋的思想從物到心，從外到內，從社會到個人，它代表西方工業社會的文化。

由今天的事實看來，現在的世界是工業的，而不是農業的。 所以在今天如果再有人要談儒教，不是騙人，便是別有用意。我請問今天的闊人們，他們的家治了沒有呢？他們的心正了沒有呢？桃色糾紛弄得一團糟。而我們窮教書的，家治了，心正了，可是誰來要你治國平天下？我一點不怨，我覺得社會在變動，這是一個歷史的命運。我今天並沒有向各位積極的指出一條路，可是在消極的方面，可說是要把漢以後到五四運動前的封建思想清算了！這清算並不是將全部古文化撇開——那時候的孔子也是死路一條，沒有田地，沒有政權，但是他能够接受古代文化，貢獻給人，這是我今天所得的結論，並略略表示我個人的一點人生觀。所謂「乃所願則學孔子也」！（趙易林筆記講演，曾經周予同先生校正，謹此誌謝。）